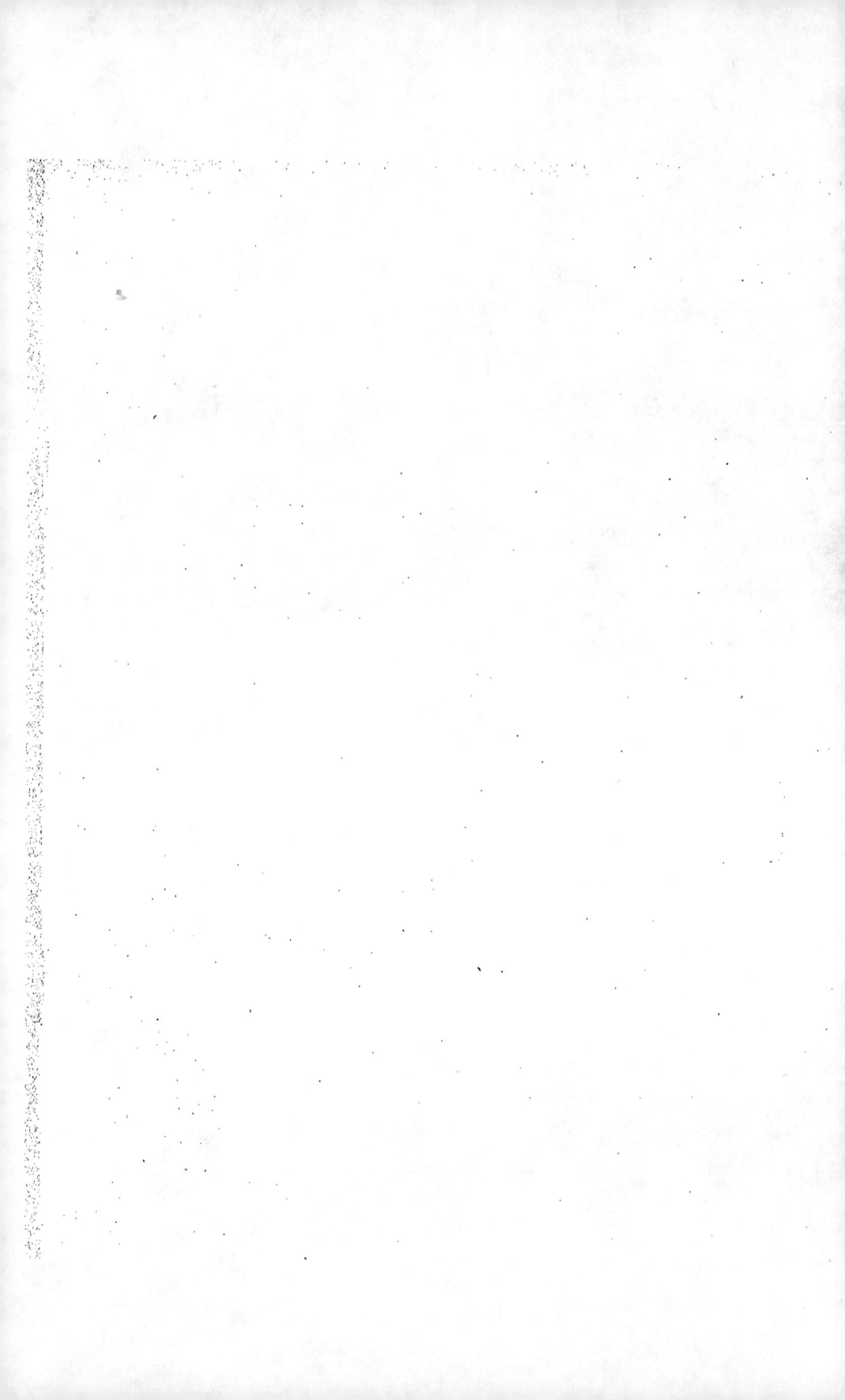

TRAITÉ

THÉORIQUE ET PRATIQUE

DE

LA COUR D'ASSISES

PAR

G. FRÈREJOUAN DU SAINT

ANCIEN MAGISTRAT, DOCTEUR EN DROIT

AVOCAT A LA COUR DE PARIS

Avec la collaboration d'un ancien Président de la Cour d'assises de la Seine

Extrait du *Répertoire général alphabétique du Droit français*

PARIS

LIBRAIRIE DE LA SOCIÉTÉ DU RECUEIL GÉNÉRAL DES LOIS ET DES ARRÊTS ET DU JOURNAL DU PALAIS

Ancienne Maison L. LAROSE & FORCEL

22, RUE SOUFFLOT, 22

L. LAROSE, Directeur de la Librairie

1896

TRAITÉ

THÉORIQUE ET PRATIQUE

DE

LA COUR D'ASSISES

TRAITÉ

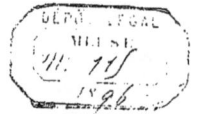

THÉORIQUE ET PRATIQUE

DE

LA COUR D'ASSISES

PAR

G. FRÈREJOUAN DU SAINT

ANCIEN MAGISTRAT, DOCTEUR EN DROIT

AVOCAT A LA COUR DE PARIS

Avec la collaboration d'un Ancien Président de la Cour d'assises de la Seine

Extrait du *Répertoire général alphabétique du Droit français*

PARIS

LIBRAIRIE DE LA SOCIÉTÉ DU RECUEIL GÉNÉRAL DES LOIS ET DES ARRÊTS ET DU JOURNAL DU PALAIS

Ancienne Maison L. LAROSE & FORCEL

22, RUE SOUFFLOT, 22

L. LAROSE, Directeur de la Librairie

1896

EXPLICATION DES PRINCIPALES ABRÉVIATIONS

Ann. lég. étr.	Annuaire de législation étrangère (publication de la Société de législation comparée).
Bull. crim.	Bulletin criminel des arrêts de la Cour de cassation.
Bull. lég. comp.	Bulletin de la Société de Législation comparée.
Cass.	Cour de cassation.
Circ.	Circulaire.
C. civ.	Code civil.
C. comm.	Code de commerce.
C. for.	Code forestier.
C. instr. crim.	Code d'instruction criminelle.
C. pén.	Code pénal.
C. proc. civ.	Code de procédure civile.
D.	Jurisprudence générale de Dalloz; recueil périodique (mêmes observations que pour le recueil Sirey).
Décr.	Décret.
Déc. min. just.	Décision du ministre de la justice.
Dict.	Dictionnaire.
Fr. jud.	France judiciaire. (Le premier chiffre double [77-78] indique l'année, le second la partie, le troisième la page.)
L.	Loi.
Loc. cit.	Loco citato.
Ord.	Ordonnance.
P.	Journal du Palais. — Lorsque le renvoi comprend trois chiffres, le premier indique l'année; le second (1 ou 2) indique, soit le tome, la collection comprenant deux volumes par année jusqu'en 1856, — soit la partie, chaque volume se trouvant, depuis 1881, divisé en deux parties; le troisième chiffre indique la page; ainsi [P. 53.2.125] signifie : [**Journal du Palais**, année 1853, tome 2, page 125]; — [P. 83.1.464] signifie : [**Journal du Palais**, année 1883, 1re partie, page 464]. Les renvois aux années n'ayant qu'un volume ne comprennent naturellement que deux chiffres. — Depuis 1892, le *Sirey* et le *Journal du Palais* ont une même pagination; ainsi [S. et P. 92.1.78] veut dire : **Sirey** et **Journal du Palais**, année 1892, 1re partie, page 78.
P. Lois, décr., etc.	Collection des lois du Journal du Palais.
P. chr.	Collection *chronologique* du *Journal du Palais*, refondue jusqu'en 1835 inclusivement pour la Jurisprudence des Cours et Tribunaux, et continuée pour la Jurisprudence administrative.
Pand. Belg.	Pandectes Belges. — Répertoire alphabétique de la jurisprudence belge, sous la direction de MM. E. Picard et d'Hoffschmidt.
Pasicr.	Pasicrisie Belge. (Mêmes observations que pour le recueil Sirey, sauf pour les premières années, qui ne comportent qu'une pagination.)
Rev. crit.	Revue critique de législation et de jurisprudence.
Rev. gén. d'adm.	Revue générale d'administration.
Rev. gén. dr. fr.	Revue générale du droit français.
Rev. prat.	Revue pratique du droit français.
S.	Recueil général des Lois et des Arrêts fondé par J.-B. Sirey. — Le premier chiffre indique l'année, le second la partie, le troisième la page; ainsi [S. 75.1.477] veut dire : [**Sirey**, année 1875, 1re partie, page 477].
S. chr.	Collection du même recueil, refondue jusqu'en 1830 inclusivement par ordre chronologique; chaque arrêt se trouve donc à sa date.
S. Lois ann.	Collection des Lois du même recueil.
Tar. civ.	Tarif civil.
Tar. crim.	Tarif criminel.
Trib. s. pol.	Tribunal de simple police.

IMPRIMERIE
CONTANT-LAGUERRE

BAR-LE-DUC

AVANT-PROPOS

Depuis l'ouvrage de Nouguier, qui remonte à trente ans bientôt, d'excellents formulaires ont été rédigés en vue de guider les présidents d'assises dans la direction des débats et la rédaction des questions, l'une des plus délicates de leurs importantes fonctions; des manuels ont été écrits à l'usage des jurés, pour les éclairer sur les difficultés qu'ils peuvent rencontrer dans l'accomplissement de leur mission; il n'a été publié aucun traité complet sur la *Cour d'assises*, embrassant toutes les parties du débat et s'adressant à tous ceux qui ont à y prendre part : magistrats, jurés, accusés, avocats, témoins, experts et interprètes, greffiers.

Il m'a semblé qu'en cette matière qui donne lieu, chaque année, à un nombre important de recours, et à un arrêt de cassation sur trois pourvois, en moyenne, il pouvait être utile de livrer aux juristes et aux praticiens le fruit d'un travail d'ensemble, préparé pour le *Répertoire général alphabétique du droit français*, et d'en faire une publication séparée. Étant donné le premier objet de ce travail, on ne devra pas s'étonner d'y trouver quelques renvois à d'autres mots du *Répertoire*; ces renvois, pour la plupart, ne constituent pas des lacunes susceptibles de nuire à l'unité de l'œuvre; ils ont simplement pour but de rappeler certaines règles générales précédemment exposées dans le *Répertoire*, et dont une application nouvelle est faite dans la procédure de la Cour d'assises.

Après avoir, à propos de chaque phase de cette procédure, posé aussi nettement que possible les principes théoriques tels qu'ils résultent du Code d'instruction criminelle, je me suis attaché à faire connaître les applications qui en ont été faites par la Cour de cassation dans chacune des nombreuses espèces qu'elle a eu à trancher. On remarquera que cet examen de la jurisprudence a une importance particulière, en ce qui concerne, notamment, le point de savoir si les questions ont été régulièrement posées, et si la déclaration des jurés y répond d'une manière complète, nette et précise.

Un aperçu des législations étrangères, contenu dans un dernier chapitre, permet de rechercher quelles améliorations pourraient être utilement empruntées aux peuples voisins. Pour n'en citer qu'un exemple, l'obligation de ne communiquer avec le jury qu'à l'audience, ou tout au moins en présence du ministère public, de l'accusé ou de son conseil, serait avec avantage imposée au président, à l'imitation des lois criminelles de plusieurs pays d'Europe. D'autres législations, en moins grand nombre, n'autorisent pas la position de questions nouvelles comme résultant des débats, par cette raison que l'accusé n'est pas suffisamment préparé à y répondre. On ne devrait, du moins, à notre avis, permettre la position de ces questions que dans la mesure où elles rendent la situation de l'accusé plus favorable.

Ce ne sont pas les premiers emprunts que nous ferions aux législations étrangères; nous avons su déjà nous en inspirer pour arriver à la suppression du résumé du Président, mesure éminemment profitable aux intérêts bien compris de la justice, et que la Belgique n'avait pas hésité à prendre un demi-siècle avant nous.

Si l'ouvrage que je publie aujourd'hui est appelé à rendre quelques services, je n'en aurai pas seul le mérite. Les premiers chapitres ont été élaborés par un ancien Président des assises de la Seine, qui a bien voulu mettre au service du *Répertoire général alphabétique du droit français* son talent d'écrivain et sa grande expérience des affaires criminelles. Je regrette qu'il ne m'ait pas permis de déchirer le voile de l'anonyme derrière lequel il a tenu de s'abriter; l'autorité qui s'attache à son nom et à ses hautes fonctions eût été de nature à donner à ceux qui consulteront ce livre une confiance que je ne saurais mériter au même degré; en cas de succès, il me sera permis, du moins, de lui en reporter l'honneur.

G. F. D. S.

1er Juin 1896.

TRAITÉ

THÉORIQUE ET PRATIQUE

DE

LA COUR D'ASSISES

LÉGISLATION.

C. instr. crim., art. 231, 251 à 380.

L. 20 avr. 1810 (*sur l'organisation judiciaire et l'administration de la justice*), art. 16 et s.; — Décr. 6 juill. 1810 (*contenant règlement sur l'organisation et le service des cours impériales et des cours d'assises*), art. 79 et s.; — Décr. 27 févr. 1811 (*sur le logement et les honneurs dus aux présidents des cours d'assises*); — L. 9 sept. 1835 (*sur les cours d'assises*); — L. 19 juin 1881 (*modifiant l'art. 336, C. instr. crim.*).

BIBLIOGRAPHIE.

Berriat-Saint-Prix, *Cours de droit criminel*, 5ᵉ édit., 1855, in-8°, passim. — Blanche et Dutruc, *Etudes sur le Code pénal*, 2ᵉ édit., 7 vol. in-8°, 1888-1891, passim. — Boitard, de Linage et Villey, *Leçons de droit criminel*, 3ᵉ édit., 1889, in-8°, n. 741 et s. — Bourguignon, *Jurisprudence des Codes criminels*, 1825, 3 vol. in-8°, passim. — Carnot, *De l'instruction criminelle, considérée dans ses rapports généraux et particuliers avec les lois nouvelles et la jurisprudence de la Cour de cassation*, 1829-1835, 4 vol. in-4°, passim. — Chauveau, F. Hélie et Villey, *Théorie du Code pénal*, 6ᵉ édit., 6 vol. in-8°, 1887-1888, passim. — Desmaze, *Formulaire des magistrats*, 1863, in-8°, p. 38 et s. — Dutruc, *Mémorial du ministère public*, 1871, 2 vol. in-8°, t. 1, v° *Cour d'assises*. — Fabre, *De l'accusation publique*, 1875, in-4°, p. 386 et s., 436 et s. — Faustin Hélie, *Traité de l'instruction criminelle ou théorie du Code d'instruction criminelle*, 1866-1867, 8 vol. in-8°, t. 7 et 8, passim. — Favard de Langlade, *Répertoire de la nouvelle législation civile, commerciale ou administrative*, 1823, 5 vol. in-8°, v° *Cour d'assises*. — Garraud, *Traité théorique et pratique de droit pénal français*, 1894, 5 vol. in-8°, passim. — Gillet et Demoly, *Analyse des circulaires, instructions et décisions émanées du ministère de la justice*, 3ᵉ édit., 1876, 2 vol. in-8°, passim. — *Grande encyclopédie* (en cours de publication), v° *Cour d'assises*. — De Lacuisine, *Traité du pouvoir judiciaire dans la direction des débats criminels*, 1843, in-8°; — *De l'administration de la justice criminelle en France*, 1841, in-8°. — Legraverend et Duvergier, *Traité de la législation criminelle en France*, 3ᵉ édit., 2 vol. in-4°, 1830, passim. — Le Poittevin, *Dictionnaire formulaire des parquets et de la police judiciaire*, 2ᵉ édit., 1895, in-8°, v° *Cour d'assises*. — Le Sellyer, *Traité de la compétence et de*

l'organisation des tribunaux répressifs, 1875, 2 vol. in-8°, passim. — Mangin et Sorel, *Traité de l'action publique et de l'action civile en matière criminelle*, 1876, 3ᵉ édit., 2 vol. in-8°, passim. — Marie, *Eléments de droit pénal et d'instruction criminelle*, 1896, in-8°, p. 268 et s. — Massabiau, *Manuel du ministère public*, 1876, 3 vol. in-8°, t. 2, n. 3236 et s. — Molinier et Vidal, *Traité théorique et pratique du droit pénal*, 2 vol. in-8° parus, 1892-1894, passim. — Morin, *Répertoire général et raisonné du droit criminel*, 1850, 2 vol. in-4°, v° *Cour d'assises*. — Ortolan et Desjardins, *Eléments de droit pénal*, 5ᵉ édit., 1886, 2 vol. in-8°, t. 2, n. 1971 et s., et aussi même tome, passim. — Rauter, *Traité théorique et pratique du droit criminel français*, 1836, 2 vol. in-8°, t. 2, passim. — Richard-Maisonneuve, *Exposé de droit pénal et d'instruction criminelle*, 3ᵉ édit., 1875, in-8°, p. 184 et s. — Rodière, *Eléments de procédure criminelle*, 1844, in-8°, p. 166 et s. — Rolland de Villargues, *Les Codes criminels*, 5ᵉ édit., 2 vol. in-8°, sur les articles cités du Code d'instruction criminelle. — Trébutien, Laisné-Deshayes et Guillouard, *Cours élémentaire de droit criminel*, 1884, 2 vol. in-8°, n. 530 et s. — Vallet et Montagnon, *Manuel des magistrats du parquet et des officiers de police judiciaire*, 1890, 2 vol. in-8°, passim.

Anspach, *De la procédure devant les cours d'assises*, 1858, gr. in-8°. — Barse et Orfila, *Manuel de la cour d'assises dans les questions d'empoisonnement*, 1845, in-8°. — Bernard, *De la conduite des débats devant les conseils de guerre et devant les cours d'assises*, 1859, in-8°. — Berriat Saint-Prix, *Le jury en matière criminelle. Manuel des jurés à la cour d'assises*, 2ᵉ édit., 1884, in-12. — Beudant, *De l'indication de la loi pénale dans la discussion devant le jury*, 1861, in-8°. — Bourgerie, *Traité des droits et devoirs des jurés*, 1837, in-12. — Bourguignon, *Manuel du juré*, 1827, in-8°. — Boyard, *Des droits et des devoirs de la magistrature et du jury*, 1827, in-8°. — Chrétien, *La partie civile à la cour d'assises*, 1887, gr. in-8°. — Corrard-Lalesse, *Le guide des jurés*, 1842, in-18. — Cubain, *Traité de la procédure devant les cours d'assises*, 1851, in-8°. — Dauvin, *Manuel des jurés ou lettres instructives sur le nouveau jury français*, 1812, in-8°. — Delpech, *La procédure et le droit criminel en cour d'assises*, 1888, in-4°. — Deyres, *Des nullités en cour d'assises*, 1883, in-8°. — Dufour, *Aide-mémoire d'un président d'assises*, 5ᵉ édit., 1869, in-4°. — Dupart, *Tableau raisonné des indemnités des témoins et des jurés*, 1831, in-8°. — Fenet, *Code-manuel du juré* d'assises, 1876, in-8°. — Fleurigeon, *Le guide des jurés*, 1811, in-8°. — Frémont, *De la réduction du nombre des cours d'assises et de leur centralisation au chef-lieu de la cour impériale*, 1861, in-8°. — De Fréminville, *De la procédure criminelle devant le jury ou traité pratique de la présidence des cours d'assises*, 1855, in-8°. — Gaillard, *Devoirs des présidents de cours d'assises, des jurés, des témoins et des experts*, 2° édit., 1835, in-8°. — Guichard et Dubochet, *Manuel du juré*, 1827, in-8°. — Jeanvrot, *Memento d'audience du président d'assises*, 1885, in-4°. — Lacuisine (de), *De l'influence légitime de la magistrature sur les décisions du jury*, broch. in-8°. — Lambert, *Philosophie de la cour d'assises*, 1861, in-8°. — Liorel, *Du jury criminel ou Code du juré en cour d'assises, suivi des dispositions pénales applicables en matière criminelle*, 1887. — Lombart, *Cour d'assises*, 1825, in-8°. — Mariage, *Manuel du président d'assises*, 1884, in-4°. — Mergé, *Manuel du juré*, 4° édit., 1844, in-18. — Minard, *Guide pratique du juré à la cour d'assises*, 1868, in-8°. — Morin, *Manuel du juré en matière criminelle*, 1875, in-18. — Nouguier, *La cour d'assises. Traité pratique*, 1860-1870, 5 vol. in-8°. — Pain, *Code pratique de la cour d'assises*, 1889, in-8°. — Perrève, *Manuel des cours d'assises, résolvant, d'après la jurisprudence de la Cour de cassation et des cours d'assises, les questions qui se présentent dans les affaires soumises au jury*, 1862, in-8°. — Philipps (trad. par Charles Comte), *Des pouvoirs et des obligations du jury*, 1827, in-8°. — Rolland de Villargues, *Formulaire de la chambre des mises en accusation et de la cour d'assises*, 1868, 1 vol. gr. in-8°. — Serres (Marcel de), *Manuel des cours d'assises*, 1822, 3 vol. in-8°. — Surraud, *Code de la cour d'assises avec jurisprudence et formules*, 1891, in-4°. — Tellier, *Formulaire d'audience du président d'assises*, 1894, in-4°. — Tougard, *Guide des jurés*, 1827. — Zambeaux, *Des attributions du président des assises, de la cour d'assises et du jury*, 1887, in-8°.

La loi proscrit-elle la distribution de mémoires aux jurés (Moulin) : Gaz. des Trib., 23 sept. 1829. — *Observations sur la jurisprudence de la Cour de cassation relativement à l'art. 3*, L. 4 mars 1834 : Gaz. des Trib., 25 mars 1832. — *Du respect qu'on doit aux décisions du jury* (Marchand) : Gaz. des Trib., 30 oct. 1833. — *Des pouvoirs de la cour d'assises* : J. Le Droit, 31 déc. 1836. — *Rapports des présidents d'assises* : J. Le Droit, 21 nov. 1839. — *De la position des questions en matière criminelle* : J. Le Droit, 6 et 7 avr. 1840. — *Le résumé à la cour d'assises* (Nogent Saint-Laurent) : J. Le Droit, 4 sept. 1863. — *Des réformes judiciaires; les cours d'assises* (de Lagrèze) : J. Le Droit, 13 avr. 1872. — *Le résumé du président d'assises* (Saint-Lannes) : J. Le Droit, 30 juin, 15 et 16 juill. 1880. — *A propos du refus de serment devant la cour d'assises* (A. L.) : J. Le Droit, 19 mars 1882. — *Renvoi d'une affaire à une autre session, demande de mise en liberté provisoire* (Paul Coulet) : J. Le Droit, 18 nov. 1882. — *Cours d'assises, composition de la cour, pouvoirs respectifs, procédure intermédiaire, procédure en cour d'assises* : J. de dr. crim., année 1853, p. 105. — *Jury, composition, capacité, listes, colonies, fonction, devoirs, délibération, note, lecture, signature, chose jugée* : J. de dr. crim., année 1853, p. 137. — *Questions au jury, compétence, fait, droit, excuses, accusations, modifications, circonstances résultant des débats, faits nouveaux, alternative, complexité* : J. de dr. crim., année 1853, p. 169. — *Quels sont les droits de la défense relativement au supplément d'instruction fait par le président des assises?* J. de dr. crim., année 1854, p. 329. — *Dans quel cas un juré, quoique présent, peut-il être condamné par la cour d'assises à l'amende?* J. de dr. crim., année 1855, p. 113. — *Cour d'assises, composition, pouvoirs, procédure intermédiaire, débats, décision :* J. de dr. crim., année 1855, p. 337. — *Lorsque deux circonstances différentes doivent concourir pour constituer une circonstance aggravante qualifiée, peut-on légalement en faire l'objet de deux questions distinctes?* J. de dr. crim., année 1858, p. 177. — *Résumé des présidents des assises* (Morin) : J. de dr. crim., année 1862, p. 193. — *Lorsque c'est par erreur de droit que la cour d'assises, composant la liste de service a écarté un juré pour cause d'incapacité ou d'incompatibilité, y a-t-il ouverture à cassation?* J. de dr. crim., année 1866, p. 161. — *Suppression du résumé des débats devant la cour d'assises :* J. de dr. crim., année 1881, p. 225. — *Quelles sont les conséquences du refus de serment d'un juré, au point de vue tant de la composition du jury que des condamnations qui peuvent être prononcées contre ce juré* (Lepeytre) : J. de dr. crim., année 1882, p. 113. — *L'amende édictée par l'art. 396, C. instr. crim., doit-elle être appliquée au juré qui, après avoir comparu à l'appel de son nom, refuse de prêter serment devant Dieu « parce qu'il ne croit pas à la divinité »* (Lepeytre) : J. de dr. crim., année 1882, p. 81. — *Observations sur le refus de serment des jurés* (Lepeytre) : J. de dr. crim., année 1882, p. 318. — *Les réformes, le résumé du président :* J. La Loi, 10-11 janv. 1881. — *Le résumé du président de la cour d'assises* (Villey) : J. La Loi, 22 mai 1881. — *Du renvoi direct des accusés devant la cour d'assises par le juge d'instruction* (Bertheau) : J. La Loi, 17 mars 1889. — *Par qui le premier président doit-il être remplacé, en cas d'empêchement, pour tirer au sort le jury de session de la cour d'assises?* J. du min. publ., année 1875, p. 50. — *Etude critique sur l'interprétation de l'art. 350, C. instr. crim., par la jurisprudence et la doctrine* (Donmenjon) : Rec. de l'acad. de législ. de Toulouse, t. 34, p. 214. — *Répression devant les cours d'assises, influence de la loi du 18 avr. 1832 et de l'admission, dans notre législation pénale, des circonstances atténuantes* (Arondeau) : Rev. Fœlix, t. 9, p. 831. — *Les cours d'assises jugeant par contumace peuvent-elles admettre des circonstances atténuantes en faveur des accusés* (Berriat-Saint-Prix) : Rev. Fœlix, t. 9, p. 521. — *Du jury, de la position des questions au jury en matière criminelle* (Bazot) : Rev. crit., t. 17, p. 559; t. 18, p. 157, 438; t. 19, p. 516; t. 21, p. 340, 445. — *De l'indication de la peine dans la discussion devant le jury* (Faringault) : Rev. crit., t. 18, p. 137. — *La cour d'assises peut-elle suppléer à la déclaration du jury sur un fait constituant une circonstance aggravante du crime commis au moyen de pièces certaines, et même d'actes ayant un caractère authentique* (Rodière) : Rev. Wolowski, t. 1, p. 467. — *Procès-verbaux d'audience* (Bonuesœur) : Rev. Wolowski, t. 43, p. 395.

INDEX ALPHABÉTIQUE.

Abandon d'enfant, 3075.
Abréviation, 4009 et s., 5068.
Absence de l'accusé. — V. *Accusé* (absence de l').
Absence d'un juré, 916 et s., 936, 941, 944, 1007, 2607, 4149.
Absence momentanée, 297, 314 et s.
Absolution, 1534, 4696 et s., 4714, 4809, 4823, 5354.
Abstention de juge, 282.
Abus d'autorité, 3610 et s.
Abus de blanc seing, 3300.
Abus de confiance, 2905, 2939, 3087, 3261, 3265 et s., 3388, 3389, 3492, 3678, 4111, 4542, 5356, 5713, 5717.
Abus du pouvoir, 4457.
Acceptation de lettre de change, 3232, 3236.

Accolade, 4338, 4339, 4342.
Accusation, 686.
Accusations multiples, 820.
Accusation nouvelle, 2965, 2900 et s.
Accusé, 86, 93, 185, 203, 204, 219, 250, 290, 311, 312, 389 et s., 401, 402, 408, 424, 654, 655, 661, 668, 671, 677, 683, 943, 944, 965, 1103, 1144, 1149 et s., 1172, 1194, 1421 et s., 1569, 1582, 1627, 1855, 1985, 1936, 1949, 2075, 2076, 2421, 2604, 2630, 2932 et s., 2968, 3402, 5164, 5482, 6057.
Accusé (absence de l'), 1070, 1237, 1391 et s., 2379 et s., 2627, 5548, 5076.
Accusé (audition de l'), 6021.
Accusé (comparution de l'), 1649 et s., 4994 et 4995.

Accusé (costume de l'), 1656.
Accusé (culpabilité de l'), 3488 et s.
Accusé (éloignement de l'), 5108 et s., 6081, 6098, 6111.
Accusés (pluralité d'), 216, 382, 681, 682, 821, 834 et s., 846, 1174 et s., 1550, 2656, 3307 et s., 3332 et s., 3397, 3401, 4214, 4344, 4349 et s., 4376, 4378, 4391 et s., 4441, 4561, 4638, 4724, 5015, 5947.
Accusé (présence de l'), 763, 766, 860, 942, 1038, 1104 et s., 1638 et s., 4197 et s., 4207 et s., 4641 et s., 4656, 4779, 4787, 5546, 5999, 6076.
Accusé (qualité de l'), 2816 et s., 2841 et s., 2847, 2848, 2850 et s., 2860 et s.
Accusés (questions aux), 1528.
Accusé (retraite de l'), 3884.
Accusé détenu, 679.
Accusé libre, 608 et s.
Acquiescement, 2094 et 2095.
Acquiescement implicite, 1959.
Acquiescement tacite, 1957 et 1958.
Acquittement, 359, 372, 373, 1991, 3757, 4020, 4406, 4407, 4685 et s., 5327 et s., 5947, 5948, 6048, 6089, 6109.
Acte d'accusation, 381, 407, 1498, 3540 et s., 3631, 5482.
Acte d'accusation (lecture de l'), 1741 et s., 1754, 1755, 5012 et s., 5285, 5286, 5403, 5404, 5472.
Acte d'instruction, 231, 249, 250, 1469, 1470, 1472, 1586, 1671, 2699.
Acte de naissance, 4301.
Acte de notoriété, 5405.
Acte écrit, 4089 et s.
Acte sous seing privé, 4302.
Actes successifs, 3247.
Action civile, 371 et s.
Action disciplinaire, 241.
Administration judiciaire, 85.
Adultère, 2908.
Affaire civile, 236 et s.
Affaire en état, 399 et s., 422, 423, 425, 435 et s., 442.
Affiche, 109, 3908 et s., 4806.
Age, 305, 307, 310, 544 et s., 697, 3483 et s., 3536, 5371, 3782, 5440, 5444 et s., 5520, 5522.
Age de la victime, 2864 et s.
Agent de l'administration des postes, 2240 et s.
Agents des douanes, 2176 et 2177.
Agent de la force publique, 3354, 3365.
Agent de police, 2117.
Agent salarié, 2116.
Agréé, 2221.
Aide des médecins, 2229.
Aïeul, 2027.
Algérie, 210, 215, 254, 278, 1003, 1030.
Aliénation mentale, 5238.
Aliéné, 2020 et s., 2508.
Allemagne, 6075 et s.
Alliance, 268 et s., 2025, 2040 et s., 2171 et s., 2476 et s.
Amende, 762, 920 et s., 941, 1282, 1726 et s., 1787, 1788, 1794 et s., 2211, 2330, 2332, 3929, 4192, 4806, 4835, 4855, 4880, 5177, 5808, 5921, 6095.
Amnistie, 343, 1973, 5350.
Anabaptiste, 1720, 2313.
Angleterre, 6057 et s.
Annexe, 4044.
Annulation, 251 et s., 738, 969, 1216 et s., 1239 et s., 1475, 1900, 1944, 2497, 4172, 5309, 5310, 5462, 5691, 5692, 5915 et s., 5930, 6009.
Annulation (rétractation de l'), 1248.
Annulation partielle, 1228.
Antécédents de l'accusé, 6069.

Appariteur, 2198.
Appel, 5714.
Appel des jurés, 355, 890, 1104, 1105, 1107 et s., 1122 et s., 1291 et 1292.
Appel des témoins, 1777 et s., 5028 et s.
Applaudissements, 5853 et 5854.
Apport de pièces nouvelles, 1417 et 1418.
Appréciation souveraine, 70, 813, 880, 933, 945 et s., 1810, 1943, 2402, 2666, 2967 et s., 5279, 5356, 5423, 5683, 5686, 5767 et s., 5887 et s., 5898.
Armes de guerre (port d'), 3077.
Arrestation, 1354, 1358, 5613 et s., 5901, 6075.
Arrestation arbitraire, 4318.
Arrêt, 58, 77, 85, 87, 183, 347, 859 et s., 904, 909, 915, 930, 937, 1055 et s., 1065 et s., 1412, 1532, 1533, 1542, 1544, 1812, 2088, 2098, 2376, 2432, 2433, 2585 et s., 2757, 3146 et s., 4628 et s., 4678 et s., 4698, 4985, 4938, 4961, 5318, 5652, 5653, 5662 et s., 5977, 5978, 5981.
Arrêt (expédition de l'), 4949, 4959, 5188.
Arrêt (prononciation de l'), 4780 et s., 5206 et s.
Arrêt (rédaction de l'), 4831 et s.
Arrêt (signature de l'), 3729 et 3730.
Arrêt antérieur, 3871.
Arrêt contradictoire, 224.
Arrêt de la cour d'appel, 8.
Arrêt de plus ample informé, 230 et 231.
Arrêt d'évocation, 223.
Arrêt d'instruction, 6045.
Arrêt de renvoi, 329 et s., 350 et s., 366, 380, 403 et s., 434, 436 et s., 724, 725, 1497, 2758 et s., 6167 et s.
Arrêt de renvoi (lecture de l'), 1741 et s., 5012 et s., 5403, 5404, 5472.
Arrêt incident, 94, 1804, 1806 et s., 1940 et s., 2951, 3869, 4933 et s., 5035, 5091, 5092, 5177, 5258, 5266 et s., 5284, 5299 et s., 5434, 5533, 5545, 5600, 5657.
Arrêt rapporté, 1786.
Arrêt sur requête, 2601.
Arrêté de compte, 3238.
Articulation de faits, 6042.
Articulation de preuve, 5976.
Ascendant, 2027, 2869.
Ascendant naturel, 2029, 2857.
Assassinat, 2855, 3034.
Assesseurs, 38, 39, 62, 67, 97, 117, 120 et s., 133, 146 et s., 218, 233, 251, 256 et s., 265, 269 et s., 729, 1097, 1098, 1274 et s., 1852, 1835, 1895, 2297, 2420, 2421, 3694, 4931, 4952 et s., 4960, 5435.
Assesseurs (nomination des), 148 et s.
Assesseurs (remplacement des), 160 et s.
Assesseur suppléant, 4939, 4979.
Assesseurs supplémentaires, 71, 209.
Assesseurs supplémentaires (désignation des), 81.
Assesseurs supplémentaires (nombre d'), 78.
Association de malfaiteurs, 4077, 4229, 4230, 4304.
Athée, 1721, 1728.
Attentats aux mœurs, 2864 et s., 2941, 3043, 3044, 3078, 3081 et s., 3225, 3256, 3295, 3296, 3369 et s., 3432, 3460, 3482, 3618 et s., 3677, 3732, 3767, 4314 et s., 4358 et s., 4488 et s., 4541, 4620, 4682.

Attentat contre la sûreté de l'État, 2, 2237, 2803 et s., 3052, 3053, 4293, 4425.
Attributions de la cour, 1469, 1470, 1472 et s.
Attributions du jury, 6171.
Audience, 1518, 1519, 5026, 5763, 5970 et s.
Audience (délit d'), 375, 1358, 1359, 1624.
Audience (fixation de l'), 240.
Audience (jour de l'), 393.
Audience (ouverture de l'), 1625 et s.
Audience (police de l'), 1352 et s., 1474, 1476 et s., 1673 et s., 4208, 5291.
Audience publique, 860, 1024, 1034, 1356, 1395, 1709.
Audiences successives, 2462.
Audition des témoins (ordre de l'), 2260 et s. — V. Témoins (audition des).
Auteur inconnu, 4416 et 4417.
Auteur principal, 3048, 3757.
Autopsie, 748, 777.
Autorisation du président, 2465 et s., 2572 et s.
Autorisation maritale, 2155.
Autorité administrative, 4776.
Autriche, 6091 et s.
Avertissement, 1236.
Avertissement à l'accusé, 1153, 1155 et s., 1177, 1736 et s., 1756 et s., 2093, 2952 et s., 5011, 5210 et s., 5424, 5981.
Avertissement au condamné, 4824 et s., 4994.
Avertissement au défenseur, 1692 et s., 4994.
Avertissement au jury, 2009, 2010, 2100, 2103, 2122, 2132 et s., 2156, 2157, 2588, 2589, 3403, 3759 et s., 4669, 4674 et s., 5165 et s.
Avertissement au ministère public, 1155.
Avertissement sur le droit de récusation, 6063.
Avertissement sur l'effet de l'aveu, 6058.
Aveu, 3847, 4233, 5219 et s., 6058 et 6059.
Aveugle, 2019.
Avis, 157, 269.
Avis au jury, 1465 et 1466.
Avis au maire, 383.
Avocat, 167 et s., 182, 207, 276 et s., 294, 1355, 1422, 1423, 2216 et s., 2251.
Avocat général, 288 et 289.
Avortement, 3051, 3064 et s., 3080, 3247, 3859, 3619 et s., 4764.
Avortement (tentative d'), 2859 et s., 3051.
Avoué, 171, 172, 182, 207, 294, 2219, 2220, 2257.
Bandes armées, 3049, 3443.
Banqueroute, 3091, 3093, 3288, 3302 et s., 3439, 3441, 3534, 3627 et s., 3855 et s., 4360, 4517 et s., 5326, 5713.
Banqueroute frauduleuse, 237, 2892 et s., 2921, 2938 et 2939.
Banqueroute simple, 1995, 2938.
Baraterie, 3784, 5331.
Beau-frère, 275, 2045, 2048, 2054, 2484.
Beau-père, 272, 2041.
Belgique, 6112 et s.
Belle-fille, 2041, 2482.
Belle-mère, 2055, 2481.
Belle-sœur, 2045 et s.
Bigamie, 4488.
Billet, 785, 5860.
Billet à ordre, 2777, 3605 et s., 4070, 4515.
Billet de loterie, 2825.
Billet d'entrée, 1679 et s.

Blancs, 4890 et s., 5167.
Bulletin blanc, 3966.
Bulletin illisible, 3968.
Caisse d'épargne, 784.
Candidat au conseil général, 934.
Capacité, 189, 191, 895, 5419, 5522, 5539 et s.
Cassation, 222, 270, 392, 1563, 1820, 1821, 1945, 2169, 3727, 3744 et s., 4677, 4812 et s., 4846, 5264, 5622, 5912, 5935, 5964, 6009.
Certificat, 917, 2543, 3865, 3866, 5405, 5755.
Certificat de maladie, 936.
Chambres civiles, 65, 70.
Chambre des délibérations, 5805.
Chambre des mises en accusation, 51, 217 et s., 299, 342, 347, 369.
Chambre du conseil, 910, 1067, 1080, 1082 et s., 4740, 4742.
Chambres réunies, 50 et s.
Changement de qualification, 3035.
Chefs distincts, 3778, 3402, 3403, 3961, 4365, 4381 et s., 4563 et s.
Chef du jury, 3886 et s., 3965, 4040, 4052 et s., 4129, 4130, 4175 et s.
Chef du jury (remplacement du), 4141 et s.
Chef du jury (signature du), 4133 et s.
Chef-lieu du département, 47.
Chemin public, 2890, 2891, 4762.
Chirurgien, 2228, 2860 et 2861.
Chose jugée, 344, 3002, 4276, 4609, 4671, 5327 et s., 5901, 5950.
Circonstances, 2960, 2963, 3010 et s., 3198 et s., 3225.
Circonstance aggravante, 2781, 2793, 2857, 2860 et s., 2869 et s., 2886, 2891, 2975, 2979, 2986, 3005, 3009, 3063, 3064, 3069, 3287, 3306, 3312, 3321 et s., 3451, 3453, 3471, 3484, 3557, 3575, 3630 et s., 3750, 3751, 3766, 4017 et s., 4032, 4080, 4100, 4113, 4233 et s., 4241, 4291, 4292, 4308 et s., 4321, 4336 et s., 4384 et s., 4538, 4582 et s., 4613, 4681, 4763 et s.
Circonstance aggravante résultant des débats, 3014 et s., 3016 et s.
Circonstances atténuantes, 3100, 3397 et s., 3400, 3402, 3403, 3642 et s., 3768 et s., 3795, 3912, 4025 et s., 4033, 4034, 4037, 4064 et s., 4119, 4154 et s., 4239, 4247, 4249, 4349 et s., 4381 et s., 4544, 4545, 4553, 4638, 4655, 4764, 5166.
Circonstance constitutive, 2773, 2792, 2810, 2811, 3040 et s., 3411 et s., 3449 et s., 3582 et s., 4069, 4213, 4231, 4232, 4345 et s., 4567, 4568, 4573 et s., 4613.
Circonstance modifiant l'accusation, 3008 et s., 3023, 3025 et s., 3032 et s.
Citation, 393, 654 et s., 759 et s., 2510. — V. Témoins (citation des).
Citation à comparaître, 389 et s.
Citation directe, 350, 353 et 354.
Citation erronée, 5074, 5168 et s., 5278.
Citation irrégulière, 836.
Clôture des débats, 2697 et s., 3738 et s., 5155 et s.
Coaccusé, 225, 604, 605, 673, 1857 et s., 2037, 2532 et s., 2693, 3307 et s., 3851 et s., 5473, 5474, 5848, 5951.
Coauteur, 224 et s., 3030, 3031, 3283, 3284, 3568, 4372, 4386, 4391 et s., 4524.
Coinculpé, 1993.

Colonies, 369, 370, 2562, 3597.
Commerçant, 2837.
Commerçant failli, 2896 et s.
Commis-greffier, 304, 306 et s., 2215, 2501, 4852 et s., 4971.
Commissaire de police, 730, 734, 736, 2131, 2369.
Communication de l'accusé avec son conseil, 384, 415, 1555, 1556, 1560 et s.
Communication de la cour au dehors, 4750 et 4751.
Communication de pièces, 769, 796, 802, 1490 et s., 1472, 1491, 1555, 1587, 1595 et s., 1974, 2549, 2559, 2638, 6047.
Communication des jurés au dehors, 1250, 3918 et s., 3931 et s., 3958, 5735, 5970.
Communication des témoins au dehors, 1829 et s., 1840 et s.
Communication des témoins entre eux, 1837 et s.
Communication du dossier à un tiers, 1568.
Communication tardive de la procédure, 1563.
Comparution (impossibilité de), 5655.
Comparution en justice, 475, 2248, 6092.
Compétence, 319 et s., 1349 et s., 1467 et s., 1735, 3481, 3482, 3485 et s., 3490, 4769, 5325, 5326, 5351, 5360, 5531, 5902 et s., 5986, 6019, 6172.
Compétence ratione loci, 320, 322.
Compétence ratione materiæ, 319.
Compétence ratione persona, 323.
Complexité, 3167 et s., 3244, 3400, 3755, 4323 et s., 4658.
Complice, 1992, 2244 et s., 3757, 5314.
Complicité, 322, 807, 2778, 2802, 2805, 2985, 3027 et s., 3032, 3048 et s., 3214 et s., 3262, 3274, 3277, 3497, 3537, 3589 et s., 3620, 3658, 3659, 3725, 4240, 4286, 4292, 4298, 4321, 4322, 4334, 4361, 4365, 4367, 4379, 4401 et s., 4416 et s., 4476, 4491, 4494, 4510 et s., 4519, 4539, 4540, 4561, 4562, 4570, 4572, 4699, 4802, 5638, 5716, 6007.
Composition irrégulière de la cour, 909.
Comptable de deniers publics, 4257.
Compte-rendu, 95, 1898, 3871.
Concierge, 603.
Conclusions, 1409 et s., 1486, 1610 et s., 4198, 4645, 4823, 4933, 4934, 5258, 5263, 5360, 5416, 5818 et s., 5854, 5878, 5905, 5909, 5982, 5999, 6010 et s., 6022.
Conclusions de la partie civile, 1608.
Conclusions du ministère public, 914, 6026.
Concussion, 2776, 2844 et s., 3060, 3061, 3244, 3301, 3538, 4303.
Condamnation, 372, 3757, 6090.
Condamnation correctionnelle, 1967, 1968, 1976 et 1977.
Confiscation, 4687.
Confrontation des témoins, 2426 et s.
Confusion des voix, 269 et 270.
Congrégation religieuse, 2239, 2328.
Connexité, 321, 356 et s., 456, 810, 812 et s., 837, 1150, 1879, 2795, 2908, 3001, 3002, 3069, 4514.
Conseil de guerre, 5711.
Conseil général, 934.
Conseiller, 99, 150 et s., 162, 164, 196, 217 et s., 223, 224, 226, 230 et s., 236, 237, 292.

Conseiller à la chambre des mises en accusation, 251.
Conseiller à la cour d'appel, 98.
Conseiller assesseur. — V. Assesseur.
Conseiller auditeur, 263.
Conseiller rapporteur, 235.
Consentement de l'accusé, 427 et s., 856, 1059, 1221, 1818, 1819, 1821, 1923, 2095, 2449, 2466.
Consentement des parties, 1247.
Consentement tacite, 2507.
Constatation implicite, 5164.
Contestation, 3702.
Contrainte par corps, 4192, 4805, 5352, 5922 et s.
Contrainte personnelle, 1789, 3163.
Contravention, 348, 356.
Contrefaçon, 3226.
Contrefaçon de monnaie, 3058, 5340, 5840.
Contrefaçon des sceaux de l'Etat, 4431.
Contumace, 224, 5106.
Copie d'exploit, 584 et s.
Copie de pièces, 385 et s., 454, 455, 575, 648 et s., 698, 767, 770 et s., 796, 1430, 2529, 3885, 3863, 5648, 5652, 5653, 5708, 5710.
Copie de pièces incomplète, 387.
Copies séparées, 382.
Corruption de fonctionnaires, 2850 et s.
Costume, 1656.
Coups et blessures, 1501, 2974, 3034, 3062, 3063, 3068, 3089, 3090, 3245, 3246, 3286, 3350 et s., 3447, 3504 et s., 3511, 3724, 3727, 4022, 4261, 4305, 4347, 4398, 4422, 4530, 4452 et s., 4581, 5334 et 5335.
Cour d'appel, 45, 50 et s., 53, 54, 70.
Cour d'appel (délibération de la), 152 et 153.
Cour d'assises (composition de la), 59 et s., 4948 et s.
Cour d'assises (siège de la), 45.
Cour de cassation, 857, 858, 3688, 4223, 4652, 5513, 5720, 5825.
Cour de renvoi, 738.
Cour spéciale, 384.
Cousin, 2061.
Cousin-germain, 274.
Coût des actes, 620, 621, 623.
Créancier, 2143.
Créancier du failli, 2111 et s.
Crime commis à l'audience, 375.
Crime commis à l'étranger, 6164, 6166.
Crime commis en France, 6167 et s.
Crime commis pour assurer l'impunité d'un délit, 358.
Crime contre la sûreté de l'Etat.
— V. Attentat.
Crime maritime, 3314 et 3327.
Cris séditieux, 1357 et s.
Culpabilité, 3400.
Culte, 2310 et s.
Cumul de peines, 4770, 4796.
Date, 633 et s., 689, 705, 1258 et s., 3670 et s., 4086, 4625, 4637, 4929.
Date (omission de la), 706.
Date de l'arrêt, 4832.
Date de la déclaration, 4084 et s.
Date de l'exploit, 587 et s.
Date du crime, 2771, 2772, 2961, 2962, 2987, 3473, 3512 et s., 3554, 3674, 4817.
Date du procès-verbal, 4869 et s.
Date erronée, 1259 et 1260.
Date incomplète, 1261 et 1262.
Débats, 205, 206, 295, 296, 313 et s., 790, 6104, 6170.
Débats (clôture des), 2697 et s.
Débats (continuité des), 2591 et s.
Débats (direction des), 1360 et s.
Débats (interruption des), 2596 et s.

Débats (ouverture des), 380, 422, 845, 1625 et s., 5811, 5897.
Débats (réouverture des), 2703 et s.
Débats (suspension des), 2595 et s.
Décès, 2517, 4837, 4858.
Déchéance, 5982.
Déclaration, 2964, 3184, 3185, 3983, 4086, 4218, 4678 et s., 5133, 5296, 5297, 5487, 5774 et s., 6004.
Déclaration (lecture de la), 4174 et s., 4653 et s., 4779, 5189 et s., 5195 et s., 5958.
Déclaration (remise de la), 4216.
Déclaration (signature de la), 4133 et s.
Déclaration certaine, 4279 et s.
Déclaration complexe, 4323 et s.
Déclaration contradictoire, 4110, 4266 et s., 4368, et s.
Déclarations de l'accusé, 5217 et s.
Déclarations de témoins (lecture de), 1760, 2365 et s.
Déclarations distinctes, 3402 et 3403.
Déclaration erronée, 5931 et s.
Déclaration incertaine, 4288 et s.
Déclaration incomplète, 4552 et s.
Déclarations successives, 5186.
Déclaration surabondante, 4526 et s.
Déclaration unique, 3403.
Déclinatoire, 3529, 6165.
Décorations, 1658 et 1659.
Défaut, 702, 4844 et 4845.
Défaut de réclamation, 5389.
Défaut d'assistance, 5389.
Défense, 185, 407, 2410 et s., 2631, 2655 et s., 5153 et s., 5282, 5261 et s., 5481 et s., 5499, 5621, 5709, 5861, 5999, 6030 et s.
Défense (lecture de la), 2666.
Défense (droit de la), 1382, 1394, 1419, 1601.
Défense de communiquer, 1421 et s.
Défenseur, 607, 764, 769, 796, 883, 1110 et s., 1152, 1342, 1382, 1548 et s., 1770, 1872, 1890, 2206, 2413, 2604, 3699, 3701, 4195 et s., 4220 et s., 4642, 4645 et s., 4676, 4725 et s., 4934, 4982, 4983, 4994, 5200, 5202, 5203, 5258, 5628, 5703, 5743.
Défenseur (absence du), 1575 et s., 5389.
Défenseur (désignation tardive du), 1557 et s.
Défenseur (empêchement du), 1566, 1567, 5704.
Défenseur (interruptions du), 1623.
Défenseur (remplacement du), 1552, 1553, 1565.
Défenseur (second), 1582.
Défenseur non avocat, 1554.
Dégradation civique, 1966.
Délai, 103, 104, 403 et s., 687 et s., 846, 927, 3731 et s., 4835, 4840, 4856 et s., 4881, 4906, 5210, 5492, 5918, 5980.
Délai de distances, 476 et s.
Délai de la notification, 462 et s.
Délégation, 42, 132, 149, 151 et s., 289, 290, 729 et s., 803, 1852, 1895.
Délégation légale, 176 et 177.
Délibération, 6102.
Délibération de la cour, 4739 et s., 4939, 5928 et s.
Délibération du jury, 2964, 3885 et s., 5179 et s., 6086.
Délibéré, 66.
Délit, 340, 348, 356 et s., 360, 363, 812, 3786 et s., 4826.
Délit d'audience, 375, 1358, 1359, 1624.
Délit de presse. — V. Presse (délit de).
Demandé acte, 1505, 1645.

Démence, 401, 751, 3160 et s., 4080, 4482, 4605, 4606, 5705 et 5706.
Dénonciateurs, 373.
Dénonciation, 2103 et s., 3882.
Dénonciation spontanée, 2123 et s.
Département, 43 et 44.
Dépens, 5366.
Déplacement de la cour, 48 et s.
Déportation, 1966.
Dépositaire public, 2841 et s.
Dépositions. — V. Témoins.
Dépositions (variation des), 5251 et s.
Déposition annulée, 2283.
Déposition écrite, 796, 2353, 2361, 2362, 2563 et s., 3877 et s.
Dépositions multiples, 2581.
Déposition non interrompue, 2370 et s.
Déposition orale, 2350 et s.
Déposition recommencée, 2337 et s.
Déposition scindée, 2264.
Déposition séparée, 2270 et s.
Déposition spontanée, 2364 et 2365.
Dépôt des bulletins dans l'urne, 4125.
Descendant, 2030.
Descente sur les lieux, 1490.
Désertion, 327.
Désignation, 79, 97, 192.
Désignation (droit de), 53 et s., 131.
Désignation irrégulière, 209.
Désistement, 439, 440, 5321.
Dessin, 5789.
Détournement de deniers publics, 3421 et 3422.
Détournement de mineur, 3372, 3728.
Diffamation, 352, 1382, 3269, 3318, 3461, 4525, 5321, 5350.
Dimanche, 482, 695.
Discernement, 1499, 3409, 3487, 3723, 4550.
Discipline, 241, 376, 1355, 1356, 1624, 2685, 4744.
Discussion avant de voter, 3811.
Disjonction, 718, 804, 805, 805, 1517.
Dispense, 486, 493, 495, 499, 899, 934, 991, 1295, 6054.
Dispense (durée de la), 938.
Dispense de déposer, 2212 et s., 2244 et s.
Dispense provisoire, 948.
Divisibilité, 5951.
Divorce, 2057.
Domestique, 2174, 3388, 4111, 5443.
Domicile, 477 et s., 535, 558, 563 et s., 609, 611, 638, 639, 900, 1690, 3482.
Domicile élu, 611.
Domicile réel, 611.
Dommages-intérêts, 371 et s., 1731 et s., 4178, 4808, 5355, 5719, 5730 et 5731.
Donné acte, 1495, 1506, 4198, 4934, 5010, 5318, 5476, 5766 et s., 5814 et s., 5818 et s., 5969 et s., 5983 et s.
Douanes (agent des), 2176 et 2177.
Duel, 2855, 3615, 5330.
Ecrit incriminé, 618.
Ecrit diffamatoire, 1382.
Effets de commerce, 3232.
Effraction, 2887, 3380, 3382, 3527, 4387 et s.
Elections, 3243.
Embauchage, 1346.
Empêchement, 39, 67, 92, 93, 118 et s., 159, 309, 970 et s., 1095, 1346.
Employé d'une administration publique, 2175.
Empoisonnement, 2857, 2858, 3427.
Emprisonnement, 3320, 3613, 3614, 4460, 4461, 4479.
Endossement, 3056, 3233, 3236.
Enfant adoptif, 2036, 2049.

Enfant adultérin, 2031, 2033, 2034, 2044.
Enfant de l'accusé, 2525.
Enfant d'un premier mariage, 2042 et 2043.
Enfant mineur, 5315.
Enfant naturel, 2031 et s., 2035.
Enlèvement de mineure, 4358.
Enonciation incomplète, 686.
Enquête, 5813, 5820 et s., 5854, 5975, 5991.
Enregistrement, 581, 589, 635, 3192.
Entrée dans la chambre des délibérations, 3934 et s.
Entrée payante, 1678.
Epoux divorcés, 2057.
Equipollents, 3496 et s., 3546 et s.
Erreur, 618, 685, 712, 713, 1159 et s., 1216 et s., 1979, 3735, 4090, 4117, 4612, 4640, 4654, 4655, 4793, 4869, 4931, 5056, 5278, 5339.
Erreur de citation, 459.
Erreur de droit, 949, 1875, 1960, 4846.
Erreur de qualification, 458.
Erreur d'orthographe, 541.
Erreur du jury, 243, 5931 et s.
Erreur du verdict, 5834.
Erreur matérielle, 593.
Erreur sur l'âge d'un témoin, 2012 et s.
Escalade, 2887 et s., 3566, 4395 et 4396.
Escroquerie, 357, 3093, 4435, 4446, 4542.
Etat civil, 3475 et s.
Etrangers, 346, 1043, 2520, 5443, 5540, 6164, 6166 et s., 6172.
Etranger (pays), 1914, 3529, 4258, 6164 et s.
Evacuation de la salle, 1677.
Evasion, 835, 1647, 1648, 3423, 3450, 4451, 4787 et 4788.
Evasion pendant les débats, 848.
Evocation, 223.
Exception, 343 et s., 355.
Exception d'incompétence, 3529, 6165.
Exception tardive, 342.
Excès de pouvoir, 2696, 4776.
Exclusion, 898.
Excuse, 228, 486, 493, 496, 499, 903, 909, 913, 918, 919, 939, 1295, 1500, 1784 et s., 2709, 2793, 3095 et s., 3106, 3108, 3109, 3117 et s., 3124 et s., 3146 et s., 3150 et s., 3404 et s., 3646, 3726, 3912, 4021 et s., 4031, 4109, 4465, 4547 et s., 4603 et s., 6036 et 6037.
Excuses de fait, 933, 985, 937, 945 et s.
Excuse fausse, 1790 et 1791.
Excuse légale, 2683.
Excuse temporaire, 513.
Exécution capitale, 4772 et s.
Exécution de jugement, 5365.
Exécution de la peine, 4104.
Exhumation, 613.
Expert, 367, 658, 756, 778, 795, 802, 917, 1489, 2499, 3838, 5452, 5453, 5585, 5593. — V. Rapport d'expert.
Expert (nomination d'), 1466, 5538.
Expert (serment de l'), 5558 et s.
Expertise, 747, 1424 et s., 1457, 1472, 5105, 5241, 5242, 5504, 5529 et s., 5717.
Exploit, 576 et s., 620, 621, 675, 676, 689, 698.
Exposé de l'affaire, 1520, 1521, 1759, 2736, 5016, 5017, 5287, 5482.
Exposition d'enfant, 3075, 3424.
Expulsion, 1354.
Expulsion de l'accusé, 5656 et s., 6094.

Expulsion de l'auditoire, 1674.
Extorsion de fonds, 3442.
Extorsion de signature, 3090, 4515 et 4516.
Extradition, 833, 2936 et s., 2940, 2941, 5718.
Faillite, 237, 1996, 2110 et s., 2199, 2856, 2896 et s., 3281, 5713 et 5714.
Faits distincts, 813, 830, 3208 et s., 4289, 4331 et s. — V. Chefs distincts.
Fait justificatif, 3158 et s., 3163 et s.
Fait nouveau, 2965, 2990 et s., 2994 et s., 4705 et s.
Fait nouveau résultant des débats, 2993.
Fait principal, 3322.
Fausse clef, 2887, 3381, 3382, 4390, 4394.
Fausse monnaie, 2806 et s., 3058, 3059, 3131, 3226 et s., 3292, 3407, 3408, 3414, 3595 et s., 4255, 4421, 4426 et s., 4536.
Fausse signature, 3291.
Faux, 238, 241, 811, 2813 et s., 2939, 3054 et s., 3229 et s., 3290, 3315, 3415 et s., 3472, 3522, 3564, 3574, 3601 et s., 3873, 4232, 4258, 4294 et s., 4357, 4420, 4432 et s., 4441, 4542, 4556, 4700, 4757, 4758, 4821, 5229, 5825, 5341, 5586, 5860.
Faux (usage de), 3045, 3054 et s., 3230 et s., 3257, 3418.
Faux en écriture authentique, 2816 et s., 3601 et s., 4433, 4438, 4447, 4600.
Faux en écriture de commerce, 2777, 2779, 2780, 2786, 2828 et s., 2917, 2918, 3420, 3605 et s., 4070, 4298, 4436, 4437, 5339.
Faux en écriture privée, 2839 et s., 4070.
Faux en écriture publique, 3419.
Faux nom, 3242.
Faux serment, 4496.
Faux témoignage, 249, 823 et s., 1994, 3086, 3260, 3622 et s., 4493 et s., 4579, 4765, 5262, 5611 et s., 5677, 5896 et s.
Femme, 460, 2056, 2155, 5316, 5444, 5539.
Femme de l'accusé, 2478, 2523.
Femme séparée, 2907.
Fers, 1652 et s.
Filiation, 2856, 2858.
Fille, 2030, 2480.
Fils, 2030, 2037, 2480.
Fins de non-recevoir contre l'accusation, 6060.
Fixation, 7 et s.
Foi due, 1340, 4277, 5091, 5092, 5118.
Fonctionnaire public, 2116, 3641.
Force majeure, 4837.
Forclusion, 355.
Forfaiture, 2840.
Formalité facultative, 1846.
Formalité non substantielle, 17 et s., 110, 1688, 1689, 1695, 1740, 1744, 1749, 1758, 1768, 1774, 1776, 1824 et s., 1896, 2145, 2261, 2279 et s., 2392 et s., 2447, 2469.
Formalité substantielle, 974, 975, 1033, 1034, 1037, 1056, 1059, 1060, 1130, 1138, 1197, 1240, 1284, 1664, 1710, 1897, 2321 et s., 2327, 2363, 5110 et s.
Formation du jury, 6105.
Formule, 619, 1713 et s., 4045 et s.
Formule abréviative, 5068.
Formule exécutoire, 4843.
Formule imprimée, 600, 601, 4864 et s.
Formule sacramentelle, 2287 et s.

Frais et dépens, 620, 621, 623, 1267, 1311, 2471, 2472, 3930, 4169, 4912, 5502, 5730, 5731, 5920, 5021, 5925 et s.
Français, 5443.
Fraude, 966 et s.
Frère ou sœur, 2038, 2039, 2483, 2526.
Garde de la chambre des délibérations, 3955 et s.
Gardien, 3355.
Gendarme, 2197.
Gendre, 272, 2041.
Geste, 5850 et s.
Grâce, 1975.
Grande-Bretagne. — V. Angleterre.
Greffier, 62, 308 et s., 453, 742, 1311, 1775, 1776, 2189, 2215, 4831, 4833, 4835, 4841, 4842, 4852 et s., 4970, 5436, 5503, 5519, 5541, 5602, 5648, 6045, 6055.
Greffier (signature du), 1265, 1268 et s., 3667, 4133 et s., 4164 et s., 4168 et s., 4875 et s.
Greffier intérimaire, 309.
Grossesse, 402, 750.
Guadeloupe, 264, 2733.
Guet-apens, 3331, 3340, 3367, 3368, 3569, 3594, 4308, 4312, 4343, 4384 et 4385.
Guichet, 683.
Habitude, 3562.
Heure, 463, 689.
Homicide, 3087 et s., 3189, 3199, 3203, 3228 et s., 3320, 3360 et s., 3429, 3454 et s., 3541, 3594, 3613 et s., 3636, 3724, 4306 et s., 4458 et s., 4530, 4557, 4569, 4590 et s., 4605, 4608, 4609, 4846, 5335, 5857, 5946, 5950.
Homicide involontaire, 2853, 3072, 3076, 3079, 3248, 4347, 4458, 4459, 4531, 4557.
Huis clos, 1455, 2085, 4991 et s., 5266 et s., 6091.
Huis clos partiel, 5288 et s.
Huissier, 454, 586, 684, 2207 et s., 5640, 5642.
Huissier audiencier, 577, 1777.
Identité, 789, 5419.
Identité (reconnaissance d'), 242.
Identité de l'accusé, 1121, 1686 et s., 3475 et s., 4994, 4996, 5231, 6095.
Identité des jurés, 891 et 892.
Identité des témoins. — V. Témoins (identité des).
Idiôme, 5378, 5380 et s., 5391, 5408, 5432, 5434, 5510.
Idiotisme, 2021, 5511.
Immatricule, 581, 684.
Impression, 4864 et s.
Imprimé, 745, 1253 et 1254.
Incapacité, 252, 896, 897, 931, 932, 949 et s., 992, 1231, 1963 et s., 2101 et s., 2487, 5927, 5965 et s. — V. Témoins (incapacité des).
Incapacité temporaire, 1976 et 1977.
Incendie, 3094, 3335, 3391 et s., 3458, 3637, 4256, 4266, 4522 et s., 5846.
Incendie de récoltes, 2906, 2907, 2973, 3572.
Incident, 717 et s., 1082 et s., 2954, 5162, 5258, 5263, 5265 et s., 5318, 5414, 5531, 5545, 5645, 5905, 5908, 5909, 5986 et s., 5992, 6000 et s.
Incident contentieux, 843, 1099, 1100, 1240, 1479, 1481 et s., 1493, 1547 et s., 1804, 1806 et s., 1859, 2087 et s., 2098, 2376, 2431, 2715 et s., 2757, 5035, 6026.
Incompatibilité, 210 et s., 268, 281, 298, 317, 318, 905, 906, 931, 932, 949 et s., 992, 1096, 2181 et s., 5425 et s., 5523, 5538.

Incompétence, 233 et s., 341, 342, 353, 354, 365, 366, 755, 760, 1229, 1733, 3529, 4258, 5365, 5615, 6164, 6169.
Indigence, 662 et s., 1571, 1573.
Indivisibilité, 3188 et s., 3756, 4024, 4262, 5235.
Infanticide, 3065, 3066, 3072 et s., 3079, 3080, 3254, 3410, 3425, 3531, 4532, 5842.
Infirmités, 5378, 5379, 5468.
Infractions disciplinaires. — V. Discipline.
Infractions spéciales, 374.
Inscription de faux, 589, 1340, 4783, 4861, 4914 et s., 5118, 5130, 5177.
Insertion dans les journaux, 109.
Instruction, 5398, 5401, 5430, 5528 et s., 5634.
Instruction écrite, 318.
Instruction nouvelle, 2999, 4705 et s.
Instruction reprise sur charges nouvelles, 246.
Instruction supplémentaire, 232, 718 et s., 877, 1516, 2545 et 2546.
Insurrection, 837.
Intention criminelle, 2794, 2953, 2959, 3488 et s., 3564, 4072 et s., 4224, 4294, 4580 et s.
Interdiction de séjour, 4753, 4800.
Intérêt (défaut d'), 570 et s., 800, 801, 1600, 3573 et s., 3743, 3792 et s., 3836, 4027, 4131, 4263 et s., 4348, 4351, 4355, 4374, 4404 et s., 4621, 4622, 4636 et s., 4731, 4827 et s., 4840, 4846, 4919, 5249, 5292, 5493, 5653.
Intérêt de la loi, 4264, 4352, 2406, 4692.
Interligne, 624 et s., 1278 et s., 3673 et s., 4093 et s., 4890 et s., 5090.
Interlocutoire, 4924.
Interpellations à l'accusé, 1691, 1814 et s., 2388, 2391 et s., 2455 et s., 2590, 2694, 2695, 4212, 4719 et s., 5116, 5228, 5280, 5320, 5490, 6031 et s.
Interpellations à témoins, 1580, 2275 et s., 2343, 2344, 2389 et s., 2459.
Interpellation au ministère public, 4777.
Interpellation aux parties, 1987.
Interpellation collective, 2274.
Interpellation de l'accusé ou de son conseil, 1069, 1077, 1867.
Interpellation de témoin à témoin, 2484 et s.
Interprétation, 5365.
Interprétation de la déclaration, 4225 et s., 4288 et s.
Interprète, 457, 1115 et s., 1289, 1365, 1529, 1899, 2205, 5086, 5121 et s., 5367, 5389, 5407, 6083.
Interprète (identité de l'), 5419.
Interprète (nomination de l'), 5411 et s.
Interprètes (pluralités d'), 5383.
Interprète (serment de l'), 5144 et s., 5447 et s.
Interrogatoire de l'accusé, 42, 384, 408, 413, 416, 765, 775, 789, 883, 1623, 1826, 1843 et s., 1910, 3850 et s., 5018, 5372, 5398, 5399, 5401, 5403, 5672, 6066, 6078, 6096.
Interrogatoire de l'accusé avant les débats, 219, 250.
Interrogatoire de l'accusé (lecture de l'), 1751.
Interrogatoire de l'accusé en présence des témoins, 1850.
Interrogatoire des témoins, 6067.
Interrogatoire écrit des accusés (lecture de l'), 2531 et s.
Interrogatoire séparé, 1884 et s.
Inventaire, 3875.

Irrecevabilité, 312, 5314, 5403.
Irrégularité, 2269.
Irrégularités de procédure anté-
rieures à l'arrêt de renvoi, 365
et s.
Italie, 6150 et s.
Ivresse, 2683, 3142, 5729.
Jonction, 216, 718, 755, 804, 863,
1189, 1517, 1748, 4262, 6012.
Jonction facultative, 814 et s.
Jour de la naissance, 549.
Jour férié, 483, 695.
Journal, 109, 5788.
Journaliste, 2243.
Juge, 142, 143, 150, 156, 166, 233,
255, 261, 264, 202, 1853.
Juge (pouvoirs du), 4222 et s.
Juge commis, 760, 4885.
Juge-commissaire d'une faillite,
2199.
Juge de paix, 733, 2193.
Juge d'instruction, 211, 229, 244
et s., 300, 730, 732, 735 et s.,
800, 2192.
Juge suppléant, 89, 144, 158, 159,
166, 200, 292 et 293.
Juge supplémentaire, 4194.
Juge titulaire, 89, 159.
Jugement, 408, 426, 773.
Juif, 2235, 2315, 2317, 2319.
Juré, 228, 1853, 2200 et s., 2420 et
s., 5000, 5437 et s., 5543, 5544,
5926.
Juré (absence de). — V. Absence
de juré.
Jurés (désignation des), 1312 et s.,
4973 et s.
Jurés (empêchement des), 5722 et s.
Jurés (nom des), 1312 et s.
Jurés (nombre des), 1302 et s.
Jurés (notification des), 507 et s.
Jurés (présence des), 4784, 4785,
5190.
Jurés (serment des), 1696 et s., 4994,
4997 et s., 5285.
Jurés complémentaires, 487 et s.,
495, 496, 516, 517, 978 et s.,
1153, 1245, 1325 et s.
Juré défaillant, 920 et s., 5724.
Jurés dispensés, 486, 493, 495, 499,
1295, 6054.
Jurés excusés, 486, 493, 496, 499,
1295.
Jurés suppléants, 978 et s., 1048
et s., 1203 et s., 1632, 1701 et
s., 2425, 3951 et s., 3984, 4217,
4978 et s., 5003 et s., 5009, 5213,
5792, 5835.
Jurés supplémentaires, 574, 884,
973, 1297, 1299, 1300, 5724, 5803.
Jurés titulaires, 884.
Juridiction temporaire, 3.
Jury, 59, 60, 229, 884 et s., 3100,
3400, 3402, 5927 et s.
Jury (déclaration du). — V. Dé-
claration.
Jury (délibération du). — V. Dé-
libération.
Jury (placement du), 1628 et s.
Jury (pouvoirs du), 4219, 4667 et s.
Jury de jugement, 263, 507 et s.,
1041 et s., 1214 et s.
Jury nouveau, 36.
Langues étrangères, 457, 674, 5399,
5400, 5406, 5416, 5498.
Lecture, 184, 863, 864, 1135, 5519.
Lecture (refus de la), 1747.
Lecture de l'acte d'accusation. —
V. Acte d'accusation.
Lecture de l'arrêt de renvoi, 1741
et s., 5012 et s., 5403, 5404, 5472.
Lecture de la déclaration, 4174 et
s., 4653 et s., 4779, 5189 et s.,
5195 et s., 5958.
Lecture de la défense, 2666.
Lecture de la déposition d'un té-
moin, 1760, 1908, 1909, 1925, 2365
et s., 2493, 2563 et s., 5400.

Lecture de la loi, 4790 et s.
Lecture de pièces, 1445, 1471,
1521, 1522, 1525, 1594, 1745, 1748
et s., 1866 et s., 2352, 2359, 2512
et s., 2636, 2637, 2641, 2643, 2645
et s., 2664, 2689, 5120, 5135, 5136,
5294, 5475, 5913 et 5914.
Lecture des questions. — V. Ques-
tions (lecture des).
Lecture du verdict, 6088.
Légion d'honneur, 1658.
Légitime défense, 3159, 4465, 4481,
4546, 4605, 6036.
Lettre anonyme, 3341 et s.
Lettres confidentielles de l'accusé,
2544.
Lettre de change, 2834, 2835, 3056,
3232, 3236.
Lettres missives, 1524, 1592, 2544,
2550 et s., 2838, 3841 et s., 5785
et 5786.
Liberté de la défense, 2393.
Liberté provisoire, 377 et s.
Libre penseur, 1721.
Lieu de la déclaration, 4092.
Lieu de la naissance, 549, 552 et
553.
Lieu du crime, 6171.
Lieu du procès-verbal, 4863.
Liste annuelle du jury, 987 et s.
Liste de session, 884 et s., 901 et
902.
Liste des témoins, 655 et s., 1771
et s., 2269, 5028 et s.
Liste des témoins (lecture de la),
5979.
Liste des témoins à décharge,
661 et s., 1780.
Liste du jury, 227, 229, 444 et s.,
456, 484 et s., 5465, 5027.
Liste du jury (notification de la),
393, 3985.
Liste électorale, 3243.
Liste imprimée, 614, 647.
Liste primitive, 497.
Liste rectifiée, 497, 500 et s.
Liste spéciale du jury, 988.
Livres de commerce, 749, 3091,
3855 et s., 5416.
Livres de l'accusé (apport des),
1590 et 1591.
Loi (texte de la), 4790 et s., 4833
et 4834.
Loi abrogée, 4794.
Loi antérieure, 2943 et s., 3168 et
s., 3271 et s., 3987 et s., 4026,
4045, 4324 et s., 4825, 4864, 5368
et s.
Loi applicable, 2045, 3179 et s.,
5371.
Lois spéciales, 3783.
Loterie, 2825.
Magistrats, 276 et s., 2182 et s.,
2214, 2252, 2500, 2502.
Magistrats (nombre des), 61 et s.
Magistrats ayant concouru à un
arrêt cassé, 222.
Magistrat ayant requis devant
deux juridictions, 301.
Magistrat commis, 231.
Mahométan, 1718.
Maintien des témoins à l'audience
après leur déposition, 5041.
Maire, 2195.
Majeur de 15 ans, 2011.
Majorité, 3762 et s., 3986 et s.,
5933.
Majorité des voix, 1359.
Maladie, 401, 834, 877, 917, 936,
5707, 5728, 5782.
Mandat d'amener, 4705.
Mandat de comparution, 4705.
Mandat de dépôt, 1358, 5635.
Manifestation d'opinion, 5809 et
s., 5991.
Maraude, 4502.
Mari, 2056.
Martinique, 264, 2733.

Médailles commémoratives, 1659.
Médaille militaire, 1659.
Médecin, 917, 2228, 2860 et 2861.
Médecin-expert, 778, 795, 2357.
Membre de la chambre des appels
de police correctionnelle, 221.
Membre de la chambre des mises
en accusation, 211, 212, 214
et s.
Mémoire, 5732, 5764, 5861.
Mémoire injurieux (suppression
d'un), 2682.
Menace d'incendie, 3396.
Menottes, 1655, 4208.
Mère, 2027, 2037, 2479.
Mère naturelle, 2028.
Mesure extraordinaire, 1469 et s.
Mesure provisoire, 55.
Meurtre, 2853, 2919, 3046, 3069
et s., 3076 et s., 3219, 3298, 3311,
3360 et s., 3377, 3510, 3511, 3543,
4022, 4291, 4376, 4514, 4543,
4548.
Militaire, 324, 335, 3193, 3366.
Militaire en congé, 327 et 328.
Mineur, 3409, 5539.
Mineur de 15 ans, 1997 et s., 2521,
5100.
Mineur de 16 ans, 324 et s., 337.
Ministre, 148.
Ministre de la justice, 101, 102,
104, 108, 129, 154, 155, 163.
Ministère public, 62, 88, 255 et s.,
271 et s., 286 et s., 469, 654 et
s., 677, 743, 755, 786, 796 et s.,
871 et s., 1509 et s., 1935, 1936,
1949, 2075, 2076, 2578 et s., 2630,
2631, 2639 et s., 2931, 2968, 2971,
2500, 4644, 4752, 4784, 4786, 4888,
4899, 4905, 4966, 4967, 5435, 5537,
5617, 5627, 5646, 5883 et s., 5912,
5985, 5996 et s., 6003.
Ministère public (audition du),
2951, 3718 et s., 4938, 6021
et s.
Ministère public (empêchement
du), 5698.
Ministère public (indivisibilité du),
291.
Ministère public (réquisitions du),
1517, 1535 et s., 4211, 4651, 4701,
4713, 4812 et s., 5152, 5154, 5243,
5267, 5481 et s., 5488, 5648, 5652,
5953 et s., 5977, 5979, 6010.
Mise en accusation, 300.
Mise en liberté, 4685, 4691, 4701,
4703 et s., 5629, 5630, 5947,
6048.
Mobile du crime, 3341.
Modification, 6170.
Modification des questions, 3039.
Modification des questions pendant la délibération, 6087.
Monnaie, 5340.
Motifs, 6169.
Motifs d'arrêt, 58, 861, 874, 937,
948, 1071, 1072, 1243, 1793, 1989,
1990, 2089, 3146 et s., 3721 et s.,
4648 et s., 4818 et s., 5273 et s.,
5319, 5343 et s., 5416, 5911 et s.,
5961, 5983, 5984, 5987, 6018, 6034
et s.
Motifs implicites, 6038.
Moyen de cassation, 943, 944, 948.
Musulman, 2320.
Nationalité, 5443.
Neveu et nièce, 2060.
Nom et prénoms, 460, 461, 524 et
s., 1166 et s., 1312 et s., 1347,
1348, 3532 et s. — V. Prénoms.
Noms et prénoms de l'accusé, 634,
685, 2770, 4815 et 4816.
Noms et prénoms des jurés, 636,
637, 641 et s.
Nom et prénoms différents, 709 et
710.
Nom mal orthographié, 708, 892,
4137.

Nombre de voix (déclaration du),
4029 et s.
Nombre pair, 66.
Nominations successives, 99.
Non comparution de l'accusé, 6003.
Notaire, 2222 et s.
Notes, 2388.
Notes de l'accusé, 1875.
Notes écrites, 1875, 2354.
Notification, 129, 290, 434, 440,
444 et s., 667 et s., 862, 864, 882,
1039, 5652, 5653, 5917 et 5918.
Notification (défaut de), 702, 901,
1471, 1916 et s., 1930, 1939, 2488.
Notification (délai de la), 462
et s.
Notification anticipée, 470 et s.
Notification au cours des débats,
691 et s.
Notification aux jurés, 127.
Notification de l'acte d'accusation,
381, 382, 408.
Notification de l'arrêt de renvoi,
381, 408, 412 et s.
Notification de la liste des témoins,
398, 703.
Notification de la liste du jury,
393, 3985.
Notification incomplète, 449.
Notification irrégulière, 1920, 1922,
1930, 2488.
Notification séparée, 407.
Notification tardive, 449, 703, 704,
1920, 1921, 1930, 1945.
Nuit, 1672.
Nullité, 63, 88, 176, 206, 207, 208,
210, 216, 217, 247, 252, 258, 276,
283, 284, 314, 316, 470, 480, 502
et s., 507 et s., 531 et s., 559 et
s., 569, 613, 615, 632 et s., 773,
790 et s., 795, 802, 962 et s.,
973, 995, 1059, 1060, 1210, 1211,
1216 et s., 1281, 1282, 1284, 1618,
1641 et s., 1665 et s., 1707, 1709,
1747, 1906, 1986, 2011 et s., 2074,
2081, 2303, 2454, 2529, 2561, 2562,
2585 et s., 2699, 2748, 2975 et s.,
3323, 3699, 3701, 3715, 3720, 3781,
4008 et s., 4029, 4103 et s., 4134
et s., 4149, 4165, 4168, 4209, 4369
et s., 4610, 4849, 4955 et s., 4998,
5110 et s., 5167 et s., 5197, 5198,
5236 et s., 5500, 5720, 5747 et s.,
5930, 5966.
Nullité absolue, 1221, 1707.
Nullité relative, 1202.
Obligation d'instruire l'accusé de
ce qui s'est fait en son absence,
5110 et s.
Observations verbales de la défense, 1614.
Officier de paix, 2117.
Officier de police judiciaire, 734,
2194 et 2195.
Officier de santé, 2228, 2860 et
2681.
Officier ministériel, 3357.
Offres réelles, 5328.
Omission au procès-verbal, 5110
et s.
Omission de statuer, 88, 1618,
4812 et s., 5342.
Omission d'un chef d'accusation,
2913.
Omission d'une circonstance ag-
gravante, 2922, 2923, 2933 et s.
Omission d'une circonstance constitutive, 2914, 2916, 2917, 2921,
2932.
Oncle, 2058, 2877 et s.
Opposition, 1795 et s., 2162, 4844
et 4845.
Opposition (droit d'), 672, 677,
699 et s., 703, 716, 762, 927 et s.,
1930 et s., 2503.
Opposition à audition de témoins,
1484, 1981, 1986 et s., 2072 et s.,
2118 et s., 2163 et s.

Ordonnance 34 et s., 76, 108, 109, 115, 125, 162, 183, 184, 193, 240, 1812.
Ordonnance d'acquittement, 4686 et s.
Ordonnance de jonction, 216, 863.
Ordonnance de jonction (lecture de l'), 1748 et 1749.
Ordonnance de non-lieu, 246, 1993.
Ordonnance de renvoi, 882.
Ordonnance du juge, 665, 728, 741, 742, 755, 803, 846, 859, 862 et s., 872, 1059, 1080, 1453 et s., 2767, 5307, 5538, 5602.
Ordonnance du premier président, 11 et s.
Ordre du tableau, 980 et s.
Ordre public, 345. 450, 467, 480, 506, 510 et s., 1707, 5865.
Ordre verbal, 1459.
Original de la délibération, 4043.
Original d'exploit, 578, 583.
Orthographe, 461, 708, 892, 902, 1167, 4187, 4850, 4977.
Outrage, 3270, 5893.
Outrage à témoin, 2418 et 2419.
Outrage aux mœurs, 3081, 3590.
Ouverture de la session, 7 et s., 175, 178, 180, 423, 870, 889, 890, 939 et s.
Ouverture des débats, 380, 422, 845, 1625 et s., 5811, 5897.
Ouvrier, 3329.
Paraphe, 715, 4097, 4166, 4814, 4892, 4902.
Parents de l'accusé, 2527 et 2528.
Parents de la partie civile, 2171 et s.
Parents de la victime, 2178.
Parenté, 210, 268 et s., 2025 et s., 2065 et s., 2476 et s.
Parlant à..., 594 et s., 679, 682.
Parricide, 2856, 2920, 2935, 3320, 3331, 3426, 3456, 3457, 3500, 4480, 4846.
Partie civile, 654, 655, 669, 672, 1114, 1146, 1147, 1151, 1608, 1853, 1854, 1935, 1949, 2075, 2076, 2146 et s., 2420, 2421, 2424, 2429, 2486, 2628, 2630, 2631, 2633 et s., 4695, 4713, 4721, 4778, 4807, 4844, 4938, 5305, 5306, 5312 et s., 5373, 5421, 5489, 5719, 6025.
Partie lésée, 2126, 2135.
Partie plaignante, 2126 et s.
Pasteur protestant, 2235.
Patois, 2304, 5381, 5382, 5434, 5510.
Pays étranger, 1914, 3529, 4258, 6164 et s.
Peine, 1374. 1531, 2671 et s., 3205, 3758, 3808, 3810, 4220 et s., 4355 et s., 4364, 4374, 4670, 4732, 4733, 4754 et s., 4795 et s., 5199 et s., 5228, 5488, 5490, 5492, 5663, 5953 et s., 5977, 5979.
Peine de mort, 3205, 4000, 4772 et s., 4799.
Peine disciplinaire, 2685.
Père, 2027, 2087, 2479, 2524.
Perquisition, 776, 794.
Perte des pièces, 1588, 1745.
Petit fils, 2030.
Petite-fille, 2030.
Pharmacien, 2228, 2860 et 2861.
Pièces (remises des), 2815 et s.
Pièces à conviction, 1440, 2348, 2437, 2444, 2445, 3872, 4687, 5113 et s., 5240, 5258, 5563, 5864, 6100.
Pièces irrégulières, 799, 801.
Pièces nouvelles, 768 et s., 798, 883, 2559, 2636, 2637, 2659 et s., 2689, 5715.
Pillage, 3443 et s.
Plaidoirie, 2628, 2631, 2632, 2655 et s., 5481 et s., 5482, 5499, 5862, 6082, 6085, 6101.

Plan des lieux, 745, 746, 1442 et s., 1472, 2347, 2441, 3831, 3837 et s., 5530, 5590, 5796, 6047.
Portes (fermeture des), 1674 et s.
Portrait, 5789.
Poursuite correctionnelle, 239.
Poursuite criminelle, 239.
Pourvoi, 369, 403 et s., 436 et s., 725. 865, 949 et s., 1545, 1943, 1944, 4407, 4824, 4826 et s., 4847, 5210 et s., 5492, 5493, 5674 et s., 5721, 5964, 5981, 6167.
Pourvoi (défaut de), 368.
Pourvoi tardif, 437.
Pouvoirs de la cour d'assises, 1349 et s., 2401 et s., 3101 et s., 3144, 6165.
Pouvoir discrétionnaire, 1384 et s., 1598. 1878, 1903, 1913, 2099, 2100, 2102 et s., 2168, 2263, 2367, 2416, 2473 et s., 2581, 2583, 2603 et s., 3873, 4208, 5052, 5093 et s., 5135, 5233, 5239, 5241, 5247, 5307, 5413, 5427, 5528, 5532 et s., 5556, 5568, 5569, 5573, 5583, 5586 et s. 5600, 5631, 6011, 6012, 6015.
Pouvoir discrétionnaire (durée du), 1387 et s.
Pouvoir discrétionnaire (étendue du), 1415 et s.
Pouvoir du juge, 879, 933, 935 et s., 960, 1019, 1349 et s., 1622, 1623, 1803, 1886, 1889, 3688, 5680, 5949.
Préméditation, 3331, 3339, 3357, 3361, 3367, 3368, 3454, 3541, 3569, 3594, 3636, 4308 et s., 4313, 4343, 4384, 4385, 4459, 4475, 4485, 4486, 4590, 4591, 4927, 5950.
Premier président, 9 et s., 34 et s., 42, 51, 76, 79, 101, 104, 106 et s., 111 et s., 125, 129, 148, 149, 154, 155, 157, 162, 175, 178, 179, 193.
Premier président honoraire, 952.
Première chambre civile, 66.
Prénoms. 536 et s., 1320, 1322, 1323, 3477 et 3478. — V. Noms et prénoms.
Prescription, 343, 3523, 3524, 4696 et 4697.
Présence nécessaire, 295, 296, 313 et s., 3039, 5164.
Président des assises, 62, 76, 79, 93, 97 et s., 166, 173, 175, 177, 179 et s., 217, 219, 232, 249, 269 et s., 397, 398, 428, 429, 663 et s., 721 et s., 801, 803, 838 et s., 849, 868 et s., 869, 905, 1022, 1023, 1094, 1096, 1229, 1330, 1805, 1811, 1851, 1987, 1988, 2007, 2008, 2082 et s., 2097, 2296, 2297, 2581, 2696, 2736, 2948 et s., 3403, 4184, 4208, 4686 et s., 4949, 4951, 5411 et s., 5431 et s., 5456, 5519, 5532 et s., 5591, 5600, 5614 et s., 5645 et s., 5805, 5902 et s., 6045.
Président (droit du), 2413 et s.
Président (empêchement du), 118 et s., 1095, 5697.
Président (entrée dans la chambre des délibérations du), 3939 et s.
Président (nomination du), 101 et s.
Président (pouvoirs du), 1349 et s., 2267, 2268, 2325, 2371 et s., 2430 et s., 2569 et s., 2583, 2584, 2602, 2675 et s., 2714, 2718, 2719, 2753 et s., 3124, 3705 et s., 4674 et s. — V. Pouvoir discrétionnaire.
Président (remplacement du), 118 et s.
Président (signature du), 1263, 1264, 1266, 1270 et s., 3661 et s., 4129, 4130, 4133 et s., 4164 et s., 4875 et s.
Président de la chambre, 100.

Président du tribunal, 133, 140, 146, 156, 238, 840.
Président suppléant, 181.
Présomption, 690, 1035, 1040, 1178, 1179, 1332, 2982 et s.
Présomption légale, 39, 517, 5135, 5137, 5557.
Presse, 1146, 4744, 5321.
Presse (délit de), 32. 349 et s., 448, 450. 478 et s., 836, 1150. 1845, 2643, 3267 et s., 3462, 3788 et s., 4525, 4545.
Prêtre catholique, 2230, 2236, 3371.
Preuve, 266. 267, 620, 621, 623, 648 et s., 965. 1978, 2062, 2063, 3688 et s., 4150, 5192 et s., 5750 et s., 5813 et s., 5976. — V. Présomption.
Prévenu, 448, 671.
Prévenu acquitté, 1991.
Prévenu de délit, 1150.
Prévenu libre, 476.
Prise à partie, 1734, 4835.
Prisonnier, 6057.
Procédure, 205, 5634.
Procédure intermédiaire, 380.
Procès-verbal, 64, 132, 138, 168, 169, 172, 183, 187, 199, 418, 420, 785, 788, 789, 1073 et s., 1356, 1883, 1962, 2095, 2527, 2548, 2957, 2979 et s., 3671, 3683, 3689 et s., 3730, 3775, 3803, 3805, 3820 et s., 4042, 4055, 4056, 4089, 4092, 4120, 4125 et s., 4139, 4150, 4151, 4651, 4741, 4848 et s., 5192 et s., 5212, 5267, 5399, 5463, 5597, 5642, 5647, 5750 et s., 5814, 5817, 6028, 6033, 6046, 6049 et s.
Procès-verbal (énonciations du), 4946 et s.
Procès-verbal (lecture du), 1752, 5648 et s.
Procès-verbal (rédaction du), 4848 et s.
Procès-verbal (signature du), 4875 et s.
Procès-verbal antérieur, 3869.
Procès-verbal de confrontation, 2540, 3862.
Procès-verbal de transport, 2541.
Procès-verbal de vérification, 2538, 3862, 3864.
Procès-verbal du tirage au sort du jury, 593, 1252 et s., 4866, 4867, 4872, 4974 et s.
Procès-verbal écrit à l'avance, 1255.
Procès-verbal imprimé, 1253, 1254, 4864 et s.
Procès-verbal séparé, 5080 et s.
Procès-verbal unique, 5026.
Procès-verbal de gendarmerie, 787.
Procès-verbaux distincts, 1256.
Procureur de la République, 288, 396, 451, 452, 795, 2191.
Procureur général, 52, 157, 287 et s., 396, 427 et s., 451, 452, 774 et s., 794, 850, 1144, 1172, 1853, 1855, 2187, 2188, 2420, 2421, 2573.
Production de pièces, 648, 798, 1466, 1524, 1573, 1595 et s., 4044, 4273 et s., 4652, 5145, 5405.
Profession, 530, 554 et s., 638, 639, 645. 711 et s.
Prononcé du jugement, 6103.
Provocation, 3611, 3805, 3912, 4022, 4240, 4379. 4458, 4465, 4548, 4549, 4608, 6036.
Publication, 125.
Publicité, 14 et s. 58 et s., 87, 108 et s., 911, 980, 1034 et s., 1066, 1068, 1079, 1081, 1084, 1325 et s., 4929, 5205 et s., 5269 et s., 5284, 5295 et s., 5548, 5603 et s., 6044.
Publicité (défaut de), 1665.
Publicité de l'arrêt, 4781 et s.
Publicité des débats, 1660 et s., 4984 et s.

Publicité partielle, 1666 et s.
Quaker, 1720.
Qualification, 364, 458, 2784 et 2785.
Qualité (défaut de), 1788.
Questions (au jury), 1496, 2698, 2749 et s., 2994 et s., 3095 et s., 3104, 3117 et s., 3124 et s., 3135 et s., 3140 et s., 3149 et s., 3155, 3164 et s., 3244, 3247, 3757, 3816, 5484 et s., 6071, 6170.
Questions (base des), 2758 et s.
Questions (division des), 3446 et s., 3558, 3559, 3635 et s.
Questions (lecture des), 2957, 3680 et s., 5159 et s., 6084, 6107.
Questions (ordre des), 3647 et s.
Questions (position des), 1497 et s., 5158, 5295, 5836, 6036, 6040.
Questions (réclamation sur les), 5162.
Questions (rectification des), 2713, 2769 et s.
Questions (rédaction des), 3466 et s.
Questions (remise des), 5163 et s.
Questions à l'accusé, 1853 et s.
Questions alternatives, 3271 et s., 3563. 4353.
Questions aux témoins, 1389, 1488, 1493, 1527, 2398, 5832, 5833, 5838, 5847, 5865 et s., 5998, 6097.
Questions à un coaccusé, 1857 et s.
Questions de droit, 1944, 2788 et s., 3059.
Questions de fait, 1943, 2788 et s.
Questions d'état, 5712.
Questions d'excuse, 2709, 3095 et s., 3152 et s., 3404 et s.
Questions distinctes, 3322, 4013 et 4014.
Questions posées d'office, 3132, 3134.
Questions préjudicielles, 5712, 6168.
Questions résultant des débats, 1501, 2940 et s., 2994, 3039, 3051, 3328, 3498, 3561, 3693, 3704, 3734, 4240, 4547, 4708, 5137, 5485, 5948, 6037.
Questions subsidiaires, 3008, 3035 et s., 3048.
Quittance, 4302.
Quotité du détournement, 3538.
Rabbin, 2235.
Radiation, 4172.
Radiation de la liste de session, 893 et s., 932 et s.
Radiation erronée, 956.
Rapport d'enfant, 2699.
Rapport d'expert, 795, 802, 1867, 2589, 3858 et s., 5105, 5551 et s.
Rapport d'expert (lecture d'un), 1752, 1866.
Rapport de police, 3848.
Rapport de police (lecture de), 1868.
Rapt, 3297, 3372.
Ratification, 3701.
Rature, 575, 627 et s., 716, 1278 et s., 3673 et s., 4093 et s., 4890 et s., 5518, 5806.
Rébellion, 3349, 4363, 4449 et 4450.
Recel, 2985, 3030, 3048, 3049, 3217, 3218, 3220, 3284, 3287, 3299, 3376, 3591 et s., 4292, 4311, 4321, 4322, 4365, 4510, 4572, 5353.
Recel à l'étranger d'objets volés en France, 6172.
Recevabilité, 4407.
Récidive, 2799 et s., 4760, 4761, 4801, 5653.
Réclamation (de l'accusé), 772, 773, 853 et s., 1747, 5282, 6084, 6107.
Réclamation (défaut de), 1820, 5139, 5254, 5291, 5382, 5386 et s., 5434, 5880 et s., 6032.
Réclusion, 1966.

Réconciliation, 2908.
Recours, 872 et s.
Rectification, 5074.
Rectification de la liste du jury, 891.
Récusation, 261, 262, 279 et s., 302, 317, 515, 1127, 1133, 1139 et s., 1333 et s., 1483, 1529, 2653, 4922, 5322, 5408, 5420 et s., 5468, 5469, 5471, 5702, 5810, 6054, 6064, 6074, 6077.
Récusations (effet des), 1209 et s.
Récusations (nombre des), 1192 et s.
Récusations (rétractation des), 1212 et 1213.
Refus, 665, 5547.
Refus de comparaître, 759 et s., 5640 et s.
Refus de déposer, 2211, 6035.
Refus d'entendre un témoin, 1464.
Refus de juger, 4615.
Refus de l'accusé de répondre, 6061.
Refus de siéger, 5724.
Refus de signer, 4192 et s.
Refus de statuer, 874.
Refus de voter, 5835.
Refus du président, 2577 et 2578.
Règlement de juges, 740.
Réhabilitation, 1972.
Remise de l'accusé au jury, 5065.
Remise de la copie, 613, 615 et s., 641.
Remise des pièces, 5178 et s.
Remplacement, 39, 67, 118 et s., 277, 285, 292 et s., 309, 722, 970 et s., 1095, 4968, 4969, 5547.
Remlacement (durée du), 999 et s.
Remplacement irrégulier, 206, 208.
Renonciation, 450.
Renonciation à audition de' témoins, 1947 et s., 1931, 2090.
Renonciation au délai, 467.
Renonciation au pourvoi, 409 et s.
Renonciation implicite, 5101.
Renonciation tacite, 1951 et s.
Renseignements, 780 et s.
Renseignements de police, 3849.
Renseignements sur un témoin, 1523.
Renvoi, 23, 624 et s., 715, 718, 866 et s., 1278 et s., 1517, 1560, 1598, 1882, 3673 et s., 4093 et s., 4890 et s., 5089.
Renvoi après cassation, 341, 3744 et s., 4272, 4597, 4677.
Renvoi à statuer, 5358 et 5359.
Renvoi à un autre jour, 474, 875, 1245 et s.
Renvoi à une autre audience, 5687 et s., 5909, 5910, 5929.
Renvoi à une autre session, 243, 294, 379, 391, 401, 475, 726, 772, 875. 883, 1084, 1245, 1246, 1729, 1730, 1733 et s., 2529, 3814, 3869, 3980, 4860, 5027, 5134, 5535, 5621, 5655, 5668 et s.
Renvoi du jury dans la salle de ses délibérations, 1502, 3761, 3876, 3895, 3927, 4015, 4019, 4038, 4158, 4163, 4204, 4205. 4225, 4270, 4292, 4316, 4340, 4380, 4528 et s., 4581, 4602, 4615 et s., 5185 et s.
Renvoi pour cause de sûreté publique, 740.
Renvois successifs, 5693.
Réouverture des débats, 1503, 1507, 3738 et s., 5157, 5255.
Réparations civiles, 23. — V. Partie civile.
Répliques, 2687 et s.
Réponse de l'accusé, 5117.
Réponses distinctes, 4068.
Réponse du jury, 4762. — V. Déclaration.
Réponse par écrit, 1874, 5553 et s.
Réponse unique, 3400.

Reporter, 2243.
Reprise des débats, 5022.
Reproches à témoins, 2024 et s.
Requête, 871.
Réquisitions du ministère public, 52, 88, 850 et s., 914, 1409 et s., 1487, 1817 et s.
Réquisitions sur l'application de la peine, 1531.
Réquisitoire, 2628, 2639 et s.
Réserves, 4705, 4707.
Responsabilité, 1145, 1267. 1311, 4169, 4855, 4912, 4913, 4972, 5324.
Restitution, 4687, 4778, 5351 et s.
Résumé du président, 1864, 2728 et s., 5482.
Rétractation, 1251.
Rétractation d'arrêt, 1076 et 1077.
Rétractation de l'accusé, 5222.
Rétractation d'une mesure ordonnée, 1446 et 1447.
Retraite des témoins dans leur chambre, 1822 et s., 5037 et s.
Retranchement, 891.
Retranchement des jurés excusés, 939.
Réunion (île de la), 80, 370, 1058, 2733.
Révélations, 2250 et s.
Revision de la liste de session, 887, 939 et s.
Rôle, 393 et s., 409.
Sage-femme, 2228, 2860 et 2861.
Saisie, 4687.
Saisie de pièces, 776, 794, 1436 et s., 1471.
Salle d'audience, 3914, 4053, 4055, 4144 et s., 4624 et 4625.
Scrutin, 3794 et s., 3813, 3959 et s.
Scrutins distincts, 4068.
Séances multiples, 5026, 5051, 5080 et s., 5123 et s., 5460, 5737.
Second assesseur, 137.
Second conjoint, 2042 et s.
Second mariage, 2052.
Seconde déclaration, 4670.
Secret professionnel, 2212.
Section, 25.
Seine (assises de la), 26 et s., 82 et 83.
Sénat, 2.
Sénégal, 2734.
Séparation de biens, 2907.
Séparation des témoins, 1836.
Séquestration, 3317.
Séquestration arbitraire, 3258.
Serment, 309, 311. 756 et s., 802, 917, 1426, 1905, 1907 et s., 1924, 1925, 1979 et s., 1999 et s., 2021, 2091, 2092, 2136, 2162, 2166, 2167, 2253 et s., 2343, 4895, 4904, 4905, 4921, 4928, 4933, 4934, 4943, 4971, 5144 et s., 5447 et s., 5477, 5478, 5495, 5527, 5558 et s., 5598, 5736 et s., 6015, 6017.
Serment (annulation du), 1980, 2496.
Serment (défaut de), 367, 1906, 1923, 3838, 5302.
Serment (prestation de), 2300, 2497.
Serment (refus de), 1725 et s., 2324 et s.
Serment annulé, 475, 2283.
Serment des experts, 5558 et s.
Serment des jurés, 1696 et s., 4994, 4997 et s., 5285.
Serment des témoins. — V. Témoins (serment des).
Serment des témoins (formule du), 2285 et s.
Serment écrit, 5518.
Serment individuel, 5000.
Serment more judaïco, 1718, 1719, 2314.
Serment recommencé, 2283.
Serment religieux, 1716 et s.
Serment sur le Coran, 1718.

Serment unique, 2338 et s., 2341.
Session, 4.
Session (durée de la), 20 et s.
Session (ouverture de la), 7 et s., 175, 178, 180, 423, 870, 889, 890, 939 et s.
Session extraordinaire, 24, 30 et s., 112, 126, 5919.
Session extraordinaire (ouverture de la), 85.
Session extraordinaire (président de la), 37.
Session ordinaire, 5 et s., 24, 112.
Session ouverte, 426, 432 et s.
Session trimestrielle, 5 et s.
Siège nouveau, 53.
Signature, 452, 453, 1075, 1263 et s., 4832, 4835 et s., 4841, 4842, 4852 et s., 4875 et s., 5143, 5271, 5272, 6004. 6045 et s.
Signature (place de la), 4153 et s.
Signature du greffier. — V. Greffier (signature du).
Signature de l'huissier, 583 et s.
Signature du président. — V. Président (signature du).
Signature des questions, 3864 et s.
Signature illisible, 586, 4139 et 4140.
Signatures multiples, 4154.
Signe de tête, 5850.
Sœur ou frère. — V. Frère ou sœur.
Solidarité, 5352 et 5353.
Sommation, 5040 et s.
Sortie des témoins, 2465 et s.
Sourd-muet, 1119, 2015 et s., 5503 et s.
Soustraction par un dépositaire public, 2841 et s.
Subdélégation, 735 et 736.
Subornation de témoins, 3625, 3086, 3259, 3260, 3374, 3375, 3679, 4494 et 4495.
Subrécargue, 3327.
Subrogé-tuteur, 2128.
Substitut du procureur de la République, 256, 288 et 289.
Suicide, 4468.
Suppression d'enfant, 3073, 3074, 3079, 3433, 3459.
Surcharge, 624 et s., 714, 1278, 3674, 4011, 4088, 4094 et s., 4890 et s., 5090.
Surnom, 3479.
Sursis, 402. 918, 1563, 4691, 5871.
Surveillance des témoins suspects, 1428 et 1429.
Suspension (d'audience), 1088, 4884, 4989, 5019 et s., 5126.
Suspension (durée de la), 2618 et s.
Suspension (moment de la), 2613 et s.
Suspicion de faillite, 2110, 2356.
Suspicion légitime, 789, 878, 1748, 1749, 5699 et s.
Syndic de faillite, 2110, 2356.
Tableau du jury de jugement, 1094, 1102.
Tante, 2058.
Taxe des témoins, 2471 et 2472.
Télégramme, 2554.
Témoignages, 6069.
Témoin, 248, 318. 654 et s., 759 et s., 775, 783, 1369, 1485 et s., 1492, 4921, 4928, 4934, 4943, 5301 et s., 5246, 5426 et s., 5542, 5553, 5570 et s., 5740, 5872 et s., 6002, 6005, 6007, 6035, 6068.
Témoins (absence de), 1494, 1525, 1907 et 1908.
Témoins (audition de), 796, 1445, 1459 et s., 1848, 1901 et s., 2706 et s., 5048 et s., 5097 et s., 6051.
Témoins (audition de nouveaux), 1570.
Témoins (citation des), 1514, 1515, 1526, 1569, 1571 et 1572.

Témoins (déposition des), 1525. 2341 et s., 5097 et s., 5236 et s., 5475 et s., 6079.
Témoins (identité des), 5036, 5044 et s., 5250, 5479.
Témoins (incapacité des), 1963 et s., 2101 et s.
Témoins (liste des). — V. Liste des témoins.
Témoins (nouvelle audition des), 1487.
Témoins (questions à). — V. Questions aux témoins.
Témoins (serment des), 1475, 2275, 2341, 2347, 2348, 2505 et s., 5050 et s., 5477, 5478, 6015, 6017.
Témoin absent, 1778, 2564.
Témoin à charge, 1919, 2260 et s., 2327.
Témoin à décharge, 1919, 2265 et s., 2327, 5073, 5101.
Témoin décédé, 2517.
Témoin défaillant, 926, 1483, 1781 et s., 5304, 5677, 5873, 5913, 5916, 5921, 6032, 6039.
Témoin dispensé du serment, 5087.
Témoins écartés de l'audience, 6090.
Témoin exclu par arrêt, 2494.
Témoin excusé, 6055.
Témoin non comparant, 5031.
Témoin non entendu, 5101.
Témoins non entendus dans l'instruction, 5237 et s.
Témoin reprochable, 2024 et s.
Tentative, 2798, 2859 et s., 2916, 2940, 2984, 3026, 3032, 3043 et s., 3066, 3069, 3070, 3077, 3083, 3085, 3189, 3209, 3210, 3295, 3296, 3311. 3366, 3383, 3454, 3585 et s., 3620, 3621, 4291, 4410 et s., 4481, 4484, 4501, 4566, 4574, 4575, 4599.
Testament, 5229.
Testament faux, 4258.
Tirage au sort, 217, 218, 226, 261, 262, 418, 845, 846, 869, 1001, 1011 et s., 1020 et s., 1044, 1046, 1078 et s., 1181, 1208, 1301, 1325 et s., 4866, 4872, 5145 et s., 5406, 5467 et s., 5725, 5726, 5907.
Tirage du jury (procès-verbal du), 593, 1252 et s., 4866, 4867, 4872, 4974 et s.
Traducteur assermenté, 5442, 5457 et 5458.
Traduction, 457, 674, 1899, 3874, 5407, 5416, 5482, 5495.
Translation de l'accusé, 422 et s., 384.
Transmission des pièces du dossier, 384.
Transport sur les lieux, 743, 746. 779, 1402, 1442, 1443, 1490, 5599 et s.
Travaux forcés à perpétuité, 1966.
Travaux forcés à temps, 1966.
Tribunal civil, 1735.
Tribunal maritime, 384.
Tunisie, 389, 5315.
Usage de billets faux, 4441.
Usage de pièces fausses, 811.
Vérification d'écriture, 1472, 3864.
Vérification de pièces, 1573.
Vice-président du tribunal, 141, 166.
Victime, 2178, 3488.
Victime (nom de la), 3532 et s.
Victimes (pluralité de), 3313 et s.
Viol, 2864 et s., 2940, 3082 et s., 3255, 3290, 3330, 3862, 3369, 3484, 3640, 4315, 4316, 4359, 4492, 4541, 4593, 4682.
Violence, 2886, 3286.
Violences illégitimes, 4457.
Voies de recours, 4844 et s.
Vol, 807, 2884 et s., 2923, 2924, 2934, 2976, 2985, 3048, 3062, 3069,

3087 et s., 3195, 3218, 3253, 3261, 3279, 3284, 3287, 3295, 3299, 3308, 3316, 3361, 3376, 3436 et s., 3447, 3535, 3543, 4068, 4266, 4311, 4319 et s., 4334, 4362, 4497 et s., 4514, 4542, 4569, 4572, 4594 et s., 4762, 4766, 4803, 5283, 5353, 5357, 5604.

Vol à main armée, 3443 et s.
Vol dans les champs, 3565.
Vol de marchandises, 3327.
Vol de récoltes, 4235.

Vol domestique, 3386, 3530, 3567, 3626.
Vol en réunion, 3383, 3384, 3639, 4386, 4387, 4393, 4511.
Vol qualifié, 2986, 3566, 3626, 3069, 3224, 3329, 3336, 3337, 4292, 4387, 4387 et s., 4416.
Vol sur la voie publique, 3528.
Vote, 3184, 3762 et s., 3794 et s., 3818, 3959 et s., 5835.
Vote en blanc, 5835.

DIVISION.

INTRODUCTION (n. 1 et 2).

CHAP. I. — DE LA FORMATION ET DE LA COMPOSITION DES COURS D'ASSISES.

Sect. I. — Des sessions d'assises (n. 3 et 4).

§ 1. — Des sessions ordinaires (n. 5 à 29).

§ 2. — Des sessions extraordinaires (n. 30 à 42).

Sect. II. — Du lieu où siègent les assises (n. 43 à 58).

Sect. III. — De la composition de la cour d'assises (n. 59 et 60).

§ 1. — Nombre des magistrats composant la cour d'assises (n. 61 à 95).

§ 2. — Mode de nomination des magistrats composant la cour d'assises. — De leur remplacement (n. 96 et 97).

1° Président.
I. — Nomination (n. 98 à 117).
II. — Remplacement (n. 118 à 145).

2° Assesseurs (n. 146 et 147).
I. — Nomination (n. 148 à 159).
II. — Remplacement (n. 160 à 210).

§ 3. — Causes d'incompatibilité et de récusation.

1° Incompatibilités (n. 211).
I. — Membres de la chambre des mises en accusation (n. 212 à 243).
II. — Juge d'instruction (n. 244 à 254).
III. — Ministère public (n. 255 à 267).
IV. — Parenté ou alliance (n. 268 à 278).

2° Récusation (n. 279 à 285).

§ 4. — Du ministère public (n. 286 à 302).

§ 5. — Du greffier (n. 303 à 318).

CHAP. II. — COMPÉTENCE DE LA COUR D'ASSISES (n. 319 à 379).

CHAP. III. — PROCÉDURE POSTÉRIEURE A L'ARRÊT DE RENVOI ET ANTÉRIEURE AUX DÉBATS (n. 380 à 388).

Sect. I. — Rôles des assises (n. 389 à 443).

Sect. II. — Notification aux accusés de la liste du jury (n. 444).

§ 1. — Nécessité de la notification (n. 445 à 461).

§ 2. — Délai dans lequel la notification doit être faite (n. 462 à 483).

§ 3. — Liste à notifier. — Contenu de la liste (n. 484 à 517).

§ 4. — Désignation des jurés sur la liste notifiée (n. 518 à 575).

§ 5. — Forme de la notification (n. 576 à 582).
I. — Signature de l'huissier (n. 583 à 586).
II. — Date de l'exploit (n. 587 à 593).
III. — Mention relative au parlant à... (n. 594 à 623).

§ 6. — Surcharges; renvois; interlignes (n. 624 à 647).

§ 7. — Notification; irrégularités; preuve (n. 648 à 653).

Sect. III. — Citation des témoins. — Notification respective des listes de témoins.

§ 1. — Citation (n. 654 à 666).

§ 2. — Notification (n. 667).

1° A qui doit être faite la notification (n. 668 à 686).
2° Epoque de la notification (n. 687 à 695).
3° Contenu de la notification (n. 696 à 698).
4° Conséquences du défaut ou de l'irrégularité de la notification (n. 699 à 716).

CHAP. IV. — DE DIVERS INCIDENTS QUI PEUVENT SE PRODUIRE AVANT L'OUVERTURE DES DÉBATS (n. 717 et 718).

Sect. I. — De l'instruction supplémentaire (n. 719).
I. — Pouvoirs du président des assises (n. 720 à 773).
II. — Pouvoirs du ministère public (n. 774 à 789).
III. — Conséquences de l'irrégularité de l'instruction supplémentaire (n. 790 à 803).

Sect. II. — De la jonction et de la disjonction des procédures (n. 804 et 805).

§ 1. — Causes de jonction et de disjonction.
1° Jonction (n. 806 à 830).
2° Disjonction (n. 831 à 837).

§ 2. — Qui peut ordonner les jonctions et les disjonctions (n. 838 à 848).

§ 3. — Qui peut requérir la jonction et la disjonction des procédures (n. 849 à 858).

§ 4. — Procédure, forme, notification (n. 859 à 865).

Sect. III. — Du renvoi de l'affaire à un autre jour ou à une autre session (n. 866 à 883).

CHAP. V. — FORMATION DÉFINITIVE DE LA LISTE DU JURY DE SESSION (n. 884 à 888).

Sect. I. — Revision générale de la liste de session. — Retranchements.

§ 1. — Causes de retranchements (n. 889 à 897).
1° Défaut d'aptitude (n. 898).
2° Incapacités (n. 899).
3° Incompatibilités (n. 900).
4° Exclusion (n. 901).
5° Dispenses (n. 902).
6° Excuses (n. 903).

§ 2. — Qui a qualité pour opérer les retranchements (n. 904 à 909).

§ 3. — Forme dans laquelle il est procédé aux retranchements (n. 910 à 938).

§ 4. — A quel moment s'opèrent la revision de la liste de session et les retranchements (n. 939 à 942).

§ 5. — L'accusé peut-il critiquer les retranchements opérés par la cour (n. 943 à 969).

Sect. II. — Du remplacement des jurés absents et empêchés.

§ 1. — Quand il y a lieu à remplacement (n. 970 à 976).

§ 2. — Par quels jurés est complétée la liste réduite (n. 977 à 992).

§ 3. — Combien on doit appeler de jurés supplémentaires ou complémentaires (n. 993 à 998).

§ 4. — Durée des remplacements (n. 999 à 1014).

§ 5. — Formes à suivre pour opérer les remplacements (n. 1015 à 1024).
1° Tirage au sort (n. 1025 à 1033).
2° Audience publique (n. 1034 à 1036).
3° Assistance de la cour d'assises (n. 1037 à 1040).

CHAP. VI. — FORMATION DU TABLEAU DU JURY DE JUGEMENT (n. 1041 à 1044).

Sect. I. — Du nombre des jurés de jugement.

§ 1. — Nombre nécessaire pour juger (n. 1045 à 1047).

§ 2. — *Adjonction de jurés suppléants.*

  1° Qui peut ordonner l'adjonction de jurés suppléants (n. 1048 à 1060).

  2° Quand l'adjonction de jurés suppléants doit être ordonnée (n. 1061 à 1064).

  3° Où et en présence de qui l'adjonction doit être ordonnée. — Droits de l'accusé; formes de l'arrêt d'adjonction (n. 1065 à 1079).

Sect. II. — Tirage au sort du jury de jugement.

§ 1. — *Où et quand a lieu ce tirage au sort* (n. 1080 à 1093).

§ 2. — *Par qui et en présence de qui s'opère le tirage au sort du jury de jugement* (n. 1094 à 1120).

§ 3. — *Marche à suivre pour la formation du tableau du jury de jugement* (n. 1121 à 1138).

§ 4. — *Récusation des jurés* (n. 1139 à 1143).

  1° Qui peut exercer le droit de récusation (n. 1144 à 1153).

  2° Quand et comment s'exerce le droit de récusation (n. 1154 à 1191).

  3° Nombre des récusations permises (n. 1192 à 1208).

  4° Effets des récusations (n. 1209 à 1213).

§ 5. — *De l'irrévocabilité de la formation du jury de jugement* (n. 1214 à 1251).

Sect. III. — Procès-verbal de la formation du tableau du jury de jugement (n. 1252).

§ 1. — *Forme du procès-verbal* (n. 1253 à 1282).

§ 2. — *Contenu du procès-verbal du tirage du jury de jugement* (n. 1283 et 1284).

  1° Mentions nécessaires (n. 1285 à 1324).

  2° Jurés complémentaires (n. 1325).

  3° Tirage au sort des jurés complémentaires (n. 1326 à 1332).

  4° Récusations (n. 1333 à 1340).

  5° Mentions non prescrites à peine de nullité (n. 1341 à 1348).

CHAP. VII. — Des attributions respectives du président et de la cour d'assises (n. 1349).

Sect. I. — Pouvoirs du président (n. 1350 et 1351).

§ 1. — *Pouvoir relatif à la police de l'audience* (n. 1352 à 1359).

§ 2. — *Pouvoir relatif à la direction des débats* (n. 1360 à 1383).

3. — *Pouvoir discrétionnaire* (n. 1384 à 1386).

  1° Durée du pouvoir discrétionnaire (n. 1387 à 1395).

  2° Caractères du pouvoir discrétionnaire (n. 1396 à 1414).

  3° Actes que peut faire le président en vertu de son pouvoir discrétionnaire (n. 1415 à 1452).

  4° Comment s'exerce le pouvoir discrétionnaire (n. 1453 à 1466).

Sect. II. — Attributions de la cour d'assises. — Incidents contentieux (n. 1467 à 1508).

CHAP. VIII. — Des droits et obligations du ministère public et de la défense (n. 1509).

Sect. I. — Droits et obligations du ministère public (n. 1510 à 1547).

Sect. II. — Droits et obligations de la défense (n. 1548 à 1624).

CHAP. IX. — Ouverture des débats (n. 1625).

§ 1. — *Entrée en séance; ouverture des débats; comparution de l'accusé* (n. 1626 à 1659).

§ 2. — *Publicité des débats* (n. 1660 à 1685).

§ 3. — *Constatation de l'identité de l'accusé* (n. 1686 à 1691).

§ 4. — *Avertissement au conseil de l'accusé* (n. 1692 à 1695).

§ 5. — *Serment des jurés* (n. 1696 à 1735).

§ 6. — *Lecture de l'arrêt de renvoi et de l'acte d'accusation. — Avertissements à l'accusé* (n. 1736 à 1758).

§ 7. — *Exposé du procureur général* (n. 1759 à 1770).

§ 8. — *Appel des témoins* (n. 1771 à 1781).

  I. — Mesures autorisées contre les témoins défaillants (n. 1782 à 1801).

  II. — Conséquences, relativement à l'affaire, de l'absence d'un témoin (n. 1802 à 1821).

§ 9. — *Retraite des témoins dans la chambre qui leur est destinée* (n. 1822 à 1842).

CHAP. X. — Interrogatoire de l'accusé.

Sect. I. — Observations générales (n. 1843 à 1850).

Sect. II. — Qui procède à l'interrogatoire (n. 1851 à 1859).

Sect. III. — Forme de l'interrogatoire (n. 1860 à 1875).

Sect. IV. — Fixation du rang d'examen des accusés (n. 1876 à 1883).

Sect. V. — Faculté pour le président d'interroger les accusés les uns en l'absence des autres (n. 1884 à 1900).

CHAP. XI. — Audition des témoins (n. 1901 à 1903).

Sect. I. — Témoins appelés par le ministère public, l'accusé et la partie civile.

§ 1. — *Nécessité de les entendre sous serment* (n. 1904).

  1° Témoin cité et notifié (n. 1905 à 1914).

  2° Témoin notifié, mais non cité (n. 1915).

  3° Témoin cité, mais non notifié (n. 1916 à 1929).

    I. — Opposition (n. 1930 à 1946).

    II. — Renonciation (n. 1947 à 1962).

§ 2. — *Prohibitions portées contre certaines personnes* (n. 1963 et 1964).

  1° Incapables (n. 1965 à 1996).

  2° Mineur de quinze ans. — Infirmités physiques et intellectuelles (n. 1997 à 2023).

  3° Parents et alliés (n. 2024 à 2104).

  4° Dénonciateur pécuniairement récompensé par la loi (n. 2105 à 2145).

  5° Partie civile (n. 2146 à 2180).

  6° Incompatibilités avec certaines fonctions (n. 2181 à 2209).

§ 3. — *Causes de dispense en faveur de certaines personnes. — Secret professionnel* (n. 2210 à 2259).

§ 4. — *Ordre de l'audition des témoins* (n. 2260 à 2274).

§ 5. — *Serment des témoins* (n. 2275 à 2340).

§ 6. — *Déposition des témoins* (n. 2341 à 2388).

§ 7. — *Dernières interpellations aux témoins et à l'accusé* (n. 2389 à 2425).

§ 8. — *Confrontation des témoins entre eux* (n. 2426 à 2436).

§ 9. — *Production des titres et pièces à conviction* (n. 2437 à 2463).

§ 10. — *Maintien des témoins à l'audience après leur déposition* (n. 2464 à 2472).

Sect. II. — Témoins appelés par le président. — Lectures ordonnées par le président.

§ 1. — *Audition des témoins appelés par le président* (n. 2473 à 2511).

§ 2. — *Lectures faites par le président* (n. 2512 à 2590).

CHAP. XII. — Continuité et suspension des débats (n. 2591 à 2594).

§ 1. — *Suspension et interruption des débats* (n. 2595 à 2601).

§ 2. — *Qui ordonne les suspensions* (n. 2602 à 2607).

§ 3. — *Causes des suspensions* (n. 2608 à 2612).

§ 4. — *Moment des suspensions* (n. 2613 à 2617).

§ 5. — *Durée des suspensions* (n. 2618 à 2627).

CHAP. XIII. — Discussion. — Réquisitoire et plaidoirie (n. 2628 à 2632).

§ 1. — *Partie civile* (n. 2633 à 2638).

§ 2. — *Ministère public : réquisitoire* (n. 2639 à 2654).

§ 3. — *Défense : plaidoirie* (n. 2655 à 2686).

§ 4. — *Répliques* (n. 2687 à 2696).

CHAP. XIV. — Clôture et réouverture des débats; suppression du résumé.

§ 1. — *Clôture des débats* (n. 2697 à 2702).

§ 2. — *Réouverture des débats* (n. 2703 à 2727).

§ 3. — *Défense de faire un résumé* (n. 2728 à 2748).

CHAP. XV. — De la position des questions au jury (n. 2749 à 2752).

Sect. I. — **Règles générales sur la position des questions au jury.**

§ 1. — *Qui pose les questions au jury* (n. 2753 à 2757).

§ 2. — *Base des questions à poser au jury* (n. 2758 à 2787).

§ 3. — *Interdiction de poser au jury des questions de droit.*

1° Principes (n. 2788 à 2796).

2° Applications (n. 2797 à 2908).

§ 4. — *Obligation de purger entièrement l'accusation* (n. 2909 à 2941).

Sect. II. — **Des règles applicables à certains cas spéciaux.**

§ 1. — *Questions sur les faits résultant des débats* (n. 2942 à 2947).

1° Par qui et comment sont posées les questions résultant des débats (n. 2948 à 2964).

2° Questions qui peuvent être posées comme résultant des débats.

I. — Principes (n. 2965 à 3041).

II. — Applications (n. 3042 à 3094).

§ 2. — *Questions sur les excuses* (n. 3095 à 3166).

§ 3. — *Pluralité des questions.*

1° Complexité.

I. — Généralités (n. 3167 à 3207).

II. — Pluralité de faits principaux (n. 3208 à 3270).

III. — Questions alternatives (n. 3271 à 3306).

IV. — Pluralité d'accusés ou de victimes (n. 3307 à 3320).

V. — Circonstances du crime.

A. — Circonstances aggravantes.

a) — Principes (n. 3321 à 3347).

b) — Applications (n. 3348 à 3396).

B. — Circonstances atténuantes. — Cas d'excuse ou d'atténuation légale.

a) — Circonstances atténuantes (n. 3397 à 3403).

b) — Excuses (n. 3404 à 3410).

C. — Circonstances constitutives (n. 3411 à 3445).

2° Division des questions (n. 3446 à 3465).

Sect. III. — **Rédaction, ordre, signature et lecture des questions.**

§ 1. — *Rédaction des questions. — Mentions qu'elles doivent contenir* (n. 3466 à 3474).

1° Identité de l'accusé (n. 3475 à 3487).

2° Culpabilité de l'accusé (n. 3488 à 3511).

3° Désignation du crime.

I. — Nature du crime (n. 3512 à 3538).

II. — Circonstances du crime.

A. — Principes (n. 3539 à 3580).

B. — Applications.

a) — Circonstances constitutives (n. 3581 à 3629).

b) — Circonstances aggravantes (n. 3630 à 3641).

c) — Circonstances atténuantes (n. 3642 à 3646).

§ 2. — *Ordre des questions* (n. 3647 à 3659).

§ 3. — *Signature et lecture des questions* (n. 3660 à 3694).

Sect. IV. — **Réclamations sur la position des questions** (n. 3695 à 3743).

Sect. V. — **Questions après renvoi de cassation** (n. 3744 à 3758).

CHAP. XVI. — Avertissements au jury (n. 3759 à 3761).

I. — Avis obligatoires (n. 3762 à 3804).

II. — Avis facultatifs (n. 3805 à 3814).

CHAP. XVII. — Remise des pièces au jury (n. 3815 à 3884).

CHAP. XVIII. — Délibération et vote du jury (n. 3885 à 3982).

CHAP. XIX. — Déclaration du jury (n. 3983 à 3985).

Sect. I. — **Nombre de voix nécessaire pour la validité de la déclaration** (n. 3986 à 4038).

Sect. II. — **Forme de la déclaration du jury.**

I. — Nécessité d'un écrit (n. 4039 à 4044).

II. — Formule qui précède la déclaration du jury (n. 4045 à 4057).

III. — Formule de la déclaration (n. 4058 à 4083).

IV. — Date et lieu de la déclaration du jury (n. 4084 à 4092).

V. — Ratures, surcharges et interlignes dans la déclaration du jury (n. 4093 à 4132).

VI. — Signature de la déclaration du jury (n. 4133 à 4173).

Sect. III. — **Lecture et remise de la déclaration du jury** (n. 4174 à 4217).

Sect. IV. — **Caractères et effets de la déclaration du jury.**

§ 1. — *Principes* (n. 4218 à 4278).

§ 2. — *Déclarations régulières ou irrégulières.*

1° Déclarations certaines ou incertaines.

I. — Généralités (n. 4279 à 4290).

II. — Applications spéciales (n. 4291 à 4322).

2° Déclarations complexes ou non (n. 4323 à 4352).

3° Déclaration sur les questions alternatives (n. 4353 à 4367).

4° Déclaration contradictoire ou non contradictoire.

I. — Généralités (n. 4368 à 4409).

II. — Applications (n. 4410 à 4525).

5° Déclaration surabondante (n. 4526 à 4550).

6° Déclaration incomplète (n. 4551 à 4602).

7° Déclaration sur les questions d'excuse (n. 4603 à 4610).

8° Cas divers (n. 4611 à 4615).

Sect. V. — **Renvoi du jury dans la chambre de ses délibérations en cas de déclaration irrégulière** (n. 4616 à 4627).

I. — Par qui le renvoi doit être ordonné (n. 4628 à 4640).

II. — Comment le renvoi doit être ordonné (n. 4641 à 4652).

III. — À quel moment le renvoi peut ou doit être ordonné (n. 4653 à 4666).

IV. — Effets du renvoi (n. 4667 à 4676).

Sect. VI. — **Déclaration après cassation** (n. 4677).

CHAP. XX. — Arrêt de la cour d'assises (n. 4678 à 4684).

Sect. I. — **Acquittement ou absolution** (n. 4685 à 4712).

Sect. II. — **Condamnation.**

§ 1. — *Réquisitions du ministère public; conclusions de la partie civile; interpellation à l'accusé sur l'application de la peine* (n. 4713 à 4738).

§ 2. — *Délibération de la cour* (n. 4739 à 4753).

§ 3. — *Application de la loi pénale* (n. 4754 à 4778).

§ 4. — *Prononciation de la condamnation* (n. 4779 à 4823).

§ 5. — *Avertissement au condamné* (n. 4824 à 4830).

§ 6. — *Rédaction et signature de l'arrêt* (n. 4831 à 4843).

§ 7. — *Voies de recours* (n. 4844 à 4847).

CHAP. XXI. — Procès-verbal des débats.

Sect. I. — Rédaction.

§ 1. — *Qui doit rédiger le procès-verbal. — Dans quels cas. — Délai. — Signatures* (n. 4848 à 4889).

§ 2. — *Surcharges. — Ratures. — Interlignes. — Renvois. — Blancs* (n. 4890 à 4913).

Sect. II. — Foi due au procès-verbal (n. 4914 à 4936).

Sect. III. — Contenu du procès-verbal (n. 4937 à 4945).

§ 1. — *Enonciations que le procès-verbal doit contenir* (n. 4946 et 4947).

1° Composition de la cour d'assises (n. 4948 à 4983).

2° Enonciation de l'accomplissement des diverses formalités prescrites (n. 4984 à 5211).

§ 2. — *Enonciations que le procès-verbal ne peut contenir* (n. 5212 à 5264).

CHAP. XXII. — Incidents (n. 5265).

Sect. I. — Huis-clos (n. 5266 à 5311).

Sect. II. — Constitution de la partie civile (n. 5312 à 5366).

Sect. III. — Nomination d'un interprète.

§ 1. — *Interprète nommé pour le cas où l'accusé, les témoins ou les juges ne parlent pas la même langue* (n. 5367 à 5371).

1° Dans quels cas et à quel moment la nomination d'un interprète doit avoir lieu (n. 5372 à 5410).

2° Formes de la nomination (n. 5411 à 5419).

3° Récusation (n. 5420 à 5424).

4° Qui peut être interprète (n. 5425 à 5446).

5° Serment de l'interprète (n. 5447 à 5463).

6° Rôle de l'interprète (n. 5464 à 5502).

§ 2. — *Interprète donné au sourd-muet* (n. 5503 à 5527).

Sect. IV. — Mesures d'instruction (n. 5528).

§ 1. — *Expertise* (n. 5529 à 5598).

§ 2. — *Transport extérieur de la cour* (n. 5599 à 5610).

Sect. V. — Faux témoignage devant la cour d'assises (n. 5611 à 5639).

Sect. VI. — Expulsion de l'accusé et refus par lui de comparaître.

§ 1. — *Refus de comparution* (n. 5640 à 5655).

§ 2. — *Expulsion de l'accusé* (n. 5656 à 5667).

Sect VII. — Renvoi de l'affaire à une autre session (n. 5668).

§ 1. — *Renvoi prononcé au cours des débats*.

1° Principes (n. 5669 à 5695).

2° Causes du renvoi (n. 5696).

I. — Causes de renvoi provenant de la composition de la cour, de la situation personnelle de l'accusé ou de l'état du dossier (n. 5697 à 5721).

II. — Causes de renvoi provenant des jurés (n. 5722).

A. — Des faits qui mettent les jurés dans l'impossibilité de siéger (n. 5723 à 5734).

B. — Communication des jurés entre eux ou au dehors (n. 5735 à 5808).

C. — Manifestation d'opinion (n. 5809 à 5871).

III. — Causes de renvoi relatives aux témoins (n. 5872).

A. — Absence de témoins (n. 5873 à 5895).

B. — Faux témoignage (n. 5896 à 5901).

3° Formes et effets du renvoi.

I. — Formes du renvoi (n. 5902 à 5918).

II. — Effets du renvoi (n. 5919 à 5930).

§ 2. — *Renvoi prononcé après les débats* (n. 5931 à 5968).

Sect. VIII. — Donné acte (n. 5969 à 5999).

Sect. IX. — Formes des arrêts incidents (n. 6000 à 6055).

CHAP. XXIII. — Législation comparée et droit international.

Sect. I. — Législation comparée (n. 6056 à 6243).

Sect. II. — Droit international (n. 6244 à 6252).

————————

1. — On désigne par le mot Cour d'assises, *lato sensu*, la juridiction appelée à statuer sur les faits qualifiés crimes, et même sur certains délits qui lui sont attribués par une loi spéciale, tels que les délits de presse (L. 29 juill. 1881, art. 45). Cette acception comprend tout à la fois les juges et le jury, mais dans un sens moins large, on donne plus spécialement le nom de cour d'assises au tribunal chargé de l'application de la loi, par opposition au jury qui n'est appelé à prononcer que sur le fait. — Rodière, p. 167.

2. — La cour d'assises partage avec le Sénat la connaissance des crimes contre la sûreté de l'Etat (L. 24 févr. 1875, art. 9; L. 29 juill. 1881, art. 24).

CHAPITRE I.

DE LA FORMATION ET DE LA COMPOSITION DES COURS D'ASSISES.

Section I.

Des sessions d'assises.

3. — La cour d'assises n'est pas une juridiction permanente, elle ne siège qu'à certains intervalles, statue sur les affaires criminelles en état d'être jugées et se dissout dès que le rôle de ces affaires est épuisé. — Nouguier, n. 956; Garraud, n. 547; Trébutien, n. 532; F. Hélie, n. 3072; Rodière, p. 167, § 1; Sebire et Carteret, n. 27.

4. — Le temps pendant lequel siège la cour d'assises s'appelle session.

§ 1. *Des sessions ordinaires*.

5. — « La tenue des assises aura-lieu tous les trois mois » (C. instr. crim. art. 259). Il y a donc, en principe, une session par trimestre; c'est la session ordinaire. — F. Hélie, n. 3076; Garraud, n. 549; Trébutien, n. 532; Nouguier, n. 956.

6. — L'art. 19, L. 20 avr. 1810, dispose que dans le ressort d'une même cour d'appel, les assises doivent être tenues dans chaque département, de manière à n'avoir lieu que les unes après les autres, et de mois en mois, à moins qu'il n'y ait plus de trois départements dans le ressort. Cette disposition est motivée par le désir de ne pas voir, à la fois, plusieurs conseillers éloignés de la cour d'appel. — Sebire et Carteret, n. 36.

7. — Comment est fixée, pour chaque département, l'époque d'ouverture de chaque session d'assises? Il y a lieu, à cet égard, de distinguer suivant qu'il s'agit de la fixation du mois ou de la fixation du jour de l'ouverture des assises.

8. — La fixation du mois a lieu par arrêt de règlement rendu, par chaque cour d'appel, les chambres assemblées, pour toutes les assises de son ressort (Décr. 6 juill. 1810, art. 83). Cette décision n'a pas besoin d'être renouvelée chaque année; elle a un caractère permanent. Elle subsiste aussi longtemps que la cour ne croit pas devoir la modifier par un nouvel arrêt.

9. — C'est, au contraire, le premier président de la cour qui fixe le *jour* de l'ouverture des assises.

10. — L'art. 260, C. instr. crim., avait attribué ce pouvoir au président de la cour d'assises; mais cette disposition a été modifiée par la loi du 20 avr. 1810, qui, dans son art. 20, réserve ce droit au premier président. — Sebire et Carteret, n. 37; Le Sellyer, *Tr. de la compét.*, n. 178 à 180.

11. — C'est donc une ordonnance du premier président qui fixe le jour de l'ouverture des assises. Ce jour peut varier pour chaque session. Aussi une ordonnance est-elle rendue par le premier président pour chaque session d'assises.

12. — Il peut arriver que, par des circonstances que l'on n'avait pu prévoir, le jour des assises, qui avait été fixé par une ordonnance du premier président, ne puisse plus se concilier avec les affaires qui devaient être portées dans cette session. Alors, cette fixation peut être changée par une nouvelle ordonnance. Cette ordonnance doit relater les motifs qui portent le ministère public à requérir que le jour de l'ouverture des assises soit retardé, et rappeler que c'est en vertu de l'art. 20, L. 20 avr. 1810, et de l'art. 80, Décr. 6 juillet de la même année, que le jour de l'ouverture est définitivement fixé à telle époque. — De Serres, *Manuel des cours d'assises*, t. 1, p. 72.

13. — Le premier président de la cour d'appel doit donner connaissance de cette nouvelle ordonnance au président des assises, afin que ce magistrat puisse s'y conformer. — De Serres, *loc. cit.*

14. — L'ordonnance du premier président fixant le jour d'ouverture de la session doit être environnée d'une certaine publicité qui est déterminée par l'art. 22, L. 20 avr. 1810, et les art. 88 et 89, Décr. 6 juill. 1810. — Sebire et Carteret, n. 39.

15. — Aux termes du premier de ces articles, cette ordonnance doit être « publiée par affiches et par la lecture qui en sera faite dans tous les tribunaux de première instance du ressort, huit jours au moins avant l'ouverture. »

16. — Enfin, suivant les art. 88 et 89 précités, l'ordonnance « sera envoyée, à la diligence des procureurs généraux, aux tribunaux de première instance de la cour d'assises; elle sera publiée, dans les trois jours de la réception, à l'audience publique, sur la réquisition du procureur de la République ». Et « l'annonce de cette ordonnance sera faite dans les journaux du département où siège la cour d'assises; elle sera affichée dans les chefs-lieux d'arrondissement et sièges des tribunaux de première instance. »

17. — Les dispositions de ces articles concernant la publicité que doit recevoir l'ordonnance ne sont pas prescrites à peine de nullité. L'accusé ne peut se faire un grief de l'inaccomplissement de ces formalités. Il ne s'agit là, en effet, que d'une mesure administrative étrangère aux débats et à la procédure ainsi qu'aux droits de la défense. — F. Hélie, n. 3077; Garraud, p. 664, note 1; Nouguier, n. 969, 1059 et 1060.

18. — Ainsi jugé qu'il n'y a pas nullité si l'ordonnance du premier président qui fixe le jour de l'ouverture des assises n'a été lue à l'audience du tribunal du lieu où siègent les assises que moins de huit jours avant leur ouverture. — Cass., 22 janv. 1841, Raynal et Puel, [P. 42.1.262]

19. — ... Qu'il n'y a pas nullité si cette ordonnance n'a été ni insérée dans les journaux ni publiée et affichée conformément aux prescriptions des articles susvisés. — Cass., 15 nov. 1855, Lapierre, [S. 56.1.283, P. 56.2.218, D. 56.5.125]

20. — Les sessions n'ont pas de durée fixe; aux termes de l'art. 260, C. instr. crim., « les assises ne seront closes qu'après que toutes les affaires criminelles qui étaient en état lors de leur ouverture, y auront été portées ». La durée de chaque session variera donc suivant le nombre et l'importance des affaires à juger; commencée le jour fixé par l'ordonnance du premier président, elle ne se terminera que lorsque le rôle aura été épuisé. — Sebire et Carteret, n. 40; Le Sellyer, n. 183.

21. — Si, à la fin du trimestre, la cour d'assises, en session, n'a pas épuisé son rôle, elle est autorisée à continuer l'expédition des affaires pendant le trimestre suivant et même l'année suivante; elle ne se doit, en effet, être close qu'après que toutes les affaires qui étaient en état lors de son ouverture, y ont été portées. — Nouguier, n. 978.

22. — Ainsi, il a été jugé qu'une session d'assises est régulièrement ouverte l'avant-dernier jour du trimestre, et que toutes les affaires portées au rôle doivent être jugées, même en empiétant sur le trimestre suivant. — Cass., 21 déc. 1882, Mohamed-Areski-ben-Mohamed, [D. 84.1.475]

23. — ... Qu'une cour d'assises peut, après la condamnation criminelle, reporter le jugement des intérêts civils au delà du lendemain de la dernière audience consacrée aux débats de la session et même à un jour du trimestre suivant. « L'arrêt qui accorde la réparation civile du crime n'est que le complément de l'arrêt qui prononce la peine et se confond avec lui. Tant qu'il

n'a pas été statué sur les conclusions de la partie civile, prises dans le cours des débats criminels, il est vrai de dire que l'affaire n'est pas terminée et que la limite fixée à la durée de la session par l'art. 260, n'est conséquemment pas atteinte ». — Cass., 25 mai 1849, Congot, [S. 50.1.76, P. 51.1.645, D. 50.1.30]

24. — Cependant, pour ne pas imposer aux mêmes jurés une trop lourde charge, il est admis qu'une session ne doit pas se prolonger au delà de quinze jours. Si toutes les affaires en état n'ont pas pu être soumises au jury dans ce délai, une seconde session peut avoir lieu dans le même trimestre, afin de permettre de les juger sans retard. C'est ce qu'on appelle une session extraordinaire (Circ. min. 14 janv. 1819). — Sebire et Carteret, n. 40; Le Sellyer, n. 172 à 175, 195.

25. — Lorsque le nombre des affaires est trop considérable, « le ministre de la Justice peut ordonner qu'il soit formé autant de sections de cours d'assises que le besoin du service l'exigera pour procéder simultanément au jugement des prévenus (L. 9 sept. 1835, art. 2). — Sebire et Carteret, n. 44.

26. — A Paris, les affaires criminelles sont si nombreuses qu'une seule session d'assises par trimestre serait absolument insuffisante pour leur expédition. Les assises du département de la Seine sont soumises à un régime particulier, organisé par l'ordonnance royale du 30 juill. 1828. — Le Sellyer, n. 176.

27. — Aux termes de l'art. 1 de cette ordonnance « la cour d'assises du département de la Seine est divisée, pour chaque trimestre, en deux sections qui siégeront alternativement. Chacune d'elles tiendra une session par mois. »

28. — D'après l'art. 2 « il est nommé un président pour chaque section ». De la combinaison de ces articles, il résulte qu'il y a, à Paris, deux présidents d'assises par trimestre, et deux sessions par mois. Le conseiller nommé pour la première section préside, pendant le trimestre, les assises qui s'ouvrent le 1er de chaque mois, et le conseiller désigné pour la seconde section, préside pendant le même trimestre, la session commençant le 16 de chaque mois. On peut donc dire qu'à Paris les assises sont permanentes.

29. — Cette division en deux sections n'est parfois pas suffisante à Paris pour assurer l'expédition des affaires criminelles. Le ministre de la Justice organise alors d'autres sections : plusieurs d'entre elles fonctionnent simultanément. C'est ce qui a eu lieu notamment après le siège de Paris en 1871. A partir du 15 févr. 1871, deux sections de la cour d'assises de la Seine ont siégé simultanément pendant un certain temps (Décr. 6 févr. 1871).

§ 2. *Des sessions extraordinaires.*

30. — Les assises extraordinaires sont formellement autorisées par l'art. 259, C. instr. crim.; en effet, après avoir posé en principe que la tenue des assises aura lieu tous les trois mois, il ajoute : « Elles pourront se tenir plus souvent, si le besoin l'exige ». C'est ce que dispose également l'art. 19, L. 20 avr. 1810.

31. — Les assises extraordinaires sont convoquées soit lorsque le nombre des affaires en état est trop considérable pour avoir pu être jugées dans le cours de la session ordinaire, soit lorsque, après la clôture de cette session, une affaire grave exige un prompt jugement. — Sebire et Carteret, n. 43.

32. — Il est même un cas particulier où la loi autorise la convocation d'assises extraordinaires; c'est celui prévu par l'art. 59, L. 29 juill. 1828, dont voici les termes : « Si, au moment où le ministère public ou le plaignant exerce son action, la session de la cour d'assises est terminée, et s'il ne doit pas s'en ouvrir d'autre à une époque rapprochée, il pourra être formé une cour d'assises extraordinaires, par ordonnance motivée du premier président. »

33. — Il peut y avoir, dans un même trimestre, plusieurs sessions extraordinaires.

34. — Le droit de convoquer les assises extraordinaires appartient au premier président de la cour d'appel. Aucune loi n'exige que cette convocation soit ordonnée par un arrêt de la cour. — Cass., 18 janv. 1816, Thibaud, [S. et P. chr.] — *Sic*, F. Hélie, n. 3081; Garraud, n. 549; Nouguier, n. 983; Rodière, p. 172; Sebire et Carteret, n. 46.

35. — C'est également au premier président, sur la demande qui lui en est faite par le procureur général, qu'il appartient de fixer par ordonnance l'époque de l'ouverture des assises extraordinaires. La raison en est que, l'art. 259, C. instr. crim., ne prescrivant aucune forme particulière à suivre pour cette convocation extraordinaire, il s'ensuit que l'art. 20, L. 20 avr. 1810, qui donne au premier président de la cour d'appel le droit de fixer le jour des assises ordinaires, lui confère aussi le droit de le fixer pour les assises extraordinaires. Du reste l'art. 81, Décr. 6 juill. 1810, dit formellement : « L'ordonnance... contiendra l'époque fixe de l'ouverture de cette assise ». — Carnot, sur l'art. 259, C. instr. crim.; F. Hélie, loc. cit.; Nouguier, n. 963; Sebire et Carteret, loc. cit.

36. — Pour procéder à la tenue des assises extraordinaires, il faut convoquer un nouveau jury. C'est ce qui résulte de l'art. 391, C. instr. crim., ainsi conçu : « La liste des jurés sera comme non avenue, après le service pour lequel elle aura été formée ». Le motif qui a fait établir les assises extraordinaires était précisément le désir d'éviter aux jurés une trop lourde charge; il est donc naturel qu'une nouvelle liste soit dressée pour ces assises. — Le Sellyer, n. 112.

37. — Au contraire, lorsqu'une assise extraordinaire est indiquée après la clôture de la session ordinaire, le président désigné pour cette session est appelé de plein droit à présider cette assise extraordinaire, et n'a pas besoin d'une nouvelle délégation (Décr. 6 juill. 1810, art. 81). — Cass., 21 mai 1829, Jean Carcassès, [P. chr.] — Sic, Nouguier, n. 1047; Garraud, n. 549; Trébutien, n. 534, p. 400; Rodière, p. 172; Sebire et Carteret, n. 44 et 56; Le Sellyer, n. 107.

38. — De même, les assesseurs nommés pour la session ordinaire peuvent, sans nouvelle délégation, siéger aux assises extraordinaires qui ont lieu pendant le même trimestre. Mais cette prolongation de leurs fonctions n'est pas obligatoire : le premier président peut, même alors que les assesseurs de la session ordinaire ne sont pas empêchés, en nommer d'autres pour la session extraordinaire. — Carnot, sur l'art. 312, t. 2, p. 312, n. 10; Nouguier, n. 1056; Le Sellyer, n. 109.

39. — Lorsqu'un magistrat est désigné pour concourir comme assesseur à une session extraordinaire de la cour d'assises, bien qu'il n'eût pas fait partie de cette cour pendant sa session ordinaire, il y a présomption légale que le magistrat qu'il remplace se trouve empêché, sans qu'il soit nécessaire que l'ordonnance de désignation mentionne cet empêchement. — Cass., 25 sept. 1845, Cauchois, [P. 48.2.273]; — 12 déc. 1845, Normand, [P. 48.2.273]

40. — Les périodes trimestrielles dont il est question dans l'art. 259, C. instr. crim., relatif à la tenue des cours d'assises, doivent se supputer en prenant pour point de départ du premier trimestre le premier jour de l'année, et pour limite le dernier jour du troisième mois, et ainsi de suite pour les trimestres suivants, quelle que soit d'ailleurs l'époque de l'ouverture des assises. — Cass., 9 août 1849, Dominici, [S. 50.1.74, P. 51.2.637, D. 49.1. 264] — Sic, Sebire et Carteret, n. 57.

41. — En conséquence, on ne peut considérer comme extraordinaire la première session d'un trimestre, sous le prétexte qu'il ne se serait pas encore écoulé trois mois depuis l'ouverture des assises du trimestre précédent, et, par suite, cette session doit, à peine de nullité de l'arrêt à intervenir, être présidée non par le président des dernières assises, mais par celui désigné pour le trimestre dans lequel ladite session a lieu. — Même arrêt. — Les règles de compétence et la démarcation des pouvoirs s'opposent à ce que le premier président puisse, par un simple changement de nom, en donnant arbitrairement à la première session du trimestre suivant la qualification d'assises extraordinaires du précédent trimestre, enlever au président choisi pour le trimestre le droit de présider une session ouverte pendant le temps pour lequel il a été délégué.

42. — Le premier président d'une cour d'appel, désigné pour présider une session extraordinaire de cour d'assises, peut déléguer le président de la session ordinaire pour interroger l'accusé. — Cass., 16 janv. 1852, Jegado, [S. 52.1.468, P. 53.1.366, D. 52.5.320]

Section II.
Du lieu où siègent les assises.

43. — Il existe une cour d'assises dans chaque département. L'art. 251, C. instr. crim., est ainsi conçu : « Il sera tenu des assises dans chaque département pour juger les individus que la cour d'appel y aura renvoyés. »

44. — Cette disposition a eu pour but d'éviter les frais de transport des accusés et des témoins et de ne pas diminuer l'in-

fluence salutaire de la répression, en jugeant le crime à une distance trop éloignée du lieu où il a été commis. — F. Hélie, n. 3073; Sebire et Carteret, n. 28; Le Sellyer, Tr. de la compétence, t. 1, n. 75.

45. — Dans les départements où se trouvent les cours d'appel, les assises se tiennent au lieu où siège la cour d'appel.

46. — Dans les autres départements, les assises se tiendront ordinairement, dit l'art. 258, C. instr. crim., dans le chef-lieu du département. Mais cette disposition a été modifiée par l'art. 17, L. 20 avr. 1810, ainsi conçu : « Les assises se tiendront habituellement dans les lieux où siègent actuellement les cours criminelles ». Ces cours criminelles ne siégeaient pas au chef-lieu dans les départements suivants : Cantal, Charente-Inférieure, Manche, Marne, Meuse, Pas-de-Calais, Puy-de-Dôme, Saône-et-Loire et Vaucluse. Quelquefois, l'endroit où siège la cour d'assises n'est pas même chef-lieu d'arrondissement : c'est ce qui a lieu dans les départements des Ardennes et de la Meuse. — Rodière, p. 171, § 11; Sebire et Carteret, n. 29.

47. — On peut poser en principe que, ces quelques villes exceptées, les assises se tiennent au chef-lieu du département.

48. — Une exception à cette règle a été prévue par l'art. 258, § 2, C. instr. crim., qui dispose que la cour d'appel pourra désigner un tribunal autre que celui du chef-lieu.

49. — Mais ce déplacement de la cour d'assises du lieu ordinaire de ses séances ne peut avoir lieu que par des motifs graves tirés des circonstances des localités, inondation, épidémie, incendie du palais de justice, ou l'utilité, pour une affaire importante, de réunir sur le lieu même du crime tous les témoins. — Bourguignon, Jurisp. des C. crim., art. 258; Legraverend, t. 2, p. 86; Le Sellyer, op. cit., n. 165; F. Hélie, n. 3075; Nouguier, n. 997; Sebire et Carteret, n. 31.

50. — Le droit pour la cour d'appel d'ordonner le déplacement de la cour d'assises est réglementé par les art. 21, L. 20 avr. 1810, et 90, Décr. 6 juillet de la même année. Aux termes de ces articles, les assises ne pourront être convoquées pour un lieu autre que celui où elles doivent se tenir habituellement qu'en vertu d'un arrêt rendu dans l'assemblée des chambres de la cour, sur la requête du procureur général. L'époque de l'ouverture et le lieu seront déterminés par arrêt rendu, toutes les chambres assemblées et le procureur général entendu.

51. — Cette mesure ne peut être prise que par la cour d'appel, toutes chambres réunies. Elle ne peut être ordonnée ni par le premier président seul (Legraverend, Lég. crim., t. 2, p. 86), ni par la cour d'assises, ni même par la chambre des mises en accusation. — Cass., 22 juill. 1830, Horand, [S. et P. chr.] — Sic, Nouguier, n. 996; F. Hélie, n. 3075; Rodière, p. 171; Sebire et Carteret, n. 30; Le Sellyer, op. cit., n. 166.

52. — Les chambres réunies ne peuvent prescrire ce déplacement que sur le réquisitoire du procureur général; elles ne pourraient les l'ordonner d'office. — Carnot, sur l'art. 258, C. instr. crim.; F. Hélie, loc cit.; Nouguier, n. 1001; Sebire et Carteret, n. 33.

53. — On a agité, à cet égard, la question de savoir si la cour devait déférer à la réquisition du procureur général et prononcer le renvoi devant le tribunal par lui indiqué. — Legraverend (t. 2, p. 87 et 88) et Le Sellyer (op. cit., n. 166) soutiennent l'affirmative : « En ordonnant, dit le premier de ces auteurs, un déplacement autre que celui qui serait demandé par le procureur général ou par ses substituts, en son nom, la cour prendrait une initiative qui lui est expressément interdite ». — Bourguignon (Jurispr. des C. crim., sur l'art. 258) repousse cette doctrine; il se fonde sur ce qu'elle n'est appuyée sur aucune disposition législative, et Carnot (sur l'art. 258, observ. add.) se range à l'opinion de Bourguignon, en ajoutant que « les officiers du ministère public requièrent et ne commandent pas. »

54. — Quant à nous, nous adoptons pleinement l'opinion de Bourguignon et de Carnot, et nous cherchons vainement, avec ces auteurs, la loi dans laquelle M. Legraverend a vu que l'initiative que prendrait la cour dans ce cas lui est formellement interdite. Si le ministère public n'avait pas besoin de l'assentiment de la cour, il ne requerrait pas, il ordonnerait lui-même le renvoi qu'il doit requérir. Cette opinion a été, depuis lors, adoptée par F. Hélie (loc. cit.), par Nouguier (n. 1002), par Sebire et Carteret (n. 33). — V. aussi Cubain, n. 10.

55. — Quoi qu'il en soit, le déplacement de la cour d'assises n'est que momentané; il cesse avec la nécessité qui l'avait fait ordonner : « aussitôt après la cessation de cette assise, dit M.

Legraverend (t. 2, p. 88 et 89), tout doit reprendre son cours ordinaire, sauf à recourir de nouveau à la même mesure, si de nouvelles circonstances en exigeaient encore l'emploi ». — V. aussi en ce sens Bourguignon, *Jurispr. des C. crim.*, sur l'art. 258; Carnot, sur le même article, Observ. add.; Le Sellyer, *op. cit.*, n. 169; F. Hélie, *loc. cit.*; Nouguier, n. 1000.

56. — Le transfert de la cour d'assises ne peut avoir lieu que dans une ville où il existe un tribunal de première instance. — Legraverend, t. 2, p. 88; Bourguignon, *Jurisprud. des C. crim.*, sur l'art. 258; Carnot, sur le même article; Le Sellyer, *op. cit.*, n. 167; Nouguier, n. 999; F. Hélie, *loc. cit.*; Sebire et Carteret, n. 34.

57. — Ce transfert du siège des assises ne peut même avoir lieu que dans une ville du même département (Legraverend, t. 2, p. 87); en ordonner l'ouverture hors de l'enceinte d'un département serait un véritable renvoi d'un tribunal à un autre, que la Cour de cassation seule peut ordonner. — Cass., 22 juill. 1830, précité. — *Sic*, Carnot, *Instr. crim.*, sur l'art. 258, n. 5; Le Sellyer, *op. cit.*, n. 168; Nouguier, n. 998; F. Hélie, *loc. cit.*; Sebire et Carteret, n. 35.

58. — L'arrêt de la cour d'appel qui ordonne le déplacement momentané du siège d'une cour d'assises, doit être motivé. — Nouguier, n. 1003; Sebire et Carteret, n. 32; Le Sellyer, *op. cit.*, n. 171. — Il doit, de plus, être lu, publié et affiché conformément aux dispositions de l'art. 88, Décr. 6 juill. 1810 (art. 90 de ce décret). — Sebire et Carteret, n. 39. — V. *suprà*, n. 14 et s.

Section III.

De la composition de la cour d'assises.

59. — La cour d'assises se compose de deux éléments distincts, la cour et le jury, le premier, formé de magistrats, le second, de citoyens. — F. Hélie, n. 3082; Nouguier, n. 1006; Garraud, n. 550.

60. — Nous étudions *infrà*, v° *Jury*, le mode de recrutement des jurés; examinons maintenant la composition de la cour proprement dite.

§ 1. *Nombre des magistrats composant la cour d'assises.*

61. — Le nombre des magistrats composant la cour d'assises a souvent varié; le Code d'instruction criminelle de 1808 avait prescrit que la cour d'assises comprendrait un président, quatre assesseurs, un officier du ministère public et un greffier. — Rodière, p. 168; Sebire et Carteret, n. 63.

62. — La loi du 4 mars 1831 a modifié cet état de choses en réduisant à deux le nombre des assesseurs. Aujourd'hui la cour d'assises proprement dite, c'est-à-dire l'élément emprunté à la magistrature, se compose: 1° d'un président; 2° de deux assesseurs; 3° du ministère public; 4° du greffier. — Rodière, p. 170; Sebire et Carteret, n. 48, 64 et 65; Le Sellyer, *Tr. de la comp.*, t. 1, n°. 77.

63. — Ce nombre de trois juges (un président, deux assesseurs) est invariable; il ne peut être ni augmenté, ni diminué. Il est substantiel; il y aurait nullité si ce nombre était restreint, ou s'il était dépassé en dehors des deux exceptions que nous allons indiquer. — Cass., 28 avr. 1831, Jouen, [S. 32.1.197, P. chr.] — *Sic*, Sebire et Carteret, n. 66; Nouguier, n. 1013; Le Sellyer, *loc. cit.*, n. 89.

64. — Il y a nullité lorsqu'il n'est prouvé, ni par le procès-verbal des débats, ni par aucune autre pièce de la procédure que pendant tout le cours des débats la cour d'assises ait été composée du nombre de juges voulu par la loi. — Cass., 15 déc. 1815, Henri Verniol, [S. et P. chr.] — *Sic*, Legraverend, t. 2, p. 33; Carnot, sur l'art. 251, C. instr. crim., t. 2, p. 306, n. 3, et art. 252, p. 307, n. 1. — V. *infrà*, n. 4948 et s.

65. — La première exception a été introduite par l'art. 93, Décr. 6 juill. 1810, ainsi conçu : « dans les lieux où réside la cour d'appel, la chambre civile que préside le premier président se réunira à la cour d'assises pour le débat et le jugement d'une affaire, lorsque le procureur général, à raison de la gravité des circonstances, en aura fait la réquisition aux chambres assemblées et qu'il sera intervenu arrêt conforme à ses conclusions ». — Rodière, p. 170; Le Sellyer, *loc. cit.*, n. 90.

66. — Cette chambre civile opère sa réunion, telle qu'elle est composée pour juger les affaires civiles, c'est-à-dire de cinq con-

seillers ou d'un nombre plus élevé. Si, par suite de la réunion de la chambre civile, la cour d'assises se composait de magistrats en nombre pair, le dernier nommé des conseillers de la chambre civile ne pourrait prendre part à la délibération (L. 30 août 1883, art. 1).

67. — Dans le cas de la réunion de la chambre civile à la cour d'assises, si un membre de cette cour se trouvait empêché, il devrait être remplacé, sans qu'on pût s'en dispenser à raison de la présence de la chambre civile (Le Sellyer, *loc. cit.*, n. 93; Carnot, sur l'art. 252, n. 1). La raison qu'en donne le premier de ces auteurs, est que la chambre civile est réunie et non confondue avec la cour d'assises, ce qui ne permet pas à cette cour de se compléter par les membres de la chambre civile.

68. — La réunion de la chambre civile ne peut se produire que dans les lieux où réside la cour d'appel; la réunion aux assises des départements entraînerait un déplacement coûteux et qui pourrait paralyser pour quelque temps l'administration de la justice civile, ce qui ne peut pas être. — Le Sellyer, *loc. cit.*, n. 95; Legraverend, t. 2, p. 97.

69. — Lorsque la réunion est ordonnée, c'est toujours le premier président qui doit présider la cour d'assises (Legraverend, *loc. cit.*; Le Sellyer, *loc. cit.*, n. 96). La raison qu'en donnent ces auteurs, c'est que partout où se trouve le premier président, la présidence ne peut appartenir à aucun autre membre de la cour.

70. — Les motifs graves qui peuvent nécessiter la réunion de la chambre civile, n'étant pas déterminés par la loi, sont laissés à l'appréciation de la cour d'appel; les arrêts qu'elle rend sur ce point échappent à la censure de la Cour de cassation. — Legraverend, t. 2, p. 99.

71. — La seconde exception est prévue par la loi du 25 brum. an VIII. Elle a trait au droit d'adjonction d'assesseurs suppléants.

72. — Les motifs qui ont fait introduire cette disposition spéciale sont les suivants : il est de principe qu'un magistrat ne peut prendre part au jugement que lorsqu'il a assisté à toutes les audiences de la cause. Or, il peut arriver que pendant l'une des audiences consacrées à l'examen d'une même affaire, un magistrat soit obligé de se retirer par suite d'une indisposition. Un magistrat, n'ayant pas assisté aux débats, ne peut le remplacer. On se trouve alors dans la nécessité si la cour n'est composée que du nombre d'assesseurs réglementaire ou bien de renvoyer l'affaire à une autre session, ou bien d'annuler la partie des débats à laquelle avait pris part le magistrat empêché, et de la recommencer. — Cass., 23 janv. 1841, Borromei, [*Bull. crim.*, n. 23] — C'est pour éviter ces inconvénients que la loi du 25 brum. an VIII a permis l'adjonction d'assesseurs supplémentaires.

73. — L'art. 4 de cette loi dispose que dans les procès criminels qui paraîtront de nature à entraîner de longs débats, « le tribunal criminel s'adjoindra deux juges du tribunal civil pour assister aux débats. »

74. — Cette disposition n'a été reproduite ni par le Code d'instruction criminelle, ni par la loi, ni par le décret de 1810 et on s'est demandé si elle était encore en vigueur. La Cour de cassation n'a jamais hésité; elle a toujours décidé que la loi du 25 brum. an VIII n'avait été abrogée par aucune loi postérieure. — Cass., 31 janv. 1812, Guilmot et Plumet, [S. et P. chr.]; — 27 juill. 1820, Caron, [S. et P. chr.]; — 11 mai 1833, Paulin, [S. 33.1.197, P. chr.]; — 21 août 1835, de la Roncière, [S. 35.1.601, P. chr.]; — 12 déc. 1840, Lafarge, [S. 40.1.948, P. 42.2.622] — Cette mesure a été du reste implicitement confirmée par la disposition finale de l'art. 253, C. instr. crim., ajoutée par la loi du 21 mars 1855, et elle est constamment appliquée par les cours d'assises. — F. Hélie, n. 3109; Trébutien, p. 402; Nouguier, n. 1017; Rodière, p. 176; Sebire et Carteret, n. 74; Le Sellyer, *op. cit.*, n. 97; Cubain, n. 46.

75. — Aux termes de l'art. 4 de la loi de l'an VIII, c'est la cour d'assises qui doit ordonner l'adjonction d'assesseurs supplémentaires.

76. — Cependant la Cour de cassation a validé comme régulièrement faite : 1° une adjonction ordonnée par le premier président, dans la cour d'assises du chef-lieu. — Cass., 16 avr. 1818, Guillain, [P. chr.]; — 8 oct. 1840, Elicabide, [S. 40.1.1000, P. 41.1.273]; — 2° une adjonction ordonnée par le président des assises, seul, dans un département autre que le chef-lieu. — Cass., 19 juill. 1832, Benoît, [S. 32.1.496, P. chr.] — *Contrà*, Le Sellyer, *op. cit.*, n. 100.

77. — Mais, dans la pratique, il vaut mieux ne pas s'écarter des termes de la loi et laisser à la cour d'assises le soin de prescrire cette mesure. Au surplus, c'est toujours par arrêt de la cour et non par ordonnance du président que, dans l'usage, la double adjonction est ordonnée. — Cass., 12 déc. 1840, précité; — 16 juin 1881, Moutanin, [Bull. crim., n. 153] — Sic, F. Hélie, n. 3110; Cubain, p. 27, n. 47.

78. — La cour peut ordonner l'adjonction d'un ou de deux assesseurs supplémentaires. La cour d'assises se trouvera alors composée de quatre ou cinq juges, son président compris.

79. — Mais si c'est à la cour d'assises qu'il appartient d'*ordonner* une adjonction et de fixer le nombre des assesseurs supplémentaires, ce n'est pas elle qui *désigne* ces derniers. Elle commettrait un excès de pouvoir en le faisant. Le droit de désigner les magistrats qui siégeront comme assesseurs supplémentaires appartient : 1° au premier président, au chef-lieu de la cour d'appel — Cass., 20 mars 1863, Heutte et Delay, [D. 64. 5.369]; — 2° au président des assises, dans les autres départements (C. instr. crim., art. 253, *in fine*). — Cass., 12 juill. 1878, Bouguerra ben Belkassem, [Bull. crim., n. 149]; — 16 juin 1881, précité; — 20 déc. 1888, Aury, [Bull. crim., n. 374] — Sic, Nouguier, n. 1022; F. Hélie, n. 3111; Trébutien, p. 402; Le Sellyer, op. cit., n. 100.

80. — Il en est de même pour la cour d'assises de la Réunion, en vertu de l'art. 7, L. 27 juill. 1880, qui est la reproduction littérale de l'art. 253, C. métrop. — Cass., 16 juin 1881, précité.

81. — Du reste, lorsqu'un magistrat a siégé en exécution d'un arrêt dans une affaire, comme membre adjoint à la cour, il y a présomption légale qu'il a été régulièrement désigné à cet effet. — Cass., 5 déc. 1839, Brallet et Rombach, [P. 40.2.176] — Sic, Sebire et Carteret, n. 75.

82. — Devant les assises de la Seine, trois assesseurs sont à l'avance nommés pour un trimestre; si, dans une affaire, la cour ordonne l'adjonction d'un assesseur supplémentaire, celui-ci sera naturellement pris parmi les assesseurs du trimestre. Ce n'est que pour le cas d'adjonction de deux assesseurs supplémentaires qu'on aurait recours à une désignation spéciale.

83. — Précédemment, les assesseurs ainsi nommés à Paris, pour chaque trimestre, étaient au nombre de quatre. Il a été alors jugé que lorsqu'un assesseur, désigné quatrième sur la liste des quatre assesseurs nommés par le premier président, a siégé dans une affaire comme adjoint, il y a présomption légale qu'il a été appelé par suite de l'empêchement légitime du magistrat qui le précédait sur cette liste. Il siège, en conséquence, en vertu de l'ordonnance du premier président, et non de l'arrêt de la cour; celle-ci, dans son arrêt d'adjonction, n'a donc pas besoin de le désigner. — Cass., 22 mars 1877, Godefroy, [Bull. crim., n. 86]

84. — L'adjonction d'assesseur supplémentaire doit être ordonnée par la cour « avant le tirage de la liste des jurés » (L. 4 brum. an VIII, art. 1 et 4).

85. — L'arrêt qui ordonne une adjonction d'assesseur supplémentaire est un simple acte d'administration judiciaire; l'accusé n'a pas la faculté de s'opposer à cette mesure.

86. — On en a conclu : 1° qu'il n'est pas nécessaire d'interpeller et d'entendre l'accusé ou son conseil sur cette adjonction avant de l'ordonner. — Cass., 30 juin 1838, Hubert, [S. 38.1. 760, P. 38.2.418]; — 28 juin 1855, Métas, [D. 55.5.127]; — 2° Qu'il n'est pas besoin de communiquer à l'accusé l'ordonnance qui adjoint à la cour d'assises un quatrième conseiller, destiné à remplacer celui des trois membres titulaires qui se trouverait empêché. — Cass., 8 oct. 1840, précité. — Sic, F. Hélie, n. 3112; Nouguier, n. 1030, 1032; Trébutien, p. 402; Sebire et Carteret, n. 75; Le Sellyer, op. cit., n. 101.

87. — Il a même été jugé que l'adjonction peut être ordonnée en chambre du conseil et sans publicité. — Cass., 3 janv. 1833, Martin, [S. 33.1.873, P. chr.] — Mais les motifs de l'arrêt de cassation du 28 juin 1855, rapporté plus haut, semblent condamner cette manière de faire. — Le Sellyer, op. cit., n. 102.

88. — Il y a ouverture à cassation lorsque, sur la demande du procureur général, tendant à une adjonction de jurés et de juges suppléants, la cour d'assises, en rejetant l'adjonction des jurés, a omis de statuer sur celle des juges. — Cass., 31 janv. 1812, Guilmot, [S. et P. chr.]

89. — Les assesseurs supplémentaires n'ont qu'une mission éventuelle, et ne prennent part aux débats et à l'arrêt que si, par suite d'un empêchement ultérieur, un membre de la cour

cesse de siéger. Mais tant que cet empêchement ne s'est pas produit, l'assesseur titulaire continue à remplir ses fonctions, même si, hiérarchiquement, il est l'inférieur du magistrat adjoint. Ainsi, un juge suppléant qui, originairement, a été appelé à siéger comme assesseur et a, en cette qualité, participé à l'arrêt qui a ordonné l'adjonction d'un juge supplémentaire, demeure assesseur, encore bien que le magistrat appelé éventuellement soit un juge titulaire. — Cass., 26 avr. 1849, Rault, [P. 50.1.721, D, 49.5.259]; — 5 janv. 1854, Quincestre, [S. 54.1.281, P. 54. 2.71, D. 54.1.84] — Sic, Nouguier, n. 1028; F. Hélie, n. 3112.

90. — Lorsque les juges titulaires ont continué à siéger, il y a présomption légale que les assesseurs suppléants n'ont pris part ni aux arrêts incidents, rendus au cours des débats, ni aux arrêts définitifs. — Cass., 3 déc. 1836, Demiannay, [S. 38.1.82, P. 38.1.38]

91. — En conséquence, l'allégation qu'un juge, adjoint comme suppléant aux juges de la cour d'assises, a pris part aux délibérations, ne suffit pas pour invalider les opérations de la cour, lorsqu'il n'est pas régulièrement établi que ce juge ait participé aux débats. — Cass., 14 déc. 1815, Lavalette, [S. et P. chr.]

92. — Mais aussitôt que l'empêchement d'un des assesseurs titulaires vient à se produire, l'assesseur adjoint qui a suivi les débats, le remplace, devient membre effectif de la cour d'assises et concourt aux arrêts incidents et à l'arrêt définitif.

93. — Le président des assises n'est pas tenu d'expliquer à l'accusé les causes de l'empêchement du juge remplacé. — Cass., 2 avr. 1829, Vivier, [P. chr.]

94. — Les magistrats ainsi adjoints ont qualité pour remplacer les membres empêchés, non seulement en ce qui touche les débats de l'affaire même pour laquelle ils ont été appelés, mais encore en ce qui touche tous les incidents qui peuvent s'élever à l'occasion ou par suite de ces débats, et même après qu'ils ont été terminés. — Cass., 11 mai 1833, Paulin, [S. 33.1.357. P. chr.]

95. — Ces magistrats adjoints peuvent ainsi juger le compte rendu d'une séance à laquelle ils ont assisté mais dans laquelle ils n'ont pas pris part comme juges. — Même arrêt. — Sic, de Grattier, Comm. sur les lois de la presse, t. 2, p. 120, n. 5.

§ 2. *Mode de nomination des magistrats composant la cour d'assises. — De leur remplacement.*

96. — La cour d'assises n'est pas un corps judiciaire distinct et indépendant, composé de magistrats qui lui soient propres; c'est une section, une émanation de la cour d'appel, chargée de la présidence du jury; les magistrats qui la composent sont, en totalité ou en partie, empruntés à la cour d'appel. Une délégation spéciale les investit de ces fonctions temporaires. — F. Hélie, n. 3083; Nouguier, n. 954; Garraud, n. 551.

97. — Au point de vue de la nomination, il y a lieu de distinguer, suivant qu'il s'agit du président ou des assesseurs.

1° *Président.*

98. — I. Nomination. — En règle générale, la présidence des assises est confiée à un conseiller de la cour d'appel du ressort : le principe est le même pour les assises s'ouvrant au siège de la cour d'appel que pour les assises se tenant dans les autres départements (C. instr. crim., art. 252 et 253). — Nouguier, n. 1064 et 1065; Sebire et Carteret, n. 49.

99. — Le même membre peut être délégué pour présider successivement plusieurs cours d'assises (L. 20 avr. 1810, art. 19, § 2).

100. — Les présidents de chambre des cours d'appel ne sont pas ordinairement désignés pour présider les assises; le service de la cour pourrait souffrir de leur absence momentanée. Mais aucun texte de loi ne prohibe une telle désignation : celle-ci, si elle se produisait, serait tout à fait régulière. Aussi a-t-il été jugé qu'il ne peut résulter une nullité de ce que les fonctions de président de la cour d'assises auraient été remplies par un président de chambre de la cour d'appel. — Cass., 29 août 1811, N., [P. chr.] — Sic, Carnot, art. 252, C. instr. crim., t. 2, p. 311, n. 7; de Serres, Man. des cours d'ass., t. 1, p. 58; Nouguier, n. 1066; Le Sellyer, Tr. de la comp., t. 1, n. 76 et 104.

101. — Le droit de nommer les présidents d'assises est dévolu par la loi au ministre de la Justice et au premier président de la cour d'appel. Il est ainsi réglé par les art. 16, L. 21 avr. 1810, et 79, Décr. 6 juillet de la même année. — Art. 16 : « Le premier président de la cour d'appel nommera, pour chaque tenue de cour d'assises, un membre de ladite cour pour les présider... Le grand juge (ministre de la Justice) pourra, néanmoins, dans tous les cas, nommer les présidents et les conseillers de la cour qui devront tenir les assises ». — Art. 79 : « Lorsque les nominations des présidents des cours d'assises qui doivent être tenues, dans les trois mois, conformément à l'art. 259, C. instr. crim., n'auront pas été faites par notre grand juge pendant la durée d'une assise, pour le trimestre suivant, le premier président de la cour d'appel fera ladite nomination dans la huitaine de la clôture de l'assise. »

102. — Il peut paraître résulter de ces textes que le droit de nommer les présidents d'assises appartient d'abord au premier président ; mais, dans la pratique, il n'est exercé que par le ministre. C'est lui qui, chaque trimestre, désigne exclusivement les conseillers chargés de présider les cours d'assises. — Garraud, n. 551 ; Nouguier, n. 1040 ; F. Hélie, n. 3085 et s. ; Rodière, p. 169 ; Sebire et Carteret, n. 50, 51 et 52.

103. — Mais ce droit est, pour le ministre, soumis à une condition : il faut que la nomination soit faite par le ministre « pendant la durée d'une assise pour le trimestre suivant » (art. 79 et 82, Décr. 6 juill. 1810). Faites ainsi longtemps à l'avance, les nominations ne peuvent pas sembler avoir été combinées en vue des affaires qui seront jugées aux prochaines assises. — Rodière, loc. cit. ; Le Sellyer, op. cit., n. 80.

104. — Mais faute par le ministre d'avoir fait la nomination dans ce délai, elle doit être faite par le premier président de la cour, dans la huitaine de la clôture de l'assise (Décr. 6 juill. 1810, art. 79 et 82). — Nouguier, n. 1041 ; F. Hélie, n. 3088 ; Trébutien, p. 400 ; Garraud, n. 551-a.

105. — Pendant un certain temps le ministre de la Justice a soutenu que lorsqu'il a laissé s'écouler, sans nommer le président des prochaines assises, le délai fixé par l'art. 79, Décr. 6 juill. 1810, et que le premier président a procédé à cette nomination, il pouvait encore, par une ordonnance postérieure, exercer son droit. Cette opinion est celle de Legraverend : il se fonde sur ce qu'aux termes de la loi du 20 avr. 1810, le ministre de la Justice peut exercer son droit de nomination *dans tous les cas;* expressions qui, selon cet auteur, suffisent pour démontrer que tant que les assises ne sont pas ouvertes, le ministre est autorisé à nommer ; et qu'aussitôt que la nomination faite par lui est connue, elle confère à celui qui se trouve nommé tous les droits et tous les pouvoirs attachés à la délégation.

106. — La Cour de cassation a repoussé cette prétention et décidé que la nomination faite par le premier président en l'absence de celle du ministre est définitive et ne saurait être anéantie par celle qui interviendrait ultérieurement de la part du ministre. — Cass., 12 janv. 1838, Proc. gén. à la Cour de cassation, [S. 38.1.90, P. 38.1.148] — Sic, Sebire et Carteret, n. 53.

107. — C'est cette opinion qui nous paraît devoir être adoptée ; remarquons, en effet, que l'art. 16, L. 20 avr. 1810, confère aux présidents des cours d'appel la nomination des présidents des cours d'assises ; que si ce même article accorde au ministre de la Justice la faculté de les nommer lui-même, l'art. 79, Décr. 6 juill. 1810, décide que le ministre usera de son droit pour chaque trimestre pendant la durée des assises précédentes, et que s'il laisse passer le délai sans faire la nomination, le premier président la fera dans la huitaine du jour de la clôture de l'assise ; que les mots *dans tous les cas,* invoqués par M. Legraverend, ne doivent s'entendre que de l'application de ce droit aux divers cas pour lesquels les trois alinéas précédents du même article chargent les premiers présidents de nommer, et qu'on ne peut, sans leur donner une extension qu'ils ne comportent pas, en induire que la nomination du ministre, à quelque époque qu'elle intervienne, doit faire tomber la nomination du premier président légalement faite. — Le Sellyer, op. cit., n. 81 ; Cubain, n. 15 ; F. Hélie, n. 3088 ; Nouguier, n. 1041 et 1042.

108. — La nomination faite par le ministre, ou, son défaut, la nomination faite par le premier président, est contenue dans une ordonnance de ce dernier. Cette ordonnance est publiée au plus tard le dixième jour qui suit la clôture des dernières assises (Décr. 6 juill. 1810, art. 80 ; L. 20 avr. 1810, art. 22). — Rodière, p. 170.

109. — L'ordonnance est insérée dans les journaux du département où siège la cour d'assises ; elle est affichée dans les chefs-lieux d'arrondissements et sièges des tribunaux de première instance (Décr. 6 juill. 1810, art. 90).

110. — Les formalités relatives à la publication de l'ordonnance de nomination ne sont pas prescrites à peine de nullité; l'aptitude du magistrat nommé n'est pas subordonnée à cette publication. C'est là une mesure entièrement étrangère aux débats et à la procédure devant la cour d'assises; elle n'intéresse pas les droits de la défense; son inobservation ne saurait, dès lors, donner ouverture à cassation. — Cass., 25 avr. 1839, Maurin, [Bull. crim., n. 136]; — 6 et 21 juill. 1855, Girard, Chancy et Cassin, [S. 56.1.88, P. 56.1.279]; — 15 nov. 1855, Lapierre, [S. 56 1.283, P. 56.2.218, D. 56.5.125] — Sic, Nouguier, n. 1059-1061.

111. — Nous venons de voir que c'est à un conseiller qu'est, en principe, attribuée la présidence des assises. Une exception à cette règle a été introduite par l'art. 16, L. 16 avr. 1816 : aux termes de cet article, « le premier président peut présider lui-même les assises, quand il le jugera convenable ». — Le Sellyer, op. cit., n. 105.

112. — Cette disposition est aussi large et aussi étendue que possible ; on en a tiré les conséquences suivantes : 1° le premier président a le droit de présider les assises extraordinaires, comme les assises ordinaires. — Cass., 18 avr. 1833, Demarez et Royer, [P. chr.] — Sic, Trébutien, n. 534; Nouguier, n. 1038; F. Hélie, n. 3089; Le Sellyer, op. cit., n. 113.

113. — Il peut également présider dans un département autre que celui où siège la cour d'appel. — Carnot, art. 253, C. instr. crim., t. 2, p. 316, n. 3.

114. — Il peut présider la cour d'assises, lorsqu'il le juge convenable, alors même que le président de cette cour a déjà été désigné par le ministre de la Justice. « C'est une prérogative inhérente à son titre et à ses fonctions ». — Cass., 15 nov. 1855, précité; — 29 janv. 1857, Verger, [S. 57.1.225, P. 57.667, D. 57.1.74] — C. d'ass. Calvados, 7 févr. 1895, [Gaz. des Trib., 5 mars 1895] — Sic, Nouguier, loc. cit.; Trébutien, loc. cit.; F. Hélie, loc. cit.; Cubain, n. 21. — Contrà, Sebire et Carteret, n. 55; Legraverend, t. 2, p. 93; Le Sellyer, op. cit., n. 79.

115. — Cette prérogative, il la tient de la loi; il n'a donc nul besoin, pour l'exercer, de déclarer sa résolution par une ordonnance préalable, surtout quand il ne doit occuper le fauteuil de la présidence que pour une seule affaire. — Cass., 29 juin 1857, précité.

116. — Le premier président peut, en effet, conserver la présidence des assises pour une affaire ou pour la session tout entière. — Garraud, n. 551-a; Le Sellyer, op. cit., n. 79.

117. — Que devient alors le président d'assises précédemment nommé? Il faut, à cet égard, distinguer : si le premier président use de ce droit pour une affaire seulement, le président titulaire devient premier président assesseur, sauf abstention faisant présumer un empêchement légitime. C'est le juge le moins ancien qui cesse de se retirer (Décr. 6 juill. 1810, art. 39). — Cass., 15 nov. 1855, précité. — Mais si c'est pour la session entière, il se substitue alors au président titulaire. Celui-ci n'a plus aucune mission à remplir et cesse de faire partie de la cour d'assises. — Même arrêt. — Sic, F. Hélie, loc. cit.; Nouguier, n. 1149.

118. — II. *Remplacement.* — Bien des causes peuvent empêcher le président de siéger ; ce sera une maladie, une absence ou bien une incompatibilité, une récusation. Il faut alors pourvoir au remplacement de ce magistrat.

119. — Pour être valable, le remplacement doit avoir lieu avant le commencement des débats. Si la cause d'empêchement survenait après l'ouverture des débats, il faudrait ou bien renvoyer l'affaire à une autre session, ou bien annuler ce qui a été fait et le recommencer avec le juge nouveau. Il y aurait nullité, si le magistrat appelé à remplacer un collègue empêché intervenait au milieu d'une affaire commencée sans lui. — Cass., 31 août 1833, Viez et Giroux, [S. 33.1.684, P. chr.] — Sic, Rodière, p. 176; Le Sellyer, op. cit., n. 163.

120. — Ainsi, il y a nullité, si l'un des juges qui avaient siégé à toutes les audiences de la cause a été remplacé par un autre lors de la prononciation de l'arrêt. — Cass., 1er sept. 1826, Zimmermann, [S. et P. chr.]

121. — De même, lorsqu'après lecture de la déclaration du jury par le chef du jury, l'un des membres de la cour d'assises refuse de juger et se retire sous un prétexte quelconque, la cour ne peut appeler en remplacement un autre juge, afin de se compléter ; l'arrêt rendu par la cour d'assises ainsi constituée est radicalement nul (L. 20 avr. 1810, art. 7; C. instr. crim., art. 253). — Cass., 30 août 1833, précité.

122. — Dans ce cas, et si la déclaration du jury n'avait pas encore été lue à l'accusé lorsque le juge s'est retiré, la nullité de l'arrêt de condamnation entraîne la nullité de la déclaration du jury, cette déclaration n'est pas acquise à l'accusé. — Même arrêt.

123. — Recherchons comment et par qui sera remplacé le président empêché. Pour répondre à cette question, il y a lieu de distinguer l'époque à laquelle se produit l'empêchement.

124. — *Première période.* — Si l'empêchement survient avant la notification faite à chaque juré de l'extrait de la liste le concernant, notification ordonnée par l'art. 389, C. instr. crim., c'est-à-dire plus de huit jours avant l'ouverture de la session, le remplacement s'opère par voie de nomination; celle-ci est faite par le ministre de la Justice, et, à son défaut, par le premier président, comme dans le cas de la première nomination. On applique ainsi, pour le remplacement, la disposition de l'art. 16, L. 20 avr. 1810. — Cass., 10 avr. 1847, Drouillard, [S. 47.1.303, P. 49.2.332, D. 47.1.90]; — 6 juin 1861, Vernouillet, [D. 61.5.509] — *Sic,* F. Hélie, n. 3090; Nouguier, n. 1113; Trébutien, n. 334; Garraud, n. 551, p. 661; Rodière, p. 174; Sebire et Carteret, n. 58.

125. — Il n'est pas nécessaire que l'ordonnance du premier président de la cour, qui délègue un autre conseiller pour remplacer le président des assises empêché soit publiée comme l'ordonnance qui fixe l'époque de l'ouverture des assises. — Cass., 13 avr. 1816, Locheron, [S. et P. chr.] — *Sic,* Cubain, p. 9, n. 16; Nouguier, n. 1167.

126. — Lorsqu'il s'agit d'une session extraordinaire, le droit de remplacer le président empêché appartient au premier président seul, à l'exclusion du ministre de la Justice (Décr. 6 juill. 1810, art. 81). « La disposition de cet article, spéciale pour ce seul cas, est une exception au droit du ministre, qui doit être restreint dans ses termes ». — Cass., 27 mai 1852, Risch, [S. 52.1.857, P. 53.2.242, D. 52.5.545] — *Sic,* Sebire et Carteret, n. 56; F. Hélie, n. 3091. — *Contrà,* Nouguier, n. 1115.

127. — *Deuxième période.* — Si l'empêchement est postérieur à la notification faite aux jurés, le mode de remplacement est formellement indiqué par la loi; l'art. 263, C. instr. crim., porte en effet que le président sera remplacé, au siège de la cour d'appel, par le plus ancien des autres juges de la cour, nommés ou délégués pour l'assister, et, dans les autres départements, par le président du tribunal de première instance. — Cass., 13 avr. 1837, Farcinet, [P. 38.1.321]— *Sic,* Rodière, p. 174; Sebire et Carteret, n. 59.

128. — La loi établit ainsi un système de substitution par ordre hiérarchique; sa disposition semblait formelle et paraissait contenir un principe d'ordre public. — Cass., 12 mai 1842, Henry, [S. 43.1.39, P. 43.1.70] — *Sic,* Garraud, p. 664, texte et note 1; Cubain, p. 17, n. 30; F. Hélie, n. 3092; Le Sellyer, *op. cit.,* n. 143.

129. — Cependant, la Cour de cassation, s'appuyant sur le caractère général et absolu de l'art. 16, L. 20 avr. 1810, a maintenu, même postérieurement à la notification faite à chaque juré, le droit de remplacer le président des assises au ministre de la Justice, et, à son défaut, au premier président. D'après cette jurisprudence, le mode de remplacement prescrit par l'art. 263 ne serait que subsidiaire; il n'y aurait lieu d'y recourir que dans les cas où il n'aurait pas été pourvu au remplacement par le ministre ou par le premier président. — Cass., 30 juill. 1840, Faux, [Bull. crim., n. 219]; — 10 avr. 1847, précité; — 27 mai 1852, précité; — 14 nov. 1889, Héron, [Bull. crim., n. 338] — *Sic,* Nouguier, n. 1117 et 1118; Trébutien, p. 400; Morin, *Rép.,* v° *Cour d'assises,* n. 8.

130. — La Cour de cassation, toutefois, reconnaît elle-même que le mode de remplacement prescrit par l'art. 263, C. instr. crim., devient *obligatoire* lorsque l'empêchement survient au cours de la session. Le président des assises est alors remplacé de droit par l'assesseur le plus ancien, si la cour d'assises siège au chef-lieu du ressort, et par le président du tribunal, si elle siège en dehors de ce chef-lieu. — Cass., 12 mars 1869, Jeanson, [S. 69.1.437, P. 69.1113, D. 69.1.257] — Il en est ainsi surtout lorsque le président ne se trouve empêché de remplir ses fonctions qu'à l'égard d'une ou de quelques-unes des affaires de la session. — Cass., 26 sept. 1895, Mazeron, [Bull. crim., n. 243]

131. — Le président d'une cour d'assises qui se trouve empêché, ne peut pas désigner le magistrat qui le remplacera : se-

rait nul l'arrêt auquel aurait participé le magistrat ainsi délégué irrégulièrement. — Cass., 9 janv. 1845, Pottier, [S. 45.1.299, P. 45.1.428, D. 45.1.15]; — 9 avr. 1857, Fillin et Lacroix, [S. 57.1.550, P. 57.1084] — *Sic,* Nouguier, n. 1120.

132. — Cependant, même en cas de délégation émanant du président des assises, il n'y aurait pas nullité si le magistrat délégué par le président était précisément celui désigné par la loi pour le remplacer. La circonstance que le procès-verbal des débats a fait dériver la mission temporaire du remplaçant de la délégation du président des assises, ne peut avoir pour conséquence de vicier la composition de la cour. — Cass., 23 sept. 1852, Platel, [D. 52.5.167]; — 22 déc. 1871, Louradour, [S. 72.1.249, P. 72.578, D. 72.1.44] — *Sic,* Nouguier, n. 1121.

133. — Après avoir indiqué comment sera remplacé le président des assises, l'art. 263 spécifie par qui il sera remplacé : il fait, à cet égard, une distinction : au siège de la cour d'appel, le président aura pour remplaçant le plus ancien des conseillers assesseurs; dans les autres cours d'assises du ressort, il sera remplacé par le président du tribunal civil. — F. Hélie, n. 3092; Trébutien, n. 400; Nouguier, n. 1123-1124, 1126; Rodière, p. 174.

134. — A. *Assises se tenant au siège de la cour d'appel.* — Carnot (sur l'art. 252, n. 13) émet sur ce point une opinion que nous ne saurions admettre; il pense qu'il faut appeler le plus ancien magistrat de la cour dans l'ordre de réception, pour compléter le nombre des membres de la cour d'assises; et que c'est alors au plus ancien d'entre eux, dans l'ordre de réception, qu'appartient la présidence; mais c'est évidemment une erreur qui se réfute par le texte de l'art. 263, C. instr. crim, lequel dispose que, dans les cas énoncés, le président sera remplacé par le plus ancien des autres juges de la cour royale *nommés ou délégués pour l'assister.* — En ce sens Legraverend, t. 2, p. 99; Le Sellyer, *op. cit.,* n. 147 et 148; Nouguier, *loc. cit.;* F. Hélie, *loc. cit.*

135. — La Cour de cassation s'est prononcée dans le même sens : elle décide qu'en cas d'empêchement du président des assises, la présidence appartient au plus ancien des deux assesseurs faisant partie de la composition *primitive* de la cour, alors même que ce magistrat serait moins ancien, dans l'ordre des réceptions, que celui appelé à compléter la cour conformément à l'art. 264, C. instr. crim. — Cass., 16 déc. 1852, Brandenburger, [S. 53.1.455, P. 53.2.674, D. 52.5.169]; — 16 avr. 1857, Berrier et Legris, [S. 57.1.550, P. 57.1085, D. 57.1.267]

136. — Notons toutefois que les fonctions de la présidence ne sont pas obligatoires pour le plus ancien des assesseurs; il peut s'en dispenser s'il juge qu'à raison de la faiblesse de sa santé ou de toute autre cause il ne pourrait pas remplir convenablement cette mission. — Cass., 31 mai 1827, Gillet, [P. chr.]; — 8 janv. 1852, Lacroix, [Bull. crim., n. 5] — *Sic,* Nouguier, n. 1127; F. Hélie, n. 3092; Sebire et Carteret, n. 59.

137. — La présidence passe alors au second assesseur. Jugé, en effet, qu'aucune loi n'interdit à un conseiller remplaçant le président d'une cour de justice criminelle d'abandonner la présidence à un conseiller moins ancien que lui. — Cass., 31 déc. 1829, Lusinchi, [P. chr.]

138. — Mais cette substitution ne peut pas résulter du simple consentement des magistrats intéressés; pour qu'elle soit régulière, il faut que le procès-verbal des débats mentionne qu'elle a eu lieu par suite de l'empêchement de l'assesseur plus ancien. La composition des cours d'assises et la désignation de leur président sont, en effet, d'ordre public et se rattachent essentiellement à la compétence; il ne peut dès lors y être dérogé par le seul consentement des magistrats appelés à en faire partie. — Cass., 27 juin 1844, Benedetti, [P. 44.2.94] ; — 3 avr. 1847, Chotel, [P. 47.1.610, D. 47.4.134] — *Sic,* F. Hélie, *loc. cit.;* Nouguier, n. 1128 et 1129.

139. — L'empêchement, invoqué par l'assesseur, n'est du reste que relatif; il n'a trait qu'à la présidence. Ce magistrat peut donc continuer de remplir les fonctions d'assesseur même à côté d'un président intérimaire moins ancien que lui. — Cass., 8 janv. 1852, précité.

140. — B. *Assises se tenant hors du siège de la cour d'appel.* — L'art. 263 dispose que si le président empêché n'a pour assesseur aucun membre de la cour royale, il est remplacé par le président du tribunal de première instance.

141. — La disposition de cet article est purement indicative et n'emporte aucune restriction. — Cass., 14 févr. 1850, Dillez, [D. 50.5.113] — Ainsi, si le président du tribunal est lui-même empêché, il est remplacé par le vice-président. — Cass., 26 févr. 1836, Boichi et Morache, [S. 36.1.302, P. chr.] — C'est, au reste, ce qu'avait déjà implicitement jugé la même cour le 31 déc. 1830, Benezech, [P. chr.] — V. encore en ce sens Legraverend, t. 2, p. 99; F. Hélie, n. 3093; Nouguier, n. 1130; Sebire et Carteret, n. 59. — Déc. min. just., 4 mars 1812.

142. — Et même, si le président du tribunal et le vice-président sont empêchés, un juge peut les remplacer tous deux. — Carnot, sur l'art. 263, obs. add., n. 4; Le Sellyer, *op. cit.*, n. 132; F. Hélie, *loc. cit.*; Nouguier, n. 1131. — *Contrà*, Rodière, p. 174.

143. — Jugé, en ce sens, qu'il ne peut résulter aucune nullité de ce que, à raison de l'empêchement du président de la cour d'assises, du président du tribunal et du vice-président, la cour d'assises aurait été présidée par le plus ancien juge. — Cass., 22 nov. 1832, Michel Boyère, [P. chr.]; — 25 avr. 1833, Dumas, [P. chr.]; — 14 févr. 1850, précité; — 23 sept. 1852, Platel, [D. 52.5.167]

144. — Cependant la présidence des assises ne pourrait pas, en cas d'empêchement du président et des juges, être confiée à un juge suppléant. — Nouguier, n. 1132.

145. — Dans le cas prévu par l'art. 263, C. instr. crim., il n'est pas nécessaire d'une délégation du premier président pour remplacer le président des assises; le conseiller le plus ancien dans l'ordre de réception ou le président du tribunal le remplace de droit. — Cass., 31 mai 1827, Gillet, [P. chr.]; — 9 juin 1831, Perrin, [P. chr.] — *Sic*, de Serres, *Man. des cours d'assises*, t. 1, n. 64; Sebire et Carteret, n. 59.

2° Assesseurs.

146. — On nomme assesseurs les magistrats qui siègent à côté du président; réunis à celui-ci, ils forment la cour d'assises. Nous avons déjà vu que les assesseurs sont aujourd'hui au nombre de deux.

147. — Nous allons rechercher comment ils sont nommés, et comment, en cas d'empêchement, il est procédé à leur remplacement. Ici encore, il y a lieu de distinguer selon que les assises se tiennent au siège de la cour d'appel ou dans un autre département.

148. — I. *Nomination.* — A. *Assises se tenant au siége de la cour d'appel.* — Les assesseurs peuvent être nommés soit par le ministre de la Justice, soit par le premier président de la cour d'appel (art. 16, §§ 2 et 4, L. 20 avr. 1810, art. 82; Décr. 6 juill. 1810). Mais, en fait, la désignation des assesseurs émane toujours du premier président. Les assesseurs sont alors des conseillers de la cour d'appel. — Nouguier, n. 1067; Sebire et Carteret, n. 67.

149. — Cette attribution est personnelle au premier président, et lui est spécialement confiée; il ne peut la déléguer à un autre magistrat, notamment en cas d'empêchement des assises. Si le premier président est malade ou empêché, ses fonctions sont dévolues au magistrat (président de chambre) investi du caractère et de l'office de chef de la cour. — Cass., 3 août 1854, Maillefert, [S. 54.1.746, P. 56.1.609, D. 56.1.347]; — 21 janv. 1865, Féty, [D. 67.5.449] — *Sic*, F. Hélie, n. 3101; Nouguier, n. 1057; Le Sellyer, *op. cit.*, n. 84 et 86.

150. — B. *Assises se tenant hors du siége de la cour d'appel.* — Les assesseurs sont alors ou bien des conseillers de la cour d'appel, ou bien des magistrats du tribunal, siège de la cour d'assises (C. instr. crim., art. 253). — Nouguier, n. 1068; Sebire et Carteret, n. 68 et 69.

151. — Cette désignation de conseillers appelés à aller siéger comme assesseurs dans une cour d'assises du ressort jusqu'en 1882 n'avait lieu que très-rarement. On faisait remarquer que cette délégation devait être faite avec beaucoup de réserve et seulement lorsque des circonstances graves l'exigent, afin de ne pas nuire au service intérieur de la cour d'appel. — Sebire et Carteret, n. 70.

152. — Cependant ce droit de délégation trouvera plus souvent son application depuis la loi du 30 août 1883 qui a réduit le personnel des magistrats et supprimé une chambre dans la plupart des tribunaux des chefs-lieux judiciaires. Si le président et les juges du tribunal, chef-lieu d'assises, ont déjà, à titre quelconque, connu de l'affaire et se trouvent, par suite, dans l'impossibilité de siéger comme assesseurs dans cette affaire, la cour d'appel devra, pour compléter la cour d'assises, user du droit de délégation qui lui est conféré par l'art. 253, C. instr. crim., et décider qu'il y a lieu de faire assister le président par un ou deux membres de la cour d'appel. Cette nécessité s'est déjà produite dans la pratique. — Cass., 23 mai 1885, Vic, [S.

87.1.491, P. 87.1.1192, D. 86.1.95] — Limoges, 22 oct. 1887, Pascaud, [D. 88.2.118]

153. — Cette délégation ne peut avoir lieu qu'en vertu d'une délibération de la cour (C. instr. crim., art. 253). Celle-ci décide s'il y a lieu, ou non, de déléguer des conseillers à cet effet; elle ne peut pas désigner ceux qui rempliront cette mission. — Limoges, 22 oct. 1887, précité. — *Sic*, Nouguier, n. 1051 et 1052; F. Hélie, n. 3102; Sebire et Carteret, n. 70; Le Sellyer, n. 83.

154. — C'est au ministre, et, à son défaut, au premier président qu'est réservé, en cas de délégation ordonnée par la cour d'appel, le droit de nommer les conseillers assesseurs. — Le Sellyer, *loc. cit.*; F. Hélie, *loc. cit.*; Nouguier, *loc. cit.*; Sebire et Carteret, *loc. cit.*

155. — Ainsi jugé que les premiers présidents des cours d'appel ont conservé, à l'exclusion de ces cours, depuis les lois du 4 mars 1831 et du 21 mars 1855, le droit que leur a attribué l'art. 16, L. 20 avr. 1810, de désigner, en cas de délégation ordonnée par la cour, les conseillers qui assisteront le président de la cour d'assises dans le département, lorsque cette désignation n'a pas été faite par le ministre de la Justice. — Cass., 4 oct. 1839, Proc. gén. à la Cour de cassation, [S. 40.1.543, P. 43 1. 426]; — 10 déc. 1887, Lemaire, [S. 58.1.164, P. 58.1.989, D. 58.1.96] — *Sic*, Cubain, *Proc. devant les cours d'assises*, n. 24.

156. — Mais, presque toujours (car la délégation de conseillers est une mesure tout à fait exceptionnelle) les assesseurs seront les présidents ou juges du tribunal du lieu de la tenue des assises (C. instr. crim., art. 253).

157. — Les présidents ou juges de ce tribunal, appelés à siéger comme assesseurs à la cour d'assises, seront désignés par le premier président qui prendra préalablement l'avis du procureur général (C. instr. crim., art. 253). — F. Hélie, n. 3103; Nouguier, n. 1053 et 1054.

158. — Le mot « juges » de l'art. 253 comprend les juges suppléants; le premier président d'une cour d'appel peut donc, pour la composition d'une cour d'assises, désigner les juges suppléants comme assesseurs au même titre que les juges titulaires. — Cass., 5 mai 1887, Dupont, [D. 88.1.334]; — 28 juin 1888, Homery, [*Bull. crim.*, n. 227]

159. — Lorsque le premier président désigne des juges suppléants comme assesseurs, son ordonnance n'a pas besoin d'indiquer que les juges titulaires sont empêchés : il y a présomption légale d'empêchement des juges titulaires toutes les fois qu'un juge suppléant a été appelé à composer la cour d'assises. — Cass., 5 mai 1887, précité.

160. — II. *Remplacement.* — A. *Assises se tenant au siége de la cour d'appel.* — Dans les assises du chef-lieu du ressort, les remplacements des assesseurs sont régis par l'art. 264, C. instr. crim., ainsi conçu : « Les juges de la cour d'appel seront, en cas d'absence ou de tout autre empêchement, remplacés par d'autres juges de la même cour et à leur défaut par des juges de première instance; ceux de première instance le seront par des suppléants. »

161. — Il n'est pas nécessaire que les juges assesseurs d'une cour d'assises restent les mêmes pendant tout le cours de la session; il suffit que, pour chaque affaire, la cour soit composée, indépendamment du président, de deux juges assesseurs appelés selon les formes prescrites par la loi. — Cass., 1er févr. 1849, Lardenoy, [P. 51.1.437]

162. — Lorsque l'empêchement se produit ainsi chez un conseiller assesseur d'une cour d'assises siégeant au chef-lieu de la cour d'appel, c'est le premier président qui, par ordonnance, désigne le magistrat remplaçant. — Bruxelles, 23 avr. 1831, Vanleeuw, [P. chr.] — *Sic*, Nouguier, n. 1135 à 1139 et 1141; Trébutien, n. 535; Garraud, p. 666; F. Hélie, n. 3104; Le Sellyer, *op. cit.*, n. 141.

163. — Le ministre de la Justice pourrait également nommer un nouvel assesseur pour remplacer l'assesseur empêché; mais, dans la pratique, il n'use jamais de ce droit et en abandonne complètement l'exercice au premier président.

164. — S'il n'intervenait pas d'ordonnance du premier président, le remplacement de l'assesseur empêché aurait lieu par l'appel du conseiller le plus ancien; et, en cas d'empêchement, par le suivant dans l'ordre du tableau jusqu'au dernier nommé. — Cass., 16 juill. 1818, Dufour et Courotte, [S. et P. chr.]; — 2 mars 1843, Lefort, [S. 43.1.550, P. 43.1.651]; — 23 avr. 1863, Regnault, [*Bull. crim.*, n. 126] — *Sic*, F. Hélie, n. 3104; Nouguier, n. 1140 et 1130.

165. — Il est bien entendu qu'une cour d'assises ne peut être complétée que par les officiers du siège du lieu où elle se tient, et non par ceux existant à la cour établie dans une autre ville. — Cass., 28 févr. 1835, Herbelin, [P. chr.]

166. — Si tous les conseillers sont empêchés, on appellera les membres du tribunal de première instance, d'abord le président; s'il est empêché, le vice-président; en cas d'empêchement de celui-ci, les juges, et au besoin les juges suppléants.

167. — En cas d'empêchement des conseillers, des président, juges et suppléants du tribunal de première instance, ou à leur défaut, les avocats peuvent-ils être appelés à compléter les cours d'assises? Cette question, qui peut se présenter, n'a point été prévue par le Code d'instruction criminelle; mais l'affirmative ne saurait être douteuse; la jurisprudence et la doctrine sont d'accord sur ce point. — Cass., 27 déc. 1811, Jean Barrié, [S. et P. chr.]; — 19 mars 1830, Ratadi-Jésus, [S. 31.1.338, P. chr.]; — 24 avr. 1834, Conti et Casanova, [S. 34.1.526, P. chr.] — Sic, Legraverend, Tr. de la législ. crim., t. 2, p. 101; Carnot, sur l'art. 299, C. instr. crim., t. 2, p. 432. n. 12; Merlin, Quest., v° Homme de loi, § 4; Le Sellyer, op. cit., n. 155; Nouguier, n. 1152 à 1155; F. Hélie, n. 3107; Trébutien, p. 402; Rodière, p. 175; Sebire et Carteret, n. 73.

168. — Pour que le remplacement d'un assesseur par un avocat soit régulier, il faut : 1° que les conseillers et les juges soient tous empêchés, 2° que l'empêchement de ces magistrats soit constaté. — Cass., 24 avr. 1834, précité. — Sic, F. Hélie, loc. cit.; Nouguier, n. 1157 à 1159; Rodière, loc. cit.; Sebire et Carteret, loc. cit.; Le Sellyer, op. cit., n. 160.

169. — ... 3° que l'avocat appelé soit le plus ancien des avocats présents à la barre, et que le procès-verbal constate cette circonstance. — Même arrêt. — Sic, F. Hélie, loc. cit.; Nouguier, n. 1160; Rodière, loc. cit.; Sebire et Carteret, loc. cit.

170. — 4° Il faut que les conseillers ou juges, c'est-à-dire les personnes constituant l'élément judiciaire proprement dit, soient en majorité : on ne peut donc, pour compléter la cour d'assises qui ne se compose que de trois membres, appeler qu'un seul avocat. — Cass., 11 prair. an XIII, Jamaigne, [P. chr.]; — 26 vend. an XIV, Touzard, [S. et P. chr.]; — 30 janv. 1806, Urbain et autres, [P. chr.] — Sic, Nouguier, n. 1161; Rodière, loc. cit.; Le Sellyer, op. cit., n. 158.

171. — Il y a plus; en cas d'empêchement des magistrats et des avocats, on peut appeler un avoué pour compléter la cour d'assises. — Cass., 10 nov. 1832, Merson, [S. 33.1.412, P. chr.] — Sic, Carnot, Inst. crim., sur l'art. 264, n. 6; Le Sellyer, op. cit., n. 157; Cubain, p. 23, n. 40; Nouguier, n. 1162; F. Hélie, n. 3107; Trébutien, p. 402; Rodière, loc. cit.; Sebire et Carteret, loc. cit.

172. — Pour que le remplacement d'un assesseur par un avoué soit régulier, il faut : 1° que tous les magistrats soient empêchés; 2° que cet empêchement soit constaté; 3° que les avocats soient empêchés; 4° que le procès-verbal mentionne cet empêchement; 5° que les avoués soient appelés suivant l'ordre de leur réception (Décr. 30 mars 1808, art. 49; L. 22 vent. an XII, art. 30); 6° qu'il n'y ait comme assesseur qu'un seul avoué. — Nouguier, n. 1162 et 1163; Rodière, loc. cit.; Sebire et Carteret, loc. cit.

173. — Le président de la cour d'assises est sans pouvoir pour procéder lui-même au remplacement d'un assesseur empêché; un tel pouvoir n'appartient qu'aux présidents des cours d'assises siégeant dans les départements autres que celui où existe la cour d'appel. — Cass., 29 nov. 1853, Lécart, [D. 56.5.124]; — 5 juin 1856, Ricou, [D. 56.1.310]; — 25 mars 1869, Babin, [S. 70.1.143, P. 70.318, D. 70.1.44] — Sic, F. Hélie, n. 3104; Nouguier, n. 1142.

174. — B. Assises se tenant hors du siège de la cour d'appel. — Pour ces assises, l'art. 253, C. instr. crim., modifié par la loi du 21 mars 1855, dispose ainsi : « A partir du jour de l'ouverture de la session, le président des assises pourvoira au remplacement des assesseurs régulièrement empêchés. »

175. — Il y a donc lieu de distinguer suivant l'époque à laquelle se produit le remplacement. Avant l'ouverture de la session, le droit de nommer les magistrats chargés de remplacer les assesseurs empêchés continue d'appartenir au premier président; à partir du jour de l'ouverture de la session, c'est le président des assises qui seul a le droit de pourvoir au remplacement des assesseurs empêchés. — Cass., 16 juin 1881, Moutanin, [Bull. crim., n. 153] — Sic, Nouguier, n. 1146 et 1147; F. Hélie, n. 3106; Garraud, p. 666; Trébutien, p. 401 et 402; Le Sellyer, op. cit., n. 141.

176. — Dès que la session est ouverte, il n'y a plus de délégation légale possible; le remplacement ne peut s'opérer que par ordonnance du président des assises. Ainsi jugé qu'est nul l'arrêt rendu par une cour d'assises dont l'un des assesseurs, régulièrement empêché, a été remplacé, au cours de la session, par un magistrat qui a été, non point désigné par le président des assises, ainsi que le prescrit l'art. 253, C. instr. crim., modifié par la loi des 21-26 mars 1855, mais appelé dans l'ordre du tableau. — Cass., 21 juin 1855, Léger, [P. 57.153, D. 55.1.317]; — 30 juin 1855, Badaut, [Ibid.]

177. — Et le droit de nomination du président des assises, tout le droit de libre mouvement, n'est pas subordonné aux règles de la délégation légale. — Cass., 25 août 1876, Ducarpe, [S. 77.1.288, P. 77.704, D. 77.1.93]

178. — Le droit de nommer les assesseurs appartient exclusivement au premier président de la cour d'appel jusqu'à l'ouverture du premier président, dont la date est antérieure à l'ouverture de la session, n'ait été connue dans la ville où se tiennent les assises qu'au moment où la session venait de s'ouvrir et où on allait procéder à l'examen de la première affaire. En pareil cas. c'est à bon droit que le président des assises rapporte l'ordonnance prise par lui le jour même de l'ouverture de la session pour nommer les assesseurs, quand il ignorait l'ordonnance du premier président, et que les assesseurs désignés par ce dernier magistrat sont appelés à siéger. — Cass., 8 juill. 1880, Huort, [Bull. crim., n. 144]

179. — Néanmoins les actes accomplis dans l'intervalle, avec la participation de l'assesseur nommé par le président des assises (par exemple les arrêts rendus pour statuer sur les excuses des jurés) conservent leur valeur légale. — Même arrêt.

180. — L'art. 253, C. instr. crim., ne fait pas de différence et il n'y a pas lieu de distinguer entre le cas où la cause de l'empêchement était née et connue avant l'ouverture des assises et celui où elle ne s'est révélée que postérieurement à ce jour. — Cass., 30 mars 1882, Espedro dit Pedro et autres, [Bull. crim., n. 88]

181. — C'est au président titulaire des assises qu'il appartient de pourvoir au remplacement d'un assesseur empêché, et cela alors même qu'il ne préside pas l'audience : ce droit ne saurait donc être exercé par le président suppléant qu'en cas d'extrême urgence, ou s'il s'agissait d'une affaire dont le président titulaire ne pourrait connaître à raison de la nature de cette affaire. — Cass., 22 déc. 1871, Louradour, [S. 72.1.249, P. 72. 578, D. 72.1.44] — V. toutefois sur le droit du président intérimaire, Cass., 2 avr. 1863, Fabre, [D. 63.5.387]; — 2 mai 1873, Boisson, [D. 74.1.499]; — 31 janv. 1895, Houillon, [S. et P. 95. 1.427] — Le Sellyer, op. cit., n. 142.

182. — Si tous les juges et juges-suppléants du tribunal étaient empêchés, le président des assises pourrait appeler, pour remplacer l'assesseur empêché, un avocat ou un avoué, mais à la condition de se conformer aux règles exposées plus haut. — V. suprà, n. 168 et s.

183. — C'est ordinairement par une ordonnance que le président des assises opère le remplacement d'un assesseur empêché; cependant, il n'est pas nécessaire, à peine de nullité, qu'une décision expresse intervienne pour procéder au remplacement de l'un des juges d'une cour d'assises. Il suffit que l'empêchement et le remplacement soient constatés par le procès-verbal d'audience ou par l'arrêt rendu sur l'accusation. — Cass., 3 mars 1842, Lefort, [P. 44.1.202]

184. — Aucune disposition de loi ne prescrit la lecture à l'audience de l'ordonnance par laquelle le président des assises a remplacé un des assesseurs. — Cass., 24 mai 1883, Torillet, [Bull. crim., n. 123] — Cette ordonnance n'a pas, non plus, besoin d'être publiée. — Le Sellyer, op. cit., n. 162.

185. — Il n'est pas davantage nécessaire de donner avis à l'accusé des motifs du remplacement, ni de provoquer ses observations à ce sujet. — Même arrêt.

186. — Il nous reste à rechercher quelles peuvent être les conséquences, sur les débats et l'arrêt, d'une irrégularité commise soit dans la nomination, soit dans le remplacement des magistrats composant la cour d'assises. La Cour de cassation a établi, à cet égard, certaines règles que nous allons rappeler.

187. — La loi n'exige pas qu'il soit fait mention, dans le procès-verbal des débats ou dans l'arrêt, de la délégation en vertu de laquelle agit le président des assises, il y a présomption légale que le conseiller qui a rempli les fonctions de président avait été régulièrement désigné à cet effet. — Cass., 14 déc. 1837, Mulhuret, [S. 38.1.81, P. 38.1.104] — *Sic*, Sebire et Carteret, n. 54.

188. — Ainsi jugé qu'il y a présomption suffisante, même en l'absence de toute constatation du procès-verbal, que la cour d'assises a été légalement constituée, et notamment que les assesseurs assistant le président ont été nommés par une ordonnance régulière. — Cass., 2 janv. 1879, Deboffe, [S. 80.1.437, P. 80.1083, D. 79.1.378] — *Sic*, Nouguier, n. 4025.

189. — Les magistrats délégués pour composer une cour d'assises sont légalement présumés réunir toutes les conditions nécessaires à cet effet. — Cass., 21 août 1835, de Laroncière, [S. 35.1.601, P. chr.]; — 26 déc. 1828, Quetel, [P. chr.]

190. — Ainsi, la cécité d'un des magistrats de la cour d'assises n'est pas une cause de nullité. L'accusé qui, d'ailleurs, n'a élevé aucune réclamation à cet égard lors des débats, n'est pas recevable à proposer cette nullité devant la Cour de cassation. — Cass., 21 août 1835, précité.

191. — Lorsqu'il est constaté par le procès-verbal que tel magistrat, désigné par son nom, a été appelé par le président des assises pour remplacer un assesseur empêché, il y a présomption légale qu'il était membre du tribunal et qu'il avait la capacité requise pour être assesseur. — Cass., 2 juin 1881, Addabel-Larbi, [*Bull. crim.*, n. 141]

192. — De même, lorsque le procès-verbal des débats constate que la cour d'assises était composée de MM..., tous conseillers, ce dernier *appelé* à remplacer M. X..., assesseur désigné, mais empêché, ne spécifie pas le mode de désignation du remplaçant, il y a présomption légale que cette désignation a été faite conformément à la loi, et cette présomption ne peut être détruite que par la preuve contraire. — Cass., 8 janv. 1835, Moutien-Anamouton, [*Bull. crim.*, n. 18]

193. — Jugé encore, par application des mêmes principes, que lorsque, devant les cours d'assises qui siègent au chef-lieu du ressort, le remplacement des assesseurs empêchés s'est opéré par ordonnance du premier président, il y a présomption, alors qu'il n'est pas constaté que le premier président ait désigné le magistrat remplaçant suivant l'ordre de réception, qu'il a suivi cet ordre, en tenant compte, pour celui-ci au droit, des nécessités du service. — Cass., 26 déc. 1874, Demeufve, [S. 75.1.143, P. 75.319, D. 75.1.287]

194. — ... Qu'en cas de remplacement d'un magistrat par un autre, pour cause d'empêchement du premier, il y a présomption légale que cet empêchement était légitime. — Cass., 25 août 1876, Ducarpe, [D 77.1.93] — *Sic*, Le Sellyer, *op. cit.*, n. 160; Nouguier, n. 1157 et 1159.

195. — Il en résulte que, quelle que soit la cause de l'empêchement, il n'est pas nécessaire de l'indiquer. Lorsque le président d'une cour de justice criminelle s'est abstenu de siéger, il y a présomption légale d'un empêchement légitime. « L'empêchement est présumé par cela seul que le magistrat n'a pas siégé, la loi n'exigeant pas que l'empêchement et ses causes soient expressément mentionnés ». — Cass., 15 janv. 1829, Ferracci, [S. et P. chr.]; — 31 déc. 1830, Benazech, [P. chr.] — *Sic*, Rodière, p. 175; Sebire et Carteret, n. 60.

196. — Il en est de même en cas de remplacement d'un conseiller assesseur. — Cass., 2 avr. 1853, Paoli, [*Bull. crim.*, n. 123]

197. — Jugé, de même, que lorsque, pour la composition de la cour d'assises, des juges moins anciens ont été appelés en remplacement de ceux qui les précèdent sur le tableau, il y a présomption légale que ceux-ci ont été légitimement empêchés. — Cass., 2 juill. 1812, Mora, [S. et P. chr.]; — 30 janv. 1818, Lépine, [P. chr.]; — 10 juin 1826, Goudry, [S. et P. chr.]; — 24 août 1827, Pirion, [S. et P. chr.]; — 27 mars 1828, Crosnier, [S. et P. chr.]; — 31 déc. 1829, Lusinchi, [P. chr.]; — 1er oct. 1830, Martel, [P. chr.]; — 2 juin 1831, Chadrin, [P. chr.]; — 29 mars 1832, Thiault, [P. chr.]; — 26 févr. 1836, Boiché et Morache, [P. chr.]; — 26 févr. 1841, Bescout, [S. 42.1.260]; — 11 nov. 1841, Brizard, [S. 42.1.96, P. 42.1.195]; — 19 avr. 1849, Leguet et autres, [P. 50.1.398]; — 10 mai 1884, Désonnais, [*Bull. crim.*, n. 167]

198. — ... Fussent-ils même les derniers portés sur le tableau. — Cass., 24 juill. 1845, Rabault, [P. 46.1.52]

199. — ... Que la mention que c'est par suite de l'empêchement de deux juges plus anciens que deux autres juges ont été

appelés à faire partie de la cour d'assises est suffisante, quoique la cause de l'empêchement ne soit pas exprimée. — Cass., 10 oct. 1828, Fournier, [P. chr.]

200. — ... Que, lorsqu'un juge suppléant a fait partie de la cour d'assises, il y a présomption légale que les autres juges du tribunal étaient légitimement empêchés. — Cass., 17 juill. 1828, Pageot, [P. chr.]; — 1er oct. 1830, précité; — 11 nov. 1841, précité; — 16 sept. 1847, Chapon, [P. 48.1.416, D. 47.4.128]; — 25 août 1876, Ducarpe, [S. 77.1.288, P. 77.704, D. 78.1.93]; — 28 juin 1888, Homery, [*Bull. crim.*, n. 227]; — 31 janv. 1895, Houillon, [S. et P. 95.1.427]

201. — Toutefois, M. Legraverend (t. 2, p. 101) soutient que le remplacement des juges titulaires, en quelque circonstance que ce soit, ne peut s'opérer d'une manière régulière qu'autant que le motif est constaté dans le jugement ou l'arrêt auquel les remplaçants ont concouru. A l'appui de son opinion, il invoque un arrêt rendu par la chambre civile de la Cour de cassation du 4 juin 1822, Leblin, [P. chr.] — V. aussi en ce sens, Merlin, *Quest.*, v° *Avocat*, § 3, n. 1.

202. — Mais les membres d'une cour ayant tous également le caractère de juges, il nous semblerait bien rigoureux d'ériger l'irrégularité en une présomption légale. Les magistrats méritent assez de confiance pour que l'on doive présumer, au contraire, que le remplacement s'est opéré d'une manière conforme aux règlements. Quant à l'arrêt du 4 juin 1822, précité, il dispose spécialement sur le mode de vider un partage. La loi exige impérativement que l'on appelle les juges les plus anciens. L'ordre suivi pour compléter la cour, dans ce moment décisif, intéresse les parties au plus haut degré, et doit avoir quelque chose de substantiel. C'est donc par un motif particulier que la jurisprudence ne s'est point contentée, en ce cas, d'une simple présomption légale, et qu'elle a voulu accorder aux parties une garantie positive en exigeant à son tour une mention expresse de l'empêchement et de ses causes. — Cass., 2 avr. 1838, Morizot, [S. 38.1.432, P. 38.2.6]

203. — Le système de Legraverend conduirait jusqu'à permettre à l'accusé de discuter les causes d'empêchement alléguées par les juges remplacés, ce qui est contraire à une jurisprudence aujourd'hui bien établie. Les parties n'ont, sur ce point, aucun droit de contrôle; la cause du remplacement fût-elle illégitime, celui-ci n'en serait pas moins valable et l'accusé ne serait pas admis à la critiquer. « Il n'appartient pas aux parties, a dit la Cour de cassation, de s'immiscer dans la discipline et l'administration intérieure des cours et tribunaux ». Le remplacement d'un magistrat par un autre réunissant les mêmes conditions d'idonéité est un acte d'administration qui échappe au contrôle des parties. — Cass., 27 déc. 1811, Barrié, [S. et P. chr.]; — 8 août 1831, de Villers, [*Bull. crim.*, n. 333]; — 25 août 1876, précité; — 29 nov. 1883, Fernand, [*Bull. crim.*, n. 267] — *Sic*, Nouguier, n. 1107.

204. — Ainsi l'accusé ne peut se faire grief de ce que la cour d'assises aurait été irrégulièrement composée parce que le président des assises aurait remplacé un assesseur admis par décret à faire valoir ses droits à la retraite, mais n'ayant pas encore reçu notification dudit décret. — Cass., 29 nov. 1883, précité.

205. — Dans tous les cas, en vertu des présomptions que nous venons de rappeler, la composition de la cour d'assises est réputée régulière; les débats auxquels elle a assisté sont, de ce chef, également réguliers et à l'abri de toute critique.

206. — Il en serait autrement si le remplacement s'opérait d'une manière irrégulière; l'arrivée dans la cour d'assises d'un remplaçant, choisi en dehors des conditions voulues, entacherait la composition de cette cour d'une nullité radicale et aurait pour conséquence de vicier toutes ses opérations. — Cass., 29 nov. 1883, précité.

207. — Ainsi, lorsqu'un avocat ou un avoué est appelé à faire partie de la cour d'assises, il y a nécessité de mentionner soit dans le procès-verbal, soit dans l'arrêt, que c'est par suite de l'empêchement de tous les magistrats; si cette constatation n'est pas faite, la composition de la cour est irrégulière, et il y a nullité des débats.

208. — Il y aurait également nullité si le magistrat appelé à remplacer un assesseur empêché, était désigné par le président des assises, dans la cour d'assises siégeant au chef-lieu du ressort, ou si, dans les cours d'assises se tenant dans les autres départements, ce magistrat était choisi d'après le rang d'ancienneté, et non pas nommé par le président des assises.

209. — Il y aurait également nullité si, lorsque la cour a ordonné l'adjonction d'un assesseur supplémentaire, celui-ci était désigné non par le président des assises, mais par la cour d'assises elle-même. Mais pour que, dans ce cas, les débats et l'arrêt soient entachés de nullité, il faut que cet assesseur ait participé à la délibération et à l'arrêt, ou bien que des mentions du procès-verbal il résulte qu'il est intervenu d'une manière active dans la direction imprimée aux débats. — Cass., 12 juill. 1878, Bouguerra-ben-Belkassem et autres, [*Bull. crim.*, n. 149] ; — 16 juin 1881, Moutanin, [*Bull. crim.*, n. 153] ; — 20 déc. 1888, Aury, [*Bull. crim.*, n. 371]

210. — Jugé, également, que le remplacement d'un assesseur, uniquement fondé sur un texte de loi inapplicable, vicie la composition de la cour et doit entraîner la nullité des débats et de tout ce qui a suivi. C'est ce qui arriverait si, en Algérie (où l'art. 10, L. 31 août 1883, n'a pas été déclaré exécutoire), un assesseur était remplacé en vertu d'une ordonnance expressément motivée, sur l'incompatibilité édictée par cet article pour cause de parenté entre cet assesseur et le défenseur de l'accusé. — Cass., 27 mai 1886, Brahim-ben-Khélifa, [S. 87.1.288, P. 87. 1.672, D. 87.1.91]

§ 3. Causes d'incompatibilité et de récusation.

1° Incompatibilités.

211. — Le Code d'instruction criminelle a établi la règle de la matière dans l'art. 257 ainsi conçu : « Les membres de la cour d'appel qui auront voté sur la mise en accusation ne pourront, dans la même affaire, ni présider les assises, ni assister le président, à peine de nullité. Il en sera de même à l'égard du juge d'instruction ». Cette prohibition a pour but d'empêcher que le président des assises ou l'assesseur n'arrive à l'audience avec une conviction déjà arrêtée sur le mérite de l'accusation. — Sebire et Carteret, n. 76; Le Sellyer, *op. cit.*, n. 115.

212. — I. *Membres de la chambre des mises en accusation.* — L'incompatibilité atteint d'abord les membres de la cour qui ont voté sur la mise en accusation ; ceux-ci ne peuvent, à peine de nullité, ni présider les assises dans la même affaire, ni assister le président. — Garraud, p. 667; Trébutien, n. 535; F. Hélie, n. 3113; Nouguier, n. 1071; Rodière, p. 170; Sebire et Carteret, n. 77.

213. — Au reste, cette disposition n'est pas nouvelle : l'art. 502 du Code de brumaire an IV portait que nul ne pouvait être juré de jugement dans la même affaire où il avait été juré d'accusation.

214. — Une foule d'arrêts ont confirmé cette disposition législative. — Cass., 29 juin 1815, Laroche frères, [S. et P. chr.]; — 5 juin 1818, Goddet, [P. chr.]; — 22 oct. 1818, Legardeur, [P. chr.]; — 3 janv. 1823, Pierrelle, [P. chr.]; — 28 oct. 1824, Albert, [S. et P. chr.]; — 17 juin 1825, Gunneman, [P. chr.]; — 4 mars 1826, Bidault, [S. et P. chr.]; — 20 sept. 1828, Payenneville, [P. chr.]; — 24 déc. 1830, Etcheberry, [P. chr.]; — 14 avr. 1831, Jacquemot, [P. chr.]; — 16 juin 1831, Mallard, [P. chr.]; — 18 mars 1842, Daubard, dit Marceau, [P. 42.2.681]; — 13 oct. 1843, Vaquez, [*Bull. crim.*, n. 264]; — 7 sept. 1848, Miard, [P. 49.2.412]; — 26 févr. 1858, Civate, [*Bull. crim.*, n. 69]; — 9 sept. 1858, Baillet, [*Bull. crim.*, n. 251]; — 10 déc. 1859, Knaupp, [D. 61.5.117]; — 5 juill. 1860, Perrette, [D. 60. 5.399]; — 28 déc. 1860, Portarrieu, [S. 61.1.478, P. 61.1130, D. 61.1.233]; — 16 janv. 1862, Hamon, [*Bull. crim.*, n. 21]; — 8 janv. 1863, Florisson, [*Bull. crim.*, n. 10]; — 27 mars 1873, Monti, [*Bull. crim.*, n. 82]; — 16 janv. 1879, Bossière, [D. 79. 5.431]; — 19 juin 1879, Meunier, [D. 79.5.431]; — 25 nov. 1880, Baudrand, [*Bull. crim.*, n. 212]; — 17 nov. 1881, Simmer, [*Bull. crim.*, n. 238]; — 10 avr. 1884, Batard, [*Bull. crim.*, n. 136]; — 29 mai 1884, Maset, [*Bull. crim.*, n. 182]; — 21 mai 1885, Chevallier, [*Bull. crim.*, n. 140]; — 29 déc. 1887, Gondrand, [*Bull. crim.*, n. 448]; — 22 mars 1894, Bouchareichat, [*Bull. crim.*, n. 74]

215. — La disposition de l'art. 257, C. instr. crim., relative à l'incompatibilité édictée contre les membres de la chambre des mises en accusation, a été rendue applicable à l'Algérie par l'art. 12, Décr. 19 août 1854. — Cass., 10 déc. 1859, précité; — 14 juin 1883, Saïd-Mohamed-ou-Sliman-el-Bachir, [S. 85.1.527, P. 85.1.1228, D. 84.1.372]

216. — La nullité édictée par l'art. 257 est absolue. Ainsi,

il a été jugé que lorsque plusieurs inculpés, renvoyés par deux arrêts d'accusation, comparaissent en même temps devant la cour d'assises en vertu d'une ordonnance de jonction rendue par le président, il y a nullité si des membres de la cour d'appel qui ont voté sur la mise en accusation de l'un des accusés ont, lors du jugement de l'affaire, assisté le président. — Cass., 29 juin 1848, Vandlek, [P. 49.2.530, D. 48.5.360] — *Sic*, Nouguier, n. 1072.

217. — ... Que le magistrat qui a participé à l'arrêt de mise en accusation ne peut, dans la même affaire, *présider* au tirage au sort du jury de jugement : il accomplit ainsi un acte de la présidence déterminé par l'art. 266, C. instr. crim.; cet acte rentre donc sous le coup de la prohibition portée par l'art. 257 et se trouve vicié de nullité ainsi que ceux qui l'ont suivi — Cass., 9 févr. 1882, Mustapha-ben-Zahal, [*Bull. crim.*, n. 39] — *Sic*. Le Sellyer, *op. cit.*, n. 139.

218. — Mais la présence, comme *assesseur*, à la formation du jury de jugement, d'un conseiller qui avait participé à l'arrêt de mise en accusation, ne saurait être une cause de nullité, quand, aucun incident ne s'étant élevé lors de cette formation, le concours de la cour d'assises dont faisait partie ledit conseiller n'est pas devenu nécessaire, et que le président seul a procédé à cette opération. — Cass., 18 avr. 1845, Antenet, [P. 48.2.116]

219. — Le conseiller qui a concouru à l'arrêt de mise en accusation n'en est pas moins compétent pour procéder, comme président de la cour d'assises, à l'interrogatoire de l'accusé lors de son arrivée dans la maison de justice, et lui donner l'avertissement prescrit par l'art. 296, C. instr. crim. L'incompatibilité que prononce l'art. 257 doit être restreinte à toute participation aux débats et au jugement. — Cass., 5 févr. 1810, Arnaud, [S. et P. chr.]; — 9 juin 1887, El-Fadel-ben-Kouider, [D. 88.1.138] — *Sic*, Cubain, p. 33, n. 58.

220. — Le principe de la nullité édictée par l'art. 257 a été, par analogie, étendu à quelques cas presque identiques.

221. — Ainsi, il a été jugé que ne peuvent, à peine de nullité, faire partie de la cour d'assises : 1° les membres de la cour d'appel qui ont déjà, au sein d'une autre juridiction (de la chambre des appels de police correctionnelle, par exemple), statué sur la culpabilité de l'accusé. — Cass., 23 juill. 1886, Vitali, [*Bull. crim.*, n. 272] — « S'il est vrai, dit cet arrêt, que l'incompatibilité établie par l'art. 257 est de droit étroit, il faut reconnaître que, loin d'étendre ses dispositions, c'est en faire, au contraire, une application qui s'impose *à fortiori* que de comprendre dans l'exclusion qu'elles édictent, les magistrats qui ne se sont pas bornés à apprécier les indices relevés à la charge d'un prévenu en vue d'un renvoi devant le jury, mais qui ont déjà, au sein d'une autre juridiction de répression, statué sur sa culpabilité ». — V. Cass., 13 janv. 1888, Rousseau et Gauthier, [*Bull. crim.*, n. 17]

222. — 2° Le magistrat qui aurait concouru à l'arrêt d'une cour d'assises qui aurait été cassé ne pourrait être membre d'une autre cour d'assises, créée dans le ressort de la même cour d'appel, et qui serait saisie de la même affaire par le renvoi de la Cour de cassation. — Cass., 6 mai 1824, Branger, [S. et P. chr.]; — 12 mai 1842, Henry, [S. 43.1.139, P. 43.1.70] — *Sic*, Legraverend, t. 2, p. 451 ; Le Sellyer, *op. cit.*, n. 119; Nouguier, n. 1173; F. Hélie, n. 3116 et 3118; Sebire et Carteret, n. 84; Cubain, n. 54.

223. — Mais, en règle générale, il faut décider que la disposition prohibitive de l'art. 257 est de droit étroit; elle ne peut être étendue à des magistrats autres que ceux qui y sont mentionnés. Ainsi il a été jugé : 1° que cette incompatibilité ne s'applique pas aux conseillers qui ont participé à l'arrêt par lequel une cour d'appel a évoqué l'instruction d'une affaire. — Cass., 1er avr. 1847, Michot et autres, [S. 47.1.489, P. 47.1.762, D. 47. 1.142] — *Sic*, Mangin, *Act. publ.*, t. 1, n. 25; Nouguier, n. 1082; Trébutien, p. 403; F. Hélie, n. 3114.

224. — 2° ... Que le conseiller qui, lors de la condamnation par contumace d'un accusé, a présidé la cour d'assises et qui a procédé, en la même qualité, à l'interrogatoire des coaccusés du contumax, n'est pas pour cela empêché de présider de nouveau la cour d'assises, lors du jugement contradictoire de l'accusé contumax arrêté ou qui se représente. — Cass., 7 janv. 1841, Sarret dit Jarresi, [P. 44.2.583]; — 23 mars 1844, Vaquez, [*Bull. crim.*, n. 116]; — 11 oct. 1849, Boccaserra, [P. 51.1.38, D. 49.1.386]; — 15 mars 1860, Durand, [S. 62.1.210, P. 61.1083, D. 60.5 397]; — 23 avr. 1885, Sarraut et autres, [*Bull. crim.*, n. 118] —

Bruxelles, 3 mars 1819, Ghezelle, [S. et P. chr.] — V. en ce sens, Gillet et Demoly, *Annal. des circ.*, *instr. et décis. du min. de la just.*, n. 1665; Addenet, *C. ann. des circ.*, p. 103; Nouguier, n. 1076; Anspach, *Proc. devant les cours d'ass.*, p. 62; Trébutien, et F. Hélie, *loc. cit.*; F. Hélie, n. 3118; Sebire et Carteret, n. 83; Le Sellyer, *op. cit.*, n. 120. — *Contrà*, Cubain, *Proc. des cours d'ass.*, n 57.

225. — 3° ... Que les magistrats qui ont concouru, comme membres de la cour d'assises, au jugement d'un accusé, peuvent siéger en la même qualité au jugement d'un autre coaccusé poursuivi ultérieurement : les prohibitions portées par l'art. 257, C. instr. crim., ne sauraient les atteindre. — Cass., 28 avr. 1843, Divehat, [S. 43.1.741, P. 43.2.389] — *Sic*, Cubain, p. 32, n. 57; Nouguier, n. 1790; Trébutien, *loc. cit.*; F. Hélie, n. 3118.

226. — 4° ... Que le conseiller qui a fait partie de la première chambre civile au moment où le premier président a procédé au tirage du jury pour la formation de la liste de la session, n'est point pour cela incapable de présider la cour d'assises. — Cass., 4 sept. 1828, Roquet, [P. chr.] — *Sic*, Nouguier, n. 1078; F. Hélie, *loc. cit.*; Sebire et Carteret, n. 78.

227. — 5° ... Que la prohibition faite aux magistrats qui ont voté sur la mise en accusation, de faire partie de la cour d'assises dans la même affaire, n'est point un obstacle à ce que ces magistrats participent au jugement des difficultés élevées sur la formation de la liste des trente jurés, cette opération étant relative à toutes les affaires qui doivent être jugées dans le cours de la session, et ne se rattachant à aucune en particulier. — Cass., 17 oct. 1833, Negroni, [S. 34.1.40]; — 2 mai 1840, Haudeville et Chevalier, [S. 43.1.838]; — 3 juin 1843, Manneville, [S. 43. 1.838, P. 43.2 490]; — 28 déc. 1860, Portarrieu, [S. 61.1.478, P. 61.1130, D. 61.1.233] — *Sic*, Cubain, p. 33, n. 59; Nouguier, n. 597; F. Hélie, n. 3117; Rodière, p. 170; Sebire et Carteret, n. 78, 86 et 87; Le Sellyer, *op. cit.*, n. 138; Morin, *Rép.*, v° *C. d'ass.*, n. 10; Trébutien, t. 2, p. 338.

228. — 6° ... Que l'incompatibilité édictée par l'art. 257 ne saurait atteindre les magistrats qui prennent part au jugement des excuses présentées par les jurés à l'ouverture de la session. — Cass., 12 mai 1842, précité. — *Sic*, Sebire et Carteret, *loc. cit.*; Trébutien, *loc. cit.*; Nouguier, *loc. cit.*

229. — Il avait cependant été jugé antérieurement, en sens contraire, que le magistrat qui a rempli les fonctions de juge d'instruction ne peut assister le président de la cour d'assises appelée à statuer sur la même affaire, dans aucun acte, pas même dans la formation de la liste des trente jurés le jour de l'ouverture des assises, et dans les arrêts qui ont statué sur les excuses des jurés absents et sur leur remplacement : son concours dans ce cas emporte nullité de l'arrêt de condamnation rendu ultérieurement contre l'accusé, bien qu'il n'ait pas concouru aux débats mêmes de l'affaire. — Cass., 2 févr. 1832, Gaboriau, [S. 32.1.457, P. chr.] — 20 oct. 1832, Gellée, [S. 33.1.334, P. chr.] — *Sic*, Sebire et Carteret, n. 86. — Mais cette jurisprudence a, depuis, été abandonnée par la Cour de cassation, ainsi que le prouvent les arrêts cités aux deux numéros précédents.

230. — 7° ... Que le magistrat de la chambre des mises en accusation qui a seulement concouru à un arrêt de plus ample informé n'est pas empêché, comme celui qui a concouru à l'arrêt de mise en accusation, de présider la cour d'assises dans la même affaire. — Cass., 11 juill. 1816, Laporte, [S. et P. chr.] — En ce sens, de Serres, *Man. des cours d'assises*, t. 1, p. 67; Nouguier, n. 1081; Le Sellyer, *op. cit.*, n. 116; Sebire et Carteret, n. 78. — *Contrà*, Bruxelles, 3 mai 1816, de W..., [P. chr.]

231. — 8° ... Que le magistrat de la chambre des mises en accusation, commis par elle pour exécuter l'arrêt de plus ample informé, qui fait, en cette qualité, des actes d'instruction, n'est pas incapable de siéger à la cour d'assises dans la même affaire. — Cass., 12 août 1813, Perrelo Serra, [S. et P. chr.] — *Sic*, Bourguignon, *Jur. des C. crim.*, art. 236, t. 1, p. 611. — *Contrà*, Nouguier, n. 1090; Legraverend, t. 2, p. 102.

232. — 9° ... Que le président des assises ou l'assesseur par lui délégué qui, postérieurement à l'arrêt de renvoi d'un accusé devant la cour d'assises ont procédé à une instruction supplémentaire devenue nécessaire, ne sont point, par cela seul, exclus du droit de faire partie de la cour d'assises saisie plus tard de l'accusation (C. instr. crim., art. 303). — Cass., 9 sept. 1819, Robardet, [P. chr.]; — 12 juill. 1833, Lachassagne, [S. 33.1. 601, P. chr.]; — 22 avr. 1836, Fourré et Grenadon, [P. chr.]; —

26 févr. 1841, Bescont, [S. 42.1.260, D. 41.1.402]; — 26 mai 1842, Bonnet, [P. 42.2.670]; — 30 août 1844, Jérôme et Lenoble, [P. 45.1.392]; — 31 janv. 1895, Houillon [S. et P. 95.1. 427] — *Sic*, Cubain, p. 31, n. 56; Carnot, *C. instr. crim.*, art. 252, t. 1, p. 324, obs. add.; de Serres, *Man. des cours d'assises*, t. 1, p. 67; Bourguignon, *Jur. des C. crim.*, art. 257; Le Sellyer, *op. cit.*, n. 130; Nouguier, n. 1092; Trébutien, p. 403; F. Hélie, n. 3116, Rodière, p. 171; Sebire et Carteret, n. 78 et 82.

233. — 10° ... Que l'art. 257 ne s'étend pas au membre du tribunal correctionnel qui a concouru au jugement par lequel ce tribunal se déclarait incompétent pour statuer sur les faits ultérieurement déférés à la cour d'assises. — Cass., 28 janv. 1813, Renaud, [S. et P. chr.]; — 23 déc. 1881, Leroux, [*Bull. crim.*, n. 269] — *Sic*, Nouguier, n. 1083; F. Hélie, n. 3118; Sebire et Carteret, *loc. cit.*; Le Sellyer, *op. cit.*, n. 124.

234. — 11° ... Que les membres de la chambre des appels de police correctionnelle qui ont pris part à un arrêt par lequel cette chambre s'est déclarée incompétente pour connaître des faits de l'accusation, peuvent faire partie de la cour d'assises dans la même affaire. — Cass., 5 mars 1824, Derhlinger, [S. et P. chr.]; — 8 mars 1860, Soulier, [D. 60.5.398]; — 28 nov. 1878, Ternisien, [*Bull. crim.*, n. 225]; — 9 mars 1882, Dulcaux, [*Bull. crim.*, n. 65]; — 22 mars 1890, Mercier et Lombard, [*Bull. crim.*, n. 69]

235. — 12° ... Qu'il faut en dire autant du membre de la chambre des appels de police correctionnelle qui aurait concouru comme rapporteur à l'arrêt d'incompétence. — Cass., 28 nov. 1878, précité.

236. — 13° ... Qu'il n'y a pas de nullité des débats en ce que les assises auraient été présidées par un conseiller qui avait déjà connu d'une affaire civile concernant l'accusé, et se rattachant à l'instance criminelle, ce fait n'étant de nature à ouvrir au profit de l'accusé, conformément à l'art. 378, C. proc. civ., n. 8, que la voie de la récusation dont il eût dû, pour être recevable à l'invoquer, faire usage devant la cour d'assises. — Cass., 13 avr. 1837, Nicolle, [P. 38.1.327]— *Sic*, Bourguignon, *Jur. des C. crim.*, sur l'art. 257; Le Sellyer, t. 3, n. 1005; Carnot, *Instr. crim.*, art. 257, t. 2, p. 324, obs. add.; de Serres, *Man. des cours d'assises*, t. 1, p. 69; Nouguier, n. 1084; F. Hélie, n. 3118; Sebire et Carteret, n. 78.

237. — 14° ... Que la loi ne s'oppose point à ce que le conseiller qui a connu d'un procès civil pendant entre le failli et ses créanciers, siège ensuite à la cour d'assises comme président ou comme assesseur, dans une poursuite en banqueroute frauduleuse exercée contre le failli. — Cass., 22 juill. 1819, Fontanille, [S. et P. chr.] — *Sic*, F. Hélie, n. 3118; Nouguier, n. 1084; Le Sellyer, *op. cit.*, n. 131.

238. — 15° ... Que le président d'un tribunal qui a pris part en cette qualité au jugement rejetant au civil un écrit qui fait l'objet d'une poursuite criminelle, ainsi qu'à la mise en prévention de l'inculpé, peut encore concourir à l'arrêt de la cour d'assises. — Cass., 6 avr. 1838, Guillaume, [P. 42.2.653] — *Sic*, F. Hélie, n. 3118.

239. — 16° ... Que l'art. 257 ne fait pas obstacle à ce qu'un membre de la cour d'appel qui a concouru, comme juge d'appel correctionnel, à un arrêt portant condamnation contre un prévenu à raison d'une poursuite pour un délit (dans l'espèce, une vente illégale de marchandise neuve), préside les assises devant lesquelles le même individu est traduit en raison d'une autre poursuite pour banqueroute frauduleuse. — Cass., 21 nov. 1844, Sauvé, [P. 45.2.287]

240. — 17° ... Que le magistrat qui a décerné une ordonnance ayant pour unique objet d'indiquer l'audience à laquelle devra être portée l'opposition formée à un arrêt par défaut prononcé par la cour d'assises, peut siéger comme juge à la cour d'assises, nonobstant la prohibition de l'art. 257. — Cass., 18 avr. 1833, Godefroi, [S. 34.1.528, P. chr.] — *Sic*, F. Hélie, n. 3117; Sebire et Carteret, n. 85.

241. — 18° ... Que le magistrat qui a pris part au jugement d'une action disciplinaire dirigée contre un officier public peut faire partie de la cour d'assises appelée plus tard à statuer sur l'accusation de faux portée contre le même officier public à raison des mêmes faits qui avaient motivé l'action disciplinaire. — Cass., 19 avr. 1872, Tanqueray, [S. 72.1.250, P. 72.759, D. 72.1.384] — *Sic*, Le Sellyer, n. 117.

242. — 19° ... Que l'art. 257 ne s'oppose pas à ce que le magistrat qui a, conformément aux art. 518 et 519, C. instr. crim., statué sur la reconnaissance d'identité de l'accusé, fasse partie de la cour d'assises qui juge ledit accusé. Cette reconnaissance est, en effet, postérieure à l'arrêt de renvoi et se rattache incidemment aux débats. — Cass., 14 déc. 1831, Grosse, dit Bernard, [D. 53.5.455]— Sic, F. Hélie, n. 3116; Le Sellyer, op. cit., n. 118.

243. — Enfin, on a agité la question de savoir si, la cour d'assises ayant renvoyé à une autre session une affaire par la persuasion que le jury se serait trompé dans sa déclaration, les magistrats qui auraient concouru à cet arrêt de renvoi pourraient faire partie de la nouvelle cour d'assises. M. Legraverend (t. 2, p. 256 et 257) soutient la négative : « Il faut, dit-il, que l'affaire soit soumise à un nouveau débat, devant de nouveaux hommes; et c'est dans ce renouvellement complet que la loi a cherché une garantie contre la prévention et l'erreur ». MM. Bourguignon (*Jurisp. des Codes crim.*, n. 3, sur l'art. 251) et Le Sellyer (t. 3, n. 998) professent l'opinion contraire, qui est aussi partagée par M. Duvergier dans ses notes sur Legraverend (loc. cit.), et qui nous paraît plus conforme aux principes.

244. — II. *Juge d'instruction*. — Le juge d'instruction ne peut, dans les affaires qu'il a instruites, ni présider les assises, ni assister le président (C. instr. crim., art. 257). « L'incompatibilité que prononce cet article prend sa source dans le caractère du juge qui, rangé par l'art. 9, C. instr. crim., parmi les officiers de police judiciaire, se trouve en quelque sorte associé à l'action du ministère public dans les poursuites où il fait acte d'instruction ». — Cass., 18 sept. 1884, Delingette, [*Bull. crim.*, n. 278]

245. — La défense faite au juge qui a rempli les fonctions de juge d'instruction dans une affaire, de siéger comme juge pour la même affaire à la cour d'assises, est applicable au juge titulaire et à celui des juges qui en aurait exercé les fonctions par empêchement du titulaire, au juge qui a instruit toute l'affaire et à celui qui aurait procédé seulement à quelques-uns des actes de l'information. — Cass., 24 juin 1813, Benoit-Angot, [P. chr.]; — 11 août 1820, Delion, [P. chr.]; — 1er août 1829, Radez, [S. et P. chr.]; — 4 nov. 1830, Netter et autres, [S. 31.1.366, P. chr.]; — 29 mai 1834, Breton, [S. 34.1.746, P. chr.]; — 16 août 1844, Buisson, [*Bull. crim.*, n. 291]; — 18 sept. 1884, précité. — *Sic*, de Serres, *Man. des cours d'ass.*, t. 1, p. 67; Nouguier, n. 1087; F. Hélie, n. 3115; Rodière, p. 171; Sebire et Carteret, n. 80; Cubain, n. 56; Morin, *Rép.*, vo *Cour d'ass.*, n. 10; Le Sellyer, ibid., n. 126 et 127.

246. — La prohibition de l'art. 257, s'applique même au juge qui, chargé provisoirement de l'instruction, n'a reçu les dépositions de quelques témoins que dans la première phase de l'information terminée par une ordonnance de non-lieu. Ce juge ne peut ultérieurement faire partie de la cour d'assises saisie, à la suite d'une instruction reprise sur charges nouvelles, de la poursuite dirigée contre le même individu à raison des mêmes faits. — Cass., 3 juill. 1834, Spinel, [P. chr.]; — 18 sept. 1884, précité.

247. — Le magistrat qui a participé à l'instruction d'une affaire criminelle ne peut, à peine de nullité de la décision, prendre part à l'arrêt de la cour d'assises qui, avant le tirage du jury, a décidé qu'un juré supplénat serait adjoint aux douze jurés de jugement. — Cass., 3 avr. 1873, Jehanno, [S. 73.1.484, P. 73. 1206, D. 73.1.224]

248. — L'art. 257, C. instr. crim., aux termes duquel le juge d'instruction ne peut, dans la même affaire, ni présider les assises ni assister le président, ne porte que sur le cas où le juge d'instruction ferait partie des membres de la cour d'assises jugeant une affaire qu'il aurait instruite, et nullement sur le cas où il s'agit d'entendre ce magistrat comme témoin aux débats (C. instr. crim., art. 257 et 322). — Cass., 12 déc. 1811, Magnette, [S. et P. chr.] — *Sic*, Carnot, sur l'art. 257, C. instr. crim., t. 2, p. 232, n. 3. — V. *infra*, n. 2190 et s.

249. — Mais, le magistrat qui, comme président d'une cour d'assises devant laquelle un faux témoignage a été commis, a rempli sur cette prévention les fonctions de juge instructeur, ne peut ensuite, à peine de nullité, remplir les fonctions de président de la cour d'assises qui procède au jugement de l'accusé de faux témoignage. — Cass., 7 oct. 1824, Friedel, [S. et P. chr.] — *Sic*, Carnot, sur l'art. 257, C. instr. crim., t. 2, p. 324, n. 1; Le Sellyer, op. cit., n. 132; Nouguier, n. 1091; F. Hélie, n. 3115; Sebire et Carteret, n. 80.

250. — Le magistrat qui a procédé à l'interrogatoire de l'accusé prescrit par l'art. 293, C. instr. crim., mais n'a pas fait par-

tie de la cour d'assises qui a ultérieurement prononcé sur l'accusation, n'est pas, en cas de cassation de l'arrêt de cette cour, inhabile à présider la nouvelle cour à laquelle l'affaire a été renvoyée; l'interrogatoire dont il s'agit ne saurait être considéré comme un acte d'instruction ou de juridiction dans le sens de l'art. 257. — Cass., 8 juill. 1869, Babin, [S. 70.1.143, P. 70. 318] — *Sic*, Carnot, *Instr. crim.*, art. 251, n. 2.

251. — Lorsque, au cours des débats d'une affaire, on s'aperçoit que l'un des assesseurs a participé, comme membre de la chambre des mises en accusation, à l'arrêt de renvoi de cette affaire devant la cour d'assises, on peut annuler la partie des débats accomplis en présence de cet assesseur et la recommencer. Mais cet assesseur ne peut pas concourir à l'arrêt d'annulation des débats.

252. — Jugé que l'arrêt de la cour d'assises qui prononce l'annulation des débats par le motif que l'un des assesseurs qui a pris part aux opérations préliminaires, se trouve frappé d'incapacité comme ayant voté sur la mise en accusation, est nul, s'il est rendu avec le concours de ce même assesseur. — Cass., 28 déc. 1860, Portarrieu, [S. 61.1.478, P. 61.1130, D. 61.1.233]

253. — La règle serait la même si l'assesseur était un juge d'instruction ayant participé à l'information de l'affaire soumise au jury.

254. — L'incompatibilité édictée par l'art. 257, C. instr. crim., contre le juge d'instruction n'existe pas en Algérie. Ce magistrat qui a procédé, dans le cours de l'information, à des actes d'instruction, peut donc concourir au jugement de l'accusé comme membre de la cour d'assises. — Cass., 19 sept. 1861, Abdel-Kader-ben Aoulia, [D. 61.5.16]; — 27 août 1868, Mohamed-ben-Abdallah, [*Bull. crim.*, n. 199]; — 10 févr. 1881, Boudjemah-ben-si-Mohamed, [S. 83.1.139, P. 83.1.313, D. 82. 1.45]

255. — III. *Ministère public*. — C'est une maxime constante dans votre droit public, que les fonctions du ministère public sont incompatibles avec celles de juge. Un magistrat ne peut pas être dans la même affaire partie poursuivante et juge. L'incompatibilité entre ces deux fonctions n'a pas été écrite dans l'art. 257, C. instr. crim., elle résulte de leur nature même. — Bioche et Goujet, *Dict. procéd.*, vo *Ministère public*, n. 31; Carnot, *Instr. crim.*, art. 257, t. 2, p. 324, note 2; Le Sellyer, op. cit., n. 133; F. Hélie, n. 3118; Nouguier, n. 1093; Cubain, n. 57.

256. — En conséquence, la cour d'assises est illégalement constituée, lorsque l'un des juges qui la composent a précédemment, et en qualité de substitut du procureur du roi, fait toutes les réquisitions nécessitées par l'instruction préalable. — Cass., 13 sept. 1827, Reynaud, dit Lissac, [S. et P. chr.]

257. — De même est nul l'arrêt de la cour d'assises auquel a concouru comme assesseur un magistrat qui avait requis, comme officier du ministère public, la mise en accusation de l'accusé. — Cass., 3 mars 1859, Klein, [S. 60.1.191, P. 60.784, D. 60.5.398] — *Sic*, Le Sellyer, op. cit., n. 134 et 135.

258. — Est nul également l'arrêt rendu par une cour d'assises auquel a concouru comme assesseur un magistrat qui, précédemment, comme procureur de la République, a participé à la poursuite, même seulement en signant la lettre qui accompagnait le dossier transmis au procureur général et la liste des témoins sur laquelle l'huissier a instrumenté. — Cass., 25 sept. 1884, Jucono Guiseppe, [*Bull. crim.*, n. 284]

259. — ... Même s'il n'y a participé qu'indirectement par des actes officiels signés par son substitut, qui est légalement présumé avoir agi par son ordre ou avec son assentiment. — Même arrêt.

260. — Il a même été décidé que lorsque l'un des magistrats composant la cour d'assises a fait partie du parquet à l'époque où une affaire y a été instruite, il ne peut, à peine de nullité, concourir au jugement de cette affaire, parce qu'il y a présomption que, dans ces circonstances, ce magistrat a eu connaissance personnelle de cette affaire. — Cass., 8 nov. 1888, Massinesaïb, [*Bull. crim.*, n. 312]

261. — Jugé, sous l'empire du Code du 3 brum. an IV, que le juge qui a remplacé le ministère public lors de la formation du jury de jugement, et qui a même en cette qualité exercé des récusations, ne peut pas concourir ensuite au jugement, en sa qualité de juge, sous peine de nullité des débats et du jugement. — Cass., 6 niv. an VII, André, [P. chr.]

262. — Il en est de même sous l'empire de notre législation actuelle. L'assistance au tirage du jury de jugement et le droit de récusation sont une partie essentielle des fonctions du ministère public. Le magistrat qui y a pris part comme membre du ministère public ne peut pas, dans la même affaire, siéger comme assesseur. — Cass., 5 déc. 1850, Guillonnet, [*Bull crim.*, n. 410]

263. — Il a été jugé cependant que le conseiller auditeur, qui a rempli les fonctions du ministère public à la chambre des mises en accusation, en remplacement du procureur général, peut, sans qu'il en résulte une nullité, siéger comme juge à la cour d'assises dans la même affaire. — Cass., 21 sept. 1827, Choselières, [S. et P. chr.] — Mais cet arrêt est resté isolé en ce sens et la doctrine qu'il consacre a été repoussée par tous les arrêts postérieurs.

264. — Le même principe s'applique dans nos colonies : notamment pour la Martinique. — Cass., 30 sept. 1826, Bissette, Fabien et Volny, [P. chr.] — et pour la Guadeloupe. — Cass., 22 mai 1828, Antoine, dit Fifi, [P. chr.]

265. — Il est bien entendu que l'incompatibilité n'existe qu'autant que l'accusé est le même lorsque le magistrat exerce ses fonctions du ministère public que lorsqu'il siège comme juge : il faut que le concours de ces deux fonctions se produise dans l'affaire même. Ainsi décidé que, bien qu'un conseiller auditeur ait rempli les fonctions du ministère public devant la cour d'assises sur l'accusation portée contre un individu, il peut néanmoins siéger comme juge à la cour d'assises sur l'accusation concernant un autre individu, et ayant pour objet un fait distinct, mais comprise dans le même arrêt de renvoi et dans le même acte d'accusation. — Cass., 5 avr. 1832, Castellani, [S. 33.1.152, P. chr.]

266. — Du reste, l'art. 257, C. instr. crim., puise les motifs de l'incompatibilité qu'il crée dans des circonstances exclusivement personnelles aux magistrats, et, dès lors, sans qu'il y ait lieu de distinguer entre les membres du ministère public et ceux du siège, tous peuvent connaître des affaires portées devant la juridiction dont ils font partie, tant qu'il n'est pas allégué et prouvé qu'ils ont pris une part directe ou indirecte à la préparation de ces affaires. — Cass., 28 déc. 1877, Mondehar, [S. 78. 1.185, P. 78.437, D. 78.1.400]

267. — Spécialement, un membre du parquet, devenu conseiller pendant l'instruction d'une affaire criminelle, a pu valablement faire partie, comme assesseur, de la cour d'assises qui a statué sur cette affaire, alors que ce magistrat est resté absolument étranger à la poursuite dirigée contre l'accusé, et que le contraire n'a même pas été allégué. — Même arrêt.

268. — IV. *Parenté ou alliance.* — Une autre cause d'incompatibilité a été établie par l'art. 63, L. 20 avr. 1810, qui dispose que les parents et alliés jusqu'au degré d'oncle et neveu inclusivement ne peuvent être simultanément membres d'un même tribunal ou d'une même cour, soit comme juges, soit comme officiers du ministère public, ou même comme greffiers, sans une dispense du roi. Cette disposition est applicable à la cour d'assises.

269. — Dans le cas où des magistrats parents au degré prohibé par l'art. 63, L. 20 avr. 1810, ont siégé à la cour d'assises, leurs voix, aux termes d'un avis du Conseil d'État du 23 avr. 1807, ne comptent que pour une s'ils sont du même avis.

270. — La difficulté est de savoir quand les deux juges parents auront été du même avis ; la loi n'ordonnant pas de mentionner dans le procès-verbal les noms des juges qui ont adopté la même opinion, il pourra être difficile de le constater. « Dans ce cas, dit Carnot (*Instr. crim.*, sur l'art. 351), il restera nécessairement dans l'esprit une telle incertitude, que l'arrêt de condamnation devra être annulé. »

271. — Ce n'est qu'entre les juges que la prohibition pour cause de parenté peut exister. Ainsi, il n'y a pas lieu à cassation de l'arrêt de la cour d'assises parce que l'avocat général occupant le siège du ministère public aurait été le fils du président des assises. — Cass., 21 juin 1838, Sauzet, [S. 38.1.672, P. 38.2 196] — Sic; Carnot, *Instr. crim.*, obs. add. sur l'art. 251, n. 8; F. Hélie, n. 2765 et 3121; Nouguier, n. 1180.

272. — Ou parce que le gendre aurait rempli les fonctions d'avocat général dans une affaire où son beau-père siégeait comme assesseur. — Cass., 16 janv. 1851, Pirot, [D. 52.5.367]

273. — Jugé, en conséquence, que la nomination par le roi d'un conseiller de cour royale, le serment par lui prêté, l'arrêt de sa réception et l'exercice public qui en est la suite, lui impriment le caractère légal de membre de cette cour. Dès lors, quoiqu'il soit parent du procureur général au degré prohibé, et qu'il

n'ait pas obtenu de dispenses, sa participation aux actes d'une cour d'assises ne peut y apporter aucun vice ni donner ouverture à cassation. Au surplus, il suffit, pour la régularité des poursuites, que le procureur général ait été remplacé par un avocat général qui n'était lié par aucun degré de parenté avec les membres de la cour royale composant la cour d'assises. — Cass., 4 déc. 1823, Castaing, [P. chr.]

274. — Deux cousins-germains peuvent siéger comme juges, à la cour d'assises, sans contrevenir à la loi qui limite la prohibition au degré d'oncle et neveu inclusivement. — Cass., 16 janv. 1818, Nicolas Drujon, [S. et P. chr.]; — 2 oct. 1824, Dupin, [S. et P. chr.]

275. — Les magistrats qui ont épousé les deux sœurs n'ont pas besoin de dispenses pour siéger simultanément à la cour d'assises : il n'y a entre eux aucune affinité. — Cass., 18 sept. 1824. Talmard, [S. et P. chr.]

276. — Enfin, une incompatibilité nouvelle a été établie par l'art. 10, L. 30 août 1883. Aux termes de cet article, ne pourra, à peine de nullité, être appelé à composer le même magistrat, titulaire ou suppléant, dont l'un des avocats ou avoués représentant l'une des parties intéressées au procès, sera parent ou allié jusqu'au troisième degré inclusivement.

277. — Si l'accusé avait comme défenseur un avocat parent ou allié d'un membre de la cour, au degré prohibé par l'art. 10, il y aurait lieu de remplacer le magistrat frappé de l'incapacité spéciale édictée par cet article.

278. — La disposition de l'art. 10, L. 31 août 1883, n'est pas applicable en Algérie. — Cass., 27 mai 1886, Brahim-ben-Khalifa, [S. 87.1.288, P. 87.1.672, D. 87.1.91]

2° *Récusation.*

279. — Le Code d'instruction criminelle ne s'est pas occupé de la récusation des magistrats; il faut se reporter à ce sujet aux règles tracées par le Code de procédure civile. En effet, indépendamment des causes qui font exclure de la composition des cours d'assises les magistrats de la chambre d'accusation et les juges d'instruction, c'est encore une autre cause d'exclusion, l'incompatibilité résultant de la parenté et de l'alliance ou d'autres motifs énumérés dans l'art. 378 dudit Code. Cet article est applicable en matière criminelle. — Cass., 8 oct. 1819, Viterbi, [S. et P. chr.] — Sic, Le Sellyer, *op. cit.*, n. 140.

280. — Nous nous bornons à énoncer ce principe ; quant à l'énumération des causes de récusation, V. *infrà*, v° *Récusation*.

281. — Signalons toutefois la différence essentielle qui sépare la récusation de l'incompatibilité. La présence aux débats d'un magistrat en qui existe une cause d'incompatibilité entraîne la nullité des débats, et cette nullité peut être demandée pour la première fois devant la Cour de cassation. Il en est tout autrement de la récusation. « Tout juge, dit l'art. 380, C. proc. civ., qui saura cause de récusation en sa personne, sera tenu de la déclarer à la chambre qui décidera s'il doit s'abstenir ». S'il ne le fait pas, c'est à la partie à solliciter son exclusion par une demande en récusation. Si elle s'abstient, elle est présumée avoir accepté la composition de la cour, et elle ne peut pas, devant la Cour de cassation, soulever pour la première fois un moyen tiré d'une cause de récusation. — Cass., 13 sept. 1839, Crabié, [P. 41.1.70]

282. — C'est à la cour d'assises qu'il appartient de statuer sur les demandes en récusation qui seraient formulées par l'accusé contre un des membres appelés à composer la cour; mais assurément le magistrat récusé doit s'abstenir de prendre part à la délibération sur ce point; il y a lieu d'appliquer ici dans le Code d'instruction criminelle les dispositions des art. 378 et suivants du même Code. — Cass., 3 oct. 1835, Durand Vaugaron, [P. chr.]; — 20 mai 1847, Villain-Giraudet, [P. 47.2.412] — Sic, Merlin, *Rép.*, v° *Exécution*, § 3, art. 2; Legraverend, t. 2, ch. 1, p. 48; Nouguier, n. 1100.

283. — En conséquence, est nul l'arrêt d'une cour d'assises qui rejette la récusation proposée contre un juges qui la composent, lorsque le magistrat récusé a lui-même concouru à cet arrêt. — Mêmes arrêts.

284. — Cette nullité entraîne celle des débats et de l'arrêt de condamnation; comme la composition de la cour d'assises est alors irrégulière, la nullité profite à ceux des accusés qui n'ont pas personnellement proposé la récusation. — Cass., 20 mai 1847, précité.

285. — La cour doit donc statuer sur le moyen de récusation en l'absence du magistrat contre qui la demande est formée; si elle repousse la demande, ce magistrat va reprendre son siège et concourir au jugement du procès criminel; si au contraire la cause de récusation est admise, le magistrat ne peut pas siéger dans l'affaire et il y a lieu de procéder à son remplacement.

§ 4. Du ministère public.

286. — La cour d'assises, comme toutes les juridictions répressives, n'est constituée que par la présence d'un magistrat du ministère public. — Trébutien, n. 356; Garraud, n. 551-c; F. Hélie, n. 3119; Nouguier, n. 1168; Sebire et Carteret, n. 89.

287. — Devant la cour d'assises, le magistrat du ministère public est le procureur général (C. instr. crim., art. 271, 284; L. 20 avr. 1810, art. 45; Décr. 6 juill. 1810, art. 42).

288. — Mais dans la pratique, le procureur général ne peut remplir ces fonctions en personne; il se fait représenter par ses substituts. Dans les départements où siège la cour d'appel, les fonctions du ministère public sont remplies soit par le procureur général, soit par un des avocats généraux, soit par un des substituts du procureur général (C. instr. crim., art. 252). Dans les autres départements, elles le sont par le procureur de la République près le tribunal ou par l'un de ses substituts (C. instr. crim., art. 253). — Sebire et Carteret, n. 90 à 92.

289. — Le procureur général, qui peut se transporter dans toutes les cours d'assises de son ressort et y tenir l'audience, peut aussi déléguer ses fonctions soit à un avocat général, soit à un substitut de la cour (C. instr. crim., art. 265, 284, in fine). — Cass., 29 mars 1832, Thiault, [P. chr.] — Sic, Garraud, loc. cit.; F. Hélie, n. 3121; Nouguier, n. 1173; Trébutien, op. cit.; Carnot, C. instr. crim., art. 253, t. 2, p. 317, n. 7; Morin, Rép. de dr. crim., v° Cour d'ass., n. 22; Sebire et Carteret, n. 94; Legraverend, t. 2, p. 111.

290. — Aucune disposition législative n'exige qu'il soit donné connaissance de cette délégation à l'accusé avant l'ouverture des débats. — Même arrêt. — Sic, Trébutien, loc. cit.; F. Hélie, loc. cit.; Sebire et Carteret, n. 95.

291. — Les fonctions du ministère public sont indivisibles : il en résulte qu'il n'est pas nécessaire que le même membre du parquet assiste à toutes les audiences d'une même affaire; il peut se faire remplacer pendant une partie des débats. — Cass., 15 nov. 1815, Guinchet, [S. et P. chr.]; — 6 avr. 1827, Couronne, [S. et P. chr.]; — 29 mars 1832, précité. — Sic, de Serres, Man. des cours d'ass., t. 1, p. 62; F. Hélie, n. 591 et 3120; Nouguier, n. 1174.

292. — En cas d'absence ou d'empêchement, les membres du parquet peuvent être remplacés par les magistrats de la cour ou du tribunal, conseillers, président, vice-président, juge et même juges suppléants (C. proc. civ., art. 81; C. instr. crim., art. 26). — F. Hélie, loc. cit.; Nouguier, n. 1175.

293. — Ainsi décidé que les juges suppléants peuvent remplir auprès des cours d'assises les fonctions du ministère public. — Cass., 25 avr. 1851, Colmare, [S. 51.1.803, P. 52.2.718, D. 51.5.357] — V. F. Hélie, loc. cit.; Trébutien, loc. cit.; Nouguier, n. 1175.

294. — Le magistrat du ministère public peut-il être remplacé par un avocat ou un avoué? La Cour de cassation de Belgique s'est, par deux arrêts (4 oct. et 8 déc. 1851), prononcée pour la négative. En France, la question est sans précédent. Deux textes législatifs (L. 22 vent. an XII, art. 30, art. 35; Décr. 14 déc. 1810) reconnaissent aux avocats et aux avoués le droit de remplacer les membres du parquet. Nouguier (n. 1176 et 1177) semble incliner vers cette seconde opinion : cependant il estime qu'en cas d'empêchement de tous les magistrats du ministère public et d'impossibilité de les remplacer par un magistrat, il conviendrait de renvoyer l'affaire à une autre session.

295. — La présence du ministère public à tous les actes de l'instruction orale devant le jury est une condition substantielle de la régularité des débats. — Cass., 3 janv. 1839, F..., [S. 39.1.814, P. 39.2.527] — Sic, F. Hélie, n. 3119; Nouguier, n. 1494 et 1495; Sebire et Carteret, n. 89.

296. — Ainsi il y aurait nullité des débats si un témoin avait prêté serment et déposé en l'absence de l'officier du ministère public. — Même arrêt.

297. — Mais on ne peut pas considérer comme une absence,

devant entraîner la nullité des débats, le fait, de la part du magistrat du ministère public, de quitter un instant son siège pour aller chercher un verre d'eau dans la chambre du conseil, contiguë immédiatement à la salle d'audience et alors que la porte de cette chambre était restée ouverte. — Cass., 23 sept. 1852, Fuerher et autres, [D. 52.5.367] — Sic, F. Hélie, n. 3120; Nouguier, n. 1496.

298. — Les règles exposées plus haut sur les incompatibilités ne s'appliquent pas aux officiers du ministère public; ceux-ci, en effet, ne sont pas juges, mais parties dans l'affaire. — Nouguier, n. 1178 et 1179.

299. — Ainsi peut siéger, comme ministère public aux assises : 1° le magistrat qui, en la même qualité, a fait l'exposé et a requis dans la même affaire devant la chambre des mises en accusation. — Cass., 21 sept. 1827, Choselières, [S. et P. chr.]

300. — 2° Le magistrat qui, dans la même affaire, a rempli les fonctions de juge d'instruction et voté sur la mise en accusation. — Cass., 30 juill. 1847, Mouniapin, [S. 47.1.863, P. 47.2.578, D. 47.1.319]

301. — Lorsque des poursuites contre le même accusé ont été d'abord exercées devant le tribunal correctionnel, puis devant la cour d'assises, le même magistrat du ministère public peut requérir devant les deux juridictions. — Cass., 9 août 1894, Clérin, dit Linadier, [Bull. crim., n. 218] — V. d'ailleurs suprà, n. 266.

302. — Les magistrats chargés d'exercer aux assises les fonctions du ministère public, ne peuvent jamais être récusés. En effet, aux termes de l'art. 381, C. proc. civ., les causes de récusation relatives aux juges ne sont applicables au ministère public que lorsqu'il est partie jointe; il n'est pas récusable lorsqu'il est partie principale. Et le ministère public est toujours partie principale lorsqu'il poursuit une action publique devant une juridiction répressive. — Cass., 30 juill. 1847, précité; — 1er août 1872, Bonnin, [S. 72.1.312, P. 72.750, D. 72.1.278]; — 6 juill. 1889, Delpierre, Journ. l'Intransigeant, [S. 89.1.399, P. 89.1.960] — Sic, F. Hélie, n. 592; Nouguier, n. 1181 et s.; Garraud, n. 349.

§ 5. Du greffier.

303. — La présence et le concours d'un greffier sont indispensables pour la constitution régulière de la cour d'assises. — Trébutien, n. 537; Garraud, n. 551-d; Nouguier, n. 1188; F. Hélie, n. 3122; Sebire et Carteret, n. 96.

304. — Dans les départements où siègent les cours d'appel, les fonctions de greffier devant la cour d'assises sont remplies par le greffier de la cour d'appel ou par l'un de ses commis assermentés (C. instr. crim., art. 252).

305. — Le greffier ou le commis assermenté qui le remplace doit avoir vingt-sept ans accomplis (L. 20 avr. 1810, art. 65).

306. — Dans les autres départements, ces fonctions sont exercées par le greffier du tribunal ou par l'un de ses commis assermentés (C. instr. crim., art. 253). — Cass., 28 mars 1895, Fontana, [Bull. crim., n. 94]

307. — Des termes mêmes de cet article, il résulte qu'un commis-greffier, assermenté près un tribunal, peut faire partie de la cour d'assises siégeant près ce tribunal, bien qu'il n'ait pas atteint l'âge de vingt-sept ans. — Cass., 29 sept. 1887, Joly, [Bull. crim., n. 343]

308. — Le greffier peut se faire représenter pour les débats entiers d'une affaire ou pour une partie seulement.

309. — En cas d'absence ou d'empêchement du greffier et des commis-greffiers, le président des séances peut, pour les remplacer, appeler un tiers; mais il doit, avant l'entrée en fonctions de ce greffier intérimaire, lui faire prêter serment dans les termes fixés par le décret du 5 avr. 1852. — Nouguier, n. 1192-1194.

310. — Il a été jugé qu'il n'entre point dans les attributions de la Cour de cassation de vérifier si le greffier qui a tenu la plume aux séances d'une cour d'assises réunissait les qualités nécessaires, et qu'il y a pour elle présomption légale que celui qui a rempli les fonctions de greffier avait l'âge requis, lors même que le contraire serait prouvé par la production de son acte de naissance. — Cass., 8 mars 1816, Beauman, [S. et P. chr.]

311. — De même, il a été décidé que l'accusé n'était pas recevable à contester devant la cour et à proposer comme ouverture à cassation la validité du serment professionnel prêté par le greffier. — Cass., 21 juin 1850, Chezel, [D. 50.5.274]

312. — Carnot (sur l'art. 251, *C. instr. crim.*, t. 2, p. 307, n. 9, et sur l'art. 252, même Code, p. 313, n. 15) soutient que les présomptions, quelque fortes qu'elles soient, ne sont toujours que des présomptions; qu'elles ne peuvent prévaloir sur la vérité, lorsqu'elle se trouve établie par des pièces authentiques et irrécusables; il fait aussi remarquer que la Cour de cassation n'hésite pas à prononcer la nullité de la déclaration du jury lorsqu'il y a preuve que l'un des jurés qui y ont concouru n'avait pas l'âge requis; et il demande pourquoi on jugerait différemment à l'égard du greffier ou de l'un des magistrats de la cour d'assises. Mais cette jurisprudence est approuvée par F. Hélie (n. 3122) et Nouguier (n. 1195) qui font observer que l'accusé est sans droit pour contester le plus ou moins de régularité de l'investiture accordée au greffier. Il en est, sous ce rapport, du greffier comme du juge ou du magistrat du ministère public.

313. — « Le greffier étant institué pour recueillir les faits qui se passent à l'audience de la cour d'assises, les constater et en rendre témoignage, sa présence ou celle du commis-greffier, à tous les actes de la procédure qui concernent l'examen et le jugement, est une condition substantielle de leur régularité » (Décr. 30 mars 1808, art. 91; C. instr. crim., art. 372). — Cass., 13 avr. 1837, Nicolle, [S. 38.1.910, P. 38.1.327] — *Sic*, Nouguier, n. 1494, 1497; F. Hélie, n. 2123; Trébutien, n. 537.

314. — Ainsi, les débats doivent être annulés, lorsqu'il est établi par le procès-verbal de la séance que le greffier qui avait assisté aux formalités préliminaires et à l'appel des témoins n'était pas présent au moment où un arrêt d'excuse concernant un témoin a été prononcé. — *Même arrêt.*

315. — La nullité des débats est également encourue, lorsque d'un arrêt incident il résulte que le greffier était absent au moment où le président a rempli la formalité prescrite par l'art. 335, C. instr. crim., qui veut que l'accusé ou son conseil aient toujours la parole les derniers. Cette formalité est essentielle au droit de défense : faute d'avoir été régulièrement constatée, elle est comme si elle n'avait pas été accomplie. — Cass., 17 juill. 1856, Fargues, [*Bull. crim.*, n. 251]

316. — Cependant, la règle relative à la nécessité de la présence du greffier à tous les actes de la procédure orale ne doit pas être exagérée; la Cour de cassation a elle-même reconnu que « l'absence la plus courte du greffier n'est pas, dans toutes les circonstances, de nature à entraîner la nullité des débats ». — *Même arrêt.* — *Sic*, Nouguier, n. 1498 et 1499.

317. — Notons, en terminant, que les causes d'incompatibilité et de récusation ne s'appliquent pas au greffier. — Nouguier, n. 1196.

318. — Jugé, notamment, qu'aucune loi n'interdit au greffier de remplir ses fonctions à l'audience de la cour d'assises où se juge une affaire à propos de laquelle il a été entendu comme témoin pendant l'instruction écrite. — Cass., 8 mars 1887, Viguier, [*Bull. crim.*, n. 81]

CHAPITRE II.

COMPÉTENCE DE LA COUR D'ASSISES.

319. — La cour d'assises est instituée pour juger les faits qualifiés crimes par la loi, c'est-à-dire les faits passibles d'une peine afflictive et infamante ou seulement infamante (C. instr. crim., art. 231; C. pén., art. 1). Ainsi, tous les faits que la loi frappe de peines afflictives ou infamantes sont, en principe, *ratione materia*, de la compétence de la cour d'assises. — Garraud, n. 559-a; Le Sellyer, *Traité de la compétence*, t. 1, n. 65; F. Hélie, t. 5, n. 2333.

320. — *Ratione loci*, la cour d'assises doit circonscrire son autorité dans l'étendue du département où elle siège. Elle ne pourra donc, sauf exception, connaître d'un crime que : 1° s'il a été commis dans le département; 2° ou si le coupable y réside; 3° ou s'il y a été arrêté (C. instr. crim., art. 23 et 63). — Garraud, n. 559-c.

321. — Une cour d'assises est compétente pour prononcer sur l'accusation de crimes perpétrés dans l'étendue de son ressort, et sur les chefs d'accusation connexes à ces crimes, alors même que l'accusé n'y réside pas et n'y aurait pas été arrêté. — Cass., 28 déc. 1848, Conort, [P. 50.1.340]

322. — Lorsqu'une affaire comprend plusieurs accusés, la cour d'assises du domicile de l'un d'eux, ne fût-il que complice, a compétence pour connaître de l'ensemble des faits incriminés. — Cass., 15 juin 1866, Renou et autres, [*Bull. crim.*, n. 154]

323. — Enfin, *ratione personæ*, les cours d'assises sont, en principe, compétentes à l'égard de toutes personnes. — Garraud, n. 559-b.

324. — Il y a cependant, à ce point de vue, exception pour les mineurs de seize ans et pour les militaires, ainsi que pour le Président de la République et les ministres dans les cas prévus par la loi du 24 févr. 1875. — Garraud, *loc. cit.*

325. — En effet, les *crimes* commis par les mineurs de seize ans, lorsque ceux-ci n'ont pas de complices au-dessus de cet âge et lorsque le crime n'est pas de nature à entraîner la mort, les travaux forcés à perpétuité, la déportation ou la détention, sont jugés par les tribunaux correctionnels (C. pén., art. 68).

326. — Cependant, c'est à la cour d'assises et non au tribunal correctionnel, qu'il appartient de juger l'accusé qui prétend qu'au moment de la perpétration du crime qui lui est imputé, il n'avait pas encore accompli sa seizième année, mais qui ne justifie pas sa prétention. Dans le doute, en effet, on doit préférer le tribunal qui a la plénitude de juridiction et qui, en cas de contestation, jugera la question de savoir quel âge avait l'accusé au moment du crime. Le jury seul peut décider cette question, qui se lie au fait de l'accusation et qui est de nature à en modifier essentiellement la criminalité. — Cass., 28 avr. 1836, Bonnin, [P. chr.]; — 28 avr. 1836, Mari, [P. chr.]; — 4 mai 1839, Hayé, [S. 39.1.947, P. 39.2.444]

327. — De même, les crimes commis par les militaires en activité de service et présents au corps, échappent à la compétence de la cour d'assises et sont déférés au conseil de guerre (C. just. milit., art. 56). Est réputé présent au corps tout militaire qui n'est ni en congé, ni en permission, ni en état de désertion. — Cass., 17 juin 1887, Raucoules, [*Bull. crim.*, n. 228]

328. — Le militaire ne devient justiciable de la cour d'assises que pour un crime commis pendant la durée du congé ou de la permission. Si celui-ci a été perpétré après leur expiration, le militaire retombe sous l'empire de la justice militaire, même s'il était resté absent de son corps. — *Même arrêt.*

329. — Les cours d'assises ne peuvent en général connaître que des affaires dont elles ont été saisies par un arrêt de mise en accusation (C. instr. crim., art. 231 et 271). — Cass., 7 août 1818, Castanié, [S. et P. chr.]

330. — La jurisprudence de la Cour de cassation a posé ce principe que la cour d'assises, juge de droit commun en matière criminelle, est investie de la plénitude de juridiction, et a compétence pour juger toutes les infractions qui lui sont déférées par un arrêt de renvoi, devenu définitif. — *Encyclopédie du droit*, v° Compétence criminelle, n. 8; Morin, *Rép.*, v° *Compétence*, n. 59; Villey, p. 370; Garraud, n. 560.

331. — Cet arrêt, lorsqu'il n'a pas été attaqué par l'accusé ou que le pourvoi formé a été rejeté, saisit-il la cour d'assises d'une façon tellement irrévocable qu'elle doive nécessairement juger l'accusation, sans pouvoir examiner sa compétence? Plusieurs auteurs, et des plus autorisés, enseignent que la cour d'assises a toujours le droit et le devoir de vérifier sa propre compétence et de ne retenir que la connaissance des faits rentrant dans sa propre juridiction. — Merlin, *Quest. de droit*, v° *Incompétence*, § 1, art. 2, n. 6; F. Hélie, n. 2318, 2319, 2334 et 2338; Le Sellyer, *Exerc. et extinct. des actions publique et privée*, t. 1, n. 147; Griolet, *Autor. de la chose jugée*, p. 231 et s.; Carnot, *Instr. crim.*, art. 297, n. 7, et 209, n. 7.

332. — Mais l'opinion contraire a prévalu dans la pratique, soutenue par de nombreux auteurs. — Bourguignon, *Instr. crim.*, art. 231, n. 2 et 252, *Observ. prélim.*; Legraverend, *Législ. crim.*, t. 2, p. 114; Mangin, *Instr. écrite*, t. 2, n. 127; Rauter, *Dr. crim.*, t. 2, n. 771; Trébutien, *Cours élém. de dr. crim.*, t. 2, p. 388 et 398; Villey, p. 370 et 371; de Serres, t. 1, p. 218; Garraud, n. 436, 560 et 631-4°; Pain, n. 23; Morin, *Rép.*, v° *Compétence*, n. 63. — Et elle a été consacrée par la jurisprudence constante de la Cour de cassation.

333. — Par un grand nombre de décisions, cette cour a posé ce principe que les arrêts de renvoi devant la cour d'assises sont attributifs de juridiction. Ils ne peuvent être annulés que par la Cour de cassation sur la demande formée, en temps utile, soit par l'accusé, soit par le ministère public. Mais lorsque, soit par le défaut de pourvoi, soit par le rejet de ce pourvoi, ces arrêts ont acquis l'autorité de la chose jugée, ils doivent recevoir leur pleine et entière exécution. La compétence de la cour d'assises est alors fixée d'une manière irrévocable. — Cass., 11 mars 1813, Bayer, [S. et P. chr.]; — 9 juill. 1813, Roques, [S. et P. chr.]; — 16 nov. 1816, Deville et Bronc, [S. et P. chr.]; — 22 janv. 1819, Vergé, [S. et P. chr.]; — 23 mars 1820, Durand, [P. chr.]; — 20 avr. 1820, Alquier, [S. et P. chr.]; — 13 juill. 1820, Chevalier, [S. et P. chr.] — V. suprà, v° *Chambre des mises en accusation*, n. 390 et s.

334. — Dès lors, aucun débat sur la compétence ne peut s'établir devant la cour d'assises saisie par un arrêt de renvoi non attaqué dans le délai prescrit par l'art. 296, C. instr. crim.; cette cour ne pourrait donc se dessaisir, ni parce que le fait, soumis à sa juridiction, serait de la compétence d'une cour spéciale... — Cass., 23 janv. 1813, Capo, [S. et P. chr.] — V. aussi *suprà*, v° *Chambre des mises en accusation*, n. 394.

335. — ... Ni parce que l'accusé aurait dû, à raison de sa qualité de militaire en activité de service, être renvoyé devant un conseil de guerre. — Cass., 19 juill. 1816, Lemoine, [S. et P. chr.]; — 2 oct. 1828, Olive, [S. et P. chr.]; — 12 mars 1885, Chervin et Mondière, [S. 86.1.287, P. 86.1.671, D. 85.1.330] — *Sic*, F. Hélie, t. 5, n. 2337. — V. aussi *suprà*, v° *Chambre des mises en accusation*, n. 395.

336. — ... Ni parce que le fait pour lequel l'accusé a été renvoyé devant la cour d'assises (dans l'espèce, le crime d'embauchage) n'était pas de sa compétence. — Cass., 5 avr. 1832, Guignard, [S. 32.1.511, P. chr.]

337. — ... Ni parce que l'accusé, étant âgé de moins de seize ans, était justiciable du tribunal correctionnel. — V. *suprà*, v° *Chambre des mises en accusation*, n. 393.

338. — ... Ni parce que la cour d'assises saisie par l'arrêt de renvoi ne serait pas celle du lieu où le crime a été commis, — Cass., 24 déc. 1840, Bussière, [S. 41.1.558, P. 41.2.130]; — 20 juin 1856, Comboulives et autres, [D. 56.1.374]; — 22 mai 1862, Giraud, [D. 67.5.93]; — 12 mars 1885, précité, — non plus que celle du lieu où l'accusé avait sa résidence, — Cass., 20 juin 1856, précité; — 22 mai 1862, précité, — ou celle du lieu où il a été arrêté. — Cass., 20 juin 1856, précité; — 4 août 1894, Bestaux et autres, [*Bull. crim.*, n. 239] — *Sic*, F. Hélie, t. 5, n. 2335. — V. aussi *suprà*, v° *Chambre des mises en accusation*, n. 396.

339. — ... Ni parce que les crimes qui ont motivé les poursuites ont été l'objet d'instruction devant plusieurs tribunaux ne ressortissant pas à la même cour d'appel, alors que ces crimes sont réunis par la chambre d'accusation dans un seul arrêt. — Cass., 19 oct. 1820, Terrier, [S. et P. chr.]

340. — ... Ni parce que le fait incriminé ne constituait qu'un délit. — Cass., 13 juin 1816, Aurussy, [S. et P. chr.]; — 14 sept. 1827, Boulin, [S. et P. chr.] — V. aussi *suprà*, v° *Chambre des mises en accusation*, n. 392.

341. — De même, la cour d'assises ne peut pas se permettre d'apprécier l'arrêt de la Cour de cassation qui l'a saisie d'une affaire, ni de déclarer que cet arrêt repose sur une erreur de fait. — Cass, 9 juin 1826, Loercher, [S. et P. chr.]

342. — L'accusé qui ne s'est pas pourvu contre l'arrêt de la chambre des mises en accusation qui l'a renvoyé devant la cour d'assises, n'est pas recevable, lors de son pourvoi contre l'arrêt de cette cour, à présenter, pour la première fois devant la Cour de cassation, une exception d'incompétence que la cour d'assises elle-même n'aurait pu accueillir. — Cass., 12 mars 1885, précité.

343. — Il est cependant des exceptions que l'accusé pourrait utilement faire valoir devant la cour d'assises malgré le défaut de pourvoi contre l'arrêt de renvoi. Ce sont les exceptions qui tendent à faire déclarer que l'action publique est éteinte; telles seraient les exceptions tirées de la prescription, ou d'une amnistie. — F. Hélie, n. 2327; Garraud, n. 560; Trébutien, n. 583.

344. — Telle serait également l'exception tirée de la chose jugée. Ainsi l'accusé renvoyé devant la cour d'assises, alors qu'il existait en sa faveur une ordonnance de non-lieu non attaquée en temps de droit, peut, en tout état de cause, opposer devant la cour d'assises le moyen tiré de la chose jugée. — Cass., 20 nov. 1879, Starker et autres, [*Bull. crim.*, n. 193]; — 17 oct. 1889, Richardot, [*Bull. crim.*, n. 315] — C. d'ass. du Var, 28 juill. 1866, [*Journ. min. publ.*, t. 10, p. 160] — *Sic*, F. Hélie, *loc. cit.*; Trébutien, *loc. cit.* — V. *suprà*, v° *Chose jugée*, n. 820.

345. — Les moyens tirés de ces exceptions sont d'ordre public en matière criminelle; la cour d'assises a le droit et même le devoir de les examiner d'office. Le silence de l'accusé, son défaut de pourvoi contre l'arrêt de renvoi ne peuvent pas être

ici considérés comme un acquiescement; ils ne peuvent pas faire revivre une action qui est éteinte.

346. — L'accusé renvoyé devant la cour d'assises par un arrêt de la chambre des mises en accusation, non attaqué en temps utile, est encore recevable à exciper, devant cette cour, de son incompétence fondée sur ce qu'il est étranger, non justiciable, à ce titre, des tribunaux français à raison de crimes par lui commis en pays étranger au préjudice d'étrangers. — Cass., 10 janv. 1873, Raymond Fornage, [S. 73.1.141, P. 73. 299, D. 73.1.41] — V. *infrà*, n. 6244 et s.

347. — L'accusé pourrait également faire valoir devant la cour d'assises où il comparaît, l'exception tirée de ce qu'elle n'est pas la cour d'assises saisie par l'arrêt de la chambre des mises en accusation. Il est de principe, en effet, que la cour d'assises, saisie par le renvoi, est seule compétente pour connaître de l'accusation. Toute autre cour d'assises, irrégulièrement saisie puisque l'arrêt de renvoi ne l'a pas désignée, est incompétente pour statuer sur l'affaire. Elle doit, par suite, accueillir l'exception présentée de ce chef par l'accusé et se déclarer incompétente. Si elle passait outre et retenait la connaissance de l'affaire, son arrêt serait entaché de nullité. — Cass., 28 juill. 1870, Ahmed-ben-Mohamed-el-Menissar, [D. 72 5.112]

348. — Les cours d'assises, qui sont les juges ordinaires en matière de grand criminel, connaissent cependant aussi, dans certains cas, des délits et des contraventions.

349. — Ainsi elles ont aujourd'hui compétence exclusive pour juger la plupart des délits de presse. La législation a, sur ce point, subi depuis un demi-siècle bien des changements. La loi du 29 juill. 1881 a fait certaines exceptions, restitué au jury la connaissance des délits de presse (art. 45 de ladite loi). — V. *infrà*, v° *Presse*. — Garraud, n. 559-a; Le Sellyer, *Traité de la compétence*, t. 1, n. 66.

350. — La cour d'assises peut être saisie d'un délit de presse ou par un arrêt de renvoi ou par une citation directe. — Villey, p. 371.

351. — Dans le premier cas, l'arrêt de renvoi est, comme en matière criminelle proprement dite, attributif de juridiction : la cour d'assises saisie par cet arrêt de renvoi ne peut pas se dessaisir.

352. — Jugé que l'accusé renvoyé par un arrêt de la chambre des mises en accusation devant une cour d'assises, ne peut en décliner la compétence sous prétexte que la prévention aurait pour objet une diffamation qui, commise envers une personne privée, serait de la compétence des tribunaux correctionnels. — Cass., 7 mai 1852, André, [D. 52.5.314] — V. également Cass., 4 août 1831, Gallois, gérant du *Journal de commerce de Lyon*, [S. 31.1.282, P. chr.]; — 19 janv. 1833, Ledieu, [S. 33. 1.503, P. chr.]

353. — La solution serait-elle la même si la cour d'assises se trouvait saisie du délit de presse par une citation directe délivrée à la requête soit du ministère public, soit de la partie lésée, dans les cas de diffamation et d'injure? La Cour de cassation l'avait décidé sous l'empire de la loi du 8 avr. 1831; elle jugeait alors que les cours d'assises saisies, par citation directe du procureur général, de la connaissance d'un délit de la presse, n'ont pas plus le droit de déclarer leur incompétence et celle du jury, sous prétexte que le délit imputé serait mal qualifié et ne serait justiciable que des tribunaux correctionnels (L. 8 avr. 1831). — Cass., 9 août 1832, Chambon, Gérant des *Mélanges occitaniques*, [S. 32.1.493, P. chr.]

354. — Mais, depuis la loi du 29 juill. 1881, la Cour de cassation a adopté l'opinion contraire et décidé que la cour d'assises saisie par citation directe doit vérifier sa compétence et rechercher si les articles poursuivis relèvent des actes de la fonction et prennent le plaignant à partie comme fonctionnaire. Si la qualité du plaignant est étrangère aux attaques dont il a été l'objet, la cour d'assises se déclare avec raison incompétente pour statuer sur l'action en diffamation introduite devant elle. — Cass., 4 déc. 1886, Fabre, [*Bull. crim.*, n. 412] — *Sic*, Fabreguettes, *Traité des infractions de la parole*, n. 1996 et 1997, 2045 et 2047.

355. — Notons qu'en cas de poursuite par voie de citation directe, les moyens préjudiciels tirés de la compétence, de l'irrégularité de la citation, etc., doivent, à peine de forclusion, être présentés et soumis à la cour avant l'appel des jurés (L. 29 juill. 1881, art. 54).

356. — La cour d'assises statue également sur les délits et les contraventions dont elle est régulièrement saisie par suite de la connexité des faits (C. instr. crim., art. 226). — F. Hélie, t. 5, n. 2333.

357. — Elle peut, en conséquence, connaître d'un délit d'escroquerie, renvoyé régulièrement devant elle, comme connexe avec un crime de baraterie et un crime de faux. — Cass., 17 août 1821, Dieudonné et Flandin, [P. chr.]

358. — Elle est également compétente pour statuer sur un délit d'abus de confiance, connexe à un crime d'incendie commis pour assurer l'impunité du délit. — Cass., 16 déc. 1869, Guérin, [D. 70.5.82]

359. — Lorsqu'un accusé a été renvoyé devant la cour d'assises pour un crime et un délit connexe, l'arrêt de la chambre des mises en accusation, passé en force de chose jugée, est attributif de juridiction à cette cour d'assises sur l'un et l'autre chef d'accusation, c'est-à-dire sur le crime et sur le délit. Il en résulte que, si l'accusé a été acquitté de l'accusation relative au crime (dans l'espèce, un incendie volontaire), la cour d'assises n'en doit pas moins statuer sur le délit (rupture de ban). Régulièrement saisie de ce chef par l'arrêt de renvoi, elle est demeurée compétente pour le juger. Sa compétence, définitivement fixée par l'arrêt de renvoi, ne peut pas être modifiée par un événement postérieur. — Cass., 9 nov. 1883, Deschazeaux, [Bull. crim., n. 248]

360. — Ainsi encore la cour d'assises connaît du fait qui, constituant un crime d'après l'arrêt de renvoi, se trouve, d'après les débats et le verdict du jury, n'être plus qu'un délit ou une contravention (C. instr. crim., art. 365, § 1). — Cass., 24 juin 1819, Girard, [S. et P. chr.]; — 1er mars 1888, Bessiron et Jacquemoux, [Bull. crim., n. 88] — Sic, F. Hélie, t. 5, n. 2333; Villey, p. 370.

361. — Cette disposition n'est, au reste, que la reproduction de l'art. 434, C. 3 brum. an IV, conçu en ces termes : « Si le fait dont l'accusé est déclaré convaincu se trouve être du ressort, soit des tribunaux de police, soit des tribunaux correctionnels, le tribunal criminel n'en prononce pas moins définitivement, et en dernier ressort, les peines qui auraient dû être prononcées par ces tribunaux ». La raison sur laquelle est fondée cette disposition est que, les cours d'assises ayant une juridiction générale en matière criminelle, le droit que leur accorde l'art. 365 ne pouvait leur être refusé. — Le Sellyer, De la compétence, t. 1, n. 68.

362. — Dans tous les cas, une cour d'assises ne peut juger les accusés sur des faits à raison desquels ils n'ont pas été renvoyés devant elle par la chambre des mises en accusation. — Cass., 24 juin 1819, précité. — Cass. Belge, 11 nov. 1819, Barbe Honckx, [P. chr.] — Elle ne peut pas atteindre des faits nouveaux non compris dans l'arrêt de renvoi (C. instr. crim., art. 361), elle ne peut statuer que sur l'accusation dont elle est saisie. — Le Seyllier, Compétence, t. 1, n. 69 et 70; F. Hélie, n. 2322.

363. — Une cour d'assises (ou une cour coloniale constituée en chambre de justice criminelle) ne peut connaître d'un délit qu'autant que c'est le fait même dont elle a été saisie par l'accusation qui prend ce caractère. Ainsi une cour criminelle qui, saisie de la connaissance d'un crime de vol, reconnaît à l'audience que les accusés ont été dénoncés calomnieusement, ne peut, sans violer tout à la fois sa compétence, les deux degrés de juridiction et le droit de la défense, condamner les dénonciateurs, présents en qualité de témoins, non point seulement aux dommages-intérêts réclamés par les accusés conformément à l'art. 359, C. instr. crim., mais encore à la peine de la dénonciation calomnieuse, requise, à l'audience même, par le ministère public. — Cass., 16 déc. 1858, Ramachandrapadéachy, [S. 59. 1.178, P. 59.24, D. 59.1.377]

364. — Mais c'est un principe général que les cours d'assises ne sont pas liées par la qualification donnée aux faits par l'arrêt de renvoi. Cette règle sera plus loin, à propos de chaque espèce de crime, l'objet d'une étude spéciale.

365. — La cour d'assises saisie par un arrêt de renvoi devenu définitif est incompétente pour connaître des nullités de la procédure écrite : ces nullités sont couvertes par le défaut de pourvoi contre l'arrêt de renvoi ou par le rejet de ce pourvoi. — Cass., 3 oct. 1844, Lavèle, [P. 45.2.66]; — 23 déc. 1847, de Beauvallon, [S. 48.1.301, P. 48.1.292]; — 20 janv. 1848, Starck, [P. 49.1.43]; — 7 déc. 1865, Liardet, [Bull. crim., n. 218]; — 11 nov. 1875, Thomas, [Bull. crim., n. 310]; — 10 déc. 1885, Aubert, [S. 87.1.437, P. 87.1.1070]; — 27 juin 1895, Pasquet,

[Bull. crim., n. 186] — Sic, Nouguier, t. 5, n. 4057; F. Hélie, n. 2273 et 2327.

366. — Cette règle, universellement admise, a été consacrée notamment dans l'espèce suivante : un tribunal correctionnel saisi par une ordonnance du juge d'instruction d'un fait qualifié délit, s'était déclaré incompétent par le motif que ce fait constituait un crime; il en résultait un conflit de juridiction que la Cour de cassation pouvait seule trancher par voie de règlement de juges. Cependant la Cour de cassation a décidé que si on n'avait pas eu recours au règlement de juges et si la chambre des mises en accusation avait directement renvoyé l'accusé devant la cour d'assises, celle-ci, saisie en vertu de cet arrêt, pouvait et devait statuer sur des faits qui étaient de sa compétence, lorsqu'aucun pourvoi n'avait été formé dans les délais de la loi contre l'arrêt de renvoi; que l'accusé ne pouvait pas, même dans ce cas, revenir contre les irrégularités de procédure antérieures à cet arrêt. — Cass., 29 mars 1878, Baron, [Bull. crim., n. 85]

367. — Spécialement encore, lorsqu'aucun pourvoi n'a été formé contre l'arrêt de renvoi, le condamné ne peut tirer un moyen de nullité contre l'arrêt de la cour d'assises, de ce que l'expert commis par le juge d'instruction n'aurait pas, devant ce magistrat, prêté le serment dans les termes prescrits par l'art. 44, C. instr. crim. — Cass., 18 févr. 1882, El-Hani-ben-Miloud, [Bull. crim., n. 48]; — 8 mai 1884, Lambert, [Bull. crim., n. 138]; — 25 mars 1886, Meigle, [S. 87.1.88, P. 87.1.179]; — 3 janv. 1889, Jaudran, [Bull. crim., n. 1] — Il en est ainsi, quand bien même la pièce irrégulière aurait été remise aux jurés avant leur entrée dans la chambre de leurs délibérations. — Mêmes arrêts.

368. — Jugé également que l'accusé qui ne s'est pas pourvu contre l'arrêt de renvoi ne peut pas se faire grief de ce que l'interprète qui a assisté le juge pendant l'information n'entendait pas la langue que parlaient l'accusé et les témoins. — Cass., 1er mars 1888, Ali-ben-Mohamed-ben-Kaladjou, [Bull. crim., n. 84]

369. — La règle qui veut que les arrêts de renvoi devant la cour d'assises, lorsqu'il n'y a eu pourvoi en temps utile ou que le pourvoi a été rejeté, fixent définitivement la compétence de la cour d'assises, n'est pas applicable dans nos colonies. Cette exception se justifie facilement. On peut dire en effet que, si, en France, dans la métropole, l'accusé ne s'est pas pourvu contre l'arrêt de renvoi, cette abstention doit être considérée comme un acquiescement. Mais il n'en peut être de même dans nos colonies, la pourvoi contre les arrêts des chambres des mises en accusation est interdit à l'accusé. — Cass., 23 avr. 1868, Coupoussamy et Vingatraya, [Bull. crim., n. 109]; — 24 avr. 1868, Ramassamy, [Bull. crim., n. 111] — On ne peut donc pas argumenter de son silence, puisque ce silence est forcé. — V. suprà, v° Colonie, n. 490.

370. — Ainsi, il a été jugé que, dans la colonie de la Réunion, quand la chambre des mises en accusation a rejeté les fins de non-recevoir qui lui étaient soumises et renvoyé les accusés devant la cour d'assises, celle-ci peut, sans porter atteinte à l'autorité de la chose jugée, se déclarer incompétente pour connaître de l'affaire. — C. d'ass. de Saint-Denis, 21 juill. 1893, sous Cass., 27 oct. 1893, Magny, Mougel et autres, [S. et P. 95.1.57]

371. — La cour d'assises, saisie de l'action publique, est compétente pour statuer accessoirement sur l'action civile en dommages-intérêts. — Trébutien, n. 157; F. Hélie, n. 2393 et 2394; Garraud, n. 398.

372. — Elle a compétence pour prononcer sur les dommages-intérêts réclamés par la partie civile, soit en cas de condamnation, soit même en cas d'acquittement de l'accusé (C. instr. crim., art. 358 et 359). — V. suprà, v^is Action civile, n. 432 et s., et infrà, n. 5312 et s.

373. — Elle est également compétente pour statuer, en cas d'acquittement de l'accusé, sur les dommages-intérêts réclamés par celui-ci contre ses dénonciateurs (C. instr. crim., mêmes art.).

374. — En dehors des attributions générales que nous venons d'indiquer, la cour d'assises a compétence pour statuer sur certaines infractions spéciales.

375. — Ainsi la cour d'assises connaît : 1° des crimes et délits commis à son audience (C. instr. crim., art. 504 et s.). — Le Sellyer, De la compétence, t. 1, n. 72.

376. — 2° Des infractions disciplinaires commises par les conseils des accusés (C. instr. crim., art. 311; C. proc. civ., art. 1036; Décr. 20 mars 1808, art. 103; L. 29 juill. 1881, art. 41).

377. — Notons, en terminant, que la cour d'assises est toujours incompétente pour statuer sur la demande en liberté pro-

visoire formée par les accusés renvoyés devant elle. — F. Hélie,
t. 4, n. 1993; Garraud, p. 611 et 612; Pain, n. 22.

378. — Et, en effet, si l'arrêt de renvoi a été frappé d'un
pourvoi, la cour d'assises ne peut pas statuer, parce qu'elle
n'est pas valablement saisie. Si, au contraire, l'arrêt de renvoi est
devenu définitif, l'ordonnance de prise de corps doit avoir son
effet et recevoir son exécution. Le terme extrême de la liberté
provisoire est arrivé; l'accusé ne peut plus s'adresser dès lors
à aucune juridiction pour obtenir sa mise en liberté provisoire.
— Cass., 13 juin 1872, Meyer et Loutrel, [S. 72.1.445, P. 72.
1163, D. 72.1.333]; — 5 oct. 1882, Dedit et Busiaux, [S. 83.1.
46, P. 83.1.73, D. 83.1.44] — C. d'ass. du Nord, 29 nov. 1871,
Mescart, [S. 71.2.195, P. 71.641, D. 72.2.94] — C. d'ass. de la
Seine-Inférieure, 26 déc. 1871, Breton, [S. 71.2 195, P. 71.641,
D. 71.2.200] — C. d'ass. du Nord, 16 août 1873, [*Rec. de Douai*,
t. 31, p. 292] — En sens contraire : art cle publié dans le journal *Le Droit*, du 18 nov. 1882. — C. d'ass. de l'Aveyron, 11 mars
1871, Savignac, [S. 71.2.7, P. 71.74, D.71.2.65]

379. — La cour d'assises est incompétente pour ordonner la
mise en liberté de l'accusé, même lorsqu'elle renvoie l'affaire d'une
session à une autre. — Cass., 13 juill. 1872, Dhée et Pelletier,
[S. 72.1.445, P. 72.1163, D. 72.1.333]; — 9 nov. 1882, Viennet,
Juillet et autres, [S. 83.1.46, P. 83.1.73, D. 83.1.44]; — 12 avr.
1884, Gibrat, [*Bull. crim.*, n. 139]; — 13 août 1885, Aubert,
[*Bull. crim.*, n. 249] — *Contrà*, Trébutien, p. 364. — V. *infrà*,
v° *Liberté provisoire*.

CHAPITRE III.

PROCÉDURE POSTÉRIEURE A L'ARRÊT DE RENVOI
ET ANTÉRIEURE AUX DÉBATS.

380. — Nous avons déjà vu que c'est par l'arrêt de la chambre des mises en accusation renvoyant l'accusé devant la cour
d'assises que celle-ci est saisie de l'affaire. Entre le moment où
intervient l'arrêt de renvoi et le jour de l'ouverture des débats,
il s'écoule un certain temps qui doit être consacré à l'accomplissement de divers actes de procédure.

381. — Il faut d'abord rédiger l'acte d'accusation et le notifier à l'accusé ainsi que l'arrêt de renvoi

382. — Il a été décidé, à cet égard, que, dans une procédure comprenant plusieurs accusés, la notification, par copies
séparées, à chacun d'eux, de l'ordonnance de renvoi et de l'acte
d'accusation, est suffisamment constatée par l'exploit qui mentionne expressément dans sa première partie que la notification
est faite « par copies séparées » aux accusés qu'il énumère un
à un. — Cass., 19 juill. 1894, NguyenTuam-Ngan et autres,
[*Bull. crim.*, n. 189]

383. — Les autres actes de la procédure intermédiaire sont :
1° l'avis à donner au maire. Cette mesure qui n'intéresse en rien
la liberté de la défense, n'est pas prescrite à peine de nullité.
— Cass., 28 déc. 1893, Gloriod, [*Bull crim.*, n. 374]

384. — 2° La translation de l'accusé dans la maison de justice; 3° la transmission des pièces du greffe au greffe de la
cour d'assises; 4° l'interrogatoire de l'accusé; 5° la communication de l'accusé avec son conseil.

385. — 6° La délivrance à l'accusé de la copie de certaines
pièces du dossier.

386. — La loi n'a organisé aucune procédure spéciale pour
permettre aux accusés qui ne savent ou ne peuvent lire, de prendre connaissance des pièces qui doivent leur être remises en
copie. L'assistance de leur conseil, qui est obligatoire, leur
assure une protection suffisante. — Cass., 28 déc. 1893, précité.

387. — D'autre part, la délivrance d'une copie de pièces incomplète ne peut donner lieu à cassation lorsqu'aucune réclamation n'a été élevée en temps utile et qu'aucun incident n'a été
soulevé à ce sujet devant la cour d'assises. — Même arrêt.

388. — 7° La communication du dossier au conseil de l'accusé; 8° la confection du rôle des assises; 9° la notification de
la liste des témoins; 10° la notification à l'accusé de la liste du
jury. L'explication des sept premiers de ces actes a été donnée
supra, v° *Accusation*, n. 47 à 107. Il nous reste à étudier ici les
trois derniers.

SECTION I.
Rôle des assises.

389. — En recevant la notification de l'arrêt de renvoi, l'accusé est légalement averti de sa comparution prochaine devant
la cour d'assises; mais il ne connaît pas encore le jour où il sera
jugé. En matière de simple police et de police correctionnelle, ce
jour est révélé au prévenu par une citation (C. instr. crim., art.
145, 146, 184). En matière criminelle, l'accusé ne reçoit pas de
citation destinée à lui indiquer le jour de sa comparution à l'audience; aucune disposition de la loi n'impose, en effet, au ministère public, l'obligation de faire délivrer une assignation préalable aux accusés avant leur comparution devant la cour d'assises.
— Cass., 22 sept. 1842, Segond, [S. 42.1.768]; — 22 sept. 1881,
Martignon, [*Bull. crim.*, n. 219]; — 22 déc. 1881, Griveau, [*Bull.
crim.*, n. 267]; — 12 avr. 1883, Noël et autres, [*Bull. crim.*,
n. 93]; — 31 mai 1883, Ahmed-Chabby-ben-Mobamed, [*Bull.
crim.*, n. 131]; — 16 juill. 1887, Demange, [*Bull. crim.*, n. 273 :
— 22 mars 1888, Bonis, [*Bull. crim.*, n. 122]; — 29 juin 1880
(qui applique la même règle en Tunisie), Calandra, [*Bull. crim.*,
n. 234]; — 25 sept. 1891, Maire, [*Bull. crim.*, n. 193]; — 4 août
1894, Bestaux et autres, [*Bull. crim.*, n. 239]

390. — Lorsqu'une citation à comparaître à jour fixe devant
la cour d'assises est surabondamment donnée à l'accusé, celui-ci
ne peut utilement se plaindre de ce qu'elle serait irrégulière et
incomplète. Comme cette citation n'est prescrite par aucune disposition légale, les irrégularités qu'elle peut contenir ne sauraient
entraîner aucune nullité. — Cass., 31 mai 1883, précité; — 25
sept. 1891, précité.

391. — Si l'accusé prétendait que, par suite du défaut de citation, il a ignoré le jour de l'audience et que sa défense a été
ainsi entravée, il pourrait demander le renvoi de son affaire à
une autre session. — Cass., 22 sept. 1881, précité.

392. — Le moyen tiré de ce que l'accusé aurait ignoré le
jour déterminé pour sa comparution à l'audience devrait être
soulevé devant la cour d'assises et ne pourrait être proposé pour
la première fois devant la Cour de cassation. — Cass., 16 juill.
1887, précité.

393. — Mais, à défaut de citation, il faut que l'accusé connaisse d'une manière certaine le jour de sa comparution à l'audience. Ce jour lui sera déjà désigné dans la notification qu'il
reçoit de la liste des témoins et de la liste du jury; il lui sera
surtout indiqué par la confection et la publication du rôle.

394. — Le rôle est la liste des affaires d'une session, portant
indication du jour du jugement de chacune d'elles.

395. — Aucun texte de loi n'impose la confection d'un rôle :
mais cette mesure est si utile, elle présente de tels avantages
que partout les présidents d'assises la mettent à exécution.

396. — Par qui le rôle doit-il être formé? Une circulaire du
garde des sceaux, en date du 16 août 1842 (Gillet et Demoly,
Analyse des circulaires, etc., p. 564) attribue cette mission au
procureur général ou au procureur de la République, suivant que
les assises se tiennent à la cour ou dans un tribunal.

397. — Mais cette circulaire, où la question n'est du reste
traitée qu'incidemment, n'a pas fait autorité; et dans la pratique c'est le président des assises qui détermine et inscrit sur
le rôle le jour où chacune des affaires de la session devra être
jugée. Cette manière de procéder a été indirectement consacrée
par la Cour de cassation, — Cass., 17 oct. 1837, Villaume, [D.
40.1.348], — qui fait justement remarquer que le président des
assises a reçu de l'art. 306, § 2, C. instr. crim., le droit de fixer,
même d'office, le jour du jugement de chaque affaire. — Cass.,
26 avr. 1844, Coupé, [*Bull. crim.*, n. 155] — En usant de cette
prérogative légale, le président des assises pourrait donc modifier et bouleverser le rôle dressé par le procureur général.

398. — Il semble donc bien résulter de l'ensemble des dispositions du Code d'instruction criminelle que c'est au président
qu'appartient le droit de dresser le rôle des affaires de la session.
Quelques lois ont expressément reconnu à cet égard le droit du
président des assises. C'est ce qu'ont fait l'art. 2, L. 8 avr. 1831,
et l'art. 5, L. 9 sept. 1835. Ce dernier article édictait que « le
procureur général adressera un réquisitoire au président de la
cour d'assises pour obtenir indication du jour auquel les débats
devront s'ouvrir ». Enfin, la loi du 29 juill. 1881, sur la presse,
a, dans son art. 47, *in fine*, consacré ce même droit pour le président; il est ainsi conçu : « le président de la cour d'assises

fixera les jours et heures auxquels l'affaire sera appelée ». En présence de toutes ces dispositions, le droit du président des assises à établir le rôle des affaires de la session ne paraît plus pouvoir être sérieusement contesté. — Nouguier, t. 1, n. 396 à 406.

399. — Le rôle doit comprendre toutes les affaires en état. Les assises ne sont closes qu'après que toutes les affaires criminelles qui étaient en état lors de leur ouverture, y ont été portées (C. instr. crim., art. 260).

400. — Par affaires en état il faut entendre les affaires dans lesquelles l'arrêt de renvoi a été rendu et signifié, l'acte d'accusation dressé et notifié, la translation de l'accusé dans la maison de justice opérée conformément aux dispositions des art. 241, 242 et 243, C. instr. crim., et l'interrogatoire fait conformément aux art. 293 et s. du même Code. — Bourguignon, *Jurispr. des Cod. crim.*, sur l'art. 260, n. 3; Le Sellyer, *Tr. de la compét.*, t. 1, n. 184; F. Hélie, n. 3365; Nouguier, n. 412; Rodière, p. 172; *Encyclop. du droit*, v° *Cour d'ass.*, n. 42.

401. — Il ne faut pas entendre ces expressions de l'art. 260 « y auront été portées », au ce sens que toutes les affaires portées aux assises devront y être jugées avant sa clôture. M. Carno' (sur l'art. 260, n. 6) fait très-bien observer qu'il peut y avoir des cas où il serait impossible de juger toutes les affaires; il cite pour exemple celui où des témoins importants ne se présentent pas, et celui où l'accusé serait atteint d'une maladie qui l'empêcherait de comparaître, ou se trouverait subitement atteint de démence. Dans tous ces et autres analogues, l'affaire, bien qu'en état, ne pourra pas être portée sur le rôle : il y aura lieu de la renvoyer à une autre session (V. *infrà*, n. 866 et s.). — Nouguier, n. 413; F. Hélie n. 3366 et 3368.

402. — L'état de grossesse d'une femme, accusée d'un crime emportant la peine de mort, n'est pas aujourd'hui un obstacle légal à sa mise en jugement. — Cass. 7 nov. 1811, Bonnefoy, [S. et P. chr.] — *Sic*, F. Hélie, n. 3367; Nouguier, n. 438.

403. — I. N'est pas en état, l'affaire dans laquelle n'est pas expiré le délai de cinq jours pendant lequel l'accusé peut se pourvoir en cassation contre l'arrêt de renvoi rendu par la chambre des mises en accusation. Ce délai, accordé à l'accusé tout à la fois pour lui permettre de se pourvoir, communiquer avec son conseil et préparer sa défense, est substantiel, et son inobservation constitue une violation du droit de la défense; il en résulte que l'accusé ne peut pas être régulièrement soumis aux débats avant l'expiration de ce délai de cinq jours, et qu'il y aurait nullité des débats si l'accusé était jugé auparavant. — Cass., 15 mars 1828, Pierre, [S. et P. chr.]; — 7 janv. 1836, Tournery, [S. 36.1.570, P. chr.]; — 30 juill. 1836, Remy, [P. chr.]; — 17 sept. 1841, Dintzer, [*Bull. crim.*, n. 282]; — 24 août 1854, Dumas, [*Bull. crim.*, n. 261]; — 24 déc. 1857, Rescoussier, [S. 58.1.494, P. 58.311]; — 25 mars 1858, Dorotte, [*Bull. crim.*, n. 106]; — 23 sept. 1858, Lyboulet, [S. 58.1.848, P. 59.190, D. 58.5.212]; — 11 nov. 1858. Mohamed-ben-Saïd, [S. 59.1.182, P. 59.311]; — 22 août 1861, Stephano, [D. 61.5.266]; — 11 août 1864, Saad-ben-Ahmed, [D. 66.3.252]; — 11 juill. 1872, Saladin et Chalaux, [S. 73.1.94, P. 73.190]; — 27 juill. 1876, El-Habib-ben-Zeagoug, [S. 78.1.185, P. 78.436, D. 77.1.510]; — 9 août 1883, Sombre, [*Bull. crim.*, n. 204]; — 18 mars 1886, Vial, [*Bull. crim.*, n. 117]; — 21 nov. 1889, Bellon, [*Bull. crim.*, n. 346]; — 27 août 1891, Mosbah-ben-Ali, [*Bull. crim.*, n. 178] — *Sic*, F. Hélie, n. 3373; Nouguier, n. 443 et 444.

404. — Ce délai est de cinq jours francs : il se compose des cinq jours qui suivent la point de départ que nous allons indiquer. Ainsi un accusé, interrogé le 1er juillet, pourra encore se pourvoir utilement le 6. — Cass., 9 août 1883, précité. — Il ne devra donc être jugé au plus tôt que le 7. — V. Cass., 14 mars 1846, Souchon, [S. 46.1.428, P. 49.1.289, D. 46.4.341]; — 25 mars 1858, précité; — 3 mars 1881, Bonfils, [*Bull. crim.*, n. 58]; — 22 mars 1888, Bonis, [*Bull. crim.*, n. 122] — *Sic*, F. Hélie, n. 3374; Nouguier, n. 294, 431 et 432.

405. — Le point de départ de ce délai varie : si, comme cela a lieu généralement, l'interrogatoire a suivi la notification de l'arrêt de renvoi, le délai commencera à courir du jour de cet interrogatoire. — Cass., 28 sept. 1871, Richard, [*Bull. crim.*, n. 124]; — 27 juill. 1876, précité.

406. — Si, au contraire, la notification de l'arrêt de renvoi est postérieure à l'interrogatoire, le délai ne courra que du jour de cette notification; le pourvoi n'étant formé que contre cet arrêt, il faut d'abord que l'accusé le connaisse; c'est alors la

date de la notification qui peut seule fonder le point de départ du délai. Il y aurait donc nullité des débats si l'accusé était mis en jugement moins de cinq jours après cette date. — V. *suprà*, v° *Chambre des mises en accusation*, n. 522. — *Sic*, Cubain, n. 313.

407. — Il a été, en outre, jugé que si l'acte d'accusation a été notifié à l'accusé séparément de l'arrêt de renvoi et après l'expiration du délai qui lui est assigné pour délibérer sur le pourvoi, un nouveau délai de cinq jours lui est accordé à partir de cette notification pour préparer sa défense. — Cass., 21 juill. 1859, précité. — V. *suprà*, v° *Chambre des mises en accusation*, n. 522.

408. — En résumé, l'accusé ne pourra être soumis au jugement que cinq jours francs après le dernier en date des trois actes que nous venons d'énumérer : notification de l'arrêt de renvoi, notification de l'acte d'accusation et interrogatoire.

409. — Mais ce délai n'est établi que dans l'intérêt de l'accusé : celui-ci peut donc y renoncer. C'est là une règle constante. — V. *suprà*, v¹ª *Accusation*, n. 84 et 85, et *Acte d'accusation*, n. 137 et 138. — La renonciation a pour résultat de mettre l'affaire en état; celle-ci peut, à partir de ce moment, être portée sur le rôle.

410. — Pour être valable, la renonciation doit être expresse : il faut que l'accusé déclare formellement qu'il renonce au droit de se pourvoir, ou qu'il consent à être jugé avant l'expiration du délai. L'une et l'autre de ces formules sont considérées comme renfermant une renonciation suffisante. Il est cependant plus prudent de faire porter la renonciation et sur le droit et sur le délai. — Cass., 24 déc. 1857, précité; — 23 sept. 1858, précité; — 18 mars 1886, précité. — *Sic*, F. Hélie, n. 3375; Nouguier, n. 446 à 448.

411. — Le consentement de l'accusé à être jugé ne peut s'induire de simples présomptions résultant de ce que l'accusé aurait fait citer des témoins, exercé son droit de récusation lors de la formation du jury de jugement, et concouru, sans réclamation, aux diverses parties du débat. — Mêmes arrêts. — V. aussi Cass., 12 juill. 1895, Leleu, [*Bull. crim.*, n. 200]

412. — Pour être valable, la renonciation doit être postérieure à la notification de l'arrêt de renvoi et de l'acte d'accusation. — Cass., 7 janv. 1836, précité; — 11 févr. 1841, Gontier, [*Bull. crim.*, n. 41]; — 2 janv. 1874, Jamet, [D. 76.5.269]; — 18 août 1887, Chaneur, [*Bull. crim.*, n. 320] — *Sic*, Nouguier, n. 449; F. Hélie, n. 3370.

413. — Dans le cas où la notification de l'arrêt de renvoi et de l'acte d'accusation et l'interrogatoire ont eu lieu le même jour, sans que l'antériorité d'un acte sur l'autre ressorte des mentions qu'ils contiennent, et y a présomption que ces formalités ont été remplies dans l'ordre déterminé par la loi et que, conséquemment, la notification a précédé l'interrogatoire. Dès lors, si l'accusé, dans son interrogatoire, a déclaré renoncer au délai de cinq jours que la loi lui accorde pour se pourvoir contre l'arrêt de renvoi, il est déchu du droit de se pourvoir ultérieurement contre cet arrêt. — Cass., 14 févr. 1878, Favier, [*Bull. crim.*, n. 45]

414. — Si la renonciation intervient avant la notification de l'arrêt de renvoi et de l'acte d'accusation, elle est inefficace et comme non avenue. Il y aurait alors nullité des débats si l'accusé était mis en jugement moins de cinq jours après la notification de l'arrêt de renvoi. — Cass., 7 janv. 1836, précité; — 14 mars 1846, Souchon, [S. 46.1.428, P. 49.1.289, D. 46.4.341] — F. Hélie, *loc. cit.*; Nouguier, n. 451 et s.

415. — Il n'est pas nécessaire, pour que cette renonciation soit valable, qu'elle intervienne en présence du conseil de l'accusé ou que ce dernier se soit préalablement concerté avec lui. C'est en effet au moment de l'interrogatoire que se produit le plus souvent la renonciation et c'est seulement après l'interrogatoire que l'accusé peut communiquer avec son défenseur. — Cass., 4 juill. 1845, Doussin, [D. 45.4.319]; — 9 déc. 1852, Besson, [D. 52.5.318]; — 26 déc. 1873, Daronnat, [*Bull. crim.*, n. 315]

416. — Ce consentement est, ainsi que nous venons de le dire, donné le plus souvent au moment de l'interrogatoire préalable et sur l'interpellation du président : mais il peut aussi intervenir postérieurement (F. Hélie, n. 3370); « la loi, en effet, n'a pas fixé de terme au consentement que peut donner l'accusé à être jugé avant l'expiration des cinq jours qui lui sont accordés pour se pourvoir contre l'arrêt de renvoi : il en résulte que ce consentement qui tend à abréger la durée de sa captivité primitive peut être donné par lui jusqu'aux débats ». — Cass., 20 avr. 1849, Hervé, [P. 50.2.390, D. 49.5.252]

417. — Ainsi ce consentement peut être donné après l'interrogatoire même, soit à le jour de l'audience; il est alors constaté par un acte séparé et celui-ci est valable s'il est signé par le président et l'accusé; la signature du greffier n'est pas nécessaire. — Cass., 25 avr. 1857, Brun, [D. 57.1.258] — *Sic*, Nouguier, n. 458.

418. — Ce consentement peut encore intervenir le jour de l'audience, au moment de la formation du jury de jugement; il est alors constaté dans le procès-verbal du tirage au sort de ce jury. — Cass., 18 mars 1886, Vial, [*Bull. crim.*, n. 117]

419. — Il peut même être donné plus tard encore, à l'audience même, soit à l'ouverture des débats... — Cass., 16 avr. 1831, Médal et autres, [S. 32.1.848, P. chr.]; — 20 avr. 1849, précité; —... soit même pendant le cours des débats et jusqu'au moment où le président dit : les débats sont terminés. — Cass., 25 avr. 1830, Dubois, [P. 40.1.183] — La déclaration de l'accusé valide alors non seulement les débats ultérieurs, mais encore la partie des débats qui avaient eu lieu déjà, car les débats ne forment qu'un seul tout indivisible. — Même arrêt. — *Sic*, F. Hélie, *loc. cit.*; Nouguier, n. 459 à 461.

420. — Dans ces deux derniers cas, c'est au procès-verbal des débats qu'il est fait mention de la renonciation de l'accusé. — Cass., 18 mars 1886, précité.

421. — Rappelons ici la règle déjà exposée (*suprà*, v° *Acte d'accusation*, n. 140), sur le caractère de cette renonciation. L'accusé ne peut pas revenir sur sa déclaration. Celle-ci, librement consentie, régulièrement constatée, ne peut pas être rétractée : elle est irrévocable et forme une fin de non-recevoir absolue à tout pourvoi de la part de l'accusé. Si, postérieurement à sa renonciation, l'accusé déclarait la rétracter et formait un pourvoi en cassation contre l'arrêt de renvoi, le président ne devrait pas en tenir compte. L'affaire devrait être, malgré cela, portée sur le rôle et jugée au jour fixé. — Cass., 14 févr. 1878, Favier, [*Bull. crim.*, n. 45]; — 3 févr. 1881, Couderc, [*Bull. crim.*, n. 27]; — 15 avr. 1886, Puech, [*Bull. crim.*, n. 149]; — 18 août 1887, Chaneur, [*Bull. crim.*, n. 320]; — 14 juin 1894, Saussier, [*Bull. crim.*, n. 152]

422. — Il Ne doivent pas non plus être considérées comme en état les affaires concernant les accusés qui ne sont arrivés dans la maison de justice qu'après l'ouverture des assises (C. instr. crim., art. 261).

423. — Pour l'explication de cet article, trois hypothèses sont à prévoir : 1° l'accusé arrive dans la maison de justice postérieurement à l'ouverture de la session; en ce moment, l'affaire n'est pas en état; elle ne pourra même pas le devenir avant le jour fixé pour le jugement. Ainsi, la session s'ouvre le 1er d'un mois; l'accusé a été transféré le 2; les notifications et l'interrogatoire ont eu lieu le même jour; mais la session est courte et l'accusé doit passer en jugement le 5. Il n'y a donc qu'un délai de trois jours. On se trouvera alors à la fois et dans l'hypothèse des art. 296 et 297, C. instr. crim., et dans celle de l'art. 261. Il faudra donc combiner les règles que nous venons de poser dans les numéros précédents avec celles résultant de l'art. 261.

424. — 2° L'accusé est encore transféré tardivement dans la maison de justice, mais l'affaire est en état ou peut le devenir avant le jour du jugement. Ainsi, la session est ouverte le 1er; l'accusé a reçu antérieurement la notification de l'arrêt de renvoi et de l'acte d'accusation : il est transféré le 2, interrogé le même jour et ne doit être jugé que le 12; le délai de cinq jours prescrit par l'art. 296 est entier. L'affaire semblerait pouvoir être dès maintenant portée utilement sur le rôle. L'art. 261 y met obstacle.

425. — 3° Une troisième hypothèse peut se produire, celle où l'accusé est arrivé dans la maison de justice *avant* l'ouverture des assises, mais où les divers délais nécessaires pour mettre son affaire en état ne sont expirés qu'après. La loi n'a pas prévu ce cas, mais la jurisprudence l'a assimilé au précédent et a décidé que l'art. 261 doit être appliqué à cet accusé, puisqu'il est dans une position semblable à celle pour laquelle cet article a été fait. — Cass., 22 août 1844, Moru, [S. 45.1.128, P. 44.2.539] — *Sic*, F. Hélie, n. 3369; Nouguier, n. 468 et 469; Morin, *Rép.*, v° *Cour d'ass.*, n. 4.

426. — Dans ces trois hypothèses, l'accusé ne pourra pas

être jugé au cours de la session déjà ouverte (C. instr. crim., art. 261).

427. — Mais, ici encore, il y a une exception à la règle; celle-ci n'est établie que dans l'intérêt de l'accusé; il peut donc renoncer à s'en prévaloir. C'est ce que permet l'art. 261; il dit, en effet, que l'affaire pourra être jugée au cours de la session déjà ouverte, « lorsque le procureur général l'aura requis, lorsque les accusés y auront consenti et lorsque le président l'aura ordonné. En ce cas, le procureur général et les accusés seront considérés comme ayant renoncé à la faculté de se pourvoir en nullité contre l'arrêt portant renvoi à la cour d'assises. »

428. — L'art. 261 exige le consentement commun de l'accusé, du procureur général et du président.

429. — En ce qui concerne le procureur général et le président, le consentement n'a pas besoin d'être exprès; les termes de notre article semblent exiger du procureur général des réquisitions et du président une ordonnance. Mais la jurisprudence a repoussé cette exigence et décidé que le consentement de ces magistrats est présumé par le fait seul de l'admission de l'accusé aux débats : il n'est pas nécessaire qu'un acte soit dressé pour le constater. — Cass., 7 nov. 1811, N..., [S. et P. chr.] — *Sic*, F. Hélie, n. 3369; Nouguier, n. 470; Carnot, art. 261, n. 1; Legraverend, t. 2, p. 158; Bourguignon, art. 261.

430. — La Cour de cassation l'a, en ce qui touche le procureur général, jugé expressément dans un arrêt décidant que les réquisitions ne sont pas prescrites par l'art. 261 à peine de nullité et qu'elles peuvent être virtuellement suppléées par des équivalents qui les font présumer. Tous actes accomplis et signés par le ministère public dans les préliminaires des débats, tels que la notification à sa requête aux accusés de la liste des témoins, de celle du jury, l'ordre d'extraction de l'accusé de la maison de justice, l'assistance du ministère public à la chambre du conseil pour la formation du jury de jugement et enfin sa présence et ses réquisitions aux débats établissent une présomption légale du consentement donné par le procureur général au classement de l'affaire. Le défaut de représentation de réquisitions écrites ne peut donc constituer la violation de l'art. 261. — Cass., 29 avr. 1875, Ben-Moussia-ben Djelloul ben Abdel Selam el Ouzaghri, [*Bull. crim.*, n. 138]

431. — Quant au consentement de l'accusé, il doit être exprès et constaté par écrit.

432. — La volonté de l'accusé est suffisamment exprimée par la déclaration qu'il consent à être jugé aux assises actuellement ouvertes. Ce consentement implique renonciation au délai et au droit de se pourvoir. — Cass., 8 juill. 1830, Hastenrilles, [S. et P. chr.]; — 19 avr. 1830, Gauthier, dit Moulineau, [*Bull. crim.*, n. 132]; — 9 déc. 1832, Besson, [D. 52.5.318]; — 9 févr. 1833, Bosviel, [*Bull. crim.*, n. 38]; — 1er juill. 1858, Ribalet, [D. 58. 5.211]

433. — Cependant, il est préférable de faire porter la déclaration de l'accusé sur ces deux points : renonciation à se pourvoir, consentement à être jugé dans la session en cours, et de constater cette double déclaration dans l'acte qui sera dressé à cet effet.

434. — Ici encore, pour être régulière et valable, la renonciation doit intervenir après la notification de l'arrêt de renvoi : on ne comprendrait pas une semblable renonciation faite dans l'ignorance de cet arrêt; comment, en effet, l'accusé qui n'a pas connaissance de l'arrêt de renvoi pourrait-il apprécier s'il doit l'accepter ou former un pourvoi contre lui? — Cass., 6 juin 1867, Casamatta, [S. 68.1.94, P. 68.188, D. 67.1.460]

435. — En terminant l'étude de l'art. 261, nous noterons que le consentement donné par l'accusé en exécution de cet article, ne peut pas être révoqué. L'accusé ne peut pas revenir sur une renonciation qui, librement consentie et régulièrement constatée, forme un contrat entre l'autorité judiciaire et lui et devient ainsi irrévocable. Cette renonciation a pour résultat de mettre définitivement l'affaire au nombre des affaires en état et l'accusé peut et doit être jugé au jour indiqué sur le rôle, malgré la survenance d'un pourvoi. — Cass., 22 août 1844, Moru, [S. 45.1.128, P. 44.2.539]; — 6 juin 1867, précité; — 28 juin 1883, Negroni, [*Bull. crim.*, n. 162]; — 20 mars 1891, Chervet et Bizouiller, [*Bull. crim.*, n. 69]

436. — III. — Ne sont pas en état les affaires dans lesquelles est intervenu en temps utile un pourvoi sur lequel la Cour de cassation n'a pas encore statué. Le pourvoi, en effet, est suspensif (C. instr. crim., art. 373); et l'art. 304, même Code, ne permet, en cas de pourvoi, de continuer l'instruction que jusqu'aux débats exclusivement.

437. — Mais pour qu'il en soit ainsi, il faut que le pourvoi ait été formé dans le délai de cinq jours imparti par l'art. 296, C. instr. crim.; c'est ce qui résulte de la modification introduite à l'art. 301, par la loi du 10 juin 1853. Avant cette loi, tout pourvoi, même tardif, avait pour effet de retarder le jugement de l'affaire : on devait surseoir tant que la Cour de cassation n'avait pas statué. Cette jurisprudence avait multiplié les pourvois dilatoires. Il arrivait fréquemment, alors, que le jour même de l'audience, lorsque les jurés étaient réunis et les témoins assemblés, l'accusé formait un pourvoi contre l'arrêt de la chambre d'accusation. Ce pourvoi était manifestement tardif : la cour d'assises cependant ne pouvait pas juger l'affaire. C'était un abus. La loi du 10 juin 1853 y a porté remède. Aujourd'hui un pourvoi formé après l'expiration des cinq jours reste sans effet. Malgré ce pourvoi, l'affaire sera inscrite sur le rôle; il sera procédé à l'ouverture des débats et au jugement (C. instr. crim., art 301).

438. — Si le pourvoi, formé en temps utile, a été rejeté par la Cour de cassation, l'affaire redevient en état et peut être jugée.

439. — Il en est de même lorsque l'accusé s'est désisté de son pourvoi et que la Cour de cassation lui a donné acte de son désistement.

440. — Il n'est pas nécessaire de notifier alors à l'accusé l'arrêt qui a rejeté son pourvoi ou qui a donné acte de son désistement. Aucune disposition de la loi n'impose au ministère public une semblable obligation. — Cass., 21 mars 1833, Gamet, [P. chr.]; — 12 déc. 1834, Gilbert, dit Miran, [P. chr.]; — 27 août 1847, Fevelas, [S. 48.1.171, D. 47.4.301]; — 6 oct. 1853, Euvrard, [D. 53.5.266]

441. — L'accusé qui s'est pourvu en cassation contre l'arrêt d'accusation peut être mis en jugement aussitôt après le rejet de son pourvoi, si le délai de cinq jours fixé par l'art. 296, C. instr. crim., est alors expiré; il ne peut prétendre à un nouveau délai de cinq jours pour préparer sa défense, sauf appréciation par la cour d'assises des motifs d'une demande en prorogation de délai pour appeler des témoins. — Cass., 29 janv. 1857, Verger, [S. 57.1.225, P. 57.667, D. 57.1.74]

442. — En résumé, le président peut porter sur le rôle : 1° les affaires dans lesquelles les différents actes de la procédure intermédiaire ont été régulièrement accomplis et les délais sont expirés sans pourvoi formé par l'accusé; 2° celles dans lesquelles ce pourvoi ne se serait produit qu'après l'expiration du délai légal; 3° celles enfin dans lesquelles, malgré l'accomplissement tardif des actes de la procédure intermédiaire, l'accusé aurait renoncé à se pourvoir et consenti à être jugé immédiatement.

443. — Il n'y a pas de jours fériés pour les procédures criminelles; les débats d'une affaire peuvent donc s'ouvrir un dimanche. — Cass., 14 av. 1815, Leclerc, [S. et P. chr.]; — 5 déc. 1839, Brallet et Rombach, [P. 40.2.176] — Le président est ainsi libre de porter sur le rôle une affaire comme devant commencer un dimanche ou un jour de fête. — F. Hélie, t. 7, n. 3365; Nouguier, t. 1, n. 407 à 409.

Section II.

Notification aux accusés de la liste du jury.

444. — Nous verrons, *infrà*, v° *Jury*, comment est formée la liste des quarante jurés appelés à composer le jury de session. Étudions maintenant la notification de cette liste aux accusés.

§ 1. *Nécessité de la notification.*

445. — Cette notification est prescrite par l'art. 395, C. instr. crim., ainsi conçu : « La liste des jurés sera notifiée à chaque accusé la veille du jour déterminé pour la formation du tableau du jury de jugement. Cette notification sera nulle ainsi que tout ce qui aura suivi, si elle est faite plus tôt ou plus tard. »

446. — La notification a pour objet de faire connaître à l'accusé les membres du jury de la session et de lui fournir ainsi les moyens d'exercer utilement son droit de récusation. Cette formalité est essentielle aux droits de la défense, et, par conséquent, substantielle. Elle est prescrite à peine de nullité. — Gar-

raud, p. 691-*g*; Nouguier, n. 691 et s.; F. Hélie, n. 3217; Trébutien, t. 2, n. 56%; Villey, p. 366.

447. — Il y a donc nullité lorsque la liste des jurés n'a point été notifiée à l'accusé. — Cass., 14 août 1818, Jean Jeandon, [S. et P. chr.]; — 8 janv. 1824, Béranger, [S. et P. chr.]; — 15 juill. 1825, Douzon, [P. chr.]; — 21 avr. 1831, Souchaud, [P. chr.]; — 11 oct. 1832, Malastrie, [P. chr.]; — 16 juill. 1835, Souron et Tribern, [P. chr.]; — 18 janv. 1849, Malleville, [P. 50.1.384]; — 6 oct. 1864, Paillet, [D. 65.5.229]; — 29 déc. 1871, Rahal-ben-Zaglaoui et autres, [Bull. crim., n. 188]; — 31 mai 1878, Kadda-ben-Ahmed, [S. 79.1.96, P. 79.191, D. 79.1.41]; — 2 juill. 1885, Bioudi-Gualtiero, [Bull. crim., n. 192]; — 4 déc. 1885, Bingen, [Bull. crim., n. 333]; — 14 mai 1886, Mène, [Bull. crim., n. 174]; — 2 sept. 1886, Chiafiedo Berthola et autres, [Bull. crim., n. 312]

448. — La notification au prévenu de la liste du jury de session est une formalité substantielle dont l'omission emporte la nullité des débats et de tout ce qui a suivi, soit qu'il s'agisse d'une accusation à raison d'un fait qualifié crime, soit qu'il s'agisse d'une poursuite pour un délit, par exemple un délit de presse, dont le jury est appelé à connaître en vertu d'une disposition spéciale de la loi. — Cass., 8 nov. 1872, Vignolle et Gounouilhou, [D. 73.1.315]; — 8 déc. 1881, Prax-Paris, [S. 82.1.237, P. 82. 1.554, D. 82.1.42]; — 1er mai 1885, Conseil municipal de Romorantin, [S. 88.1.45, P. 88.1.73, D. 86.1.231]; — 24 sept. 1885, Lascoup, [Bull. crim., n. 265]

449. — Nous verrons plus loin qu'une notification tardive ou incomplète produit le même effet que l'absence totale de notification; elle emporte également la nullité des débats. — Cass., 2 sept. 1886, précité.

450. — Cette nullité est d'ordre public; l'absence de notification ou les vices de la notification ne peuvent se couvrir ni par le silence de l'accusé devant la cour d'assises... — Cass., 20 juill. 1832, Bailly, [S. 33.4.60, P. chr.]; — 31 mai 1878, précité; — 24 sept. 1885 en matière de délit de presse, précité; — ... ni même par la renonciation qu'il y aurait faite de son droit. — Cass., 24 déc. 1846, Gouyard-Desjardins, [P. 49.2.490]; — 8 sept. 1853, Cretin, [D. 53.5.127] — Ce silence ou cette renonciation n'empêchent pas l'accusé de se prévaloir devant la Cour de cassation de l'irrégularité commise. — F. Hélie, n. 3217; Nouguier, n. 704.

451. — La notification de la liste du jury est faite à la requête du procureur général ou du procureur de la République, chef du parquet de la cour ou du tribunal, siège de la cour d'assises.

452. — Mais ce magistrat n'a pas besoin de certifier par sa signature la liste du jury insérée en tête de l'exploit de notification faite à l'accusé. — Cass., 26 mai 1887, Armand, [Bull. crim., n. 205]

453. — Il n'est pas non plus nécessaire que le greffier appose sa signature au bas de la liste notifiée. — Même arrêt.

454. — Ce sont les huissiers qui notifient la liste du jury : ils doivent, en la notifiant, en laisser copie.

455. — La notification est faite à l'accusé; si, dans une même affaire, il y a plusieurs accusés, chacun d'eux doit recevoir notification et copie de la liste du jury, à peine de nullité. — Cass., 9 sept. 1847, Carrié, [P. 48.2.45, D. 47.4.128]; — 31 déc. 1891, Bontemps, [Bull. crim., n. 262]

456. — Lorsqu'un individu prévenu d'un délit correctionnel est renvoyé aux assises à raison de la connexité des faits avec un crime dont un autre individu est accusé, la liste du jury doit être notifiée au premier comme au second. — Cass., 4 nov. 1813, Van-Esse, [S. et P. chr.] — Sic, Legraverend, p. 436; Nouguier, n. 719.

457. — L'accusé qui ne parle pas la langue française ne peut se faire grief de ce que la liste des jurés à lui notifiée n'a pas été traduite. L'art. 332, C. instr. crim. exige seulement l'assistance d'un interprète pendant les débats et ne concerne, en aucune façon, la matière des notifications. L'interprète, du reste, assiste aussi l'accusé pendant le tirage du jury et lui facilite ainsi l'exercice de son droit de récusation. — Cass., 6 août 1885, Ciro Logerfo et autres, [D. 86.1.343] — V. aussi Cass., 23 avr. 1812, Dernette, [P. chr.] — V. infrà, n. 5637 et s.

458. — La notification de la liste du jury étant destinée à faire connaître à l'accusé les membres du jury de la session et non l'accusation portée contre lui, celui-ci ne saurait se faire un grief de ce que l'acte de notification porterait une qualification inexacte des faits incriminés, de ce que, par exemple, cet acte mentionnerait qu'il était accusé de vol qualifié, alors qu'il était poursuivi comme complice de vol par recel. — Cass., 10 déc. 1885, Aubert, [S. 87.1.437, P. 87.1.1070]

459. — De même, l'indication inexacte, sur la liste du jury notifiée à l'accusé, de la loi en vertu de laquelle le tirage au sort de la liste annuelle a été opérée, n'entraîne pas de nullité, s'il résulte d'ailleurs des énonciations de l'exploit qu'il y a été régulièrement procédé conformément à la loi en vigueur. — Cass., 21 mars 1872, Damboise, [Bull. crim., n. 72]; — 21 juin 1872, Toledano et autres, [Bull. crim., n. 147]

460. — Une accusée ne saurait non plus se faire un grief de ce que la notification de la liste des jurés lui aurait été faite sous son nom de femme, sans l'indication de son nom de famille, lorsque la copie de l'exploit mentionne que cette copie a été faite à l'accusée, parlant à sa personne et que celle-ci n'a élevé, devant la cour d'assises, aucun débat sur son identité. — Cass., 7 mars 1889, Carville et autres, [Bull. crim., n. 94]

461. — De même, l'erreur d'orthographe dans le nom patronymique de l'accusé et l'omission de deux de ses prénoms dans l'exploit de notification ne sauraient davantage entraîner la nullité de cet acte, alors qu'il est certain, en fait, par les autres mentions de l'acte lui-même, que c'est bien à l'accusé, détenu à la maison de justice, que la notification a été faite et que la copie de la liste du jury a été laissée. — Cass., 13 sept. 1894, Lofite, [Bull. crim., n. 246]

§ 2. Délai dans lequel la notification doit être faite.

462. — Le Code du 3 brum. an IV, art. 504, exigeait que le tableau des jurés fût présenté à l'accusé vingt-quatre heures avant l'ouverture des débats. Le Code d'instruction criminelle dispose que la notification de la liste du jury doit être faite la veille du jour déterminé pour la formation du tableau (art. 395).

463. — Il est dès lors inutile que la notification mentionne l'heure à laquelle elle a été faite. — Carnot, C. instr. crim., t. 3, p. 49, n. 5.

464. — L'art. 395, C. instr. crim., n'exige pas que la notification ait lieu vingt-quatre heures avant l'ouverture de l'audience; il suffit qu'elle ait lieu la veille. — Cass., 9 août 1894, Clérin, dit Linadier, [Bull. crim., n. 218] — Ainsi la notification est faite dans le délai légal la veille à trois heures du soir, pour une audience qui doit s'ouvrir le lendemain à huit heures du matin. — Cass., 3 mai 1888, Giuily, [Bull. crim., n. 161] — V. aussi Cass., 25 juill. 1867, Tordo, [Bull. crim., n. 168] — F. Hélie, n. 3222.

465. — L'art. 395 porte que la notification sera nulle ainsi que tout ce qui aura suivi si elle est faite plus tôt ou plus tard que le jour qui précède la formation du tableau. Il faut donc que la notification ait lieu au plus tard la veille du jour du jugement; ce délai a été établi pour permettre à l'accusé de vérifier le contenu de la liste de session et d'exercer en pleine connaissance son droit de récusation.

466. — Ce délai est substantiel aux droits de la défense; on ne saurait y apporter aucune restriction. Ainsi il y a nullité lorsque l'accusé n'a reçu cette notification que le jour même du tirage au sort du jury de jugement. — Cass., 16 juill. 1819, Vigouroux, [P. chr.]; — 5 avr. 1821, Coignet, [P. chr.]; — 11 juill. 1822, Descours et autres, [S. et P. chr.]; — 2 août 1822, Pouche, dit Adolphe, [S. et P. chr.]; — 31 juill. 1823, Hallais, [P. chr.]; — 10 déc. 1824, Louvignies, [S. et P. chr.]; — 15 déc. 1826, Roubeau, [S. et P. chr.]; — 21 avr. 1848, Thierriat, [P. 48.2.480, D. 48.5.84]; — 11 oct. 1849, Vernejoul, [P. 50.2.669, D. 49.5.85]; — 5 févr. 1857, Pipard, [Bull. crim., n. 47]; — 3 nov. 1870, Masse, [Bull. crim., n. 176]; — 11 juill. 1872, Nicolas Alexandre, [Bull. crim., n. 171]; — 9 juin 1877, Capon, [S. 78.1.284, P. 78.697, D. 78.1.140]; — 9 oct. 1879, M'Ahmed-Ould-Lakdar-ben-Djebbour, [Bull. crim., n. 182]; — 16 févr. 1882, Mohamed-ben-Ali, [Bull. crim., n. 44]; — 31 mars 1887, Ali-ben-Saïd, [Bull. crim., n. 127]; — 27 juill. 1888, Rocchini, [Bull. crim., n. 250]; — 6 juin 1890, Molinier, [Bull. crim., n. 121]; — 30 janv. 1892, Mabrouka-bent-Gaïeb et autres, [Bull. crim., n. 34]; — 30 janv. 1892, Ali-ben-M'Bark-ben-Messaoud, [Bull. crim., n. 37]; — Sic, Garraud, p. 691; Trébutien, p. 436 et 437; Villey, p. 366; Nouguier, n. 713; F. Hélie, n. 3222.

467. — Cette nullité est d'ordre public; elle ne peut dès lors être couverte par le consentement exprès de l'accusé à ce qu'il soit néanmoins procédé immédiatement, et par sa renonciation à

se prévaloir de la tardiveté de la notification (C. instr. crim., art. 395). — Cass., 11 juill. 1822, précité; — 20 juin 1844, Petit, [S. 44.1.625, P. 44.2.229]; — 6 juin 1890, précité.

468. — Mais cette nullité est personnelle au prévenu à l'égard duquel les délais n'ont pas été observés; le coprévenu auquel la notification a été faite en temps opportun n'est pas recevable à s'en prévaloir. — Cass., 12 févr. 1842, Ledru-Rollin, [S. 42.1.155]; — 3 déc. 1846, Rejany et Tesnière, [P. 47.1.729]

469. — Le ministère public n'est pas recevable à se plaindre du retard de la notification quand le prévenu ne s'en plaint pas. — Cass., 20 juill. 1832, Geoffroy, [S. 33.1.60, P. chr.]

470. — L'art. 395 exige en second lieu que la notification n'ait pas lieu plus tôt; faut-il attacher la même sanction à l'inobservation de cette partie de l'article? Les débats seront-ils nuls si la notification a eu lieu avant la veille du jour déterminé pour le jugement? Oui, a-t-on soutenu dans une première opinion, l'art. 395 est formel; il ne fait aucune distinction et prononce la nullité dans les mêmes termes pour les deux cas. C'est ce système qu'avaient consacré les premiers arrêts de la Cour de cassation. — Cass., 18 juin 1812, Delher et Hodmana, [S. et P. chr.]; — 14 août 1812, Pérol-Bourdier, [S. et P. chr.]; — 9 oct. 1812, Arthur, [S. et P. chr.] — Sic, Rodière, p. 220 et s.

471. — Mais on a répondu avec raison que dans le cas où la notification a été faite avant la veille du jour déterminé pour la formation du tableau, cette anticipation sur le jour où elle doit rigoureusement avoir lieu, loin d'être préjudiciable à l'accusé, constitue pour lui une faveur, puisqu'elle lui donne un temps plus long pour préparer l'exercice de son droit de récusation. On a ajouté que, depuis la loi du 2 mai 1827 et en l'état actuel de la législation, la notification prématurée de la liste du jury importe peu à la bonne administration de la justice, puisque le tirage au sort de cette liste ne se fait plus secrètement, mais à l'audience publique, dix jours au moins avant l'ouverture de la session, et peut en conséquence être connu dès cette époque de l'accusé et du public.

472. — Aussi la jurisprudence est-elle depuis longtemps unanime pour décider que l'accusé est sans intérêt, et dès lors non recevable à se plaindre de ce que la notification de la liste des jurés lui a été faite plus tôt que ne le prescrit la loi. — Cass., 4 janv. 1812, Pain, [S. et P. chr.]; — 12 juill. 1816, Libry, [S. et P. chr.]; — 14 août 1817, Sentis, [S. et P. chr.]; — 16 janv. 1818, Drujon, [S. et P. chr.]; — 4 juin 1824, Gallouaye, [S. et P. chr.]; — 7 janv. 1826, Tranchant, [S. et P. chr.]; — 11 juin 1830, [P. chr.]; — 20 juill. 1832, Bailly, [P. chr.]; — 11 oct. 1832, Malastrie, [P. chr.]; — 12 janv. 1833, Perrin, [P. chr.]; — 7 oct. 1841, Boldovino, [S. 42.1.934, P. 42.1.580]; — 19 avr. 1849, Leguet, [P. 50.1.398, D. 49.5.85]; — 8 juin 1849, Bachelet, [P. 50.2.665]; — 25 août 1853, Monet, dit Cadet, [D. 53.5.128]; — 17 janv. 1862, Lecomte, [D. 65.5.228]; — 28 sept. 1865, Petit, [Bull. crim., n. 183]; — 23 juin 1870, Dattichy, [Bull. crim., n. 130]; — 9 juin 1877, Capon, [S. 78.1.284, P. 78.697, D. 78.1.140]; — 15 mai 1886, Granjean, [Bull. crim., n. 182]; — 18 nov. 1886, Mercier, [Bull. crim., n. 386]; — 27 juill. 1888, Rocchini, [Bull. crim., n. 250]; — 28 févr. 1889, Piat, [Bull. crim., n. 83]

473. — ... la notification eût-elle lieu quatre jours... — Cass., 13 avr. 1837, Farcinet, [P. 38.1.321], — ... ou même dix jours, avant celui de l'ouverture des débats. — Cass., 22 janv. 1829, Fromont [S. et P. chr.]

474. — La notification de la liste des jurés, faite conformément à l'art. 395, C. instr. crim., la veille du jour qui avait été déterminé pour la formation du tableau, est valable pour toute la session; ainsi elle reste valable encore bien qu'à l'ouverture de l'audience, la cour d'assises ait renvoyé l'affaire au lendemain. — Cass., 20 mars 1812, Bédus, [S. et P. chr.]; — 5 mars 1868, Zara, [Bull. crim., n. 63], — ou à un jour ultérieur de la session. — Cass., 26 déc. 1811, Gérant, [S. et P. chr.]; — 29 janv. 1813, Bros, [S. et P. chr.]; — 24 avr. 1818, Dourieux, [S. et P. chr.] — Sic, Merlin, Rép., v° Juré, § 4, n. 4; Legraverend, t. 2, p. 164; Nouguier, n. 710.

475. — Aucune disposition de loi n'oblige même le ministère public à faire comparaître un accusé devant la cour d'assises le lendemain du jour de la notification de la liste des jurés, ni au cours de la session. Lorsqu'une affaire est ainsi renvoyée à une autre session, une nouvelle notification de la liste de cette session doit être faite à l'accusé. — Cass., 16 mars 1893, Maître, [Bull. crim., n. 81]

476. — La disposition qui forme aujourd'hui l'art. 395, C. instr. crim., n'a eu pour objet que les affaires de grand criminel dans lesquelles l'accusé est toujours en état d'arrestation. La législation sur la presse, en attribuant au jury la connaissance de certains délits correctionnels, a rendu impraticable la notification de la liste des jurés dans le délai déterminé, lorsque le prévenu, resté libre, n'est pas présent et a un domicile éloigné. Il est de toute évidence que, dans ce cas, une notification faite la veille de l'audience serait complètement illusoire. Aussi est-il nécessaire, lorsque le prévenu est libre et n'habite pas le lieu où siège la cour d'assises, que le délai des distances soit ajouté au délai de l'art. 395.

477. — Ce délai est, en principe, fixé par l'art. 184, C. instr. crim., qui calcule l'augmentation à raison d'un jour par trois myriamètres. C'est ce délai qui doit être accordé en toute matière, à moins qu'une loi spéciale ne l'ait augmenté ou diminué. Il y aurait nullité de la notification si ce délai n'était pas observé. — Cass., 19 mai 1832, Carnaud, [S. 32.1.559, P. chr.]; — 20 juill. 1832, précité; — 12 févr. 1842, Ledru-Rollin, [S. 42. 1.155]

478. — Une dérogation a été apportée par la loi du 29 juill. 1881 sur la presse; l'art. 51 de cette loi, reproduisant en ce point les dispositions de la législation antérieure, n'accorde d'augmentation qu'à raison d'un jour par cinq myriamètres. — Cass., 1er mai 1885, Conseil municipal de Romorantin, [S. 88.1. 43, P. 88.1.73, D. 86.1.231]; — 24 sept. 1885, Lascoup, [Bull. crim., n. 265]

479. — Mais la loi du 29 juill. 1881 s'étant bornée à fixer le délai normal de distance sans s'expliquer sur la fraction qui serait de nature à motiver un supplément de délai, il y a lieu, à raison même du silence de la loi, de se référer à la règle générale contenue dans le § 4 de l'art. 1033, C. proc. civ., d'après laquelle les fractions de quatre myriamètres et au-dessus augmentent le délai d'un jour entier. Ainsi, lorsqu'il y a plus de quatre myriamètres entre le siège de la cour d'assises et le domicile réel du prévenu, le délai doit être augmenté d'un jour. — Cass., 1er mai 1885, précité. — Sic, Barbier, Code de la presse, t. 2, n. 906; Dutruc, Loi sur la presse, n. 387. — Contrà, Fabreguette, Traité des infractions de la parole, etc., t. 2, n. 2021; Bazile et Constant, Code de la presse, n. 949.

480. — L'observation du délai des distances est prescrite à peine de nullité; cette nullité est d'ordre public et ne saurait être couverte par le silence du prévenu. — Cass., 24 sept. 1885, précité.

481. — La loi n'impose pas au ministère public l'obligation d'indiquer dans la notification de la liste des jurés, le jour où l'accusé devra être soumis aux débats; il suffit que la liste ait été notifiée la veille du jour indiqué pour la formation du tableau. — Cass., 17 mai 1821, Sabardin, [S. et P. chr.]

482. — Les dispositions qui interdisent de faire des actes de procédure un jour férié, ne sont pas applicables en matière criminelle. Ainsi, la notification de la liste du jury à un accusé qui doit être soumis aux débats le lundi, lui est valablement faite le dimanche. — Cass., 11 mai 1849, Danglas, [S. 49.1. 542]; — 16 juill. 1887, Demange, [Bull. crim., n. 273] — Bruxelles, 13 août 1814, Détrief, [P. chr.]

483. — De même, elle est valablement faite un jour férié. — Cass., 6 déc. 1850, Nefftzer, gérant du journal La Presse, [S. 51.1.451, P. 51.2.634]

§ 3. Liste à notifier. — Contenu de la liste.

484. — L'art. 395, C. instr. crim., dit que chaque accusé doit recevoir notification de « la liste des jurés ». De quelle liste entend-il parler? Est-ce de la liste des quarante jurés (trente-six jurés titulaires et quatre jurés suppléants) telle qu'elle est sortie de l'urne; ou bien est-ce de la liste modifiée et réduite par les absences, les excuses, les dispenses, les radiations; ou bien enfin, si, par suite de ces absences, excuses, etc., le nombre des jurés de la session est réduit à moins de trente et si on procède à un tirage de jurés complémentaires, faudra-t-il notifier à l'accusé le nom de ces derniers jurés?

485. — Depuis le Code d'instruction criminelle, il a été constamment admis que c'est la liste primitive faite en exécution de l'art. 388, C. instr. crim., c'est-à-dire celle formée par le premier président de la cour d'appel et comprenant trente-six

jurés titulaires et quatre jurés supplémentaires, qui doit être notifiée à l'accusé. La notification de cette liste est suffisante. Ce principe a été consacré par une jurisprudence constante. — Cass., 10 janv. 1817, Rey, [S. et P. chr.]; — 28 janv. 1825, Domergue, [S. et P. chr.]; — 19 mai 1826, Leguen, [P. chr.]; — 20 avr. 1827, Dupré, [S. et P. chr.]; — 14 sept. 1827, Olivier, [S. et P. chr.]; — 21 sept. 1827, Guiraudon, [S. et P. chr.] — 16 nov. 1827, Lefloch, [S. et P chr.]; — 6 nov. 1828, Goujon, [S. et P. chr.]; — 4 févr. 1830, Delhay, [P. chr.]; — 18 mars 1830, Bourgueneuf, [S. et P. chr.]; — 17 févr. 1848, Roche, [S. 49.1.74, P. 48.2.495, D. 48.5.84]; — 25 août 1859, Durruty, [D. 59.5.111]; — 18 avr. 1861, Mattei et autres, [D. 61.5.123]; — 7 déc. 1865, Liardet, [D. 67.5.111]; — 31 mars 1866, Rogalle, [D. 66.5.111]; — 29 nov. 1866, Fargeot, [D. 67.5.111]; — 23 juill. 1885, Leray, [Bull. crim., n. 223]; — 10 févr. 1887, Barbieri, [Bull. crim., n. 53]; — 10 mars 1893, Ollivier, [Bull. crim., n. 69] — Sic, Trébutien, t. 2, p. 438, texte et note 1.

486. — Ainsi aucune disposition de loi n'oblige le ministère public à notifier aux accusés les décisions de la cour d'assises qui, par suite de radiations, de dispenses ou d'excuses, écartent d'une manière définitive ou temporaire, certains jurés du service de la session. — Cass., 22 janv. 1830, Letellier, [P. chr.]; — 13 janv. 1831, Bernais, [P. chr.]; — 16 janv. 1835, Chevrier, [S. 35.1.563, P. chr.]; — 21 sept. 1848, Gatineau, [P. 49.2.631]; — 27 juin 1850, Delabrière, [D. 50.5.108]; — 14 oct. 1853, Rivalon, [D. 53.5.128]; — 28 sept. 1854, Lalande, [D. 55.5.129]; — 23 mars 1855, Langlade, [Bull. crim., n. 107]; — 21 nov. 1861, Moisan, [D. 62.5.92]; — 7 déc. 1865, précité; — 18 mars 1869, Duhot, [Bull. crim., n. 67]; — 3 avr. 1875, Kauffmann, [Bull. crim, n. 110]; — 19 janv. 1878, Belkassem-ben-Messaoud-ben-Djediah, [Bull. crim., n. 9]; — 18 avr. 1885, Sautini et autres, [Bull. crim., n. 113]; — 23 juill. 1885, précité; — 24 août 1893, Rassel, [Bull. crim., n. 243]

487. — D'un autre côté, lorsqu'il y a moins de trente jurés présents et que le nombre est complété par des jurés supplémentaires conformément à l'art. 393, C. instr. crim., la loi n'exige pas la notification aux accusés des noms des jurés appelés à remplacer les jurés absents ou excusés. — Cass., 10 déc. 1812, Cornu, [S. et P. chr.]; — 7 janv. 1813, Blondel, [S. et P. chr.]; — 19 janv. 1813, Flétzema, [S. et P. chr.]; — 6 mai 1813, Pluine, [S. et P. chr.]; — 28 janv. 1814, Lartizien, [S. et P. chr.]; — 21 sept. 1815, Mestivier, [S. et P. chr.]; — 11 avr. 1817, Verdier, [S. et P. chr.]; — 20 juin 1817, Pastoret, [S. et P. chr.]; — 5 févr. 1818, Escalier, [S. et P. chr.]; — 3 avr. 1818, Lewy, [S. et P. chr.]; — 4 févr. 1819, Mittelbrone, [S. et P. chr.]; — 29 avr. 1819, Leguevel, [S. et P. chr.]; — 12 déc. 1823, Cozette, [S. et P. chr.]; — 4 juin 1824, Gallonaye, [S. et P. chr.]; — 23 déc. 1824, Boiron, [S. et P. chr.]; — 10 juin 1825, Valoteau, [S. et P. chr.]; — 17 févr. 1826, Arnaud, [S. et P. chr.]; — 13 janv. 1827, Roque, [S. et P. chr.]; — 11 oct. 1827, Clément, [S. et P. chr.]; — 24 juill. 1828 (4 arrêts), Raynal, Alary, Gaillard, Febrier, [S. et P. chr.]; — 18 mars 1830, précité; — 3 juin 1830, Dumont, [S. et P. chr.]; — 13 janv. 1831, Bernais, [P. chr.]; — 5 avr. 1832, Giacomoni, [S. 33.1.152, P. chr.]; — 5 avr. 1832, Castellani, [S. 33.1. 152, P. chr.]; — 19 avr. 1832, Latreille, [P. chr.]; — 14 juin 1832, Veillard, [P. chr.]; — 21 juin 1832, Gruselle, [S. 33. 1.152, P. chr.]; — 29 juin 1833, Gerboin, [P. chr.]; — 26 déc. 1833, Bugnets, [P. chr.]; — 6 févr. 1834, Rossi, [P. chr.]; — 16 janv. 1835, Chevrier, [P. chr.]; — 31 mars 1836, Arrighi et Rossi, [P. chr.]; — 13 avr. 1837, Farcinet, [P. 38.1.321]; — 20 avr. 1837, Léoni, [P. 38.1.317]; — 18 juill. 1839, Manenti, [S. 40.1.817, P. 40.2.335]; — 19 juill. 1839, Marcangeli, [P. 40.2. 535]; — 18 févr. 1841, Andrieu, [S. 42.1.190, P. 42.1.481]; — 24 févr. 1842, Massé, [S. 42.1.878, P. 42.2.398]; — 23 févr. 1843, Piéri, [P. 43.2.677]; — 30 janv. 1845, de Sautin, [P. 46.1. 243]; — 24 juill. 1845, Rabault, [P. 46.1.52]; — 17 sept. 1846, Pascal, [P. 49.2.21]; — 17 févr. 1848, Roche, [S. 49.1.74, P. 48. 2.495, D. 48.5.84]; — 11 mai 1849, Tramoni, [P. 50.1.663]; — 22 avr. 1852, Guilleteau, [S. 52.1.677, P. 53.1.679, D. 52.5.160]; — 18 avr. 1861, Pasli, [D. 61.5.123]; — 11 janv. 1867, Giovacchini, [D. 67.5.113]; — 7 sept. 1871, Fumarolli, [Bull. crim., n. 111]; — 19 mai 1881, Resgui-ben-Tahar-ben-Mohamed, [Bull. crim., n. 131]; — 6 déc. 1883, Bergé, [S. 85.1.511, P. 85.1.1201, D. 84. 1.370]; — 17 sept. 1885, Garbe, [Bull. crim., n. 258]; — 10 févr. 1887, Barbieri, [Bull. crim., n. 53]; — 17 avr. 1891, Rolla, [Bull. crim., n. 92]; — 5 nov. 1891, Hougron, [Bull. crim., n.

208]; — 24 août 1893, précité; — 30 août 1894, Amar-ben-Mohamed-ben-Zaoua, [*Bull. crim.*, n. 283]

488. — Et il en est ainsi alors même que les jurés appelés en remplacement se trouveraient en majorité. — Cass., 28 janv. 1814, Lartizien, [S. et P. chr.], — au nombre de vingt-quatre, par exemple, — Cass., 8 oct. 1874, Padorani, [*Bull. crim.*, n. 267]; — ou même de vingt-sept. — Cass., 18 avr. 1861, précité.

489. — ... Alors même que le tirage de ces jurés complémentaires aurait eu lieu antérieurement au jour où doit se faire la notification, et que les empêchements des jurés de la session qui ont motivé leur adjonction auraient un caractère permanent. — Cass., 11 janv. 1867, précité; — 26 déc. 1873, Daronnat, [*Bull. crim.*, n. 315]; — 23 déc. 1875, Vian, [*Bull. crim.*, n. 358]; — 10 févr. 1887, précité; — 30 août 1894, précité.

490. — De même, il ne résulte aucune nullité de ce que la notification de la liste des jurés de session faite à un accusé comprend des jurés complémentaires qui n'ont pas été retenus pour compléter la liste de service. — Cass., 8 nov. 1872, Chémery, [S. 73.1.44, P. 73.71, D. 73.1.392]

491. — Jugé que, s'il y a eu notification des jurés complémentaires, une irrégularité contenue dans cette notification ne saurait vicier la procédure. — Cass., 30 janv. 1845, précité.

492. — De même, il ne résulte aucune nullité de ce que la notification de la liste des jurés de session faite à un accusé comprend des jurés complémentaires qui n'ont pas été retenus pour compléter la liste de service. — Cass., 8 nov. 1872, Chémery, [S. 73.1.44, P. 73.71, D. 73.1.392]

493. — D'un autre côté, différents arrêts ont décidé que, si des éliminations ont eu lieu par suite de radiation ou d'admission de dispenses et d'excuses, il suffit de notifier la liste restreinte aux seuls noms des jurés présents; il n'est pas nécessaire de notifier la liste primitive en entier. Aucune disposition de loi n'exige, en effet, que les noms des jurés rayés, dispensés ou excusés soient mentionnés dans la notification qui est faite à l'accusé; de plus, celui-ci n'a intérêt à connaître que les jurés qui peuvent être appelés à le juger et non ceux qui, en vertu d'arrêts réguliers de dispense ou d'excuse, ne font plus partie du jury. — Cass., 18 oct. 1811, Dermenou, [S. et P. chr.]; — 28 déc. 1811, Husard, [S. et P. chr.]; — 4 janv. 1812, Puin, [S. et P. chr.]; — 3 janv. 1812, Raffier, [S. et P. chr.]; — 21 oct. 1813, Tournie, [P. chr.]; — 17 sept. 1818, Dubreuil, [S. et P. chr.]; — 27 mai 1819, Champion, [S. et P. chr.]; — 6 juill. 1821, Quenoble, [S. et P. chr.]; — 12 avr. 1822, Polge, [S. et P. chr.]; — 25 juin 1824, Annet-Mornac, [S. et P. chr.]; — 19 mai 1826, Leguen, [P. chr.]; — 21 sept. 1827, Giraudon, [S. et P. chr.]; — 11 oct. 1827, précité; — 21 mai 1829, Carcassès, [P. chr.]; — 22 janv. 1830, Leteiller, [P. chr.]; — 13 janv. 1831, Bernais, [P. chr.]; — 16 janv. 1835, précité; — 21 sept. 1848, Gatineau, [P. 49.2.631]; — 14 oct. 1853, Rivalon, [D. 53.5.128]; — 25 août 1859, Durruty, [D. 59.5.111]; — 8 juill. 1865, Joussiaume, [D. 66.5.111]; — 7 déc. 1865, Liardet, [D. 67.5.111]; — 31 mars 1866, Rogalle, [D. 66.5.111]; — 5 oct. 1866, Coustou, [D. 67.5.112]

494. — De même la Cour de cassation a admis comme pleinement conforme à l'esprit de la loi une notification comprenant à la fois la liste des jurés non dispensés ni excusés, et les noms des jurés complémentaires. L'accusé en effet ne peut se plaindre d'une forme employée dans son plus grand intérêt, qui lui fait connaître ainsi à l'avance les noms de tous les jurés qui doivent concourir à la formation du tableau et le met mieux en état de préparer ses récusations. — Cass., 18 oct. 1811, précité; — 28 déc. 1811, précité; — 17 sept. 1818, précité; — 6 juill. 1821, précité; — 25 juin 1824, précité; — 21 sept. 1827, précité; 11 oct. 1827, précité.

495. — Enfin, combinant ensemble ces différentes formes de notification, la jurisprudence de la Cour de cassation a validé comme régulière une notification qui comprenait à la fois et la liste primitive des quarante jurés, et les noms de ceux qui ont été excusés et les noms des jurés complémentaires. — Cass., 9 sept. 1824, Mourra, [S. et P. chr.]; — 27 avr. 1827, Maury, [S. et P. chr.]; — 26 déc. 1833, précité.

496. — En résumé, d'après la jurisprudence constante de la Cour de cassation, le vœu de la loi est rempli et la notification est régulière, quelle que soit la liste notifiée, soit la liste primitive des quarante jurés de la session, soit la liste diminuée par les excuses et les dispenses, soit la liste augmentée par les jurés complémentaires, soit enfin ces trois listes à la fois. — F. Hélie, n. 3218; Nouguier, n. 722-737; Villey, p. 367, note 1.

497. — Signalons maintenant les règles essentielles qui régissent la notification soit de la liste primitive, soit de la liste rectifiée.

498. — Lorsque l'accusé a reçu notification de la liste primitive contenant les noms des quarante jurés de la session, le vœu de la loi est rempli; il importe peu, dès lors, que des retranchements aient été opérés sur cette liste, ces retranchements fussent-ils assez nombreux pour réduire à moins de trente les jurés présents. En effet, dit le dernier arrêt de la Cour de cassation qui ait statué sur la matière, « la liste des jurés dont la notification doit être faite aux accusés est celle formée en exécution de l'art. 388; s'il est désirable que les accusés aient une connaissance préalable des changements survenus dans la composition du jury de la session, quand ces modifications ont fait disparaître presque complètement la liste originaire, aucune disposition de la loi n'a prescrit au ministère public d'accomplir une pareille formalité qui ne pourrait s'appliquer que s'il est opéré sur le jour même où l'affaire est portée à l'audience ». — Cass., 8 oct. 1874, précité. — V aussi Cass., 16 nov. 1827, Lefloch, [S. et P. chr.]; — 16 janv. 1835, Chevrier, [S. 35.1.563, P. chr.]

499. — Il en résulte que, lorsque la liste primitive a été notifiée à l'accusé, celui-ci ne peut pas se plaindre de ce que l'huissier, dans son exploit, n'ait fait connaître qu'une partie des excuses ou des dispenses admises par la cour. Cette omission ne peut engendrer une nullité; la notification de la liste primitive rend inefficace cette irrégularité. — Cass., 14 mai 1870, Beaudoin, [*Bull. crim.*, n. 108]

500. — Si, au contraire, on a notifié à l'accusé non plus la liste primitive, mais la liste rectifiée, cette notification n'est valable que si elle contient le nom des trente jurés capables qui la composent : c'est là une conséquence de ce principe que le tirage au sort du jury de jugement ne s'est régulier que s'il est opéré sur une liste comprenant au moins trente jurés présents. La notification de la liste rectifiée sera donc nulle et entraînera la nullité de tout ce qui aura suivi, si elle contient moins de trente noms. — Cass., 6 juill. 1821, Quenoble, [S. et P. chr.]; — 12 avr. 1822, Polge, [S. et P. chr.]; — 16 janv. 1823, Barrabaud, [S. et P. chr.]; — 25 juin 1824, précité; — 21 sept. 1827, précité; — 24 janv. 1828, Petit, [S. et P. chr.]; — 14 mars 1889, Mascia, [*Bull. crim.*, n. 108]

501. — Il ne suffit pas que la liste rectifiée contienne les noms de trente jurés; il faut, de plus, que chacun de ceux-ci ait capacité pour siéger. La notification de la liste rectifiée serait donc nulle si, parmi les trente noms notifiés, se trouvaient un ou plusieurs jurés incapables de remplir ses fonctions.

502. — Ainsi, est nulle la notification de la liste de trente jurés dans laquelle le nom d'un juré a été porté deux fois par suite d'une erreur de copiste et qui se trouve ainsi ne comprendre en réalité que vingt-neuf jurés (C. instr. crim., art. 395). — Cass., 20 juill. 1827, Criet, [S. et P. chr.]

503. — Il y aurait également nullité si l'un des trente jurés se trouvait incapable comme ayant figuré au procès en qualité d'officier de police judiciaire. — Cass., 25 août 1826, Pierre Couraud, [S. et P. chr.]

504. — ... Ou s'il avait été entendu dans l'instruction écrite en qualité de témoin. — Cass., 10 mars 1826, Brun, dit Enfer, [S. et P. chr.]; — 24 janv. 1821, Verger, [S. et P. chr.]; — 22 mai 1823, Mazelin, [S. et P. chr.]; — 5 juin 1823, Allier, [S. et P. chr.]; — 11 oct. 1827, Clément, [S. et P. chr.]; — 15 mai 1823, Lelann, [S. et P. chr.]; — 22 mai 1830, Balaguier, [S. et P. chr.]

505. — ... Ou s'il ne réunissait pas les qualités requises. — Cass., 18 janv. 1827, Pierre André, [P. chr.] — ... Notamment s'il ne jouissait pas légalement de ses droits civils et politiques. — Cass., 11 févr. 1825, Léonard Barrage, [S. et P. chr.]

506. — La nullité résultant de ce que la liste notifiée ne contient les noms que de vingt-neuf jurés n'est pas couverte par le concours du juré omis à la formation du tableau, ni par la récusation de ce juré par l'accusé. — Cass., 12 avr. 1822, précité.

507. — C'est la notification qui donne au juré, faisant partie de la liste primitive, caractère et qualité pour prendre part au jugement. Aussi l'omission du nom d'un de ces jurés sur la liste notifiée à l'accusé est-elle une cause de nullité des débats et de l'arrêt de condamnation, si ce juré a fait partie du jury de jugement. L'accusé, en effet, par suite de cette omission, a été privé vis-à-vis de ce juré de l'exercice éclairé et utile de son droit de récusation. — Cass., 22 févr. 1821, Dehors, [S. et P. chr.]; —

6 juill. 1821, précité; — 3 janv. 1823, Barrabaud, [S. et P. chr.]; — 16 janv. 1823, précité; — 26 sept. 1823, Valette, [S. et P. chr.]; — 17 août 1832, Arbogast, [S. 33.1.159, P. chr.]; — 24 sept. 1834, Bris, [P. chr.]; — 2 juin 1842, Bucheton, [P. 42.2.462]; — 17 déc. 1863, Beaufour, [D. 64.5.84]; — 9 oct. 1873, Lazier, [Bull. crim., n. 256]; — 12 août 1880, Delaire, [S. 81.1.230, P. 81.1.543]; — 25 janv. 1883, Mourlaix, [Bull. crim., n. 19]; — 14 juin 1888, Gaillot, [Bull. crim., n. 208]; — 4 avr. 1889, Morisson, [Bull. crim., n. 144]

508. — Ainsi, lorsqu'un juré absent à l'ouverture de la session, et non compris sur la liste de trente jurés notifiée à l'accusé, a concouru ultérieurement, après s'être fait réintégrer sur la liste à la formation du tableau, cette formation est irrégulière et entraîne la nullité des débats (C. instr. crim., art. 395). — Cass., 24 oct. 1822, Houziaux, [S. et P. chr.]; — 10 juill. 1823, Maillot, [S. et P. chr.]; — 6 févr. 1862, Marbotte, [D. 62.5.93]

509. — De même, est nulle la déclaration du jury à laquelle a participé un juré dont le nom, primitivement inscrit sur la liste notifiée à l'accusé, a été effacé au moyen d'une rature régulièrement approuvée. — Cass., 31 mai 1878, Kadda-ben-Ahmed, [S. 79.1.96, P. 79.1.191, D. 79.1.41]; — 9 oct. 1879, M'Ahmed-Ould Lakdar-ben-Djebbour, [Bull. crim., n. 182]

510. — L'omission du nom d'un juré sur la liste notifiée à l'accusé est une cause de nullité tant de la formation du tableau du jury que de tout ce qui s'en est suivi, lors même qu'en ne récusant pas le juré dont le nom a été omis, l'accusé l'aurait accepté pour juge. — Cass., 10 avr. 1819, Jourdan, [S. et P. chr.]; — 11 juill. 1822, Descours, [S. et P. chr.]; — 24 juill. 1846, Raillard, [P. 49.2.489, D. 46.4.120]

511. — Le silence du prévenu ou de l'accusé, lors de la formation du tableau du jury de jugement, n'a pas non plus pour effet de couvrir la nullité résultant du défaut d'une notification régulière de la liste du jury. — Cass., 19 mai 1832, Corentin-Carnaud, [P. chr.]; — 20 juill. 1832, Bailly, [P. chr.]

512. — Il en est de même de son consentement formel au concours, à la formation du tableau, d'un juré dont le nom ne lui avait pas été notifié. — Cass., 19 juin 1823, Thibaudot, [S. et P. chr.]; — 20 juin 1823, Perrin, [S. et P. chr.]; — 10 juill. 1823, Maillot, [S. et P. chr.]

513. — Mais il n'y aurait pas nullité par cela seul qu'à côté du nom de plusieurs jurés portés sur la liste, se trouveraient ces mots : « excusés temporairement ». Cette mention fait, en effet, connaître à l'accusé que ces jurés peuvent rentrer chaque jour à la cour d'assises, et c'est se trouver par là suffisamment averti qu'il doit étudier les causes de récusation qu'il peut avoir contre eux. — Cass., 17 sept. 1842, Ménétrier, [Bull. crim., n. 243]

514. — Jugé également que l'énonciation mise par un huissier dans son exploit « qu'il signifie la liste des quarante-deux jurés tirés au sort par le président du tribunal, en exécution du décret du 7 août 1848 », ne fait que désigner cette liste par son appellation naturelle, et n'implique pas nécessairement que le nombre des jurés en exercice fût encore de quarante-deux. — Cass., 22 mars 1849, Delvallez et Gosselin, [P. 50.1.593, D. 49.5.85] — Si donc l'huissier a rayé du tableau notifié les noms de trois jurés titulaires, il est réputé avoir exécuté des arrêts antérieurs de la cour d'assises qui dispensaient trois des jurés tirés au sort originairement. — Même arrêt. — En conséquence, il ne résulte de ces faits aucune nullité soit de la notification, soit de la formation du jury de jugement, alors d'ailleurs qu'aucun des trois noms radiés n'est sorti de l'urne lors de cette dernière opération. — Même arrêt.

515. — Nous venons de voir qu'il y a nullité lorsqu'un juré dont le nom n'a pas été notifié, participe au jugement de l'affaire; que décider si ce juré a seulement pris part au tirage au sort du jury de jugement? Ce fait, par lui seul, ne peut causer aucun dommage à l'accusé, si le tirage s'opère encore sur trente noms au moins. En effet, le nom du juré non notifié peut ne pas tomber au sort, ou bien il a été récusé par le ministère public, ou bien enfin il l'a été par l'accusé lui-même, sans que celui-ci ait épuisé son droit de récusation. Dans toutes ces hypothèses, l'accusé n'éprouve aucun préjudice et ne saurait dès lors faire un grief de la présence du juré non notifié au tirage au sort du jury de jugement. — Cass., 18 avr. 1845, Antenet, [P. 48.2.116] — Il n'en pourrait être autrement que si l'accusé avait épuisé son droit en récusant le juré dont le nom n'a pas été notifié.

516. — Nous avons indiqué plus haut que la notification des jurés complémentaires n'était pas nécessaire lorsque l'accusé avait reçu notification de la liste primitive. Il en résulte qu'aucune nullité ne serait encourue si un juré complémentaire dont le nom n'aurait pas été notifié se trouvait être appelé à faire partie du jury de jugement. — V. Cass. 25 janv. 1883, Mourlaix, [Bull. crim., n. 19]

517. — La Cour de cassation a même décidé que lorsqu'au nombre des jurés qui ont concouru pour la formation du tableau, il s'en trouve quelques-uns dont les noms n'étaient pas compris sur la liste notifiée à l'accusé, il y a présomption légale qu'ils sont des jurés complémentaires. — Cass., 8 oct. 1818, Canteloube, [S. et P. chr.] — Cette règle nous semble dangereuse. La présomption sur laquelle elle s'appuie ne nous paraît nullement établie par la loi, elle ne tiendrait à rien moins qu'à ravir à l'accusé la plus précieuse de toutes les garanties, celle d'être jugé par les hommes que la loi lui donnait pour juges. Aussi doutons-nous que la question, si elle se posait de nouveau, dût recevoir encore la même solution.

§ 4. Désignation des jurés sur la liste notifiée.

518. — La liste notifiée comprend les noms, prénoms, domicile, profession et âge des jurés. La raison et la justice exigent que la liste notifiée contienne une désignation suffisante des jurés, de manière à ce que l'accusé puisse savoir quels sont ceux qui peuvent devenir ses juges et exercer en conséquence son droit de récusation.

519. — Des erreurs, des inexactitudes peuvent se glisser dans la liste notifiée, de telle sorte que les noms, prénoms, profession, etc., des jurés y soient imparfaitement indiqués. Quelle sera la conséquence de ces erreurs? La jurisprudence de la Cour de cassation a varié sur ce point.

520. — Elle a d'abord décidé que l'accusé devait, en pareil cas, à peine de forclusion, formuler ses réclamations au moment de la formation du tableau devant la cour d'assises : elle jugeait alors que l'accusé qui, lors de la formation du tableau, n'a point récusé ceux des jurés dont il prétend que les qualités et domiciles ont été mal indiqués dans la liste à lui notifiée en temps utile, est présumé avoir connu suffisamment leur identité. — Cass., 9 févr. 1816, Simonin, [S. et P. chr.]; — 24 sept. 1819, d'Ambricourt, [S. et P. chr.]; — 17 mai 1821, Sabardin, [S. et P. chr.]; — 5 oct. 1821, Gorrichon, [S. et P. chr.]; — 8 juill. 1824, Baud, [S. et P. chr.]; — 3 mai 1832, Bray, [P. chr.]

521. — ... Surtout si, sur l'interpellation du président de la cour d'assises, l'accusé n'avait élevé aucune contestation sur l'identité de ce juré. — Cass., 5 août 1830, Pelletier, [S. et P. chr.]

522. — Mais cette jurisprudence mettait l'accusé dans l'alternative de récuser des jurés qu'il aurait agréés s'il les eût connus, ou d'agréer des jurés qu'il eût récusés si les désignations eussent été suffisantes. Il y avait bien évidemment, dans l'un et l'autre cas, atteinte à son droit de récusation. Aussi la Cour de cassation a-t-elle, et avec raison, abandonné la présomption légale qu'elle prétendait tirer du silence de l'accusé, pour admettre le principe que la notification de la liste des jurés ne doit être annulée pour cause d'omissions ou de désignations inexactes, qu'autant que les omissions ou inexactitudes ont pu préjudicier aux droits de l'accusé, et l'empêcher de discerner suffisamment les personnes inscrites sur la liste. La Cour de cassation n'admet que rarement le moyen de nullité : en général, elle prend pour base de sa décision l'erreur dans laquelle a pu être induit l'accusé sur l'identité des jurés, ou le préjudice qu'a pu lui causer l'inexactitude alléguée : c'est une appréciation de fait, sans doute, quelquefois même assez délicate, mais on comprend que c'est, dans le silence de la loi, la règle la plus sûre et en même temps la plus équitable, et que si, malgré quelques inexactitudes, aucun préjudice n'a été éprouvé, aucune équivoque n'a existé dans l'esprit de l'accusé sur la personne de ses juges, et s'il a pu dès lors exercer en parfaite connaissance de cause son droit de récusation, il n'y a pas lieu de prononcer une nullité qui n'a plus d'objet. — Nouguier, n. 738 à 740; F. Hélie, n. 3229.

523. — Quelle que soit donc la nature des inexactitudes reprochées à la désignation des jurés, qu'elle porte sur le nom, les prénoms, les qualités, l'âge, le domicile, la profession, etc., la Cour de cassation se décide constamment aujourd'hui en vertu de cette dernière règle.

524. — I. Noms et prénoms. — a) Nom. — Le nom est la partie principale, on pourrait presque dire la partie essentielle d'une pareille notification. Cependant les erreurs, les inexactitudes dans l'orthographe du nom ne seront pas cause de nullité si « les indications données sur les prénoms, profession, domicile et âge de ces jurés ne peuvent laisser aucun doute sur l'identité des personnes appelées et rectifiaient par elles-mêmes la légère irrégularité de l'orthographe de leurs noms. — Cass. 6 mai 1824, Gatonnès, [S. et P. chr.]; — 10 mars 1827, Texier et Macaud, [S. et P. chr.]; — 24 déc. 1829, Barul, [S. et P. chr.]; — 18 mars 1830, Bourgueneuf, [P. chr.]; — 5 août 1830, Pelletier, [S. et P. chr.]; — 3 mai 1832, précité; — 26 juill. 1832, Camboulas, [P. chr.]; — 28 févr. 1833, Leroux, [P. chr.]; — 12 déc. 1834, Gilbert, dit Miran, [P. chr.]; — 8 janv. 1842, Foin, [P. 42.1.678]; — 2 juill. 1847, Lepasset-France, [P. 47.2. 609]; — 31 juill. 1847, Filippi, [P. 47.2.618]; — 29 juin 1848, Meunier et autres, [P. 48.2.565, D. 48.5.83]; — 29 nov. 1849, Boursier, [P. 50.2.230]; — 5 oct. 1866, Perrin, [D. 67.5.112]; — 2 juill. 1869, d'Urm, [*Bull. crim.*, n. 167]; — 16 août 1873, Reynaud, [S. 74.1.47, P. 74.76, D. 73.1.448]; — 3 sept. 1874, Guéroult, [*Bull. crim.*, n. 255]; — 10 sept. 1874, Toulorge, [*Bull. crim.*, n. 259]; — 15 janv. 1883, Faye et autres, [*Bull. crim.*, n. 25]; — 4 nov. 1886, Pinte et autres, [*Bull. crim.*, n. 368]; — 7 sept. 1893, Fossoul, [*Bull. crim.*, n. 258]; — 20 juin 1895, Embarck, [*Bull. crim.*, n. 175]

525. — ... Surtout alors qu'aucun juré du même nom ne réside dans la même commune que celui dont on prétend la désignation inexacte, et que, d'ailleurs, l'exactitude a été rectifiée par la cour d'assises le jour même où il a été procédé au tirage du jury. — Cass., 18 avr. 1830, Darbois, [P. 40.1.196]; — 29 nov. 1849, précité.

526. — Jugé notamment que les autres énonciations, exactement indiquées sur la liste notifiée, peuvent rectifier une légère erreur d'orthographe dans le nom d'un juré et empêcher toute confusion. Il n'y a pas nullité lorsque, dans ces conditions on a écrit : Renault au lieu de Rouault : Cass., 12 déc. 1850, Werner, [D. 51.5.136] — Royer au lieu de Roger : Cass., 11 mars 1852, Blanchet, [D. 52.5.158] — Tatoul au lieu de Tatoud : Cass., 6 juin 1861, Ballagny, [D. 61.5.122] — Féno au lieu de Fénot : Cass., 19 févr. 1863, Baron, [D. 63.5.101] — Grivet au lieu de Grivot et Castillon au lieu de Castelbon : Cass., 13 déc. 1866, Coillot, [D. 67.5.112] — Girodon au lieu de Girodan : Cass., 31 mai 1867, Laffond, [*Bull. crim.*, n. 130] — Duplessy au lieu de Duplessis : Cass., 14 nov. 1867, Dudicourt, [*Bull. crim.*, n. 227] — Morel de Villiers au lieu de Morel de Villers : Cass., 18 mars 1869, Dubot, [*Bull. crim.*, n. 67] — Chéry au lieu de Chévy : Cass., 28 avr. 1870, Dupini, [*Bull. crim.*, n. 95] — Galleray au lieu de Galleran : Cass., 3 mai 1872, Mohamed-Saïd-ben-Mohamed-Areski et autres, [*Bull. crim.*, n. 105] — Doucieux au lieu de d'Oucieux : Cass., 12 juin 1873, Paraz, [*Bull. crim.*, n. 157] — Reillier au lieu de Reiller : Cass., 2 janv. 1874, Taurisson, [*Bull. crim.*, n. 4] — Boitelle au lieu de Boitelle-Pran, Dupont au lieu de Dupons, Regley, comte de Sinéty au lieu de marquis de Sinéty : Cass, 27 août 1875, Yunck, [*Bull crim.*, n. 283] — Pernot-Gemp au lieu de Gemp-Pernot : Cass., 23 mars 1877, Chabre, [*Bull. crim.*, n. 87] — Viguier au lieu de Vigier, Koffeneaud au lieu de Raffeneaud : Cass., 29 mai 1879, Kacem-ben-Amor, [*Bull. crim.*, n. 108] — Renaud au lieu de Renand : Cass., 7 août 1879, El-Battache-ben-Tahar, [*Bull. crim.*, n. 155] — Sanay au lieu de Panay : Cass., 22 févr. 1883, Kremer, [*Bull. crim.*, n. 52] — Gardonne de Bannes au lieu de Bannes de Gardonne : Cass., 29 déc. 1883, Pensat, [*Bull. crim.*, n. 299] — Crèpes au lieu de Creps : Cass., 16 déc. 1886, Lemoine, [*Bull. crim.*, n. 422] — Fouaud au lieu de Foucaud : Cass., 17 déc. 1886, Deltheil, [*Bull. crim.*, n. 426] — Molter au lieu de Moltéré : Cass., 6 janv. 1887, Mohamed-ben-Taïeb-ould-Yava, [*Bull. crim.*, n. 2] — Miguet au lieu de Mignet : Cass., 17 janv. 1889, Monville, [*Bull. crim.*, n. 15] — Launé au lieu de Lanoë : Cass., 10 sept. 1891, Verguiny et Benedetti, [*Bull. crim.*, n. 184] — Vuillemin au lieu de Villemin : Cass., 28 sept. 1893, Boissaux, [*Bull. crim.*, n. 273] — Rivière Bezeau au lieu de Rivoire Bezian : Cass., 19 mars 1896, [*Gaz. des Trib.*, 26 mars 1896]

527. — Il en est ainsi même au cas où un arrêt de la cour d'assises aurait ordonné la rectification et où, contrairement à cet arrêt, la même erreur aurait été reproduite sur la liste notifiée. — Cass., 7 août 1879, précité.

528. — Le fait que le nom d'un juré n'a pas été précédé de la particule n'entraîne aucune nullité. — Cass., 13 déc. 1866, Thomas, [D. 67.5.112]

529. — De ce qu'il existerait des différences entre le nom d'un juré inscrit sur la liste notifiée à l'accusé, et la signature de ce même juré sur la déclaration du jury, il n'en résulte pas nullité, lorsque ces différences ne sont pas de nature à faire naître des doutes sur l'identité du juré. — Cass., 30 avr. 1835, Robert, [S. 35.1.734, P. chr.]

530. — L'erreur existant tout à la fois dans le nom et dans la profession de l'un des jurés peut même n'être pas considérée comme constituant une nullité. Ainsi, la liste désignant un juré sous le nom de *Canteloup*, et sous la profession de *docteur en médecine*, alors que le juré avait nom *Cantaloup*, et exerçait la profession d'*avocat*, peut être réputée faire connaître suffisamment à l'accusé le juré faussement désigné. — Cass., 13 août 1829, Trenque, [S. et P. chr.]

531. — Il y aurait, au contraire, cause de nullité si les inexactitudes dans le nom du juré et les autres énonciations étaient telles qu'elles pouvaient rendre douteuse la personnalité du jury, faire naître une confusion dans l'esprit de l'accusé et entraver ainsi l'exercice de son droit de récusation. — Cass., 7 sept. 1893, précité. — *Sic*, Bourguignon, *Manuel du jury*, p. 374; Carnot, *C. instr. crim.*, art. 387, n. 4.

532. — Ainsi jugé que, lorsqu'au lieu d'écrire *Bernard* (le nom d'un des jurés), on écrit *Bonnard*, qu'il y a omission de sa qualité de maire, et que le lieu de son domicile, nommé le *Serrier*, est écrit *la Série*, ou lorsqu'au lieu d'écrire *Belin* (le nom d'un des jurés), on écrit *Bellier*, qu'il y a confusion de ses qualités avec celles d'un autre juré, il y a inexactitude assez grave pour opérer nullité. — Cass., 10 juin 1825, Valateau, [S. et P. chr.]; — 11 juin 1825, Foucaud, [S. et P. chr.]

533. — Jugé de même qu'il y a lieu d'annuler les débats et tout ce qui s'en est suivi, lorsque le nom de l'un des jurés, dans la liste notifiée, n'est pas le même que le nom correspondant porté sur la liste qui a servi à la formation du jury de jugement (Levallois, Pierre-Jean-François, marchand, au lieu de Levatois, sans prénoms ni profession), si la liste électorale du département comprend l'un et l'autre nom, encore qu'il y ait grand rapport entre ces deux noms, et que le prénom du juré porté sur la liste notifiée ne puisse être appliqué qu'à ce juré. — Cass., 15 oct. 1829, Quinette, [S. et P. chr.]

534. — La Cour de cassation a encore prononcé la nullité quand, par suite d'erreur, on avait porté sur la liste notifiée : Dronion au lieu de Drouin : Cass., 18 nov. 1841, Jouan, [P. 42.1. 521, D. 42.1.84] — Dufour au lieu de Dufaur, et Maury au lieu de Maulis : Cass., 23 mai 1850, Dubuc-Rouan, [*Bull. crim.*, n. 163] — Ghesquière au lieu de Ghesquiere : Cass., 27 mars 1884, Mohamed-ben-Saïd-ben-Ahmoud, [*Bull. crim*, n. 110]

535. — Il y a également lieu à cassation lorsque le juré Bouron, propriétaire à Médéah, a été désigné, dans la liste notifiée, sous le nom de Bouran, propriétaire, place d'Isly, à Alger ; lorsque le juré Guigon a été dénommé Guigan. — Cass., 10 janv. 1878, Mahomed-ben Hamadouch, [S. 78.1.390, P. 78.954, D. 79.5.113]

536. — *b*) *Prénoms.* — La même règle s'applique à plus forte raison en cas d'erreurs, d'omission ou de différence dans les prénoms des jurés. La loi ne prescrit pas l'énonciation des prénoms ; cette énonciation devient indifférente et le but de la loi est atteint lorsque les autres désignations existantes suffisent à préciser la personnalité des jurés inscrits. — Cass., 18 mars 1826, Dermenon-Annet, [S. et P. chr.]; — 16 juin 1826, Oberveiller, [S. et P. chr.]; — 15 oct. 1829, Quinette de Lahogue, [S. et P. chr.]; — 1er avr. 1837, Kempert, [P. 38.1.558]

537. — Peu importe qu'on ait alors soit omis les prénoms d'un ou de plusieurs jurés. — Cass., 16 avr. 1818, Guillain, [P. chr.]; — 20 nov. 1828, Caunter, [P. chr.]; — 28 nov. 1878, [*Bull. crim.*, n. 225] — ... soit ajouté un prénom. — Cass., 7 août 1851, Doumerc, [*Bull. crim.*, n. 330], — soit substitué un prénom à un autre. — Cass., 19 juill. 1832, Benoit, [P. chr.]; — 26 déc. 1833, Bugnets, [P. chr.]; — 12 avr. 1839, Breton et autres, [P. 40.1.198]; — 16 sept. 1841, Burgerey, [P. 47.1.453]; — 12 juill. 1866, Rasson, [*Bull. crim.*, n. 118]; — 20 nov. 1873, Rouard, [S. 74.1.96, P. 74.193, D. 74.5.146]; — 14 mars 1885, Audibert, [*Bull. crim.*, n. 87]

538. — Jugé, en ce sens, qu'il ne résulte aucune nullité de ce que, dans la liste notifiée à l'accusé, un juré a été désigné sous un prénom autre que le sien, et a été en outre qualifié adjoint au maire au lieu d'être qualifié électeur (qualité qui n'est pas incompatible avec la première), lorsque, n'existant dans la commune aucun autre individu du même nom, l'accusé n'a pu être induit en erreur. — Cass., 13 janv. 1826, Ibert, [S. et P. chr.]

539. — Jugé encore que l'accusé ne peut se faire un moyen de nullité de ce qu'il existe quelques dissemblances sur les prénoms ou le domicile de quelques-uns des jurés, entre la copie et l'original de la notification de la liste, lorsque ces erreurs ne l'ont point empêché de reconnaître les individus désignés, et qu'il n'a fait à ce sujet aucune réclamation lors du tirage, ou aux débats. — Cass., 24 sept. 1819, Ambricourt, [S. et P. chr.]

540. — Pareillement, l'indication, dans la signification de ladite liste, par leurs seules initiales, des prénoms des jurés, n'est pas une cause de nullité lorsque les autres mentions, de profession, de domicile et de date de naissance, faisaient suffisamment connaître à l'accusé quels étaient les jurés dont il s'agissait. — Cass., 21 sept. 1848, Gatineau, [P. 49.2.631]

541. — Il en serait de même *à fortiori* s'il ne s'agissait que d'une simple erreur d'orthographe commise dans le prénom d'un juré. — Cass., 12 mars 1887, Hémelot, [*Bull. crim.*, n. 105]

542. — Mais il y aura nullité lorsque les inexactitudes dans les prénoms ne sont pas corrigées par les indications suffisantes et que l'accusé a pu être induit en erreur pour l'exercice de son droit de récusation. — Cass., 19 flor. an XIII, Landon et Martin, [S. et P. chr.]; — 27 avr. 1837. Aubert, [P. 40.2.52]; — 24 juill. 1846, Raillard, [P. 49.2.480, P. 46.4.120]

543. — Spécialement, il y a nullité du procès-verbal de tirage au sort du jury et de tout ce qui s'en est suivi lorsque l'accusé a pu être induit en erreur sur l'identité d'un juré, en ce que, par exemple, ce juré a été désigné dans la liste notifiée à l'accusé par un prénom qui n'était pas le sien, mais celui d'un homonyme. — Cass., 2 juill. 1847, Clergue, [P. 47.2.610, D. 47.4.129]

544. — II. *Age*. — L'âge des jurés étant une des conditions de leur capacité, et d'ailleurs un moyen de les faire reconnaître, doit être mentionné dans la notification de la liste.

545. — La Cour de cassation a appliqué à la mention de l'âge les mêmes règles qu'à l'indication des prénoms. Elle a décidé que l'énonciation de l'âge des jurés n'est pas prescrite, à peine de nullité, dans la signification de la liste du jury aux accusés. — Cass., 7 déc. 1827, David, [P. chr.]; — 14 juin 1883, Marion, [*Bull. crim.*, n. 143]; — 17 déc. 1886, Deltheil, [*Bull. crim.*, n. 426]

546. — Et, comme conséquence, elle a jugé que la fausse indication de l'âge de l'un des jurés portés sur la liste signifiée à l'accusé, ou le défaut d'indication de l'âge d'un juré sur la liste notifiée ne peuvent pas fournir un moyen de nullité lorsque les autres désignations sont suffisantes pour qu'il n'y ait point de doute sur son identité. — Cass., 20 nov. 1828, précité; — 5 août 1830, Pelletier, [S. et P. chr.]; — 16 nov. 1832, *La Gazette d'Orient*, [S. 33.1.654, P. chr.]; — 12 juill. 1833, Lachassagne, [P. chr.]; — 13 oct. 1834, Dalbys, [P. chr.]; — 13 oct. 1842, Boyer, [P. 43.1.164]; — 21 sept. 1848, précité; — 30 août 1849, Ponsart, [P. 51.2.527]; — 4 déc. 1852, Maigrot, [*Bull. crim.*, n. 391]; — 27 janv. 1853, Dailly et Serval, [*Bull. crim.*, n. 34]; — 10 déc. 1863, Regnault, [D. 64.5.81]; — 10 juill. 1873, Houbre, [*Bull. crim.*, n. 186]; — 18 sept. 1873, Gleize et autres, [D. 73.1.490]; — 12 févr. 1874, Barrière, [*Bull. crim.*, n. 45]; — 25 août 1881, Dauteau, [*Bull. crim.*, n. 209]; — 19 janv. 1883, Constant, [*Bull. crim.*, n. 13]; — 14 mars 1885, précité.

547. — Ainsi jugé, notamment, à l'égard d'un juré âgé de trente-quatre ans, porté, sur la liste notifiée, comme en ayant soixante-quatre. — Cass., 6 nov. 1828, Pierre Goujon, [P. chr.]

548. — De même il importe peu que, sur la liste notifiée, un juré ait été, par suite d'une erreur d'impression, désigné comme ayant moins de trente ans (treize ans, dans l'espèce), alors que des documents produits il résulte qu'il est réellement âgé de quarante-trois ans. — Cass., 20 févr. 1890, Bibé, [*Bull. crim.*, n. 37]

549. — La désignation, dans la liste des jurés notifiée aux accusés, des noms, prénoms, professions et résidences des jurés, ainsi que de l'année de la naissance de chacun d'eux, les fait connaître de manière à ne laisser aucune incertitude sur leur identité. Le défaut d'indication du jour, du mois et du lieu de leur naissance, ne peut, dans ces circonstances, faire grief à l'accusé. — Cass., 8 mars 1877, Belvault, [*Bull. crim.*, n. 81]

550. — Jugé, du reste, qu'aucune loi n'exigeant que la liste des jurés notifiée à l'accusé contienne l'âge de chaque juré, tous ceux qui y sont portés sont présumés avoir l'âge requis. — Cass., 7 déc. 1827, précité.

551. — Les mots « âge requis », joints aux noms de jurés sur la

liste notifiée à l'accusé, font suffisamment connaître à ce dernier que ces jurés ont, sous le rapport de l'âge, la capacité voulue par la loi. — Cass., 30 sept. 1831, Bonnard, [S. 32.1.240, P. chr.]

552. — Il ne peut résulter aucune nullité de ce que l'on a omis d'indiquer le lieu de naissance d'un juré sur la liste notifiée à l'accusé, la loi n'exigeant pas cette indication. — Cass., 14 déc. 1837, Flambard, [P. 40.1.185]; — 8 août 1878, Nadau, [S. 79.1.285, P. 79.683]

553. — Dès lors, sont sans importance : une erreur dans la dénomination du canton où se trouve le lieu de naissance d'un juré, — Cass., 29 juin 1833, Gerboin, [P. chr.], — ... ou une erreur d'orthographe dans le nom du lieu de naissance d'un juré, commises dans l'exploit de notification à l'accusé de la liste du jury. — Cass., 11 févr. 1886, Barbier, [*Bull. crim.*, n. 48]

554. — III. *Profession*. — La notification doit aussi énoncer la qualité ou la profession de chaque juré. Cependant l'absence de cette énonciation ne peut créer un moyen de nullité si elle n'a pas empêché l'accusé de reconnaître les jurés. — Bourguignon, *Manuel du jury*, n. 377; F. Hélie, n. 3230; Nouguier, n. 747; Morin, *Rép. du dr. crim.*, v° *Jury*, n. 58.

555. — Ainsi jugé pour omission de la qualité. — Cass., 13 janv. 1826, Ibert, [S. et P. chr.]; — 14 avr. 1826, Prost, [P. chr.]; — 6 avr. 1833, Déluchy, [P. chr.]; — 10 août 1837, Goupil, [P. 39.2.556]; — 21 sept. 1848, Gatineau, [P. 49.2.631]; — 10 déc. 1863, Humbert, [D. 64.5.81]; — 3 févr. 1887, Charavel et autres, [*Bull. crim.*, n. 39]

556. — ... Alors même que le juré tirerait son droit d'être juré de sa qualité, telle, par exemple, que celle d'électeur. — Cass., 7 mars 1828, Cauchy, [P. chr.]; — 20 nov. 1828, Caunter, [S. et P. chr.]

557. — Jugé de même à l'occasion d'inexactitudes dans l'énonciation de la profession des jurés. — Cass., 13 août 1829, Dumont, [S. et P. chr.]; — 18 avr. 1839, Darbois, [P. 40.1.196]; — 23 avr. 1863, Regnault, [D. 64.5.81]; — 25 févr. 1887, Redon, [*Bull. crim.*, n. 78] — Ainsi pas de nullité si, dans la liste notifiée, un juré est désigné avec la profession de marchand de bois au lieu de celle d'avoué. — Cass., 6 juin 1861, Humbert, [D. 61.5.123] — Avec la qualité de rentier au lieu de celle d'escompteur. — Cass., 24 déc. 1874, Lajus, [*Bull. crim.*, n. 318] — Avec la qualité de pharmacien, alors qu'il était ancien pharmacien. — Cass., 20 janv. 1881, Petit et Ducloux, [*Bull. crim.*, n. 15] — Avec la qualité d'armateur, alors qu'il était ancien armateur. — Cass., 14 févr. 1885, Audibert dit Philippe, [*Bull. crim.*, n. 87]

558. — De même, il ne résulte aucune nullité de ce que l'un des jurés, qui a fait partie du jury de jugement, a été notifié à l'accusé sous une indication erronée quant à sa profession et à son domicile (désigné comme chef de gare, demeurant rue de Strasbourg, au lieu de fabricant de gants, domicilié boulevard Magenta), alors que ses nom, prénoms et âge ont été mentionnés exactement, et qu'aucune confusion n'était possible entre le nom de ce juré et celui des autres jurés portés sur la même liste. — Cass., 28 mai 1875, Maillot, [S. 75.1.487, P. 75.1214, D. 76.1.140]

559. — Mais d'un autre côté, il a été jugé qu'il y a lieu d'annuler la déclaration du jury et tout ce qui a suivi lorsque la différence de qualité et de domicile donnés à un juré dans la liste notifiée et dans le tirage au sort a pu faire naître dans l'esprit des accusés des doutes sur son identité. — Cass., 21 juin 1833, Millet, [S. 33.1.775, P. chr.]; — 29 avr. 1843, Ravel, [S. 43.1.433]

560. — Spécialement, lorsque dans le tableau du jury un des jurés est désigné comme exerçant la profession de notaire dans une résidence, tandis que la liste notifiée comprend une personne des mêmes nom et prénoms, exerçant la même profession dans une autre résidence. — Cass., 7 févr. 1822, Génitour-Guinot, [P. chr.]

561. — ... Ou lorsque le nom d'un juré est accompagné de la profession de négociant dans la liste notifiée et de la qualité de rentier dans la formation du tableau du jury, s'il est établi qu'il existe dans la même ville deux individus de ce nom, ayant l'un la profession de négociant, et l'autre la qualité de rentier; et si d'ailleurs rien ne justifie que celui qui a siégé soit le même que celui dont le nom a été notifié. — Cass., 7 févr. 1822, Augustin Hurtaux, [S. et P. chr.]

562. — ... Ou lorsqu'un juré a été inscrit tant sur la liste notifiée que sur celle qui a servi à la composition du tableau du jury, avec la qualité de maire de la commune qu'il habite, qualité qui appartient à son frère et non à lui. — Cass., 25 févr. 1825, Jean Petit, [S. et P. chr.]; — 25 févr. 1825, Mouton, [S. et P. chr.]; — 25 févr. 1825, Harmand, [S. et P. chr.]; — 26 févr. 1825, Berton, [P. chr.] — Mais le fait seul que sur la liste notifiée la qualité de maire a été attribuée à tort à l'un des jurés ne saurait entraîner nullité, lorsqu'il n'y a pas de confusion possible sur l'individualité de ce juré. — Cass., 24 sept. 1885, Boutet, [Bull. crim., n. 266]

563. — IV. *Domicile.* — Une mention très-importante que doit contenir la liste notifiée (car l'omission ou l'erreur à cet égard est de nature à jeter beaucoup d'incertitude sur l'identité des jurés) est celle du domicile de chacun d'eux.

564. — Cependant, de même que pour les nom, prénoms, qualité, profession, l'erreur commise sur le domicile d'un juré ne peut devenir un moyen de nullité qu'autant qu'elle préjudicierait à l'accusé en l'empêchant de reconnaître ce juré. — Cass., 24 sept. 1819, d'Ambricourt, [P. chr.]; — 18 mars 1826, Dermenon-Annet, [P. chr.]; — 5 mai 1826, Domet, [P. chr.]; — 21 août 1828, Bonneau, [S. et P. chr.]; — 20 nov. 1828, précité; — 1er juill. 1830, Delaroche, [S. et P. chr.]; — 18 août 1837, Goupil, [P. 39.2.556]; — 8 févr. 1840, Marchetti, [S. 40. 1.651, P. 40.2.537]; — 3 sept. 1863 (2 arrêts), François et Laurent, [D. 63.5.101]; — 24 déc 1863, Carlier, [Bull. crim., n. 305]; — 12 déc. 1867, Terrail de Bernin, [Bull. crim., n. — 12 juin 1873, Paraz, [Bull. crim., n. 157]; — 15 juill. 1875, Puech, [Bull. crim., n. 229]; — 8 nov. 1883, Joinetaud, [Bull. crim., n. 244] — Sic, Bourguignon, art. 394, n. 3; Nouguier, n. 747; F. Hélie, n. 3230.

565. — Il en est ainsi et lorsque l'erreur n'a porté que sur le numéro de la rue... — Cass., 14 mars 1885, Audibert, [Bull. crim., n. 87], — ... et lorsqu'elle a consisté à désigner le juré comme résidant dans une commune autre que celle où il demeure réellement, celle-ci fût-elle voisine... — Cass., 15 janv. 1885, Faye et autres, [Bull. crim., n. 25], — ... ou même éloignée, — Cass., 3 févr. 1853, Simon, [D. 53.5 124], — de celle indiquée sur la liste notifiée.

566. — Jugé même que la fausse indication du domicile d'un juré, sur la liste notifiée à l'accusé, n'est pas une cause de nullité, encore bien qu'il se trouve au domicile indiqué un individu du même nom, mais n'ayant point les mêmes prénoms, ni la même profession. — Cass., 30 sept. 1836, Allard, [P. chr.]

567. — De même, il ne résulte aucune nullité de ce que la notification de la liste des jurés aurait, en indiquant la demeure d'un juré, omis le nom de la commune de sa résidence, si, d'ailleurs, les autres désignations sous lesquelles ce juré a été indiqué par ladite notification ont été suffisantes pour éclairer les accusés sur l'exercice du droit de récusation. — Cass., 31 juill. 1847, Favre, [P. 47.2.617]; — 27 janv. 1853, Dailly, [Bull. crim., n. 34]; — 29 déc. 1883, Pinsat, [Bull. crim., n. 299]

568. — Aucune loi n'impose l'obligation de joindre au nom de la commune du domicile d'un juré, dans la liste notifiée, celui de l'arrondissement dont elle fait partie. — Cass., 7 déc. 1827, Lenglet, [P. chr.]

569. — Mais il a été jugé au contraire, et avec raison selon nous, que la notification à l'accusé de la liste des jurés est nulle lorsque l'un d'eux est indiqué comme ayant son domicile dans une commune où il n'est réellement point domicilié, et qu'il se trouve dans cette commune un autre citoyen du même nom. — Cass., 10 juin 1825, Valoteau, [S. et P. chr.]; — 20 janv. 1842, Pasquier, [S. 42.1.985, P. 42.1.691]; — 15 nov. 1849, Duru, [P. 51.1.194]

570. — Terminons l'étude de ces différentes règles par une observation générale. Nous avons exposé plus haut que la nullité n'est encourue par suite d'inexactitudes ou d'omissions dans la liste notifiée qu'autant qu'elles ont pu entraver le libre exercice du droit de récusation de l'accusé. C'est donc à raison du préjudice éprouvé par ce dernier que la nullité peut être prononcée. Si le préjudice n'existe pas, la notification ne devra pas être annulée.

571. — C'est ainsi qu'il a été jugé que l'accusé est sans intérêt à se faire un moyen de nullité des inexactitudes commises sur la liste qui lui a été notifiée, dans la désignation de jurés précédemment dispensés et qui n'ont pas concouru à la formation du tableau. — Cass., 10 juin 1825, précité ; — 11 juin 1825, Foucaud, [S. et P. chr.]; — 6 nov. 1828, Goujon, [P. chr.]; — 3 mai 1832, Bray, [P. chr.]

572. — ... Que l'accusé est sans intérêt à se plaindre des inexactitudes qui auraient existé dans la copie de la liste à lui notifiée, quant à l'âge et au domicile d'un juré inscrit, alors que ce juré ne faisait pas partie du jury de jugement. — Cass., 18 avr. 1845, Antenet, [P. 48.2.116] — ... ou que le nom de ce juré n'est pas sorti de l'urne. — Cass., 12 juill. 1831, Arnal, [Bull. crim., n. 283]; — 2 sept. 1880, Grégoire, [S. 83.1.90, P. 83.1.183]

573. — ... Ou lorsqu'avant l'appel du nom du juré inexactement désigné, l'accusé avait épuisé son droit de récusation. — Cass., 9 juill. 1835, Vincentini, [P. chr.]; — 20 janv. 1842, précité.

574. — ... Ou lorsque les erreurs ont porté sur les noms des jurés supplémentaires qui n'ont pas concouru au tirage du jury de jugement, par suite de la présence de trente jurés titulaires. — Cass., 30 août 1849, Ponsart, [P. 51.2.527, D. 49.5.86]

575. — Pour savoir si la notification est régulière, il faut consulter la copie remise à l'accusé; la copie d'un exploit tient en effet lieu de l'original à la partie à laquelle la signification est faite ; les mentions contenues dans cette copie sont les seules dont il doive être tenu compte, quelle que soit d'ailleurs la validité de l'original (V. infrà, n. 584, 648). Il en résulte que si sur la copie notifiée à l'accusé et contenant trente noms seulement, l'huissier a laissé subsister le nom d'un juré absent et dispensé du service de la session entière, mais a au contraire raturé par erreur le nom d'un juré présent, la nullité doit être prononcée. En effet, le juré dont le nom avait été raturé sur la copie doit être considéré comme n'ayant pas été notifié, et, dès lors, par suite de cette omission, l'accusé n'a reçu notification que des noms de vingt-neuf jurés idoines. — Cass., 14 mars 1889, Mascia, [Bull. crim., n. 108]

§ 5. *Forme de la notification.*

576. — La notification de la liste du jury à l'accusé est faite par exploit d'huissier.

577. — Il n'est pas nécessaire que l'huissier chargé de la notification soit un huissier audiencier. Si, en matière criminelle, la qualité d'audiencier peut présenter une garantie particulière de l'aptitude de l'huissier, elle n'est pas une condition nécessaire de sa capacité. — Cass., 11 juin 1874, Parrage, [Bull. crim., n. 165]

578. — Il suffit que l'exploit de notification à l'accusé de la liste des jurés établisse que c'est bien la liste des trente-six jurés titulaires et des quatre supplémentaires qui a été notifiée; il n'est pas nécessaire que cette liste soit transcrite en tête ou dans le corps de l'original de l'exploit de notification. — Cass., 11 janv. 1839, Maugard, [P. 43.2.245]; — 3 nov. 1848, Lebugle, [S. 49.1.288, P. 49.2.635, D. 48.5.84]; — 28 sept. 1865, Petit, [Bull. crim., n. 183]; — 9 déc. 1869, Altmeyer, [D. 70.5.97]; — 7 janv. 1886, Tarrit, [Bull. crim., n. 6]; — 30 août 1888, Carrette, [Bull. crim., n. 284]; — 27 mars 1890, Aubert, [Bull. crim., n. 73]

579. — Le Code d'instruction criminelle ne contient pas de texte relatif à la forme de l'exploit de notification; la jurisprudence a décidé qu'à défaut de disposition spéciale, les formes de cet exploit doivent être réglées par l'art. 61, C. proc. civ. — Cass., 12 août 1881 (motifs), Dabat, [S. 83.1.336, P. 83.1.802]

580. — Mais parmi les règles fixées par l'art. 61 pour les ajournements, les unes sont spéciales et peuvent être omises dans l'exploit de notification de la liste du jury; les autres, au contraire, sont essentielles et exigées à peine de nullité.

581. — Parmi les premières, il faut citer : 1° l'indication du nom, de la demeure et de l'immatricule de l'huissier; l'omission de cette mention serait sans influence sur la notification. — Cass., 2 janv. 1834, Pélissier, [S. 34.1.671, P. chr.]; — 5 déc. 1867, Farneau, [D. 69.5.193]; — 2° l'enregistrement de l'exploit. Sans doute, l'original de la notification doit être enregistré ; mais la nullité que la loi attache à l'absence de la formalité extrinsèque de l'enregistrement n'est introduite que dans l'intérêt du fisc, et ne peut être étendue aux actes qui intéressent l'ordre et la vindicte publique. La notification de la liste des jurés à l'accusé n'est donc pas nulle à défaut d'enregistrement dans les quatre jours qui suivent. — Cass., 7 janv. 1826, Tranchant, [S. et P. chr.]; — 15 déc. 1831, Franquette, [P. chr.]; — 24 juill. 1845, Rabault, [P. 46.1.52]

582. — Il faut, au contraire, considérer comme essentielles et prescrites à peine de nullité de la notification : 1° la signature de l'huissier; 2° l'indication de la date de l'exploit; 3° la mention du parlant à...

583. — I. *Signature de l'huissier.* — L'original de l'exploit de notification doit être signé par l'huissier. Cet acte ne reçoit son authenticité et la foi qui lui est due en justice que s'il est certifié par l'officier public compétent au moyen de son nom écrit de sa main au bas de l'acte. En l'absence de la signature de l'huissier, il n'est pas légalement constaté que l'accusé ait reçu la notification. Est donc nulle la notification de la liste du jury, si l'original de l'exploit n'est pas signé par l'huissier. — Cass., 27 mai 1869, Sortis, [*Bull. crim.*, n. 116]; — 31 mars 1881, Peretti, [*Bull. crim.*, n. 88]; — 13 mars 1884, Ali-ben-Salah-ben-Saâd, [*Bull. crim.*, n. 79]; — 1er mai 1884, Arab-ben-Ahmed-ben-Aliou-Messaoud, [*Bull. crim.*, n. 154]; — 2 juill. 1885, Bioudi Gualtiero, [*Bull. crim.*, n. 192]; — 22 avr. 1887, Duranteau, [*Bull. crim.*, n. 149]; — 22 mars 1890, Lair, [*Bull. crim.*, n. 70]

584. — Il ne suffit pas que la signature de l'huissier se trouve apposée sur l'original de l'exploit de notification; il faut encore qu'elle figure sur la copie signifiée à l'accusé. Il est, en effet, de principe que la copie d'un exploit tenant lieu de l'original à la partie qui la reçoit, cette partie ne doit connaître que la copie qui lui est remise pour apprécier et faire apprécier à son égard la régularité de l'acte qui lui a été signifié. Dès lors, l'existence sur l'original de la signature de l'huissier qui a instrumenté ne saurait ni couvrir l'irrégularité de la copie, ni suppléer à l'absence de la signature qui la vicie. — Cass., 25 sept. 1862, Bolammeau, [D. 64.5.141]

585. — Il suffit que la signature de l'huissier soit placée au bas de l'exploit qui contient la liste du jury; il n'est pas nécessaire qu'elle se trouve sur la copie même de cette liste. — Cass., 24 sept. 1834, Oudin et Pajot, [P. chr.]; — 18 mars 1869, Duhot, [*Bull. crim.*, n. 67]; — 29 avr. 1869, Gancel, [*Bull. crim.*, n. 99]; — 26 mai 1887, Armand, [*Bull. crim.*, n. 205]

586. — Aucune nullité ne peut résulter de ce que la signature, apposée par l'huissier au bas de la copie remise à l'accusé, est illisible, si du reste il est constant que cette signature est bien celle de l'huissier qui a instrumenté. — Cass., 3 avr. 1873, Yturmendi, [*Bull. crim.*, n. 88]

587. — II. *Date de l'exploit.* — La notification de la liste des jurés doit être datée. La date est une formalité substantielle dont l'absence vicie l'acte qui en est dépourvu. — Cass., 28 janv. 1832, Grasset, [S. 32.1.397, P. chr.]

588. — La nullité existe encore bien que l'original de la notification soit régulier, si la copie ne mentionne pas le jour où elle a été faite. L'absence de date sur la copie ne permet pas en effet de s'assurer si la notification a été faite dans le délai prescrit par la loi. — Cass., 24 oct. 1822, Houziaux, [S. et P. chr.]; — 5 mars 1836, Devolx, [P. chr.]; — 9 avr. 1864, Mittenhoff, [D. 65.5.166]

589. — L'exploit de notification de la liste des jurés fait foi de sa date par lui-même et jusqu'à l'inscription de faux. La formalité de l'enregistrement étant extrinsèque, on ne saurait se faire un moyen de cassation de ce que la mention d'enregistrement porte une date fausse ou erronée. — Cass., 16 juill. 1842, Baurain, [P. 42.2.754]

590. — Cependant le défaut d'indication du mois dans la copie laissée à l'accusé n'est pas une cause de nullité lorsque les énonciations portées en tête de cette copie ne laissent aucun doute sur la véritable date de la signification. — Cass., 4 mars 1853, Breck, [D. 53.5.126]

591. — On s'est demandé si l'omission de la date de la notification pouvait être suppléée par d'autres énonciations. La jurisprudence n'a admis qu'un seul équivalent, celui tiré de la date de l'enregistrement. La notification de la liste du jury, bien que non datée, sera valable si de la date de l'enregistrement il résulte qu'elle a été faite la veille du jour fixé pour la formation du tableau du jury de jugement. — Cass., 10 nov. 1849, Tourrette, [P. 51.1.25] — V. *infra*, n. 635.

592. — La Cour de cassation avait un instant pensé que l'omission de la date dans l'exploit de notification pouvait être remplacée par les énonciations du procès-verbal du tirage au sort du jury de jugement. Elle avait validé une notification non datée en se fondant sur ce motif qu'il était constaté dans le procès-verbal que la notification avait été faite la veille. — Cass., 14 août 1817, Sentis, [S. et P. chr.] — Cette jurisprudence n'é-

tait pas sans danger; elle avait pour résultat de permettre de régulariser la notification par une mention insérée après coup dans un autre acte rédigé en dehors de l'accusé. Aussi la Cour de cassation est-elle revenue sur cette jurisprudence et a-t-elle, depuis, proclamé qu'on ne pouvait, « pour reconnaître la date de l'exploit, recourir à des actes qui lui sont étrangers et qui ne sont pas destinés à en être le complément ». C'est par ses propres éléments ou par ceux qui, comme l'enregistrement, se lient essentiellement et s'identifient avec lui que l'exploit doit être complété. — Cass., 11 mai 1854, Janny et André, [D. 54.5.213]

593. — A fortiori, lorsqu'il résulte de l'original de l'exploit de signification joint à la procédure que la liste du jury de la session a été régulièrement notifiée tel jour à l'accusé, mais qu'il est énoncé au procès-verbal du tirage au sort du jury de jugement que cette notification doit résulter de l'exploit destiné à le constater, cette erreur purement matérielle ne saurait vicier la notification régulièrement faite. — Cass., 22 mars 1888, Cornu, [*Bull. crim.*, n. 117]

594. — III. *Mention relative au parlant à...* — La notification doit être faite aux accusés parlant à leur personne : chaque accusé doit recevoir une copie distincte et séparée. La preuve de cette notification doit résulter de l'exploit destiné à la constater; cet exploit doit, à peine de nullité, contenir la mention de la personne à qui a parlé l'huissier et à qui il a laissé la copie. C'est le parlant à ... de l'exploit qui fera connaître cette personne. — Cass., 10 nov. 1820, Pujos, [S. et P. chr.]; — 1er août 1851, Belaman, [D. 51.5.139]; — 12 août 1881, Dabat, [S. 83.1.336, P. 83.1.802, D. 81.5.104]

595. — La notification est nulle lorsque le parlant à ... a été laissé en blanc. — Cass., 11 sept. 1851, Quedeville, [D. 51.5.139]; — 2 juill. 1857, Brouillaud, [*Bull. crim.*, n. 247]; — 17 mars 1859, Trillée, [D. 60.5.155]; — 31 janv. 1867, Perez, [D. 67.5.194]; — 5 janv. 1872, Durand, [*Bull. crim.*, n. 3]; — 7 janv. 1875, Besançon, [*Bull. crim.*, n. 5]; — 8 sept. 1881, Adeline, [*Bull. crim.*, n. 216]; — 29 déc. 1882, Aury, [*Bull. crim.*, n. 297]; — 25 sept. 1884, Ensigha-ben-Larbi, [*Bull. crim.*, n. 283]; — 30 juill. 1885, Dunet, [*Bull. crim.*, n. 235]

596. — La notification est également nulle lorsque l'exploit se borne à énoncer que l'huissier a signifié et laissé copie de la liste des jurés à l'accusé sans faire mention de la personne à laquelle il a parlé et à laquelle il a laissé la copie : il demeure alors incertain si cette remise a été faite à l'accusé lui-même ou au concierge de la prison que l'huissier aurait chargé de la lui remettre. — Cass., 9 avr. 1868, Galatry, [D. 69.5.101]; — 12 août 1881, précité.

597. — L'exploit doit donc contenir le nom et même autant que possible les prénoms de l'accusé. Mais cette dernière mention n'est pas exigée à peine de nullité. La loi, en effet, ne prescrit pas l'énonciation des prénoms de l'accusé dans la notification qui lui est faite de la liste des jurés. — Cass., 16 avr. 1818, Guillain, [P. chr.]

598. — Dès lors, l'individu condamné par une cour d'assises ne peut invoquer la cassation l'erreur commise sur son prénom dans la signification à lui faite de la liste des jurés, si, dans la prison où il était, aucun autre détenu ne portait son nom. — Cass., 19 oct. 1832, Epinat, [P. chr.]; — 23 sept. 1875, Conill, [*Bull. crim.*, n. 294]; — 10 févr. 1881, Tourbier, [*Bull. crim.*, n. 33]

599. — Et même l'accusé auquel la notification de la liste du jury a été faite sous le nom de Mirail, au lieu du nom de Miral qui est le sien, n'est pas fondé à se faire de cette légère irrégularité un moyen de cassation, alors surtout qu'il a reçu cette notification sans élever de réclamation. — Cass., 3 juill. 1873, Miral, [*Bull. crim.*, n. 181]

600. — La notification de la liste des jurés à un accusé ne peut être déclarée nulle à raison de ce que le parlant à la personne y était imprimé d'avance. — Cass., 4 avr. 1856, Cervi, [S. 56.1.627, P. 56.2.573, D. 56.1.232]; — 29 mars 1878, Baron, [*Bull. crim.*, n. 85]; — 13 sept. 1894, Lafite, [*Bull. crim.*, n. 246]

601. — De même, il ne saurait y avoir nullité de ce que l'huissier aurait omis le mot « sa » dans la formule imprimée « parlant à .. personne ». Cette dernière mention est suffisante pour fournir la preuve de l'accomplissement des prescriptions de l'art. 395, C. instr. crim. — Cass., 2 avr. 1863, Leprince, [D. 63.5.168]

602. — Lorsque l'accusé est détenu, il y a nullité lorsqu'il n'est pas établi qu'il a reçu personnellement notification de la liste des jurés. — Cass., 10 août 1839, Dallemagne, [*Bull. crim.*, n. 257]

603. — Ainsi la notification de la liste des jurés est nulle lorsqu'elle a été faite, non en parlant à la personne de l'accusé, mais seulement au concierge de la prison où il était détenu. — Cass., 13 nov. 1818, Philippart, [S. et P. chr.] — *Sic*, Merlin, *Rép.*, v° *Jury*, t. 16, *add.*, § 4, n. 4; Carnot, sur l'art. 315, n. 8; Bourguignon, sur l'art. 394, n. 5; Legraverend, t. 2, p. 191.
— ... Ou au concierge de l'hospice dans lequel l'accusé a été transféré pour cause de maladie. — Cass., 14 déc. 1867, Molurier, [D. 68.5.199]

604. — De même, la notification de la liste des jurés, faite à un accusé en parlant de son coaccusé et non à lui-même, est nulle comme ne prouvant pas légalement que la copie ait été reçue par celui à qui elle était destinée. — Cass., 5 déc. 1811, Pieplus, [P. chr.]; — 12 mars 1818, Simon, [S. et P. chr.]; — 16 mars 1820, Kerusoret, [S. et P. chr.]; — 23 mars 1820, Begon, [S. et P. chr.]; — 29 juill. 1825, Dufour, [P. chr.] — *Sic*, Merlin, *Rép.*, v° *Juré*, § 4. — Nullité également, si la notification a été faite à un autre détenu. — Cass., 14 mai 1886, Mène, [*Bull. crim.*, n. 174]

605. — Toutefois la nullité, dans ce cas, ne profite qu'à ceux qui n'ont pas reçu de copie. — Mêmes arrêts. — *Sic*, Bourguignon, *Manuel du jury*, p. 378.

606. — Il n'est pas du reste nécessaire que la notification à l'accusé détenu de la liste des jurés lui soit faite entre deux guichets comme lieu de liberté (C. instr. crim., art. 392). — Cass., 1er juill. 1837, Tranchant, [S. 38.1.916, P. 38.1.77]; — 31 mars 1866, Rogalle, [*Bull. crim.*, n. 90]

607. — De même encore, la notification du tableau des jurés est nulle lorsqu'elle est faite aux défenseurs des accusés, au lieu de l'être aux accusés eux-mêmes. — Cass., 26 brum. an VIII, Crosnier et Blanchard, [S. et P. chr.]

608. — Lorsque l'accusé ou le prévenu a été laissé en liberté, il n'est pas nécessaire que la notification soit faite à sa personne. — Cass., 19 mai 1832, Corentin Carnaud, [S. 32.1.559, P. chr.] — 20 juill. 1832, Bailly, [S. 33.1.59, P. chr.]; — 11 oct. 1832, Malastrie, [P. chr.] — Elle peut alors être faite à sa personne ou à son domicile.

609. — Elle doit être faite à son domicile même. Elle ne peut pas avoir lieu au greffe de la cour d'assises. — Cass., 19 mai 1832, précité; — 20 juill. 1832, précité; — 11 oct. 1832, précité; — 3 mars 1842, Valentin et autres, [*Bull. crim.*, n. 42]

610. — L'exploit de notification faite au domicile du prévenu doit, à peine de nullité, énoncer le nom de la personne à laquelle la copie a été laissée. — Cass., 10 nov. 1820, Pujos, [S. et P. chr.]; — 1er août 1851, Belaman, [*Bull. crim.*, n. 317]

611. — En matière de délits de presse, spécialement de délits de diffamation déférés à la cour d'assises, la notification de la liste du jury doit, à peine de nullité, être faite au domicile réel du prévenu. Une notification faite au domicile élu par le prévenu de diffamation pour la preuve des faits diffamatoires, serait irrégulière et nulle. — Cass., 1er mai 1885, Carro, [S. 88.1.45, P. 88.1.73, D. 86.1.231]

612. — Précédemment la Cour de cassation avait jugé, en sens contraire, que la notification de la liste du jury pouvait être valablement faite au domicile élu par le prévenu dans le cours de la procédure. — Cass., 14 déc. 1849, Malardier, [S. 50.1.326, P. 49.2.656, D. 49.1.335] — Mais il y a lieu de faire remarquer que dans cette espèce le prévenu avait, au cours de l'instruction, librement déclaré par acte reçu au greffe qu'il faisait élection de domicile chez tel avoué résidant au siège de la cour d'assises, « au domicile duquel il consentait à ce que toutes significations d'arrêts ou autres, lui fussent faites comme à son domicile réel ». En présence de semblable déclaration, la solution devrait encore être la même aujourd'hui.

613. — L'acte de notification doit, en outre, constater, et ce à peine de nullité, que copie de la liste du jury a été remise à l'accusé.

614. — La loi n'exige point que la liste des jurés notifiée à l'accusé la veille du jour déterminé pour la formation du tableau soit manuscrite : c'est la signature de l'officier ministériel que la loi charge de cette notification, mise au bas de l'exploit de notification, qui donne à cette liste l'authenticité et la légalisation nécessaires. — Cass., 24 sept. 1834, Oudin, [S. 35.1.135, P. chr.] — En conséquence, la liste des jurés peut être signifiée à l'ac-

cusé par un acte imprimé, et on ne peut étendre à ce cas la prohibition établie, sous peine de nullité, par l'art. 372, C. instr. crim., en ce qui concerne le procès-verbal des débats (V. *infra*, n. 4864 et s.). — Cass., 11 juill. 1839, Esparseil, [S. 40.1.830, P. 40.2.584]; — 23 janv. 1851, Maran, [D. 51.5.139]

615. — S'il y a plusieurs accusés, chacun d'eux doit recevoir personnellement une copie de la liste et l'original de l'exploit de notification doit le constater, sous peine de nullité. — Cass., 5 déc. 1811, Piéplus, [P. chr.]; — 16 mars 1820, Kerusoret, [S. et P. chr.]; — 23 mars 1820, Begon, [P. chr.]; — 29 juill. 1825, Dufour, [S. et P. chr.]; — 10 août 1839, Dallemagne, [*Bull. crim.*, n. 257]; — 16 févr. 1860, Décugis, [P. 62.510, D. 63.5.168]; — 29 août 1884, Maillet, [*Bull. crim.*, n. 275]; — 4 déc. 1885, Biogen, [*Bull. crim.*, n. 333]; — 14 mai 1886, Mène, [*Bull. crim.*, n. 174]

616. — La notification est régulière lorsque l'original mentionne que copie en a été donnée : 1° à.....; 2° à.....; 3° à.....; 4° à....., et qu'après chaque chiffre est relaté le nom de chaque accusé. — Cass., 10 déc. 1836, Jeanseon, [P. 38.1.25]

617. — L'exploit de notification aux accusés mentionnant qu'il en a été laissé copie en parlant *à leurs personnes*, constate suffisamment que chacun d'eux a reçu sa copie. — Cass., 29 mars 1838, Lourdel et Minet, [P. 40.1.203]

618. — La mention incorrecte dans l'exploit de notification de la liste du jury à plusieurs accusés que cette notification a été faite à ceux-ci « parlant à sa personne » peut être rectifiée à l'aide d'une autre mention de l'acte de laquelle il résulte que l'huissier « a laissé à chacun des accusés une copie de la liste du jury et de l'exploit de notification ». — Cass., 10 août 1882, Belkassem ben Ali ben Drêïdi, [*Bull. crim.*, n. 200]

619. — La loi n'a prescrit l'emploi d'aucune formule pour constater la remise de la copie à l'accusé; la Cour de cassation examine et décide dans chaque affaire si des énonciations mêmes de l'exploit de notification, il résulte que l'accusé a reçu copie de la liste du jury. — Cass., 28 nov. 1863, Gardan, [D. 64.5.141]; — 28 avr. 1887, Lakdar-ould-Mohamed, [*Bull. crim.*, n. 159]; — 3 mai 1888, Giuily, [*Bull. crim.*, n. 161]

620. — Cette cour, pour rechercher si la remise de la copie a été faite à chaque accusé, peut consulter le détail du coût de l'exploit. La remise d'une copie à chacun des accusés est suffisamment constatée lorsque ceux-ci sont distinctement désignés et lorsque le coût des différentes copies est relaté dans l'exploit. — V. les arrêts cités au numéro précédent. — V. aussi Cass., 12 sept. 1861, Damée, [D. 61.5.206]; — 18 mars 1870, Belleney, [*Bull. crim.*, n. 66]; — 4 juill. 1872, Ahmed-ben-Djema, [D. 72.1.331]; — 19 mars 1874, Marsault, [*Bull. crim.*, n. 89]; — 3 févr. 1877, Bou-Addi-ben-Guerrach, [*Bull. crim.*, n. 44]

621. — Mais le coût de l'exploit ne peut suppléer à la constatation de la remise de la copie à plusieurs accusés lorsqu'il n'est indiqué que par son total et que surtout, en le décomposant, on arrive à cette conséquence qu'une seule copie a été notifiée. — Cass., 7 avr. 1864, Le Gauguec, [D. 65.5.166]; — 4 déc. 1885, précité.

622. — De même, au cas où il y a plusieurs accusés, la preuve que chacun d'eux a reçu copie de la notification de la liste des jurés ne résulte suffisamment, ni de ce que la notification énonce que l'huissier a parlé à tous les accusés, ni de la mention du coût de l'exploit, alors que, en décomposant ce coût, indiqué seulement par son total, on trouve une somme inférieure à celle que nécessiteraient les diverses copies, quoique supérieure à une seule. — Cass., 16 févr. 1860, précité.

623. — De même encore, le coût de l'acte, s'il suppose la confection et la remise d'une double copie, ne fait pas preuve que ces deux copies ont été remises en parlant à la personne de chacun des accusés, alors que l'exploit énonce que la notification a été faite parlant à un seul accusé qu'il ne désigne pas et ajoute qu'il lui a été laissé copie de l'acte. — Cass., 30 avr. 1869, Icard et Palauca, [*Bull. crim.*, n. 100]

§ 6. *Surcharges, renvois, interlignes.*

624. — Il y a lieu parfois de modifier, de corriger l'original ou la copie de l'exploit de notification ou la liste même du jury notifiée à l'accusé; il faut, pour opérer ces corrections, suivre les règles tracées par l'art. 78, C. instr. crim. — Nouguier, n. 153 et 154; F. Hélie, n. 1873.

625. — Ainsi l'huissier doit s'abstenir de faire ces changements par interligne; la loi lui recommande de procéder par renvoi, de rayer la partie inexacte et de faire un renvoi en marge ou à la suite de l'acte. — F. Hélie, *loc. cit.*

626. — Pour être valable, le renvoi doit être approuvé et signé par le rédacteur de l'acte, c'est-à-dire par l'huissier (Nouguier, n. 155 et 156), ou au moins paraphé par lui. — Cass., 28 janv. 1832, Grasset, [S. 32.1.397, P. chr.]; — 10 sept. 1869, Tailfer, [*Bull. crim.*, n. 210] — *Sic*, Nouguier, n. 156 et 161.

627. — Il en est de même pour les ratures : on doit compter les mots rayés, indiquer ce nombre dans une mention mise à la fin ou en marge de l'exploit, et signer ou parapher. — Nouguier, n. 157 et 158.

628. — L'art. 78 ne parle pas des surcharges; mais la jurisprudence les assimile aux renvois et décide qu'elles doivent être approuvées de la même manière. — Nouguier, n. 152.

629. — Les interlignes, quoique proscrites par la loi, ne sont pas forcément nulles; elles valent si elles sont régulièrement approuvées. — F. Hélie, n. 1873; Nouguier, n. 151.

630. — « Les interlignes, ratures et renvois non approuvés, dit l'art. 78, sont réputés non avenus ». Les mots écrits en interligne, ou en marge ou à la fin de l'acte sont considérés comme inexistants, s'ils ne sont pas approuvés. Les mots raturés sans approbation sont considérés comme maintenus. — Nouguier, n. 162.

631. — Le défaut d'approbation n'entraine donc pas par lui-même la nullité de l'acte; pour savoir si ce défaut d'approbation peut avoir quelque influence sur la validité de l'acte, il faut rechercher quelle est l'importance des mots raturés, surchargés, etc.

632. — Les surcharges, interlignes, renvois, etc., non approuvés entraineront la nullité de l'acte lorsqu'ils porteront sur des mots énonçant l'observation de formalités substantielles. — Nouguier, n. 166; F. Hélie, n. 3226.

633. — Ainsi le défaut d'approbation de la surcharge existant dans la date de la notification de la liste des jurés à l'accusé entraine la nullité de la formation du jury et des débats, alors qu'il en résulte incertitude sur le point de savoir si cette notification a été faite en temps utile. — Cass., 28 janv. 1832, précité; — 21 sept. 1839, Boëglin, [S. 40.1.89, P. 40.1.554]; — 25 févr. 1843, Garès, [S. 44.1.153]; — 5 nov. 1846, Lucot, [P. 47. 1.480, D. 46.4.124]; — 12 oct. 1848, Picard, [P. 49.2.668, D. 51.5.157]; — 22 mars 1850, Roblin, [*Bull. crim.*, n. 108]; — 14 juill. 1859, Epaillard, [D. 59.5.166]; — 13 juin 1861, Bergeron, [D. 61.5.207]; — 10 avr. 1862, Jussot, [D. 64.5.141]; — 21 mars 1889, Labadie, [*Bull. crim.*, n. 119]

634. — La notification est nulle quand la date et le nom de l'accusé ont été surchargés sans approbation au moyen de l'application de bandes de papier sur des énonciations qu'on a voulu faire disparaitre. — Cass., 13 mars 1846, Simier, [P. 49.2.178]; — 14 janv. 1847, Guernier, [P. 47.1.572]; — 12 oct. 1848, précité.

635. — Mais la nullité résultant de ce que la date de l'exploit de notification de la liste des jurés serait surchargée, sans approbation de la surcharge, est couverte par la reproduction régulière de cette date dans la mention de l'enregistrement de l'acte. — Cass., 10 nov. 1849, Tourrette, [P. 51.1.25] — V. *suprà*, n. 591.

636. — Le défaut d'approbation des surchages entraine nullité lorsqu'elles portent sur les noms des jurés et qu'il y a incertitude sur l'identité de ces derniers. — Cass., 15 oct. 1829, Quinette de Labogue, [S. et P. chr.]; — 22 août 1850, Bridier, [*Bull. crim.*, n. 266]; — 16 juill. 1864, Janson, [*Bull. crim.*, n. 292]

637. — Lorsque les nom, prénoms, âge, profession et domicile d'un juré ont été inscrits par surcharge sur des lignes raturées, sans que ces surcharges et ratures aient été approuvées, le nom de ce juré doit être considéré comme n'ayant pas été notifié à l'accusé. Il y aura donc nullité si ce juré a fait partie du jury de jugement. — Cass., 13 juin 1864, précité; — 23 déc. 1869, Favre, [*Bull. crim.*, n. 270]; — 31 mai 1878, Kadda-ben-Ahmed, [S. 79.1.96, P. 79.191, D. 79.1.41]

638. — L'existence de ratures et surcharges non approuvées dans les colonnes destinées à indiquer le lieu de naissance, le domicile et la profession d'un juré a pour résultat de faire considérer comme non avenus les mots raturés et surchargés, et par suite de désigner seulement ce juré par son nom et ses prénoms, sans indication de domicile et de profession. Une telle omission ne permettant pas à l'accusé de reconnaître l'identité

de ce juré, il y aura nullité si ce juré a fait partie du jury de jugement. — Cass., 4 mars 1886, Bernard Orso, [*Bull. crim.*, n. 89]

639. — Il en doit être ainsi surtout lorsque deux jurés du même nom sont portés sur la liste. — Même arrêt.

640. — Au contraire, la notification restera valable si les ratures, surcharges, etc., non approuvées ne portent que sur des mots sans valeur légale. — F. Hélie, n. 3226; Nouguier, n. 164.

641. — Ainsi, les surcharges non approuvées, portant sur le nom d'un ou de plusieurs jurés n'entraineront pas la nullité de la notification, s'il résulte des énonciations exactes et complètes des prénoms, âge, profession et demeure de ces jurés sur la copie de la liste remise à l'accusé, que celui-ci n'a pu être trompé sur leur individualité. — Cass., 31 mai 1878, Bou-Becker, [S. 78.1.483, P. 78.1240, D. 79.1.41] — V. aussi Cass., 6 sept. 1849, Lemoy, [P. 50.2.655, D. 49.4.87]; — 6 févr. 1851, Poulard, [*Bull. crim.*, n. 50]; — 12 juill. 1851, Arnald, [D. 51.5.156]; — 29 avr. 1869, Gancel, [*Bull. crim.*, n. 99]

642. — De même, les ratures et surcharges non approuvées portant sur le nom d'un juré dans la liste notifiée ne peuvent entrainer nullité lorsque, en dehors de ce nom, il en existe trente autres entre lesquels a eu lieu le tirage au sort du jury de jugement. — Cass., 12 juill. 1851, précité; — 22 mai 1852, Thom, [*Bull. crim.*, n. 168]; — 6 avr. 1865, Casanova, [D. 65.5.166]; — 9 avr. 1891, Merger, [*Bull. crim.*, n. 76]; — 9 mai 1891, Chaboussi, [*Bull. crim.*, n. 112]

643. — Du reste, les ratures et additions non approuvées qui se trouvent dans la partie de la notification où sont inscrits les noms des jurés supplémentaires demeurent sans influence sur la validité de la procédure, lorsque aucun juré supplémentaire n'a fait partie de la liste des trente jurés sur laquelle a été tiré au sort le jury de jugement. — Cass., 30 août 1849, Ponsart, [P. 51.2.527, D. 49.5.86]

644. — De même, une rature et une surcharge, non approuvées, dans la mention du domicile d'un juré sur la copie de la liste du jury notifiée à l'accusé, ne peuvent faire grief à celui-ci, alors qu'il n'en a pu résulter aucune incertitude sur l'identité de ce juré. — Cass., 2 sept. 1880, Grégoire, [S. 83.1.90, P. 83.1.183]

645. — Sont également sans influence sur la validité de la procédure les surcharges et interlignes relatives à la profession d'un juré titulaire, lorsque le défaut d'approbation, qui ne porte d'ailleurs que sur les mots ajoutés en remplacement, n'a pu en aucune façon induire l'accusé en erreur sur la personne à laquelle s'appliquait la désignation. — Cass., 30 août 1849, précité.

646. — Jugé encore qu'aucune entrave au droit de récusation ne peut être apportée, ni aucun préjudice causé à l'accusé par l'irrégularité consistant en ce que deux ratures sur l'original de l'exploit de notification de la liste du jury, n'ont pas été régulièrement approuvées, lorsqu'il n'est relatif aucun doute ni sur la date de l'acte, ni sur l'identité de l'un des jurés. — Cass., 4 avr. 1884, Ahmed-ben-Ali-ben-Salah, [*Bull. crim.*, n. 127]

647. — Enfin le fait par un huissier de refaire à la plume, sur l'original autographe de la liste du jury notifiée à l'accusé, certaines lettres de deux noms de jurés mal venues au tirage lithographique, ne constitue pas une surcharge exigeant une approbation régulière. Ce redressement matériel ne peut tromper l'accusé sur l'identité de ces jurés, ni le gêner dans l'exercice de son droit de récusation. — Cass., 27 mars 1884, Ben-Djelloul-Mohamed, [*Bull. crim.*, n. 113]

§ 7. *Notification; irrégularités; preuve.*

648. — Lorsque l'accusé invoque devant la Cour de cassation une de ces irrégularités graves, de nature à amener la nullité de la notification, le moyen le plus simple de le prouver est de produire la copie qui lui a été laissée. C'est cette copie qui alors sert seule de base à la décision; si elle est régulière, peu importe le vice de l'original; elle le couvre. Si elle est irrégulière, peu importe la régularité de l'original; la copie tient lieu de l'original pour l'accusé. — Cass., 24 oct. 1822, Sablet, [P. chr.]; — 5 mars 1836, Derolx, [P. chr.] — V. *suprà*, n. 575.

649. — Jugé que l'accusé ne peut se prévaloir d'une surcharge existant dans l'original de la notification de la liste des jurés, pour prétendre que cette notification ne lui a pas été faite dans le délai de la loi, s'il ne représente pas la copie qu'il a reçue. — Cass., 14 août 1817, Sentis, [S. et P. chr.]; — 16 janv. 1818, Drujon, [S. et P. chr.]

650. — Lorsque l'accusé ne produit pas la copie qu'il a reçue, il faut consulter l'original. Si celui-ci est régulier, la présomption est que la copie l'est également. Si, au contraire, il est entaché d'une nullité, il y a présomption que la même nullité existe sur la copie. En un mot, à défaut de production de la copie par l'accusé, sa réclamation est jugée d'après l'état de l'original. — Cass., 14 août 1817, précité; — 7 oct. 1825, Daumont, [P. chr.]; — 16 févr. 1832, Martineau, [P. chr.]; — 24 déc 1835, Simonot, [Bull. crim., n. 477]; — 23 mai 1873, Saïdben-Maklouf, [Bull. crim., n. 140]

651. — Si, dans cette même hypothèse de non production de la copie par l'accusé, la liste du jury ne se trouve pas en tête de l'original, il y a présomption que la liste notifiée à l'accusé est exacte, complète et conforme à la liste de session. — Cass., 17 avr. 1847, Langaudin et Gouin, [S. 47.1.695, P. 48.2. 542]; — 3 nov. 1848, Lebugle, [S. 49.1.288, P. 50.1.58, D. 48. 5.84]; — 1er févr. 1887, Barbieri, [Bull. crim., n. 53]

652. — A plus forte raison l'inexactitude qui se serait glissée dans la copie signifiée à un accusé qui ne s'est pas pourvu, de la liste du jury, n'infirme pas la présomption que les copies laissées aux autres accusés étaient exactes. — Cass., 17 avr. 1847, précité.

653. — Enfin, lorsque ni l'original ni la copie ne sont produits devant la Cour de cassation, la preuve manque de l'existence de la notification; il y a présomption que cette formalité essentielle n'a pas été remplie, et par suite, nullité. — Cass., 6 nov. 1851, Moison, [Bull. crim., n. 464] — Sic, F. Hélie, loc. cit.; Nouguier, loc. cit.

SECTION III.

Citation des témoins. — Notification respective des listes de témoins.

§ 1. Citation.

654. — Trois personnes ont le droit de faire citer des témoins devant la cour d'assises : ce sont le procureur général, la partie civile et l'accusé.

655. — Chacune d'elles dresse la liste des témoins qu'elle croit utile de faire entendre à l'audience; la loi n'a imposé, à cet égard, aucune limite. Le ministère public, la partie civile et l'accusé sont juges, chacun à son point de vue, de l'intérêt qu'ils peuvent avoir à produire aux débats la déposition de telle ou telle personne. — F. Hélie, n. 3390; Nouguier, n. 630.

656. — Jugé notamment, en ce qui concerne le ministère public, que la faculté qui lui est attribuée de faire entendre les témoins qu'il juge utiles n'est limitée par aucune disposition légale; la loi s'en rapporte à lui sans condition pour l'établissement de la liste des témoins. — Cass., 1er sept. 1853, Médal, [Bull. crim., n. 443]; — 7 janv. 1858, Bolo, [D. 58.5.351]; — 5 févr. 1885, Allard, [Bull. crim., n. 58]

657. — Ainsi, le ministère public n'est pas obligé de faire appeler aux débats tous les témoins qui ont été entendus devant les officiers de police judiciaire ou devant le juge d'instruction. — Cass., 6 juin, 1810, Lavatori, [S. et P. chr.]; — 30 août 1866, Leyval et autres, [D. 67.5.429]; — 19 oct. 1888, Françon, [Bull. crim., n. 301]; — 16 mars 1889, Chambon, [Bull. crim., n. 115]; — 12 nov. 1891, Linière, [Bull. crim., n. 214]

658. — Il n'est pas tenu davantage de faire citer comme témoins les experts dont les rapports ont été reçus au cours de l'information, spécialement le médecin qui a constaté la mort de la victime. — Cass., 6 juill. 1893, Daret, [Bull. crim., n. 185]

659. — Le ministère public a le droit de produire devant la cour d'assises d'autres témoins que ceux entendus dans l'information. — Cass., 10 janv. 1834, Poulain, [S. 34.1.660]

660. — De même un moyen de cassation ne peut être tiré de ce que le ministère public aurait fait entendre un témoin dont la déposition, indifférente au procès, aurait exercé sur l'esprit du jury une influence défavorable aux intérêts de l'accusé. — Cass., 5 févr. 1885, précité.

661. — L'accusé a, comme le ministère public, le droit de faire citer des témoins : seulement, aux termes de l'art. 321, C. instr. crim., « les citations faites à la requête des accusés seront à leurs frais, ainsi que les salaires des témoins cités, s'ils en requièrent ». Cette disposition met des frais quelquefois assez lourds à la charge des accusés; souvent ceux-ci sont sans res-

sources, ils peuvent alors, aux termes du même article, s'adresser au ministère public et lui demander de faire citer les témoins qu'ils lui désignent comme utiles à leur défense. Le ministère public fait ainsi sienne la liste qui lui est présentée. Dans la pratique cet usage est constamment suivi, et la facilité avec laquelle le ministère public accueille la demande des accusés est telle que ceux-ci usent bien rarement, eux-mêmes, de la faculté de faire citer des témoins. — V. infrà, n. 1509 et s.

662. — Mais cette disposition de l'art. 321 est facultative pour le ministère public; il apprécie, suivant les cas, s'il y a lieu ou non de faire citer les témoins à décharge dont la liste lui est remise par l'accusé. « S'il est du devoir du ministère public de faire comparaître tous les témoins dont les dépositions peuvent conduire à la manifestation de la vérité, lui seul est juge de la nécessité d'appeler tel ou tel témoin dans l'intérêt de l'accusation comme dans celui de la défense; il ne relève à cet égard que de sa conscience ». — Cass., 29 déc. 1887, Kaouki, [Bull. crim., n. 453] — Il en résulte qu'en s'abstenant de faire citer la totalité ou une partie des témoins désignés par l'accusé, le ministère public use d'une faculté qui lui appartient et ne viole aucune loi. — Cass., 18 mars 1853, Dugelay, [D. 53.5.446]; — 23 juill. 1863, Poisson, [D. 67.5.429]; — 7 août 1884, Laporte, [Bull. crim., n. 260]; — 8 sept. 1887, Mattéi, [Bull. crim., n. 335]; — 4 août 1894, Bestaux et autres, [Bull. crim., n. 139]; — 27 juin 1893, Parquet, [Bull. crim., n. 186] — Sic, F. Hélie, n. 3390; Nouguier, n. 642.

663. — Une disposition nouvelle a été, à cet égard, introduite par l'art. 30, L. 22 janv. 1851, sur l'assistance judiciaire, qui est ainsi conçu : « Les présidents des cours d'assises pourront, même avant le jour fixé pour l'audience, ordonner l'assignation des témoins qui leur seront indiqués par l'accusé indigent, dans le cas où la déclaration de ces témoins serait jugée utile pour la découverte de la vérité. Pourront être également ordonnées d'office toutes productions et vérifications de pièces. Les mesures ainsi prescrites seront exécutées à la requête du ministère public ». — V. suprà, vo Assistance judiciaire, n. 116.

664. — Le président ne doit user de ce pouvoir que quand il lui est démontré que l'audition des témoins en question peut être utile à la manifestation de la vérité; le législateur s'en rapporte à ses lumières et à sa conscience. — Cass., 23 mars 1855, Langlade, [Bull. crim., n. 107]; — 25 févr. 1875, Garro, [Bull. crim., n. 64]

665. — Le président n'est pas tenu de faire connaître à l'accusé son refus de satisfaire à une demande de citation de témoins à décharge ni de rendre alors une ordonnance pour constater son refus. — Cass., 23 mars 1855, précité; — 25 févr. 1875, précité. — Sic, F. Hélie, n. 3349.

666. — La liste une fois dressée, les témoins sont cités. La citation a pour objet d'appeler les témoins à comparaître tel jour devant la cour d'assises : elle est faite par huissier et remise au témoin à la requête de la partie qui croit utile de le faire entendre.

§ 2. Notification.

667. — La citation ne suffit pas pour donner à la personne citée le caractère légal de témoin; ce caractère ne s'acquiert que par la notification, c'est-à-dire par la dénonciation à la partie adverse des nom, profession et résidence des personnes que l'on se propose de faire entendre aux débats. La notification a pour objet de permettre à chacune des parties de se renseigner sur les témoins qui lui seront opposés et de préparer ses reproches ou ses questions.

1o A qui doit être faite la notification.

668. — Il faut distinguer suivant qu'il s'agit du procureur général, de la partie civile ou de l'accusé. L'accusé ne doit notifier ses témoins qu'au procureur général (C. instr. crim., art. 315); il n'est tenu à aucune notification vis-à-vis de la partie civile. — F. Hélie, n. 3391; Nouguier, n. 647; Villey, p. 375; Garraud, p. 691; Trébutien, p. 436.

669. — La partie civile, au contraire, doit notifier ses témoins à l'accusé; mais elle n'est obligée à aucune notification à l'égard du ministère public. — Garraud, loc. cit.; Villey, loc. cit.; Trébutien, loc. cit.; F. Hélie, loc. cit.

670. — Enfin le ministère public est tenu de faire notifier à l'accusé la liste de ses témoins : mais il n'est pas tenu de la même obligation vis-à-vis de la partie civile. — Trébutien, *loc. cit.;* Villey, *loc. cit.;* Garraud, *loc. cit.;* F. Hélie, *loc. cit.*

671. — Le mot « accusé » doit être pris ici avec son sens le plus étendu; il comprend à la fois l'accusé proprement dit, le prévenu de délits connexes et le prévenu de délits spéciaux, comme les délits de presse.

672. — Aucune notification n'est donc due à la partie civile; il suit de là que la partie civile n'a pas, comme le procureur général et l'accusé, le droit de s'opposer à l'audition d'un témoin qui n'est pas inscrit sur la liste notifiée. — Carnot, *Instr. crim.,* t. 2, p. 480, n. 7; Legraverend, t. 2, p. 191.

673. — L'accusé n'est pas tenu de notifier à son coaccusé les témoins qu'il a fait citer pour déposer contre celui-ci. — Cass., 22 avr. 1841, Potignon. [S. 42.1.480, P. 42.1.455] — *Sic,* F. Hélie, n. 3391 ; Nouguier, n. 648; Trébutien, p. 436.

674. — Aucun article de loi n'oblige de donner aux accusés qui n'entendent pas le français copie traduite dans la langue qu'ils entendent de la liste des témoins. — Cass., 23 avr. 1812, Dernette, [P. chr.]— *Contrà,* Carnot, *Instr. crim.,* art. 315, n. 8.

675. — La notification de la liste des témoins doit être faite dans la même forme que la notification de la liste du jury, c'est-à-dire par la voie des huissiers. — Cass., 31 juill. 1847, Filippi, [*Bull. crim.,* n. 171]

676. — Aussi a t-il été jugé que la remise par le défenseur de l'accusé au ministère public de la liste des témoins à décharge ne constitue point la notification exigée par l'art. 315, C. instr. crim.; en conséquence, le ministère public peut s'opposer à l'audition de ces témoins. — Cass., 16 sept. 1830, Pagès, [S. et P. chr.]

677. — Il a même été jugé que, quoique le ministère public ait lui-même fait assigner des témoins, dans l'intérêt et sur la demande de l'accusé, il peut s'opposer à leur audition, si ce dernier ne lui en a pas fait notifier la liste, conformément à l'art. 315, C. instr. crim. — Cour d'ass. d'Ille-et-Vilaine, 9 août 1825, D..., [P. chr.]— Cette décision nous semble bien rigoureuse: en faisant lui-même assigner les témoins portés sur la liste de l'accusé et que celui-ci lui a remise, le ministère public a rendu sienne cette liste; il paraît dès lors bien difficile de lui permettre de s'opposer à l'audition de témoins qu'il a lui-même fait citer.

678. — La notification due au ministère public doit être faite au parquet du procureur général au parquet du procureur de la République, suivant que la cour d'assises siège au chef-lieu de la cour d'appel ou auprès d'un tribunal.

679. — Si l'accusé est détenu, la notification doit être faite à sa personne. Carnot (*Instr. crim.,* sur l'art. 315, n. 8) fait remarquer que les termes de la loi, *à l'accusé,* excluent tout intermédiaire. Ainsi on ne pourrait pas faire la notification à un accusé détenu *en parlant au concierge.* — Cass., 17 prair. an IX, Dépinay et Gomé, [S. et P. chr.]

680. — Si l'accusé est libre ou s'il s'agit d'un prévenu poursuivi pour un délit justiciable de la cour d'assises, un délit de presse, par exemple, la signification doit être faite à personne ou à domicile.

681. — S'il y a plusieurs accusés ou prévenus, chacun d'eux doit recevoir personnellement la notification de la liste des témoins. — Cass., 17 mess. an VII, Dieux, [S. et P. chr.] — Cette décision, rendue sous le Code du 3 brum. an IV, serait encore vraie aujourd'hui. Il ne serait pas juste, en effet, que des accusés qui n'ont qu'un délai de vingt-quatre heures pour se renseigner, et qui sont privés de leur liberté, pussent être réputés suffisamment avertis par une seule copie de la liste des témoins. L'art. 315, C. instr. crim., doit être entendu en ce sens qu'il faut que la formalité qu'il prescrit soit remplie à l'égard de chaque accusé individuellement. Si donc il y avait réclamation aux débats, la nullité serait incontestablement prononcée en vertu de l'art. 408, n. 2, C. instr. crim. Mais la nullité ne serait plus aujourd'hui encourue à défaut d'opposition à l'audience de la cour d'assises.

682. — La notification de la liste des témoins à plusieurs accusés, à chacun desquels il a dû être laissé une copie séparée, n'est pas viciée par l'incorrection grammaticale résultant de cette mention contenue au l'original : « Et pour que du contenu en icelle ils n'ignorent, nous lui avons, parlant comme dessus, laissé copie de ladite liste et du présent ». — Cass., 14 juill. 1837, Derode, [P. 40.1.309]

683. — Aucune disposition du Code d'instruction criminelle ne prescrit aux huissiers de notifier aux accusés détenus la liste des témoins entre deux guichets, comme lieu de liberté. — Cass., 1er juill. 1837, Tranchant, [P. 42.2.637]; — 6 oct. 1859, Deltel,

[*Bull. crim.,* n. 231] — *Sic,* Carré et Chauveau, *Lois de la procéd.,* quest. 358; Pigeau, t. 1, p. 126. — V. anal., *suprà,* n. 606.

684. — L'accusé ne peut se faire un moyen de cassation : 1° de ce que, dans la notification à lui faite de la liste des témoins, l'huissier a omis d'énoncer son immatricule (V. *suprà,* n. 581), lorsque d'ailleurs il ne s'est pas opposé à l'audition des témoins. — Cass., 24 août 1827, Piriou, [S. et P. chr.]; — 2° ou de ce que l'huissier instrumentaire n'a pas écrit ses nom et prénoms dans le corps de l'acte, s'il l'a signé. — Cass., 31 juill. 1847, Filippi, [P. 47.2.618]

685. — Jugé que l'accusé qui s'est servi pendant les débats de la copie de la liste des témoins qui lui a été notifiée est non recevable à se plaindre de l'erreur commise sur l'indication de son nom dans l'exploit de notification. — Cass., 17 janv. 1828, Raymond Verdeilhe, [P. chr.]

686. — Il n'y a pas nullité parce que, dans la notification de la liste des témoins, on n'a énoncé qu'un des crimes de l'accusation : la notification de l'arrêt de renvoi et de l'acte d'accusation suffisent en effet à donner à l'accusé connaissance entière de l'accusation. — Cass., 23 juin 1870, Dattichy, [*Bull. crim.,* n. 130]

2° Époque de la notification.

687. — La notification des listes de témoins doit avoir lieu vingt-quatre heures au moins avant l'examen de ces témoins (art. 315, C. instr. crim.). L'intervalle de vingt-quatre heures prescrit par la loi a pour objet de faciliter au ministère public et à l'accusé les moyens de se procurer les renseignements nécessaires sur les témoins à entendre. — Legraverend, t. 2, p. 193.

688. — La notification peut donc être faite plus de vingt-quatre heures avant le jour fixé pour l'ouverture des débats. Et l'accusé à qui la liste des témoins à charge a été notifiée sept jours d'avance est non recevable à se plaindre de n'avoir pas eu le temps nécessaire pour faire citer ses témoins à décharge, surtout s'il n'a point réclamé devant la cour d'assises. — Bruxelles, 23 mars 1825, T..., [P. chr.]

689. — L'exploit de notification doit indiquer la date de sa remise, et même, lorsqu'elle a lieu la veille de l'audience, l'heure à laquelle elle a été effectuée.

690. — La mention de l'heure n'est cependant pas rigoureusement exigée, car la jurisprudence a admis que lorsque la liste des témoins a été notifiée à l'accusé la veille de l'ouverture des débats, il y a présomption légale que cette notification a été faite vingt-quatre heures au moins avant cette ouverture. — Cass., 26 juin 1828, Marie, [S. et P. chr.]; — 27 sept. 1832, Tronc, [P. chr.]; — 26 août 1875, Duverneuil, [*Bull. crim.,* n. 279]; — 15 juin 1876, Allègre, [*Bull. crim.,* n. 132]

691. — On s'est demandé si, dans les affaires dont les débats durent plusieurs jours, il était permis de notifier de nouveaux témoins au cours des débats, pourvu qu'un espace de vingt-quatre heures séparât toujours la notification de la déposition à l'audience. La jurisprudence a varié sur ce point.

692. — La Cour de cassation avait d'abord décidé que la notification devait précéder de vingt-quatre heures non pas l'audition des témoins, mais l'ouverture des débats. Il en résultait qu'aucune liste subsidiaire ou supplétive de témoins ne pouvait être notifiée après l'ouverture des débats devant une cour d'assises. — Cass., 5 nov. 1812, Popon, [S. et P. chr.]; — 12 avr. 1827, Guérin et Roque, [S. et P. chr.] — *Sic,* Merlin, *Rép.,* v° *Témoin judiciaire,* § 3, art. 6, n. 7; F. Hélie, n. 3392; Villey, p. 375, note 2.

693. — Mais à partir de 1844, la Cour de cassation a modifié sa jurisprudence et a, depuis cette époque, toujours décidé que l'art. 315, C. instr. crim., n'exige pas que les noms des témoins soient notifiés vingt-quatre heures avant l'ouverture des débats. Il suffit que cette notification soit faite vingt-quatre heures avant l'audition de chaque témoin. — Cass., 16 nov. 1844, Perrin, [P. 45.2.66]; — 27 janv. 1850, Gesta, [P. 51.2.160, D. 50.5.441]; — 3 déc. 1852, Baillou, [*Bull. crim.,* n. 397]; — 24 janv. 1895, [*Bull. crim.,* n. 31] — Cette interprétation nous paraît entièrement conforme au texte de l'art. 315, qui dispose que la notification des témoins doit avoir lieu « vingt-quatre heures au moins *avant l'examen de ces témoins* ». Elle est aujourd'hui consacrée par une pratique constante. — Carnot, *Instr. crim.,* sur l'art. 315, n. 10; Legraverend, t. 2, p. 193; de Serres, *Man. des cours d'assises,* t. 1, p. 269; Bourguignon, *Man. d'instr. crim.,* t. 1, p. 400; Nouguier, n. 631 à 633 et 637; Garraud, p. 691, note 2.

694. — Selon Legraverend (*loc. cit.*), les listes supplémentaires devraient être présentées par le ministère public au commencement de chaque audience qui suit l'expiration des vingt-quatre heures depuis la notification, et il devrait être statué sur les oppositions et sur les reproches de la même manière que l'on statue sur ce qui concerne les témoins dont les listes ont déjà été présentées et notifiées.

695. — L'art. 63, C. proc. civ., n'est pas applicable à la procédure criminelle; aussi la notification de la liste des témoins à l'accusé peut-elle être faite régulièrement un jour férié, par exemple, le 1er janvier. — Cass., 24 févr. 1882, Monnereau, [*Bull. crim.*, n. 53]; — ... ou un dimanche. — Cass., 3 mai 1895, Nicaud, [*Bull. crim.*, n. 131]

3° *Contenu de la notification.*

696. — La notification doit comprendre la liste des témoins cités, et indiquer les noms, profession et résidence de chacun d'eux (C. instr. crim., art. 315).

697. — La loi n'exige pas que la notification fasse connaître l'âge des témoins. — Cass., 11 févr. 1813, N..., [S. et P. chr.]; — 26 avr. 1838, Magnus, [*Bull. crim.*, n. 111]

698. — Il n'est pas nécessaire que la liste des témoins qui doit être notifiée à l'accusé fasse corps avec l'exploit de notification; il suffit qu'elle y soit annexée. — Cass., 2 mars 1843, Lefort, [S. 43.1.550, P. 43.1.651] — *Sic*, Nouguier, n. 661.

4° *Conséquences du défaut ou de l'irrégularité de la notification.*

699. — Sous le Code de brumaire an IV, la notification était prescrite à peine de nullité. Il y avait nullité, s'il n'y avait pas eu de notification, ou si elle avait été faite tardivement, ou si elle était irrégulière. Notre Code n'a pas maintenu cette sanction rigoureuse : à la nullité, il a substitué le droit d'opposition. L'accusé et le procureur général pourront s'opposer à l'audition d'un témoin qui ne leur aurait pas été notifié ou ne l'aurait été que d'une manière tardive ou incomplète (C. instr. crim., art. 315). — Trébutien, p. 436; Villey, p. 375, texte et note 3; Nouguier, n. 623 à 626; F. Hélie, t. 1, n. 3391 et 3393; Morin, *Rép. de dr. crim.*, v° *Cour d'assises*, n. 48.

700. — S'il y a une opposition, la cour d'assises statue immédiatement. Nous verrons plus loin, au moment de l'audition des témoins, quand cette opposition doit se produire pour être efficace et les différentes solutions qui peuvent intervenir. — V. *infrà*, n. 1930 et s.

701. — Mais si l'accusé ou le ministère public n'ont pas usé devant la cour d'assises de ce droit d'opposition, ils ne peuvent ultérieurement formuler aucune réclamation. Leur silence devant la cour d'assises couvre les vices prétendus de la notification et rend sur ce point la procédure irréprochable. — Cass., 24 août 1827, Piriou, [P. chr.]

702. — Ainsi jugé que le défaut absolu de notification ne peut, à défaut d'opposition, servir de base à un moyen de cassation. — Cass., 29 juill. 1825, Dufour, [S. et P. chr.]; — 7 oct. 1825, Daumont, [P. chr.]; — 17 janv. 1828, Verdeilhe, [P. chr.]; — 26 déc. 1835, Lacenaire, [P. chr.]; — 1er avr. 1837, Lapierre, [P. 38.1.548]; — 14 juill. 1837, Derode, [P. 40.1.309]; — 18 avr. 1845, Antenet, [P. 48.2.116]; — 18 mars 1870, [*Bull. crim.*, n. 66] — Il en est de même pour l'omission de l'un des témoins sur la liste notifiée à l'accusé. — Cass., 3 mai 1895, [*Bull. crim.*, n. 131]; — 19 mars 1896, Placidi, [*Gaz. des Trib.*, 26 mars 1896]

703. — ... Que le condamné n'est pas recevable à se prévaloir de ce que les débats auraient commencé avant que vingt-quatre heures se fussent exactement écoulées depuis la notification de la liste des témoins, lorsqu'il ne s'est opposé à l'audition d'aucun de ces témoins. — Cass., 9 avr. 1891, Merger, [*Bull. crim.*, n. 76]

704. — ... Que l'accusé qui n'a pas usé du droit d'opposition ne peut, pour la première fois devant la Cour de cassation, se faire un moyen de nullité de la tardiveté de la notification. — Cass., 13 avr. 1837, Coste, [S. 37.1.1024, P. 37.2.619]; — 26 août 1875, Duverneuil, [*Bull. crim.*, n. 279]; — 15 juin 1876, Allègre, [*Bull. crim.*, n. 132]; — 22 déc. 1881, Griveau, [*Bull. crim.*, n. 267] — *Sic*, Legraverend, *Législ. crim.*, t. 2, p. 191.

705. — ... Spécialement, que lorsque l'original de la signification de la liste des témoins est daté, et que la copie n'est pas produite, l'accusé ne peut proposer comme moyen de nullité une prétendue omission de la date sur cette copie. — Cass., 7 oct. 1825, précité.

706. — ... Que l'omission de la date dans l'exploit de noti-

fication à l'accusé de la liste des témoins ne peut donner ouverture à cassation lorsque l'accusé ne s'est point opposé à l'audition des témoins portés sur cette liste. — Cass., 2 juill. 1847, Lepasset-France, [P. 47.2.609]; — 31 juill. 1847, Filippi, [P. 47.2.618]

707. — ... Que les irrégularités, les inexactitudes ou les omissions contenues dans la désignation des noms, profession et résidence des témoins notifiés ne peuvent, à défaut d'opposition, servir de base à un moyen de cassation. — Cass., 29 avr. 1819, Leguérel et Legall, [S. et P. chr.]; — 13 juill. 1820, Chevalier, [S. et P. chr.]; — 22 mars 1821, Agostini, [S. et P. chr.]; — 29 juill. 1825, précité; — 1er avr. 1830, Schautz, [S. et P. chr.]; — 7 oct. 1830, Metz, [P. chr.]; — 5 août 1831, Lavrard et Trognac, [P. chr.]; — 10 janv. 1833, Gellée, [P. chr.]; — 26 déc. 1835, Lacenaire, [P. chr.]; — 8 juill. 1836, Leblanc, [P. chr.]; — 26 janv. 1837, Rupp, [P. 40.2.100]; — 17 oct. 1837, Bonnet, [P. 40.1.93]; — 30 sept. 1841, Liarsou, [P. 42.1.590]; — 5 janv. 1843, Pomarèdes, [P. 43.2.74]; — 2 mars 1843, Lefort, [S. 43.1.550, P. 44.1.202]; — 8 janv. 1846, Brument et Foucaux, [P. 46.2.119]; — 22 janv. 1846, Dupuis, [P. 49.1.610, D. 46.4.474]; — 6 avr. 1848, Verdeau, [P. 48.2.520, D. 48.5.341]; — 15 avr. 1852, Hermann, [D. 52.5.527]; — 22 juill. 1852, Bernet, [*Bull. crim.*, n. 243]; — 24 déc. 1852, Prugnard, [*Bull. crim.*, n. 417]; — 27 août 1868, Jonchery, [*Bull. crim.*, n. 198]; — 12 juin 1873, Rossat-Mignot, [*Bull. crim.*, n. 158]; — 25 févr. 1887, Redon, [*Bull. crim.*, n. 78]; — 29 sept. 1887, Joly, [*Bull. crim.*, n. 345]; — 22 janv. 1892, Gugenheim, [*Bull. crim.*, n. 23]; — 28 déc. 1893, Gloriod, [*Bull. crim.*, n. 374]

708. — ... Spécialement, que l'accusé qui ne s'est pas opposé à l'audition d'un témoin dont le nom était écrit d'une manière incorrecte sur la liste notifiée ne peut se faire de cette incorrection un moyen de nullité. — Cass., 21 avr. 1832, Gueux, [P. chr.]

709. — ... Que, à défaut d'opposition, aucun moyen de nullité ne peut être tiré de ce qu'un témoin a été porté sur la liste notifiée à l'accusé sous un nom tout à fait différent du sien. — Cass., 8 juill. 1837, Rigaud, [P. 40.2.310]. — 26 janv. 1837, précité; — ... par exemple, si un témoin a été inscrit sur la liste notifiée sous le nom de Duchaussoy au lieu de celui de Dubuisson, s'il a été entendu sans opposition de l'accusé ni de son conseil. — Cass., 27 janv. 1887, Thierré, [*Bull. crim.*, n. 27]

710. — ... Ni de ce qu'un témoin à charge aurait été désigné dans la liste notifiée à l'accusé et entendu à l'audience, sans opposition de ce dernier, sous des noms et prénoms autres que les siens, alors que, ces noms et prénoms étant ceux sous lesquels il était connu, aucun doute n'a pu s'élever sur son identité. — Cass., 15 oct. 1847, Vincent d'Ecqueviley, [S. 48.1.301, P. 47.2.727, D. 47.1.338]

711. — Au surplus, le défaut d'indication de la profession d'un témoin, dans la notification de la liste à l'accusé, n'emporte pas non plus nullité, s'il est constaté que ce témoin n'avait pas de profession, et si l'accusé a reconnu que les noms sous lesquels le témoin a été désigné ne pouvaient s'appliquer à aucun autre individu résidant dans le même lieu. — Cass., 4 sept. 1828, Bernadini, [S. et P. chr.]

712. — Jugé encore que l'inexactitude dans l'indication de la qualité d'un témoin sur la liste notifiée doit être relevée par l'accusé devant la cour d'assises et ne peut servir de base à un moyen utile de cassation. — Cass., 11 déc. 1857, Limon, [*Bull. crim.*, n. 394]; — 10 déc. 1885, Aubert, [S. 87.1.437, P. 87.1.1070]

713. — ... Qu'aucune nullité ne peut résulter de ce qu'un témoin a été indiqué, dans la notification, comme agent de police et à cause revêtu de l'uniforme de cette fonction, alors qu'elle lui aurait été retirée depuis plusieurs années, si l'accusé ne s'est pas opposé à son audition. — Cass., 8 janv. 1880, Jollit, [*Bull. crim.*, n. 12]

714. — ... Qu'aucun moyen de cassation ne peut résulter de surcharges non approuvées portant soit sur les mentions relatives à la désignation des témoins, soit sur la date de la notification, lorsque l'accusé n'a fait à l'audience aucune opposition à l'audition de ces témoins. — Cass., 27 mai 1852, Cauvry, [*Bull. crim.*, n. 170]; — 11 juin 1868, Belkassem-Ould-bel-Hadj-Ould-ben-Salah, [*Bull. crim.*, n. 142]

715. — Du reste, un renvoi sur la notification de la liste des témoins est suffisamment approuvé par un simple paraphe qui est évidemment de la main du rédacteur de cet acte, surtout lorsqu'il a pour objet de rectifier une erreur qui ne pouvait porter aucun préjudice à l'accusé. — Cass., 20 sept. 1833, Durand, [P. chr.]

716. — De même, un accusé ne peut utilement invoquer pour la première fois devant la Cour de cassation l'irrégularité résultant de ce que la copie de l'exploit de notification de la liste des témoins qui lui a été remise, ne porterait pas la rature du nom d'un huissier, alors que cette copie serait signée par un autre huissier. — Cass., 7 mars 1889, Carville, [*Bull. crim.*, n. 94]

CHAPITRE IV.

DES DIVERS INCIDENTS QUI PEUVENT SE PRODUIRE AVANT L'OUVERTURE DES DÉBATS.

717. — La cour d'assises est formée; tous les actes de la procédure intermédiaire ont été accomplis; on touche à l'ouverture des débats; cependant divers incidents peuvent surgir en ce moment : ce sont des temps d'arrêt dans la marche de la procédure; quelques-uns peuvent même avoir pour effet de retarder d'une manière sensible le jugement de l'affaire.

718. — Ces incidents, que nous allons étudier successivement, sont : 1° une instruction supplémentaire; 2° une jonction ou une disjonction de diverses procédures; 3° le renvoi de l'affaire à un autre jour ou à une autre session.

SECTION I.

De l'instruction supplémentaire.

719. — L'instruction supplémentaire a pour objet de combler les lacunes que l'étude du dossier peut révéler au président des assises et aussi de contrôler tous les faits et tous les renseignements qui ont été portés à la connaissance de la justice postérieurement à l'arrêt de la chambre des mises en accusation. — Sebire et Carteret, n. 204.

720. — I. *Pouvoirs du président des assises.* — Notre Code d'instruction criminelle, reproduisant une disposition consacrée par les lois antérieures (L. 16-29 sept. 1791, tit. 6, art. 12, et C. de brum. an IV, art. 317), s'est occupé de l'instruction supplémentaire dans les art. 301 et 303. L'art. 301 dispose que, nonobstant la demande en nullité, l'instruction est continuée jusqu'aux débats exclusivement. L'art. 303 ajoute : « S'il y a de nouveaux témoins à entendre ou qu'ils résident hors du lieu où se tient la cour d'assises, le président, ou le juge qui le remplace, pourra commettre, pour recevoir leurs dépositions, le juge d'instruction de l'arrondissement où ils résident ou même d'un autre arrondissement : celui-ci, après les avoir reçues, les enverra, closes et cachetées, au greffier qui doit exercer ses fonctions à la cour d'assises. »

721. — C'est au président des assises qu'il appartient de procéder à cette instruction supplémentaire. Le juge d'instruction, la chambre des mises en accusation sont dessaisis, l'un par l'ordonnance de mise en prévention, l'autre par l'arrêt de renvoi. La cour d'assises n'est pas encore saisie. Restait donc le président des assises. Il a seul reçu de la loi une délégation formelle pour compléter l'instruction des affaires criminelles (art. 303 combiné avec les art. 267, 268 et 293, C. instr. crim.). — Cass., 26 juin 1828, Pierre Marie, [S. et P. chr.]; — 12 févr. 1880, Mathey, [S. 81.1.140, P. 81.1.297, D. 80.1.191]; — 22 déc. 1881, Griveau, [D. 82.1.192] — *Sic*, Trébutien, n. 567; F. Hélie, n. 3361; Nouguier, n. 809 à 811; Rodière, p. 215; Garraud, n. 568, *in fine*; Sebire et Carteret, n. 204 et 205; Pain, n. 24.

722. — Par président, il faut entendre non seulement le président lui-même, mais encore le magistrat qui, au cas d'empêchement, est son remplaçant légal. C'est ce que dit formellement l'art. 303. C'est aussi ce qu'a jugé expressément la Cour de cassation. — Cass., 4 déc. 1852, Jeantel, [*Bull. crim.*, n. 302] — *Sic*, F. Hélie, n. 3361; Nouguier, n. 815.

723. — Le président des assises peut, dès qu'il est nommé, faire tout supplément d'instruction dans les affaires qui doivent être portées aux assises du trimestre pour lequel il a été désigné; il peut, dès lors, agir avant l'ouverture de ce trimestre. — Cass., 13 nov. 1856, Roulin, [S. 57.1.390, P. 57.1173, D. 56.1.469] — *Sic*, F. Hélie, n. 3361; Nouguier, n. 813.

724. — Il n'a pas davantage besoin d'attendre, pour commencer l'instruction supplémentaire, que l'arrêt de renvoi et l'acte d'accusation aient été notifiés à l'accusé. C'est en effet l'arrêt de

renvoi lui-même et non sa notification qui saisit la cour d'assises. — Cass., 3 oct. 1844, Pont, [P. 45.2.126] — *Sic*, F. Hélie, *loc. cit.*; Nouguier, n. 818.

725. — Le pouvoir pour le président des assises de procéder à une instruction supplémentaire n'est pas suspendu par le pourvoi en cassation formé par l'accusé contre l'arrêt de renvoi. Le président peut donc valablement procéder à des actes d'information postérieurement à ce pourvoi (C. instr. crim., art. 301). — Cass., 5 mai 1881, Bérard, [*Bull. crim.*, n. 114]

726. — Le président du trimestre courant n'est pas dessaisi par le renvoi de l'affaire à une autre session. Ce président peut donc, même après la clôture de la session, procéder aux interrogatoires et aux informations énoncés aux art. 293 et 303, C. instr. crim. Aucune disposition de loi, en effet, n'attribue compétence exclusive pour ces actes au président de la session où l'accusé doit être jugé. — Cass., 9 août 1860, Joannon, [D. 60.5.202]

727. — Le droit du président ne cesse qu'avec le trimestre pour lequel il a été nommé. Après l'expiration de ce trimestre, le président ne peut plus procéder à des actes d'instruction. — Nouguier, n. 816 et 817.

728. — Le président des assises agit, en pareil cas, de sa propre initiative; il n'a pas besoin d'une délégation de la cour d'assises; il n'est pas davantage nécessaire qu'il ait, au préalable, rendu lui-même une ordonnance pour prescrire le complément d'instruction. — Cass., 27 avr. 1849, Thomas, [P. 50.2.89] — *Sic*, F. Hélie, n. 3361; Nouguier, n. 812 et 844.

729. — Quels sont les magistrats que peut déléguer le président? Il peut d'abord déléguer l'un de ses assesseurs, si les nouveaux actes d'instruction doivent être accomplis sans déplacement. — Cass., 24 janv. 1839, Mugtioni de Orsini, [P. 39.1.563]; — 2 janv. 1844, Laignaiz, [S. 64.1.432, P. 64.1.170, D. 65.5.225]; — 11 nov. 1875, Thomas, [*Bull. crim.*, n. 310] — *Sic*, Nouguier, n. 819; F. Hélie, n. 3361; Sebire et Carteret, n. 210.

730. — Il peut aussi déléguer un juge d'instruction ou un commissaire de police de la ville siège de la cour d'assises. — Rodière, p. 215; Sebire et Carteret, n. 209.

731. — Ainsi jugé que l'art. 303 qui autorise le président de la cour d'assises à commettre un juge d'instruction pour procéder à l'audition de nouveaux témoins résidant hors du lieu où se tient la cour d'assises n'est pas restrictif, et ne s'oppose pas à ce que le président, quel que soit le lieu de la résidence des témoins, fût-ce le lieu même où se tiennent les assises, délègue soit un juge d'instruction, soit l'un de ses assesseurs, sans être astreint dans ce cas à l'obligation de désigner le plus ancien : le président de la cour d'assises est investi d'une faculté générale de délégation pour tous les actes d'instruction qu'il croit devoir ordonner dans l'intérêt de la manifestation de la vérité. — Cass., 2 janv. 1864, précité.

732. — Si ces actes doivent être faits hors du lieu où se tient la cour d'assises, le président, dit notre art. 303, pourra commettre un juge d'instruction.

733. — Mais cette disposition de l'art. 303 n'est qu'indicative et non limitative. Il en résulte que le président des assises peut déléguer un juge de paix. — Cass., 3 févr. 1820, [D. *Rép.*, v° *Instr. crim.*, n. 1347]; — 3 oct. 1844, précité; — 7 juill. 1847, Perminjat, [S. 47.1.877, P. 48.1.92, D. 47.4.133] — *Sic*, Trébutien, n. 567; F. Hélie, n. 3361; Nouguier, n. 826.

734. — Il peut également déléguer tous les officiers de police judiciaire (Nouguier, n. 827-*a*), un commissaire de police, par exemple. — Cass., 26 juin 1884, Favreau, [*Bull. crim.*, n. 208]

735. — Il est constant du reste que le juge d'instruction désigné par le président des assises pour procéder à une information supplémentaire, n'est pas tenu d'agir lui-même. L'art. 303, C. instr. crim. n'est pas restrictif, et ne s'oppose pas, dès lors, à ce que le juge d'instruction commis subdélègue un autre officier de police judiciaire. — Cass., 11 déc. 1856, Lamy, [S. 57.1.399, P. 58.97, D. 57.1.73]; — 14 juin 1866, Couvercelle, [*Bull. crim.*, n. 153] — *Sic*, Legraverend, *Législ. crim.*, t. 1, p. 296; F. Hélie, n. 3361; Nouguier, n. 825. — *Contrâ*, Mangin, *Instr. écr.*, t. 1, n. 25.

736. — Ainsi le juge d'instruction délégué par le président des assises peut subdéléguer un commissaire de police. — Mêmes arrêts.

737. — Le président des assises peut déléguer, pour l'instruction supplémentaire, un juge d'instruction appartenant à un tribunal étranger au ressort de la cour d'assises. — F. Hélie, *loc. cit.*; Nouguier, n. 821 et 822; Sebire et Carteret, n. 210.

738. — En résumé, le président des assises a toute latitude pour désigner les juges d'instruction qu'il veut charger du complément d'information. Son pouvoir n'est pourtant sans limite. Il est un cas, en effet, où la loi lui impose une restriction; c'est celui où la procédure a été annulée par la Cour de cassation. Aux termes de l'art. 431, C. instr. crim., le président de la cour d'assises devant laquelle l'affaire aura été envoyée, ne peut pas déléguer l'un des juges d'instruction « établis dans le ressort de la cour dont l'arrêt aura été annulé ». — Cass., 13 sept. 1827, Rivière, [P. chr.]

739. — Mais cette exception doit être restreinte au cas spécial prévu par l'art. 431. Ainsi les juges d'instruction établis dans le ressort d'une cour d'assises dessaisie pour cause de suspicion légitime peuvent néanmoins être délégués pour faire des actes d'instruction nécessaires : il n'en est pas en ce cas comme au cas de renvoi par suite de cassation (C. instr. crim., art. 431, 542 et s.). — Cass., 17 févr. 1843, Besson, [S. 43.1.226, P. 43. 2.339] — *Sic*, F. Hélie, n. 3361; Nouguier, n. 824.

740. — Il en serait de même si le renvoi à une autre cour d'assises avait été prononcé soit pour cause de sûreté publique, soit par suite de règlement de juges. Dans ces deux cas également, les juges d'instruction appartenant au ressort de la cour dessaisie peuvent être délégués par le président des assises pour procéder au complément d'information. — Cass., 20 janv. 1882, Goussard, [*Bull. crim.*, n. 25]

741. — Le président des assises doit, dans son ordonnance de délégation, désigner par son nom le magistrat à qui il confie le soin de procéder à l'instruction supplémentaire. Est nulle l'ordonnance du président qui commet un magistrat pour faire des actes d'information sans indiquer le nom de ce magistrat. — Cass., 5 mai 1881, Bérard, [*Bull. crim.*, n. 114]

742. — L'art. 1040, C. proc. civ., portant que le juge sera toujours assisté du greffier pour tous actes et procès-verbaux de son ministère, est inapplicable à l'ordonnance rendue par le président des assises par laquelle il déclare qu'il procédera à l'audition de témoins et à une visite des lieux. Cette ordonnance peut être rendue par le président seul, sans l'assistance et la signature du greffier. — Cass., 18 janv. 1855, Giovacchini, [S. 55.1.153, P. 55.1.487] — *Sic*, Nouguier, n. 843.

743. — Mais si cela est vrai de l'ordonnance elle-même, il en est autrement pour les actes d'instruction proprement dits. Pour ceux-ci, le président des assises est tenu d'observer les règles prescrites au juge d'instruction. Ainsi, lorsqu'il entend des témoins, il doit être assisté du greffier (C. instr. crim., art. 73); lorsqu'il se transporte sur les lieux (V. *infrà*, n. 746), il doit être accompagné d'un officier du parquet et assisté du greffier (C. instr. crim., art. 62). — Même arrêt.

744. — Quels sont les actes que le président peut faire dans son instruction supplémentaire? L'art. 303, l'autorise formellement à entendre de nouveaux témoins.

745. — A s'en tenir à ce texte, il faudrait réduire à ce seul acte le rôle du président; mais on reconnaît que cet article doit être complété par l'art. 268 du même Code qui donne au président le pouvoir d'ordonner tout ce qu'il croit utile pour arriver à la découverte de la vérité. Ainsi il a été jugé que le président peut : 1° faire dresser un plan des lieux et en ordonner l'impression. — Cass., 3 nov. 1836, Marié, [P. 37.1.240]; — 24 janv. 1839, Muglioni de Orsini, [P. 39.1.563]; — 13 nov. 1836, Roulin, [S. 57.1.390, P. 57.1175] — *Sic*, F. Hélie, n. 3363; Trébutien, n. 567; Nouguier, n. 838; Rodière, p. 216; Sebire et Carteret, n. 211.

746. — 2° ... Se transporter sur les lieux et en dresser lui-même un plan. — Cass., 26 juin 1828, [S. chr.]; — 18 janv. 1855, précité.

747. — 3° ... Ordonner une expertise. — Cass., 30 août 1844, Jérôme et Lenoble, [P. 45.1.392]; — 16 févr. 1882, Mohamed-ben-Djelloul-ben-Khalfa, [*Bull. crim.*, n. 45]; — 23 nov. 1889, de Bar, [*Bull. crim.*, n. 361]

748. — 4° ... Ordonner l'exhumation et l'autopsie d'un cadavre. — Cass., 30 août 1844, précité.

749. — 5° ... Ordonner une vérification de livres chez un commerçant. — Cass., 11 déc. 1856, Lamy, [S. 57.1.399, P. 58.97, D. 57.1.73]

750. — 6° ... Ordonner la visite d'une accusée pour vérifier si elle est enceinte et en état de supporter la fatigue de l'audience.

— Liège, 26 juin 1829, Goffin, [P. chr.] — *Sic*, Sebire et Carteret, n. 211.

751. — 7° ... Faire examiner l'état de santé des accusés, notamment leur état mental.

752. — Si l'on s'en tenait au texte de l'art. 303, on serait amené à conclure que le président des assises ne peut, dans l'instruction supplémentaire, qu'entendre des témoins nouveaux, et n'aurait pas la faculté d'entendre les témoins qui ont déjà déposé dans l'information première. Cette opinion a, un moment, triomphé devant la Cour de cassation. — Cass., 12 mars 1836, Dehors, [S. 36.1.571, P. chr.] — V. en ce sens Carnot, sur l'art. 302. — Mais la Cour de cassation n'a pas persisté dans ce système, et un mois après, sur les conclusions de M. le procureur général Dupin, elle consacrait l'opinion contraire. — Cass., 22 avr. 1836, Fourré et Grenadon, [S. 36.1.571, P. chr.] — *Sic*, Sebire et Carteret, n. 207.

753. — En 1847, elle décidait de même que le président de la cour d'assises peut interroger des témoins déjà entendus par le juge d'instruction, et cela soit que l'instruction supplémentaire par lui faite porte sur des faits entièrement nouveaux, soit qu'elle porte sur des faits que l'instruction première avait déjà fait connaître, la loi n'établissant pas de distinction à cet égard. — Cass., 22 avr. 1847, Groell, [P. 49.2.274, D. 47.4.302]

754. — La Cour de cassation a, depuis, consacré cette opinion par d'autres arrêts et il est aujourd'hui unanimement reconnu que le président des assises peut, s'il le juge nécessaire, entendre, dans son instruction supplémentaire, les témoins déjà entendus dans l'instruction principale — Cass., 4 déc. 1852, Jeantet, [*Bull. crim.*, n. 392]; — 16 déc. 1852, Gilbert, [S. 53.1.456, P. 54.1.94, D. 53.5.446]; — 4 août 1854, Langlois, [D. 54.5.217]; — 31 janv. 1895, Houillon, [S. et P. 95.1.427] — *Sic*, Trébutien, n. 567; Nouguier, n. 832 à 837; F. Hélie, n. 3362; Rodière, p. 216; Sebire et Carteret, n. 207 et 208.

755. — Il est bien constant du reste que l'instruction supplémentaire ne peut porter que sur les crimes relevés par l'arrêt de la chambre des mises en accusation et concernant l'accusé renvoyé par elle devant la cour d'assises. Si des charges paraissaient s'élever contre des individus non compris dans les poursuites, le président n'aurait aucune compétence pour instruire contre ces individus. Il n'a aucune mesure à prescrire ou à autoriser contre des personnes qui ne sont pas en accusation. C'est au ministère public qu'il appartient, dans ce cas, de requérir une information, et si cette instruction se termine par un arrêt de renvoi, le président peut alors, par ordonnance, conformément à l'art. 307, C. instr. crim., ordonner la jonction des deux procédures pour qu'il soit procédé sur le tout par un débat unique. — Cass., 10 avr. 1879, Wolf et autres, [*Bull. crim.*, n. 90]

756. — Lorsqu'un expert est nommé par le président des assises, postérieurement à l'arrêt de renvoi, pour une vérification médico-légale, cet expert doit, avant de procéder aux opérations qui lui sont prescrites, prêter le serment de l'art. 44, C. instr. crim. C'est là une formalité substantielle nécessaire pour imprimer à ses actes l'autorité sans laquelle aucun caractère public ne saurait leur appartenir. — Cass., 16 févr. 1882, Mohamed-ben-Djelloul-ben-Khalfa, [*Bull. crim.*, n. 45]

757. — Lorsque le président des assises ou le magistrat par lui délégué procède à l'instruction supplémentaire, il n'est pas tenu, s'il reçoit la déposition de témoins déjà entendus dans l'instruction écrite, de leur faire prêter serment de nouveau; la sanction résultant du serment prêté devant le juge d'instruction s'étend en effet à toutes les déclarations partielles émises par ces témoins dans le cours de l'information. — Cass., 10 août 1838, Cabanes et autres, [*Bull. crim.*, n. 275]

758. — S'il s'agit au contraire de témoins nouveaux, on devra faire précéder leur audition de la formalité du serment. Si cependant des témoins nouveaux ont été entendus sans serment, cette omission n'est pas de nature à vicier la procédure, car la formalité du serment, aux termes de l'art. 75, C. instr. crim., n'est pas prescrite à peine de nullité. — Cass., 26 juin 1884, Favreau, [*Bull. crim.*, n. 208]

759. — Si le témoin cité pour être entendu dans l'instruction supplémentaire ne comparaît pas, quelle mesure peut être prise contre lui? L'art. 304, C. instr. crim., répond ainsi à cette question : « Les témoins qui n'auront pas comparu sur la citation du président ou du juge commis par lui, et qui n'auront pas justifié qu'ils en étaient légitimement empêchés, ou qui refuseront de faire leurs dépositions, seront jugés par la cour d'assises et punis conformément à l'art. 80. »

760. — De ce texte, il résulte que le président des assises et le juge commis par lui sont, personnellement, sans autorité sur le témoin défaillant. Ils ne peuvent ni exercer une contrainte, ni prononcer contre lui une condamnation. Leur rôle doit se borner à constater la désobéissance de ce témoin. — Nouguier, n. 856, 858. — V. toutefois, F. Hélie, n. 3364; Rodière, p. 215 et 216.

761. — C'est à la cour d'assises qu'il appartient de prononcer contre lui la condamnation à l'amende édictée par l'art. 80. — Il n'est pas, pour cela, nécessaire de citer ce témoin devant la cour d'assises. — Nouguier, loc. cit.; F. Hélie, loc. cit.; Sebire et Carteret, n. 212.

762. — Si la condamnation a été prononcée par défaut, le témoin peut y former opposition, conformément à l'art. 81 du même Code, et il sera déchargé de l'amende s'il produit des excuses légitimes. — Nouguier, loc. cit.; F. Hélie, loc. cit.; Sebire et Carteret, loc. cit.

763. — Les actes de l'instruction supplémentaire ordonnés par le président des assises peuvent être accomplis hors la présence de l'accusé; celui-ci ne pourrait se faire un moyen de nullité de ce que ces actes auraient eu lieu en son absence; de ce que, par exemple, un plan des lieux aurait été dressé sans lui. — Cass., 3 nov. 1836, Marié, [P. 37.1.240]

764. — A plus forte raison, ces actes peuvent-ils être exécutés en l'absence du défenseur de l'accusé. Ce dernier est sans qualité pour réclamer qu'une expertise, une exhumation et une autopsie soient faites en présence de son conseil : le président, en rejetant une semblable requête, reste dans les limites de ses attributions et on ne saurait attaquer les motifs de sa décision dont seul il est l'appréciateur et le juge. — Cass., 30 août 1844, Jérôme et Lenoble, [P. 45.1.392]

765. — Et même le président des assises qui, après l'arrêt de mise en accusation, a fait subir à l'accusé l'interrogatoire prescrit par l'art. 293, C. instr. crim., n'est pas tenu, avant l'ouverture des débats, d'interroger de nouveau l'accusé sur les charges résultant de l'instruction supplémentaire. — Cass., 6 oct. 1859, Sebille, [S. 60.1.392, P. 60.65, D. 60.1.417]; — 23 nov. 1889, de Bar, [Bull. crim., n. 361] — V. supra, v° Accusation, n. 74.

766. — Lorsque le président des assises a prescrit un supplément d'instruction et nommé un expert pour faire un nouveau rapport, aucun texte de loi n'exige que ce rapport soit déposé en présence de l'accusé, ni que celui-ci soit averti de la clôture de l'instruction. — Cass., 23 nov. 1889, précité.

767. — La seule obligation dont on soit tenu envers l'accusé, c'est de lui faire remettre gratuitement copie des pièces résultant de l'exécution du complément d'information. — Cass., 22 avr. 1836, Fourré et Grenadon, [S. 36.1.571, P. chr.] — Sic, F. Hélie, n. 3362; Nouguier, n. 361.

768. — Si c'est le président des assises lui-même qui a procédé à l'instruction supplémentaire, il peut joindre directement les nouvelles pièces au dossier. — Cass., 20 mai 1837, Denis, [S. 37.1.653, P. 40.1.143] — Si, au contraire, l'instruction supplémentaire a été faite par un juge d'instruction, celui-ci envoie les pièces closes et cachetées au greffier qui doit exercer ses fonctions à la cour d'assises (C. instr. crim., art. 303). Le greffier les remet au président des assises qui brise le cachet et ordonne la réunion de ces pièces au dossier. — Nouguier, n. 859 et 860.

769. — A partir de ce moment, ces pièces sont mises également à la disposition du conseil de l'accusé qui peut en prendre communication.

770. — C'est alors que le greffier fait faire une copie de ces nouvelles pièces et la remet gratuitement à l'accusé (C. instr. crim., art. 305).

771. — Observons, toutefois, que la délivrance à l'accusé d'une copie des pièces de l'instruction supplémentaire n'est pas une formalité substantielle. Son omission n'entraîne pas par elle-même nullité. L'art. 305 n'est pas prescrit à peine de nullité.

772. — Le défaut de remise de cette copie à l'accusé lui donne seulement le droit de réclamer devant la cour d'assises et de solliciter le renvoi de l'affaire à une autre session. En pareil cas, et devant une semblable réclamation, la cour serait tenue de prononcer le renvoi. Elle encourrait la cassation si elle passait outre aux débats. — F. Hélie, n. 3362.

773. — Mais, à défaut de réclamation de la part de l'accusé, la cour d'assises peut, malgré la non délivrance des nouvelles pièces, procéder au jugement, et l'accusé serait sans droit pour élever, pour la première fois, devant la Cour de cassation, une réclamation à ce sujet. — Cass., 17 avr. 1851, Buis, [D. 51. 5.143]; — 4 déc. 1852, Jeantet, [Bull. crim., n. 392]; — 12 janv. 1854, Bohen, [D. 54.5.228]; — 11 déc. 1856, Lamy, [D. 57.5.192]; — 10 juill. 1884, Léoneti, [Bull. crim., n. 231] — Sic, Nouguier, n. 361 et 362.

774. — II. Pouvoirs du ministère public. — Nous avons vu que c'est au président des assises qu'appartient le droit de procéder à l'instruction supplémentaire, ou de déléguer, pour la faire, un magistrat ou un officier de police judiciaire. Sa compétence est exclusive. Le procureur général et ses substituts sont sans qualité à cet égard. « Aux termes des art. 32, 46, 241 et 276, C. instr. crim., combinés, la loi n'attribue aux officiers du ministère public, hors le cas de flagrant délit, que le droit de réquisition. Ils ne peuvent donc, sans violer les règles de la compétence et sans intervertir l'ordre des juridictions, faire ni faire faire par délégation, des actes d'instruction ». — Cass., 27 août 1840, Piotte, [S. 40.1.974, P. 41.1.489]; — 26 août 1847, Sain, [S. 48.1.93, P. 47.2.703]; — 2 sept. 1847, Boucher, [S. 48.1.459, P. 48.1.390, D. 47.4.132]; — 23 nov. 1848, Noirot, [P. 50.1.105]; — 29 août 1878, Mohamen-ben-si-Ahmed, [D. 79.1.235]; — 30 mai 1879, Papavoine et autres, [S. 80.1.481, P. 80.1.187]; — 12 févr. 1880, Mathey, [S. 81.1.440, P. 81.1.297, D. 80.1.191]; — 22 déc. 1881, Griveau, [D. 82.1.192]; — 6 sept. 1883, Houy et Capelle, [Bull. crim., n. 233] — Sic, Nouguier, n. 828; Garraud, p. 693, note 2; Sebire et Carteret, n. 204.

775. — Ainsi, le procureur général ne peut pas, soit lui-même soit par voie de délégation : 1° interroger les accusés; 2° ni entendre des témoins. — Cass., 29 août 1878, précité; — 6 sept. 1883, précité.

776. — ... 3° Ni faire procéder par un commissaire de police à une perquisition au domicile de l'accusé et à une saisie de lettres et de pièces. — Cass., 12 févr. 1880, précité.

777. — ... 4° Ni faire procéder à l'autopsie de la personne victime d'un crime qualifié jusque-là de tentative d'assassinat, et qui vient de décéder. — Cass., 19 avr. 1855, Cabrol, [S. 55. 1.546, P. 56.1.26, D. 55.1.269]

778. — ... 5° Ni commettre un médecin pour faire certaines vérifications sur la personne de l'accusé. — Cass., 22 déc. 1881, précité.

779. — ... 6° Ni charger un juge de paix de se transporter avec un expert sur le lieu du crime et d'y faire certaines constatations. — Cass., 27 août 1840, précité. — Sic, Sebire et Carteret, n. 204.

780. — Voilà des actes d'instruction proprement dits que le procureur général est sans qualité pour faire par lui-même ou pour ordonner. Cependant une inaction absolue ne lui est pas imposée. S'il est interdit aux officiers du ministère public de faire des actes d'instruction, « ils peuvent, en cas d'urgence et pour empêcher le dépérissement des preuves, recueillir de simples renseignements ». — Cass., 12 févr. 1880, précité; — 22 déc. 1881, précité. — « Il est, a ajouté la Cour de cassation, non seulement du droit, mais du devoir du ministère public de recueillir tout ce qui peut éclairer la justice dans les procès criminels et empêcher la disparition des preuves sur lesquelles est fondée son action ». — Cass., 12 sept. 1841, Damée, [S. 62.1. 109, P. 62.523, D 61.5.269]; — 30 mai 1879, précité.

781. — Ainsi, postérieurement à l'arrêt de renvoi, le procureur général ou ses substituts peuvent, à titre de simples renseignements, faire relever la distance entre deux points déterminés. — Cass., 30 mai 1879, précité.

782. — De même le ministère public, qui est chargé de dresser la liste des témoins à entendre aux assises, peut faire prendre des renseignements pour connaître les témoins dont la déposition serait utile. — Cass., 9 nov. 1843, Denoyelle, [P. 45.1. 143]; — 28 juin 1866, Filippi, [D. 66.5.256]

783. — De même, il peut faire entendre par la gendarmerie, à titre de simples renseignements, deux personnes qui n'avaient pas déposé dans le cours de l'instruction écrite. — Cass., 9 mars 1855, Porte, [S. 55.1.545, P. 56.1.27]; — 29 juin 1865, Clerc, [S. 66.1.38, P. 66.61, D. 65.5.226] — Ou ordonner un supplément d'enquête sur des faits qui ne sont pas compris dans la poursuite. — Cass., 12 sept. 1893, Genas, [Bull. crim., n. 241]

784. — Il peut encore, afin d'éviter le déplacement des registres d'une caisse d'épargne, faire faire sur ces registres le relevé

des sommes déposées et retirées par l'accusé. — Cass., 18 déc.
1856, Leguay, [*Bull. crim.*, n. 400]

785. — Il peut également provoquer des explications sur la
découverte et l'existence d'un billet qui pourrait devenir un indice
sérieux dans le procès. — Cass., 5 mars 1857, Trézières et Corbineau, [S. 57.1.552, P. 58.73, D. 57.1.178] — V. aussi, Cass.,
4 août 1854, Langlois, [S. 55.1.545, P. 56.1.27]

786. — Il peut aussi, à la suite d'aveux faits par un accusé,
spontanément, au directeur de la prison, prescrire les recherches
nécessaires pour retrouver les objets soustraits dans les lieux
signalés par cet accusé. — Cass., 20 août 1875, Jodon, [*Bull.
crim.*, n. 277]

787. — Jugé du reste que les rapports dressés par la gendarmerie constituent, quelle que soit la forme dont ils ont été
revêtus, non des actes d'instruction, mais de simples renseignements. Le ministère public, en provoquant ces renseignements,
ne contrevient donc pas aux dispositions de l'art. 303, C. instr.
crim. — Cass., 31 juill. 1884, Guiller, [*Bull. crim.*, n. 255]

788. — De même des procès-verbaux dressés par un des
auxiliaires du ministère public, postérieurement à l'arrêt de renvoi, et contenant des constatations matérielles, sont parfaitement
réguliers. — Cass., 26 juin 1879, Decelers, [S. 80.1.288, P. 80.655].

789. — Le magistrat du ministère public qui, pour assurer
l'exécution de l'arrêt de mise en accusation et de l'ordonnance
de prise de corps, interroge un accusé, en fuite jusque-là, et,
avant de l'incarcérer, provoque et reçoit ses explications sur son
identité et vérifie si l'individu amené devant lui est en effet l'accusé, ne fait que remplir le devoir de sa charge. Le procès-verbal qu'il dresse à cet effet n'est pas un acte d'instruction. En le
rédigeant, le procureur de la République n'a pas empiété sur les
pouvoirs du président de la cour d'assises ni violé les règles de
la compétence. — Cass., 13 févr. 1879, Ali-ben-Ban-Cherf, [S.
81.4.335, P. 81.1.799, D. 79.1.187]

790. — III. *Conséquences de l'irrégularité de l'instruction
supplémentaire.* — Une dernière question nous reste à examiner,
celle de savoir quelle influence aura sur les débats et le jugement une instruction supplémentaire irrégulièrement instruite. Ainsi,
postérieurement à l'arrêt de renvoi, le procureur général a fait
des actes d'instruction proprement dits; postérieurement à la
même époque, le juge d'instruction, bien que dessaisi, a continué à recevoir des dépositions de témoins; ou bien le président des assises a instruit après l'expiration du trimestre pour
lequel il a été nommé; ou bien l'expert qu'il a régulièrement
commis n'a pas prêté serment avant de procéder à sa mission.
Dans tous ces cas, les actes ainsi accomplis sont irréguliers et
nuls. Auront-ils pour conséquence d'entraîner, toujours et nécessairement, la nullité des débats et de l'arrêt de condamnation?
La Cour de cassation a tranché la question par la négative.

791. — Elle a, en effet, décidé à maintes reprises que l'art.
303, C. instr. crim., n'a pas pour sanction la peine de nullité.
Ses arrêts ajoutent qu'« il appartient à la Cour de cassation de rechercher si les infractions à la disposition de cet article sont de
nature à nuire à l'accusé en compromettant son droit de défense».
— Cass., 12 févr 1880, Mathey, [S. 81.4.140, P. 81.4.297, D.
80.1.491]; — 22 déc. 1881, Griveau, [D. 82.1.192]; — 26 juin
1884, Favreau, [*Bull. crim.*, n. 208]

792. — La nullité des débats ne sera donc prononcée par la
Cour de cassation que si les actes irréguliers accomplis au cours de
l'instruction supplémentaire ont pu nuire à l'accusé et avoir sur
la déclaration du jury une influence qu'ils n'auraient pas dû
légalement exercer. — Mêmes arrêts. — *Sic*, Nouguier, n. 839.

793. — Cette règle a reçu son application dans de nombreuses espèces que nous allons indiquer.

794. — S'agit-il d'une instruction supplémentaire irrégulièrement ordonnée par le ministère public, il y aura nullité des
débats si, à la suite d'une perquisition et d'une saisie de pièces
faites par un commissaire de police sur l'ordre du procureur
général, la lettre par laquelle ce commissaire de police rend
compte de ses opérations a été jointe au dossier avec les pièces
saisies, sans qu'il en ait été donné copie à l'accusé, sans qu'une
ordonnance du président les ait jointes à la procédure comme
renseignements et alors que ces documents ont été remis au
chef du jury. — Cass., 12 févr. 1880, précité.

795. — De même il y aura nullité si le rapport d'un médecin-
expert désigné par le procureur de la République a été joint au
dossier sans qu'une ordonnance du président l'ait annexé à la
procédure comme renseignement, s'il n'en a pas été donné copie

à l'accusé et si ce rapport a été remis au jury avec les pièces
du procès. — Cass., 22 déc. 1881, précité.

796. — Mais il n'y aura pas de nullité si les pièces irrégulièrement dressées sur l'ordre d'un officier du ministère public ont été
jointes au dossier, par ordonnance du président, données en copie
à l'accusé, communiquées à son conseil, qui n'ont à cet égard, élevé
aucune réclamation devant la cour d'assises, et si elles n'ont pas
été remises aux jurés. Ainsi jugé pour un procès-verbal dressé
par un juge de paix sur l'invitation du procureur général et contenant les dépositions de soixante-dix-huit témoins. — Cass.,
26 août 1847, Sain, [S. 48.1.93] — Ainsi jugé également pour
un procès-verbal de gendarmerie dressé sur l'ordre du procureur général et contenant la déposition de deux témoins. — Cass.,
9 mars 1855, Porte, [S. 55.1.545, P. 56.1.27] — V. aussi Cass.,
5 mars 1857, Trézières et Corbineau, [S. 57.1.552, P. 58.73, D.
57.1.178]; — 20 août 1875, Jodon, [*Bull. crim.*, n. 277]; — 10
juill. 1884, Leoneti, [*Bull. crim.*, n. 231]; — 31 juill. 1884, Guiller, [*Bull. crim.*, n. 255]

797. — Ainsi : 1° bien que le ministère public, en faisant
entendre par le juge de paix les témoins après l'arrêt
de mise en accusation et l'interrogatoire de l'accusé par le président des assises, sans ordonnance ni commission rogatoire de
ce magistrat, ait procédé d'une manière irrégulière, l'accusé ne
saurait se prévaloir du vice d'une pareille procédure qu'autant
qu'il serait établi que cet acte d'instruction aurait pu lui être
préjudiciable par l'influence qu'il aurait exercée sur la déclaration du jury qui a servi de base à l'arrêt de condamnation. —
Cass. 26 août 1847, Sain, [S. 48.1.93, P. 47.2.703]

2° En supposant même que les déclarations des nouveaux témoins aient pu devenir un des éléments du débat devant la cour
d'assises, aucune nullité n'en résulterait si c'était seulement
d'après l'ordonnance du président, agissant en vertu de son pouvoir discrétionnaire, que le procès-verbal renfermant ces déclarations aurait été joint aux pièces du procès. — Même arrêt.

3° Il en doit être ainsi surtout lorsque l'accusé, auquel copie
de ce procès-verbal a été donnée par ordre du président, et qui
aurait pu lors le combattre et se prévaloir de ses irrégularités
et de son vice d'incompétence, n'a élevé à cet égard, non plus
que son défenseur, aucune réclamation devant la cour d'assises.
— Même arrêt.

798. — Pas de nullité non plus s'il résulte de deux arrêts
de la cour d'assises, intervenus sur les conclusions de la défense et contre lesquels aucun recours n'a été formé, que les
pièces irrégulièrement dressées n'ont été produites aux débats
qu'à titre de renseignements, avec faculté pour la défense d'en
prendre communication et qu'elles ont pu être livrées à la discussion publique et contradictoire. — Cass., 6 sept. 1883, Houy
et Capelle, [*Bull. crim.*, n. 233]

799. — La nullité des débats est encore bien moins encourue, lorsque les pièces de l'instruction supplémentaire à laquelle il a été irrégulièrement procédé par suite de délégation
du ministère public, n'ont pas été jointes à la procédure, que
les nouveaux témoins entendus n'ont pas été portés sur la liste
des témoins dressée par le procureur général et que lors des
débats, le président n'a pas ordonné la lecture de ces déclarations. — Cass., 23 nov. 1848, Noirot, [P. 50.1.105, D. 48.5.242]
— V. égal. Cass., 23 mai 1863, Auragnier, [D. 63.1.328]

800. — S'agit-il d'actes d'information faits incompétemment
par un juge d'instruction postérieurement à l'arrêt de renvoi,
leur irrégularité ne pourra en rien entacher la validité des débats et de l'arrêt si ces pièces ont été jointes au dossier à titre
de simples renseignements, si l'accusé, les connaissant d'a-
vance, a pu les contredire et si enfin elles n'ont pas été remises
au jury. — Cass., 31 juill. 1847, Granger et Richaud, [P. 47.2.611]

801. — S'agit-il enfin d'une instruction supplémentaire irrégulièrement faite par le président des assises lui-même, la règle
sera encore la même; il n'y aura nullité que s'il a pu résulter
de ces actes un grief pour l'accusé. — Cass., 13 sept. 1827, Rivière, [*Bull. crim.*, n. 238]; — 20 janv. 1832, Jouen, [P. chr.];
— 17 janv. 1856, Fani, [P. 58.91, D. 56.1.109]

802. — Ainsi, à défaut de prestation de serment par l'expert
commis par le président des assises au cours de l'instruction
supplémentaire, il y a nullité si le rapport d'expertise a été communiqué au jury dans la salle de ses délibérations, car ce document a pu avoir sur le verdict une influence illégale. — Cass., 8
août 1867, Lebrun, [*Bull. crim.*, n. 181]; — 16 févr. 1882, Mohamed-ben-Djelloul-ben-Khalfa, [*Bull. crim.*, n. 45]

803. — Mais l'irrégularité résultant de ce que l'ordonnance du président des assises commettant un magistrat pour procéder à l'instruction supplémentaire, n'indique pas le nom de ce magistrat, ne porte aucune atteinte aux droits de la défense et ne cause aucun préjudice à l'accusé si les pièces d'information résultant de cette ordonnance n'ont pas été remises au jury et si le procès-verbal ne constate pas qu'elles aient été produites aux débats. — Cass., 5 mai 1881, Bérard, [*Bull. crim.*, n. 114]

SECTION II.

De la jonction et de la disjonction des procédures.

804. — Les affaires sont en état; elles ont été ou vont être portées sur le rôle; un double incident peut se produire et modifier celui-ci : nous voulons parler de la jonction et de la disjonction des procédures. C'est une mesure d'ordre, prise dans l'intérêt d'une bonne administration de la justice, et qui a pour effet d'assembler ou de séparer, de faire juger en même temps ou divisément des accusations jusqu'alors distinctes ou réunies. — F. Hélie, n. 3382; Nouguier, n. 862 à 864.

805. — Cette matière est réglementée par les art. 307 et 308, C. instr. crim.

§ 1. Causes de jonction et de disjonction.

1° Jonction.

806. — L'art. 307, C. instr. crim., ne prévoit qu'un seul cas de jonction : c'est celui où il aura été formé, à raison du même fait, plusieurs actes d'accusation contre différents accusés.

807. — Par application de ce principe, la jonction s'impose entre deux procédures concernant l'une l'auteur d'un vol, l'autre les complices pour recel du même vol. — Cass., 4 nov. 1886, Pinte et autres, [*Bull. crim.*, n. 368]

808. — Lorsqu'une cour d'assises a remis une affaire à une autre session à raison de charges paraissant s'élever contre des individus non compris dans la poursuite dont elle est saisie, si une information est ouverte et si celle-ci se termine par un arrêt de renvoi contre ses nouveaux accusés, le président des assises peut, par ordonnance, prescrire la jonction des deux procédures pour qu'il soit procédé sur le tout par un débat unique. — Cass., 10 avr. 1879, Wolf et autres, [*Bull. crim.*, n. 90]

809. — La jurisprudence a décidé que la disposition de l'art. 307 n'était pas limitative, qu'elle contenait au contraire un principe général dont l'application à des cas analogues est autorisée toutes les fois qu'elle paraît utile à la découverte de la vérité et à la bonne administration de la justice. — Cass., 29 nov. 1834, Bouron, [P. chr.]; — 26 déc. 1835, Lacenaire, [P. chr.]; — 24 déc. 1836, Dupont, [S. 37.1.11, P. 37.1.334]; — 25 nov. 1837, Phélu, [P. 40.1.140]; — 28 avr. 1838, Cochard-Denieures, [P. 42.2.706]; — 11 mars 1853, Trabaud et Ceisson, [S. 53.1.658, P. 54.1.322, D. 53.5.259]; — 22 févr. 1855, Jeannerot, [D. 55.5.259]; — 20 sept. 1855, Butterlin, [P. 57.654, D. 53.1.426]; — 18 sept. 1856, Ville et Doumerc, [*Bull. crim.*, n. 314]; — 30 mars 1861, Jamois et Duval, [S. 61.1.780, P 62.189, D. 61.1.188]; — 19 sept. 1861, Malaterre, [D. 61.5.268]; — 9 juin 1866, Leroy et autres, [*Bull. crim.*, n. 149]; — 17 mai 1872, Couanon et Launay, [*Bull. crim.*, n. 121]

810. — Ainsi la jonction pourra être ordonnée dans les cas de connexité prévus par l'art. 227, C. instr. crim. Le président ou la cour d'assises fait alors ce que la chambre des mises en accusation aurait pu faire.

811. — Ainsi encore, la jonction peut être prononcée entre une accusation de faux et une accusation d'usage des pièces fausses concernant un même accusé. — Cass., 28 avr. 1831, Cary, [P. chr.]

812. — De même il y a connexité quand l'un des deux faits incriminés a été commis pour assurer l'impunité du premier; la jonction pourrait, par suite, être ordonnée entre un crime d'incendie et un délit d'abus de confiance, lorsque le crime a été commis pour assurer l'impunité du délit. — Cass., 16 déc. 1869, Guérin, [*Bull. crim.*, n. 264]

813. — Une cour d'assises, pour ordonner que deux infanticides distincts, poursuivis contre deux sœurs, seront joints et soumis au même jury, peut déclarer la connexité en se fondant sur le concert qui aurait existé entre les deux accusées, bien que les crimes n'aient été commis ni dans le même temps, ni dans le même lieu, ni par suite d'une complicité quelconque. — Cass., 19 sept. 1861, Malaterre, [*Bull. crim.*, n. 212] — V. au surplus, sur les cas de connexité en matière criminelle, *suprà*, v° *Connexité*, n. 206 et s.

814. — Dans l'hypothèse prévue par l'art. 307, et en cas de connexité, la jonction est-elle obligatoire pour le président, ou bien reste-t-elle facultative?

815. — L'art. 226 paraît assez formel; il porte que « la cour statuera... ». Quant à l'art. 307, moins impératif que l'art. 226, et même que l'ancienne législation, suivant laquelle le ministère public était tenu de requérir la jonction des divers actes d'accusation dressés à raison du même délit, il se borne à dire que « lorsqu'il aura été formé à raison du même délit plusieurs actes d'accusation contre différents accusés, le procureur général *pourra* en requérir la jonction, et le président *pourra* l'ordonner même d'office. »

816. — De ce texte, on peut conclure que ce n'est pas une obligation que la loi impose au président des assises, mais une faculté qu'elle lui accorde. — Cass., 30 mai 1818, Bastide, Jausion et autres, [S. et P. chr.] — *Sic*, Carnot, *C. instr. crim.*, art. 307, n. 4; Merlin, v° *Faux témoignage*, n. 6; Le Sellyer, *Tr. de la compétence*, t. 2, n. 1124; Trébutien, t. 2, n. 569; F. Hélie, n. 3385; Villey, p. 162; Garraud, p. 567 et s. — *Contrà*, Mangin, *Act. publ.*, n. 337. — V. *suprà*, v° *Connexité*, n. 296 et s.

817. — La jonction peut être surtout ordonnée lorsque la chambre d'accusation, ayant été saisie des deux affaires à des époques différentes, n'a pu apprécier elle-même la connexité. — Cass., 4 nov. 1836, Horner, [S. 37.1.988, P. 37.2.88]

818. — Le président de la cour d'assises n'excède pas ses pouvoirs en ordonnant la jonction de deux instances criminelles connexes, bien que cette jonction, qu'avait admise l'ordonnance de la chambre du conseil, n'eût point été admise par la chambre d'accusation qui se trouvait dessaisie de l'une de deux affaires sur laquelle elle avait déjà statué lorsque la seconde lui avait été soumise. — Cass., 28 avr. 1831, Cary, [P. chr.]

819. — La jonction peut au reste être ordonnée même en dehors des cas de connexité énumérés dans l'art. 227, C. instr. crim. — Morin, *Rép. de dr. crim.*, v° *Connexité*, n. 13 et 14; Legraverend, *Législ. crim.*, t. 2, p. 159 et 160.

820. — Ainsi on peut joindre, pour être jugées simultanément, deux accusations absolument différentes, mais dirigées contre un même individu, par exemple l'une relative à un crime de faux, la seconde à un crime d'incendie. — Cass., 3 avr. 1847, Sausset, [S. 47.1.702, P. 47.2.347] — L'art. 365, C. instr. crim., prescrivant l'application d'une peine unique à des faits qui n'ont entre eux aucun rapport de connexité, donne au droit de jonction pour le jugement définitif plus de latitude que l'art. 227. — Cass., 7 févr. 1828, Delvichi, [S. et P. chr.]; — 29 nov. 1834, Bouron, [P. chr.]; — 28 avr. 1838, Cochard-Denieures, [P. 42.2.706]; — 18 mars 1841, Gouin, [S. 42.1.610]; — 22 févr. 1855, Jeannerot, [D. 55.5.259] — *Sic*, Nouguier, n. 903; F. Hélie, n. 3385. — V. *suprà*, v° *Connexité*, n. 275, 309.

821. — Quand il s'agit de plusieurs accusés, on peut, à une accusation dirigée contre deux individus à raison d'un même crime, joindre une accusation pour un crime distinct, de même nature ou de nature différente, commis par l'un d'eux seulement. Par exemple, à une accusation de faux concernant deux individus, le président peut joindre une accusation d'un autre faux commis par un seul des accusés. — Cass., 14 avr. 1821, Piazza, [S. et P. chr.], — et à une accusation de vol dirigée contre deux personnes, peut être jointe une accusation d'incendie relevée contre une seule d'entre elles. — Cass., 20 sept. 1855, Butterlin, [P. 57.654, D. 53.1.426]

822. — Ainsi encore, on peut joindre une accusation de tentative de meurtre, dirigée contre un individu, à une accusation d'incendie imputée à une autre personne, quand ce second crime semble être la conséquence du premier et ne paraît avoir été commis que pour se venger de l'auteur de la tentative de meurtre. — Cass., 17 mai 1872, Couanon et Launay, [*Bull. crim.*, n. 121]

823. — Une question s'est élevée à l'occasion du faux témoignage né dans une poursuite pour crime et pendant le débat auquel ce crime donnait lieu. Le témoin suspect est arrêté à l'audience et l'affaire principale renvoyée à une autre session. Puis l'instruction se suit contre le témoin et il est renvoyé devant la même cour d'assises par arrêt de la chambre des mises en accusation. On s'est demandé si le président des assises pouvait joindre l'accusation de faux témoignage à l'accusation principale et les faire juger en même temps.

824. — Notons d'abord que cette jonction n'est pas nécessaire. — Cass., 10 déc. 1807, Vancoppenoble, [S. et P. chr.]; — 18 févr. 1841, Génin, [S. 42.1.472]

825. — Mais est-elle possible? La jurisprudence de la Cour de cassation a varié sur ce point; elle s'était d'abord prononcée pour la négative. En droit, disait-elle, il résulte des art. 315, 330, 331 et 345, C. instr. crim., que l'examen et le jugement du faux témoignage sont *préjudiciels*; ils ne peuvent donc avoir lieu en même temps que l'examen et le jugement de l'accusation principale; dès lors, et dans le cas de l'arrestation à l'audience d'une cour d'assises d'un ou de plusieurs individus prévenus du crime de faux témoignage et du renvoi de l'affaire principale à la session suivante, il est d'une indispensable nécessité que l'accusation de faux témoignage reçoive jugement avant que l'affaire dans laquelle le faux témoignage a été porté soit elle-même soumise aux débats. — Cass., 20 déc. 1843, Juvenon, [S. 46.1.263, P. 46.2.677, D. 46 1.73]

826. — Cet arrêt est resté isolé, et la doctrine qu'il consacrait a été abandonnée par la Cour de cassation. Revenant sur sa première opinion, elle a pensé que le jugement d'un faux témoignage intervenu en de telles circonstances ne présente aucun des caractères constitutifs d'une décision préjudicielle; la jonction dont il s'agit n'est pas davantage attentatoire aux droits de la défense. Ceux-ci, a-t-elle ajouté, sont suffisamment garantis par un débat unique où toutes les parties sont placées en présence les unes des autres et où chaque élément de preuve est soumis à un contrôle contradictoire. Il en résulte que, dans ces circonstances, la jonction est facultative, et que le président peut, après l'arrêt de mise en accusation intervenu sur la poursuite pour faux témoignage, joindre l'accusation incidente à l'accusation principale et procéder simultanément au jugement des deux affaires. — Cass., 28 juin 1855, [Bull. crim., n. 230; J. de dr. crim., 1855, p. 340]; — 20 juin 1856, Camboulives, [D. 56.1.374]; — 18 sept. 1856, Ville et Doumerc, [Bull. crim., n. 314]; — 30 mars 1861, Jamois et Duval, [S. 61.1.750, P. 62.189, D. 61.1.188]; — 22 déc. 1882, Amar-ben-Salah-ben Nezzar, [Bull. crim., n. 288] — Sic, Nouguier, n. 911 et s.; F. Hélie, n. 3385.

827. — En règle générale, quand il s'agit de crimes commis séparément, quoique de même nature, par des accusés différents, le président doit s'abstenir de prononcer la jonction, car, si la disposition de l'art. 307, C. instr. crim., n'est pas limitative, il ne s'ensuit pas qu'elle puisse être étendue arbitrairement, et au détriment de la défense, à des accusations qui n'auraient entre elles aucun lien de connexité et qui ne seraient pas intentées contre les mêmes accusés. — Cass., 11 mars 1853, Trabaud et Ceisson, [S. 53.1.658, P. 54.1.322, D. 53.5.259] — Sic, F. Hélie, n. 3385.

828. — Ainsi, il n'y a pas lieu d'ordonner la jonction de trois actes d'accusation dressés contre trois accusés différents, à raison de trois accusations distinctes de faux commis dans les mêmes circonstances, par substitution de personnes dans l'examen du baccalauréat. — Même arrêt.

829. — Le droit de jonction ne peut, du reste, s'exercer que pour les actes d'accusation renvoyés à une même session d'assises. — Cass., 24 sept 1825, Aymard, [P. chr.]

830. — Lorsqu'une seule et même procédure criminelle a été suivie contre deux individus, accusés d'attentats à la pudeur distincts, commis séparément sur les mêmes enfants, lorsque cette procédure a été réglée par un seul et même arrêt de renvoi, et qu'un seul acte d'accusation a été dressé contre les deux accusés, la jonction, en pareil cas, résulte de l'unité de l'information, de l'arrêt de renvoi et de l'acte d'accusation; il n'y a pas lieu, dès lors, pour le président des assises, de rendre une ordonnance pour la prononcer. — Cass., 16 août 1860, Rolland, [D. 60.5.203] — La cour d'assises doit, du reste, juger tous les faits dont la connaissance lui a été déférée par l'arrêt de mise en accusation. — Cass., 9 juin 1866, Leroy et autres, [Bull. crim., n. 149]

2° Disjonction.

831. — L'art. 308, C. instr. crim., ne prévoit qu'un seul cas de disjonction, celui où l'acte d'accusation contient plusieurs délits non connexes. Mais ce n'est là qu'une indication. La disposition de l'art. 308 n'est pas plus limitative que celle de l'art. 307.

832. — S'agit-il de plusieurs crimes relevés contre un seul accusé, la disjonction pourra être ordonnée pour l'un de ces crimes, par exemple, si les témoins qui doivent être entendus spécialement sur ce crime ont été empêchés de venir à l'audience.

833. — Il en sera de même si un accusé, arrêté en pays étranger, n'a été extradé que pour quelques-uns des crimes relevés contre lui. Il est, en effet, de principe en matière d'extradition, que l'accusé ne peut être jugé qu'à raison des crimes déterminés dans la demande qui en a été faite. — Cass., 14 mars 1873, Bouvier, [D. 74.1.502] — V. infrà, v° Extradition.

834. — S'agit-il, au contraire, d'un seul crime imputé à plusieurs accusés, la disjonction pourra être prononcée à l'égard de l'un ou de plusieurs accusés, par exemple, pour cause de maladie.

835. — ... Ou bien parce que au moment de l'ouverture, ou au cours des débats, un ou quelques-uns des accusés se seraient évadés. — Cass., 19 janv. 1877, Gautier et Moutonnet, [S. 79. 1.189, P. 79.444]

836. — ... Ou bien parce que, dans une poursuite pour délit de presse ou de société secrète, l'un des prévenus aurait été irrégulièrement cité. — Cass., 14 mai 1850, Buvignier et autres, [S. 50.1.571, P. 52.2.244, D. 50.5.83]

837. — De même, dans une affaire comprenant un très-grand nombre d'accusés, tous poursuivis pour des faits connexes commis dans un mouvement insurrectionnel, le président, en vue d'éviter, dans l'intérêt d'une bonne administration de la justice, la confusion qu'aurait amenée la présence d'un si grand nombre d'accusés devant un même jury, peut distribuer les accusés par groupes, suivant l'ordre des faits imputables à chacun d'eux, à l'effet d'être jugés séparément à des phases successives de la même session. — Cass., 8 août 1873, Ahmed-bou-Mezrag, [Bull. crim., n. 224]; — 8 août 1873, Si-Ahmed-Sghir-ben, Iles et autres, [Bull. crim., n. 225]; — 8 août 1873, Mohamed-ben-Bouaraour, [Bull. crim., n. 226]

§ 2. Qui peut ordonner les jonctions et les disjonctions.

838. — C'est au président des assises qu'appartient en principe le droit d'ordonner la jonction ou la disjonction des procédures (art. 307 et 308, précités). — F. Hélie, n. 3383; Nouguier, n. 865.

839. — Avant l'ouverture de la session, il a seul l'exercice de ce droit. — Garraud, p. 693.

840. — Dans les cours d'assises situées en dehors du siège de la cour d'appel, le président du tribunal peut, en l'absence du président des assises, remplacer celui-ci et par suite ordonner les jonctions et les disjonctions. — Cass., 27 sept. 1832, Tronc, [P. chr.]; — 29 nov. 1834, Bouron, [P. chr.]

841. — Au cours de la session, le président des assises peut encore user de la faculté de prescrire les jonctions et les disjonctions tant que la cour d'assises n'est pas saisie. — Cass., 10 déc. 1836, Jeanson, [P. 38.1.23] — Contrà, Carnot, Instr. crim., t. 2, art. 307, n. 2.

842. — Mais, au cours de la session, le droit du président n'est plus exclusif; la cour d'assises a un pouvoir égal. — Cass., 7 févr. 1828, Delvichi, [S. et P. chr.]; — 18 mars 1841, Gouin, [P. 42.1.610]; — 14 mars 1873, Bouvier, [D. 74.1.502] — Sic, Garraud, p. 693.

843. — Il est même un cas où la cour d'assises peut être doit seule statuer; c'est lorsque la disjonction, demandée par l'accusé dans ses conclusions à l'audience, est combattue par le ministère public; il y a alors un incident contentieux que la cour d'assises a seule le droit de prononcer. — Cass., 22 sept. 1826, Raynard et autres, [S. et P. chr.]

844. — Il en serait de même si la demande de disjonction présentée par le ministère public était contestée par l'accusé. — Cass., 14 mars 1873, précité. — V. infrà, n. 853.

845. — La jonction de plusieurs affaires concernant un même accusé peut être ordonnée même après le tirage au sort du jury de jugement, tant que les débats ne sont pas ouverts. — Cass., 24 sept. 1825, Aymard, [P. chr.]

846. — S'il s'agissait, au contraire, de joindre deux affaires concernant des accusés différents, cette mesure ne pourrait être ordonnée qu'avant la formation du jury de jugement. On ne saurait, en effet, faire juger un accusé par un jury à la formation duquel il n'aurait pas concouru. Mais la loi ne fixe aucun délai dans lequel l'ordonnance de jonction doive être rendue avant le tirage du jury. — Cass., 4 nov. 1886, Pinte et autres, [*Bull. crim.*, n. 368]

847. — Quant à la disjonction, elle peut être prononcée même après l'ouverture des débats. — Cass., 6 févr. 1834, Rossi, [P. chr.]

848. — Elle peut même l'être après la déclaration du jury. C'est ce qui se produirait si, dans une affaire comprenant plusieurs accusés, quelques-uns s'étaient évadés pendant la délibération du jury. La cour d'assises devrait alors disjoindre la cause des accusés évadés de celle des accusés présents, pour être plus tard statué contre les premiers par voie de contumace. — Cass., 19 janv. 1877, Moutonnet et Gauthier, [*Bull. crim.*, n. 17]

§ 3. Qui peut requérir la jonction et la disjonction des procédures.

849. — Le président des assises peut d'office ordonner la jonction ou la disjonction des procédures (C. instr. crim., art. 307 et 308). La cour d'assises le pourrait également.

850. — Les art. 307 et 308, C. instr. crim., accordent au procureur général le droit de requérir la jonction et la disjonction des procédures.

851. — Le même droit n'appartient pas à l'accusé. — Cass., 24 janv. 1828, Berson, [S. et P. chr.]

852. — S'il adresse au président des assises une requête à l'effet de faire prononcer une jonction ou une disjonction, le président peut n'en tenir aucun compte; il n'est même pas obligé de répondre à cette requête. — F. Hélie, n. 3383 et 3387.

853. — Mais si l'accusé est privé de tout droit de réquisition devant le président, sa situation change devant la cour d'assises. Les questions relatives aux jonctions et disjonctions ne relèvent pas, en effet, du pouvoir discrétionnaire du président. La cour d'assises a donc le droit d'intervenir et statuer. Cette opinion avait été d'abord repoussée par la Cour de cassation. — Cass., 29 nov. 1834, Bouron, [P. chr.]; — 11 janv. 1839, Maugard, [P. 43.2.244] — Mais elle est aujourd'hui consacrée par la jurisprudence et la doctrine. — Cass., 28 juin 1835, Métas et autres, [D. 55.5.127] — *Sic*, Nouguier, n. 868; F. Hélie n. 3387.

854. — Il en résulte que l'accusé peut, à l'ouverture des débats, prendre des conclusions tendant soit à faire ordonner une jonction ou une disjonction sur laquelle le président n'a pas statué, soit à faire rapporter une jonction ou une disjonction précédemment ordonnées. — Cass., 11 mars 1853, Trabaud et Ceisson, [S. 53.1.658, P. 54.1.322, D. 53.5.259]; — 20 sept. 1835, Butterlin, [P. 57.654, D. 55.1.426] — *Sic*, F. Hélie, n. 3387; Nouguier, n. 880.

855. — Si l'accusé veut réclamer contre l'usage que le président des assises a pu faire de la faculté que la loi lui accorde d'ordonner la jonction ou la disjonction des accusations, il faut qu'il le fasse devant la cour d'assises. Si, devant cette juridiction, il n'élève aucune réclamation, son silence sera considéré comme une adhésion à la mesure précédemment prise; de ce silence, il y a lieu de présumer que la jonction ou la disjonction n'a apporté aucune entrave à sa défense et ne lui a pas été nuisible. — Cass., 18 mars 1841, précité; — 18 mai 1850, Buvignier et autres. [S 50.1.571, P. 52.2.244]; — 11 mars 1853, précité; — 20 sept. 1855, précité; — 9 juin 1866, Leroy et autres, [*Bull. crim.*, n. 149]; — 3 juin 1893, Brême, [*Bull. crim.*, n. 149]

856. — A plus forte raison en est-il ainsi quand les accusés ont pris des conclusions pour déclarer que, sur ce point spécial, ils s'en rapportaient à la justice. — Cass., 17 mai 1872, Couanon et Launay, [*Bull. crim.*, n. 121], — ou quand ils y ont donné leur consentement. — Cass., 30 mars 1861, Jamois et Duval, [S. 61.1.750, P. 62.189, D. 61.1.188]

857. — La jurisprudence en a conclu que le condamné ne peut, pour la première fois, exciper devant la Cour de cassation de l'abus qui aurait été fait du droit de jonction ou de disjonction. S'il n'a pas réclamé devant la cour d'assises, il ne sera pas admis à le faire devant la Cour de cassation, la jonction ou la disjonction eût-elle été prononcée arbitrairement. — Cass., 8 mai 1838, Alard, [P. chr.]; — 8 févr. 1850, *Journaux Le National* et *Le Siècle*, [S. 50.1.329, P. 50.1.641, D. 50.1.69]; — 18 mai 1850, précité; — 18 sept. 1856, Ville et Doumerc, [*Bull. crim.*, n. 314]; — 30 mars 1861, précité; — 9 juin 1866, précité; — 3 juin 1893, Brême, [*Bull. crim.*, n. 149]

858. — Mais si l'accusé a formulé une réclamation devant la cour d'assises, il peut utilement la reproduire devant la Cour de cassation qui devra alors en examiner le mérite et rechercher si la jonction ou la disjonction était de nature à porter préjudice à l'accusé. — Cass., 22 sept. 1826. Raynard et autres, [S. et P. chr.]; — 24 janv. 1828, Berson, [S. et P. chr.]; — 28 juin 1855, précité; — 19 sept. 1861, [*Bull. crim.*, n. 212]; — 2 janv. 1874, Jamet, [D. 75.5.49]; — 21 sept. 1882, Leblanc et autres, [*Bull. crim.*, n. 225] — *Sic*, F. Hélie, n. 3387 et 3388; Trébutien, t. 2, n. 569 et 570; Nouguier, n. 880, 888 à 891.

§ 4. Procédure, forme, notification.

859. — Si c'est le président qui ordonne la jonction ou la disjonction, il procède par voie d'ordonnance; si c'est la cour d'assises, elle procède par voie d'arrêt. — F. Hélie, n. 3389; Nouguier, n. 917.

860. — Si la cour statue avant le tirage au sort du jury, il n'est pas nécessaire que l'arrêt soit rendu en audience publique. — Cass., 24 sept. 1825, Aymard, [S. et P. chr.], — ni que l'accusé soit présent. — F. Hélie, *loc. cit.*; Nouguier, n. 919 et 920.

861. — Ces arrêts, qui sont des arrêts de pure instruction, n'ont pas besoin pour leur régularité d'être motivés. — Cass., 25 nov. 1837, Phétu, [P. 40.1.140] — Il est cependant préférable qu'ils le soient.

862. — Aucune disposition de loi ne prescrit la notification aux accusés des ordonnances de jonction ou de disjonction. Un accusé ne pourrait pas se plaindre utilement de l'absence de cette notification. — Cass., 26 déc. 1835, Lacenaire et autres, [P. chr.]; — 26 janv. 1855, Angevin, [P. 55.1.519, D. 55.5.259]; — 20 sept. 1855, Butterlin, [P. 57.654, D. 55.1.426] — *Sic*, F. Hélie, *loc. cit.*; Nouguier, n. 923.

863. — La lecture, à l'audience, de l'ordonnance de jonction ou de disjonction n'est pas davantage prescrite par la loi. — Cass., 10 juill. 1851, Lebobinnec, [*Bull. crim.*, n. 272] — *Sic*, Nouguier, n. 924; F. Hélie, *loc. cit.*

864. — Cependant, dans la pratique, il vaut mieux notifier l'ordonnance à l'accusé avant les débats et en donner lecture à l'audience. L'accusé, en effet, a intérêt à connaître à l'avance ces ordonnances afin de pouvoir, s'il le juge convenable, formuler en temps utile une réclamation. Cet usage, constamment suivi à la cour d'assises de la Seine, a reçu la consécration indirecte de la Cour de cassation. — Cass., 18 sept. 1856, précité; — 30 mars 1861, précité; — 17 mai 1872, précité; — 4 nov. 1886, Pinte et autres, [*Bull. crim.*, n. 368] — *Sic*, Nouguier, n. 925; F. Hélie, *ibid.*

865. — L'arrêt qui ordonne une jonction ou une disjonction étant un arrêt de simple instruction, il en résulte que l'accusé ne peut se pourvoir contre cet arrêt qu'après l'arrêt définitif. Serait donc prématuré un pourvoi contre un arrêt de disjonction formé avant l'arrêt définitif de la cour d'assises. — Cass., 14 août 1873, Ahmed-ou-Ali et autres, [*Bull. crim.*, n. 231]

SECTION III.

Du renvoi de l'affaire à un autre jour ou à une autre session.

866. — Le renvoi d'une affaire criminelle à une autre session peut avoir lieu ou avant l'ouverture des débats, ou pendant leur cours et après leur clôture. Nous n'examinerons en ce moment que le renvoi ordonné avant les débats. — V. *infra*, n. 3668 et s.

867. — Ce renvoi est régi par l'art. 306, C. instr. crim.; aux termes de cet article, si le procureur général ou l'accusé ont des motifs pour demander que l'affaire ne soit pas portée à la première assemblée du jury, ils présentent au président de la cour d'assises une requête en prorogation de délai. Le président déclare si cette prorogation est accordée. Il peut aussi d'office prononcer cette prorogation.

868. — Le magistrat compétent pour ordonner le renvoi est le président des assises. La cour d'assises n'est pas encore saisie; c'est donc au président qui, seul, a connaissance de l'instruction écrite, qu'il appartient d'apprécier les causes d'un renvoi. — Cass., 7 juin 1816, Nicolle, [D. *Rép.*, v° *Instr. crim.*, n. 2001]; — 16 avr. 1818, Guillain père et fils, [S. et P. chr.]; — 4 févr. 1825, Chicat, [S. et P. chr.]; — 25 juin 1840, Maubant et autres, [P. 42.2.679]; — 26 avr. 1844, Coupé, [*Bull. crim.*, n. 155]; — 27 avr. 1850, Duru, [S. 50.1.811, P. 52.2.298, D. 50.5.123]; — 31 janv. 1859, Villatte, [*Bull. crim.*, n. 16] — *Sic*, F. Hélie, n. 3377 ; Nouguier, n. 932 et 933 ; Trébutien, n. 566 ; Rodière, p. 181 ; Garraud, p. 693 ; Sebire et Carteret, n. 213.

869. — Ce pouvoir est réservé au président seul, tant que la cour d'assises n'est pas saisie, c'est-à-dire tant qu'il n'a pas été procédé au tirage au sort du jury de jugement. — Cass., 27 avr. 1850, précité. — C. d'ass. de Vaucluse, 29 oct. 1886, sous Cass., 2 déc. 1886, Ginoux, [D. 87.1.285] — *Sic*, Carnot, sur l'art. 306, n. 1 ; de Serres, *Man. des cours d'ass.*, t. 1, p. 222 ; Nouguier, n. 934 et 935 ; F. Hélie, n. 3378 ; Rodière, *loc. cit.;* Garraud, p. 693 ; Sebire et Carteret, n. 214 et 215 ; Le Sellyer, *Tr. de la compét.*, t. 1, n. 193 ; Morin, *Rép.*, v° *Cour d'ass.*, n. 40.

870. — Le président est donc compétent pour ordonner un renvoi, même après la confection du rôle, même après le commencement de la session. Son pouvoir ne cesse qu'après le tirage du jury de jugement.

871. — Le président, aux termes de l'art. 306, peut ordonner d'office le renvoi de l'affaire ; il peut également l'ordonner sur la demande, soit du procureur général, soit de l'accusé. Ceux-ci doivent dans ce cas présenter requête au président des assises.

872. — Le ministère public et l'accusé ont-ils le droit d'attaquer devant la cour d'assises l'ordonnance rendue avant les débats par le président seul ? Une distinction toute naturelle doit être établie. Si le président a ordonné le renvoi à une autre session, la cour d'assises qui se dessaisie de l'affaire ; elle est donc incompétente pour statuer sur la réclamation.

873. — Mais que décider si le président a repoussé la demande de renvoi et maintenu l'affaire au rôle de la session ? La cour d'assises sera alors saisie de l'affaire : le ministère public ou l'accusé pourront-ils attaquer devant elle l'ordonnance du président ? Non, selon M. Nouguier (n. 939). Selon lui, le pouvoir du président est un pouvoir personnel, indépendant de la cour d'assises et qui ne relève pas d'elle, c'est en ce sens que la Cour de cassation a décidé que la cour d'assises, en refusant de statuer sur une demande déjà jugée par le président, juge compétent, n'a violé aucune loi. — Cass., 4 oct. 1832, Prugny, [D. *Rép.*, v° *Instr. crim.*, n. 2001]

874. — De sérieuses objections peuvent cependant être faites contre ce système : le ministère public et l'accusé ont incontestablement le droit de renouveler leur demande de renvoi devant la cour d'assises. Celle-ci, après le tirage au sort du jury, est compétente pour juger une telle demande. Les parties reproduiront devant elle les motifs précédemment invoqués devant le président. Comment admettre qu'elle pourra se refuser à statuer ? Sans doute le président a résolu la même question. Mais son ordonnance n'a pas l'autorité de la chose jugée ; ce n'est qu'une mesure provisoire qui ne lie pas la cour. Celle-ci a un pouvoir indépendant de celui du président. Elle doit donc apprécier les motifs invoqués à l'appui du renvoi. Elle pourra sans doute s'approprier la décision du président, mais ce sera par un arrêt motivé et non par un refus de statuer. — F. Hélie, n. 3380 ; Cubain, n. 361.

875. — Le président peut renvoyer l'affaire : soit à un autre jour de la même session, — Cass., 11 oct. 1821, Curione, [S. et P. chr.] ; — 26 avr. 1844, précité, — soit à une assise extraordinaire de la même session, — Cass. 13 mai 1842, *La gazette d'Auvergne*, [S. 42.1.947], — soit enfin à une autre session. — Cass., 11 oct. 1821, précité. — *Sic*, Trébutien, n. 568 ; F. Hélie, n. 3381.

876. — Le pourvoi en cassation formé par l'accusé contre l'ordonnance du président qui rejette sa demande de renvoi de l'affaire à une autre session, n'est pas suspensif. La cour d'assises doit donc, malgré ce pourvoi, procéder immédiatement au jugement de l'affaire. — Ord. du prés. des ass. de Vaucluse du 29 oct. 1886, sous Cass., 2 déc. 1886, précité.

877. — L'art. 306, C. instr. crim., n'a pas indiqué les motifs qui peuvent rendre nécessaire le renvoi de l'affaire. La Cour de cassation a jugé que le président des assises pouvait renvoyer à une époque ultérieure l'ouverture des débats : 1° à raison de l'état de maladie de l'accusé. — Cass., 16 avr. 1818, précité. — 2° pour procéder à une instruction supplémentaire. — Cass., 25 juin 1840, précité. — *Sic*, Legraverend, t. 2, p. 195 ; F. Hélie, n. 3381 ; Nouguier, n. 941, 942 ; Sebire et Carteret, n 216 ; Le Sellyer, *Tr. de la compét.*, t. 1, n. 189.

878. — La demande de prorogation peut aussi être fondée sur l'existence d'une demande en renvoi pour cause de suspi-

cion légitime, adressée à la Cour de cassation. — Cass., 2 déc. 1886, Ginoux, [D. 87.1.285]

879. — Ce ne sont là que des exemples, et bien d'autres cas peuvent se présenter. C'est au président des assises qu'il appartient de peser les raisons qui seraient de nature à nécessiter un renvoi de l'affaire. « L'art. 306, a dit la Cour de cassation dans son arrêt précité du 27 avr. 1850, abandonne à la conscience du président l'appréciation des motifs qui peuvent le déterminer d'office, dans l'intérêt de la manifestation de la vérité, à renvoyer à une autre session que celle qui va s'ouvrir, l'affaire dont cette cour devait être saisie ». — Trébutien, n. 568 ; F. Hélie, *loc. cit.*; Nouguier, *loc. cit.;* Sebire et Carteret, *loc. cit.*

880. — L'appréciation du président est souveraine sur ce point. Quelle que soit la cause qui l'ait déterminé à ordonner le renvoi, sa décision échappe à la cassation [D. *Rép.*, v° *Instr. crim.*, n. 2004]

881. — C'est par une ordonnance que le président prescrit le renvoi de l'affaire à un autre jour ou à une autre session. Mais cette formalité n'est pas prescrite à peine de nullité. Quelque irrégulier que soit le renvoi à un autre jour, ordonné, en dehors de l'audience, par un ordre purement verbal du président, cette irrégularité, ne portant aucun préjudice à la défense, ne saurait donner ouverture à cassation. — Cass., 23 sept. 1880, Tandrayapadéatchy, [S. 82.1.390, P. 82.1.965, D. 81.1.489]

882. — Il n'est pas nécessaire que l'ordonnance du président de la cour d'assises qui renvoie l'affaire à une autre session soit notifiée à l'accusé. — Cass., 21 juill. 1859, Marcel, [S. 60. 1.84, P. 60.723, D. 59.1 426] — *Sic*, Cubain, n. 363 ; Nouguier, n. 948. — Cependant cette notification peut être utile, car l'accusé, s'il n'en avait pas connaissance, serait exposé à citer inutilement des témoins et à faire des frais en pure perte.

883. — Nous avons déjà vu qu'en cas de renvoi d'une affaire à une autre session, il n'est pas nécessaire que le président des assises interroge de nouveau l'accusé avant l'ouverture des débats. — V. *suprà*, v° *Accusation*, n. 72. — V. aussi Cass., 31 mai 1878, Domecq, [D. 79.1.41] — Ajoutons qu'en pareil cas, il n'est pas davantage exigé que le président accomplisse de nouveau la formalité relative à la désignation d'un conseil.

CHAPITRE V.

FORMATION DÉFINITIVE DE LA LISTE DU JURY DE SESSION.

884. — Le jury est le second élément de la cour d'assises. Pour chaque session, le jury doit comprendre quarante membres : la liste de session est, en effet, composée de trente-six jurés titulaires et de quatre jurés supplémentaires.

885. — En ce qui concerne l'étude de l'organisation et du mode de recrutement du jury, V. *infrà*, v° *Jury*. Nous verrons alors comment se forme la liste annuelle et de quels éléments elle se compose, comment se forme la liste de la session et comment chaque juré inscrit sur cette dernière liste est invité à se trouver, au jour indiqué, au siège de la cour d'assises.

886. — Nous supposons toutes ces formalités accomplies et nous nous plaçons au jour même de l'ouverture de la session des assises.

887. — Le premier soin de la cour sera alors de procéder à la revision de la liste de la session, de constater s'il y a des jurés incapables, de vérifier si, parmi les jurés présents, il se trouve des incapables, et enfin de compléter la liste lorsque, par suite du retranchement des absents et des incapables, la liste de session se trouve réduite au-dessous de trente.

888. — Nous allons successivement étudier le mécanisme de ces deux opérations qui ont pour but d'arriver à la formation définitive de la liste de la session.

SECTION I.

Revision générale de la liste de session. — Retranchements.

§ 1. *Causes des retranchements.*

889. — Au jour et à l'heure fixés pour l'ouverture de la session, les jurés se trouvent réunis dans la salle des assises. La cour entre, composée du président, des assesseurs, du ministère public et du greffier ; elle prend séance. Le président dit : « La session des assises est ouverte. »

890. — Puis, sur l'ordre du président, le greffier lit à haute voix la liste du jury de la session. A l'appel de son nom, chaque juré, assistant à l'audience, répond : présent. Il est pris note du nombre des jurés absents.

891. — Le président agira sagement en se préoccupant, en ce moment, de l'identité des jurés présents. Il devra s'assurer d'abord si la personne présente est bien celle qui a été désignée par le sort pour faire partie du jury ; il devra vérifier aussi si les indications figurant sur la liste du jury de la session et relatives aux nom, prénoms, âge, profession et domicile de chaque juré, sont exactes. Lorsqu'il n'y aura que des erreurs insignifiantes, on pourra passer outre. Si, au contraire, les inexactitudes sont telles qu'elles peuvent rendre douteuse l'identité du juré, il y aura lieu : 1° de retrancher de la liste, pour le jour même, le nom de ces jurés ; 2° d'ordonner la rectification de ces inexactitudes sur la liste à notifier aux accusés qui seront jugés pendant les autres jours de la session.

892. — Ainsi, au début de la session, il appartient à la cour, en vue de prévenir une équivoque sur l'identité d'un des jurés et pour assurer l'exercice du droit de récusation, d'ordonner la rectification du nom d'un des jurés irrégulièrement orthographié. — Cass., 15 déc. 1887, Omont, [*Bull. crim.*, n. 430]

893. — Le président donnera ensuite successivement la parole aux jurés titulaires ou supplémentaires qui voudraient invoquer une excuse ou se prévaloir de quelque cause d'exemption, et au ministère public (V. *infrà*, n. 913 et s.). Celui-ci portera à la connaissance de la cour les renseignements par lui recueillis et qui seraient de nature à faire exclure certains jurés.

894. — La cour devrait retrancher de la liste de session le juré qui justifierait n'avoir dans le département ni domicile, ni résidence.

895. — De même, si le nom d'un juré de la liste de session ne figurait pas sur la liste notifiée à l'accusé, la cour devrait retrancher ce juré pour le jugement de l'affaire concernant cet accusé. Elle devrait en outre veiller à ce que le nom de ce juré fût rétabli sur les notifications à faire aux autres accusés.

896. — La cour pourrait encore retrancher les jurés dont les noms auraient été inexactement orthographiés sur la liste notifiée à l'accusé. — Cass., 17 févr. 1826, Arnaud, [S, et P. chr.]

897. — Les causes légales de retranchement sont indiquées dans les art. 1 à 5, L. 21 nov. 1872, sur le jury (V. *infrà*, v° *Jury*). Nous les rappelons sommairement.

1° *Défaut d'aptitude.*

898. — Pour pouvoir remplir les fonctions de juré, il faut être âgé de trente ans accompli, avoir la qualité de français et jouir des droits politiques, civils et de famille (L. 21 nov. 1872, art. 1). Tout juré qui ne réunirait pas ces trois conditions devrait être rayé de la liste de la session.

2° *Incapacités.*

899. — Les causes d'incapacité sont énumérées dans l'art. 2 de la même loi (V. *infrà*, v° *Jury*). Tous les jurés qui sont frappés de l'une de ces incapacités devront être retranchés de la liste de session.

3° *Incompatibilités.*

900. — Sont également à retrancher les noms des jurés qui se trouvent soit dans un des cas d'incompatibilité absolue prévus par l'art. 3, L. 21 nov. 1872, soit dans l'un des cas d'incompatibilité relative énumérés dans l'art. 392, C. instr. crim.

4° *Exclusions.*

901. — Devront être aussi rayés de la liste de session les domestiques et serviteurs à gages, ainsi que ceux qui ne savent pas lire et écrire en français (L. 21 nov. 1872, art. 4).

5° *Dispenses.*

902. — On devra encore retrancher de la liste de session les noms des citoyens au profit de qui ont été établies les causes de dispenses prévues par l'art. 5 de ladite loi.

Cour d'Assises.

6° *Excuses.*

903. — En dehors de ces causes légales de retranchements, il est de nombreuses circonstances, matérielles ou morales, état de maladie, raison majeure d'affaire, qui pourront également, si elles sont justifiées, motiver le retrait du nom de quelque juré.

§ 2. *Qui a qualité pour opérer les retranchements.*

904. — C'est la cour d'assises elle-même et non le président seul qui doit prononcer sur les causes de retranchement.

905. — Sans doute, la Cour de cassation a, dans un cas spécial, décidé que le président, en statuant seul sur une question de retranchement, n'avait pas commis un excès de pouvoir. — Cass., 19 janv. 1838, Fay-Farget, [S. 38.1.128. P. 38.1.401] — Mais il s'agissait, dans l'espèce de cet arrêt, d'un juré qui était en même temps témoin dans l'affaire soumise au jury : il y avait là une incompatibilité certaine, un empêchement péremptoire. Aucun incident contentieux n'avait été soulevé. Le président avait pu, seul, ordonner le retranchement du nom de ce juré. — Cass., 20 mars 1863, Heutte et Delay, [D. 65.5.96]

906. — Mais la Cour de cassation a reconnu, dans une espèce identique, le droit pour la cour d'assises de statuer. Elle a décidé en effet que, bien que le président de la cour d'assises soit à lui seul compétent pour ne pas comprendre dans le tirage du jury de jugement un juré qui, ayant rempli les fonctions de témoin et d'expert dans l'instruction écrite, se trouve ne pouvoir exercer celle de juré, néanmoins l'intervention de la cour d'assises, en ce cas, étant une garantie de plus en faveur de l'accusé, ne peut être considérée comme opérant nullité (C. instr. crim., art. 399). — Cass., 7 juill. 1847, Perminjat, [S. 47.1.877, P. 48.1.92, D. 47.4.133]

907. — L'intervention de la cour est en effet une garantie de plus pour l'accusé, et le Code d'instruction criminelle l'exige expressément pour la solution de trois cas d'excuse qu'elle prévoit dans les art. 396 à 398. Cette attribution à la cour d'assises de la connaissance des causes de retranchement doit être généralisée et il faut décider que c'est toujours la cour d'assises qui doit procéder à la formation définitive de la liste du jury de la session. — Cass., 11 févr. 1831, Gouébel, [S. 31.1.288, P. chr.] — 13 mars 1846, Dauvert, [P. 49.2.20, D. 46.4.119] — *Sic*, F. Hélie, n. 3196 ; Trébutien, p. 413 ; Nouguier, n. 1254 à 1256 ; Le Sellyer, *Traité de la compétence*, etc., t. 1, n. 409 ; Garraud, p. 675.

908. — Quand la cour statue ainsi sur les retranchements, elle doit être composée du président, des deux assesseurs, du ministère public et du greffier.

909. — Il a du reste été jugé d'une manière générale que, le règlement des dispenses étant un acte d'administration qui échappe au contrôle des parties, l'accusé ne pouvait arguer d'une prétendue irrégularité dans la composition de la cour qui a statué sur les excuses des jurés. — Cass., 30 avr. 1874, Ahmed-ben Saïd, [*Bull. crim.*, n. 124]

§ 3. *Forme dans laquelle il est procédé aux retranchements.*

910. — La cour d'assises peut statuer en chambre du conseil sur les excuses présentées par les jurés (C. instr. crim., art. 397 à 399). — Cass., 28 sept. 1837, Caugnet, [S. 39.1.813, P. 39.2.527] ; — 7 juill. 1847, Perminjat, [S. 47.1.877, P. 48.1.92, D. 47.4.133] — Aucune disposition de la loi, dit ce dernier arrêt, n'oblige la cour d'assises à procéder publiquement à la vérification d'un fait d'incompatibilité qui rentre, comme mesure préliminaire à la formation du jury de jugement, dans les opérations que la justice est autorisée à faire sans publicité. — Cass., 3 sept. 1885, Royer, [*Bull. crim.*, n. 251]

911. — Rien cependant ne s'oppose à ce que ces opérations préliminaires s'accomplissent publiquement. Il est même à noter que, dans la pratique, c'est toujours en audience publique que sont rendus les arrêts statuant sur les dispenses et les excuses des jurés. — F. Hélie, n. 3197; Nouguier, n. 1259 et 1260.

912. — Les arrêts par lesquels la cour d'assises statue sur les retranchements des jurés sont rendus hors la présence des accusés et de leurs conseils. — Cass., 7 déc. 1821, Faulot, [S. et P. chr.] ; — 17 oct. 1833, précité, 7 juill. 1847, précité ; — 23 sept. 1847, Florentin, [*Bull. crim.*, n. 231] ; — 9 août 1867, Yung, [*Bull. crim.*, n. 186] ; — 11 mai 1877, Fouilleul, [S. 77.1.

5

hors de discussion. Hésitante au début, quelquefois même contraire, la Cour de cassation s'y est aujourd'hui complètement ralliée et elle la consacre par ses plus récents arrêts. Dès 1865, elle disait : « il appartient aux cours d'assises d'écarter de la liste ceux qui auraient perdu les *capacités* requises, comme ceux qui rempliraient des fonctions *incompatibles* avec celles de juré ; cette opération, qui précède tout débat et ne se rattache à aucune affaire particulière de la session, échappe, par son caractère, plutôt administratif que judiciaire, au contrôle des accusés, inhabiles à la critique, alors que trente jurés idoines ont concouru à la formation du jury ». — Cass., 14 déc. 1865, Bernaras, [S. 66.1.268, P. 66.668, D. 66.1.187] — En 1881, elle décidait, plus nettement encore, que les erreurs de fait ou de droit commises par les cours d'assises dans les causes des éliminations qu'elles opèrent au début de la session, pour arrêter définitivement la liste du service, sont sans effet sur la régularité des procédures. Les accusés sont donc sans droit pour se plaindre de ce qu'un juré aurait été illégalement retranché de la liste de session du jury. — Cass., 3 mars 1881, Saïd-ben-Moktar, [S. 83.1.486, P. 83.1198, D. 82.1.188] ; — 18 avr. 1885, Santini et autres, [*Bull. crim.*, n. 113] ; — 3 sept. 1885, Royer, [*Bull. crim.*, n. 231] ; — 5 sept. 1895, Allaire, [*Bull. crim.*, n. 236] — *Sic,* Garraud, p. 675.

954. — Suivons maintenant l'application de cette règle dans les deux cas où elle peut se produire ; les erreurs de droit commises par les cours d'assises dans les causes d'exonération des jurés peuvent, en effet, amener deux résultats opposés : ou bien la cour maintiendra, à tort, sur la liste du service, un juré qu'elle aurait dû retrancher ; ou bien elle éliminera, par erreur, de cette liste un juré idoine.

955. — 1° La cour d'assises a maintenu par erreur sur la liste du service un juré incapable de remplir ces fonctions. Cette circonstance reste sans effet sur la validité de la procédure : elle est en elle-même indifférente pour l'accusé qui ne peut s'en faire un moyen de nullité devant la Cour de cassation : il suffit alors, pour la régularité des débats, que le tirage au sort du jury de jugement ait eu lieu sur une liste de trente jurés idoines (nous étudierons plus loin cette dernière règle). — Cass., 24 mars 1870, Brena, [*Bull. crim.*, n. 70] ; — 15 sept. 1870, Takaly, [*Bull. crim.*, n. 171] ; — 11 mai 1877, Fouilleul, [S. 77.1.284, P. 77.699, D. 78.5.173]

956. — 2° La cour d'assises a retranché de la liste de service des jurés idoines. Ces éliminations erronées ne peuvent pas vicier la procédure : celle-ci n'en sera pas moins régulière et l'accusé sera inhabile à puiser dans ces retranchements opérés par erreur un moyen de cassation.

957. — Spécialement, un accusé ne peut se faire un grief de ce qu'un juré aurait été retranché de la liste de session par ce motif, erroné en droit, qu'étant huissier audiencier, chargé du service des assises, il ne pouvait siéger comme juré. — Cass., 3 mars 1881, précité.

958. — Jugé spécialement encore qu'un accusé n'est pas fondé à se plaindre de ce que l'un des jurés aurait été excusé à raison de ce qu'il ignorait le patois du pays. — Cass., 18 avr. 1885, précité.

959. — Quelque nombreuses et multiples que soient les excuses admises, l'accusé reste sans droit à se plaindre de l'irrégularité des opérations par lesquelles la cour d'assises procède à l'examen des excuses des jurés et de leur capacité. — Même arrêt.

960. — Le droit absolu de la cour d'assises dans l'appréciation des causes d'exonération des jurés souffre une double restriction : la première se rencontre quand la cour d'assises veut dispenser des jurés à raison de faits particuliers à l'affaire même ; la seconde a lieu en cas d'éliminations systématiques et frauduleuses.

961. — Ainsi, avant le jugement d'une affaire, la cour d'assises ne peut exclure de la liste précédemment arrêtée des jurés en vue de cette affaire et à raison de motifs particuliers tirés de cette affaire même. Jugé spécialement qu'elle ne peut pas d'*office* écarter un juré parce qu'il est le parent et le médecin de l'accusé, ou parce qu'il a été le notaire de l'accusé. — Cass., 11 janv. 1844, Pollet, [S. 44.1.159, P. 45.1.104] ; — 26 janv. 1844, Labot, [P. 45.1.104] — Ces jurés ne peuvent être écartés que par voie de récusation de la part du ministère public ou de l'accusé. — Trébutien, n. 545.

962. — Il en serait ainsi même si le juré invoquait lui-même ces motifs particuliers relatifs à l'affaire et demandait à être,

pour cette raison, éliminé par la cour. Celle-ci ne pourrait pas fonder le retranchement sur ce motif. Jugé spécialement que les jurés ne peuvent invoquer, pour se dispenser de participer au jugement d'une affaire, et que la cour d'assises ne peut admettre des motifs particuliers d'abstention relatifs à l'affaire soumise aux débats, sauf au ministère public ou à l'accusé d'en faire, s'ils le jugent convenable, une cause de récusation péremptoire (C. instr. crim., art. 397 et s.). — Cass., 2 juill. 1846, Blachas, [S. 47.1.80, P. 47.1.187]

963. — Dans une autre affaire, un juré avait déclaré « être intéressé personnellement dans l'affaire concernant les accusés et avoir une opinion faite dans cette affaire ». La circonstance alléguée pouvait donner lieu à une récusation péremptoire et non motivée de la part de l'accusé ou du ministère public, mais ne pouvait servir de motif à un retranchement ordonné par la cour elle-même. — Cass., 16 oct. 1846, Chaumeil, [S. 46.1.760, P. 46.2.626, D. 46.4.125]

964. — Les retranchements ainsi opérés par la cour pour des motifs particuliers tirés de l'affaire même seraient irréguliers ; l'accusé pourrait alors utilement se pourvoir en cassation et fonder sur ce retranchement ainsi motivé un moyen de nullité. C'est là la première exception à la règle d'après laquelle l'accusé ne peut pas critiquer les retranchements ordonnés par la cour.

965. — L'accusé n'étant pas recevable à critiquer, en dehors des cas qui toucheraient directement au jugement de son procès, la décision qui statue sur les excuses ou dispenses des jurés ne peut, en l'absence d'indication par la cour des circonstances qui l'ont déterminée à accueillir l'excuse proposée par un juré, suppléer au silence de l'arrêt par la production d'actes..., destinés à constater le motif de l'excuse du juré, comme un certificat du greffier et la déclaration de ce juré répondant à une sommation faite par un huissier autorisé par le président du tribunal. — Cass., 28 déc. 1860, Labbé, [P. 62.71, D. 61.1.356]

966. — La seconde restriction à la même règle a lieu en cas de fraude. La fraude en effet fait exception à toutes les règles.

967. — Ainsi, l'accusé pourrait critiquer les éliminations opérées par la cour d'assises s'il prouvait qu'elle les a ordonnées sciemment en vue d'écarter certains jurés et dans le but de modifier et de fausser la composition du jury. Ce droit de l'accusé est réservé dans le considérant suivant d'un arrêt de la Cour de cassation : « Attendu qu'il n'appert d'aucune des pièces du procès que les dispenses accordées par la cour d'assises aux jurés qui ont été remplacés par des jurés tirés au sort en audience publique, aient été le résultat d'une combinaison systématique, qui aurait eu pour effet d'altérer la composition du jury dans sa nature et dans son essence ». — Cass., 11 mai 1849, Tramoni, [P. 50.1.663, D. 49.1.145] — Il y aurait donc nullité si une cour d'assises excusait collectivement et en masse les jurés titulaires de la session. — Trébutien, n. 545.

968. — Ainsi, une cour d'assises ne peut, lorsqu'une session est commencée, éliminer ou dispenser du service, sur le motif d'une prétendue impossibilité de siéger, des jurés titulaires pour les remplacer par des jurés complémentaires résidant dans la ville, alors qu'aucune cause personnelle d'excuse n'est alléguée par les jurés dispensés. — Cass., 4 mars 1870, Limpérani, [S. 70.1.180, P. 70.413, D. 70.1.316]

969. — D'un autre côté, la cour d'assises peut maintenir sur la liste de service des jurés cités comme témoins par l'accusé et annuler les citations qui leur ont été faites, lorsqu'elle constate que ces citations n'ont pas eu pour but l'exercice sérieux et loyal d'une faculté accordée par la loi, mais constituent une manœuvre frauduleuse ayant pour objet d'exercer contre les jurés une proscription en masse et de paralyser l'action de la justice. Dans l'espèce, l'accusé avait cité comme témoins, les trente-deux jurés qui restaient libres. — Cass., 18 avr. 1861, Mattei et autres, [D. 61.5.122] — V. aussi C. d'ass. du Haut-Rhin, 22 juill. 1822, Guinaud et autres, [S. et P. chr.] — Dans cette affaire, l'accusé avait cité quatorze jurés comme témoins à décharge, sans motif aucun et dans le seul but de rendre impossible le fonctionnement du jury.

SECTION II.

Du remplacement des jurés absents et empêchés.

§ 1. *Quand il y a lieu à remplacement.*

970. — Les retranchements opérés, le président des assises doit vérifier si la liste de la session, ainsi réduite par ces éliminations, est suffisante pour servir au tirage au sort du jury de jugement. La loi exige que le jury de jugement soit composé de douze membres et qu'il soit tiré au sort sur une liste comprenant au moins trente jurés idoines. — F. Hélie, n 3205; Garraud, p. 676.

971. — Le remplacement n'est donc nécessaire que quand la liste des trente-six jurés titulaires se trouve réduite à moins de trente. — Cass., 22 janv. 1841, Raynal et Puel, [P. 42.1.262]; — 29 nov. 1877, Audouy, [S. 78.1.237, P. 78.572, D. 78.1.445] — *Sic*, Le Sellyer, n. 325; Trébutien, p. 417.

972. — Si, après les éliminations, la liste de session comprend encore trente jurés titulaires ou plus, il ne peut être adjoint aucun juré supplémentaire. La participation d'un juré supplémentaire au tirage constituerait alors une opération vicieuse; ce juré serait sans qualité pour exercer ses fonctions dans la cause et il y aurait nullité s'il faisait partie du jury de jugement. — Cass., 7 juin 1832, Dirson, [S. 32.1.779, P. chr.]; — 30 déc. 1841, Fatoux, [P. 42.1.520]; — 27 août 1847, Bertrand Saint-Palais, [P. 48.1.59]; — 21 déc. 1876, Penhouet et Lorre, [S. 77.1.236, P. 77.569, D. 78.1.48]; — 15 mars 1889, Chevalier et autres, [D 89.1.436]; — 13 mars 1890, Marchand, [*Bull. crim.*, n. 54]; — 26 janv. 1895, Pacaud, [*Bull. crim.*, n. 38] — *Sic*, Le Sellyer, n. 326 et 327; F. Hélie, n. 3209.

973. — L'adjonction d'un juré supplémentaire, lorsqu'il y a trente jurés titulaires présents, entraîne la nullité des débats même lorsque ce juré n'a siégé que comme juré suppléant et n'a pris part ni à la délibération ni au verdict. Il a, en effet, assisté, en cette qualité, à tous les débats; il a eu le droit d'adresser des interpellations aux accusés et aux témoins et de communiquer librement avec ses collègues pendant toute la durée de l'affaire; il a pu ainsi exercer une influence sur le résultat du verdict. — Cass., 21 déc. 1876, précité; — 15 mars 1889, précité.

974. — Mais lorsque la liste des trente-six jurés titulaires est réduite à moins de trente, l'adjonction de jurés supplémentaires ou complémentaires est absolument nécessaire. En effet, le nombre des jurés sur lequel doit être formé le jury de jugement doit, dans tous les cas, être au moins de trente; ce nombre d'au moins trente jurés est substantiel et d'ordre public. Il y a nullité radicale si le tirage au sort du jury de jugement a été opéré sur un nombre inférieur. — Cass., 5 avr. 1821, Bonnet, [S. et P. chr.]; — 22 nov. 1821, Sarazi, [S. et P. chr.]

975. — Et cette nullité ne serait pas couverte par le consentement donné par le ministère public et l'accusé à ce qu'il soit procédé au tirage au sort sur une liste de moins de trente jurés, de vingt-neuf, par exemple. — Mêmes arrêts. — *Sic*, F. Hélie, n. 3205.

976. — Lorsqu'il y a lieu de remplacer des jurés manquants, pour quelque cause que ce soit, la loi n'exige pas qu'il ait été préalablement statué sur la validité ou l'invalidité des motifs de la non-comparution de ces jurés. — Cass., 10 oct. 1817, Gueudet, [S. et P. chr.]; — 25 oct. 1821, Destout, [S. et P. chr.] — *Sic*, F. Hélie, n. 3206; Le Sellyer, *op. cit.*, n. 318.

§ 2. Par quels jurés est complétée la liste réduite.

977. — L'art. 19, L. 21 nov. 1872, modifiant sur ce point l'art. 393, C. instr. crim., répond à cette question; il est ainsi conçu : « Si, au jour indiqué pour le jugement, le nombre des jurés est réduit à moins de trente par suite d'absence ou pour toute autre cause, ce nombre est complété par les jurés suppléants, suivant l'ordre de leur inscription; en cas d'insuffisance, par des jurés tirés au sort, en audience publique, parmi les jurés inscrits sur la liste spéciale; subsidiairement, parmi les jurés de la ville inscrits sur la liste annuelle. »

978. — On appelle jurés suppléants ou supplémentaires ceux qui, d'après le deuxième alinéa de l'art. 388, sont désignés pour porter à quarante la liste des trente-six jurés de la session, tirée au sort par le premier président de la cour d'appel. Les jurés complémentaires sont ceux qui, à défaut des jurés titulaires et supplémentaires, sont tirés au sort par le président de la cour d'assises pour former le jury.

979. — Pour compléter la liste du jury, il faut donc d'abord prendre les remplaçants parmi les quatre jurés supplémentaires, inscrits sur la liste de session à la suite des trente-six jurés titulaires. C'est là la mission de ces quatre jurés; ils sont tirés au sort, dès avant la session, pour combler les vides qui pourraient

survenir parmi les jurés titulaires. — Trébutien, p. 417; Garraud, p. 676.

980. — Le président des assises ne pourra pas choisir arbitrairement, parmi les jurés supplémentaires, celui ou ceux qui seront appelés à compléter la liste des trente : il ne pourra pas, par exemple, désigner le second ou le troisième de préférence au premier ou au quatrième. La loi indique le rang dans lequel les jurés supplémentaires seront appelés : « Ils seront appelés dans l'ordre de leur inscription sur la liste de session formée en vertu de l'art. 388 par le premier président de la cour d'appel. — Le Sellyer, n. 329; F. Hélie, n. 3210; Trébutien, *loc. cit.*

981. — Il y aurait nullité si cet ordre était interverti. Dans une affaire, le juré inscrit le second sur la liste avait été appelé à faire partie des trente jurés nécessaires, à la place du premier juré supplémentaire présent et non dispensé. Ce second juré était par suite sans pouvoir pour concourir au jugement. La Cour de cassation a prononcé la nullité des débats. — Cass., 25 avr. 1833, Burg et autres, [S. 33.1.594, P. chr.] — *Sic*, F. Hélie, n. 3210; Nouguier, n. 1282.

982. — Jugé de même que l'omission sans motif d'un des premiers noms des jurés supplémentaires pour prendre le dernier entraîne la cassation. — Cass., 30 janv. 1873, Mohamed-ben-Radi-ben-Touati, [*Bull. crim.*, n. 30]

983. — Cependant l'inscription de deux jurés supplémentaires sur la liste de laquelle a été extrait le jury de jugement, sans qu'il soit constaté que ces deux jurés ont été appelés dans l'ordre du tableau, n'est pas une cause de nullité, s'il résulte des termes du procès-verbal de tirage au sort du jury que ces deux jurés sont les seuls d'entre les jurés supplémentaires qui aient répondu à l'appel. — Cass., 31 mai 1849, Giraud-Hervé, [P. 51.1.380, D. 49.5.82]

984. — De même, lorsqu'un juré supplémentaire a fait partie du jury de jugement, il y a présomption légale que les jurés qui le précédaient dans l'ordre du tableau étaient légalement dispensés, et les accusés ne peuvent se plaindre ni de ce que la cause de l'empêchement n'a pas été constatée s'ils n'en ont point requis la justification, ni de ce qu'ils n'ont pu récuser ce juré si son nom leur avait été notifié. — Cass., 31 mars 1825, Dousset, [P. chr.]; — 5 août 1831, Lavrard, [P. chr.] — *Sic*, F. Hélie, *loc. cit.*

985. — Cette présomption ne peut être détruite que par la preuve contraire ou par des indices suffisants pour engager la Cour de cassation à suspendre son jugement. — Cass., 31 mars 1825, précité.

986. — En cas d'insuffisance des jurés supplémentaires pour remplacer les jurés titulaires absents, ou empêchés, le nombre de trente est complété par des jurés, tirés au sort, en audience publique, parmi les jurés inscrits sur la liste spéciale. Cette liste spéciale, formée chaque année en dehors de la liste annuelle proprement dite, comprend 300 jurés pour Paris et 50 pour les autres départements (L. 21 nov. 1872, art. 15). — V. *infra*, v° *Jury*.

987. — Enfin, et pour le cas où, par impossible, on ne trouverait pas dans la liste spéciale le nombre de jurés nécessaire pour atteindre le chiffre de trente, on aurait recours à la liste annuelle on tirerait au sort, parmi les jurés inscrits sur cette liste, ceux qui habitent la ville (L. 21 nov. 1872, art. 19).

988. — Le tirage sur la liste annuelle n'est que subsidiaire; il ne peut avoir lieu que si la liste spéciale a été insuffisante. Il faut donc commencer par tirer au sort les noms portés sur cette seconde liste. Cet ordre doit être rigoureusement observé. Il y aurait nullité si on avait recours d'abord à la liste annuelle. — V. Cass., 8 oct. 1835, Boutin, [P. 35.645] — F. Hélie, n. 3213; Nouguier, n. 1278. — *Contra*, Le Sellyer, n. 337 et 338.

989. — Il en est pour les jurés complémentaires comme pour les jurés supplémentaires : ils doivent être appelés et ils doivent siéger suivant l'ordre dans lequel leurs noms sont sortis de l'urne au moment du tirage au sort. — Cass., 9 janv. 1824, Liautaud, [S. et P. chr.] — Nous verrons, toutefois, plus loin le tempérament apporté à la rigueur de ce principe relativement aux jurés complémentaires. — Le Sellyer, n. 329.

990. — L'art. 19, L. 21 nov. 1872, apporte, dans son dernier alinéa, pour un cas spécial, une exception à la règle qu'il vient de poser; il prévoit le cas où, en vertu de l'art. 90, Décr. 6 juill. 1810, la cour d'appel, chambres réunies, aurait ordonné que la cour d'assises siégerait dans un lieu autre que celui où elle doit se tenir habituellement, et il dispose qu'alors « le nombre des jurés titulaires est complété par un tirage au sort fait, en audience publique, parmi les jurés de la ville inscrits sur la liste annuelle ». Il est bien évident, en effet, qu'on ne pouvait pas, dans la ville ainsi désignée, se servir de la liste spéciale où ne sont portés que les noms de jurés habitant au chef-lieu des assises. — F. Hélie, n. 3213.

991. — L'art. 3, L. 21 nov. 1872, dispense des fonctions de jurés ceux qui ont rempli lesdites fonctions pendant l'année courante ou l'année précédente. On s'est demandé si cette dispense s'appliquait aux jurés complémentaires. L'art. 393, C. instr. crim., § final (édition de 1832), édictait expressément que les jurés complémentaires ne pouvaient pas invoquer cette dispense. L'art. 19, L. 21 nov. 1872, reproduit presque toutes les dispositions de l'art. 393, sauf le paragraphe final. L'omission de ce paragraphe dans la loi de 1872 équivaut-il à son abrogation? Nous ne le pensons pas. L'art. 21 de la même loi édicte, en effet, que « les dispositions du Code d'instruction criminelle qui ne sont pas contraires à la présente loi, continueront d'être exécutées ». Nous inclinons donc à croire que les jurés complémentaires ne pourront pas invoquer la dispense établie par le § 3, L. 21 nov. 1872. — Nouguier, n. 1285 et 1286. — Contrà, Le Sellyer, n. 339.

992. — Avant d'admettre les jurés complémentaires à prendre part au tirage du jury de jugement, la cour devra vérifier s'ils sont habiles à remplir ces fonctions et elle devra, comme pour les jurés titulaires, écarter ceux qui se trouveraient dans un des cas d'inaptitude, d'incapacité et d'incompatibilité prévus par la loi.

§ 3. Combien on doit appeler de jurés supplémentaires ou complémentaires.

993. — La liste primitive de la session comprend trente-six jurés titulaires : faut-il, avec les jurés supplémentaires et complémentaires, rétablir ce nombre et appeler un assez grand nombre de ces jurés pour que la liste de session soit de nouveau composée de trente-six jurés? La Cour de cassation l'avait d'abord pensé. — Cass., 18 mars 1813, Roux, [S. et P. chr.]

994. — Mais elle a abandonné cette opinion, et dès 1819, elle décidait que ce que l'on doit compléter par des remplacements c'est, non pas la liste entière des trente-six jurés, mais seulement le nombre de trente jurés. L'art. 393, C. instr. crim., d'abord, et aujourd'hui l'art. 19, L. 21 nov. 1872, ne peuvent laisser aucun doute à cet égard. Compléter la liste, c'est donc porter à trente le nombre des jurés. — F. Hélie, n. 3208; Nouguier, n. 1288 et 1289; Le Sellyer, op. cit., n. 325.

995. — Sans doute, le fait seul d'avoir porté à plus de trente le nombre des jurés sur la liste complétée ne serait pas en lui-même une cause de nullité des débats qui vont suivre; mais tout juré, supplémentaire ou complémentaire, appelé après que le chiffre de trente a été atteint, est sans qualité et sans pouvoir; il n'a reçu aucune mission de la loi : il ne peut donc participer au jugement d'une affaire. La nullité des débats serait encourue dans toute affaire dans laquelle aurait fait partie du jury de jugement un juré appelé au delà du nombre de trente. — Cass., 29 avr. 1819, Leroy, [S. et P. chr.]; — 30 avr. 1819, Lemoine, [S. et P. chr.]; — 31 déc. 1819, Delphine et autres, [S. et P. chr.]; — 13 janv. 1820, Bardaux, [S. et P. chr.]; — 27 mars 1823, Brisson, [S. et P. chr.]; — 9 janv. 1824, précité; — 5 janv. 1888, Armand, [Bull. crim., n. 4] — Sic, Carnot, Instr. crim., art. 395, t. 3, p. 57; Merlin, Rép., v° Juré, § 4, n. 7.

996. — Il ne peut résulter aucun moyen de nullité de la présence parmi les jurés de jugement d'un juré dont le nom ne se trouve ni dans la liste signifiée, ni parmi les jurés ordinaires ou supplémentaires, lorsqu'il s'agit d'une autre procédure que ce juré a été appelé en conformité de l'art. 393, C. instr. crim., pour compléter le nombre de trente voulu par la loi. — Cass., 7 mars 1833, Lelièvre, [P. chr.]

997. — Aucune disposition de loi ne permet de porter le chiffre des jurés à trente et un, alors même qu'aux douze jurés titulaires il y aurait lieu d'adjoindre un juré supplément. — Cass., 5 janv. 1888, [Bull. crim., n. 4]

998. — L'art. 393, C. instr. crim., ne limitant pas le nombre des jurés complémentaires que le président de la cour d'assises doit appeler pour compléter la liste, un condamné ne peut se faire un moyen de cassation de ce que, parmi les jurés qui ont prononcé sur son sort, il n'y avait que deux jurés ayant

figuré sur la liste primitive. — Cass., 6 févr. 1834, Rossi, [P. chr.] — Sic, F. Hélie, n. 3206.

§ 4. Durée des remplacements.

999. — Nous avons vu que les retranchements étaient permanents ou temporaires; permanents, c'est-à-dire persistant pendant toute la durée de la session, lorsqu'ils sont fondés sur une cause d'inaptitude, d'incapacité ou d'incompatibilité absolue; temporaires, c'est-à-dire ne durant que pour une ou quelques affaires, lorsqu'ils ont pour cause une absence, une incompatibilité relative, une indisposition passagère, etc. On s'est demandé si le remplacement une fois opéré valait pendant toute la durée de l'empêchement qui l'avait rendu nécessaire ou si, au contraire, le remplacement n'était fait qu'en vue d'une affaire et devait être recommencé au début de chaque affaire.

1000. — La question a pu paraître quelque temps douteuse mais il est aujourd'hui certain que la mission d'un juré complémentaire dure aussi longtemps que la cause qui l'a rendue nécessaire. Les jurés complémentaires peuvent donc continuer à faire partie de la liste pour les affaires suivantes, tant que les jurés de la liste primitive de trente-six, qu'ils ont remplacés, ne se représentent pas sur ce point. — Cass., 28 janv. 1814, Lartinien, [S. et P. chr.]; — 27 avr. 1820, Cazaux, [S. et P. chr.]; — 20 avr. 1827, V° Dupré, [P. chr.]; — 24 juill. 1828 (4 arrêts), V° Raynal, [P. chr.]; — 18 sept. 1828, Jallagnier, [S. et P. chr.]; — 5 avr. 1832, Castellaini, [S. 33.1.152, P. chr.]; — 13 avr. 1837, Farcinet, [Bull. crim., n. 109]; — 20 avr. 1837, Leoni, [P. 38.1. 317]; — 19 avr. 1838, Guinche, [Bull. crim., n. 102]; — 19 juill. 1839, Manenti, [S. 40.1.817]; — 2 avr. 1840, Saillot, [S. 41.1.257, P. 42.1.278]; — 14 janv. 1841, Picquier, [P. 42.1.245]; — 30 déc. 1841, Tiaffey, [Bull. crim., n. 378]; — 13 févr. 1873, Déroullède, [S. 73.1.231, P. 73.546, D. 73.1.176] — Sic, Nouguier, n. 1290 et 1294; Le Sellyer, n. 324; F. Hélie, n. 3214; Trébutien, p. 417; Rodière, p. 234.

1001. — De même, lorsque par application de l'art. 19, L. 19 nov. 1872, la cour d'assises, à raison de l'épuisement de la liste spéciale et en prévision de l'insuffisance du nombre des jurés extraits de cette liste et cités qui se présenteraient, a ordonné qu'un tirage aurait lieu sur la liste générale des habitants de la ville, le nom du juré pris sur cette dernière liste, pour compléter la liste du service des jurés titulaires et supplémentaires, reste acquis au jury de session, et en l'absence de toute récusation, ne peut en disparaître que par le retour de jurés titulaires ou supplémentaires en nombre suffisant pour rendre sa présence inutile. — Cass., 27 juill. 1888, Rocchini, [Bull. crim., n. 250]; — 27 juill. 1888, Tassistro, [Bull. crim., n. 253]

1002. — Le juré complémentaire qui a été appelé afin de porter à trente le nombre des jurés, fait partie du jury de la session, et il ne peut être exclu que par le retour de tous les jurés de la liste primitive. L'appel d'un nouveau juré complémentaire qui le remplacerait est dès lors illégal. — Cass., 21 août 1890, Oltra et Paras, [S. et P. 92.1.40, D. 91.4.236]

1003. — Cette règle doit être suivie en Algérie. — Cass., 29 nov. 1883, Mohamed-ben-Messaoud-ben-Lounis, [Bull. crim., n. 269]; — 28 janv. 1886, Hamou-ben-Mohamed, [Bull. crim., n. 31]

1004. — Ainsi lorsqu'un juré titulaire n'a été dispensé que pour un temps déterminé, cinq jours par exemple, et que, le sixième jour, il ne se représente pas, le juré complémentaire qui a été désigné pour le remplacer continuera à siéger. Un nouveau tirage n'est pas alors nécessaire. « Le fait seul de l'absence du juré titulaire à la sixième audience a suffi pour autoriser la cour d'assises à maintenir, pour compléter la liste des trente, le citoyen qui avait été appelé à le remplacer ». — Cass., 17 oct. 1833, Negroni, [S. 34.1.40, P. chr.]

1005. — Mais, d'un autre côté, le juré titulaire, dispensé momentanément, reprend ses fonctions dès qu'il revient; son retour enlève le caractère de juré au citoyen qui le remplaçait; celui-ci doit immédiatement cesser ses fonctions et se retirer. — F. Hélie, n. 3214.

1006. — Le juré titulaire, d'abord absent, et qui revient au cours de la session, reprend ses fonctions de plano, et par le fait seul de son retour; son nom est aussitôt rétabli sur la liste de service. Il n'est pas nécessaire qu'un arrêt de la cour d'assises rapporte l'arrêt précédemment rendu pour dispenser ce juré et l'autorise à reprendre ses fonctions. — F. Hélie, n. 3203; Trébutien, p. 448.

1007. — En est-il de même pour le juré qui a été condamné à l'amende pour cause d'absence? La Cour de cassation a d'abord jugé que « ce juré ne pouvait être rétabli sur la liste et admis à faire le service pendant le cours de la session qu'en vertu d'un arrêt qui révoque la condamnation prononcée contre lui ». — Cass., 7 janv. 1825, Caby, [S. et P. chr.] — V. aussi Cass., 8 avr. 1830, Boudon, [S. et P. chr.] — En ce sens, Nouguier, n. 1220; Trébutien, p. 418; Morin, *Rép.*, v° *Jury*, n. 63; F. Hélie, *ibid.* — Mais elle n'a pas maintenu cette jurisprudence, pour le cas au moins où l'arrêt qui avait condamné le juré absent à l'amende, n'avait pas ordonné sa radiation et son remplacement : elle a décidé que dans ce cas ce juré doit, dès son retour, exercer ses fonctions, sans attendre la décision qui pourra le relever, plus tard, de la peine encourue. Cette décision, en effet, n'est pas nécessaire pour rendre à ce juré la qualité de juré qu'il n'avait pas perdue; elle a seulement pour effet de le décharger d'une amende que son absence momentanée lui avait fait encourir. — Cass., 8 sept. 1864, Neau, [S. 64.1.328, P. 65.790, D. 65.1.147] — *Sic*, Le Sellyer, *op. cit.*, n. 328.

1008. — Lorsque la liste des trente jurés a été complétée par l'adjonction de jurés supplémentaires ou complémentaires ou par l'adjonction des deux à la fois, quels sont, parmi ces jurés, ceux qui devront se retirer en cas du retour d'un ou de plusieurs des jurés titulaires jusque-là dispensés ou absents? Si on a eu recours à des jurés complémentaires, on devra commencer par écarter ceux-ci, et parmi eux on éliminera d'abord celui qui a été appelé le dernier, puis l'avant-dernier et ainsi de suite. — Cass., 4 sept. 1890, El Mouloud, [*Bull. crim.*, n. 184]; — 15 janv. 1891, Bhorosa, [*Bull. crim.*, n. 7] — On procédera de même à l'égard des jurés supplémentaires; mais le dernier d'entre eux ne pourra être retranché que lorsque tous les jurés complémentaires auront été déjà rendus inutiles et auront vu leurs noms effacés de la liste par le retour d'un nombre égal de jurés titulaires. — F. Hélie, n. 3215.

1009. — Lorsqu'un juré complémentaire a été appelé par la voie du sort pour compléter le nombre de 30 jurés, et que la cour d'assises décide ultérieurement qu'il cessera de faire partie du jury, à raison de la comparution d'un juré absent, la mission de ce juré complémentaire est terminée; le président ne peut le désigner d'office, en cas d'un nouvel empêchement d'un autre juré : il ne peut être procédé à ce remplacement que par un nouveau tirage au sort. — Cass., 12 nov. 1829, Beauvillain, [S. et P. chr.]; — 15 janv. 1891, précité. — *Sic*, Cubain, n. 189; Le Sellyer, n. 331; Morin, *Rép.*, v° *Jury*, n. 63.

1010. — Cependant si, le même jour, au moment même où un juré titulaire, précédemment excusé, revenait, se produisait une nouvelle cause de remplacement, le juré complémentaire, appelé pour remplacer le premier juré titulaire, devrait être maintenu sur la liste de session et siéger en remplacement du second. En effet, il a été appelé, non pour remplacer tel ou tel juré, mais pour compléter la liste du jury. Dès lors, l'appel d'un autre juré complémentaire pour le remplacer serait illégal; la constitution du jury serait ainsi viciée, et la nullité de la procédure qui a suivi devrait être prononcée. — Cass., 22 avr. 1852, Guilloteau, [S. 52.1.677, P. 53.1.679, D. 52.5.159]; — 13 févr. 1873, Déroullède, [S. 73.1.231, P. 73.546, D. 73.1.176]; — 21 août 1890, précité; — 4 sept. 1890, précité; — 14 sept. 1893, Hemerdinger et autres, [S. et P. 94.1.203, D. 95.1.433] — *Sic*, Nouguier, n. 1299 et 1300; F. Hélie, n. 3215; Le Sellyer, *loc. cit.*

1011. — Aucune disposition de loi ne prescrit, sous peine de nullité, que le tirage au sort des jurés complémentaires pris soit sur la liste spéciale, soit subsidiairement sur la liste générale pour compléter le nombre nécessaire de trente jurés, ait lieu le jour même où l'affaire est appelée; il appartient au président, même avant ce jour et dès que l'insuffisance du nombre des jurés se trouve constatée, de recourir aux mesures indiquées par la loi pour arriver à combler cette insuffisance. — Cass., 23 sept. 1842 Gateau, [*Bull. crim.*, n. 247]; — 29 nov. 1883, précité; — 27 juill. 1888, Rocchini, [*Bull. crim.*, n. 250]; — 27 juill. 1888, Tassistro, [*Bull. crim.*, n. 253] — *Sic*, Nouguier, n. 1301.

1012. — Cette manière de procéder peut être suivie en Algérie. L'art. 3, L. 30 juill. 1881, exigeant uniquement que les jurés complémentaires soient tirés au sort en audience publique, au moment où il est constaté que leur concours est nécessaire à

l'œuvre de la justice criminelle, aucune disposition de loi ne s'oppose à ce qu'il soit procédé au tirage au sort de ces jurés avant le jour fixé pour le jugement d'une affaire, lorsqu'à la fin de l'audience qui précède immédiatement ce jour, par suite des dispenses ou des excuses que la cour d'assises vient d'accorder ou d'admettre, il est certain qu'il sera nécessaire d'appeler des jurés complémentaires pour atteindre le chiffre de trente indispensable au jugement de l'affaire suivante, ou au plusieurs jurés complémentaires. — Cass., 28 janv. 1886, précité; — 3 mai 1888, Giuily, [*Bull. crim.*, n. 161]

1013. — Si, entre un tirage au sort fait ainsi la veille de l'audience et l'appel des jurés pour le jugement de l'affaire du lendemain de nouvelles causes de remplacement viennent à se produire, les personnes ainsi désignées par le sort pourront remplacer les jurés qui seraient excusés ou dispensés le matin avant l'audience.

1014. — Ainsi, le président des assises qui a tiré au sort vingt-deux noms après avoir constaté la nécessité de onze jurés complémentaires pour atteindre le chiffre de trente indispensable à la formation du tableau, peut valablement, le lendemain matin, avant qu'il ait été procédé à l'appel desdites vingt-deux personnes, décider qu'il sera pris parmi elles, non seulement onze jurés, mais dix-huit, à raison de sept nouvelles excuses qui ont été admises; en effet, tant qu'il n'a pas été procédé audit appel qui seul fait connaître, parmi les personnes tirées au sort, quelles sont celles qui doivent faire partie du jury, on ne peut dire qu'aucune d'elles ait été libérée du service pour la session. — Cass., 18 avr. 1885, Santini et autres, [*Bull. crim.*, n. 113]

§ 5. *Formes à suivre pour opérer les remplacements.*

1015. — Il y a lieu, à cet égard, de distinguer suivant que les remplacements sont faits à l'aide des jurés supplémentaires ou à l'aide des jurés complémentaires.

1016. — Lorsqu'on n'a recours qu'aux jurés supplémentaires, l'opération est des plus simples; le président se borne à inscrire sur la liste de service un nombre de jurés supplémentaires suffisant pour atteindre le nombre trente, en suivant l'ordre d'inscription de ces jurés sur la liste de session; il n'est pas besoin d'un arrêt de la cour d'assises pour l'adjonction des jurés supplémentaires présents au moment de l'appel, en cas d'insuffisance du nombre des titulaires. — Cass., 12 oct 1848, Gayrard, Vedel et autres, [P. 49.2.648]

1017. — Ainsi, lorsque c'est la liste des quarante jurés qui a été notifiée à l'accusé, le président de la cour d'assises qui s'aperçoit postérieurement que deux des noms contenus s'appliquent au même individu, peut régulièrement compléter le tableau des trente noms inégal dans lequel le jury de jugement, par les jurés supplémentaires compris dans les quarante. — Cass., 10 janv. 1833, Lair, [P. chr.]

1018. — Lorsqu'un expert commis par le président ou par la cour d'assises a constaté, après avoir prêté serment, l'impossibilité où il se trouve d'un des jurés du jugement d'accomplir sa mission, le remplacement de ce juré par un juré supplémentaire est le résultat régulier et légal de cette vérification. — Cass., 7 mars 1839, Furcy-Goujon, [P. 43.1.351]

1019. — Lorsqu'il y a lieu de compléter la liste des trente jurés en appelant les jurés supplémentaires, il peut être procédé à cette formalité par le président de la cour d'assises sans l'assistance des assesseurs. — Cass., 24 déc. 1874, Lajus, [*Bull. crim.*, n. 318]

1020. — La marche est plus compliquée lorsqu'on doit recourir aux jurés complémentaires; ceux-ci ne figurent pas sur la liste primitive de la session; ils sont encore inconnus; ils ne seront désignés qu'au moment où l'insuffisance des jurés titulaires et supplémentaires aura rendu leur concours nécessaire : ils le sont à l'aide d'un tirage au sort. — F. Hélie, n. 3215.

1021. — La cour d'assises commence par rendre un arrêt par lequel elle constate que les jurés titulaires et supplémentaires se trouvent réduits au nombre de... inférieur à trente et ordonne qu'il sera immédiatement procédé par le président à un tirage au sort de jurés complémentaires pour compléter le nombre de trente.

1022. — C'est le président des assises qui procède à ce tirage au sort. — F. Hélie, n. 3212.

1023. — L'art. 393, C. instr. crim., qui charge le président des assises de faire le tirage au sort pour le remplacement des jurés absents, confère le même pouvoir à tout magistrat appelé légalement à présider les assises. — Cass., 27 juill. 1820, Caseaux, [S. et P. chr.] — *Sic*, F. Hélie, *loc. cit.*

1024. — Ce tirage au sort doit avoir lieu publiquement, à l'audience, en présence de tous les membres de la cour d'assises. — Garraud, p. 676. — Nous allons étudier successivement ces conditions.

1° *Tirage au sort.*

1025. — Le président fait apporter l'urne dans laquelle ont été placés les noms des jurés inscrits sur la liste spéciale, brise les cachets qui la ferment, et en retire un certain nombre de bulletins, contenant chacun un nom de juré.

1026. — Les bulletins doivent contenir le nom même des jurés, et non pas des numéros correspondant à ceux inscrits sur la liste spéciale annuelle à côté du nom de chaque juré. Un tirage fait à l'aide de numéros serait nul. On ne peut substituer un mode quelconque de tirage à celui prescrit par la loi, sans qu'il en résulte une nullité radicale. — Cass., 11 oct. 1832, Rogron, [P. chr.] — *Sic*, F. Hélie, n. 3212.

1027. — Nous avons vu que le nombre des jurés complémentaires ne doit jamais porter la liste de service à plus de 30. Le président devrait donc se borner à tirer de l'urne un nom, si la liste est réduite à 29, deux, si elle est réduite à 28, puis donner l'ordre à un huissier d'aller mander ce ou ces jurés. Mais cette manière de faire n'est pas sans inconvénient. Il arrivera, en effet, fréquemment qu'on ne trouvera pas chez lui ce juré; l'huissier devrait alors revenir à la cour d'assises, faire connaître au président le résultat négatif de sa démarche et il faudrait procéder à un nouveau tirage. La journée pourrait ainsi se passer, prise par plusieurs tirages successifs et aucune affaire ne serait jugée. Pour obvier à tous ces inconvénients, la pratique a admis le tempérament que voici : le président, dès le début, tire un nombre supérieur à celui nécessaire; ordinairement il tire un nombre double ou triple de celui exigé pour compléter le chiffre de 30; il tirera par exemple 6 ou 9 noms, si la liste est réduite à 27; 8 ou 12 si elle est réduite à 26, puis il dira à un huissier de mander immédiatement tous ces jurés, l'audience est alors suspendue, en attendant l'arrivée des jurés ainsi convoqués. Quand ils se présentent, on les inscrit sur la liste de service, dans l'ordre même de leur présentation et dès que le chiffre 30 est atteint, la liste est complète, quel que soit le rang assigné par le sort aux jurés complémentaires qui se sont présentés les premiers. — Cass., 8 nov. 1872, Chémery, [S. 73.1.44, P. 73.71, D. 73.1.392] — *Sic*, F. Hélie, n. 3209.

1028. — Cette manière de procéder a été consacrée par la jurisprudence constante de la Cour de cassation. — Cass., 19 avr. 1838, [*Bull. crim.*, n. 102]; — 14 janv. 1841, Picquier, [P. 42.1.245]; — 30 déc. 1841, Tiaffey, [*Bull. crim.*, n. 378]; — 11 sept. 1873, Aure, [S. 74.1.334, P. 74.829, D. 74.1.134]; — 6 août 1885, Arcano, Logerlo et autres, [D. 86.1.343]

1029. — Ainsi jugé, spécialement, que lorsque la liste des jurés tant titulaires que supplémentaires se comprend plus que 29 noms et que, pour la compléter, il a été procédé au tirage de plusieurs jurés complémentaires, celui d'entre eux qui se présente le premier, et dont le nom a été mis dans l'urne, a seul titre et qualité pour figurer sur la liste de la session, encore bien que, lors du tirage, le nom de ce juré ne soit sorti que le quatrième. En conséquence, si un autre juré complémentaire, même sorti le second, par exemple, se présente ultérieurement, c'est à tort que la cour d'assises ordonne que le nom de ce juré sera substitué dans l'urne à celui du juré complémentaire qui s'était présenté le premier. — Cass., 22 sept. 1881, Tramontana, [S. 82.1.332, P. 82.1.794, D. 82.1.95]

1030. — Ce mode de procéder peut être suivi en Algérie; il n'est en effet interdit ni par l'art. 3, L. 2 août 1881, ni par aucune autre disposition légale. — Cass., 29 nov. 1883, Mohamed-ben-Ali-ben-Messaoud-ben-Lounis, [*Bull. crim.*, n. 269]; — 21 juill. 1887, El-Haoussine-ben-M'haud-ben-Ali-ou-Zénag, [*Bull. crim.*, n. 276]; — 21 juill. 1887, Salah-ben-Guétaf, [*Bull. crim.*, n. 281]

1031. — Lorsqu'à l'audience, le nombre des jurés tant titulaires que supplémentaires se trouve inférieur à 30 et qu'il y a lieu de compléter ce nombre par des jurés complémentaires, c'est à bon droit que le président des assises, après le tirage au sort, ordonne aux huissiers de la cour de citer à comparaître, à l'heure même, premièrement le juré complémentaire dont le nom avait été désigné le premier par le sort; en cas d'absence du premier, le deuxième, puis le troisième et ainsi de suite, mais en suivant toujours l'ordre du tirage, jusqu'à ce que des jurés en nombre suffisant pour compléter celui de 30, soient trouvés, régulièrement cités et se présentent devant la cour. — Cass., 19 mai 1881, Resgui-ben-Tahar-ben-Mohamed, [*Bull. crim.*, n. 131] — *Sic*, F. Hélie, n. 3213.

1032. — La mission des jurés complémentaires que la cour d'assises croit devoir appeler au delà du nombre nécessaire pour compléter la liste des 30 jurés consiste uniquement à remplacer les premiers jurés complémentaires qui seraient absents de leur domicile ou empêchés; elle cesse aussitôt que la liste des 30 est complétée, de sorte que les jurés ainsi appelés en excédent sont alors sans aucun caractère légal. Il y a donc nullité si, dans le cas où la liste des 30 vient de nouveau à être réduite à un nombre inférieur, le juré absent ou empêché est remplacé, sans nouveau tirage au sort, par un des jurés complémentaires qui avaient été appelés au delà du nombre nécessaire pour compléter la liste des 30. — Cass., 11 sept. 1873, précité.

1033. — La formalité du tirage des jurés complémentaires par la voie du sort, impérieusement ordonnée par la loi, tient essentiellement et substantiellement à la formation du jury; sans son observation, le jury est incomplet, illégal et nul. Ainsi, la formation du tableau du jury est illégale, lorsqu'un juré a été appelé, soit par la cour d'assises, soit par le président, en remplacement d'un juré absent, au lieu d'avoir été désigné par le sort, lors même que l'accusé et le ministère public auraient adhéré à ce mode de procéder (C. instr. crim., art. 393). — Cass., 12 mars 1824, Châtel, [S. et P. chr.] — *Sic*, Le Sellyer, n. 330; F. Hélie, n. 3211.

2° *Audience publique.*

1034. — Le tirage en audience publique des jurés appelés en remplacement pour compléter la liste de trente, est une formalité substantielle dont l'omission entraîne la nullité de tout ce qui a suivi (L. 21 nov. 1872, art. 18). — Cass., 24 juill. 1828 (4 arrêts), Raynal et autres, [P. chr.]; — 17 sept. 1858, Bersinger, [S. 59.1.636, P. 59.48, D. 58.5.110]; — 22 sept. 1881, précité; — 13 janv. 1831, Rey, [S. 31.1.166, P. chr.] — Carnot, *C. instr. crim.*, t. 3, p. 55, n. 8; Nouguier, n. 1308; F. Hélie, n. 3212; Le Sellyer, n. 333; Morin, *Rép.*, v° *Jury*, n. 62; Rodière, p. 224.

1035. — Lorsqu'aucun indice n'autorise à croire que le tirage des jurés complémentaires n'a pas été fait publiquement et que l'accusé ne se fonde, devant la Cour de cassation, pour contester la régularité de cette opération, sur aucun document de nature à rendre son allégation vraisemblable, la présomption de droit est que la loi a été exécutée. — Cass., 8 mars 1888, Mohamed-ben-el-Arbi, [*Bull. crim.*, n. 103] — V. Le Sellyer, n. 334.

1036. — Il faut que les portes de l'audience soient ouvertes et que le public puisse pénétrer librement dans la salle. Il faut, en un mot, que la publicité soit sérieuse et réelle; c'est à tort, suivant nous, que la Cour de cassation a décidé que la présence des membres de la cour d'assises, du ministère public et du greffier dans la salle d'audience suffit pour constituer la publicité exigée par la loi pour le tirage au sort des jurés supplémentaires pris sur le tableau annuel pour compléter le nombre de trente, et qu'il n'est pas nécessaire, à peine de nullité, que ce tirage soit fait en présence du public. — Cass., 17 août 1827, Evesque, [P. chr.] — Cette décision du reste est restée isolée; elle est contraire à la jurisprudence actuelle de la Cour de cassation.

3° *Assistance de la cour d'assises.*

1037. — L'assistance de la cour d'assises est substantielle pour la légalité du tirage des jurés complémentaires : il doit donc avoir lieu en présence du président, des assesseurs, du ministère public et du greffier. Il ne peut y être procédé valablement par le président seul, même publiquement, et en la seule présence du ministère public et de l'accusé. — Cass., 17 sept. 1858, précité. — *Contrà*, Rodière, p. 223 et 224.

1038. — Mais aucune disposition du Code d'instruction criminelle n'exige la présence des accusés lors du tirage au sort des jurés nécessaires pour compléter le nombre de trente. — Cass., 14 juin 1832, Viellard, [P. chr.]; — 13 avr. 1837, Farcinet, [P. 38.1.321] — *Sic*, Garraud, p. 676; F. Hélie, n. 3212; Le Sellyer, n. 335; Cubain, n. 183 et 186; Rodière, p. 224.

1039. — Enfin, aucune disposition de loi n'exige que notification soit faite à l'accusé des procès-verbaux constatant que la désignation des jurés appelés en remplacement a eu lieu par la voie du sort et en audience publique. — Cass., 26 déc. 1833, Bugnets, [P. chr.]

1040. — En l'absence de toute réclamation de l'accusé ou de son défenseur lors du tirage au sort du jury de jugement, il y a présomption légale que les jurés complémentaires, appelés pour compléter la liste de ce jury, l'ont été conformément à la loi et par suite de l'empêchement régulièrement constaté des jurés qui le précédaient. — Cass., 21 juill. 1887, précité.

CHAPITRE VI.

FORMATION DU TABLEAU DU JURY DE JUGEMENT.

1041. — Après qu'il a été statué par la cour d'assises sur les absences, les excuses et les dispenses des jurés, et que la liste s'est trouvée réduite à moins de trente, a été complétée ainsi que nous l'avons vu précédemment, il est procédé à la formation du jury de jugement.

1042. — La liste ainsi revisée et complétée, s'il y a lieu, forme ce qu'on appelle la liste de service : elle doit comprendre trente noms au moins, et peut en comprendre trente-six au plus.

1043. — C'est sur cette liste de service que seront choisis les douze jurés composant le jury de jugement. Le jury de jugement n'est composé que pour une affaire. A la différence de l'élément pris dans la magistrature qui reste le même pendant toute la durée de la session, ce jury est formé pour chaque affaire et son existence cesse après le jugement de cette affaire. — Garraud, n. 556; Trébutien, n. 543; Nouguier, n. 1326; F. Hélie, n. 3231.

1044. — Le mode de procéder pour la formation du jury de jugement est précisé par l'art. 399, C. instr. crim., ainsi conçu : « Au jour indiqué et pour chaque affaire, l'appel des jurés non excusés et non dispensés sera fait avant l'ouverture de l'audience, en leur présence et en présence de l'accusé et du procureur général. Le nom de chaque juré répondant à l'appel sera déposé dans une urne. — L'accusé premièrement et son conseil et le procureur général récuseront tels jurés qu'ils jugeront à propos, à mesure que leurs noms sortiront de l'urne, sauf la limitation exprimée ci-après. — ... Le jury de jugement sera formé à l'instant où il sera sorti de l'urne douze noms de jurés non récusés. »

SECTION I.

Du nombre des jurés de jugement.

§ 1. Nombre nécessaire pour juger.

1045. — Le jury de jugement est composé de douze jurés. C'est ce qu'indiquait déjà l'art. 399 que nous venons de citer; c'est aussi la disposition formelle de l'art. 394 ainsi conçu : « Le nombre de douze jurés est nécessaire pour former un jury. »

1046. — Ce nombre de douze jurés est essentiel à la constitution du jury : il ne peut être ni restreint ni dépassé. Ainsi, il y aurait nullité si ce nombre était réduit à onze, ou à dix.

1047. — Il y aurait également nullité si le nombre des jurés de jugement était supérieur à douze. Ainsi, un jury serait illégal et sa déclaration ne pourrait servir de base à une condamnation, s'il était composé de treize jurés. — Cass., 27 avr. 1815, Vᵉ Couratin, [S. et P. chr.] — ou de quatorze jurés. — Cass., 17 juill. 1828, Rony, [P. chr.]

§ 2. Adjonction de jurés suppléants.

1° Qui peut ordonner l'adjonction des jurés suppléants.

1048. — Il est un cas cependant où le jury de jugement peut se composer de plus de douze jurés : c'est celui où il est adjoint aux jurés titulaires des jurés suppléants.

1049. — On appelle *suppléants* ceux qui sont destinés à remplacer les jurés portés au tableau des douze, dans le cas où ceux-ci se trouveraient, par un motif quelconque, dans l'impossibilité de remplir leurs fonctions.

1050. — La loi du 25 brum. an VIII autorisait, dans le cas de longs débats, le tribunal criminel à adjoindre au jury trois jurés suppléants. Le Code d'instruction criminelle de 1808, n'avait pas reproduit cette disposition, et la Cour de cassation avait d'abord décidé que la cour d'assises ne pouvait pas adjoindre de nouveaux jurés aux douze qui formaient le jury de jugement. — Cass., 31 janv. 1812, Guilmot et Plumet, [S. et P. chr.]; — 1ᵉʳ juill. 1814, Jacquemin, [P. chr.]

1051. — Mais, en 1816, modifiant sa jurisprudence, elle jugea qu'il pouvait être adjoint au jury un ou plusieurs jurés suppléants, mais avec le consentement formel du ministère public et de l'accusé. — Cass., 30 août 1816, Coutard, [S. et P. chr.] — Par d'autres arrêts postérieurs qu'il est inutile de citer, elle ne se borna pas à exiger le consentement formel du ministère public et de l'accusé, elle exigea d'autres conditions pour la validité de cette opération.

1052. — Toutes ces hésitations de la jurisprudence ont pris fin lors de la promulgation de la loi du 2 mai 1827 qui, par son art. 13, a formellement consacré le droit pour les cours d'assises d'adjoindre au jury un ou deux jurés suppléants.

1053. — Ce droit a été maintenu depuis; l'art. 394, C. instr. crim., revisé en 1832, le formule en ces termes : « Lorsqu'un procès criminel paraîtra de nature à entraîner de longs débats, la cour d'assises pourra ordonner, avant le tirage de la liste des jurés, qu'indépendamment des douze jurés, il en sera tiré au sort un ou deux autres qui assisteront aux débats. »

1054. — Il n'est permis d'adjoindre aux jurés de jugement qu'un ou deux jurés suppléants. Le nombre de deux ne peut pas être dépassé, sous peine de nullité.

1055. — C'est à la cour d'assises et non au président qu'il appartient d'ordonner l'adjonction et le tirage au sort d'un ou de plusieurs jurés suppléants. — Cass., 30 oct. 1828, Godineau, [P. chr.]; — 5 mai 1832, Michallet, [S. 32.1.345, P. chr.]; — 10 mai 1832, Vignault, [S. 32.1.498, P. chr.]; — 28 juin 1832, Albaret, [P. chr.]; — 13 juill. 1832, Grosse, [P. chr.]; — 20 sept. 1832, Mérit, [P. chr.]; — 25 juill. 1833, Berger, [S. 34.1.672, P. chr.]; — 13 sept. 1834, Laurent et Rivail, [P. chr.]; — 6 oct. 1854, Maurer, [D. 54.5.208]; — 16 juin 1881, Moutania, [Bull. crim., n. 153]; — 14 déc. 1882, Moincany, [Bull. crim., n. 277]

1056. — L'intervention de la cour d'assises en pareil cas constitue une formalité substantielle; cette mesure, en effet, a pour conséquence de diminuer le nombre des récusations accordées par la loi à l'accusé. Il y aurait donc nullité si l'adjonction de jurés suppléants avait lieu en vertu d'une simple ordonnance rendue par le président des assises. — Mêmes arrêts.

1057. — Il faut donc que la cour d'assises rende un arrêt pour ordonner l'adjonction de jurés suppléants.

1058. — Il en est ainsi à l'île de la Réunion; l'art. 394, C. instr. crim., a été, en effet, rendu applicable à ce pays par l'art. 3, L. 27 juill. 1880. — Cass., 14 déc. 1882, précité.

1059. — Lorsque l'adjonction de jurés suppléants a lieu en vertu d'une ordonnance du président, la nullité est encourue : 1° alors même que cette mesure aurait été prise à la demande du procureur général et avec le consentement exprès de l'accusé. — Cass., 20 sept. 1832, précité.

1060. — 2° Alors que le juré, ainsi adjoint irrégulièrement, n'aurait pas participé à la délibération et au verdict du jury. Ce juré suppléant, en effet, prend part aux débats; il a le droit d'interpeller soit l'accusé, soit les témoins; il communique pendant tout le cours des débats avec les autres jurés de l'affaire; il exerce donc de l'influence sur le débat et sur la conviction de ces jurés; d'où il suit que le sort de l'accusé a pu en être affecté, alors même que le juré suppléant n'a pas assisté au verdict du jury. — Cass., 5 mai 1832, précité; — 25 juill. 1833, précité; — 13 sept. 1834, précité; — 6 oct. 1854, précité; — 14 déc. 1882, précité. — Il y aurait également nullité si, au nombre des jurés suppléants, se trouvait un juré incapable de remplir ses fonctions, par exemple un juré âgé de moins de trente ans. Il en serait ainsi même si ce juré n'avait pas pris part à la délibération. — Cass., 26 mars 1896, Tremblié, [Gaz. des Trib., 29 mars 1896]

2° Quand l'adjonction de jurés suppléants doit être ordonnée.

1061. — L'art. 394 dit que la cour d'assises ordonnera cette adjonction « avant le tirage de la liste des jurés. »

1062. — L'ordre dans lequel il doit être procédé à cette formalité est-il prescrit à peine de nullité? La Cour de cassation s'est toujours prononcée pour la négative. Ce n'est là, a-t-elle dit, qu'une faculté accordée à la cour d'assises; l'art. 394 n'a pas attaché la peine de nullité à l'inobservation de cette règle; aussi le fait que le tirage au sort d'un juré suppléant a été ordonné avant ou après la formation du tableau des douze jurés de jugement est, en soi, sans importance réelle; ce fait n'est à considérer et la nullité ne pourrait être encourue qu'autant que l'adjonction d'un ou de deux jurés suppléants aurait entraîné pour l'accusé un préjudice ou une gêne dans l'exercice de son droit de récusation. — Cass., 10 juin 1831, Landais, [P. chr.]; — 29 juin 1843, Roux, [S. 44.1.78, P. 44.1.51]; — 5 sept. 1861, Gamoy, [S. 62.1.224, P. 62.384, D. 61.5.123]; — 14 nov. 1878, Salvatgé, [D. 79.5.113]; — 19 févr. 1880, Bonnefoi, [*Bull. crim.*, n. 41]; — 14 août 1890, Celette, [S. et P. 92.1.47, D. 91.1.236] — Sic, F. Hélie, n. 3236; Nouguier, n. 1337 et 1338; Trébutien, n. 546; Merger, *Man. du juré*, p. 117; Morin, *Rép. du dr. crim.*, v° *Jury*, n. 73. — *Contrà*, Cubain, *Cours d'ass.*, n. 191; de Fréminville, *Proc. crim.*, n. 144.

1063. — Ainsi le président peut, au cours du tirage au sort du jury, interrompre cette opération déjà partiellement accomplie, pour permettre à la cour d'ordonner l'adjonction d'un juré suppléant. Il n'y aura pas nullité si l'accusé n'a pas été gêné dans l'exercice de son droit et n'a pas souffert dans les récusations exercées par lui. — Cass., 14 août 1890, précité.

1064. — Il n'y a pas eu entrave dans l'exercice du droit de récusation quand, l'adjonction ayant été ordonnée après le tirage des douze jurés de jugement, l'accusé n'avait pas alors épuisé son droit de récusation. Il en est ainsi bien qu'il ne soit pas constaté que l'avertissement, donné d'abord, ait été renouvelé en ce moment. La seconde opération n'ayant fait que continuer la première, il est inadmissible que l'accusé ne se soit pas tenu pour suffisamment averti, et il ne peut être douteux que s'il n'a pas usé de cette partie encore subsistante de son droit de récusation, c'est qu'il ne l'a pas voulu. —Cass.,19 févr. 1880, précité.

3° Où et en présence de qui l'adjonction doit être ordonnée. — Droits de l'accusé : forme de l'arrêt d'adjonction.

1065. — Nous avons vu que l'adjonction des jurés suppléants était ordonnée par un arrêt de la cour : cet arrêt n'est cependant pas assujetti à toutes les règles ordinaires des décisions judiciaires.

1066. — Ainsi, il n'est pas nécessaire à peine de nullité que l'arrêt d'une cour d'assises qui ordonne l'appel d'un ou plusieurs jurés suppléants soit rendu en audience publique (C. instr. crim., art. 399). — Cass., 10 juin 1830, Rousset, [S. et P. chr.]; — 3 janv. 1833, Martin et autres, [S. 33.1.873, P. chr.]; — 13 août 1835, Lancery, [S. 36.1.148, P. chr.]; — 1er févr. 1849, Lardenoy, [P. 51.1.437, D. 49.5.81]; — 29 déc. 1849, Paret, [P. 51.2.256, D. 49.5.83]; — 20 févr. 1851, Marfaing, [*Bull. crim.*, n. 71]; — 11 févr. 1860, Gruet, [*Bull. crim.*, n. 35]; — 10 juill. 1863, de Colongeon, [S. 63.1.509, P. 64.274, D. 63.5.101]; — 17 févr. 1870, Cortade, [*Bull. crim.*, n. 45]; — 4 sept. 1874, Moreau, [*Bull. crim.*, n. 264]; — 14 nov. 1878, précité. — Sic, F. Hélie, n. 3236; Nouguier, n. 1344; Trébutien, n. 546.

1067. — Jugé spécialement que l'arrêt qui ordonne l'adjonction d'un ou deux jurés suppléants peut être rendu en chambre du conseil. — Cass., 3 sept. 1840, Guyot, [*Bull. crim.*, n. 247]; — 31 mars 1842, Aldigé, [*Bull. crim.*, n. 75]; — 20 févr. 1851, précité.

1068. — Nous pensons qu'il est plus régulier que cet arrêt soit rendu en audience publique; tel est au surplus l'usage adopté dans un grand nombre de cours d'assises, et notamment à Paris. Jugé, en tous cas, qu'il peut, sans qu'il en résulte de nullité, être rendu en audience publique. — Cass., 16 juill. 1829, Bellan, [S. et P. chr.] — Cette publicité n'est qu'une garantie de plus pour l'accusé.

1069. — L'adjonction d'un ou de deux jurés suppléants est une mesure de pure administration judiciaire et non un incident litigieux; elle n'intéresse en rien les droits de la défense; en conséquence, il n'est pas nécessaire d'interpeller et d'entendre l'accusé ou son conseil sur le plus ou moins d'opportunité de cette mesure. — Cass., 21 avril 1829, Vivier, [P. chr.]; — 30 mai 1829, Bertrand, [S. et P. chr.]; — 26 juill. 1834, Gervais, [S. 35.1.207, P. chr.]; — 30 juin 1838, Hubert et autres, [S. 38.1.760, P. 38.2.418]; — 8 oct. 1840, Eliçabide, [S. et P. chr. P. 41.1.273]; — 11 févr. 1860, précité; — 10 juill. 1863, précité; — 17 févr. 1870, précité; — 14 nov. 1878, précité; — 5 janv. 1882, Poutut, [*Bull. crim.*, n. 5] — Sic, Trébutien, *loc. cit.*; Nouguier, F. Hélie, *loc. cit.*

1070. — Il a aussi été jugé que l'arrêt qui ordonne l'adjonction, n'ayant pour objet qu'une bonne et prompte administration de la justice, peut être rendu en l'absence de l'accusé et de son conseil qui n'ont d'ailleurs pas la faculté de s'opposer à cette mesure. — Cass., 28 juin 1832, Gaboriaud, [S. 33.1.245, P. chr.]; — 26 déc. 1835, Lacenaire et autres, [P. chr.]; — 19 sept. 1839, Prayer, [P. 41.1.729]; — 21 août 1840, Royer et Grinault, [P. 41.1.731]; — 1er févr. 1849, Lardenoy, [P. 51.1.437, D. 49.5.81]; — 20 févr. 1851, précité; — 10 juin 1852, Sicard, [D. 52.5.159]; — 28 juin 1855, Métas et autres, [D. 55.5.127]; — 11 févr. 1860, précité; — 10 juill. 1863, de Colongeon, [S. 63.1.509, P. 64.274, D. 63.5.101]; — 18 août 1882, Barbier, [*Bull. crim.*, n. 214]; — 7 mars 1889, Tavan, [*Bull. crim.*, n. 92] — Sic, F. Hélie, *loc. cit.*; Nouguier, *loc. cit.*; Trébutien, *loc. cit.*

1071. — L'arrêt est suffisamment motivé lorsqu'il base l'adjonction sur ce que la procès est de nature à entraîner de longs débats. — Cass., 26 juill. 1834, précité.

1072. — Mais il n'est pas nécessaire que ce motif soit explicitement consigné dans l'arrêt; du moment que l'adjonction d'un juré suppléant est ordonnée, il y a présomption légale que cette mesure est fondée sur le motif de la longueur présumée des débats. — Cass., 23 juin 1846, Tuilier, [D. 46.4.121]

1073. — La jurisprudence de la Cour de cassation a même décidé qu'il n'était pas nécessaire de retenir ces arrêts par écrit et dans un acte spécial et séparé. L'appel d'un juré suppléant est valablement opéré par une décision de la cour d'assises consignée sur le procès-verbal. Il n'est pas nécessaire qu'il soit constaté par un arrêt rédigé séparément. — Cass., 27 juin 1833, Lecoq, [P. chr.]; — 12 oct. 1848, Gayrard, Vedel et autres, [P. 49.2.648]

1074. — Le vœu de la loi est rempli lorsque le procès-verbal constate que la cour a rendu un arrêt ordonnant l'adjonction de deux jurés suppléants. — Cass., 3 juin 1831, Bès, [P. chr.]

1075. — Cet arrêt est un simple arrêt d'instruction qui fait partie du procès-verbal des débats, et pour la validité duquel la loi n'exige pas la signature de tous les juges qui l'ont rendu. — Cass., 29 mars 1832, Thiault, [P. chr.] — Les signatures du président et du greffier sont, en pareil cas, suffisantes.

1076. — La cour d'assises, après avoir ordonné l'adjonction d'un juré suppléant aux jurés titulaires, peut, même après le tirage du jury, mais avant l'ouverture des débats, rapporter cette décision, et décider que le jury de jugement sera uniquement composé de douze jurés titulaires. — Cass., 22 mai 1834, Guitard, [P. chr.] — Elle peut notamment ordonner que le juré qualifié à tort de suppléant complétera les douze jurés, dont onze seulement ont été mis, par erreur, sur la liste du jury. — Cass., 21 août 1840, précité.

1077. — Cet arrêt de rétractation peut, comme l'arrêt d'adjonction, être rendu sans que l'accusé et son conseil aient été interpellés et entendus. — Cass., 21 août 1840, précité.

1078. — Les jurés suppléants sont, comme les jurés titulaires, désignés par la voie du tirage au sort.

1079. — Le tirage au sort des jurés adjoints n'a pas besoin d'être public. — Cass., 30 mai 1839, Nougué et Garos, [P. 43.2.298]

SECTION II.

Tirage au sort du jury de jugement.

§ 1. *Où et quand a lieu ce tirage au sort.*

1080. — C'est en la chambre du conseil que doit être fait le tirage au sort du jury de jugement. L'art. 399 dit en effet que ce tirage aura lieu « avant l'ouverture de l'audience ». Ces expressions indiquent nettement que cette opération doit s'accomplir sans publicité. L'exclusion du public laisse plus de liberté pour l'exercice du droit de récusation. — Cass., 10 oct. 1817, Gueudet, [S. et P. chr.]; — 15 janv. 1829, Gingibre, [S. et P. chr.] — Sic, Carnot, *C. instr. crim.*, t. 3, p. 67, n. 2; Bourguignon, *Jurispr. crim.*, t. 2, p. 268, n. 1; Legraverend, t. 2, p. 168; Nouguier, n. 1434; F. Hélie, n. 3243.

1081. — Il n'y a pas nullité, toutefois, si le tirage s'opère publiquement : aucun article ne prononce la nullité du tirage dans le cas où il a eu lieu en audience publique. La publicité de cette opération ne peut causer aucun préjudice à l'accusé qui ne saurait dès lors en faire un grief. — Cass., 2 août 1833, Culie, [S. 33.1.887, P. chr.]; — 8 oct. 1834, Roussillac, [S. 35.1.229,

P. chr.]; — 3 déc. 1836, Demiannay, [S. 38.1.82, P. 38.1.37]; — 13 avr. 1837, Farcinet, [P. 38.1.321]; — 14 sept. 1865, Jouan, [Bull. crim., n. 182]; — 18 avr. 1867, Ferey, [D. 68.1.44]; — 11 mai 1872, Montel, [Bull. crim., n. 114]; — 27 mai 1875, Bouriant, [Bull. crim., n. 162]; — 4 nov. 1882, Lafontaine, [Bull. crim., n. 237] — Sic, Legraverend, t. 2, p. 164; Carnot, sur l'art. 395; Bourguignon, op. cit., n. 2; F. Hélie, loc. cit.; Nouguier, n. 1435.

1082. — C'est également en chambre·du conseil et sans publicité que doivent être vidés les incidents qui peuvent se produire pendant le tirage. Ces incidents sont l'accessoire du tirage; ils doivent donc se juger dans les mêmes conditions, c'est-à-dire sans publicité. — Nouguier, n. 1436.

1083. — Ainsi jugé que les décisions dont la nécessité peut se produire pendant le tirage du jury, soit pour déterminer le nombre des jurés qui doivent siéger, soit pour régler l'exercice du droit de récusation, sont des actes accessoires au tirage, et peuvent, par conséquent, n'être pas rendues publiquement. — Cass., 22 mars 1845, Lagarde, [P. 45.2.530] — V. égal. Cass., 7 juill. 1847, Perminjat, [P. 48.1.02]

1084. — C'est là une exception au principe général de la publicité des jugements et arrêts : elle doit donc être restreinte au cas qui nous occupe, c'est-à-dire aux incidents qui, se produisant pendant le tirage, se rattachent à cette opération et en sont comme un accessoire. Mais si, dans la chambre du conseil, avant le tirage au sort du jury de jugement, venait à se produire un incident contentieux, étranger à cette opération, par exemple une demande de renvoi de l'affaire à une autre session pour permettre de faire procéder à l'examen mental de l'accusé, on ne se trouverait plus dans le cas prévu par l'art. 399 ; l'incident ne se rapporte pas au tirage au sort : la règle générale reprend alors son empire et l'arrêt, vidant cet incident, devra être rendu en audience publique.

1085. — Les art. 399 et 405, C. instr. crim., indiquent quand doit avoir lieu le tirage au sort du jury de jugement. « Au jour indiqué et pour chaque affaire », dit l'art. 399, et l'art. 405 ajoute : « l'examen de l'accusé commencera immédiatement après la formation du tableau. »

1086. — Si l'on s'en tenait au sens littéral de cette dernière disposition, il faudrait décider que chaque jury de jugement devrait être tiré séparément pour chaque affaire et immédiatement avant le jugement de cette affaire. Ainsi, si plusieurs affaires sont portées au rôle du même jour, il faudrait tirer d'abord le jury de la première affaire, juger celle-ci, puis, les débats terminés, procéder au tirage au sort du jury de la seconde affaire, et ainsi de suite Mais, dans la pratique, bien des tempéraments ont été apportés à cette règle.

1087. — La Cour de cassation a décidé que la disposition qui prescrit la formation du tableau du jury avant l'ouverture de l'audience, n'est pas substantielle et que son inobservation n'emporte pas nullité. — Cass., 10 janv. 1833, Guerre, [P. chr.]

1088. — Ainsi, il peut être procédé au tirage du jury de jugement d'une affaire pendant la suspension d'audience d'une autre affaire. — Cass., 16 juill. 1863, Menussant, [D. 63.5.99]

1089. — De même, un intervalle de deux heures peut séparer le tirage du jury de l'examen de l'accusé. — Cass., 13 avr. 1837, Coste, [S. 37.1.1024, P. 37.2.619]

1090. — Ainsi encore, si le tirage du jury a lieu à onze heures du matin et la comparution de l'accusé seulement à trois heures, et si, dans cet intervalle, le jury d'une affaire commencée la veille ont été repris et terminés, cette circonstance ne peut être considérée comme une interruption illégale des débats; en effet, le tirage du jury n'est qu'une mesure d'administration préalable aux débats mêmes. — Cass., 31 juill. 1890, Charles, [Bull. crim., n. 166]

1091. — Enfin, lorsque plusieurs affaires sont indiquées pour le même jour, il est d'usage qu'on procède dès le matin au tirage au sort des jurés pour toutes les affaires successivement, afin de laisser aux jurés qui n'ont pas été désignés par le sort le libre emploi de leur temps. Ce mode a été critiqué; mais la jurisprudence a reconnu qu'il n'était pas contraire à la loi. — Cass., 3 sept. 1812, Billet, [S. et P. chr.]; — 13 avr. 1837, Farcinet, [P. 38.1.321]; — 19 juin 1873, Courcelles et autres, [Bull. crim., n. 167]

1092. — Il en est ainsi alors même que, par suite des développements pris par la première affaire, le jugement de la seconde n'a pu commencer que le lendemain. — Cass., 28 juin

1838, Couvreur, [S. 38.1.510, P. 40.1.312]; — 13 févr. 1846, Cérani, [S. 46.1.526, P. 49.2.176]

1093. — De même encore, le président, après le jugement de diverses réclamations relatives à la formation du jury et après le tirage au sort des jurés de jugement, peut, vu l'heure avancée (sept heures du soir), lever l'audience et renvoyer l'affaire au lendemain. Le tirage, fait ainsi la veille de l'audience, n'en sera pas moins régulier. — Cass., 24 avr. 1818, Donrieux, [S. et P. chr.]; — 7 juill. 1847, Oblette, [Bull. crim., n. 154]

§ 2. Par qui et en présence de qui s'opère le tirage au sort du jury de jugement.

1094. — La formation du tableau du jury de jugement est confiée au président des assises. C'est lui qui procède au tirage au sort des jurés. Cette fonction lui est attribuée par l'art. 266, C. instr. crim., ainsi conçu : « Le président est chargé... de convoquer les jurés et de les tirer au sort. »

1095. — C'est au magistrat qui doit, en remplacement du président titulaire empêché, présider les débats d'une affaire, qu'il appartient de procéder au tirage du jury pour cette affaire, alors même que le président titulaire, présent au tirage, y aurait procédé pour une première affaire dont il devait diriger les débats. — Cass., 13 avr. 1837, Farcinet, [P. 38.1.321]

1096. — Le magistrat qui a participé à l'arrêt de mise en accusation ne peut, à peine de nullité, présider, dans la même affaire, au tirage au sort du jury de jugement. — Cass., 9 févr. 1882, Mustapha-ben-Zahal, [Bull. crim., n. 39]

1097. — Le président de la cour d'assises peut procéder seul à la formation du tableau : la présence des autres juges à cette opération n'est pas nécessaire. Aucune loi, en effet, n'exige que la cour d'assises assiste à la formation du tableau du jury de jugement. — Cass., 10 oct. 1817, Gueudet, [S. et P. chr.]; — 27 avr. 1820, Gravance, [S. et P. chr.]; — 16 juin 1826, Oberveiller, [S. et P. chr.]; — 24 sept. 1829, Dauge et autres, [S. et P. chr.]; — 2 sept. 1830, Chapuis, [S. et P. chr.]; — 12 sept. 1833, Mallebranck, [P. chr.]; — 25 mai 1837, Renouf et Quetier, [S. 38.1.622, P. 38.2.195]; — 12 déc. 1840, Vᵉ Lafarge, [S. 40.1.948, P. 42.2.622]; — 16 juill. 1842, Richard, [Bull. crim., n.183]; — 31 mai 1867, Laffond, [D. 68.5.412]; — 19 janv. 1883, Mongillon, [Bull. crim., n. 14]; — 7 janv. 1886, Vaissettes, [Bull. crim., n. 1] — Sic, Bourguignon, Man. du jury, p. 398, n. 262; Merlin, vᵒ Juré, § 4, n. 4 ; Nouguier, n. 1408. — Contra, Carnot, t. 3, p. 66, n. 1; Legraverend, t. 2, p. 168; F. Hélie, n. 3238.

1098. — Remarquons toutefois que la présence des assesseurs, au moment du tirage au sort, est autorisée; dans la pratique, c'est ce qui a lieu presque toujours : le plus souvent, en effet, les assesseurs assistent le président lors de la formation du tableau du jugement.

1099. — Mais si la présence des assesseurs est facultative pour le tirage, elle devient absolument nécessaire lorsque l'accusé soulève une réclamation qui prend le caractère d'incident contentieux. Tout incident contentieux ne peut, en effet, être jugé que par un arrêt de la cour. Si un incident surgit soit sur les récusations, soit sur la validité du tirage, il ne sera valablement tranché que par un arrêt de la cour; il faut donc que les assesseurs interviennent dans ce cas. C'est ce que la Cour de cassation décide aujourd'hui d'une façon constante. — Cass., 3 déc. 1836, Demiannay et autres, [S. 38.1.82, P. 38.1.37]; — 26 janv. 1837, Rupp, [P. 40.2.100]; — 25 mai 1837, précité; — 23 janv. 1841, Borromei, [Bull. crim., n. 23]; — 25 juin 1840, Maubant, [P. 42.2.679]

1100. — La Cour de cassation s'était d'abord prononcée dans un sens opposé. S'appuyant sur ce que le tirage du jury était fait par le président en l'absence des membres de la cour, elle en avait conclu que le président seul devait statuer sur les incidents auxquels peut donner lieu le tirage du jury. Elle a jugé notamment que c'est au président seul et non à la cour d'assises qu'il appartient de prononcer une nullité proposée avant l'ouverture des débats, sur la formation du tableau du jury. — Cass., 1ᵉʳ déc. 1820, Delayre, [S. et P. chr.]; — 6 mars 1828, Texandier, [P. chr.] — En 1839, elle a paru faire un retour vers sa première jurisprudence. — Cass., 20 juin 1839, Delport, [P. 39.2.666] — Mais, dès l'année suivante, elle l'abandonnait définitivement, et c'est aujourd'hui un principe universellement admis que toutes les fois qu'un incident contentieux quelconque vient à s'élever, la cour d'assises doit être appelée à statuer.

1101. — Le tirage au sort a lieu en présence des jurés, du ministère public, de l'accusé et du greffier (C. instr. crim., art. 399). Leur présence est absolument obligatoire, les jurés, pour répondre à l'appel de leurs noms, le ministère public et l'accusé pour exercer leur droit de récusation, le greffier pour dresser le procès-verbal de l'opération. — Cass., 7 janv. 1886, précité. — Les jurés supplémentaires faisant partie du jury de la session peuvent être présents pendant l'opération du tirage du jury de jugement, alors même que le nombre des jurés titulaires n'est pas à ce moment réduit à moins de trente. — Cass., 20 juin 1895, Lignon, [Bull. crim., n. 177]

1102. — La formation du tableau du jury de jugement est une opération complexe; elle se compose de quatre éléments distincts : 1° l'appel des jurés; 2° le dépôt dans l'urne de leurs noms; 3° le tirage au sort; 4° les récusations. — Cass., 21 févr. 1878, Sigayret, [S. 78.1.391, P. 78.955, D. 78.1.477]

1103. — Tous les actes qui constituent l'opération du tirage du jury de jugement sont des éléments indivisibles; ils doivent, à peine de nullité, s'accomplir en présence de l'accusé; la nécessité de cette présence est substantielle à la défense; il importe essentiellement à l'accusé d'être présent, non seulement à l'appel des jurés, pour préparer l'exercice de son droit de récusation, mais aussi au dépôt des noms dans l'urne à l'effet de s'assurer qu'aucune erreur ne sera commise et qu'il ne sera privé d'aucun des juges acquis à la cause.

1104. — Il y a donc nullité si l'accusé n'est pas présent : 1° lors de l'appel des noms des jurés avant la mise des bulletins dans l'urne. — Cass., 14 sept. 1829, Suzini, [S. et P. chr.]; — 19 janv. 1850, Marion, [D. 50.5.111]; — 4 janv. 1851, Nombral et autres, [S. 51.1.550, P. 52.1.242]; — 8 déc. 1853, Guillouf, [Bull. crim., n. 574]

1105. — La nullité serait encourue même si un seul des noms des jurés avait été appelé en l'absence de l'accusé. — Cass., 4 sept. 1841, Tramolini, [S. 41.1.793]

1106. — 2° ... Lors du dépôt du nom des jurés dans l'urne. — Cass., 4 sept. 1841, précité; — 21 févr. 1878, précité; — 6 juin 1890, Molinier, [Bull. crim., n. 121]

1107. — Néanmoins, quand cet appel a eu lieu lors d'un premier tirage depuis annulé, il n'est pas indispensable de procéder à un second appel avant le nouveau tirage qui suit immédiatement. — Cass., 4 janv. 1851, précité.

1108. — D'ailleurs, l'irrégularité commise sur ce point à l'égard d'un des accusés, ne portant point préjudice à ses coaccusés, ne peut être relevée par eux. — Même arrêt.

1109. — La nullité n'est pas couverte par ce fait qu'il aurait été, après coup, procédé, en la présence de l'accusé, à un nouvel appel des jurés, si la formalité du dépôt des noms dans l'urne n'a pas aussi été renouvelée en sa présence. — Cass., 21 févr. 1878, précité.

1110. — Avant la révision d'avril 1832, on contestait au défenseur le droit d'être présent au tirage du jury. La Cour de cassation décidait même que le président de la cour d'assises ou la cour d'assises elle-même ne violait pas les droits de la défense en refusant d'admettre les défenseurs au tirage du jury, même malgré la demande de l'accusé. — Cass., 4 juin 1812, Garrié, [S. et P. chr.]; — 1er oct. 1812, Poulait, [S. et P. chr.]; — 17 août 1815, Borel, [S. et P. chr.]; — 31 janv. 1817, Pignier, [S. et P. chr.]; — 29 mai 1817, Laporte, [S. et P. chr.]; — 30 avr. 1819, Benoît, [P. chr.]; — 31 mai 1827, Rivière, [P. chr.]

1111. — Mais la loi d'avril 1832, en accordant par l'art. 399 au conseil de l'accusé le droit de faire des récusations, l'autorise par conséquent à assister au tirage du jury.

1112. — Cependant l'assistance du défenseur de l'accusé à la formation du tableau du jury de jugement est purement facultative et non prescrite à peine de nullité. — Cass., 26 févr. 1833, Regey, [P. chr.]; — 16 févr. 1837, Audibert, [P. 37.1. 144]; — 31 mars 1842, Aldigé, [Bull. crim., n. 75]; — 10 sept. 1891, Freyard, [Bull. crim., n. 185]

1113. — En conséquence, l'accusé ne peut se faire un moyen de nullité de ce qu'il n'aurait pas été assisté de son défenseur. « L'absence du conseil ne saurait opérer nullité qu'autant que cette absence serait le fait du ministère public ou de la cour d'assises. Admettre le contraire serait supposer que la loi aurait voulu laisser aux conseils des accusés la faculté de faire annuler tous les arrêts de condamnation par une absence toute volontaire ». — Cass., 31 mars 1842, précité; — 13 janv. 1853, Rigault, [D. 53.5.143]

1114. — Quant au défenseur de la partie civile, il n'y a aucun motif de l'admettre au tirage au sort des jurés. Cependant il a été jugé que sa présence ne saurait donner ouverture à cassation. — Cass., 30 mai 1839, Nougué et Garos, [P. 43.2.298]

1115. — Lorsque l'accusé ne parle pas la langue française, le président doit lui donner un interprète qui assistera au tirage au sort du jury de jugement : il faut, en effet, que l'accusé comprenne l'avertissement qui lui est adressé par le président relativement à son droit de récusation, avertissement qui intéresse essentiellement la défense. Il y aurait donc nullité si un accusé ne comprenant nullement le français assistait, sans interprète, à la formation du jury de jugement. — Cass., 30 nov. 1827, Robin, [S. et P. chr.]; — 18 août 1832, Arbogast, [S. 33.1.159, P. chr.]; — 17 janv. 1856, Sullivan, [P. 57.1024, D. 56.1.142]; — 13 mars 1873, Pescia, [D. 74.1.184]

1116. — Mais l'absence d'un interprète lors du tirage au sort ne serait pas une cause de nullité, s'il était constaté que l'accusé s'exprime seulement avec difficulté en français. Il en serait ainsi même si, pendant les débats, l'accusé avait été assisté d'un interprète. L'accusé, en effet, peut parler le français d'une manière suffisante pour exercer le droit de récusation et ne pas comprendre les échanges rapides de communications au cours des débats. Il y a du reste présomption que la nomination d'un interprète n'était pas nécessaire si elle n'a été ni ordonnée par le président, ni réclamée par l'accusé. — Cass., 23 avr. 1835, Fanelly, [S. 35.1.746, P. chr.]; — 14 mai 1840, Orsoni, [Bull. crim., n. 132]; — 21 déc. 1854, Wetzel, [Bull. crim., n. 350]; — 16 févr. 1860, Wentzel, [Bull. crim., n. 41]

1117. — Toutefois aucune nullité de ce que la nomination d'un interprète à un accusé ne parlant pas la langue française n'aurait été faite que lors de l'ouverture des débats, et non au moment du tirage du jury, lorsqu'il est constaté en fait que le droit de récusation appartient à l'accusé n'a subi aucune atteinte. — Cass., 19 juin 1879, Taïen-ben-El-hadj-rir, [S. 81. 1.237, P. 81.1.554]

1118. — Le président des assises qui parlerait l'idiome de l'accusé, ne pourrait pas, même avec le consentement de l'accusé, exercer les fonctions d'interprète; cette interdiction est faite, sous peine de nullité, par l'art. 332, C. instr. crim. — Cass., 18 août 1832, précité. — V. infrà, n. 5425 et s.

1119. — Si l'accusé est sourd-muet, on communique par écrit avec lui, s'il sait lire. Le président lui transmettra par écrit l'avertissement relatif au droit de récusation et lui fera connaître, également par écrit, les noms des jurés sortis de l'urne. S'il ne sait pas lire, le président lui désigne comme interprète la personne qui a le plus l'habitude de converser avec lui (C. instr. crim., art. 333). — Cass., 29 déc. 1854, Hollinger, [Bull. crim., n. 358] — V. infrà, n. 5503 et s.

1120. — Si, en dehors des personnes dont la présence est nécessaire, il s'était introduit dans la chambre du conseil quelques individus, sans qualité pour assister au tirage du jury, ce fait serait sans portée. Nous avons vu, en effet, que la formation du jury de jugement peut avoir lieu en audience publique. — Cass., 30 mai 1839, précité.

§ 3. Marche à suivre pour la formation du tableau du jury de jugement.

1121. — Le président des assises, le procureur général, le greffier et les jurés sont réunis dans la chambre du conseil. L'accusé y est introduit. Le président demande à celui-ci ses nom, prénoms, âge, profession et domicile afin de constater son identité.

1122. — Le président ordonne ensuite au greffier de faire l'appel des jurés. Chaque juré, dès que son nom est appelé, répond : présent.

1123. — Le greffier doit comprendre dans cet appel les noms de tous les jurés de la session qui n'ont été ni excusés ni dispensés.

1124. — Lorsque, par suite des dispenses ou excuses admises par une cour d'assises, le nombre des jurés titulaires figurant sur la liste de service a été réduit à 31 et qu'il appert cependant du procès-verbal constatant la formation du tableau que l'appel exigé par l'art. 399, C. instr. crim., n'a porté que sur 30 jurés, il n'y a lieu de conclure du rapprochement de ces constatations également authentiques que l'un des jurés présents et retenus sur la liste a été omis ou éliminé sans qu'il apparaisse

COUR D'ASSISES. — Chap. VI.

d'aucune cause légitime. Cette omission ou élimination non justifiée ayant pour effet de priver l'accusé d'un des jurés qui lui étaient définitivement acquis et de restreindre indûment son droit de récusation vicie la composition du jury de jugement et, par voie de conséquence, tout ce qui a suivi. — Cass., 19 juin 1873, Goudon, [S. 73.1.481, P. 73.1203]; — 18 févr. 1886, Cailloux, [*Bull. crim.*, n. 59]

1125. — Le président jette alors dans l'urne le bulletin portant le nom de chaque juré, et ainsi de suite jusqu'à ce que 30 noms au moins aient été déposés dans l'urne.

1126. — Chaque bulletin doit porter un nom de juré (art. 399, § 2). Il est absolument interdit de substituer un autre mode d'indication à celui indiqué par la loi. Ainsi il y aurait nullité si on inscrivait sur le bulletin, au lieu du nom du juré, un numéro correspondant à celui sous lequel le nom de chaque juré avait été porté sur la liste formée par le premier président. — Cass., 4 juin 1829, Balland, [S. et P. chr.]; — 2 juill. 1829, Lachaux, [P. chr.]; — 14 sept. 1829, Sezini, [S. et P. chr.]

1127. — Le président avertit ensuite le ministère public et l'accusé de leur droit de récusation. — V. *infrà*, n. 1139 et s.

1128. — C'est par la voie du sort que seront désignés les douze jurés de jugement. Le président agite les noms dans l'urne et les en retire successivement.

1129. — La formalité du tirage des jurés par la voie du sort, impérieusement ordonnée par la loi, tient essentiellement à la formation du jury, et les infractions à cette règle ne peuvent être couvertes par aucun consentement, soit de l'accusé, soit du ministère public. — Cass., 12 mars 1824, Châtel, [S. et P. chr.]

1130. — Ainsi, lorsque au moment du rappel des jurés par le greffier, le président constate que personne ne répond à l'appel d'un nom sorti (dans l'espèce, celui de Dubosq) et qu'ayant fait la vérification de l'urne, il y trouve une étiquette portant le nom du sieur Dutillois, juré de la session, étiquette qui, après avoir été collée sous la boule portant antérieurement le nom de Dubosq, s'était détachée de cette boule par un accident fortuit, il ne peut substituer le nom de Dutillois à celui de Dubosq et faire inscrire le premier de ces noms sur la liste du jury de jugement. La nullité ainsi commise ne serait pas couverte par le consentement du ministère public, de l'accusé et de son défenseur. — Cass., 19 mars 1887, Bezzi, [D. 88.5.146]

1131. — Il a été jugé que l'accusé ne peut se faire un moyen de nullité de ce que, au lieu de tirer de l'urne les noms des jurés successivement, le président de la cour d'assises les a tirés tous d'un seul coup. — Cass., 20 juin 1817, Dumouchel, [S. et P. chr.] — Ce mode n'est pas, en effet, proscrit par la loi, mais il est défectueux, il peut donner lieu à des erreurs. On ne saurait donc trop recommander d'extraire les noms de l'urne successivement et un à un.

1132. — Aussitôt que le bulletin est sorti de l'urne, le président proclame à haute voix le nom du juré qui y est porté.

1133. — C'est à ce moment que s'exerce le droit de récusation du ministère public et de l'accusé.

1134. — Si le juré dont le nom est sorti n'est pas récusé, il fait partie du jury de jugement. Dans le cas contraire, il en est écarté. Le président tire ainsi des bulletins de l'urne jusqu'à ce qu'il ait complété le nombre des jurés devant composer le jury de jugement, c'est-à-dire douze dans presque toutes les affaires, et treize ou quatorze en cas d'adjonction d'un ou de deux jurés suppléants.

1135. — Quand le nombre nécessaire est atteint, le greffier donne lecture des noms des jurés ainsi désignés par le sort pour faire partie du jury de jugement.

1136. — Notons en terminant que l'opération de la formation du tableau du jury de jugement est indivisible et que tous les actes qui la constituent doivent être exécutés de suite et sans interruption. En conséquence, il y a nullité lorsque le président, après avoir fait l'appel des jurés et déposé leurs noms dans l'urne, a renvoyé le tirage au lendemain..., surtout alors que rien ne constate que des mesures aient été prises pour placer l'urne à l'abri de toute atteinte pendant l'intervalle des deux audiences. — Cass., 5 janv. 1850, Mousset, [S. 50.1.630, P. 51.1.404, D. 50.5.111]

1137. — Si plusieurs affaires sont inscrites au rôle de l'audience du même jour, il est procédé successivement de la même manière pour la constitution du jury de chacune d'elle.

1138. — La forme tracée par l'art. 399, C. instr. crim., pour le tirage et la composition du jury de jugement est substantielle

comme tenant au droit de défense; et, dès lors, les infractions qui y sont commises ne peuvent être couvertes par aucun consentement du ministère public ou de l'accusé. — Cass., 14 déc. 1854, Pouderoux, [S. 55.1.70, P. 55.1.291]

§ 4. *Récusation des jurés.*

1139. — La récusation, garantie de l'impartialité du juge, est de l'essence de toute juridiction. — V. *infrà*, v° *Récusation*.

1140. — On distingue deux espèces de récusation : la récusation motivée et la récusation péremptoire La première se fonde sur un motif que le juge apprécie et qu'il admet ou rejette. La seconde n'est pas motivée ; elle constitue au profit de celui qui l'exerce un droit souverain et absolu. Du moment que cette récusation se produit, celui qui en est l'objet doit être immédiatement écarté : aucune appréciation n'est permise. Le Code réserve la récusation motivée pour les juges ; il admet la récusation péremptoire pour les jurés. — Cass., 8 sept. 1826, Marcadet, [S. et P. chr.]

1141. — La faculté de récuser est inhérente à l'institution du jury; elle est de la substance même de cette institution. — Cass., 24 déc. 1813, Paté, [S. et P. chr.]

1142. — Le droit de récusation des jurés est réglementé par les art. 399 à 404, C. instr. crim.

1143. — Nous allons successivement rechercher qui peut exercer le droit de récusation, à quel moment et comment il s'exerce, quel est le nombre des récusations permises et enfin quels sont les effets des récusations.

1° *Qui peut exercer le droit de récusation.*

1144. — Le droit de récusation appartient à l'accusé et au procureur général (C. instr. crim., art. 399).

1145. — Il n'appartient qu'à eux seuls. Ainsi la personne, citée comme civilement responsable, n'a pas le droit de récusation. — Cass., 29 janv. 1886, Mivielle et autres, [*Bull. crim.*, n. 35]

1146. — La partie civile ne l'a pas davantage. Il en est ainsi même dans les procès de presse poursuivis à la requête et sur la citation de cette partie. — C. d'ass. de Saône-et-Loire, 6 sept. 1872, Marais, [S. 72.2.168, P. 72.769, D. 73.2.67] — Cass., 8 déc. 1881, Prax-Pàris, Journal l'*Éclaireur de Tarn-et-Garonne*, [S. 82.1.237, P. 82.1.554, D. 82.1.42]; — 23 mai 1884, Tournier, [*Bull. crim.*, n. 177] — *Sic*, F. Hélie, n. 3257; Nouguier, n. 1370.

1147. — Le vice résultant de ce que la partie civile a exercé des récusations n'est pas couvert par cette circonstance que le ministère public, après l'énonciation du nom de chaque juré récusé, a, sur l'interpellation du président, déclaré s'associer à la récusation formulée par la partie plaignante. — Cass., 8 déc. 1881, précité.

1148. — Les jurés ne peuvent se récuser eux-mêmes, c'est-à-dire s'abstenir de connaître d'une affaire. — Cass., 8 sept. 1826, précité. — V. *suprà*, n. 962 et s.

1149. — L'art. 399, C. instr. crim., accorde à l'accusé le droit de récusation. Ce mot « accusé » ne doit pas être pris dans son sens juridique habituel, et ne s'appliquer qu'à l'individu poursuivi pour crime. Le droit de récusation appartient à tout individu traduit devant la cour d'assises.

1150. — Ainsi, il appartient au prévenu poursuivi pour délit connexe à un crime. — Cass., 3 déc. 1836, Demiannay et autres, [S. 38.1.82, P. 38.1.37]; — et même au prévenu poursuivi seul pour un simple délit. C'est ce qui se produit maintenant dans les affaires de presse déférées au jury en vertu de la loi du 29 juill. 1881.

1151. — Le fait qu'un accusé se serait porté partie civile contre son coaccusé ne le prive pas du droit de récusation. — Même arrêt.

1152. — L'accusé peut exercer son droit de récusation soit par lui-même, soit par l'intermédiaire de son défenseur. Ce point ne fait plus de doute aujourd'hui. Le nouvel art. 399, C. instr. crim., modifié en 1832, donne, en effet, formellement ce droit au conseil de l'accusé. Le conseil peut donc user de ce droit si l'accusé ne le peut pas lui-même. — C. d'ass. de la Seine, 28 juin 1886, [*Gaz. Pal.*, 86.2.317]

1153. — Aucun texte n'oblige le président à avertir l'accusé, au moment du tirage au sort du jury, qu'il a été obligé, pour compléter celui-ci, d'y adjoindre des jurés complémentaires. — Cass., 5 nov. 1891, Hougron, [D. 92.1.169]

2° Quand et comment s'exerce le droit de récusation.

1154. — C'est au moment où le nom d'un juré sort de l'urne et est prononcé par le président, que la récusation doit être faite (C. instr. crim., art. 399).

1155. — L'appel des jurés a eu lieu; les bulletins contenant leurs noms ont été déposés dans l'urne. Avant de les en extraire un à un, le président avertit l'accusé et le ministère public qu'ils ont le droit de récuser les jurés conformément aux dispositions des art. 401, 402, 403 et 404, C. instr. crim.; il leur fait connaître et le droit qu'ils ont de récuser et l'étendue de ce droit, suivant le nombre des jurés présents.

1156. — C'est là un usage constant; toujours, dans la pratique, cet avertissement est donné par le président. Cependant, il n'est prescrit par aucun texte de loi. Il n'est donc pas exigé à peine de nullité et son omission ne saurait, dès lors, vicier la procédure. — Cass., 23 févr. 1853, Lemosse, [*Bull. crim.*, n. 67]; — 17 oct. 1889, Mante, [*Bull. crim.*, n. 314]

1157. — Jugé qu'il n'est pas nécessaire que les accusés soient avertis, lors du tirage du jury de jugement, du nombre des récusations qu'ils ont le droit d'exercer. — Cass., 4 janv. 1840, Mercier, [S. 41.1.596]

1158. — A plus forte raison a-t-on décidé que le président qui fait connaître à l'accusé son droit de récusation n'est pas tenu de mentionner explicitement l'art. 401, C. instr. crim. — Cass., 18 sept. 1845, Courtat, [P. 46.1.657]

1159. — Une erreur commise par le président des assises dans l'indication du nombre des récusations à exercer par la défense ne peut entraîner la nullité du tirage du jury de jugement si, au cours même de ce tirage, le président a rectifié cette indication, et s'il est constant que, malgré cette erreur, le droit de récusation de l'accusé n'a pas été entravé et que le ministère public n'a pas exercé le sien. — Cass., 17 oct. 1889, précité.

1160. — Un avertissement erroné donné aux accusés par le président de la cour d'assises sur le mode de récusation à suivre dans une hypothèse qui ne s'est pas réalisée, ne peut pas non plus être une cause de nullité. — Cass., 7 févr. 1834, Fagonde, [S. 34.1.560, P. chr.]

1161. — Ainsi, il ne peut résulter aucune nullité de ce que le président de la cour d'assises, en avertissant les deux accusés du droit qu'ils avaient de récuser neuf jurés, aurait fait entre eux, pour le cas où ils ne se concerteraient pas, la division du nombre de récusations, au lieu d'en déférer au sort (V. *infrà*, n. 1180), si les accusés s'étant concertés, le cas prévu par le président ne s'est pas présenté et l'erreur par lui commise ne leur a pas préjudicié. — Cass., 5 août 1831, Lavrard et Trognac, [P. chr.]

1162. — La déclaration, faite par le président de la cour d'assises, qu'un accusé n'aurait pas de récusation à faire, comme n'étant sorti que le neuvième par la voie du sort, lorsqu'il n'y avait que huit jurés à récuser (V. *infrà*, n. 1187), n'emporte pas nullité lorsque les accusés ont ultérieurement résolu d'exercer leurs récusations en commun, de fait, cet accusé n'a pas été empêché de concourir à cette récusation (C. instr. crim., art. 402). — Cass., 3 déc. 1836, Demiannay, [S. 38.1.82, P. 38.1.37]

1163. — Mais il y aurait nullité s'il était constant, au fait, que l'avertissement erroné du président a pu mettre obstacle à l'exercice du droit de récusation. — Cass., 23 févr. 1853, précité.

1164. — Lorsque, après le commencement du tirage du jury et l'avertissement donné à l'accusé qu'il peut récuser neuf récusations, la cour a restreint ce nombre à huit, par suite de l'adjonction de deux jurés suppléants, et qu'avant la fin du tirage, la cour a rapporté son arrêt, en ce qui touche l'adjonction de ces deux jurés et la restriction du droit de récusation, il ne résulte de ces décisions aucune nullité. — Cass., 22 mai 1834, Guitard, [P. chr.]

1165. — Une fois l'avertissement donné à l'accusé et au ministère public, le président procède au tirage au sort proprement dit. Il extrait de l'urne un à un les bulletins portant les noms des jurés, et en donne lecture. C'est quand le nom d'un juré est ainsi proclamé que le droit de récusation s'exerce.

1166. — S'il importe, pour l'exercice du droit de récusation, que les jurés qui tombent au sort soient désignés par toutes les indications qui peuvent les distinguer entre eux, lorsque le même nom patronymique appartient à plusieurs, ce n'est que dans le

cas où, maintenus sur la liste de service, ils ont concouru ensemble à la formation du jury de jugement. Il ne saurait en être ainsi lorsque, par l'effet des dispenses accordées par la cour d'assises, il ne reste plus, pour les tirages ultérieurs, plusieurs jurés ayant le même nom. — Cass., 10 avr. 1884, Campi, [*Bull. crim.*, n. 134]

1167. — Il n'y a pas nullité par cela seul que, lors du tirage du jury de jugement, le nom d'un des jurés a été inexactement proclamé par le président et mal orthographié dans le procès-verbal, s'il n'a pu d'ailleurs résulter de ce fait aucune confusion sur l'individualité de ce juré, et si, par suite, l'accusé n'a pu être induit en erreur dans l'exercice de son droit de récusation. — Cass., 16 janv. 1879, Perrot, [S. 79.1.189, P. 79.442, D. 79.5.112]

1168. — L'erreur qui s'est glissée, lors du tirage du jury de jugement, dans le prénom d'un juré, ne peut être une cause de nullité lorsqu'elle n'a pu induire l'accusé en erreur sur l'exercice de son droit de récusation et lui faire confondre ce juré avec un autre du même nom. — Cass., 4 avr. 1833, Annetou, [P. chr.]

1169. — Le droit de récusation, pour le ministère public, ou pour l'accusé, prend naissance dès que le nom d'un juré est lu par le président, et il peut être exercé aussi longtemps que le nom d'un autre juré n'a pas été extrait de l'urne et proclamé. — Cass., 29 nov. 1883, Madala et Rebroin, [*Bull. crim.*, n. 270]

1170. — Jugé, spécialement, que le juré dont le nom a été extrait de l'urne, et lu par le président lors de la formation du jury de jugement, peut être récusé soit par l'accusé, soit par le ministère public, même après qu'il a été invité par le président à prendre place, tant que le nom suivant n'a pas été lu. — Cass., 14 juin 1877, Peretti, [S. 77.1.485, P. 77.1259, D. 77.1.406] — V. *infrà*, n. 1212.

1171. — Mais, lorsque l'accusé ou le ministère public ont, au moment du tirage du jury, laissé passer le nom d'un juré sans le récuser avant que le nom du juré suivant soit extrait et proclamé par le président, le juré précédent est définitivement acquis à la cause et ne peut plus être récusé. — Cass., 12 juill. 1833, Lachassagne, [S. 33.1.604, P. chr.]; — 1er sept. 1836, Paillère, [S. 37.1.463, P. 37.1.556]

1172. — L'accusé ou son conseil exerce le premier le droit de récusation (C. instr. crim., art. 399). Après la proclamation du nom de chaque juré, il a le premier le droit de dire : récusé. S'il se tait, le ministère public peut alors récuser à son tour.

1173. — « L'accusé, son conseil, ni le procureur général ne peuvent exposer leurs motifs de récusation » (C. instr. crim., art. 399). Ils doivent donc se borner à dire : récusé.

1174. — Les choses se passent ainsi d'une façon simple et facile quand il n'y a qu'un accusé; elles se compliquent au contraire quand il y en a plusieurs. Nous avons vu que, dans ce cas, le nombre des récusations attribuées à la défense reste le même que s'il n'y avait qu'un seul accusé. Comment le droit de récusation sera-t-il réparti entre les différents accusés? C'est ce qu'indiquent les art. 402 à 404, C. instr. crim.

1175. — Ces articles autorisent trois modes différents de récusation : 1° ou bien il y a concert entre les accusés; 2° il n'y a pas de concert : chaque accusé récuse séparément suivant le rang qui lui a été assigné par le sort; 3° il y a concert pour une partie des récusations et récusation isolée, individuelle pour le surplus.

1176. — *a) Concert entre les accusés.* — Aucune difficulté ne peut alors se présenter. Dès que le nom d'un juré sort de l'urne, chacun des accusés pourra le récuser; ou bien ils se seront entendus pour laisser l'un d'eux exercer le droit de récusation; ou bien ils auront confié ce soin à leurs avocats ou à l'un d'entre eux. — Cass., 10 janv. 1834, Poulain, [S. 34.1.660]

1177. — Aucune disposition de loi ne prescrit, à peine de nullité, au président des assises l'obligation d'avertir les accusés qu'ils peuvent se concerter pour exercer leurs récusations. — Cass., 3 mai 1834, Duponey, [S. 55.1.779, P. chr.]; — 12 févr. 1842, Ledru-Rollin et Haureau, [S. 42.1.155]; — 30 juin 1853, Godet, [D. 53.5.117]; — 29 juill. 1853, Teissèdre, [*Bull. crim.*, n. 374]

1178. — Lorsque les accusés ne font pas connaître leur désaccord sur le mode d'exercice de leurs récusations, il y a présomption légale qu'ils se sont concertés entre eux. — *Mêmes arrêts.*

1179. — Il y a preuve suffisante que les accusés se sont accordés pour exercer leur droit de récusation, et que, par suite, il n'y avait pas lieu à régler entre eux l'exercice de ce droit par la voie du sort, lorsqu'aucune réclamation n'est consignée au procès-verbal et qu'on y voit d'ailleurs que le droit de récusation n'a pas été épuisé. — Cass., 7 févr. 1834, Fagonde, [S. 34.1.560, P. chr.]

1180. — *b) Refus de concert.* — Ce cas est réglé par l'art. 403, C. instr. crim., ainsi conçu : « Si les accusés ne se concertent pas pour récuser, le sort règle entre eux le rang dans lequel ils feront les récusations. Dans ce cas, les jurés récusés par un seul et dans cet ordre, le sont pour tous, jusqu'à ce que le nombre des récusations soit épuisé.

1181. — Dans l'hypothèse prévue par cet article, le président de la cour d'assises ne peut, au lieu de faire régler par le sort l'ordre dans lequel chacun d'eux usera individuellement de son droit, décider que le premier désigné par le sort fera seul les récusations pour tous les autres. Le consentement des accusés ne peut couvrir les vices d'un semblable mode de procéder. — Cass., 2 févr. 1833, Lecoz, [S. 33.1.479, P. chr.]

1182. — Le sort ayant ainsi réglé le rang de chaque accusé il y a lieu ensuite de diviser proportionnellement entre tous les accusés le nombre des récusations à exercer, afin qu'au rang près, la condition soit la même pour tous. Ainsi supposons quatre accusés. S'il y a douze récusations, chacun pourra en exercer trois; s'il y en a huit, chacun en aura deux. — Cass., 26 févr. 1841, Bescout et autres, [S. 42.1.260]

1183. — Il peut arriver que chacun des accusés n'ait pas un nombre égal de récusations à exercer : le sort, en ce cas, décide celui ou ceux qui auront à récuser le plus grand nombre, à moins qu'ils ne s'accordent sur ce point. Ainsi, en cas de quatre accusés, s'il y a neuf ou dix récusations, chacun en aura deux à exercer et le sort déterminera celui ou ceux qui en auront une de plus.

1184. — C'est l'accusé dont le nom est sorti le premier de l'urne qui doit être interpellé de proposer sa récusation contre chaque juré. S'il ne le récuse pas, ses coaccusés ont le droit de le faire, de sorte que le juré n'est porté sur le tableau que lorsqu'il n'a été récusé par aucun accusé ni par le procureur général. — Cass., 14 nov. 1811, N..., [P. chr.] — *Sic,* Bourguignon, *Manuel d'instr. crim.,* t. 1, p. 500, n. 1.

1185. — Ainsi, lorsque le premier nom est sorti, les quatre accusés sont interpellés dans l'ordre où le sort les a placés; s'il n'est récusé par personne, ce nom est inscrit le premier sur le tableau (Bourguignon, *loc. cit.*). On procède de même sur le deuxième et sur chacun des autres noms. Mais lorsque l'un des accusés a épuisé les récusations auxquelles il a droit, il n'est plus interpellé sur les autres noms. — Bourguignon, *loc. cit.*

1186. — Si l'un des accusés qui a ainsi un certain nombre de récusations à exercer n'use pas de son droit, le nombre des récusations à exercer par les autres accusés n'en sera pas augmenté. C'est ce qui résulte de l'arrêt précité de la Cour de cassation du 26 févr. 1841 qui décide que le nombre total des récusations permises doit être divisé également entre tous les accusés, qui ne peuvent dès lors récuser, chacun, qu'un nombre de jurés égal à cette fraction proportionnelle, encore bien que quelques-uns de leurs coaccusés n'aient pas épuisé leur droit de récusation.

1187. — Enfin si le nombre des accusés excède celui des récusations, si par exemple il y a neuf accusés pour huit récusations, le sort déterminera quels seront les huit accusés qui pourront, chacun, exercer une récusation. Le dernier n'en pourra exercer aucune. Dans ce cas, à mesure que les noms des jurés sortent de l'urne, tous les accusés sont successivement interpellés, et suivant l'ordre désigné par le sort. Lorsqu'un accusé a exercé son droit, il ne doit plus être interpellé. Aussitôt que le nombre des récusations accordées par la loi se trouve rempli, le droit de tous les accusés, même de ceux qui n'ont pas encore exercé de récusations, se trouve épuisé. — Bourguignon, *Manuel d'instr. crim.,* t. 1, p. 502, n. 4; *Jurispr. crim.,* t. 2, p. 285.

1188. — *c) Concert partiel.* — Les accusés peuvent se concerter pour exercer une partie des récusations, sauf à exercer le surplus, suivant le rang fixé par le sort (C. instr. crim., art. 404). En pareil cas, on suit successivement les règles précédemment exposées pour les deux hypothèses prévues par les art. 402 et 403.

1189. — Lorsque la jonction de deux causes résulte virtuellement du motif sur lequel a été fondé l'ajournement d'une des affaires, et a été opérée de fait avant le tirage au sort du jury, les accusés auxquels la liste du jury a été notifiée par un seul acte, et qui n'ont élevé à cet égard aucune réclamation, ne peuvent se plaindre d'avoir eu à exercer en commun leurs récusations. — Cass., 28 nov. 1844, Daubons et Rivière, [P. 45.2.38]

1190. — Le prévenu qui a accepté le mandataire de son coprévenu en concourant avec lui aux récusations des jurés, est non recevable à se plaindre de ce que ce mandataire n'aurait pas été porteur d'un pouvoir spécial. — Cass., 19 déc. 1835, Sarrans, [P. chr.]

1191. — Le jury de jugement est formé dès le moment où il est sorti de l'urne douze noms de jurés non récusés.

3° *Nombre des récusations permises.*

1192. — « L'accusé et le procureur général peuvent exercer un égal nombre de récusations; et cependant si les jurés sont en nombre impair, les accusés peuvent exercer une récusation de plus que le procureur général » (C. instr. crim., art. 401).

1193. — Nous avons vu précédemment que le jury de jugement doit comprendre douze jurés et que ceux-ci doivent être tirés sur une liste composée de trente-six jurés au plus, et de trente au moins. L'art. 401 indique que l'accusé et le procureur général exerceront un nombre égal de récusations si les jurés sont en nombre pair et que, s'ils sont en nombre impair, l'accusé pourra exercer une récusation de plus.

1194. — Quand notre article parle du nombre de récusations attribué à l'accusé, il entend parler de l'accusé envisagé d'une manière abstraite, c'est-à-dire de la défense : il a en vue l'accusé ou les accusés coupables compris dans une même affaire. Quelque nombreux qu'ils soient, la quantité de récusations attribuée à la défense restera la même. C'est ce qu'indique nettement l'art. 402 : « S'il y a plusieurs accusés, ils ne pourront excéder le nombre de récusations déterminé pour un seul accusé par les articles précédents. »

1195. — Le nombre des récusations est déterminé d'après la combinaison du nombre des douze jurés dont se compose le jury de jugement avec le nombre de trente à trente-six jurés sur lesquels le tirage au sort doit avoir lieu pour la formation de ce jury. — Cass., 30 août 1816, Contand, [S. et P. chr.] — De la combinaison des diverses règles, il résulte que le nombre des récusations pour la défense et le procureur général se trouve fixé de la manière suivante :

Nombre des jurés présents.	Nombre des récusations pour la défense.	Nombre des récusations pour le procureur général.
36	12	12
35	12	11
34	11	11
33	11	10
32	10	10
31	10	9
30	9	9

1196. — Dans l'un et l'autre cas, les récusations s'arrêteront lorsqu'il ne restera que douze jurés dans l'urne (C. instr. crim., art. 400).

1197. — Les prescriptions de la loi relatives à l'étendue du droit de récusation constituent des formalités substantielles; l'inobservation de ces règles emporte la nullité de l'arrêt de condamnation et des débats qui ont eu lieu devant un jury irrégulièrement constitué. — Cass., 2 janv. 1879, Rabatel, [S. 80.1.389, P. 80.919, D. 80.1.96]

1198. — Il en résulte que le nombre de récusations attribuées par la loi à chacune des parties, ne peut jamais être excédé; il reste le même, quelle que soit l'attitude de l'autre partie. Si l'accusé n'exerce pas son droit de récusation ou ne l'exerce qu'en partie, le nombre des récusations que pourra exercer le procureur général ne sera pas augmenté, et réciproquement. En un mot, le droit de récusation ne peut pas être transmis d'une partie à l'autre par l'abandon partiel ou total de son droit que ferait une de ces deux parties.

1199. — Ainsi, lors même que l'accusé n'aurait pas exercé toutes les récusations qui lui appartenaient, et n'aurait élevé aucune réclamation, il y aurait nullité si le ministère public avait excédé le nombre de celles qui lui compétaient. — Cass., 24 déc. 1813, Paté, [S. et P. chr.]; — 2 janv. 1879, précité. —

Carnot, sur l'art. 401, *C. instr. crim.*, t. 3, p. 73, n. 3; Legraverend, t. 2, chap. 2, p. 170; Bourguignon, *Man. du jury*, p.
417; Deserre, *Man. des cours d'assises*, t. 1, p. 251; Nouguier, n. 1364; F. Hélie, n. 3258. — *Contrà :* Cass., 22 oct.
1812, Vignau, [S. et P. chr.]

1200. — Par le même motif, l'accusé qui a exercé neuf récusations sur trente jurés présents ne peut pas être admis à en
exercer d'autres; ce serait priver le procureur général de l'exercice du droit qui lui appartient. — Cass., 29 nov. 1811, Macque,
[P. chr.] — *Sic,* Carnot, art. 399, t. 3, p. 68, n. 4; Legraverend,
Nouguier, *loc. cit.*

1201. — Ainsi, en refusant à l'accusé la faculté d'exercer
plus de neuf récusations sur trente jurés, une cour d'assises ne
porte aucune atteinte à son droit et ne fait que maintenir celui
du ministère public. — Cass., 27 déc. 1811, Barrié, [S. et P.
chr.]

1202. — Il est bien entendu du reste que la nullité résultant
de ce que l'une des parties aurait récusé un nombre de jurés
plus considérable que celui qui lui était attribué par la loi, ne
peut pas être invoquée par celle qui aurait profité de cette extension de son droit. Ainsi un accusé ne saurait fonder un moyen
de nullité sur le motif qu'il a exercé un plus grand nombre de
récusations que celles auxquelles il avait droit. — Cass., 22
mars 1845, Lagarde, [P. 45.2.530]

1203. — Il est un cas cependant où le nombre des récusations se trouve diminué; c'est lorsque la cour d'assises croit
devoir adjoindre aux jurés de jugement des jurés suppléants.
Le nombre des récusations que peuvent faire l'accusé et le ministère public se trouve alors réduit en proportion, et cette réduction ne peut fonder aucune nullité. — Cass., 10 août 1827,
Dauba, [S. et P. chr.]

1204. — Il en résulte que si le nombre total des jurés n'est
que de trente, et qu'on adjoigne aux douze jurés deux suppléants, l'accusé et le ministère public ne peuvent exercer que
huit récusations chacun. — Cass., 10 août 1827, précité; — 3
avr. 1828, Nicolleau, [S. et P. chr.]; — 22 janv. 1830, Letellier,
[S. et P. chr.]; — 15 avr. 1830, Bataille, [S. et P. chr.]; — 29
mars 1832, Thiault, [P. chr.]; — 26 avr. 1832, Croizié, [P. chr.]

1205. — Si, en présence de trente jurés, il n'a été adjoint
qu'un seul juré suppléant, le nombre des récusations sera réduit à neuf pour l'accusé et à huit pour le ministère public. —
Cass., 3 avr. 1828, précité.

1206. — Enfin lorsque le tirage au sort du jury de jugement
s'opère sur un contingent de trente et un jurés, dont treize doivent être appelés à siéger par suite de l'adjonction d'un juré ordonnée par la cour d'assises, le ministère public et l'accusé ne
peuvent exercer chacun que neuf récusations. — Cass., 2 janv.
1879, précité.

1207. — Un accusé ne peut valablement consentir, avant le
tirage des jurés, à ce que le nombre des récusations qu'il a le
droit d'exercer soit restreint. Néanmoins, lorsque l'accusé qui
avait déclaré consentir à ce que le nombre de ses récusations
fût réduit à huit, a eu la liberté de faire la neuvième, parce que
de son côté le ministère public n'a pas exercé toutes les siennes,
il ne peut en résulter une nullité, soit de ce que le président aurait averti l'accusé et le ministère public de restreindre leur droit
pour qu'il restât un nombre suffisant de jurés supplémentaires,
soit de ce que l'accusé y aurait consenti. — Cass., 17 avr. 1823,
Grosourdy, [P. chr.]

1208. — Il ne résulte aucune nullité de ce que, par inadvertance, le président des assises a laissé dans l'urne le nom d'un
juré cité comme témoin à la requête de l'accusé, et de ce que ce
juré, désigné par le sort, a dû être récusé par la défense, alors
que le tirage a eu lieu sur une liste de plus de trente jurés réunissant toutes les conditions légales, non compris celui qui avait
été cité comme témoin et qui a été entendu en cette qualité, et
qu'aucune atteinte n'a pu être portée au droit de récusation,
l'accusé n'ayant pas épuisé son droit. — Cass., 6 janv. 1881,
Edouard, [S. 84.1.139, P. 84.1.296, D. 82.1.46]

4o Effet des récusations.

1209. — L'effet de la récusation est d'écarter du jury de
jugement et de frapper d'incapacité pour l'affaire le juré qui en
est l'objet.·

1210. — Il y a nullité si, parmi les jurés de jugement, se
trouve un juré régulièrement récusé. — Cass., 29 vent. an IX,

Emenier, [S. et P. chr.]; — Requin, [S. et P. chr.]; — 8 flor.
an XI, 14 févr. 1850, Paoli, [D. 50 5.109]

1211. — Jugé spécialement que le président de la cour d'assises ne peut, à peine de nullité, maintenir sur le tableau du
jury de jugement, un juré récusé par le conseil de l'accusé, sous
le prétexte que cette récusation aurait été concertée pour dispenser ce jury de l'accomplissement de ses devoirs. Il suffit que
le fait du maintien d'un juré, valablement récusé sur la liste du
jury, paraisse suffisamment établi par les documents fournis,
pour que ce fait puisse servir de base à un arrêt de cassation,
sans qu'il soit besoin d'admettre l'inscription de faux. — Cass.,
6 févr. 1834, Drouin-Lambert, [S. 34.1.362, P. chr.]

1212. — Quand un juré peut-il être considéré comme définitivement récusé? Lorsque le ministère public ou l'accusé ont
récusé un juré, peuvent-ils revenir sur cette décision et
rétracter la récusation déjà prononcée? La jurisprudence et la
doctrine ont résolu cette question par une distinction : la rétractation peut se produire aussi longtemps que le président n'a
pas extrait de l'urne et proclamé le nom d'un autre juré. Mais
elle devient impossible à partir de ce moment. Dès que le président a lu le nom du juré suivant, la récusation est définitive : le
juré qui en est l'objet ne pourrait, à peine de nullité, faire partie
du jury de jugement. — Cass., 29 nov. 1883, Madala et Rebroin,
[Bull. crim., n. 270] — V. aussi *suprà*, n. 1170.

1213. — Il s'ensuit qu'une récusation une fois déclarée ne
peut être rétractée ensuite sous prétexte d'erreur (C. instr. crim.,
art. 399). — Cass., 31 juill. 1829, Garand, [S. et P. chr.]

§ 5. De l'irrévocabilité de la formation du jury de jugement.

1214. — Lorsque douze jurés sont sortis de l'urne sans avoir
été récusés ou après l'épuisement du droit de récusation, le jury
de jugement est formé. Dès que le tableau du jury de jugement
est formé par un tirage régulier, il se trouve irrévocablement
constitué; les noms des jurés sortis de l'urne sont acquis à l'accusé. Ils ne peuvent pas être arbitrairement changés. Le tableau
du jury de jugement, une fois composé, est donc irrévocable.
— Cass., 10 févr. 1809, Besset, [S. et P. chr.]; — 16 juin 1855,
Everling, [S. 55.1.687, P. 56.1.137] — *Sic,* F. Hélie, n. 3248;
Nouguier, n. 1417.

1215. — Si des erreurs ont été commises dans la formation
du jury de jugement, elles doivent être réparées par vérification et constatation du fait qui les a produites; le président ne
doit pas pour cela annuler la constitution du jury : il y aurait
nullité s'il le faisait, alors qu'il y avait possibilité de réparer autrement l'erreur commise.

1216. — Spécialement, lorsqu'après le tirage d'un certain
nombre de jurés sur une liste de plus de trente, le sort amène
le nom d'un juré dispensé, la cour d'assises ne doit pas annuler
le tirage commencé et ordonner qu'il en sera fait un nouveau ;
elle doit mettre de côté le nom du juré dispensé et tirer les
noms des autres jurés. — Cass., 20 juin 1867, Lebraud, [S. 68.
1.47, P. 68.76, D. 67.1.413]

1217. — Ainsi, encore, lorsque, après le tirage du jury de
jugement régulièrement opéré, le président des assises, s'apercevant de l'absence d'un juré qu'il a cru entendre répondre à
l'appel et dont le nom a été déposé dans l'urne, réfère de cette
irrégularité à la cour d'assises, celle-ci commet une violation
formelle de la loi en annulant le tirage, alors qu'il suffit pour
réparer l'erreur commise, de tirer le nom d'un douzième juré. —
Cass., 16 juin 1855, précité.

1218. — Dans une autre affaire, treize jurés, au lieu de
douze, s'étaient trouvés sur le banc du jury : la cour d'assises,
sans rechercher la cause de cette irrégularité, annula le tirage
du jury. La Cour de cassation a cassé son arrêt. « Si un treizième juré avait été se placer sur le banc des jurés, a-t-elle jugé,
il devait être purement et simplement invité à se retirer comme
ne faisant pas partie du jury; si, nonobstant cette invitation, il
avait été allégué que le nom de ce juré était sorti de l'urne
sans être récusé, avant que le nombre des douze jurés eût été
complet, il appartenait alors à la cour d'assises de décider, après
vérification du fait, si ce juré faisait ou ne faisait pas partie du
jury de jugement, et, par conséquent, si les douze noms portés
au procès-verbal devaient être maintenus, ou si, au contraire,
il n'y avait pas lieu d'y comprendre le juré en question, et, par
suite, d'éliminer le nom sorti le treizième ». — Cass., 14 déc.
1854, Pouderoux, [S. 55.1.70, P. 55.291] — V. *infrà*, n. 1228.

1219. — De même encore, la cour d'assises ne peut prononcer l'annulation du tirage du jury de jugement parce que l'un des douze jurés aurait déclaré « être intéressé personnellement dans l'affaire concernant les accusés et avoir une opinion faite, dans cette affaire ». Cette circonstance ne rendait pas ce juré incapable de connaître de l'affaire ; il devait donc être maintenu sur le tableau du jury de jugement : en annulant ce tableau, « la cour d'assises a commis un excès de pouvoir, privé l'accusé de juges qui lui étaient légalement acquis et institué un jury incompétent ». — V. suprà, n. 963.

1220. — Lorsque le tirage du jury a été commencé sur une liste de trente et un jurés titulaires, et qu'après des récusations un certain nombre de jurés ont été proclamés comme faisant partie du jury de jugement, le président des assises ne peut, à raison de la survenance d'un trente-deuxième juré, d'abord absent, annuler ce tirage, et, sous prétexte qu'il est utile, dans l'intérêt et de la défense et de l'accusation, que le nombre des jurés titulaires devant prendre part au tirage du jury de jugement ne se trouve pas restreint, annuler l'opération commencée, remettre dans l'urne les noms des trente et un jurés titulaires avec celui du trente-deuxième, et procéder à un nouveau tirage. — Cass., 29 avr. 1847, Marquis, [S. 47.1.745, P. 47.2.519] — Le tirage opéré sur une liste de trente et un jurés présents était en effet régulier ; il n'y avait donc aucune raison de l'annuler.

1221. — Dans ce cas, la nullité résultant de l'annulation d'un tableau partiel du jury de jugement régulièrement formé et de la composition illégale d'un nouveau jury de jugement, étant d'ordre public et tenant à la composition légale des cours et tribunaux, ne peut jamais être couverte par le silence ou le défaut de réclamation de l'accusé. — Même arrêt.

1222. — Si, par une cause quelconque, les débats commencés devant une cour d'assises viennent à être annulés, la cour, qui va recommencer les débats immédiatement et sans désemparer, ne peut ordonner qu'il sera procédé à un nouveau tirage et à la formation d'un nouveau jury de jugement. Les débats devront être repris avec le jury tiré primitivement. Les formalités du tirage et de la formation du jury de jugement sont en effet des opérations antérieures et extrinsèques aux débats, qui, lorsqu'elles ont été régulièrement effectuées, donnent irrévocablement pour juges aux accusés ceux des jurés dont les noms sont sortis de l'urne et n'ont pas été récusés. L'annulation des débats ne peut atteindre les opérations qui les avaient précédés et qui constituaient un droit définitivement acquis aux accusés. — Cass., 14 oct. 1813, Gysbert et Blakert, [D. Rép., v° Instruction criminelle, n. 1811] ; — 10 févr. 1814, Rouanet, [Ibid.] ; — 23 janv. 1841, Borromée, [Bull. crim., n. 23] ; — 28 déc. 1860, Portarrieu, [S. 61.1.478, P. 61.1130, D. 61.1.233] — Sic, F. Hélie, t. 8, p. 494. — Contrà, Cubain, n. 220.

1223. — La règle de l'irrévocabilité de la formation du tableau du jury de jugement reçoit exception dans deux cas.

1224. — A. Le premier cas se présente lorsque par suite d'une irrégularité commise dans l'opération du tirage, et qui ne peut pas être réparée autrement, ou par suite d'une incapacité ou incompatibilité qui se rencontrerait dans la personne de quelqu'un des jurés, la formation du tableau serait entachée de nullité. Il est alors du devoir des magistrats d'annuler ce tirage au sort pour ne pas soumettre les accusés à un tribunal dont la composition vicieuse n'offrirait pas les garanties que la loi exige et devrait entraîner la nullité des débats. Dans ce cas, en effet, la nullité pourrait être proposée après l'arrêt de condamnation. N'est-il pas mieux de recommencer l'opération du tirage, s'il en est temps encore ? — Cass., 4 janv. 1851, Nombral et autres, [S. 51.1 550, P. 52.1.242, D. 51.5.142]

1225. — Ainsi, l'annulation du tableau du jury de jugement est régulièrement prononcée : 1° Lorsque, pendant ou après le tirage du jury de jugement, le président reconnaît que le nom d'un juré qui avait répondu à l'appel, n'a pas été déposé dans l'urne, ainsi que le prescrit l'art. 399, C. instr. crim. — Cass., 18 juill. 1836, Mayeras, [Bull. crim., n. 255]

1226. — 2° Lorsque, dans le jury de jugement, figure un juré complémentaire, et que le juré titulaire remplacé revient avant le commencement de l'affaire. L'appel du juré complémentaire n'avait été, en effet, motivé que par l'insuffisance de la liste de session ; ce juré n'avait plus qualité pour en faire partie du moment que cette circonstance cessait par le retour du juré titulaire avant que le jury de jugement fût entré en fonctions. — Cass., 17 avr. 1847, Gouin, [Bull. crim., n. 78]

1227. — 3° A fortiori, lorsque le juré titulaire, absent jusque-là, se présente après l'appel des jurés au moment où il allait être procédé au tirage avec le concours d'un juré complémentaire. — Cass., 27 avr. 1820, Cazaux, [S. et P. chr.]

1228. — 4° Lorsque le président, ayant par erreur tiré treize jurés pour le jury de jugement, a annulé le tirage du treizième juré et invité celui-ci à se retirer avant l'ouverture des débats. — Cass., 7 janv. 1830, Ney, [S. et P. chr.] — V. suprà, n. 1218.

1229. — 5° Lorsque le tirage au sort a été opéré par un magistrat incompétent. — Cass., 22 août 1890, [Gaz. des Trib., 29 août 1890]

1230. — 6° Lorsque le tirage au sort du jury de jugement a été opéré sur une liste de vingt-neuf jurés. — Cass., 18 avr. 1861, Paoli, [D. 61.5.126]

1231. — 7° Lorsqu'il a été procédé au tirage sur une liste comprenant trente noms seulement, et qu'au nombre de ces trente jurés figurait une personne incapable de remplir les fonctions : comme un individu frappé d'une condamnation antérieure pour crime, — Cass., 16 janv. 1879, Girod, [Bull. crim., n. 23], — ou une personne citée comme témoin dans l'affaire. — Cass., 18 avr. 1885, Reboul, [Bull. crim., n. 115]

1232. — 8° Lorsqu'on découvre, pendant ou après le tirage, que, parmi les douze jurés de jugement, figure une personne frappée d'une cause d'incapacité ou d'incompatibilité prévue par la loi.

1233. — Ainsi, lorsque la cour d'assises est informée, après le tirage au sort du jury, que l'un des jurés qui doivent siéger est incapable à raison de ce qu'il a déjà connu de l'affaire comme magistrat, elle doit annuler le tirage et procéder à la formation d'un nouveau jury. — Cass., 8 sept. 1837, Laurent, [P. 37.2. 586]

1234. — De même, l'incompatibilité existant entre les fonctions de juré et celles de juge suppléant à un tribunal de commerce, constitue, lorsqu'elle n'a été découverte qu'après le commencement des débats, une cause de nullité qui vicie dans son essence tout le jury de jugement. Il en résulte que le tirage du jury doit être annulé non pas seulement en partie, mais dans son intégralité. — Cass., 20 mars 1879, Rochereau, [S. 81.1.91, P. 81.1.184]

1235. — La Cour de cassation est allée plus loin et elle a validé des annulations alors que l'irrégularité qui les avait motivées ne devait pas engendrer un moyen de nullité. « Il convient, dit-elle, d'admettre la même exception à la règle de l'irrévocabilité du tirage, lorsque des motifs graves et légitimes, tenant à la bonne administration de la justice, justifient l'annulation d'un tirage commencé ». — Cass., 4 janv. 1851, précité. — Elle exige alors une condition pour que cette annulation soit régulière, c'est qu'elle ait été demandée ou consentie par le ministère public et l'accusé. — Même arrêt.

1236. — Ainsi, la Cour de cassation a admis que le président de la cour d'assises peut, avec le consentement des parties, recommencer un tirage, lorsqu'il s'aperçoit qu'il a omis de faire connaître à l'accusé son droit de récusation. Nous avons vu (suprà, n. 1156 et s.), que cette dernière formalité n'était prescrite par aucun texte de loi, qu'elle n'était pas indispensable et que le jury était régulièrement formé malgré l'omission de l'avertissement. On pouvait donc se demander s'il était au pouvoir de la cour d'assises d'annuler un tirage de jury qui n'était entaché d'aucune irrégularité. La Cour de cassation, pour l'admettre, s'est fondée sur ce motif que cette annulation était toute dans l'intérêt de l'accusé et dans le but de lui conserver un droit important. — Cass., 19 févr. 1841, Renier, [S. 42.1.43, P. 42.1.270] ; — 10 janv. 1861, Volant, [S. 61.1.798, P. 62.41, D. 61.2.233]

1237. — Ainsi encore, le tirage du jury déjà commencé peut être annulé lorsque cette annulation est prononcée pour prévenir des retards dans le jugement d'un des prévenus, momentanément absent, qui se présente à l'instant même, et pour éviter une disjonction qui aurait pu nuire à la manifestation de la vérité..., alors surtout que toutes les parties en cause y ont donné leur consentement. — Cass., 4 janv. 1851, Nombral, [S. 51.1.550, P. 52.1.242, D. 51.5.142]

1238. — Il a même été jugé qu'il peut être procédé à un nouveau tirage, alors que sur trente et un noms placés dans l'urne, il s'en trouve un qui appartient à un juré qui ne se présente pas. — Cass., 6 mars 1828, Texandier, [P. chr.] — Cette décision est peut-être difficile à justifier car, dans l'espèce, le tirage avait eu lieu sur une liste de trente jurés idoines ; le nom du juré absent n'était pas sorti de l'urne, et l'accusé n'avait, par conséquent, pas souffert dans son droit de récusation ; enfin, l'accusé loin de consentir à cette annulation, s'y était formellement opposé.

1239. — Il nous reste à rechercher qui a qualité pour prononcer l'annulation du tableau du jury de jugement. Est-ce le président, est-ce la cour d'assises ? Cette question se résout par la distinction que nous avons déjà souvent rencontrée : c'est le président qui doit prononcer l'annulation du tirage du jury lorsqu'il ne s'élève aucun incident à cet égard. — Cass., 4 janv. 1851, précité.

1240. — Si, au contraire, un incident contentieux surgit, l'intervention de la cour devient nécessaire et elle doit statuer par un arrêt motivé. — V. *suprà*, n. 1099.

1241. — Cependant, aucune disposition de loi n'interdisant à la cour d'assises d'assister à la formation du jury la question de savoir s'il convient d'annuler le tirage du jury déjà commencé, et de recommencer ce tirage, peut être décidée par elle au lieu de l'être par le président seul, surtout si l'accusé ne s'est pas opposé à cette annulation. — Cass., 12 déc. 1840, Vᵉ Lafarge, [S. 40.1.948, P. 42.2.622] — L'intervention de la cour d'assises en pareil cas, loin d'être une cause de nullité, est une garantie de plus donnée à l'accusé.

1242. — Si le président de la cour d'assises a annulé, par erreur, le tirage du jury, et remis dans l'urne les noms des jurés déjà tirés, il peut, dès qu'il s'aperçoit de son erreur, rétracter cette annulation et revenir sur tout ce qui a été fait depuis ; il pourra donc retirer de l'urne les noms des jurés déjà sortis, maintenir les récusations opérées et continuer le tirage comme si aucun incident n'avait eu lieu. Cette mesure, en effet, n'apporte aucun préjudice à la défense, ni aux droits de récusation. — Cass., 19 juin 1862, Afaux, [D. 62.5.94]

1243. — Lorsque la cour d'assises prononce l'annulation du tableau du jury de jugement, elle ne doit pas se contenter d'énoncer qu'une erreur s'est glissée dans l'opération du tirage ; elle doit faire connaître en quoi a consisté cette erreur et déclarer, après vérification faite, qu'il y avait impossibilité de la réparer. C'est à cette condition seulement que la Cour de cassation pourra vérifier utilement si l'annulation a été justement prononcée. Mais si l'arrêt de la cour d'assises laisse ces questions dans le vague, il sera cassé, car l'irrévocabilité du tableau du jury de jugement est la règle, et cette règle doit subsister tant que l'exception n'est pas nettement justifiée. — Cass., 14 déc. 1854, Pouderoux, [S. 55.1.70, P. 55.1.291]

1244. — Si l'annulation du tirage du jury de jugement est prononcée soit au cours même de cette opération, soit aussitôt après son accomplissement, le tirage peut être recommencé immédiatement ; tous les jurés de service sont là présents ; dès lors, un nouveau tirage peut avoir lieu aussitôt.

1245. — Mais si c'est seulement après l'ouverture des débats que la cour d'assises, s'apercevant d'un vice dans la composition du jury, l'annule, la cour ne pourra procéder à la formation d'un nouveau jury que si les jurés composant la liste de service sont, au moment du réappel, présents au nombre de trente au moins. S'ils étaient moins nombreux, la cour ne pourrait pas, pour compléter le nombre nécessaire, recourir à des jurés complémentaires. — Cass., 28 août 1835, Weiland, [S. 36.1.113, P. chr.] ; — 22 nov. 1838, Pietri, [P. 39.2.633] — La cour devrait alors renvoyer l'affaire à une autre session, ou, si les parties ne s'y opposent pas, à un autre jour de la même session. — Cass., 20 mars 1879, Rochereau, [S. 81.1.91, P. 81.1.184]

1246. — B. La seconde exception au principe de l'irrévocabilité du jury de jugement a lieu quand, après la formation du tableau, l'affaire est renvoyée à une autre session. La liste des quarante jurés, désignés pour le service de la session, ne peut servir que pendant cette session ; leurs pouvoirs expirent avec la session même ; il est donc de toute nécessité, si l'affaire est renvoyée à une autre session, qu'un nouveau tirage ait lieu. L'accusé ne peut pas réclamer, comme lui étant acquis, le jury tiré à la session précédente.

1247. — Que faut-il décider si l'affaire est, du consentement des parties, renvoyée à un autre jour de la même session ? La formation d'un nouveau jury de jugement est-elle alors nécessaire ? La solution dépend de la volonté des parties : si le ministère public, l'accusé sont d'accord pour conserver le même jury, son maintien peut être ordonné. — Cass., 8 févr. 1849, Truphème, [*Bull. crim.*, n. 30] — Sic, Nouguier, n. 1430.

1248. — Mais à défaut du consentement des parties, il est nécessaire de procéder à un nouveau tirage. — Cass., 15 juin 1827, [P. chr.] — C'est du reste ce qui a lieu le plus souvent et cette manière d'opérer est préférable.

1249. — Jugé, spécialement, que la formation du tableau du jury et les débats qui l'ont suivie sont indivisibles, en telle sorte que les débats ne peuvent être annulés sans que le tableau du jury le soit également. En conséquence, lorsque la cour d'assises a annulé les débats et ordonné qu'ils recommenceront à un jour fixé, à partir de la lecture de l'acte d'accusation, il est nécessaire, à peine de nullité, de procéder, au jour indiqué, à une nouvelle formation du tableau du jury. — Cass., 6 août 1835, Dehors, [S. 35.1.859, P. chr.]

1250. — L'accusé qui, en cas d'annulation du tirage du jury prononcée au cours des débats, consent à ce que l'affaire soit fixée à un autre jour de la même session, ne peut invoquer, comme une cause de nullité, la simple possibilité de communication entre les nouveaux jurés et ceux qui avaient été appelés à siéger dans l'affaire, lors des débats annulés. — Cass., 20 mars 1879, précité.

1251. — Mais lorsque, faute par les témoins de s'être présentés devant la cour d'assises, à l'audience indiquée, la cause a été remise à un autre jour de la même session, puis, que les témoins s'étant présentés à la fin de l'audience, il a été procédé immédiatement au jugement, il n'est pas nécessaire de procéder à la formation d'un nouveau tableau du jury. On ne peut pas dire alors qu'il y ait eu renvoi puisque l'affaire se trouve jugée au jour qui lui avait été assigné sur le rôle. — Cass., 29 août 1811, Rousseau, [P. chr.]

Section III.

Procès-verbal de la formation du tableau du jury de jugement.

1252. — On ne trouve, dans le Code d'instruction criminelle, aucune disposition spéciale prescrivant de dresser procès-verbal du tirage du jury de jugement ; il y a donc lieu de recourir, pour cette opération, à la prescription générale de l'art. 372, aux termes de laquelle « le greffier dressera un procès-verbal de la séance, à l'effet de constater que les formalités prescrites ont été observées ». Cet article ne semble, il est vrai, se référer qu'à la séance où a été prononcé le jugement ; mais on est d'accord pour l'étendre à toutes les séances qui ont été consacrées à l'examen, par conséquent, à celle où le jury appelé à statuer sur l'affaire a été constitué conformément aux art. 266 et 399. — Cass., 11 juin 1835 (motifs), Corvoisier, [S. 35.1.853, P. chr.] — V. aussi Cass., 24 sept. 1840, Bertrand, [P. 41.1.91] — *Sic*, Cubain, *Procéd. des cours d'ass.*, n. 223 ; F. Hélie, *Instr. crim.*, t. 7, n. 3251 ; Nouguier, *Cours d'ass.*, t. 2, n. 1432.

§ 1. Forme du procès-verbal.

1253. — L'art. 372, C. instr. crim., qui défend de faire imprimer à l'avance le procès-verbal des séances de la cour d'assises (V. *infrà*, n. 4864 et s.), ne s'applique point au procès-verbal qui constate le tirage au sort des jurés. Dès lors, il ne peut résulter aucune nullité de ce que la formule de ce dernier procès-verbal aurait été imprimée. — Cass., 6 juill. 1832, Rivot, [S. 33.1.251, P. chr.] ; — 10 oct. 1832, Amidé, [S. 33.1.239, P. chr.] ; — 5 févr. 1835, Déjean et Gourdon, [P. chr.] ; — 26 janv. 1837, Rupp, [P. 40.2.100] ; — 13 juill. 1837, Piet, [S. 39.1.395, P. 39.2.313] ; — 10 août 1837, Goupil, [P. 39.2.356] ; — 15 mars 1838, Guérillon et Chassang, [P. 38.2.497] ; — 16 janv. 1840, Barthélemy, [P. 43.1.599] ; — 2 janv. 1841, Bussière, [S. 41.1.538, P. 44.1.346] ; — 18 sept. 1845, Courtat, [P. 46.1.657] ; — 27 nov. 1845, Hirsch, [P. 46.1.565] ; — 22 janv. 1846, Dupuis, [P. 49.1.610, D. 46.4.131] ; — 14 sept. 1854, Horrut, [P. 55.1.593] ; — 19 juill. 1872, Leblanc, [D. 72.1.479] ; — 12 juin 1873, Rossat-Mignot, [*Bull. crim.*, n. 158] ; — 18 nov. 1875, Froidure, [*Bull. crim.*, n. 321] ; — 14 nov. 1880, Lenoir et Bédut, [*Bull. crim.*, n. 336] ; — 6 juill. 1894, Valery et autres, [*Bull. crim.*, n. 180]

1254. — Il est bien entendu que les parties imprimées ne peuvent concerner que les formules banales et communes à toutes les affaires. Les indications essentielles et spéciales à chaque affaire doivent être manuscrites. — Cass., 18 nov. 1875, précité ; — 14 nov. 1889, précité ; — 6 juill. 1894, précité.

1255. — Jugé, spécialement, qu'il ne peut résulter une nullité de ce que le procès-verbal de la formation du tableau du jury aurait été écrit à l'avance. — Cass., 24 déc. 1840, Bussière, [P. 41.2.130]

1256. — Le procès-verbal constatant la formation du jury de jugement peut être un acte séparé et distinct du procès-verbal des débats. Il en serait ainsi même s'ils étaient tous deux compris sur la même feuille. — Cass., 22 janv. 1846, précité.

1257. — Mais cette séparation n'est exigée par aucun texte de loi : aussi est-il admis que les deux procès-verbaux du tirage du jury et des débats peuvent être réunis dans un seul et même contexte. — Cass., 13 août 1835, Lancery, [S. 36.1.148, P. chr.] ; — 26 févr. 1846, Doléance, [S. 46.1.254, P. 46.2.702, D. 46.1.132] ; — 19 juill. 1872, précité.

1258. — Le procès-verbal de la formation du jury doit être daté à peine de nullité. — Cass., 13 fruct. an XIII, Esclapon, [S. et P. chr.] — La loi n'a pas exprimé la nécessité que ce procès-verbal fût daté ; mais l'importance des formalités qu'il a pour objet de constater rend la date substantielle. Ainsi la loi veut, à peine de nullité, que la liste des jurés soit notifiée à l'accusé la veille du jour déterminé pour la formation du tableau (V. *supra*, n. 482 et s.). La date est indispensable dans le procès-verbal pour justifier que le tableau n'a pas été formé le jour même de la notification de la liste. L'opinion contraire priverait l'accusé d'une importante garantie et permettrait de violer impunément la loi.

1259. — Cependant l'erreur sur la date du procès-verbal du tirage du jury de jugement ne peut entraîner la nullité lorsqu'elle est rectifiée par celle donnée au procès-verbal des débats, à la déclaration du jury et à l'arrêt de condamnation. — Cass., 17 déc. 1857, Vaugru, [D. 58.1.137] ; — 21 nov. 1872, Bertheau et Prévost, [*Bull. crim.*, n. 279]

1260. — Il en est surtout ainsi quand le procès-verbal des débats énonce que le tirage du jury a eu lieu le jour même de l'ouverture des débats. — Cass., 2 sept. 1875 (motifs), Si-ben-Ali-ould-si-l'Habid-ben-Mansour, [*Bull. crim.*, n. 289]

1261. — La date du procès-verbal du tirage du jury, incomplète par l'omission d'une partie du millésime, est également suppléée par les énonciations du corps de cet acte ou du procès-verbal des débats inséré sur la même feuille, à la suite. — Cass, 5 déc. 1867, Farneau, [D. 69.5.101]

1262. — De même, la date du procès-verbal du tirage du jury, bien qu'elle soit incomplète en ce qu'elle ne donne pas l'indication du mois, n'entraîne pas nullité lorsque la date réelle peut être rétablie d'une façon certaine d'après les autres mentions du procès-verbal. — Cass., 18 févr. 1886, Thérard, [*Bull. crim.*, n. 60]

1263. — La disposition de l'art. 372, C. instr. crim., qui prescrit la signature par le président et par le greffier du procès-verbal des séances de la cour d'assises (V. *infrà*, n. 4875 et s.), comprend virtuellement et nécessairement le procès-verbal de la formation du jury. — Cass., 12 janv. 1871, Bellevue, [S. 72.1.197, P. 72.443, D. 71.1.173] ; — 10 juill. 1873, Letourneur, [*Bull. crim.*, n. 190] ; — 10 juill. 1873, Gilles, [*Bull. crim.*, n. 191] ; — 6 sept. 1888, Gounot, [*Bull. crim.*, n. 288] — V. Cubain, *Procéd. des cours d'assises*, n. 223 ; F. Hélie, *Instr. crim.*, t. 7, n. 3251 ; Nouguier, n. 1432.

1264. — En conséquence, il est nul s'il a été signé seulement par le président de la cour d'assises, et non par le greffier dont il mentionne la présence. — Cass., 11 juin 1835, Corvoisier, [S. 35.1.853, P. chr.] ; — 24 sept. 1840, Bertrand, [P. 41.1.94] ; — 14 mai 1847, Boisset, [P. 47.2.512] ; — 8 févr. 1872, Laporte et Gerger, [*Bull. crim.*, n. 31] ; — 17 févr. 1872, Sanna-Raphaël, [*Bull. crim.*, n. 76] ; — 27 avr. 1876, Beguery et autres, [S. 76.1.484, P. 76.1210, D. 77.1.510] ; — 6 janv. 1882, Dupraz, [*Bull. crim.*, n. 6] ; — 3 juill. 1884, Abdel-Kader-ben-Moktar, [*Bull. crim.*, n. 224] ; — 6 sept. 1888, précité ; — 9 avr. 1891, Mohersing, [*Bull. crim.*, n. 78]

1265. — Il est également nul s'il a été signé seulement par le greffier. En l'absence de la signature du président que la loi charge spécialement de diriger et de surveiller l'opération du tirage, la signature du greffier, à qui est confiée la rédaction, ne peut donner au procès-verbal l'authenticité exigée par la loi. — Cass., 7 févr. 1852 (3 arrêts) : 1° Gruzel ; 2° Mourges ; 3° Fouyer, [S. 52.1.593, P. 53.1.316, D. 52.5.163] ; — 12 juill. 1866, Laurent, [D. 66.5.410] ; — 31 juill. 1890, Caumontat, [*Bull. crim.*, n. 164]

1266. — Il y a nullité si le tirage a été fait par un magistrat

autre que celui qui a signé le procès-verbal. — Cass., 27 mars 1845, Aubert, [P. 46.1.160]

1267. — Le défaut de signature du président provient dans ce cas de la négligence du greffier et constitue de la part du greffier une faute grave qui doit faire mettre à sa charge les frais de la procédure à recommencer. — Cass., 27 mars 1845, précité ; — 12 juill. 1866, précité.

1268. — Il y a également nullité lorsque le procès-verbal constate l'assistance d'un commis-greffier autre que celui qui l'a signé. — Cass., 28 janv. 1847, Lagognez, P. 47.1.572, D. 47.4.130]

1269. — Mais l'accusé ne peut se faire un moyen de nullité de ce que le procès-verbal de la formation du tableau du jury a été signé par un commis-greffier et la déclaration du jury par le greffier en chef, s'il est certain que chacun de ces deux fonctionnaires a tenu la plume lors de l'opération dont il a signé le procès-verbal. — Cass., 5 janv. 1832, Lecomte, [P. chr.]

1270. — Lorsque le procès-verbal du tirage du jury et le procès-verbal des débats ont été rédigés à la suite l'un de l'autre et réunis sur la même feuille, est-il nécessaire que chacun porte les signatures du président et du greffier ? La jurisprudence de la Cour de cassation a résolu cette difficulté par la distinction suivante : si les deux procès-verbaux bien que transcrits sur la même feuille forment deux actes distincts et séparés, les signatures devront être apposées à la suite de chacun d'eux ; si, au contraire, ils ne font réellement qu'un seul acte, il suffira d'apposer, à la fin de cet acte, les signatures du président et du greffier.

1271. — Ainsi, lorsqu'un procès-verbal spécial et distinct de celui des débats de la cour d'assises constate le tirage au sort du jury dans la chambre du conseil, lorsque chacun de ces actes a un intitulé qui lui est propre, que celui du tirage au sort est terminé par cette formule : *Et à le président signé avec le greffier*, il y a nullité lorsque ce procès-verbal ne porte pas la signature du greffier. Peu importe qu'à la suite et sur la même feuille se trouve le procès-verbal des débats portant la signature du greffier. — Cass., 24 sept. 1840, précité.

1272. — Au contraire, lorsque le procès-verbal du tirage du jury fait corps et présente unité de contexte avec celui des débats, il suffit que les signatures du président et du greffier soient apposées à la suite de ce procès-verbal unique. — Cass., 13 août 1835, précité ; — 31 mars 1842, Aldigé, [*Bull. crim.*, n. 75] ; — 6 févr. 1851, Poulard, [*Bull. crim.*, n. 50] ; — 2 janv. 1874, Taurisson, [*Bull. crim.*, n. 4]

1273. — Une autre difficulté s'est présentée dans un cas tout à fait particulier : le président des assises était mort avant d'avoir signé le procès-verbal de la formation du jury. Pouvait-on alors recourir à la procédure tracée par l'art. 38, Décr. 30 mars 1808, et faire désigner par la première chambre de la cour d'appel l'un des assesseurs en l'autorisant à signer à la place du président ? C'est ce qu'avait fait la cour d'Aix. — Aix, 6 juill. 1864, Martin et autres, [S. 64.2.222, P. 64.1113, D. 64.5.84] — Mais cette manière de procéder a été condamnée par la Cour de cassation qui juge d'une façon constante qu'à la différence du procès-verbal des débats, le procès-verbal du tirage au sort ne peut, lorsque le président se trouve dans l'impossibilité de signer, être signé par un ancien assesseur désigné dans les conditions déterminées par le décret du 30 mars 1808. Le président peut seul certifier d'une manière authentique la formation légale du jury. Rien ne peut suppléer la signature du président auquel l'opération du tirage au sort est exclusivement et personnellement confiée. — Cass., 7 févr. 1852 (3 arrêts) précités ; — 12 janv. 1871, Bellevue, [S. 72.1.197, P. 72.443, D. 71.1.173] ; — 16 déc. 1880, Feippel, [*Bull. crim.*, n. 234]

1274. — Et il n'importerait pas même que les assesseurs eussent assisté au tirage du jury, leur présence, purement de fait et non de droit, dans une opération que le président seul est chargé d'exécuter, ne pouvant leur donner aucune qualité pour la surveiller et, par suite, pour la constater. — Cass., 12 janv. 1871, précité. — V. *supra*, n. 1094 et s.

1275. — En conséquence, si le procès-verbal du tirage du jury et le procès-verbal des débats sont réunis dans un même contexte, la signature donnée par le juge le plus ancien à la place du président n'est valable que pour ce dernier acte. — Cass., 7 févr. 1852 (3 arrêts), Gruzel, Mourgues, Fouyer, [S. 52.1.593, P. 52.1.316, D. 52.5.163] ; — 12 janv. 1871, précité. — V. Cubain, *Proc. des cours d'ass.*, n. 779. — V. toutefois, Nouguier, t. 2, n. 1466 ; F. Hélie, t. 7, n. 3251, et t. 8, n. 3844.

1276. — La doctrine de la Cour de cassation prête beaucoup à la controverse. On ne saurait méconnaître, cependant, qu'elle ne trouve un point d'appui très-fort dans les art. 266 et 399, C. instr. crim., dont le premier désigne uniquement le président de la cour d'assises pour la convocation des jurés et leur tirage au sort, et le second porte que l'appel des jurés sera fait avant l'ouverture de l'audience; d'où la Cour suprême a pu conclure, avec quelqu'apparence de raison, et a jugé par de nombreux arrêts, que le tirage au sort du jury de jugement par le président des assises seul, sans l'assistance des assesseurs, était régulier. — V. suprà, n. 1097. — Et l'on comprend, dans ce système, consacré formellement par la Cour suprême, que l'on ait attribué au président seul le pouvoir de certifier par sa signature la régularité d'une opération, dont on le considérait comme chargé exclusivement.

1277. — Mais, d'autre part, la cour décidant aujourd'hui que c'est à la cour d'assises, et non à son président, qu'il appartient de résoudre les points contentieux sur lesquels les parties se trouvent divisées à l'occasion de la formation du tableau du jury (V. suprà, n. 1099), on éprouve quelque embarras à concilier le droit du président de procéder seul et sans l'assistance de la cour, à l'opération du tirage du jury, avec le devoir pour la cour de prononcer sur des difficultés qui se sont produites hors sa présence. Il y a là évidemment quelque chose d'anormal, bien fait pour éveiller le doute, et qui nous paraît, en tout cas, contredire notablement la doctrine consacrée par la jurisprudence, doctrine que repousse, d'ailleurs, la presque unanimité des criminalistes (V. notamment Carnot, Instr. crim., art. 399, n. 1; Legraverend, Législ. crim., t. 2, p. 166; F. Hélie, Tr. instr. crim., t. 7, n. 3237, 3238; Cubain, Proc. des cours d'ass., n. 203. — V. en sens contraire, Nouguier, Cours d'ass., t. 2, n. 1408, 1409, et t. 14, n. 3987). Si l'intervention de la cour pour statuer sur les difficultés nées du tirage du jury de jugement est nécessaire, on devra, en effet, reconnaître que sa présence, ou plutôt sa coopération, est, non pas seulement officieuse, mais légale, et, dès lors, il n'y aura plus de motifs sérieux pour refuser au plus ancien des assesseurs le pouvoir de constater, à la place du président, la régularité de l'opération du tirage du jury, dans le cas du moins où on le lui reconnaît à l'égard du procès-verbal des débats.

1278. — En règle générale, les surcharges, interlignes, ratures et renvois contenus dans le procès-verbal du tirage au sort du jury, doivent être approuvés par le président des assises et par le greffier. — Cass., 5 janv. 1882, Pierre, dit Frappier, [Bull. crim., n. 2]

1279. — Si non, ils sont réputés non avenus (C. instr. crim., art. 78). — Cass., 11 août 1853, Zurcher, [D. 53.5.124]; — 22 juin 1882, Quintana y Lacamara, [Bull. crim., n. 148]

1280. — Le défaut d'approbation d'une surcharge ne saurait entraîner la nullité de l'acte qui la contient, lorsque cet acte constate l'observation de toutes les formalités qui sont essentielles ou prescrites par la loi à peine de nullité, et spécialement quand la surcharge ne porte que sur trois lettres indifférentes et n'est que la réparation d'une erreur matérielle évidente. — Cass., 5 janv. 1882, précité.

1281. — Mais l'existence, dans le procès-verbal, de surcharges non approuvées, portant sur les noms et prénoms de jurés, entraîne la nullité de ce procès-verbal et des débats qui ont suivi. Les mots surchargés, sans approbation, devant être considérés comme non avenus, et il en résulte que le jury, appelé à connaître de l'affaire, n'a pas été régulièrement constitué. — Cass., 5 oct. 1876, Turcan, [S. 77.1.282, P. 77.694, D. 78.1.47]; — 22 juin 1882, précité.

1282. — Il y a lieu, en pareil cas, pour la Cour de cassation, de prononcer contre le greffier qui a rédigé le procès-verbal l'amende de 50 fr., édictée par l'art. 77, C. instr. crim. — Cass., 22 juin 1882, précité.

§ 2. Contenu du procès-verbal du tirage du jury de jugement.

1283. — Le procès-verbal doit constater l'accomplissement de toutes les opérations essentielles au tirage du jury de jugement.

1284. — Toute formalité, non mentionnée au procès-verbal, est réputée n'avoir pas été accomplie. Si l'omission porte sur une formalité substantielle, elle entraînera la nullité du procès-verbal et des débats qui auront suivi.

1° Mentions nécessaires.

1285. — Le procès-verbal doit, à peine de nullité, constater la présence du président, du procureur général, du greffier et de l'accusé.

1286. — Pour le président, le procureur général et le greffier, il n'est pas nécessaire d'indiquer le nom des personnes qui remplissent ces fonctions. L'indication de la fonction suffit.

1287. — Ainsi la mention au procès-verbal que le tirage au sort du jury a eu lieu en présence du ministère public est suffisante, sans qu'il soit nécessaire d'énoncer le nom et le titre personnel du magistrat du parquet. — Cass., 27 déc. 1884, Marchesseau, [Bull. crim., n. 355]

1288. — Il en est autrement pour l'accusé; celui-ci doit, nécessairement, être désigné par ses nom et prénoms.

1289. — Lorsqu'un interprète a été donné à l'accusé (V. suprà, n. 1115 et s.), le procès-verbal doit, à peine de nullité, constater sa présence pendant les opérations de la formation du tableau du jury de jugement, et il doit aussi, sous la même sanction, indiquer ses nom, prénoms et profession. Ces mentions sont nécessaires pour permettre de vérifier si l'interprète n'a pas été pris parmi les personnes frappées d'incapacité par l'art. 332, C. instr. crim. — Cass., 21 janv. 1858, Autheville, [Bull. crim., n. 13]

1290. — Si, pendant le tirage du jury, il surgit un incident contentieux rendant nécessaire l'intervention de la cour, le procès-verbal devra également constater la présence des assesseurs. — V. suprà, n. 1099.

1291. — Le greffier doit avoir soin de mentionner au procès-verbal l'appel des jurés et le dépôt de leurs noms dans l'urne. Cette double constatation est prescrite à peine de nullité.

1292. — La loi n'exige pas un mode particulier de constatation pour cet appel; elle le répute, dès lors, comme ayant été régulièrement et complètement accompli par cela seul qu'il est mentionné au procès-verbal. — Cass., 18 nov. 1852, [Bull. crim., n. 252]

1293. — Le procès-verbal doit aussi, à peine de nullité, énoncer le nombre des jurés présents et nous avons vu que ce nombre ne peut pas être inférieur à trente.

1294. — Il y a donc nullité si le procès-verbal constate la présence de vingt-neuf jurés seulement. — Cass., 1er févr. 1855, Benoît, [Bull. crim., n. 28]

1295. — Mais il n'est pas nécessaire que le procès-verbal mentionne que les autres jurés titulaires, inscrits sur la liste de la session, avaient été légalement excusés ou dispensés. — Cass., 29 juin 1889, Aussel, [Bull. crim., n. 236]

1296. — L'expression légale de jurés titulaires peut être valablement remplacée par celle de jurés ordinaires dans le procès-verbal qui constate l'appel des jurés, s'il est constant d'ailleurs que cette dernière qualification a eu pour objet de désigner les jurés faisant partie de la liste des trente-six, par opposition avec les jurés suppléants. — Cass., 6 sept. 1849, Lerouge, [P. 50. 2.384]

1297. — Lorsque le procès-verbal mentionne la présence de trente jurés titulaires ou plus, il est inutile qu'il indique celle des jurés supplémentaires. — Cass., 26 févr. 1874, Moulin et autres, [Bull. crim., n. 62]

1298. — Il suffit que le procès-verbal du tirage du jury mentionne qu'il a été fait appel des jurés titulaires non excusés, ni dispensés, et des jurés supplémentaires indispensables pour compléter le nombre de trente, sans qu'il soit nécessaire d'en mentionner le nombre. — Cass., 4 juill. 1872, Courcol, [Bull. crim., n. 162]

1299. — Bien que, par suite d'une erreur matérielle, le procès-verbal de tirage au sort du jury constate que ce tirage a eu lieu sur le nombre de trente jurés, il résulte des arrêts de la cour que le nombre des jurés non excusés ni dispensés n'était que de vingt-neuf, c'est régulièrement et conformément aux prescriptions de la loi que le premier juré supplémentaire a été appelé. — Cass., 12 oct. 1849, Gérard, [P. 51.1.40]

1300. — Lorsque la cour a procédé à l'adjonction d'un ou de deux jurés suppléants, il doit en être fait mention au procès-verbal. Aucune formule spéciale n'est prescrite pour la constatation de cette adjonction. Ainsi, il a été jugé qu'il ne résulte pas de nullité de ce que deux suppléants ont été désignés dans le procès-verbal comme treizième et comme quatorzième juré, cette énonciation ne changeant pas leur caractère. — Cass., 23 déc. 1826, Heurteaux et Daguet, [S. et P. chr.]

1301. — Le procès-verbal doit aussi constater, à peine de nullité, que c'est par la voie du tirage au sort que le jury de jugement a été constitué. Le tirage au sort est de l'essence de l'institution du jury : il est donc nécessaire de mentionner que le président, après avoir agité l'urne, en a successivement retiré les bulletins des jurés appelés à composer le jury de jugement. — V. *suprà*, n. 1128 et s.

1302. — C'est sous la même sanction que le procès-verbal doit énoncer que le jury de jugement comprenait douze jurés. Il y aurait nullité, si des énonciations du procès-verbal il résultait que le jury de jugement se composait ou de treize jurés, ou seulement de onze.

1303. — Ainsi, lorsqu'il résulte du procès-verbal que les noms de treize jurés non récusés ont été tirés de l'urne, la composition du jury est illégale et nulle, encore bien que, pour réduire le nombre à douze, on ait retranché un nom, s'il est incertain sur lequel des treize a porté le retranchement. — Cass., 27 avr. 1815, Couranlin, [P. chr.]

1304. — De même, lorsque le procès-verbal du tirage constate que les noms des quatorze jurés non récusés sont sortis de l'urne, la formation du tableau est nulle, quoiqu'il soit établi que douze jurés seulement ont siégé, si le procès-verbal de la séance mentionne comme ayant rempli les fonctions de chef du jury, un juré dont le nom correspond à un numéro retranché du nombre des quatorze jurés désignés par le sort. — Cass., 17 juill. 1828, Rony, [P. chr.]

1305. — D'autre part, lorsque dans le procès-verbal de la formation du tableau du jury, contenant un cadre de douze numéros, auquel ce procès-verbal se réfère pour l'indication des membres du jury, onze seulement de ces numéros ont été remplis des noms et prénoms des jurés et que le douzième numéro est resté en blanc, le jury est réputé n'avoir été composé que de onze jurés, s'il ne se trouve dans le procès-verbal aucune autre énonciation qui établisse qu'ils étaient réellement au nombre de douze. Peu importe que la délibération indique qu'elle a été rendue à la majorité simple : cette majorité ayant pu se former de six voix contre cinq (C. instr. crim., art. 394). — Cass., 31 oct. 1822, Dautecourt, [S. et P. chr.] — *Sic*, Carnot, *C. instr. crim.*, art. 393, t. 3, p. 43, n. 1; Bourguignon, *Jurispr. crim.*, t. 2, p. 250, n. 2.

1306. — De même, lorsqu'il est constaté par le procès-verbal de la formation du jury que, sur la liste des trente, il n'a été tiré au sort que dix-neuf jurés et que ce nombre a été réduit à onze par suite de huit récusations exercées, il y a nullité des débats et de l'arrêt, bien que le procès-verbal de la séance constate la présence de douze jurés, au nombre desquels figure un individu dont le nom n'est point compris dans les dix-neuf jurés tirés au sort. — Cass., 23 mars 1815, Buretey, [S. et P. chr.]

1307. — Il y a nullité des débats et de l'arrêt de condamnation d'une cour d'assises, lorsque le nom du même juré étant mentionné deux fois dans le procès-verbal de tirage du jury de jugement et dans le procès-verbal des débats, il en résulte que la présence de onze jurés seulement est constatée. — Cass., 30 juill. 1831, Pascal, [P. chr.]; — 23 août 1832, Lisoire, [P. chr.]

1308. — De même, lorsqu'un nom qui ne figure qu'une fois sur la liste du jury notifiée à l'accusé se trouve porté deux fois sur la liste des douze jurés de jugement, l'erreur, quelle qu'en soit la cause, opère une nullité. — Cass., 17 août 1832, Arbogast, [P. chr.]; — 2 juin 1842, Bucheton, [P. 42.2.462]

1309. — Lorsque le procès-verbal du tirage du jury de jugement ne mentionne que onze noms, la nullité qui en frappe le verdict et les débats ne peut être couverte par l'énonciation que douze noms de jurés non récusés étaient sortis de l'urne. — Cass., 23 août 1866, Vidal, [D. 66.1.463]; — ni par les autres mentions de ce procès-verbal ou de celui des débats. — Cass., 22 janv. 1874, Mohamed-ben-Moussa, [*Bull. crim.*, n. 21]

1310. — Jugé de même qu'il y a nullité absolue, lorsque le procès-verbal constatant le tirage au sort du jury de jugement ne désigne que onze jurés au lieu du douzième; et il ne peut être suppléé à cette omission par l'énonciation du procès-verbal des débats, portant que les jurés qui ont pris part au jugement étaient au nombre de douze. Il est en effet impossible, par suite de cette omission, de vérifier si le juré qui en a été l'objet, était compris dans la liste du jury de la session, si

son nom a été notifié aux accusés et s'il remplissait les conditions d'idonéité requises par la loi. — Cass., 7 févr. 1878, Taïel-ben-Zouina, [S. 78.1.390, P. 78.955, D. 78.1.288]

1311. — Le greffier par la faute duquel cette omission a été commise doit être condamné aux frais de la procédure à recommencer. — Même arrêt.

1312. — Le procès-verbal du jury de jugement doit ensuite désigner par leurs noms les jurés que le sort a indiqués pour faire partie du tableau des douze, et des jurés suppléants qui ont pu être adjoints.

1313. — Le greffier doit apporter le plus grand soin à ne pas commettre d'erreur dans l'orthographe du nom des jurés.

1314. — Si, entre la désignation du nom des jurés sur la liste notifiée à l'accusé et celle portée sur le procès-verbal du tirage, il y a des différences, celles-ci auront-elles pour conséquence la nullité de la procédure? C'est là une question de fait se résolvant dans chaque affaire à l'aide de la distinction suivante : lorsque l'erreur ou l'inexactitude commise dans la désignation du nom du juré est telle dans le procès-verbal que l'identité du juré ainsi désigné soit douteuse et qu'il en résulte pour l'accusé une gêne dans l'exercice de son droit de récusation, alors la nullité devra être prononcée. Elle ne sera pas encourue, au contraire, si l'erreur est insignifiante.

1315. — Ainsi, il y a nullité, lorsque sur la liste des jurés de jugement s'en trouve un inscrit sous un nom qui ne figure pas sur la liste notifiée à l'accusé, alors d'ailleurs qu'on n'a pas recouru à l'appel des jurés de la liste supplémentaire. — Cass., 25 janv. 1883, Mourlaix, [*Bull. crim.*, n. 19]; — 1er avr. 1886, Duc, [*Bull. crim.*, n. 137]

1316. — De même, lorsque le procès-verbal du tirage au sort du jury de jugement désigne un des jurés tombés au sort sous le nom de Peyreau, nom qui ne figure pas sur la liste du jury de session où se trouvent le nom du sieur Perrault et celui d'un sieur Peyneau, l'incertitude qui en résulte sur l'identité du juré désigné par le sort emporte nullité comme ayant pu induire les accusés en erreur et entraver l'exercice de leur droit de récusation. — Cass., 19 janv. 1883, Simard, [*Bull. crim.*, n. 12]

1317. — Mais lorsque la différence dans l'orthographe du nom d'un juré sur la liste notifiée et sur le procès-verbal du tirage du jury de jugement est légère, il n'y a pas lieu d'en tenir compte si aucun autre juré de la session ne portait soit le même nom soit un nom analogue; il est, en effet, certain que, dans ce cas, à l'appel du nom de ce juré, l'inexactitude commise n'a pu faire naître aucun doute sur son identité et empêcher l'accusé d'exercer son droit de récusation en pleine connaissance de cause. — Cass., 2 janv. 1874, Taurisson, [*Bull. crim.*, n. 4]; — 7 févr. 1878, Kaddour-oul-Amar, [*Bull. crim.*, n. 35]

1318. — Ainsi, pas de nullité, si, dans le procès-verbal du tirage du jury de jugement, un juré tombé au sort est désigné comme s'appelant Paubrot, au lieu de Pautrot, Cass., 29 juin 1848, Meunier, [*Bull. crim.*, n. 189] — Tatoud, au lieu de Tatoul, Cass., 6 juin 1861, Ballagny, [*Bull. crim.*, n. 112] — Heriche, au lieu de Hechiche, Cass., 16 janv. 1879, Perrot, [*Bull. crim.*, n. 22] — Maigelé, au lieu de Naigelé, Cass., 21 août 1879, Thami-ould-Taïeb-ben-Tamin, [*Bull. crim.*, n. 163] — Bouvet, au lieu de Bouvet-Bouvet, Cass., 12 févr. 1880, Bastient, [*Bull. crim.*, n. 29]

1319. — Il importe peu qu'une même personne du même nom ait pu exister dans la même commune, dès qu'il est certain que cette personne ne figure sur la liste notifiée. — Cass., 12 févr. 1880, précité.

1320. — Le procès-verbal du tirage du jury de jugement ne doit pas nécessairement mentionner les prénoms, profession et domicile des jurés de jugement; ces indications ne sont pas exigées à peine de nullité; elles se trouvent sur la liste notifiée à l'accusé, qui, ainsi, a été mis à même d'exercer son droit de récusation. — Cass., 1er févr. 1839, Delavier, [P. 40.1.199]

1321. — Ainsi, lorsqu'il est constaté qu'avant la formation du tableau du jury de jugement, l'appel des jurés prescrit par l'art. 399, C. instr. crim., a eu lieu en présence de l'accusé, l'accomplissement de cette formalité substantielle implique nécessairement que chaque juré a été appelé et dénommé suivant les indications portées soit sur la liste des assises, soit sur la liste spéciale. Il en résulte que l'omission, dans le procès-verbal de tirage du jury de jugement, des prénoms, âge et domicile d'un juré qui a été désigné sous son nom patronymique, n'est pas une cause de nullité, l'accusé n'ayant pu être induit en erreur sur l'identité des jurés présents. — Cass., 3 avr. 1884, Guichard, [*Bull. crim.*, n. 126]

1322. — Il est un cas cependant où les prénoms doivent être ajoutés au nom patronymique, c'est celui où il y a deux ou plusieurs jurés portant le même nom, et où ces jurés, maintenus sur la liste de service, ont concouru ensemble à la formation du jury de jugement. — Cass., 11 août 1853, Zurcher, [D. 53.5. 124]; — 15 déc. 1853, Deguise, [*Bull. crim.*, n. 581]; — 17 mars 1854, Gilbert, [D. 54.5.210]

1323. — Mais, même quand deux jurés du même nom figurent sur la liste du jury de la session, la nécessité de compléter, par l'indication des prénoms, la désignation du juré sorti au tirage, cesse si l'un des deux jurés a été précédemment excusé, et si un seul a été maintenu sur la liste de service. L'appel fait avant le tirage du jury suffit pour mettre alors l'accusé en mesure d'exercer utilement son droit de récusation sur celui des deux jurés maintenus sur la liste et concourant seul au tirage. — Cass., 18 nov. 1859, Labouré, [D. 59.5.110]; — 10 avr. 1884, Campi, [*Bull. crim.*, n. 134]

1324. — Lorsque deux jurés portant le même nom et le même prénom figurent ensemble sur la liste de session et que l'un d'eux est sorti de l'urne, il y a nécessité, d'abord lors de la proclamation de son nom par le président, puis dans les énonciations du procès-verbal, de compléter la désignation de ce juré par l'indication de son âge, de sa profession et de son domicile. Il y aurait nullité si l'un de ces deux jurés venait à faire partie du jury de jugement, sans qu'aucune désignation spéciale ait éclairé l'accusé sur l'individualité de ce juré. Le concours de cette double circonstance (même nom et même prénom) laisse en effet subsister sur l'identité des deux jurés une incertitude qui a pu induire l'accusé en erreur et entraver l'exercice de son droit de récusation. — Cass., 6 juill. 1882, Peyre et Pierrard, [D. 83.1.184]

2° Jurés complémentaires.

1325. — Le procès-verbal doit constater que c'est par la voie du tirage au sort que les jurés complémentaires ont été désignés. Le silence du procès-verbal sur l'accomplissement de cette formalité substantielle entraînerait nullité. — V. *suprà*, n. 1020 et s.

3° Tirage au sort des jurés complémentaires.

1326. — Le procès-verbal doit constater que cette opération a eu lieu en audience publique. L'absence de constatation fait présumer l'omission de la formalité, et il y aurait dès lors nullité des débats. — Cass., 2 août 1832, Labrouche, [P. chr.] — V. *suprà*, n. 1034 et s.

1327. — Lorsque le procès-verbal constate en premier lieu l'opération du tirage au sort des jurés appelés pour compléter les trente, et postérieurement seulement la mention de l'ordre donné par le président d'ouvrir les portes au public, il résulte de cette teneur du procès-verbal que le tirage au sort n'a pas eu lieu publiquement. — Cass., 21 sept. 1837, Klein-Thilich, [P. 40.1.97]; — 12 oct. 1837, Reines, [P. 40.1.97]

1328. — Mais le procès-verbal qui constate que les jurés appelés à compléter la liste des trente ont été tirés au sort de la manière prescrite par l'art. 12, § 2 et 3, L. 2 mai 1827, contient une preuve suffisante que cet appel a eu lieu en audience publique. — Cass., 10 févr. 1832, Pierre Fanjaux, [P. chr.] — Il en serait de même aujourd'hui si le procès-verbal constatait que le tirage au sort a eu lieu conformément aux prescriptions de l'art. 19, § 1, L. 21 nov. 1872.

1329. — Il a même été jugé que le tirage est réputé avoir eu la publicité requise, lorsque le procès-verbal des débats constate qu'il a été fait conformément à la loi. — Cass., 18 sept. 1828, Guibert, [S. et P. chr.]; — 9 déc. 1869, Léau, [S. 70.1. 280, P. 70.688, D. 70.1.375] — *Sic*, Nouguier, n. 1310 et 1311; Le Sellyer, n. 334.

1330. — Le procès-verbal du tirage au sort du jury qui constate que « la formation du tableau du jury de jugement a eu lieu sur une liste composée de seize jurés, tant titulaires que supplémentaires, et de quatorze jurés complémentaires désignés par le sort en audience publique pour compléter le nombre de trente, en conformité de l'art. 393, C. instr. crim. », contient

une preuve suffisante que les prescriptions de la loi ont été accomplies, et notamment que les jurés complémentaires désignés par le sort en audience publique l'ont été par le président de la cour d'assises. — Cass., 25 janv. 1849, Moretti et Angeli, [P. 50.1 429]

1331. — Du reste, il n'est pas absolument nécessaire que le procès-verbal des débats constate que des jurés appelés pour compléter la liste de trente ont été régulièrement tirés au sort si d'autres procès-verbaux réguliers de la même cour d'assises établissent que ces jurés ont été pris dans la forme voulue par la loi. — Cass., 18 sept. 1828, Pitra, [S. et P. chr.]

1332. — Lorsque les jurés complémentaires figurent dans les affaires qui suivent celle pour laquelle ils ont été appelés, et que le procès-verbal garde le silence à cet égard, il y a présomption légale de la nécessité toujours subsistante de leur maintien. — Cass., 20 avr. 1837, Léoni, [P. 38.1.317]

4° Récusations.

1333. — Il est bon que le procès-verbal du tirage du jury de jugement indique que le président a donné l'avertissement relatif au droit de récusation et qu'il énonce le nombre des récusations opérées tant par l'accusé que par le ministère public.

1334. — Cependant, nous devons noter que la loi n'impose pas cette obligation au greffier et que l'omission de ces mentions ne saurait avoir aucune influence sur la procédure.

1335. — Ainsi, il a été jugé qu'il n'est point nécessaire, à peine de nullité, que le procès-verbal contenant le tableau du jury fasse mention expresse des récusations exercées tant par le ministère public que par les accusés, lorsque le procès-verbal des débats énonce lui-même que ce tableau a été formé par l'événement du tirage et des récusations exercées. — Cass., 3 sept. 1812, Billet, [P. chr.]; — 26 juin 1862, Miesch, [*Bull. crim.*, n. 157]

1336. — De même, il n'est pas nécessaire que le procès-verbal des débats énonce dans quel ordre il a été procédé aux récusations entre les accusés et le procureur général. — Cass., 31 mars 1836, Arrighi et Rossi, [P. chr.]

1337. — ... Ni qu'il mentionne quel est celui des accusés qui a exercé les récusations. — Cass., 3 mai 1834, Duponey, [S. 35.1.779, P. chr.]

1338. — L'énonciation au procès-verbal de tirage, que chaque récusation a été faite par les accusés, constate suffisamment qu'ils se sont concertés pour les faire. — Cass., 27 nov. 1834, Révoltés de la Grand'Anse (Martinique), [P. chr.]

1339. — Jugé enfin que les faits et circonstances non portés au procès-verbal, étant légalement présumés n'avoir pas existé, un condamné ne peut pas fonder son pourvoi sur l'allégation qu'il aurait été entravé dans son droit de récusation, et que la Cour de cassation ne peut ordonner un interlocutoire à cet égard (C. instr. crim., art. 372). — Cass., 24 avr. 1828, Nicolleau, [S. et P. chr.]

1340. — Le procès-verbal, régulier dans sa forme, fait foi jusqu'à inscription de faux. — Cass., 3 juin 1831, Bès, [P. chr.]

5° Mentions non prescrites à peine de nullité.

1341. — Il y a d'autres circonstances ou formalités dont la mention peut être faite au procès-verbal, mais n'est pas exigée à peine de nullité.

1342. — Ainsi le procès-verbal peut constater la présence du défenseur de l'accusé lors du tirage et de la récusation des jurés; mais cette mention n'est pas obligatoire. — Cass., 15 janv. 1835, Bourgeat, [P. chr.]

1343. — Il n'est pas nécessaire non plus, à peine de nullité, que le procès-verbal de la formation du jury de jugement, fasse mention de l'audience de la cour d'appel à laquelle a eu lieu publiquement le tirage au sort du jury de la session. — Cass., 31 janv. 1857, Aubert, [P. 58.131]

1344. — ... Ni qu'il mentionne que les trente jurés, parmi lesquels on en a tiré douze, faisaient tous ou non partie de la liste des trente-six. — Cass., 29 mars 1832, Thiault, [P. chr.]

1345. — Lorsque, parmi les jurés présents nécessaires pour la régularité du tirage, se trouvent des jurés supplémentaires ou complémentaires, il n'est pas nécessaire de constater au procès-verbal l'empêchement de ceux qui les précédaient; il y a présomption légale que ceux-ci étaient légalement dispensés. —

Cass., 7 oct. 1831, Lavrard, [*Bull. crim.*, n. 246]; — 12 oct. 1849, Gérard, [P. 51.1.40, D. 51.5.137]; — 8 déc. 1853, Bazille, [D. 53.5.125]; — 28 juill. 1853, Morel, [*Bull. crim.*, n. 267]; — 8 sept. 1859, Quettier, [D. 59.5.111]

1346. — Lorsque le procès-verbal de la formation du jury de jugement constate que le tirage a eu lieu sur trente jurés présents non excusés ni dispensés, il implique, sans qu'il soit besoin d'une déclaration expresse, que les jurés qui n'ont pas pris part au tirage étaient excusés ou dispensés. — Cass., 25 nov. 1837, Mayé, [P. 40.1.141]

1347. — Il n'est pas nécessaire d'insérer au procès-verbal les noms de tous les jurés présents qui ont concouru à la formation du jury de jugement. — Cass., 21 sept. 1848, Jean Gatineau, [P. 49.2.631]

1348. — Lorsque le procès-verbal énonce les noms de tous les jurés présents, il ne peut résulter aucune nullité de ce que la liste, ainsi insérée au procès-verbal du tirage, ne contient pas toutes les mentions de la copie signifiée à l'accusé, si le nom de famille et la résidence constatées au procès-verbal permettent à l'accusé d'exercer le contrôle indispensable pour son droit de récusation. — Cass., 5 juill. 1872, Renoux, [*Bull. crim.*, n. 164]

CHAPITRE VII.

DES ATTRIBUTIONS RESPECTIVES DU PRÉSIDENT
ET DE LA COUR D'ASSISES.

1349. — Nous avons précédemment indiqué que la cour d'assises se composait d'un président et de deux assesseurs ; nous devons maintenant faire connaître les pouvoirs respectifs du président seul, et du président réuni à ses assesseurs.

Section I.

Pouvoirs du président.

1350. — Le président est, avant l'ouverture de la session, investi de certaines attributions particulières ; ainsi il est chargé d'interroger les accusés, de confectionner le rôle, de procéder, quand il y a lieu, à une instruction supplémentaire, d'ordonner la jonction et la disjonction des procédures, de renvoyer l'affaire à une autre session. Nous avons déjà étudié ces différents pouvoirs. Il nous reste à parler de ceux dont le président est investi et peut user au cours des débats, après l'ouverture de l'audience.

1351. — Ces pouvoirs sont de trois ordres différents : le président a, en effet : 1° la police de l'audience ; 2° la direction des débats ; 3° enfin la loi lui confère un pouvoir discrétionnaire. Nous allons successivement examiner la nature et l'étendue de chacun de ces trois pouvoirs.

§ 1. *Pouvoir relatif à la police de l'audience.*

1352. — Le président des assises a la police de l'audience (C. instr. crim., art. 267).

1353. — C'est là un pouvoir commun à tous les magistrats qui, comme présidents, sont placés à la tête d'une juridiction. Le président des assises n'est, sous ce rapport, revêtu d'aucune attribution particulière. — V. *suprà*, v° *Audience* (police de l').

1354. — Rappelons seulement que l'expulsion ordonnée ou le dépôt pendant vingt-quatre heures dans la maison d'arrêt sont des mesures d'ordre, non susceptibles d'être attaquées par la voie du recours en cassation. — Cass., 25 oct. 1890, Jebag, [*Bull. crim.*, n. 208] — V. *suprà*, v° *Audience* (police de l'), n. 42.

1355. — Il a été décidé qu'une faute disciplinaire commise par un avocat à une audience d'un tribunal est compétemment jugée par ce tribunal si, après avoir entendu les réquisitions du ministère public et les explications de l'inculpé, il a joint l'incident au fond pour être statué sur le tout à une audience ultérieure. En statuant successivement et sans désemparer à cette audience sur l'instance principale et sur la faute disciplinaire, on ne peut dire que le tribunal ait séparé l'incident du fond, quel qu'ait été d'ailleurs l'ordre dans lequel ces deux décisions ont été prononcées. — Cass., 5 avr. 1889, Brillat-Savarin, [*Bull. crim.*, n. 146] — V. *suprà*, v° *Audience* (police de l'), n. 290.

1356. — Il n'y a pas violation du droit de la défense parce qu'un procès-verbal relatant l'incident, et signé du président et du greffier, aurait été rédigé hors de l'audience et de la présence de l'inculpé, si ce procès-verbal n'a que le caractère d'une note d'audience, et s'il ne résulte pas du jugement que le tribunal en ait fait état. — Même arrêt.

1357. — Nous avons vu *suprà*, v° *Audience* (police de l'), n. 158, qu'il appartient au tribunal de réprimer le délit de cris séditieux commis à son audience. Par application de cette règle, la Cour de cassation a décidé que si, en principe, le jury a seul compétence pour connaître du délit de cris séditieux proférés dans un lieu public, il en est autrement lorsque ce délit a été commis à l'audience d'une cour d'assises. Dans ce cas, il appartient à la cour de juger de suite cette infraction et d'appliquer sans désemparer la peine qu'elle entraîne. — Cass., 31 juill. 1891, Meunier, [D. 92.1.196]

1358. — Bien que l'art. 49, L. 29 juill. 1881, ne permette pas la détention préventive en matière de délit de presse, rien ne s'oppose à ce que celui qui commet un délit d'audience, par exemple, en proférant le cri séditieux de « Vive l'anarchie ! » soit mis en état d'arrestation et placé sous mandat de dépôt. « Dans le cas de délit commis à l'audience, dit la Cour de cassation, les art. 181, 504 et s., C. instr. crim., ont, dans l'intérêt de la dignité de la justice et en vue d'assurer le maintien du bon ordre, établi une procédure sommaire et ordonné une prompte répression : le droit de faire arrêter l'auteur du délit et de le placer sous mandat de dépôt est une conséquence nécessaire des dispositions desdits articles. Les règles tracées par la loi sur la presse, n'ayant pas été étendues aux délits d'audience, ne sauraient mettre obstacle à la détention préventive de l'auteur du délit ». — Même arrêt.

1359. — Enfin, il n'est pas nécessaire que l'arrêt intervenant en pareille matière constate qu'il ait été rendu à l'unanimité des voix. Les dispositions de l'art. 508, C. instr. crim., d'après lesquelles une majorité exceptionnelle est nécessaire pour entraîner la condamnation s'appliquent, en effet, uniquement au jugement par la Cour de cassation, les cours d'appel et les cours d'assises des crimes commis à leurs audiences ; mais il ne résulte d'aucun texte que ces dispositions aient été entendues au jugement des simples délits. — Même arrêt.

§ 2. *Pouvoir relatif à la direction des débats.*

1360. — Les art. 267 et 270, C. instr. crim., déterminent, au point de vue de la direction des débats, les pouvoirs du président des assises. L'art. 267 est ainsi conçu : « Le président sera de plus chargé personnellement de diriger les jurés dans l'exercice de leurs fonctions, de leur exposer l'affaire sur laquelle ils auront à délibérer, même de leur rappeler leur devoir, de présider à toute l'instruction et de déterminer l'ordre entre ceux qui demanderont à parler. »

1361. — A. Chargé de présider à toute l'instruction, le président doit prendre toutes les mesures ayant pour objet d'en faciliter et d'en régler la marche et de faire face aux différents incidents qui surviennent.

1362. — C'est en vertu de son droit de direction des débats que le président interpelle l'accusé pour constater son identité (C. instr. crim., art. 310) ; qu'il adresse au défenseur l'avertissement prescrit par l'art. 311 ; qu'il reçoit le serment des jurés (art. 312) ; ordonne la lecture de l'arrêt de renvoi et de l'acte d'accusation et en rappelle sommairement le contenu à l'accusé (art. 313 et 314) ; fait lire la liste des témoins et ordonne à ceux-ci de se retirer dans la chambre qui leur est réservée (art. 315 et 316) ; procède à l'interrogatoire de l'accusé, et, lorsqu'il y en a plusieurs, règle l'ordre dans lequel ils seront interrogés, soit séparément, soit en présence les uns des autres ; fait revenir successivement chaque témoin à l'audience, reçoit son serment et sa déposition (art. 317) ; fait prendre note par le greffier des variations qui pourraient exister entre la déposition d'un témoin et ses précédentes déclarations (art. 318) ; interpelle l'accusé sur la déposition du témoin et leur demande tous les éclaircissements qu'il croit nécessaires à la manifestation de la vérité (art. 319).

1363. — Il doit, dans le cours ou à la suite des dépositions, faire représenter à l'accusé et aux témoins les pièces de conviction (C. instr. crim., art. 329).

1364. — Il peut, avant, pendant et après l'audition d'un témoin, faire retirer l'accusé de l'auditoire, à la charge de l'instruire de ce qui s'est passé en son absence (C. instr. crim., art. 327).

1365. — C'est en vertu de ce même pouvoir que le président nomme un interprète.

1366. — ... Qu'il règle entre tous l'ordre de la parole ; ainsi jugé qu'il appartient au président de déterminer l'ordre dans lequel il doit être procédé aux débats, et par conséquent, de régler l'ordre des interrogatoires et des plaidoyers. — Cass., 4 sept. 1841, Tozzolli, [P. 44.1.725]

1367. — ... Qu'il suspend, clôture les débats, et en ordonne la réouverture, s'il y a lieu (art. 353) ; qu'il pose les questions résultant des débats ; qu'il donne l'ordre de faire garder les issues de la chambre des délibérations du jury (art. 343) ; qu'il signe la déclaration du jury (art. 349) ; qu'il prononce l'ordonnance d'acquittement (art. 358) ; qu'il interpelle l'accusé après les réquisitions du ministère public pour l'application de la peine (art. 363) ; qu'il prononce l'arrêt de condamnation (art. 369) ; et qu'il avertit l'accusé de la faculté qu'il a de se pourvoir en cassation (art. 374).

1368. — Ainsi il a été jugé que le président peut, en réglant l'ordre de la discussion, soumettre au débat un moyen de forme avant d'aborder le fond. — Cass., 26 juin 1851, Semac, [*Bull. crim.*, n. 249]

1369. — De même, il a caractère pour décider, sans le concours des autres juges, s'il y a lieu de faire expliquer des témoins sur la moralité d'un autre témoin. — Cass., 11 avr. 1817, Verdier, [P. chr.] — *Sic*, Carnot, *Instr. crim.*, t. 2, p. 503, n. 3.

1370. — En vertu de ses pouvoirs de police et de direction des débats, le président peut ordonner qu'une accusée ne gardera pas près d'elle un enfant qu'elle allaite et dont la présence pourrait troubler l'audience. — Cass., 11 août 1864, Gamot, [D. 65.5.102]

1371. — Lorsqu'un commissaire de police refuse d'indiquer, à la demande du défenseur, la provenance de certains renseignements en invoquant le secret professionnel, le président peut déclarer l'incident clos, alors qu'en l'absence de toutes conclusions, cet incident n'a pas de caractère contentieux. En prenant cette décision, le président ne fait qu'user du pouvoir qui lui appartient de diriger les débats. — Cass., 11 janv. 1884, Cyvoct, [D. 84.1.379]

1372. — B. L'art. 267 charge encore personnellement le président de « diriger les jurés dans l'exercice de leurs fonctions, de leur exposer l'affaire sur laquelle ils auront à délibérer, même de leur rappeler leur devoir. »

1373. — Ainsi le président peut provoquer les questions des jurés, notamment leur demander, avant la clôture des débats, s'ils désirent quelques nouveaux renseignements. — Cass., 23 mars 1882, Martinet et autres, [*Bull. crim.*, n. 84]

1374. — De même, bien qu'il doive s'abstenir de faire connaître aux jurés les conséquences pénales de leur déclaration, le président peut, si le défenseur les a induits en erreur en les entretenant de la gravité de la peine, rectifier ce qu'il y a d'erroné dans ces assertions. — Cass., 10 sept. 1835, Blard, [P. chr.] ; — 22 mars 1883, Menneguerre, [S. 83.1.392, P. 83.1.942, D. 83. 1.483]

1375. — Ainsi encore, le président peut signaler au jury les erreurs de droit qu'il impute à la défense et rectifier les doctrines inexactes. — Cass., 13 avr. 1837, Farcinet, [P. 38.1.321] ; — 23 juill. 1886, Lardeau, [D. 88.1.397]

1376. — Jugé, également, que le président des assises peut appeler l'attention du jury sur un renseignement qui lui paraît de nature à éclairer la moralité de l'accusé, alors même que ce renseignement serait pris en dehors de l'accusation. — Cass., 21 nov. 1844, Sauvé, [P. 45.2.288]

1377. — ... Qu'il peut même adresser au défenseur une observation dans le but d'appeler son attention sur un argument de l'accusation auquel il n'avait pas répondu. — Cass., 26 avr. 1883, Bou-Abdallah-ben-Ghobrini, [*Bull. crim.*, n. 105]

1378. — C. L'art. 270 donne au président, comme corollaire de son droit de diriger les débats, un pouvoir très-important dont l'exercice demande beaucoup de circonspection et de réserve. Cet article dispose en effet que « le président devra rejeter tout ce qui tendrait à prolonger les débats sans donner lieu d'espérer plus de certitude dans les résultats. »

1379. — Ainsi, le président de la cour d'assises, investi du

pouvoir d'apprécier l'utilité et la convenance des questions que l'accusé veut adresser aux témoins, peut écarter celles qui ne pourraient pas conduire à la manifestation de la vérité. — Cass., 28 nov. 1844, Pezet, [P. 45.2.39] ; — 16 oct. 1850, Dubuc-Rouam, et autres, [*Bull. crim.*, n. 361]

1380. — Il peut refuser la réaudition de témoins déjà entendus. — Cass., 27 août 1852, Mornac, [*Bull. crim.*, n. 302]

1381. — Il peut interdire à la défense de lire deux décisions du jury rendues dans des affaires étrangères, quoique analogues à la cause. — Cass., 28 août 1829, Floriot, [S. et P. chr.]

1382. — Il peut également faire défense à l'inculpé de continuer la lecture d'un factum diffamatoire pour des tiers. — Cass., 26 oct. 1894, Legris, [*Bull. crim.*, n. 259]

1383. — Nous nous bornons à énumérer ici les diverses fonctions confiées au président pendant les débats : nous les étudierons en détail au fur et à mesure que nous les rencontrerons dans l'examen des différentes phases de l'audience.

§ 3. *Pouvoir discrétionnaire.*

1384. — Ce pouvoir trouve son origine dans l'art. 2, tit. 3, L. 16-29 sept. 1791. Les art. 276 et 277, C. 3 brum. an IV, ont reproduit ces dispositions. Enfin, les art. 268 et 269, C. instr. crim., réglementent le pouvoir discrétionnaire dans des termes à peu près identiques. L'art. 268 est ainsi conçu : « Le président est investi d'un pouvoir discrétionnaire en vertu duquel il pourra prendre sur lui tout ce qu'il croira utile pour découvrir la vérité ; et la loi charge son honneur et sa conscience d'employer tous ses efforts pour en favoriser la manifestation. »

1385. — Indépendamment de ses pouvoirs ordinaires, le président des assises est donc investi d'un pouvoir discrétionnaire, en vertu duquel il peut prendre sur lui tout ce qu'il croit utile pour découvrir la vérité. La loi ne met, pour ainsi dire, aucune borne à l'étendue et à l'exercice de ce pouvoir. Tout ce qui n'est point contraire ou à une disposition textuelle du Code, ou au système de la législation criminelle française, peut être régulièrement fait ou ordonné par le président, pourvu que cela tende au but que la loi a fixé, à le but vers lequel tous les efforts des magistrats doivent être dirigés, la découverte de la vérité. — Legraverend, t. 2, p. 178.

1386. — Ce pouvoir était indispensable pour pourvoir aux exigences de l'audience. Les débats publics ne sont pas, en effet, toujours la reproduction exacte de l'instruction écrite : des incidents imprévus peuvent surgir ; des révélations peuvent se produire et donner à l'affaire une physionomie nouvelle. Faudra-t-il, pour cela, renvoyer l'affaire à une autre session, afin de faire procéder, dans l'intervalle, à un complément d'information ? La loi ne l'a pas voulu. Elle a permis au président de procéder immédiatement à tous les actes d'instruction nécessaires, audition de nouveaux témoins, apport de nouvelles pièces, expertises et toutes autres vérifications nécessaires. Les lenteurs et les ajournements sont ainsi évités. C'est pour cela que le président a été investi d'un pouvoir discrétionnaire.

1° *Durée du pouvoir discrétionnaire.*

1387. — Le but même dans lequel ce pouvoir a été institué doit servir à en préciser la durée ; il a été établi pour parer aux nécessités imprévues de l'audience ; il ne doit donc s'exercer que pendant l'audience. Il commence et finit avec les débats. C'est ce que dit l'art. 269 : « Le président pourra, dans le cours des débats..... »

1388. — Le pouvoir discrétionnaire dont le président de la cour d'assises est investi par les art. 268 et 269, C. instr. crim., ne peut être exercé tant que les débats ne sont pas ouverts. Ainsi, lorsque, en matière de délit de la presse, et avant de statuer sur l'opposition d'un individu condamné par un précédent arrêt de la cour d'assises, il s'agit de savoir si l'opposant a présenté, dans les cinq jours de son opposition, la requête prescrite par l'art. 19, L. 26 mai 1819, pour obtenir fixation d'un jour d'audience, le président ne peut seul, et sans le concours des autres membres de la cour, ordonner, en vertu de son pouvoir discrétionnaire, que des témoins seront entendus sur le point de savoir si cette requête a été présentée en temps utile, et ensuite statuer lui-même sur la question de savoir si l'opposition est recevable. — Cass., 27 févr. 1834, Havard, [S. 34.1.441, P. chr.]

1389. — Cependant, aucune disposition de loi n'interdit au président de préparer, d'avance, l'exercice de son pouvoir discrétionnaire et de prendre, avant l'audience, les mesures nécessaires pour que ce pouvoir ne soit pas entravé. Ainsi, lorsqu'il juge utile de faire entendre aux débats une personne dont le nom n'a pas été porté sur la liste des témoins, il peut, la veille de l'audience, la faire citer pour le lendemain, afin d'être à même, s'il le juge convenable, de recevoir sa déclaration à l'audience. Peu importe que ce témoin n'ait fait sa déposition qu'à la troisième audience. — Cass., 14 juill. 1853, Grégoire, [D. 53. 5.443]; — 14 sept. 1882, Auriol, [*Bull. crim.*, n. 224]

1390. — Le pouvoir discrétionnaire peut s'exercer pendant tout le cours des débats; ainsi, naturellement, durant l'examen de l'accusé et l'audition des témoins.

1391. — Mais le président peut encore en faire usage après le réquisitoire du ministère public, et même après la plaidoirie du défenseur, c'est-à-dire jusqu'à la clôture des débats. — Cass., 1er févr. 1839, Delavier, [P. 40.1.199]

1392. — Ainsi, même après la plaidoirie du défenseur, le président peut faire entendre un témoin en vertu de son pouvoir discrétionnaire. — Cass., 14 oct. 1851, Rivière et autres, [D. 51.5.511]

1393. — Ainsi encore, le président de la cour d'assises peut, en vertu de son pouvoir discrétionnaire, autoriser, même après la réplique du ministère public, la lecture d'une pièce nouvelle et dont le défenseur de l'accusé n'a pas eu communication. — Cass., 2 avr. 1846, Boyaud, [P. 47.1.561, D. 46.4.128]

1394. — Mais il faut qu'en pareil cas l'accusé soit mis à même de s'expliquer sur l'élément nouveau de preuve produit ainsi tardivement aux débats.

1395. — Le pouvoir discrétionnaire ne peut s'exercer qu'à l'audience. Ainsi le président de la cour d'assises ne peut, à peine de nullité, procéder, lorsque les débats sont ouverts, à des actes d'instruction sans la présence de la cour, de l'accusé et du public. Spécialement il ne peut, dans l'intervalle de deux séances, interroger l'accusé dans son cabinet, ni ordonner qu'un écrit saisi sur lui sera remis à des experts. — Cass., 2 oct. 1845, Samson, [S. 46.1.126, P. 46.1.644, D. 46.4.108]

2° *Caractères du pouvoir discrétionnaire.*

1396. — Le pouvoir discrétionnaire est conféré par la loi au président des assises d'une manière exclusive; c'est à l'honneur et à la conscience du président *seul* qu'elle en confie la charge. Le président exerce ce pouvoir *sans contrôle* et *sans partage*. La cour d'assises ne peut jamais s'en saisir. Le pouvoir discrétionnaire est *personnel* et *incommunicable*. — F. Hélie, n. 3297; *Encyclop. du droit*, v° *Cour d'ass.*, n. 121; Nouguier, n. 2334 et s.; Trébutien, n. 581.

1397. — C'est un principe que la Cour de cassation a consacré dans les termes les plus formels. Elle a, en effet, décidé que « les pouvoirs conférés au président des assises sont distincts et séparés de ceux conférés aux cours d'assises elles-mêmes, qu'ils sont incommunicables puisque la loi en charge exclusivement l'honneur et la conscience du président des assises, qu'elle ne s'en remet qu'à sa discrétion et à sa prudence pour le cas où il peut être utile à la manifestation de la vérité de déroger, par la lecture des dépositions écrites de témoins décédés, à la règle du débat oral que forme la conviction du jury ». — Cass., 14 févr. 1835, Boignier et Moyne, [S. 35.1.289, P. chr.]

1398. — De nombreux arrêts ont maintenu ce principe. — Cass., 22 sept. 1831, Imbert, [S. 32.1.113, P. chr.]; — 30 déc. 1831 (2 arrêts), Tapiau et Milet, [S. 32.1.396, P. chr.]; — 19 avr. 1832, Milet, [S. 32.1.768, P. chr.]; — 28 juin 1832, Mérit, [S. 32.1.857, P. chr.]; — 24 déc. 1835, Durand et autres, [P. chr.]; — 16 janv. 1836, Rivière, [S. 36.1.224, P. chr.]; — 30 juill. 1836, Cottereau, [S. 36.1.928, P. 37.1.481]; — 27 avr. 1837, Vincent, [P. 38.1.445]; — 13 juin 1839, Brugères, [P. 43.1.353]; — 20 sept. 1845, Dusseaut et Jacquet, [S. 46.1.94, P. 45.2.728, D. 45.1.407]; — 23 févr. 1850, Thémar, [*Bull. crim.*, n. 73]; — 5 oct. 1850, Ristani, [P. 50.5.100]; — 5 avr. 1861, Bomard, [S. 61.1.744, P. 62.74, D. 61.1.237]; — 19 févr. 1880, Ba, [D. 80.1.436]; — 13 avr. 1888, Chatty, [S. 90.1.283, P. 90.1.684, D. 89.1.267] — Florence, 16 juin 1880, Tadiello, [S. 81.4.47, P. 81.2.79]

1399. — Il résulte de ce qui précède que la cour d'assises ne peut, lors même qu'elle en est requise, ordonner quelqu'une des mesures qui rentrent dans les attributions du pouvoir discrétionnaire; en le faisant, elle commettrait un empiétement, une usurpation sur les pouvoirs du président.

1400. — Cette usurpation de pouvoir ne serait pas même couverte par le consentement du président au partage de ses attributions. — Cass., 30 déc. 1831, précité; — 14 févr. 1835, précité.

1401. — Mais il n'y a pas, de la part de la cour, empiétement sur le pouvoir discrétionnaire du président lorsque, après avoir ordonné que les pièces à conviction irrégulièrement saisies seraient rejetées des débats, elle a, dans son arrêt incident, inséré la réserve suivante : « Sauf l'exercice du pouvoir discrétionnaire du président, pour y avoir recours, s'il y a lieu, à titre de renseignement ». Le président peut donc, postérieurement au prononcé de cet arrêt, en vertu de son pouvoir discrétionnaire faire régulièrement représenter ces pièces à conviction à l'accusé, au jury et aux témoins. La réserve dont il s'agit était évidemment surabondante, mais elle n'avait en elle-même rien qui pût affecter l'indépendance ou l'intégrité du pouvoir discrétionnaire. Elle ne pouvait donc avoir aucun effet irritant, alors surtout qu'il résultait des constatations du procès-verbal de l'audience qu'en ordonnant, en vertu de son pouvoir discrétionnaire, que les pièces à conviction rejetées des débats, comme ayant été irrégulièrement saisies, seraient, à titre de renseignement, représentées à l'accusé, aux témoins et au jury, le président avait usé de ce pouvoir, non pour obéir à une décision de la cour, mais comme d'un droit propre et dans les termes mêmes de la loi. — Cass., 13 avr. 1888, précité.

1402. — On ne saurait voir non plus un tel empiétement dans le fait par la cour d'avoir, après que le président a ordonné une mesure rentrant dans son pouvoir discrétionnaire (tel que le transport du jury et de la cour sur le lieu du délit), décidé, sur l'invitation du président lui-même, et en *tant que de besoin*, que cette mesure serait exécutée par elle. — Cass., 20 sept. 1845, précité.

1403. — D'ailleurs, il n'est pas interdit au président, avant de prendre une mesure en vertu de son pouvoir discrétionnaire, de consulter ses assesseurs et de s'éclairer de leurs avis. — Cass., 6 févr. 1840, Quénardel, [S. 40.1.654, P. 43.1.19]

1404. — Ainsi, il ne peut résulter aucune nullité de ce que la cour d'assises aurait, de l'agrément du président, délibéré sur l'opposition de l'accusé à l'audition d'un témoin appelé en vertu du pouvoir discrétionnaire. — Cass., 27 juill. 1820, Caron, [S. et P. chr.]

1405. — De même, le président des assises, en demandant aux jurés s'ils désirent qu'il appelle des témoins dont l'audition lui paraît à lui-même inutile, ne subordonne point par là l'exercice de son pouvoir à la réponse des jurés, et ne fait point préjuger leur opinion sur le fond de l'affaire. Dès lors, une telle demande de la part du président ne peut devenir une cause de nullité, ni donner ouverture à cassation. — Cass., 13 oct. 1832, Poncelet, [S. 32.1.730, P. chr.]

1406. — Bien que le pouvoir discrétionnaire soit personnel au président, rien ne s'oppose à ce que les parties sollicitent de lui l'exercice de ce pouvoir pour prendre telle ou telle mesure rentrant dans le cercle de ses attributions. La détermination du président n'en est pas moins libre, et le vœu de la loi est respecté puisque c'est le président seul qui ordonne la mesure, s'il la juge utile.

1407. — Ainsi peuvent demander au président d'user de son pouvoir discrétionnaire : 1° la partie plaignante, — Cass., 13 avr. 1837, Coste, [S. 37.1.1024, P. 37.2.619]; — 2° le ministère public, — Cass., 30 août 1844, Jérôme et Lenoble, [P. 45.1.392]; — et même un juré. — Cass., 5 févr. 1874, Bonniou et autres, [*Bull. crim.*, n. 38]

1408. — Mais si le ministère public et l'accusé peuvent solliciter du président l'exercice de son pouvoir discrétionnaire, ils n'ont pas, à cet égard, le droit de réquisition; dans les décisions qu'il prend en vertu de ce pouvoir, le président n'a aucun compte à rendre à qui que ce soit. — Cass., 16 janv. 1836, précité; — 17 août 1812, Dieudonné et Flandin, [S. et P. chr.]

1409. — Supposons cependant que le ministère public ait pris des réquisitions ou bien que l'accusé ait déposé des conclusions soit pour demander l'accomplissement d'une mesure rentrant dans les attributions du pouvoir discrétionnaire, soit pour s'opposer à l'accomplissement de ces mesures. Que devra faire la cour?

1410. — La Cour de cassation a d'abord pensé que, puisqu'il s'agissait là d'un acte du président placé par la loi au-dessus de tout contrôle, la cour d'assises pouvait considérer les réquisitions ou les conclusions comme non avenues et se dispenser de statuer. — Cass., 27 juin 1817, Galerneau, [S. et P. chr.]

1411. — Mais cette première jurisprudence n'a pas été suivie. Il résulte, en effet, d'arrêts postérieurs que, dans le cas où des réquisitions ou des conclusions sont prises par les parties à l'occasion d'un acte du pouvoir discrétionnaire, la cour d'assises doit intervenir et statuer par un arrêt. — Cass., 22 déc. 1842, Marignan, [P. 43.2.71]; — 5 févr. 1847, Marchèse, [P. 47. 2.420]; — 2 janv. 1851, Thyrault, [Bull. crim., n. 1]; — 29 juin 1854, Baylet, [Bull. crim., n. 207]; — 5 avr. 1861, Bonnard, [S. 61.1.744, P. 62.74, D. 61.1.237]

1412. — La cour cependant, qui ne peut pas revendiquer l'exercice du pouvoir discrétionnaire concurremment avec le président, ne peut pas davantage l'entraver ni en fixer les limites. Elle interviendra donc uniquement pour déclarer qu'à raison de la nature même de la mesure ordonnée ou refusée, elle n'a pas à s'immiscer dans l'exercice fait par le président de son pouvoir discrétionnaire; en d'autres termes, la cour doit se borner à donner acte de la demande, en déclarant son incompétence pour statuer. — Mêmes arrêts.

1413. — Notons en terminant que la cour ne doit ainsi statuer que lorsqu'elle est saisie par des réquisitions ou des conclusions formelles. Un arrêt ne serait pas nécessaire et la cour n'aurait pas à intervenir si le ministère public ou l'accusé se bornaient à protester, ou à demander acte du refus du président. — Cass., 27 juin 1828, Aubry, [P. chr.]; — 8 avr. 1843, Allary, [S. 43.1.619, P. 43.2.646]; — 16 oct. 1850, Dubuc-Rouam et autres, [Bull. crim., n. 361]; — 20 déc. 1860, Vincent, [Bull. crim., n. 292] — V. infra, n. 1504 et s.

1414. — Le pouvoir discrétionnaire est, sans doute, personnel au président; rien cependant ne s'oppose à ce que le président, après avoir ordonné une mesure, charge l'un de ses collègues de l'exécuter. Ainsi il a le droit de confier à l'un des assesseurs de cette cour le soin de recueillir toutes les déclarations qu'il juge utiles à la manifestation de la vérité, et le faire lever, d'après ces déclarations, un plan des lieux. — Cass., 24 janv. 1839, Muglioni, [P. 39.1.563]

3° Actes que peut faire le président en vertu de son pouvoir discrétionnaire.

1415. — Le pouvoir discrétionnaire est un pouvoir d'instruction; son but est de faciliter la découverte de la vérité. Pour cela, le président « pourra prendre sur lui tout ce qu'il croira utile » (C. instr. crim., art. 268). Ce pouvoir est donc aussi vaste que possible.

1416. — L'art. 269 indique deux mesures qui peuvent être ordonnées par le président :

1° L'audition de témoins non cités;

2° L'apport de toutes pièces nouvelles.

1417. — Ainsi le président peut faire apporter toutes les pièces qui lui paraîtraient, d'après les nouveaux développements donnés à l'audience, pouvoir répandre un jour utile sur le fait contesté. — Cass., 20 mai 1837, Denis et Robert, [P. 40.1.143]; — 8 janv. 1846, Brument et Foucaux, [P. 46.2.119]

1418. — Spécialement, il peut ordonner l'apport de l'extrait d'un registre fait et certifié par un juge de paix. — Cass., 16 nov. 1844, Perrin, [P. 45.2.66]

1419. — L'accusé peut, bien entendu, prendre connaissance de ces pièces et les discuter. —Cass., 20 mai 1837, précité.

1420. — Mais cette indication de l'art. 269 n'est que démonstrative; nous allons rencontrer, en effet, dans la jurisprudence de la Cour de cassation bien d'autres actes que le président peut faire en vertu de son pouvoir discrétionnaire.

1421. — Ainsi, il a été jugé que le président, en vertu de son pouvoir discrétionnaire, peut défendre aux accusés de communiquer entre eux dans l'intervalle d'une séance à l'autre, pendant le cours des débats. — Cass., 5 mars 1812, N..., [S. et P. chr.]

1422. — Il peut même être défendu aux accusés de communiquer avec leur conseil, dans l'intervalle d'une séance à l'autre. — Même arrêt.

1423. — Carnot (Instr. crim., sur l'art. 302, t. 2, p. 439, n. 2) fait remarquer, avec raison, que si le président peut être autorisé à interdire toute communication entre les accusés, c'est

aller bien loin que de priver un accusé de communiquer avec son conseil, malgré la disposition de l'art. 302, C. instr. crim., qui lui accorde ce droit sans aucune restriction. Il nous semble effectivement que la première proposition rentre dans le cercle du pouvoir discrétionnaire du président, et que la seconde est contraire à tous les principes d'humanité et de justice, ainsi qu'au texte même de la loi.

1424. — Le président peut ordonner telles expertises qu'il juge convenables. — Cass., 5 févr. 1819, Arnaud, [S. et P. chr.]; — 6 avr. 1837, Chanvinreau, [P. 40.2.58]; — 1er févr. 1839, Delavier, [P. 40.1.199]; — 4 sept. 1841, Tozzoli et autres, [P. 44.1.725]; — 4 juill. 1851, Agnel, [Bull. crim., n. 267]; — 1er sept. 1859, Lourse, [Bull. crim., n. 220]; — 4 juin 1864, Couty de la Pommerais, [Bull. crim., n. 144]; — 2 janv. 1868, Pourailly, [Bull. crim., n. 1]; — 24 janv. 1868, Mallet, [Bull. crim., n. 22]; — 15 févr. 1872, Duvernay, [Bull. crim., n. 40]; — 29 nov. 1872, Bournigal et Bénédit, [Bull. crim., n. 296]; — 31 déc. 1885, Barbier, [Bull. crim., n. 374]; — 14 sept. 1893, Hemerdinger et autres, [S. et P. 94.1.203]

1425. — Spécialement, il peut charger un expert, cité comme témoin, de procéder à une vérification à l'audience. — Cass., 3 juill. 1884, Thiébault, [Bull. crim., n. 222]

1426. — L'expert désigné par le président en vertu de son pouvoir discrétionnaire et entendu ensuite à l'audience n'est pas tenu, avant de procéder à la mission qui lui est confiée, de prêter le serment prévu par l'art. 44, C. instr. crim.; les personnes entendues en vertu du pouvoir discrétionnaire du président ne prêtent pas serment; leurs déclarations ne sont considérées que comme de simples renseignements. — Cass., 14 sept. 1893, précité.

1427. — Le président de la cour d'assises qui refuse d'admettre à une expertise qu'il a ordonnée les fondés de pouvoirs des accusés, agit dans les limites de son droit et du pouvoir discrétionnaire qui lui appartient. — Cass., 30 août 1844, Jérôme et Lenoble, [P. 45.1.392]

1428. — Le président peut encore faire placer sous la surveillance de la gendarmerie, au lieu de les faire mettre en arrestation, certains témoins dont les dépositions lui avaient paru suspectes. Cette mesure rentre dans l'exercice de son pouvoir discrétionnaire. — Cass., 30 mai 1818, Bastide et autres, [S. et P. chr.]; — 28 déc. 1838, Sicre et Amillis, [P. 39.2.643]; — 26 déc. 1879, Cholley, [S. 80.1.440, P. 80.1088] — Contra, Cubain, Proc. dev. les cours d'assises, n. 491; F. Hélie, Instr. crim., t. 7, n. 3571.

1429. — Cependant, dit Carnot (Instr. crim., sur l'art. 330, t. 2, p. 556, n. 2), une pareille mesure, qui doit tendre nécessairement à intimider le témoin, ne doit être employée qu'avec la plus grande circonspection, à raison des conséquences fâcheuses qui pourraient en résulter.

1430. — Le président de la cour d'assises peut, en vertu de son pouvoir discrétionnaire, faire remettre à chacun des jurés une copie de l'acte d'accusation. — Cass., 14 janv. 1848, Marice et Ve Thion, [S. 49.1.75, P. 49.1.599]; — 10 déc. 1857, Lemaire, [S. 58.1.164, P. 58.989, D. 58.1.95]; — 12 août 1858, Minder et Pascal, [P. 59.99, D. 58.5.106]

1431. — De même la distribution faite aux jurés, par ordre du président, d'un cahier imprimé contenant l'indication des chefs d'accusation, et, sur chaque chef, les circonstances aggravantes et des noms des accusés auxquels on les impute, est un acte qui rentre dans l'exercice du pouvoir discrétionnaire, et, par conséquent, n'est point une cause de nullité (C. instr. crim., art. 341). D'ailleurs elle ne saurait non plus en être une, puisque les indications dont il s'agit sont toutes dans l'acte d'accusation et dans les procès-verbaux qui doivent être remis aux jurés. — Cass., 2 févr. 1843, François, [S. 43.1.302, P. 43.2.74]

1432. — Le président peut également faire distribuer aux jurés un plan des lieux; peu importe que ce plan ait été dressé au cours de l'instruction écrite. — Cass., 10 janv. 1850, Vernejoul, [Bull. crim., n. 7]; — 30 janv. 1851, Gothland, [S. 51.1.72, P. 51.1.287, D. 51.1.47]; — 2 sept. 1852, Macaria, [D. 52.5.166]; — 27 déc. 1860, Didier, [D. 61.5.127]; — 20 mars 1873, Perrin, [Bull. crim., n. 74]

1433. — ... Ou postérieurement à l'arrêt de renvoi, alors d'ailleurs que le procès-verbal d'audience constate que cette communication n'a été faite qu'à titre de renseignement et que les accusés et leurs conseils n'y ont fait aucune opposition. — Cass., 26 juin 1879, Decelers, [S. 80.1.288, P. 80.655]

1434. — De même, l'accusé déclaré coupable ne peut se faire un moyen de cassation contre l'arrêt qui le condamne, de ce que le procureur général aurait communiqué aux jurés un plan des lieux dressé par lui-même, si cette communication n'a été faite qu'en vertu du pouvoir discrétionnaire du président, sur la déclaration faite par l'accusé et par son conseil qu'ils ne s'y opposaient pas, après avoir eux-mêmes pris connaissance du plan. — Cass., 22 juill. 1842, Lebreton, [P. 43.1.159]

1435. — Le président de la cour d'assises qui fait distribuer aux jurés, en même temps qu'aux défenseurs des accusés et au ministère public, dès le commencement des débats, un recueil autographié de lettres missives, la plupart écrites par l'accusé, et d'autres documents dont les originaux font partie de la procédure, alors que, dans ces pièces, ne figure aucune des dépositions des témoins entendus dans l'instruction, ni même aucun procès-verbal, ne viole ni le principe du débat oral, ni les droits de la défense, et ne fait qu'user des droits qui rentrent dans l'exercice de son pouvoir discrétionnaire. — Cass., 7 déc. 1888, Linka de Castillon, dit Prado, [S. 89.1.192, P. 89.1.433, D. 89. 1.47]

1436. — Le président peut, en vertu de son pouvoir discrétionnaire, saisir à l'audience et faire joindre à la procédure, après communication aux accusés, des lettres déposées par un témoin sur le bureau de la cour, pendant le débat oral. — Même arrêt.

1437. — ... Ou une pétition rédigée contre l'accusé et dont un témoin est porteur. — Cass., 5 avr. 1861, Bonnard, [S. 61. 1.744, P. 62.74, D. 61.1.237]

1438. — ... Ou, en matière de faux, se faire remettre par un témoin un billet attribué à l'accusé, mais que celui-ci dénie. — Cass., 2 avr. 1831, David, [P. chr.]

1439. — ... Ou ordonner le dépôt, entre les mains du greffier, de pièces produites à l'audience par l'accusé. — Cass., 1er oct. 1887, Lanet, [D. 57.1.454]

1440. — De même, le président, en vertu de son pouvoir discrétionnaire, peut faire représenter au jury, à l'accusé et aux témoins des objets ou écrits déposés comme pièces à conviction et que la cour d'assises avait, par un arrêt, rejetés des débats. — Cass., 13 avr. 1888, Chatty, [S. 90.1.285, P. 90.1.684, D. 89. 1.267]

1441. — Le président n'excède pas les bornes de son pouvoir discrétionnaire, en nommant l'auteur d'une lettre adressée au procureur du roi qui en avait donné lecture sans faire connaître de qui elle émanait, en ajoutant qu'il existe au dossier des preuves irrécusables de la vérité du contenu de cette lettre. — Cass., 29 juin 1833, Gerboin, [S. 33.1.570, P. chr.]

1442. — C'est encore en vertu de son pouvoir discrétionnaire que le président des assises peut ordonner le transport de la cour d'assises sur le lieu du crime. — Cass., 22 mai 1834, Guitard, [S. 34.1.588, P. chr.]; — 23 mars 1843, Montély, [S. 44. 1.256, P. 44.1.568]; — 20 sept. 1845, Dusseaunt et Jacquet, [S. 45.1.94, P. 45.2.728, D. 45.1.407]; — 3 oct. 1872, Brilliet, [Bull. crim., n. 246] — V. infrà, n. 5599 et s.

1443. — ... Ordonner que l'accusé sera, pendant une suspension d'audience, conduit en ville pour y faire une recherche utile à la défense, et l'y faire conduire par la gendarmerie. — Cass., 11 juin 1874, Giraud, [Bull. crim., n. 163] — (L'accusé y avait été emmené accompagné de son défenseur et du ministère public).

1444. — ... Refuser d'ordonner l'apport à l'audience du linge et des hardes dont l'accusé était couvert lors de son arrestation. — Cass., 29 juin 1854, Baylet, [Bull. crim., n. 207]

1445. — ... Faire entendre de nouveaux témoins, ... ordonner la lecture des pièces de la procédure, etc. — V., sur le pouvoir du président en pareil cas, infrà, n. 2473 et s.

1446. — Lorsque le président a ordonné une mesure en vertu de son pouvoir discrétionnaire, il reste maître, tant qu'il ne l'a pas exécuté, de revenir sur cette mesure; il peut la rétracter et l'abandonner complètement, ou la modifier et l'exécuter qu'en partie.

1447. — Jugé que le président n'est pas lié par une ordonnance qu'il aurait déjà rendue; il peut modifier ses décisions selon les circonstances qui lui paraissent exiger des mesures différentes. — Cass., 17 août 1821, Dieudonné et Flandin, [S. et P. chr.]

1448. — Le pouvoir discrétionnaire n'est pas sans limites. Quelque étendu qu'il soit, il doit s'arrêter là où il rencontre une prohibition de la loi. La Cour de cassation l'a formellement déclaré dans plusieurs arrêts. « Si, dit-elle, l'art. 268 investit les présidents des assises d'un pouvoir discrétionnaire pour découvrir la vérité, ce pouvoir n'est pas tel qu'il puisse être étendu jusqu'à les autoriser à faire ce qui est prohibé par la loi ». — Cass., 21 mai 1813, Mariette, [S. et P. chr.]; — 10 janv. 1824, Cérès, [S. et P. chr.]

1449. — Spécialement, le président de la cour d'assises excède ses pouvoirs en ordonnant que l'accusé sera extrait de la maison de justice où il a été écroué en vertu d'un arrêt de mise en accusation, et qu'il sera transféré sous la garde d'un gendarme dans un lieu éloigné de la prison, et que onze jours lui sont accordés pour faire, dans les bureaux de l'administration et dans tous autres lieux, les recherches qu'il croit utiles à l'intérêt de la défense. — Cass., 21 mai 1813, précité.

1450. — De même, le président ne peut autoriser un témoin à conférer secrètement avec le défenseur de l'accusé, avant de compléter et signer sa déposition qui était suspecte de faux témoignage. — Cass., 29 janv. 1841, Barthon de Montbas, [P. 42. 1.260]

1451. — Le pouvoir discrétionnaire s'arrête aussi là où la loi a donné à la cour d'assises le droit de statuer.

1452. — Ainsi, le président usurpe les pouvoirs de la cour d'assises en décidant, sans le concours des autres juges, qu'un témoin que l'accusé prétend n'avoir pas été suffisamment désigné sur la liste notifiée sera entendu, non sous la foi du serment, mais à titre de simple renseignement. — Cass., 9 déc. 1830, Ladès, [P. chr.]

4° *Comment s'exerce le pouvoir discrétionnaire.*

1453. — Aucune forme n'est exigée pour l'exercice du pouvoir discrétionnaire. Le président peut, s'il le veut, rendre une ordonnance pour prescrire la mesure qu'il juge utile.

1454. — Mais cette ordonnance n'a pas besoin d'être rédigée par écrit, — Cass., 2 avr. 1842, Orset, [S. 42.1.887, P. 42. 2.603]; — ... ni d'être motivée. — Cass., 16 janv. 1836, Rivière, [S. 36.1.224, P. chr.]; — 3 févr. 1876, Périne-Joséphine, [Bull. crim., n. 36]

1455. — En tous cas, les ordonnances rendues par le président de la cour d'assises en vertu de son pouvoir discrétionnaire pendant le cours d'un débat qui a lieu à huis-clos peuvent être prononcées sans que l'audience devienne publique; elles ne peuvent pas être assimilées à des arrêts incidents; ce sont plutôt des actes compris dans les débats, qui sont, par suite, susceptibles d'être accomplis régulièrement à huis-clos. — Cass., 28 févr. 1835, Herbelin, [P. chr.]; — 1er févr. 1839, Willandt, [P. 40.1.184]

1456. — Le président peut se dispenser de rendre une ordonnance proprement dite; il peut se borner à prescrire oralement telle ou telle mesure.

1457. — Ainsi, il peut, en l'absence de toute formalité, notamment sans rendre lui-même une ordonnance, prescrire qu'il sera procédé à une expertise. — Cass., 31 déc. 1885, [Bull. crim., n. 374]

1458. — Si le président veut entendre une personne non présente à l'audience, il peut la convoquer par citation, ou par lettre, ou par un simple avis verbal.

1459. — Il n'est pas tenu de formuler par écrit l'ordre qu'il donne à cet égard. — Cass., 2 avr. 1842, précité.

1460. — Il peut prier le procureur général de faire citer pour telle audience la personne dont l'audition lui paraît utile; il ne résulte pas de là que le président a délégué au procureur général l'exercice de son pouvoir discrétionnaire. Dans ce cas le témoin est appelé en vertu du pouvoir discrétionnaire du président. — Cass., 11 déc. 1845, Daniel, [P. 46.2.123]

1461. — Jugé, spécialement, qu'aucune loi ne déterminant la manière dont le président doit faire comparaître à l'audience les personnes qu'il veut faire entendre en vertu de son pouvoir discrétionnaire, il peut faire entendre une personne qui, au lieu d'être citée par exploit, a été invitée par un témoin à décharge à se rendre à l'audience. — Cass., 28 avr. 1838, Cochard, [P. 42.2.706] — Sic, Gaillard, Des présidents des cours d'assises, p. 151; Rauter, Droit crim., t. 2, n. 787.

1462. — Si la personne que le président désire faire entendre est à l'audience, il se bornera à l'inviter à s'approcher et il recevra sa déposition.

1463. — Si elle se présente elle-même et offre spontanément de déposer, le président pourra l'entendre, s'il le juge utile, et cela sans aucune formalité, sans aucun ordre écrit ou verbal. — Cass., 4 juin 1864, Couty de la Pommerais, [S. 65.1.54, P. 65.188, D. 64.1.497]

1464. — De même, le président qui ne juge pas utile d'entendre, en vertu de son pouvoir discrétionnaire, un témoin dont l'audition est demandée par l'accusé, n'a pas besoin de rendre une ordonnance pour expliquer les motifs de son refus. Il peut se borner à décider qu'il ne l'entendra pas et passer outre aux débats. — Cass., 23 mars 1855, Langlade, [*Bull. crim.*, n. 107]

1465. — Enfin, le président n'est pas tenu d'énoncer et d'avertir le jury que l'acte auquel il procède dérive de son pouvoir discrétionnaire. « Le pouvoir discrétionnaire du président des assises se manifeste régulièrement par son exercice même ; l'usage qu'en fait ce magistrat n'a pas besoin, à peine de nullité, d'être formellement annoncé ». — Cass., 16 janv. 1836, Gilbert-Bernuzat, [S. 36.1.223, P. chr.]; — 30 janv. 1851, Gothland, [S. 51.1.72, P. 51.1.287, D. 51.1.47]; — 18 janv. 1855, Telme, [S. 55.1.430, P. 55.1.608]; — 18 mai 1855, Moreau, [S. 55.1.683. P. 55.2.592]; — 20 sept. 1855, Nivollet, [S. 55.1.864, P. 56.1.324]; — 28 déc. 1860, Labbé, [P. 62.71, D. 61.1.356]; — 2 déc. 1871, Brunet, [S. 72.1.250, P. 72.579]; — 5 janv. 1883, Contour, [*Bull. crim.*, n. 3]; — 25 août 1887, Lebouis, [*Bull. crim.*, n. 323]; — 29 mars 1888, Delon et autres, [*Bull. crim.*, n. 131]; — 11 sept. 1890, Bruguet, [*Bull. crim.*, n. 191]

1466. — Spécialement, l'accusé ne peut se faire un grief de ce qu'un expert aurait été nommé et des pièces produites sans le cours des débats, sans que les jurés aient été avertis que cette audition et cette production n'avaient lieu qu'à titre de renseignement. — Cass., 29 mars 1888, précité.

SECTION II.

Attributions de la cour d'assises. — Incidents contentieux.

1467. — Nous venons d'étudier les trois pouvoirs dont le président des assises est investi : pouvoir relatif à la police de l'audience ; pouvoir de direction des débats ; pouvoir discrétionnaire. Il nous reste à rechercher si la cour peut partager ces pouvoirs avec le président, dans quelle mesure elle peut le faire, et enfin à déterminer ses attributions distinctes.

1468. — Le pouvoir discrétionnaire est personnel au président des assises ; c'est un pouvoir extraordinaire qu'il exerce seul, sous sa responsabilité : la loi en charge exclusivement son honneur et sa conscience. Ce pouvoir est incommunicable. La cour d'assises ne pourrait donc ordonner aucune mesure rentrant dans l'exercice du pouvoir discrétionnaire. Si des réquisitions ou des conclusions formelles demandaient à la cour de prescrire ou de défendre une mesure de cette nature, elle devrait se déclarer incompétente. C'est ce que nous avons déjà vu précédemment (V. *supra*, n. 1396 et s., 1411 et 1412). Au contraire, il appartient à la cour comme au président de prescrire les mesures ordinaires d'instruction.

1469. — Mais quels sont les actes qui rentrent exclusivement dans les attributions du pouvoir discrétionnaire ? Quelles sont au contraire les mesures qui ne sont prises par le président qu'en vertu de son pouvoir ordinaire d'instruction ? C'est là une distinction importante que la jurisprudence a établie avec soin. La cour d'assises a la faculté d'ordonner des actes ordinaires d'instruction ; elle pourra donc partager avec le président ce pouvoir pour les prescrire ou les rejeter : mais elle devra laisser le président statuer seul s'il s'agit d'une mesure extraordinaire prise en vertu du pouvoir discrétionnaire.

1470. — Plusieurs arrêts de la Cour de cassation ont nettement posé ce principe : « il faut distinguer, disent-ils, entre les mesures qui dérogent aux règles spéciales de la procédure devant la cour d'assises, comme la lecture d'une déposition écrite contrairement au principe de la nécessité du débat oral, ou l'introduction aux débats, malgré l'opposition de l'accusé, d'un témoin dont le nom ne lui a pas été notifié, *mesures extraordinaires* que le président seul peut prendre sur lui d'ordonner en vertu de son pouvoir discrétionnaire, et *les actes ordinaires d'instruction*... qui sont de droit commun, même devant la cour d'assises et que toute juridiction a le droit d'ordonner par suite du principe qui confère aux juges la faculté de recourir à tous les moyens propres à les éclairer, dans la limite de ce qui n'est pas prohibé par la loi ». — Cass., 12 mars 1857, Fabre et Carpentier, [S. 57.1.

488, P. 57.1260, D. 57.1.182]; — 27 déc. 1860, Didier, [D. 61.5. 127]; — 5 avr. 1861, Bonnard, [S. 61.1.744, P. 62.74, D. 61.1.237]

1471. — Constituent des mesures extraordinaires que le président peut seul prendre en vertu de son pouvoir discrétionnaire : l'audition d'un témoin non notifié, la lecture d'une pièce, la saisie d'une pièce produite par l'accusé ou par un témoin. — Mêmes arrêts.

1472. — Constituent, au contraire, des actes ordinaires d'instruction que la cour d'assises a la faculté d'ordonner elle-même : une vérification d'écriture, — Cass., 12 janv. 1833, Perrin, [P. chr.] — Une expertise. — Cass., 29 nov. 1872, Bournigal et Bénédit, [*Bull. crim.*, n. 296] —...la levée et la communication d'un plan. — Cass., 5 avr. 1861, précité — ... la distribution aux jurés et à l'accusé des copies autographiées d'un plan des lieux. — Cass., 27 déc. 1860, précité.

1473. — En résumé, le partage du pouvoir du président avec la cour d'assises est rigoureusement interdit lorsqu'il s'agit d'actes accomplis en vertu du pouvoir discrétionnaire.

1474. — S'agit-il, au contraire, d'actes rentrant dans l'exercice du pouvoir de direction des débats ou du pouvoir de police attribués au président, celui-ci peut associer la cour à l'exercice de ces pouvoirs et procéder avec elle : L'intervention de la cour est alors facultative.

1475. — Ainsi, lorsqu'il est constaté à l'audience qu'un témoin a indûment prêté serment, il appartient au président d'annuler ce serment et la déclaration émise sous la foi de ce serment. Il peut en ce cas statuer seul. — Cass., 13 août 1852, Lanfranchi, [D. 52.5.170] — Mais il peut aussi s'associer la cour et statuer par un arrêt. « En associant la cour à l'exercice de ce pouvoir inhérent à la direction des débats, il n'en a changé ni la nature, ni les effets ». — Cass., 9 juill. 1852, Perrier, [D. 52.5.528]

1476. — Cependant lorsque le président, agissant en vertu de son pouvoir de police de l'audience ou de direction des débats, a statué seul, la cour d'assises n'a pas le droit de contrôle, elle ne peut pas modifier la décision rendue par le président. Elle doit se borner à déclarer qu'elle est sans droit pour réformer la mesure prise à cet égard par le magistrat. — V. *supra*, n. 1412.

1477. — Ainsi la mesure par laquelle le président de la cour d'assises, en désignant la place qu'occupera le défenseur pendant l'audition des témoins, donne les ordres nécessaires pour être averti si ce défenseur venait à s'absenter momentanément dans le cours des débats, rentre dans les pouvoirs que la loi confie à ce magistrat pour la police de l'audience. C'est donc avec raison que la cour d'assises se déclare incompétente pour en connaître. — Cass., 5 nov. 1857, Zouca, [S. 58.1.416, P. 58. 303, D. 58.1.41]

1478. — De même, la défense faite à la sœur de l'accusé de se placer à côté du conseil concerne la police de l'audience que l'art. 267, C. instr. crim., confie exclusivement au président de la cour d'assises. En y statuant seul, ce magistrat n'a point excédé les limites de ses attributions. Dès lors, la cour d'assises, en se déclarant sans droit pour réformer la mesure prise à cet égard par le président, loin de violer les règles de la compétence, s'y est exactement conformée. — Cass., 27 août 1852, Mornac, [D. 52.5.169]

1479. — Il est des cas où le pouvoir de la cour d'assises *doit* s'exercer, où elle *doit* intervenir et statuer par un arrêt. Cette intervention obligatoire de la cour d'assises a lieu dans deux cas : 1° lorsqu'il s'agit de procéder à des actes qui lui ont été délégués par la loi ; 2° lorsqu'il s'agit de trancher un incident contentieux qui surgit au cours des débats.

1480. — 1° Parmi les actes que la loi spécialement réservés à la cour d'assises, nous citerons : le droit de prononcer sur la validité des excuses des jurés, le pouvoir d'ordonner l'adjonction au jury de jugement d'un ou de deux jurés suppléants (C. instr. crim., art. 394), le droit de statuer, au cours des débats, sur les demandes en renvoi de l'affaire à un autre jour ou à une autre session (Même Code, art. 331 et 354), etc. — V. *supra*, n. 904 et s., et *infra*, n. 5669 et s.

1481. — 2° L'intervention de la cour d'assises est encore obligatoire pour statuer sur tous les incidents contentieux qui s'élèvent pendant les débats. On appelle incidents contentieux les questions, les contestations auxquelles donnent lieu soit les réquisitions du ministère public, soit les conclusions prises par l'accusé.

1482. — Cette règle résulte de l'ensemble des dispositions du Code d'instruction criminelle ; ainsi, l'art. 276 dit que la cour est tenue de donner acte au ministère public des réquisitions qu'il juge utiles et d'en délibérer. — De même, l'art. 408 oblige la cour à prononcer soit sur les demandes de l'accusé, soit sur les réquisitions du ministère public tendant à user d'une faculté ou d'un droit accordé par la loi.

1483. — A un caractère contentieux la demande tendant à établir qu'une récusation de juré a été irrégulièrement écartée et qu'un témoin notifié n'a pas été entendu. — Cass., 21 oct. 1886, Collinet, [*Bull. crim.*, n. 341]

1484. — La cour d'assises doit aussi statuer sur l'opposition, formée par le ministère public ou par l'accusé, à l'audition d'un témoin (C. instr. crim., art. 315). — Cass., 18 déc. 1817, Migot, [S. et P. chr.] ; — 5 déc. 1850, Desrichard, [*Bull. crim.*, n. 409] ; — 2 oct. 1852, Delouesse, [*Bull. crim.*, n. 333]

1485. — ... Sur l'incident soulevé par l'accusé à propos de la déposition d'un témoin. — Cass., 28 oct. 1886, Sauze et Beaumond, [*Bull. crim.*, n. 350]

1486. — Ainsi, l'accusé qui veut faire constater les changements et variations existant entre les différentes déclarations d'un témoin, a le droit de requérir qu'il soit donné lecture de la déposition écrite de ce témoin pour l'opposer à sa déposition orale : et si le ministère public s'oppose à cette lecture, il en résulte un incident contentieux sur lequel la cour d'assises a seule caractère pour statuer. — Cass., 19 août 1819, Martin, [S. et P. chr.]

1487. — C'est encore à la cour d'assises, et non au président seul, qu'il appartient de statuer sur les réquisitions du ministère public, tendant à ce que des témoins soient de nouveau entendus. — Cass., 8 févr. 1810, Gardiné, [P. chr.]

1488. — De même, lorsqu'il s'élève un débat contentieux sur une question à poser à un témoin entendu en vertu du pouvoir discrétionnaire du président, c'est à la cour d'assises, et non au président seul, qu'il appartient de statuer. — Cass., 27 juin 1833, Lecoq, [P. chr.]

1489. — Lorsque le défenseur de l'accusé a conclu à ce qu'une opération fût faite par un expert, et le ministère public à ce qu'elle fût confiée à un autre, c'est à la cour d'assises, et non au président qu'il appartient de prononcer sur l'incident. — Cass., 27 avr. 1832, Laguiette, [P. chr.]

1490. — A également un caractère contentieux l'arrêt qui, sur les conclusions subsidiaires de l'accusé tendant à ce qu'il soit fait une descente sur les lieux, déclare qu'il y a lieu d'ordonner la descente demandée. — Cass., 15 janv. 1829, Ferracci, [S. et P. chr.] — *Sic*, Carnot, *Instr. crim.*, append. au t. 2, p. 809.

1491. — Si, après le refus du président d'ordonner la communication d'une pièce qui ne fait pas partie de la procédure et qui n'a pas été produite aux débats, l'accusé prend des conclusions pour que cette pièce soit montrée à l'un des témoins, et si le ministère public combat ces conclusions, la cour d'assises doit intervenir pour trancher cet incident qui a pris un caractère contentieux. — Cass., 11 janv. 1851, Bachelet, [D. 51.5. 161]

1492. — La cour d'assises doit encore statuer par un arrêt, lorsqu'un incident contentieux a surgi sur une demande de l'accusé, tendant à ce qu'une question soit posée sur la moralité d'un témoin. — Cass., 22 sept. 1827, Provost, [S. et P. chr.]

1493. — Sur une demande du conseil de l'accusé tendant à ce qu'une interpellation, portant sur un fait étranger à l'accusation, soit posée à un témoin. — Cass., 1er oct. 1829, Vannier, [P. chr.]

1494. — ... Sur la question de savoir si, en cas d'absence d'un ou de plusieurs témoins, il sera passé outre aux débats. — Cass., 23 juin 1832, Véron, [P. chr.] ; — 31 mars 1842, Aldigé, [*Bull. crim.*, n. 75]

1495. — ... Sur toutes les demandes tendant à ce qu'il soit donné acte de tel ou tel fait survenu au cours des débats. — Cass., 12 avr. 1855, Duclin, [*Bull. crim.*, n. 123]

1496. — ... Sur toutes les réclamations relatives à la position des questions au jury. — Cass., 1er oct. 1813, Bastiaens, [S. et P. chr.] ; — 30 mars 1815, Grissingen, [S. et P. chr.] ; — 16 juin 1815, Lacoste, [S. et P. chr.] ; — 26 mai 1839, Laville, [P. 40.1.145]

1497. — Notamment, sur la demande par laquelle un accusé s'oppose à la position de questions sur les faits modificatifs de l'arrêt de renvoi. — Cass., 22 janv. 1857, Caillet, [*Bull. crim.*, n. 32]

1498. — ... Sur l'opposition de l'accusé à ce que les questions soumises au jury ne soient pas littéralement conformes au résumé de l'acte d'accusation. — Cass., 14 avr. 1826, Fourgeot, [S. et P. chr.]

1499. — ... Sur l'arrêt qui rejette la demande de l'accusé, tendant à ce que la question de discernement soit soumise au jury. — Cass., 14 oct. 1826, Chaussat, [S. et P. chr.] — *Sic*, Chauveau, F. Hélie et Villey, *Théorie du C. pén.*, t 1, n. 522.

1500. — ... Sur le débat relatif à une question d'excuse proposée par l'accusé, qui s'est élevé entre celui-ci et le ministère public. — Cass., 10 avr. 1841, Bryère, [P. 41.1.647]

1501. — ... Sur les conclusions de l'accusé tendant à ce qu'il soit posé comme résultant des débats une question subsidiaire de coups et blessures ayant occasionné la mort sans intention de la donner. — Cass., 8 févr. 1850, Alexandre, [*Bull. crim.*, 47]

1502. — ... Sur la question de savoir s'il y a lieu de renvoyer le jury dans sa salle pour délibérer à nouveau et rapporter un verdict régulier. — Cass., 11 mars 1830, Lecoc, [P. chr.] ; — 12 juill. 1855, Grandpierre, [P. 56.1.616] ; — 16 févr. 1884, Imbert, [*Bull. crim.*, n. 40]

1503. — ... Sur la question de savoir s'il y a lieu d'ordonner la réouverture des débats. — Cass., 30 août 1817, Chanceret, [S. et P. chr.]

1504. — Nous avons dit *supra*, n. 1413, qu'il n'y a lieu à arrêt de la cour qu'autant qu'il y a eu des réquisitions du ministère public ou des conclusions écrites de l'accusé, et qu'il n'y aurait pas incident contentieux si les parties se bornaient à demander acte, ou à protester ou à faire une observation à propos de telle ou telle mesure. Il en est ainsi, non seulement lorsqu'il s'agit, pour la cour, de décider si telle ou telle mesure rentre dans le pouvoir discrétionnaire du président, mais toutes les fois qu'il s'agit de savoir si elle a à statuer sur un incident.

1506. — Ainsi, lorsque ni les accusés, ni les défenseurs ne se sont opposés, par des conclusions, à l'audition simultanée de deux témoins, et qu'il leur a été donné acte de cette audition, sur la demande qu'ils en ont faite postérieurement, il n'y a pas eu de la part de la cour d'assises l'omission de statuer prévue par l'art. 408, C instr. crim. — Cass., 16 avr. 1818, Guillain, [S. et P. chr.]

1507. — De même, lorsqu'après la lecture du verdict du jury et alors que la cour allait délibérer sur le point de savoir s'il y avait lieu de renvoyer les jurés dans leur chambre de délibération afin de réparer un vice de forme existant dans le verdict, le défenseur de l'accusé a demandé verbalement la réouverture des débats ; que le président s'y est opposé en déclarant que cette mesure était inutile et qu'il a, d'ailleurs, prévenu les jurés de leur droit de modifier leur déclaration, la cour d'assises n'a pas à statuer. L'observation présentée par le défenseur n'a pas donné naissance à un incident contentieux ; l'avocat n'a pas pris de conclusions. La cour n'était par suite saisie d'aucun débat, et il appartenait au président seul d'apprécier si la clôture des débats devait ou non être maintenue. — Cass., 11 sept. 1890, Bruguet, [*Bull. crim.*, n. 191]

1508. — Les exemples que nous venons de citer suffisent pour établir que la cour doit statuer par un arrêt toutes les fois que le ministère public prend des réquisitions ou que l'accusé dépose des conclusions pour formuler une demande ou une opposition. Nous aurons encore l'occasion de rencontrer dans le cours de cette étude d'autres applications de ce principe. — Sur la forme des arrêts incidents, V. *infrà*, n. 6000 et s.

CHAPITRE VIII.

DES DROITS ET OBLIGATIONS DU MINISTÈRE PUBLIC
ET DE LA DÉFENSE.

1509. — Après avoir examiné les attributions respectives du président et de la cour d'assises, il nous reste, pour avoir une idée générale des pouvoirs des divers éléments dont se compose cette juridiction, à indiquer les droits du ministère public et de la défense.

Section I.

Droits et obligations du ministère public.

1510. — L'art. 271, C. instr. crim., détermine d'une manière générale les fonctions du ministère public. « Le procureur général, dit-il, poursuivra, soit par lui-même, soit par son substitut, toute personne mise en accusation suivant les formes prescrites au chapitre 1 du présent titre. Il ne pourra porter à la cour aucune autre accusation, à peine de nullité, et, s'il y a lieu, de prise à partie.

1511. — Le ministère public est donc étroitement tenu de se renfermer dans les faits retenus par l'arrêt de la chambre des mises en accusation.

1512. — Les mesures qu'il doit prendre pour soutenir l'accusation sont de deux sortes : les unes s'exécutent avant l'ouverture de l'audience, les autres, au cours des débats.

1513. — Avant l'audience, le ministère public est chargé de faire transmettre au greffe de la cour d'assises les pièces de la procédure, de faire transférer l'accusé dans la maison de justice, de rédiger l'acte d'accusation, de faire signifier à l'accusé l'arrêt de renvoi, l'acte d'accusation et la liste du jury, de préparer la liste des témoins et de la faire signifier à l'accusé.

1514. — Le ministère public a toujours le droit de faire citer des témoins sur des faits autres que ceux qui font la matière de l'accusation, afin d'éclairer le jury sur la moralité de l'accusé. — Cass., 28 avr. 1838, Cochard-Denieurs, [P. 42.2.706]; — 24 juill. 1841, Zeller, [P. 42.2.676]

1515. — Dans le cas d'une accusation pour crime, le ministère public peut faire entendre des témoins sur un délit imputé à l'accusé, et à l'égard duquel il existe une action correctionnelle pendante. — Cass., 12 déc. 1840, Lafarge, [S. 40.1.948, P. 42.2.622]

1516. — Nous avons vu également que le ministère public ne pouvait procéder à aucun acte d'instruction, qu'il lui était notamment interdit de prescrire ou de faire lui-même une instruction supplémentaire pour combler les lacunes de l'information écrite. — V. *suprà*, n. 774 et s.

1517. — Avant l'ouverture des débats, le ministère public peut prendre des réquisitions pour demander le renvoi d'une affaire à une autre session ou à une autre jour de la même session (C. instr. crim., art. 306), la jonction de plusieurs actes d'accusation dressés à raison du même crime contre différents accusés (art. 307). Il peut aussi, lorsque l'acte d'accusation contient plusieurs délits non connexes, requérir que les accusés ne soient mis en jugement, quant à présent, que sur l'un ou quelques-uns de ces délits (art. 308).

1518. — Recherchons maintenant quels sont les pouvoirs et les obligations du ministère public à l'audience.

1519. — L'art. 273, C. instr. crim., prescrit au ministère public l'obligation d'assister aux débats; c'est là pour lui un devoir strict. Sa présence est une condition essentielle de la validité des débats; il y aurait nullité, ainsi que nous l'avons déjà vu, si le ministère public était absent pendant un seul des actes accomplis à l'audience. — V. *suprà*, n. 286 et s.

1520. — A l'audience, le ministère public expose, s'il le juge utile, le sujet de l'accusation (C. instr. crim., art. 315).

1521. — Le ministère public ne porte aucune atteinte au droit de la défense et ne viole pas l'art. 315, C. instr. crim., quand, en exposant l'affaire, il donne lecture de certaines parties des interrogatoires subis par l'accusé au cours de l'instruction écrite, et explique au jury le mécanisme d'état dressés par les experts appelés aux débats. — Cass., 4 nov. 1876, Bru, [S. 76.1.488, P. 76.1217, D. 78.1.43]

1522. — Le ministère public peut, à l'audience, au cours des débats, donner lecture des pièces de l'information écrite, notamment des dépositions écrites de témoins qui n'ont pu être produites à l'audience. Lorsqu'il les lit ainsi, sans opposition des accusés et de leurs conseils, il est réputé en avoir reçu l'autorisation du président. — Cass., 14 avr. 1881, Laborde et autres, [*Bull. crim.*, n. 104]

1523. — Aucune nullité ne saurait résulter des investigations provoquées par le ministère public, pendant les débats, sur un témoin absent. — Cass., 3 oct. 1857, Doineau, [S. 57.1.875, P. 58.415]

1524. — Le ministère public a le droit de s'opposer, dans l'intérêt de la vindicte publique, à la remise d'une lettre produite

lors des débats par un prévenu, bien que le prévenu ne l'ait produite que sous la réserve d'en obtenir la restitution, et qu'il déclare renoncer à sen servir pour sa défense. — Cass., 6 avr. 1833, Pointel, [S. 33.1.640, P. chr.]

1525. — La loi n'oblige pas le ministère public à donner lecture de la déposition des témoins qui ne répondent pas à l'appel de leurs noms. — Cass., 5 févr. 1885, Allard, [*Bull. crim.*, n. 50]

1526. — Quand une affaire dure plusieurs audiences, le ministère public a le droit, pendant le cours des débats, de faire assigner de nouveaux témoins pour une audience ultérieure; mais il faut alors qu'il veille à ce que le nom de ces témoins soit notifié en temps utile à l'accusé. — Cass., 24 janv. 1850, Gesta, [P. 51.2.160, D. 50.5.441]

1527. — Le ministère public a le droit d'adresser aux témoins toutes les questions qu'il juge propres à l'appui de l'accusation; mais il ne le peut qu'après avoir demandé la parole au président (art. 319).

1528. — Il a aussi le droit d'adresser des questions aux accusés sur les faits de l'accusation. — Cass., 13 mai 1836, Chaveau, [P. chr.]

1529. — Le procureur général peut récuser l'interprète en motivant sa récusation (C. instr. crim., art. 332). — V. *infrà*, n. 3420 et s.

1530. — Des interpellations peuvent être adressées aux témoins après le développement des charges de l'accusation par le ministère public, à l'occasion de réquisitions concernant leurs dépositions, sans que le ministère public soit tenu de reprendre la parole, s'il ne le juge pas convenable. — Cass., 27 sept. 1838, Guillon, [S. 38.1.620]

1531. — Le ministère public requiert l'application de la peine (C. instr. crim., art. 273 et 362).

1532. — Le ministère public doit être présent à la prononciation de l'arrêt (art. 273).

1533. — Mais la loi n'exige pas, à peine de nullité, que la présence du ministère public à la prononciation de l'arrêt de condamnation soit mentionnée expressément dans le procès-verbal des débats ou dans l'arrêt lui-même. — Cass., 13 oct. 1832, Poncelet, [S. 32.1.730, P. chr.]

1534. — Il ne peut résulter une nullité de ce que le ministère public n'aurait pas été entendu avant le prononcé de l'arrêt d'absolution, si rien ne constate qu'il ait été empêché de prendre la parole. — Cass., 4 janv. 1833, Houet, [P. chr.]

1535. — La principale attribution du ministère public consiste dans le droit de prendre des réquisitions. « Il fait, dit l'art. 276, toutes les réquisitions qu'il juge utiles. »

1536. — Le Code d'instruction criminelle contient plusieurs dispositions conférant, dans certains cas particuliers, au ministère public, le droit de prendre des réquisitions. Ainsi l'art. 315 lui permet de requérir qu'un témoin qui ne lui a pas été notifié, ne soit pas entendu; l'art. 318... de requérir qu'il soit tenu note des changements, additions et variations des témoins; l'art. 326... de requérir que certains témoins par lui désignés se retirent de l'auditoire, et qu'on ou plusieurs d'entre eux soient introduits et entendus de nouveau, soit séparément, soit en présence les uns des autres; l'art. 330... de requérir l'arrestation du témoin dont la déposition paraît fausse; l'art. 331... de requérir, en pareil cas, le renvoi de l'affaire à la prochaine session.

1537. — Ce ne sont là que des exemples : le droit du ministère public n'est point limité; il peut prendre toutes les réquisitions qu'il juge utiles.

1538. — « Les réquisitions du procureur général doivent être de lui signées; celles faites dans le cours des débats sont retenues par le greffier sur son procès-verbal, et elles seront aussi signées par le procureur général » (C. instr. crim., art. 277).

1539. — Mais cette forme n'est pas prescrite à peine de nullité. — Cass., 23 févr. 1821, Bouclet, [S. et P. chr.]; — 3 janv. 1833, Ané, [P. chr.]; — 16 janv. 1845, Senil, [P. 46.1.44]

1540. — Ainsi, on a jugé qu'il n'est pas nécessaire, sous peine de nullité, que le réquisitoire du ministère public tendant à la lecture de quelques pièces à l'audience soit signé de lui. — Bruxelles, 27 sept. 1821, Botte, [P. chr.]

1541. — Et l'on juge que ces réquisitions sont suffisamment constatées, lorsqu'elles sont mentionnées au procès-verbal des débats qui porte la signature du président et du greffier. —

Cass., 28 juin 1832, Gaboriaud, [S. 33.1.245, P. chr.]; — 12 déc. 1840, Lafarge, [S. 40.1.948, P. 42.2.622]

1542. — Chaque fois que le ministère public prend des réquisitions, « la cour est tenue de lui en donner acte et d'en délibérer » (C. instr. crim., art. 276). L'obligation pour la cour de statuer sur les réquisitions du ministère public est prescrite à peine de nullité.

1543. — Cependant, la cour d'assises n'est dans la nécessité de se prononcer sur une question soulevée par le ministère public ou par l'accusé qu'autant qu'il y a eu à cet égard, de la part de l'un ou de l'autre, une réquisition expresse et formelle : de simples observations ne seraient pas suffisantes. Ainsi, la cour d'assises a pu, sans qu'il y ait nullité, passer sous silence une question de droit que le ministère public l'a seulement priée d'examiner, requérant, dans le cas de solution affirmative, l'application de la loi pénale. — Cass., 1er déc. 1860, Rigollot, [P. 61.1.135, D. 61.1.490]

1544. — Mais si la cour est, à peine de nullité, tenue de statuer sur les réquisitions du ministère public, il ne faut pas confondre le refus de prononcer avec le rejet de la demande. Rejeter des réquisitions, c'est statuer sur elles. — Carnot, *Instr. crim.*, t. 3, p. 101, n. 15; F. Hélie, n. 3320.

1545. — En cas de rejet de ses réquisitions, le ministère public a seulement le droit, après l'arrêt définitif, de se pourvoir en cassation contre ce rejet. C'est ce que dit l'art. 278 ainsi conçu : « Lorsque la cour ne défère pas à la réquisition du procureur général, l'instruction ni le jugement ne sont arrêtés ni suspendus, sauf après l'arrêt, s'il y a lieu, le recours en cassation par le procureur général. »

1546. — Le rejet par la cour des réquisitions du ministère public ne peut donner ouverture à cassation que si elles portaient sur une mesure prescrite à peine de nullité. En cas contraire, le rejet des réquisitions est régulier. — Cass., 14 nov. 1811, Gosset et Got, [S. et P. chr.]; — 12 déc. 1811, N..., [P. chr.]; — 4 janv. 1812, N..., [S. et P. chr.]; — 18 juin 1813, Blanchemin, [S. et P. chr.]; — 3 nov. 1814, Pesteturenne, [S. et P. chr.]; — 30 nov. 1815, Bost, [S. et P. chr.]; — 2 août 1816, Leruth, [S. et P. chr.]

1547. — Le ministère public doit, à peine de nullité, être entendu, ou au moins interpellé et mis en demeure de s'expliquer sur tous les incidents contentieux qui s'élèvent au cours des débats. — Cass., 22 janv. 1857, Naudet, [D. 57.1.131]; — 22 janv. 1857, Caillet, [*Bull. crim.*, n. 32]; — 9 avr. 1891, Mohamed-ould-Boubah eur-ben-Ali, [*Bull. crim.*, n. 75] — V. *infrà*, n. 6021 et s.

Section II.
Droits et obligations de la défense.

1548. — Tout accusé, poursuivi pour crime devant la cour d'assises, doit être assisté d'un défenseur : celui-ci doit, à peine de nullité, être désigné par le président, lorsque l'accusé ne l'a pas choisi lui-même. — V. *suprà*, v° *Accusation*, n. 113 à 126.

1549. — Il en est ainsi, alors même qu'après la cassation d'un premier arrêt de condamnation, l'accusé a été renvoyé devant une autre cour d'assises qui n'a plus à statuer que sur l'application de la peine. — Cass., 22 avr. 1813, Bortayre, [S. et P. chr.]

1550. — Le président peut désigner un même défenseur pour plusieurs accusés. Si l'art. 395, C. instr. crim., exige que chaque accusé soit pourvu d'un défenseur, il n'exige pas qu'il y ait autant de défenseurs que d'accusés. — Cass., 15 déc. 1802, Pape, [D. 94.2.139]; — 4 août 1894, Bestaux et autres, [*Bull. crim.*, n. 239]

1551. — L'absence d'un conseil n'est pas réparée par l'assistance d'un interprète. — Cass., 22 avr. 1813, précité.

1552. — Il y aurait nullité si le défenseur, nommé d'office, avait été excusé sur sa demande et n'avait pas été remplacé. — Cass., 13 juill. 1849, Massy, [P. 50.2.165, D. 49.5.101]

1553. — Mais l'accusé ne peut se faire aucun grief de ce que, son défenseur nommé d'office ne s'étant pas présenté à l'audience, un autre avocat a été désigné à sa place et a présenté la défense. — Cass., 10 août 1877, Girony et autres, [*Bull. crim.*, n. 190]

1554. — N'est pas prescrite à peine de nullité la disposition de l'art. 295, C. instr. crim., qui dispose que le conseil de l'accusé ne pourra être choisi par lui ou désigné par le juge que parmi les avocats ou avoués de la cour d'appel ou de son ressort. Au surplus, le même article, dans sa disposition finale, autorise l'accusé à prendre pour conseil, avec la permission du président, un de ses parents ou amis. Le conseil dont l'accusé a fait choix (comme dans l'espèce) sans que le président y refusât son assentiment, aurait donc pu n'avoir pas même la qualité d'avocat : dès lors, ledit accusé ne saurait se faire un grief de ce que sa désignation n'a pas été accompagnée de la mention du barreau auquel il était attaché. — Cass., 28 déc. 1894, Kuhn, [*Bull. crim.*, n. 335]

1555. — Le défenseur doit, en principe, être désigné par le président lors de l'interrogatoire de l'accusé après son arrivée dans la maison de justice (C. instr. crim., art. 293 et 294). Un délai de cinq jours doit s'écouler entre cet interrogatoire et le jour de l'ouverture des débats; c'est pendant ce délai que le défenseur communique avec l'accusé et prend connaissance des pièces du dossier.

1556. — Le droit de l'accusé de communiquer avec son conseil n'est absolu qu'à partir de l'interrogatoire par le président des assises. Jusque-là, et même après l'ordonnance du juge d'instruction, les restrictions apportées à ce droit ne peuvent faire naître un moyen de cassation. — Cass., 24 févr. 1883, Holden et Pivert, [D. 84.1.92]

1557. — Si le président, lors de l'interrogatoire de l'accusé, a omis de lui désigner un défenseur et ne l'a fait que postérieurement, cette nomination tardive ne sera pas une cause de nullité si, en fait, l'avocat ainsi désigné a assisté aux débats sans protestation et présenté la défense de l'accusé. — Cass., 23 déc. 1875, Cécillion, [S. 76.1.143, P. 76.319]; — 5 janv. 1882, Moussa-K'sil, [*Bull. crim.*, n. 1]

1558. — Ainsi, en cas de non réclamation de l'accusé, la défense de celui-ci doit être considérée comme n'ayant pas été entravée, bien que l'avocat n'ait été désigné que la veille de l'audience, — Cass., 8 sept. 1887, Tillier, [*Bull. crim.*, n. 338] — ... ou même seulement au moment du tirage du jury de jugement. — Cass., 23 déc. 1875, précité.

1559. — Jugé, spécialement, que la libre défense de l'accusé ne saurait être considérée comme ayant été empêchée parce que son conseil aurait connu la désignation dont il a été l'objet trop tard pour être en mesure de faire assigner des témoins à décharge, alors qu'aucunes conclusions saisissant la cour d'assises d'un incident à cet égard, n'ont été déposées. — Cass., 14 janv. 1886, Arnaud, [*Bull. crim.*, n. 15]

1560. — La difficulté de communication que le défenseur ou les accusés ont pu rencontrer avant le jour de l'audience peut donner lieu à un incident d'audience et à la remise de l'affaire soit à un jour ultérieur, soit à une autre session. — Cass., 12 avr. 1888, Délon, [*Bull. crim.*, n. 138]

1561. — Mais si aucune réclamation ne s'est produite à l'audience, cette difficulté de communication ne saurait être relevée pour la première fois devant la Cour de cassation. — Même arrêt.

1562. — A plus forte raison, il ne saurait résulter aucun moyen de nullité de ce que l'avocat nommé d'office par le président des assises, conformément aux prescriptions de l'art. 294, C. instr. crim., ne se serait pas mis immédiatement en communication avec l'accusé, de ce que, par exemple, il aurait, pour le faire, attendu la veille de l'audience. — Cass., 22 mars 1888, Archimbaud, [*Bull. crim.*, n. 121]

1563. — De même, la circonstance que le conseil désigné d'office à un accusé n'aurait pris connaissance de la procédure que quatre jours avant l'ouverture des débats ne saurait servir de base à une demande en nullité. Si l'accusé avait considéré cette circonstance comme susceptible d'affecter les intérêts de sa défense, il aurait dû saisir d'une demande de sursis la cour d'assises qui aurait statué souverainement : sa réclamation ne peut donner ouverture à cassation. — Cass., 8 mars 1888, Vaugeois, [*Bull. crim.*, n. 102]

1564. — Lorsqu'un accusé, ayant choisi un défenseur, lui a ensuite interdit de prendre la parole en son nom, et que néanmoins, le président des assises a cru devoir désigner le même avocat comme défenseur d'office du même accusé, il n'en résulte aucune violation du droit de la défense si cet accusé a laissé son défenseur, ainsi désigné de nouveau, accomplir son ministère sans opposition. — Cass., 13 sept. 1877, Dias, [*Bull. crim.*, n. 214]

1565. — L'accusé ne peut se faire un moyen de nullité de ce que le défenseur qu'il a choisi et qui a reçu, lorsqu'il s'est présenté à la première séance, l'avertissement prescrit par l'art. 311, C. instr. crim., n'a point, à la seconde séance, continué de l'assister, alors qu'il a été, dès cet instant et pour la plaidoirie, remplacé par un autre défenseur qui a également reçu l'avertissement voulu par la loi. — Cass., 2 sept. 1830, Crapello, [P. chr.]

1566. — Il n'y a pas violation du droit de la défense lorsque, en cas d'empêchement de l'avocat désigné d'office à l'accusé par le président, cet accusé a été néanmoins, pendant tout le cours de l'audience, assisté par un autre avocat qui a présenté sa défense tant sur l'accusation que sur l'application de la peine, alors qu'il n'apparaît pas, au procès-verbal des débats, que l'accusé ou son conseil aient élevé aucune protestation à ce sujet ou réclamé un plus long délai, pour préparer la défense. — Cass., 18 oct. 1889, Bouyer, [Bull. crim., n. 317]

1567. — Il n'y a pas violation du droit de la défense dans le refus de la cour d'assises de renvoyer une affaire à une autre session par le motif que le défenseur choisi par l'accusé est empêché et que cet accusé déclare ne vouloir être défendu que par lui, lorsqu'un autre avocat, désigné d'office, a assisté continuellement l'accusé. Il en est ainsi alors même que cet avocat s'est borné, après le réquisitoire, à déclarer s'en rapporter aux consciences des jurés. — Cass., 8 févr. 1889, Mohamed-ben-M'Ahmed, [Bull. crim., n. 55]

1568. — Il n'y a pas violation des droits de la défense dans le fait de communiquer la copie des pièces d'une procédure criminelle à un avocat qui en a demandé la remise dans le but de se porter partie civile au nom de la victime du crime. En effet, s'il résulte de la combinaison des art. 302 et s., C. instr. crim., que la procédure criminelle reste secrète jusqu'au dernier interrogatoire de l'accusé, cette disposition n'est pas prescrite à peine de nullité; d'après l'art. 305, l'accusé, lorsqu'il a été interrogé par le président des assises, peut prendre communication des pièces du procès, mais cet article n'a d'autre objet que d'assurer dans tous les cas, à l'accusé, un droit nécessaire à sa défense, et il n'interdit pas la communication de la procédure à une autre personne; l'art. 38, L. 29 juill. 1881, ne l'interdit pas davantage, mais en prohibe seulement la « publication »; on ne saurait donc invoquer ces dispositions pour soutenir que le seul fait de la communication accordée dans les circonstances ci-dessus rappelées, constitue une violation des droits de la défense. — Cass., 6 janv. 1893, Rambert, [S. et P. 93.1.105]

1569. — Nous avons vu, suprà, n. 661 et s., que l'accusé a le droit de faire citer pour l'audience les témoins dont il juge la déposition utile.

1570. — La cour d'assises n'est pas tenue d'autoriser l'audition de nouveaux témoins indiqués par l'accusé. Ainsi est régulier l'arrêt d'une cour d'assises qui pour refuser, soit le renvoi à une autre session, soit l'audition de nouveaux témoins, se fonde sur ce que l'instruction a été complète et sur ce que la déposition des témoins désignés n'aurait aucune influence sur le résultat de l'affaire. — Cass., 22 mars 1894, Bacheley, [Bull. crim., n. 76]

1571. — Pour le cas où l'accusé est indigent et n'a pas les ressources nécessaires pour subvenir aux frais de la citation des témoins (V. suprà, n. 663 et s.), il peut s'adresser soit au procureur général (art. 321), soit au président des assises (art. 30, L. 22 janv. 1851, sur l'assistance judiciaire) et leur demander de faire assigner les témoins qui lui paraissent utiles.

1572. — L'art. 30, L. 22 janv. 1851, dispose que, sur la demande de l'accusé indigent « pourront être ordonnées d'office toutes productions et vérification de pièces ». Le président a, pour prescrire ou rejeter ces productions et vérifications, le même pouvoir d'appréciation que quand il s'agit de faire citer les témoins désignés par cet accusé. — V. suprà, n. 664.

1573. — Le défenseur, choisi par l'accusé ou désigné par le président, doit assister son client pendant tous les débats.

1574. — Que décider si le conseil de l'accusé a été absent pendant la totalité ou une partie des débats ? Cette absence aura-t-elle une influence sur la validité de la procédure ?

1575. — La jurisprudence a résolu cette question par la distinction suivante : il y aura nullité si l'absence du défenseur a été le fait du ministère public où du président; il n'y aura pas nullité, au contraire, si l'absence du défenseur a été volontaire de sa part. — Cass., 18 juin 1830, Coudat, [S. et P. chr.]

1576. — Ainsi, dans une affaire, le conseil choisi par l'accusé, avait été appelé comme témoin par le ministère public et

entendu, en cette qualité aux débats. Pendant l'audition de ce témoin, l'accusé n'avait pas fait choix d'un autre conseil, et le président ne lui en avait pas nommé un d'office. « L'accusé a donc été privé, pendant cette partie des débats, sans son fait et sans le fait du conseil par lui antérieurement choisi, de l'assistance d'un conseil : conséquemment, il n'a pu jouir des moyens de défense que l'art. 319 l'autorisait à faire valoir par son conseil, comme par lui-même, contre la déposition de chaque témoin; il y a donc eu infraction à la disposition de l'art. 204 » et par suite nullité. — Cass., 4 janv. 1821, Folacci, [S. et P. chr.]; — 13 juill. 1849, Massy, [P. 50.2.165, D. 49.5.101]

1577. — Mais il en serait tout autrement si l'absence du défenseur était volontaire; une telle absence ne peut vicier la procédure, puisque la validité de cette procédure ne peut dépendre de la volonté du défenseur. « Admettre le contraire serait supposer que la loi a voulu laisser aux conseils des accusés la faculté de faire annuler tous les arrêts de condamnation par leur absence volontaire ». — Cass., 9 févr. 1816, Simonin et autres, [S. et P. chr.]; — 26 nov. 1829, Durand, [S. et P. chr.]; — 18 juin 1830, précité; — 12 juill. 1832, Canitrot, [P. chr.]; — 21 mars 1844, Arger et Décaux, [S. 44.1.668]; — 26 juill. 1844, Aymard et Savin, [Bull. crim., n. 278]; — 27 mai 1847, Jouannelaud, [S. 48.1.748, P. 49.2.635, D. 47.4.149]; — 31 août 1848, Adam, [S. 48.1.748]; — 3 nov. 1848, Bloc, [P. 49.2.635, D. 48.5.80]; — 10 juin 1852, Siccard, [D. 52.5.185]; — 13 janv. 1853, Rigault, [D. 53.5.143]

1578. — Peu importe que cette absence ne se soit produite que pendant une partie des débats, par exemple lors de l'appel des témoins, — Cass., 13 janv. 1853, précité, — ... lors des conclusions de la partie civile. — Cass., 10 juin 1832, précité, — ... ou après la lecture de la déclaration du jury et avant l'application de la peine, — Cass., 27 mai 1847, précité, — ... ou lors des réquisitions du ministère public pour l'application de la peine, — Cass., 20 déc. 1849, Paret, [D. 49.5.101], — ... ou au moment de l'interpellation adressée à l'accusé sur l'application de la peine. — Cass., 16 août 1860, Cottin, [S. 61.1.112, P. 61. 729, D. 60.1.518]

1579. — ... Ou même qu'elle se soit maintenue pendant la durée entière des débats. C'est ce que la Cour de cassation a, plusieurs fois, décidé. « L'art. 294, C. instr. crim., dit-elle, n'impose au président l'obligation de désigner un défenseur à l'accusé qui n'en a pas choisi, que dans l'interrogatoire préliminaire ; cette formalité étant une fois accomplie, il est satisfait aux garanties exigées, sous peine de nullité, par la loi pour assurer à la partie l'assistance d'un conseil ». — Cass., 31 août 1848, précité.

1580. — Ainsi, il est arrivé que le conseil choisi par l'accusé ou désigné par le président, s'est retiré et n'a plus voulu continuer à défendre son client, parce que la cour a rejeté sa demande de renvoi de l'affaire à une autre session, — Cass., 2 juin 1831, Chadrin, [P. chr.], — ou bien parce que l'accusé s'est lui-même opposé à ce qu'il le défendît. — Cass., 27 févr. 1832, Raspail, Blanqui et autres, [S. 32.1.161, P. chr.]; — 13 avr. 1848, Jouenne, [S. 48.1.436, P. 48.2.621, D. 48.5.95] — Dans tous ces cas, la Cour de cassation a refusé d'annuler les débats, malgré l'absence continue du défenseur.

1581. — Cette solution peut être juridique, mais elle est bien rigoureuse. Autant elle paraît juste quand il s'agit d'une absence momentanée, autant elle semble difficile à admettre quand il s'agit d'une absence continue et absolue du défenseur. Le spectacle d'un accusé jugé et condamné sans être assisté d'un défenseur, même quand il a manifesté l'intention de s'en passer, répugne trop aux sentiments de notre époque pour que l'on puisse admettre facilement que le président se regarde comme dispensé d'en nommer un en remplacement de celui qui, dans ce cas, croit devoir s'abstenir. Le président devra alors d'office (et c'est ce qui a lieu dans la pratique journalière), désigner un autre défenseur qui suivra les débats et prêtera à l'accusé le secours de ses conseils, et même celui de sa parole, si celui-ci vient à changer de détermination et accepte l'appui qui lui est offert.

1582. — Le président des assises peut, au commencement du débat, bien que l'accusé ait choisi et désigné son défenseur qui l'a assisté durant toute l'affaire, autoriser un autre avocat, sur sa demande, à joindre son action à celle de son confrère et à coopérer ainsi à la défense. L'accusé ne peut se plaindre de cette adjonction qui, au lieu d'être une atteinte au droit de la défense, a été une mesure qui en a étendu et garanti l'exercice. — Cass., 14 juin 1888, Doucet, [Bull. crim., n. 207]

1583. — Au cours des débats, la défense a les mêmes droits que le ministère public. C'est ainsi que la loi lui accorde la faculté de s'opposer à l'audition des témoins qui ne lui ont pas été notifiés ou dont la déposition est prohibée (art. 315 et 322); de questionner chaque témoin après sa déposition, par l'organe du président, et de dire, tant contre lui que contre son témoignage, tout ce qui pourra être utile à la défense de l'accusé (art. 319); de faire tenir note des changements, additions et variations dans les dépositions des témoins (art. 318); de demander que les témoins qu'elle désignera soient entendus de nouveau, soit séparément, soit en présence les uns des autres (art. 326); de requérir l'arrestation du témoin dont la déposition paraît fausse et le renvoi de l'affaire à la prochaine session (art. 330 et 331); de présenter sur la position des questions au jury les observations nécessaires et de demander la position des questions d'excuse (art. 337).

1584. — Pour exercer ces droits, la défense peut : 1° demander la parole toutes les fois qu'elle désire être entendue au cours des débats ; 2° prendre les conclusions qu'elle croit utiles et sur lesquelles la cour est obligée de statuer.

1585. — Ainsi lorsque le jury ayant rapporté sa réponse, le défenseur de l'accusé demande la parole pour soutenir que cette réponse entraîne l'acquittement de l'accusé, le président ne peut, sans violer les droits de la défense, refuser la parole au défenseur sous prétexte que les débats sont clos : ces conclusions, bien ou mal fondées, élèvent un contentieux sur lequel l'avocat de l'accusé doit être entendu, et sur lequel il appartient à la cour seule de statuer. — Cass., 12 juill. 1855, Grandpierre, [S. 55.1.618, P. 56.1.616]

1586. — L'accusé et son conseil peuvent, au cours des débats, solliciter de la cour, verbalement ou par des conclusions écrites, telle mesure d'instruction publique qu'ils jugent utile, comme une expertise, une vérification d'écriture, un apport de pièces, etc.

1587. — Ils peuvent exiger la communication avant les débats et la production à l'audience de toutes les pièces de la procédure.

1588. — Mais si ces pièces sont perdues ou détruites, si le dossier a été soustrait ou brûlé, quel sera le droit de la défense, et que devra faire la cour d'assises? Cette question s'est présentée pour la première fois en 1868 et voici comment elle a été résolue par la Cour de cassation. La perte de la procédure instruite contre un accusé renvoyé devant la cour d'assises ne fait pas obstacle au jugement de l'affaire, si l'accusé accepte le débat et consent à mettre à la disposition de la cour les copies de pièces qu'il avait reçues. Dans ce cas, la lecture de l'arrêt de renvoi et de l'acte d'accusation est valablement faite sur la copie notifiée à l'accusé. Il n'en résulte pas non plus nullité de ce que le président de la cour d'assises n'a point remis au chef du jury les pièces spécifiées dans l'art. 341, C. instr. crim., si, d'ailleurs, l'accusé n'a point requis la stricte observation de cette formalité. — Cass., 3 sept. 1868, Chaton, [S. 70.1.41, P. 70.66, D. 69.1.435]

1589. — A défaut du consentement de l'accusé, il devra être procédé conformément aux règles prescrites par les art. 521 et s., C. instr. crim. ; l'instruction sera recommencée et l'accusé ne pourra être mis en jugement que sur le vu des pièces de la nouvelle procédure. C'est ce qui s'est produit dans plusieurs affaires après les événements de 1871. — Cass., 22 juill., 25 août, 1er, 21 et 28 sept. 1871, Martineau, Fornairon, Sanyas et Julien Falchun, Bessette et Dupas, Bouteiller, [S. 72.1.96, P. 72.192, D. 71.1.357]

1590. — Il n'y a pas nullité des débats en ce que le président de la cour d'assises n'aurait pas ordonné l'apport des livres de l'accusé, compris dans la procédure, et qui à ce titre devaient être remis au jury avec les autres pièces, si l'accusé et son défenseur ont déclaré ne pas s'opposer à ce qu'il fût passé outre aux débats malgré la non production de ces livres, et ont accepté comme exact le relevé joint à la procédure. — Cass., 10 oct. 1861, Gianoli, [P. 62.898, D. 61.1.451]

1591. — En présence d'un tel consentement de l'accusé, précisé et constaté dans le procès-verbal des débats, la cour a pu, sans irrégularité, omettre de statuer sur les conclusions du défenseur, postérieures à la condamnation, tendant à ce qu'il fût donné acte du défaut de représentation des livres. — Même arrêt.

1592. — Toutes espèces de pièces ne peuvent cependant pas être impunément jointes à la procédure. Ainsi la jonction au

dossier d'une lettre adressée par l'accusé à son conseil constitue une violation du principe essentiel de la liberté de la défense et serait de nature à entraîner la cassation des débats.

1593. — Un très-important arrêt de la Cour de cassation a décidé qu'il n'est pas permis de saisir, avant qu'elles leur soient parvenues, les lettres qui sont envoyées par les accusés à leurs avocats. Par suite, lorsque copie d'une communication faite par un accusé à son défenseur, et contenant aveu du crime, a été retenue, jointe au dossier et remise au jury, après la clôture des débats, avec l'ensemble des pièces du procès, il y a violation des droits de la défense, et par suite lieu à l'annulation de la condamnation prononcée. — Cass., 12 mars 1886, Laplante, [S. 87.1.89, P. 87.180, D. 86.1.345]

1594. — Mais la cour d'assises peut, sans porter atteinte au droit de la défense, interdire pendant les débats à l'avocat de l'accusé la lecture d'une lettre écrite par la femme de celui-ci. — Cass., 18 juill. 1844, Deniau, [P. 44.2.536]

1595. — Si, au cours des débats, de nouvelles pièces sont produites soit par le ministère public, soit par un témoin, ou bien apportées en vertu du pouvoir discrétionnaire du président, ces pièces doivent être également communiquées à l'accusé et à son défenseur. — Cass., 12 sept. 1895, Fenas, [Bull. crim., n. 241]

1596. — Ainsi, il y a nullité si le procès-verbal ne constate pas qu'une pièce nouvelle remise au jury a été communiquée à l'accusé ou à son conseil, ou du moins qu'elle a été lue à l'audience. — Cass., 30 nov. 1848, Nicolas, [P. 50.1.95]

1597. — De même, est nul l'arrêt d'une cour d'assises, lorsqu'un individu non inscrit au nombre des témoins, ni appelé en vertu du pouvoir discrétionnaire du président, a été introduit dans l'auditoire et admis, durant les débats, à déposer une pièce nouvelle qui a ensuite été remise au jury sans avoir été signée du greffier, et sans que le procès-verbal constate que l'accusé ait été mis à même de connaître cette pièce ou de la discuter. — Cass., 30 déc. 1830, Desornos, [S. 31.1.164, P. chr.]

1598. — S'il est permis au président des assises, en vertu de son pouvoir discrétionnaire, de verser aux débats des documents étrangers à la procédure criminelle soumise à la cour d'assises, c'est à la condition que l'accusé, s'il le requiert, puisse en prendre communication. Et il y a violation du droit de la défense, si aux conclusions de l'avocat de l'accusé tendant au renvoi de l'affaire à une autre session et à prendre communication des éléments nouveaux du débat ainsi introduits, la cour d'assises répond par un arrêt qui refuse cette remise et annihile ainsi le droit du défenseur, en lui refusant la communication à laquelle il a droit (C. instr. crim., art. 303). — Cass., 8 sept. 1887, Exposito, [Bull. crim., n. 333]

1599. — Jugé, toutefois, que lorsque la cour d'assises a, sur la réquisition du ministère public et par arrêt, ordonné le dépôt au greffe d'objets présentés par un témoin comme ayant appartenu à l'accusé, après que le défenseur et son défenseur aient été entendus, il ne saurait y avoir nullité, alors que l'accusé, présent au débat, n'a élevé aucune réclamation à ce sujet, et n'a pas été empêché de présenter les observations qu'il aurait cru devoir faire dans son intérêt. — Cass., 12 déc. 1840, Lafarge, [S. 40.1.948, P. 42.2.622]

1600. — Lorsqu'un accusé, condamné quelques jours auparavant par une cour d'assises à la suite de débats au cours desquels le président a versé des documents étrangers à la cause, comparaît à nouveau devant la même cour d'assises pour purger une nouvelle accusation, et que le président déclare vouloir s'abstenir de mêler tout document étranger à cette nouvelle affaire et engage les jurés qui les auraient connus par les premiers débats ou par la presse à n'en tenir aucun compte, aucune atteinte n'est portée aux droits de la défense et aucun moyen ne peut être soulevé par elle à raison de ce qui a pu se passer dans un débat précédent et étranger à l'affaire. — Cass., 8 sept. 1887, précité. — V. au surplus, sur les pièces qui peuvent être communiquées au jury, infrà, n. 3815 et s.

1601. — L'accusé et son conseil ont le droit d'être entendus sur tous les incidents soulevés au cours des débats, sur toutes les réquisitions du ministère public ou les conclusions de la partie civile. — V. infrà, n. 6030 et s.

1602. — Enfin, le défenseur et l'accusé doivent avoir la parole les derniers. C'est ce qu'édicte l'art. 335, C. instr. crim. Cette disposition, établie en vue des plaidoiries, s'applique, non seulement à cette partie des débats, mais à tous les incidents. — Cass., 5 mai 1826, Renault, [P. chr.]; — 18 juin 1891, Volant et Lehmann, [Bull. crim., n. 136]

7

1603. — Si l'accusé avait demandé la parole et qu'elle lui eût été refusée, il y aurait nullité. La raison en est que ce n'est pas avoir été entendu que de l'avoir été d'une manière incomplète. — Carnot, *Instr. crim.*, sur l'art. 333, n. 6.

1604. — Il a été jugé que le droit qu'a l'accusé ou son conseil d'avoir toujours la parole le dernier n'implique pas, pour le président, l'obligation d'interpeller l'accusé pour savoir de lui s'il n'a rien à ajouter à sa défense. — Cass., 16 juin 1836, Pierrot, [P. chr.]

1605. — Ainsi lorsque, sur un incident soulevé par l'accusé, celui-ci a été entendu, puis le ministère public, l'accusé ne peut se plaindre de n'avoir pas eu la parole le dernier s'il n'est point établi qu'il ait demandé à répliquer. — Cass., 13 oct. 1847, d Écqueville, [S. 48.1.301, P. 47.2.727, D. 47.1.338]; — 16 mai 1874, Dubern, [S. 75.1.43, P. 75.72, D. 74.1.323]; — 2 avr. 1885 (motifs), Mielle, [*Bull. crim.*, n. 108] — La violation du droit de la défense consiste à refuser la parole à l'accusé lorsqu'il la demande; mais la loi n'oblige pas le président à adresser à la défense une interpellation à cet égard. — Cass., 18 juin 1891, précité.

1606. — Comme aussi, lorsqu'un accusé a demandé à la cour d'assises d'ordonner une vérification des lieux, et qu'ensuite le ministère public a donné ses conclusions sur ce point, l'accusé ne peut se plaindre de n'avoir pas eu la parole le dernier s'il n'est établi ni même allégué que lui ou son conseil aient voulu répliquer, et que la parole leur ait été refusée. — Cass., 23 déc. 1847, de Beauvallon, [S. 48.1.302, P. 48.1.292]

1607. — Cependant, il a été jugé que lorsque, postérieurement à la plaidoirie du défenseur de l'accusé, un nouveau témoin a été entendu en vertu du pouvoir discrétionnaire du président, sans que l'accusé ou son conseil aient été mis en demeure de s'expliquer sur sa déclaration, les débats sont nuls, ainsi que l'arrêt de condamnation. — Cass., 9 avr. 1835, Isnardi, [S. 35.1.460, P. chr.]

1608. — Observons, toutefois, que la disposition de l'art. 335, C. instr. crim., qui veut que l'accusé ait la parole le dernier, ne s'applique qu'aux débats criminels : elle peut donc être refusée aux accusés après le ministère public sur les conclusions des parties relatives aux intérêts civils. — Cass., 1er juin 1839, Nougué et Horrère, [P. 46.1.505]

1609. — L'accusé ne pourrait se faire un moyen de cassation de ce que la cour aurait refusé au procureur général ou à la partie civile de développer leurs moyens à l'appui de l'accusation. — Carnot, *Inst. crim.*, sur l'art. 335, n. 4.

1610. — Les droits de la défense trouvent leur garantie et leur sauvegarde dans l'art. 408, C. instr. crim., qui dispose que lorsque l'accusé aura subi une condamnation et que soit dans l'instruction et la procédure qui auront été faites devant la cour d'assises, soit dans l'arrêt même de condamnation, il y aura une violation ou omission de quelques-unes des formalités que le présent Code prescrit sous peine de nullité, cette omission ou violation donnera lieu à l'annulation de l'arrêt de condamnation. « Il en sera de même lorsqu'il aura été omis ou refusé de prononcer sur une ou plusieurs demandes de l'accusé tendant à user d'une faculté ou d'un droit accordé par la loi, bien que la peine de nullité ne soit pas textuellement attachée à l'absence de la formalité dont l'exécution avait été demandée ou requise. »

1611. — De ces dispositions, résulte cette double conséquence : 1° la violation ou l'omission d'une formalité prescrite sous peine de nullité, entraîne cassation; 2° il y a lieu également à cassation si la cour omet ou refuse de statuer sur une demande de l'accusé tendant à user d'une faculté ou d'un droit accordé par la loi.

1612. — Pour sauvegarder le droit qu'elle puise dans l'art. 408, la défense doit, toutes les fois qu'elle voudra, au cours des débats, présenter une demande, formuler une réclamation ou s'opposer à une mesure sollicitée par le ministère public ou la partie civile, ou prescrite par le président, déposer des conclusions sur le bureau de la cour.

1613. — Ces conclusions doivent être écrites et signées par l'accusé. Cette forme, quoique la loi ne l'exige pas rigoureusement, est nécessaire pour en constater la teneur et l'authenticité. La défense met ainsi la cour en demeure de statuer. — F. Hélie, n. 3347.

1614. — La cour ne serait pas tenue de répondre si la défense s'était bornée à présenter une simple observation verbale. Ainsi il a été jugé que, lorsqu'après avoir demandé au président de la cour d'assises d'user de son pouvoir discrétionnaire

pour limiter la déposition de certains témoins aux seuls faits de l'accusation, le défenseur de l'accusé, sur le refus fait par le président d'user ainsi de ce pouvoir, a dit qu'il *prenait des conclusions formelles*, sans expliquer ni en quoi elles consistaient, ni à qui elles s'adressaient, la cour d'assises n'a pas eu à délibérer. — Cass., 8 avr. 1843, Allary, [S. 43.1.619, P. 43.2.640] — Un arrêt plus récent a confirmé cette même opinion en décidant que « les observations du défenseur ne peuvent ni constituer ni suppléer des conclusions formelles et précises destinées à discuter l'opinion du ministère public et à formuler ainsi une question judiciaire qui aurait dû être tranchée par un arrêt de la cour ». — Cass., 23 juin 1876, de la Martinière, [S. 78.1.88, P. 78.178, D. 77.1.512]

1615. — Au contraire, lorsque des conclusions sont régulièrement prises et déposées par la défense, la cour se trouve dans l'obligation de statuer.

1616. — Et elle doit le faire par un arrêt motivé; ainsi il y aurait nullité si, à des conclusions prises par la défense et tendant à la position d'une question subsidiaire de coups et blessures, la cour se bornait à décider qu'il n'y a pas lieu de poser la question, sans donner à cet égard des motifs d'aucune sorte. — Cass., 8 sept. 1881, Salah-ben-El-Hadj et autres, [*Bull. crim.*, n. 213] — V. *infrà*, n. 6034 et s.

1617. — Si la cour fait droit aux conclusions de la défense et lui accorde ce qu'elle demande, celle-ci ne peut élever dans la suite aucune réclamation puisqu'il n'en résulte pour elle aucun grief.

1618. — Mais supposons au contraire que la cour ou bien a omis de statuer sur les conclusions de la défense, ou bien a rejeté ce qu'elle demandait. Quelle sera alors, pour elle, la conséquence de cette omission ou de ce rejet? L'art. 408 fournit la réponse à cette question. Il y aura lieu à annulation si, dans les conclusions rejetées ou non répondues, la défense demandait à user d'une faculté ou d'un droit accordé par la loi. Pas de nullité au contraire s'il ne s'agit pas d'un de ces droits.

1619. — Jugé, spécialement, que l'obligation pour les cours d'assises de prononcer, à peine de nullité, sur les demandes de l'accusé n'existant qu'autant que ces demandes tendent à user d'une faculté ou d'un droit accordé par la loi, il s'ensuit que l'omission de statuer sur les conclusions de l'accusé tendant à ce qu'il lui soit donné acte de sa présence à la lecture de la déclaration du jury par le chef du jury, ne saurait être une cause de nullité. — Cass., 20 mars 1856, Galopin, [S. 56.1.629, P. 57.43, D. 56.1.230]

1620. — La plus grande liberté doit être laissée à l'accusé et à son conseil pour produire et développer à l'audience ses moyens de défense.

1621. — L'avocat cependant ne doit pas oublier la recommandation qui lui est faite par l'art. 311, C. instr. crim., de ne rien dire contre sa conscience ou contre le respect dû aux lois et de s'exprimer avec décence et modération.

1622. — Les excès qui viendraient à se produire pourraient être réprimés par le président, soit en vertu de l'art. 267, qui lui attribue la police de l'audience, soit en vertu de l'art. 270, qui lui permet de rejeter tout ce qui tendrait à prolonger les débats.

1623. — Ainsi, le président peut, au cours de l'interrogatoire de l'accusé, faire observer au défenseur que ses interruptions incessantes et ses interpellations sont de nature à troubler les débats et à jeter la confusion dans l'esprit des jurés. En agissant ainsi, le président, loin de violer les immunités de la défense, n'a fait qu'user des droits de police de l'audience et de direction des débats. — Cass., 2 mars 1882, Tréchot, [*Bull. crim.*, n. 60]

1624. — Si le défenseur commettait à l'audience quelque faute grave, la cour d'assises pourrait prononcer contre lui les peines disciplinaires établies par l'art. 18, Ord. 20 nov. 1822, c'est-à-dire l'avertissement, la réprimande, l'interdiction temporaire ou la radiation (art. 43, même ord.). Enfin, s'il s'agissait d'un délit proprement dit, la cour d'assises pourrait faire l'application des art. 181 et 505, C. instr. crim.

CHAPITRE IX.

OUVERTURE DES DÉBATS.

1625. — Nous avons vu jusqu'ici comment la cour d'assises est constituée, comment elle est saisie des affaires à juger;

nous avons vu également s'accomplir tous les actes de la procédure intermédiaire, et procéder au tirage au sort du jury de jugement. Toutes ces formalités une fois remplies, l'audience va pouvoir s'ouvrir et les débats commencer.

§ 1. Entrée en séance. — Ouverture des débats. Comparution de l'accusé.

1626. — Tout débat contradictoire exige la présence simultanée et continue de trois éléments distincts : l'accusé, le jury, la cour. Nous allons les voir successivement pénétrer dans la salle d'audience.

1627. — a) L'accusé. — Généralement, c'est l'accusé qui est introduit le premier; il est amené et vient s'asseoir sur le banc qui lui est destiné.

1628. — b) Le jury. — Puis, les douze jurés se placent, dans l'ordre désigné par le sort, sur des sièges séparés du public, des parties et des témoins, et en face de celui qui est destiné à l'accusé (C. instr. crim., art. 309).

1629. — L'art. 309 précise avec beaucoup de soin la place que doivent occuper les jurés. Leurs sièges doivent être séparés du public, des parties et des témoins, afin de prévenir toute communication illégale. Ils doivent être placés en face de l'accusé, afin qu'ils puissent ainsi mieux entendre ses explications, étudier sa physionomie, et saisir ses moindres mouvements. — F. Hélie, n. 3451 et 3452; Nouguier, n. 1473.

1630. — L'art. 309 ajoute : « les douze jurés se placeront dans l'ordre désigné par le sort ». Ainsi, le chef du jury se mettra à la première place; le juré, dont le nom est sorti le second de l'urne, occupera la seconde place, et ainsi de suite.

1631. — Cependant, l'ordre dans lequel les jurés se sont placés à l'audience, n'a rien de substantiel. Ainsi jugé qu'il ne peut résulter une nullité de ce que les jurés ne se seraient pas placés dans l'ordre désigné par le sort. — Cass., 27 sept. 1822, Loubet, [S. et P. chr.]; — 21 sept. 1848, Gatineau, [P. 49.2. 631] — Sic, Nouguier, loc. cit.

1632. — Si la cour a ordonné l'adjonction d'un ou de deux jurés suppléants, ceux-ci se placent sur des sièges distincts, disposés à côté de ceux qu'occupent les jurés titulaires.

1633. — c) La cour. — Enfin, quand l'accusé et les jurés se sont placés, la cour se introduite. L'huissier audiencier annonce la cour, le public se lève et se découvre ; et aussitôt le président, les assesseurs, le ministère public et le greffier pénètrent dans le prétoire et viennent occuper les places qui leur sont réservées.

1634. — Ces places sont toujours situées à l'une des extrémités de la salle, et font face au public; les sièges des jurés sont ordinairement à droite de la cour, et le banc de l'accusé à gauche.

1635. — Dès que la cour a pris place sur les sièges qui lui sont réservés, le président dit : « La séance est ouverte. »

1636. — A partir de ce moment et jusqu'à la fin des débats, il faut que les trois classes de personnes que nous venons d'énumérer, magistrats, jurés, accusés, assistent à tous les actes de l'instruction orale. Leur présence continue pendant toute la durée des débats de l'affaire est absolument indispensable.

1637. — Cette règle s'applique bien évidemment au président, aux assesseurs, au magistrat du ministère public, au greffier et aux jurés. Aucune de ces personnes ne peut, à peine de nullité, quitter, même momentanément l'audience, pendant le cours des débats.

1638. — La règle n'est pas moins rigoureuse en ce qui concerne l'accusé. Il est de principe que l'accusé doit être présent à toutes les parties du débat oral; l'ensemble des dispositions du Code d'instruction criminelle, livre 2, chapitre 4, suppose cette présence. — Cass., 26 juin 1885, Aubert, [Bull. crim., n. 188]; — 1er déc. 1887, Belgarde, [Bull. crim., n. 408]; — 27 déc. 1888, Mohamed-ben-saïd-ben-Lamri, [Bull. crim., n. 385] — Sic, Nouguier, n. 1501.

1639. — Quand la loi veut qu'il soit procédé hors la présence de l'accusé, elle le dit d'une façon expresse ; ainsi l'art. 327, C. instr. crim., permet au président de faire retirer un ou plusieurs accusés pour les examiner séparément ; ainsi, les art. 341, 348 et 357, combinés, prescrivent de donner une première lecture de la déclaration du jury à un moment où l'accusé n'est pas encore rentré dans l'auditoire ; de même encore, la loi du 9

sept. 1835 ordonne, dans certains cas, de procéder, sans l'accusé, aux débats et au jugement. Enfin la loi du 29 juill. 1881, sur la presse (art. 55), dispose que le prévenu qui a été présent à l'appel des jurés ne peut plus faire défaut. Si, après l'appel des jurés, il se retire de l'audience, les débats n'en continuent pas moins avec le concours du jury, et l'arrêt de la cour, rendu en l'absence du prévenu, sera néanmoins définitif.

1640. — En dehors de ces exceptions, relatives à des objets strictement déterminés, la règle que l'accusé doit être présent, s'impose à peine de nullité. La présence de l'accusé aux débats constitue une formalité substantielle. La violation de cette règle porte, en effet, la plus grave atteinte au droit de défense, lequel appartient, avant tout, à l'accusé lui-même. — Cass., 1er déc. 1887, précité.

1641. — Ainsi jugé que la nullité doit être prononcée si, dans le cours de l'audience, pendant le débat oral, un accusé est sorti de la salle pour cause d'indisposition, s'il est resté absent durant dix minutes environ et si, nonobstant cette absence, le débat a continué. — Cass., 26 juin 1885, précité.

1642. — Il en est ainsi alors même que le conseil de l'accusé aurait assisté à l'audience, pendant l'absence de celui-ci. La présence du défenseur seul ne suffit pas pour rendre le débat contradictoire. — Même arrêt.

1643. — Aucune décision, sur laquelle l'accusé pouvait avoir intérêt à être entendu, ne peut être rendue en son absence.

1644. — Ainsi il a été décidé qu'il y a violation des droits de la défense et que, par suite, la nullité des débats doit être prononcée : 1° lorsque la cour, sa sie par le défenseur de conclusions qui auraient pour objet la remise d'une pièce au jury, a statué en l'absence de l'accusé. — Cass., 22 mai 1857, Legrand, [S. 57.1.799, D. 57.1.316].

1645. — 2° Lorsque, immédiatement après la première lecture du verdict et alors que l'accusé était encore hors de l'auditoire, le défenseur a requis acte de l'omission de telle ou telle formalité et que la cour a statué sur ces incidents hors la présence de l'accusé. — Cass., 1er déc. 1887, précité; — 27 déc. 1888, précité; — 1er mars 1889, [D 89.1.391] — La présence du défenseur ne suffit pas pour donner satisfaction au vœu de la loi.

1646. — 3° De même, les jurés ne peuvent, sans violer le droit de légitime défense de l'accusé, ainsi que la publicité du débat, se transporter de l'audience sur la place du palais, en vertu de l'autorisation du président, pour procéder à certaines vérifications, et notamment pour y examiner, en l'absence de la cour d'assises et de l'accusé, une voiture dans laquelle a été placée une boîte volée et vérifier de quelle manière le vol a pu être commis. — Cass., 25 sept. 1828, Pissard, [P. chr.] — V. infra, n. 5599 et s.

1647. — Que décider si un accusé s'évade au cours des débats? Nous estimons qu'en pareil cas, c'est la procédure par contumace qui doit être suivie (C. instr. crim., art. 465), par suite de l'évasion. Il en résulte que, si l'accusé comparaît seul, les débats ne pourront plus continuer; ils ne pourront avoir lieu utilement que lorsque les formalités de la procédure par contumace auront été accomplies. Si, au contraire, il y a plusieurs accusés, il y aura lieu de disjoindre en ce qui concerne celui qui s'est évadé, et les débats ne pourront se poursuivre contradictoirement que à l'égard des accusés présents.

1648. — Il a cependant été jugé, pour un accusé évadé durant la délibération du jury, qu'il doit être procédé alors conformément aux dispositions des art. 8 et 9, L. 9 sept. 1835. Par suite, sommation doit être faite par huissier à l'accusé de comparaître, et le président de la cour d'assises, en cas de non comparution, est tenu d'ordonner qu'il sera passé outre aux débats. Ce dernier, est contradictoire à la condamnation intervenue dans ces circonstances. — C. d'ass. des Bouches-du-Rhône, 18 mai 1876, Moutonnet et Gautier, [S. 76.2.325, P. 76.1247] — Nous ne croyons pas que la disposition des art. 8 et 9, L. 9 sept. 1835, édictée pour l'hypothèse d'un accusé récalcitrant, mais présent, soit applicable à un accusé évadé. En effet, le procès-verbal de la sommation qui doit être faite à l'accusé doit contenir sa réponse (art. 8). Or, l'accomplissement d'une semblable formalité ne révèle-t-elle pas la pensée du législateur, de ne s'adresser qu'à un individu présent et à la disposition de la justice? N'est-ce pas encore sous l'empire de cette idée qu'en raison du refus de l'accusé la loi prévoit la possibilité d'une contrainte physique immédiate? Or, l'on ne conçoit pas la contrainte s'exerçant sur un individu qui se dérobe à toute poursuite.

Enfin, de quelle façon comprendre, comme s'adressant à une personne en fuite, la lecture qui doit être faite à l'accusé non comparant du procès-verbal des débats (art. 9, § 2)? Cette opinion a été, en dernier lieu, consacrée par la Cour de cassation; celle-ci, sur un pourvoi formé dans l'intérêt de la loi, a décidé que les art. 8 et 9 de la loi précitée étaient inapplicables aux accusés évadés pendant les débats; dans ce cas, il appartient à la cour d'assises de disjoindre la cause des accusés évadés d'avec celle des accusés présents, pour être ultérieurement statué contre les accusés évadés par voie de contumace, dans les termes de l'art. 465, § 2, C. instr. crim. — Cass., 19 janv. 1877, Gautier et Moutonnet, [S. 79.1.189, P. 79.444]

1649. — L'accusé comparaît libre et seulement accompagné de gardes pour l'empêcher de s'évader (C. instr. crim., art. 310). La loi a voulu par cette disposition faire disparaître tout ce qui pourrait porter atteinte à la liberté morale de l'accusé en gênant sa liberté physique. — De Serres, *Man. des cours d'assises*, t. 1, p. 161; F. Hélie, n. 3453; Trébutien, t. 2, n. 590; Morin, *Rép.*, v° *Cour d'ass.*, n. 43; Garraud, n. 569; Villey, p. 376.

1650. — Le Code de brumaire contenait une disposition semblable. Sous le droit ancien, au contraire, l'accusé, déjà confondu avec le coupable, paraissait devant la cour chargé de fers; aujourd'hui, la loi ne prend contre l'accusé, tant qu'il n'est pas condamné, que des mesures de précaution pour prévenir son évasion.

1651. — Toutefois, en usant de ces mesures bienveillantes à son égard, la loi suppose qu'il ne se livrera à aucun acte de violence; il en était autrement, sa conduite justifierait les mesures sévères qui pourraient être prises envers lui. — Legraverend, t. 2, p. 184; Trébutien, *loc. cit.*; Morin, *loc. cit.* — *Contrà*, F. Hélie, n. 3453.

1652. — La disposition de l'art. 310, C. instr. crim., qui veut que l'accusé comparaisse libre aux débats, et seulement accompagné de gardes pour l'empêcher de s'évader, n'est pas prescrite à peine de nullité; et il n'y a lieu de prononcer cette nullité qu'autant que l'entrave corporelle à laquelle l'accusé s'est trouvé soumis, aurait pu être de nature à compromettre la liberté physique et morale dont il a besoin pour sa défense. — Cass., 2 janv. 1857, Vosmarin, [S. 57.1.400, P. 58.223, D. 57.1.77]; — 20 mars 1862, Klopfensteim, [D. 62.5.99]; — 20 déc. 1889, Durand, [*Bull. crim.*, n. 400] — *Sic*, Trébutien, t. 2, n. 590.

1653. — Ainsi, il ne saurait résulter nullité de ce que l'accusé a comparu chargé de fers qui, dans sa prison, lui avaient été mis aux pieds par mesure de précaution et de sûreté, alors que, sur l'ordre du président, ces fers lui ont été enlevés immédiatement après la lecture de l'acte d'accusation et avant qu'il fût procédé à son interrogatoire. — Cass., 2 janv. 1857, précité.

1654. — Le condamné est d'autant moins fondé à se plaindre, s'il n'a élevé aucune réclamation, à l'égard de ces fers, ni au moment de l'exercice de son droit de récusation, ni au commencement des débats. — Même arrêt.

1655. — Il a été aussi jugé qu'un président de la cour d'assises avait pu, d'après le caractère connu de l'accusé, autoriser les gendarmes à lui mettre les menottes pour entendre la lecture du verdict du jury, alors, d'ailleurs, qu'elles lui avaient été ensuite ôtées pour répondre à l'interpellation sur l'application de la peine. — Cass., 7 oct. 1830, Metz, [S. et P. chr.]

1656. — L'art. 310 ne dispose du reste que pour le temps où l'accusé est en présence de la cour et du jury : les prescriptions de cet article ne font pas obstacle à ce que des mesures de précaution et de sûreté soient prises à son égard dans le trajet entre la prison et la salle d'audience. La cour d'assises n'a pas à se préoccuper de ces mesures prises en dehors de l'audience. — Cass., 20 mars 1862, précité.

1657. — La loi ne s'est pas préoccupée du costume que l'accusé doit porter à l'audience; l'art. 310 est muet à cet égard. Aucun moyen de cassation ne pourrait donc résulter de ce que l'accusé aurait comparu aux assises revêtu du costume des condamnés, soit du costume des condamnés aux travaux forcés, soit du costume des condamnés à plus d'une année d'emprisonnement. Du reste aucune atteinte à la liberté de la défense ne peut résulter du port de ce costume. — Cass., 17 juin 1875, Dubois, [*Bull. crim.*, n. 191]; — 13 févr. 1880, Morel, dit Robert, [*Bull. crim.*, n. 32]

1658. — L'accusé, décoré de la Légion d'honneur, ne peut comparaître à l'audience avec les insignes de l'ordre. L'exercice des droits et prérogatives des membres de la Légion d'honneur est en effet suspendu par l'état d'accusation ou de contumace (Décr. du 16 mars 1852, art. 39; Constitution du 22 frim. an VIII, art. 5).

1659. — Il en est de même pour les décorés de la médaille militaire (Décr. 24 nov. 1852, art. 1 et 9), de la médaille de Sainte-Hélène, des médailles commémoratives des campagnes de Crimée et de la Baltique (Décr. 26 févr. 1858) et de la médaille commémorative de la campagne d'Italie (Décr. 24 oct. 1859). L'état d'accusation emporte pour les titulaires de ces médailles la suspension du droit d'en porter les insignes.

§ 2. *Publicité des débats.*

1660. — Aussitôt que le président a dit : « La séance est ouverte », il faut que l'accès de l'auditoire soit assuré au public. Les portes de la salle d'audience doivent être ouvertes, et toute personne doit pouvoir y pénétrer. La publicité de l'audience est, en effet, une forme essentielle de la justice criminelle. — Trébutien, n. 572 et 573; Nouguier, n. 1477 et s.; Pain, n. 121; F. Hélie, n. 3395; Morin, *Rép.*, v° *Cour d'ass.*, n. 35; Villey, p. 336, § 2; Garraud, n. 513.

1661. — La première disposition législative qui a ordonné la publicité des débats en matière criminelle est l'art. 21, Décr. 9 oct. 1789, ainsi conçu : « Le rapport du procès sera fait par un des juges, les conclusions du ministère public données ensuite et motivées, le dernier interrogatoire prêté et le jugement prononcé, *le tout en audience publique*, etc. »

1662. — Après ce décret parut la loi du 18 pluv. an IX, qui consacra le même principe, même pour les tribunaux spéciaux (Dite loi, art. 28).

1663. — Vint ensuite la loi du 30 avr. 1810, sur l'organisation judiciaire, qui déclara nuls les arrêts qui ne seraient pas rendus publiquement. Depuis lors, le même principe a été écrit dans presque toutes les constitutions de la France et est devenu une règle de notre droit public.

1664. — De ces diverses dispositions on a conclu que la publicité du débat est une formalité substantielle. — Cass., 3 mars 1826, Ferrier, [P. chr.] — Toute infraction à cette règle entraîne nullité.

1665. — Cette nullité est encourue, bien entendu, si la publicité n'a existé à aucun moment des débats.

1666. — Mais elle doit être également prononcée, si le défaut de publicité ne s'applique qu'à une fraction des débats. Ainsi jugé qu'il y a nullité, si une partie quelconque des débats a eu lieu les portes fermées. — Cass., 17 mai 1810, Gasparini, [S. et P. chr.]

1667. — Jugé spécialement qu'il y a nullité, lorsqu'il est constaté par un arrêt de donné acte que ce n'est qu'après la prestation de serment des jurés et la lecture de l'arrêt de renvoi et de l'acte d'accusation que le président des assises a ordonné d'ouvrir au public les portes de l'audience. — Cass., 1er juin 1883, Baillache et Sabalier, [*Bull. crim.*, n. 134]

1668. — Peu importe qu'il soit constaté dans cet arrêt de donné acte que, dès le commencement de l'audience, un grand nombre de personnes étrangères à l'affaire avaient pu pénétrer dans la salle, cette publicité restreinte ne pouvant équivaloir à la publicité pleine et entière qui doit exister pendant toute la durée de l'audience. — Même arrêt.

1669. — De même, il y a nullité lorsque, dans le procès-verbal, la publicité a cessé d'être constatée pour la partie des débats comprenant les plaidoiries, la remise des questions au jury et la lecture du verdict. — Cass., 23 juin 1827, Rivière, [P. chr.]

1670. — Il y a lieu également d'annuler les débats lorsque, le président de la cour d'assises ayant, suivant le procès-verbal, fait retirer le public de l'auditoire après avoir remis les questions au jury, rien ne constate ni même n'énonce que l'audience a été rendue publique jusqu'au moment où il est dit que le président a prononcé publiquement l'arrêt. — Cass., 25 juill. 1833, Boussac, [P. chr.]

1671. — Du principe que les débats doivent être publics, il ressort que, les débats une fois commencés, le président ne peut procéder légalement, hors la présence de la cour, des jurés, du ministère public, des témoins, du public et du défenseur de l'accusé à des actes d'instruction faisant partie des débats. Ainsi il y aurait nullité si, dans l'intervalle de deux séances, le président interrogeait, dans son cabinet, l'accusé et ordonnait qu'un écrit saisi sur lui sera remis à des experts. — Cass., 2 oct. 1845, Samson, [S. 46.1.126, P. 46.1.344, D. 46.4.108]

1672. — Il y a publicité légale des débats, à quelque heure de la nuit qu'ils commencent, pourvu que les portes de l'auditoire demeurent ouvertes; peu importe dès lors qu'ils aient commencé au milieu de la nuit, à une heure du matin. — Cass., 24 déc. 1835, Barribas, [P. chr.]; — 28 juin 1838, Couvreur, [S. 38.1.510, P. 40.1.311]

1673. — Le principe de la publicité des débats doit se concilier avec le droit de police que la loi confère au président de la cour d'assises. — Villey, p. 336, note 3.

1674. — Ainsi, il n'y a pas eu violation du principe de la publicité des débats par cela que le président a fait retirer une partie de l'auditoire pour cause de tumulte, et tenir fermées pendant son résumé les portes de la salle d'audience, qui étaient assaillies par la populace. — Cass., 30 mai 1839, Nougué et Garos, [P. 43.2.298]

1675. — De même, le président des assises, pour maintenir l'ordre en éloignant l'affluence trop considérable qui envahissait la salle d'audience, peut ordonner que les portes demeurent momentanément fermées, si, d'ailleurs, il est constaté que la place destinée au public reste occupée. — Cass., 10 janv. 1851, [Bull. crim., n. 17]; — 11 avr. 1867, Niochau, [S. 68.1.139, P. 68.314, D. 67.1.360] — Sic, F. Hélie, t. 7, n. 3278 et 3279; Nouguier, n. 1488.

1676. — Ne viole pas davantage le principe de la publicité des débats le président qui, à plusieurs reprises, a invité le gendarme à fermer la porte de la salle d'audience pour éviter une affluence excessive, alors qu'il résulte des constatations du procès-verbal que « la salle n'a cessé d'être comble ». — Cass., 5 juin 1890, Moro, [Bull. crim., n. 116]

1677. — En vertu de son droit de police, le président, à la suite de désordres qui ont éclaté à l'audience, peut ordonner l'évacuation de la salle. En ce cas, le président peut, pour maintenir la tranquillité dans l'auditoire, et sans qu'il y ait en cela atteinte à la publicité, ordonner que les portes d'entrée restent fermées, la fermeture des portes après l'évacuation de la salle et jusqu'après le prononcé de l'arrêt de condamnation, et le refus de laisser entrer les avocats qui n'étaient pas en robe, et des amis du prévenu, ne peuvent constituer des atteintes à la publicité, alors qu'il est constant que des personnes en robe et autres ont été admises dans l'intérieur du parquet, sous la protection des huissiers, et que ces mesures étaient nécessaires pour prévenir le retour du désordre. — Cass., 14 juin 1833, Roche (Aff. de la Gazette du Languedoc), [S. 34.1.717, P. chr.] — Sic, Nouguier, n. 1489.

1678. — Le défaut de publicité ne peut, non plus, résulter, dans ce cas, de ce que l'admission dans une tribune n'aurait eu lieu que moyennant une rétribution payée au portier. — Même arrêt.

1679. — On s'est demandé si le président pouvait, en vertu de son droit de police, distribuer des billets donnant droit d'accès dans la salle d'audience, et si l'exercice de cette faculté n'était pas de nature à porter atteinte au principe de la publicité des débats.

1680. — La Cour de cassation a jugé que la distribution de billets pour entrer de préférence à l'audience d'une cour d'assises n'est qu'une mesure d'ordre et de police qui ne contrarie point la publicité des débats. — Cass., 6 févr. 1812, Morin, [S. et P. chr.]

1681. — Cet arrêt ne s'explique pas sur le point de savoir dans quelle proportion des billets avaient été distribués et la solution qu'il consacre ne pourrait pas être sérieusement critiquée si le président s'était borné à réserver un certain nombre de places seulement aux porteurs de billets. Dans ce cas, en effet, on ne peut pas dire que l'entrée de la salle d'audience n'ait pas été libre pour le public.

1682. — La même solution devrait-elle être admise si la salle était entièrement et exclusivement réservée aux porteurs de billets, sans qu'aucun espace soit laissé à la disposition du public? Nous ne le croyons pas. Il importe, en effet, de ne pas perdre de vue le but que le législateur s'est proposé en prescrivant la publicité des débats en matière criminelle. La publicité des débats a pour objet de donner une garantie à l'accusé en déférant les actes du juge, à mesure qu'ils s'accomplissent, au contrôle et à l'examen du public. Cette garantie n'est sérieuse, n'est conforme au vœu de la loi qu'autant que l'accès de l'auditoire est

librement assuré au public, c'est-à-dire à la foule, à tout le monde, sans acception de personnes ni de catégories. Cette garantie au contraire disparaît si l'entrée de la salle est exclusivement réservée aux personnes nanties de billets. On ne peut pas dire alors qu'il y ait publicité des débats, puisque le public n'a pas été admis dans la salle d'audience. Nous pensons donc qu'en pareil cas la nullité de la procédure devrait être prononcée. — F. Hélie, t. 7, n. 3277; Nouguier, n. 1487; Legraverend, Législ. crim., t. 2, p. 25; Favard de Langlade, Rép., v° Audience, § 1, n. 1; Cubain, n. 374; Pain, n. 124; note, S. 89.1.136.

1683. — La question a été soulevée il y a quelques années devant la Cour de cassation; quelques jours avant l'ouverture des débats d'une affaire qui a eu un grand retentissement : le président de la cour d'assises avait fait publier dans la Gazette des tribunaux (n. du 1er juill. 1887, p. 633) un avis portant que l'on ne pénétrerait dans la salle d'audience que si on était porteur d'une carte signée de lui. Cet ordre paraît avoir été exécuté au moins pendant la première audience. Le condamné s'en prévalut et tenta de tirer de cette circonstance un moyen de cassation. La Cour de cassation l'écarta par une fin de non-recevoir tirée de ce que le procès-verbal des débats constatait la publicité de chaque audience en ces termes : « les portes de l'auditoire étant ouvertes et l'audience étant publique ». — Cass., 11 août 1887, Pranzini, [S. 89.1.137, P. 89.1.309, D. 87.1.464] — L'accusé ne s'étant pas inscrit en faux, la nullité devait échouer devant les énonciations formelles du procès-verbal. Mais des termes de cet arrêt, il est permis d'inférer que la nullité aurait été prononcée si, à la suite d'une inscription de faux, l'accusé avait pu établir que, pendant une audience, la salle avait été réservée en entier aux personnes munies de billets distribués à l'avance.

1684. — Quelle que soit du reste l'influence que peut avoir sur la publicité des débats la distribution de billets faite par le président, il n'est pas inutile de faire remarquer que cette mesure, prise dans l'intérêt de la police de l'audience, n'a que très-imparfaitement atteint ce but. De nombreux abus se sont produits. Dès 1843, M. F. Hélie écrivait dans la Gazette des tribunaux (n. du 4 janvier) : « Il semble que la dignité de la justice est blessée par les distributions de billets qui transforment la salle d'audience en une salle de théâtre. Le président, en se prêtant à ces actes de complaisance, semble promettre des débats pleins d'intérêt, des incidents curieux, des émotions et le spectacle d'un drame. Or la justice doit-elle se prêter à ce scandale? Convient-il qu'elle élève un théâtre où l'accusé, principal acteur, concentre sur lui tout l'intérêt de la lutte et du drame?... En distribuant des billets, le magistrat compromet la majesté de ses fonctions et la majesté de l'audience, il abdique son autorité; il pactise avec une coupable curiosité qui n'est avide que de l'immoralité que le débat peut receler... il blesse à la fois la conscience publique et l'humanité. »

1685. — La chancellerie s'émut des scandales signalés à cette époque, et le 7 juill. 1844, le garde des sceaux adressait aux magistrats une circulaire pour appeler leur attention sur les inconvénients que pouvait présenter la distribution de billets (Gilet et Demoly, Analyse des circulaires et instr. du min. de la justice, 3e édit., t. 2, n. 3044). Ces abus cessèrent alors; mais peu à peu les instructions de la chancellerie furent oubliées : on vit de nouveau les présidents d'assises distribuer un grand nombre de cartes pour les débats des affaires à sensation, et les mêmes désordres, les mêmes scandales se reproduire. De nouvelles circulaires intervinrent (14 mai 1852; 14 déc. 1839; 21 oct. 1887). Cette dernière instruction ne fut pas respectée plus longtemps que les précédentes; de nouveaux abus furent signalés, et, à la suite d'une interpellation à la Chambre des députés (V. Journ. offic., n. 23 janv. 1891), une dernière circulaire intervint pour supprimer d'une façon absolue l'usage des cartes. Cette circulaire de février 1891 contient les dispositions suivantes : « A l'avenir, devront seuls être admis dans l'enceinte réservée : 1° les magistrats; 2° les jurés de la session; 3° les témoins, les experts et les interprètes; 4° les membres du barreau; 5° les membres de la presse chargés des comptes rendus judiciaires. Le reste de la salle sera livré au public, et MM. les présidents ne délivreront à personne ni carte ni autorisation y donnant droit à une place privilégiée ou permettant de s'y introduire avant l'heure où les portes sont ouvertes à tous ». Ces prescriptions sont maintenant rigoureusement observées; il faut espérer qu'elles continueront à être obéies et qu'on verra ainsi définitivement cesser un usage qui avait provoqué de si graves abus.

§ 3. Constatation de l'identité de l'accusé.

1686. — Aussitôt après l'ouverture de l'audience, le premier acte du président est de constater l'individualité de l'accusé. Le président demande à l'accusé ses nom et prénoms, son âge, sa profession, sa demeure et le lieu de sa naissance (C. instr. crim., art. 310). — Garraud, n. 570; Villey, p. 376.

1687. — Au moment où le président accomplit cette formalité, le sujet de l'accusation n'est pas encore connu, les jurés n'ont pas encore prêté serment, il importe donc aux intérêts de la défense que cet interrogatoire soit strictement circonscrit dans les termes mêmes de l'art. 310 et ne préjuge en rien le procès qui va s'ouvrir (F. Hélie, n. 3456). Cependant, il ne peut résulter aucune nullité de ce que le président de la cour d'assises, après avoir demandé à l'accusé ses nom, prénoms, âge, demeure, profession et lieu de naissance, dans les termes textuels de l'art. 310, C. instr. crim., a provoqué de sa part d'autres réponses qui tendaient elles-mêmes à la constatation complète de son individualité, si ces réponses étaient d'ailleurs sans portée et sans influence aucune sur le débat qui allait s'ouvrir. — Cass., 10 févr. 1884, Boudjemah-ben-si-Mohamed, [S. 83.1.139, P. 83.1.313, D. 82.1. 45] — Ainsi le président peut inviter l'accusé à déclarer qu'il est marié, père d'un enfant et non repris de justice. — Même arrêt.

1688. — La constatation de l'identité de l'accusé n'est pas une formalité substantielle : l'art. 310 ne la prescrit pas à peine de nullité. Son omission ne saurait donc avoir aucune influence sur la procédure. — Nouguier, n. 1516.

1689. — A plus forte raison doit-on considérer comme sans importance les omissions partielles ou les inexactitudes commises, dans le procès-verbal, lors de la constatation de l'accomplissement de cette formalité. — Nouguier, n. 1517.

1690. — Lorsque, dans tous les actes de la procédure et même dans le dernier interrogatoire, le domicile d'un accusé est indiqué en un certain lieu, l'indication par lui faite d'un autre lieu devant la cour d'assises ne suffit pas pour faire douter de son identité. — Cass., 12 juill. 1832, Carmitrot, [P. chr.]

1691. — L'accusé doit se lever et se tenir debout pour répondre aux interpellations prescrites par l'art. 310. Il doit être également debout pendant l'interrogatoire dont il sera parlé plus loin et chaque fois qu'il aura à répondre à des questions que lui pose le président (Nouguier, n. 1519 à 1521; Trébutien, p. 464; F. Hélie, n. 3457). Il va de soi du reste que le président s'empresserait d'autoriser l'accusé à s'asseoir si celui-ci était fatigué ou souffrant.

§ 4. Avertissement au conseil de l'accusé.

1692. — Après avoir constaté l'identité de l'accusé, le président avertit son conseil qu'il ne peut rien dire contre sa conscience ou contre le respect dû aux lois, et qu'il doit s'exprimer avec décence et modération (C. instr. crim., art. 311).

1693. — Sous le Code de brumaire an IV, le conseil de l'accusé devait faire la promesse de n'employer que la vérité dans la défense de son client. Le Code d'instruction criminelle a remplacé cette promesse par un simple avertissement.

1694. — A Paris, d'après un usage constant, le président se borne à dire : « Je rappelle au défenseur les dispositions de l'art. 311, C. instr. crim., et je l'invite à s'y conformer ». Le défenseur doit se tenir debout et découvert au moment où le président lui adresse ces paroles. — V. Cass., 18 nov. 1852, Prou, [S. 53.1.42, P. 52.2.716, D. 52.5.51]

1695. — Si le président omettait d'adresser au défenseur cet avertissement, l'accusé ne pourrait s'en faire un grief. L'inexécution de l'art. 311 ne saurait, en effet, constituer une ouverture à cassation puisque sa disposition n'est point prescrite à peine de nullité et n'est qu'une simple mesure d'ordre établie dans un intérêt autre que celui des accusés. — V. Cass., 14 sept. 1837, Saint-Yves, [P. 40.1.123] ; — 21 mars 1844, Arger et Décaux, [S. 44.1.668] ; — 27 sept. 1849, Condor, [P. 44.1.37, D. 49.5. 100] ; — 25 août 1887, Bouis, dit Lebouis, [Bull. crim., n. 323] — Sic, F. Hélie, n. 3460; Nouguier, n. 1527; Morin, Rép. du Dr. crim., p. 657; Trébutien, n. 590; in fine.

§ 5. Serment des jurés.

1696. — Le président procède ensuite à la prestation de serment des jurés. Il s'adresse à eux en ces termes : « Messieurs

les jurés, veuillez vous lever; la cour va recevoir votre serment. »

1697. — Les jurés se lèvent alors, et pendant qu'ils se tiennent debout et découverts, le président leur adresse le discours suivant : « Vous jurez et promettez devant Dieu et devant les hommes d'examiner avec l'attention la plus scrupuleuse les charges qui seront portées contre N...; de ne trahir ni les intérêts de l'accusé ni ceux de la société qui l'accuse; de ne communiquer avec personne jusqu'après votre déclaration; de n'écouter ni la haine ou la méchanceté, ni la crainte ou l'affection; de vous décider d'après les charges et les moyens de défense, suivant votre conscience et votre intime conviction, avec l'impartialité et la fermeté qui conviennent à un homme probe et libre. »

1698. — Le président procède ensuite à l'appel individuel : il appelle chaque juré de jugement individuellement, par son nom.

1699. — L'obligation, pour le président, de faire lui-même cet appel, ne lui est pas imposée à peine de nullité; il peut se faire remplacer par le greffier et charger celui-ci de cet appel. — Cass., 16 juin 1836, Pierrot et autres, [S. 36.1.843, P. 36. 1431]

1700. — Puis chaque juré, toujours debout et découvert, à l'appel de son nom, lève la main droite et dit : « Je le jure ». Le serment est donc ainsi prêté individuellement par chaque juré.

1701. — La formalité du serment est imposée aux jurés suppléants comme à ceux qui composent le tableau des douze. — De Serres, Manuel des jurés, p. 243; F. Hélie, n. 3269; Nouguier, n. 1546 et s.

1702. — Cette solution est aujourd'hui unanimement adoptée; elle a été cependant longtemps contestée et la Cour de cassation, à plusieurs reprises, décida que la nullité pour défaut de prestation de serment d'un juré suppléant ne pouvait pas être encourue si le suppléant n'avait pas été appelé à remplacer aux débats le titulaire. « Attendu, disait-elle, que la délibération à laquelle le juré suppléant n'a pas concouru, ne serait ni moins régulière, ni moins légale quand il serait constant que ce juré n'eût pas prêté le serment prescrit par l'art. 312 ». — Cass., 20 mai 1824.

1703. — Cette manière de voir ne tarda pas à se modifier, et, en 1849, la Cour de cassation, revenant sur sa première jurisprudence, décida que la présence aux débats d'un juré suppléant dont la prestation de serment n'était point constatée dans le procès-verbal était une cause de nullité, encore bien que ce juré n'eût point pris part à la délibération ni à la déclaration du jury. — Cass., 20 sept. 1849, Lamoureux, [P. 50.2.393, D. 49. 5.81] — Les jurés suppléants font en effet partie du jury; jusqu'au moment où les jurés de jugement se retirent dans leur chambre pour délibérer sur les questions posées, ils assistent à l'audience, prennent part aux débats et peuvent poser des questions comme les jurés titulaires. De plus, si, au cours des débats, un juré titulaire est obligé de se retirer il serait trop tard alors pour assermenter un suppléant au serment; il faudrait alors renvoyer l'affaire à une autre session, ou l'adjonction des suppléants a précisément pour objet d'éviter cet inconvénient. Elle ne remplirait pas ce but si on ne rendait pas, dès le début, le juré suppléant habile, par le serment, à l'exercice immédiat de ses fonctions. On peut donc aujourd'hui tenir pour constant que les jurés suppléants doivent, dès l'ouverture des débats, en même temps que les jurés titulaires, prêter le serment prescrit par l'art. 312. — V. Cass., 17 avr. 1873, Collas, [D. 73.1.270]

1704. — Dans la pratique, la prestation de serment des jurés a lieu toujours après l'avertissement donné au conseil et avant la lecture par le greffier de l'arrêt de renvoi et de l'acte d'accusation. C'est la place indiquée par les art. 311, 312 et 313, C. instr. crim.

1705. — Cependant, il n'y aurait aucun inconvénient à changer la place du serment si c'était pour l'avancer et le faire prêter au début même de l'audience; mais on ne saurait sans danger le reculer. Il résulte, en effet, de la combinaison des art. 310, 312 et 313, C. instr. crim., que le serment prescrit aux jurés doit précéder l'ouverture des débats. — Cass., 19 sept. 1844, Jouve, [Bull. crim., n. 323]

1706. — Ainsi, il y a nullité si le serment des jurés n'a été prêté par eux qu'après que le président a procédé à l'interrogatoire de l'accusé sur le fond de l'affaire. — Même arrêt.

1707. — Cette règle est d'ordre public, elle ne saurait être modifiée même avec le consentement de l'accusé. Dans une affaire, les jurés n'avaient prêté serment qu'après le réquisitoire du ministère public, et l'accusé, sur l'interpellation du président, avait consenti à ce que les débats ne fussent pas recommencés. La cassation n'en fut pas moins prononcée. Il ne peut, en effet, appartenir à un accusé de dispenser les jurés de remplir la formalité substantielle du serment et d'intervertir l'ordre d'instruction réglé par la loi. — Cass., 10 déc. 1831, Merson, [S. 32.1.36, P. chr.] — Sic, F. Hélie, n. 3269; Nouguier, n. 1535.

1708. — Le serment doit être prêté par chaque juré au début de chaque affaire. Les jurés ne peuvent être dispensés de prêter serment sous le prétexte qu'ils l'ont prêté déjà le même jour à l'occasion d'une autre affaire. — Cass., 7 flor. an XI, Maillard, [S. et P. chr.]

1709. — Les jurés doivent prêter serment en audience publique. Il en est ainsi même quand la cour a ordonné que les débats auront lieu à huis-clos. L'observation de cette règle est prescrite à peine de nullité des débats. — Cass., 12 déc. 1823, Bouland, [S. et P. chr.] — Sic, F. Hélie, loc. cit.; Nouguier, n. 1558.

1710. — Le serment des jurés est une formalité substantielle par excellence. L'art. 312 dit expressément que l'inobservation de ses prescriptions entraîne nullité. Chaque juré doit donc répondre : « Je le jure ». La nullité serait encourue si un seul des douze jurés n'avait pas prêté serment. — Cass., 29 sept. 1831, Lantz, [S. 82.1.333, P. 82.1.795, D. 82.1.96] — C'est le serment, en effet, qui imprime le caractère de juges aux citoyens désignés par le sort.

1711. — Il ne résulte toutefois aucune nullité de ce qu'un juré aurait, en prêtant entre les mains du président le serment prescrit par l'art. 312, C. instr. crim., levé la main gauche au lieu de lever la main droite. — Cass., 30 avr. 1847, Juveneton, [P. 49.2.259, D. 47.4.439] — V. anal. pour les témoins., Cass., 8 oct. 1840, Eliçabide, [S. 40.1.1000, P. 41.1.273] — Merlin, Rép., v° Serment, § 3, n. 1; Carnot, Instr. crim., t. 2, art. 312, n. 9; Nouguier, n. 1569. — V. infrà, v° Témoins.

1712. — Il ne saurait davantage y avoir aucune nullité parce que l'un des jurés aurait prêté serment avec la main gantée. — Cass., 27 janv. 1853, Daily, [D. 53.5.420]

1713. — L'art. 312 se compose de deux parties : 1° le discours adressé par le président aux jurés; 2° le serment de chacun d'eux. Le discours est la formule même du serment : le serment est la réponse faite par chaque juré au discours du président. La formule prescrite par l'art. 312 constitue donc un tout indivisible. — Cass., 20 mai 1882 (1er arrêt), Mohamed-Amokran-Oukaci, [S. 84.1.44, P. 84.1.65, D. 82.1.388]; — 13 févr. 1886, de Redon, [S. 86.1.235, P. 86.1.532, D. 86.1.430]; — 7 juill. 1892, Gadeau de Kerville, [S. et P. 92.1.428]

1714. — L'observation de cette formule est prescrite à peine de nullité. Le serment des jurés est, en effet, une formalité des plus essentielles.

1715. — Il y aurait nullité si le président modifiait la formule du discours donnée par l'art. 312, soit en y ajoutant, soit en en retranchant quelque partie. — V. infrà, n. 1723.

1716. — Notons que le nom de Dieu est expressément invoqué dans la formule du serment prescrit par l'art. 312; le juré doit prendre à témoin Dieu et les hommes de la sincérité de son engagement. Le serment des jurés est donc essentiellement religieux. — Rapport de M. le conseiller de Larouverade, sous Cass., 20 mai 1882, précité.

1717. — Mais si l'élément religieux est de l'essence du serment des jurés et s'il ne peut en être éludé, la jurisprudence, par une application nécessaire du principe de la liberté religieuse, reconnaît que chacun a le droit de prêter serment suivant les exigences de son culte. — Cass., 20 mai 1882, précité.

1718. — Ainsi un juif pourra demander à prêter serment more judaico, un mahométan à prêter serment, la main posée sur le Coran, dans la forme usitée chez les mahométans.

1719. — Mais ce n'est là pour eux qu'une faculté. S'ils ne réclament pas contre le mode de serment déterminé par l'art. 312, on ne saurait les contraindre à prêter serment selon le rite prescrit par leur religion. Il ne saurait donc résulter une nullité de ce que deux jurés appartenant au culte israélite auraient prêté le serment ordinaire et non pas le serment more judaico. — Cass., 10 juill. 1828, Gratien Beusses, [S. et P. chr.] — Sic, F. Hélie, n. 3269; Nouguier, n. 1545.

1720. — Il y a plus : si la religion que l'on professe répu-

gne à tout serment, comme celle des quakers et des anabaptistes, le serment cesse d'être obligatoire, La Cour de cassation a autorisé les quakers et les anabaptistes à remplacer les mots « Je le jure » par ceux-ci : « Je le promets » ou « J'affirme en mon âme et conscience ». — Cass., 28 mars 1810, Fenvick et Masson, [S. et P. chr.]

1721. — A la suite d'incidents qui se sont produits dans ces dernières années devant les cours d'assises, on s'est demandé si l'on devait faire encore une exception au profit de l'athéisme ou de la libre-pensée, si l'athée, le libre-penseur pouvaient être admis à prêter serment sans invoquer ni attester la divinité. Il s'agit, a-t-on dit, du principe de la liberté de conscience. Au regard de ce principe, l'athée a le même droit que le croyant : si l'on ne peut exiger du croyant un serment religieux qui serait en opposition avec ses croyances, il n'est pas possible davantage d'imposer à l'athée l'invocation de la divinité dont il nie l'existence. « Si le serment est une garantie pour l'accusé, quelle différence peut-on faire entre la simple promesse d'un quaker et la simple promesse d'un libre-penseur?... En réalité, le quaker n'a pas aucun engagement envers Dieu, il se trouve au point de vue du serment dans la même situation que le libre-penseur ». — Conclusions de M. l'avocat général Tappie, sous Cass., 20 mai 1882 (1re espèce), précité.

1722. — Cette opinion n'a point prévalu. La Cour de cassation a décidé que le serment des jurés est un acte essentiellement religieux. La liberté religieuse, qui est un principe d'ordre supérieur, permet à chacun de prêter le serment suivant les exigences de son culte; mais, comme le serment est un acte religieux, celui qui, déclarant ne pas croire en Dieu, prétendrait donner au serment un caractère purement civil, en employant une formule appropriée à ses convictions, ne prêterait pas un véritable serment et ne satisferait pas aux prescriptions de la loi.

1723. — Ainsi il y aurait nullité si, sur la demande d'un ou de plusieurs jurés, le président éliminait les mots : « devant Dieu » du discours contenu en l'art. 312 et donnait lecture du discours ainsi modifié. Si le Code de brumaire an IV n'imposait aux jurés, comme garantie de l'accomplissement de leurs devoirs, que l'obligation d'une simple promesse ayant un caractère purement civil, le Code d'instruction criminelle a institué et les lois postérieures ont maintenu l'obligation du serment, acte à la fois civil et religieux dont la formule, impérieusement fixée par l'art. 312, contient un engagement précis « devant Dieu et devant les hommes ». L'élément religieux est donc de l'essence même du serment et il n'est pas possible d'admettre que cet élément en soit éliminé parce qu'un juré aurait déclaré n'appartenir à aucune religion et ne pas croire en Dieu. — Cass., 20 mai 1882, précité; — 13 févr. 1886, précité; — 7 juill. 1892, précité. — Sic, Nouguier, n. 1548; Cubain, n. 396; Le Poittevin, Dict. formul. des parquets, v° Jury, n. 14.

1724. — De son côté, le juré doit se borner à dire : « Je le jure ». Il ne peut entourer son serment de réserve ni de restriction. Ainsi le serment est nul lorsque le juré a fait précéder immédiatement la formule « Je le jure », de ces mots « en protestant ». Un serment prêté dans ces conditions n'a pas pu imprimer le caractère de juré; les débats et tout ce qui a suivi sont donc viciés de nullité. — Cass., 20 mai 1882 (2e arrêt), Nusbaum, [S. 84.1.44, P. 84.1.65, D. 82.1.388]

1725. — Il nous reste à rechercher quelles seront les conséquences du refus, par un juré, de prêter le serment prescrit par l'art. 312. Cette question est complexe; il y a lieu, en effet, d'examiner les conséquences de ce refus : 1° relativement au juré lui-même; 2° relativement à l'affaire soumise au jury; 3° relativement à la cour.

1726. — 1° Le refus de serment par un juré autorise-t-il la cour d'assises à prononcer contre lui l'amende édictée par l'art. 396, C. instr. crim.? Ou l'a-t-on contesté; on a dit que cet article ne punit d'une amende que le juré qui ne se rend pas à son poste : il ne peut pas être étendu à celui qui s'y est rendu et a refusé ensuite de prêter serment.

1727. — Cette interprétation restrictive de l'art. 396 n'a point été acceptée par la Cour de cassation qui a assimilé complètement le refus de prêter serment au refus de se rendre à son poste. En effet, du rapprochement des art. 396 et 398, C. instr. crim., et de la pensée qui a dicté chacun d'eux, il résulte que la loi a entendu assurer au moyen d'une sanction pénale l'entier accomplissement de la mission du juré; la peine prononcée est encourue, soit que le juré n'obéisse pas à la convocation ou qu'il se retire prématurément, soit que s'étant rendu à son poste il se mette dans l'impossibilité de remplir sa mission, notamment en refusant de prêter le serment exigé par la loi à peine de nullité. — Cass., 13 févr. 1886, de Redon, [S. 86.1.235, P. 86.1.552, D. 86.1.430] — C. d'ass. de la Seine-Inférieure, 16 mai 1892, [*Gaz. Pal.*, 92.1.689] — *Sic*, Nouguier, n. 1550.

1728. — L'amende est encourue notamment par le juré qui refuse de prêter le serment de l'art. 312, parce qu'il ne croit pas en Dieu. — Mêmes arrêts.

1729. — 2° Relativement à l'affaire, le refus par un juré de prêter serment aura, le plus souvent, pour conséquence de faire renvoyer l'affaire à une autre session ou à un autre jour de la même session. Un jury, en effet, n'est régulièrement constitué et ne peut connaître d'une affaire que s'il est composé de douze membres. Le refus par l'un d'eux de prêter serment a pour résultat de le rendre incapable de siéger : le jury se trouve ainsi réduit à onze membres; il ne peut donc juger.

1730. — Le renvoi de l'affaire ne pourrait être évité que si, en vertu d'un arrêt, la cour avait ordonné l'adjonction d'un ou de deux jurés suppléants. Si l'un des jurés titulaires refusait de prêter serment, il serait immédiatement remplacé par l'un des jurés suppléants et l'affaire pourrait être jugée tout de suite. Mais, en dehors de ce cas d'une adjonction de jurés suppléants, le renvoi de l'affaire est une nécessité qui s'impose à la cour.

1731. — 3° Quant à l'accusé, le refus de serment d'un juré, entraînant le renvoi de l'affaire à une autre session, aura pour résultat de prolonger sa détention préventive. L'accusé pourra réclamer des dommages-intérêts au juré qui, par sa faute, aura été la cause de cette détention prolongée.

1732. — Mais devant quelle juridiction devra être portée cette action en dommages-intérêts?

1733. — Elle ne peut pas l'être devant la cour d'assises. Les tribunaux répressifs, en effet, ne connaissant de l'action civile qu'accessoirement à l'action publique, ne peuvent statuer sur une action en dommages-intérêts qu'autant que le préjudice allégué prend sa source dans le crime ou le délit dont ils sont saisis. Spécialement, le droit des accusés à cet égard est limitativement fixé par les art. 51, C. pén., 358, 359 et 366, C. instr. crim., et ne s'applique qu'aux dommages-intérêts prétendus par la partie lésée par le crime déféré au jury, et à ceux qui sont réclamés par l'accusé acquitté contre la partie civile ou le dénonciateur. En dehors de ces cas, la cour d'assises est radicalement incompétente pour prononcer sur les intérêts civils. Par suite, elle ne peut, alors surtout qu'elle est dessaisie de l'affaire par son arrêt de renvoi, condamner un juré qui n'est point partie au procès, à des dommages-intérêts envers l'accusé non acquitté auquel aucun lien de droit ne l'unissait. — Cass., 20 mai 1882 (3° arrêt), Leprou, [S. 84.4.41, P. 84.1.65, D. 82.1. 388]

1734. — On a soutenu que l'accusé devait, en pareil cas, suivre la procédure de prise à partie. Le juré désigné par le sort pour faire partie du jury, a-t-on dit, est un juge; il est actionné à raison d'un acte de ses fonctions : une action de cette nature n'est donc pas recevable en dehors des règles, formalités et juridictions établies par les art. 505 et s., C. proc. civ. (V. article de M. Jeanvrot, *J. La Loi*, n. du 26 janv. 1886). Cette opinion ne nous paraît pas exacte. C'est qu'en effet les jurés, tant qu'ils n'ont pas prêté le serment prescrit par l'art. 312, ne sont pas des juges. « Le nom de juré leur vient, dit M. Nouguier, du serment qu'ils prêtent préalablement à l'exercice de leurs fonctions. Les jurés ne doivent pas seulement leur nom au serment, ils lui doivent aussi leurs prérogatives et leur pouvoir » (Nouguier, n. 484 et 1530). « C'est le serment, dit la Cour de cassation, qui imprime le caractère de juges aux citoyens désignés par le sort ». — Cass., 29 sept. 1881, Lantz, [S. 82.1.333, P. 82.1.793, D. 82.1.96] — Le juré qui a refusé de prêter serment n'est donc pas un juge et, par suite, il ne peut invoquer la protection spéciale de la prise à partie.

1735. — Si la cour d'assises n'est pas compétente, si la procédure de prise à partie n'est pas applicable, une autre juridiction se trouve naturellement compétente pour connaître de l'action intentée par l'accusé contre le juré qui, par son refus de serment, a prolongé sa détention préventive. C'est le tribunal civil, juridiction de droit commun pour les actions en dommages-intérêts. L'accusé devra donc porter son action devant le tribunal civil du domicile du juré. C'est cette opinion qu'a con-

sacrée la jurisprudence. — Trib. Seine, 27 nov. 1885, [*J. La Loi*, 29 nov. 1885; *Gaz. Pal.*, 86.1, suppl., p. 23] — Alger, 30 oct. 1889, [*Gaz. Pal.*, 89.2.562]

§ 6. *Lecture de l'arrêt de renvoi et de l'acte d'accusation. Avertissements à l'accusé.*

1736. — Immédiatement après la prestation du serment par les jurés, le président avertit l'accusé d'être attentif à ce qu'il va entendre (C. instr. crim., art. 313, § 1).

1737. — Cet avertissement a pour objet d'appeler l'attention tout entière de l'accusé sur l'accusation, afin qu'il puisse, en s'en pénétrant bien, ne laisser échapper aucun des moyens qui sont ou qu'il croit favorables à sa défense. — Legraverend, t. 2, p. 189; Carnot, *Instr. crim.*, sur l'art. 314, n. 2.

1738. — La loi ne prescrit aucune expression sacramentelle pour constater l'avertissement que le président doit donner à l'accusé. Ainsi jugé : 1° que l'avertissement donné à l'accusé d'être attentif à ce qu'il allait entendre *lire* remplit le vœu de la loi. — Cass., 24 juin 1847, Pascal, [D. 47.4.117]

1739. — 2° Qu'il en est de même de l'avertissement donné à l'accusé que la *lecture* de l'acte d'accusation dressé contre lui allait avoir lieu. — Cass., 7 janv. 1847, Cunu, [P. 49.2.317, D. 47.4.117]

1740. — Au surplus, l'avertissement qu'aux termes de l'art. 313, C. instr. crim., le président des assises doit donner à l'accusé d'être attentif à ce qu'il va entendre n'est pas une formalité substantielle; son omission n'emporte donc pas nullité. — Cass., 20 févr. 1873, Rambau, [*Bull. crim.*, n. 56]

1741. — Après cet avertissement, le président ordonne au greffier de lire l'arrêt de renvoi devant la cour d'assises et l'acte d'accusation (C. instr. crim., art. 313).

1742. — Le greffier fera cette lecture à haute voix (Même art.).

1743. — Dans la pratique, le greffier ne donne pas lecture de l'arrêt de renvoi en entier; il passe sous silence l'exposé des faits contenu dans l'arrêt et se borne à lire le dispositif de cet arrêt renfermant la qualification du fait imputé à l'accusé. — Quant à l'acte d'accusation, qui est l'exposé complet des faits, des charges et des moyens de défense, il est toujours lu intégralement.

1744. — La lecture de l'arrêt de renvoi et de l'acte d'accusation à l'ouverture des débats n'est pas prescrite à peine de nullité. Elle ne constitue pas une formalité substantielle dont l'inobservation puisse entraîner la nullité de la procédure. — Cass., 5 nov. 1811, Ruel et Levasseur, [S. et P. chr.]; — 10 nov. 1849, Tourette, [P. 51.1.25, D. 50.5.127]; — 10 déc. 1857, Lemaire et autres, [S. 58.1.164, P. 58.989, D. 58.1.96]; — 8 juin 1866, Prinquet, [D. 69.5.95]; — 3 sept. 1868, Chaton, [S. 70.1.41, P. 70.66, D. 69.1.435] — *Sic*, Legraverend, t. 2, p. 489; Carnot, *Instr. crim.*, t. 2, p. 477; Bourguignon, *Jurispr. des C. crim.*, sur l'art. 313, C. instr. crim., t. 2, p. 32; F. Hélie, *Encycl. du droit*, v° *Cour d'assises*, n. 290, et *Instr. crim.*, t. 7, n. 3462; Nouguier, n. 1600 et s.; Cubain, *Proc. devant les cours d'assises*, n. 398; Trébutien, t. 2, p. 466; Rodière, p. 235.

1745. — *A fortiori* le vœu de la loi serait rempli et la lecture de l'arrêt de renvoi et de l'acte d'accusation serait valable si, par exemple, en cas de perte des pièces de la procédure, elle était faite sur des copies notifiées à l'accusé et communiquées volontairement par lui. — V. *suprà*, n. 1588.

1746. — Legraverend (t. 2, p. 189), en approuvant cette jurisprudence, fait cependant remarquer avec raison que l'omission de la lecture de l'arrêt de renvoi n'en est pas moins une faute grave de la part du président qui ne l'ordonne pas, du ministère public qui ne la requiert pas en cas de besoin, et même du greffier, qui doit connaître son devoir. — F. Hélie, n. 3461.

1747. — Notons, toutefois, que si l'omission de la lecture de l'arrêt de renvoi et de l'acte d'accusation n'est point par elle-même de nature à entraîner la nullité de la procédure, il en serait autrement, et la nullité serait encourue, si l'accusé avait demandé cette lecture et si, malgré sa réclamation, elle n'avait pas été faite. En demandant cette lecture, l'accusé se borne à « user d'une faculté ou d'un droit accordé par la loi » (C. instr. crim., art. 408). Un refus opposé à une pareille demande deviendrait une cause de nullité : cette nullité serait alors fondée, non pas sur l'inobservation de l'art. 313, mais sur la violation des art. 408 et 313 combinés. — Cass., 10 nov. 1849, précité; — 8 juin 1866, précité; — 3 sept. 1868, précité.

1748. — Dans certains cas, il est d'usage de lire, après l'arrêt de renvoi, d'autres actes qui en sont comme le complément. Ainsi, il convient de lire : 1° en cas de jonction de deux procédures, l'ordonnance qui l'a prescrite; 2° en cas d'annulation de la procédure suivie devant une première cour d'assises, l'arrêt de la Cour de cassation qui a prononcé cette annulation et saisi la nouvelle cour d'assises; 3° en cas de renvoi d'une cour d'assises à une autre, pour cause de suspicion légitime ou de sûreté publique, l'arrêt de la Cour de cassation qui ordonne ce renvoi.

1749. — Cependant, la lecture de ces différents actes n'est pas obligatoire; elle n'est prescrite par aucune loi, et son omission ne pourrait entraîner nullité. Ainsi jugé qu'aucune disposition de loi n'oblige, à peine de nullité, de donner lecture à la cour d'assises et aux jurés de l'arrêt de cassation qui, pour cause de suspicion légitime, a dessaisi une autre cour d'assises. — Cass., 10 nov. 1849, précité.

1750. — La lecture de l'arrêt de renvoi et de l'acte d'accusation qui doit avoir lieu à l'ouverture des débats peut être suivie immédiatement de la lecture d'autres pièces que le président de la cour d'assises juge utiles à la manifestation de la vérité. — Cass., 20 janv. 1848, Starck, [S. 48.1.524, P. 49.1.43, D. 48.5.86]

1751. — Ainsi jugé que l'art. 313 n'est pas limitatif et ne met point obstacle à la lecture de l'interrogatoire des accusés. — Cass., 22 juin 1820, Terrein, [S. et P. chr.]

1752. — ... Ou à la lecture d'un procès-verbal dressé par le juge de paix et d'un rapport médico-légal. — Cass., 20 janv. 1848, (motifs), précité.

1753. — Carnot (*Instr. crim.*, sur l'art. 314, n. 1) est d'un avis contraire; il pense que le président ne doit autoriser la lecture par le greffier d'aucune autre pièce que l'arrêt de renvoi et de l'acte d'accusation. « Son pouvoir discrétionnaire, dit-il, ne peut s'étendre au delà, sauf, dans le cours des débats, à faire donner lecture des procès-verbaux ou autres actes de l'instruction qui pourraient tendre à éclairer certains faits contestés ». Cette opinion n'a pas prévalu : on ne conteste plus aujourd'hui au président d'assises le droit de faire faire ces lectures. Il ne doit cependant user de cette faculté qu'avec la plus grande réserve, afin de laisser au débat oral toute sa valeur et toute son influence.

1754. — Il n'est pas nécessaire que les témoins assistent à la lecture de l'arrêt de renvoi et de l'acte d'accusation. En effet, d'après les art. 314 et 315, C. instr. crim., cette lecture a lieu avant l'appel des témoins à charge et à décharge; d'où il résulte que la présence desdits témoins n'est pas indispensable à tout ce qui se passe avant ledit appel. On ne comprendrait pas, du reste, l'utilité de la présence des témoins au moment de la lecture de ces actes. car ce n'est pas dans l'audition de la lecture de l'acte d'accusation que le témoin doit puiser les éléments de sa déposition, mais bien dans les souvenirs de ce qu'il a vu ou entendu, lors des faits qui sont la matière du procès. — Cass., 23 févr. 1832, David, [S. 32.1.664, P. chr.]; — 7 janv. 1842, Valois, [S. 42.1.882, P. 42.1.675]; — 6 avr. 1866, Rangez, [*Bull. crim.*, n. 94]

1755. — Par application de ce principe, il a été spécialement jugé que lorsque, par suite d'une erreur qui s'est glissée dans la citation donnée aux témoins, plusieurs d'entre eux n'ont pas comparu à la première audience, le président peut, à la séance suivante, lorsque ces témoins ont comparu devant la cour, faire donner en leur présence une seconde lecture de l'acte d'accusation. Mais cette mesure n'est pas obligatoire. — Cass., 26 janv. 1837, Rupp, [P. 40.2.100]

1756. — Après la lecture de l'arrêt de renvoi et de l'acte d'accusation, le président rappelle à l'accusé ce qui est contenu en l'acte d'accusation, et lui dit : « Voilà de quoi vous êtes accusé, vous allez entendre les charges qui seront produites contre vous » (C. instr. crim., art. 314).

1757. — Le rappel du contenu de l'acte d'accusation se fait, dans la pratique, d'une façon très-sommaire. Le président se borne à lire le résumé de l'acte d'accusation; il dit à l'accusé : « Vous êtes accusé d'avoir le..., à..., soustrait frauduleusement tels objets au préjudice de N... », il indique ensuite les circonstances aggravantes, et il ajoute : « Voilà ce dont vous

êtes accusé, vous allez entendre les charges qui seront produites contre vous. »

1758. — Ce second avertissement n'est, pas plus que le premier, prescrit à peine de nullité; le président ne le donnerait pas à l'accusé que la régularité de la procédure n'en serait pas moins entière. — Cass., 22 juin 1854, Castel-Dugenest, [D. 54.5.204]

§ 7. *Exposé du procureur général.*

1759. — Le procureur général expose ensuite le sujet de l'accusation (C. instr. crim., art. 315).

1760. — D'après la Cour de cassation, le procureur général a toute latitude dans l'exposé du sujet de l'accusation. Saisie d'un pourvoi fondé sur ce que le ministère public avait, dans son exposé, donné lecture de la déclaration de plusieurs témoins présents, avant leur audition, elle a rejeté le pourvoi par ces motifs : 1° que l'art. 315, C. instr. crim., ne déterminant pas le mode de l'exposé, on n'était pas fondé à soutenir que, dans l'espèce, le ministère public fût allé au delà de son droit; 2° que le principe du débat oral, consacré par l'art. 316, C. instr. crim., s'opposait nullement à ce que, dans cet exposé, il fût fait usage de simples documents écrits qui ne pouvaient acquérir d'autorité que par le débat qui devait s'ouvrir. — Cass., 2 oct. 1852, Delouesse, [D. 52.5.152]

1761. — Il n'est pas nécessaire que les témoins qui doivent être entendus dans l'affaire, assistent à l'exposé du procureur général. — Cass., 7 janv. 1842, Valois, [S. 42.1.882, P. 42.1.675]

1762. — Mais, d'un autre côté, la présence des témoins à cet exposé n'est pas une cause de nullité. De la combinaison des art. 315 et 316, C. instr. crim., il résulte que l'exposé du procureur général doit avoir lieu avant que le président ordonne aux témoins de se retirer dans la chambre qui leur est destinée : la loi ne s'oppose donc pas à ce qu'ils assistent à cet exposé. — Nouguier, n. 1636.

1763. — Les premiers commentateurs du Code ont attaché une grande importance à l'exposé du procureur général; c'est là, disaient-ils, un nouveau moyen d'imprimer dans la mémoire de l'accusé et des jurés les détails de l'accusation. On peut dire, à la vérité, que la lecture de l'arrêt de renvoi, de l'acte d'accusation a dû déjà du président ont déjà dû remplir ce but; mais le législateur a pensé qu'on ne pouvait trop prendre de précautions pour frapper d'une manière sûre l'attention de l'accusé, et c'est dans cette pensée qu'il a prescrit ces reproductions successives des mêmes faits (Legraverend, t. 2, p. 189). Mais la pratique n'a pas confirmé cette appréciation et peu à peu on a abandonné une formalité dont l'utilité était très-contestée.

1764. — La jurisprudence a toujours admis que le mode à suivre, aux termes de l'art. 315, C. instr. crim., pour l'exposé de l'affaire, est entièrement facultatif de la part du ministère public.

1765. — Ainsi il peut se borner à s'en rapporter à l'exposé contenu dans l'acte d'accusation. — Cass., 3 mai 1834, Duponey, [S. 35.1.779, P. chr.]; — 18 sept. 1845, Courtat, [P. 46.1.657]

1766. — La loi n'ayant point tracé la forme de l'exposé que le procureur général fait aux jurés à l'ouverture des débats, l'accusé ne peut tirer un moyen de nullité de ce que, dans cet exposé, le procureur général aurait nommé quelques témoins et fait connaître substantiellement leurs dépositions. — Cass., 3 janv. 1833, Ané, [P. chr.]

1767. — Remarquons toutefois, à l'égard de cette décision, qu'il serait parfois difficile de faire un exposé complet de la cause sans dire un mot des dépositions de quelques témoins, et surtout sans en nommer aucun. L'accusé peut même avoir autant d'intérêt de ministère public aux explications qui tendent à faciliter aux jurés l'intelligence de l'affaire. Mais le ministère public doit se renfermer dans un simple exposé du sujet de l'accusation et s'abstenir de toute argumentation.

1768. — La Cour de cassation a été plus loin encore; elle a constaté que l'exposé dont parle l'art. 315 n'est pas prescrit à peine de nullité et elle a décidé que l'art. 315 n'impose pas au ministère public l'obligation d'exposer le sujet de l'accusation; il lui donne seulement un droit dont il lui est loisible d'user ou de ne pas user. — Cass., 29 mars 1832, Thiault, [P. chr.]; — 3 mai 1834, précité; — 5 févr. 1836, Antomarchi, [P. chr.]; — 16 nov. 1839, Aupierre, [P. 44.1.339]; — 3 nov. 1843, Salmon,

[*Bull. crim.*, n. 272]; — 24 juin 1847, Pascal, [D. 47.4.116]; — 9 févr. 1850, Berlier, [D. 50.5.95]; — 8 mars 1866, Chavot, [D. 66.5.112]; — 2 sept. 1870, Béchard, [*Bull. crim.*, n. 167] — Sic, Carnot, *Instr. crim.*, t. 2, p. 481, n. 3.

1769. — Le procureur général peut donc s'abstenir entièrement : il en est presque toujours ainsi dans la pratique ; « Lorsque, dit l'arrêt précité du 9 févr. 1850, le procureur général s'abstient d'exposer le sujet de l'accusation, il est réputé s'en référer à la teneur de l'acte d'accusation ». C'est ce qui a lieu dans presque toutes les affaires : aussi peut-on considérer aujourd'hui cet exposé du procureur général comme une formalité tombée en désuétude. — Nouguier, n. 1623 à 1625 ; F. Hélie, n. 3467 ; Garraud, p. 695.

1770. — Cette désuétude s'explique aisément : ou bien, en effet, l'exposé sera succinct, ne fera que reproduire l'acte d'accusation, et alors il sera inutile ; ou bien, il sera étendu, comprendra de longs développements et deviendra un véritable réquisitoire. On se trouverait alors en face d'un autre inconvénient : l'accusé ou son défenseur voudrait répondre, et on arriverait à une complète interversion des débats. C'est ce qui s'est présenté dans la pratique. Après un exposé très-long, le défenseur avait demandé la parole pour répondre. Un arrêt de la cour d'assises lui avait reconnu le droit de réponse. Un pourvoi, dans l'intérêt de la loi, fut formé par ordre du ministre de la Justice. Mais il fut rejeté par la Cour de cassation sur les conclusions conformes du procureur général Dupin. — Cass., 8 juin 1850, Maynard, [S. 50.1.483, P. 51.1.282, D. 50.1.173]. — Toutes ces circonstances justifient de plus en plus l'abandon de l'exposé par le ministère public. — F. Hélie, n. 3466 ; Rodière, p. 236 ; Trébutien, p. 466.

§ 8. Appel des témoins.

1771. — Le procureur général présentera ensuite la liste des témoins qui devront être entendus soit à sa requête, soit à la requête de la partie civile, soit à celle de l'accusé (C. instr. crim., art. 315).

1772. — Que doit contenir la liste présentée par le procureur général ? L'art. 315, C. instr. crim., répond que cette liste « ne pourra contenir que les témoins dont les noms, profession et résidence auront été notifiés ». Il faut donc appeler tous les témoins notifiés ; peu importe à la requête de qui ils l'ont été, ministère public, accusé ou partie civile. Tout témoin notifié devra être appelé, même s'il n'a pas été cité.

1773. — Faut-il aller plus loin et présenter la liste des témoins non notifiés qui ont été régulièrement cités ? La réponse devrait être négative si l'on ne consultait que la lettre de l'art. 315. Cette solution ne serait pas juste. Le défaut de notification ne rend pas un témoin incapable de déposer ; il confère seulement à la partie qui aurait dû recevoir la notification, le droit de s'opposer à l'audition de ce témoin : mais cette partie peut ne pas user de ce droit ; les témoins cités mais non notifiés pouvant donc être également appelés. En résumé, le procureur général doit présenter les listes : 1° des témoins cités et notifiés ; 2° des témoins notifiés, mais non cités ; 3° des témoins cités, mais non notifiés.

1774. — La présentation de cette liste par le procureur général n'est pas prescrite à peine de nullité. Le but de la loi est rempli du moment que la liste des témoins est lue à l'audience. — Cass., 17 oct. 1889, Stouvenel, [*Bull. crim.*, n. 310]

1775. — C'est le greffier qui, en principe, doit, à l'audience, donner lecture de la liste des témoins (C. instr. crim., art. 315). Cette formalité a pour objet de permettre de constater si les témoins à entendre sont présents.

1776. — Notons d'ailleurs que la lecture de la liste des témoins par le greffier n'est pas une formalité substantielle dont l'omission entraîne la nullité de la procédure. — Cass., 23 mars 1843, Charrault, [S. 43.1.544, P. 43.2.644]; — 23 mars 1843, Montely, [*Bull. crim.*, n. 65]; — 18 avr. 1843, Antenet, [*Bull. crim.*, n. 141]; — 21 août 1863, Lemarchand, [*Bull. crim.*, n. 226]

1777. — Il n'est pas nécessaire que le greffier fasse lui-même l'appel des témoins : ce n'est pas un acte tellement inhérent aux fonctions du greffier, qu'il ne puisse être rempli par tout autre que par lui ; la lecture de la liste peut être valablement faite par un des huissiers audienciers. — Cass., 23 mars 1843, précité.

1778. — L'art. 315 n'exige pas, à peine de nullité, que les

témoins soient présents à la lecture de la liste ; les témoins qui n'ont pas, à ce moment, répondu à l'appel de leurs noms, n'en sont pas moins aptes à déposer ensuite à l'audience. — Cass., 23 févr. 1832, David, [S. 32.1.664, P. chr.]

1779. — Quand les débats d'une affaire occupent plusieurs audiences, il n'est pas nécessaire de renouveler, au début de chacune d'elles, l'appel des témoins qui n'ont pu être entendus aux séances précédentes. Les témoins qui n'ont pas déposé à la première audience, peuvent donc se retirer le lendemain dans leur salle d'attente ayant la reprise des débats et sans qu'un nouvel appel de leurs noms ait été fait en audience publique. — Cass., 2 avr. 1885, Mielle, [*Bull. crim.*, n. 108]

1780. — Lorsque les témoins à décharge n'ont pas été cités pour la même audience que les témoins à charge, il n'est pas nécessaire que le greffier donne lecture de la liste des témoins à décharge après celle des témoins à charge. — Cass., 16 mars 1876, Roussel, [S. 76.1.460, P. 76.1.1206, D. 77.1.460] — L'art.

1781. — Au moment de l'appel des témoins, un incident peut se produire : un ou plusieurs témoins ne comparaissent pas. Nous avons à rechercher quelle sera la conséquence de cette absence et relativement au témoin défaillant et relativement à l'affaire elle-même.

1782. — I. *Mesures autorisées contre le témoin défaillant.* — Le premier soin de la cour doit être de se faire remettre l'original de la citation et de vérifier si le témoin absent a été régulièrement cité.

1783. — On ne peut, en effet, réputer défaillant un témoin qui n'a pas été cité régulièrement. — Cass., 17 juin 1876, Pascal et Bouchan, [S. 76.1.482, P. 76.1.1206, D. 77.1.460] — L'art. 355, C. instr. crim., qui édicte contre le témoin non comparant des dispositions coercitives, suppose nécessairement de la part de ce témoin un fait d'abstention volontaire et un refus calculé d'obéir à la justice : il est donc inapplicable au témoin qui n'a pas été touché par la citation ; aucune peine ne peut être prononcée contre lui. — Cass., 5 oct. 1882, Dedit et Butiaux, [*Bull. crim.*, n. 232]

1784. — Supposons maintenant que le témoin ait été cité régulièrement ; il ne comparaît pas. Il y a lieu alors de distinguer selon que ce témoin a fait ou non parvenir une lettre pour expliquer son absence.

1785. — a) Le témoin a écrit soit au président, soit au procureur général pour indiquer la cause de son absence : la cour apprécie alors l'excuse invoquée. Si elle la trouve sérieuse et fondée, elle l'admet. Si elle a des doutes, elle peut faire procéder à une vérification. Ainsi, lorsque le témoin se dit malade et produit, à l'appui de sa déclaration, un certificat de médecin à l'exactitude duquel la cour hésite à croire, elle peut commettre un autre médecin et le charger de s'assurer immédiatement de l'état de santé de ce témoin.

1786. — L'arrêt par lequel une cour d'assises admet l'excuse proposée par un témoin absent n'est qu'un simple arrêt d'instruction, ne formant point un contrat judiciaire, et qui peut être rapporté lorsque la cour d'assises reconnaît que la déposition de ce témoin est indispensable. — Cass., 26 nov. 1829, Dumay, [P. chr.]

1787. — b) Le témoin non comparant n'a produit aucune excuse ou celle qu'il a invoquée n'a pas été admise. Ce témoin pourra alors être condamné à une amende qui n'excédera pas 100 fr. (C. instr. crim., art. 80 et 355).

1788. — C'est au ministère public seul qu'il appartient de requérir la condamnation à l'amende contre le témoin défaillant. L'accusé n'a aucune qualité pour conclure à une semblable condamnation et il ne peut, dès lors, se faire un moyen de cassation du refus de la cour d'assises de prononcer cette amende. — Cass., 4 sept. 1840, Fournet de Marsilly, [P. 46.1.505]

1789. — La cour peut, en outre, ordonner que ce témoin sera amené par la force publique devant la cour pour y être entendu (Même Code, art. 355).

1790. — Les témoins qui ont allégué une excuse reconnue fausse peuvent être condamnés, outre les amendes prononcées pour la non-comparution, à un emprisonnement de six jours à deux mois (C. pén., art. 236). Ces deux peines doivent être prononcées cumulativement. — Cass., 29 nov. 1811, Deleclaux, [S. et P. chr.]

1791. — Toutefois, il ne suffit pas que la fausseté de l'excuse soit reconnue, il faut encore que le témoin ait connu la fausseté de l'excuse qu'il alléguait, et qu'il ait eu l'intention de tromper les juges pour s'exempter de son obligation. — Chauveau et F. Hélie, *Th. C. pén.*, t. 4, p. 224.

1792. — C'est à la cour d'assises qu'il appartient de prononcer sur la non-comparution et les empêchements des témoins. — Cass., 20 août 1819, Lenoret, [P. chr.]; — 27 nov. 1834, Révoltés de la Grand'Anse (Martinique), [P. chr.]

1793. — Notamment, la condamnation à l'amende ne pourrait être prononcée que par un arrêt. Ces arrêts doivent nécessairement être motivés. — Cass., 12 août 1831, Pichot, [P. chr.]

1794. — Tout ce que nous venons de dire sur les excuses présentées par les témoins, sur leur admission ou leur rejet, et la condamnation à l'amende est chose indifférente pour l'accusé. Les décisions de la cour à cet égard, quelles qu'elles soient, doivent lui être étrangères, et il n'a contre elles aucun moyen de recours. Jugé, spécialement, que de ce que le témoin qui n'a pas comparu n'a pas été condamné à l'amende. — Cass., 14 sept. 1821, Noyon, [P. chr.]

1795. — La voie de l'opposition est ouverte contre les condamnations prononcées contre le témoin, dans les dix jours de la signification qui lui est faite, ou à son domicile, outre un jour par cinq myriamètres; et l'opposition est reçue s'il prouve qu'il a été légitimement empêché, ou que l'amende contre lui prononcée doit être modérée (C. instr. crim., art. 356).

1796. — Le jour de la signification de l'arrêt ne doit pas être compté dans le délai; mais il n'en est pas de même de celui de l'opposition. — Carnot, *Instr. crim.*, t. 2, p. 696, n. 2; Legraverend, t. 2, p. 166.

1797. — Carnot (*Instr. crim.*, t. 2, p. 697, n. 3) pense que l'opposition peut être faite par requête, ou par un simple acte notifié au procureur général. Legraverend (t. 2, p. 197) dit qu'elle pourrait l'être par un acte passé au greffe. La loi n'ayant point tracé la forme de cette opposition, il serait difficile d'annuler l'acte qui constaterait d'une manière authentique l'intention du témoin condamné; mais nous pensons que la forme la plus régulière est la notification par exploit d'huissier.

1798. — Le témoin peut, en comparaissant avant d'avoir encouru la déchéance, présenter oralement sa réclamation à la cour d'assises, et demander acte de son opposition. — Carnot, *Instr. crim.*, t. 2, p. 697, n. 3; Legraverend, t. 2, p. 197.

1799. — C'est à la cour d'assises qui a rendu l'arrêt de condamnation à prononcer sur l'opposition. Si la session était close, le jugement serait renvoyé de droit à la session suivante de la même cour. — Carnot, *Instr. crim.*, t. 2, p. 697, n. 4.

1800. — Une force majeure légalement constatée, l'ignorance de la citation qui n'aurait pas été remise au véritable domicile, ou l'absence du témoin, sont des excuses valables pour fonder l'opposition de l'accusé à l'arrêt qui l'a condamné par défaut. — Carnot, *Instr. crim.*, t. 2, p. 695, n. 5.

1801. — Mais le témoin défaillant ne serait pas écouté, s'il alléguait un simple vice de forme de la citation (V. Carnot, *loc. cit.*), à moins cependant que l'irrégularité, par exemple, l'omission ou une fausse indication du jour de l'audience, ne l'eût mis dans l'impossibilité de comparaître.

1802. — II. *Conséquences, relativement à l'affaire, de l'absence d'un témoin.* — Si un ou plusieurs témoins ne comparaissent pas, on aura à opter entre deux partis : ou bien renvoyer l'affaire à un autre jour ou à une autre session, ou bien passer outre aux débats. Nous n'examinerons maintenant que cette seconde solution, réservant l'étude de la première pour le chapitre consacré aux incidents qui peuvent se produire pendant l'audience. — V. *infra*, n. 5873 et s.

1803. — Une question se pose tout de suite : qui a pouvoir pour ordonner qu'il sera passé outre aux débats? Est-ce le président? Faut-il, au contraire, un arrêt de la cour? Cette question a été résolue à l'aide de la distinction suivante :

1804. — S'il y a désaccord entre les parties, si l'une consent à ce que les débats continuent tandis qu'une autre demande le renvoi de l'affaire, alors la cour doit intervenir. En effet, l'incident devient contentieux, le président n'a pas qualité pour le vider, il faut un arrêt de la cour.

1805. — Si, au contraire, l'absence des témoins est acceptée par toutes les parties, ministère public, accusé et partie civile, si personne n'élève de réclamation, alors l'ordre de passer outre peut émaner soit de la cour, soit du président seul. En l'absence d'incident contentieux, le droit de prononcer le passé outre aux

débats rentre dans les attributions du président. — Cass., 24 août 1827, Pirion, [S. et P. chr.]; — 20 mars 1862, Gresse, [D. 62.5.94]; — 20 mars 1862, Klopfenstein, [*Bull. crim.*, n. 88]; — 10 oct. 1872, Arnaudin, [S. 73.1.44, P. 73.70, D. 72.1.330]; — 11 nov. 1875, Thomas, [*Bull. crim.*, n. 310]; — 21 févr. 1878, Plet, [*Bull. crim.*, n. 51]; — 31 déc. 1886, Tarbouriech, [*Bull. crim.*, n. 447]; — 6 juin 1890, Jossin, [*Bull. crim.*, n. 123]

1806. — Il n'y a incident contentieux que lorsque l'accusé ou son conseil dépose sur le bureau de la cour des conclusions, écrites et signées, demandant le renvoi de l'affaire. Il ne suffirait pas de solliciter oralement ce renvoi et, sur le refus du président de l'ordonner, de demander acte de ce refus. La cour, saisie seulement de cette question unique, donnerait acte du refus et l'incident n'aurait pas d'avenir suite. Pour que la cour soit obligée de statuer sur la question même du renvoi de l'affaire, il faut que l'accusé demande formellement ce renvoi dans ses conclusions. L'incident est alors vraiment contentieux. Les conclusions seront soutenues et développées par le défenseur, le ministère public sera entendu, et la cour ensuite statuera par un arrêt.

1807. — Cet arrêt, qui répond aux conclusions posées et vide un incident contentieux, doit, à peine de nullité, être motivé. — Cass., 8 mai 1884, Ben-Saad-ben-Youssef, [*Bull. crim.*, n. 137] — V. sur le principe, *infra*, n. 6034 et s.

1808. — L'arrêt qui rejette la demande de renvoi à une autre session fondée sur l'absence d'un témoin est suffisamment motivé lorsqu'il constate que la déposition de ce témoin n'est pas nécessaire ou indispensable à la manifestation de la vérité. — Cass., 29 sept. 1887, Xavier et autres, [*Bull. crim.*, n. 347]

1809. — De même serait suffisamment motivé l'arrêt incident ordonnant de passer outre aux débats malgré l'absence de deux témoins, s'il constatait que l'un de ces témoins est décédé, et que l'autre n'a pu être touché par la citation. — Cass., 22 mars 1888, Archimbaud, [*Bull crim.*, n. 121]

1810. — L'appréciation de la cour sur l'utilité ou la non utilité de la déposition d'un témoin non comparant est souveraine; la décision de la cour sur ce point de fait ne peut être attaquée devant la Cour de cassation. — Cass., 30 juill. 1874, Chevalier, [*Bull. crim.*, n. 219]; — 10 sept. 1874, Carréra, [*Bull. crim.*, n. 260]; — 15 déc. 1885, Aubert, [S. 87.1.437, P. 87.1.1070]

1811. — Lorsqu'au contraire, il n'y a pas d'incident contentieux, lorsqu'aucune réclamation n'a été soulevée à l'occasion de l'absence de témoins, l'ordre de passer outre aux débats, qui peut alors émaner indistinctement soit de la cour, soit du président seul (V. *supra*, n. 1805), n'a pas besoin d'être motivé. — Cass., 19 sept. 1836, Olivier, [D. 56.1.418]; — 10 oct. 1872, précité. — Le président peut se borner à dire : « La cour ordonne qu'il sera passé outre aux débats » ou simplement « il sera passé outre aux débats. »

1812. — Il n'est pas même nécessaire qu'une décision proprement dite, arrêt ou ordonnance, soit rendue. — Cass., 16 mai 1828, Laforest et autres, [P. chr.]; — 2 sept. 1830, Gromelle, [P. chr.]

1813. — Jugé, spécialement, que le droit pour le président lorsqu'aucune réclamation n'a été formulée, de passer outre aux débats, n'est en aucune manière subordonnée à la nécessité de rendre une ordonnance; aucun texte n'imposant au président une décision expresse; sa décision résulte implicitement du fait que les débats ont suivi leur cours. — Cass., 6 juin 1890, précité.

1814. — La cour d'assises ou le président peut décider de passer outre aux débats sans que les parties aient été entendues. — Cass., 23 janv. 1849, Moretti et Angeli, [P. 50.1.429, D. 49.5.279]

1815. — Il est même de jurisprudence constante que, lorsque la cour ou le président prononce le passé outre aux débats malgré l'absence d'un témoin, il n'est pas nécessaire que l'accusé ou son défenseur ait été spécialement interpellé à cet égard. L'accusé peut, par suite de l'absence de témoins, demander le renvoi de l'affaire; il peut, à ce sujet, prendre telles conclusions qu'il juge convenables; mais le président n'est pas tenu de l'interpeller. Du moment que l'accusé a gardé le silence, il y a présomption qu'il a adhéré à la mesure prise par la cour ou par le président. — Cass., 31 oct. 1817, Wilfrid Regnault, [S. et P. chr.]; — 23 juin 1832, Veron, [P. chr.]; — 14 déc. 1837, Malhuret, [S. 38.1.81, P. 38.1.104]; — 21 mars 1844, Arger et Décaux, [S. 44.1.668]; — 2 juin 1853, Metzer, [S. 44.1.156, P.

54.2.70, D. 53.5.440]; — 8 déc. 1853, Guillouf, [*Bull. crim.*, n. 574]; — 22 févr. 1855, Ducasse, [D. 56.5.128]; — 15 janv. 1863, Gigax, [D. 63.5.373]; — 1er juin 1894, [*Bull. crim.*, n. 144]

1816. — Il en est ainsi alors même que le témoin qui ne se présente pas est un témoin à décharge, cité à la requête de l'accusé. — Cass., 22 déc. 1887, Gaëtano, [*Bull. crim.*, n. 437]

1817. — Jugé, du moins, que lorsque, en cas d'absence d'un témoin, le ministère public prend des réquisitions tendant à ce qu'il soit passé outre aux débats, le président, avant de prescrire cette mesure, n'a pas besoin d'interpeller l'accusé ou son conseil; la cour ou le président peut alors, sans violer les droits de la défense, ordonner qu'il sera passé outre aux débats si l'accusé ou son conseil n'a fait aucune opposition aux réquisitions du ministère public. — Cass., 14 sept. 1882, Auriol, [*Bull. crim.*, n. 224]

1818. — Il en est à plus forte raison ainsi quand l'accusé ou son conseil ont déclaré ne pas s'opposer, ou ont formellement consenti à ce qu'il soit passé outre aux débats. — Cass., 6 janv. 1881, Edouard, [S. 84.1.139, P. 84.1.296, D. 82.1.46]; — 22 sept. 1881, Martignon, [*Bull. crim.*, n. 219]; — 4 févr. 1887, Duchaussoy, [D. 88.1.46]; — 4 févr. 1887, Dupéron et Clabaut, [*Bull. crim.*, n. 41]

1819. — Peu importe que le témoin absent ait été cité à la requête de l'accusé. — Cass., 6 janv. 1881, précité.

1820. — L'absence d'un témoin autorise seulement l'accusé à demander le renvoi de l'affaire à une autre session : il ne peut donc se faire un moyen de cassation de l'absence de ce témoin s'il n'a pas, à l'audience de la cour d'assises, demandé le renvoi de l'affaire. — Cass., 20 juill. 1848, Bocquet, [P. 48.2.489]; — 22 sept. 1881, précité.

§ 9. *Retraite des témoins dans la chambre qui leur est destinée.*

1821. — Après l'appel fait par le greffier du nom des témoins, le président leur ordonne de se retirer dans la chambre qui leur est destinée; ils ne doivent en sortir que pour déposer (C. instr. crim., art. 316).

1822. — La loi prescrit cette mesure afin que les témoins ne puissent prendre connaissance des dépositions des autres témoins et formuler leur leur sur celles qu'ils auraient entendues. La loi veut par là défendre les témoins contre toute influence extérieure et assurer la spontanéité des témoignages. — Carnot, art. 316, n. 2; Nouguier, n. 1670 et 1671.

1823. — L'art. 316 n'a pas frappé de la peine de nullité l'inobservation de cette formalité. D'un autre côté, la Cour de cassation a maintes fois décidé que les dispositions de notre article n'étaient pas substantielles. La retraite des témoins dans leur salle d'attente constitue une simple mesure d'ordre. — Cass., 2 avr. 1885, Mielle, [*Bull. crim.*, n. 108]

1824. — On pourrait donc, sans nuire à la validité de la procédure, laisser les témoins à l'audience. — Cass., 22 oct. 1891, Bessède, [*Bull. crim.*, n. 198]; — 6 juill. 1893, Duret, [*Bull. crim.*, n. 185]

1825. — Ainsi jugé que les dispositions de l'art. 316 portant injonction aux témoins de ne sortir de leur chambre que pour déposer et de s'abstenir de toute communication relativement au délit et à l'accusé ne constituent qu'une mesure d'ordre et de police à laquelle aucune sanction n'a été attachée; l'on ne saurait, en effet, dépendre d'un témoin, en s'introduisant furtivement à l'audience au cours soit de l'interrogatoire de l'accusé, soit de la déposition d'un autre témoin, de vicier la procédure à sa volonté; qu'au jury seul appartient d'apprécier dans quelle mesure cette introduction, volontaire ou fortuite, du témoin dans l'auditoire, peut altérer la foi due à sa déposition. — Cass., 17 août 1861, Leger, [D. 61.5.182]; — 27 nov. 1873, Rondepierre, [*Bull. crim.*, n. 288]; — 9 mai 1873, Ferrieu, [D. 78.1.333]; — 19 août 1880, Ganon, [*Bull. crim.*, n. 166]; — 16 août 1888, Bezia-ben-Abdel-Kader, [*Bull. crim.*, n. 278]; — 4 août 1894, Bestaux et autres, [*Bull. crim.*, n. 239]; — 28 mars 1895, Fontana, [*Bull. crim.*, n. 947]— *Sic*, Garraud, p. 696; F. Hélie, n. 3473; Trébutien, p. 468.

1826. — ... Que l'introduction furtive dans la salle d'audience, pendant la durée des débats, d'un ou plusieurs témoins non encore entendus, nonobstant les mesures de précaution prises par le président, ne saurait vicier la procédure. — Cass., 15 déc. 1832, Enfantin et autres, [S. 33.1.42, P. chr.]; — 25 janv. 1838, Val, [P. 40.1.175]; — 7 mars 1839, Furcy Goujon, [P. 43.1.351]; — 7 janv. 1847, Fabiani, [P. 49.2.340, D. 47.

4.147]; — 15 oct. 1847, d'Ecquevilley, [S. 48.1.301, P. 47.2.727, D. 47.1.338]; — 5 juill. 1866, Sansonetti, [D. 66.5.458]

1827. — ... Spécialement, qu'il n'y a pas de nullité si un témoin est resté dans la salle d'audience pendant l'interrogatoire de l'accusé. — Cass., 20 mars 1891, Chervet et Bizouiller, [*Bull. crim.*, n. 69]

1828. — ... Qu'il ne peut résulter une ouverture à cassation de ce que plusieurs témoins sont sortis de leur chambre pour se rafraîchir. — Cass., 14 janv. 1830, Martres, [P. chr.]; — 12 sept. 1835, Tremblays, [P. chr.] — *Sic*, Carnot, *Instr. crim.*, art. 316, n. 1.

1829. — ... Qu'il ne résulte pas une nullité, dans les débats d'une cour d'assises, de ce qu'il ne serait pas suffisamment établi que les témoins restant à entendre étaient retirés dans la chambre à eux destinée pendant l'audition d'autres témoins, l'art. 316, C. instr. crim., n'étant point prescrit à peine de nullité. — Cass., 25 janv. 1838, précité.

1830. — ... Que lorsqu'il est établi qu'après l'appel des témoins, le président a ordonné qu'ils se retireraient dans la chambre qui leur était destinée pour n'en sortir qu'au fur et à mesure de leur audition, et que, dans la seconde séance, le défenseur de l'accusé ayant signalé la présence d'un témoin à l'audience, le président l'a fait reconduire dans la chambre où il aurait dû rester, l'accusé ne peut se faire un moyen de nullité de ce que ce témoin aurait assisté aux débats avant d'être entendu. — Cass., 8 juill. 1824, Baud, [P. chr.]

1831. — La défense faite aux témoins de sortir de leur chambre autrement que pour déposer doit s'interpréter de la même manière que celle de l'art. 353, relative aux jurés, c'est-à-dire qu'ils peuvent en sortir pendant les intervalles nécessaires à leur repos et à leur alimentation. — Carnot, *Instr. crim.*, t. 2, p. 386, n. 5; Legraverend, t. 2, p. 197.

1832. — Ajoutons que l'accusé qui ne s'est pas opposé à l'audition d'un témoin est non recevable à se plaindre de ce que ce témoin ne se serait pas retiré de l'auditoire, après la lecture de la liste. — Cass., 23 févr. 1832, David, [S. 32.1.664, P. chr.]

1833. — D'ailleurs, lorsqu'il est établi qu'un témoin présent dans l'auditoire au moment de la déposition des autres n'a rien ajouté à ses dépositions écrites, il n'est pas possible qu'il ait été influencé par celles des autres, et dès lors l'accusé est non recevable à se plaindre de l'inexécution de l'art. 316, C. instr. crim. — Cass., 3 avr. 1818, Lewy, [S. et P. chr.]

1834. — Le président peut ordonner que les témoins seront tenus enfermés dans une chambre particulière pendant une suspension d'audience. Dans une affaire, le condamné, prétendant que leur séquestration était une intimidation portant atteinte à l'indépendance des témoins, s'était pourvu en cassation. Son pourvoi fut rejeté : « Attendu, dit la Cour de cassation, que le président a agi dans l'exercice du pouvoir à lui conféré par l'art. 316, et que la faculté à lui attribuée par l'art. 353 est subordonnée aux mesures qu'il croit utiles à la manifestation de la vérité; que, dans l'espèce, les témoins ne se sont pas plaints de la clôture à laquelle ils ont été soumis; qu'elle n'a pu violenter leur déposition, et par conséquent, nuire à la défense de l'accusé ». — Cass., 23 nov. 1840, Rolland, [*Bull. crim.*, n. 116]

1835. — D'un autre côté, le président ne viole aucune loi en autorisant les témoins à sortir de leur salle après l'interrogatoire de l'accusé et avant de déposer. — Cass., 6 janv. 1870, Delbard, [*Bull. crim.*, n. 3]

1836. — Il est d'usage, dans presque tous les cours d'assises de séparer les témoins à charge des témoins à décharge. Les premiers sont conduits dans une salle, et les seconds dans une autre. Mais ce n'est là qu'un usage. Aucune loi ne prescrit cette séparation matérielle. Il n'y aurait pas nullité si tous les témoins étaient réunis dans une même chambre. — Cass., 29 juill. 1869, Momble, [D. 69.5.381]; — 28 mai 1891, Burtel, [*Bull. crim.*, n. 120]

1837. — L'art. 316, pour sauvegarder la spontanéité des témoignages, contient une seconde disposition ainsi conçue : le président doit prendre des précautions, s'il en est besoin, pour empêcher les témoins de conférer entre eux du délit et de l'accusé avant leur déposition (art. 316).

1838. — Il est de jurisprudence constante que les mesures de précaution indiquées par l'art. 316 pour empêcher les témoins de communiquer entre eux ne sont pas prescrites sous peine de nullité. Aussi, fût-il établi que les témoins ont conféré entre eux, malgré la défense du président, il n'en saurait résulter aucune irrégularité de la procédure. — Cass., 26 déc. 1878, Brissaud, [*Bull. crim.*, n. 250]; — 24 août 1882, Mivière, [*Bull. crim.*, n. 218]; — 28 mai 1891, précité. — *Sic*, Carnot, sur l'art. 316; Nouguier, n. 1678.

1839. — Il en serait ainsi alors même que le témoin qui aurait communiqué avec d'autres témoins, aurait, à la reprise de l'audience, modifié ses premières déclarations. — Cass., 26 déc. 1878, précité.

1840. — Il n'y aurait pas non plus d'irrégularité dans la procédure au cas où un étranger se serait introduit ou aurait été admis dans la salle des témoins. — Carnot, *Instr. crim.*, sur l'art. 316, n. 5.

1841. — Spécialement, les interpellations adressées par un tiers à des témoins, avant leur déposition, lorsqu'ils se rendent de l'audience à leur chambre, ne sauraient exercer aucune influence sur la validité de la procédure. Il ne peut, en effet, dépendre d'un tiers, en interpellant les témoins, de vicier les débats, à sa volonté. — Cass., 17 mai 1889, Numa Gilly et autres, [S. 90.1.427, P. 90.1.1011, D. 89.1.317]

1842. — ... Alors surtout qu'il est constaté par le procès-verbal des débats que, dans la seconde partie de sa déposition qui a suivi cet incident, le témoin ainsi interpellé n'a eu à s'expliquer sur aucune des circonstances qui avaient fait l'objet de la première, et spécialement sur le fait à l'occasion duquel il a été interpellé. — Même arrêt.

CHAPITRE X.

INTERROGATOIRE DE L'ACCUSÉ.

SECTION I.

Observations générales.

1843. — Après la retraite des témoins dans la salle qui leur est réservée, le débat oral va commencer. Le premier acte de ce débat est l'interrogatoire de l'accusé.

1844. — Cette formalité n'est prescrite d'une manière expresse par aucune disposition du Code d'instruction criminelle; elle est cependant toujours suivie dans la pratique. Un usage constant a fait de l'interrogatoire de l'accusé le premier acte de la procédure devant le jury, et l'expérience de tous les jours donne raison à ce mode de procéder. L'interrogatoire en effet permet, dès le commencement des débats, de préciser le système de l'accusation, de bien constater celui de l'accusé, de mettre en relief les points sur lesquels ils sont en désaccord, de limiter ainsi le terrain de la discussion en appelant spécialement sur les points contestés l'attention du jury. — Villey, p. 380; Garraud, n. 571; F. Hélie, n. 3543; Nouguier, n. 1691 à 1707.

1845. — Le président peut procéder à l'interrogatoire de l'inculpé, même si celui-ci n'est poursuivi que pour un délit de presse. — Cass., 26 oct. 1894, Legris, [*Bull. crim.*, n. 259]

1846. — De ce que la loi n'a pas prescrit cet interrogatoire, il résulte que cette formalité est purement facultative. Le président peut y procéder, mais il n'y est pas obligé. L'omission de l'interrogatoire ne saurait donc constituer un grief. C'est en ce sens que s'est toujours prononcée la Cour de cassation. « L'art. 403, C. instr. crim., dit-elle, n'impose pas au président l'obligation de faire subir un interrogatoire à l'accusé; la loi laisse à la sagesse du président la faculté d'apprécier la nécessité de cet interrogatoire pour la manifestation de la vérité ». — Cass., 7 janv. 1847, Duniagou, [*Bull. crim.*, n. 5]; — 18 mars 1869, Duhot, [*Bull. crim.*, n. 67]; — 24 août 1882, précité; — 24 juill. 1890, Ephraïm-ben-Amou, [S. et P. 92.1.40]

1847. — Observons, d'autre part, que l'accusé n'est pas tenu de répondre à cet interrogatoire : il a le droit de ne pas répondre aux interpellations du président : mais ce silence ne sera peut-être pas pour lui sans danger, car, le plus souvent, il sera interprété comme une preuve de l'impuissance, par l'accusé, de répondre d'une manière satisfaisante aux questions qui lui sont posées.

1848. — L'interrogatoire de l'accusé est ordinairement le premier acte de la procédure orale; il a lieu avant l'audition des témoins. Mais cet ordre peut être interverti. C'est au président de la cour d'assises qu'il appartient de déterminer l'ordre du débat : il peut, dès lors, s'il le juge utile à la manifestation de la vérité, procéder d'abord à l'audition d'un témoin, puis à l'interrogatoire des accusés, et enfin revenir aux dépositions des témoins. — Cass., 23 avr. 1863, Regnault, [*Bull. crim.*, n. 126]

1849. — Le président pourrait également retarder l'interrogatoire de tous les accusés ou de l'un d'eux jusqu'à la fin des débats et n'y procéder qu'après l'audition des témoins et même après les plaidoiries. Cette interversion de l'ordre habituel des débats ne saurait constituer un grief pour les accusés, surtout lorsque le procès-verbal constate que ceux-ci ont eu la parole les derniers et qu'ils ont successivement déclaré n'avoir plus rien à dire pour leur défense. — Cass., 8 janv. 1852, Lacroix, [*Bull. crim.*, n. 5]

1850. — Ordinairement le président ne procède à l'interrogatoire de l'accusé que lorsque les témoins se sont retirés dans la chambre qui leur est destinée; cependant une interversion ne serait pas une cause d'annulation des débats, et l'interrogatoire pourrait avoir lieu en présence des témoins et avant leur audition sans que la procédure en fût viciée. — Cass., 22 sept. 1864, Ettlin, Vogel et autres, [*Bull. crim.*, n. 234]

SECTION II.

Qui procède à l'interrogatoire.

1851. — Le magistrat qui doit procéder à l'interrogatoire de l'accusé est le président de la cour d'assises. C'est lui qui a la direction des débats, c'est lui qui est chargé de présider à toute l'instruction (C. instr. crim., art. 267). Au nombre des actes de cette instruction est compris l'interrogatoire des accusés. — Haute Cour de justice, 8 mars 1849, Raspail et autres, [S. 49.2.225, P. 49.1.196, D. 49.1.56]

1852. — Aucun doute ne peut s'élever sur ce point; mais on s'est demandé si le président pouvait déléguer son pouvoir et confier à un assesseur le soin d'interroger l'accusé. Il faut remarquer qu'en fait, le président procède presque toujours lui-même à l'interrogatoire, qui est un des actes les plus importants de ses fonctions. Cependant, dans de longs débats, le président peut, en cas de fatigue, déléguer dans une certaine mesure son pouvoir, et laisser un assesseur interroger à sa place, pourvu qu'il conserve toujours la direction des débats. C'est une faculté qui lui a été reconnue par la Cour de cassation. — V. Cass., 26 mai 1826, Beyot et Lehérisson, [S. et P. chr.]; — 17 déc. 1836, Masson, [P. 38.1.71]; — 12 oct. 1843, Chipponi, [*Bull. crim.*, n. 263]

1853. — A côté du président qui dirige l'interrogatoire, d'autres personnes peuvent intervenir pour poser également des questions à l'accusé. L'art. 319, C. instr. crim., dispose en effet que « les juges, le procureur général et les jurés auront la même faculté, en demandant la parole au président ». La même article ajoute : « la partie civile ne pourra faire de questions... à l'accusé que par l'organe du président ». Il résulte de cette disposition que toutes les personnes intéressées aux débats, assesseurs, procureur général, jurés, partie civile, ont droit de prendre une part directe à l'interrogatoire.

1854. — Une différence existe toutefois entre elles : le droit d'interpellation ne s'exerce pas pour la partie civile de la même manière que pour les trois autres personnes : la loi, en effet, n'accorde pas à la partie civile la faculté de poser directement une question à l'accusé, elle ne peut que faire connaître au président la question qu'elle désire poser, et celui-ci la transmet ensuite à l'accusé.

1855. — Le droit d'interpellation des assesseurs, du procureur général et des jurés s'exerce, au contraire, d'une manière directe : ils peuvent poser eux-mêmes des questions à l'accusé, sans les faire passer par l'intermédiaire du président; ils ne sont tenus qu'à une chose, c'est à demander la parole au président. Dès que celui-ci la leur a accordée, ils interpellent eux-mêmes directement l'accusé.

1856. — L'art. 319, énumérant les personnes qui ont le droit de poser des questions à l'accusé, cite en première ligne les assesseurs, puis le procureur général, les jurés, et enfin la partie civile. Cet ordre n'a rien d'obligatoire. L'art. 319 n'a pas pour objet de fixer, d'une manière invariable, l'ordre suivant lequel chacune de ces personnes doit user de son droit. C'est le président, directeur des débats, qui réglera le tour de parole de chacun. L'art. 267, C. instr. crim., le charge en effet du soin de déterminer l'ordre entre ceux qui demanderont à parler.

1857. — L'art. 319, C. instr. crim., donne à l'accusé et à son conseil le droit de questionner les témoins, par l'organe du président, après leur déposition; il faut admettre que le même droit appartient à l'accusé ou à son conseil, à l'égard d'un coaccusé, après son interrogatoire. — Cass., 30 août 1866, Laborderie, [D. 66.1.462]

1858. — Mais ce droit doit se concilier avec celui qui résulte, pour le président de la cour d'assises, des art. 268 et 270, C. instr. crim., aux termes desquels ce magistrat peut prendre sur lui tout ce qu'il croit utile à la découverte de la vérité et doit rejeter ce qui tendrait à prolonger les débats, sans donner lieu d'espérer plus de certitude dans les résultats. Le président pourra donc se refuser de poser à un coaccusé la question formulée par un autre accusé, si celle-ci ne lui paraît pas utile à la défense, ou si son objet n'est pas même indiqué. — Même arrêt.

1859. — C'est au président qu'il appartient d'abord de statuer. Si, après le refus du président de poser la question, l'accusé ou son conseil insiste et prend des conclusions, l'incident devient alors contentieux, et la cour doit rendre un arrêt motivé pour répondre aux conclusions. — Même arrêt.

Section III.
Forme de l'interrogatoire.

1860. — L'interrogatoire est à la fois un moyen d'instruction et un moyen de défense; il a pour objet de faire connaître au jury l'accusation et l'accusé, et de permettre à celui-ci d'exposer les circonstances qu'il invoque pour sa défense.

1861. — Il en résulte que le président pourra interroger l'accusé et sur ses antécédents, et sur le crime, objet de l'accusation, c'est-à-dire sur le fait matériel même, ainsi que sur les circonstances aggravantes relevées dans l'arrêt de renvoi. Il portera à la connaissance de l'accusé les éléments de preuve qui doivent se produire aux débats, et le mettra ainsi à même de les discuter et de les réfuter.

1862. — Quelques arrêts de la Cour de cassation ont déterminé et précisé l'étendue des pouvoirs du président lors de l'interrogatoire.

1863. — La loi laisse le président libre d'apprécier la forme et l'étendue de l'interrogatoire : ainsi le président peut n'interroger l'accusé que sur une partie des faits relevés dans l'acte d'accusation. — Cass., 24 août 1882, Mivière, [Bull. crim., n. 218]

1864. — D'un autre côté, le président peut, sans violer l'art. 336, C. instr. crim., qui a supprimé et prescrit le résumé, faire, au cours de l'interrogatoire, un exposé général de l'affaire, s'il le juge nécessaire à la clarté des débats. Cet exposé ne peut être considéré comme le résumé dont parle l'art. 336; le résumé prohibé par cet article ne laisse plus aucune place aux observations de la défense puisque la clôture des débats a été prononcée; il en est autrement de l'exposé fait au commencement des débats, sur lequel peuvent porter toutes les critiques et toutes les observations de la défense. — Cass., 18 sept. 1885, Garbe, [Bull. crim., n. 258]

1865. — Le président, lorsqu'il interroge les accusés à l'ouverture des débats et avant l'audition des témoins, use d'une faculté qui rentre dans le cercle de ses pouvoirs; pour exercer utilement cette faculté, il doit nécessairement signaler aux accusés les faits qu'a révélés l'instruction écrite. Il ne peut, il est vrai, sans porter atteinte au principe du débat oral, lire ou faire lire les dépositions des témoins cités et comparants avant que ces témoins aient été régulièrement entendus; mais on ne saurait lui dénier, sous peine de rendre impossible l'exercice d'une de ses attributions légales, le droit de rappeler à l'accusé les charges recueillies contre lui par le juge d'instruction. — Cass., 21 juin 1888, Morand et Digard, [Bull. crim., n. 216]

1866. — De même que les dépositions, les rapports des experts, cités comme témoins, ne doivent pas être lus avant leur audition orale à l'audience.

1867. — Cependant le président de la cour d'assises ne porte aucune atteinte à la règle du débat oral et ne viole pas les droits de la défense, lorsque, en interrogeant l'accusé, il lui fait connaître, sans toutefois en donner lecture, les conclusions d'un rapport de médecins, avant que ceux-ci, cités comme témoins,

aient été entendus dans leur déposition, alors surtout que les conclusions de ce rapport étaient expressément indiquées dans l'arrêt de renvoi et dans l'acte d'accusation. — Cass., 23 mars 1882, Martinet et autres, [Bull. crim., n. 84]; — 2 avr. 1885, Sirgent, [Bull. crim., n. 106]

1868. — De même, le président peut donner lecture, au cours de l'interrogatoire de l'accusé, d'un rapport de police relatant la plainte signée seulement de l'agent rédacteur et ne portant pas la mention qu'il en a été donné lecture au plaignant. Ce document ne saurait être considéré comme étant de nature à préparer la conviction des jurés avant la déposition du témoin auquel il s'applique. — Cass., 30 janv. 1890, Jeantroux et Ribot, [Bull. crim., n. 24]

1869. — Mais il y a violation du principe du débat oral lorsque, au cours de l'interrogatoire des accusés et avant toute audition de témoins, il est donné lecture aux débats d'un procès-verbal de transport sur le lieu du crime, dressé par le juge d'instruction et contenant les déclarations de divers habitants, et notamment du père de la victime, entendu à l'audience sous la foi du serment; déclarations qui, si elles n'ont pas le caractère de véritables dépositions de témoins, contiennent des détails et des affirmations relatifs à des circonstances essentielles à l'accusation. — Cass., 28 août 1884, Kaci-n'Att et Sliman-n'Att, [S. 85.1.326, P. 85.1.784, D. 84.1.473]

1870. — De même, la lecture, au cours de l'interrogatoire, de la déclaration écrite d'un témoin cité et présent est interdite, alors même que cette déclaration n'aurait pas le caractère d'une véritable déposition de témoin et serait consignée dans un procès-verbal de transport dressé par le juge d'instruction. — Cass., 4 août 1887, Amar-Naït-Hammad, [Bull. crim., n. 298]

1871. — C'est à l'accusé que s'adresse l'interrogatoire, c'est à lui à répondre : il est seul admis à le faire.

1872. — Le défenseur de l'accusé n'a pas le droit d'intervenir dans l'interrogatoire. Ses interruptions et ses interpellations sont hors de propos pendant l'accomplissement de cet acte. Le président à qui appartient la police de l'audience, et qui est seul maître de la direction des débats, ne fait qu'user de son droit en faisant cesser ces interruptions qui sont de nature à jeter de la confusion dans l'esprit des jurés. — Cass., 2 mars 1882, Tréchot, [Bull. crim., n. 60]

1873. — Pour répondre, l'accusé se lève et reste debout, sauf les exceptions motivées par des raisons de convenance et d'humanité.

1874. — L'accusé répond oralement. Cependant, dans une affaire au cours de laquelle l'accusé s'était dit atteint d'une aphonie complète, le président avait fait mettre à sa disposition un tableau noir et de la craie; l'accusé avait ainsi répondu par écrit à toutes les questions qui lui étaient posées. La Cour de cassation a décidé que ce mode de procéder était parfaitement légal et assurait la libre défense de l'accusé. — Cass., 22 avr. 1887, Lemonnier, [S. 88.1.307, P. 88.1.935]

1875. — Pour répondre, l'accusé peut s'aider de notes. Mais s'il voulait lire un travail écrit, le président devrait l'en empêcher et contraindre l'accusé à en différer la lecture jusqu'au moment des plaidoiries.

Section IV.
Fixation du rang d'examen des accusés.

1876. — Une seule affaire peut comprendre plusieurs accusés; l'art. 334, C. instr. crim., indique comment sera réglé l'ordre d'examen de chacun des accusés. Cet article est ainsi conçu : « Le président déterminera celui de ces accusés qui devra être soumis aux débats, en commençant par le principal accusé, s'il y en a un; il se fera ensuite un débat particulier sur chacun des autres accusés. »

1877. — Cet article attribue la priorité à l'accusé principal; il laisse ensuite au président le soin de déterminer le rang d'examen des autres accusés, et indique enfin qu'il y aura un débat particulier pour chacun d'eux.

1878. — Mais aucune de ces trois mesures n'est prescrite à peine de nullité : une jurisprudence constante a décidé que la disposition de l'art. 334 n'a pour but que d'édicter une mesure d'ordre destinée à servir de guide au président dans la direction des débats; l'exécution en est dès lors laissée à sa sagesse. — Cass., 28 mai 1818, Servat et autres, [S. et P. chr.] — « La faculté dont parle l'art. 334, a dit un autre arrêt, n'est qu'un corollaire du pouvoir discrétionnaire du président; elle doit, dès lors, être soumise aux mêmes règles et ne saurait être l'objet d'aucune critique à raison de l'usage qu'en a pu faire le président ». — Cass., 28 sept. 1865, Garrigues, [*Bull. crim.*, n. 186]

1879. — Ainsi, bien que la priorité appartienne, suivant l'art. 334, à l'accusé principal, le président peut, sans encourir de nullité, soumettre cet accusé, malgré ses réclamations, le dernier aux débats. — Cass., 28 sept. 1865, précité. — De même, le président peut valablement interroger un prévenu de délit connexe avant les accusés de crime, s'il juge cet ordre plus utile à la manifestation de la vérité. — Cass., 3 déc. 1836, Demiannay, Thuret et autres, [S. 38.1.82, P. 38.1.37]

1880. — Aucune nullité ne sera non plus encourue si le président de la cour d'assises n'a pas déterminé l'ordre dans lequel chacun des accusés sera soumis aux débats. — Cass., 3 mai 1834, Duponey, [S. 35.1.779, P. chr.]; — 4 août 1843, Vey, [*Bull. crim.*, n. 196]

1881. — ... Ou si un débat particulier n'a pas eu lieu pour chacun des accusés. — Cass., 28 mai 1818, précité; — 3 mai 1834, précité.

1882. — Lorsque le président prend une des mesures recommandées par l'art. 334, il ne rend pour cela aucune ordonnance; il est même d'usage de s'abstenir de toute constatation au sujet de ces formalités.

1883. — Du caractère facultatif des mesures de l'art. 334, il résulte, en effet, que le procès-verbal des débats peut se dispenser de toute mention à cet égard.

Section V.

Faculté pour le président d'interroger les accusés les uns en l'absence des autres.

1884. — Une règle essentielle qui protège l'accusé dès l'ouverture de l'affaire, veut que le débat se poursuive tout entier en sa présence et que tout acte auquel il serait procédé en son absence soit entaché de nullité. — Cass., 1er déc. 1887, Belgarde, [*Bull. crim.*, n. 408]. — L'art. 327, C. instr. crim., apporte pour l'interrogatoire des accusés une exception à cette règle; il dispose, en effet, que « le président pourra avant, pendant ou après l'audition d'un témoin, faire retirer un ou plusieurs accusés et les examiner séparément sur quelques circonstances du procès. »

1885. — Le président peut donc, dans les affaires ou figurent plusieurs accusés, faire retirer de la salle d'audience un ou plusieurs accusés et procéder, en leur absence, à l'interrogatoire des autres.

1886. — Le droit d'ordonner des interrogatoires séparés est un des attributs personnels du président. C'est pour lui un droit propre et absolu. Malgré toutes les réclamations qui pourraient se produire, il reste seul maître de n'en pas user. C'est en vain que le ministère public ou l'accusé prendraient des conclusions pour en provoquer l'exercice : elles seraient impuissantes à donner à cet incident le caractère d'un contentieux proprement dit, et la cour ne pourrait que rendre un arrêt pour affirmer le droit absolu du président. — Legraverend, t. 2, p. 207; Carnot, *Instr. crim.*, sur l'art. 327, n. 1; Nouguier, t. 3, n. 1347.

1887. — L'art. 327 accorde au président une faculté, et ne lui impose pas une obligation : le président n'est donc pas tenu, lorsqu'il y a plusieurs accusés, de les séparer les uns des autres lors des interrogatoires qu'il leur fait subir. — Cass., 4 août 1843, Vey, [*Bull. crim.*, n. 196]

1888. — L'art. 327 n'est pas limitatif du nombre des accusés qu'il autorise le président de la cour d'assises à faire retirer de l'audience; ainsi, le président pourra ne laisser à l'audience qu'un seul accusé, celui qu'il veut entendre séparément, et faire sortir tous les autres. — Cass., 28 mars 1829, Chauvière, [S. et P. chr.]

1889. — Le président est libre de faire, à tout moment des débats, retirer de l'audience un ou plusieurs accusés et d'en interroger un autre hors la présence des premiers. Ainsi, il peut le faire avant l'audition d'un seul témoin. — Cass., 16 janv. 1823, Daujean, [S. et P. chr.]; — 15 juill. 1825, Tronc, [S. et P. chr.]; — 12 août 1825, Faquet, [S. et P. chr.] — Il peut aussi ne le faire qu'après l'audition de tous les témoins. — Cass., 8 janv. 1852, Lacroix, [*Bull. crim.*, n. 5]

1890. — La faculté de faire sortir l'accusé de l'audience ne

comporte pas celle d'en éloigner également son conseil : celui-ci a le droit d'être présent à toutes les parties du débat. — Carnot, *loc. cit.*; Nouguier, t. 3, n. 1746.

1891. — L'art. 327 qui permet de procéder à quelques actes du débat oral hors la présence de l'un ou plusieurs des accusés, apporte immédiatement un correctif à cette mesure exceptionnelle; il impose, en effet, au président l'obligation « de ne reprendre la suite des débats généraux qu'après avoir instruit chaque accusé de ce qui se sera fait en son absence et de ce qui en sera résulté. »

1892. — On s'est demandé à quel moment le président devait rendre compte à l'accusé de ce qui s'était fait en son absence : devait-il le faire dès la rentrée de l'accusé à l'audience et avant même de l'interroger? Évidemment non. Les motifs qui ont inspiré cette disposition dictent la réponse. « Par l'art. 327. la loi a eu pour but d'empêcher que des coaccusés aient le temps et les moyens de préparer d'avance et de concerter leurs réponses, et de faire que les contradictions qui peuvent résulter des réponses successives de ces accusés hors la présence les uns des autres, puissent conduire plus facilement et plus sûrement à la manifestation de la vérité. Cette sage prévision de la loi serait manquée si, à la rentrée du second accusé dans l'auditoire et avant que lui-même eût été interrogé à son tour, le président était tenu de lui rendre compte des réponses faites par son coaccusé en son absence ». — Cass., 21 mars 1844, Arger et Decaux, [S. 44.1.668]

1893. — Le président peut donc, à la rentrée de l'accusé, commencer par l'interroger et ne lui donner qu'ensuite connaissance de ce qui s'est fait en son absence. L'art. 327 n'exige qu'une chose, c'est que le compte-rendu soit donné à l'accusé « avant de reprendre la suite des débats généraux », c'est-à-dire avant de commencer ou de reprendre l'audition des témoins. La jurisprudence s'est prononcée en ce sens d'une manière unanime. — Cass., 13 avr. 1832, Blache, [P. chr.]; — 18 avr. 1833, Demarcé et autres, [P. chr.]; — 16 juin 1836, Pierrot et autres, [S. 36.1.843, P. chr.]; — 30 avr. 1841, Monnet et Schmidt, [P. 42.1.526]; — 3 oct. 1844, Roche, [P. 45.2.63]; — 23 mars 1882, Martinet, [*Bull. crim.*, n. 81]; — 30 mars 1882, Espedro et autres, [*Bull. crim.*, n. 88]

1894. — La Cour de cassation a même décidé que lorsque le président a fait retirer deux accusés, il peut ne rendre compte de ce qui s'est passé en leur absence qu'après les avoir tous deux interrogés successivement. — Cass., 6 févr. 1840, [cité par Nouguier, n. 1759]

1895. — Le président de la cour d'assises n'est pas tenu de donner lui-même connaissance à l'accusé rentrant de ce qu'il s'est fait hors sa présence. Ainsi, dans le cas de fatigue causée par la longueur des débats, il peut déléguer à l'un des membres de la cour le soin de rendre compte aux accusés de ce qui s'est passé en leur absence dans les interrogatoires séparés subis par leurs coaccusés. — Cass., 26 mai 1826, Beyot et Lehérisson, [S. et P. chr.]

1896. — Une autre difficulté s'est élevée relativement au caractère de l'obligation imposée par l'art. 327, de rendre compte à l'accusé de ce qui s'est fait en son absence. On s'est demandé si cette formalité était substantielle, et si son omission devait entraîner la nullité des débats. La jurisprudence de la Cour de cassation a varié sur cette question. Elle s'est d'abord prononcée en faveur de la négative. L'art. 327, disait-elle alors, n'a pas écrit la peine de nullité comme sanction de l'obligation imposée au président. Celui-ci peut donc l'enfreindre sans qu'il en résulte de nullité. — Cass., 3 avr. 1818, Lévy et autres, [S. et P. chr.]; — 10 avr. 1819, Morel et autres, [S. et P. chr.]; — 22 juin 1820, Terrein et autres, [S. et P. chr.]

1897. — Mais, à partir de 1823, la Cour de cassation abandonnait cette première opinion et décidait que « si la nullité n'a pas été attachée à l'inobservation de la seconde disposition de l'art. 327, elle n'en doit pas moins être prononcée; son exécution est, en effet, nécessaire à la défense de l'accusé; toutes les formalités qui font partie substantielle du droit de défense sont de rigueur, et leur omission forme de plein droit et par elle-même une nullité radicale ». — Cass., 16 janv. 1823, précité. — Depuis cette époque la Cour de cassation s'est toujours prononcée en ce sens. — Cass., 15 juill. 1825, précité; — 12 août 1825, précité; — 17 sept. 1829, Lancien, [S. et P. chr.]; — 10 mars 1834, Defente, [P. chr.]; — 2 juill. 1835, Gazay, [P. chr.]; — 21 janv. 1841, Fraigneau, [P. 42.1.238]; — 16 janv. 1891, Gia-

colette, [*Bull. crim.*, n. 10]; — 13 juill. 1893, Périassamycavoundin, [*Bull. crim.*, n. 192] — Cette opinion a été également consacrée par la doctrine. -- Carnot, *Instr. crim.*, art. 327, n. 2; Nouguier, n. 1748 et s.; F. Hélie, n. 3544; Tréhutien, t.2, n. 602.
— Il est donc aujourd'hui hors de controverse que le compte à rendre par le président est une formalité substantielle, prescrite à peine de nullité.

1898. — L'art. 327 ne prescrit pas d'une manière sacramentelle les termes et le mode de l'avis qui doit être donné à l'accusé par le président. — Cass., 16 mai 1863, Verdet, [*Bull. crim.*, n. 145] — Aussi a-t-on admis deux manières de procéder : le président peut, en effet, ou bien faire réitérer, en présence de l'accusé qui avait été momentanément écarté, les interrogatoires, actes et observations qui ont eu lieu en son absence. — Cass., 22 juin 1820, précité; — 16 mai 1863, précité. — ... Ou bien rendre compte lui-même à l'accusé de tout ce qui a été fait hors de sa présence. — Cass., 18 avr. 1833, précité. — Ce second mode de procéder est le plus usité; c'est aussi le plus conforme au texte de l'art. 327, qui recommande au président de ne reprendre la suite des débats généraux qu'*après avoir instruit* chaque accusé de ce qui se sera fait en son absence.

1899. — Aucune disposition n'interdit au président le droit de faire connaître lui-même à un ou plusieurs accusés qui auraient été momentanément éloignés du débat, la traduction faite par l'interprète de ce qui a été dit en leur absence. — Cass., 16 avr. 1848, Guillain, [P. chr.]

1900. — L'omission du compte-rendu est une cause de nullité; mais elle peut être réparée si le président s'en aperçoit avant la clôture des débats. Pour faire disparaître cette cause de nullité, il suffira à la cour d'assises, par un arrêt, annule les débats, à partir de la formalité omise, et ordonne qu'il sera de nouveau procédé à cette partie des débats, après que le président aura instruit l'accusé de ce qui s'est fait en son absence. Ainsi, dans une espèce, le président, après avoir fait rentrer un accusé momentanément écarté, avait immédiatement procédé à l'audition des témoins sans porter à sa connaissance un interrogatoire subi en son absence. Cet oubli fut constaté au cours des débats. La cour d'assises annula alors tout ce qui avait été fait depuis la rentrée de cet accusé à l'audience, et ordonna qu'il serait procédé à une nouvelle audition des témoins déjà entendus, après avoir informé l'accusé des réponses faites par son coaccusé. — Cass., 21 janv. 1841, précité.

CHAPITRE XI.

AUDITION DES TÉMOINS.

1901. — Avec l'audition des témoins nous arrivons à une des parties les plus importantes de la procédure devant la cour d'assises. Un principe essentiel de cette procédure veut que le débat soit oral. La conviction des jurés ne doit se former que d'après les dépositions orales des témoins. L'audition publique des témoignages oraux devient ainsi l'instrument principal de l'examen du procès. On comprend, dès lors, toute l'importance que présente l'étude des prescriptions légales qui régissent cette matière.

1902. — Le Code d'instruction criminelle a réuni en quelques articles (315 à 330) les règles auxquelles est soumise la production des témoignages devant la cour d'assises.

1903. — Il y a, devant les assises, deux classes de témoins : la première, qui est la plus nombreuse, comprend les témoins appelés par les parties, c'est-à-dire par le ministère public, l'accusé et la partie civile. Dans la seconde figurent les témoins produits par le président en vertu de son pouvoir discrétionnaire. Cette distinction est capitale; elle domine toute la matière. Suivant que les témoins appartiennent à l'une ou l'autre de ces deux classes, leur audition est régie par des règles différentes : nous allons les étudier successivement.

SECTION I.

**Témoins appelés par le ministère public,
l'accusé et la partie civile.**

§ 1. *Nécessité de les entendre sous serment.*

1904. — Les témoins appelés par les parties se divisent en trois catégories : 1° témoins cités et notifiés; 2° témoins notifiés,

mais non cités; 3° témoins cités, mais non notifiés. Voyons quelle sera, aux débats, la situation de ces témoins.

1° *Témoin cité et notifié.*

1905. — Tout témoin cité et notifié appartient aux débats ; c'est la notification qui fait le témoin régulier. Ce témoin est dès lors acquis au procès. Il doit, à peine de nullité, être entendu sous la foi du serment (art. 317), lorsqu'il ne se trouve pas dans un cas d'empêchement ou d'incapacité prévus par la loi, et que le ministère public et la défense n'ont pas renoncé à son audition. — Cass., 4 avr. 1833, Porcheron, [P. chr.]; — 17 oct. 1836, Tavernier, [P. chr.]; — 28 mars 1844, Lescure, [P. 45.2. 414]; — 11 juill. 1846, Clairet, [P. 47.1.409, D. 46.4.478]; — 2 mars 1848, Maigre, [P. 48.2.620]; — 11 avr. 1850, Batz, [D. 50.5.424]; — 3 août 1854, [*Bull. crim.*, n. 247]; — 3 fév. 1855, Langlois, [D. 55.5.433]; — 30 août 1855, Burtre, [D. 55.5.433]; — 14 mars 1873, Bathlot, [*Bull. crim.*, n. 72]; — 20 juill. 1886, Bezier, [*Bull. crim.*, n. 280]; — 6 janv. 1887, Périneau, [D. 88. 1.45]; — 18 mai 1889, Trouiller, [*Bull. crim.*, n. 190]; — 13 juill. 1893, précité. — *Sic*, Trébutien, t. 2, n. 591; Nouguier, n. 1876-1878; F. Hélie, n. 3476.

1906. — Il y aurait nullité des débats si le témoin cité et notifié déposait sans prestation de serment et était entendu en vertu du pouvoir discrétionnaire du président. — Mêmes arrêts.

1907. — Le témoin, cité et notifié, doit, à peine de nullité, être entendu sous la foi du serment, alors même qu'il aurait été absent au moment de la lecture de la liste des témoins et de l'appel de son nom. La Cour de cassation avait d'abord décidé le contraire et jugé que lorsqu'un témoin porté sur la liste notifiée à l'accusé n'a point comparu à la première séance, a fait admettre son excuse par la cour d'assises, et n'a point entendu la lecture de l'acte d'accusation, il a perdu sa qualité de témoin; qu'en conséquence, s'il se présente à la dernière séance, il ne doit être entendu qu'à titre de renseignement et sans prestation de serment. — Cass., 13 août 1812, Cairoche, [S. et P. chr.] — Mais elle n'a pas persisté dans cette opinion et, dès 1820, elle décidait que lorsqu'un témoin a été valablement assigné, et que ses nom, profession et demeure ont été notifiés à l'accusé, son témoignage étant acquis tant à l'accusation qu'à la défense, il ne peut perdre la qualité de témoin qu'autant qu'une *incapacité légale* lui surviendrait; aucune loi, en effet, n'attache à cette absence qui peut n'être que momentanée, l'effet d'opérer une incapacité personnelle et définitive. L'absence aux débats d'un témoin régulièrement cité et notifié ne donne à la cour d'assises que le droit de prononcer contre lui les peines attachées à son absence s'il n'y a pas d'excuse suffisante, mais ne l'autorise pas à ordonner sa radiation de la liste des témoins, et à le priver ainsi de la capacité de témoigner en justice. Dès lors, si ce témoin se présente avant la fin des débats, il doit être entendu avec la prestation du serment, mais non pas seulement en vertu du pouvoir discrétionnaire du président et sans serment. — Cass., 20 oct. 1820, Agostini, [S. et P. chr.] — Cette solution a été, depuis cette époque, consacrée par une jurisprudence constante. — Cass., 6 fév. 1832, Faure, [P. chr.]; — 17 sept. 1834, Bouvet, [S. 35.1.69, P. chr.]; — 25 févr. 1836, Campana, [S. 36.1.306, P. chr.]; — 17 sept. 1836, Champeaux, [P. 37.2.47]; — 30 juin 1837, Goublin, [P. 38.1.358]; — 18 août 1837, Pinel, [P. 40.1. 105]; — 17 mai 1844, Valence, [S. 44.1.753]; — 19 août 1880, Ganon, [S. 82.1.391, P. 82.1.967, D. 81.1.190]; — 6 janv. 1887, précité. — *Sic*, Legraverend, t. 2, p. 197; Nouguier, n. 1879-1881.

1908. — Il en est ainsi même lorsque, pendant l'absence momentanée de ce témoin, le président a donné lecture de sa déclaration écrite : si, avant la fin du débat, ce témoin se présente, il n'en devra pas moins être entendu sous serment, et ce à peine de nullité. Le président a, en effet, usé légalement de son pouvoir discrétionnaire en donnant lecture de la déposition écrite d'un témoin qui, après avoir répondu à l'appel de son nom au début de l'audience, était absent au moment de déposer et qu'il a été dès lors impossible d'entendre oralement. Mais cette lecture n'a pas enlevé à cette personne la qualité de témoin acquis aux débats et n'a pas mis obstacle à ce qu'elle fût entendue avec prestation de serment lorsque plus tard elle s'est présentée pour déposer. D'un autre côté, sa déposition orale n'a pas pu vicier rétroactivement la lecture de sa déclaration écrite qui a été donnée régulièrement et conformément à la loi au moment où elle a eu lieu. — Cass., 29 mars 1832, Vidal, [S. 32.1.857, P. chr.]; — 28 févr. 1857, Hermel, [S. 58.1.92, P. 58.485, D. 57.1.410]; — 22 août 1878, Barré et Lebiez, [S. 78.1.392, P. 78.957, D. 79.1.44]; — 21 mars 1889, Hattier, [S. et P. 93.1.442, D.90.1.43]

1909. — De même, si le témoin n'a été cité et notifié qu'au cours des débats, il doit être entendu avec prestation de serment, alors même qu'antérieurement, le président aurait, en vertu de son pouvoir discrétionnaire, donné lecture de la déposition écrite de ce témoin. — Cass., 24 janv. 1878, Chauroux et Touzet, [S. 78.1.333, P. 78.810, D. 78.1.447]

1910. — C'est également sous la foi du serment que doit être entendu le témoin cité et notifié qui, présent à l'appel de son nom, ne s'est pas retiré dans la chambre destinée aux témoins, ou en est sorti pour revenir dans la salle d'audience. Ainsi le témoin qui aurait assisté à l'interrogatoire de l'accusé ne peut, à raison de cette circonstance, être dépouillé de la qualité de témoin et être entendu sans prestation de serment : ce témoin doit déposer sous la foi du serment. — Cass., 19 août 1880, précité. — V. également, Cass., 17 août 1861, Léger, [D. 61.5.482]; — 27 nov. 1873, Rondepierre, [Bull. crim., n. 288]; — 17 juin 1875, Dubois, [Bull. crim., n. 191]

1911. — De même, doit déposer sous la foi du serment le témoin cité et notifié qui a assisté, avant de déposer, à une partie des débats, notamment à l'audition d'autres témoins ; la présence de ce témoin, dans l'auditoire, pendant les débats, ne le rend pas incapable de déposer, et il ne peut résulter ouverture à cassation de ce que la cour d'assises aurait ordonné, en pareil cas, et malgré l'opposition des accusés, l'audition de ce témoin. — Cass., 3 avr. 1818, Léwy, [S. et P. chr.]; — 19 août 1819, François Hubert, [S. et P. chr.]; — 4 nov. 1830, Netter, [S. et P. chr.]; — 23 avr. 1835, Fanelly, [S. 35.1.746, P. chr.]; — 26 janv. 1844, Georges, [Bull. crim., n. 26]; — 7 janv. 1847, Fabiani, [P. 47.2.340, D. 47.4.147]; — 15 oct. 1847, d'Ecquevilley, [S. 48.1.301, P. 47.2.727, D. 47.1.338]; — 27 août 1875, [Bull. crim., n. 284]; — 9 mai 1878, Ferrieu, [S. 78.1.481, P. 78. 1236, D. 78.1.333]; — 29 juill. 1886, précité. — Sic, Carnot, Instr. crim., t. 2, p. 485, n. 3.

1912. — Doit être encore entendu sous serment le témoin cité et notifié qui n'aurait à s'expliquer que sur des faits à l'égard desquels l'arrêt de renvoi a déclaré n'y avoir lieu à suivre. C'est en vain que la défense invoquerait cette circonstance pour faire écarter du débat ce témoin : régulièrement cité et notifié, il appartient à l'affaire et doit être entendu. La cause d'exclusion alléguée par la défense ne rentre dans aucune des prohibitions édictées par la loi pour autoriser la cour à écarter du débat un témoin que le ministère public avait jugé utile d'y appeler par une citation régulièrement notifiée. — Cass., 14 mars 1873, précité.

1913. — Tout témoin régulièrement notifié doit, avant de déposer devant la cour d'assises, prêter le serment prescrit par l'art. 317 : cette règle est absolue ; elle s'applique même aux témoins qui n'ont pas préalablement déposé dans l'instruction écrite (C. instr. crim., art. 324). — V. infrà, n. 2275 et s.

1914. — Il ne saurait davantage être dérogé à cette règle par le motif, vrai ou supposé, que le témoin n'a pas été entendu régulièrement dans l'instruction écrite, par exemple s'il a été, à l'étranger, entendu par l'autorité du pays. — Cass., 7 déc. 1888 Linska de Castillon, dit Prado, [S. 89.1.192, P. 89.1.192, D. 89.1.47]

2° Témoin notifié, mais non cité.

1915. — Le sort de ces témoins est réglé par l'art. 324, C. instr. crim., qui dispose que les témoins « seront entendus dans le débat, même lorsqu'ils n'auraient reçu aucune assignation, pourvu qu'ils soient portés sur la liste mentionnée dans l'art. 315 ». Il en résulte que les témoins qui n'ont pas été assignés, mais dont les noms ont été notifiés, doivent être entendus sous la foi du serment, comme les témoins cités et notifiés. Il y a donc identité absolue entre ces deux classes de témoins. La notification fait, à elle seule, toute la valeur du témoin ; elle n'est pas subordonnée à une citation. Le défaut de citation ne regarde que le témoin, mais il ne lui enlève rien de sa qualité à l'encontre des parties. — Cass., 13 déc. 1866, Thomas, [Bull. crim., n. 260]; — 12 janv. 1882, [Bull. crim., n. 18] — Sic, F. Hélie, n. 3476; Nouguier, n. 1889; Encycl. du dr., v° Cour d'ass., n. 369; Trébutien, n. 594.

COUR D'ASSISES.

3° Témoin cité, mais non notifié.

1916. — Tout témoin cité appartient aux débats ; s'il comparaît devant la cour d'assises, il est réputé se présenter en vertu et en exécution de la citation et doit, à ce titre, être entendu sous serment. Le défaut de notification du nom de ce témoin à la partie adverse n'a d'autre conséquence pour celle-ci que de lui donner le droit de s'opposer à son audition : mais, en l'absence d'opposition, il ne peut appartenir au président d'enlever à ce témoin son caractère et de ne l'entendre que sous forme de renseignement et sans serment préalable. — V. suprà, n. 699 et s.

1917. — Il y aurait donc nullité des débats si le président décidait, en vertu de son pouvoir discrétionnaire, que ce témoin, cité et non notifié, fera sa déposition sans prestation de serment et à titre de simple renseignement. Cette solution a été consacrée depuis plus d'un demi-siècle par la jurisprudence constante de la Cour de cassation ; cependant des erreurs de ce genre, suivies de l'annulation des débats, sont commises bien souvent encore. — Cass., 16 sept. 1830, Pagès, [P. chr.]; — 30 juin 1831, Thorel, [S. 31.1.376, P. chr.]; — 21 juill. 1836, Ollier, [P. 37.1.461]; — 1er avr. 1837, Lapierre, [P. 38.1.548]; — 14 juill. 1837, Derode, [P. 40.1.309]; — 13 mai 1836, Leroux, [S. 36.1.782, P. chr.]; — 7 juin 1839, Chebance, [Bull. crim., n. 182]; — 23 févr. 1843, Benoit Valère, [Bull crim., n. 42]; — 28 mars 1844, Lescure, [P. 45.2.414]; — 9 janv. 1851, Dubroc, [D. 51.5. 514]; — 11 janv. 1851, Bachelet, [D. 51.5.489]; — 4 mars 1853, Sauvage et Bercy, [Bull. crim., n. 80]; — 23 févr. 1854, Lavédrine, [Bull. crim., n. 48]; — 31 déc. 1857, Broust, dit Bernard, [Bull. crim., n. 419]; — 4 août 1859, Gornard, [D. 59.5.345]; — 10 janv. 1861, Gogeat, dit Danois, [D. 61.5.483]; — 11 sept. 1862, Loret, [D. 63.5.374]; — 26 déc. 1863, Soubielle, [Bull. crim., n. 311]; — 6 oct. 1864, Paltre, [Bull. crim., n. 237]; — 14 juill. 1871, Brulé, [Bull. crim., n. 66]; — 27 août 1875, Francoul, [Bull. crim., n. 284]; — 19 août 1880, précité; — 12 mai 1881, Lassime, [Bull. crim., n. 122]; — 2 juin 1881, Streff, [S. 82.1.335, P. 82.1.799]; — 22 sept. 1881, Martignon, [Bull. crim., n. 219]; — 29 nov. 1883, Mahieddin-ben-Mayoud, [Bull crim., n. 268]; — 4 nov. 1886, Pinte et autres, [Bull. crim., n. 368]; — 2 avr. 1887, Tohon, [Bull. crim., n. 134] — Contrà, Cass., 27 nov. 1890, Malapert, [Bull. crim., n. 236]

1918. — Cependant il a été jugé qu'il ne résulte aucune nullité de ce qu'un témoin, dont le nom ne figurait pas sur les listes des témoins respectivement produits à l'audience par le ministère public et l'accusé, a été, sur la demande du défenseur, entendu en vertu du pouvoir discrétionnaire du président, et, par suite, sans prestation de serment, alors même que l'accusé justifierait, pour la première fois devant la Cour de cassation, que ce témoin avait été cité à sa requête, puisqu'aucune ignorée du ministère public et du président, qui n'avait été relevée par aucune notification, aucune indication, et dont la demande d'audition du défenseur excluait même l'existence. — Cass., 19 janv. 1855, de Dreux-Nancré, [S. 55.1.151, P. 55.1. 534] — C'est là un arrêt d'espèce, statuant sur un cas tout particulier et qui ne peut pas être considéré comme infirmant la règle précédemment posée.

1919. — La règle est la même, qu'il s'agisse de témoins à charge ou de témoins à décharge. Jugé, spécialement, que les témoins cités par l'accusé, bien que non notifiés au ministère public, sont acquis aux débats ; celui-ci peut s'opposer à leur audition ; mais, à défaut d'opposition de sa part, ces témoins doivent être entendus sous la foi du serment. — Cass., 16 sept. 1830, précité; — 14 mars 1833, Mondin, [S. 33.1.587, P. chr.]; — 15 juill. 1842, Percheron, [S. 42.1.653, P. 42.2.218]; — 27 mars 1879, Girard, [D. 80.5.353]; — 2 juin 1881, précité.

1920. — Ce que nous venons de dire du défaut de notification s'applique au cas où il y a eu notification tardive ou irrégulière.

1921. — Ainsi le témoin cité, mais dont le nom a été notifié en dehors des délais légaux, est réputé se présenter en exécution de la citation et doit être entendu sous serment : le président des assises, en cas de non opposition, excède son pouvoir discrétionnaire en ordonnant que ce témoin sera entendu simplement à titre de renseignements et sans prestation de serment. — Cass., 1er avr. 1837, Lapierre, [P. 38.1.548]; — 9 déc. 1852, Baillou, [Bull. crim., n. 397]; — 3 août 1854, Tarayre, [Bull. crim., n. 247]; — 14 juill. 1871, précité.

8

1922. — La règle est la même si la notification est irrégulière, par exemple lorsque la date a été surchargée sans approbation. — Cass., 13 mai 1852, Bonnefond, [*Bull. crim.*, n. 154]; — 27 mai 1852, Cauvry, [*Bull. crim.*, n. 170] — ... Ou si elle désigne les témoins d'une manière insuffisante. — Cass., 8 janv. 1846, Brémont et Foucaut, [P. 46.2.119]; — 22 janv. 1846, Dupuis, [P. 49.1.610, D. 46.4.474]; — 6 avr. 1848, Verdeau, [P. 48.2.520, D. 48.5.341]; — 5 mars 1852, Balossier, [*Bull. crim.*, n. 80]; — 24 déc. 1852, Prugnard, [*Bull. crim.*, n. 417]

1923. — Le consentement même de l'accusé ne peut couvrir la nullité résultant, en pareil cas, du défaut de serment. — Cass., 3 déc. 1835, Lacroix, [P. chr.] — V. cepend. *suprà*, n. 1918.

1924. — De même, devra encore être entendu sous la foi du serment le témoin qui a été appelé par le procureur général au cours des débats, sans avoir été régulièrement cité, mais dont le nom avait été auparavant porté sur la liste mentionnée dans l'art. 315. — Cass., 17 juin 1876, Pascal et Bouchau, [S. 76.1. 482, P. 76.1206, D. 77.1.460]

1925. — ... Alors même que sa déposition aurait été lue à une précédente audience. — Même arrêt.

1926. — On s'est demandé si la cour d'assises était tenue d'entendre tous les témoins appelés par les parties, en quelque nombre qu'ils se présentent. La question a été controversée. On a d'abord soutenu que la cour avait le droit d'écarter du débat et de se refuser à entendre les témoins qui ne lui paraîtraient pas utiles à la manifestation de la vérité. Quelques arrêts ont même paru consacrer cette doctrine. — Cass., 5 nov. 1812, Popon, [S. et P. chr.]; — 18 juin 1813, Blanchemin, [S. et P. chr.]; — 3 nov. 1814, Pesteturenne, [S. chr.]; — 8 nov. 1816, Bertolani, [P. chr.]; — 4 févr. 1819, Mittelbronne, [S. et P. chr.]; — 19 avr. 1821, Picard, [S. et P. chr.]; — 18 mars 1826, Dermenon-Annet, [S. et P. chr.]; — 26 juill. 1833, Gombault, [P. chr.]; — 23 févr. 1843, Piéri, [*Bull. crim.*, n. 42]

1927. — Mais cette opinion n'a pas prévalu, et on est aujourd'hui presque unanimement d'accord pour décider que toute élimination de témoin faite par la cour d'assises constitue un excès de pouvoir. « Il y a lieu en effet de remarquer, dit M. F. Hélie, que les art. 315 et 317 n'ont point répété les mots *s'il y a l'eu* que les art. 163 et 190 ont appliqués à l'audition des témoins devant les tribunaux de police ou les tribunaux correctionnels... Le droit des parties est absolu; elles peuvent produire, soit pour soutenir l'accusation, soit pour soutenir la défense, tous les témoins qu'elles jugent pouvoir leur être utiles. La loi a soumis l'exercice de ce droit qu'à la double condition de la citation et de la notification de ces témoins; elle ne l'a soumis à aucune autorisation, à aucun agrément de la part du juge... Il faut donc décider que la cour d'assises n'a point le droit arbitraire d'entendre ou de ne pas entendre les témoins produits..., puisqu'il ne peut appartenir à cette cour d'apprécier si la preuve est nécessaire pour former la conviction des jurés ». — F. Hélie, n. 3478 et 3479; Nouguier, n. 1861 et s.; *Encycl. du dr.*, v° *Cour d'ass.*, n. 373; Paillet; *Manuel du droit franç.*; Carnot, *Suppl. au Comm. du C. instr. crim.*, p. 118.

1928. — Les abus que ce système peut présenter trouvent leur correctif dans la disposition de l'art. 270, C. instr. crim., qui permet au président de « rejeter tout ce qui tendrait à prolonger les débats sans donner lieu d'espérer plus de certitude dans les résultats ». Le président ne peut pas en vertu de cette disposition, écarter immédiatement un ou plusieurs témoins sans les entendre; il devra, au contraire, les admettre tous, recevoir leur serment, puis faire préciser par la partie civile, le ministère public ou l'accusé, la question qu'ils veulent lui poser. Mais cette question une fois connue, le président pourra la déclarer inutile, refuser de la poser au témoin et renvoyer celui-ci. En un mot le président puise, dans l'art. 270, le droit de s'opposer à toutes divagations et de proscrire les développements qui lui paraîtraient ou surabondants, ou contraires soit aux convenances, soit à la loi. — Cass., 29 janv. 1886, [*Bull. crim.*, n. 35]

1929. — En résumé, on peut dire que tout témoin présent qui a été cité et notifié, ou simplement notifié, ou même cité seulement, doit être entendu sous la foi du serment. Ce témoin ne peut être écarté, ainsi que nous allons le voir, que si les parties forment opposition à son audition, ou si elles renoncent à son témoignage, ou enfin s'il porte en lui une des causes d'exclusion indiquées par la loi.

1930. — I. *Opposition.* — Nous avons vu *suprà*, n. 699 et s., que le défaut de notification ou l'irrégularité de la notification

ne rendent pas le témoin inhabile à déposer; ils donnent seulement au procureur général et à l'accusé la faculté de s'opposer à l'audition du témoin qui n'aurait pas été notifié ou qui n'aurait pas été clairement désigné dans l'acte de notification. — L'opposition des parties, quand elle est fondée, crée un empêchement absolu à l'audition du témoin sous la foi du serment

1931. — Il a été jugé que l'accusé qui pouvait s'opposer à l'audition d'un témoin dont le nom ne lui a pas été notifié est déchu de ce droit s'il ne l'a pas exercé avant la prestation du serment de ce témoin. — Cass., 2 avr. 1831, Fontaines, [P. chr.] — ... Que, si les accusés qui auraient pu se plaindre du défaut ou de l'irrégularité de la notification, ne se sont pas opposés avant la prestation de serment à l'audition des témoins, ils ne peuvent plus le faire utilement dans la suite. — Cass., 4 mars 1836. Arrighi et Rossi, [P. chr.]

1932. — La solution consacrée par ces arrêts a été l'objet de quelques critiques : on a dit qu'il était trop rigoureux de le décider ainsi ; qu'un consentement tacite ne pouvait résulter d'un simple silence de l'accusé pendant la prestation de serment du témoin ; enfin, qu'il consacrait une surprise dans la loi : ces observations nous paraissent d'autant mieux fondées que, dans la pratique, le témoin ne déclare quelquefois ses noms, prénoms et qualité qu'après la prestation du serment, ce qui n'est pas une cause de nullité (V. *infrà*, n. 2276 et s.); en sorte que l'accusé ne sait qu'après cette prestation de serment quel est celui dont on reçoit la déposition.

1933. — Dans tous les cas, l'accusé ne serait pas admis à réclamer après la clôture des débats et la lecture de la déclaration du jury. — Cass., 31 mars 1836.

1934. — A plus forte raison l'opposition serait-elle dépourvue de tout effet si elle se produisait encore ultérieurement. Ainsi l'accusé qui, devant la cour d'assises, ne s'est pas opposé à l'audition de témoins non ou irrégulièrement notifiés, ne peut pas se faire, pour la première fois, devant la Cour de cassation, un grief de l'irrégularité alléguée. — Cass., 13 juill. 1820, Chevalier, [S. et P. chr.]; — 13 janv. 1827, Roque, [S. et P. chr.]; — 14 sept. 1827, Olivier, [P. chr.]; — 7 déc. 1827, David, [P. chr.]; — 8 juil. 1836, Leblanc, [P. chr.]; — 30 sept. 1841, Liarsou, [P. 42.1.590]; — 24 déc. 1852, Prugnard, [*Bull. crim.*, n. 417]; — 11 déc. 1857, Limon, [*Bull. crim.*, n. 304]; — 5 oct. 1866, Coustou, [*Bull. crim.*, n. 225]; — 27 août 1868, Jonchery, [*Bull. crim.*, n. 198]; — 12 juin 1873, Rossat-Mignot, [*Bull. crim.*, n. 158]; — 19 nov. 1874, Victor-Eugène, [D. 75.5.130]; — 25 févr. 1875, Garro, [*Bull. crim.*, n. 64]; — 26 août 1875, Duverneuil, [*Bull. crim.*, n. 279]; — 27 août 1875, Francoul, [*Bull. crim.*, n. 284]; — 16 mars 1876, Roussel, [*Bull. crim.*, n. 81]; — 15 juin 1876, Allègre, [*Bull. crim.*, n. 132]; — 22 déc. 1851, Griveau, [*Bull crim.*, n. 267]; — 10 déc. 1885, Gurnot, [*Bull. crim.*, n. 341]; — 23 févr. 1887, Redon, [*Bull. crim.*, n. 78]; — 29 sept. 1887, Joly, [*Bull. crim.*, n. 315]

1935. — Le ministère public et l'accusé peuvent seuls former opposition ; la partie civile à qui aucune notification n'est due (V. *suprà*, n. 672 n'a pas le droit de former opposition à l'audition d'un témoin. — Cass., 12 nov. 1812, Sels, [S. et P. chr.] — *Sic*, Carnot, art 315, n. 6.

1936. — Des deux personnes, ministère public et accusé, à qui appartient le droit d'opposition? Celle-là seulement qui aurait dû recevoir la notification pourra exercer ce droit : ainsi s'agit-il de témoins appelés et notifiés à la requête du ministère public, l'accusé seul pourra s'opposer à leur audition si la notification ne lui a pas été faite, ou bien si elle est tardive ou irrégulière. A l'inverse, si c'est l'accusé qui a fait citer les témoins, ce sera le ministère public seul qui pourra, dans les mêmes cas, former opposition à leur audition. Mais en aucun cas, ce droit ne pourra être exercé par la partie qui a dû faire la notification. — Cass., 26 déc. 1863, Soubielle, [*Bull. crim.*, n. 311] — V. *suprà*, n. 688 et s.

1937. — Il n'est pas nécessaire que le président demande au ministère public et à l'accusé s'ils entendent ou non s'opposer à l'audition du témoin qui va être entendu : il n'est pas besoin qu'il y ait, dans ce cas, consentement explicite provoqué par le président de la cour d'assises ; il suffit que celle des deux parties qui a intérêt à s'opposer à l'audition du témoin n'ait pas cru devoir faire usage de la faculté qui lui est attribuée par la loi pour que le témoin puisse être valablement entendu sous la foi du serment. — Cass., 17 août 1837, Brégeat, [P. 40.1.93]

1938. — L'opposition n'est soumise à aucune forme : il n'est pas nécessaire qu'elle soit précisée dans des conclusions écrites;

il suffit que la partie qui veut s'opposer à l'audition d'un témoin, le déclare oralement à l'audience. Ainsi il a été jugé que l'opposition est suffisamment constatée lorsqu'il est mentionné au procès-verbal que le défenseur, à l'appel d'un témoin, s'est levé et a fait observer qu'il n'avait pas été notifié, et que le ministère public a déclaré qu'il ne s'opposait pas à ce que ce témoin ne fût pas entendu. Cette observation faite par le défenseur a pu être, avec raison, considérée comme une opposition régulière. — Cass., 29 mai 1879, Belkassem-ben-Touati, [Bull. crim., n. 110]

1939. — Mais on ne saurait considérer comme une opposition à l'audition d'un témoin la remarque faite par le défenseur qu'il ne trouvait pas le nom de ce témoin dans les notes prises sur la liste notifiée, cette remarque, d'ailleurs non fondée, ne constituant qu'une simple exclamation non adressée directement à la cour d'assises et à laquelle celle-ci n'était pas tenue de s'arrêter. Dans cette affaire, le défenseur, sans se lever, s'était borné à cette exclamation; il n'avait ni protesté contre l'audition du témoin, ni représenté à la cour la copie de la notification remise à l'accusé. — Cass., 4 sept. 1890, Numa Gilly et autres, [S. 90.1.427, P. 90.1.1011]

1940. — Lorsqu'une opposition est formulée devant la cour d'assises, il faut statuer. Mais qui a pouvoir pour le faire? Est-ce la cour d'assises elle-même ou le président seul? L'art. 315 répond d'une manière formelle à cette question : « la cour, dit-il, statuera de suite sur cette opposition ». Se conformant à cette disposition, la Cour de cassation a jugé que c'est la cour d'assises, et non le président, qui doit apprécier les difficultés auxquelles donne lieu la notification de la liste des témoins. Ainsi, le président usurpe les pouvoirs de la cour d'assises en décidant, sans le concours des autres juges, qu'un témoin que l'accusé prétend n'avoir pas été suffisamment désigné sur la liste notifiée, sera entendu, non sous la foi du serment, mais à titre de simple renseignement. — Cass., 9 déc. 1830, L.... [S. et P. chr.] — V. F. Hélie, n. 3508; Trébutien, t. 2, n. 585. — Contra, Nouguier, n. 1910 et 1911. — Cet auteur propose de distinguer selon qu'il y a ou non contestation entre le ministère public et l'accusé sur le mérite de l'opposition. S'il y a accord entre les parties, si l'opposition formulée par l'une d'elles est acceptée, reconnue exacte par l'autre, il n'y a pas alors de débat à trancher, et le président pourrait seul, dans ce cas, suivant M. Nouguier, éliminer du débat le témoin objet de l'opposition. Si, au contraire, il y a désaccord entre les parties, si l'une conteste ce que l'autre affirme, il y a alors un incident véritablement contentieux que la cour d'assises aurait seule qualité pour trancher. Cette distinction est sans doute plus en harmonie avec l'ensemble de la jurisprudence de la Cour de cassation sur les attributions de la cour d'assises et du président, mais elle ne nous semble pas pouvoir se concilier avec la disposition expresse de l'art. 315.

1941. — C'est donc la cour d'assises qui statuera sur l'opposition, et elle est tenue de le faire. Il y aurait nullité, en vertu de l'art. 408, C. instr. crim., si la cour négligeait ou refusait de statuer.

1942. — La cour peut ou bien accueillir l'opposition et ordonner que le témoin sera écarté ou bien trouver que l'opposition n'est pas fondée et maintenir le témoin aux débats.

1943. — La décision de la cour d'assises sur ce point peut-elle former l'objet d'un recours de cassation? Une distinction est ici nécessaire : si l'opposition est fondée sur une cause de fait, si, par exemple, l'accusé veut faire écarter un témoin en soutenant que celui-ci a été inexactement ou insuffisamment désigné dans la notification, la cour d'assises a dans ce cas, à trancher qu'une question de fait; sa décision est alors souveraine et échappe à la censure de la Cour de cassation. — Cass., 8 nov. 1816, Bertolani, [P. chr.]; — 23 avr. 1835, Fanelly, [S. 35.1.746, P. chr.]

1944. — Mais il en sera autrement si l'opposition est fondée sur une cause de droit : ainsi l'accusé demande l'élimination de témoins soit parce qu'ils n'ont pas été notifiés, soit parce qu'ils l'ont été tardivement. La cour doit, si elle reconnaît le moyen établi en fait, éliminer les témoins. Si cependant elle ordonnait que les témoins seraient entendus sous serment, elle méconnaîtrait une disposition formelle de la loi, violerait un de ces droits que l'art. 408 a voulu sauvegarder à l'accusé, et sa décision serait annulée, avec tous les débats, par la Cour de cassation. — Cass., 15 mars 1810, Boyer, [P. chr.] — Sic, F. Hélie, n. 3391 et 3393, in fine; Nouguier, t. 3, n. 1896 et s.

1945. — Ainsi doivent être annulés l'arrêt de condamnation de la cour d'assises, la déclaration du jury et les débats qui l'ont précédée, s'il est établi, à la suite d'une procédure en inscription de faux que l'exploit portant notification à l'accusé de la liste des témoins, lui a été remis plus tard que l'heure indiquée audit exploit, et qu'en raison de cette circonstance, il ne s'est point écoulé vingt-quatre heures depuis ladite notification jusqu'au moment où l'avocat de l'accusé a déclaré, devant la cour d'assises, s'opposer à l'audition des témoins ainsi notifiés. — Cass., 24 janv. 1893, Ambulani, [S. et P. 93.1.373]

1946. — L'opposition formée par l'un des accusés seulement profite à tous; il en est ainsi même si le moyen invoqué par cet accusé lui est personnel, par exemple, si la notification n'a été tardive ou irrégulière qu'à son égard. Le témoin, en effet, ne peut pas être à la fois écarté et maintenu; du moment que l'un des accusés s'oppose à son audition, il faut, si l'opposition est fondée, que le témoin soit complètement éliminé du débat. — Carnot, art. 315, n. 7; Nouguier, n. 1901.

1947. — II. Renonciation. — Le second cas où un témoin peut être écarté des débats, est celui où les parties renoncent à son audition. La partie qui a produit des témoins peut, à un certain moment, penser que leur déposition est devenue superflue et qu'elle est de nature à prolonger sans utilité les débats. Elle a alors le droit de renoncer à ce qu'ils soient entendus. « Il n'est pas exact de prétendre, dit la Cour de cassation, que tout témoin régulièrement assigné et notifié est irrévocablement acquis aux débats; il est toujours loisible au ministère public et à l'accusé de renoncer à l'audition d'un témoin ». — Cass., 6 nov. 1840, Rouxer, [S. 41.1.523, P. 41.1.604]; — 18 avr. 1867, Nivoliès, [Bull. crim., n. 92]; — 17 févr. 1876, Picquet, [Bull. crim., n. 51]

1948. — Mais la renonciation de la partie qui a fait citer un témoin ne suffit pas pour que celui-ci soit écarté; il faut, en outre, l'acquiescement des autres parties. En effet, le témoin régulièrement notifié appartient aux débats : la partie qui ne l'a pas appelé peut juger qu'elle a intérêt à l'entendre; peut-être même ne l'a-t-elle pas cité parce qu'elle savait qu'il était déjà assigné. La renonciation de l'une des parties ne peut donc à elle seule dépouiller un témoin du caractère que lui confèrent les actes de la procédure : il faut, en outre, que les autres parties aient consenti à ce que ce témoin ne soit pas entendu.

1949. — Ainsi, s'agit-il d'un témoin cité à la requête de la partie civile : pour que ce témoin disparaisse, il faudra que la partie civile renonce à l'entendre et que le ministère public et l'accusé y acquiescent. S'agit-il, au contraire, d'un témoin assigné par le ministère public ou par l'accusé, il faudra la renonciation de celui qui l'a fait citer, et le consentement de l'autre. Mais l'acquiescement de la partie civile n'est pas nécessaire : aucune notification en effet ne lui est due (V. suprà, n. 642), aucun lien n'a été formé avec elle. On peut donc se dispenser de son consentement.

1950. — La loi n'a réglé ni les conditions, ni les termes dans lesquels la renonciation doit se produire : celle-ci peut être expresse ou tacite. Il en est de même de l'acquiescement de l'autre partie. La question est très-simple, en cas de renonciation et d'acquiescement exprès; mais de nombreuses difficultés se sont présentées dans la pratique quand il a fallu déterminer les faits d'où l'on pouvait induire une renonciation ou un consentement tacite.

1951. — Ainsi la Cour de cassation a considéré comme équivalent à renonciation : 1° le défaut d'inscription par le ministère public d'un témoin sur la liste produite par lui à l'audience, alors que cette omission a été motivée par la notification tardive et irrégulière faite du nom de ce témoin à l'accusé. — Cass., 15 juin 1854, Adam Armand, [D. 54.5.741] — ... Ou par l'absence de toute notification. — Cass., 21 janv. 1842, Aumont, [Bull. crim., n. 13]; — 23 août 1849, Tresse, [P. 51.2.527, D. 49.5.361]; — 23 juill. 1886, Lardeau, [Bull. crim., n. 271]

1952. — 2° La non-inscription par l'accusé, sur la liste présentée par lui à l'audience, d'un témoin qu'il avait cité, mais qu'il n'avait pas notifié au ministère public. En ne notifiant pas ce témoin, et en ne l'inscrivant pas sur sa liste, l'accusé devait être présumé avoir renoncé à ce qu'il fût entendu. — Cass., 19 janv. 1855, de Dreux-Nancré, [S. 55.1.131, P. 55.1.514]

1953. — 3° La demande faite par le défenseur qu'un témoin cité et non notifié soit entendu à titre de simple renseignement. — Cass., 6 avr. 1883, Gloux, [Bull. crim., n. 89]

1954. — 4° La demande faite par le ministère public que des témoins, cités tardivement à sa requête, et non notifiés, ne fussent pas entendus avec prestation de serment. — Cass., 21 août 1835, de la Roncière, [S. 35.1.601, P. chr.]

1955. — De même, il y a renonciation lorsqu'il est constaté par le procès-verbal des débats « que le président a annoncé l'intention d'entendre, en vertu de son pouvoir discrétionnaire et sans prestation de serment, deux témoins dont les noms n'avaient pas été notifiés, et que le ministère public et les accusés *ont déclaré* ne point s'y opposer ». Cette déclaration emporte en elle-même une manifestation suffisante de la volonté des accusés que ces témoins ne soient pas entendus sous la foi du serment. — Cass., 26 déc. 1856, Lehéricy et Roussel, [*Bull. crim.*, n. 407]

1956. — Mais il y aurait nullité si, alors que le président a fait connaître qu'un témoin cité et notifié ne sera entendu qu'à titre de renseignement, le procès-verbal constate seulement que le ministère public et l'accusé « ne se sont pas opposés ». Le silence de ces parties, le défaut de protestation de leur part n'équivaut pas à leur renonciation à un témoignage acquis aux débats. — Cass., 13 déc. 1867, Bouquet, [*Bull. crim.*, n.254]

1957. — Cependant, il a été jugé plus récemment que, lorsque le président déclare, par erreur, qu'un témoin, en état de faillite et non réhabilité, ne sera entendu qu'à titre de renseignement et sans prestation de serment, l'accusé est censé avoir renoncé à l'audition de ce témoin, par cela seul qu'averti par la déclaration du président, il ne s'est pas opposé à ce que ce témoin déposât à titre de renseignement et sans prêter serment. — Cass., 28 août 1890, Beluet, [*Bull. crim.*, n. 181]

1958. — Mais si le silence de la partie qui a cité les témoins ne peut pas être considéré comme une renonciation à l'audition de ces témoins, il en est autrement de l'autre partie. Du moment que la première a formellement renoncé à l'audition de tel ou tel témoin cité par elle, il suffit que la seconde ne proteste pas, ne réclame pas l'audition de ces témoins pour qu'ils puissent être régulièrement écartés du débat. — Cass., 21 août 1835, précité; — 10 août 1838, Cabanes et autres, [P. 38.2.390]; — 12 déc. 1840, Lafarge, [S. 40.1.948, P. 42.2.622]; — 22 juill. 1843, Blanqui, [S. 43.1.687]; — 18 déc. 1836, Anquetin, [D. 57.5.319]

1959. — A plus forte raison y aurait-il adhésion implicite à la renonciation lorsque l'autre partie déclare ne pas s'opposer à ce que le témoin soit entendu en vertu du pouvoir discrétionnaire. — Cass., 6 avr. 1883, précité.

1960. — La renonciation est valable, même si elle est fondée sur une erreur de droit; elle produit son effet même dans ce cas et le témoin se trouve régulièrement écarté du débat. — Cass., 12 déc. 1840, précité. — *Sic*, F. Hélie, n. 3506; Nouguier, n. 1915.

1961. — Il arrive parfois que, lorsqu'un témoin ne répond pas à l'appel de son nom et qu'il est passé outre aux débats, le procès-verbal constate que le ministère public renonce à l'audition de ce témoin. Cette déclaration faite dans ces circonstances vaut-elle comme une renonciation véritable a-t-elle pour effet, si le témoin se représente, de permettre au président de ne pas l'entendre ou de l'entendre sans serment? La Cour de cassation ne l'a pas pensé; elle a jugé cette renonciation n'avait d'autre motif que d'autoriser la continuation des débats, et elle a cassé lorsque ce témoin, revenu à l'audience, avait déposé sans prestation de serment. — Cass., 17 sept. 1834, Bouvet, [P. chr.]; — 17 mai 1844, Valence, [S. 44.1.753, P. 45.1.62]

1962. — Les différents arrêts que nous venons de citer nous ont fait voir les difficultés auxquelles donnent lieu une formule vague et une rédaction équivoque; on ne saurait trop les proscrire dans la rédaction du procès-verbal et, pour éviter tout danger, le président doit, à l'audience, obtenir une renonciation formelle de toutes les parties et veiller à ce que cette renonciation soit constatée au procès-verbal d'une façon expresse.

§ 2. Prohibitions portées contre certaines personnes.

1963. — La position particulière de certains individus, soit vis-à-vis de la société, soit vis-à-vis des accusés, les a fait considérer par la loi comme n'offrant pas les garanties nécessaires à un témoin et leur en a fait interdire la qualité.

1964. — Ces individus peuvent se diviser en six catégories : 1° ceux que la loi déclare incapables à raison de certaines con-

damnations; 2° ceux qui, à cause soit de leur jeune âge, soit d'infirmités intellectuelles ou physiques, sont frappés d'une sorte d'infériorité; 3° ceux que la loi déclare reprochables, à raison de leurs liens de parenté ou d'alliance avec l'accusé; 4° ceux dont le témoignage est entaché d'une présomption de partialité à raison de leur rôle dans l'affaire, c'est-à-dire les dénonciateurs et les parties civiles; 5° ceux qui sont dispensés de témoigner; 6° ceux qui exercent une fonction incompatible avec celle de témoin dans l'affaire.

1° Incapables.

1965. — L'incapacité de déposer en justice sous la foi du serment résulte de certaines condamnations pénales.

1966. — D'abord cette incapacité est la conséquence légale et nécessaire des condamnations qui emportent la dégradation civique; l'art. 34, C. pén., dispose en effet que la dégradation civique entraîne « l'incapacité de déposer en justice autrement que pour y donner de simples renseignements ». Les condamnations qui emportent cette peine sont les condamnations aux travaux forcés à perpétuité ou à temps, à la déportation, à la détention, à la réclusion et au bannissement (L. 31 mai 1864, art. 2, et C. pén., art. 28).

1967. — Indépendamment de ces condamnés à des peines afflictives ou infamantes, sont encore incapables les condamnés à une peine correctionnelle contre qui le tribunal aura, par son jugement, prononcé l'interdiction « de témoigner en justice autrement que pour y faire de simples déclarations » (C. pén., art. 42). Dans ce cas, l'incapacité est facultative; elle n'existe que lorsque le juge l'a ajoutée à la peine principale, dans les cas où la loi l'y autorise (C. pén., art. 43).

1968. — En matière criminelle, l'incapacité est attachée non pas à la qualification du fait qui a motivé la condamnation, mais à la nature de la peine prononcée. Ainsi l'individu reconnu coupable du crime de vol qualifié, mais condamné, à raison de bénéfice des circonstances atténuantes, à une peine d'emprisonnement, n'est frappé d'aucune déchéance par le fait seul de cette condamnation et dont être entendu sous la foi du serment. — Cass., 17 févr. 1876, Piquet, [*Bull. crim.*, n. 51]

1969. — L'art. 28, C. pén., portant « que la dégradation civique est encourue du jour où la condamnation est devenue irrévocable », il en résulte que l'individu condamné à une peine afflictive ou infamante n'est incapable de déposer, à compter de l'époque où sa condamnation est devenue définitive.

1970. — Jugé, en conséquence, que le témoin dont la condamnation à la dégradation civique est devenue irrévocable par le rejet de son pourvoi doit être entendu sans prestation de serment et à titre de simple renseignement. — Cass., 13 janv. 1838, Radez, [P. 40.1.224]; — 13 oct. 1842, Couret, [P. 43.1.169]

1971. — La règle est la même pour les condamnations correctionnelles : l'incapacité qui peut en résulter n'est encourue que du jour où ces condamnations sont devenues irrévocables. Ainsi jugé qu'un témoin ne peut être dispensé de prêter serment par le motif qu'il a été l'objet d'une condamnation emportant interdiction de témoigner en justice, lorsqu'il s'est pourvu en cassation contre l'arrêt de condamnation, et qu'il n'a pas encore été statué sur son pourvoi au moment où il est appelé à déposer. — Cass., 20 janv. 1844, Anglade, [P. 45.2.473]

1972. — L'incapacité résultant de ces condamnations cesse : 1° par la réhabilitation (C. instr. crim., art. 634). — Cass., 13 janv. 1838, précité.

1973. — 2° Ou par une amnistie. — Merlin, *Quest.* (add.), v° *Tém. jud.*, § 11; Carnot, *Instr. crim.*, t. 2, p. 526; Dupin, *Encycl. du dr.*, v° *Amnistie*, n. 24. — V. *supra*, v° *Amnistie*, n. 329 et s.

1974. — Mais l'incapacité n'est effacée ni par une commutation de peine, ni par la grâce entière. Ainsi le réclusionnaire dont la peine a été commuée par des lettres de grâce en une année d'emprisonnement, ne peut néanmoins être entendu en qualité de témoin déposant sous la foi du serment, qu'autant qu'il serait établi que la commutation de peine à lui accordée a été accompagnée de sa réintégration dans la jouissance de ses droits politiques et civils. — Cass., 29 oct. 1818, Mansard, [S. et P. chr.]; — 13 janv. 1838, précité.

1975. — De même, le condamné aux travaux forcés à qui il a seulement été fait remise de sa peine, reste incapable d'être entendu en témoignage devant une cour d'assises, autrement qu'à titre de renseignement. — Cass., 6 juill. 1827, Jacquin, [S. et P. chr.]

1976. — L'incapacité résultant d'une condamnation correctionnelle n'est que temporaire ; elle cessera de plein droit par l'expiration du temps pour lequel elle a été prononcée.

1977. — Ainsi il y aurait nullité si un témoin, à l'audition duquel ni l'accusé ni le ministère public n'avaient renoncé, a été entendu sans prestation de serment, à titre de simple renseignement, comme ayant subi une condamnation à treize mois d'emprisonnement pour vol, alors que l'incapacité temporaire prononcée contre lui dans les termes de l'art. 42, C. pén., avait pris fin. — Cass., 2 sept. 1875, Peysson dit Bernard, [*Bull. crim.*, n. 290]

1978. — Comment sera prouvée l'incapacité du témoin, c'est-à-dire la condamnation antérieure ? Il est rare que cette preuve se trouve au dossier et soit faite par la jonction aux pièces de la procédure d'un extrait d'arrêt ou d'un extrait du casier judiciaire. Dans la pratique, on admet que la déclaration du témoin reconnaissant le fait de la condamnation suffit pour établir cette incapacité, lorsque cette déclaration n'est contestée ni par le ministère public, ni par l'accusé. La jurisprudence de la Cour de cassation a consacré cette manière d'agir. — Cass., 31 mai 1827, Rivière, [P. chr.] ; — 26 déc. 1835, Lacenaire, [P. chr.] ; — 23 oct. 1840, Giraudier, [S. 41.1.363] ; — 26 févr. 1857, Desanlis, [D. 57.5.319] ; — 30 déc. 1886, Simonet, [*Bull. crim.*, n. 443] ; — 13 déc. 1889, Turmot, [*Bull. crim.*, n. 391]

1979. — Si, au cours des débats, on acquérait la preuve qu'une personne qui a été entendue sans serment parce qu'on la croyait incapable, ne l'était pas, il faudrait immédiatement réparer cette irrégularité : il suffirait pour cela que le président annulât la première déposition et entendît ensuite de nouveau le témoin, après lui avoir fait prêter le serment prescrit par l'art. 317. — Cass., 7 oct. 1830, Metz, [P. chr.] ; — 9 mai 1833, Chambon, [P. chr.]

1980. — A l'inverse, si on avait entendu en qualité de témoin et avec prestation de serment une personne qu'on ignorait avoir été condamnée à une peine afflictive et infamante, et si cette condamnation venait à être connue avant la clôture des débats, le président réparerait cette erreur en annulant le serment et la déposition du témoin, et en l'entendant ensuite en vertu de son pouvoir discrétionnaire et à titre de renseignement. — Cass., 4 oct. 1860, Alder, [D. 60.5.356] — Bruxelles, 3 mars 1810, Doussaint, [P. chr.]

1981. — L'incapacité légale qui s'oppose à l'audition comme témoins de ces condamnés n'est pas absolue. Elle donne seulement au ministère public et à l'accusé le droit de s'opposer à ce qu'ils soient entendus sous la foi du serment.

1982. — S'il n'y a pas eu d'opposition, le président peut de lui-même, d'office, écarter l'incapable comme témoin assermenté et ne l'entendre qu'à titre de renseignement. — Cass., 25 avr. 1851, Colmare, [D. 51.5.489] ; — 17 févr. 1876, Piquet, [*Bull. crim.*, n. 51]

1983. — A défaut d'opposition, le président peut-il aussi entendre l'incapable sous la foi du serment ? La Cour de cassation décide d'une manière constante que l'audition en qualité de témoin, et sous la foi du serment, d'un individu précédemment condamné à des peines afflictives et infamantes, n'est pas un vice irritant dont puisse résulter la nullité de la procédure, s'il n'y a eu aucune opposition de la part soit de l'accusé, soit du ministère public. — Cass., 18 nov. 1819, Kerleu, [S. et P. chr.] ; — 22 janv. 1825, Paris, [S. et P. chr.] ; — 8 avr. 1826, Bonnet et Brémont, [S. et P. chr.] ; — 13 oct. 1832, Poncelet et autres, [S. 33.1.730, P. chr.] ; — 17 mars 1842, Lahille et Galinier, [*Bull. crim.*, n. 64] ; — 20 mars 1851, Humbert, [D. 51.5.510] ; — 10 juill. 1851, Biargues, [D. 51.5.510] ; — 25 avr. 1851, précité ; — 22 mai 1852, Thoin, [D. 52.5.502] ; — 15 sept. 1853, Leclerc, [*Bull. crim.*, n. 464] ; — 4 oct. 1860, précité ; — 15 juin 1860, Peltey, [S. 61.1.398, P. 61.756, D. 60.1.467] ; — 27 août 1868, Duranger, [*Bull. crim.*, n. 196] ; — 2 juin 1881, Streff, [S. 82.1.335, P. 82.1.799, D. 81.1.495] ; — 19 juin 1884, Alliot, [*Bull. crim.*, n. 197] ; — 16 sept. 1886, Cayron, [*Bull. crim.*, n. 328] ; — 5 juill. 1888, Adaillac et autres, [*Bull. crim.*, n. 232] ; — 18 oct. 1888, Armand Saint-Etienne, [*Bull. crim.*, n. 298] ; — 25 avr. 1895, Simon, [*Bull. crim.*, n. 122] ; — 30 nov. 1895, Farjon, [D. 96.1.142] — *Sic*, Berriat-Saint-Prix, p. 175 ; Merlin, *Quest.*, vᵒ *Témoin judiciaire*, § 9 ; de Serres, *Manuel des cours d'assises*, t. 1, p. 281.

1984. — La solution consacrée par ces arrêts a été combattue par plusieurs auteurs. Legraverend (t. 2, chap. 6, sect. 7, p. 283, note 4) dit que cette jurisprudence anéantit complètement la disposition de l'art. 28, C. pén. (édit. de 1810), qui portait : « Quiconque aura été condamné aux travaux forcés, etc., ne pourra jamais déposer en justice autrement que pour y donner de simples renseignements ». Carnot (sur le même article, t. 1, p. 119, n. 5) ne voudrait même pas que les présidents d'assises pussent entendre, à titre de renseignement, les individus qui ont subi une condamnation afflictive ou infamante. Ces individus sont, selon lui, des témoins plus dangereux que tous les autres, en ce qu'ils doivent déposer sans prestation de serment préalable.« On dit, ajoute-t-il, qu'ils peuvent devenir des témoins nécessaires ; mais peut-on mettre en considération un cas aussi rare avec l'admission de pareilles gens dans le sanctuaire de la justice qu'ils ne peuvent que profaner de leur souffle impur ? Il est à redouter, d'ailleurs, que leurs déclarations ne fassent planer dans l'esprit des auditeurs une prévention involontaire... qui peut conduire un innocent à l'échafaud. La privation de quelques renseignements peut-elle couvrir l'immoralité du fait d'appeler en justice des personnes infâmes pour y porter témoignage ? Si l'on ne doit pas prendre une entière confiance à leur déclaration, à quoi bon les appeler ? Si l'on doit les croire, pourquoi ne pas exiger d'elles la garantie du serment ? » MM. Chauveau et Hélie (*Th. C. pén.*, t. 1, p. 169) trouvent bizarre l'incapacité établie par l'art. 34, C. pén., et pensent qu'il suffit que les juges connaissent la moralité du témoin. A Carnot, ils opposent Bentham, qui a dit : « Il y a un mode de punition où, pour une égratignure au coupable, on passe une épée au travers du corps d'un innocent ; je veux parler de cette peine infamante qui rend inadmissible à témoigner. »

1985. — Au milieu de ce conflit d'opinions, le parti le plus sage est, selon nous, de se ranger à la jurisprudence de la Cour de cassation, qui est approuvée et clairement expliquée par Merlin (*Quest.*, vᵒ *Témoin judiciaire*. § 9). A l'appui de ce système, on peut invoquer les modifications introduites dans la rédaction des art. 29 (nouveau) et 34, C. pén., par la loi du 28 avr. 1832, qui a supprimé les mots : *Ne pourra jamais déposer*. D'ailleurs, les principes sont assez certains pour résoudre la difficulté. Ce n'est pas seulement à titre de peine que l'individu frappé de dégradation civique est déclaré incapable de rendre témoignage en justice ; c'est aussi dans l'intérêt de la société, qui ne peut pas avoir en lui la même confiance. Ainsi, il ne *doit* pas être entendu avec serment. D'un autre côté, on ne saurait l'exclure entièrement du sanctuaire de la justice, parce qu'il est des cas où sa déclaration, confirmée par d'autres indices, peut servir à éclaircir certains faits et à les rendre plus palpables pour les jurés. La loi ne dit pas, à la vérité, qu'il ne résultera aucune nullité de son audition comme témoin, lorsque les parties ne s'y seront pas opposées ; mais la dernière disposition de l'art. 322 lui est évidemment applicable par analogie. Cette opinion a été, depuis cette époque, adoptée par M. Nouguier, n. 1963 et s.

1986. — Si au contraire une opposition est formulée, le témoin ne peut pas prêter serment ; il ne peut être entendu qu'en vertu du pouvoir discrétionnaire et à titre de simple renseignement. Il y aurait nullité si, malgré une opposition, le président entendait ce témoin sous la foi du serment.

1987. — Une dernière question nous reste à résoudre, celle de savoir qui a qualité pour statuer sur l'opposition formée par l'une des parties. Est-ce le président ou la cour ?

1988. — Une distinction nous fournira la réponse à cette question : si la cause d'incapacité invoquée par l'une des parties est reconnue par les autres, si tout le monde est d'accord, le président compris, pour écarter le témoin du débat, alors le président seul ou la cour peut éliminer ce témoin.

1989. — Mais s'il y a contestation entre les parties, si l'une d'elles méconnaît et combat la cause d'incapacité invoquée par l'autre, s'il y a alors un véritable débat, un incident contentieux que la cour d'assises doit trancher elle-même par un arrêt motivé.

1990. — La solution serait la même et la cour d'assises devrait encore intervenir et statuer par un arrêt motivé si le président était d'avis de maintenir aux débats comme capable un témoin que l'une des parties veut faire écarter comme incapable. Ainsi l'accusé invoque contre un témoin une cause d'incapacité ; le ministère public garde le silence ; le président, au contraire, estime que la cause d'incapacité n'est pas fondée et qu'il y a lieu d'entendre ce témoin sous la foi du serment. Il ne pourra pas seul prendre une décision dans ce sens. Il devra alors donner la parole au ministère public qui donnera ses conclusions et ensuite c'est la cour d'assises qui, par un arrêt motivé, rejettera l'opposition et ordonnera que le témoin sera entendu sous la foi du serment. — Cass., 28 oct. 1836, Sauze et Beaumond, [Bull. crim., n. 330]

1991. — L'incapacité de déposer en justice n'est attachée qu'aux condamnations que nous avons indiquées plus haut : pour qu'il y ait incapacité, il faut d'abord qu'il y ait eu une condamnation. Doivent donc être entendus sous la foi du serment : des individus qui, poursuivis d'abord comme coprévenus, ont été renvoyés de la poursuite, parce qu'il n'existait pas de charges contre eux. — Cass., 6 mai 1815, L..., [S. et P. chr.]; — 29 mars 1832, Vidal, [S. 32.1.857, P. chr.]

1992. — ... Ou des complices qui ne sont pas compris dans la poursuite. — Cass., 9 mars 1820, Laperche et autres, [S. et P. chr.]

1993. — De même, le coinculpé mis hors de cause par une ordonnance de la chambre du conseil peut être entendu comme témoin, malgré l'opposition de l'accusé. — Cass., 27 juin 1828, Aubry, [P. chr.]

1994. — De même, l'individu en état d'arrestation sous la prévention de faux témoignage, peut être entendu comme témoin, sauf aux juges de l'accusation à avoir tel égard que de raison à sa déposition. — Cass., 20 juin 1839, Belkassem-Ali, [S. 39.1. 987, P. 39.2.489]

1995. — De plus, il faut que la condamnation encourue soit de la nature de celles que nous avons énumérées. Ainsi aucune disposition de loi n'interdit l'audition après prestation de serment d'un individu condamné à l'emprisonnement pour banqueroute simple. — Cass., 22 mars 1888, Dufour, [Bull. crim., n. 120]

1996. — Ou d'un failli. — Cass., 14 sept. 1865, Epp et Sérié [Bull. crim., n. 181]; — 22 mars 1883, précité; — 28 août 1800, Beluet, [Bull. crim., n. 181]

2° Mineurs de quinze ans. — Infirmités physiques et intellectuelles.

1997. — I. Mineurs de quinze ans. — L'art. 79, C. instr. crim., régit la situation des mineurs de quinze ans; il est ainsi conçu : « Les enfants de l'un et de l'autre sexe, au-dessous de l'âge de quinze ans, pourront être entendus par forme de déclaration et sans prestation de serment. »

1998. — Cet article est, dans le Code d'instruction criminelle, placé dans la section relative à l'audition des témoins pendant l'instruction écrite; on en avait conclu que cette disposition n'est applicable qu'aux dépositions devant le juge d'instruction, et que devant la cour d'assises, lorsque l'enfant est porté sur la liste, il doit prêter serment comme les autres témoins. — Carnot, C. instr. crim., art. 79, n. 1.

1999. — La Cour de cassation s'était d'abord rangée à cette opinion et elle avait décidé que les enfants, âgés de moins de quinze ans, appelés comme témoins devant une cour d'assises, doivent prêter serment, avant leur déposition, le même serment que les autres témoins, à peine de nullité. — Cass., 7 févr. 1812, Camail et Bouilly, [S. et P. chr.]; — 20 févr. 1812, Petit , [S. et P. chr.]; — 27 févr. 1812, Werolte, [S. et P. chr.]; — 28 févr. 1812, Berend-Cissen-Ukena, [S. et P. chr.]; — 3 mars 1812, Jérôme , [S. et P. chr.]; — 12 mars 1812, Germain , [S. et P. chr.]; — 19 mars 1812, Josse, [S. et P. chr.]; — 2 avr. 1812, Hendrick, [S. et P. chr.]; — 16 avr. 1812, Bouterchou, [S. et P. chr.]; — 23 avr. 1812 (2 arrêts), Lambert et Moglino, [S. et P. chr.]; — 4 juin 1812, Miguel, [S. et P. chr.]

2000. — Elle avait jugé aussi qu'un témoin entendu aux débats d'une cour d'assises n'avait pu, à peine de nullité, être dispensé du serment, sous le prétexte qu'il n'était pas assez avancé en âge. — Cass., 24 avr. 1812, Vonner, [S. et P. chr.]

2001. — Cette jurisprudence éprouvait de la résistance de la part des cours d'assises, et, le 21 août 1812, la Cour de cassation prit un arrêté pour demander au gouvernement l'interprétation de la loi relativement à l'audition devant les tribunaux des enfants âgés de moins de quinze ans.

2002. — Mais cette demande en interprétation n'eut pas de suite à raison de la solution nouvelle donnée à la question par la Cour de cassation elle-même. En effet, elle ne tarda pas à décider

(chambres réunies) que les enfants âgés de moins de quinze ans qui sont appelés comme témoins devant une cour d'assises, doivent être entendus sans prestation de serment et seulement par forme de déclaration. — Cass., 3 déc. 1812, Miguel, [S. et P. chr.] — Sic, Merlin, Rép., v° Témoin judiciaire, § 3, art. 6, n. 3; Legraverend, t. 1, p. 278.

2003. — Cette solution a été, depuis lors, consacrée par de nombreux arrêts de la Cour de cassation qui ont décidé que l'accusé ne peut se faire un moyen de nullité de ce qu'un témoin aurait déposé sans prêter serment, lorsque le procès-verbal des débats constate que ce témoin était âgé de moins de quinze ans. — Cass., 9 juin 1831, Perrin, [P. chr.]; — 16 juill. 1835, Henry, [S. 35.1.895, P. chr.]; — 24 déc. 1835, Barribas, [P. chr.]; — 24 déc. 1840, Teinturier, [Bull. crim., n. 363]; — 15 avr. 1841, Reignier, [P. 42.1.476]; — 1er oct. 1857, Guérin, [S. 57.1.868, P. 58.323, D. 57.1.453]; — 7 janv. 1860, Loury, [Bull. crim., n. 7]; — 18 sept. 1862, Grenier, [D. 62.5.291]; — 6 août 1863, Duvivier, [D. 63.5.379]; — 4 juin 1864, Couty de la Pommerais, [S. 65.1.54, P. 65.1.188, D. 64.1.497]; — 13 sept. 1866, Picard, [D. 66.5.458]; — 26 déc. 1867, Ménaget, [Bull. crim., n. 271]; — 7 mai 1869, Samson, [Bull. crim., n. 104]; — 10 juin 1869, Ajon, [Bull. crim., n. 136]

2004. — Cependant aussi peu satisfaite de ce système que de celui qu'elle avait d'abord embrassé, la Cour de cassation admit bientôt un moyen terme, d'après lequel le président de la cour d'assises pouvait à son gré et selon les circonstances entendre avec ou sans prestation de serment les enfants âgés de moins de quinze ans, sans que, dans aucun cas, il y eût nullité. La loi sur ce point, a-t-elle décidé, est facultative, et laisse toute latitude au président, qui doit, selon les circonstances et d'après l'âge plus ou moins avancé et le degré d'intelligence, de discernement et d'éducation de l'enfant, exiger ou non le serment. — Cass., 2 janv. 1818, Joly, [S. et P. chr.]

2005. — De nombreux arrêts sont venus, depuis cette époque, confirmer cette solution mixte, et la jurisprudence est aujourd'hui complètement fixée sur ce point que les présidents des cours d'assises ont la faculté, suivant les circonstances et leur appréciation, de faire prêter serment aux individus âgés de moins de quinze ans ou de les dispenser de l'accomplissement de cette formalité. — Cass., 27 avr. 1827, Maury, [S. et P. chr.]; — 23 avr. 1834, Raymond, [S. 34.1.835, P. chr.]; — 5 mars 1838, Mordant, [S. 38.1.444, P. 38.1.370]; — 3 avr. 1847, Fournaire, [P. 49.1.513, D. 47.4.443]; — 7 nov. 1850, Lepoullem, [S. 51.1.79, P. 52.2.127, D. 50.1.335]; — 6 sept. 1851, Bazin, [S. 52.1.590, P. 53.1.348, D. 51.5. 86]; — 25 août 1853, Monet, [D. 53.5.419]; — 24 janv. 1856, Cambaulives, [Bull. crim., n. 30]; — 1er oct. 1857, précité; — 18 sept. 1862, précité; — 22 août 1867, Constant, [Bull. crim., n. 201]; — 6 nov. 1873, Pénn, [Bull. crim., n. 259] — V. aussi Merlin, Rép., v° Témoin judic., § 3, art. 6, n. 3; Legraverend, Légist. crim., t. 1, chap. 6, n. 281; Morin, Rép. du dr. crim., v° Témoins, n. 18; Carnot, sur l'art. 317, C. instr. crim., t. 2, p. 494; Nouguier, n. 1997 à 1999.

2006. — Par suite, le président d'une cour d'assises peut, sans le consentement de la cour, qui n'a point à intervenir lorsque aucun débat ne s'élève sur ce point, déclarer non avenu, après l'avoir d'abord demandé, le serment prêté par un témoin âgé de moins de quinze ans, et recevoir sa déclaration à titre de renseignements seulement. — Cass , 6 sept. 1851, précité.

2007. — Le président, seul, peut dispenser du serment le témoin âgé de moins de quinze ans. — Cass., 18 sept. 1862, précité.

2008. — Et cette audition sans serment de témoins mineurs de quinze ans étant conforme au vœu de la loi, le procès-verbal des débats qui constate le fait n'a pas besoin d'ajouter que la mesure a été prise par le président, légalement investi de la direction des débats. — Cass., 26 déc. 1867, précité.

2009. — Le président de la cour d'assises qui ordonne qu'un enfant âgé de moins de quinze ans sera entendu sans prestation de serment n'est pas tenu d'avertir le jury que la déclaration de cet enfant n'est reçue qu'à titre de simple renseignement. — Cass., 15 avr. 1841, précité.

2010. — Jugé de même que le fait seul qu'un enfant est entendu sans prestation de serment est pour le jury un avertissement suffisant que la déposition n'est reçue qu'à titre de simple renseignement. — Cass., 7 nov. 1850, précité; — 7 janv. 1860, précité; — 6 août 1863, précité; — 13 sept. 1866, précité.

2011. — Cette faculté que la jurisprudence accorde au président d'entendre les enfants avec ou sans serment ne s'applique qu'aux enfants âgés de moins de quinze ans. Aussi la nullité est-elle certainement encourue lorsqu'un enfant âgé de quinze ans révolus a été entendu sans prestation de serment. — Cass., 7 janv. 1819, Jean Gasquet, [P. chr.]; — 25 nov. 1824, Rozé, [P. chr.]; — 27 juin 1845, Coiffard. [P. 45.2.559]; — 18 mai 1848, Molé, [P. 49.1.464]; — 17 juin 1869, Mabrouk-bou-afia, [Bull. crim., n. 143]

2012. — Que décider, si la cour d'assises, se trompant sur l'âge du témoin, entend sans serment un enfant qui a quinze ans révolus? La nullité devra-t-elle alors être toujours prononcée? La Cour de cassation a hésité et varié sur ce point. Elle avait jugé d'abord qu'il suffisait, pour que cette nullité fût encourue, que l'âge de quinze ans accompli du témoin fût établi postérieurement aux débats. Lorsqu'il était affirmé devant elle que les témoins, dispensés du serment, étaient tout au moins dans leur seizième année, elle ordonnait, par arrêt interlocutoire, la vérification du fait, et si la preuve de ce fait résultait des actes de naissance déposés en son greffe, elle cassait. — V. Cass., 25 nov. 1824, précité.

2013. — Mais cette doctrine était évidemment trop sévère, et, comme le fait observer M. Nouguier (C. d'assises, n. 2002), elle protestait, sans motif appréciable, contre l'application de cet adage, error communis facit jus, et plaçait les présidents d'assises dans un grand embarras. Aussi, et depuis, la Cour de cassation a-t-elle fait une distinction : elle prononce la nullité si le président a dispensé du serment un témoin qui a déclaré à l'audience être âgé de moins de quinze ans, alors que les pièces de la procédure (arrêt de renvoi, acte d'accusation, feuille de question remise au jury, ou acte de naissance joint au dossier) établissent qu'il avait quinze ans révolus au moment de son audition devant la cour d'assises. — Cass., 15 nov. 1833, Audibert, [S. 34.1.188, P. chr.]; — 26 déc. 1851, Ecarlat, [D. 53.5.419]; — 3 déc. 1852, Bruni, [Bull. crim., n. 386]; — 9 août 1855, Osmont, [Bull. crim., n. 282]; — 28 déc. 1876, Aubin, [S. 77.1. 232, P. 77.563, D. 78.1.95]; — 3 févr. 1881, Pousson, [S. 82.1. 140, P. 82.1.298, D. 82.1.45] — Les énonciations contenues dans les pièces de la procédure mettent en effet la cour d'assises à même de vérifier l'âge du témoin, et l'audition de celui-ci sans serment a lieu au mépris de faits qu'elle a pu vérifier.

2014. — Mais la Cour de cassation décide au contraire qu'aucune nullité n'est encourue, si aucune pièce de la procédure, au moment des débats, ne désigne l'âge réel du témoin, et si, lorsqu'il a déclaré être âgé de moins de quinze ans, cette déclaration n'a été l'objet d'aucune contestation ou réclamation, soit de la part de l'accusé, soit de la part du ministère public; car, lorsque la cour d'assises n'a été mise en situation, ni de vérifier l'âge du témoin, ni de statuer sur une contestation relative à cet âge, la Cour de cassation, en présence d'une déclaration précise et non contestée de l'âge du témoin, ne peut relever aucune violation de la loi. La production de l'acte de naissance devant la Cour de cassation est tardive. — Cass., 2 sept. 1842, Valois, [S. 43.1.657, P. 42.2.466]; — 19 févr. 1857, Lecompte, [S. 57. 1.318, P. 57.1198, D. 57.1.136] — V. aussi, Nouguier, loc. cit.; F. Hélie, Instr. crim., t. 7, n. 3523.

2015. — II. Infirmités physiques ou intellectuelles. — a) Sourd-muet. — La surdi-mutité n'est pas une cause d'incapacité; la loi ne prononce aucune exclusion contre le sourd-muet; celui-ci devra donc être entendu comme témoin si son nom a été notifié.

2016. — La Cour de cassation avait d'abord décidé le contraire et jugé qu'un sourd-muet ne sachant pas écrire peut n'être entendu que par forme de renseignement et sans prestation de serment, quoiqu'il ait été porté sur la liste notifiée à l'accusé. — Cass., 13 août 1812, Filastre, [S. et P. chr.]

2017. — Mais elle n'a pas persisté dans cette opinion et elle a décidé, depuis, que la surdi-mutité d'un témoin, dont le nom a été régulièrement notifié à l'accusé, n'autorise pas le président des assises à le dépouiller de sa qualité et à ordonner, de sa propre autorité, qu'il fera sa déposition avec le ministère d'interprète, sans prestation de serment et à titre de simple renseignement. Il n'appartient pas au président des assises seul de le dépouiller de son caractère légal de témoin acquis aux débats. Si, par suite de son infirmité, le sourd-muet se trouvait dans l'impossibilité de prêter serment, cette impossibilité devrait être appréciée par la cour et constatée par elle dans un arrêt motivé, après avoir interpellé et entendu le ministère public et l'accusé.

— Cass., 11 juill. 1879, Bompard, [S. 80.1.333, P. 80.779, D. 80.1.96] — Sic, Nouguier, n. 2011.

2018. — Le témoin sourd-muet qui sait lire et écrire peut prêter serment et déposer sans le secours d'un interprète, en répondant par écrit aux questions à lui posées; et peu importe même que l'écrit contienne des ratures. — Cass., 26 juin 1879, Decelers, [S. 80.1.288, P. 80.655]

2019. — b) Aveugle. — Les mêmes règles s'appliquent au témoin aveugle; celui-ci est absolument capable et doit être entendu sous serment. — Merlin, Rép., v° Témoins, § 4, art. 6, n. 6.

2020. — c) Aliéné. — La loi n'a même pas fait de la folie une cause d'incapacité de témoigner en justice. L'aliéné dont le nom aurait été régulièrement notifié, ne pourrait pas, en vertu d'une simple décision du président seul, être écarté du débat, ou n'être entendu qu'à titre de simple renseignement.

2021. — Ainsi jugé qu'il y aurait nullité si le président, par la raison qu'un témoin paraît idiot, l'entendait sans serment et à titre de renseignement, alors qu'il a été régulièrement cité et notifié. — Cass. 13 déc. 1867, Bouquet, [Bull. crim., n. 254]

2022. — Jugé de même, que l'audition, sous la foi du serment, d'un témoin atteint d'idiotisme, et que les documents de la cause représentent comme incapable de comprendre la gravité du serment, ne constitue pas une violation de la loi. — Cass., 12 oct. 1837, Brégeat, [P. 40.1.93] — Sic, Morin, Dict. de dr. crim. v° Témoins, p. 736.

2023. — Cependant, si la folie du témoin était telle que sa déposition ne pût être qu'une série d'incohérences, le président ne serait pas nécessairement obligé de l'entendre. Il aurait un double moyen d'écarter son témoignage : il pourrait, en effet, ou bien obtenir des parties une renonciation à son audition, ou bien faire prononcer l'exclusion de ce témoin par un arrêt de la cour, le ministère public et l'accusé ayant été préalablement entendus.

3° Parents et alliés.

2024. — Toutes personnes peuvent être témoins en matière criminelle, sauf celles que la loi déclare reprochables, c'est-à-dire dont le témoignage est entaché de quelque cause de suspicion.

2025. — Les motifs de reproche admis par le Code de procédure civile ne peuvent être invoqués devant les tribunaux de répression. Ce n'est pas, en effet, sur l'art. 283. C. proc. civ., que doivent être fondés les reproches en matière criminelle; il y a pour cette matière une législation spéciale qui seule doit être suivie C. instr. crim., art. 156, 189 et 322; C. pén., art. 28 et 42). — Cass., 29 août 1889, Arnould, [Bull. crim., n. 294] — Douai, 14 janv. 1842, Admin. des douanes, [P. 42.2.71] — Sic, Carnot, sur l'art. 322.

2026. — La liste des témoins reprochables en matière criminelle se trouve contenue dans l'art. 322, C. instr. crim., qui est ainsi conçu : « Ne peuvent être reçues les dépositions : 1° du père, de la mère, de l'aïeul, de l'aïeule, ou de tout autre ascendant, de l'accusé ou de l'un des accusés présents et soumis au même débat; 2° des fils, fille, petit-fils, petite-fille, ou de tout autre descendant; 3° des frères et sœurs; 4° des alliés au même degré; 5° du mari et de la femme, même après le divorce prononcé; 6° des dénonciateurs dont la dénonciation est récompensée pécuniairement par la loi... ». — Trébutien, n. 593; Villey, p. 344.

2027. — I. La vie classe d'abord au nombre des témoins reprochables le père, la mère, l'aïeul, l'aïeule et tout autre ascendant de l'accusé. — Cass., 27 avr. 1882, Sirben, [Bull. crim. n. 102]; — 4 févr. 1887, Duchaussoy, [Bull. crim., n. 46]; — 11 sept. 1890, Bruguet, [Bull. crim., n. 191]

2028. — Les père et mère naturels sont frappés de la même exclusion que les parents légitimes : il y a, en effet, la même raison de suspecter leur témoignage. — Nouguier, n. 2020.

2029. — Mais la prohibition de l'art. 322 ne doit pas atteindre l'aïeul ou le bisaïeul, la bisaïeule de l'enfant naturel. Il n'y a, en effet, aucun lien de parenté entre l'enfant naturel et le père et la mère légitimes de son père ou de sa mère naturel (V. C. pén., art. 212 et 299). — Liège, 24 déc. 1823, Rawray, [S. et P. chr.]

2030. — Ne peuvent également être reçues les dépositions des fils, fille, petit-fils, petite-fille, ou de tout autre descendant de l'accusé (C. instr. crim., art. 322).

2031. — Cette disposition de l'art. 322 est applicable à la parenté naturelle comme à la parenté légitime, alors même qu'elle résulterait d'un commerce adultérin. — Carnot, *Instr. crim.*, sur les art. 156 et 322; Nouguier, n. 2023; Trébutien, n. 595; *Encyclop. du droit*, v° *Cour d'assises*, n. 350; Rodière, p. 239.

2032. — Jugé, en conséquence, que la prohibition d'entendre comme témoins les fils et filles de l'accusé comprend les enfants naturels comme les enfants légitimes. — Cass., 29 sept. 1832, Bougé, [P. chr.] — *Sic*, Morin, *Dict. de dr. crim.*, v° *Témoins*, p. 737; Nouguier, *loc. cit.*

2033. — Jugé, sous le Code de brumaire, que le bâtard adultérin de la femme mariée depuis à un autre que le père de l'enfant, ne peut être entendu comme témoin, en matière criminelle, contre le mari de sa mère et malgré l'opposition de celui-ci, sous peine de nullité. — Cass., 6 avr. 1809, Ferrand, [S. et P. chr.]

2034. — L'art. 322, C. instr. crim., n'ayant fait que reproduire les dispositions de l'art. 358, C. 3 brum. an IV, cette décision conserve tout son intérêt et toute son autorité. — Carnot, *Instr. crim.*, t. 1, p. 671, n. 12; Merlin, *Rép.*, v° *Témoin judiciaire*, § 1, art. 3, n. 9; Carré et chauveau, *Lois procéd.*, t. 1, p. 702, n. 1106; Favard de Langlade, t. 2, p. 302; Bourguignon, *Instr. crim.*, art. 322.

2035. — Mais la prohibition n'existe, pour l'enfant naturel, qu'entre lui et ses père et mère naturels; elle ne s'étend pas aux ascendants de ceux-ci.

2036. — La parenté résultant de l'adoption est un motif de reproche qui ne doit pas être rejeté; ce serait blesser les mœurs publiques que d'admettre l'enfant adoptif à déposer contre son père; cela ne peut souffrir de difficulté. — Carnot, sur l'art. 322, n. 25; Nouguier, *loc. cit.*; F. Hélie, n. 3485; Trébutien, n. 595; *Encyclop. du droit*, v° *Cour d'assises*, n. 351; Rodière, p. 239.

2037. — Mais la défense d'admettre le témoignage du fils contre la mère ne s'applique pas aux déclarations qu'il peut faire contre elle dans un débat où il est son coaccusé. La mère ne peut se faire, en ce cas, un moyen de nullité de ce que la cour d'assises n'a pas ordonné la disjonction des causes. — Cass., 8 janv. 1824, Lecouffe, [S. et P. chr.]

2038. — III. On ne saurait également entendre comme témoins les frères et sœurs de l'accusé (C. instr. crim., art. 322).

2039. — Par frère et sœur, il faut entendre : les enfants d'un même lit, les frères et sœurs consanguins, les frères et sœurs utérins, — Cass., 11 sept. 1890, précité, — les enfants adoptifs d'un même individu, les enfants naturels reconnus d'un même père.

2040. — IV. A cette énumération des ascendants, des descendants, des frères et sœurs, l'art. 322 ajoute : « les alliés au même degré. »

2041. — Ainsi, on ne peut entendre comme témoin le beau-père de l'accusé, — Cass., 27 déc. 1849, Roger, [P. 51.1.596, D. 51.5.487], — le gendre ou la belle-fille de l'accusé. — Cass., 9 déc. 1852, Mallet, [*Bull. crim.*, n. 398]

2042. — De même, l'enfant issu d'un premier mariage ne peut être entendu en témoignage contre le second conjoint; il est en effet l'allié de celui-ci. — Cass., 11 vent. an VII, Dransard, [S. et P. chr.]; — 1er therm. an VII, Hourdel et autres, [S. et P. chr.] — 8 mai 1862, Estrade et Duclo, [S. 63.1.165, P. 62.1111, D. 62.1.254]

2043. — Réciproquement, le second conjoint est frappé de la même exclusion vis-à-vis de l'enfant du premier lit. Il a cependant été jugé qu'on peut entendre en témoignage le mari de la mère de l'accusé. — C. d'ass. de l'Hérault, 29 janv. 1820, N..., [S. et P. chr.] — Cet arrêt est basé sur ce qu'il n'existe point d'alliance légale entre le fils d'une femme et le mari de cette femme. De Serres (*Mun. des cours d'assises*, t. 1, p. 289) soutient au contraire, avec raison, que l'alliance existe réellement. Le beau-père est appelé par la loi à partager avec la mère la tutelle des enfants de cette dernière; il exerce sur eux une autorité qui le place au rang de père. On doit donc décider que son audition en qualité de témoin est prohibée par les n. 1 et 4, art. 322, à raison de sa qualité de père légitime.

2044. — Jugé, également, que l'enfant adultérin d'une femme est allié de celui qui a postérieurement épousé cette femme, et par conséquent ne peut être reçu à rendre témoignage sur l'accusation dirigée contre celui-ci, lorsque l'accusé s'oppose à ce qu'il soit entendu. — Cass., 6 avr. 1809, Ferrand, [S. et P. chr.] — Bourguignon, *Instr. crim.*, art. 322; Carnot, *op. cit.*, art. 156,

t. 1, p. 671 : Merlin, *Rép.*, v° *Témoin judiciaire*, § 1, art. 3, n. 9; F. Hélie, n. 3485.

2045. — Sont également reprochables, le beau-frère et la belle-sœur de l'accusé.

2046. — La prohibition d'entendre en témoignage les frères et sœurs de l'accusé et ses alliés au même degré ne peut pas être étendue aux maris et femmes des mêmes alliés. Ainsi, un tribunal criminel ne peut pas écarter du débat, malgré les réquisitions du ministère public, des témoins qui ont épousé les sœurs du mari de l'accusée. — Cass., 6 frim. an IX, Poulet, [S. et P. chr.] — *Sic*, F. Hélie, n. 3485.

2047. — La femme du beau-frère de l'accusé n'est point son alliée, et peut être entendue comme témoin. — Cass., 5 prair. an XIII, Denis Pechon, [S. et P. chr.] — *Sic*, Merlin, *Rép.*, v° *Témoin judiciaire*, § 1, art. 3, n. 9; Carnot, *Instr. crim.*, t. 1, p. 673, n. 13; *Encyclop. du dr.*, v° *Cour d'assises*, n. 352.

2048. — De même, le mari de la sœur de la femme de l'accusé peut être entendu en témoignage. — Cass., 11 avr. 1811, Billon, [S. et P. chr.]; — 10 sept. 1812, Vouriot, [S. et P. chr.]; — 16 mars 1824, Jolly, [S. et P. chr.]; — 22 nov. 1855, Gendre, [*Bull. crim.*, n. 365]

2049. — La parenté adoptive se trouvant admise par la loi, la fiction doit s'étendre dans la ligne collatérale, comme dans la ligne directe; l'alliance même doit être prise en considération en déposant contre le mari ou la femme de l'adoptant, dit Carnot *loc. cit.*, n. 25), « le fils adoptif serait présumé, aux yeux de la loi, porter témoignage contre l'adoptant lui-même. »

2050. — L'alliance qui se forme par le mariage subsiste même après le décès de l'un des conjoints (V. *suprà*, v° *Alliance*, n. 19 et 20) : la prohibition de témoigner, édictée par l'art. 322 comme conséquence de l'alliance, doit donc être maintenue et subsister même après que le mariage a été dissous par la mort de l'un des époux. — Trébutien, n. 595; *Encyclop. du dr.*, v° *Cour d'assises*, n. 349.

2051. — Cette solution a toujours été admise lorsqu'il subsiste des enfants nés du mariage. — Cass., 11 vent. an VII, précité.

2052. — Mais on doit l'étendre au cas où l'époux est resté sans enfant (V. *suprà*, v° *Alliance*, n. 20. — F. Hélie, n. 3485; *Encyclop. du dr.*, v° *Cour d'assises*, n. 349. — V. cepend. Cass., 29 mai 1806, N... [P. chr.]

2053. — Ainsi jugé spécialement que la déposition du beau-frère de l'accusé ne peut être entendue sous la foi du serment, lors même que ce beau-frère est demeuré veuf sans enfants. — Cass., 10 sept. 1840, Mauguin, [P. 43.2.444]

2054. — De même, une belle-mère ne peut, même après le décès de sa fille, être entendue comme témoin, devant la cour d'assises, dans une affaire concernant son gendre. — C. d'ass. de Vaucluse, 19 avr. 1836, Fabre, [S. 36.2.510, P. chr.]

2055. — Il en est ainsi même lorsque l'époux survivant a contracté un second mariage. — Cass., 23 frim. an VIII, Delacroix, [S. et P. chr.]; — 27 vend. an IX, Barrère, [S. et P. chr.]

2056. — V. On ne peut non plus entendre comme témoins le mari ou la femme de l'accusé (C. instr. crim., art. 322).

2057. — On s'est demandé si la dissolution du mariage par le divorce faisait, pour l'avenir, disparaître les effets de l'alliance et rendait admissible le témoignage de l'époux divorcé. La Cour de cassation, par un arrêt très-ancien, s'est prononcée pour l'affirmative; elle a décidé, notamment, que l'accusé n'est pas recevable à reprocher le témoignage du frère de la femme d'avec laquelle il a divorcé, quoiqu'il y ait des enfants existants de leur mariage. — Cass., 24 janv. 1808, N..., [P. chr.] — Nouguier (n. 2036, note 2) critique cette solution qui peut, en effet, paraître peu en harmonie avec les différentes décisions précitées de la Cour de cassation consacrant le maintien de l'alliance malgré la dissolution du mariage par le décès de l'un des époux.

2058. — La prohibition portée par l'art. 322, C. instr. crim., est limitative; elle ne peut être étendue au delà des degrés de parenté ou d'alliance qui y sont déterminés : elle ne saurait donc être appliquée à l'oncle ou à la tante de l'accusé. Ceux-ci peuvent être entendus en qualité de témoins. — Cass., 13 janv. 1820, Rey, [S. et P. chr.]; — 4 juin 1833, Porcheron, [P. chr.]; — 2 juin 1850, Matet, [D. 50.5.441]; — 10 juill. 1884, Chazaubénit, [*Bull. crim.*, n. 230]; — 22 déc. 1887, Gosset, [*Bull. crim.*, n. 440] — *Sic*, F. Hélie, n. 3485; Trébutien, n. 595; *Encyclop. du dr.*, v° *Cour d'assises*, n. 353; Rodière, p. 239.

2059. — Ainsi, lorsqu'un oncle de l'accusé a été porté sur la liste notifiée de ses témoins à décharge, il y a nullité s'il est entendu sans prestation de serment et simplement en vertu du pouvoir discrétionnaire du président. — Cass., 13 janv. 1820, précité

2060. — La prohibition de l'art. 322 ne peut non plus être appliquée aux neveux ou nièces de l'accusé. — Cass., 11 juin 1807, Willame, [S. et P. chr.]; — 23 janv. 1835, Piaud [S. 35.1.563, P. chr.]; — 13 août 1874, Richard, [Bull. crim., n. 232]; — 3 juill. 1884, Lamarine, [Bull. crim., n. 221] — Sic, Carnot, t. 1, p. 673, n. 14; Merlin, Rép., v° Témoin judiciaire, § 1, art. 3, n. 9; Encyclop. du dr., loc. cit.

2061. — ... Ni, à plus forte raison, à ses cousins et cousines. — Cass., 8 flor. an IX, Intérêt de la loi, [S. et P. chr.]; — 15 sept. 1853, Lecomte, [D. 53.5.414]; — 22 mars 1888, Archimbaud, [Bull. crim., n. 121]; — 30 mai 1895, Affe, [Bull. crim., n. 159]

2062. — Au reste, la loi qui réprouve, en matière criminelle, le témoignage des parents et des alliés, ne s'applique qu'au cas où la parenté et l'alliance sont pleinement constatées lors des débats; ainsi, il ne peut résulter aucune nullité de ce que la cour d'assises a entendu comme témoin une personne qui a déclaré n'être point parente de l'accusé. et qui ne l'était effectivement pas d'après les interrogatoires de l'accusé, lors même qu'il aurait plus tard été produit au débat un acte tendant à prouver que ce témoin était la belle-sœur de celui-ci. — Cass., 26 brum. an X, Goyon, [S. et P. chr.]

2063. — Jugé, spécialement, qu'il y a nullité si le président entend, sans serment et à titre de simple renseignement, un témoin régulièrement cité et notifié, par cela seul que ce témoin a déclaré « être parent des accusés », sans pouvoir dire à quel degré. — Cass., 17 oct. 1836, Tavernier, [S. 37.1.607, P. 37.1. 507]

2064. — Notons enfin que la prohibition de recevoir les dépositions orales des parents et alliés énumérés en l'art. 322 ne va pas jusqu'à interdire d'entendre comme témoins des tiers qui déposent de ce qu'ils ont entendu dire par ces parents et alliés. — Cass., 11 avr. 1811, Billon, [S. et P. chr.]; — 30 mai 1818 Bastide, Jausion et autres, [S. et P. chr.]; — 9 juin 1831, Perrin, [P. chr.] — Sic, Legraverend, t. 1, p. 254; Nouguier, n. 2033.

2065. — La prohibition contenue dans l'art. 322, C. instr. crim., a été empruntée à l'art. 358. C. 3 brum. an IV; une différence sépare toutefois ces deux rédactions. L'art. 358 limitait la prohibition aux parents et alliés de chaque accusé. Une loi du 13 vent. an IV, « considérant que l'instruction est indivisible sur le fond de l'accusation à l'égard de tous les accusés du même fait, lorsqu'ils sont compris dans le même acte d'accusation, et qu'il n'y a, à l'égard de tous, qu'une seule et même déclaration sur le fait », décide que « les parents et alliés de l'un des coaccusés du même fait et compris dans le même acte d'accusation ne seront pas entendus comme témoins contre les autres accusés ». L'art. 322, C. instr. crim., a reproduit cette dernière disposition; il édicte, en effet, que ne pourront être reçues les dépositions des parents ou alliés au degré prohibé « de l'accusé ou de l'un des accusés présents et soumis au même débat. »

2066. — Du moment que les accusés sont présents et soumis au même débat, il importe peu que les faits imputés à chacun d'eux ne soient pas identiques, s'ils ont été compris dans une même instruction et si les accusés ont été renvoyés devant la cour d'assises par un seul arrêt. — Cass., 8 sept. 1831, Prévost, [S. 82.1.335, P. 82.1.799, D. 82.1.95]

2067. — L'art. 322 exige que les accusés soient présents et soumis au même débat. Par application de cette règle, il a été jugé que les parents au degré prohibé d'un coprévenu mis hors d'accusation avant l'ouverture des débats, peuvent être entendus comme témoins, malgré la réclamation de l'accusé. — Cass., 10 janv. 1817, précité.

2068. — Le frère d'un accusé qui se trouve en état de contumace, peut également être entendu comme témoin lors du jugement de ses coaccusés. — Cass., 9 brum. an X, N .., [S. et P. chr.]

2069. — Mais la prohibition existe lorsque les coaccusés sont présents et soumis au même débat. La jurisprudence a toujours maintenu cette règle. — Cass., 24 frim. an XIII, Tournon, [S. et P. chr.]; — 28 avr. 1808, Noël, [S. et P. chr.]

2070. — Jugé, en ce sens, que le témoin écarté comme parent au degré prohibé de l'un des accusés ne peut être entendu

sous serment à l'égard des autres. — Cass. Belg., 1er sept. 1836, Vanhavenberg et Rosiers, [P. chr.]

2071. — ... Que le droit de s'opposer à l'audition d'un témoin, parent ou allié au degré prohibé de l'un des accusés, appartient non pas seulement à cet accusé, mais à tous les accusés présents; il y aurait nullité si la cour d'assises, malgré l'opposition de l'un de ces coaccusés, entendait ce témoin sous la foi du serment. Cette nullité pourrait être invoquée non seulement par l'accusé à l'égard de qui existe la parenté ou l'alliance, mais encore par tous ses coaccusés. — Cass., 8 mai 1862, Estrade et Duclo, [S. 63.1.165, P. 62.1111, D. 62.1.254] — Sic, F. Hélie, Instr. crim., t. 7, n. 3486; Morin, Rép. de dr. crim., v° Témoins, n. 19 et s.; Nouguier, n. 2111 et 2112.

2072. — Il nous reste à indiquer quelle sera, aux débats, la situation des témoins, parents ou alliés de l'un des accusés au degré prohibé. L'art. 322, C. instr. crim., ne les déclare pas d'une manière absolue incapables de déposer; il dit bien : « ne pourront être reçues les dépositions des... », mais il ajoute : « sans néanmoins que l'audition des personnes ci-dessus désignées puisse opérer une nullité lorsque soit le procureur général, soit la partie civile, soit les accusés ne se sont pas opposés à ce qu'elles soient entendues. »

2073. — De la combinaison de ces deux dispositions, il résulte, d'abord, que le témoin reprochable ne doit être écarté que si le ministère public, ou l'accusé ou la partie civile s'est opposé à son audition; ensuite qu'à défaut d'opposition, ce témoin peut être entendu sous la foi du serment, et enfin qu'en dehors même de toute opposition, ce témoin peut être écarté par la cour d'assises ou par son président. Etudions successivement chacune de ces propositions.

2074. — Le témoin, parent ou allié à un degré prohibé de l'un des accusés, doit, en cas d'opposition, être écarté du débat; il y aurait nullité de toute la procédure si, malgré cette opposition, le témoin était entendu avec prestation de serment. C'est un point constant en doctrine et en jurisprudence. — Cass., 6 avr. 1809, Ferrand, [S. et P. chr.]; — 15 sept. 1831, Agard, [S. 32.1.122, P. chr.]; — 5 déc. 1850, Desrichard, [Bull. crim., n. 409]; — 8 mai 1862, précité. — Sic, Villey, p. 380, note 2; Nouguier, n. 1972 et s., 2107; F. Hélie, n. 3486.

2075. — L'opposition peut émaner soit du ministère public, soit de la partie civile, soit de l'accusé (C. instr. crim., art. 322). Nous ne sommes plus ici, comme dans le cas d'absence ou d'irrégularité de la notification, en présence d'un vice relatif; il s'agit, au contraire, d'une cause affectant la personne même du témoin; la partie civile pourra donc invoquer cette cause d'exclusion aussi bien que le ministère public et l'accusé. — F. Hélie, loc. cit.; Nouguier, n. 2108, 1974 et 1975.

2076. — Ce droit d'opposition s'exerce pour chacun d'eux contre tous les témoins indistinctement et même contre ceux qui ont été appelés par la partie de qui émane l'opposition. — Trébutien, n. 593.

2077. — Recherchons maintenant à quel moment doit se produire l'opposition. Il est bien évident que l'opposition doit, en principe, intervenir avant la prestation de serment : elle sera cependant encore efficace si elle se produit avant le commencement de la déposition. Le serment devra être alors annulé et le témoin écarté. Tant que la déposition du témoin n'est pas commencée, l'opposition est régulière et légale et doit produire son effet. — Cass., 27 avr. 1838, Fournier, Godri et autres, [P. 42.2. 705]; — 12 déc. 1840, Lafarge, [S. 40.1.948, P. 42.2.622]; — 21 sept. 1848, Gatineau, [Bull. crim., n. 246]; — 5 déc. 1850, précité. — Sic, Trébutien, loc. cit.

2078. — Il arrive parfois qu'un témoin, après avoir été entendu une première fois, soit appelé à déposer de nouveau pour fournir des explications complémentaires. Si un témoin reprochable se trouvait dans cette situation, les parties qui auraient laissé ce témoin faire sa première déposition sous la foi du serment, auraient le droit de former opposition relativement à la seconde partie de son témoignage.

2079. — Jugé, spécialement, que la belle-sœur de l'accusé, qui d'abord avait déposé avec prestation de serment, alors que sa qualité était inconnue, et qu'il n'y avait eu à son audition aucune opposition, a pu être entendue en vertu du pouvoir discrétionnaire du président, alors que, rappelée pour donner de nouvelles explications, sa qualité de belle-sœur a été signalée par l'accusé, et qu'il y a eu de la part de celui-ci opposition à ce que le témoin fût entendu. Cette opposition ne peut rétroagir sur la déposition faite antérieurement. — Cass., 16 avr. 1840, Planus. [P. 40.2.177]

2080. — Mais l'opposition est tardive si elle n'intervient qu'après que la déposition du témoin est commencée.

2081. — Ainsi, si l'opposition ne se produit qu'après que le témoin a été entendu en totalité ou en partie, la cour ne pourrait pas, même avec l'adhésion de toutes les parties, annuler ce qui a été fait et écarter ce témoin du débat. — Jugé, spécialement, que lorsqu'un témoin reprochable, régulièrement cité et notifié, a été entendu sans opposition de personne, sa déposition est définitivement acquise au débat, et qu'elle ne peut en être écartée, même par le consentement commun du ministère public et de l'accusé. Si, sur la demande du défenseur et d'accord avec le ministère public, l'annulation de la déposition était prononcée par la cour, il y aurait violation de l'art. 315 et fausse application de l'art. 322; l'arrêt de la cour d'assises devrait par suite être cassé. — Cass., 3 juill. 1884, Lamarine, [Bull. crim., n. 221]

2082. — Tout ce que nous avons dit précédemment sur la question de savoir qui a compétence pour statuer sur le mérite du reproche et la régularité de l'opposition relativement aux témoins incapables s'applique entièrement aux oppositions formées contre des témoins reprochables pour cause de parenté ou d'alliance. — V. suprà n. 1987 et s.

2083. — Ainsi, lorsqu'il n'y a pas de contestation entre les parties, lorsqu'il ne s'élève à cet égard aucun incident contentieux, le président peut ordonner seul, et sans qu'il soit besoin d'un arrêt de la cour d'assises, que le témoin, parent ou allié au degré prohibé, ne soit pas entendu. — Cass., 5 févr. 1836, Antomarchi, [P. chr.]; — 12 janv. 1837, Pommier, [P. 38.1.67]; — 6 avr. 1838 Guillaume, [P. 42.2.633]; — 10 oct. 1839, Peytel, [S. 39.1.955, P. 40.1.14]; — 4 sept. 1840, Michel, [Bull. crim., n. 250]; — 30 avr. 1847, Juveneton, [P. 49.2.259, D. 47.4.116]; — 8 avr. 1858, Nouvelot, [D. 58.5.113]; — 20 déc. 1861. Guénée, [D. 63.5.373]; — 11 mars 1869, Pallas, [Bull. crim., n. 60]; — 23 juin 1876, de la Martinière, [S. 78.1.88, P. 78.178, D. 77.1.512] — C. d'ass. du Gard, 13 nov. 1842, Marignan, [P. 43.1.1111] — Cass. Belg., 1er sept. 1836, Verhulst, [P. chr.]

2084. — Le président peut statuer seul, lorsqu'il doit annuler le serment prêté à tort par le témoin reprochable. Cette annulation, en effet, donne satisfaction à la demande de l'accusé et ne peut, dès lors, porter grief à ses droits. — Cass., 4 oct. 1860, Alder, [D. 60.5.356]; — 6 janv. 1876, Saux, [S. 76.1.48, P. 76.77, D. 77.1.234]; — 23 août 1877, Maldès, [Bull. crim., n. 201]

2085. — La décision du président, statuant ainsi en l'absence de toute opposition, n'a pas besoin d'être rendue publiquement; elle peut être prononcée à huis-clos. — Cass., 4 sept. 1840, précité.

2086. — Lorsqu'il n'y a pas d'incident contentieux, la cour d'assises peut aussi statuer et décider que le témoin sera ou ne sera pas entendu. Sa décision alors n'est pas un arrêt proprement dit; c'est une simple mesure d'ordre. Elle peut, dès lors, être rendue sans publicité. — Cass., 28 févr. 1833, Herbelin, [P. chr.] — et n'être pas motivée. — Cass., 5 févr. 1836, précité.

2087. — Il n'y a pas d'incident contentieux si, le ministère public s'étant abstenu de l'audition d'un témoin, le défenseur s'est borné à présenter quelques observations, sans poser de conclusions formelles. — Cass., 23 juin 1876, précité.

2088. — Si, au contraire, un désaccord surgit entre les parties, si l'une d'elles conteste le reproche que l'autre affirme, alors naît un débat, un incident contentieux que la cour d'assises doit elle-même régler par un arrêt. Le président, dans ce cas, n'a plus qualité pour trancher seul la question. — Cass., 2 oct. 1852. Delousse, [Bull. crim., n. 333]

2089. — La décision que rend alors la cour est un véritable arrêt; elle doit donc être motivée et rendue en audience publique. Il y aurait nullité et de cet arrêt et de tous les débats si la cour ne donnait aucun motif à sa décision. — Même arrêt.

2090. — La renonciation du ministère public à faire entendre comme témoin le fils mineur de l'accusé et le refus de la défense de prendre parti pour ou contre l'audition constituent un incident contentieux sur lequel il appartient à la cour de statuer. Mais ni l'une ni l'autre de ces déclarations ne peuvent être considérées comme une opposition formelle. La cour maintient à bon droit sur la liste des témoins et entend en cette qualité le fils mineur de l'accusé, sans prestation de serment, à cause de son âge. — Cass., 17 juill. 1873, Mano, [Bull. crim., n. 197]

2091. — De la combinaison des deux dispositions de l'art. 322, C. instr. crim., il résulte, en second lieu, que les parents et alliés au degré prohibé peuvent être entendus comme témoins et avec prestation de serment, lorsque ni la partie civile, ni le ministère public ni l'accusé ne s'opposent à leur audition. — Cass., 16 mars 1821, Jolly, [S. et P. chr.]; — 3 avr. 1821, Piazza, [S. et P. chr.]; — 5 avr. 1837, Latour, [P. 38.1.71]; — 20 janv. 1844. Baroyer, [P. 44.1.545]; — 13 sept. 1849, Dudrague, [P. 51.1.93, D. 49.5.377]; — 7 mai 1851, Berthelot, [D. 51.5.511]; — 28 déc. 1860, Labbé, [Bull. crim., n. 304]; — 13 juill. 1866, Strich, [D. 67.5.432]; — 24 mars 1870, Brena, [Bull. crim., n. 70]; — 13 août 1874, Richard, [Bull. crim., n. 232]; — 12 déc. 1874, Beaulour, [Bull. crim., n. 307]; — 10 août 1877, Chaminade, [Bull. crim., n 189]; — 27 avr. 1882 Sirben, [Bull. crim., n. 102]; — 3 juill. 1884, Lamarine et autres, [Bull. crim., n. 221]; — 4 févr. 1887, Duchaussoy, [D. 88.1.46]; — 15 juill. 1887, François, [Bull. crim., n 271]; — 22 oct. 1891, Bessède, [Bull. crim., n. 198] — Sic, Trébutien, n. 505; Villey, p. 344.

2092. — Lorsqu'il n'y a pas eu, devant la cour d'assises, opposition à l'audition de témoins reprochables, l'accusé ne peut se faire un moyen de cassation de ce que ces témoins auraient déposé sous la foi du serment. Le moyen tiré de la violation de l'art. 322, C. instr. crim., est tardif lorsqu'il se produit pour la première fois devant la Cour de cassation. — Mêmes arrêts.

2093. — La loi n'oblige pas le président à avertir préalablement l'accusé qu'il peut s'opposer à l'audition d'un témoin reprochable. — Cass., 10 août 1877, précité.

2094. — Le silence de l'accusé suffit à établir qu'il a consenti à ce que le témoin reprochable soit entendu sous la foi du serment. — Cass. 13 avr. 1821, précité; — 13 juill. 1866, précité; — 15 juill. 1887, précité.

2095. — Par suite, il n'est pas nécessaire que le procès-verbal constate le consentement de l'accusé à l'audition d'un témoin reprochable qu'il pouvait empêcher. Le silence du procès-verbal à cet égard est une présomption légale que ladite déposition a eu lieu sans opposition aucune. — Cass., 13 juill. 1866, précité; — 4 févr. 1887, précité; — 22 oct. 1891, précité.

2096. — Remarquons, d'autre part, que les témoins, parents ou alliés au degré prohibé, peuvent, en dehors de toute opposition, être écartés d'office par le président ou par la cour d'assises. Il ne résulte nullement, en effet, du dernier alinéa de l'art. 322, qu'à défaut d'opposition ou même avec le consentement formel de toutes les parties, ces personnes doivent forcément être appelées à déposer et à faire précéder leur déposition de la formalité du serment. Cet article déclare que « les dépositions de ces témoins ne pourront être reçues ». En présence de cette prohibition fondée principalement sur l'honnêteté publique, le président de la cour d'assises, ou la cour elle-même, en cas de contestation, peut toujours refuser leur témoignage. — Cass., 3 sept. 1812, Billet, [S. et P. chr.]; — 12 janv. 1837, Pommier, [P. 38.1.67]; — 10 oct. 1839, Peytel, [S. 39.1.955, P. 40.1.14]; — 27 déc. 1849, Roger, [P. 51.1.596, D. 51.5.487]; — 20 déc. 1861, Guénée, [D. 63.5.373]; — 27 avr. 1882, précité; — 5 janv. 1883, Contour, [Bull. crim., n. 3] — Sic, F. Hélie, n. 3487.

2097. — La décision du président sur ce point, lorsqu'elle est acceptée par toutes les parties, n'a pas besoin d'être motivée. — Cass., 5 janv. 1883, précité.

2098. — Lorsqu'il y a contestation entre les parties, le témoin, parent ou allié au degré prohibé, ne peut être régulièrement écarté que par la cour d'assises, qui statue alors par un arrêt motivé. — Cass., 27 avr. 1882, précité.

2099. — Mais le témoin ainsi écarté, soit d'office, soit sur l'opposition de l'une des parties, n'est point par cela seul exclu définitivement et complètement du débat; sans doute, il ne pourra plus déposer comme témoin, sous la foi du serment; mais le président a le droit, en vertu de son pouvoir discrétionnaire, de le faire entendre à titre de simple renseignement. — Cass., 12 janv. 1837, précité; — 10 sept. 1840, Manquin, [P. 43.2.444]; — 27 déc. 1849, précité; — 20 mars 1856, Lafriche, [S. 57.1.160, P. 57.902, D. 56.5.449]; — 13 août 1863, Montlaur, [D. 63.5.373]; — 25 août 1864, Vincent, [Bull. crim., n. 222]; — 11 mars 1869, Pallas, [Bull. crim., n. 60]; — 23 juin 1876, de la Martinière, [S. 78.1.88, P. 78.178, D. 77.1.512]; — 27 avr. 1882, précité; — 5 janv. 1883, précité; — 21 juill. 1887,

Montet, (*Bull. crim.*, n. 278] — *Sic*, F. Hélie, n. 3488; Trébutien, n. 594; Villey, p. 380, note 2; Rodière, p. 239. — *Contrà*, Carnot, art. 322.

2100. — Il n'est pas indispensable que le président des assises qui reçoit à titre de renseignement la déposition d'un témoin reprochable, annonce à l'avance qu'il agit en vertu de son pouvoir discrétionnaire; ce pouvoir se manifeste par son exercice même — Cass., 5 janv. 1883, précité.

2101. — Toutes les règles que nous venons d'étudier relativement aux témoins reprochables s'appliquent aux témoins incapables.

2102. — Ainsi jugé que la cour d'assises ne viole aucune loi en ordonnant qu'un témoin privé du droit de rendre témoignage en justice, cité à la requête du ministère public, ne sera entendu que sans prestation de serment et pour faire une simple déclaration. — Ca-s., 31 mai 1827, Rivière, [P. chr.]

2103. — ... Qu'il n'y a pas nullité non plus lorsqu'un témoin incapable de déposer ayant été entendu sans réclamation ni de l'accusé, ni du ministère public, le président de la cour d'assises a fait observer aux jurés que la déclaration de ce témoin n'aurait pas dû être faite sous la foi du serment, et les a avertis d'y avoir tel égard que de raison. — Cass , 25 janv. 1838, Val, [P. 40 1 175]

2104. — ... Qu'il n'y a pas violation de l'art. 269, C. instr. crim., lequel n'est pas d'ailleurs prescrit à peine de nullité, parce que le président de la cour d'assises, en avertissant le jury qu'un accusé condamné à une peine afflictive et infamante ne prêterait pas serment, s'est borné à dire qu'il serait entendu par forme de simple déclaration, sans ajouter que cette déclaration ne devrait être considérée que comme renseignement. — Cass., 7 janv. 1841, Sacret, [P. 41.2.383]

4° *Dénonciateur pécuniairement récompensé par la loi.*

2105. — L'art 322, C. instr. crim., met sur la même ligne que les parents et alliés au degré prohibé « les dénonciateurs dont la dénonciation est pécuniairement récompensée par la loi ». Le législateur tient avec raison en suspicion le témoignage du dénonciateur; celui-ci a, en effet, intérêt à faire réussir sa dénonciation, de peur d'être jugé et condamné comme calomniateur, si l'accusé venait à être acquitté.

2106. — Sous le Code de brumaire, le témoignage du dénonciateur n'était déjà pas admis aux débats (art. 358), mais ce Code portait plus loin sa sévérité, il étendait la prohibition à celui qui pouvait profiter de toute autre manière de l'effet de la dénonciation. La loi nouvelle n'a point admis la seconde des deux prohibitions dont il vient d'être parlé : la raison en a été qu'il était presque toujours difficile de se fixer sur les circonstances qui établissaient cette position de témoin.

2107. — De la suppression de cette seconde prohibition établie par le Code de brumaire, il résulte qu'on doit aujourd'hui entendre comme témoin, sous la foi du serment, celui qui, sans être dénonciateur « peut profiter de toute autre manière, de l'effet de la dénonciation.

2108. — Ainsi, aucune prohibition ne frappe plus aujourd'hui, et on doit dès lors entendre sous prestation de serment, celui qui est intéressé dans la cause comme étant le souscripteur d'un billet argué de faux qui fait l'objet des poursuites. — Bruxelles, 25 juin 1822, P...., [P. chr.]

2109. — ... Les témoins instrumentaires d'un acte authentique argué de faux. — Cass., 1er avr. 1808, Delafont, [S. et P. chr.]

2110. — De même, les syndics d'une faillite qui ne sont point dénonciateurs peuvent être entendus comme témoins sur la poursuite en banqueroute frauduleuse exercée par le ministère public contre le failli. — Cass., 24 sept. 1819, d'Ambricourt, [S. et P. chr.]

2111. — ... Et lors même que les syndics de la faillite se sont portés parties civiles. — Cass., 15 juill. 1824, Abut, [S. et P. chr.]

2112. — Les créanciers d'un failli peuvent également être entendus comme témoins sur l'accusation de banqueroute frauduleuse portée contre lui. — Cass., 15 avr. 1825, Granier, [S. et P. chr.]

2113. — Pareillement, les créanciers d'un failli peuvent être entendus comme témoins dans une poursuite contre des individus prévenus du détournement de l'actif de la faillite, et cela alors

même que les syndics se sont portés parties civiles. — Cass., 14 mai 1847. Genelier, [S. 48.1.751, P. 47.2.553, D. 47.4.461] — *Sic*, Trébutien, p. 473.

2114. — On appelle dénonciateur celui qui, étranger à un crime, le fait spontanément connaître et en indique l'auteur. Le dénonciateur récompensé pécuniairement par la loi est celui qui reçoit une prime une gratification lorsqu'il découvre un crime et en révèle l'auteur.

2115. — Les cas où la dénonciation est récompensée pécuniairement par la loi sont fort rares. C'est à peine si on peut en citer quelque exemple. — Boitard, *Leçons d'instr. crim.*, p. 684; Rodière, p. 239.

2116. — Il faut d'ailleurs se garder de confondre avec les dénonciateurs récompensés pécuniairement par la loi, les fonctionnaires ou agents salariés dont les fonctions consistent précisément à rechercher, dénoncer et constater les crimes et les délits. Ceux-ci peuvent être entendus comme témoins. — F. Hélie, n. 3490; Trébutien, p. 472; Nouguier, n. 2061; *Encyclop. du dr*, v° *Cour d'assises*, n. 358.

2117. — Jugé, spécialement que les officiers de paix et le agents de police sont des préposés à un service public qui ne peuvent être considérés comme des dénonciateurs récompensés par la loi dans le sens de l'art. 322. C. instr. crim. — Cass., 18 déc. 1862, Miot et autres, [S. 63.1.49, P. 63.494]

2118. — La prohibition portée par l'art. 322 contre le dénonciateur récompensé pécuniairement par la loi n'a pas la nullité pour sanction. Elle donne seulement à toutes les parties en cause (accusé, ministère public et partie civile) le droit de s'opposer à l'audition du dénonciateur comme témoin. — Villey, p. 344.

2119. — Le droit de reprocher son dénonciateur est presque toujours inefficace, car, la dénonciation ne faisant pas partie des pièces du procès, et le procureur général ne pouvant être contraint de nommer le dénonciateur qu'en cas d'acquittement (C. instr. crim., art. 358), il en résulte qu'il est presque toujours inconnu à l'accusé. — Carnot, sur l'art. 322, n. 8; Rodière, p 239.

2120. — Tout ce que nous avons dit précédemment relativement au droit de s'opposer à l'audition des témoins reprochables s'applique entièrement lorsqu'il s'agit d'un dénonciateur récompensé pécuniairement par la loi.

2121. — Ainsi, il a été jugé que l'accusé qui ne s'est pas opposé à l'audition d'un dénonciateur récompensé pécuniairement par la loi, quoiqu'il en eût connaissance, est non recevable à s'en plaindre ultérieurement. — Cass., 6 févr. 1812, Morin, [S. et P. chr.]; — 18 mai 1815, Rosay et Bobaine, [S. et P. chr.]; — 10 oct. 1817. Osnof, [S. et P. chr.]; — 18 févr. 1837, Coste, [S. 37.1.1024, P. 37.1.144]; — 2 avr. 1847, précité; — 2 avr. 1863, Jut-au, [D. 63.5.379]; — 5 janv. 1871. Wyk, [D. 71.1.88]; — 13 avr. 1888, Chaty, [S. 90.1.263, P. 90.1.684, D. 89.1.267] — *Sic*, Bourguignon, *Man. d'instr. crim.*, t. 1, p. 407, n. 1; Nouguier, n. 2104.

2122. — Quant au dénonciateur qui n'est pas récompensé pécuniairement par la loi, sa situation est réglée par l'art. 323. C. instr. crim., ainsi conçu : « Les dénonciateurs, autres que ceux récompensés pécuniairement par la loi, peuvent être entendus en témoignage, mais le jury doit être averti de leur qualité de dénonciateurs ». Le dénonciateur non récompensé pécuniairement peut donc être entendu comme un témoin ordinaire, après prestation de serment; seulement le président devra avertir le jury de sa qualité de dénonciateur. — *Encyclop. du dr*, v° *Cour d'assises*, n. 359; Trébutien, p. 473.

2123. — De la définition que nous avons donnée plus haut du dénonciateur, il résulte qu'on ne peut considérer comme tel que celui qui a agi spontanément. Ainsi, ne doit pas être considéré comme dénonciateur dans le sens de la loi (C. instr. crim., art. 323), et, par suite, peut être entendu comme témoin, celui qui n'a fait des déclarations qu'après la plainte portée, et dans laquelle il était désigné comme témoin. — Cass., 30 juill. 1831, Béranger, [S. 31.1.410 P. chr.]

2124. — Ne sont pas non plus réputés dénonciateurs, les témoins qui n'ont fait leur déclaration qu'après avoir été appelés devant le juge d'instruction et sur l'interpellation de celui-ci. — Cass., 26 mai 1826, Virpullot, [S. et P. chr.]; — 30 avr. 1835, Robert et Lambert, [S. 35.1.734, P. chr.]

2125. — ... Ni les coaccusés qui, dans un interrogatoire, ont révélé le nom du coupable. — Cass., 27 juin 1828, Aubry, [P. chr.]

2126. — La qualification de dénonciateur ne saurait non plus appartenir à la partie lésée qui a porté plainte, mais n'a pas fait connaître l'auteur du crime. — Cass., 3 août 1827, Robier, [S. et P..chr.]; — 12 janv. 1828, Quirin, Humbert, [S. et P. chr.]; — 25 sept. 1828, Beaune, [P. chr.]; — 21 juin 1832, Gruselle, [S. 33.1.154, P. chr.]; — 1er sept. 1832, Becq, [S. 33.1.192, P. chr.]; — 15 nov. 1833, Audibert, [S. 34.1.144, P. chr.]; — 30 avr. 1835, précité; — 16 févr. 1837, Audibert, [P. 37.1.144]; — 13 avr. 1837, Coste, [S. 37.1.1024, P. 37.2.619]; — 9 mars 1838, Bernard, [P. 40.1.667]; — 24 déc. 1840, Bussière, [S. 41.1.558, P. 41.2.130]; — 18 sept. 1845, Courtat, [P. 46.1.557]; — 27 nov. 1845, Hirsch, [P. 46.1.565]; — 30 mars 1848, Mascaras, [S. 49.1.377, P. 49.2.23, D. 48.5.333]; — 23 janv. 1851, Moran, [D. 51.5.516]; — 19 juill. 1851, Chabrut, [D. 52.5.530]; — 27 mai 1852, Lauvry, [D. 52.5.527]; — 9 déc. 1852, Lemarchand, [D. 52.5.530]; — 2 avr. 1853, Paoli, [D. 53.5.442]; — 2 avr. 1863, Juteau, [D. 65.5.379]; — 13 janv. 1881, Pacquet, [Bull. crim., n. 7] — Sic, Encyclop. du dr., vo Cour d'assises, n. 359; Trébutien, p. 473.

2127. — Dès lors, la mère qui a porté plainte à raison d'un viol commis sur sa fille mineure de quinze ans ne peut pas être considérée comme un dénonciateur. — Cass., 25 sept. 1828, précité.

2128. — De même, lorsque le subrogé-tuteur d'une jeune fille mineure dénonce les attentats à la pudeur dont cette jeune fille a été la victime, il porte une plainte dans la limite des devoirs qui lui incombent et non en qualité de dénonciateur. — Cass., 4 juin 1885, Authelet. [Bull. crim., n. 159]

2129. — Ne peut être davantage assimilé à un dénonciateur, dans le sens de l'art. 323, C. instr. crim., l'employé d'un établissement commercial ou financier qui signale à ses chefs des faux commis par l'administrateur au préjudice de l'établissement. — Cass., 6 janv. 1870, Delbard, [S. 70.1.376 P. 70.976, D. 71.5.375]

2130. — ...Le commis d'un négociant dans les magasins duquel un crime a été accompli, lorsque ce commis, en fournissant des renseignements à la justice, n'a agi que comme plaignant intéressé à la constatation de la vérité. — Cass., 18 mai 1876, Abdoulaye-si-Dawiard, [S. 76.1.334, P. 76.797]

2131. — ...Le commissaire de police qui a procédé aux premiers actes de l'information et en a dressé procès-verbal. — Cass., 14 janv. 1870, Prodo, [Bull. crim., n. 8]

2132. — Ces différentes personnes peuvent donc être entendues comme témoins et le président n'est pas, pour elles, tenu de donner au jury l'avertissement prescrit par l'art. 323, C. instr. crim.

2133. — Jugé, au surplus, que lorsque la cour d'assises a jugé que des témoins n'ont point la qualité de dénonciateurs, le président n'est pas obligé de donner aux jurés l'avertissement prescrit par l'art. 323. — Cass., 20 juin 1817, Pastoret, [P. chr.]

2134. — ... Que la cour d'assises ne fait qu'user de son droit en décidant qu'un témoin ne peut être considéré comme dénonciateur, et qu'il ne peut résulter aucune nullité de ce qu'elle a déclaré qu'il n'y avait pas lieu, conséquemment, de satisfaire à la disposition de l'art. 323, C. instr. crim. — Cass., 11 nov. 1830, Delannoy, [S. et P. chr.]

2135. — Mais on doit classer parmi les dénonciateurs la partie lésée qui, en portant plainte spontanément, a fait connaître l'auteur du crime. — Cass., 18 mai 1815, Rosay et Bobaine, [S. et P. chr.]; — 9 févr. 1816, Simonin et autres, [S. et P. chr.]; — 1er sept. 1832, précité; — 13 avr. 1837, précité. — Sic, Nouguier, n. 2044 et s.

2136. — Les dénonciateurs, appelés à déposer devant la cour d'assises, sont entendus comme témoin ordinaire, après prestation de serment. — Cass., 6 févr. 1812, Moran, [S. et P. chr.]; — 9 févr. 1816, précité; — 16 juill. 1818, Dufour et Courotte, [S. et P. chr.]

2137. — Seulement, aux termes de l'art. 323, C. instr. crim., le jury doit être averti par le président de leur qualité de dénonciateurs.

2138. — L'art. 323, C. instr. crim., qui dispose que les jurés devront être avertis de la qualité de dénonciateur, ne concerne que le cas où le dénonciateur est entendu en témoignage. On ne saurait, en conséquence, l'appliquer au cas où un individu condamné à une peine afflictive et infamante est entendu sans prestation de serment, et après que les jurés ont été avertis de ne considérer sa déclaration que comme un simple renseignement. — Cass., 29 août 1844, Duponchel, [P. 45.1.416]

2139. — L'avertissement prescrit par l'art. 323 n'a pas besoin d'être donné en termes exprès et de manière directe : la jurisprudence a admis des équipollents.

2140. — Ainsi jugé, que lorsque les dénonciateurs d'un crime ont été entendus comme témoins, il suffit, pour remplir le vœu de l'art. 323, C. instr. crim., que le jury ait été averti de leur qualité par la lecture de l'acte d'accusation. — Cass. Belg., 9 sept. 1836, Bourguignon, [P. chr.]; — 4 juin 1885, Authelet, [Bull. crim., n. 159]

2141. — De même, le jury est suffisamment averti par la lecture des procès-verbaux constatant que le témoin est dénonciateur. — Cass., 9 févr. 1816, précité. — Bruxelles, 13 août 1814, Détrief, [P. chr.]

2142. — Il a également été jugé qu'il suffit que le jury ait connu la position et l'intérêt du témoin dans l'affaire. Le but de la loi a été en conséquence rempli lorsque le président a prévenu les jurés, avant l'audition du plaignant, que le fait imputé à l'accusé avait été commis au préjudice de celui-ci. — Cass., 13 avr. 1837, Coste, [S. 37.1.1024, P. 37.2.619]

2143. — Ainsi encore, l'opposition formée par la défense à ce qu'un témoin soit entendu, à raison de sa qualité de créancier de l'accusé, est un avertissement suffisant à l'égard des jurés de la qualité de ce témoin. — Cass., 15 juill. 1824, Abot, [S. et P. chr.] — V. supra, n. 2106 et s.

2144. — De même encore, l'avertissement prescrit par l'art. 323 est suppléé par la lecture donnée à l'audience par le président, des lettres mêmes adressées par le témoin au procureur de la République pour lui signaler l'attentat commis sur la jeune fille dont il était le subrogé-tuteur. — Cass., 4 juin 1885, précité.

2145. — Au surplus, l'art. 323, C. instr. crim., n'attache pas la peine de la nullité à l'inobservation de l'avertissement que le président doit donner au jury : la Cour de cassation en a conclu que cet avertissement n'était pas une formalité substantielle, et il est de jurisprudence constante que l'omission qui en serait faite ne saurait entraîner aucune nullité. — Cass., 29 août 1811, N..., [S. et P. chr.]; — 16 juill. 1812, Jacquet, [S. et P. chr.]; — 18 mai 1815, Rosay et Bobaine, [S. et P. chr.]; — 9 févr. 1816, Simonin, [S. et P. chr.]; — 10 oct. 1817, Osoof, [S. et P. chr.]; — 9 avr. 1818, Couaix, [S. et P. chr.]; — 16 juill. 1818, Dufour et Courotte, [S. et P. chr.]; — 23 juill. 1818, Boucher, [P. chr.]; — 5 févr. 1819, Arnaud, [S. et P. chr.]; — 7 déc. 1827, Lenglet, [P. chr.]; — 18 sept. 1829, Latournerie, [P. chr.]; — 11 nov. 1830, Delannoy, [S. et P. chr.]; — 30 avr. 1835, Robert et Lambert, [S. 35.1.734, P. chr.]; — 13 avr. 1837, Coste, [S. 37.1.1024, P. 37.2.619]; — 23 janv. 1838, Val, [P. 40.1.175]; — 9 mars 1838, Bernard, [P. 40.1.667]; — 16 avr. 1840, Bergonnier, [S. 40.1.381, P. 41.1.615]; — 24 déc. 1840, Bussière, [S. 41.1.558, P. 40.2.130]; — 29 août 1845, précité; — 18 sept. 1845, Courtat, [P. 46.1.557]; — 30 mars 1848, Mascaras, [S. 49.1.577, P. 49.2.23, D. 48.5.333]; — 27 mai 1852, Lauvry, [D. 52.5.527]; — 16 juin 1852, Jager, [Bull. crim., n. 214]; — 2 avr. 1863, Juteau, [D. 65.5.379]; — 14 sept. 1865, Jouan, [Bull. crim., n. 182]; — 6 janv. 1870, Delbard, [S. 70.1.376, P. 70.976, D. 71.5.375]; — 18 mai 1876, Abdoulaye-si-Dawiard, [S. 76.1.334, P. 76.797]; — 8 mars 1877, Belvault, [Bull. crim., n. 81]; — 22 avr. 1887, Lemonnier, [S. 88.1.397, P. 88.1.955, D. 87.1.506]; — 20 mars 1891, Chervet, [Bull. crim., n. 69]; — 4 janv. 1894, Féaz, [Bull. crim., n. 2]; — 28 mars 1894, [Bull. crim., n. 94] — Bruxelles, 13 août 1814, précité. — Sic, de Serres, Manuel des cours d'assises, t. 1, p. 283; Legraverend, t. 1, p. 255; Merlin, Rép., vo Témoin judiciaire, § 1, art. 3, n. 3; Nouguier, n. 2054; Trébutien, p. 473; F. Hélie, n. 3400; Carnot, De l'instr. crim., t. 2, p. 534; Encyclop. du dr., vo Cour d'assises, n. 359.

5o Partie civile.

2146. — On entend par partie civile la personne qui, lésée par un crime, un délit ou une contravention, intervient à un moment de la poursuite et, usant du droit accordé par l'art. 3, C. instr. crim., déclare qu'elle veut exercer l'action civile « en même temps et devant les mêmes juges que l'action publique » (V. supra, vo Action civile). — Nous étudierons plus loin quand et comment on peut se constituer partie civile devant la cour d'assises (V. infrà, n. 5312 et s.) : nous nous bornerons à rechercher maintenant si la partie civile peut y être entendue comme témoin.

2147. — Des termes mêmes de l'art. 3, C. instr. crim., il résulte qu'il n'y a de partie civile que lorsque la personne lésée exerce son action en même temps et devant les mêmes juges que l'action publique. Il faut donc qu'elle soit demanderesse devant la cour d'assises où se poursuit l'action publique. Si elle avait précédemment intenté son action devant une juridiction civile, elle ne serait pas partie civile, et pourrait être entendue comme témoin sous la foi du serment.

2148. — Ainsi n'est pas incapable d'être entendu comme témoin dans un procès criminel ou correctionnel, celui qui, antérieurement, a porté devant les tribunaux civils une action en dommages-intérêts, fondée sur le fait même qui sert de base à la poursuite criminelle ou correctionnelle : on ne saurait l'assimiler à une partie civile. — Cass., 27 janv. 1833, Garibaldi, [S. 53.1.453, P. 53 2.409, D. 53.1.115]

2149. — De même, le directeur d'un établissement commercial, qui a formé contre le caissier de cet établissement une action civile en réintégration dans la caisse de sommes qui en auraient été détournées et dont le caissier serait responsable, n'est pas pour cela incapable d'être entendu comme témoin dans le procès criminel dirigé ultérieurement contre le caissier comme auteur du détournement : on ne saurait l'assimiler à une partie civile. — Cass., 13 juill. 1861, Palaprat, [S. 62.1.443, P. 62.160, D. 61.5.482]

2150. — Sous le Code du 3 brum. an IV, la partie civile ne pouvait être admise aux débats comme témoin, même du consentement de l'accusé, à peine de nullité.

2151. — Le Code d'instruction criminelle ne contient aucune disposition sur la question qui nous occupe : il est absolument muet sur ce point. C'est dans les arrêts de la Cour de cassation qu'il faut chercher les règles qui déterminent la situation aux débats de la partie civile comme témoin.

2152. — Il y a, à cet égard, une distinction à faire : deux hypothèses peuvent, en effet, se présenter : ou bien la partie lésée ne s'est pas encore constituée partie civile au moment où elle est entendue comme témoin ; ou bien, au contraire, elle s'est constituée partie civile dès l'ouverture des débats, avant l'audition des témoins.

2153. — *Premier cas.* — La partie lésée n'est pas portée partie civile au moment où elle va être entendue comme témoin : elle n'est encore que témoin ; elle a été citée et notifiée comme témoin ; c'est la seule qualité qu'elle ait encore. Elle devra donc être entendue et déposer sous la foi du serment. Ce serment et cette déposition devront subsister même si plus tard la partie lésée se constitue partie civile. « La maxime *nullus idoneus testis in re sua*, qui est un principe de droit commun, reconnu en matière criminelle par les art. 315, 321 et 335, C. instr. crim., n'est applicable qu'au cas où les individus cités et entendus comme témoins ont fait connaître leur qualité de parties civiles : jusqu'à cette manifestation, et quel que soit leur intérêt dans le procès, leur déposition est consacrée par la loi, sauf l'appréciation qui est réservée aux jurés ». — Cass., 28 janv. 1853, Frogier, [S. 53.1.584, P. 54 1.260, D. 53.5.444] — V. aussi Cass., 5 nov. 1813, Osmond, [S. et P. chr.]; — 12 janv. 1828, Quirin-Humbert, [S. et P. chr.]; — 17 nov. 1836, Muhammed-ben-Radiou, [P. 37.2.86]; — 11 avr. 1861, Burle, [Bull. crim., n. 76]; — 4 août 1864, Coste et Paix, [D. 64.5 352]; — 5 janv. 1895. [Bull. crim., n. 14] — Bruxelles, 20 juill. 1816, Vankeerberg, [S. et P. chr.] — C. d'ass. de la Corse, 14 mai 1838, Poggi, [P. 40.1. 758] — Sic, Trébutien, p. 473. — Contrà, Garraud, n. 401, note 2.

2154. — Jugé, spécialement, que le fait par un individu de s'être porté partie civile, après avoir été entendu comme témoin sous la foi du serment, n'a pas pour effet d'entraîner la nullité de la procédure, sous prétexte que la partie civile ne saurait être entendue comme témoin. La procédure antérieure ne saurait, en effet, être viciée par l'intervention d'un témoin comme partie civile ; autrement ce serait donner à cette intervention un effet rétroactif qu'on ne peut raisonnablement lui reconnaître. — Cass., 23 févr. 1843, Pieri, [S. 43.1 549, P. 43.2.677]

2155. — De même, le président des assises, en l'absence de conclusions soulevant un incident contentieux, a qualité pour renvoyer avec les autres témoins et entendre ensuite sous serment, la femme mariée qui, sur son interpellation, n'a pu justifier de l'autorisation du mari pour se porter partie civile : peu importe que plus tard la femme soit admise par la cour à se constituer sur une autorisation régulière.—Cass., 4 août 1864, précité.

2156. — Lorsqu'un témoin se constitue partie civile après

avoir été entendu sous la foi du serment, le président des assises agira sagement en faisant remarquer aux jurés que la déposition de ce témoin ne vaut plus que comme simple renseignement. Il a été décidé à cet égard qu'en avertissant le jury du caractère que peut donner aux dépositions antérieures des deux témoins leur constitution comme parties civiles, un président n'a ni excédé sa compétence ni violé aucune disposition de la loi, ni porté préjudice à l'accusé. — Cass., 5 mai 1854, Viernay, [D. 54.5.202]; — 24 juin 1858, Piétri et Salvani, [Bull. crim., n. 179]; — 8 déc. 1865, Paccini, [D. 66.1.143]

2157. — Cependant, aucun texte de loi n'oblige le président à donner aux jurés cet avertissement. S'il le négligeait, cette omission ne saurait constituer pour l'accusé un grief sérieux et un moyen de cassation. — Cass., 27 nov. 1884, Gaillard, [Bull. crim., n. 323]

2158. — Lorsqu'un témoin cité déclare à l'audience qu'il a l'intention de se porter partie civile, une pareille déclaration n'équivaut pas à une constitution de partie civile, et ce témoin ne peut en conséquence être dispense de la prestation de serment. — Cass., 4 août 1881, Bellanger, [Bull. crim., n. 188]

2159. — Aussi, lorsque ce témoin ayant manifesté l'intention de se porter partie civile, a été entendu à titre de simple renseignement et qu'ensuite, sur l'interpellation du président, il déclare n'être pas encore décidé à se porter partie civile, le président a le devoir d'annuler sa déclaration pour l'entendre de nouveau sous la foi du serment. — Même arrêt.

2160. — *Deuxième cas.* — La partie lésée s'est constituée partie civile avant d'être appelée à déposer : pourra-t-elle alors être entendue comme témoin sous la foi du serment? La jurisprudence de la Cour de cassation a varié sur ce point.

2161. — Elle a d'abord décidé que la partie civile ne pouvait être entendue qu'à titre de renseignement; elle ne pouvait l'être comme témoin sous la foi du serment. En se constituant partie civile, la personne lésée cesse d'être témoin pour devenir partie au procès : elle prend une qualité et un rôle incompatibles avec ceux d'un témoin. « Il serait contraire, a dit la Cour de cassation, aux règles les plus ordinaires du droit, aux principes de la morale et de la saine raison que la partie civile vînt sous la foi du serment porter témoignage en sa propre cause ». — Cass., 3 août 1827, Robier, [S. et P. chr.]; — 1er sept. 1832, Becq, [P. chr.]; — 15 nov. 1833 Audibert, [S. 34.1.188. P. chr.]; — 10 févr. 1833, Demolon, [S. 34.1.301, P. chr.]; — 10 mars 1843, Constantin, [S. 43.1.349] — Sic, Morin, Dictionnaire de droit crim., vo Témoins, p. 736; Carnot, Instr. crim., t. 2, sur l'art. 322; Merlin, Rép, vo Témoin judiciaire, art. 3; Bourguignon, Manuel d'instr. crim., t. 1, p. 407; Garraud, n. 401.

2162. — Mais à partir de 1844, cette jurisprudence s'est modifiée : la Cour de cassation a assimilé la partie civile au dénonciateur récompensé pécuniairement par la loi, à un certain reprochable dont parle l'art. 322, C. instr. crim.; la loi, dit-elle, n'a pas créé d'incapacités absolues; « si, par des considérations d'honnêteté publique, l'art. 322 exclut le témoignage de ceux qui sont unis à l'accusé par les liens du sang au degré qu'il a pris soin de déterminer, n'a pas pour des motifs du même ordre, il repousse la déposition des dénonciateurs dont la dénonciation est récompensée pécuniairement par la loi, la même article se termine ainsi : *sans que néanmoins l'audition des personnes cidessus désignées puisse opérer une nullité lorsque soit le procureur général, soit la partie civile, soit les accusés ne se sont pas opposés à ce qu'elles soient entendues*; on ne peut admettre qu'il existe contre le témoignage de la partie civile des motifs d'exclusion plus péremptoires que ceux qui s'appliquent aux personnes désignées dans l'art. 322; son intérêt personnel la place dans une position identique à celle du dénonciateur qui reçoit de la loi une récompense pécuniaire; sa déposition, quand il n'y a pas eu opposition à ce qu'elle fût reçue, ne peut donc non plus être une cause de nullité de la procédure ». — Cass., 28 nov. 1844, Pezet, [S. 45.1.386, P. 45.2.39, D. 54.1.58]

2163. — La doctrine adoptée par cet arrêt a été, depuis, consacrée par de nombreuses décisions, et la jurisprudence est aujourd'hui fixée en ce sens que la partie civile est assimilée aux personnes désignées dans l'art. 322, C. instr. crim., et que sa déposition doit être régie par les règles édictées par cet article, que nous avons précédemment étudiées à propos des témoins reprochables. — Cass., 12 nov. 1846, Fliniaux, [S. 47. 1.476, P. 47.1.531, D. 46.4.477]; — 18 mars 1853 (2 arrêts), Alaniou et Venturino, [S. 52.1.686, P. 53.2.92, D. 52.5.529]; —

13 mai 1859, Dechassey, [D. 60.5.379]; — 24 nov. 1876, Bury, [Bull. crim., n. 228]; — 12 sept. 1889, F..., [S. 90.1.548, P. 90. 1.1303, D. 90.1.267] — Sic, Trébutien, p. 473.

2164. — Il en résulte que l'art. 322, C. instr. crim., doit, par analogie, être appliqué à la partie civile; l'accusé et le ministère public auront donc le droit de s'opposer à ce qu'elle soit entendue comme témoin et sous la loi du serment.

2165. — Il y aurait nullité des débats si la cour ou le président refusait de faire droit à cette opposition et, malgré celle-ci, entendait avec prestation de serment, la partie civile comme témoin. — Cass., 12 nov. 1846, précité; — 18 mars 1852, précité.

2166. — Mais lorsque ni le ministère public ni l'accusé ne se sont opposés à l'audition de la partie civile, celle-ci peut être entendue sous la foi du serment. — Cass., 28 nov. 1844, précité; — 12 nov. 1846, précité; — 11 mai 1847, Geneher, [S. 48.1. 751, P. 47.2.553, D. 47.4.461]; — 18 mars 1852, précité; — 7 oct. 1853, Houdet. [Bull. crim, n. 499]; — 13 mai 1859, précité; — 11 avr. 1861 Burle, [S. 62.1.445, P. 62.160, D. 61.5. 481]; — 24 nov. 1876, précité; — 12 sept. 1889, précité.

2167. — Jugé spécialement que l'audition de la partie civile, avec prestation de serment, ne saurait entraîner la nullité des débats, lorsque le procès-verbal constate que cette audition a eu lieu, « sans que les accusés et leurs conseils s'y soient opposés, quoiqu'ils aient été interpellés spécialement sur ce point par le président ». — Cass., 12 sept. 1889, précité.

2168. — D'un autre côté, le président peut, en dehors de toute opposition du ministère public et de l'accusé, écarter d'office la partie civile comme témoin et ordonner qu'elle ne sera entendue qu'à titre de renseignement, en vertu de son pouvoir discrétionnaire. — Cass., 5 févr. 1819, Arnaud, [S. et P. chr.]; — 6 févr. 1835, précité; — 30 mai 1839, Nougué et Garos, [P. 43.2.298]; — 4 sept. 1862, Duvoisin, [Bull. crim., n. 227]; — 24 nov. 1876, précité.

2169. — Le plaignant qui ne s'est porté partie civile que devant la cour d'assises et avant la clôture des débats, ainsi que l'art. 67, C. instr. crim., lui en donne la faculté, peut, lorsque l'arrêt de condamnation a été cassé, être entendu comme témoin et sous serment devant la cour d'assises de renvoi, si d'ailleurs il ne s'est pas de nouveau porté partie civile devant cette cour. — Cass., 11 nov. 1841, Brizard [S 42.1.96, P. 42.1.195]

2170. — Il en serait autrement si le plaignant s'était porté partie civile devant le juge d'instruction (C. instr. crim., art 63). Il y a, en effet, une différence entre ce cas et celui où le plaignant ne s'est porté partie civile que devant la cour d'assises. Dans le premier cas, sa constitution de partie civile, remontant à une époque antérieure à l'ouverture des débats, survit à la cassation de l'arrêt de condamnation, car cette cassation n'anéantit que la procédure suivie devant la cour d'assises, et non les actes antérieurs. Dans le deuxième cas, au contraire, la constitution, n'étant qu'un des actes incidents du débat annulé, disparaît avec lui. Il y a, d'ailleurs, cette différence essentielle que, malgré la cassation de l'arrêt, la constitution faite devant le juge d'instruction conserve sa base, son point d'appui, puisqu'elle reposait sur les éléments fournis par une instruction qui reste debout. Au contraire, la constitution faite devant la cour d'assises s'appuyant sur le débat et sur les preuves qui en résultent, si ce débat, si ces preuves disparaissent, il semble rationnel qu'elle soit entraînée dans leur chute.

2171. — L'exclusion dont la jurisprudence a frappé la partie civile s'applique à elle seule et ne peut pas s'étendre à ses parents et à ses alliés. La parenté et l'alliance du témoin avec la partie civile ne peut constituer un reproche légal; le véritable adversaire de l'accusé, c'est le ministère public. — Carnot, sur l'art. 315, C. instr. crim., n. 18.

2172. — On pourrait argumenter en faveur de l'opinion contraire de la disposition de l'art. 317, qui exige que les témoins soient interpellés de déclarer s'ils sont parents ou alliés, soit de la partie civile, soit de l'accusé; « mais, dit Carnot (n. 18, sur l'art. 315), l'objet que s'est proposé le législateur, en l'exigeant ainsi, a été de prémunir le jury contre la foi trop entière qu'il pourrait ajouter au témoignage de parents ou alliés de la partie civile, et pour le tenir en garde contre leurs dépositions ». Le jury peut donc avoir tel égard que de raison à la déposition, mais elle doit être faite sous la foi du serment. — Cass., 5 oct. 1853, Héran, [S. 34.1.64, P. chr.]; — 16 août 1888, Bezia-ben-Abdelkader, [Bull crim., n. 278] — Sic, F. Hélie, n. 3497; Nouguier, n. 2096; Encyclop. du dr., v° Cour d'ass., n. 363.

2173. — Jugé, en conséquence, que le frère de la partie civile peut être entendu comme témoin. — Cass., 8 août 1851, Ristani, [S. 52.1 220, P. 53.1.450, D. 51.5.516] — Metz, 12 nov. 1821, Blondin, [S. et P. chr.]

2174. — Il en est de même du conjoint ou des proches parents de la partie civile. — Cass., 21 therm. an XIII, Duval, [S. et P. chr.] — Liège, 19 juill. 1832, X..., [P.chr.] — Sic, Carnot, Instr. crim., t. 2, p 517, n. 18; de Serres, Manuel des cours d'assises, t. 1, p. 287.

2175. — .. Ou des domestiques de la partie civile. — Cass., 16 août 1888, précité.

2176. — ... Ou des employés d'une administration publique dont le chef s'est constitué partie civile. — Cass., 13 avr. 1888, Chatty, [S. 90.1.285, P. 90.1.684, D. 89.1.267]

2177. — Ainsi jugé que l'intervention aux débats, comme partie civile, de l'administration des douanes représentée par son directeur général ne peut pas avoir pour résultat d'imprimer le caractère de partie civile à tous les agents ou préposés des douanes, et spécialement à ceux d'entre eux qui étaient cités comme témoins à la requête du ministère public. — Cass., 13 avr. 1888, précité.

2178. — A plus forte raison, la loi ne prohibe pas l'audition, comme témoins des parents de la victime du crime, qui est seulement plaignante et ne s'est pas constituée partie civile. — Cass., 30 nov. 1849, Mariotti, [Bull. crim., n. 333]; — 27 janv. 1887, Thierré, [Bull. crim., n. 27]

2179. — Il faut décider également qu'aucune loi ne s'oppose à ce que des témoins entendus dans une instance civile le soient, sur les mêmes faits dans une instance criminelle. — Cass., 30 mars 1837, Paillet, [P. chr.]

2180. — De même, on peut entendre comme témoin un individu qui est en procès avec le prévenu et qui a un intérêt à sa condamnation. — Cass., 18 juin 1807 2 arrêts), Duco et Vincent, S. et P. chr.]

[

6° Incompatibilités avec certaines fonctions.

2181. — Nous devons maintenant mentionner les personnes qui remplissent une fonction incompatible avec celle de témoin. Cette incompatibilité n'est que relative et temporaire : elle n'existe que dans l'affaire même où le témoignage doit se produire, et n'est attachée qu'aux fonctions des personnes qui composent la cour d'assises ou qui remplissent près d'elle une mission nécessaire à la justice. — Nouguier, n. 2115; F. Hélie, n. 3498.

2182. — I. Magistrats; Greffiers; Officiers de police judiciaire. — Les magistrats composant la cour d'assises, le président et les assesseurs ne peuvent pas être témoins devant elle. On ne comprendrait pas un juge descendant de son siège pour témoigner.

2183. — Que faut-il décider si un ou plusieurs des magistrats composant la cour d'assises étaient cités comme témoins? La solution de la question dépend du caractère de la citation. Si celle-ci est sérieuse, si le magistrat a été réellement témoin d'un fait important au procès et peut apporter dans l'affaire un témoignage utile, qu'il conserve son caractère de témoin; il ne siégera pas dans la cour comme magistrat; il n'y comparaîtra que comme témoin et y fera en cette qualité sa déposition.

2184. — Si, au contraire, la citation n'est pas sérieuse, si elle n'est inspirée que par une pensée de fraude et dans le but d'écarter du jugement de l'affaire un magistrat dont l'accusé redoute l'influence, alors il n'en faut pas tenir compte; le magistrat conservera ses fonctions de magistrat et ne figurera pas au nombre des témoins.

2185. — La décision, ordonnant la radiation du nom du magistrat de la liste des témoins, pourra être rendue par le président seul, s'il n'y a pas de contestation, et par la cour d'assises elle-même composée comme elle l'est, s'il y a un incident contentieux, et lorsque le ministère public a pris devant la cour des conclusions pour demander l'audition du témoin.

2186. — C'est ainsi qu'il a été jugé que lorsque l'accusé a fait citer le jour même de l'ouverture des débats, le président de la cour d'assises comme témoin à décharge, ce magistrat peut, sans le concours de la cour d'assises, rejeter cette citation comme tendant à prolonger inutilement les débats et à paralyser les fonctions du président. — Bruxelles, 25 mai 1818, Donny, [S. et P. chr.]

2187. — Ce que nous venons de dire du président et des assesseurs s'applique au procureur général et à ses substituts. Ces magistrats ne peuvent pas être entendus comme témoins dans une affaire où ils siègent comme membres du ministère public. Mais à l'inverse, ils peuvent être témoins s'ils ne font point partie de la cour d'assises. — Villey, p. 344.

2188. — L'officier du parquet peut, soit déposer comme témoin sous la foi du serment, soit être entendu à titre de renseignement, en vertu du pouvoir discrétionnaire du président. — Cass., 22 sept. 1832, Secondi et autres, [P. chr.]; — 20 mars 1863. Heutte, [D. 63.5.380]

2189. — Les mêmes règles s'appliquent également aux greffiers, greffier en chef ou commis greffier. Ils ne peuvent pas être témoins dans une affaire où ils tiennent la plume. Mais, si le greffier ne siège pas à la cour d'assises, il peut être entendu soit sous la foi du serment, soit à titre de renseignement, même dans les affaires où il aurait assisté le magistrat instructeur pendant le cours de l'instruction. — Cass., 3 janv. 1812, N..., [P. chr.]; — 3 oct. 1844, Rorhe, [P. 45.2.63] — Sic, Carnot, *Instr. crim.*, t. 2, p 539, n. 4; Villey, p. 344.

2190. — L'incompatibilité dont nous nous occupons est toute relative; elle n'atteint que le magistrat siégeant comme tel dans l'affaire où on voudrait le faire entendre comme témoin. Mais tout autre magistrat qui ne fait pas partie de la cour d'assises peut être appelé à déposer devant elle.

2191. — Ainsi jugé qu'aucune loi ne prohibe l'audition comme témoins dans une instance criminelle : des magistrats qui ont participé à l'instruction, spécialement, du procureur de la République. — Cass., 23 janv. 1835, Piaud, [S. 35.1.565, P. chr.]

2192. — ... Du juge d'instruction. — Cass., 1er févr. 1839, Willaudt, [P. 40.1.18]; — 8 août 1851, Ristani, [S. 52.1.220, P. 53.1.450, D. 51.5.514]

2193. — Du juge de paix qui, dans l'instruction écrite, a reçu, par commission rogatoire du juge d'instruction, les dépositions de divers témoins. — Cass., 9 janv. 1840, Debeaumarché. [S. 40.1.802, P. 40.2.548]

2194. — Jugé encore qu'aucune loi ne défend d'entendre comme témoins les officiers de police judiciaire, soit pour qu'ils expliquent les procès-verbaux qu'ils ont dressés, soit pour qu'ils déposent sur des faits qui n'y sont pas énoncés. — Cass., 12 juill. 1810, Cautirot, [S. et P. chr.]; — 8 juill. 1824, Baud, [S. et P. chr.]; — 19 mars 1829. Rouquarié, [S. et P. chr.] — Sic, Carnot, *Instr crim.*, art. 332, t. 2, p. 523, n. 34.

2195. — Ainsi, il n'y a pas empêchement à ce qu'un maire soit entendu comme témoin dans les débats d'une affaire, par cela qu'en qualité d'officier de police judiciaire, il a concouru aux actes de l'instruction. — Cass., 31 oct. 1817, Regnault, [S. et P. chr.]

2196. — Aucune loi ne prohibe non plus l'audition, sous la foi du serment, des personnes qui ont rédigé des rapports nuls ou insuffisants. — Cass., 3 févr. 1820, Blanc, [S. et P. chr.]; — 24 févr. 1820 Trillon, [S. et P. chr.]; — 21 juill. 1820, Meneret, [S. et P. chr.]; — 7 nov. 1823, Martin, [S. et P. chr.] — Sic, Merlin, *Rép.*, v° *Témoin judiciaire,* § 1, art. 5, n. 7; Legraverend, t. 1, art. 237; Morin, *Dict. de dr. crim.,* v° *Témoins,* p. 747.

2197. — ... Des gendarmes rédacteurs du procès-verbal qui a donné lieu aux poursuites. — Cass., 6 juill. 1821, Jusserand, [S. et P. chr.]

2198. — ... Des appariteurs qui ont fait à un commissaire de police un rapport dont il a rédigé procès-verbal, sur les faits énoncés dans ce procès-verbal. — Cass., 8 mars 1821, Martinet, [S. et P. chr.]

2199. — ... Du juge-commissaire d'une faillite, dans l'accusation de banqueroute dirigée contre le failli. — Cass., 3 déc. 1836, Demiannay et autres, [S. 38.1.82, P. 38.1.37]

2200. — II. *Jurés.* — Il y a incompatibilité entre les fonctions de témoin et celles de juré dans la même affaire. « Nul. dit l'art. 392, C. instr. crim., ne peut être juré dans la même affaire où il a un été témoin ». Celui qui, à propos d'une affaire, a été entendu comme témoin au cours de l'instruction ou doit l'être à l'audience ne peut dans cette même affaire. On ne peut, en effet, être à la fois juge et témoin.

2201. — L'incompatibilité ne frappe, bien entendu, que le juré appelé par le sort à faire partie du jury de jugement. Ainsi, le président peut ordonner l'audition, à titre de renseignement, de l'un des jurés portés sur la liste des trente, et qui ne fait pas partie du jury de jugement. — Cass , 10 oct. 1839, Peytel, [S. 39.1.955, P. 40.1.14]

2202. — Si, parmi les témoins cités avant la formation du jury de jugement, se trouvait un des jurés de la session, la cour devrait, par arrêt, écarter ce juré et ordonner que son nom ne figurerait pas parmi ceux appelés à participer au tirage au sort du jury de l'affaire.

2203. — Mais si, malgré un arrêt de la cour ordonnant que le nom d'un juré, cité comme témoin, sera retiré de l'urne, ce nom y a été laissé par inadvertance, est tombé au sort puis a été récusé par la défense, il n'y a pas là une cause de nullité si, d'une part, le tirage au sort a été opéré sur une liste de trente-quatre jurés idoines, non compris le juré cité comme témoin et si, d'autre part, aucune atteinte n'a pu être portée au droit de récusation, l'accusé n'ayant pas épuisé son droit. — Cass., 6 janv. 1881, Edouard, [S. 84.1.139. P. 84.1.296, D. 82.1.46] — Ce juré pourrait donc, dans ce cas, être entendu comme témoin à l'audience. — Si, au contraire, l'un des jurés qui a été témoin dans l'affaire et se trouvait, par là même, dans l'impossibilité de siéger comme juré, faisait partie de la liste de trente jurés sur laquelle a été opéré le tirage du jury de jugement, la liste de ses collègues idoines, ne comportant plus que vingt-neuf noms, se trouverait incomplète et insuffisante; il importerait peu, au surplus, que le juré dont il s'agit, sorti du tirage, eût été récusé par la défense, et que l'accusé lui-même n'eût pas épuisé son droit de récusation lorsque le jury de jugement a été définitivement constitué. Ces circonstances ne sauraient couvrir la nullité encourue. — Cass., 23 avr. 1896, Longueville, [*Gaz. des Trib.,* 25 avr. 1896]

2204. — Si c'est postérieurement au tirage au sort du jury de jugement que le juré a été cité comme témoin, il faut distinguer suivant que ce juré fait ou non partie du jury de jugement. S'il en fait partie, il ne pourra pas être entendu comme témoin; il conservera ses fonctions de juré. S'il n'en fait pas partie, rien ne s'oppose à ce qu'il dépose comme témoin sous la foi du serment.

2205. — III. *Interprète.* — Les fonctions d'interprète et de témoin dans la même affaire sont incompatibles entre elles. L'art. 332, C. instr. crim., est formel sur ce point. « L'interprète, dit-il, ne pourra, à peine de nullité, même du consentement de l'accusé ni du procureur général, être pris parmi les témoins ». Nul ne peut donc être, dans la même affaire, interprète et témoin. Le président devrait remplacer comme interprète la personne qui, précédemment désignée pour remplir ces fonctions, aurait été depuis cité comme témoin.

2206. — Les incompatibilités sont de droit étroit et ne peuvent être étendues. Ainsi le défenseur de l'accusé peut être, dans la même affaire, défenseur et témoin. — Cass., 30 avr. 1835, Robert et Lambert. [S. 35.1.734, P. chr.]

2207. — De même, aucune disposition de loi ne fait obstacle à ce que l'on entende comme témoin devant la cour d'assises un huissier, parent de la partie plaignante, et qui a signifié divers actes dans la procédure instruite contre l'accusé, alors surtout que l'audition en a lieu sans opposition de ce dernier. — Cass., 30 nov. 1849, Mariotti, [P. 51.2.289]

2208. — Ainsi encore l'huissier qui se trouve de service à l'audience d'une cour d'assises, où est portée une affaire criminelle, n'est pas incapable d'être entendu comme témoin dans cette affaire. — Cass., 18 mars 1864, Olie, [S. 64.1.374, P. 64. 1107. D. 64.1.323]

2209. — Il en est ainsi surtout au cas où, les débats ayant duré deux jours, l'huissier n'a pas exercé ses fonctions d'audiencier à la première audition, consacrée à l'audition des témoins, mais seulement à la seconde. — Même arrêt.

§ 3. Causes de dispense en faveur de certaines personnes. Secret professionnel.

2210. — En règle générale, tout citoyen doit la vérité à la justice lorsqu'il est interpellé par elle : toutes les personnes qui sont assignées en témoignage doivent déposer des faits qui sont à leur connaissance; elles ne pourraient pas se refuser de déposer sous prétexte que ces faits leur auraient été confiés sous la foi du secret. — Cass., 8 mai 1828, Ferragut, [S. et P. chr.] — Cette obligation a pour sanction une peine d'amende édictée par les art. 355 et 80, C. instr. crim.

2211. — L'arrêt par lequel la cour d'assises statue sur l'amende encourue par un témoin régulièrement cité qui refuse de déposer doit être motivé à peine de nullité. — Cass., 12 août 1831. Pichot, [P. chr.]

2212. — Cependant, en vertu du principe inscrit dans l'art. 378, C. pén., la jurisprudence a admis une exception en faveur des personnes qui, par état ou profession, sont dépositaires des secrets qu'on leur confie.

2213. — Pour que ces personnes puissent se refuser à déposer, il ne suffit pas qu'elles allèguent que c'est dans l'exercice de leur profession que le fait sur lequel leur déposition est requise est venu à leur connaissance; il faut de plus que ce fait leur ait été confié sous le sceau du secret auquel elles sont astreintes à raison de leur profession — Cass., 26 juill. 1843, Saint-Pair, [S. 45.1.578, P. 45.2.289, D. 45.1.340]

2214. — Les personnes que la jurisprudence a considérées comme soumises au secret professionnel sont . 1° *les magistrats :* ceux-ci sont tenus, par le serment qu'ils ont prêté, de garder religieusement le secret de leurs délibérations; ils sont donc dispensés, à raison de leurs devoirs professionnels, de s'expliquer sur ce qui s'est passé dans la chambre du conseil et lors des délibérations. — Cass., 18 août 1882, Genay et autres, [S. 85.1.141, P. 85.1.300, D. 83.1.46]

2215. — 2° *Les greffiers ou commis-greffiers* assermentés attachés au cabinet d'un juge d'instruction. Ils sont, en cette qualité, tenus particulièrement de garder le secret des procédures suivies par le magistrat aup ès duquel ils sont placés et auxquelles ils concourent. — Cass. 9 juill 1886, Mary Raynaud, [S. 86.1.487, P. 86.1.1185, D. 86.1.475]

2216. — 3° *Les avocats.* — Certaines professions mettent celui qui les exerce dans le cas de devenir dépositaire de secrets. C'est dans un intérêt d'ordre social reposant sur la confiance que doivent inspirer au public les personnes exerçant ces professions que l'art. 378, C. pén., punit les révélations de secrets confiés à ces personnes. Le même intérêt d'ordre social veut que les personnes dont il s'agit soient dispensées de déposer en justice sur les faits qui leur ont été confiés à raison de leur profession. C'est ce que plusieurs arrêts ont décidé pour les avocats. — Cass., 14 sept. 1827, Jouberjon, [S. et P. chr.] — Rouen, 9 juin 1825, Bertran, [S. et P. chr.] — Sic, Trébutien, t. 2, n. 463; F. Hélie, n. 1853; Nouguier, n. 2158 et s. — V. *suprà*, v° *Avocat*, n. 562 et s.

2217. — Cette règle s'applique non seulement aux avocats qui plaident, mais aussi aux avocats consultants. — Cass., 24 mai 1862, Brion, [S. 62.1.995, P. 62.30, D. 62.1.545] — Rouen, 17 déc. 1858, Audrieux, [S. 59.2.454, P. 59.1065, D. 59.2.163]

2218. — Mais on ne peut s'opposer à la déposition d'un avocat, par le motif qu'il aurait plaidé dans une affaire précédente soit pour le prévenu, soit pour la partie civilement responsable, et quelle que soit la relation de cette affaire avec celle dans laquelle son témoignage est requis. — Douai, 14 janv. 1842, Admin. des douanes, [P. 42.2.71]

2219. — 4° *Les avoués.* — Leur situation, vis-à-vis du client, est la même que celle de l'avocat; ils doivent donc être traités de la même manière. — Cass., 23 juill. 1830, Cressent, [S. et P. chr.]; — 6 janv. 1855, Desouches-Touchard et autres, [S. 55.1. 155, P. 55.2.35, D. 55.1.30] — Paris, 5 avr. 1851, Dargère, [S. 51.2.204, P. 51.2.41, D. 52.2.156] — Sic, Trébutien, *loc. cit.*; F. Hélie, n. 1853; Nouguier, n. 2165. — V. *suprà*, v° *Avoué*, n. 202 et s.

2220. — Jugé, en ce sens, qu'un avoué appelé comme témoin dans un procès criminel ne peut être obligé de déposer des faits dont il n'aurait eu connaissance que dans l'exercice de ses fonctions et sous le sceau de la confiance due à son ministère; mais la cour d'assises peut s'en rapporter à sa conscience pour ne déposer que sur les faits qu'il n'aurait appris qu'en dehors de ses fonctions. — Cass., 18 juin 1835, Bureau, [S. 35.1.920, P. chr.]

2221. — 5° *Les agréés.* — Devant le tribunal de commerce, les agréés sont à la fois avoués et avocats; ils doivent donc leur être assimilés. — V. *suprà*, v° *Agréé*, n. 91.

2222. — 6° *Les notaires.* — La jurisprudence a varié en ce qui concerne les notaires; la Cour de cassation a d'abord jugé que la dispense accordée par la jurisprudence aux avocats et aux avoués de déposer en justice des faits qu'ils n'ont connus qu'en leur dite qualité dans les procès de leur client, ne peut ni ne doit être étendue aux notaires qui ne sont pas appelés comme eux

à exercer le droit de défense en faveur duquel cette exception a été établie. — Cass., 23 juill. 1830, précité.

2223. — Cette opinion fut combattue par la doctrine et la jurisprudence des cours d'appel. On a fait remarquer que l'argument tiré par la Cour de cassation de l'art. 23, L. 23 vent. an XI, n'avait pas toute la force qu'on lui prêtait. La défense de donner connaissance des actes à d'autres qu'aux personnes intéressées, n'a pour but que de régler les conditions du dépôt des minutes dont les notaires restent nantis, et qu'on aurait pu croire devoir être publiques, comme les registres de l'état civil et ceux du bureau des hypothèques. Cette disposition, qui n'avait pas mis obstacle à la jurisprudence antérieure, quoiqu'elle existât depuis l'ordonnance de 1539 (V. Rousseau de Lacombe, v° *Notaire*, n. 4), est étrangère à la question, et ne peut même pas être opposée au ministère public, d'après les art. 452 et s., C. instr. crim. La matière n'a donc pas été réglementée par l'article précité de la loi de ventôse. Les notaires sont, sous le rapport du secret de leur cabinet, dans la même position que les avocats et les avoués; ils donnent des conseils et reçoivent des confidences. Si leur ministère ne touche pas immédiatement à la défense des accusés ou des prévenus, il s'y trouve intimement lié, en ce que c'est porter une grave atteinte à la défense d'un individu que de baser sa condamnation sur les aveux qu'il a faits, même avant toute poursuite, à un fonctionnaire offert par la loi elle-même à la confiance du public. La divulgation est, dans ce cas, aussi odieuse que si elle émanait d'un avocat. Il est impossible que le législateur ait voulu faire aux notaires une condition différente. — Montpellier, 24 sept. 1827, Teyssier. [S. et P. chr.] — Bordeaux, 16 juin 1835, Olard, [S. 36.2.30, P. chr.] — Sic, Bourguignon, *Jur. C. crim.*, t. 2, p. 51, n. 5; Rauter, t. 2, p. 105; Toullier, *Droit civil*, t. 8, n. 424 Massé, *Parfait notaire*, liv. 1, chap. 15; Merlin, *Rép.*, v° *Témoin judiciaire*, § 1, art. 6; Carnot, *C. pén.*, art. 378; Bioche, et Goujet, *Dict. de procéd.*, v° *Enquête*, n. 181; Rolland de Villargues, *Rép. du notariat*, v° *Secret*, n. 4; Trébutien, n. 467; Nouguier, n. 2168 et s.; F. Hélie, n. 1856.

2224. — En 1853, la question fut de nouveau soumise à la Cour de cassation qui, cette fois, assimila le notaire à l'avocat et au médecin et décida que sans doute il ne suffisait pas au notaire qui se refuse à déposer d'alléguer, pour justifier ce refus, que c'est dans l'exercice de ses fonctions que le fait, sur lequel sa déposition est requise, est venu à sa connaissance; mais qu'il sera dispensé de déposer toutes les fois que les faits sur lesquels il est interrogé lui ont été révélés sous le sceau du secret dans l'exercice de son ministère. — Cass., 10 juin 1853 Lamarre, [S. 53.1.379, P. 53.2.77, D. 53.1.205]; — 7 avr. 1870, Diehl, [S. 70. 1.277, P. 70.683, D. 70.1.185]

2225. — Jugé, spécialement, qu'il ne suffit pas à un notaire, pour se refuser à faire sa déposition à la justice, d'affirmer que la gravité de la communication qu'il a reçue lui donne la conviction que, bien qu'elle n'ait pas été faite sous le sceau du secret, elle lui a été faite d'une manière entièrement confidentielle. — Cass., 7 avr. 1870, précité.

2226. — Alors surtout que ce n'est pas même à l'occasion de la rédaction d'un acte de son ministère que la révélation lui a été faite. — Même arrêt.

2227. — Que le notaire qui n'est appelé à déposer, ni sur des pourparlers, ni sur des confidences qui lui auraient été faites, mais seulement sur des faits matériels, tels que l'apport, dans son étude, d'une somme d'argent paraissant provenir d'un vol, ne peut refuser d'en rendre témoignage. — Cass., 23 juill. 1830, précité.

2228. — 7° *Les médecins, chirurgiens, officiers de santé, pharmaciens et sages-femmes.* — Ils ne sont pas dispensés, d'une manière absolue, de l'obligation de déposer en justice des faits dont ils ont eu connaissance dans l'exercice de leur profession; mais il y a exception à la règle pour les faits qui leur ont été confiés sous le sceau du secret auquel ils sont astreints par leur profession. C'est ce qu'a décidé l'arrêt de la Cour de cassation du 26 juill. 1845, précité. — Sic, Rauter, t. 2, p. 105; Nouguier, t. 3, n. 2170; Trébutien, n. 466; F. Hélie, n. 1647 et 1848.

2229. — Mais la dispense de déposer ne saurait s'étendre aux personnes qui, sans exercer aucune des professions énoncées en l'art. 378, sont, sous la direction d'un médecin, appelées accidentellement à soigner un malade. — Cass., 8 déc. 1864, Degouts, [*Bull. crim.*, n. 278]

2230. — 8° *Les prêtres.* — Les ecclésiastiques ne doivent et ne peuvent révéler à la justice les faits dont ils ont eu connaissance au tribunal de la pénitence. — Cass., 30 nov. 1810, Lavaine, [S. et P. chr.] — La religion, dit cet arrêt, est placée sous la protection du gouvernement; ce qui tient à son exercice doit être respecté et maintenu; or, la confession, qui tient essentiellement aux dogmes de religion catholique, cesserait d'être pratiquée dès l'instant où l'inviolabilité cesserait d'en être assurée. — Carnot, *Instr. crim.*, t. 1, p. 358; Legraverend, t. 1, p. 236; Merlin, *Rép.*, t. 1, p. 450, et t. 13, p. 438; Favard de Langlade, v° *Enquête*; Carré, *Lois de la procéd.*, t. 1, p. 662, n. 1037; Pigeau, t. 1, p. 278; Berriat-Saint-Prix, p. 292; Nouguier, t. 3, n. 2154; F. Hélie, n. 1849 et s.

2231. — La règle consacrée par cet arrêt est fort ancienne; dès le quatrième siècle elle avait été érigée en maxime par un concile : *Non licent clericum ad testimonium vocari eum qui præses vel cognitor fuit* (d'Héricourt, *Lois ecclésiastiques*, p. 330; Durand de Maillane, v° *Confesseur*, n. 5). — Farinacius (quæst. 51, n. 93) la reproduit en ces termes : *Sacerdos non potest nec debet revelare sibi imposita per confitentem in sacramentali confessione.* L'ancienne jurisprudence l'avait aussi adoptée. — Jousse, t. 2, p. 98; Muyart de Vouglans, p. 786.

2232. — Les ecclésiastiques ne peuvent donc être tenus de déposer sur les révélations qu'ils ont reçues dans l'acte de la confession et comme confesseurs. Tout le monde est d'accord sur ce point. Mais en dehors des faits révélés en confession, il peut y en avoir d'autres qui aient été confiés au prêtre à raison de son caractère sacerdotal. Est-il dispensé d'en déposer en justice? La négative a été soutenue par Merlin (*Rép.*, v° *Tém. judiciaire*, p. 114), et surtout par F. Hélie (*Revue de législ. et de jurispr.*, de M. Wolowski, année 1841, p. 276 et s.; *Traité de l'instr. crim.*, t. 4, n. 1850). « L'obligation de déposer, dit-il, s'étend à toute personne. Les évêques ni les ecclésiastiques ne peuvent invoquer une autre exception que celle résultant de la confession, une autre inviolabilité que l'inviolabilité du sacrement. »

2233. — Cette opinion a été adoptée par la Cour de cassation de Belgique. Elle a décidé que si le prêtre appelé comme témoin en justice ne peut être contraint de révéler les faits à lui confiés par une confession ou s'y rattachant, il est, au contraire, soumis à l'obligation de témoigner relativement aux faits qu'il a appris, même sous le sceau du secret, mais en dehors de son ministère de confesseur, et alors que la confidence par lui reçue de ces faits n'est pas la conséquence ou le complément d'une confession. C'est au juge qu'il appartient d'apprécier si les faits confiés au prêtre lui ont été révélés dans une confession sacramentelle. Sa déclaration ne saurait s'étendre au delà de ce qu'elles ont de confidentiel, c'est-à-dire de leur contenu. — Cass. Belge, 5 févr. 1877, Wautelet, [S. 78.2.21, P. 78.111] — V. aussi C. d'ass. de la Loire, 4 juill. 1890 (inédit).

2234. — L'opinion contraire a triomphé devant notre Cour de cassation, qui a décidé que, pour les prêtres catholiques, il n'y a pas lieu de distinguer s'ils ont eu connaissance des faits par la voie de la confession ou en dehors de ce sacrement; que cette circonstance en effet ne saurait changer la nature du secret dont ils sont dépositaires, si les faits leur ont été confiés dans l'exercice exclusif de leur ministère sacerdotal et à raison de ce ministère; cette obligation est absolue et d'ordre public. — Cass., 4 déc. 1891, Fay, [S. et P. 92.1.473, D. 92.1.439] — Il résulte de cet arrêt que tout ecclésiastique sera dispensé de déposer sur les confidences qu'il a reçues en sa qualité de prêtre et à raison de son ministère spirituel. — Cubain, *Cour d'ass.*, n. 460; Muteau, *Secret prof.*, p. 432; Trébutien, n. 464.

2235. — Cet arrêt ne réserve pas ce privilège au prêtre catholique; il l'étend à tous les ministres des cultes légalement reconnus; tous, dit-il, sont tenus de garder le secret sur les révélations qui ont pu leur être faites à raison de leurs fonctions : « Dans ces cultes, dit, M. le conseiller Sallantin, en son rapport, le dogme de la confession n'existe pas : mais un pasteur protestant ou un rabbin israélite ne sont-ils pas appelés à remplir les mêmes devoirs que ceux qui rentrent dans les attributions des prêtres catholiques? »

2236. — Un arrêt a même décidé qu'un évêque appelé comme témoin dans un procès correctionnel dirigé contre un ecclésiastique de son diocèse, n'est pas tenu de révéler les faits dont il n'a acquis la connaissance que dans l'exercice de sa juridiction disciplinaire, par suite d'une enquête canonique ordonnée par lui contre l'ecclésiastique inculpé. Il en est de même des ecclésiastiques délégués par l'évêque pour procéder à cette en-

quête. — Angers, 31 mars 1841, Evêque d'Angers, [S. 41.2.225, P. 41.2.529] — *Sic*, Devilleneuve, observ. sur l'arrêt ci-dessus. — *Contrà*, F. Hélie, *Rev. de législ. et de jurispr.*, 4° liv. de 1841, p. 276; Nogent-Saint-Laurent, dissertation insérée dans le *Législateur*, 6° cah., p. 283; Nouguier, t. 3, n. 2157.

2237. — D'après certains auteurs, un confesseur pourrait être tenu de révéler le secret de la confession sacramentelle, quand il s'agit de crime contre la personne du chef de l'État ou contre la sûreté de l'État. — Jousse, *Tr. de la just. crim.*, t. 2, p. 99; Serpillon, *C. crim.*, t. 1, p. 68, 159; Legraverend, *Lég. crim.*, t. 1, p. 259; Bourguignon, *Jur. des Codes crim.*, t. 2, p. 55; Merlin, *Rép.*, v° *Confession sacramentelle*, t. 2, p. 778; Rauter, *Dr. crim.*, t. 2, p. 331; Duverger, *op. cit.*, t. 2, n. 258. — Mais cette distinction ne repose, suivant nous, sur aucun fondement juridique; elle ne se base que sur la plus ou moins grande utilité qu'il y aurait à connaître un crime ou un délit, ce qui est la négation même du principe du secret professionnel. — En ce sens, Carnot, *De l'instr. crim.*, t. 1, p. 360.

2238. — Ici s'arrête la liste des personnes dépositaires par état ou profession qui sont dispensées de déposer en justice.

2239. — Ainsi la qualité de membre d'une congrégation religieuse ne dispense point ceux qui sont revêtus de ce caractère de l'obligation de déposer en justice, lorsqu'ils en sont requis, sur les faits parvenus à leur connaissance et de nature à intéresser les congrégations dont ils font partie. — Legraverend, t. 1, p. 260.

2240. — De même, les agents de l'administration des postes ne rentrent pas dans la catégorie des personnes qui, en vertu de l'art. 378, C. pén., peuvent n'être pas tenues de fournir leur témoignage à la justice. Si le serment que l'art. 2, L. 26 août 1789, impose aux préposés de l'administration des postes consiste dans la promesse de garder et observer fidèlement le secret des lettres, et si l'art. 378, C. pén., prononce des peines contre les personnes qui ont trahi les secrets dont elles étaient dépositaires par état, il ne résulte qu'une chose de la combinaison de ces deux dispositions, c'est qu'un préposé de l'administration des postes ne peut pas être tenu de déclarer si les faits relatifs au contenu des lettres dont il est ou a été dépositaire. Mais la partie administrative des fonctions n'a rien de commun avec le secret des lettres, et n'est pas comprise dans les mêmes dispositions de la loi. Le préposé ne pourrait donc point refuser de déclarer le nom de la personne qui a chargé une lettre à son bureau, ni de celle qui a retiré une lettre chargée ou même adressée poste restante. Sa déclaration sur ces divers faits ne porte aucune atteinte à l'inviolabilité du secret des lettres, qui ne saurait s'étendre au delà de ce qu'elles ont de confidentiel, c'est-à-dire de leur contenu.

2241. — Ainsi, il a été jugé : 1° que les préposés de l'administration des postes ne peuvent refuser de déclarer sous la foi du serment, lorsqu'ils sont appelés comme témoins, s'il existe des lettres dans leurs bureaux à l'adresse des individus poursuivis par le ministère public. — C. d'ass. d'Indre-et-Loire, 11 juin 1830, De finances, [P. chr.]

2242. — 2° ... Qu'un receveur des postes cité comme témoin ne peut se refuser de répondre à une question posée par le président sur le point de savoir s'il a vu passer dans son bureau des numéros de tel journal. — Cass., 14 mars 1885, Rigaud, [S. 85.1.279, P. 85.1.674, D. 85.1.423]

2243. — De même encore un journaliste, un reporter, ne peut se retrancher derrière le secret professionnel pour se refuser de fournir à la justice les renseignements qu'il avait recueillis en cette qualité. Aussi les journalistes qui persistaient dans leur refus ont-ils été condamnés à l'amende édictée par l'art. 80, C. instr. crim. (V. Ordonnance d'un des juges d'instruction près le tribunal de la Seine en date du 25 févr. 1884 : J. *La Loi* du 28 févr. 1884). — En Angleterre, les reporters n'invoquent pas un semblable privilège, et ils déposent sans difficulté des faits qu'ils ont connus comme journalistes. S'ils refusaient de le faire, ils seraient mis en prison pour *contempt of court*. — V. le Journal *Le Temps*, du 19 févr. 1886 (Procès des chefs socialistes à Londres).

2244. — On s'est encore demandé si le témoin peut être forcé de déposer sur un fait qui serait de nature à le compromettre et à l'exposer à être lui-même poursuivi comme coauteur ou complice. La négative a été soutenue par Morin (v° *Témoins*, n 31). Nul, dit-il, ne peut être tenu de déposer contre lui, nul ne doit être placé par la loi pénale entre le sacrifice de soi-même ou le parjure.

2245. — Cette opinion a été consacrée par un arrêt de la cour de Bordeaux par lequel il a été jugé que le témoin, appelé pour déposer sur un fait qui, s'il était établi, le rendrait complice du délit imputé au prévenu, a le droit de refuser son témoignage; qu'ainsi, dans une accusation de courtage illicite, celui qui aurait employé le ministère du prévenu (ce qui le rendrait complice du délit) ne peut être tenu de déposer sur le fait de cet emploi. — Bordeaux, 6 juin 1851, Courtiers de Bordeaux, [S. 51.2.728, P. 53.1.82, D. 52.2.110]

2246. — Mais cette décision est restée isolée, et il est maintenant admis d'une manière constante par la jurisprudence et la doctrine que le témoin cité devant la justice répressive ne peut se refuser à déposer sur certains faits relatifs à la prévention, sous prétexte que la révélation de ces faits pourrait le rendre passible de poursuites judiciaires pour complicité. — Cass., 6 févr. 1863, Lalande, [S. 63.1.279, P. 63.886, D. 63.1.323]; — 2 déc. 1864, Dourisbourg-Garat, [S. 65.1.152, P. 65.319, D. 65.1.317]; — 15 mars 1866, Carbuccia, [S. 66.1.410, P. 66.1097, D. 66.1. 355] — Toulouse, 1er mars 1862, M..., [D. 62.2.71] — V. en ce sens, Carnot, *Comment. C. pén.*, t. 2, p. 188; Bourguignon, *Jurispr. des C. crim.*, t. 3, p. 337; Hauter, *Dr. crim.*, t. 2, p. 91; Chauveau et F. Hélie, *Théor. du C. pén.*, t. 4, n. 1606 et s.; Trébutien, *Dr. crim.*, t. 2, n. 463; Delamarre et Le Poittevin, *Dr. commerc.*, t. 1, n. 242.

2247. — Spécialement, en matière de courtage illicite, celui qui aurait employé le ministère du prévenu est tenu de déposer sur le fait de cet emploi, quoiqu'il puisse en résulter contre lui une prévention de complicité du délit. — Cass., 6 févr. 1863, précité.

2248. — Il importe de bien préciser les droits et les devoirs de ceux qui peuvent se retrancher derrière le secret professionnel. Ces personnes, bien que dispensées de déposer sur certains faits, n'en sont pas moins des témoins; elles doivent donc obéir à la citation qu'elles ont reçues et se présenter devant la cour d'assises au jour fixé. Si elles n'y comparaissaient pas, elles seraient considérées comme témoins défaillants et condamnées à l'amende édictée par l'art. 355, C. instr. crim. — F. Hélie, t. 4, n. 1857; Nouguier, t. 3, n. 2167.

2249. — Mais une fois devant la justice, ces personnes peuvent se refuser à déposer même si l'accusé déclare formellement les délier du secret : elles sont seules juges des limites où doit s'étendre leur silence, car elles sont seules juges de l'étendue de leurs obligations professionnelles. Ainsi jugé pour les avocats : Cass., 11 mai 1844, Chabaudy, [S. 44.1 527]; — ...pour les notaires : Montpellier, 24 sept. 1827, Teyssier, [S. et P. chr.] — C. d'ass. de Lot-et-Garonne, 15 déc. 1887, Boudin, [*Fr. judic.*, 1888, 2e part., p. 113]

2250. — D'un autre côté, le secret professionnel ne rend pas ces personnes incapables de déposer : elles peuvent donc, si elles le jugent convenable, révéler ce qu'elles ont appris confidentiellement. Leur déposition ne sera pas une cause de nullité de la procédure.

2251. — Ainsi jugé qu'un prévenu ne peut tirer une ouverture à cassation de ce que son avocat aurait été entendu comme témoin. — Cass., 22 févr. 1828, Patroni, [S. et P. chr.]

2252. — ... Ou de ce qu'un magistrat aurait cru pouvoir s'expliquer sur des faits qu'il aurait pu se dispenser de faire connaître en invoquant le secret professionnel. — Cass., 18 août 1882, Genay et autres, [S. 85.1.141, P. 85.1.300, D. 83.1. 46]

2253. — Une dernière question nous reste à examiner, celle de savoir à quel moment de la procédure le témoin lié par le secret professionnel peut invoquer l'immunité que la loi accorde. Doit-il l'invoquer avant de prêter serment, ou bien peut-il l'invoquer même après avoir rempli cette formalité? Faustin Hélie (*Instr. crim.*, t. 4, n. 1857) estime que c'est au moment où le témoin est interpellé de prêter serment et avant cette prestation, qu'il doit déclarer le motif qui s'oppose à sa déposition. Une telle déclaration faite après le serment prêté serait évidemment tardive; car le témoin qui prête le serment de dire toute la vérité sur les faits relatifs à l'instruction dans laquelle il est entendu, ne peut ensuite, sans violer la religion de ce serment, restreindre sa déposition et céler tout ou partie de la vérité. Il renonce par là même à la dispense qu'il pouvait invoquer : il est acquis comme témoin à l'instruction.

2254. — L'opinion de Faustin Hélie a rencontré des contradicteurs. Ainsi Trébutien (t. 2, n. 468) enseigne que le médecin,

l'avocat, etc., cités en témoignage, ne peuvent pas refuser de prêter serment, car ils ne savent pas, avant que la question leur soit posée, si les faits sur lesquels ils vont être interrogés sont parvenus à leur connaissance à raison de leur qualité professionnelle ou à un autre titre.

2255. — C'est en ce sens qu'il a été jugé qu'est passible de la peine édictée par l'art. 80, C. instr. crim., contre tout témoin défaillant, le médecin qui, appelé comme témoin devant la justice, refuse de prêter serment prescrit par l'art. 317 du même Code, sous le prétexte qu'il ne sait rien de l'affaire qu'en qualité de médecin, et qu'il ne peut révéler aucun des faits qu'il a connus à ce titre. — C. d'ass. de la Seine, 10 avr. 1877, Berrut, [S. 78.2.43, P. 78.218, D 78.5.442]

2256. — ... Que la cour d'assises devant laquelle un avocat est cité comme témoin peut ordonner qu'il prêtera le serment prescrit par l'art. 317, C. instr. crim., en lui réservant la faculté de ne déclarer que les faits qui seraient venus à sa connaissance autrement que dans l'exercice de sa profession d'avocat. — Cass., 14 sept. 1827, Jouberjon, [S. et P. chr.]

2257. — ... Que l'arrêt qui, malgré l'opposition de l'accusé, ordonne l'audition, comme témoin, de son avoué, en s'en rapportant à sa conscience pour déposer des faits dont il aurait pu être informé en dehors de ses fonctions, ne peut donner ouverture à cassation. — Cass., 18 juin 1835, Bureau, [S. 35.1.920, P. chr.]

2258. — Enfin M. Muteau, dans son intéressant traité sur le *Secret professionnel* (p. 96) pense que le témoin lié par le secret professionnel a la faculté d'invoquer la dispense que la loi lui accorde, soit avant, soit après la prestation de serment. « Le respect du secret professionnel intéresse l'ordre public et c'est à ce titre que le témoin est dispensé de déposer dans certains cas où la violation du secret serait plus dangereuse. Ce n'est pas un bénéfice personnel à l'homme de l'art, dont on puisse présumer l'abandon par l'omission ou l'accomplissement tardif d'une formalité. »

2259. — C'est en ce dernier sens que s'est prononcée plus récemment la Cour de cassation par son arrêt du 18 août 1882, précité. Aux considérations invoquées par M. Muteau, cet arrêt en ajoute une autre d'une valeur incontestable, à savoir que le témoin lié par le secret professionnel ne peut connaître par avance les questions qui pourront lui être adressées, dont quelques-unes peuvent s'appliquer à des faits n'ayant pas un caractère confidentiel et à raison desquels il peut éclairer la justice ». Il est évident, en effet, que ce n'est que sur les points sur lesquels le secret lui est imposé que le témoin devra se taire : or ces points, il ne les connaît qu'après que la question lui a été posée (Nouguier, t. 3, n. 2167). — Il n'en est pas moins vrai qu'on ne peut obliger le témoin à prêter, sans restriction, le serment de dire *toute* la vérité, alors qu'il est en droit et qu'il a l'intention de n'en révéler qu'une partie. Il en résulte, suivant nous, que le témoin peut, à son gré, invoquer le privilège dont il entend se prévaloir, soit avant, soit après la prestation du serment.

§ 4. Ordre de l'audition des témoins.

2260. — L'art. 317, C. instr. crim., édicte que les témoins à charge déposeront dans l'ordre établi par le procureur général. Cet ordre est celui de la liste dont la lecture a été faite.

2261. — Mais l'audition des témoins dans l'ordre indiqué par le procureur général n'est pas prescrite à peine de nullité et ne constitue pas une formalité substantielle aux droits de la défense. L'intervention de cet ordre, qui peut être utile à la manifestation de la vérité, ne saurait donner ouverture à cassation. — Cass., 22 juin 1820, Terrien et autres, [S. et P. chr.]; — 14 juill. 1827, Fauvel, [S. et P. chr.]; — 15 sept. 1843, Bousquet, [*Bull. crim.*, n. 245]; — 4 juin 1875, Abdelkader-ben-Boubeker et autres, [*Bull. crim.*, n. 178]; — 27 mai 1880, Brick-ben-Bachir, [S. 82.1.392, P. 82 1.968, D. 81.1.490]; — 27 juin 1889, Aguer, [*Bull. crim.*, n. 231] — *Sic*, Carnot, *Instr. crim.*, t. 2, p. 489, art. 317, n. 5; F. Hélie, t. 7, n. 3499; Nouguier, t. 3, n. 2176.

2262. — Jugé, spécialement, que l'ordre indiqué pour l'audition des témoins, par l'inscription de leurs noms sur la liste du ministère public, peut être interveni à l'égard d'un témoin malade, jusqu'au moment où cet obstacle temporaire a cessé. — Cass., 20 avr. 1838, Vidal, [*Bull. crim.*, n. 107]

2263. — ... Que le témoin dont le nom n'a pas été notifié et qui est entendu sans prestation de serment en vertu du pouvoir discrétionnaire du président, peut déposer avant que la liste des témoins légalement appelés soit épuisée. — Cass., 16 sept. 1834, Jarron, [P. chr.]

2264. — ... Que le président n'excède pas ses pouvoirs en ordonnant que certains témoins qui devaient déposer sur plusieurs chefs de l'accusation, seraient interpellés successivement sur chacun de ces chefs, rentreraient dans leur chambre après chacune de leurs dépositions, reviendraient ensuite à l'audience pour déposer sur un nouveau chef, c'est-à-dire tantôt avant, tantôt après les autres témoins, et n'y resteraient définitivement qu'après avoir déposé sur tous les chefs. — Cass., 31 mai 1867, Ségui, [D. 68.5.384] ; — 8 nov. 1883, Joinetaud, [*Bull. crim.*, n. 244]

2265. — L'art. 321, C. instr. crim., dispose qu' « après l'audition des témoins produits par le procureur général et par la partie civile, l'accusé fera entendre ceux dont il aura notifié la liste ». Il résulte de cet article que les témoins à décharge ne doivent déposer qu'après les témoins à charge.

2266. — Mais l'ordre d'audition des témoins établi par l'art. 321 n'est qu'indicatif et non prescrit à peine de nullité ; il pourra donc être interverti ; et le président, lorsqu'il le croira utile à la manifestation de la vérité, sera en droit de faire entendre d'abord les témoins à décharge. — Cass., 6 mai 1824, Gatonnès, [S et P. chr.] ; — 14 déc. 1837, Flambard, [P. 40.1.185] ; — 4 août 1863, Vey, [*Bull. crim.*, n. 196] ; — 9 avr. 1868, Longé, [*Bull. crim.*, n. 98] ; — 19 janv. 1883, Mougillon, [*Bull. crim.*, n. 14]

2267. — Et il en est ainsi aussi bien pour le cas où l'accusé a consenti à l'interversion que pour le cas où il s'y est opposé : « Que pourrait bien faire une réclamation, dit Nouguier, quand il s'agit d'une disposition qui n'est ni prescrite à peine de nullité, ni substantielle ? Elle pourrait sans doute forcer la cour à intervenir et à rendre arrêt. Elle substituerait ainsi au pouvoir du président le pouvoir juridictionnel, mais sans rien enlever à la liberté d'appréciation des magistrats, au libre exercice d'une faculté discrétionnaire qui relèvent exclusivement d'eux-mêmes ». — Nouguier, t. 3 n. 2180

2268. — En résumé, il résulte de la jurisprudence qu'il appartient toujours au président, chargé de la direction des débats, de déterminer l'ordre dans lequel les témoins seront appelés à déposer.

2269. — Mais une liste des témoins, dressée par le président pour indiquer l'ordre dans lequel les témoins devaient être entendus à l'audience, ne peut être considérée comme une pièce du procès ; une prétendue irrégularité de cette liste, tirée de ce qu'elle contiendrait des renvois non signés, ne saurait donc produire aucun effet légal. — Cass, 21 août 1863, Lemarchand, [D. 63.5.374]

2270. — L'art. 317, C. instr. crim., contient une seconde disposition : il prescrit, en effet, que les témoins déposeront séparément l'un de l'autre.

2271. — La raison de cette disposition est que, s'il en était autrement, il serait souvent fort difficile de saisir chaque déposition et d'en faire l'application aux faits signalés dans l'acte d'accusation (Legravered, t. 2 p. 190). — Nouguier en donne une seconde raison : d'après lui (t. 3, n. 2178), la pensée de la loi, en isolant les témoins et les témoignages, a été d'empêcher toute influence de leur déposition sur une autre et de conserver à chacune d'elles sa spontanéité.

2272. — L'art. 317 contient, sur ce point, une recommandation et non pas une disposition substantielle. Ainsi il a été jugé qu'on pouvait entendre simultanément plusieurs témoins, sans qu'il en résultât une ouverture à cassation ; la prestation de serment étant la seule disposition prescrite, à peine de nullité, dans l'art. 317, C. instr. crim. ; — 16 avr. 1818, Cuillain, [S. et P. chr.] ; — 5 févr. 1819, Arnauld, [S. et P. chr.] ; — 3 janv. 1833, Ané, [P. chr.] ; — 8 mars 1855, Guvomard, [S 55. 1.621, P. 56.1.60, D 55.5.435] ; — 28 juill. 1855. Dugas, [D. 55 5.435] ; — 3 oct. 1867, Veysseyre, [*Bull. crim.*, n. 217] ; — 27 nov. 1890, Malapert, [*Bull. crim.*, n. 236] — *Sic*, de Serres, *Manuel des cours d'assises*, t. 4, p. 281 ; Nouguier, *loc. cit.* ; Trébutien, n. 598

2273. — Mais si l'accusé requérait formellement l'audition séparée de chaque témoin, l'arrêt qui repousserait cette demande, conforme, d'ailleurs, aux prescriptions de la loi, serait-il attentatoire aux droits de la défense, et par conséquent entacherait-

il les débats de nullité ? — V., pour l'affirmative : Carnot, *Instr. crim.*, t. 2, p. 489, n. 3 ; Legraverend, t. 2, p. 205 : Morin, *Dict. de dr. crim.*, v° *Témoins*, p. 741. — Pour la négative : Nouguier, t. 3, n. 2180. — Cette dernière opinion nous paraît préférable.

2274. — Au surplus la nécessité imposée par la première partie de l'art. 317. C. instr. crim , d'entendre les témoins séparément ne se rapporte qu'à leurs dépositions, et ne met point obstacle à ce que le président leur adresse, après les avoir appelés tous ensemble, une interpellation individuelle pour leur demander s'ils entendaient prêter serment. — Cass., 15 déc. 1832, Enfantin, [S. 33.1.42, P. chr.]

§ 5. Serment des témoins.

2275. — Lorsque le témoin appelé à déposer se présente devant la cour, le président des assises doit lui demander ses nom, prénoms, âge, etc., et lui faire prêter serment. C'est là ce qu'indique l'art. 317, C. instr. crim.

2276. — Mais dans quel ordre ces deux formalités doivent-elles être accomplies ? Quelques personnes, s'appuyant sur le texte même de l'art. 317, ont pensé que le serment est la formalité préliminaire indispensable, et qu'il doit précéder même les interpellations sur l'identité du témoin (Nouguier, t. 3, n. 2191, 2195). C'est ainsi qu'il est procédé dans un certain nombre de cours d'assises. — Nous estimons, toutefois, qu'il serait plus prudent et plus sage d'interroger d'abord le témoin sur ses nom, prénoms, de lui demander s'il est parent ou allié de l'accusé, etc. ; c'est par la réponse que le témoin fera à ces différentes questions, que la cour et l'accusé connaîtront s'il n'existe pas en lui quelque cause d'incapacité. Pourquoi commencer par faire prêter un serment que les premières réponses du témoin sur son identité forceront peut-être la cour d'annuler ? On évite toutes ces difficultés en procédant « suivant ce qu'indiquent le bon sens et l'ordre rationnel de la matière ; d'abord les noms et qualités du témoin, ensuite, s'il n'y a ni incapacité, ni opposition, son serment, et enfin sa déposition ». — F. Hélie, t. 7, n. 3503.

2277. — La Cour de cassation a du reste reconnu que l'ordre indiqué par l'art. 317 n'était pas rigoureux et que le président peut ne faire prêter serment au témoin qu'après que celui-ci a répondu aux questions concernant son identité et ses relations avec l'accusé. — Cass., 12 déc. 1840, Lafarge, [S.40. 1.948, P. 42.2.622] ; — 25 août 1887, Bouis, [*Bull. crim.*, n. 323]

2278. — Le président devrait donc commencer, suivant nous, par demander aux témoins quels sont leurs noms, prénoms, âge, profession, domicile ou résidence, s'ils connaissaient l'accusé avant le fait mentionné dans l'acte d'accusation, s'ils sont parents ou alliés soit de l'accusé, soit de la partie civile, et à quel degré ; il leur demandera, en outre, s'ils ne sont pas attachés au service de l'un ou de l'autre (C. instr. crim., art. 317).

2279. — Ces différentes interpellations ne sont pas prescrites à peine de nullité ; la Cour de cassation ne les considère pas non plus comme substantielles ; leur omission ne saurait donc avoir aucune influence sur la régularité de la procédure.

2280. — Jugé, par suite, qu'il ne peut résulter un moyen de nullité de ce que l'âge d'un témoin entendu ne serait pas relaté au procès verbal des débats. — Cass., 13 avr. 1830, Wanveninghem, [S. et P. chr.]

2281. — ... Qu'il n'y a pas nullité parce que le président n'aurait pas demandé aux témoins s'ils étaient parents ou au service de la partie civile. — Cass., 30 mai 1839, Nougué et Garos, [P. 13.2.298] ; — 24 déc. 1852, Gertler, [D. 52.5.528] ; — 1er mars 1888, Charnot, [*Bull. crim.*, n. 83] ; — 21 mars 1889, Ali ben-Mohamed-ben-Delba et autres, [*Bull. crim.*, n. 125]

2282. — ... Que la peine de la nullité n'est pas attachée au défaut de l'interpellation tout entière de la part du président, par exemple s'il a omis de demander au témoin ses nom et prénoms. — Cass., 27 janv. 1814, N..., [S. et P. chr.] ; — 19 oct. 1815, Walbring et Darue, [S. et P. chr.] ; — 4 avr. 1816, N..., [S. et P. chr.] ; — 16 juill. 1818, Dufour, [S. et P. chr.] ; — 29 juill. 1825, Dufour, [S. et P. chr.] ; — 14 juill. 1827, Fauvel, [S. et P. chr.] ; — 10 oct. 1828, Fournier, [P. chr.] ; — 22 nov. 1855, Lordet, [D. 56.3.430] ; — 22 oct. 1891, Bessède, [*Bull. crim.*, n. 198]

2283. — Cependant, il appartient toujours au président, lorsque, au cours d'un débat, il s'aperçoit de l'omission d'une formalité, de réparer cette omission. Ainsi, lorsque le président a oublié de demander à un témoin s'il est parent, allié ou au service des accusés, ce magistrat n'excède pas ses pouvoirs en annulant un serment qu'il considère comme irrégulier ainsi que la déposition qui en a été la suite, et en recevant à nouveau le serment et la déposition du même témoin. — Cass., 21 mars 1889, précité.

2284. — Après la réponse du témoin à ces différentes interpellations, le président lui fera prêter serment.

2285. — La formule de ce serment est écrite dans l'art. 317, § 2, C. instr. crim. : les témoins, dit-il, prêtent serment « de parler sans haine et sans crainte, de dire toute la vérité et rien que la vérité. »

2286. — Tous les termes employés par cet article, relativement à la formule du serment, sont sacramentels. — Cass., 29 mars 1842, Besson, [S. 42.1.783, P. 42.2.403]; — 12 déc. 1884, Paulin, [Bull. crim., n. 337]: — 23 déc. 1886, Ballare, [Bull. crim., n. 433]; — 1er sept. 1887, Estèbe, [Bull. crim., n. 323] — Sic, de Serres, Manuel des cours d'assises, t. 1, p. 277; Carnot, Instr. crim., sur l'art. 317; Legraverend, t. 1, p. 273; Merlin, Rép., v° Serment, § 3, n. 4; Nouguier, n. 2205; F. Hélie, t. 7, n. 3349: Trébutien, n. 599.

2287. — L'omission d'une partie quelconque de cette formule opère une nullité radicale. Ainsi il y a nullité : 1° si on a omis les mots « parler sans haine et sans crainte ». — Cass., 1er juill. 1813, Tourtiller, [S. et P. chr.]; — 2 juill. 1813, Grimaldi, [S. et P. chr.]; — 1er oct. 1814, Espinal, [S. et P. chr.]; — 5 janv. 1815, Gilbert, [P. chr.]; — 6 sept. 1816, Richer, [S. et P. chr.]; — 13 juin 1827, Deschamps, [P. chr.]; — 30 juill. 1817, André, [P. 47.2.607, D. 47.4.440]; — 10 juill. 1851, Perrin, [D. 51.5.489]; — 8 juill. 1852, Violleau, [D. 52.5.502]; — 3 juill. 1856, Morelli, [Bull. crim., n. 241]; — 6 fév. 1862, Abdelnebbi, [D. 63.5.346]; — 31 mars 1870, Isnard, [Bull. crim., n. 77]; — 1er avr. 1875, Labanvoye, [Bull. crim., n. 105]; — 19 févr. 1886, Vallobra, [Bull. crim., n. 64]; — 23 déc. 1886, Baldare, [Bull. crim., n. 435]

2288. — Et il ne peut être suppléé à cette omission par l'énonciation du procès-verbal portant que toutes les autres formalités de l'art. 317, C. instr. crim., ont été accomplies. — Mêmes arrêts.

2289. — 2° ... Si le serment de parler sans haine n'est pas accomp agné de celui de parler sans crainte.— Cass., 19 juin 1821, N..., [S. et P. chr.]

2290. — 3° ... Si les mots « sans haine » ont été omis. — Cass., 19 avr. 1821, Marmi, [S. et P. chr.]; — 26 janv. 1827, Perès, [S. et P. chr.]; — 3 juill. 1856, précité.

2291. — 4° ... Si on a omis la seconde partie de la formule, c'est-à-dire les mots : « dire toute la vérité et rien que la vérité ». — Cass., 3 févr. 1814, Duparcq, [S. et P. chr.]; — 9 juill. 1840, Olivas, [Bull. crim., n. 197]

2292. — 5° ... Ou une partie de ceux-ci, si par exemple on a omis les mots « rien que la vérité ». — Cass., 8 juill. 1813, Gaudin, [S. et P. chr.]; — 19 août 1826, Boudet, [S. et P. chr.]; — 14 sept. 1848, Cedelle, [P. 49.2.392]; — 13 avr. 1854, Gilberton, [Bull. crim., n. 107]; — 20 déc. 1877, Plet, [Bull. crim., n. 263]

2293. — 6° ... Ou les mots : « toute la vérité ». — Cass., 18 mai 1821, Cadet, [S. et P. chr.]; — 13 sept. 1821, Tableau, [S. et P. chr.]

2294. — 7° ... Ou le mot « toute » seulement. — Cass., 29 mai 1813, Pétroli, [S. et P. chr.]; — 23 juill. 1813, Lazzerini, [S. et P. chr.]; — 3 févr. 1814, Duparcq, [S. et P. chr.]; — 16 juin 1814, Devilliers, [S. et P. chr.]; — 6 oct. 1814, Détré, [S. et P. chr.]; — 27 janv. 1815, Poumevrac, [S. et P. chr.]; — 23 févr. 1816, Maréchal, [P. chr.]; — 12 sept. 1816, Richer, [S. et P. chr.]; — 18 mai 1821, précité; — 13 sept. 1821, précité; — 2 févr. 1843, Doudou, [S. 44.1.160]; — 14 sept. 1848, précité; — 21 sept. 1848, Dupuy, [P. 49.2.646]; — 1er févr. 1849, Raveau, [P. 50.1.685, D. 49.5.359]; — 13 sept. 1849, Fontenelle, [P. 51.2.147, D. 49.5.359]; — 3 nov. 1864, Guège, [Bull. crim., n. 243]; — 27 mai 1881, Mellon, [Bull. crim., n. 139]; — 2 juin 1881, Martignon, [Bull. crim., n. 144]; — 15 sept 1881, Anziani, [S. 82.1.440, P. 82.1.1073]; — 3 mars 1887, El Bahar ben-Brahim, [Bull. crim., n. 86] — Sic, Merlin, Rép., v° Serment, § 3, n. 4; Carnot, Instr. crim., art. 317, t. 2, p. 487, n. 2; Legraverend, t. 2, ch. 2, p. 199.

2295. — Mais la seule omission de la conjonctive « et » avant les mots « rien que la vérité » ne peut pas entraîner nul-

lité, elle n'est en effet de nature à faire naître aucune incertitude sur l'accomplissement des prescriptions de l'art. 317, C. instr. crim. — Cass., 15 nov. 1888, Curnbet, [Bull. crim., n. 324]

2296. — C'est le président qui doit prononcer la formule du serment.

2297. — Cependant, de ce que l'un des juges composant la cour d'assises aurait, pendant le cours des débats, lu aux témoins la formule du serment, et leur aurait adressé des questions, il n'en résulte pas une cause de nullité, lorsqu'il est constaté qu'il n'a agi ainsi qu'en raison de la maladie et de l'état de fatigue du président, qui, d'ailleurs, a toujours conservé la direction des débats. — Cass., 17 déc. 1836, Masson, [P. 38.1.71]; — 12 oct. 1843, Chipponi, [Bull. crim., n. 263]

2298. — Le mode usité pour le serment est de faire lever la main droite à celui qui le prête, en même temps qu'il répond : « je le jure », aux interpellations qui lui sont adressées. — Merlin, Rép., v° Serment, § 3, n. 1.

2299. — Cependant, ce n'est là qu'un usage, car la loi n'exige pas que les témoins en prêtant serment, lèvent la main. — Cass., 8 oct. 1840, Elicabide, [S. 40.1.1000, P. 41.1.273]; — 26 juill. 1866, Clément, [D. 67.5.398]

2300. — L'art. 317, C. instr. crim., exigeant seulement que les témoins prêtent serment dans les termes prescrits par cet article, aucune nullité ne saurait résulter de ce qu'un témoin n'aurait pas enlevé son gant avant de prêter serment. — Cass., 12 déc. 1889, Cassan, [Bull. crim., n. 387]

2301. — Quand le président a interpellé le témoin par ces mots : « vous jurez..., etc. », le témoin peut, la main droite levée, se borner à répondre « oui », M. le président « Cette réponse du témoin reproduit implicitement la formule sacramentelle. — Cass. 2 sept. 1852, Pradeaux, [Bull. crim., n. 307]; — 23 juin 1857 Mohamed-ben-Mohamed, [Bull. crim., n. 238]

2302. — Il est toutefois préférable que le témoin réponde « je le jure. »

2303. — Mais le serment n'est pas régulièrement prêté par le témoin qui, à la formule du serment, répond : « rien que la vérité ». Cette irrégularité entraîne la nullité des débats. — Cass., 12 déc. 1884, Paulin, [Bull. crim., n. 337]

2304. — Lorsque les membres de la cour, le jury, l'accusé et le défenseur comprenant un patois local, l'un des témoins entendus a prêté dans ce patois le serment dont la formule a été donnée par le président dans le même langage, il n'en résulte aucune nullité si d'ailleurs la formule légale n'a subi aucune modification. — Cass., 22 déc. 1887, Siavous, [Bull. crim., n. 441]

2305. — Un témoin militaire peut-il, s'il se présente en uniforme, rester armé en prêtant serment? Au point de vue des convenances, il est préférable que ce militaire dépose son sabre ou son épée avant de pénétrer dans le prétoire; mais en droit, la Cour de cassation a répondu que si « le témoin militaire a prêté serment et fait sa déposition l'épée au côté, il ne résulte de cette circonstance ni une violation de l'art. 317, ni aucune autre ouverture à cassation ». — Cass., 16 juin 1836, Pierrot et autres, [S. 36.1.843, P. 36.1431]

2306. — Sous le Code du 3 brum. an IV, une simple promesse suffisait, d'après les termes de l'art. 350 de ce Code, portant que « le président, avant de recevoir la déposition de chaque témoin, lui fait promettre de parler sans haine, etc. ». — Cass., 17 pluv. an IX, Cochin, [S. et P. chr.]

2307. — Sous l'empire du Code d'instruction criminelle, les témoins doivent, à peine de nullité, prêter le serment prescrit par la loi, et ne peuvent substituer à ce serment une simple promesse de parler sans haine. — Cass., 16 janv. 1812, Cahague, [S. et P. chr.]; — 9 avr. 1812, Comte, [S. et P. chr.]; — 24 avr. 1812, N..., [S. et P. chr.]

2308. — Ainsi, lorsqu'il résulte du procès-verbal des débats qu'une témoins entendus devant la cour d'assises n'ont fait qu'une promesse de parler sans haine et sans crainte et de dire toute la vérité et rien que la vérité, et que cette promesse n'a point été faite sous la foi du serment, il y a nullité des débats. — Cass., 4 juin 1812, Confavreux, [S. et P. chr.]

2309. — Toutefois, lorsque le procès-verbal constate que les témoins ont fait la promesse exigée par l'art. 317, C. instr. crim., il en résulte une présomption légale que cette promesse a été faite sous la foi du serment. — Cass., 2 juill. 1812, Guitton, [S. et P. chr.]

2310. — La garantie du serment ne peut être légitimement refusée, à moins que les principes du culte religieux du témoin ne s'y opposent — Cass., 9 avr. 1812, précité; — 24 avr. 1812, précité. — La jurisprudence a admis que le témoin est autorisé à suivre, pour l'accomplissement de la formalité du serment, les commandements de sa foi religieuse. — Nouguier, t. 3, n.2214; F. Hélie, t. 7, n. 3524.

2311. — Ainsi, un quaker qui affirme en son âme et conscience, ainsi que sa religion l'y autorise, satisfait au vœu de la loi qui prescrit le serment judiciaire. — Cass., 28 mars 1810, Masson et autres, [S. et P. chr.] — Bordeaux, 14 mars 1809, Mêmes parties, [S. et P. chr.]

2312. — Carnot (Instr. crim., t. 2, p. 487, n. 2) prétend que les jurés et les juges ne devraient, en ce cas, considérer les déclarations du témoin que comme de simples renseignements, ou du moins, q e comme ne méritant pas une pleine confiance. La jurisprudence de la Cour de cassation ne saurait être entendue en ce sens que des témoins qui, d'après leur rite religieux, ne prêtent point serment, soient de fait privés du droit de rendre témoignage et assimilés aux repris de justice (C. pén., art. 42). Le quaker qui, sans jurer devant Dieu, promet en son âme et conscience de dire toute la vérité, etc, est réputé avoir satisfait au vœu de l'art. 317, et mérite la même confiance que le catholique qui a prêté un véritable serment; mais ce n'est là qu'un principe général. Les jurés ne sont pas obligés de faire plier leur conviction devant une règle invariable; ils doivent apprécier chaque témoignage selon leur conscience. — Merlin, Rép., v° Serment, § 3, n. 3.

2313. — De même, pour le témoin anabaptiste, s'il se refuse à prêter serment, il doit, au moins, avant de déposer, promettre solennellement de parler sans haine et sans crainte, de dire toute la vérité, rien que la vérité. — Cass., 27 sept. 1883, Charpiot, [Bull. crim., n. 237]

2314. — De même encore, on ne peut se faire un moyen de cassation de ce qu'un témoin de religion juive compris sur la liste notifiée au ministère public a prêté aux débats le serment more judaïro. — Cass., 12 juill. 1810, Hirtz, [S. et P. chr.]; — 31 déc. 1812, Hess, [S. et P. chr.]; — 18 févr. 1813, Dupino, [S. et P. chr.]; — 14 avr. 1813, Smient, [S. et P. chr.]; — 19 mai 1826, Malagutti, [S. et P. chr.] — Sic, Carnot, Instr. crim., t. 4, p. 342, n. 7; Legraverend, t. 4, p. 274 et s.

2315. — Il ne peut résulter aucune nullité de ce qu'en matière criminelle un témoin juif aurait déposé la tête couverte. — C. d'ass. du Haut-Rhin, 4 oct. 1832, Kiener, [P. chr.]

2316. — De même, le serment prêté par un témoin professant le culte musulman, avec les formalités prescrites par l'art. 55, C. instr. crim., n'est pas nul par cela seul qu'il aurait en outre été accompagné des formes usitées chez les mahométans. — Cass., 15 févr. 1838, Delucca, [S. 38.1.914, P. 40.1.742]

2317. — On est même allé jusqu'à prétendre que chaque témoin doit, pour la prestation du serment, suivre la forme établie dans la religion qu'il professe.

2318. — Il a, en ce sens, été jugé que les juifs ne pouvaient prêter serment que suivant le rite de leur religion, parce qu'un serment prêté dans une autre forme ne serait point obligatoire pour eux. — Nancy, 15 juill. 1808, Coblentz, [S. et P. chr.] — Colmar, 5 mai 1815, Surkapff, [S. et P. chr.] ; — 18 janv. 1828, Mannheimer, [S. et P. chr.]

2319. — Cette opinion n'a pas prévalu. Sans doute, les témoins qui professent une religion différente de celle de la majorité des citoyens français, peuvent demander à être admis au serment suivant le rite prescrit par leur culte; mais s'ils prêtent serment à la forme ordinaire, sans élever de réclamation, le vœu de la loi n'en est pas moins suffisamment rempli. — Cass., 19 mai 1826, précité.

2320. — Ainsi, il ne peut résulter une nullité de ce qu'un témoin israélite n'aurait pas prêté son serment more judaïco; l'invocation de la divinité, jointe à la formule indiquée par l'art. 317, C. instr. crim., remplit complètement le vœu de la loi. — Cass., 19 mai 1826, précité. — Cass. Belge, 29 oct. 1835, Duvit, [P. chr.]

2321. — Aucun témoin ne peut être dispensé de la prestation du serment, à moins qu'il ne soit expressément compris dans le nombre des personnes qui n'y sont pas astreintes. Le serment est prescrit à peine de nullité. — Cass., 17 juin 1880, El-Akdar-ben-Delmi, [Bull. crim., n. 124]

2322. — Ainsi, il a été jugé qu'un témoin cité à la requête du ministère public ne peut être dispensé du serment, et entendu en vertu du pouvoir discrétionnaire du président de la cour d'assises. — Cass., 14 janv. 1842, Combouline, [P. 42.1.678]

2323. — Il nous suffit, à cet égard, de renvoyer au principe posé suprà, n. 1905 et s.

2324. — Le serment est d'ordre public; les parties ne peuvent, même lorsqu'elles sont d'accord, en dispenser un témoin ou consentir à ce que les termes en soient modifiés.

2325. — Le serment doit être spontané : ainsi les tribunaux peuvent refuser d'entendre des témoins qui ont déclaré qu'ils ne satisferaient pas à l'obligation imposée par la loi, sous peine de nullité, sans avoir préalablement obtenu l'autorisation formelle du prévenu. — Cass., 15 déc. 1832, Enfantin, [S. et P. chr.] — Sic, Morin, Dict. de dr. crim., v° Témoins, p. 740.

2326. — Lorsque la cour d'assises a décidé que la déposition d'un témoin ne serait pas reçue, à raison de certaines conditions auxquelles ce témoin entendait soumettre sa prestation de serment, le président peut ordonner, seul, et sans le concours de la cour d'assises, que les autres témoins qui réclament les mêmes conditions ne seront point entendus. — Même arrêt.

2327. — Le serment est obligatoire pour tous les témoins. Ainsi, les témoins à décharge doivent, comme ceux cités à la requête du ministère public, prêter le serment exigé par la loi. — Cass., 16 janv. 1812, Rousin, [S. et P. chr.]; — 2 avr. 1812, Larlette, [S. et P. chr.]; — 12 juin 1812, Rousseau, [S. et P. chr.]; — 23 avr. 1813 Randoux-Boistailly, [S. et P. chr.]; — 23 juill. 1813, Cotencin, [S et P. chr.]; — 10 févr. 1814, Bergnosi, [S. et P. chr.]; — 5 janv. 1815, Gilbert, [S. et P. chr.]; — 27 janv. 1815, Poumeygrac, [S. et P. chr.]; — 26 sept. 1816, Marin-Anjot, [S. et P. chr.]; — 26 sept. 1816, Chaussepied, [S. et P. chr.]; — 9 oct. 1817 Grammond, [S. et P. chr.]; — 13 janv. 1820, Rey, [S. et P. chr.]; — 26 avr. 1821, Charreyr-, [S. et P. chr.]; — 14 mars 1833, Mondin, [S. 33.1.587, P. chr.]; — 1er avr. 1853, Cousin, [Bull. crim., n. 11½] — Sic, de Serres, Manuel des cours d'assises, t. 1, n. 277; Carnot, Instr. crim., sur l'art. 317; Legraverend, t. 1, p. 273.

2328. — Jugé qu'aucune disposition législative ne dispense les membres d'une association religieuse de la prestation du serment exigé des témoins, sous peine de nullité, par l'art. 317, C. instr. crim. — Cass., 30 déc. 1824, Faucher, [S. et P. chr.] — Sic, Carnot, Instr. crim., sur l'art. 317, t. 2, p. 494, n. 9.

2329. — Le témoin qui refusera de prêter serment sera condamné à une amende qui ne pourra excéder 100 fr. (C. instr. crim., art. 80 et 353). C'est un arrêt de la cour qui prononce cette condamnation.

2330. — Un témoin ne peut se refuser à prêter le serment prescrit par la loi sous le prétexte que la formule « je le jure » est de nature à blesser ses convictions religieuses. S'il persiste dans son refus, il peut être condamné à l'amende. — Cass., 13 févr. 1886, Gaudrey, [Bull. crim., n. 54]

2331. — Le témoin qui refuse de prêter serment, qu'il soit ou non condamné à l'amende, doit être écarté du débat, et ne peut être entendu.

2332. — La cour d'assises peut condamner à l'amende et écarter des débats un témoin qui refuse de prêter serment, sans que l'accusé ait eu la parole sur cet incident. L'accusé, en effet, d'une part, n'a aucune qualité pour s'opposer à la condamnation que ce témoin a encourue et, d'autre part, ne peut demander que ce témoin soit entendu, puisqu'il a refusé de prêter serment. L'incident dont il s'agit ne peut donc avoir un caractère contentieux, et l'accusé ne saurait, à aucun titre, s'en prévaloir pour en faire la base d'un moyen de cassation. — Cass., 7 mars 1889, [Bull. crim., n. 92]

2333. — Un seul serment suffit, alors même que le témoin aurait été cité à la requête de plusieurs parties, ou alors qu'il aurait été entendu à différentes reprises ou à plusieurs audiences.

2334. — Ainsi jugé que le serment prêté par un témoin à l'audience où il a déposé ne doit pas être renouvelé à l'audience suivante où il serait appelé pour répéter ou expliquer sa déposition. — Cass., 23 juill. 1812, Beauberthier, [S. et P. chr.]; — 13 avr. 1812, Layné, [S. et P. chr.]; — 10 janv. 1851, Jacquemard, [Bull. crim., n. 17]; — 17 janv. 1851, Mallet, [Bull. crim., n. 27]; — 19 sept. 1861. Champfort, [D. 61.5.444]; — 14 sept. 1893, Hemerdinger, [S. et P. 94.1.203] — Sic, Legraverend, t. 1, p. 277; Merlin, Rép., v° Témoin judiciaire, § 3, art. 16, n. 4.

2335. — ... Alors surtout qu'il lui a été rappelé que c'était sous la foi de ce serment qu'il allait répondre. — Cass., 29 avr. 1830, Rocher, [S. et P. chr.] — Bruxelles, 31 oct. 1831, Delact et Vanwoorde, [P. chr.]

2336. — Mais cette précaution de la part du président n'est même pas nécessaire. « Le serment des témoins, a dit la Cour de cassation, s'applique à toutes les parties de leurs déclarations faites, à diverses reprises, pendant tout le cours des débats, et il n'existe aucune disposition de loi qui impose au président de la cour d'assises l'obligation de les en prévenir à chaque nouvelle interpellation ». — Cass , 10 janv. 1851, précité; — 14 sept. 1893, précité.

2337. — L'invitation donnée par le président des assises à un témoin, de recommencer sa déposition, par le motif qu'un juré ne paraissait pas l'avoir suivie, n'implique pas une annulation du serment prêté par le témoin. En conséquence, celui-ci a pu déposer à nouveau, sous la foi du serment originaire, sans qu'il en résulte une violation de l'art. 317, C. instr. crim. — Cass., 3 janv. 1884, Van Parys, [Bull. crim.. n. 3]

2338. — Si, par suite d'un oubli ou d'une erreur, le président avait reçu la déposition d'un témoin sans lui avoir fait prêter serment, il devrait, aussitôt qu'il s'aperçoit de cette irrégularité, la réparer en annulant la première déposition, et en faisant déposer de nouveau ce témoin, après lui avoir fait prêter serment.

2339. — Ainsi l'audition à titre de simple renseignement d'un témoin régulièrement notifié à l'accusé n'est pas une cause de nullité, lorsque l'erreur a été réparée par l'accomplissement de la formalité du serment, et par une nouvelle déposition de sa part, avant la clôture des débats. — Cass., 9 mai 1843, Chambon, [P. chr.]

2340. — De même, l'accusé ne peut se faire un moyen de nullité de ce qu'un témoin, qu'on pensait avoir été condamné à une peine afflictive et infamante, aurait déposé sans prestation de serment, alors que le président de la cour d'assises, s'apercevant de son erreur immédiatement après sa déclaration, l'a fait sortir de l'auditoire, où il n'est rentré pour déposer avec serment qu'après que le témoin entendu dans l'intervalle a terminé sa propre déposition. — Cass., 7 oct. 1830, Metz, [P. chr.]

§ 6. Déposition des témoins.

2341. — Ce n'est qu'après avoir prêté serment que le témoin peut déposer. Le serment doit précéder la déposition; celle-ci doit être tout entière placée sous sa garantie (C. instr. crim., art. 317, in fine).

2342. — Cette règle ne fait pas obstacle à ce que le président demande au témoin, avant sa prestation de serment, des éclaircissements sur des détails qui n'ont aucun lien avec sa déposition proprement dite.

2343. — Ainsi, aucune nullité ne peut résulter de ce qu'un témoin, avant sa prestation de serment, a été interrogé et a répondu sur une circonstance étrangère aux faits de la cause (dans l'espèce sur l'absence de son fils, cité également comme témoin et sur la lieu où il pourrait être retrouvé). Cette déclaration ne peut être considérée comme faisant partie de la déposition du témoin et n'avait pas, dès lors, besoin d'être précédée du serment prescrit par la loi. — Cass., 9 déc. 1880, Dumaire, [Bull. crim , n. 229]

2344. — Aucune nullité ne résulte non plus de ce que, avant de prêter serment, un témoin a fourni à la cour des renseignements sur l'état de maladie d'un autre témoin, ces renseignements ne se rattachant aucunement à l'affaire sur laquelle il est appelé à déposer. — Cass., 29 mai 1875, Hamoud-bel-Abbas, [Bull. crim., n. 168]

2345. — De même, le président des assises peut, avant de recevoir la déposition d'un témoin, l'interroger sur le point de savoir si l'on n'aurait pas tenté de l'influencer et le prémunir contre l'influence qu'on aurait cherché à exercer sur lui. — Cass., 30 janv. 1851, Gothland, [S. 51.1.72, P. 51.1.287, D. 51.1.47]

2346. — Il a même été décidé qu'un individu inscrit sur la liste des témoins à décharge peut, avant de prêter serment, être appelé par le président pour donner de simples explications sur la déposition d'un autre témoin. — Cass., 6 mai 1819, [S. et P. chr.] — Mais cette décision n'est pas à l'abri de critiques, car il est évident que les explications données par un témoin sur la déclaration d'un autre témoin forment une partie essentielle de sa déposition et n'auraient dû être reçues qu'après la prestation de serment.

2347. — Mais c'est avec raison qu'il a été jugé qu'il y a nullité lorsque le président, avant de recevoir le serment d'un témoin, l'interpelle et reçoit ses explications sur l'exactitude d'un

plan. — Cass., 30 sept. 1842, Bernier, [Bull. crim., n. 2'1]

2348. — ... Ou lorsque des témoins ont reconnu les pièces de conviction avant d'avoir prêté serment. Cette reconnaissance, que le président a jugée utile, fait une partie essentielle de leur déposition. — Cass., 18 mars 1841, Fourton, [P 42.1.375]

2349. — Les témoins doivent déposer oralement (C. instr. crim., art. 317). L'art. 319 ajoute : « Le témoin ne pourra être interrompu ». De la combinaison de ces deux textes, il résulte que la déposition du témoin doit être orale, spontanée, se suivre et s'achever sans interruption.

2350. — a) Déposition orale. — La règle de l'oralité du témoignage est capitale. L'instruction faite à l'audience doit être exclusivement orale. C'est là un principe essentiel de notre procédure criminelle. Toute infraction à cette règle est une cause de nullité des débats.

2351. — Le Code de brumaire (art. 352) défendait formellement toute déposition écrite; les auteurs du Code d'instruction criminelle ont pensé qu'il suffirait, pour les proscrire, de ces mots : Les témoins déposeront oralement.

2352. — Le principe du débat oral constitue le principe fondamental de la procédure par jurés. Doit, en conséquence, être annulé l'arrêt rendu par la cour d'assises, alors que le procès-verbal constate qu'aucun témoin n'a été produit par l'accusation et que le président s'est borné à donner lecture, en vertu de son pouvoir discrétionnaire, de toutes les pièces de la procédure. — Cass., 6 avr. 1894, Tsilkiuna, [Bull. crim., n. 86]

2353. — Les témoins doivent donc déposer oralement des faits qui sont à leur connaissance relativement à l'accusation : ils ne peuvent pas lire, à l'audience, une déposition écrite d'avance.

2354. — Les témoins ne doivent pas non plus s'aider de notes.

2355. — Si un témoin, en commençant sa déposition, s'était aidé d'une note, la cour devrait, après avoir ordonné le dépôt de cette note, prescrire au témoin de recommencer sa déposition. C'est à cette condition que la nullité pourrait être évitée. — Cass., 12 avr. 1839, Brelon et autres, [P. 40.1.198]

2356. — La jurisprudence a cependant autorisé l'usage de notes dans certaines affaires spéciales portant sur des chiffres ou des comptes détaillés, comme dans les affaires de banqueroute. Ainsi jugé qu'un syndic de faillite peut, avec la permission du président, pour préciser un chiffre, consulter des notes ou des reçus. — Cass., 26 janv. 1884, Mendel, [Bull. crim., n. 24]; — 18 avr. 1855, Reboul, [Bull. crim., n. 113] — V. aussi 7 mai 1875, Badère, [S. 75.1.240, P. 75.560]; — 26 sept. 1895, [Bull. crim., n. 245]

2357. — De même un médecin, appelé comme témoin pour donner des explications sur des faits qu'il avait, comme expert, au cours de l'information, constatés dans un rapport écrit, peut, à l'audience, se servir de notes pour préciser certains faits et faire connaître les éléments de son appréciation scientifique. — Cass., 20 mars 1851, Andreux, [D. 51.5.513]

2358. — Cet usage de notes par un témoin ne peut soulever aucune difficulté lorsqu'il a lieu sans opposition du ministère public, ni de la défense. M. Nouguier (t. 3, n. 2258) pense que la cour d'assises pourrait, même malgré leur opposition, autoriser cet usage de notes, si elle le jugeait nécessaire à la manifestation de la vérité.

2359. — Un témoin est réputé avoir déposé oralement, quoiqu'il ait lu une lettre dans le cours de sa déposition. Cette lecture n'empêche pas que la déposition ne soit orale, puisqu'elle n'est pas la déposition même du témoin; cette lettre, par sa nature même, est distincte de cette déposition, n'étant pas l'œuvre du témoin lui-même, mais bien un document émané d'une autre personne et dont il donne connaissance à la justice avec l'autorisation du président. — Cass., 22 janv. 1841, Raynal et Puel, [P. 42.1.263]

2360. — Il n'y a pas non plus atteinte portée au principe qui veut que le débat soit oral, soit en ce qu'un témoin a été mis, après sa déposition, en présence de déclarations écrites, propres à réveiller ou à rectifier ses souvenirs, soit en ce qu'un autre témoin, provoqué par la cour à revenir sur un point que sa déposition avait laissé obscur, a fait usage pour l'éclaircir de pièces étrangères au dossier, soit enfin en ce que ce témoin et l'un des accusés se seraient respectivement interpellés à ce sujet sans l'intermédiaire du président. — Cass., 2 déc. 1842, C..., [P. 44.1.805]

2361. — Si le président autorisait une déposition écrite, la partie civile, le ministère public et l'accusé pourraient s'y opposer.

2362. — L'infraction à la disposition qui veut que les témoins déposent oralement opère-t-elle nullité? La loi se tait sur ce point; et Carnot (t. 2, sur l'art. 317) s'en étonne avec raison. Il pense que le droit accordé à l'accusé de requérir que cette formalité soit remplie, et la nullité qui serait la suite du refus ou de l'omission de prononcer sur sa demande, revient à peu près au même.

2363. — Nous n'admettons pas cette transaction avec la nécessité de protéger la défense de l'accusé et de le mettre à l'abri de toute surprise; car ce serait une véritable surprise que l'admission d'une déposition écrite, préparée d'avance, et qui n'aurait pas été communiquée. Si la loi ne prononce pas la peine de nullité dans ce cas, nous croyons qu'elle n'en doit pas moins être déclarée comme résultant de la violation d'une formalité substantielle. Dans un grand nombre de cas, la Cour de cassation a annulé des arrêts, en reconnaissant l'existence de nullités qui n'étaient pas écrites dans la loi, et spécialement toutes les fois qu'il y avait eu violation d'une disposition qui intéressait la défense de l'accusé; or, la déposition orale des témoins nous paraît de cette nature. — V. en ce sens Bruxelles, 28 févr. 1826, S..., [P. chr.] — Nouguier, t. 3, n. 2255 à 2257. — *Contra*, Legraverend, t. 2, p. 201.

2364. — *b*) *Déposition spontanée.* — Les témoins déposent, c'est-à-dire racontent ce qu'ils savent des faits relatifs à l'accusation; ils doivent le faire de leur propre mouvement, et non répondre à une série de questions. C'est seulement « après sa déposition » qu'un témoin peut être questionné par le président, le ministère public, les jurés, l'accusé et son conseil.

2365. — Une des conséquences de ce principe est que la déclaration des témoins devant être spontanée, il y aurait nullité, si, avant leur déposition, il avait été donné, en leur présence, lecture de leur déclaration écrite. — V. *infra*, n. 2560.

2366. — « Le témoin, dit l'arrêt du 8 sept. 1882, [S. 82.1. 438, P. 82.1.1068, D. 72.1.182] — placé en présence de la déposition qu'il a faite devant le juge d'instruction sous la foi du serment, peut se croire enchaîné par sa première déclaration. Celle qu'il fait entendre à l'audience ne se produit pas alors dans les conditions de liberté et de spontanéité exigées par la loi. »

2367. — La même nullité serait encourue si le président des assises donnait lecture, avant sa déposition, de la déclaration écrite d'un témoin, même en dehors de sa présence.

2368. — Il est de principe essentiel que, devant les cours d'assises, le débat doit être oral et spontané. Cette règle, garantie indispensable du droit de défense et de la sincérité de la preuve testimoniale, subit une atteinte grave lorsque lecture est donnée d'une déposition écrite, avant que le témoin assigné et comparant, ait oralement déposé : en effet, une telle lecture peut avoir pour résultat, si le témoin y assiste, d'amoindrir la spontanéité et la liberté de son témoignage, et, dans tous les cas, d'influencer la conviction du jury à l'aide d'un élément introduit prématurément dans le débat. — V., à cet égard, *infra*, n. 2560 et s.

2369. — Mais lorsqu'un témoin cité pour l'audience a, au cours de l'instruction, fait non pas une déposition, mais dressé un rapport comme commissaire de police, la lecture de ce rapport peut être donnée par le président à l'audience avant la déposition de ce témoin; elle n'est pas de nature à infirmer la régularité de son audition ultérieure. — Cass., 9 août 1888, Bressac, [*Bull. crim.*, n. 271] — V. *infra*, n. 2341 et 2542.

2370. — *c*) *Déposition non interrompue.* — « Le témoin ne pourra être interrompu », dit l'art. 319, C. instr. crim.; les témoins ne doivent donc pas être interrompus dans la narration des faits relatifs à l'accusation. Une interruption, dans ce cas, pourrait changer la marche de leurs idées, et ne pas leur laisser la liberté d'esprit qu'exige un acte aussi important que le témoignage. — Carnot, *Instr. crim.*, t. 2, p. 499, n. 1; Nouguier, t. 3, n. 2266.

2371. — La loi n'a pas déterminé les points sur lesquels les témoins seraient entendus. Elle s'en rapporte, à cet égard, complètement aux lumières et à la conscience du magistrat qui dirige les débats. Le témoin, en effet, n'a pas le droit de tout dire sans jamais être interrompu. La règle posée par l'art. 319, C. instr. crim., n'est pas absolue; elle est limitée par une autre règle établie par l'art. 270 du même Code et qui permet au président de « rejeter tout ce qui tendrait à prolonger les débats, sans donner lieu d'espérer plus de certitude dans les résultats. »

2372. — En conséquence, le président d'une cour d'assises ne viole aucune loi en invitant les témoins à se renfermer dans l'objet de l'accusation, et à en écarter tous les faits qui y sont étrangers. — Cass., 18 sept. 1829, Latournerie, [P. chr.]

2373. — De même, le président peut interrompre le témoin qui ne fait que rapporter des bruits vagues, des propos et des conversations n'émanant pas d'une personne spécialement désignée, et l'inviter à déposer, en dehors de ces propos, sur des faits positifs, à sa connaissance personnelle, relatifs à l'accusation. — Cass., 16 déc. 1831, Murrast, [P. chr.]

2374. — Mais un tribunal criminel ne peut, sans nuire à la libre défense de l'accusé, prescrire des bornes à la déposition d'un témoin à décharge et lui imposer silence, soit sur les faits de l'accusation, soit sur la moralité de l'accusé. — Cass., 12 frim. an XI, Gaillard, [S. et P. chr.]

2375. — Le droit pour le président d'interrompre un témoin et de limiter sa déposition ne doit être exercé qu'avec beaucoup de circonspection et de réserve.

2376. — Ce pouvoir appartient au président; c'est lui qui l'exerce; en cas de contestation, si des conclusions sont prises par la défense, c'est la cour qui statue par un arrêt.

2377. — Les témoins doivent, en principe, faire leur déposition en présence de l'accusé.

2378. — ... Et du ministère public. L'arrêt de la cour d'assises est nul lorsqu'un témoin a déposé en l'absence de l'officier du ministère public. — Cass., 3 janv. 1839, N..., [S. 39.1.814, P. 39.1.349] — V. *supra*, n. 286 et s.

2379. — Mais, nous avons vu, précédemment, que le président pouvait, dans une affaire comprenant plusieurs accusés, faire retirer un ou plusieurs d'entre eux et procéder à l'interrogatoire de l'un ou plusieurs des accusés en l'absence des autres (V. *supra*, n. 1884 et s.) Une mesure semblable peut être prise par le président pendant la déposition des témoins. Il lui est en effet permis d'entendre un ou plusieurs témoins en l'absence de l'accusé. C'est ce que dit l'art. 327, C. instr. crim., ainsi conçu : « Le président pourra avant, pendant ou après l'audition d'un témoin, faire retirer un ou plusieurs accusés. »

2380. — Le président doit user de la faculté que lui donne l'art. 327, surtout lorsque la personne de l'accusé intimide le témoin. — Cass., 16 janv. 1829, Brunier, [S. et P. chr.]

2381. — La faculté accordée au président de la cour d'assises de faire retirer de l'audience un accusé pendant l'audition d'un témoin s'applique au cas où cet accusé est seul, comme au cas où il y a plusieurs accusés. — Cass., 19 août 1819, Hubert, [S. et P. chr.] — V. *supra*, n. 1888.

2382. — De même, le président peut faire retirer de l'audience plusieurs accusés, comme il pourrait en faire retirer un seul, et entendre pendant leur absence plusieurs témoins comme il pourrait en entendre un seul : l'art. 327, C. instr. crim., ne limite aucun nombre à cet égard. — Cass., 28 mars 1829, Chauvière, [S. et P. chr.]

2383. — Lorsque le président procède ainsi à l'audition d'un ou de plusieurs témoins en l'absence de l'accusé, il doit « avoir soin de ne reprendre la suite des débats généraux qu'après avoir instruit chaque accusé de ce qui se sera fait en son absence et de ce qui en sera résulté » (C. instr. crim., art. 327).

2384. — L'art. 327, C. instr. crim., en enjoignant au président de la cour d'assises d'instruire, avant de reprendre la suite des débats généraux, l'accusé de tout ce qui s'est passé en son absence, ne prescrit pas d'une manière sacramentelle les termes et le mode de l'avis qui doit être donné par le président.

2385. — Cet avis peut implicitement résulter de la réitération, en présence de l'accusé, des déclarations de témoins, actes et observations qui ont eu lieu en son absence. — Cass., 16 mai 1863, Verdet, [*Bull. crim.*, n. 143]

2386. — Mais ce mode de procéder n'est pas le seul permis; la loi n'exige pas que les témoins répètent eux-mêmes ce qu'ils ont dit en l'absence de l'accusé : le président peut se charger de ce soin et faire connaître à l'accusé la déclaration du témoin. — Cass., 17 févr. 1843, Besson, [S. 43.1.226, P. 43.2. 539]

2387. — Nous rappelons (V. *supra*, n. 1892 et s.) qu'il n'est pas nécessaire que l'accusé soit, dès sa rentrée à l'audience, averti de ce qui s'est dit en son absence; le président peut d'abord l'interroger, et ensuite lui rendre compte de la déposition du témoin.

2388. — « Pendant l'examen, les jurés le procureur général et les juges pourront prendre note de ce qui leur paraîtra important, soit dans les dépositions des témoins, soit dans la défense de l'accusé, pourvu que la discussion n'en soit pas interrompue » (C. instr. crim , art. 328). — Cette disposition est très-claire et n'a besoin d'aucun commentaire.

§ 7. Dernières interpellations aux témoins et à l'accusé.

2389. — L'art. 319, C. instr. crim., indique ensuite les trois sortes d'interpellations qui, après la déposition du témoin, doivent être adressées soit à celui-ci, soit à l'accusé.

2390. — D'abord, après chaque déposition, le président demande au témoin si c'est de l'accusé présent qu'il entend parler (C. instr. crim , art. 319)

2391. — Puis le président doit demander à l'accusé s'il veut répondre à ce qui vient d'être dit contre lui (C. instr. crim., art. 319).

2392. — Le président doit avoir soin d'adresser ces interpellations aux témoins et à l'accusé; cependant, l'omission de l'accomplissement de ces formalités ne saurait amener l'annulation des débats, car ces interpellations ne sont pas prescrites à peine de nullité, et elles n'ont rien, non plus, de substantiel. — Cass., 5 févr. 1819, Arnaud, [S. et P. chr.]; — 11 mai 1827, Tortora, [S. et P. chr.]; — 20 juin 1829, Dalsace, [P. chr.]; — 31 déc. 1829, Lusinchi, [P. chr.]; — 5 janv. 1832, Pichonnet, [P. chr.]; — 8 juill. 1836, Leblanc, [S. 40.1.91, ad notam. P. chr.]; — 20 avr. 1838, Vidal, [S. 40.1.91, ad notam]; — 1er févr. 1839. Delavier, [P. 40 1.199]; — 30 mai 1839, Nougué et Garos, [P. 43.2.298]; — 22 juin 1839, Pagès, [S. 40.1.91, P. 40.2.111]; — 11 juin 1840, Cornèse, [Bull crim., n. 168]; — 28 avr. 1843, Le Divalant, [S. 43 1.741, P. 43 2.389]; — 7 janv. 1847, Duniagou, [P. 47.1.571]; — 13 janv. 1848, Guitteny, [S. 49.1.218, P. 49.2.22]; — 22 sept. 1848, de Rostuing, [P. 49.2. 647]; — 18 mars 1852. Venturino, [P. 52.5.179]; — 27 janv. 1853, Varnier, [D. 53.5.116]; — 6 oct. 1853, Euvrard, [Bull. crim., n. 493]; — 9 mai 1878, Barré et Lebiez, [S. 78.1.392, P. 78.957]; — 22 août 1878, Ferrieu, [S. 78.1.481, P. 78.12.16]; — 23 févr. 1881, Redon, [Bull. crim., n. 78]; — 25 août 1882, Bouis. [Bull. crim., n. 323]; — 7 févr. 1895, Abel-el-Habib-ould-Mohamed, [Bull. crim., n 51] — Sic, F. Hélie, n. 3530; Nouguier, n. 2277 et 2278; Trébutien, n. 600.

2393. — L'omission de ces deux interpellations n'est pas une cause de nullité des débats, du moment où la liberté de la défense n'a subi aucune atteinte et que, pendant tout le cours des débats, les observations ou réponses de l'accusé ont pu librement se produire. L'accusé est suffisamment averti par ce qui se passe en sa présence dans le cours des débats; la nullité ne pourrait résulter que du refus de recevoir les observations que l'accusé voudrait faire. — Cass. 3 déc. 1836, Demiannay, [S. 38.1.82, P. 38.1.37]; — 25 févr. 1887, précité; — 25 août 1837, précité.

2394. — Il en est ainsi surtout lorsqu'il s'agit d'un témoin entendu en vertu du pouvoir discrétionnaire du président et à titre de simple renseignement. — Cass., 11 mai 1827, précité; — 31 mars 1836, Arrighi et Rossi, [P. chr.]

2395. — L'accusé ne peut, à plus forte raison, se plaindre de ce que le président aurait d'abord omis d'adresser à un témoin les interpellations prescrites par l'art. 319, § 2, C. instr. crim., si cette omission a été réparée avant l'audition du témoin suivant. — Cass., 10 janv. 1833, Gellée, [P. chr.]

2396. — La disposition de l'art. 319, C. instr. crim., qui enjoint au président de demander à l'accusé, après chaque déposition, s'il a quelque chose à répondre, n'est applicable qu'aux dépositions faites oralement dans le cours des débats, et non à celles lues en exécution de l'art. 477, C. instr. crim. — Cass., 28 avr. 1843, précité.

2397. — Les accusés ne peuvent non plus se plaindre en Cour de cassation de ce qu'on ne leur aurait adressé aucune interpellation à l'égard des témoins absents, si cette absence n'a donné lieu à aucune réclamation de leur part lors des débats. — Cass., 3 déc. 1836, précité.

2398. — C'est après ces diverses interpellations que le débat doit s'engager sur la déposition du témoin. L'art. 319 ajoute,

en effet : « l'accusé ou son conseil pourront questionner le témoin, par l'organe du président, après sa déposition, et dire, tant contre lui que contre son témoignage, tout ce qu'il pourra être utile à la défense de l'accusé. »

2399. — Sous le Code du 3 brum. an IV, l'accusé avait un droit beaucoup plus étendu pour interpeller les témoins. L'art. 353 de ce C de était ainsi conçu : « L'accusé peut, par lui-même ou par son conseil, questionner le témoin et dire tant contre lui personnellement nt que contre son témoignage, tout ce qu'il juge utile à sa défense. »

2400. — Du rapprochement de ces deux articles, il résulte que l'accusé qui, sous le Code de brumaire, pouvait directement interroger les témoins et dire contre eux tout ce qu'il jugeait utile à sa défense, ne peut plus aujourd'hui les questionner que par l'organe du président, et que son droit est limité par le droit d'appréciation et de contrôle qui appartient au président et, en cas de contestation, à la cour d'assises.

2401. — Il est aujourd'hui unanimement reconnu en doctrine et en jurisprudence qu'il appartient au président d'apprécier l'utilité et la convenance des questions que l'accusé désire adresser aux témoins et d'écarter celles qui ne pourraient conduire à la manifestation de la vérité. En cas de refus du président de laisser poser une question à un témoin, c'est à la cour qu'il appartient de statuer souverainement sur les conclusions prises à cet effet par l'accusé. — Cass., 11 avr. 1817, Verdier, [S. et P. chr.]; — 18 sept. 1824, Morel, [S et P. chr.]; — 22 sept. 1827, Provst, [S. et P. chr.]; — 1er oct. 1829, Vannier, [P. chr.]; — 21 oct. 1835, Gatine, [S. 35.1.830, P. chr.]; — 28 nov. 1844, Pezet, [S. 45.1.386, P. 45.2.39]; — 11 août 1864, Camot, [D. 65.5.379]; — 24 déc. 1875, Brion, [S. 76.1.483, P. 76.1209]; — 29 janv. 1886, Mivielle, [Bull crim., n. 35]; — 7 janv. 1892, Jonneau, [Bull. crim., n. 1] — Sic, Rodière, p. 249; Trébutien, n. 600 et 601; Nouguier, n. 2294; F. Hélie, n. 3478 et s.

2402. — Jugé que l'arrêt par lequel la cour d'assises décide qu'une interpellation ne sera pas faite à un témoin, parce qu'elle porte sur un fait étranger à l'accusation, est à l'abri de la censure de la Cour de cassation. — Cass., 1er oct. 1829, précité; — 24 déc. 1875, précité.

2403. — ... Que c'est à la cour d'assises qu'il appartient de décider, en cas de difficulté, si la question ou interpellation que veut faire l'accusé à un témoin, est ou non utile à sa défense, afin d'éviter toute investigation sur la conduite de ce témoin qui, n'ayant aucun rapport avec les faits de l'accusation pourrait dégénérer en diffamation ou en injure; qu'en conséquence, est à l'abri de la cassation l'arrêt par lequel la cour d'assises refuse d'adresser à un témoin une question faite par l'accusé, sur le fondement qu'elle renferme une calomnie grave et un outrage aux mœurs, d'autant plus coupable que la question n'a pas d'utilité pour la défense. — Cass., 22 sept. 1827, précité.

2404. — .. Qu'il appartient à la cour d'assises d'apprécier si les questions que les accusés veulent faire adresser aux témoins, sont utiles pour la découverte de la vérité et se rapportent aux faits de l'accusation. Dès lors, l'accusé ne peut se faire un moyen de cassation de ce qu'une question par lui adressée à un témoin n'aurait pas été posée, s'il est constaté au procès-verbal que cette question était étrangère au procès. — Cass., 3 déc. 1836, Demiannay, [S. 38.1.82, P. 38.1.3?]

2405. — .. Que la cour d'assises peut décider qu'une question sur la moralité d'un témoin ne sera pas posée, en se fondant sur ce que cette question n'est pas de nature à faciliter la manifestation de la vérité. — Cass., 28 mai 1813, Beaume, [S. et P. chr.]; 14 avr. 1837, Gambier, [P. 40.2.332] — Sic, Bourguignon. Jur. C. crim., t. 2, p. 46.

2406. — .. Que la cour d'assises peut contrairement à la demande de l'accusé, refuser d'adresser des questions aux témoins à décharge sur la moralité d'un témoin à charge qui avait été plaignant, lorsqu'elle décide que le débat qu'on veut établir entre les témoins pourrait dégénérer en récriminations réciproques et distraire de l'objet de l'accusation. — Cass., 5 oct. 1832, Fromage, [P. chr.]

2407. — Le président des assises n'est pas tenu de poser à un témoin, sur la demande de l'accusé, une question ayant pour objet non une interpellation sur un fait à la connaissance de ce témoin, mais une appréciation du domaine exclusif de sa conscience. Spécialement, en cas d'accusation de fabrication d'une pétition revêtue de fausses signatures, la cour d'assises a pu rejeter la demande de l'accusé tendant à ce qu'il fût posé à chaque témoin la question de savoir s'il aurait signé ou aurait autorisé l'accusé à signer pour lui la pétition arguée de faux, dans le cas où on la lui aurait présentée. Cette question avait, en effet, pour conséquence d'associer moralement le témoin à la perpétration d'un fait qualifié crime par la loi, et sous ce rapport elle était contraire à la morale publique. — Cass., 19 déc. 1850, Poisson, [D. 51.5.518]

2408. — De même encore, fait une appréciation souveraine qui échappe au contrôle de la Cour de cassation, la cour d'assises qui refuse de faire entendre un témoin sur le rôle et le fonctionnement des cours martiales en 1871, par le motif que ces faits sont étrangers aux débats. — Cass., 29 janv. 1886, précité.

2409. — De ces différents arrêts il résulte que la cour d'assises ne peut refuser à un accusé la position d'une question que lorsqu'elle reconnaît, en fait, que la réponse à cette question ne pourrait être utile à la défense.

2410. — Mais si l'interpellation avait pour objet un fait se rattachant directement à l'accusation et de nature à en modifier la criminalité, la cour d'assises ne pourrait se dispenser d'ordonner que la question fût posée, quoique la réponse fût susceptible de compromettre un témoin. — Chauveau et F. Hélie, *Théorie du Code pénal*, t. 4, p. 415; Carnot, *Instr. crim.*, t. 2, p. 501, n. 10.

2411. — Jugé, en ce sens, que lorsque les questions ou les interpellations que l'accusé veut faire aux témoins à décharge se rapportent aux faits de l'accusation et tendent à établir son innocence, la cour d'assises ne peut, sans restreindre le droit sacré de la défense, refuser de les adresser aux témoins, quoiqu'elles soient de nature à compromettre les témoins à charge. — Cass., 18 sept. 1824, Morel, [S. et P. chr.]

2412. — Ainsi, il y a nullité lorsque, sur la demande d'un accusé d'incendie, la cour d'assises a refusé de faire expliquer un témoin sur le point de savoir si l'opinion publique n'accuse pas le propriétaire de la maison incendiée d'y avoir mis lui-même le feu. — Même arrêt.

2413. — Le conseil de l'accusé a, comme l'accusé lui-même, le droit de questionner les témoins; mais il ne faut pas que ce droit dégénère en une véritable discussion et donne lieu à une plaidoirie anticipée. L'interpellation doit être succincte et se borner à des questions. « Il appartient au président d'apprécier si les observations que le défenseur veut présenter, après l'audition d'un témoin, sont de nature à être proposées à ce moment même ou doivent être ajournées au moment où la défense de l'accusé sera présentée. — Cass., 21 oct. 1835, Gatine, [S. 35.1.850, P. chr.]

2414. — Après avoir déterminé le droit de l'accusé et de son conseil, l'art. 319 ajoute : « Le président pourra également demander au témoin et à l'accusé tous les éclaircissements qu'il croira nécessaires à la manifestation de la vérité ». Les interpellations aux témoins peuvent donc être faites d'office par le président lui-même.

2415. — Ces éclaircissements ne sont pas limités aux faits mêmes de l'accusation : les déclarations provoquées par le président peuvent aussi avoir pour objet tous les faits et actes de nature à éclairer le jury sur la moralité et les antécédents de l'accusé. — Cass., 9 avr. 1818, Couaix, [S. et P. chr.]; — 28 avr. 1838, Cochard-Denieures, [P. 42.2.706]; — 12 déc. 1840, Lafarge, [S. 40.1.950, P. 42.2.622]; — 24 juill. 1841, Zeller, [P. 42.2.576]; — 27 nov. 1890, Malapert, [*Bull. crim.*, n. 236]

2416. — Peu importe que ces témoins aient été régulièrement appelés, cités et notifiés, ou qu'ils aient été entendus en vertu du pouvoir discrétionnaire du président.

2417. — Ainsi le président peut, pour avoir des renseignements sur la moralité d'un accusé, faire entendre des témoins sur des faits à raison desquels il a été précédemment acquitté d'une poursuite exercée contre lui, sans qu'il en résulte une violation de la chose jugée. — Cass., 20 janv. 1832, Joueo, [P. chr.]; — 7 janv. 1836, Lefrançois, [P. chr.]

2418. — L'art. 319, C. instr. crim., qui confère à l'accusé le droit de dire, après la déposition d'un témoin, tant contre ce témoin que contre son témoignage, tout ce qui peut être utile à sa défense, a sa limite dans l'art. 6, L. 25 mars 1822, qui réprime l'outrage fait publiquement envers un témoin à raison de sa déposition. — Cass., 5 mars 1858, Barrier, [S. 58.1.784, P. 58.598, D. 58.5.290] — L'art. 6, L. 25 mars 1822, est maintenant abrogé; il a été remplacé par les art. 31 et 33, L. 29

juill. 1881; mais la solution consacrée par notre arrêt devrait être également appliquée sous la législation actuelle. — V. Cass., 19 déc. 1884, Brunet, [S. 87 1.398, P. 87.1.938, D. 85.1.380]

2419. — Toutefois ces expressions : « Ce que vient de dire le témoin est une invention et une fausseté » ne dépassant pas les bornes d'une légitime défense, ne constituent pas l'outrage envers un témoin. — Cass., 5 mars 1858, précité.

2420. — L'art. 319 dispose enfin que les juges, le procureur général et les jurés ont aussi le droit d'adresser des interpellations aux témoins, en demandant la parole au président. Il ajoute : « La partie civile ne pourra faire de questions au témoin que par l'organe du président. »

2421. — Notons la différence établie par notre article entre ces différentes personnes. Les assesseurs, le procureur général et les jurés peuvent poser directement les questions aux témoins : ils ne sont tenus qu'à demander la parole au président. L'accusé, son conseil et la partie civile ne peuvent pas interpeller directement les témoins : ils sont obligés de faire poser leurs questions par le président.

2422. — Mais les règles prescrites sur ce point par l'art. 319 ne le sont pas à peine de nullité. Ainsi pas de nullité si un juré adresse directement une question à l'accusé, sans avoir demandé la parole au président. — Cass., 2 janv. 1885, Jolly, [*Bull. crim.*, n. 1]

2423. — Jugé encore que si, dans l'intérêt du bon ordre, les jurés doivent s'adresser au président de la cour d'assises pour obtenir des témoins les éclaircissements qui leur paraissent utiles, l'accusé ne peut se faire un grief de ce que une ou plusieurs questions ont été directement adressées par eux aux témoins. Il n'y a là qu'une mesure d'ordre intérieur n'intéressant à aucun degré l'exercice du droit de défense. — Cass., 21 oct. 1886, Fernandez et autres, [*Bull. crim.*, n. 343]

2424. — Le droit de faire des interpellations aux témoins et aux accusés, dans l'intérêt de la manifestation de la vérité, appartient aux jurés suppléants de même qu'aux autres jurés. — Cass., 23 déc. 1826, Heurtaux, [S. et P. chr.]

2425. — Jugé que le président de la cour d'assises peut, sur la demande de la partie plaignante, adresser des interpellations aux témoins. — Cass., 13 avr. 1837, Coste, [S. 37.1.1024, P. 37.2.619]

§ 8. Confrontation des témoins entre eux.

2426. — Les témoins doivent déposer séparément; telle est la règle posée par l'art. 317, C. instr. crim. (V. *infrà*, n. 2568); mais après leur audition individuelle, ils peuvent être entendus simultanément et confrontés entre eux. C'est ce qui résulte de l'art. 326 ainsi conçu : « L'accusé pourra demander, après qu'ils auront déposé, que ceux qu'il désignera se retirent de l'auditoire et qu'un ou plusieurs d'entre eux soient introduits et entendus de nouveau, soit séparément, soit en présence les uns des autres. Le procureur général aura la même faculté. Le président pourra aussi l'ordonner d'office.

2427. — La confrontation ne doit donc avoir lieu qu'après que les témoins auront déposé séparément. La déposition individuelle et séparée doit se produire d'abord; telle est la règle. L'appel simultané de plusieurs témoins à l'effet de les mettre en présence les uns des autres est un mode particulier de procéder dont on ne peut faire usage qu'après l'accomplissement préalable de la règle commune.

2428. — Cette mesure peut être ordonnée d'office par le président. Elle peut aussi être demandée soit par le ministère public, soit par l'accusé.

2429. — L'art. 326 n'accorde pas le même droit à la partie civile; il en résulte qu'elle ne pourrait se plaindre si la cour refusait de déférer à sa demande.

2430. — Lorsque la confrontation est demandée par le ministère public ou par l'accusé, le président l'ordonne s'il la juge utile; mais il n'est pas tenu de se conformer à cette demande : il est libre de la repousser lorsqu'il pense qu'elle ne peut pas servir à la manifestation de la vérité. Ce droit lui a été formellement reconnu par la jurisprudence.

2431. — Si, après le refus du président de procéder à la confrontation, la partie qui l'a demandée insiste et prend des conclusions ou des réquisitions pour la solliciter de nouveau, la cour doit, à peine de nullité, statuer par un arrêt.

2432. — Ainsi jugé que, lorsque, après l'audition de tous les témoins, l'accusé a requis que deux d'entre eux fussent entendus de nouveau, en présence l'un de l'autre, il y a nullité, s'il n'est pas constaté, par le p ocès-verbal des débats ou par un arrêt, que la cour d'assises ait statué sur cette réquisition. — Cass., 11 janv. 1817, Cheminade, [S. et P. chr.]

2433. — De même, lorsque l'accusé a requis qu'un témoin se retirât de l'auditoire pendant la déposition d'un autre témoin, cette réquisition étant l'exercice d'un droit accordé à tout accusé par l'art. 326, C. instr. crim., il y a nullité, s'il n'est établi ni par le procès-verbal des débats, ni par aucun arrêt de la cour d'as ises, qu'il y a été statué ou que le témoin a rendu tout jugement inutile, en obtempérant à la demande de l'accusé. — Cass , 1er juill. 1814, Jacquemin. [S. et P. chr.] — Sic, Carnot, Instr. crim., sur l'art. 326, t. 2, p. 541.

2434. — S'il y a confrontation, les témoins, par quelque partie qu'ils soient produits, ne doivent jamais s'interpeller entre eux (C. instr. crim., art. 325).

2435. — C'est aux jurés ou à la cour que les témoins doivent s'adresser : s'ils ont quelque interpellation à se faire, ils doivent la faire connaître au président qui la transmettra au témoin qu'elle concerne. Si on procédait autrement, si les interpellations directes étaient permises entre témoins, il en résulterait facilement de la confusion, et quelquefois même des scènes violentes. C'est pour les éviter que l'art. 325 a prohibé ces interpellations.

2436. — Mais cette disposition de l'art. 325, C. instr. crim., n'est pas prescrite à peine de nullité. — Cass., 11 avr. 1817, Verdier, [S. et P. chr.] — Cette disposition a été, en effet, édictée pour assurer l'ordre de l'audience, et l'accusé ne peut éprouver aucun préjudice de son inobservation.

§ 9. Production des titres et pièces à conviction.

2437. — L'art. 329, C. instr. crim., règle ainsi qu'il suit la production des pièces à conviction : « Dans le cours ou à la suite des dépositions, le président fera représenter à l'accusé toutes les pièces relatives au délit et pouvant servir à conviction : il l'interpellera de répondre personnellement s'il les reconnaît; le président les fera aussi représenter aux témoins, s'il y a lieu. »

2438. — Les art. 35 et s., C. instr. crim., indiquent ce qu'il faut entendre par pièces à conviction. Ce sont « les armes et tout ce qui paraîtra avoir servi ou avoir été destiné à commettre le crime ou le délit, ainsi que tout ce qui paraîtra en avoir été le produit, enfin tout ce qui pourra servir à la manifestation de la vérité; et aussi les papiers ou autres pièces et effets en la possession du prévenu, si la nature du crime est telle que la preuve puisse vraisemblablement en résulter. »

2439. — On ne peut pas considérer comme des pièces à conviction des lettres, des notes, des écrits quelconques, qui ne sont pas de l'accusé, et qui contiennent, au contraire, des renseignements soit contre lui, soit en faveur des témoins cités par le ministère public. — Cass., 31 oct. 1817, Régnaut, [S. et P. chr.]

2440. — Mais si l'accusation prétend tirer de ces pièces des inductions propres à lui servir d'appui, on ne peut en refuser la représentation à l'accusé. — Carnot, Instr. crim., sur l'art. 330.

2441. — Un plan des lieux, dressé lors de l'instruction préparatoire et joint ensuite à la procédure, n'est pas une pièce à conviction dans le sens de l'art. 329, C. instr. crim., dont la représentation à l'accusé pendant les débats soit nécessaire. — Cass., 28 févr. 1857, Hermel, [S. 58.1.92, P. 58.483, D. 57.1. 410!

2442. — Il ne peut résulter une nullité de ce que pour servir d'élément de conviction, une pièce relative à un délit relatif par la prescription aurait été laissée à l'audience sous les yeux des jurés. — Cass., 20 juill. 1837, Pithon, [S. 39.1.393, P. 39.2. 313]

2443. — Les objets pouvant servir de pièces à conviction sont, à l'origine ou au cours de l'information, saisis dans les formes réglées par les art. 3i et s., C. instr. crim., puis ils sont déposés au greffe du tribunal d'instruction. Ils sont ensuite transportés au greffe de la cour d'assises, et enfin, au jour des débats, ils sont déposés à l'audience pour être représentés à l'accusé et aux témoins.

2444. — Que décider si les formalités prescrites par la loi pour la saisie des pièces à conviction n'ont pas été observées? Cette irrégularité aura-t-elle pour effet d'empêcher la production

à l'audience des pièces ainsi saisies en dehors des formes voulues? Bien évidemment non, si, au moment de la présentation de ces pièces aux débats, l'accusé n'élève aucune réclamation. L'accusé, par son silence, accepte cette présentation et il ne pourra plus être admis à invoquer plus tard devant la Cour de cassation cette irrégularité comme une cause de nullité des débats. — Cass., 17 sept. 1840, Petrelin, [S. 41.1.608, P. 43.2. 538]; — 6 juill. 1803, Duret, [Bull. crim., n. 185]; — 14 juin 1814, Saussier, [Bull. crim., n. 152]

2445. — Mais si l'accusé a protesté, cette protestation va-t-elle obliger la cour d'assises à écarter du débat ces pièces à conviction irrégulièrement saisies? Non, répond encore la Cour de cassation. Les précautions, dit-elle, dont la loi a environné la saisie des pièces pouvant servir à conviction ne sont pas prescrites à peine de nullité. Sans doute, l'accusé peut se prévaloir de leur omission pour contester la valeur judiciaire des objets saisis sans l'accomplissement de ces formalités, mais il ne saurait en résulter, dans tous les cas, le droit pour l'accusé d'exiger, et pour la cour la nécessité d'ordonner qu'ils seront écartés du débat : ils peuvent donc y être maintenus sans contravention à la loi, sauf au jury à avoir à cette nature de preuve tel égard que de raison et à apprécier le degré de confiance qu'elle doit inspirer. — Cass., 8 févr. 1838, Mussot, [Bull. crim., n. 38]; — 29 juin 1863, Clerc, [S. 66.1.38, P. 66.61 D. 65.5.101]

2446. — Spécialement, ne saurait constituer un moyen de cassation le fait seul que la caisse contenant les pièces à conviction a été apportée descellée à l'audience. — Cass., 7 janv. 1892, Jonneau, [Bull. crim., n. 1]

2447. — La loi ne prescrit pas, à peine de nullité, la représentation des pièces à conviction à l'accusé ou aux témoins.

2448. — Ainsi pas de nullité si les pièces à conviction n'ont pas été apportées à l'audience, soit parce que, par suite d'un oubli, elles ont été laissées au greffe du tribunal d'instruction, soit parce qu'elles ont été, au cours de l'information écrite, restituées aux parties par le magistrat instructeur, soit parce qu'elles sont trop volumineuses pour pouvoir être transportées dans la salle d'audience, etc. — Cass., 12 déc. 1878, Prédal, [Bull. crim., n. 238]; — 10 déc. 1885, Aubert, [S. 87.1.437, P. 87.1. 1070]

2449. — Il en est ainsi surtout lorsque l'accusé a consenti à ce qu'il fût passé outre aux débats malgré l'absence des pièces à conviction. — Cass. 10 oct. 1861, Gianoly, [P. 62.808, D. 61.1. 431]; — 12 déc. 1878, précité.

2450. — Il en serait de même et la nullité ne serait pas davantage encourue, bien que l'accusé eût pris des conclusions pour demander la production des pièces à conviction. Sans doute la cour, en pareil cas, devrait ordonner cette production si elle était possible : mais elle pourrait aussi la refuser, et ce refus ne saurait être pour l'accusé une cause de nullité. La cour a, sous ce rapport, un pouvoir souverain d'appréciation.

2451. — A plus forte raison, l'absence, pendant une partie des débats, de quelques-unes des pièces à conviction ne peut être une cause de nullité lorsque, sur les conclusions formelles de l'accusé tendant à la recherche et à l'apport desdites pièces, il a été donné, à cet égard, pleine et entière satisfaction à la défense. — Cass., 16 oct. 1850, Dubuc-Rouane, [Bull. crim., n. 361]

2452. — Supposons maintenant que les pièces à conviction, régulièrement saisies et scellées, ont été apportées à l'audience : elles sont devant la cour. Et cependant le président laisse les débats se dérouler et se clore sans représenter ces pièces ni à l'accusé, ni aux témoins. Cet oubli n'est une cause de nullité. L'omission de cette formalité ne peut être invoquée devant la Cour de cassation par l'accusé qui, devant la cour d'assises, n'a pas requis que les pièces à conviction lui fussent représentées. — Cass., 23 oct. 1817, Debouticres, [S. et P. chr.]; — 31 oct. 1817, Régnault, [S. et P. chr.]; — 10 avr. 1819, Morel, [S. et P. chr.]; — 29 mars 1821, N..., [P. chr.]; — 19 avr. 1821, Picard, [S. et P. chr.]; — 10 oct. 1828, Fournier, [P. chr.]; — 16 avr. 1829, Nathan, [P. chr.]; — 1er oct. 1829, Vannier, [P. chr.]; — 10 févr. 1835, Demolon, [S. 33.1.301, P. chr.]; — 13 juill. 1837, Pilt, [S. 39.1.393, P. 39.2.313]; — 30 mai 1839, Nougué et Garos, [P. 43.2.298]; — 14 avr. 1840, Planus, [S. 40.1. 432, P. 40.2.177]; — 10 sept. 1840, Mauguin, [P. 43.2.444]; — 6 nov. 1840, Rouger, [S. 41.1.523, P. 41.1.604]; — 24 juill. 1841, Beller, [P. 42.2.676]; — 7 janv. 1842, Valois, [S. 42.1.882, P. 42.

1.675]; — 8 janv. 1842, Foin, [S. 42.1.882, P. 42.1.678]; — 30 sept. 1842, Epin et Auzilleau, [*Bull. crim.*, n. 253]; — 4 nov. 1842, Guérot et autres, [*Bull. crim.*, n. 292]; — 2 févr. 1843, François, [S. 43.1.302, P. 43 2.74]; — 29 août 1844, Duponchel, [P. 45.1.416]; — 15 nov. 1844, Debaut, [*Bull. crim.*, n. 369]; — 2 oct. 1845, Pantaloni, [P. 48.2.145, D. 45.4.120]; — 23 avr. 1846, Thouin, [P.49.2 323, D. 46.4.127]; — 29 janv. 1847, Bonrenos, [P 49.1.661, D. 47.4.133]; — 1er févr. 1849. Lardelay, [P. 51.1.437, D. 49 5 87]; — 1er mai 1852, Tranchet, [D. 52.5. 185]; — 3 déc. 1852, Ménétrier, [D. 52.5.165]; — 24 févr. 1857, Hermel, [S. 58.1.92, P. 58.485, D. 57.1.410]; — 31 juill. 1862, Lesage, [D. 62.1.546]; — 1er oct. 1863, Egron, [D. 63.5.102]; — 28 sept. 1865, Garrigues, [*Bull. crim.*, n. 181]; — 2 janv. 1868, Pourailly, [*Bull. crim.*, n. 141]; — 2 juill. 1869, d'Urn, [*Bull. crim.*, n. 167]; — 9 sept. 1869, Delprat, [*Bull. crim.*, n. 208]; — 23 nov. 1872, Sabi, [*Bull. crim.*, n. 287]; — 27 nov. 1873, Rondepierre, [*Bull. crim.*, n. 288]; — 15 oct. 1874, Linas, [*Bull. crim.*, n. 272]; — 4 févr. 1875, Laville, [*Bull. crim.*, n. 39]; — 8 juin 1877, Toulza, [*Bull. crim.*, n. 133]; — 21 févr. 1878, Louchard, [S.78.1.391, P. 78.955]; — 12 déc. 1878, Prédal, [*Bull. crim.*, n. 238]; — 12 avr. 1881, Barreau, [*Bull. crim.*, n. 93]; — 14 juin 1883, Giron, [*Bull. crim.*, n. 146]; — 10 déc. 1885, Auberl, [S. 87.1.437, P. 87.1.1070]; — 23 déc. 1886, Lafargue, [*Bull. crim.*, n. 432]; — 16 juin 1887, Claveau, [*Bull. crim.*, n 225]; — 5 juill. 1888, Calvet, [*Bull. crim.*, n. 231]; — 31 juill. 1890, Charles, [*Bull. crim.*, n. 166]; — 20 mars 1891, Chervet, [*Bull. crim.*, n. 69]; — 9 août 1894, Clérin, [*Bull. crim.*, n. 218]; — 28 mars 1895, Fontana, [*Bull. crim.*, n. 94] — Sic, Legraverend, t.2, p. 208; Carnot, *Instr. crim.*, art. 329 : Trébutien, n. 606; Rodière, p. 252; Nouguier, n. 2526 et s.; F. Hélie, n. 3547; Cubain, n. 542; Morin, *Rép.*, vo *Pièces de convict.*, n. 2.

2453. — Il en est ainsi même en matière de faux. — Cass., 2 juill. 1869, précité.

2454. — Mais si, au cours des débats, l'accusé ou son défenseur avaient demandé par des conclusions que les pièces à conviction, présentes à l'audience, fussent représentées, et si le président et la cour n'avaient pas voulu faire droit à cette demande, ce refus pourrait être utilement invoqué par l'accusé devant la Cour de cassation, et deviendrait alors une cause de nullité. — Cass., 12 avr. 1883, précité; — 14 juin 1883, précité; — 28 janv. 1886, [J *La Loi*, du 5 févr. 1886] — « L'accusé, en effet, lorsqu'il requiert cette représentation, use d'un de ces droits, d'une de ces facultés que l'art. 408, C. instr. crim., a pris sous sa sauvegarde et dont il réprime la violation par la peine de nullité ». — Nouguier, t. 3, n. 2530.

2455. — Après avoir ainsi indiqué quel est, dans les différentes espèces qui peuvent se présenter, le résultat du défaut de représentation des pièces à conviction, voyons, comment, dans la pratique, s'accomplit cette formalité : Le président invite l'huissier audiencier à prendre sur la table où elles sont déposées à l'audience les pièces à conviction et à montrer à l'accusé que les scellés sont intacts. Cette constatation faite, l'huissier rompt les scellés et représente à l'accusé les objets qui y étaient renfermés. Puis le président interpelle l'accusé de répondre personnellement s'il les reconnaît (art. 329, C. instr. crim.).

2456. — Le président a donc une double formalité à remplir : 1o la présentation proprement dite des pièces à conviction; 2o l'interpellation à l'accusé. — L'interpellation est une formalité moins importante que la présentation des pièces à conviction; elle n'est pas prescrite à peine de nullité, et l'accusé à qui les pièces à conviction auraient été représentées ne pourrait utilement se plaindre devant la Cour de cassation de ce que le président ne lui aurait pas demandé s'il les reconnaissait. — Cass., 5 févr. 1819, Arnaud, [S. et P. chr.]; — 2 avr. 1840. Saillot, [S.41.1.287, P. 42.1.278]; — 24 déc. 1840, Bussière, [P.41.2.130]

2457. — Du reste, la représentation à l'accusé des pièces à conviction emporte présomption que l'accusé a été mis en demeure de répondre s'il les reconnaissait. — Cass., 23 nov. 1872, précité.

2458. — Le président fera ensuite représenter aux témoins les pièces à conviction (C. instr. crim., art. 329).

2459. — L'art. 329 ne dit pas que le président interpellera le témoin de répondre s'il reconnaît les pièces à conviction, mais c'est là une conséquence nécessaire et forcée de la représentation. — Carnot, sur l'art. 329; Legraverend, t. 2, p. 207.

2460. — L'art. 329 ne prévoit pas la présentation aux jurés des pièces à conviction, mais, dans la pratique, le président des assises y a toujours recours quand la pièce produite est de nature à avoir quelque influence sur la conviction du jury; il s'agit là d'un moyen de preuve, et il est naturel que les jurés qui doivent statuer sur la culpabilité de l'accusé en aient connaissance.

2461. — Notons, ici, un arrêt statuant sur une question toute spéciale. La Cour de cassation a décidé qu'aucun grief ne peut résulter de ce qu'une pièce à conviction (une serpe dans l'espèce) a servi à couper les liens attachant un autre objet, avant d'être représentée une dernière fois aux jurés. Ce procédé, si regrettable qu'il puisse être, ne constitue aucune violation des dispositions de l'art. 329. — Cass., 21 févr. 1878, précité.

2462. — Lorsque, dans une séance de la cour d'assises, les pièces de conviction ont été représentées aux accusés et aux témoins entendus dans cette séance, il n'est pas nécessaire qu'aux audiences suivantes cette représentation soit réitérée pour les accusés; il suffit qu'elle soit faite aux témoins nouvellement entendus. — Cass., 12 juill. 1832, Canithot, [S. 33.1.125, P. chr.]

2463. — L'examen des pièces à conviction doit être fait publiquement et contradictoirement, c'est-à-dire en présence de l'accusé et des magistrats de la cour d'assises. Ainsi la Cour de cassation a annulé les débats d'une affaire dans laquelle les jurés s'étaient, avec l'autorisation du président, mais en l'absence de l'accusé et de la cour d'assises, transportés à l'audience dans la cour du palais pour examiner une voiture dans laquelle était placée la boîte volée et rechercher de quelle manière le vol de cette boîte avait pu être commis. Il y a violation du droit de la défense dans le fait de procéder à cet examen en l'absence de l'accusé. — Cass., 25 sept. 1828, Pissard, [S. et P. chr.]

§ 10. Maintien des témoins à l'audience après leur déposition.

2464. — La situation des témoins, lorsqu'ils ont déposé, est réglée par l'art. 320, C. instr. crim., qui est ainsi conçu : « Chaque témoin, après sa déposition, restera dans l'auditoire, si le président n'en a ordonné autrement, jusqu'à ce que les jurés se soient retirés pour donner leur déclaration »

2465. — Les témoins doivent donc rester à l'audience, même lorsqu'ils ont achevé leur déposition. Cette exigence se comprend aisément : il est, en effet, possible qu'on ait besoin de les entendre encore, de les confronter entre eux; leur concours peut être réclamé jusqu'à la clôture des débats; ils doivent donc, jusqu'à ce moment, rester à l'audience. Telle est la règle : l'art. 320 y apporte toutefois un tempérament; il dit, en effet, que le président peut « en ordonner autrement » c'est-à-dire autoriser les témoins à quitter l'audience après leur déposition.

2466. — Ainsi l'accusé ne peut se faire un moyen de nullité de ce qu'un témoin à charge se serait retiré de l'audience avant la clôture des débats, mais après avoir fait sa déclaration orale, si c'est avec son consentement que la permission lui en a été accordée. — Cass., 7 avr. 1827, Conte, [S. et P. chr.]

2467. — Et même, lorsque des témoins se sont retirés après avoir déposé, et avant la clôture des débats, sur la permission du président, l'accusé, qui n'a pas été consulté, est non recevable à s'en faire un moyen de nullité, s'il n'a point demandé qu'ils comparussent pour être par lui questionnés. — Cass., 22 mars 1821, Agostini, [S. et P. chr.]; — 13 avr. 1821, Piazza, [S. et P. chr.]; — 13 juill. 1849, Miot, [S. 53.1.153, ad notam, P. 50.2.119, D. 51.5.512]

2468. — Lorsqu'un témoin demande à se retirer, le président doit, avant de statuer, consulter le ministère public, l'accusé et la partie civile; si ces parties consentent, le président autorise; si elles s'y opposent, le président repousse la demande. Il peut prendre, seul, cette décision, sans consulter la cour : chargé de diriger les débats, il n'a aucun compte à rendre des motifs qui lui paraissent nécessiter la présence des témoins.

2469. — La disposition de l'art. 320 portant que les témoins resteront dans l'auditoire après leur déposition n'est pas prescrite à peine de nullité. — Cass., 23 avr. 1835, Fanelly, [S. 35. 1.716, P. chr.]; — 11 nov. 1847, Godin, [P. 48.2.211, D.47.4. 146]; — 13 juill. 1849, précité; — 18 janv. 1855, Giovacchini, [D. 55.5.434]; — 8 mars 1855, Guyomard, [S. 55.1.621, P. 56. 1.60, D. 55.5.534]; — 12 avr. 1894, Faton, [*Bull. crim.*, n. 94]

2470. — Il ne saurait donc y avoir lieu à cassation parce que des témoins se seraient retirés de l'audience sans l'autorisation du président; cette mesure rentre dans le pouvoir de police conféré à ce magistrat. S'il en était autrement, il dépendrait de chaque témoin d'entacher, par son défaut, la procédure de nullité. — Mêmes arrêts.

2471. — Tous les témoins cités devant la cour d'assises doivent être taxés.

2472. — En conséquence, les témoins même, qui n'ont pas été entendus, doivent être taxés lorsqu'ils le demandent. — Cass., 29 avr. 1837, Laithier, [P. 38.1.361]

Section II.

Témoins appelés par le président. — Lectures ordonnées par le président.

§ 1. *Audition de témoins appelés par le président.*

2473. — La cour d'assises ne peut, en principe, entendre comme témoins que les personnes qui ont été citées et dont le nom a été notifié à la partie adverse. Mais l'art. 269, C. instr. crim., apporte à ce principe une exception très-importante : il permet, en effet, au président « dans le cours des débats, d'appeler, même par mandat d'amener, et d'entendre toutes personnes qui lui paraîtraient, d'après les nouveaux développements donnés à l'audience, soit par les accusés, soit par les témoins, pouvoir répandre un jour utile sur le fait contesté ». C'est là un des principaux attributs du pouvoir discrétionnaire du président. — V. *suprà*, n. 1384 et s.

2474. — Des incidents peuvent, en effet, surgir pendant les débats; un fait nouveau peut s'y révéler; ou bien un fait déjà connu y prend une importance qu'il n'avait pas eue jusque-là; pour éclaircir ces faits, l'audition de nouveaux témoins peut devenir utile. Le président aura le droit de les « appeler et de les entendre » s'il le croit nécessaire « d'après les nouveaux développements donnés à l'audience ». Voilà l'hypothèse prévue par l'art. 269 et pour laquelle il a, avec raison, accordé au président le droit de faire entendre de nouveaux témoins.

2475. — Mais la juridiction a donné à cette disposition de notre article une grande extension et a permis au président, en vertu de son pouvoir discrétionnaire, de faire entendre des témoins dans bien d'autres cas.

2476. — I. Ainsi elle autorise le président à faire entendre les témoins reprochables dont parle l'art. 322, à l'audition desquels une partie s'est opposée : par exemple, les parents et alliés au degré prohibé (V. *suprà*, n. 2024 et s.). — Cass., 7 déc. 1815, N...., [S. et P. chr.]; — 18 déc. 1817, Migot, [S. et P. chr.]; — 27 juin 1823, Berthe, [S. et P. chr.]; — 23 déc. 1826, Heurtaux et Daguet, [S. et P. chr.]; — 27 mars 1828, Crosmier, [S. et P. chr.]. — 19 sept. 1832, Bougé, [P. chr.]; — 12 janv. 1837, Pommier, [P. 38.1.67]; — 19 janv. 1837, Demangeot, [P. 40.2.131]; — 27 avr. 1838, Fournier et autres [P. 42.2.705]; — 22 déc. 1842, Marignan, [P. 43.2.71]; — 20 juin 1864, Crân-Phûc-Lê, [*Bull. crim.*, n. 200]; — 15 avr. 1886, Tran-Cong-Chauh et autres, [*Bull. crim.*, n. 151]

2477. — Carnot (*Instr. crim.*, t. 2, p. 254) soutient, contrairement à cette jurisprudence, que l'art. 269 ne donne le droit au président des assises d'entendre, en vertu de son pouvoir discrétionnaire, que les personnes qui peuvent avoir la qualité de témoins; que, dès lors, il ne saurait faire entendre les parents de l'accusé dont le témoignage est prohibé par l'art. 322, C. instr. crim — « L'art. 269, dit-il, qualifie de témoins les personnes qui sont appelées pour donner des renseignements, ce qui fait nécessairement rentrer ces personnes dans la disposition de l'art. 322; il n'y a de différence entre elles et les autres témoins qu'en ce qu'elles sont appelées à déposer sans prestation de serment préalable. Il résulte seulement que cet état de choses que les unes sont des témoins assermentés, tandis que les autres sont des témoins non assermentés; mais elles n'en sont pas moins toutes de véritables témoins, puisque c'est en cette qualité que les unes et les autres sont appelées à déposer aux débats. — Lorsque le législateur a voulu que les personnes auxquelles il refusait le caractère nécessaire pour porter un véritable témoignage en justice pussent cependant être appelées pour donner des renseignements, il s'en est expliqué d'une manière claire et précise, ainsi qu'on peut le voir en recourant à l'art. 28, C. pén., et c'est ce que la loi n'a pas fait à l'égard des pères et mères, des enfants, de l'époux des accusés dont il a prohibé le témoignage formellement et sans restriction, par l'art. 322 du présent Code; d'où il suit qu'il n'a voulu en établir aucune; et s'il ne l'a

pas voulu, c'est qu'en le voulant il aurait sanctionné une immoralité, c'est qu'il serait tombé en contradiction avec lui-même. — Il n'est pas moins immoral, en effet, d'appeler aux débats le fils contre le père, le père contre le fils, le mari contre la femme, la femme contre le mari, pour y donner des renseignements que pour y faire une déposition assermentée; c'est toujours appeler en témoignage le fils contre le père, le père contre le fils, le mari contre la femme, la femme contre le mari; c'est toujours mettre le fils, le père, la femme, le mari, entre la conscience et les liens de famille; c'est toujours les mettre dans l'alternative forcée d'en imposer à la justice ou de conduire leur père, leur fils, leur époux à l'échafaud. — On dirait vainement que le jury n'est pas tenu de s'en rapporter aux déclarations des personnes appelées aux débats pour y donner de simples renseignements, car le jury n'est pas tenu non plus de s'en rapporter aux déclarations des témoins assermentés; mais si le jury n'est pas tenu de s'y rapporter, rien ne peut mettre obstacle à ce qu'il s'y rapporte. Si c'est d'ailleurs une chose inutile, pourquoi violenter les termes de la loi pour lui faire dire une chose aussi contraire à la morale publique? » Le système de Carnot ne manque pas d'une certaine force; mais la Cour de cassation a vu dans les termes larges de l'art. 269 « toutes personnes » un pouvoir sans limites, et n'a pas voulu le restreindre.

2478. — Ainsi jugé que le président de la cour d'assises peut faire entendre en vertu de son pouvoir discrétionnaire : 1° la femme de l'accusé. — Cass., 26 juin 1828, Tararre, [S. et P. chr.]; — 4 nov. 1830. Netter, [S. et P. chr.]; — 16 avr. 1835, Brochard, [P. chr.]; — 26 avr. 1839, Noël, [P. 39.2.663]; — 22 déc. 1812, précité; — 30 avr. 1847, Juvenelon, [P. 49.2.239, D. 47.4.444]; — 27 déc. 1849, Roger, [P. 51.1.596, P. D. 51.5. 487]; — 25 août 1864, Vincent, [*Bull. crim.*, n. 222]; — 11 mars 1869, Pallas, [*Bull. crim.*, n. 60]; — 3 sept. 1891, Bonhomme, [*Bull. crim.*, n. 181]

2479. — ... 2° Le père ou la mère de l'accusé. — Cass , 9 juill. 1846, Guyot, [P. 47.1.407]; — 11 sept. 1890, Bruguet, [*Bull. crim.*, n. 191]

2480. — 3° Les enfants de l'accusé. — Cass., 27 mars 1828, précité; — 22 déc. 1842, précité; — 27 déc. 1849, précité; — 14 juill. 1853, Grégoire, [D. 53.5.442]; — 3 sept. 1891, précité.

2481. — 4° Le beau-père ou la belle-mère de l'accusé. — Cass , 10 oct. 1839, Peytel, [S.] ; — 27 déc. 1849, précité ; — 4 avr. 1851, Duragnon, [*Bull. crim.*, n. 132]

2482. — 5° La belle-fille de l'accusé. — Cass., 3 mai 1832, Bray, [P. chr.]

2483. — 6° Le frère ou la sœur de l'accusé. — Cass., 8 oct. 1812, Tarducci, [S. et P. chr.]; — 20 sept. 1827, Biron, [S. et P. chr.]; — 29 mai 1840, Lhérée, [S. 41.1.598]; — 20 mars 1856, Lafriche, [S. 57.1.160, P. 57.902, D. 56.5.449]; — 6 janv. 1876, Saux, [S. 76.1.48, P. 76.77, D. 77.1.234]; — 12 janv. 1882, Arthaud, [*Bull. crim.*, n. 18]; — 11 sept. 1890, précité.

2484. — 7° Le beau-frère ou la belle-sœur de l'accusé. — Cass., 18 déc. 1817, précité; — 20 sept. 1827, précité; — 27 juin 1828, Aubry, [S. et P. chr.]; — 29 mars 1832, Thiault, [P. chr.]; — 30 août 1832, Labbé, [P. chr.]; — 14 sept. 1832, Bouillon, [P. chr.]; — 10 oct. 1839, précité; — 10 sept. 1840, Mauguin, [P. 43.2.444]; — 25 août 1864, précité; — 23 août 1877, Muldès, [*Bull. crim.*, n. 201]

2485. — Le président de la cour d'assises peut, en vertu de son pouvoir discrétionnaire, ordonner que des témoins, parents de l'accusé au degré prohibé, ne seront entendus qu'à titre de simple renseignement, encore bien que ces témoins aient été notifiés à l'accusé, et que ni celui-ci, ni le ministère public ne se soient opposés à leur audition. — Cass., 4 avr. 1878, Berial, [S. 80.1.287, P. 80.654]

2486. — II. Le président peut également, en vertu de son pouvoir discrétionnaire, faire entendre la partie civile à titre de renseignement. La Cour de cassation l'a formellement décidé. — Cass., 27 déc. 1811, Barrié, [S. et P. chr.]; — 10 févr. 1835, Demolon, [P. chr.]; — 20 avr. 1838, [*Bull. crim.*, n. 107]; — 30 mai 1839, Nougué et Garos, [P. 43.2.298]; — 4 sept. 1862, Duvoisin, [*Bull. crim.*, n. 227]; — 24 nov. 1876, Bury, [*Bull. crim.*, n. 228] — V. *suprà*, n. 2146 et s.

2487. — III. La jurisprudence de la Cour de cassation permet encore au président des assises de faire entendre, à titre de renseignement, les personnes qu'une condamnation a rendues incapables d'être témoins. — Cass., 30 mai 1818, Bastide et autres, [S. et P. chr.]; — 29 oct. 1818, Mansard, [S. et P. chr.];

— 31 mai 1827, Rivière, [P. chr.]; — 6 juill. 1827, Jacquin, [S. et P. chr]; — 13 oct. 1842, Couret, [P. 43.1.169]; — 4 oct. 1860, Alder, [D 60.5.356] — V. *suprà*, n. 1963 et s.

2188. — IV. Le même droit appartient au président à l'égard de tout témoin qui a été écarté du débat à la suite d'une opposition fondée sur ce que ce témoin n'a pas été notifié ou ne l'a été qu'irrégulièrement. — Cass., 30 avr. 1819, Leguével et Legall, [S. et P. chr.]; — 25 sept. 1824, Claude, [S. et P. chr.]; — 10 juin 1830, Taburet, [P. chr.]; — 29 janv. 1835, Guisset, [P. chr.]; — 5 janv. 1837, Latour, [P. 38.1.71]; — 3 déc. 1857, Sentis, [S. 58.1.246, P. 58.958, D. 58.5.333]; — 29 mars 1877, Giraud, [*Bull. crim.*, n. 94]; — 2 janv. 1879 Deboffe, [S. 80.1. 437, P. 80.1053, D. 79.1.378] — V. *suprà*, n. 1930 et s.

2489. — V. Le président des assises peut également, en vertu de son pouvoir discrétionnaire, faire entendre le témoin à l'audition duquel l'accusé et le ministère public ont renoncé et qui, par l'effet de cette renonciation, a perdu la qualité de témoin. — Cass., 21 août 1835, de la Roncière, [S. 35.1.601, P. chr.]; — 4 juin 1874, Périaux, [*Bull. crim.*, n. 150] — V. *suprà*, n. 1947 et s.

2490. — Il ne résulte aucune nullité de ce que le président de la cour d'assises a fait entendre sans prestation de serment, en vertu de son pouvoir discrétionnaire, un témoin régulièrement cité à la requête du ministère public, et à l'audition duquel celui-ci a renoncé..., surtout en l'absence de toute protestation de l'accusé. — Cass., 23 août 1849, Tresse, [P. 51.2.527, D. 49. 5.361]

2491. — Les personnes que le président appelle en vertu de son pouvoir discrétionnaire peuvent faire leur déclaration, alors même qu'elles auraient assisté aux débats et entendu les dépositions de tous les témoins. — Cass., 18 févr. 1830, Borghetti, [P. chr.]; — 20 mars 1863, Heutte, [D. 65.5.380]. — 3 sept. 1863, Marion, [*Bull crim.*, n. 243] — 4 juin 1864, Couty de la Pommeraia, [S. 65.1.51, P. 65.1.188, D. 64.1.497]; — 12 oct. 1876, Bazilet, [S. 77.1.184, P. 77.435] — *Sic*, F. Hélie, t. 7, n. 3291; Nouguier, n. 2386.

2492. — D'ailleurs, la faculté qui appartient au président des assises de faire entendre toute personne sans prestation de serment et à titre de simples renseignements, peut être exercée aussi bien à l'égard d'une personne qui se présente spontanément pour déposer qu'à l'égard de tout individu mandé par ordre du président. — Cass., 4 juin 1864, précité.

2493. — Le président peut, en vertu de son pouvoir discrétionnaire, entendre des personnes dont il aurait, au préalable, lu à l'audience les déclarations écrites. — Cass., 14 juill. 1853, Grégoire, [D. 53.5.443]; — 8 août 1878, [*Bull. crim.*, n. 224]

2494. — Le président peut faire entendre des personnes qu'un arrêt de la cour a rayées de la liste des témoins et au sujet desquelles il a été ordonné qu'elles ne seraient pas entendues comme témoins. — Cass., 20 sept. 1827, Biron, [S. et P. chr.]; — 27 juin 1828, Aubry, [P. chr.]; — 29 mars 1832, Thiault, [P. chr.]; — 3 mai 1832, Bray, [P. chr.] — 14 sept. 1832, Bouillot, [P. chr.]; — 16 avr. 1835, Brochard, [P. chr.]; — 21 sept. 1848, Gatineau, [P. 49.2.631]; — 12 oct. 1848, Gayrard, [P. 49 2.648]; — 4 avr. 1851, Duragnon, [*Bull. crim.*, n. 132]. — 13 août 1863, Montlaur, [D. 63.5.373]

2495. — Il a même été jugé que, lorsque la cour d'assises a décidé qu'un témoin ne serait pas entendu à ce titre, parce qu'il a communiqué avec les autres témoins, et assisté à leurs déclarations, le président peut, en vertu de son pouvoir discrétionnaire, le faire entendre sans prestation de serment. — Cass., 13 nov. 1851, Piazza, [S. et P. chr.]

2496. — Le témoin qui a prêté serment mais dont le serment a été annulé peut également être entendu en vertu du pouvoir discrétionnaire. — Cass., 10 juin 1830, Taburet, [P. chr.]; — 15 sept. 1831, Agard, [P. chr.]; — 4 avr. 1833, Anneton, [P. chr.]; — 23 avr 1835, Fanelly, [P. chr.]; — 12 déc. 1840, Lafarge, [S. 40.1 948, P. 42.2.622]; — 22 juill. 1843, Blanqui, [S. 43.1.687]; — 6 sept. 1851, Bazin, [D. 51.5.486]; — 6 janv. 1876, Saux, [S. 76.1.48, P. 76.77, D. 77.1.234]; — 30 déc. 1881, Thiébault, [*Bull. crim.*, n. 273]; — 19 juill. 1886, Chappaz, [*Bull. crim.*, n. 181]

2497. — Spécialement, l'accusé ne peut tirer aucun moyen de nullité de ce que le président des assises, après avoir reçu sous serment le commencement de la déposition d'un témoin, annule ce serment et cette déposition sur l'observation erronée de l'avocat que ce témoin ne figurait pas sur la liste notifiée à l'accusé, puis l'entend sans serment en vertu de son pouvoir discrétionnaire à titre de renseignement, et s'apercevant enfin que ce nom figure réellement sur la liste notifiée, annule la déposition faite sans serment, et réentend définitivement ce témoin sous la foi du serment. En l'absence d'incident contentieux, il appartenait au président des assises, en vertu de son pouvoir discrétionnaire, de statuer ainsi qu'il l'a fait. — Cass., 19 avr. 1888, Mauclair, [*Bull. crim.*, n. 150]

2498. — Il n'y a pas de différence à établir entre les personnes qui n'ont pas été entendues dans l'instruction écrite et celles qui, après y avoir figuré, n'ont pas été citées pour l'audience. Toutes peuvent être entendues en vertu du pouvoir discrétionnaire du président. — Cass., 26 déc. 1839, Jourdain, [P. 46.1.495]; — 21 nov. 1844, Sauvé, [P. 45.2.287]; — 20 janv. 1854, Robert, [D. 54.5.740]

2499. — Le président peut faire entendre, en vertu de son pouvoir discrétionnaire, les personnes qui ont déjà figuré comme experts dans l'instruction écrite. — Cass., 19 sept. 1839, Prayer, P. 41.1.729]

2500. — Le président de la cour d'assises a le droit de faire entendre, en vertu de son pouvoir discrétionnaire, un substitut qui ne se trouve dans aucun cas d'exception au principe général posé en l'art. 268, C. instr. crim. — V. *suprà*, n. 2187 et 2188.

2501. — Le commis-greffier du juge d'instruction qui a procédé dans l'affaire soumise à la cour d'assises peut être appelé aux débats et entendu en vertu du pouvoir discrétionnaire du président. — V. *suprà*, n. 2189.

2502. — Ainsi encore, le président des assises a le droit, en vertu de son pouvoir discrétionnaire, d'appeler et d'entendre comme témoin, à titre de renseignement, un magistrat qui, antérieurement à l'affaire déférée à la cour d'assises, a eu à apprécier la conduite de l'accusé comme officier public et à prononcer disciplinairement sur les faits qui lui étaient imputés. — Cass., 26 déc. 1874, Demeulve, [S. 75.1.143, P. 75.319, D. 75.1.287]

2503. — Le président peut recevoir la déclaration des personnes qu'il appelle en vertu de son pouvoir discrétionnaire, alors même que l'accusé s'opposerait formellement à cette audition. Une telle opposition est sans effet. — Cass., 18 déc. 1817, Migot, [S. et P. chr.]; — 29 mars 1832, précité; — 29 janv. 1835, Guisset, [P. chr.]; — 27 avr. 1838, Fournier et autres, [P. 42.2.703]; — 29 mai 1840, Lhérée, [S. 41.1.598]

2504. — Le condamné ne peut se faire un moyen de cassation de ce que les témoins appelés par le président en vertu de son pouvoir discrétionnaire n'auraient déposé que sur des faits étrangers à l'acte d'accusation, les art. 268 et 269, C. instr. crim., donnant au président la faculté de prendre sur lui tout ce qu'il juge utile pour découvrir la vérité, et en rapportant à son honneur et à sa conscience dans l'emploi des moyens propres à en favoriser la manifestation. — Cass., 23 oct. 1817, Deboutières, [S. et P. chr.]

2505. — Les témoins appelés en vertu du pouvoir discrétionnaire du président de la cour d'assises ne doivent pas prêter serment (C. instr. crim., art. 269). — Cass., 5 juin 1890, Moro, [*Bull. crim.*, n. 116] — Cette dispense de serment, édictée en termes généraux et absolus par l'art. 269 porte aussi bien sur le serment prescrit par l'art. 44 que sur celui déterminé par l'art. 317 du Code d'instruction criminelle, s'applique, par conséquent, aux experts appelés en vertu du pouvoir discrétionnaire du président, aussi bien qu'aux témoins. — Cass., 7 févr. 1896, [*Gaz. des Trib.*, 20 févr. 1896]

2506. — Si un témoin, appelé par le président en vertu de son pouvoir discrétionnaire, prêtait serment, cette prestation de serment aurait-elle pour conséquence la nullité des débats? La Cour de cassation a résolu cette question par une distinction : elle ne prononce la nullité que si le témoin a prêté serment malgré l'opposition de l'une des parties; mais, s'il n'y a pas opposition, tout est réputé régulier. La règle établie par l'art. 269 n'est pas édictée à peine de nullité. Lorsqu'un témoin est appelé en vertu du pouvoir discrétionnaire, les parties peuvent s'opposer à ce qu'il prête serment et donne par là plus de poids à sa déclaration, mais lorsqu'elles ne s'y sont pas opposées, elles ne sauraient trouver un moyen de cassation dans l'accomplissement d'une formalité qui fournit une garantie de plus pour la manifestation de la vérité. — Cass., 4 févr. 1819, Mitelbrone, [S. et P. chr.]; — 5 avr. 1832, Gruselle, [S. 33.1.152, P. chr.]; — 27 févr. 1834, Havard, [P. chr.]; — 6 févr. 1840, Quénardel,

[S. 40.1.654, P. 43.1.19]; — 2 mai 1840. Saget, [P. 44.1.326]; — 11 mars 1841, Rey, [P. 42.1.527]; — 30 avr. 1841, Fronteau, [P. 42.1.246]; — 9 févr. 1843, Armand, [S. 43.1.635]; — 21 sept. 1848. Gatineau, [P. 49.2.631]; — 19 janv. 1855, de Dreux-Naucré, [S. 55.1.151, P. 55.1.534]; — 3 déc. 1857, Seulis, [S. 58.1.246, P. 5s.958, D. 58.5.333]; — 18 déc. 1868, Gélineau, [Bull. crim., n. 251]; — 24 janv. 1878, Chauroux et Touzet, [S. 78.1.333, P. 78.810, D. 78.1 447]; — 4 févr. 1887, Duchaussoy, [D. 88.1.46]; — 20 oct. 1887, Paviot, [Bull. crim., n. 340]; — 25 févr. 1893, Belouche, [Bull. crim., n. 55] — Bruxelles, 18 févr. 1815, Cuyvers, [P. chr] — Sio. Carnot, Instr. crim., art. 322, t. 2, p. 825, n. 3; Rodière, p. 246; Nouguier, n. 2396 et s.

2507. — Il n'est pas nécessaire que les parties adhèrent d'une manière expresse à la prestation de serment des témoins appelés en vertu du pouvoir discrétionnaire; leur silence est considéré comme un acquiescement tacite suffisant.

2508. — A plus forte raison la nullité est-elle évitée lorsque le pro ès-verbal constate que toutes les parties, interpellées par le président, ont consenti à la prestation de serment. — Cass., 6 févr. 1840, précité; — 24 janv. 1878, précité.

2509. — La loi ne détermine pas la forme à employer pour appeler à l'audience les personnes que le président désire y faire entendre en vertu de son pouvoir discrétionnaire. Tous les procédés sont autorisés. Ainsi le président peut faire avertir ces personnes par un gendarme, un gardien de la paix, ou un autre témoin de la même affaire. — Cass., 28 avr. 1838, Cochard-Denieures, [P. 42.2.706] — Il peut également les convoquer par le télégraphe ou le téléphone.

2510. — Le plus souvent, ces personnes sont appelées par une citation donnée par huissier à la requête du ministère public. Il importe, alors, que cette citation énonce qu'elle a été donnée par ordre du président en exécution d'une mesure prise par lui en vertu de son pouvoir discrétionnaire. Si cette mention ne figurait pas sur la citation, et si celle-ci indiquait seulement qu'elle a été délivrée à la requête du ministère public, il en résulterait que les personnes ainsi appelées auraient la qualité de témoins ordinaires, et devraient, à peine de nullité, être entendues sous la foi du serment, pour peu que les parties ne se fussent pas opposées et n'eussent pas renoncé à leur audition. — Cass., 11 déc. 1845, Daniel, [P. 46.2.125]; — 29 avr. 1853, Gourgues, [D. 53.5.445]; — 17 sept. 1857, Maurin, [D. 57.1.430]; — 12 janv 1860, Boudal, [D. 60.5.355]; — 11 juin 1875, Jodon, [Bull. crim., n. 188]

2511. — Le président est souverain appréciateur du moment où il doit entendre les personnes appelées en vertu de son pouvoir discrétionnaire; il peut recevoir leurs déclarations depuis l'ouverture des débats jusqu'à l'instant où le jury se retire dans la salle de ses délibérations.

§ 2. Lectures faites par le président.

2512. — Devant la cour d'assises, le débat doit être essentiellement oral. La conviction des jurés ne doit se former que d'après les dépositions orales des témoins. C'est là, avons-nous dit, un principe substantiel (V. suprà, n. 2330 et s.). Le pouvoir discrétionnaire dont est investi le président lui permet d'apporter à cette règle de fréquentes exceptions : l'art. 269, C. instr crim., l'autorise en effet à se faire apporter toutes nouvelles pièces qui lui paraîtraient pouvoir répandre un jour utile sur le fait contesté, et à en donner lecture.

2513. — Sous les législations antérieures (L. 16-29 sept. 1791, C. 3 brum. an IV), on ne pouvait donner lecture aux jurés des déclarations écrites d'un témoin absent, décédé, etc. Cette lecture était rigoureusement proscrite : elle était défendue à peine de nullité des débats. La jurisprudence avait maintenu cette prohibition d'une manière absolue.

2514. — Il en est autrement d'après le Code d'instruction criminelle. La jurisprudence s'est modifiée dans le même sens et, à une défense presque complète, a substitué un droit absolu de lecture (Nouguier, n. 2414). Les nombreux arrêts que nous allons citer feront voir jusqu'où a été, sur ce point, étendu le pouvoir du président.

2515. — Ainsi le président peut, en vertu de son pouvoir discrétionnaire, ordonner la lecture aux débats des dépositions écrites : 1° d'un témoin qui n'a pas été cité pour l'audience. — Cass., 14 sept. 1826, Deschamps, [S. et P. chr.]; — 14 août 1828, Jullian, [P. chr.]; — 16 juin 1831, Ribette, [S. 31.1.389,

P. chr.]; — 27 sept. 1832, Tronc, [P. chr.]; — 3 juill. 1834, Drouin-Lambert, [P. chr.]; — 16 janv. 1836, Gilbert-Bernugat, [P. chr.]; — 28 avr. 1836, Balizoni, [S. 36.1.597, P. chr.]; — 19 janv. 1837, Demangeot, [P. 40.2.131]; — 22 déc. 1842, Marignan, [P. 43.2.71]; — 10 mai 1843, Jenny, [Bull. crim., n. 101]; — 8 févr. 1844, Benoit-Valère, [P. 45.2.457]; — 23 mai 1844, Lefèvre, [Bull. crim., n. 179]; — 27 mars 1845, Lejeune, [S. 45.1.685, P. 45 2.613, D. 45.1.253]; — 9 oct. 1845, Mulot, [P. 46.1.643]; — 7 juill. 1847, Oblette, [P. 47.2.634]; — 18 déc. 1852, Lemarquand, [Bull. crim., n. 410]; — 28 mai 1875, Maillot, [S. 75.1.487, P. 75.1214]; — 17 juin 1876, Pascal et Bouchau, [S. 76.1.482, P. 76.1206, D. 77.1.460]; — 24 janv. 1878, Chanroux, [Bull. crim., n. 23]; — 14 avr. 1881, Laborde, [Bull. crim., n. 104]; — 12 avr. 1888, Moreau [Bull. crim., n. 139]

2516. — ... 2° D'un témoin cité qui n'a pas comparu. — Cass., 30 avr. 1819, Benoît, [S. et P. chr.]; — 20 oct. 1 20, Agostini, [S. et P. chr.]; — 22 mars 1821, Même partie, [S. et P. chr.]; — 7 oct. 1825, Daumont, [P. chr.]; — 25 août 1826, Couraud, [S. et P. chr.]; — 14 août 1828, Jullian, [P. chr.]; — 30 juill. 1836, Beaudet, [P. 37.1.481]; — 15 avr. 1837, Saladini, [P. 38.1.309]; — 6 avr. 1838, Guillaume, [P. 42.2.653]; — 9 févr. 1843, Armand, [S. 43.1.655]; — 24 juin 1847, Pascal, [Bull. crim., n. 138]; — 23 juill. 1867, Turdo, [D. 69.5.381]; — 29 juin 1877, Chiron, [Bull. crim., n. 158]; — 24 janv. 1878, Chauroux, [S. 78.1.333, P. 78.810, D. 78.1.447]; — 22 août 1878, Barré et Lebiez, [S. 78.1 392, P. 78.937, D. 79.1.44]; — 26 déc. 1879, Ravier, [Bull. crim., n. 253]; — 12 avr. 1883, Noël, [Bull. crim., n. 93]

2517. — ... 3° D'un témoin décédé. — Cass., 9. avr. 1818, Cousix, [S. et P. chr.]; — 16 juin 1831, précité; — 6 avr. 1838, précité

2518. — ... 4° D'un témoin atteint d'aliénation mentale. — Cass., 27 nov. 1834, Révoltés de la Grand'Anse (Martinique), [P. chr.]

2519. — ... 5° D'un témoin dont la déclaration n'a été reçue que depuis la comparution de l'accusé pour purger sa contumace. — Cass., 23 janv. 1812, Raffier, [S. et P chr.]

2520. — ... 6° De témoins étrangers absents, lorsque leurs dépositions ont été traduites par un interprète-juré. — Cass., 19 janv. 1883, [J. Le Droit du 20 janv. 1883]

2521. — ... 7° De témoins, mineurs de quinze ans. Le président n'est pas tenu, en pareil cas, d'avertir le jury que la déposition de ces enfants n'a pas été faite sous la foi du serment et n'a la valeur que de simples renseignements. — Cass., 9 août 1894, Mazal-Abd-lkader-ould-Ali, [Bull. crim., n. 222] — V. suprà, n. 1997 et s.

2522. — Le président peut encore, en vertu de son pouvoir discrétionnaire, donner lecture de la déclaration écrite d'un témoin dont la loi défend l'audition. — Cass., 16 avr. 1840, Bergonnier, [S. 40.1.381, P. 41.1.615]; — 27 mars 1845, Lejeune, [S. 45.1.685, P. 45.2.613, D. 45.1.263] — V. suprà, n. 2024 et s., 2478 et s.

2523. — En conséquence, il peut lire la déclaration faite par : 1° la femme de l'un des accusés. — Cass., 23 juin 1832, Veron, [P. chr.]

2524. — ... 2° Par le père de l'accusé. — Cass., 28 janv. 1825, Sauvario, [S. et P. chr.]

2525. — ... 3° L'enfant de l'accusé. — Cass., 26 mai 1831, Gilbert-Dupont, [S. 31.1.360, P. chr.]; — 29 nov. 1838, Bourdolle, [P. 39 1.269]; — 24 juill. 1841, Zeller, [P. 42.2.676]; — 12 janv. 1882, Arthaud, [Bull. crim., n. 18]; — 27 nov. 1890, Malapert, [Bull. crim., n. 236]

2526. — ... 4° Le frère de l'accusé. — Cass., 10 sept. 1835, Blard, [S. 36.1.151, P. chr.]

2527. — ... Surtout lorsqu'il n'y a aucune opposition de la part de l'accusé. — Cass., 23 déc. 1826, Heurtaux et Dagnet, [S. et P. chr.]

2528. — Mais il en serait ainsi alors même que l'accusé se serait, à l'audience, opposé à l'audition de ces témoins. — Cass., 12 janv. 1882, précité

2529. — On s'est demandé si, lorsqu'une copie incomplète des pièces de la procédure a été remise à un accusé, le président peut donner lecture d'une déposition de témoin qui n'était pas comprise dans la copie remise à l'accusé. Ce droit lui appartient en principe; la disposition de l'art. 305, C. instr. crim., n'est pas, en effet, prescrite à peine de nullité, et le président, en ordonnant la lecture de cette déposition, n'a fait qu'user de son pouvoir discrétionnaire que lui attribuent les art. 268 et 269 du même Code. Si l'accusé se borne à signaler l'omission de cette pièce dans la copie qu'il a reçue, on peut réparer cette omission en lui en faisant immédiatement donner copie, et les débats pourront continuer, à défaut d'aucune observation nouvelle de la part de l'accusé. Si, au contraire, celui-ci conclut au renvoi de l'affaire à une autre session, ce renvoi doit être ordonné, à peine de la nullité des débats. — Cass., 17 janv. 1889, Monville, [*Bull. crim.*, n. 15]

2530. — Ce n'est pas seulement les déclarations écrites des témoins que le président peut lire en vertu de son pouvoir discrétionnaire. Il peut également donner lecture des autres pièces du dossier.

2531. — Ainsi le président peut donner lecture : 1° des interrogatoires des accusés présents. — Cass., 3 sept. 1812, Perrosset, [S. et P. chr.]; — 30 mai 1818, Bastide et autres, [S. et P. chr.]; — 22 juin 1820, Terrein et autres, [S. et P. chr.]; — 15 avr. 1837, Saladini, [P. 38.1.309]; — 7 janv. 1886, Tarrit, [*Bull. crim.*, n. 4]

2532. — ... 2° De l'interrogatoire d'un coaccusé décédé. — Cass., 14 août 1817, Sentis, [S. et P. chr.]; — 15 avr. 1814, Pigeonnat, [S. et P. chr.]; — 4 nov. 1830. De'annoy, [S. 31.1. 366, P. chr.]; — 13 mai 1886, Chalon, [*Bull. crim.*, n. 173]

2533. — Et cette lecture peut être ordonnée, bien que le magistrat devant qui l'accusé a subi cet interrogatoire soit appelé comme témoin. Il n'y a pas, dans ce cas, violation du débat oral, la pièce dont le président a donné lecture ne contenant pas une déposition faite par ce magistrat, mais uniquement l'interrogatoire de ce coaccusé. — Cass., 13 mai 1886, précité.

2534. — ... 3° De l'interrogatoire d'un coaccusé qui a bénéficié d'une ordonnance de non-lieu ou qui a été précédemment acquitté. — Cass., 10 janv. 1817, Rey, [S. et P. chr.]; — 10 oct. 1817, Gueudet, [S. et P. chr.]; — 27 juin 1823, Berthe. [S. et P. chr.] — 10 avr. 1828, Lebourgeois, [S. et P. chr.]; — 30 juill. 1829, Gosse, [P. chr.]

2535. — ... Même si l'accusé dont l'interrogatoire est lu, se trouve être parent au degré prohibé de l'accusé présent. — Mêmes arrêts. — V. *supra*, n. 2522 et s.

2536. — Cette solution s'impose dès lors qu'on reconnaît au président le droit d'entendre, dans une déposition orale, en vertu de son pouvoir discrétionnaire, les parents de l'accusé au degré prohibé. — V. *supra*, n. 2478 et s.

2537. — Le président peut encore donner lecture aux jurés des procès-verbaux dressés par le juge d'instruction et par le procureur de la République (procès-verbaux qui, dans les débats oraux, ne sont considérés que comme des renseignements, encore bien qu'on y trouve consignés les déclarations des enfants de l'accusé. — Cass., 24 juill. 1841, Zeller, [P. 42.2.676]

2538. — Le procès-verbal de vérification d'armes trouvées sur le lieu du crime et de la confrontation d'un témoin peut être lu à l'audience. — Cass., 6 févr. 1832, Faure, [P. chr.]

2539. — Jugé, également, que le président peut donner lecture d'un rapport d'expert. — Cass., 7 oct. 1825, Daumont, [P. chr.] — Bruxelles, 27 sept. 1821, Botte, [P. chr.]; — 28 oct. 1831, N..., [P. chr.]

2540. — ... Du procès-verbal de confrontation de l'accusé avec un témoin. — Cass., 10 juill. 1863, de Colongeon, [S. 63. 1.509, P. 64.274, D. 63.5.104]

2541. — ... Que ne viole pas le principe d'après lequel le débat devant la cour d'assises doit être oral, le président qui, avant la déposition d'un témoin, donne lecture d'un procès-verbal de transport contenant une mention relative aux renseignements fournis succinctement par ce témoin (un médecin) au juge d'instruction; que cette mention, en effet, n'a pas le caractère d'une déposition de témoin, et ne relate aucune circonstance essentielle à l'accusation. — Cass., 28 mars 1889, Pamby, [*Bull. crim.*, n. 132]

2542. — ... Que reste dans les limites de son pouvoir discrétionnaire et ne viole pas le principe d'après lequel le débat devant la cour d'assises doit être oral, le président qui, dans le but de rendre plus précise la déposition d'un témoin, donne lecture, avant la déposition d'un gendarme, non d'une déposition écrite faite par celui-ci au cours de l'instruction, mais de certains passages d'un procès-verbal qu'il a dressé, et qui contiennent l'indication de diverses mesures et distances prises sur les lieux. — Cass., 17 oct. 1885, Gilhodes, [*Bull crim.*, n. 267]

2543. — ... Qu'aucun article du Code d'instruction criminelle

n'interdit la lecture, à l'audience, des certificats délivrés à l'accusé, lorsqu'ils peuvent contribuer à l'éclaircissement des faits de la cause. — C. d'ass. d'Ille-et-Vilaine, 11 nov. 1824, Roussel, [P. chr.]

2544. — ... Que le président peut également lire, à l'audience, des lettres de l'accusé, jointes à la procédure, ces lettres eussent-elles un caractère confidentiel. — Cass., 22 oct. 1891, Bessède, [*Bull. crim.*, n. 198]

2545. — Les pièces dont le président peut donner lecture à l'audience ne sont pas seulement celles de l'affaire même dont l'instruction se poursuit et qui composent le dossier proprement dit de cette affaire. Il peut également lire des pièces empruntées à une instruction supplémentaire. — Cass., 16 nov. 1844, Perrin, [*Bull. crim.*, n. 376]; — 18 janv. 1855, Giovacchini, [S. 55.1.153, P. 55.1.487] — V. *supra*, n. 719 et s.

2546. — Si l'instruction supplémentaire est irrégulière pour avoir été faite, non par le président des assises, mais par un magistrat incompétent, les pièces qui la composent pourront encore être lues à l'audience, mais à la condition qu'il ait été déclaré soit par une ordonnance du président, soit par un arrêt de la cour, que ces pièces n'étaient produites aux débats qu'à titre de renseignements. — Cass., 6 sept. 1883, Houy et Capelle, [*Bull. crim.*, n. 233] — *Sic*, Nouguier, n. 2437 et s.

2547. — Il est également permis au président de lire : 1° des pièces produites pour la première fois au cours des débats; 2° des pièces extraites d'une autre procédure.

2548. — Des procès-verbaux peuvent être produits pour la première fois dans le cours des débats, sans qu'il en résulte une nullité, si l'accusé a eu la faculté de proposer contre les inductions que le ministère public en a tirées, tous les moyens justificatifs qu'il a jugés convenables. — Cass., 25 juin 1819, Pyot, [S. et P. chr.]

2549. — De même, le président de la cour d'assises peut, en vertu de son pouvoir discrétionnaire, autoriser, même après la réplique du ministère public, la lecture d'une pièce nouvelle, et dont le défenseur de l'accusé n'a pas eu communication. — Cass., 2 avr. 1846, Boyaud, [P. 47.1.561, D. 46.4.127]; — 7 janv. 1892, Jonneau, [*Bull. crim.*, n. 4] — Aucune disposition de loi n'exige, pour qu'il soit, dans tel cas, la communication préalable : la communication immédiate est pleinement suffisante pour mettre la défense en mesure, quelque soit l'état du débat, soit d'apprécier la pièce produite et de la débattre, soit de fonder sur sa production inopinée et postérieure au départ des témoins, une demande de renvoi de l'affaire à un des jours suivants. — Cass., 7 janv. 1892, précité.

2550. — L'art. 269, qui permet la lecture, à l'audience, de toute pièce pouvant éclairer la cause, est général et applicable même aux lettres missives adressées par un fils à son père. — Cass., 27 mars 1833, Charbonnel, [P. chr.]

2551. — Le président de la cour d'assises peut aussi, en vertu de son pouvoir discrétionnaire, autoriser la lecture, dans le cours des débats, d'une lettre de l'accusé interceptée à la prison, quand, d'ailleurs, cette lettre a été représentée à l'accusé lors de son interrogatoire, qu'elle est demeurée jointe à la procédure, et que le défenseur a pu en prendre connaissance. — Cass., 16 mars 1866, Oursel, [S. 67.1.43, P. 67.65, D. 66.1.359]

2552. — De même, des lettres qui, du propre mouvement du défenseur de l'accusé, ont été représentées à l'un des témoins afin qu'il pût en connaître l'écriture, sont ainsi devenues pièces au procès, et dès lors le président a pu, en vertu de son pouvoir discrétionnaire, en faire donner lecture. — Cass., 15 oct. 1847, d'Ecqueville, [S. 48.1.301, P. 47.2.727, D. 47.1.338]

2553. — Le président peut encore donner lecture d'une lettre d'une personne non assignée, ni entendue dans l'instruction écrite. — Cass., 26 déc. 1839, Jourdain, [P. 46.1.495]

2554. — Le président peut, également, en vertu de son pouvoir discrétionnaire, et sans que le droit de la défense en reçoive atteinte, donner lecture pour la première fois à l'audience d'une dépêche d'un agent français à l'étranger contenant des renseignements sur l'accusé. — Cass., 12 mai 1855, Pianori, [S. 55 1.398, P. 55.2.377]

2555. — Le président peut enfin emprunter des pièces à une procédure étrangère à l'affaire, et les lire à l'audience. Ainsi il peut donner lecture de dépositions de témoins extraites de cette procédure. — Cass., 7 févr. 1833, Hüe, [S. 33.1.592, P. chr.]; — 17 févr. 1843, Besson, [S. 43.1.226, P. 43.2.539]; — 25 nov. 1843, Legonidec, [*Bull. crim.*, n. 291]; — 18 févr. 1864,

Masson, [*Bull. crim.*, n. 43]; — 22 avr. 1886, Michelet, [*Bull. crim.*, n. 162]

2556. — Il peut notamment donner lecture de la déposition de témoins entendus au cours de l'information d'un procès criminel dans lequel l'accusé a été acquitté. — Cass., 26 déc. 1885, Vigiès, [*Bull. crim.*, n. 370]

2557. — De même, le président de la cour d'assises ne porte aucune atteinte au principe du débat oral, en donnant lecture aux débats d'un arrêt de la même cour qui a précédemment condamné l'accusé à la réclusion. — Cass., 28 mars 1829, Chauvière, [*Bull. crim.*, n. 268].

2558. — Le président de la cour d'assises peut aussi, à titre de renseignement sur l'accusé, donner lecture, dans le cours des débats, d'une déclaration du jury d'après laquelle il n'a été acquitté, dans un précédent procès criminel, que par suite d'un partage d'opinions de six voix contre six. Une telle lecture ne porte aucune atteinte au droit de défense, et ne peut faire réfléchir sur le nouveau procès la nullité dont la première déclaration du jury aurait été entachée à raison de l'énonciation du nombre de voix (C. instr. crim., art. 268). — Cass., 7 janv. 1836, Lefrancois, [S. 36.1.526, P 36.900]

2559. — Lorsque des pièces nouvelles sont ainsi produites pour la première fois au cours des débats, le président peut en donner lecture sans qu'elles aient été, au préalable, communiquées à la défense. Elles sont ainsi portées à la connaissance de l'accusé et de son conseil. Il suffit qu'ils puissent ensuite en prendre communication, s'ils le désirent. — Cass., 7 juin 1889, Amor ben-Ahmed, [*Bull. crim.*, n. 213]

2560. — Des nombreux documents de jurisprudence que nous venons de citer, il résulte que le président peut, à l'audience, donner lecture de toutes les pièces qu'il juge utiles à la manifestation de la vérité. Son pouvoir a cependant une limite en ce qui concerne les dépositions écrites des témoins cités, notifiés et *comparant*. Quant à eux, la lecture de leurs dépositions ne peut avoir lieu qu'après qu'ils ont déposé oralement. Il y aurait nullité si la lecture précédait la déposition à l'audience. — Cass., 26 oct. 1820, Orticoni et Graziani, [S. et P. chr.]; — 7 avr. 1836, Dehaut, [S. 36.1.704, P. chr.]; — 24 avr. 1840, Mirebeau, [*Bull. crim.*, n. 118]; — 28 déc. 1860, Labbé, [P. 62.71, D. 61.1.336]; — 22 janv. 1862, Aldel-Kader-Ben-Amour, [D. 63.5.370]; — 12 déc. 1867, Barieu, [S. 68.1.319, P. 68.801]; — 14 févr. 1868, Germain, [*Bull. crim.*, n. 41]; — 20 févr. 1874, Julien, [*Bull. crim.*, n. 60]; — 18 juin 1874, Martin, [D. 75.5. 420]; — 1er juill. 1880, Solvet, [*Bull. crim.*, n. 137]; — 22 juill. 1880, Sainte, [*Ibid.*]; — 7 sept. 1882, Fenayrou, [S. 82.1.438, P. 82.1.1068, D. 82.1.481]; — 26 déc. 1884, Micas, [*Bull. crim.*, n. 351]; — 4 août 1887, Amar-Naït-Hammaï, [*Bull. crim.*, n. 298]; — 29 déc. 1887, Campos, [*Bull. crim.*, n. 450]; — 19 mars 1896, [*Gaz. des Trib.*, 26 mars 1896] — Sic, Bourguignon, *Jurispr. C. crim.*, t. 2, p. 44; Carnot, *Instr. crim.*, t. 2, p. 349, n. 6; Nouguier, n. 2420; Rodière, *Proc. crim.*, p. 246.

2561. — Si, par suite d'une similitude de nom entre deux témoins, il a été, par erreur, et avant la déposition orale à l'audience, donné lecture de la déclaration écrite du témoin cité, notifié et présent, au lieu de celle du témoin homonyme qui n'avait pas été cité, cette lecture, bien qu'elle ait été le résultat d'une méprise, n'en constitue pas moins une violation du principe essentiel que le débat doit être oral, et doit, par suite, entraîner la nullité des débats. — Cass., 29 déc. 1887, précité; — 24 mars 1892. David, [*Bull. crim.*, n. 84]

2562. — Cette règle est applicable aussi bien devant les cours d'assises des colonies que devant celles de la métropole. — Cass., 10 mai 1894, Totil, [*Bull. crim.*, n. 125]

2563. — Mais une personne qui n'a été citée ni par le ministère public ni par la défense, et qui n'est entendue qu'en vertu du pouvoir discrétionnaire du président et à titre de simple renseignement, n'est pas un témoin acquis aux débats; dès lors le président peut, sans contrevenir à la règle du débat oral, lire, avant d'entendre cette personne, la déposition écrite faite par elle au cours de l'instruction. — Cass., 9 août 1888, Bussac, [*Bull. crim.*, n. 271] — *Contra*, Cass., 12 déc. 1867, précité.

2564. — Au surplus, la lecture, donnée à l'audience, de la déclaration écrite d'une personne ne met pas obstacle à ce que cette personne soit ensuite entendue. Cette situation peut se produire dans plusieurs hypothèses différentes : 1° la personne dont la déclaration a été lue est un témoin cité pour l'audience ; il n'a pas répondu à l'appel de son nom : sa déposition a été

lue. Si, avant la clôture des débats, ce témoin se présente, il devra être entendu oralement sous la foi du serment. — Cass., 29 mars 1832, Vidal, [S. 32.1.857, P. chr.]; — 28 févr. 1857, Hermel, [S. 58.1.92, P. 58 485, D. 57 1.410]; — 22 août 1878, Barré et Lebiez, [S. 78. 1.392, P. 78.957, D. 79.1.44]

2565. — 2° La personne dont la déclaration écrite a été lue ne figurait pas sur la liste des témoins : elle n'avait pas été citée. Si, ultérieurement, on reconnaît la nécessité d'appeler cette personne, elle pourra être entendue. Elle le sera à titre de simple renseignement, et sans prestation de serment, si elle a été convoquée en vertu du pouvoir discrétionnaire du président. — Cass., 14 juill. 1833, Grégoire, [D. 53.5.143]; — 8 août 1873, Ahmed-bou-Mezrag, [*Bull. crim.*, n. 224]

2566. — Mais si, au contraire, elle a été citée par l'une des parties et notifiée à l'autre, elle devient un véritable témoin et devra, dès lors, être entendue avec serment. Cette audition ne peut avoir pour effet d'entacher de nullité l'usage régulier, précédemment fait, du pouvoir discrétionnaire du président. — Cass., 24 janv. 1878, Chauroux et Touzet, [S. 78.1.333, P. 78. 810, D. 78.1.44]

2567. — Le président est absolument libre dans le choix du moment qu'il croira le plus opportun pour faire la lecture de telle ou telle pièce. Il peut faire cette lecture depuis l'ouverture des débats jusqu'au moment où le jury va se retirer dans la salle de ses délibérations. — Cass., 22 févr. 1894, Miguiere, [*Bull. crim.*, n. 50]

2568. — Il peut notamment lire, devant un témoin ayant prêté serment, mais qui n'a pas encore déposé, la déposition faite devant le juge d'instruction par un témoin défaillant à l'audience. En effet si, d'après les art. 316 et 317, C. instr. crim., les témoins doivent être entendus séparément, cette prescription n'est point édictée à peine de nullité. — Cass., 29 juill. 1880, Bezier, [*Bull. crim.*, n. 280] — V. *supra*, n. 2426.

2569. — C'est au président seul qu'appartient le droit de lire, en vertu de son pouvoir discrétionnaire, la déclaration, les interrogatoires et les autres pièces du procès dont la connaissance est nécessaire à la manifestation de la vérité.

2570. — Mais il n'est pas nécessaire que la lecture soit faite par le président lui-même ; il peut la faire faire par une autre personne, par exemple, un assesseur ou le greffier. — Cass., 26 juin 1879, Declercs, [S. 80.1.288, P. 80.653]

2571. — De même, la lecture de la déposition d'un témoin décédé, ordonnée en vertu du pouvoir discrétionnaire du président (V. *supra*, n. 2517), peut être faite par le procureur général sur l'invitation du président. — Cass., 1er juill. 1837, Tranchant, [S. 38.1.916, P. 42.2.637]

2572. — Il peut aussi autoriser les parties à faire des lectures de pièces ; cette autorisation n'a pas besoin d'être expresse ; elle peut être tacite : elle résulte notamment de ce que le président a laissé, sans s'y opposer, le ministère public ou la défense donner lecture d'une pièce.

2573. — Jugé que le président de la cour d'assises peut autoriser le ministère public, en vertu de son pouvoir discrétionnaire, et à titre de simples renseignements, à lire les déclarations écrites de témoins qui n'ont point été cités. — Cass., 16 juin 1831, Ribette, [S. 31.1.380, P. chr.]

2574. — .. que lorsque le ministère public donne lecture d'une pièce à l'audience, il est réputé en avoir reçu l'autorisation : que la lecture faite ainsi avec le consentement tacite du président doit être considérée comme ayant été autorisée par ce magistrat en vertu de son pouvoir discrétionnaire. — Cass., 24 juill. 1841, Zeller, [P. 42.2.676]; — 14 avr. 1881, Laburde, [*Bull. crim.*, n. 104]; — 7 janv. 1886, Tarrit, [*Bull. crim.*, n. 4]

2575. — Il a même été jugé que la lecture faite par le ministère public, sans autorisation du président, d'une lettre relative à un accusé, lettre qui lui a été adressée pendant le cours des débats, ne peut donner lieu à cassation de l'arrêt, surtout lorsque le président ni la cour n'ont interdit la lecture de cette lettre, et que l'accusé a donné acte du sujet toutes les explications qu'il a jugées utiles à sa défense. — Cass., 4 nov. 1836, Horner, [P. 37.2.88]; — 30 juill. 1847, Vieux-Pernon, [P. 47.2.616]

2576. — L'autorisation donnée par le président à un témoin de lire pendant le cours de sa déposition une lettre qui lui a été adressée doit être considérée comme émanée de l'exercice légal du pouvoir discrétionnaire, bien que le procès-verbal ne le mentionne point, et que cette autorisation ne soit constatée que par l'arrêt qui a donné acte aux accusés de faits formant l'objet de conclusions de leur part. — Cass., 22 janv. 1841, Raynal et Puel, [P. 42.1.262]

2577. — Le président, qui peut ordonner la lecture de la déclaration d'un témoin ou de toute autre pièce, peut aussi la refuser. — Cass., 22 sept. 1827, Provost, [S. et P. chr.] — L'exercice d'un tel pouvoir échappe à tout contrôle.

2578. — La décision par laquelle le président interdit la lecture aux débats de telle pièce a pour conséquence nécessaire l'interdiction pour les parties de la discuter. — Cass., 10 déc. 1860, Vincent, [Bull. crim., n. 292]

2579. — La lecture est pour le président une faculté et non une obligation; il n'est obligé d'en faire aucune.

2580. — Ainsi, l'accusé ne peut tirer un moyen de cassation de ce que le président n'a pas lu à l'audience la déposition d'un témoin cité et non comparant. — Cass., 12 avr. 1883, Noël et autres, [Bull. crim., n. 93]; — 31 juill. 1884, Jannest Saint-Hilaire, [Bull. crim., n. 254]; — 5 févr. 1885, Allard, [Bull. crim., n. 50]

2581. — De même lorsqu'un témoin, absent à l'audience, a été entendu plusieurs fois dans le cours de l'instruction écrite, le président peut, en vertu de son pouvoir discrétionnaire, donner lecture de l'une seulement de ces dépositions. Rien ne l'oblige à faire un plus ample usage de son pouvoir discrétionnaire, et à lire toutes les dépositions d'un même témoin. — Cass., 15 nov. 1888, Bordet, [Bull. crim., n. 325]

2582. — Ainsi encore, il n'y a point nullité des débats d'une cour d'assises par cela qu'on aurait omis de lire aux jurés quelques procès-verbaux dressés dans le cours de l'affaire. — Cass., 29 mai 1817 Laporte, [P. chr.]; — 4 nov. 1830, Netter et autres, [S. 31.1.366, P. chr.]; — 27 janv. 1838, Costat, [P. 40.1.209]

2583. — Le pouvoir de faire, d'autoriser ou de défendre les lectures de pièces est essentiellement personnel au président. La cour d'assises ne peut pas intervenir pour l'exercer à sa place ou pour l'entraver. C'est là une règle que nous avons déjà examinée lorsque nous avons étudié la nature du pouvoir discrétionnaire du président. — V. suprà, n. 1396 et s.

2584. — Il a été jugé, sur le point spécial qui nous occupe, que le président ne peut renoncer ni expressément, ni tacitement à son pouvoir discrétionnaire. — Cass., 30 déc. 1831, Tapiau, [P. chr.]

2585. — ... Qu'en conséquence, il y a nullité des débats et de tout ce qui a suivi, lorsque le président a ordonné la lecture de la déclaration écrite d'un témoin absent, non en vertu de son pouvoir discrétionnaire et en prévenant les jurés que ce n'était qu'à titre de renseignement, mais seulement en exécution d'un arrêt de la cour d'assises rendu par suite d'un accord entre le ministère public et l'accusé, et sans qu'il ait été donné aucun avertissement au jury. — Cass., 22 sept. 1831, Imbert, [S. 32.1.113, P. chr.]

2586. — ... Que la cour ne peut, même avec le consentement de son président, ordonner, sans réquisition aucune, la lecture de la déposition écrite d'un témoin décédé, ni statuer sur la demande du défenseur tendant à ce que la déposition d'un témoin soit interrompue par la lecture de pièces émanées de lui. — Cass., 14 févr. 1835, Moine et Boisnier, [S. 35.1.289, P. chr.]

2587. — ... Que lorsque, à la suite d'un arrêt de cour d'assises décidant que, nonobstant l'absence de quatre témoins, il sera passé outre aux débats, et qu'il sera donné lecture des dépositions écrites de ces témoins, le président a fait procéder à cette lecture, si, dans le procès-verbal d'audience, il n'est pas énoncé que l'arrêt intervenu sur l'incident a réservé au président le droit de ne se conformer à sa disposition qu'autant qu'il le jugerait convenable, et si d'ailleurs rien n'indique que la lecture ordonnée par l'arrêt a eu lieu, non par suite de l'injonction qu'il renferme, mais en vertu d'une inspiration spontanée, il y a nullité de l'arrêt et des débats. — Cass., 27 avr. 1837, Vincent, [P. 38.1.445] — V. aussi Cass., 22 févr. 1894, Miguierre, [Bull. crim., n. 50]

2588. — Rappelons enfin que le président doit avertir les jurés qu'ils ne peuvent considérer les déclarations, interrogatoires et pièces dont il donne lecture que comme de simples renseignements. — Cass., 25 août 1826, Couraud, [S. et P. chr.]; — 14 sept. 1826, Deschamps, [S. et P. chr.]; — 14 août 1828, Jullian, [P. chr.]; — 22 sept. 1831, précité; — 16 avr. 1840, Bergonnier, [S. 40.1.381, P. 41.1.613]

2589. — Mais cet avertissement n'est pas prescrit à peine de nullité : la Cour de cassation décide d'une manière constante que le président n'a pas besoin d'avertir le jury qu'il fait telle lecture en vertu de son pouvoir discrétionnaire; « celui-ci se manifeste par son exercice même ». — Cass., 3 juill. 1834, Droin-Lambert, [P. chr.]; — 16 janv. 1836, Gilbert-Bernugat, [S. 36.1.223, P. chr.]; — 30 janv. 1851, Gothland, [S. 51.1.72, P. 51.1.287]; — 18 janv. 1855, Telme, [S. 55.1.150, P. 55.1.608, D. 55.5.434]; — 18 mai 1855, Moreau, [S. 65.1.683, P. 55.2.592]; — 20 sept. 1855, Nivollet, [S. 55.1.864, P. 56.1.324, D. 55.1.414]; — 28 déc. 1860, Labbé, [P. 62.71]; — 2 déc. 1871, Brunet, [S. 72.1.250, P. 72.579, D. 72.1.428]; — 25 août 1887, Bouis, [Bull. crim., n. 323] — V. anal. suprà, n. 2100.

2590. — La disposition de l'art. 319, C. instr. crim., d'après laquelle le président de la cour d'assises doit demander à l'accusé, après chaque déposition de témoin, s'il a quelque chose à répondre (V. suprà, n. 2389 et s.), n'est applicable qu'aux dépositions faites oralement, et non aux dépositions écrites dont il est donné lecture aux débats. — Cass., 28 avr. 1843, Le Divehat, [S. 43.1.741, P. 43.2.389]

CHAPITRE XII.

CONTINUITÉ ET SUSPENSION DES DÉBATS.

2591. — « L'examen et les débats une fois entamés devront être continués sans interruption et sans aucune espèce de communication au dehors, jusqu'après la déclaration du jury inclusivement ». Telle est la règle établie par l'art. 353, C. instr. crim.

2592. — L'art. 418 du Code de brumaire portait une disposition semblable.

2593. — Elle a un double but : 1° hâter l'instruction et lui maintenir le plus d'unité possible, de manière que les jurés en saisissent plus facilement l'ensemble; 2° garantir les jurés contre les influences extérieures et empêcher que celles-ci ne viennent modifier l'opinion qui était, pour eux, résultée des débats.

2594. — Il a d'ailleurs été jugé que l'art. 353, C. instr. crim., qui veut que les débats entamés ne soient pas suspendus, n'est pas prescrit à peine de nullité. — Cass., 23 mars 1820, Jean Durand, [P. chr.]

§ 1. Suspension et interruption des débats.

2595. — La continuité des débats est le vœu de la loi; mais cette règle ne peut être absolue; il n'est pas possible, en effet, que dans toutes les affaires, surtout dans les affaires longues, devant durer plusieurs jours, il soit procédé, sans suspension d'audience, à l'interrogatoire des accusés, à l'audition des témoins, aux plaidoiries, etc. Aussi notre art. 353 a-t-il apporté à la règle un tempérament, a-t-il permis au président de « suspendre les débats pendant les intervalles nécessaires pour le repos des juges, des jurés, des témoins et des accusés. »

2596. — Il ne faut pas confondre l'interruption avec la suspension des débats; la première est défendue; la seconde est autorisée. La suspension n'est que l'ajournement à une autre heure ou à un autre jour de la suite des débats, sans que, pendant cet ajournement, il soit procédé à un acte étranger à l'affaire. L'interruption, au contraire, suppose que la cour d'assises, pendant cet ajournement, s'occupe d'une autre affaire, vaque à des actes ne se rattachant pas aux débats, délaisse en un mot l'affaire commencée pour procéder à quelque acte qui lui soit étranger. C'est là ce que la loi a voulu interdire.

2597. — Ainsi, il y aurait bien certainement nullité des débats, si, dans l'intervalle des séances consacrées à une même affaire, la cour d'assises en jugeait une autre. — Carnot, Instr., sur l'art. 353, n. 2.

2598. — De même, il a été jugé qu'un président excède ses pouvoirs lorsque, pendant les débats, et sur l'imputation faite au défenseur de l'accusé d'avoir voulu le trahir pour de l'argent, il ordonne que les témoins seront de suite entendus et se permet, après enquête, de le réprimander. — Cass., 24 janv. 1806, Baboie, [P. chr.]

2599. — Mais la Cour de cassation a jugé que : 1° la réception du serment d'un garde forestier entre deux séances de la cour d'assises, dans l'intervalle consacré au repos des juges, des jurés, des témoins et des accusés, ne peut pas être considérée comme une interruption des débats opérant nullité. — Cass., 22 nov. 1832, Royère [P. chr.]

2600. — ... 2º Que les magistrats, assesseurs à la cour d'assises, peuvent, pendant une suspension d'audience régulièrement prononcée, siéger aux audiences ordinaires de la chambre ou du tribunal dont ils font partie, sans qu'il en résulte l'interruption prohibée par l'art. 353, C. instr. crim. — Cass., 31 janv. 1867, [Bull. crim., n. 21]

2601. — ... 3º Et même qu'il n'y a pas interruption des débats lorsque, dans l'intervalle d'une suspension régulièrement prononcée, la cour, avant de reprendre son audience, a fait, par l'organe de son président, un simple prononcé d'arrêt sur requête, qu'elle a par exemple ordonné, sur la requête d'une partie, qu'un fusil lui appartenant et déposé au greffe dans une affaire antérieurement jugée, lui serait remis. — Cass., 19 avr. 1849, Leguet et autres, [P. 50.1.398, D. 49.5.74]

§ 2. Qui ordonne les suspensions.

2602. — Aux termes de l'art. 353, c'est au président qu'il appartient d'apprécier s'il y a lieu de suspendre les débats. — Cass., 13 mai 1856, [Bull. crim., n. 173]

2603. — C'est là une mesure d'ordre qui rentre exclusivement dans son pouvoir discrétionnaire. Il est de principe que le président des assises, en vertu de son pouvoir discrétionnaire, a seul le droit de déterminer le *moment* et *la durée* des intervalles nécessaires pour le repos de ceux qui prennent part aux débats. — Cass., 9 sept. 1819, Robardet, [P. chr.]; — 18 janv. 1821, Leroux, [S. et P. chr.]; — 22 mars 1821, Agostini, [S. et P. chr.]; — 1er avr. 1830, Martial, [S. et P. chr.]; — 23 juin 1831, Comité, [P. chr.]; — 27 juin 1833, Brette, [P. chr.]; — 4 nov 1836, Horner, [S. 37.1.988, P. 37.2.88]; — 7 juill. 1847, [Bull. crim., n. 154]; — 3 oct. 1878, Citerne, [S. 80.1.96, P. 80.191]; — 12 avr. 1883, [Bull. crim., n. 93]

2604. — Le président n'est pas tenu de consulter l'accusé et son défenseur sur l'opportunité de la suspension. — Cass., 3 oct. 1878. précité.

2605. — Si, à l'occasion d'une suspension d'audience ordonnée ou refusée par le président, un incident contentieux vient à surgir, la cour d'assises doit intervenir, mais elle ne peut que constater qu'elle n'a pas à statuer, la mesure dont il s'agit rentrant dans l'exercice du pouvoir discrétionnaire. — V, supra, n. 1411 et 1412.

2606. — Rien ne s'oppose toutefois à ce que le président, avant de fixer le moment et la durée de la suspension, consulte ses collègues ou les jurés. — Cass., 4 nov. 1836, précité.

2607. — L'audience peut être suspendue de fait, bien que la suspension n'ait pas été régulièrement ordonnée par le président, lorsqu'un juré est sorti momentanément de l'audience entre deux dépositions de témoins. — Cass., 30 déc. 1886, [Bull. crim., n. 443]

§ 3. Causes des suspensions.

2608. — L'art. 353 indique comme cause de suspension le repos des juges, des jurés, des témoins et des accusés. Ce texte n'est pas limitatif. Les débats peuvent être suspendus pour d'autres motifs, pour toutes circonstances particulières et imprévues que le président apprécie dans sa conscience. — Cass., 22 mars 1821, précité.

2609. — Le président peut, en conséquence, suspendre les débats à raison : 1º de l'indisposition subite du défenseur de l'accusé. — Cass., 12 avr. 1832, Doumal, [P. chr.]

2610. — ... 2º De l'absence de personnes appelées en vertu du pouvoir discrétionnaire. — Cass., 27 juin 1833, précité.

2611. — ... Pour faire rechercher et apporter à l'audience les pièces à conviction. — Cass., 16 oct. 1850, Dubosc, [D. 50.5.101]

2612. — ... Pour permettre à un témoin, habitant au loin et cité seulement la veille, d'arriver au siège de la cour d'assises. — Cass., 13 mai 1886, précité.

§ 4. Moment des suspensions.

2613. — L'art. 353 dit que le président pourra suspendre l'examen et les débats *une fois entamés*. Il en résulte que les

suspensions peuvent être ordonnées à tous les moments de l'examen et des débats.

2614. — Mais il ne faudrait pas en conclure que la suspension ne peut pas avoir lieu avant ou après les débats.

2615. — C'est ainsi que nous avons déjà vu (suprà, n. 1086 et s.) qu'on peut séparer le tirage au sort du jury de jugement de l'ouverture des débats par une ou plusieurs heures; qu'on peut tirer au sort, dès le début de l'audience, les jurys des deux affaires d'une même journée et ne commencer l'examen de la seconde affaire qu'après le jugement de la première.

2616. — De même, la suspension peut avoir lieu après l'examen et les débats. Ainsi, il a été jugé qu'aucun article du Code ne prohibe la suspension de la séance entre la clôture du débat et la déclaration du jury. — Cass-., 11 avr. 1817, Jean-Marie-Verdier, [S. et P. chr.]

2617. — Le président peut même suspendre l'audience après les réquisitions du ministère public pour l'application de la peine et après les observations de l'accusé et de son conseil, et renvoyer au lendemain le prononcé de l'arrêt. — Cass., 16 févr. 1850, Touzard, [D. 50.5.96]

§ 5. Durée des suspensions.

2618. — Le président des assises, qui peut suspendre l'audience quand il le juge convenable, a également toute latitude pour fixer la durée des suspensions. La loi s'en est rapportée à la prudence du président de la cour d'assises, pour l'appréciation de la nécessité de suspendre l'audience afin de donner aux jurés, accusés, etc., le repos indispensable, et elle n'a point fixé la durée de ces suspensions. — Cass., 23 juin 1831, Comité, [P. chr.]

2619. — L'accusé ne saurait donc se plaindre de ce que les débats ont été suspendus pendant plusieurs heures. — Cass., 5 sept. 1811, Gros, [S. et P. chr.]; — 16 janv. 1812, Sturm, [S. et P. chr.]; — 13 oct. 1812, Gauthier, [S. et P. chr.]

2620. — ... Depuis huit heures jusqu'à midi, — Cass., 13 mai 1886, [Bull. crim., n. 173] — .. Depuis midi jusqu'à trois heures, — Cass., 9 sept. 1819, Robardet, [P. chr.] — .. Depuis quatre heures jusqu'à sept heures. — Cass., 13 déc. 1825, [S. et P. chr.]

2621. — ... Depuis le soir jusqu'au lendemain. — Cass., 18 janv. 1821, Leroux [S. et P. chr.]; — 26 mai 1826, Bigot, [S. et P. chr.]; — 7 août 1845, Moron, [P. 46.1.29] — Bruxelles, 16 mai 1814, Duguesne, [P. chr.]

2622. — ... Pendant un jour entier. — Cass., 23 mars 1827, Tuileau, [S. et P. chr.]; — 12 août 1858, [D. 58.5.106]

2623. — ... Et même pendant plus d'un jour. — Cass., 5 avr. 1832, Giacomoni, [S. 33.1.152, P. chr.]

2624. — ... Pendant trente-six heures. — Cass., 23 juin 1831, Comité, [P. chr.]

2625. — ... Depuis le samedi soir jusqu'au lundi matin. — Cass., 1er avr. 1830, Martial, [S. et P. chr.]

2626. — L'examen et les débats, une fois entamés, devant être continués sans interruption, il s'ensuit qu'une affaire qui n'a pas pu être terminée le premier jour doit être renvoyée au lendemain, encore bien que ce soit un jour férié. — Cass., 10 juin 1826, Coudey, [S. et P. chr.] — Sic, Legraverend, t. 2, p. 84; Bourguignon, sur l'art. 353, n. 3.

2627. — Il n'y a pas nullité parce que le président de la cour d'assises, après avoir fait retirer un accusé de l'audience pendant l'interrogatoire de son coaccusé, conformément à l'art. 327, C. instr. crim., aurait prononcé la suspension des débats et leur remise au lendemain, en l'absence de cet accusé. — Cass., 10 déc. 1857, Lemaire, [D. 58.1.95]

CHAPITRE XIII.

DISCUSSION. — RÉQUISITOIRE ET PLAIDOIRIE.

2628. — « A la suite des dépositions des témoins, dit l'art. 335, C. instr. crim., et des dires respectifs auxquels elles auront donné lieu, la partie civile ou son conseil et le procureur général seront entendus et développeront les moyens qui appuient l'accusation. L'accusé et son conseil pourront leur répondre... »

2629. — Nous entrons ici dans une phase nouvelle : après les dépositions des témoins et les dires respectifs auxquels elles ont donné lieu, les débats proprement dits sont terminés; la discussion va commencer; on va assister au développement des moyens de l'accusation et de la défense.

2630. — L'art. 335 règle l'ordre dans lequel chacune des parties en cause devra prendre la parole pour développer ses moyens : c'est d'abord la partie civile, puis le ministère public et enfin la défense.

2631. — Mais cet ordre n'a rien de substantiel; ainsi dans une affaire où il y a partie civile, la parole peut être donnée d'abord au conseil de celle-ci, puis à la défense et ensuite au ministère public. Il faut, toutefois, dans ce cas, que l'accusé ou son avocat ait la parole le dernier. — Cass., 13 mai 1852, Bonnefond, [D. 52.5.186]; — 5 mai 1854, Viernay, [D. 54.5.229]

2632. — De ce que le président aurait, par une déclaration préalable, déterminé l'ordre des plaidoiries d'une manière non conforme à l'art. 335, C. instr. crim., il n'en peut résulter nullité, si de fait, cet article a reçu son exécution, en laissant en dernier lieu la parole à l'accusé ou à son conseil. — Cass., 3 déc. 1836, Demianney, [S. 38.1.82, P. 38.1.38]

§ 1. Partie civile.

2633. — C'est à la partie civile que la parole est donnée en premier lieu. Elle peut se charger elle-même de présenter au jury et à la cour la défense de sa cause ou bien confier ce soin à un avocat.

2634. — La partie civile n'a pas seulement la parole pour soutenir ses intérêts civils; elle peut aussi présenter les moyens qui établissent l'existence du crime et la culpabilité de l'accusé, en un mot développer l'accusation elle-même.

2635. — Elle a, sous ce rapport, dans la discussion du procès, les mêmes droits que le ministère public.

2636. — Ainsi il lui est permis, s'il n'y a pas d'opposition des autres parties, de lire à l'audience, dans le cours de sa discussion, un document nouveau, non compris dans les pièces de la procédure. « Aucune disposition de la loi, a décidé la Cour de cassation, ne détermine d'une manière limitative les éléments dont les parties civiles, le ministère public et les accusés ou leurs conseils peuvent se servir dans le cours des plaidoiries; ainsi la lecture d'une pièce, d'un document quelconque, ne serait contraire au principe du débat oral que si cette lecture avait été le sujet d'une opposition formée par la partie intéressée à empêcher cette lecture et si elle avait préjudicié à la défense de l'accusé ». — Cass., 17 févr. 1843, Besson, [S. 43.1.226, P. 43.2.539]

2637. — Mais jugé spécialement par cet arrêt, qu'il ne peut résulter aucun grief pour l'accusé, lorsque la déclaration écrite produite par la partie civile n'a été lue qu'après que, sur la demande du conseil de l'accusé, l'avocat de la partie civile a indiqué la source où il puisait cette déclaration, et qu'aucune opposition n'a été alors formée à cette lecture. Il importe peu qu'après que tout a été consommé, du consentement de toutes les parties, le conseil de l'accusé ait demandé acte de cette lecture. Cette déclaration tardive ne saurait vicier ce qui a été régulièrement fait.

2638. — Ajoutons que ce même arrêt a décidé que le fait, par la partie civile, de publier et de distribuer aux jurés, en dehors de l'audience, le compte-rendu des débats antérieurs devant une autre cour d'assises et annulés par la Cour de cassation, ne peut être une cause de nullité des débats nouveaux, quelqu'inexacte que soit la publication. Une telle publication est sans doute abusive, mais aucun texte de loi ne la défend, et « la partie publique pourrait être facilement désarmée, si de tels actes extérieurs, extrajudiciaires étaient de nature à vicier les procédures et les arrêts de la justice répressive. »

§ 2. Ministère public; réquisitoire.

2639. — Le ministère public est ensuite entendu; il est chargé de « développer les moyens qui appuient l'accusation » (art. 335).

2640. — Il jouit, pour cela, d'une liberté et d'une latitude absolues. La Cour de cassation a proclamé son droit, à cet égard, dans les termes les plus énergiques. « Les officiers du ministère public, exerçant l'action publique devant les tribunaux de la justice répressive, sont indépendants de l'autorité des magistrats devant lesquels ils exercent leurs fonctions; dans les raisonnements qu'ils produisent et les documents qu'ils invoquent à l'appui de leurs réquisitions, ils ne peuvent être gênés et arrêtés par le pouvoir du tribunal, et ils n'ont d'autre règle que leur conscience et leurs lumières ». — Cass., 1er juill. 1847, Pic et Boyau, [S. 47.1.734, P. 47.2.54, D. 47.1.246]

2641. — Ainsi, la cour d'assises commettrait un excès de pouvoir et violerait les règles fondamentales de sa compétence en décidant que le ministère public ne ferait point lecture d'un document que celui-ci croirait devoir invoquer à l'appui de ses réquisitions. — Même arrêt.

2642. — La cour d'assises ne peut pas davantage entraver le développement de l'action du ministère public. « Celui-ci a le droit de dire tout ce qu'il croit convenable et nécessaire au bien de la justice, comme de produire tous les documents et de donner toutes les explications qui lui paraissent utiles, sauf le droit des parties en cause de discuter et de débattre les documents produits et les raisonnements présentés par le ministère public. Les tribunaux ne peuvent ni mettre obstacle à l'exercice de son action, ni restreindre le droit qu'il tient de la loi, de produire tous documents et de fournir toutes les explications à l'appui de cette action ». — Cass., 20 janv. 1848, Lelranc, [S. 48.1.507, D. 49.1.64]

2643. — Jugé, spécialement, qu'en matière de délit de presse, le ministère public peut rechercher l'intention criminelle du prévenu dans les écrits du même auteur étrangers à l'article incriminé, et que la cour d'assises n'a pas le droit de limiter le nombre de numéros de ce journal que le ministère public a le droit de lire à l'appui de son action. — Cass., 25 nov. 1831, Thoumas, [S. 32.1.613, P. chr.]; — 20 janv. 1848, précité.

2644. — ... Qu'aucune loi ne limite les éléments dont le ministère public peut se servir dans son réquisitoire, et que l'accusé, ayant le droit d'invoquer les mêmes éléments, pouvant les contredire et les connaissant d'avance, ne peut en éprouver préjudice. — Cass., 9 juill. 1840, Forleville, [P. 43.2.538]

2645. — ... Qu'ainsi, il ne résulte pas de nullité de ce que le ministère public a, dans son réquisitoire, donné lecture, sans que l'accusé ou son conseil s'y opposassent, de la déposition écrite d'un témoin qui, entendu dans l'instruction, n'a pas été assigné aux débats, surtout si cette déposition est du nombre de celles signifiées à l'accusé en exécution de l'art. 305, C. instr. crim. — Même arrêt.

2646. — ... Que le procureur général peut, sans qu'il y ait violation des droits de la défense, donner, dans le cours de son réquisitoire, lecture de dépositions de témoins reçues par le président de la cour d'assises et non communiquées à la défense; que l'autorisation du président n'est pas même nécessaire pour valider l'usage que le procureur général ferait de ce droit qui lui appartient. — Cass., 18 janv. 1855, Giovanchini, [S. 55.1.153, P 55.1.487]

2647. — ... Qu'il ne peut résulter une nullité de ce que, dans les développements donnés à l'audience, le ministère public aurait fait usage de déclarations faites dans une affaire autre que celle dont la cour d'assises était saisie, alors que l'accusé, ayant pu prendre communication de ces déclarations qui étaient jointes par extrait au dossier, et ayant eu toute liberté pour combattre les conséquences qu'en voulait tirer le ministère public, n'a éprouvé aucun préjudice dans son droit de défense. — Cass., 7 févr. 1833, Hüe, [S. 33.1.592, P. chr.]

2648. — ... Que la lecture aux débats par le procureur général, et sans avoir obtenu l'autorisation du président, d'une lettre qui lui a été adressée concernant l'accusé, ne peut être une cause de nullité. — Cass., 4 nov. 1836, Horner, [S. 37.1. 988. P. 37.2.88]

2649. — ... Qu'il ne résulte aucune nullité de ce que le ministère public aurait, dans son réquisitoire, fait usage d'une lettre qui n'était pas pièce du procès, sans que l'apport de cette pièce eût été ordonné par le président de la cour d'assises, en vertu de son pouvoir discrétionnaire, ni que la lecture en eût été autorisée par lui, lorsque d'ailleurs, l'accusé ni son conseil ne se sont opposés à cette lecture qui n'a été interdite ni par le président ni par la cour, et qu'ils ont pu même fournir sur cette lettre toutes les explications qu'ils ont jugées utiles à la défense. — Cass., 30 juill. 1847, Vieux-Pernon, [D. 47.4.131]

2650. — ... Qu'en cas de lecture par le procureur de la République, dans son réquisitoire, d'un certificat qui n'était pas joint aux pièces de la procédure, il n'y a pas nullité lorsqu'aucune des parties ne s'est opposée à cette lecture et que l'accusé et son défenseur. qui ont eu la parole après le ministère public, ont pu fournir, sur cette pièce, toutes les explications utiles. — Cass., 22 sept. 1887, [*Bull. crim.*, n. 343]

2651. — ... Que les appréciations contenues dans le réquisitoire ne relèvent que de la conscience du magistrat dont elles émanent et échappent à tout contrôle de la Cour de cassation. — Cass., 18 déc. 1875, [*Bull. crim.*, n. 355]

2652. — ... Que le ministère public a le droit de discuter, dans son réquisitoire, la déposition faite, au cours de l'instruction écrite, par la femme d'un accusé. — Cass., 29 nov. 1872, [*Bull. crim.*, n. 296]

2653. — ... Que la disposition de l'art. 399, C. instr. crim., qui porte interdiction absolue au procureur général, à l'accusé et à son conseil, d'exposer les motifs de récusation qu'ils exercent, ayant été édictée, non dans l'intérêt de l'accusé, mais en faveur des jurés, et pour éviter un débat qui leur serait personnel, l'officier du ministère public peut, sans violer ce texte de loi ni aucun autre, donner au jury une explication ayant un caractère général sur les causes qui l'ont déterminé à étendre le cercle de ses récusations; que l'accusé pouvant toujours répondre, soit directement, soit par l'organe de son défenseur, ne saurait être admis à prétendre que cette explication ait mis obstacle au libre exercice de la défense. — Cass., 17 oct. 1885, [*Bull. crim.*, n. 268]

2654. — ... Que l'officier du ministère public près d'une cour d'assises saisie par un renvoi de la Cour de cassation n'est pas lié par les conclusions prises devant la première cour dont l'arrêt a été annulé; qu'il peut, en conséquence, faire telles réquisitions qu'il juge convenable. — Cass., 9 juin 1826, Loercher, [P. chr.]

§ 3. *Défense; plaidoirie.*

2655. — L'accusé ou son conseil ont la parole après le ministère public.

2656. — Lorsqu'il y a plusieurs accusés, il appartient au président de déterminer l'ordre dans lequel les plaidoiries seront prononcées.

2657. — C'est le conseil de l'accusé qui, presque toujours, présente les moyens de défense et discute les faits et les preuves sur lesquels s'est appuyée l'accusation.

2658. — Toute liberté doit lui être laissée à cet égard; « il résulte, a dit la Cour de cassation, des art. 294 et 335, C. instr. crim., comme de l'esprit général du Code, fondés sur les principes du droit naturel, que l'accusé et son conseil ont le droit de dire tout ce qui peut être utile pour la défense dudit accusé; qu'ils ont, par une conséquence nécessaire, le droit de lire tout ce qu'ils pourraient dire pour la même défense ». — Cass., 20 juill. 1826, Gaillard, [S. et P. chr.]

2659. — Le défenseur peut, pour la première fois, produire dans sa plaidoirie des documents nouveaux, des certificats, des consultations à l'appui de la défense.

2660. — Il a été jugé qu'une cour de justice criminelle ne peut interdire au défenseur de l'accusé la faculté de lire aux jurés une consultation de médecin ayant pour objet d'établir un fait contraire à celui renfermé dans un procès-verbal contenant le corps du délit. — Cass., 11 août 1808, Petit, [S. et P. chr.] — Sic, Carnot, *Instr. crim.*, sur l'art. 335.

2661. — ... Qu'ainsi, dans une affaire d'infanticide, le défenseur a le droit de lire une consultation délibérée par deux médecins et deux chirurgiens de la ville où se tient la cour d'assises, tendant à établir l'innocence de l'accusée, ou l'impossibilité physique que l'enfant prétendu homicide lui appartienne. — Cass., 20 juill. 1826, précité.

2662. — ... Que si la cour d'assises peut bien interdire au défenseur de lire, au cours des débats, une consultation de médecins qui a été délibérée sur la demande privée de l'accusé ou de son conseil, elle ne saurait le priver du droit de la faire connaître pendant la plaidoirie et d'en tirer tous les moyens qu'elle peut contenir. — Cass., 15 mars 1822, Vᵉ Mary, [S. et P. chr.]

2663. — L'arrêt du 20 juill. 1826, précité, après avoir proclamé le droit pour l'accusé et son conseil de dire et de lire tout ce qui peut être utile à la défense, apporte à ce droit les trois limitations suivantes : 1° le débat étant oral, l'accusé ou son conseil ne peut lire les dépositions écrites des témoins; 2° le défenseur doit s'exprimer avec décence et modération et ne rien dire contre sa conscience et contre le respect dû aux lois; 3° il

ne doit pas se livrer à des divagations étrangères aux questions du procès.

2664. — Ainsi le président peut empêcher l'accusé de continuer la lecture d'un *factum*, en faisant observer qu'il ne contient aucune défense aux faits incriminés et traite un objet tout à fait étranger à la cause, mais à la condition de laisser ensuite la parole à l'accusé pour s'expliquer sur les faits mêmes de l'accusation. — Cass., 16 sept. 1886, [*Bull. crim.*, n. 328]

2665. — De même, le président peut interdire à l'accusé de présenter sa défense en vers; c'est seulement interdire ce qui « d'après les usages judiciaires, peut être de nature à compromettre la gravité de l'audience ». — Cass., 13 juin 1834, Bastide, [S. 34.1.482, P. chr.] — Mais, après cette défense, le président doit permettre à l'accusé de s'exprimer dans le langage ordinaire.

2666. — La cour d'assises est seule en position d'apprécier en connaissance de cause si telle lecture est utile à la défense ou bien si au contraire elle est de nature à prolonger inutilement les débats. Son appréciation, à cet égard, est souveraine. — Cass., 28 août 1829, Floriot, [S. et P. chr.]

2667. — Le conseil de l'accusé doit être aussi libre que lui pour présenter sa défense.

2668. — Ainsi, il doit avoir toute liberté pour s'expliquer non seulement sur les faits mêmes constitutifs du crime, mais encore sur toutes les autres circonstances, sur tous les faits relevés soit dans l'acte d'accusation, soit dans le réquisitoire du ministère public. Ainsi, dans une affaire relative à une accusation d'incendie volontaire, lorsque l'acte d'accusation énonce que l'opinion publique attribue à l'accusé un assassinat à propos duquel est intervenu un arrêt de non-lieu, il y a entrave à la liberté de la défense, et partant nullité, si le président interdit au défenseur de discuter les présomptions dont le jury a eu ainsi connaissance, alors qu'il résulte du procès-verbal des débats que le ministère public, en soutenant l'accusation d'incendie, a fait allusion à ces circonstances. — Cass., 8 juill. 1886, [*Bull. crim.*, n. 246]

2669. — Le président ne peut pas limiter par avance le temps des plaidoiries et fixer pour chacune d'elles un temps qu'elle ne pourrait pas dépasser.

2670. — Mais on ne peut pas assimiler à cette limitation la simple exhortation donnée par le président aux conseils d'être brefs et l'indication qu'un quart d'heure semblait devoir suffire à chacun d'eux. « Cet avertissement, a décidé la Cour de cassation, ne peut être considéré comme une restriction illégale de la défense, surtout lorsqu'il a été déclaré que les conseils des accusés avaient dit tout ce qu'ils avaient voulu et terminé leurs observations en faveur de leurs clients comme ils l'avaient voulu et sans que la parole leur eût été retirée ». — Cass., 3 déc. 1836, Demiauney, [S. 38.1.82, P. 38.4.38]

2671. — On s'est demandé s'il est permis au défenseur de l'accusé de faire connaître aux jurés les conséquences légales de leur verdict et de leur indiquer la peine attachée par la loi au crime qu'ils ont à juger. Pour le prohiber, on s'appuie sur l'art. 342, C. instr. crim., ainsi conçu : « La délibération du jury porte sur l'acte d'accusation; c'est aux faits qui le constituent et qui en dépendent que les jurés doivent uniquement s'attacher et *ils manquent à leur premier devoir*, lorsque, pensant aux dispositions des lois pénales, ils considèrent les suites que pourra avoir, par rapport à l'accusé, la déclaration qu'ils ont à faire. Leur mission n'a pas pour objet la poursuite ni la punition des délits; ils ne sont appelés que pour décider si l'accusé est, ou non, coupable du crime qu'on lui impute. »

2672. — C'est en ce sens que s'est prononcée la Cour de cassation. Ainsi, elle a jugé que la cour d'assises ne porte aucune atteinte au droit de la défense en interdisant au défenseur de l'accusé de mettre sous les yeux des jurés le texte de la loi pénale, de leur expliquer l'influence des faits sur l'étendue de la peine et les modifications qu'elle peut subir selon les circonstances. — Cass., 26 déc. 1823, Ravel, [S. chr.]

2673. — Elle a maintenu cette jurisprudence, même après la révision de 1832 qui, en concédant au jury le droit d'accorder des circonstances atténuantes, lui permettait indirectement de se préoccuper de la peine. En 1836, elle décidait encore que le défenseur de l'accusé n'a pas le droit de faire connaître au jury la peine dont, en cas de culpabilité, son client pourrait être frappé. Toutefois, l'infraction qu'il commettrait à cet égard n'entraînerait pas la nullité des débats; elle n'aurait d'autre effet que de provoquer contre lui soit une injonction du président, soit, en cas d'insuffisance, l'application d'une peine disciplinaire. — Cass., 25 mars 1836, Ministère public, [S. 36.1.273, P. 36.1200] — C. d'ass. d'Ille-et-Vilaine, 29 nov. 1836, Taillandier, [S. 37.2.95, P. 37.1.631] — C. d'ass. du Cher, 26 janv. 1837, Michel, [S. 37.2.95, P. 37.1.631] — Sic, Nouguier, n. 2578 et 2579.

2674. — Cette jurisprudence est suivie dans la plupart des cours d'assises de province; il y est rigoureusement interdit au défenseur de faire connaître au jury les conséquences de son verdict au point de vue de la peine, et l'avocat qui se refuserait à se conformer à cette défense pourrait encourir une peine disciplinaire. A Paris, au contraire, toute liberté est laissée au conseil de l'accusé pour parler de la peine : souvent même le ministère public prend les devants et l'indique le premier dans son réquisitoire. Le président laisse la discussion s'engager sur ce point et y intervient quelquefois lui-même pour rectifier une erreur ou pour mieux préciser, au point de vue de la peine, les conséquences du verdict suivant la solution donnée aux différentes questions posées au jury. Cette méthode qui laisse plus de liberté à la défense n'a pas, à notre avis, pour résultat d'affaiblir l'accusation et de provoquer de fâcheux acquittements. — F. Hélie, t. 7, n. 3603 ; Trébutien, n. 608 ; Delacroix, article paru dans la *Gazette du Palais*, 13 mai 1891.

2675. — Le président, qui est chargé de diriger les débats et qui doit « employer tous ses efforts pour favoriser la manifestation de la vérité » (art. 268), peut rectifier les erreurs de fait ou de droit qu'il constate dans la plaidoirie du défenseur; pour cela il peut soit interrompre l'avocat et faire immédiatement la rectification qu'il croit nécessaire, soit attendre la fin de la plaidoirie et signaler alors les erreurs qui auraient pu être commises.

2676. — Ainsi, il a été jugé que le président des assises n'excède pas ses pouvoirs en éclairant les jurés, après la plaidoirie du défenseur, sur le point de droit soumis à leur appréciation et en appelant leur attention sur des points qui lui paraissent avoir été inexactement présentés par le conseil de l'accusé. — Le débats n'étant pas clos et le procès-verbal des débats constatant expressément que le défenseur a eu de nouveau la parole et qu'il a répondu à l'observation du président, il en résulte que le droit de la défense n'a été aucunement violé. — Cass., 23 juill. 1886, Lardeau, [D. 88.1.397]

2677. — D'autre part, les art. 267 et 270, C. instr. crim., en attribuant au président de la cour d'assises la direction des débats et en l'autorisant à rejeter tout ce qui tendrait à les prolonger, lui ont manifestement accordé le droit d'interrompre les défenseurs et de leur adresser des observations, notamment au cours du développement d'une thèse de droit sur la distinction entre les actes constituant un commencement d'exécution et les actes simplement préparatoires. — Cass., 16 avr. 1885, [Bull. crim., n. 109]

2678. — Le président peut rappeler au défenseur les obligations qui lui sont imposées par l'art. 311, C. instr. crim., et exiger de lui qu'il ne s'en écarte pas. Ainsi, il a le droit d'arrêter l'avocat qui proférait des invectives ou des injures contre des témoins. — Cass., 5 mars 1812, Crisi, dit Columbo, [S. et P. chr.]; — 12 mars 1812, Campion, [S. et P. chr.]

2679. — ... Qui se livrerait à des discussions tendant à porter atteinte à la liberté absolue de la tribune nationale. — Cass., 20 mai 1831, Geslain, [S. 32.1.213, P. chr.]

2680. — ... Qui attaquerait la constitution du pays. — Haute Cour de justice, 13 nov. 1849, Affaire de Versailles, [S. 49.2.750]

2681. — ... Qui discuterait des questions de droit étrangères à celles que le jury doit résoudre, pourvu que la discussion reste libre sur les faits constitutifs du crime imputé à l'accusé. — Cass., 20 mai 1831, précité; — 26 sept. 1846, Chebabi-Sirato, [S. 47.1.559, P. 46.2.624]

2682. — Spécialement, une cour d'assises ne viole aucune loi en prononçant la suppression des passages d'un mémoire produit par l'accusé, comme étant injurieux envers les témoins et inutiles à la défense. — Cass., 12 mars 1812, précité.

2683. — Il a été jugé que l'ivresse ne constituant pas un motif d'excuse légale, il n'y a pas atteinte portée à la liberté de la défense lorsque la cour d'assises interdit au défenseur de l'accusé de plaider une semblable excuse. Mais nous trouvons cette doctrine excessive. — V. infra, vo Ivresse n. 45.

2684. — Examinons maintenant ce qui peut arriver lorsque le président interrompt le défenseur et l'empêche de développer tel point de sa plaidoirie. Si l'avocat accepte l'interdiction et s'y

soumet, tout est dit : il passera à un autre ordre d'idées, et continuera sa plaidoirie. Tout incident sera ainsi évité.

2685. — Si, au contraire, il ne tient pas compte de l'observation faite par le président et si, malgré la défense de ce dernier, il persiste dans l'infraction qui lui est reprochée, la cour pourra réprimer cet abus en infligeant à l'avocat une peine disciplinaire.

2686. — Une dernière hypothèse peut se présenter : l'avocat s'est arrêté dans le développement du point interdit, mais il refuse de continuer sa plaidoirie. Que doit faire alors le président? Il devra, si c'est possible, désigner immédiatement un autre avocat qui continuera la défense commencée. Si cela est impossible, il invitera l'accusé à compléter lui-même ses moyens de défense. Il ne devra pas, pour cela, renvoyer l'affaire à une autre session : il a, en effet, été jugé qu'un accusé ne peut se faire un moyen de cassation de ce que son conseil, interrompu par le président, a refusé de compléter sa plaidoirie malgré les instances réitérées du ministère public, ou de ce que les défenseurs d'autres accusés auraient également refusé de suppléer à son silence. — Cass., 22 sept. 1826, Raynard, [S. et P. chr.]

§ 4. Répliques.

2687. — La loi fait plus que d'accorder aux parties le droit de développer les moyens de l'accusation et de la défense ; elle autorise les répliques. L'art. 335 ajoute en effet : « la réplique sera permise à la partie civile et au procureur général; mais l'accusé ou son conseil auront toujours la parole les derniers. »

2688. — Ainsi, après la plaidoirie du défenseur, la partie civile et le ministère public peuvent répliquer et essayer de réfuter les moyens présentés par le conseil de l'accusé.

2689. — La lecture par le ministère public, dans sa réplique, de lettres relatives à la moralité de l'accusé qui faisaient partie d'un dossier confidentiel non préalablement communiqué au défenseur, n'opère pas nullité lorsqu'il résulte du procès-verbal des débats que ni l'accusé, ni son conseil ne se sont opposés à cette lecture, que le président, ni la cour ne l'ont interdite, et que l'accusé a pu fournir sur ces lettres toutes les explications qu'il a jugées utiles dans l'intérêt de sa défense. — Cass., 9 août 1888, [Bull. crim., n. 275]

2690. — La règle, établie en faveur de l'accusé lors des plaidoiries, est la même pour les répliques : ici encore il doit avoir la parole le dernier. Il y aurait nullité si, malgré sa demande, la parole lui était refusée pour répliquer.

2691. — Mais ce n'est là pour lui qu'une faculté : il peut se taire et renoncer à répliquer.

2692. — Jugé, en ce sens, qu'il suffit que l'accusé ou son conseil aient été mis à même de répondre. La défense doit être considérée comme ayant été complète si, après la réplique du ministère public, l'avocat a eu la faculté de parler de nouveau et n'en a pas usé. — Cass., 8 avr. 1813, Kanscabels, [S. et P. chr.]; — ... qui, interpellé en ces termes par le président, « n'avez-vous rien à ajouter à votre défense », il a gardé le silence. — Cass., 2 sept. 1830, Gromelle [P. chr.]

2693. — Le droit de répliquer n'existe pour l'accusé que si la partie civile ou le ministère public ont répondu à la plaidoirie; lorsque ceux-ci n'ont pas répliqué, l'accusé et son conseil ne peuvent avoir la parole une seconde fois. Ainsi, dans une affaire comprenant plusieurs accusés, il n'y a pas violation du droit de la défense si, alors que le ministère public n'a pas répliqué, l'avocat de l'un des coaccusés n'a pas été autorisé à répondre aux moyens relevés à sa charge dans la plaidoirie de l'avocat d'un coaccusé. — Cass., 6 févr. 1890, [Bull. crim., n. 34; Gaz. Pal., 90.2.143]

2694. — Après la plaidoirie ou la réplique, il est d'usage que le président interpelle l'accusé en ces termes : « Accusé, avez-vous quelque chose à ajouter à votre défense ». Cette interpellation directe à l'accusé est utile; elle assure et constate la plénitude des droits de la défense ; elle permet à l'accusé de fournir une dernière fois ses explications personnelles avant la clôture des débats. Les présidents ont donc raison de la maintenir et de la renouveler dans chaque affaire et pour chaque accusé.

2695. — Il est bon, toutefois, de constater que cette interpellation n'est prescrite par aucun texte de loi. Elle repose uniquement sur un usage. Son omission ne saurait donc entraîner la nullité des débats. L'art. 335, a dit la Cour de cassation, n'impose pas au président l'obligation d'interpeller l'accusé, immédiatement avant de prononcer la clôture des débats, pour savoir s'il n'a rien à ajouter à sa défense : dès lors, l'omission de cette interpellation ne saurait être un moyen de nullité dans la cause. — Cass., 16 juin 1836, Pierrot, [S. 36.1.813, P. 36.1431]; — 11 déc. 1857, [Bull. crim., n. 394]; — 19 mai 1870, Bayon, [S. 71.1.263, P. 71.779, D. 73.5.145]; — 23 juin 1870, Datlichy, [S. 71.1.263, P. 71.779, D. 73.5.145]; — 16 juill. 1886, [Bull. crim., n. 264]

2696. — C'est le ministère public seul qui a qualité pour prononcer le réquisitoire et la réplique; il n'appartient pas au président de le suppléer, en totalité ou en partie, dans l'accomplissement de cette tâche. Si le président des assises a le devoir d'employer tous ses efforts pour que le jury soit complètement éclairé, il n'est pas autorisé à se substituer au ministère public (C. instr. crim., art. 267 et 268). Spécialement, il y a empiètement sur les fonctions du ministère public et violation des droits de la défense, lorsque, après la plaidoirie, le président déclare qu'avant la clôture des débats et vu l'état de fatigue du procureur de la République, il croit devoir, en son lieu et place, présenter au jury quelques observations pour rétablir les faits dénaturés ou omis, et rectifier des erreurs de fait et des erreurs légales. Le président qui agit ainsi délaisse, pour un autre rôle, la grande mission de direction dont il a la charge et commet alors un véritable excès de pouvoir. — Cass., 19 juill. 1888, N..., [S. 89.1.47, P. 89.1.77, D. 88.1.397]

CHAPITRE XIV.

CLÔTURE ET RÉOUVERTURE DES DÉBATS. — SUPPRESSION DU RÉSUMÉ.

§ 1. Clôture des débats.

2697. — L'art. 335, C. instr. crim., après avoir réglé l'ordre de parole de la partie civile, du ministère public et du défenseur et avoir permis les répliques, ajoute : « le président déclarera ensuite que les débats sont terminés ». C'est donc après les plaidoiries que la clôture des débats est prononcée. Le président, à la fin de la plaidoirie, après avoir demandé à l'accusé s'il a quelque chose à ajouter à sa défense et entendu les observations de celui-ci, déclare que les débats sont terminés. — Cass., 26 mars 1831, Marès, [S. 31.1.400, P. chr.]

2698. — Le président peut cependant, après la défense présentée au nom des accusés et avant la clôture des débats, demander aux jurés s'ils désirent quelques nouveaux renseignements. Une pareille demande, adressée aux jurés avant la clôture des débats, est absolument régulière. — Cass., 23 mars 1882, [Bull. crim., n. 81]

2699. — Mais, après la clôture des débats, il ne peut être procédé à aucun acte d'instruction. Ainsi, il y aurait nullité si la cour avait fait état d'un rapport d'experts déposé après la clôture des débats, alors qu'il n'avait été l'objet ni d'une communication régulière, ni d'une discussion contradictoire. — Cass., 27 avr. 1832, Laguiotte, [P. chr.]

2700. — Pour prononcer la clôture des débats, le président se borne à dire : « Les débats sont terminés. »

2701. — Il n'y a pas d'ordonnance écrite; tout se réduit à une simple déclaration verbale. Aucune forme sacramentelle n'est imposée pour cela au président. — Cass., 16 août 1872, [Bull. crim., n. 224]

2702. — Le président n'a même pas besoin de déclarer, d'une manière formelle et explicite, que les débats sont clos. Leur clôture peut résulter implicitement des énonciations du procès-verbal. Ainsi lorsque, après les plaidoiries, le président demande à l'accusé des explications sur un fait, que l'accusé y répond, et déclare que c'est tout, puis que le président ajoute : « Eh bien! tout est fini », il y a là une mention suffisante de la clôture des débats. — Même arrêt.

§ 2. Réouverture des débats.

2703. — La clôture des débats, ainsi prononcée, peut n'être pas définitive; la jurisprudence a, en effet, admis qu'il était permis de rouvrir les débats.

2704. — Aucun texte du Code d'instruction criminelle ne parle de ce droit de rouvrir les débats; aussi a-t-on soutenu d'abord, et Carnot, spécialement (Instr. crim., art. 335, t. 2, p. 569, n. 7), qu'aucun article du Code n'autorise le président de la cour d'assises à rouvrir les débats une fois qu'il les a déclarés clos; qu'au contraire, la loi le lui interdit, sinon expressément, du moins implicitement, par la série d'opérations qu'elle trace. On a dit enfin, dans le même système, que le pouvoir discrétionnaire du président expire au moment où il a prononcé la clôture des débats, et on a conclu de là qu'il est sans droit pour en ordonner la réouverture. Mais cette opinion n'a pas prévalu : le droit d'ordonner la réouverture des débats n'est plus contesté aujourd'hui, et l'usage s'en est établi maintenant sans aucune contradiction.

1° Cas dans lesquels il y a lieu à réouverture des débats.

2705. — Les causes qui peuvent amener la réouverture des débats sont nombreuses : elles sont abandonnées à l'appréciation du président soit pour rouvrir les débats soit pour compléter l'instruction, soit pour rectifier une erreur ou réparer un oubli.

2706. — La Cour de cassation a décidé que la réouverture des débats pouvait être régulièrement ordonnée : 1° pour entendre un témoin important qui ne se présente à l'audience qu'après la clôture. — Cass., 6 oct. 1853, [Bull. crim., n. 404]

2707. — ... 2° Pour adresser de nouvelles questions à un témoin déjà entendu. — Cass., 27 mars 1834, [Bull. crim., n. 102]

2708. — ... 3° Pour permettre à un témoin de compléter ou de rectifier sa déposition. — Cass., 19 avr. 1838, [Bull. crim., n. 103]

2709. — ... 4° Pour examiner s'il y a lieu de poser une question d'excuse demandée par l'accusé. — Cass., 8 nov. 1832, Valot, [P. chr.]

2710. — ... 5° Pour entendre le ministère public qui déclare vouloir répliquer. — Cass., 28 juill. 1864, [D. 65.1.324]

2711. — ... 6° Pour réparer une omission, par exemple, lorsque le président s'aperçoit qu'il a omis de demander à l'accusé s'il n'avait rien à ajouter à la défense présentée en son nom. — Cass., 7 sept. 1882, [Bull. crim., n. 223]

2712. — De même, le président qui, après avoir prononcé la clôture des débats, s'aperçoit immédiatement qu'il a omis de rendre compte aux accusés de ce qui s'était passé pendant qu'il interrogeait hors de leur présence un de leurs coaccusés, peut déclarer non avenu la prononcé de la clôture des débats, réparer son omission, puis déclarer de nouveau les débats terminés, après avoir demandé derechef aux accusés s'ils n'ont rien à ajouter à leur défense. — Cass., 10 janv. 1833, Gellée, [P. chr.]

2713. — ... 7° Pour rectifier une erreur, par exemple, si, pendant la délibération du jury, le président s'aperçoit qu'il a commis une erreur dans la rédaction des questions. — Cass., 26 déc. 1836, Batonnet, [D. 37.1.73]; — 17 mai 1889, Numa Gilly, [D. 89.1.317]

2° Par qui est ordonnée la réouverture des débats.

2714. — Le droit d'ordonner la réouverture des débats rentre dans les attributions du président lorsqu'elle lui paraît utile à la manifestation de la vérité. Le président peut ordonner, seul, cette réouverture; la cour d'assises ne doit intervenir qu'en cas d'opposition du ministère public ou de l'accusé. C'est ce qu'a très-nettement décidé la Cour de cassation : « Aux termes de l'art 335, C. instr. crim., a-t-elle jugé, la clôture des débats est ordonnée par le président; il suit de cette disposition, combinée avec les dispositions de l'art. 288, qu'à lui seul appartient le droit de reprendre par une nouvelle ordonnance l'ordonnance de clôture émanée de lui, au cas où la réouverture des débats lui paraît utile à la manifestation de la vérité, et s'il n'y a à cette réouverture aucune opposition ni de la part du ministère public, ni de la part de l'accusé ». — Cass., 27 août 1852, Mornac, [D. 52.5.167]; — 12 févr. 1858, Pernot, [D. 58.5.112]; — 28 juill. 1864, [Bull. crim., n. 200]; — 7 sept. 1882, précité.

2715. — L'opposition du ministère public ou de l'accusé crée seule une matière contentieuse nécessitant l'intervention de la cour. — Cass., 27 août 1852, précité.

2716. — Ainsi, lorsqu'il y a opposition de la part de l'accusé à ce que le président rouvre, sur la demande du ministère public, les débats qu'il a déclarés fermés, cette opposition forme une matière contentieuse en dehors des attributions du président, et sur laquelle il est du devoir de la cour d'assises de prononcer. — Cass., 30 août 1817, Chaucerel, [P. chr.] — Sic, Legraverend, t. 2, ch. 2, p. 214 ; de Serres, Man. des cours d'ass., t. 1, p. 364

2717. — Il y a alors un débat contradictoire, le ministère public est entendu, l'accusé et son défenseur ont la parole les derniers, et ensuite la cour, par un arrêt incident, ordonne que les débats seront rouverts à partir de tel acte exclusivement. — Cass., 17 mai 1889, précité.

2718. — Mais il n'y a pas opposition lorsque le défenseur se borne à présenter une observation et ne prend pas de conclusions. Dans ces conditions, la cour n'a pas à statuer, et c'est au président seul qu'il appartient d'apprécier si la clôture des débats, par lui régulièrement ordonnée, doit ou non être maintenue. — Cass., 11 sept. 1890, [Bull. crim., n. 191; Gaz. Pal., 90.2.664]

2719. — De même, le président peut seul refuser l'annulation de l'ordonnance de clôture des débats lorsque le défenseur n'a pas conclu à leur réouverture et s'est borné à demander la lecture d'une pièce après leur clôture. — Cass., 3 févr. 1883, Courtès, [D. 54.5.228]

3° Jusqu'à quelle époque peut être ordonnée la réouverture des débats.

2720. — Les débats peuvent être rouverts tant que le verdict du jury n'est pas devenu définitif.

2721. — La réouverture des débats peut être ordonnée lorsque le président a fait connaître à l'accusé la question posée, a donné au jury les avertissements prescrits par la loi et que celui-ci se dispose à quitter l'audience pour aller délibérer. — Cass., 7 sept. 1882, [Bull. crim., n. 223]

2722. — Elle peut être ordonnée même quand le jury s'est retiré dans la salle de ses délibérations. La cour peut encore alors rentrer en séance et rappeler le jury à l'audience. — Cass., 16 juin 1820, Vieille, [P. chr.] ; — 26 déc. 1856, précité ; — 12 févr. 1858, précité ; — 17 mai 1889, précité.

2723. — Il en est ainsi alors même que la délibération du jury serait déjà commencée. — Cass., 4 janv. 1836, [Bull. crim., n. 1]

2724. — Les débats pourraient même être rouverts lorsque le jury a terminé sa délibération et est rentré à l'audience, pourvu que la déclaration du jury n'y ait pas encore été lue. Si cette lecture a été faite et si la déclaration est régulière, tout est consommé. Les débats ne peuvent plus être rouverts.

4° Manière de procéder pour rouvrir les débats.

2725. — Le plus simple est de dire : « L'ordonnance de clôture est rapportée; les débats sont rouverts. »

2726. — Il n'y a rien ici de sacramentel. Il n'y aura donc pas de nullité si le président a oublié de rapporter l'ordonnance de clôture, ou même s'il a omis de déclarer les débats rouverts, si, en fait, cette réouverture des débats a eu lieu.

2727. — Lorsque le président ordonne la réouverture des débats, il doit avoir soin d'en préciser et d'en limiter l'objet. Ainsi, quand le président s'aperçoit qu'il a omis de demander à l'accusé s'il n'avait rien à ajouter à la défense présentée en son nom, il doit indiquer que les débats ne sont rouverts que pour réparer cette omission. Sa décision n'a pas pour effet d'annuler la lecture de la question posée au jury et les avertissements précédemment donnés. Ces formalités, régulièrement accomplies, conservent leur effet légal. — Cass., 7 sept. 1882, [Bull. crim., n. 223]

§ 3. Défense de faire un résumé.

2728. — La réouverture des débats est un incident assez rare. Revenons à la clôture des débats et voyons ce qui doit se passer après cette clôture.

2729. — L'art. 336, C. instr. crim., faisait suivre la clôture des débats du résumé du président. Cet article était ainsi conçu : « Le président résume l'affaire ; il fera remarquer aux jurés les principales preuves pour et contre l'accusé. »

2730. — Ce résumé, dit M. de Serres (Man. des cours d'ass., t. 1, p. 382), est la partie la plus délicate et en même temps la plus difficile des fonctions du président. Quelle que soit son opinion, il ne doit jamais la manifester dans son résumé. Il faut, au contraire qu'il soit impartial, comme la loi, dont il est l'organe.

La manifestation de l'opinion personnelle du président, dit aussi Carnot (sur l'art. 336, t. 2, p. 572), ne pourrait manquer d'exercer une grande influence sur l'esprit des jurés, soit à raison du caractère dont il est revêtu, soit à raison de la confiance particulière qu'il peut mériter.

2731. — Des abus se produisirent; certains résumés étaient transformés en réquisitoires, précisément à l'heure où la défense est close. De vives critiques se produisirent; on en vint à considérer le résumé comme une formalité inutile ou dangereuse et à en demander la suppression. C'est cette suppression qu'ordonna la loi du 19 juin 1881 (S. Lois annotées, 1881, p. 192; P. Lois, décrets, etc., 1881, p. 320)

2732. — L'art. 336, C. instr. crim., modifié par cette loi, est ainsi conçu : « Le président, après la clôture des débats, ne pourra, à peine de nullité, résumer les moyens de l'accusation et de la défense. »

2733. — L'art. 2, L. 19 juin 1881, édicte qu'elle est applicable aux colonies de la Martinique, de la Guadeloupe et de la Réunion.

2734. — Un décret du 23 févr. 1886 étend cette défense à notre colonie du Sénégal. — Cass., 10 mars 1887, [Bull. crim., n. 96]

2735. — « La suppression du résumé, disait M. Dauphin dans son rapport au Sénat, ne nuira pas à la répression, car le président des assises conservera, dans l'interrogatoire et dans l'examen des preuves, des moyens puissants de mettre en lumière toutes les charges. Elle n'autorise point d'abus dans la défense, dont les erreurs et les écarts pourront toujours être corrigés pendant les débats. »

2736. — La jurisprudence s'est conformée à cette opinion en décidant qu'on ne saurait considérer comme interdit : 1° le fait par le président, lors de l'interrogatoire de l'accusé, de faire un exposé général de l'affaire et d'en préciser certains points. Le résumé, prohibé par l'art. 336, ne laisse plus aucune place aux observations de la défense puisque la clôture des débats a été prononcée; il en est autrement de l'exposé fait au commencement des débats, sur lequel peuvent porter toutes les critiques et toutes les observations de la défense. — Cass., 17 sept. 1885, [Bull. crim., n. 258]

2737. — ... 2° Le fait par le président, après la plaidoirie du défenseur, mais avant la clôture des débats, d'adresser aux jurés quelques explications sur les conséquences que pourrait avoir leur verdict au point de vue de l'application de la peine, lorsque le défenseur et l'accusé ont été mis en demeure de répondre à ces explications s'ils le jugeaient convenable. — Cass., 22 mars 1883, Menneguerre, [S. 85.1.392, P. 85.1.942, D. 83.1.483]

2738. — ... 3° Le fait par le président d'adresser à l'avocat après sa plaidoirie les paroles suivantes : « Vous avez été sévère envers les victimes de votre client », alors surtout que ces mots ont été prononcés avant les répliques et lorsque les débats étaient encore ouverts. Cette observation rentrait d'ailleurs dans la limite des pouvoirs que la loi accorde au président des assises pour la direction des débats. — Cass., 31 mars 1887, [Bull. crim., n. 125]

2739. — ... 4° Le fait par le président, après la déposition d'un témoin, de résumer en quelques mots la déposition de ce témoin et celles des témoins précédents. — Cass., 27 nov. 1890, [Bull. crim., n. 236]

2740. — Aucune difficulté sérieuse ne pouvait s'élever sur ces points. Ce qui est interdit au président des assises, c'est le résumé des moyens de l'accusation et de la défense. Mais, au cours des débats, et tant qu'ils ne sont pas clos, toutes les explications propres à diriger le jury dans l'exercice de ses fonctions lui sont nécessairement permises.

2741. — Jugé, en termes généraux, que ce qui est prohibé par la loi, c'est le résumé après la clôture des débats, alors que la défense n'a plus la parole pour s'expliquer. Mais aucun texte n'interdit au président de faire, avant cette clôture, les observations qu'il juge utiles à la manifestation de la vérité. — Cass., 12 nov. 1891, [Bull. crim., n. 214]

2742. — Cependant toute observation faite par le président après la clôture des débats ne constitue pas un résumé, et n'est pas nécessairement de nature à entraîner la nullité de la procédure.

2743. — Ainsi on ne saurait considérer comme un résumé partiel, fait en violation de la loi du 19 juin 1881 : 1° le fait par le président des assises d'avoir, après la lecture des questions posées, rappelé au jury, sans manifester d'ailleurs aucune opinion ou appréciation personnelle, les termes de l'art. 398, C. pén., qui expliquent ce qu'il faut entendre par fausses clefs. — Cass., 24 févr. 1882, Lebeurrier, [S. 82.1.437, P. 82.1.1068]

2744. — ... 2° Le fait par le président d'indiquer aux jurés les conséquences d'une réponse négative sur le fait principal et de leur expliquer qu'elle les dispense de répondre aux questions relatives aux divers modes de complicité concernant l'un des prévenus. — Cass., 6 juin 1890, [Gaz. Pal., 90.2.140]

2745. — Toutefois, les présidents d'assises devront s'abstenir avec le plus grand soin d'une pratique qui n'est pas sans dangers et sans inconvénients au point de vue du droit de la défense. En effet, et pour ne pas sortir de l'espèce de l'arrêt attaqué, il est bien certain qu'au cours des débats, le jury avait dû être averti, soit par le ministère public, soit par le président, de ce que l'art. 398, C pén., entend par fausses clefs. En lui rappelant le texte de cet article, après la clôture des débats, le président ne pouvait-il pas avoir eu pour but de l'opposer aux arguments de la défense et de réfuter ainsi, par voie indirecte, les erreurs ou les inexactitudes que la défense de l'accusé avait pu, suivant lui, contenir à cet égard? Cette réfutation est incontestablement dans le droit et dans le devoir du président; mais elle doit se produire avant la clôture des débats ou après leur réouverture.

2746. — Aussi la Cour de cassation elle-même, par un arrêt ultérieur du 4 mars 1882, Albertini, [S. 82.1.238, P. 82.1.557, D. 82.1.236], a-t-elle posé en principe que la loi du 19 juin 1881 interdit, d'une manière absolue, à peine de nullité, quand les débats sont terminés, tout ce qui peut, directement ou indirectement, sous forme d'explication ou appréciations, constituer un résumé, même partiel, des charges ou des moyens de défense, et a-t-elle prononcé cette nullité, en matière de délit de presse, dans une espèce dans laquelle le président des assises avait, sans rouvrir les débats, « expliqué au jury l'économie de la nouvelle loi sur la presse, en ce qui concerne la complicité, et la situation spéciale du prévenu par rapport aux autres personnes antérieurement condamnées par la police correctionnelle ». Sans doute, dans l'espèce de l'arrêt attaqué, le président, d'après le procès-verbal des débats, s'était borné à lire le texte de la loi pénale et n'y avait ajouté aucune explication personnelle; mais qu'importe, en vérité, si cette lecture même peut constituer par elle seule une réfutation indirecte des moyens de la défense, et par suite un résumé partiel des charges de l'accusation?

2747. — Par application du même principe, la Cour de cassation a encore prononcé l'annulation de la procédure dans une espèce où le président, après la clôture des débats et sans les rouvrir, avait déclaré « qu'il ne lui appartenait pas de donner aux jurés des explications sur la question de complicité qui venait d'être discutée par l'un des défenseurs et de leur présenter une théorie de droit sur cette matière ». — Cass., 15 mai 1885, Royer, [D. 86.1.94]

2748. — Aussi, ne saurions-nous trop recommander aux présidents d'assises qui voudraient, après les plaidoiries, présenter quelques observations aux jurés, de le faire avant de prononcer la clôture des débats, puis de laisser au défenseur la liberté d'y répondre, et, si les débats ont été clos, de les rouvrir, de donner l'explication qu'ils croient utile, de mettre le défenseur à même d'y répondre et de clore alors les débats de nouveau. Le président ne doit pas oublier que, depuis la loi du 19 juin 1881, il doit, après l'ordonnance de clôture des débats, s'abstenir de toute observation ou appréciation personnelle, et se borner à rappeler aux jurés les fonctions qu'ils ont à remplir ainsi qu'à leur lire les questions sur lesquelles ils sont appelés à délibérer et à voter.

CHAPITRE XV.

DE LA POSITION DES QUESTIONS AU JURY.

2749. — Après la clôture des débats, le président pose les questions qui doivent être résolues par le jury (C. instr. crim., art. 336). Le jury, en France, ne formule pas lui-même sa déclaration; il est interrogé par des questions qui sont préparées et écrites à l'avance, qui lui sont remises au moment où il va

entrer dans la salle de ses délibérations et auxquelles il n'aura à répondre que par un oui ou par un non.

2750. — On comprend l'importance qui s'attache, dans ce système, à la position des questions. Notre Code d'instruction criminelle n'a consacré que quatre articles à cette matière (art. 337 à 340). Ces textes ne sont point eux-mêmes très-explicites; les règles qu'ils ont voulu poser ne sont pas suffisamment précises. Aussi, la rédaction par écrit des questions à poser au jury est-elle la source de difficultés constantes.

2751. — La jurisprudence, par de très-nombreuses décisions, a précisé et complété ce que le Code d'instruction criminelle n'avait indiqué que d'une façon vague et insuffisante : c'est en rapprochant les arrêts de la Cour de cassation du texte des quelques articles de notre Code que nous pourrons dégager les principes qui régissent toute la matière.

2752. — Nous étudierons d'abord les différentes règles qui concernent la position des questions en général; nous examinerons ensuite l'application qui doit être faite de ces règles à chaque crime en particulier.

Section I.

Règles générales sur la position des questions au jury.

§ 1. Qui pose les questions au jury.

2753. — L'art. 336, C. instr. crim., indique que c'est le président qui pose les questions.

2754. — Sous le Code de brumaire an IV, la position des questions appartenait au président, mais il ne pouvait les poser qu'au nom et de l'avis du tribunal criminel.

2755. — Depuis le Code d'instruction criminelle, la position des questions appartient au président seul (art. 336). — Cass., 23 déc. 1858, [Bull. crim., n. 316]; — 24 déc. 1885, [Bull. crim., n. 366; J. La Loi du 25 déc.] — Sic, F. Hélie, n. 3658 et 3659; Trébutien, n. 611; Nouguier, n. 3012; Garraud, n. 575; de Serres, t. 1, p. 388.

2756. — Cette partie des fonctions dévolues par la loi au président de la cour d'assises est des plus délicates; et, quoique le Code de 1808 ait considérablement simplifié la législation du Code de brumaire an IV, cette attribution est encore de la plus haute importance par l'influence qu'elle peut exercer sur la réponse du jury, et par les moyens de nullité dont elle est ordinairement la source la plus abondante.

2757. — Ce n'est, ainsi que nous le verrons plus loin, qu'au cas où une contestation sur la position des questions est soulevée soit par le ministère public, soit par la défense, que la cour doit intervenir et statuer par un arrêt. — V. infrà, n. 3695 et s.

§ 2. Base des questions à poser au jury.

2758. — C'est dans l'arrêt de renvoi que le président doit puiser les éléments des questions à poser au jury. Cet arrêt doit servir de type et de régulateur pour ces questions.

2759. — L'art. 337, C. instr. crim., dit, il est vrai, que les questions seront posées telles qu'elles « résultent de l'acte d'accusation ». Mais cet article ne doit pas être pris à la lettre. Il suppose nécessairement en effet que l'acte d'accusation est, dans son résumé, conforme au dispositif de l'arrêt de renvoi; le ministère public ne pouvant supprimer aucune circonstance de l'accusation, ni, à plus forte raison, effacer les caractères constitutifs de la criminalité du fait de l'accusation, c'est au dispositif de l'arrêt de renvoi que le président de la cour d'assises doit se conformer dans le cas où le résumé de l'acte d'accusation présenterait des omissions notables et qui effaceraient la criminalité du fait de l'accusation. Autrement cette accusation ne serait pas purgée. — Cass., 2 déc. 1825, Gardet, [P. chr.] — Le président doit donc, avant tout, consulter l'arrêt de renvoi pour la rédaction des questions. C'est cet arrêt qui saisit la cour d'assises de l'accusation, et il est de règle que l'acte qui saisit une juridiction précise, limite sa compétence. — Legraverend, t. 2, p. 218.

2760. — En un mot, l'art. 337, C. instr. crim., n'est qu'indicatif de la manière dont les questions doivent, en général, être soumises au jury; et il suffit, pour satisfaire à ses prescriptions, qu'elles reproduisent le fait retenu par l'arrêt de renvoi, avec toutes les circonstances qui sont énoncées comme s'y rattachant. — Cass., 13 janv. 1881, Fille Delatour, [S. 83.1.137, P. 83.1.

309, et la note de M. Villey]; — 22 janv. 1892, Gugenheim, [*Bull. crim.*, n. 23]— V. *infrà*, n. 3548 et s.

2761. — Il en résulte que si des dissemblances existent entre l'arrêt de renvoi et l'acte d'accusation, les inexactitudes ou les omissions constatées dans celui-ci doivent être redressées d'après les énonciations de l'arrêt. — Cass., 26 sept. 1822, Fructueux-Duhamel, [P. chr.]; — 10 oct. 1822, Louis Denis, [P. chr.]; — 2 déc. 1825, précité; — 26 janv. 1827, Pierre David, [P. chr.]; — 2 sept. 1831, Dubuc, [P. chr.]; — 12 oct. 1843, [*Bull. crim.*, n. 263]; — 18 déc. 1858, [*Bull. crim.*, n. 312]; — 4 juin 1874, [*Bull. crim.*, n. 150]; — 29 sept. 1886, [*Bull. crim.*, n. 335] — Sic, Carnot, *Instr. crim.*, art. 336, t. 2, p. 580.

2762. — Il a été jugé, spécialement, que le président de la cour d'assises doit, dans la question soumise aux jurés relativement à une accusation de coups volontaires, poser la circonstance de volonté, bien que cette circonstance ne soit point écrite dans le résumé de l'acte d'accusation, alors, d'ailleurs, qu'elle se trouve rappelée dans le narré de cet acte et comprise dans l'arrêt de mise en accusation. — Cass., 2 sept. 1831, précité. — V. *infrà*, n. 3505 et s.

2763. — C'est à l'arrêt de renvoi, et non à l'acte d'accusation, que le président doit emprunter la qualification du fait poursuivi. Si l'acte d'accusation a substitué une qualification nouvelle à celle de l'arrêt de renvoi, le président doit écarter cette qualification nouvelle et reprendre celle donnée par l'arrêt. Il y aurait nullité si la question posée au jury était la reproduction de la qualification nouvelle énoncée dans l'acte d'accusation. — Cass., 17 févr. 1820, [*Bull. crim.*, n. 26]; — 10 févr. 1832, Fanjaux, [P. chr.]; — 22 juin 1832, Lafont, [P. chr.]; — 12 avr. 1833, Guignard, [P. chr.]; — 18 juill. 1833, Picard, [P. chr.]

2764. — Il a été jugé cependant que la qualification donnée par l'arrêt de renvoi aux faits de l'accusation ne lie point la cour d'assises pour l'application de la peine, ni son président pour la position des questions. — Cass., 12 mars 1831, Hervé-Ansquer, [P. chr.]; — 14 sept. 1837, Assenat, [P. 40.1.109] — Mais nous ne saurions approuver cette jurisprudence.

2765. — A plus forte raison le président ne peut-il pas, dans ses questions, donner au fait poursuivi une qualification différente de celle qui résulte d'une manière uniforme de l'arrêt de renvoi et de l'acte d'accusation. — Cass., 4 août 1843, Perfettini, [S. 43.1.879, P. 43.2.627]

2766. — Si, dans une accusation multiple, l'acte d'accusation retient, par erreur, un crime écarté par un arrêt de non-lieu, le président doit se conformer à l'arrêt et ne pas comprendre ce crime dans ses questions. Il y aurait nullité si, en pareil cas, le jury était interrogé sur ce crime relevé ainsi par erreur, dans l'acte d'accusation. — Cass., 29 nov. 1834, Bouron, [P. chr.]

2767. — Le président peut encore moins prendre pour base des questions une ordonnance du juge d'instruction modifiée par l'arrêt de la chambre des mises en accusation. Ainsi, lorsque l'ordonnance du juge d'instruction a considéré deux individus comme *complices* d'un crime et que l'arrêt les a renvoyés comme *coauteurs* de ce crime, c'est cette dernière qualification qui doit servir de base aux questions à poser au jury. — Cass., 8 avr. 1826, Bonnet, [P. chr.]

2768. — C'est même lorsqu'il n'est pas l'énoncé de l'arrêt de renvoi, qui doit servir de règle pour la position des questions au jury. C'est, en effet, le dispositif qui fixe l'accusation. — Cass., 16 oct. 1817, Martoury, [P. chr.]

2769. — Mais si, en principe, c'est dans le dispositif de l'arrêt de renvoi que le président doit puiser les éléments des questions à poser au jury, il n'est cependant pas obligé de s'y conformer lorsqu'il y rencontre des erreurs ou des lacunes. La jurisprudence de la Cour de cassation lui accorde alors le droit de se reporter à l'acte d'accusation et aux autres pièces du procès pour opérer les rectifications nécessaires. — Cass., 15 juill. 1875, [*Bull. crim.*, n. 229]; — 17 févr. 1876, [*Bull. crim.*, n. 53]

2770. — Ainsi le président peut rectifier une erreur commise, dans l'arrêt de renvoi, sur le véritable nom de l'accusé. — Cass., 14 avr. 1853, [*Bull. crim.*, n. 131]; — 19 juin 1873, [*Bull. crim.*, n. 167]; — 10 sept. 1885, [*Bull. crim.*, n. 253]

2771. — Il appartient encore au président de restituer au crime imputé à l'accusé sa véritable date lorsqu'il est établi soit par le débat, soit par les pièces du procès, qu'il y a eu erreur sur ce point dans le dispositif de l'arrêt de renvoi ou dans le résumé de l'acte d'accusation. — Cass., 19 mai 1831, Delahaix,

[P. chr.]; — 2 févr. 1845, [*Bull. crim.*, n. 33]; — 29 juill. 1852, [*Bull. crim.*, n. 258]; — 19 mars 1853, [*Bull. crim.*, n. 103]; — 23 déc. 1865, [*Bull. crim.*, n. 228]; — 15 juill. 1882, [*Bull. crim.*, n. 171]; — 24 déc. 1883, [*Bull. crim.*, n. 366]; — 29 juin 1889, [*Bull. crim.*, n. 238]

2772. — Le président peut même, dans l'indication de la date, substituer à l'indication précise d'une année (1843 dans l'espèce) la formule plus vague et plus étendue : « à une époque qui ne remonte pas à plus de trois années ». — Cass., 25 janv. 1849, [*Bull. crim.*, n. 21]— V. *infrà*, n. 3512 et s.

2773. — Ce n'est pas seulement la date que le président peut modifier. Ainsi, il a été jugé que lorsqu'une circonstance constitutive du crime se trouve omise dans le dispositif de l'arrêt de renvoi et dans le résumé de l'acte d'accusation, la cour d'assises doit réparer cette omission dans la position des questions, si la circonstance omise résulte de l'ordonnance de prise de corps qui fait partie intégrante de l'arrêt de renvoi. — Cass., 28 déc. 1827, Dimpré, [S. et P. chr.]; — 20 avr. 1838, Girard, [S. 38.1.561, P. 38.2.5] — V. *suprà*, n. 2762.

2774. — ... Que, lorsque les questions soumises au jury se rattachent essentiellement au fait énoncé dans le résumé de l'acte d'accusation, elles peuvent contenir des circonstances non spécifiées dans ce résumé, si cette spécification est nécessaire pour déterminer, soit les divers genres de coopération à la consommation du crime, soit la complicité de ce crime. — Cass., 3. oct. 1817, Armandet, [S. et P. chr.]

2775. — ... Que, lorsque la circonstance qu'un officier public savait que les droits par lui exigés excédaient ceux qui lui étaient dus résulte implicitement de l'arrêt de renvoi aux assises contre lequel l'accusé n'a formé aucun pourvoi, cette circonstance doit être soumise au jury, quoiqu'elle n'ait pas été explicitement relatée dans l'arrêt de renvoi. — Cass., 15 mars 1821, Gallet, [S. et P. chr.]

2776. — ... Qu'en matière de concussion, le président des assises ne modifie en rien l'accusation, lorsqu'au lieu de demander au jury, conformément au dispositif de l'arrêt de renvoi. si l'accusé, en sa qualité de cadi, avait exigé ou reçu des sommes qu'il savait n'être pas dues, ou excéder ce qui était dû, il se borne à demander si l'accusé savait que les sommes par lui perçues n'étaient pas dues. — Cass., 25 avr. 1879, Mohamed-ben-Ali, [S. 81.1.286, P. 81.1.669]

2777. — ... Que lorsque l'accusation porte sur un faux commis dans un billet à ordre, le président de la cour d'assises a pu et même a dû préciser dans les questions le point de savoir si l'accusé était commerçant, quoique l'arrêt de renvoi et l'acte d'accusation n'aient pas mentionné expressément cette circonstance. — Cass., 28 déc. 1837, Texier, [P. 40.1.146]

2778. — ... Que le président a le droit d'introduire dans une question de complicité par aide et assistance, les mots « avec connaissance », quoique l'arrêt de renvoi ne contienne pas la déclaration que le complice avait agi avec connaissance. — Cass., 15 juill. 1875, précité; — 4 janv. 1836, Michel et Vallade, [P. chr.]

2779. — ... Que dans une accusation de faux en matière commerciale, le président peut ajouter aux questions résultant de l'arrêt de renvoi, quant à la fausseté de la signature de traites, l'indication de la qualité commerciale : « et compagnie ». En transcrivant les termes plus exactement que n'avait fait l'arrêt de renvoi, le président n'a fait qu'user du droit qui lui était imposé de compléter la qualification. — Cass., 14 avr. 1853, précité.

2780. — ... Que dans une accusation de faux en écriture de commerce, le président des assises peut, sans excès de pouvoir, ajouter aux chefs de faux, comme de nature à mieux spécifier les éléments d'après lesquels la cour d'assises doit ultérieurement déterminer le caractère légal du fait incriminé, la circonstance que le faux aurait eu pour but une spéculation commerciale, quoique cette circonstance ne soit pas mentionnée dans l'arrêt de renvoi et ne résulte pas des débats. — Cass., 24 janv. 1856, Maurin, [P. 58.160]

2781. — De même, le jury a pu être régulièrement interrogé sur une circonstance aggravante non comprise dans le dispositif de l'arrêt de renvoi, mais relevée expressément dans l'exposé qui le précède, et reproduite dans le résumé de l'acte d'accusation (il s'agissait de la circonstance aggravante de fausse-clef). Il n'est pas nécessaire, dans de telles conditions, que la question soit posée comme résultant des débats. — Cass., 26 juin 1884,

[*Bull. crim.*, n. 209] — V. aussi Cass., 9 août 1877, [*Bull. crim.*, n. 186]

2782. — En tous cas, il est constant que l'accusé ne peut se plaindre de l'énonciation dans les questions d'une circonstance non mentionnée dans l'arrêt de renvoi, alors que cette énonciation n'ajoutait rien à la criminalité du fait, non plus qu'à la gravité de la peine. — Cass., 16 sept. 1831, Jarron, [P. chr.]

2783. — Et, à l'inverse, lorsqu'un fait formant l'un des chefs de l'arrêt de mise en accusation ne constitue ni un crime, ni un délit particulier, l'omission d'une question sur ce fait ne présente ni une nullité, ni une irrégularité. — Cass., 4 févr. 1819, Piart, [S. et P. chr.]

2784. — La qualification donnée aux faits par le dispositif de l'arrêt de renvoi ne lie pas non plus le président, et celui-ci peut la modifier lorsqu'il résulte des énonciations de l'arrêt qu'elle est erronée. — Cass., 14 sept. 1837, Assenat, [P. 40.1.109]

2785. — Jugé de même que l'erreur dans la qualification légale des faits et dans l'indication de l'article du Code pénal à appliquer, contenue dans l'arrêt de renvoi, ne peut lier la cour d'assises. Ainsi, lorsque le jury a répondu affirmativement à la question posée conformément aux faits énoncés dans cet arrêt, de savoir si l'accusé avait, étant notaire et en rédigeant des actes de son ministère, commis des faux par addition ou altération de clauses, de déclarations ou de faits que ces actes avaient pour objet de recevoir et de constater, il résulte de cette réponse que les faits ainsi qualifiés constituent non les crimes de faux en écriture authentique et publique commis par un particulier, prévus par l'art. 147, C. pén., mais ceux de faux en écriture authentique et publique commis par un officier public dans l'exercice de son ministère, prévus par les art. 145 et 146 du même Code. La cour d'assises doit alors faire à l'accusé application de ces deux derniers articles, et il y aurait nullité si elle lui appliquait l'art. 147 visé par l'arrêt de renvoi. — Cass., 23 nov. 1889, [*Bull. crim.*] — V. aussi Cass., 13 avr. 1854, [*Bull. crim.*, n. 110]

2786. — Ainsi encore, lorsque l'accusé, d'après le dispositif de l'arrêt de la chambre des mises en accusation, a été renvoyé devant la cour d'assises sous l'accusation d'avoir apposé des signatures fausses sur un certain nombre de mandats dont la nature n'était pas spécifiée, faits constituant, aux termes de cet arrêt, le crime prévu par les art. 147 et 148, C. pén., le président des assises a le droit et le devoir de rechercher le caractère et la nature de ces mandats; et c'est à bon droit qu'il interroge le jury sur le point de savoir si l'accusé avait apposé des signatures fausses sur diverses lettres de change. — Cass., 18 juin 1885, Sicault, [D. 87.1.96]

2787. — Un arrêt récent de la Cour de cassation a résumé de la manière suivante les différents éléments auxquels doit se référer le président des assises pour rédiger d'une façon exacte et complète les questions à poser au jury : « De la combinaison des art. 271, 337, 338 et 361, C. instr. crim., il résulte que le titre de l'accusation, son étendue, sa portée légale ne sont pas enfermés dans la formule du *dispositif* de l'arrêt de renvoi et du *résumé* de l'accusation. Toutes les énonciations comprises dans l'*exposé* sommaire des faits, dans leur qualification, dans la citation de la loi pénale s'éclairant et se complétant mutuellement, constituent, dans leur ensemble, l'accusation sous laquelle les jurés doivent être interrogés ». — Cass., 23 avr. 1887, Fraisse, [D. 88.1.332] — V. aussi Cass., 29 nov. 1866, [*Bull. crim.*, n. 250]

§ 3. Interdiction de poser au jury des questions de droit.

1° *Principes.*

2788. — Le jury n'a pas à résoudre de questions de droit; les jurés prononcent sur le fait, les magistrats statuent sur le droit. Les jurés prononcent sur deux éléments : 1° l'accusé est-il l'auteur du fait? 2° l'a-t-il commis avec intelligence et volonté, c'est-à-dire est-il coupable. Voilà les questions que le jury doit avoir à résoudre. Ce sera à la cour à déterminer ensuite le caractère légal du fait déclaré constant par le jury, à décider qu'il constitue tel ou tel crime et à faire enfin à l'accusé l'application de la peine édictée pour ce crime.

2789. — Cette distinction entre les questions de fait et les questions de droit, cette différence entre les attributions du jury et celles de la cour domine toute notre matière. Elle ne résulte, il est vrai, d'aucun article de nos Codes, d'aucune dis-

position expresse de la loi; mais elle est la conséquence des principes admis sous la législation antérieure à nos Codes qui a institué le jury en France; elle a été admise dans les travaux préparatoires du Code d'instruction criminelle; enfin, elle est consacrée par la jurisprudence constante de la Cour de cassation. « Les jurés, a-t-il décidé, ne sont juges que des faits d'une accusation et des circonstances de moralité qui peuvent rendre coupable celui qu'ils en déclarent l'auteur; la détermination du caractère des faits qu'ils ont reconnus, lorsqu'elle doit être faite d'après les dispositions d'une loi qui en a réglé les éléments constitutifs, forme une question de droit qui sort de la compétence des jurés et rentre dans les attributions des cours d'assises ». — Cass., 28 déc. 1820, Vinla, [S. et P. chr.] — « S'il n'appartient qu'au jury de statuer sur l'existence matérielle des faits et sur leurs circonstances morales, il n'appartient également qu'à la cour d'assises de décider si les faits et les circonstances déclarés par le jury constituent un crime et quelle en est la nature. — Cass., 20 avr. 1827, Laval, [S. et P. chr.]

2790. — Le jury devra donc être interrogé par des questions posées en fait; le président des assises devra, à cet égard, apporter le plus grand soin à la rédaction des questions. Il évitera de demander au jury si X... a commis un meurtre, ou un faux en écriture publique, ou de commerce ou en écriture privée. Ce serait obliger le jury à se prononcer non seulement sur l'existence matérielle du fait et l'intention coupable de l'accusé, mais encore sur le caractère légal du fait, et par suite à résoudre une question de droit, ce qu'il ne doit pas faire. Le président veillera donc à ne poser au jury que des questions détaillées conçues en fait. — F. Hélie, n. 3614 et s.; Nouguier, n. 2646 à 2652; Trébutien, n. 617 et 629 *bis*; Legraverend, t. 2, p. 247; Carnot, art. 147, *C. pén.*, t. 1, p. 481, n. 1; de Serres, t. 1, p. 379; Villey, p. 384. — *Contra*, Bourguignon, *Jurispr. des Codes criminels*, t. 2, p. 535 et s.

2791. — Cependant, la simple énonciation d'une question de droit dans la formule soumise au jury n'est pas une cause de nullité, lorsque cette formule comprend en même temps tous les faits constitutifs du crime. La réponse du jury sur la question de droit n'est alors qu'une superfétation sans conséquence légale. — Cass., 5 mars 1840, Grange, [P. 40.2.29]; — 21 mars 1879, Delebecque, [S. 81.1.287, P. 81.1.670]

2792. — C'est au jury seul qu'il appartient d'apprécier les faits constitutifs du crime reproché à l'accusé. — Cass., 18 avr. 1812, Delapierre, [S. et P. chr.]; — 23 juin 1827, Rivière, [P. chr.]; — 11 mars 1830, Roulet et Masset, [S. et P. chr.]; — 7 avr 1842, Michel, [S. 42.1.890, P. 42.2.604]

2793. — Toute circonstance de fait qui sert de nature à aggraver ou à atténuer la peine doit donc être, en général, soumise à la décision du jury, et ne peut être appréciée par la cour d'assises elle-même, à peine de nullité. — Cass., 11 avr. 1817, Wacheux, [P. chr.]; — 29 avr. 1819, Leguével et Legall, [S. et P. chr.]; — 4 janv. 1822, Guy, [S. et P. chr.]

2794. — C'est également au jury qu'il appartient de s'expliquer sur l'intention; en conséquence, c'est lui seul qui doit décider si, en tenant des livres irréguliers, un failli a agi frauduleusement. la cour d'assises ne peut se permettre de statuer sur ce point de moralité, sous le prétexte qu'il présente une question de droit. — Cass., 3 nov. 1826, Lambert, [S. et P. chr.] — V. *infrà*, n. 3488 et s.

2795. — La cour d'assises, saisie de la reconnaissance d'un délit correctionnel à raison de sa connexité avec un crime, se conforme au vœu de la loi en soumettant à la déclaration du jury, non seulement les faits constitutifs du crime, mais encore les faits constitutifs du délit correctionnel. — Cass., 4 nov. 1813, Van Esse, [S. et P. chr.]

2796. — Il n'est pas facile de déterminer les caractères qui séparent la question de droit de la question de fait. C'est à la jurisprudence de la Cour de cassation qu'il faut recourir pour fixer les termes dans lesquels doit être renfermée la question, afin d'éviter une formule comprenant une question de droit. Aucune règle générale ne peut être établie à cet égard. Après avoir posé le principe, nous avons donc à faire connaître les applications qui en ont été faites par la jurisprudence.

2° *Applications.*

2797. — Nous suivrons pour cet examen l'ordre même du Code.

2798. — *Tentative.* — C'est interroger le jury sur une question de droit que de lui demander si « X..., est coupable de tentative de meurtre sur la personne de... ». — Cass., 14 vend. an VII, Seligman, [P. chr.]; — 23 sept. 1825, Brigaud, [S. et P. chr.]; — 23 juin 1827. Rivière, [P. chr.] — La question posée au jury doit, au contraire comprendre les circonstances de fait constitutives de la tentative. — V. *infrà*, n. 3585 et s.

2799. — *Récidive.* — Le jury doit être interrogé sur tous les faits et sur les circonstances aggravantes. Cependant, il est certaines circonstances qui, bien qu'aggravantes, ont un caractère spécial, et se distinguent des circonstances aggravantes ordinaires : telle est celle de la récidive. La Cour de cassation a décidé que, dans ce cas, c'est la cour et non le jury qui devait résoudre la question de circonstance aggravante.

2800. — MM. Chauveau et F. Hélie s'expliquent ainsi sur la question de récidive : « la récidive n'est pas une circonstance aggravante; quoique concomitante à ce fait, elle lui est étrangère; elle diffère sous ce rapport des circonstances de l'âge, de la parenté, des fonctions qui, à l'égard de certains crimes, forment des circonstances aggravantes. La récidive doit être considérée comme élément accidentel de la délibération pour l'application de la loi pénale, et cette délibération est exclusivement dans les attributions des juges de la cour d'assises, d'après les règles sur la division des pouvoirs qui sont écrites dans les art. 362 et s., C. instr. crim. » (*Th. C. pén.*, t. 1, p. 420; Legraverend, t. 2, p. 227). — « Cette circonstance ne constitue ni un délit, ni une modification du délit; elle est un fait moral dont la loi déduit simplement la preuve d'une perversité qui nécessite un châtiment plus sévère. »

2801. — Jugé, en ce sens, que le fait de la récidive est exclusivement dans les attributions des juges de la cour d'assises, et ne doit point faire l'objet d'une question au jury. — Cass., 11 juin 1812. Chiatone, [S. et P. chr.]; — 18 juin 1829, Allaire, [S. et P. chr.]; — 18 sept. 1847. Boué, [P. 48.2.48, D. 47.4.137]; — 20 sept. 1888, Margotal, [S. 89.1.89, P. 89.1.180, D. 89.1.121] — *Sic*, Legraverend, t. 2. chap. 2, p. 227; Chauveau et F. Hélie, t. 4, p. 419; de Serres, t. 1, p. 378, et t. 2, p. 106; Carnot, art. 336, *C. instr. crim.*, t. 2, p. 578; Nouguier, n. 2653.

2802. — *Complicité.* — La complicité n'est établie dans le sens de la loi que par l'existence légalement constatée des faits constitutifs de ce mode de culpabilité aux termes des art. 60 et s., C. pén. (V. *suprà*, v° *Complicité*, n. 94 et s.). La question posée au jury doit donc spécifier les faits dont la complicité peut dériver. Ce serait poser au jury une question de droit que de lui demander, sans préciser les circonstances de fait d'où peut être déduite la complicité, si « X..., est complice du meurtre (ou de tout autre crime) commis sur la personne de... ». — Cass., 30 avr. 1812, Liberati, [S. et P. chr.]; — 2 juill. 1813, Gautreau, [S. et P. chr.]; — 3 mars 1814, Lemort, [S. et P. chr.]; — 15 déc. 1814, Lalyre, [S. et P. chr.]; — 28 juin 1816, Souffiant, [S. et P. chr.]; — 4 oct. 1816, Leroux, [S. et P. chr.]; — 24 janv. 1818, Ballandras, [S. et P. chr.]; — 4 oct. 1821, Dolbec, [S. et P. chr.]; — 15 janv. 1824, Blum, [S. et P. chr.]; — 14 oct. 1825, Clément, [S. et P. chr.]; — 16 janv. 1834, Soulié, [P. chr.]; — 26 déc. 1834, Nata, [P. chr.]; — 20 juin 1835, Chaleyer, [P. chr.]; — 3 déc. 1835, Soubabère, [P. chr.]; — V. *suprà*, v° *Complicité*, n. 276 et s.

2803. — *Attentat et complot contre la sûreté de l'Etat.* — Toutes les circonstances qui se lient au fait de l'accusation et qui peuvent, d'après les dispositions de la loi, augmenter ou diminuer la peine, ou en faire prononcer la remise, doivent être soumises à la délibération du jury et décidées par lui. Aussi lorsque dans les accusations de complots ou autres crimes attentatoires à la sûreté de l'Etat les débats ou les défenses des accusés paraissent pouvoir amener l'application de l'art. 108, C. pén., qui exempte de la peine ceux des coupables qui auraient procuré l'arrestation des auteurs ou complices de ces crimes, c'est le jury qui doit décider si quelques-uns des coupables se trouvent dans la circonstance ainsi déterminée par cet article. Une question particulière doit être posée au jury sur cette circonstance, et ce n'est que d'après la réponse du jury à cette question que la cour d'assises peut prononcer sur l'exemption de la peine qui aurait été encourue d'après la réponse affirmative du jury sur le fait principal. — Cass., 29 avr. 1819, Leguével et Legall, [S. et P. chr.] — *Sic*, Carnot, *Instr. crim.*, t. 2, p. 613, n. 7.

2804. — Lorsque les deux premières questions posées au

jury relativement à l'existence d'un complot contre la sûreté intérieure de l'Etat, contiennent toutes les circonstances qui, d'après l'art. 89, C. pén., constituent le complot, il a pu être posé au jury, pour chaque accusé, la question de savoir s'il était coupable d'avoir participé au complot spécifié dans ces deux questions. Ce mot complot ne donnait pas un point de droit à résoudre aux jurés. Les jurés en répondant à cette question, se reportaient aux circonstances de fait relevées dans les deux premières questions. — Cass., 13 oct. 1832, Poncelet, [S. 32.1. 729, P. chr.]

2805. — Il avait été jugé aussi qu'en matière de provocation à un crime contre l'inviolabilité du trône par des cris proférés dans des lieux publics, le jury devait être interrogé, non seulement sur le fait matériel des cris, mais aussi sur le point de savoir si ces cris avaient le simple caractère de séditieux ou le caractère plus grave d'attaque formelle. — Cass., 2 oct. 1819, Maurand, [S. et P. chr.]

2806. — *Fausse monnaie.* — Dans une accusation d'émission de fausse monnaie, la circonstance que les accusés ont reçu pour bonnes les monnaies par eux émises est un fait d'atténuation ou de justification qui rentre dans les attributions exclusives du jury, et que la cour d'assises n'a pas le droit de suppléer. La preuve de cette excuse est à la charge de l'accusé. — Cass., 3 mai 1832, Guillermet, [S. 32 1.676, P. chr.] — *Sic*, Chauveau et F. Hélie, *Théor. du C. pén.*, t. 3, p. 203 et 340.

2807. — Dans les affaires de contrefaçon et d'émission de fausse monnaie, on s'est demandé par qui, de la cour ou du jury, devait être résolue la question de savoir si la monnaie contrefaite avait cours légal en France. La Cour de cassation avait d'abord jugé que c'était là une question de droit et que c'était, dès lors, à la cour d'assises qu'il appartenait de décider si, dans l'état de la législation, les pièces dont il s'agissait avaient cours légal en France. — Cass., 10 août 1826, Fourgeot, [S. et P. chr.]; — 22 sept. 1831, Frédéric, [P. chr.] — *Sic*, Carnot, *C. pén.*, art. 132, t. 1, p. 435, n. 5; *C. instr. crim.*, art. 350, t. 2, p. 669, n. 7.

2808. — Mais cette jurisprudence a été abandonnée, et depuis longtemps, les arrêts de la Cour de cassation ont sanctionné la solution contraire par ce motif que « la circonstance que la monnaie émise a un cours légal en France est constitutive du crime; il suit de là qu'elle doit être l'objet du débat ouvert devant le jury, puis soumise à sa décision comme étant l'un des éléments essentiels de la criminalité du fait d'émission de fausse monnaie. — Cass., 10 août 1839, Jacquart, [S. 39.1.910, P. 40.1. 383]; — 11 janv. 1850, [*Bull. crim.*, n. 13]; — 4 sept. 1862, [*Bull. crim.*, n. 228]; — 22 févr. 1883, [*Bull. crim.*, n. 53] — *Sic*, Nouguier, n. 2654; F. Hélie, n. 3700. — V. aussi Cass., 28 germ. an IX, Sogleur, [S. et P. chr.]

2809. — Lorsque le même accusé est poursuivi tant pour contrefaçon que pour émission de fausse monnaie, la circonstance que la monnaie contrefaite avait cours légal en France doit être portée dans la question spéciale à l'émission comme dans celle relative à la contrefaçon : l'énonciation de cette circonstance dans cette dernière question, qui a été répondue négativement par le jury, ne saurait suppléer à son absence dans celle concernant l'émission. — Cass., 4 sept. 1862, précité.

2810. — Dans le cas d'une accusation de contrefaçon de monnaie ayant cours légal en France, c'est au jury qu'il appartient de décider si le fait du blanchiment d'une pièce de billon réunit, à raison des circonstances relatives ou intrinsèques à sa perpétration, les éléments constitutifs du crime de contrefaction d'une monnaie d'argent. — Cass., 17 oct. 1839, Fourmy, [S. 40.1.85, P. 40.2.122]

2811. — Ce n'est pas là une question de droit qui, après la réponse du jury sur le fait matériel du blanchiment, soit réservée à l'appréciation de la cour d'assises, laquelle aurait à déclarer si ce fait constitue la fabrication d'une pièce d'argent, ou l'altération d'une pièce de cuivre, ou même le simple délit d'escroquerie. — Même arrêt.

2812. — La question soumise au jury peut, sans qu'il y ait violation de l'art. 132, C. pén., garder le silence sur les personnes à l'égard desquelles les fausses pièces auraient été émises, ainsi que sur la valeur de ces pièces. leur type et l'époque de leur fabrication (Cass., 11 janv. 1850, précité). Ces diverses circonstances sont en effet sans influence sur la criminalité de l'action.

2813. — *Faux.* — a) *Règles communes à toutes les espèces de faux.* — Dans une accusation de crime de faux, c'est aux jurés qu'il appartient de prononcer sur les faits sur lesquels cette accusation est fondée, et d'apprécier l'existence matérielle et les circonstances morales de ces faits; mais c'est à la cour d'assises à rapprocher ensuite les faits par eux déclarés constants des dispositions du Code pénal, et à juger d'après ce rapprochement si ces faits constituent un faux et si c'est un faux en écriture authentique ou en écriture de commerce ou de banque ou simplement en écriture privée. — Cass., 28 déc. 1820, Vialas, [S. et P. chr.]; — 19 févr. 1823, Gaillard, [S. et P. chr.]; — 28 mai 1825, Vidal, [S. et P. chr.]; — 2 juin 1825, Suzzoni, [S. et P. chr.]; — 13 mai 1826, Radon, [P. chr.]; — 3 nov. 1826, Dubois, [S. et P. chr.]; — 3 janv. 1828, Gabriel, [S. et P. chr.]; — 3 juill. 1828, Guntzburger, [P. chr.]; — 24 janv. 1856, Meaurin, [P. 58.161. D. 56.1.110]; — 18 juill. 1884, Combe, [S. 86.1.440, P. 86.1.1039, D. 85.1.43] — V. infrà, n. 3608.

2814. — En matière de faux en écriture publique, de commerce ou privée, les jurés ne peuvent donc être interrogés que sur les circonstances de fait qui constituent l'écriture fausse et non sur la nature de l'écrit incriminé. — Cass., 18 juill. 1884, précité.

2815. — C'est au jury que doit être posée la question de savoir si le faux est de nature à porter préjudice. Tous les faits élémentaires du crime de faux doivent être soumis au jury; l'un de ces faits est précisément la possibilité d'un préjudice causé par l'altération matérielle de la vérité. — Cass., 26 juin 1852, Chautreau, [D. 52.5.174]

2816. — b) *Faux commis par un fonctionnaire.* — Dans une accusation de faux, la question de savoir si l'accusé était fonctionnaire ou officier public, est un point de droit que la cour d'assises a seule qualité pour décider. — Cass., 12 août 1875, [*Bull. crim.*, n. 258]; — 31 mars 1882, Isnard, [S. 84.1.137, P. 84.1 292]

2817. — Mais la question de savoir si l'accusé était, à l'époque du fait, adjoint de l'administration d'une commission mixte en Algérie, est un point de fait qui rentre exclusivement dans les attributions du jury. — Cass., 31 mars 1882, précité.

2818. — En un mot, si le jury doit être interrogé sur la qualité de fait qui appartient à l'accusé, c'est la cour d'assises seule qui est compétente pour décider, en droit, si cette qualité confère à l'accusé le caractère de fonctionnaire public. — Cass., 22 nov. 1866, Le Roy, [S. 67.1.187, P. 67.424] — V. infrà, n. 2841 et s.

2819. — Il ne faudrait donc pas s'en rapporter à la formule donnée, dans notre espèce, par M. Blanche (*Etudes prat. sur le C. pén.*, t. 3, n. 231), en ces termes : N..., est-il coupable d'avoir, à telle date, *étant fonctionnaire* (ou suivant les cas), *officier public*, fabriqué..., etc. Il faut interroger le jury sur la nature de la fonction, qui est une question de fait, et non sur la qualification légale, qui est une question de droit.

2820. — c) *Faux en écriture authentique et publique.* — On ne peut demander au jury si l'accusé était coupable « de faux ou d'une tentative de faux en écriture authentique et publique, dans un acte obligatoire reçu en....., par M. S....., notaire ». — Cass., 20 avr. 1827, Laval, [S. et P. chr.]; — 11 mars 1830, Roulet, [S. et P. chr.]; — 6 avr. 1832, Merieux, [S. 32.1.344, P. chr.] — *Sic*, Legraverend, t. 2, p. 247, note 1.

2821. — De même, on ne peut soumettre au jury la question de savoir si l'accusé est coupable d'avoir commis un faux en écriture authentique et publique soit par la fabrication de conventions, obligations, soit par supposition de personnes. — Cass., 21 avr. 1832, précité ; — 17 juin 1841, Regnault et Perré, [P. 43.2.468]

2822. — Cependant, lorsqu'une question posée au jury a qualifié faux en écriture authentique le fait incriminé, il ne s'ensuit pas que le jury ait été interrogé sur une question de droit, si la cour, au lieu de se référer à l'appréciation légale du crime par le jury, a pris soin de caractériser et de qualifier elle-même les faits. — Cass., 13 janv. 1876, [*Bull. crim.*, n. 16]

2823. — La question de savoir si un faux a été commis par supposition de nom seulement, ou tout à la fois par supposition de nom et de personne, est une question de droit sur laquelle il appartient à la cour d'assises et non au jury de prononcer. — Cass., 21 avr. 1814, Fradet, [S et P. chr.]

2824. — Après avoir demandé au jury s'il existe un faux sur un extrait du registre de la préfecture du département, on ne peut lui soumettre en outre la question de savoir si le faux a été commis en écritures authentiques et publiques. — Cass., 27 mess. an X, Daugies, [S. et P. chr.]

2825. — Mais il ne peut résulter une ouverture à cassation de

ce que, dans une accusation de faux, la cour d'assises aurait seulement demandé au jury si l'accusé était coupable d'avoir commis le crime de faux sur un billet de loterie, et de ce qu'elle ne lui aurait pas demandé si le fait constituait un faux en écriture authentique, publique, privée ou de commerce. — Cass., 13 mai 1826, Radon, [P. chr.]

2826. — La cour d'assises ne commet non plus aucune violation de la loi en ordonnant que le jury sera interrogé, non sur le point de savoir si un faux a été commis en écriture authentique, mais sur des circonstances matérielles propres à constituer ce crime. — Cass., 11 juin 1830, Roulet et Mausset, [P. chr.]

2827. — De même, lorsque la question au jury énonce, en matière de faux, les circonstances matérielles et morales constitutives du crime, on ne peut prétendre que le jury a été interrogé sur une question de droit et a été appelé à qualifier les faits parce que cette question aurait en même temps qualifié les faits de faux en écriture authentique et publique. — Cass., 2 janv. 1874, [*Bull. crim.*, n. 1]

2828. — d) *Faux en écriture de commerce ou de banque.* — Le jury doit être interrogé sur les faits constitutifs du faux, ainsi que sur les circonstances caractéristiques qui l'ont accompagné. — Cass., 18 févr. 1830, Couteau, [P. chr.] — *Sic*, de Serres, *Man. des cours d'ass.*, t. 1, p. 379.

2829. — Dans une accusation de faux en écriture de commerce par fabrication de faux billets, le jury doit être interrogé, à peine de nullité, sur le point de savoir si les billets fabriqués portaient la fausse signature de négociants, ou s'ils se rattachaient à des opérations de commerce, circonstances nécessaires pour leur imprimer un caractère commercial. — Cass., 25 janv. 1826, Muiron, [S. et P. chr.]; — 26 janv. 1827, Avril, [S. et P. chr.]; — 9 mars 1827, de Cordey, [S. et P. chr.]; — 9 mars 1827, Martin, [S. et P. chr.]; — 12 avr. 1827, Dufour, [S. et P. chr.]; — 14 avr. 1827, Mégret, [S. et P. chr.]; — 25 mai 1827, Gubreaux, [S. et P. chr.]; — 8 juin 1827, Roze, [S. et P. chr.]; — 15 juin 1827, Boissonneau, [S. et P. chr.]; — 15 juin 1827, Caminatti, [S. et P. chr.]; — 22 juin 1827, Gilbert-Duchâteau, [S. et P. chr.]; — 9 juill. 1827, Marcassin, [P. chr.]; — 24 janv. 1828, Berron, [S. et P. chr.]; — 10 avr. 1828, Parcillier, [P. chr.]; — 18 sept. 1829, Petit-Coulon, [P. chr.]; — 11 mars 1830, Roulet, [S. et P. chr.]; — 3 févr. 1831, Halton, [P. chr.]; — 30 déc. 1831 Vellepot, [P. chr.]; — 23 janv. 1834, Grenier, [P. chr.]; — 10 juill. 1834, Rolle, [P. chr.]; — 6 oct. 1836, Genieys, [P. 37.1.535]; — 26 janv. 1837, Rupp, [P. 40.2 100]; — 2 août 1838, Sudric, [P. 40.1.420]; — 31 janv. 1840, Burland, [S. 40.1.241, P. 40 1.566] — V. Chauveau, F. Hélie et Villey, *Th. C. pén.*, t. 2, n. 465; Carnot, *Instr. crim.*, art. 344, t. 2, p. 639, n. 1.

2830. — Mais il n'appartient pas au jury de déclarer que le faux dont l'accusé est convaincu est un faux en écriture de commerce. — Cass., 7 oct. 1825, Voillot, [S. et P. chr.]; — 1er avr. 1826, Lebihan, [S. et P. chr.]; — 26 janv. 1827, précité; — 12 avr. 1827, précité; — 30 avr. 1829, Fort, [P. chr.]; — 18 sept. 1829, Petit-Coulon, [P chr.]; — 22 janv. 1830, Coupeux, [S. et P. chr.]; — 23 déc. 1830, Dechavanne, [P. chr.]; — 2 avr. 1831, Lugues, [P. chr.]; — 19 janv 1831, Muller, [S. 31. 1.348, P. chr.]; — 5 mars 1840, Grange, [P. 40.2.29]; — 1er oct. 1846, [*Bull. crim.*, n. 260] — C'est à la cour de déclarer si les écritures falsifiées sont commerciales.

2831. — En conséquence, il y a nullité lorsque, au lieu de faire expliquer le jury sur les éléments constitutifs du crime de faux en écriture de commerce, on lui demande si l'accusé est coupable d'avoir commis le crime de faux *en écriture de commerce.* — Mêmes arrêts. — V. aussi Cass., 3 oct. 1817, Armandel, [S. et P. chr.]; — 3 janv. 1828, Gabriel, [S. et P. chr.]; — 3 juill. 1828, Guntzberger, [P. chr.]; — 4 déc. 1828, Nicolle, [P. chr.]

2832. — Il suit aussi de là que l'affirmation par un jury qu'il y a un faux en écriture de commerce doit être considérée comme non avenue, et ne peut motiver, de la part de la cour d'assises, la peine du faux en matière de commerce, alors surtout que les caractères de ce faux ne se rencontrent pas dans les circonstances de fait qui résultent de la déclaration du jury. Il y a lieu, dans ce cas, à annulation de l'arrêt de la cour d'assises, et à renvoi devant une autre cour pour l'application des peines prévues pour les faits déclarés constants par le jury. — Cass., 5 mars 1840, précité.

2833. — Pour que la cour d'assises puisse déclarer que le faux commis par l'accusé est un faux en écriture de commerce, il faut que le jury ait été interrogé et ait répondu affirmativement sur la qualité commerciale des individus dont ces billets portent les signatures fausses, ou sur la nature commerciale des opérations pour lesquelles ils sont causés. — Cass., 25 mai 1827, précité; — 14 juin 1832 Gourg, [S 32.1.851, P. chr.] — *Sic*, Nouguier, *Lettre de change*, t. 1, p. 504, n. 14 et 15.

2834. — Il est également interdit, à peine de nullité, d'interroger le jury par une question ainsi conçue : « X... est-il coupable d'avoir fabriqué ou fait fabriquer *une lettre de change*, en y apposant ou faisant apposer la fausse signature de C... ». C'est soumettre au jury une question de droit étrangère à sa compétence. — Cass., 18 juill. 1884, Combe, [S. 86.1.440, P. 86.1.1059; D. 85.1.43].

2835. — Toutefois, lorsque l'existence de la lettre de change n'est point contestée, le jury peut répondre à la question de savoir si le faux a été commis sur cette lettre de change, ce qui ne présente qu'une question de fait. — Cass., 22 janv. 1830, précité; — 4 avr 1884, [*Bull. crim.*, n. 128]

2836. — En matière de faux en matière de commerce, le jury peut être valablement interrogé sur la question de savoir si la falsification reprochée à l'accusé a eu pour objet d'opérer obligation. La question peut être rédigée en ces termes : « X... est-il coupable d'avoir inséré sur son livre de consignation la fausse mention d'une avance de la somme de... au sieur... laquelle mention avait pour objet d'opérer obligation à la charge dudit sieur... ». Cette question n'est pas une question de droit, mais une question de fait dont l'appréciation rentre dans la compétence du jury. — Cass., 26 août 1858, [*Bull. crim.*, n. 239] — V. aussi Cass. Belge, 2 mai 1835, Talboom, [P. chr.]

2837. — Constitue une question de fait : 1° celle de savoir si la personne à laquelle des billets faux sont attribués, est commerçante. — Cass, 26 janv. 1827, Avril, [S. et P. chr.]; — 2° celle de savoir si le signataire apparent d'un endossement faux était commerçant. — Cass., 4 sept. 1840, [*Bull. crim.*, n. 251] — Le mot « commerçant », indiquant une profession constitue une question de fait qui peut être résolue par le jury. — Cass., 12 janv. 1843. [*Bull. crim.*, n. 3]

2838. — C'est encore une question de fait que le jury, appelé à constater tous les éléments constitutifs du fait incriminé, doit seul résoudre, que celle de savoir si des lettres missives, portant la fausse signature J..., commerçant, se rattachent à l'exercice de sa profession. — Cass., 4 juin 1859, Robinet, [S. 59.1.970, P. 60 938, D. 59.1.384]

2839. — *e*) *Faux en écriture privée*. — Est nulle la question par laquelle on demande au jury si l'accusé est coupable du crime de faux en écriture privée. — Cass., 28 déc. 1820, Viala, [S. et P. chr.]

2840. — *Forfaiture*. — Il y aurait nullité si l'on se bornait à demander au jury : « X... s'est-il rendu coupable de ses fonctions de maire, rendu coupable de forfaiture? » Ce serait lui soumettre une question de droit étrangère à ses attributions. La réponse que le jury a faite à cette question est sans effet légal et doit être considérée comme non avenue. — Cass., 26 juin 1879, Dumont, [D. 80.1.138]

2841. — *Soustractions commises par les dépositaires publics.* — Dans une accusation de détournement par un dépositaire public, c'est au jury qu'il appartient de décider quelle est la qualité de fait, quelle est la profession de l'accusé; c'est ensuite à la cour d'assises à déclarer si, en cette qualité, l'accusé était fonctionnaire public ou agent d'une administration publique. — Cass., 24 mai 1894, Peyrieux, [*Bull. crim.*, n. 133] — V. *supra*, n. 2818

2842. — Cependant il a été jugé que le jury pouvait être également interrogé sur le point de savoir si l'accusé était agent d'une administration publique, en sa qualité d'employé au service du départ de la route du Nord : « que c'était là, en effet, une question où le fait et le droit se trouvaient intimement unis et qui dès lors n'excédait pas les limites de sa compétence ». — Cass., 29 sept. 1853, N..., [D. 53.5.313]

2843. — De même, peut être considérée comme régulière une question posée dans les termes suivants à propos d'un détournement commis par un directeur de la fabrication des monnaies : « X... est-il coupable d'avoir à..., étant comptable ou dépositaire public, soustrait ou détourné des effets mobiliers qui étaient entre ses mains en vertu de ses fonctions de directeur de la fabrication à la monnaie ». Sans doute le jury n'aurait dû être interrogé que sur l'existence de la qualité de directeur de la fa-

brication à la monnaie, et à la cour seule, il appartenait de décider ensuite, en droit, si un directeur de la fabrication est un comptable ou dépositaire public; mais il suffisait que le jury eût régulièrement affirmé cette qualité de directeur de la monnaie pour que cette partie de sa déclaration pût produire ses effets légaux et pour qu'elle ne pût être infirmée par la réponse, même irrégulière, sur les conséquences à attacher à ce fait. — Cass., 21 mars 1879, Delebecque, [S. 81.1.287, P. 81.1.670] — V. *infrà*, n. 2852 et 2853, 2884.

2844. — *Concussion.* — Il n'appartient pas au jury de qualifier le fait dont l'appréciation lui est soumise. Il ne devra donc pas être interrogé par une question ainsi formulée : « X... est-il coupable de concussion? » — Cass., 7 avr. 1842, Michel, [S. 42.1.490, P. 42.2 664]

2845. — Mais il faudra rédiger la question en fait et spécifier toutes les circonstances constitutives du crime de concussion. — Même arrêt.

2846. — L'art. 174, C. pén. de 1810, n'exigeait pas que le montant des taxes fût, à raison de sa gravité, un élément nécessaire du fait de concussion. La quotité de cette perception n'était ni une circonstance constitutive de ce fait, ni une circonstance distinctementaggravante. Il n'était donc pas indispensable de l'énoncer dans les questions posées au jury. — Il suffisait dès lors de lui demander si l'accusé avait reçu au delà de ce qui lui était dû. — Cass., 7 avr. 1842, précité. — Aujourd'hui, depuis la loi de 1863, la quotité des sommes reçues pouvant changer l'incrimination, ce point doit être fixé par le jury. — V. *supra*, v° *Concussion*, n. 126 et s., et *infrà*, n. 3538.

2847. — Dans une accusation de concussion, la question de savoir si l'accusé est huissier, ou bien cadi, etc., est une question de fait réservée au jury. — Cass., 25 avr. 1879, Mohamed-ben-Ali, [S. 81.1.386, P. 81.1.669, D. 79.1.313]

2848. — Mais si le jury doit être interrogé sur la qualité de faut qui appartient à l'accusé, c'est la cour d'assises seule qui est compétente pour décider, en droit, si cette qualité confère à l'accusé le caractère de fonctionnaire public. — Même arrêt. — V. *supra*, n. 2818, 2841.

2849. — En matière de concussion, le président des assises ne modifie en rien l'accusation, lorsqu'au lieu de demander au jury, conformément au dispositif de l'arrêt de renvoi, si l'accusé, en sa qualité de cadi, avait exigé ou reçu des sommes qu'il savait n'être pas dues, ou excéder ce qui était dû, il se borne à demander si l'accusé savait que les sommes par lui perçues n'étaient pas dues. — Même arrêt.

2850. — *Corruption des fonctionnaires publics.* — Le jury doit déclarer la qualité de fait, la profession de l'accusé; c'est à la cour à reconnaître ensuite quelle est la qualité légale qui en est la conséquence. — V. *supra*, n. 2818, 2841, 2848.

2851. — La Cour de cassation a cependant jugé pour les motifs énoncés, *supra*, n. 2842, qu'on pouvait demander au jury si l'accusé était agent ou préposé d'une administration publique. — Cass., 7 janv. 1843, [*Bull. crim.*, n. 1]

2852. — La Cour de cassation a également déclaré régulière une question dans laquelle le jury avait été interrogé en fait seulement sur la profession de l'accusé. Il lui avait été demandé si X... était aide de l'essayeur de la monnaie de Paris, et préposé par ce dernier pour l'une des opérations de l'essai des ouvrages d'or et d'argent. — Cass., 9 nov. 1843, [*Bull. crim.*, n. 275] — V. *supra*, n. 2843.

2853. — Le jury, dit l'arrêt, a été interrogé tout à la fois sur les fonctions confiées à l'accusé et sur la nature de l'établissement auquel il était attaché; sa réponse comprenait tous les éléments de la circonstance constitutive du crime de corruption. La cour d'assises a pu ensuite déduire des faits matériels déclarés par le jury leurs conséquences légales et juger, en droit, que l'accusé était agent d'une administration publique. En procédant ainsi, les règles de la compétence respective de la cour d'assises et du jury ont été soigneusement observées.

2854. — *Meurtre.* — Lorsque le fait qualifié meurtre dans l'acte d'accusation ne prend, dans les débats, que le caractère d'homicide involontaire, c'est au jury, et non à la cour d'assises, qu'il appartient de décider si cet homicide a les caractères du délit prévu par l'art. 319, C. pén. La question de savoir si un homicide a été commis par maladresse, imprudence, inattention, etc., est évidemment une question de fait dont la solution est dans le domaine exclusif des jurés. — Cass., 6 mars 1823, Tisserand, [S. et P. chr.]; — 7 juill. 1827, Lecourt, [S. et P. chr.]

2855. — *Assassinat.* — Demander au jury si le fait d'avoir, en duel, donné la mort à quelqu'un « constitue le crime d'assassinat », c'est lui soumettre une question de droit qui excède sa compétence. — Cass., 4 janv. 1839, Louisy-Lefrère, [S. 39. 1.387, P. 39.2.643]

2856. — *Parricide.* — Dans une accusation de parricide, la filiation est une question de fait que le jury décide souverainement. — Cass., 27 nov. 1812, Projetto, [S. et P. chr.]; — 16 janv. 1879, Perrot, [S. 79.1.189, P. 79.442, D. 79.5.116]; — 6 mars 1879, Baloche, [S. 79.1.334, P. 79.812, D. 79.1.316] — *Sic,* Bourguignon, *Jurisp. des Codes crim.,* sur l'art. 3, *C. instr. crim.,* p. 34, n. 5; Carnot, sur l'art. 299, *C. pén.,* t. 2, p. 24, n. 9, et sur l'art. 323, p. 83; Mangin, *Tr. de l'action publ.* t. 1, p. 439, n. 193, et le réquisitoire de Merlin, au *Rép.,* v° *Parricide,* n. 3.

2857. — *Empoisonnement.* — Lorsque le crime d'empoisonnement forme l'objet principal d'une accusation, la question de savoir si la victime était l'un des ascendants de l'accusé, n'ayant rapport qu'à une circonstance aggravante et non constitutive de ce crime, peut faire l'objet d'une question distincte et séparée. — Cass., 19 sept. 1839, Prayer, [P. 41.1.729]

2858. — Et la question de savoir si la victime du crime d'empoisonnement est la mère de l'accusée principale peut être compétemment agitée devant la cour d'assises et soumise au jury; en effet, on ne peut la considérer comme une question d'état dont la décision appartient exclusivement à la juridiction des tribunaux civils, puisque, dans le procès criminel qui s'instruit devant la cour d'assises, cette question est incidente et accessoire à une accusation de crime dont elle modifie ou aggrave le caractère, et qu'à ce titre elle appartient, comme le fait principal, à la juridiction criminelle. — Même arrêt.

2859. — *Avortement.* — Dans une accusation de tentative d'avortement, la grossesse de la femme sur laquelle le crime est commis est une circonstance constitutive de ce crime; par suite, la qualification manque d'un élément essentiel si le fait de la grossesse n'est pas formellement énoncé dans la question posée au jury. — Cass., 6 janv. 1859, Olivier, [S. 59.862, D. 59.1.336]

2860. — En matière d'avortement, la qualité, chez l'accusé, de médecin, chirurgien, officier de santé, pharmacien ou sage-femme constitue une circonstance aggravante. La question de savoir si l'avortement a été procuré par un médecin, chirurgien, etc., est une question de fait de la compétence exclusive du jury. — Cass., 10 déc. 1835, Ribe et Rudde, [P. chr.]; — 26 janv. 1839, Verdun, [S. 39.1.230, P. chr.]; — 13 janv. 1854, [*Bull. crim.,* n. 8] — V. *suprà,* v° *Avortement,* n. 127 et s.

2861. — En conséquence, lorsque cette circonstance aggravante n'a pas été reconnue par le jury, il y a nullité si la cour fait à l'accusé l'application de la peine en tenant compte de cette circonstance. — Mêmes arrêts

2862. — Nous verrons, en outre, que la circonstance aggravante résultant de la qualité de l'accusé doit être l'objet d'une question séparée et distincte de celle concernant le fait principal. — V. *infrà,* n. 3359.

2863. — La circonstance aggravante tirée de la qualité de médecin n'est formulée en ces termes : « L'accusé est-il médecin ? » Cette circonstance en effet, placée immédiatement après la question posée au jury sur le fait principal d'avortement s'y réfère nécessairement, sans qu'il soit besoin de la question énonce explicitement que la qualité de médecin appartenait à l'accusé au moment de la perpétration du crime d'avortement. — Cass., 5 mars 1857, Trézières et Corbineau, [D. 57.1.178]

2864. — *Attentat aux mœurs.* — C'est au jury seul, et non à la cour d'assises, qu'il appartient de statuer sur l'âge de la personne victime du viol, ou de l'attentat à la pudeur. — Cass., 30 août 1811, N..., [S. et P. chr.]; — 11 juin 1812, Chiatone, [S. et P. chr.]; — 29 avr 1824, Chaussard, [S. et P. chr.]; — 1er oct. 1834, Tournesol, [S. 34.1.867, P. chr.]; — 28 mai 1836, Mari, [P. chr.]

2865. — C'est donc au jury, et non à la cour d'assises, qu'il appartient de décider la question de savoir si la victime d'un attentat à la pudeur était, à l'époque du crime, âgée de moins de onze ans, lorsqu'il s'agit d'un attentat sans violence, et de moins de quinze ans lorsqu'il s'agit de viol ou d'attentat à la pudeur commis avec violence. C'est là, en effet, une circonstance constitutive ou aggravante du crime, et il est du domaine exclusif du jury de s'expliquer sur l'existence du fait principal et de toutes ses circonstances. — Mêmes arrêts.

2866. — Et la cour d'assises ne peut suppléer à l'absence d'une question et d'une réponse du jury à cet égard, même en se fondant sur l'acte de naissance de la victime. — Cass., 1er oct. 1834, précité. — *Sic,* Chauveau et F. Hélie, *Théorie du Code pénal,* t. 6, p. 160; Nouguier, n. 2654.

2867. — Legraverend (t. 2, p. 227) trouve ridicule la distinction faite par la jurisprudence entre la récidive de l'accusé (V. *suprà,* n. 2801) et l'âge de la personne violée (V. aussi de Serres, t. 1, p. 378). Cependant cette dernière circonstance est constitutive ou aggravante du délit, et rentre par conséquent dans l'art. 344; elle présente toujours une question d'appréciation à défaut d'acte de naissance, ou bien une question d'application de cet acte à la victime, tandis qu'au contraire la récidive, indépendante du fait principal, n'a de rapport qu'à l'application de la peine, ce qui est étranger aux attributions du jury.

2868. — En matière d'attentat à la pudeur, la violence est une circonstance de fait rentrant dans l'entière appréciation du jury qui est régulièrement interpellé sur le point de savoir si l'accusé est coupable d'attentat à la pudeur consommé ou tenté avec violence, sans autre qualification. — Cass., 19 juin 1884, [*Bull. crim.,* n. 196]

2869. — En matière d'attentat à la pudeur, c'est le jury qui doit déclarer en fait si l'auteur de l'attentat est ascendant de la victime, ou s'il est investi de telle autre qualité de nature à soulever la question d'autorité; mais c'est la cour d'assises qui seule doit prononcer en droit si, à raison de la qualité reconnue par le jury à l'accusé, celui-ci avait ou non autorité sur sa victime. En conséquence, la déclaration du jury est nulle et ne peut servir de base à une condamnation lorsqu'au lieu de porter que l'attentat a été commis par l'accusé sur la fille de sa femme, elle porte qu'il a été commis par lui pendant qu'il avait autorité sur sa victime. — Cass., 2 déc. 1843, Rampant, [S. 44.1.332, P. 44.1.738]

2870. — Dans une accusation d'attentat à la pudeur, dirigée contre un accusé qui avait autorité sur sa victime, la question au jury sur la circonstance aggravante résultant de cette qualité ne peut donc être posée en ces termes : « L'accusé est-il de la classe de ceux qui ont autorité sur la victime ? » La question ainsi posée tranche, en effet, une question de droit qu'il appartient exclusivement à la cour d'assises d'apprécier. — Cass., 2 oct. 1835, Léiard, [S. 36.1.112, P. chr.]; — 22 sept. 1836, Laurent, [P. 37.2.54]; — 14 sept. 1837, Assenat, [P. 40. 1.109]; — 10 août 1839, Lemanach, [S. 40.1.71, P. 40.2.17]; — 26 juin 1846, Fagot, [P. 49.2.251, D. 46.4.27]; — 3 nov. 1848, Harry, [P. 50.1.104, D. 49.5.94]; — 17 janv. 1850, Royer, [D. 50.5.99]; — 28 juin 1855, Meunier, [S. 55.1.847, P. 56.1. 278, D. 55.1.301]; — 11 déc. 1856, Richard, [D. 57.1.72]; — 21 janv. 1858, Delanoue, [D. 58.5.26]; — 7 juin 1860, Massin, [S. 61.1.811, P. 60.1.723, D. 60.1.419]; — 22 nov. 1866, Le Roy, [S. 67.1.187, P. 67.424]; — 11 août 1871, Mélay, [S. 72.1.152, P. 72.333] — V. *suprà,* v° *Attentat aux mœurs,* n. 300 et s., 335 et s.

2871. — La question doit être rédigée en fait; le jury doit être interrogé sur les faits et circonstances d'où il peut résulter que l'accusé avait autorité sur la victime de l'attentat, ainsi que sur les rapports existant entre eux et qui peuvent faire ranger l'accusé dans la classe de ceux qui ont autorité sur la personne de la victime. Ces faits et rapports une fois constatés et reconnus par le jury, c'est à la cour de décider si cette autorité existait réellement. — Mêmes arrêts. — V. aussi Cass., 2 déc. 1843, précité; — 20 mars 1845, Vasseur, [S. 45.1.609, P. 48.2.84]; — 3 nov 1848, précité; — 20 janv. 1853, Lebeau, [S. 53.1.239, P. 53.2.384, D. 53.5.137]

2872. — Ainsi, c'est à la cour d'assises, et non au jury, qu'il appartient de décider si un individu accusé de viol a, en qualité de beau-père, autorité légale sur la victime. — Cass., 14 sept. 1837. précité. — V. *suprà,* v° *Attentat aux mœurs,* n. 278 et s., 342.

2873. — ... Si le mari a, dans le sens de l'art. 333, C. pén., autorité sur les enfants de sa femme. — Cass., 28 mars 1830, Blain, [S. et P. chr.] — V. *suprà,* v° *Attentat aux mœurs,* n. 274.

2874. — Il en est de même en matière de viol; il y a également nullité lorsque le jury a été interrogé sur le point de savoir si la personne dont l'accusé était le serviteur à gages avait autorité sur la victime. C'est là une question de droit qu'il appartient à la cour d'assises seule de résoudre. La question doit se borner à interroger le jury sur les faits et circonstances d'où peut résulter cette autorité. — Cass., 2 août 1878, Cailleau, [S.

79.1.44, P. 79.71, D. 79.1.47] — V. *suprà*, v° *Attentat aux mœurs*, n. 287 et s.

2875. — La question est régulière lorsqu'elle se borne à énoncer les circonstances de fait qui sont de nature à constituer l'autorité dont parle l'art. 333, C. pén. Ainsi la question de savoir si un accusé de viol est protuteur et beau-père de la victime, ne porte que sur un point de fait, et doit être soumise au conséquent au jury. — Cass., 29 mars 1832, Brog, [P. chr.] — V. Chauveau et F. Hélie, t. 6, p. 196.

2876. — De même pour la question de savoir : 1° si la victime était la femme du fils de l'accusé. — Cass., 14 sept. 1837, précité; — 2° ou la fille légitimée de l'accusé, — Cass., 10 sept. 1846, Leral. [P. 49.1.410, D. 47.4.119]; — 3° ou la fille naturelle, reconnue ou non, de la femme de l'accusé, — Cass., 25 mars 1843, Rieux, [S. 43.1.530, P. 43.2.72]; — 7 juin 1860, précité; — 4° si l'accusé était le maître de la victime. — Cass., 26 juin 1846, précité.

2877. — Il ne suffit pas de demander au jury si l'accusé était l'oncle de la victime. Cette seule qualité, isolée de toute autre circonstance, est insuffisante pour justifier l'aggravation de peine résultant de l'art. 333, lorsque la question soumise au jury est muette sur la nature des rapports domestiques qui peuvent avoir existé entre le coupable et la victime. — Cass., 3 oct. 1862, Cotte, [S. 63.1.168, P. 63.720, D. 62.5.342]

2878. — Mais la question est régulière lorsque le jury est interrogé sur le point de savoir si la victime, alors mineure, habitait le domicile de l'accusé, sous la surveillance et la protection duquel elle était placée depuis son enfance. — Cass., 6 avr. 1866, Rongez, [D. 66.5.35]; — 2 sept. 1869, Duroché, [S. 70.1. 279, P. 70.686, D. 70.1.143]

2879. — Et s'il est constaté dans la question que l'auteur de l'attentat était l'oncle de la victime qui lui avait été confiée, mais sans qu'on sache sur qui, cette omission qui exclut l'autorité légale, laisse subsister l'autorité de fait suffisante pour motiver l'aggravation de peine de l'art. 333. — Mêmes arrêts.

2880. — Cependant, il y a nullité si le jury est interrogé par une seule et même question sur le point de savoir si l'accusé était l'oncle de la victime, si elle habitait dans sa maison et s'il avait autorité sur elle. En effet, la question de savoir si l'accusé avait autorité sur sa nièce est une question de droit qui ne pouvait être soumise au jury et résolue par lui. — Cass., 22 mars 1888, [Bull. crim., n. 116]

2881. — L'aggravation de peine édictée par l'art. 333 est justifiée par les réponses du jury à une question où il est demandé, d'une part, si l'accusé était, à l'époque de l'attentat à la pudeur relevé à sa charge, le mari de la mère de la victime, et d'autre part, si cet attentat a été commis sur la personne d'une jeune fille âgée de moins de treize ans. De cette double circonstance : la qualité de l'accusé et la minorité de la victime, la cour d'assises a été autorisée à conclure qu'il avait autorité sur elle. — Cass., 5 janv. 1888, [Bull. crim., n. 2]

2882. — Il a été jugé que, dans une accusation de viol, la minorité de la victime et sa qualité de belle-fille de l'accusé sont deux éléments constitutifs de la circonstance aggravante prévue par l'art. 333; ils doivent dès lors être réunis dans une seule et même question. On ne peut pas les séparer et comprendre l'un dans la question concernant le fait principal, l'autre dans la question relative à la circonstance aggravante. — Cass., 17 janv. 1850, Royer, [D. 50.5.99] — V. *infrà*, n. 3449 et s.

2883. — Dans une accusation de détournement de mineure le fait de la célébration d'un mariage, lorsqu'il est contesté, soulève une question préjudicielle dont l'appréciation échappe à la compétence de la cour d'assises. — C. d'ass. de la Seine, 9 mai 1885, Noirot, [J. *La Loi*, 12 mai 1885]

2884. — *Vol.* — En cas de détournements imputés à un directeur de la fabrication des monnaies, il suffit que le jury ait régulièrement affirmé la qualité de fait de l'accusé pour que cette partie de sa déclaration produise ses effets légaux et ne puisse être infirmée par la réponse, même irrégulière, sur les conséquences légales à attacher à cette qualité; il n'y a là qu'une simple superfétation qui doit être considérée comme non avenue. — Cass., 7 janv. 1843, [Bull. crim., n. 1]; — 18 juin 1858, [Bull. crim., n. 175] — *Sic*, Nouguier, Cour d'assises, n. 2661. — V. *suprà*, n. 2843, 2852, 2853.

2885. — Il appartient aux jurés seuls d'apprécier irrévocablement ce qui caractérise la violence considérée comme circonstance aggravante du vol. —Cass., 26 mars 1813, Pronier, [S. et P. chr.]

2886. — Dans les accusations de vol, il n'est pas nécessaire de préciser, dans la question au jury, les circonstances de fait qui pourraient constituer ou l'escalade ou l'effraction ou la fausse-clef. La Cour de cassation a jugé qu'on pouvait se borner à demander au jury si le vol a eu lieu à l'aide d'escalade, ou d'effraction ou de la fausse-clef.

2887. — Spécialement, la question de savoir si un vol a été commis avec escalade, ne peut pas être déclarée nulle sous le prétexte que le jury aurait dû être interrogé seulement sur les faits constitutifs de l'escalade, et que la cour d'assises avait seule le droit de les qualifier. — Cass., 26 mars 1812, Dysserinck, [S. et P. chr.]

2888. — Cependant l'accusé ne peut se faire un moyen de nullité de ce que, au lieu de demander aux jurés si le vol, objet des poursuites, a été commis avec escalade dans une maison habitée, le président leur a proposé, conformément à l'acte d'accusation, la question de savoir si le voleur s'est introduit dans la maison en franchissant le mur qui lui servait de clôture. Ce sera à la cour d'appel à apprécier si les faits déclarés constituent la circonstance d'escalade. — Cass., 19 août 1813, Laperche, [S. et P. chr.]

2889. — De même, c'est au jury, et non à la cour d'assises, que doit être soumise la question de publicité d'un chemin sur lequel un crime a été commis. — Cass., 21 févr. 1828, Gervais, [S. et P. chr.]

2890. — Est irrégulière une question ainsi posée : « Ce vol a-t-il été commis sur un chemin qui, bien qu'enclavé dans une propriété particulière, est considéré dans le pays comme un chemin public ». Le jury, en droit, a seul compétence, à l'exclusion de la cour d'assises, pour déclarer la publicité du chemin sur lequel un vol a été commis, et il était essentiel de l'interroger directement, dans les termes de la loi, sur le point de savoir si le chemin, lieu du crime, était un chemin public. — Cass., 23 nov. 1889, Rini, [D. 90.1.406]

2891. — *Banqueroute frauduleuse.* — On ne peut demander aux jurés « L'accusé est-il coupable de banqueroute frauduleuse » sans les appeler à se prononcer sur une question de droit qui est placée hors des attributions exclusives des magistrats. — Cass., 11 juill. 1816, Davoust, [S. et P. chr.]; — 12 nov. 1829, Beausson, [S. et P. chr.]; — 16 sept. 1830, Gire, [S. et P. chr.]

2892. — Il faut, à peine de nullité, que la question présentée au jury énonce les faits matériels concourant à constituer, d'après l'art. 393, C. comm., le crime de banqueroute frauduleuse, et que le jury s'explique catégoriquement sur ces faits. — Cass., 11 juill. 1816, précité; — 16 sept. 1830, précité; — 1er août 1835, Trabucco, [P. chr.]

2893. — Le fait de banqueroute frauduleuse n'est point un fait distinct et spécial, mais bien une qualification légale de certains faits déterminés; les jurés ne doivent être interrogés que sur les faits constitutifs, c'est à la cour d'assises seule qu'il appartient de l'appliquer aux faits déclarés constants. — Cass., 12 nov. 1829, précité; — 1er août 1835, précité.

2894. — Ainsi, le jury interrogé sur les faits constitutifs de la banqueroute frauduleuse ne peut déclarer l'accusé coupable de banqueroute simple; c'est à la cour d'assises seule qu'il appartient de donner aux faits reconnus constants par le jury leur qualification légale. — Cass., 2 mars 1835, Poncelet, [P. chr.]

2895. — La qualité de « commerçant failli » forme un des éléments essentiels, nécessaires de la criminalité du fait de banqueroute : il faut donc que la question de savoir si l'accusé était commerçant failli soit résolue. — Cass., 16 sept. 1830, précité.

2896. — La question de savoir si un accusé de banqueroute était commerçant failli est une question de fait qu'il appartient au jury de résoudre. — Cass., 22 juin 1827, Gilbert-Duchâteau, [S. et P. chr.]; — 19 sept. 1828, Escande, [S. et P. chr.]; — 16 sept. 1830, Gère, [S. et P. chr.]; — 3 févr. 1831, Hatton, [P. chr.]; — 3 mars 1831, Dumont, [P. chr.]; — 17 mars 1831, Bombard, [P. chr.]; — 21 avr. 1831, Robin, [P. chr.]; — 17 sept. 1835, Gondret, [P. chr.]; — 29 mars 1838, Lourdel. [P. 40.1.203]; — 22 sept. 1864, Hirtz, [S. 65.1.388, P. 65.993, D. 65.1.43]; — 16 sept. 1869, [Bull. crim., n. 213] — V. *suprà*, v° *Banqueroute*, n. 76.

2897. — Le jury a compétence pour déclarer que l'accusé est « commerçant failli » bien qu'aucun jugement passé en force de chose jugée n'ait encore déclaré l'ouverture de la faillite. L'absence de ce jugement rend encore plus nécessaire une réponse du jury sur ce point. Les jurés ont évidemment caractère pour examiner ce fait qui est un élément nécessaire du crime qui leur est soumis, la juridiction criminelle étant absolument indépendante des juridictions civiles. — Cass., 22 juin 1827, Gilbert-Duchâteau, [S. et P. chr.]; — 17 mars 1834, Bombard, [P. chr.]; — 16 sept. 1831, Buret, [P. chr.]; — 17 sept. 1835, précité; — 29 mars 1838, précité; — 22 sept. 1864, précité. — V. *suprà*, v° *Banqueroute*, n. 71.

2898. — Le jury a compétence pour le faire alors même que, précédemment, l'accusé a été déclaré par la juridiction civile, n'être pas en état de faillite. Il n'y a en effet entre les deux décisions de la juridiction civile et de la juridiction criminelle ni identité de parties, ni identité d'objet, ni même identité de moyens, qui sont nécessaires pour constituer l'autorité de la chose jugée. En outre, la déclaration de faillite ne constitue pas une question préjudicielle de nature à arrêter l'exercice de l'action publique. — Cass., 6 mars 1857, Ortelszberger, [S. 57.1.636, P. 58.233, D. 57.1.180]; — 23 déc. 1880, Silva, [S. 82.1.435, P. 82.1.1065]

2899. — Enfin, le jury doit être également interrogé sur la situation de commerçant ou de failli de l'accusé, même alors qu'un jugement antérieur a souverainement déclaré la faillite. — Cass., 23 nov. 1827, Ruault, [S. et P. chr.]

2900. — ... Encore bien que cette qualité et cet état soient mentionnés dans l'acte d'accusation et même que le jury ait, sur une autre question, déclaré l'accusé coupable de n'avoir pas fait, au greffe du tribunal de commerce, la déclaration, en temps prescrit, de la cessation de ses paiements. — Cass., 28 déc. 1837, Auger, [P. 43.1.350]; — 20 sept. 1838, Furcy Goujon, [P. 43.1.351]; — 30 oct. 1839, Cottard, [P. 43.1.352] — V. *suprà*, v° *Banqueroute*, n. 72.

2901. — Il est donc indispensable de demander au jury et de le mettre à même de déclarer si l'accusé était commerçant failli. — Cass., 17 mars 1831, précité.

2902. — Mais, il n'est pas nécessaire que le fait de faillite soit l'objet d'une question spéciale et distincte; il suffit que ce fait soit rappelé dans la question principale. — Cass., 20 mars 1846, Mercier, [S. 46.1.584, P. 46.2.519, D. 46.4.109]; — 30 août 1849, Testart, [P. 51.1.264, D. 49.5.91] — La question peut donc être posée en ces termes : « X..., commerçant failli, est-il coupable d'avoir...., etc. » (on spécifie alors les faits caractéristiques du crime de banqueroute). — V. *suprà*, v° *Banqueroute*, n. 73.

2903. — Mais cette formule n'a rien de sacramentel. Ainsi, le président de la cour d'assises peut valablement, dans la question posée au jury, substituer à ces mots de l'arrêt de renvoi : « L'accusé est-il coupable d'avoir, étant commerçant failli », ceux-ci : « alors qu'il était commerçant failli ». — Cass., 6 janv. 1876, Saux, [S. 76.1.48, P. 76.77, D. 77.1.234] — *Sic*, Blanche, *Études sur le code pénal*, n. 493.

2904. — *Abus de confiance.* — Dans une accusation d'abus de confiance qualifié, la question de savoir si l'accusé est un officier public ou ministériel est une question de droit dont la solution est réservée à la cour d'assises. Il y a dès lors une cause de nullité des débats, pour violation de l'art. 337, C. instr. crim., dans la question posée au jury en ces termes : « A l'époque où l'accusé a commis l'abus de confiance ci-dessus spécifié, était-il officier public ou ministériel ». — Cass., 20 févr. 1879, Blondin, [S. 81.1.286, P. 81.1.668, D. 79.1.188]

2905. — Spécialement, dans une accusation d'abus de confiance commis par un huissier, la question de savoir si l'accusé est un officier public ou ministériel est une question de droit dont la solution est réservée à la cour d'assises. — Cass., 12 août 1875, [*Bull. crim.*, n. 258]; — 20 févr. 1879, Blondin, [S. 81.1.286, P. 81.1.668] — Sur le principe d'après lequel il appartient à la cour de déduire les conséquences légales de la qualité de fait reconnue par le jury à l'accusé, V. *suprà*, n. 2818, 2847, 2848, 2850 et s.

2906. — *Incendie.* — Dans une accusation d'incendie, la question de savoir si une meule de paille incendiée constitue une récolte, est une question de fait, qui ne peut être résolue que par le jury. — Cass., 22 mars 1832, Clermont, [P. chr.]

2907. — Lorsqu'un individu est accusé d'avoir volontairement mis le feu à des récoltes appartenant à sa femme, d'avec laquelle il est séparé de corps et de biens, le fait de séparation et de la connaissance qu'en a eue l'accusé doit être soumis à la décision du jury, s'il n'est pas légalement constaté par les pièces produites devant la cour d'assises. — Cass., 2 mars 1820, Martinet, [S. et P. chr.]

2908. — *Délits connexes.* — La cour d'assises saisie d'une poursuite en adultère par suite de la connexité de ce délit avec le crime de vol imputé au complice de la femme, est seule compétente pour statuer sur les faits de réconciliation que la femme oppose à l'action du mari. — C. d'ass. de la Seine, 16 févr. 1834, Ruidiaz, [S. 34.2.225, P. chr.] — En effet, la réconciliation est un fait qui ne peut évidemment rentrer dans aucune des catégories de ceux sur lesquels les jurés sont appelés à prononcer, puisqu'il ne résulte point de l'arrêt de renvoi, qu'il ne constitue ni une circonstance aggravante ou atténuante, ni une excuse, et que là se borne la compétence spéciale des jurés.

§ 4. *Obligation de purger entièrement l'accusation.*

2909. — Les questions posées au jury par le président doivent comprendre l'accusation tout entière ; elles doivent contenir et tous les faits retenus à la charge de l'accusé, et pour chaque fait, toutes les circonstances constitutives du crime ainsi que toutes les circonstances aggravantes relevées par l'arrêt de renvoi. C'est à cette condition seulement que l'accusation sera complètement purgée.

2910. — Cette obligation de comprendre dans les questions et de soumettre à l'entière et complète appréciation du jury tous les faits ainsi que toutes les circonstances constitutives et aggravantes du crime, résulte de l'art. 337, C. instr. crim., qui prescrit de poser « la question résultant de l'acte d'accusation avec toutes les circonstances comprises dans le résumé de cet acte. »

2911. — Il importe peu que le jury ait résolu toutes les questions qui lui étaient soumises, si ces questions ne reproduisent pas toutes celles résultant de l'arrêt de renvoi : l'erreur du président ou de la cour d'assises elle-même à cet égard, en omettant des questions dont la position était obligatoire, ne peut donner le caractère de régularité à des réponses qui manquent par leur base ; et on ne peut regarder comme purgée une accusation qui n'a été soumise que partiellement au jury. — Cass., 15 mars 1838, Terrasse, [P. 40.2.58]

2912. — Cette obligation est prescrite à peine de nullité. Si l'un des faits retenus par l'arrêt de renvoi, ou bien si l'une des circonstances constitutives ou aggravantes du crime, étaient omis, la déclaration du jury ne purgerait pas l'accusation ; elle serait nulle, et l'affaire devrait, après cassation, être renvoyée devant une autre cour d'assises. — Cass., 10 oct. 1822, Denis, [S. et P. chr.] — *Sic*, Garraud, n. 576-1°; F. Hélie, n. 3625 et 3631 ; Trébutien, n. 617; Nouguier, n. 2744 et 2747; *Encyclop. du dr.*, v° *Cour d'ass.*, n. 508.

2913. — C'est d'après ce principe que la nullité a été prononcée : 1° pour omission d'un chef d'accusation. — Cass., 22 mars 1851, Labary, [D. 51.5.133]

2914. — ... 2° Pour omission d'une ou de plusieurs circonstances constitutives du crime. — Cass., 15 sept. 1826, Dufouilloux, [S. et P. chr.] (en matière d'incendie) ; — 20 sept. 1828, Girard, [P. chr.] (en matière de faux).

2915. — Ainsi, lorsqu'un crime d'assassinat en vol distinct sont compris dans le même acte d'accusation, il doit être posé au jury deux questions relativement au vol, à peine de nullité; il ne suffirait pas de l'interroger sur l'assassinat. — Cass., 12 avr. 1810, Desgranges, [P. chr.]

2916. — Ainsi encore, lorsqu'une accusation de tentative de crime, lorsque l'arrêt de renvoi relève les deux circonstances (de commencement d'exécution et d'effet manqué par suite de circonstances indépendantes de la volonté de son auteur) constitutives de la tentative punissable, l'accusation n'est pas purgée si, dans la question posée au jury, l'une de ces circonstances n'a pas été énoncée. — Cass., 23 juin 1827, Rivière, [P. chr.]; — 29 janv. 1835, [*Bull. crim.*, n. 41]

2917. — Lorsque l'accusé est renvoyé devant la cour d'assises pour faux en écriture de commerce résultant d'altération d'écritures commises sur le grand livre et sur le carnet d'échéances d'une société commerciale, il y a nullité si le président se borne à demander au jury si l'accusé était coupable d'avoir commis un faux en écriture : 1° sur le grand livre; 2° sur le carnet d'échéances de la société M. et Cⁱᵉ, en altérant à l'aide de surcharges les faits que ces deux registres avaient pour objet de constater. D'après le libellé de ces questions, il est impossible de savoir si les écritures falsifiées étaient ou non des écritures de commerce et si les registres falsifiés étaient ou non les registres d'une société commerciale. Il suit de là que l'accusation n'a pas été purgée puisque les questions résultant de l'arrêt n'ont pas été régulièrement posées au jury. — Cass., 25 nov. 1886, [*Bull. crim.*, n. 393] — V. aussi Cass., 9 août 1877, [*Bull. crim.*, n. 186]

2918. — Lorsque, dans l'arrêt de renvoi et le résumé de l'acte d'accusation, un individu est inculpé d'avoir fait usage de fausses lettres de change, le président de la cour d'assises ne peut se borner à demander au jury si l'accusé est coupable d'avoir fait usage d'une fausse obligation. L'accusation n'est pas purgée par une question ainsi posée. — Cass., 9 sept. 1837, F..., [P. 37.2.363]

2919. — Le jury, appelé à statuer sur une tentative de meurtre commise par un garde champêtre dans l'exercice de ses fonctions, doit être interrogé non seulement sur le fait en lui-même, mais encore sur la qualité de l'accusé, et sur la circonstance constitutive du crime dont il était accusé, à savoir : dans l'exercice de ses fonctions. — Cass., 19 déc. 1830, [*Bull. crim.*, n. 424]

2920. — L'accusation n'est pas purgée lorsque, trois accusés ayant été renvoyés devant la cour d'assises comme coauteurs d'un seul et même fait qualifié de parricide, les questions posées au jury n'ont relevé à l'égard de deux d'entre eux que le crime d'homicide commis avec préméditation. — Cass., 27 sept. 1883, [*Bull. crim.*, n. 240]

2921. — De même, l'accusation n'est pas purgée si, dans une poursuite pour banqueroute frauduleuse, la question posée au jury ne fait pas mention de la qualité de commerçant failli, circonstance constitutive, relevée par l'arrêt de renvoi. — Cass., 16 sept. 1830, Gire, [S. et P. chr.]; — 21 avr. 1831, Robin, [P. chr.]

2922. — ... 3° Pour omission d'une ou de plusieurs circonstances aggravantes (C. pén., art. 231). — Cass., 31 déc. 1830, Jobert, [P. chr.] (en matière de vol domestique); — 15 mars 1838, Terrasse, [P. 40.2.58]

2923. — Ainsi, il y a nullité, lorsque, sur une accusation de vol commis dans un moulin, à l'aide d'effraction, la question posée au jury ne s'explique point sur la circonstance aggravante de la nuit, mentionnée tant dans l'arrêt de renvoi que dans le résumé de l'acte d'accusation. — Cass., 31 déc. 1830, Charroin, [P. chr.]

2924. — Ainsi encore, l'accusation n'est pas purgée, si, dans une accusation de vol commis à l'aide de fausse-clef dans une maison, le président omet d'énoncer, dans la question, la circonstance de maison, relevée par l'arrêt de renvoi. — Cass., 20 août 1829, Annet, [P. chr.]

2925. — Lorsque la question relative au recel d'objets volés ne comprend pas, contrairement aux énonciations de l'arrêt de renvoi et de l'acte d'accusation, ni la mention des circonstances aggravantes du vol incriminé, ni aucune énonciation qui s'y rapporte, l'accusation n'est pas vidée, et la réponse affirmative du jury établit seulement le fait correctionnel du recel, accompli sciemment, des produits d'un simple vol, fait qui ne peut être passible de peines afflictives et infamantes. — Cass., 9 juin 1831, Vannard, [P. chr.]

2926. — Pour qu'une accusation soit complètement purgée, il ne suffit pas que les questions posées au jury reproduisent tous les faits ainsi que toutes les circonstances constitutives ou aggravantes énoncés dans le dispositif de l'arrêt de renvoi ; il faut encore que les questions posées comprennent tous les faits et toutes les circonstances résultant soit de l'exposé des faits... — Cass., 16 sept. 1831, Jarron, [P. chr.]

2927. — ... Soit de l'ensemble et des énonciations précises de l'ordonnance de prise de corps et de l'acte d'accusation. — Cass., 16 sept. 1826, Dufouilloux, [S. et P. chr.]; — 20 avr. 1838, Girard, [S. 3.1.561, P. 38.2.5]

2928. — ... Soit de l'ordonnance du juge d'instruction lorsqu'elle n'a pas été annulée, quant à ce, par l'arrêt de renvoi. — Cass., 28 janv. 1841, Gaillard, [S. 42.1.63, P. 42.1.83]

2929. — Quel sera l'effet de l'omission de l'un des faits ou de l'une des circonstances soit constitutives, soit aggravantes de l'accusation ? Les divers chefs d'accusation sont distincts les uns des autres ; il en résulte que si l'omission ne porte que sur l'un des chefs, les questions régulièrement posées sur les autres chefs seront valables ainsi que les déclarations et condamnations qui en auront été la suite.

2930. — L'omission d'une circonstance constitutive ou d'une circonstance aggravante entraîne la nullité de la question et de la réponse du jury en ce qui concerne le chef auquel se rapporte cette omission.

2931. — Qui peut se plaindre de ces omissions ? Une distinction est ici nécessaire, suivant qu'il s'agit du ministère public ou de l'accusé. Le ministère public est toujours recevable à se plaindre ; une semblable omission est toujours pour lui une cause de nullité, partielle ou totale, selon l'étendue de l'omission. — Cass., 15 mars 1838, précité ; — 20 avr. 1838, précité.

2932. — Quant à l'accusé, il pourra également se plaindre si la question posée a omis l'une des circonstances constitutives du crime. L'accusation manque alors de l'un de ses éléments essentiels et ne rentre plus dans les termes de la loi pénale.

2933. — Mais s'il s'agit d'une circonstance aggravante, l'accusé ne peut pas, en principe, se plaindre de ce qu'elle ait été omise. Cette omission ne lui cause aucun préjudice : il ne peut donc s'en faire un moyen de cassation et son pourvoi sera déclaré non fondé toutes les fois que la peine encourue se trouvera justifiée par la réponse du jury aux questions posées. — Cass., 14 sept. 1827, Boulin, [S. et P. chr.]; — 8 sept. 1842, Chaix, [S. 42.1.776]; — 17 sept. 1857, Maurin, [D. 57.1.450]

2934. — Spécialement, l'accusé ne peut se faire un grief de ce que, en matière de vol, une circonstance aggravante, relevée dans le résumé de l'acte d'accusation, a été omise dans les questions posées au jury, lorsque la peine prononcée contre lui se trouve justifiée par la réponse du jury sur les autres circonstances aggravantes énoncées dans l'acte d'accusation. — Cass., 14 oct. 1880, Coniac, [D. 81.1.137]

2935. — De même, l'accusé, poursuivi pour crime de parricide, ne peut, devant la Cour de cassation, se prévaloir de ce que la question posée au jury n'était pas conforme au résumé de l'acte d'accusation en ce qu'elle ne relevait pas la circonstance de filiation constitutive du crime de parricide, cette omission ne lui causant aucun grief. — Cass., 8 sept. 1887, [*Bull. crim.*, n. 330]

2936. — Notons, en terminant, que, s'il est de principe que les questions posées par le président doivent porter sur tous les chefs d'accusation de manière à ce que l'accusation soit entièrement purgée, cette règle reçoit exception quand l'accusé comparaît devant la cour d'assises en vertu d'un traité d'extradition qui n'a livré cet accusé au gouvernement français que pour un ou plusieurs faits déterminés. Dans ce cas, le président n'interroge à bon droit le jury que sur les faits pour lesquels l'accusé a été extradé. — Cass., 14 mars 1873, Bouvier, [D. 74. 1.502]; — 25 sept. 1873, Huguet, [D. 74.1.132]

2937. — Et si, dans ce cas, l'accusé ne consent pas à être jugé pour le tout, la disjonction doit être ordonnée soit par le président, soit par la cour, en ce qui concerne les chefs non compris dans l'acte d'extradition, sans que la connexité qui pourrait exister entre les différents chefs puisse y faire obstacle, pourvu qu'il n'y ait pas indivisibilité. À l'égard des faits pour lesquels l'extradition n'a pas été accordée, l'accusé est également considéré comme absent. — Cass., 2 août 1883, du Breuil de Hays, [S. 83.4.509, P. 85.1.1197, D. 84.1.139]

2938. — Ainsi un accusé, renvoyé devant la cour d'assises sous la double accusation de banqueroute frauduleuse et de banqueroute simple, ne pourra être jugé contradictoirement que pour le crime de banqueroute frauduleuse pour lequel l'extradition a été seulement obtenue. — Cass., 25 sept. 1873, précité.

2939. — De même, dans une affaire comprenant les trois chefs de banqueroute frauduleuse, de faux et d'abus de confiance, si l'extradition n'a été accordée que pour la banqueroute et pour faux, les questions au jury ne devront comprendre que ces deux chefs. — Cass., 14 mars 1873, précité.

2940. — Mais si le président ne peut pas, en cas d'extradition, comprendre dans les questions au jury un fait pour lequel l'accusé n'a pas été extradé, il ne lui est pas interdit de modifier la qualification du fait à raison duquel l'extradition a été accordée. Ainsi la question subsidiaire de tentative de viol peut être posée au jury comme résultant des débats, alors même que l'accusé ne comparaît devant la cour d'assises que par suite d'une extradition livrée aux faits de viol, par exclusion des attentats à la pudeur avec violence. Il n'y a aucune violation de la convention d'extradition. — Cass., 31 mai 1877, Rich, [S. 78. 1.231, P. 78.564, D. 77.1.463]

2941. — De même, n'est pas fondé le moyen tiré d'une prétendue violation des principes en matière d'extradition et proposé par un individu qui, extradé par suite d'une accusation d'attentat à la pudeur commis sans violence sur une enfant, a été condamné pour un attentat commis avec violence sur la

11

même enfant, le fait, sous une qualification différente, étant le même, et l'accusation n'ayant pas substitué un fait nouveau à celui qui avait été originairement retenu. — Cass., 27 janv. 1887, Flamant, [S. 88.1.40, P. 88.1.65]

Section II.

Des règles applicables à certains cas spéciaux.

§ 1. *Questions sur les faits résultant des débats.*

2942. — Nous avons vu précédemment que les questions soumises au jury devaient être posées conformément au dispositif de l'arrêt de renvoi et au résumé de l'acte d'accusation. Mais il peut se produire aux débats tel fait, telle circonstance jusqu'alors inconnus ou dont l'arrêt de renvoi n'avait pas tenu compte.

2943. — Le Code du 3 brum. an IV, à la différence de la loi des 16-29 sept. 1791, autorisait, par son art. 373, le président à poser au jury des questions résultant des débats.

2944. — Dès lors, on tint pour constant que toutes les fois que des débats il résultait non pas une accusation nouvelle et étrangère à la première, mais une modification de celle-ci, l'accusation ainsi modifiée pourrait faire l'objet de questions posées comme résultant des débats.

2945. — Le Code d'instruction criminelle a maintenu cette prérogative au profit du président. Aux termes de l'art. 338, C. instr. crim., s'il résulte des débats une ou plusieurs circonstances aggravantes non mentionnées dans l'acte d'accusation, le président ajoute la question suivante : « L'accusé a-t-il commis le crime avec telle ou telle circonstance? »

2946. — Jugé que sous le Code d'instruction criminelle, il ne peut être soumis au jury d'autres circonstances que celles qui sont mentionnées dans le résumé de l'acte d'accusation, ou qui sont résultées du jury comme résultant des débats (C. instr. crim., art. 337 et 338). — Cass., 4 janv. 1822, Guy, [S. et P. chr.]

2947. — A ce propos, nous avons à examiner : 1° qui peut poser les questions résultant des débats et dans quelle forme elles peuvent l'être ; 2° quelles questions peuvent être posées comme résultant des débats.

1° Par qui et comment sont posées les questions résultant des débats.

2948. — Les questions résultant des débats sont posées, soit d'office par le président, soit sur la demande du ministère public ou de l'accusé, soit même sur la demande d'un juré. — Cass., 19 juin 1829, Tixier, [P. chr.]

2949. — Il n'appartient, en principe, qu'au président de soumettre aux jurés les questions qui sont résultées des débats. La cour ne doit statuer à cet égard qu'autant qu'il y a contestation. — Cass., 30 mars 1815, Grissingen, [S. et P. chr.] ; — 27 sept. 1827, Terrasse, [S. et P. chr.] : — 5 août 1831, Lavrard, [P. chr.] ; — 25 janv. 1849, Moretti et Angeli, [P. 50.1.429] ; — 24 avr. 1896, Grivel, [*Gaz. des Trib.*, 26 avr. 1896]

2950. — Il ne résulte donc aucune nullité de ce que le président a seul, sans le concours de la cour d'assises et sans que l'accusé et son défenseur en aient été avertis, introduit dans les questions soumises au jury une modification qui lui a paru résulter des débats, et qui n'avait rien de substantiel ni de contraire aux questions résultant de l'acte d'accusation, alors que, ces questions ayant été lues à haute voix, l'accusé et son défenseur n'ont pris aucunes conclusions sur lesquelles la cour d'assises ait eu à intervenir et à rendre arrêt. — Cass., 25 janv. 1849, Blanchet, [P. 50.1.429]

2951. — Lorsque la cour d'assises est appelée à statuer sur une contestation soulevée à cet égard par l'accusé, elle ne peut ordonner la position d'une question subsidiaire, comme résultant du débat, que par un arrêt en forme, lors duquel le ministère public doit être entendu. — Cass., 9 sept. 1830, Merleau, [S. et P. chr.]

2952. — Le président des assises qui par l'examen de la procédure a pu prévoir que des questions subsidiaires résulteraient des débats peut et doit l'annoncer aux accusés afin de favoriser leur défense. — Cass., 29 déc. 1832, Pluvinet, [S. 33. 1.333, P. chr.]

2953. — Mais le défaut d'avertissement à l'accusé, avant la clôture des débats, par le président de la cour d'assises, que

des questions subsidiaires seront posées comme résultant des débats, n'emporte pas nullité. — Cass. 29 déc. 1832, précité ; — 18 mai 1863, Arnault, [S. 63.1.468, P. 63.1210] — V. F. Hélie, *Instr. crim.*, t. 8, n. 3720. — ... Alors surtout que le président a donné lecture de ces questions, accompagnées d'une mention portant qu'elles résultent des débats, et a mis ainsi l'accusé à même de réclamer contre leur position. — Même arrêt. — De deux choses l'une, en effet : ou les questions résolues ont été posées en sa faveur, ou elles l'ont été contre lui. Dans le premier cas, il est évident que l'accusé ne serait pas admis à critiquer la position des questions. — Cass., 5 août 1831, Lavrard, [P. chr.] — Au cas contraire, l'accusé, ayant dû préparer sa défense, tant sur l'accusation que sur les questions qui peuvent légalement résulter des débats, ne peut prétendre qu'il a été porté atteinte à son droit de défense, alors surtout que ni lui, ni son défenseur n'ont opposé aucune réclamation à la position de la question. — Cass., 14 oct. 1831, Bruno, [P. chr.] ; — 26 déc. 1839, Jourdain, [P 46.1.495]

2954. — Si l'accusé ou son défenseur ont formé opposition à la position de la question nouvelle, sans doute il est résulté de la un contentieux, sur lequel il n'appartient plus qu'à la cour d'assises et non au président seul de statuer. — Cass., 16 mai 1840, Astier, [P. 42.2.617] — V. *infrà*, n. 3695 et s. — Mais cette opposition, fût-elle faite sous la réserve de tous les droits de l'accusé après le verdict du jury, ne gêne en rien la liberté de la cour, qui peut toujours et nonobstant poser la question, si elle la juge nécessaire. — Même arrêt.

2955. — S'il n'est pas nécessaire, à peine de nullité, de prévenir l'accusé que cette question sera posée comme résultant des débats, il faut au moins, si cet avertissement n'a pas été donné, et lorsque le président, après la clôture des débats, croit devoir modifier les questions telles qu'elles résultent de l'arrêt de renvoi et de l'acte d'accusation, informer l'accusé que cette question nouvelle est posée comme résultant des débats, afin de le mettre à même d'y former opposition et de faire statuer par la cour d'assises sur cette opposition. — Cass., 3 juin 1869, Laffargues, [S. 70.1.141, P. 70.315, D. 70.1.45] — *Sic*, F. Hélie, *loc. cit.* — V. *infrà*, n. 3693.

2956. — En un mot, une question qui n'est pas comprise dans l'arrêt de renvoi ne peut être posée au jury qu'autant qu'il est constaté qu'elle résulte des débats et que le défenseur de l'accusé a pu être entendu sur cette circonstance (C. instr. crim., art. 338). — Cass., 9 déc. 1825, Buré, [S. et P. chr.]

2957. — Mais il n'est pas indispensable que le procès-verbal constate expressément que l'accusé a été averti qu'une question serait posée au jury comme résultant des débats si le procès-verbal établit que les questions ont été lues à la séance, et si la question dont il s'agit est accompagnée de la mention qu'elle est posée comme résultant des débats. — Cass., 23 mai 1846, Rousseau, [P. 46.2.198]

2958. — Les questions résultant des débats doivent être rédigées dans la forme ordinaire. Cependant, l'insertion du mot *coupable* dans les questions soumises au jury n'est exigée que pour celles qui résultent de l'acte d'accusation, et non pour celles qui sont posées par la cour comme résultant des débats, lorsque d'ailleurs les jurés ont été interrogés implicitement sur la culpabilité de l'accusé. — Cass., 10 déc. 1836, Pierrard et Varlonteau, [P. 37.2.331] — V. *infrà*, n. 3188 et s.

2959. — La solution devrait être différente, nonobstant les termes de l'art. 337, si le jury avait été interrogé uniquement sur un fait, et s'il ne résultait pas de sa réponse, combinée avec la question, qu'il y ait eu volonté criminelle de la part de l'accusé. Pour éviter les difficultés qui pourraient naître à cet égard il serait convenable, suivant nous, de placer le mot *coupable* dans les questions résultant des débats.

2960. — La position d'une question spéciale pour les circonstances résultant des débats n'est pas prescrite à peine de nullité ; la cour d'assises peut comprendre ces circonstances dans les questions résultant de l'acte d'accusation. — Cass., 3 févr. 1826, Bussière, [S. et P. chr.]

2961. — Lorsque les questions résultant de l'arrêt de renvoi énoncent si fusamment la date du délit, l'accusé ne peut se plaindre de ce que les questions posées comme résultant des débats ne contiennent aucune fixation de la date ; elles sont toutes réputées se rattacher aux faits exposés dans l'acte d'accusation. — Cass., 15 nov. 1832, Pétet, [P. chr.]

2962. — Le président des assises peut, d'ailleurs, dans la position des questions au jury, et selon le résultat des débats, faire remonter l'époque où le crime peut avoir été commis au delà de l'époque déterminée par l'acte d'accusation. — Cass., 10 oct. 1817, Gueudet, [S. et P. chr.]

2963. — La question posée au jury comme résultant des débats est réputée avoir rappelé toutes les circonstances que les débats ont fait ressortir, encore bien qu'elle ne réunisse les caractères légaux d'un délit. — Cass., 16 mars 1826, Pierre Courtaud, [S. et P. chr.]

2964. — Il est à peine besoin de dire que les questions résultant des débats doivent être posées avant que le jury soit envoyé dans la salle de ses délibérations. Il est évident qu'on ne peut, après la déclaration du jury lue à l'audience, poser une question nouvelle comme résultant des débats.

2° Questions qui peuvent être posées comme résultant des débats.

2965. — I. *Principes.* — Deux conditions essentielles sont nécessaires pour qu'il soit permis au président d'apporter une modification aux questions à poser au jury telles qu'elles résultent de l'acte d'accusation. Il est nécessaire : 1° que la question nouvelle résulte des débats; 2° qu'elle ne relève pas contre l'accusé un fait différent de celui qui a été l'objet de l'arrêt de renvoi; si les débats permettent d'élever contre l'accusé des présomptions de culpabilité sur un autre fait, ce n'est plus par voie de question subsidiaire que le président doit procéder, mais conformément aux dispositions de l'art. 361, C. instr. crim., c'est-à-dire en renvoyant l'accusé devant le juge d'instruction compétent.

2966. — A. En premier lieu, il faut que la question nouvelle résulte des débats. Lorsqu'il y a contestation sur le point de savoir si une question résulte ou non des débats, c'est à la cour et non au président seul qu'il appartient de statuer, conformément au principe posé *suprà*, n. 2949.

2967. — Le point de savoir si telle question résulte ou non des débats, est un point de fait qui est souverainement apprécié par la cour d'assises; la Cour de cassation n'a ni la possibilité, ni le droit de rechercher si c'est à tort que le président de la cour d'assises ou la cour d'assises elle-même, suivant les cas, ont refusé de soumettre une question comme résultant des débats. — Cass., 29 déc. 1832, Pluvinet, [S. 33.1.333, P. chr.]

2968. — Jugé, en ce sens, que la cour d'assises a le droit d'examiner et de décider souverainement si une question est ou non résultée des débats : soit que la demande soit formée par le ministère public... — Cass., 7 mai 1829, Féraud, [P. chr.] — ... soit qu'elle émane de l'accusé. — Cass., 17 sept. 1829, Couder, [P. chr.]; — 13 avr. 1832, Blache, [P. chr.]

2969. — La cour d'assises peut donc, sans violer aucune loi, refuser de poser une question nouvelle, si elle pense que cette question nouvelle ne résulte pas des débats. — Cass., 12 sept. 1835, Tremblays, [P. chr.]

2970. — Et l'accusé ne peut se plaindre de ce que la cour d'assises aurait refusé d'ordonner, sur sa demande, la position d'une question comme résultant des débats. — Cass., 16 avr. 1819, Deval, [S. et P. chr.]; — 17 sept. 1829, précité.

2971. — Il en est de même au cas où la position d'une question nouvelle, demandée par le ministère public, aurait été rejetée par la cour, comme ne résultant pas des débats. — Cass., 7 mai 1829, précité.

2972. — Jugé, par application du même principe : 1° qu'un accusé ne peut se faire un moyen de nullité de ce qu'il a été déclaré que la cour que les faits d'imprudence et de maladresse sur lesquels il voulait faire interroger le jury ne sont pas résultés des débats. — Cass., 13 avr. 1832, précité.

2973. — ... 2° Que la cour peut refuser de poser, comme résultant des débats, la question de savoir si la meule incendiée est une meule de récolte, lorsque l'arrêt d'accusation et l'arrêt de renvoi parlent d'une meule de paille. — Cass., 20 avr. 1838, Girard, [P. 38.2.5]

2974. — ... 3° Que la cour d'assises peut se refuser à soumettre au jury, sur la demande de l'accusé, une question subsidiaire de coups et blessures, lorsqu'elle déclare que le débat a laissé subsister l'accusation telle que l'avait qualifiée l'arrêt de renvoi. — Cass., 9 juill. 1846, Guyot, [P. 47.1.407]

2975. — Mais si l'arrêt tombe sous la censure de la Cour suprême si la cour d'assises, après avoir déclaré que telle question résulte des débats, refuse de la poser au jury. Jugé, en ce sens,

que le refus fait par la cour d'assises d'autoriser la position d'une question au jury sur une circonstance aggravante qui, de son aveu, était résultée des débats, entraîne nullité. — Cass., 26 déc. 1823, Laurencin, [S. et P. chr.] — *Sic*, Carnot, t. 2, p. 112 et s., n. 10.

2976. — Il y a aussi nullité des débats lorsque, sur une accusation de vol, le ministère public a requis que la tentative de crime fût posée, et que la cour d'assises a refusé de soumettre au jury cette question que les débats avaient indiquée, et qui se trouvait même implicitement renfermée dans l'acte d'accusation. — Cass., 14 mai 1813, Sekkel-Hartog, [S. et P. chr.]

2977. — Il en est de même encore, si, après avoir déclaré que telle question ne résultait pas des débats, elle décide que cette question sera néanmoins posée. Dans les deux cas la loi est violée et les droits de la défense ayant, dans l'une et l'autre hypothèse, été méconnus.

2978. — Ainsi en serait-il, si le président avait posé une question nouvelle sur un fait non compris dans l'acte d'accusation, et qui cependant n'aurait pas été déclaré résulter des débats. — Cass., 9 déc. 1825, Buré, [S. et P. chr.]

2979. — Le président des assises n'est pas tenu de faire constater, dans le procès-verbal de la séance, de quelle partie des débats sont résultées les circonstances aggravantes que la loi l'autorise à ajouter aux questions soumises au jury. — Cass., 15 janv. 1825, Candon, [S. et P. chr.] — *Sic*, Duvergier, sur Legraverend, t. 2, p. 221, *ad notam*.

2980. — Il n'est même pas nécessaire que le procès-verbal des débats s'explique avec détails sur les questions résultant des débats : la mention que le président a posé aux jurés les questions résultant de l'acte d'accusation *et des débats* est suffisante. — Cass., 30 juin 1831, Gabis, [P. chr.]

2981. — Il n'y a pas même nullité dans le cas où le procès-verbal est complètement muet relativement aux questions posées comme résultant des débats.

2982. — Lorsque dans les questions posées au jury énoncent des faits ou des circonstances non mentionnés dans l'acte d'accusation, il y a présomption légale que ces faits ou ces circonstances sont résultés du débat, encore bien que le procès-verbal n'en fasse pas mention. — Cass., 9 févr. 1816, Simonin, [S. et P. chr.]; — 31 janv. 1817, Pignier, [S. et P. chr.]; — 10 juill. 1817, Brelet, [S. et P. chr.]; — 16 avr. 1818, Coste, [P. chr.]; — 3 févr. 1821, Signoret, [S. et P. chr.]; — 18 mars 1826, Dermenon-Annet, [S. et P. chr.]; — 2 mars 1827, Tap, [S. et P. chr.]; — 20 mars 1829, Beller, [P. chr.]; — 8 avr. 1830, Boudon, [S. et P. chr.]; — 23 juin 1831, Hatterer, [P. chr.]; — 16 sept. 1831, Jarron, [P. chr.]; — 13 déc. 1831, de Castres, [P. chr.]; — 19 sept. 1833, Wind, [P. chr.] — 17 avr. 1834, Auzeville, [S. 34.1.556, P. chr.]; — 15 avr. 1847. Grimaldi, [P. 49.2.320, D. 47.4.135]; — 18 mai 1865, Arnault, [S. 65.1.468, P. 65.1210] — *Sic*, Legraverend, t. 2, p. 220.

2983. — Il a été spécialement jugé : 1° Que la question posée au jury sur un fait qui se rattachait au fait principal de l'accusation et qui était mentionné dans l'exposé de l'acte d'accusation, est présumée de droit résulter des débats. — Cass., 31 janv. 1817, précité.

2984. — ... 2° Que lorsqu'il a été proposé au jury une question sur la tentative, quoique l'acte d'accusation n'en fit point mention. cette question est présumée être résultée des débats. — Cass., 3 févr. 1821, précité.

2985. — ... 3° Que quand la question de complicité de vol par aide et assistance, ou par recelé, a été soumise au jury, bien qu'elle ne fût pas comprise dans l'arrêt de renvoi, et que le procès-verbal de l'audience ne constate pas qu'elle était résultée des débats, il y a présomption légale qu'elle en est résultée. — Cass., 19 sept. 1833, précité.

2986. — ... 4° Que la question de domesticité qui ne se trouve ni dans l'arrêt de renvoi ni dans l'acte d'accusation, doit être présumée être résultée des débats. — Cass., 20 mars 1829, précité.

2987. — ... 5° Que lorsque les questions posées au jury donnent deux dates à un complot faisant l'objet de l'accusation, quoique l'arrêt de renvoi ne lui en donne qu'une, la date ajoutée est présumée être résultée des débats. — Cass., 13 oct. 1832, Poncelet, [S. 32.1.729, P. chr.]

2988. — Mais si, en l'absence d'une déclaration expresse consignée dans le procès-verbal, il est permis de présumer qu'une question qui ne résultait pas de l'acte d'accusation ou de l'arrêt de renvoi a été posée comme résultant des débats, ce n'est là qu'une présomption qui ne doit pas être contredite par le procès-verbal même des débats.

2989. — Ainsi, on ne peut pas considérer comme étant résultée des débats une question subsidiaire posée au jury, lorsque cela n'est établi ni par les réquisitions du ministère public, ni par l'arrêt de la cour, et *lorsque le contraire s'induit de diverses circonstances.* — Cass., 9 déc. 1825, Buré, [S. et P. chr.]

2990. — B. Il ne suffit pas que la question nouvelle résulte des débats, il faut encore qu'elle ne substitue pas une accusation entièrement nouvelle à celle qui a fait l'objet de l'information et de la poursuite.

2991. — C'est une règle absolue que la question résultant des débats doit être *ajoutée,* mais non *substituée,* à celle qui résulte de l'acte d'accusation. — Cass., 15 sept. 1825, Desenne, [S. et P. chr.]

2 992. — Il n'y a lieu, en effet, à une nouvelle instruction sur un fait dont un accusé est inculpé dans les débats que lorsque ce fait est *autre* que celui porté en l'acte d'accusation. — Cass., 20 juin 1811, Fabre, [S. et P. chr.] — ... Et qu'il ne se lie à celui de l'accusation ni par le temps, ni par le lieu, ni par la personne victime du délit. — Cass., 12 févr. 1812, Canonne, [S. et P. chr.]

2993. — a) *Fait nouveau.* — Il y a lieu de distinguer suivant qu'il s'agit d'un fait nouveau, ou seulement d'une circonstance modificative du fait même de l'accusation. Si les débats ont révélé un fait nouveau indépendant du fait de l'accusation, le président ne pourra pas en faire l'objet d'une question au jury. Il est de principe, en effet, que l'accusé ne peut être jugé sur des faits autres que ceux contenus dans l'arrêt de renvoi, et la cour d'assises ne peut se saisir elle-même du crime nouveau que l'audience a fait connaître. — Legraverend, *Législ. crim.,* t. 2, p. 220; Carnot, *Instr. crim.,* sur l'art. 271, n. 7, 10 et s.; Le Sellyer, *Tr. du dr. crim.,* t. 1, n. 28, p. 55; Boitard, *Leçons C. instr. crim.,* p. 464 et s.; Rodière, *Élém. de proc. crim.,* p. 269; Cubain, *Tr. de la proc. devant les cours d'assises,* n. 579 et s.; Morin, *Rép. du dr. crim.,* v° *Quest. au jury,* n. 14.

2994. — La législation antérieure au Code consacrait déjà ce principe; la loi des 16-29 sept. 1791 (art. 37, tit. 7) disait que « le jury ne pourra donner de déclaration sur un délit qui ne serait pas porté dans l'acte d'accusation, quelle que soit la déposition des témoins ». Le Code du 3 brum. an IV (tit. 7, art. 396) défendait également que les jurés fussent interrogés sur d'autres délits que ceux portés dans l'instruction.

2995. — Était nulle, en conséquence, la question, et par suite la déclaration du jury, qui portait sur un délit non compris dans l'acte d'accusation. — Cass., 22 vend. an V, Rennoux, [S. et P. chr.]; — 5 brum. an VII, Lambert de Burlet, [S. et P. chr.]

2996. — ... Spécialement, sur un vol non compris dans l'acte d'accusation. — Cass., 15 janv. 1807, Mesnier, [S. et P. chr.]

2997. — Il y avait encore nullité lorsqu'un vol ayant seulement fait l'objet de l'accusation, le jury avait été interrogé sur un délit distinct et indépendant d'excitation à la débauche. — Cass., 29 pluv. an XI, Terristre, [S. et P. chr.]

2998. — Il en est encore de même aujourd'hui. L'art. 361, C. instr. crim., contient, en effet, sur ce point la disposition suivante : « Lorsque, dans le cours des débats, l'accusé aura été inculpé sur un autre fait, soit par des pièces, soit par les dépositions des témoins, le président, après avoir prononcé qu'il est acquitté de l'accusation, ordonnera qu'il soit poursuivi à raison du nouveau fait : en conséquence, il le renverra en état de mandat de comparution ou d'amener, suivant les distinctions établies par l'art. 91, et même en état de mandat d'arrêt, s'il y échet, devant le juge d'instruction de l'arrondissement où siège la cour, pour être procédé à une nouvelle instruction. Cette disposition ne sera toutefois exécutée que dans le cas où, avant la clôture des débats, le ministère public aura fait les réserves à fin de poursuite ». Il résulte de cet article que si un *autre fait* un *fait nouveau* est révélé par les débats à la charge de l'accusé, ce fait ne pourra être soumis à l'appréciation du jury et devra être l'objet d'une nouvelle instruction.

2999. — Lorsqu'à l'audience de la cour d'assises, des faits nouveaux sont révélés contre l'accusé, le président ne peut, en vertu de l'art. 361, ordonner que ces faits seront l'objet d'une information et commettre, pour y procéder, le juge d'instruction du siège de la cour d'assises que si l'accusé a été jugé sur les faits, objet de l'accusation, et acquitté; dans ce cas, par suite de l'acquittement, le lieu du siège de la cour d'assises devient le lieu de l'arrestation. Mais cet article n'est plus applicable lorsque, l'accusé n'étant ni jugé ni acquitté, la cour ordonne le renvoi de l'affaire à une autre session, afin qu'il soit informé sur les faits nouveaux. En pareil cas, la nouvelle instruction ne peut avoir lieu que suivant les règles ordinaires de la procédure, par le juge d'instruction, soit du lieu où les crimes ont été commis, soit du domicile, soit du lieu d'arrestation de l'accusé, et elle devra, s'il y a lieu, être suivie d'un arrêt de la chambre des mises en accusation, nécessaire pour saisir la cour d'assises. — Cass., 14 juin 1863, Lohier, [D. 83.1.141]

3000. — En principe, lorsque, dans le cours des débats, l'accusé est inculpé d'un crime ou d'un délit autre que celui qui fait l'objet de l'accusation, ce nouveau fait, bien qu'il soit connexe avec le crime poursuivi, doit être renvoyé devant le juge d'instruction, et ne peut être soumis au jury (C. instr. crim., art. 361). — Cass., 14 nov. 1822, Lacoste, [S. et P. chr.]

3001. — Il a été jugé cependant que le président peut poser au jury des questions sur les délits des débats et connexes aux faits portés dans l'acte d'accusation, bien que ce soient des délits pénalement distincts du fait principal. — Cass., 28 déc. 1816, Amyot, [S. et P. chr.]

3002. — En tous cas, l'omission de poser des questions sur les délits connexes ou résultés des débats ne peut avoir pour effet d'établir à l'égard de l'accusé l'autorité de la chose jugée au profit de l'accusé. Ces délits peuvent donc être ultérieurement l'objet d'une nouvelle poursuite de la part du ministère public s'ils n'ont pas fait l'objet d'une question du jury. — Même arrêt.

3003. — En résumé, il n'y a lieu de poser, comme résultant des débats, une question nouvelle qu'autant que le fait qui donne lieu à la position de cette question se rattache à celui de l'accusation. — Cass., 24 juin 1819, Girard, [S. et P. chr.]; — 16 sept. 1819, Peyredieu, [S. et P. chr.]; — 14 nov. 1822, précité; — 30 juin 1826, Demery, [S. et P. chr.]; — 19 avr. 1839, Alexandre, [P. 39.1.670]

3004. — Le consentement même de l'accusé ne suffirait pas à conférer au président le droit de proposer au jury, comme résultant des débats, une question sur un fait nouveau indépendant de celui de l'accusation. — Cass., 24 juin 1819, précité.

3005. — Il a été jugé, en ce sens, que l'art. 338, C. instr. crim., qui, dans le cas où il résulte des débats quelque circonstance aggravante ou modifiant le crime, autorise le président à ajouter une question spéciale à celles qui sont posées conformément à l'acte d'accusation, n'est pas applicable lorsque le fait qui se produit constitue un crime nouveau, distinct et séparé de celui qui fait la matière de l'accusation. — Cass., 30 janv. 1851, Belaman, [S. 51.1.559, P. 52.1.92, D. 51.5.147]; — 17 juin 1853, Cornette, [S. 53.1.586, P. 54.1.27, D. 53.5.138]

3006. — A plus forte raison, le président d'une cour d'assises peut-il, sans violer aucune loi, refuser de poser au jury des questions sur un fait à charge contre l'accusé, lorsque ce fait constitue un délit distinct non compris dans l'arrêt de renvoi ni dans l'acte d'accusation, s'il n'est nullement résulté des débats. — Cass., 31 janv. 1839, Vesperini.

3007. — Il va de soi, d'ailleurs, qu'une question nouvelle ne peut être posée comme résultant des débats qu'à la condition de relever des faits imputables aux accusés poursuivis; lorsqu'il ressort des débats d'une cour d'assises quelques indices de culpabilité contre une personne qui n'a pas été mise en accusation, soit comme auteur, soit comme complice, le président de la cour d'assises ne peut poser une question au jury sur sa culpabilité, sauf au ministère public à faire telles réserves qu'il juge convenables. — Cass., 11 janv. 1834, Martin, [P. chr.]

3008. — b) *Circonstances modifiant l'accusation.* — Si le fait révélé des débats constitue, non plus un crime nouveau, distinct et séparé de celui qui fait la matière de l'accusation, mais seulement une circonstance qui aggrave, atténue ou modifie le crime même pour lequel l'accusé est renvoyé devant la cour d'assises, alors la situation change, l'interdiction de soumettre cette circonstance nouvelle à l'appréciation du jury disparaît; le président peut, dans ce cas, ajouter une question spéciale à celles qui découlent du résumé de l'acte d'accusation. — Cass., 8 janv. 1892, Mesnil, [S. et P. 92.1.168, D. 92.1.550] — Sic, Nouguier, n. 2767 et s.; F. Hélie, n. 3651 et s.; Garraud, n. 576-3°; Trébutien, n. 616; *Encycl. du droit,* n. 538 et s.

3009. — Il a été jugé, en ce sens, que si, en effet, le mode de procéder tracé par l'art. 361, C. instr. crim., est seul applicable au cas où l'accusé est inculpé par les débats sur un autre fait que celui de l'accusation, il ne l'est pas au cas où il s'agit d'une simple modification de ce fait. Dans cette dernière hypothèse, et quel que soit le caractère de la circonstance modificative, qu'elle soit atténuante ou aggravante, il y a lieu de procéder, par analogie, comme l'indique l'art. 338, relatif aux circonstances aggravantes résultant des débats. — Cass., 24 déc. 1847, Cossenet, [P. 48.2.419]

3010. — Dès lors, pourvu que les questions soumises au jury se rattachent essentiellement au fait énoncé dans le résumé de l'acte d'accusation, elles peuvent contenir des circonstances non spécifiées dans ce résumé, si cette spécification est nécessaire pour déterminer, soit les divers genres de coopération à la consommation du crime, soit la complicité de ce crime. — Cass., 3 oct. 1817, Armandet, [S. et P. chr.]

3011. — Tout d'abord, nous avons vu que lorsqu'une circonstance du crime se trouve omise dans le dispositif de l'arrêt de renvoi et dans le résumé de l'acte d'accusation, la cour d'assises doit réparer cette omission dans la position des questions, si la circonstance omise résulte de l'ordonnance de prise de corps faisant partie intégrante de l'arrêt de renvoi. — V. suprà, n. 2773.

3012. — De même, on peut soumettre au jury, comme résultant des débats, une question sur une circonstance omise dans le dispositif de l'arrêt de renvoi, mais relatée dans l'exposé des faits de ce même arrêt. — Cass., 16 sept. 1831, Jarron, [P. chr.]

3013. — Nous distinguerons les circonstances aggravantes, les circonstances modificatives du fait principal et les circonstances constitutives du crime.

3014. — *Circonstances aggravantes.* — Aucun doute ne peut s'élever s'il s'agit d'une circonstance aggravante nouvelle; l'art. 338, C. instr. crim., a formellement prévu ce cas et l'a réglementé par la disposition suivante : « S'il résulte des débats une ou plusieurs circonstances aggravantes non mentionnées par l'acte d'accusation, le président ajoute la question suivante : l'accusé a-t-il commis le crime avec telle ou telle circonstance? »

3015. — Jugé que le président de la cour d'assises peut ajouter aux questions posées au jury une ou plusieurs circonstances aggravantes lorsqu'elles résultent des débats, et alors surtout qu'il ne l'a fait qu'après avoir prévenu le ministère public et les défenseurs des accusés, qui ne s'y sont point opposés. — Cass., 14 oct. 1831, Bruno, [P. chr.]

3016. — ... Que la cour d'assises peut ordonner la position d'une question relative à une circonstance aggravante qui n'a été qu'implicitement énoncée dans l'acte d'accusation (C. instr. crim., art. 337). — Cass., 19 avr. 1821, Picard, [S. et P. chr.]

3017. — Le président peut le faire, alors même que la circonstance révélée par les débats constitue par elle-même un crime ou un délit, pourvu toutefois qu'elle soit en même temps une circonstance aggravante du crime, objet de l'accusation. Ainsi le meurtre, puni des travaux forcés à perpétuité, est puni de mort lorsqu'il est précédé, accompagné ou suivi d'un autre crime. Le second crime devient alors une circonstance aggravante du meurtre considéré comme fait principal. Dans ce cas, le président peut poser, comme résultant des débats, soit une question de vol, soit une question d'attentat à la pudeur, circonstance aggravante de l'homicide qui l'a précédé, accompagné ou suivi. — V. infrà, n. 3069.

3018. — Jugé, spécialement, que l'art. 338, C. instr. crim., d'après lequel le président doit interroger le jury sur les circonstances aggravantes non mentionnées dans l'acte d'accusation et qui résultent des débats, ne fait aucune distinction et doit recevoir son application quand le fait aggravant révélé par les débats constitue par lui-même un délit, tout aussi bien que lorsqu'il n'a pas ce caractère. — Cass., 3 avr. 1845 Lachanelle, [P. 48.2.358]

3019. — Le président peut poser, comme résultant des débats, une question sur une circonstance aggravante non relevée par l'arrêt de renvoi, alors même que cette circonstance a été connue de la chambre d'accusation. Ainsi un ministre du culte est poursuivi pour attentat à la pudeur : la qualité de l'accusé est une circonstance aggravante; la chambre d'accusation qui la connaissait ne l'a pas relevée : le président ne pourra moins poser comme résultant des débats. « La qualité de ministre d'un culte catholique, a décidé la cour dans cette espèce, ne formait pas un fait nouveau, ou un chef d'accusation qui aurait été écarté par l'arrêt de renvoi, mais une simple circonstance aggra-

vante du fait principal déclaré par l'arrêt; dès lors, cette circonstance a pu devenir l'objet d'une question accessoire. A la vérité la qualité de ministre du culte était connue avant l'arrêt de renvoi; mais cet arrêt ne l'a pas examinée pour décider si elle devait ou ne devait pas constituer une circonstance aggravante; ainsi son silence à cet égard n'a pu lui acquérir l'autorité de la chose jugée, ni empêcher le président de la cour d'assises de faire, de cette circonstance, le sujet d'une question posée comme résultant des débats ». — Cass., 31 déc. 1869, Russo, [D. 70.1.376] — V. infrà, n. 3064.

3020. — Bien plus, le président de la cour d'assises ne pourrait refuser de poser une question au jury sur une circonstance aggravante résultant des débats, sous prétexte qu'elle a été rejetée par l'arrêt de renvoi. — Cass., 10 déc. 1812, Carini, [S. et P. chr.]; — 2 janv. 1829, Bousquet, [P. chr.] — V. infrà, n. 3031.

3021. — Ainsi, la circonstance de l'emploi de fausses clefs, résultant des débats, quoiqu'elle ait été écartée par l'arrêt de mise en accusation comme non suffisamment établie devant elle. — Cass., 19 août 1830, Désélus, [S. et P. chr.]

3022. — Il en est ainsi, à plus forte raison, lorsque l'arrêt de renvoi n'a écarté le chef d'accusation qui y donne lieu que parce qu'il le jugeait implicitement et nécessairement compris dans l'accusation principale. — C. d'ass. de la Seine, 25 nov. 1839, Nade, [P. 40.1.187]

3023. — Une restriction doit être cependant apportée au droit du président dans un cas spécial, celui où la circonstance aggravante, établie par les débats, a déjà été examinée par la chambre d'accusation et écartée, en droit, par une décision formelle de cette chambre. Cette distinction a été consacrée dans les termes suivants par la Cour de cassation : « Lorsqu'une circonstance aggravante, résultant de l'instruction, n'a pas été appréciée par la chambre d'accusation, cette prétérition, ou son *appréciation erronée en fait*, n'empêcheraient pas le président de la cour d'assises, si les débats venaient à l'établir, d'en faire la matière d'une question à soumettre au jury, mais il n'en saurait être de même d'un arrêt qui, après avoir reconnu le fait qui constituerait légalement une circonstance aggravante, l'aurait cependant écarté *en droit*, par une décision formelle;... il y a alors chose jugée en droit et décision définitive sur le point de la cause ». — Cass., 11 juin 1841, Migeot, [S. 42.1.182, P. 41.2. 419] — Le président ne peut pas alors poser comme résultant des débats une question relative à cette circonstance aggravante, ainsi écartée par une décision rendue en droit.

3024. — *Circonstances modifiant l'accusation.* — Les termes de l'art. 338, C. instr. crim., ne sont formels qu'en ce qui concerne les circonstances aggravantes; d'où il semblerait résulter à la première lecture que la position d'une question nouvelle est possible dans le cas seulement de circonstances aggravantes résultant des débats.

3025. — Mais c'est un point hors de contestation que la disposition de l'art. 338 n'est que démonstrative et n'empêche point que le président de la cour d'assises ne puisse poser des questions sur des faits autres que des circonstances aggravantes, lorsque ces faits sont essentiellement liés au fait principal, et qu'ils sont résultés des débats. — Cass., 31 janv. 1817, Pigoier, [S. et P. chr.]; — 23 sept. 1830, Guyot, [S. et P. chr.] — *Sic*, Legraverend, t. 2, p. 222.

3026. — Spécialement, la question de tentative peut être posée au jury comme résultant des débats, bien que l'acte d'accusation ne porte que sur un crime consommé. — Cass., 23 sept. 1830, précité. — La tentative du crime étant considérée comme le crime même, il suit que la tentative d'un crime doit être considérée comme l'accusation du crime même, et réciproquement; dès lors, dans une accusation de crime, il est nécessaire de poser subsidiairement la question sur la tentative, lorsque les débats ont appris que l'accusé est coupable, sinon d'avoir consommé le crime, du moins d'avoir fait tout ce qui dépendait de lui pour le consommer. — Cass., 14 mai 1813, Sekkel-Hartog, [S. et P. chr.]; — 3 févr. 1821, Pignoret, [S. et P. chr.]; — 10 juin 1830, Picardat, [S. et P. chr.]; — 24 déc. 1847, Cossenet, [P. 48.2.419]; — 25 janv. 1849, Moretti et Angeli, [P. 50.1.429]; — 8 janv. 1852, [Bull. crim., n. 5]; — 31 mai 1877, Rich, [S. 78.1.233, P. 78.564, D. 77.1.463] — Sur les applications de ce principe. V. infrà, n. 3044 et s.

3027. — Il en est de même de la complicité. Dans toutes les accusations, le président peut poser une question subsidiaire de complicité au regard de l'accusé considéré par l'acte d'accusation comme auteur principal. La complicité est, en effet, une modification et une dégénérescence de l'accusation principale portée contre l'auteur comme auteur; elle y est renfermée virtuellement; le président des assises peut donc l'en dégager pour en faire l'objet d'une question subsidiaire, si les débats en révèlent l'utilité. — Cass, 16 avr. 1818, Costes. [P. chr.]; — 9 déc. 1825, Buré, [S. et P. chr.]; — 30 juin 1831, Gabis, [P. chr.]; — 12 juill. 1832, Laforgue-Barraguet, [S. 33.1.125, P. chr.]; — 19 sept. 1833, Wind, [P. chr.]; — 24 sept. 1834, Oudin, [S. 35.1.135, P. chr.]; — 24 sept. 1835, Raffault, [P. chr.]; — 26 déc. 1839, Jourdain, [P. 46.1.495]; — 22 janv. 1841, Raynal et Puel, [P. 42.1.262]; — 7 avr. 1860, [Bull. crim., n. 97]; — 27 janv. 1865, [Bull. crim., n. 20]; — 18 mai 1865, Arnault et Pourtois, [S. 65.1.468, P. 65.1210]; — 25 févr. 1881, [Bull. crim., n. 54]; — 9 juin 1887, [Bull. crim., n. 209]; — 29 sept. 1887, [Bull. crim., n. 348] — Sur les applications du principe, V. infrà, n. 3048 et s.

3028. — Jugé que le président des assises peut et doit énoncer dans les questions toutes les circonstances résultant du débat, quand même elles tendraient à modifier le caractère de la culpabilité et la nature de la peine; il peut en conséquence poser la question relative au fait de complicité dès qu'il se rattache à l'action principale, et qu'il en devient le résultat immédiat. — Cass, 16 févr. 1816, N..., [S. et P. chr.] — Sic, Legraverend, t. 1, chap. 3, p. 142, note 2.

3029. — ... Que lorsqu'un individu est accusé de complicité d'un crime, pour en avoir facilité l'exécution, la question de savoir si cet individu a procuré les instruments nécessaires pour commettre le crime, sachant qu'ils devaient y servir, peut être soumise au jury. Si cette question ne résulte pas de l'acte d'accusation, il y a présomption légale qu'elle est résultée des débats. — Cass., 2 mars 1827, Tap, [S. et P. chr.]

3030 — ... Que lorsqu'un individu a été renvoyé devant la cour d'assises comme coupable d'avoir participé à un crime comme coauteur, le président peut poser au jury une question subsidiaire sur une complicité par recel et résultant à la charge du même accusé de faits révélés par les débats. — Cass., 20 juin 1811, Fabre, [S. et P. chr.]; — 16 avr. 1818, précité; — 29 déc. 1832, Pluvinet, [S. 33.1.333, P. chr.]; — 7 avr. 1860, [Bull. crim., n. 97] — C. d'ass. des Deux-Sèvres, 15 mai 1849, Armand, [P. 50.2.71] — V. infrà, n. 3049.

3031. — Il en est ainsi lors même que, la chambre du conseil (aujourd'hui le juge d'instruction) ayant présenté le même individu comme complice par assistance, son ordonnance avait été réformée de ce chef par la chambre des mises en accusation, qui avait substitué à cette qualification celle de coauteur. — C. d'ass. des Deux-Sèvres, 15 mai 1849, précité. — V. supra, n. 3020.

3032. — A l'inverse, lorsque l'accusé est poursuivi soit pour tentative, soit pour complicité d'un crime, le président peut, lorsque ces questions résultent des débats, demander au jury si l'accusé n'est pas l'auteur ou le coauteur du crime consommé. — Cass., 19 juin 1824, Tixier, [P. chr.] — 12 juill. 1832, Laforgue-Barraguet, [S. 33.1.125, P. chr.]; — 12 oct. 1843, [Bull. crim., n. 263]

3033. — Une cour d'assises a le droit de poser, comme résultant des débats, non seulement toute circonstance aggravante non mentionnée dans l'acte d'accusation, mais encore toute question qui, quoique formulant une accusation différente de la première, en ce sens qu'elle est prévue par une autre disposition de loi, n'est toutefois que la reproduction du fait primitif envisagé sous un autre point de vue et présentant un autre caractère pénal. — Cass., 16 mai 1840, Astier, [P. 42.2.617]

3034. — Ainsi, dans une accusation d'assassinat, le président peut, après avoir posé au jury les questions sur l'homicide volontaire et sur la préméditation résultant de l'acte d'accusation, poser, comme résultant des débats, les questions subsidiaires de coups et blessures volontaires ayant occasionné la mort sans intention de la donner. — Même arrêt.

3035. — Il est également dans le droit du président de poser comme question subsidiaire celle qui pourrait résulter d'une qualification légale dont paraîtraient susceptibles les faits articulés en l'acte d'accusation, et qui serait autre que la qualification légale formulée en l'arrêt de renvoi et par le résumé de l'acte d'accusation. Ce n'est pas là présenter une accusation nouvelle. — Cass., 9 mars 1843, Baysse, [S. 43.1.355, P. 43.2.644]

3036. — D'une façon générale, le droit conféré au président

par l'art. 338 s'étend aux diverses modifications que les débats ont apportées au fait principal et aux différents aspects sous lesquels il peut être envisagé. — Cass., 16 févr. 1816, N...., [S. et P. chr.]; — 2 avr. 1816, N..., [S. et P. chr.]; — 31 janv. 1817, Pignier, [S. et P. chr.]; — 13 août 1818, Viell, [S. et P. chr.]; — 20 août 1823, Périchon, [S. et P. chr.]; — 3 févr. 1831, Signoret, [P. chr.]; — 20 mai 1831, Valentini. [S. 32.1.214, P. chr.]; — 17 avr. 1831, Auzeville, [S. 34.1.556, P. chr.]; — 7 juill. 1837, Veillon, [P. 39.2.424]; — 16 mai 1840, précité. — Sic, Carnot, art. 337, n. 19; Legraverend, t. 1, p. 146; de Serres, t. 1, p. 199.

3037. — Lorsque, par le résultat des débats, le fait mentionné dans l'acte d'accusation a reçu une modification dans son caractère, le président peut donc et doit poser une question secondaire sur ce même fait qui n'est que modifié, et qui se rattache toujours essentiellement à celui de l'accusation. — Cass., 16 janv. 1818, Drujon, [S. et P. chr.]

3038. — Circonstances constitutives. — Dans un arrêt du 28 déc. 1827, Dimpré, [S. et P. chr.], il s'agissait non plus d'une circonstance modificative, mais constitutive du délit, et, à ce sujet, M. le procureur général Mourre (V. le réquisitoire sous cet arrêt) soutenait qu'il suffisait que la circonstance fût résultée des débats pour qu'elle pût être comprise dans la question au jury.

3039. — La Cour de cassation évita de se prononcer sur cette question et motiva sa décision sur ce que l'omission dans l'arrêt de renvoi ne résultait que d'une erreur purement matérielle. — Nous croyons que le président peut comprendre dans ses questions les circonstances constituant un des éléments nécessaires à la culpabilité de l'agent bien que l'arrêt de renvoi et l'acte d'accusation aient passé cet élément sous silence. Il est, par exemple, incontestable que le président peut poser, d'après les débats, la question intentionnelle, quoiqu'elle ne soit pas relatée dans l'acte d'accusation. — Cass., 12 sept. 1812, Lemperour, [S. et P. chr.] — V. cependant Carnot, sur l'art. 241, t. 2, p. 273, n. 6.

3040. — Dès lors, en effet, que la chambre des mises en accusation a renvoyé l'accusé devant la cour d'assises, c'est qu'elle a pensé qu'il y avait contre lui charges suffisantes; or, il ne pourrait y avoir charges suffisantes si l'un des éléments de la culpabilité faisait défaut. On peut donc dire que, dans cette hypothèse la question ajoutée n'est pas à proprement parler une question résultant des débats, mais une question implicitement comprise dans l'arrêt de renvoi et l'acte d'accusation.

3041. — En résumé, les faits nouveaux qui se produisent aux débats peuvent être l'objet d'une question spéciale lorsqu'ils ne sont que l'aggravation, l'atténuation ou la modification de l'accusation elle-même. « Le président de la cour d'assises a le droit de poser, comme résultant des débats, des questions subsidiaires sur tous les faits qui se rattachent à l'accusation et qui n'en sont que des circonstances modificatives ». — Cass., 25 janv. 1872, [Bull. crim., n. 23]

3042. — Toutes les modifications et rectifications, apportées à la rédaction des questions, doivent toujours avoir lieu en présence de l'accusé. « L'accomplissement de cette formalité est substantiel au droit de la défense, puisque l'accusé peut présenter des observations sur la position des questions et soulever un incident contentieux devant la cour d'assises (V. infrà, n. 3695 et s.) : d'où il suit qu'elles doivent être posées, modifiées ou rectifiées en sa présence à laquelle ne saurait suppléer, à cet égard, celle du défenseur ». Il y aurait donc nullité si la cour d'assises procédait à la modification ou à la rectification d'une question en l'absence de l'accusé, son défenseur fût-il présent. — Cass., 20 déc. 1877, Serveille, [S. 78.1.283, P. 78.606, D. 79.1.140]

3043. — II. Applications. — Du principe qui appartient au président ou à la cour d'assises, suivant les cas (V. supra, n. 2949 et s.), de poser des questions nouvelles sur les faits qui surgissent des débats et qui sont de nature à modifier l'accusation primitive, de nombreuses conséquences ont été déduites. Nous allons, comme sur les points précédents, grouper les applications qui ont été faites d'après l'ordre des matières du Code pénal, en distinguant les questions qui peuvent être posées comme résultant des débats de celles qui ne peuvent pas l'être.

3044. — Tentative. — Sur une accusation d'attentat à la pudeur commis avec violence, on peut soumettre au jury, comme résultant des débats, une question sur la tentative avec violence. — Cass., 10 juin 1830, Picardat, [S. et P. chr.]

3045. — Lorsque, sur une accusation d'attentat à la pudeur commis avec violence, le président de la cour d'assises a demandé au jury si l'accusé était coupable d'un attentat à la pudeur, *consommé ou tenté* avec violence, la question est parfaitement régulière. — Cass., 10 juill. 1817, Brelet, [S. et P. chr.]

3046. — De même, sur une accusation d'usage d'une pièce fausse, la question de tentative d'usage est régulièrement posée. — Cass., 2 juill. 1835, Aubry, [P. chr.]

3047. — Spécialement encore, la question de tentative de meurtre, n'étant qu'une modification du meurtre qui fait l'objet de l'accusation, peut être soumise au jury comme résultant des débats, après décision de la cour si l'accusé a déclaré s'opposer à la position de la question. — Cass., 25 janv. 1849, Moretti et Angeli. [P. 50.1.429]

3048. — *Complicité.* — Nous avons dit (*suprà*, n. 3027), que le président d'une cour d'assises peut proposer au jury comme résultant des débats une question subsidiaire de complicité à l'égard d'un individu qui avait été mis en accusation comme auteur principal du crime.

3049. — Il a été jugé, par application de ce principe, que, sur une accusation de pillage en réunion et en force ouverte, qui emporte avec elle la culpabilité de vol, on a pu poser au jury comme résultant des débats une question de complicité par recélé des objets volés. — Cass., 29 déc. 1832, Pluvinet, [S. 33.1. 333, P. chr.]

3050. — Que le président des assises peut, dans une accusation de tentative d'avortement, poser, comme résultant des débats, une question subsidiaire de complicité de tentative d'avortement. — Cass., 3 mars 1864, Rolland, [S. 64.1.303, P. 64.907, D. 64.1.406]

3051. — *Attentats et complots contre la sûreté de l'Etat.* — Dans une accusation de complot, on pouvait, avant la loi de 1832, poser au jury, comme résultant des débats, la question de non révélation du complot, le délit de non révélation n'étant qu'une modification du fait principal. — Cass., 20 mai 1831, Geslain et Duez, [S. 32.1.213, P. chr.]

3052. — Mais la loi du 28 avr. 1832 ayant abrogé les dispositions du Code pénal relatives au délit de non révélation, la question ne peut plus se présenter.

3053. — Dans une accusation de complot, le président peut poser une question relative au délit de distribution d'écrits séditieux : cette question est présumée de droit résulter des débats. — Cass., 31 janv. 1817, Pignier, [S. et P. chr.]

3054. — *Faux.* — Lorsqu'un individu a été mis en accusation, comme auteur d'un faux, on peut poser au jury, comme résultant des débats, la question de savoir s'il a fait usage de la pièce fausse, sachant qu'elle était fausse. — Cass., 18 oct. 1811, N..., [P. chr.]; — 6 mai 1815, L..., [S. et P. chr.]

3055. — Et, à cet sujet, il faut observer que l'usage d'une pièce fausse peut bien présenter quelquefois les caractères d'une complicité de faux commis par le fabricateur de la pièce, mais qu'il constitue lui-même un crime particulier. En conséquence, il n'y a aucune contradiction dans l'accusation qui les impute cumulativement au même individu; et l'on ne doit point trouver extraordinaire qu'une question soit posée sur l'un de ces deux crimes, dont l'existence est établie par les débats, quoiqu'il n'ait pas été révélé par l'instruction écrite. — V. Carnot, sur l'art. 361, t. 2, p. 728, n. 9.

3056. — Mais il y a nullité, lorsque les questions posées au jury diffèrent dans leur substance de celles résultant de l'acte d'accusation. Tel le cas où sur une accusation d'usage de fausses lettres de change, les questions parlent d'usage d'obligations revêtues d'endossements. — Cass., 9 sept. 1837, Vidal, [S. 37. 1.925]

3057. — La question de tentative d'usage d'un faux billet ne peut pas être posée au jury comme résultant des débats à l'égard d'un accusé auquel l'arrêt de renvoi et l'acte d'accusation n'imputent aucune criminalité relative à ce billet. — Cass., 9 juill. 1835, Seyly, [P. chr.]

3058. — *Fausse monnaie.* — Jugé que, dans une accusation de contrefaçon de monnaies, la question d'émission de pièces avec connaissance de leur contrefaçon peut être valablement soumise au jury. — Cass., 19 avr. 1832, Latreille, [P. chr.] — *Contrà*, F. Hélie, t. 8, n. 3656.

3059. — Mais jugé que la question de savoir si l'accusé est coupable de fabrication et d'émission de fausses pièces d'une

valeur déterminée, considérées comme *monnaie de cuivre ou de billon*, lorsque cet accusé a été renvoyé devant la cour d'assises comme coupable de fabrication et d'émission de fausses pièces de même valeur, considérées comme *monnaie d'argent*, ne peut être soumise au jury. — Cass., 9 sept. 1830, Merleau, [S. et P. chr.] — Et à ce sujet, F. Hélie (*loc. cit.*) fait observer que cette circonstance présente une question de droit, et que la cour d'assises, en se prononçant dans un sens contraire à l'arrêt de la chambre d'accusation, usurpe un droit qui ne lui appartient pas, et dénature l'accusation qu'elle a mission de purger, sans pouvoir la changer.

3060. — *Concussion.* — Lorsqu'un officier ministériel n'a été renvoyé devant la cour d'assises que comme accusé de soustractions de pièces qui lui avaient été confiées dans ses fonctions, cette cour ne peut autoriser la position au jury d'une question sur des faits de concussion résultant des débats. — Cass., 16 sept. 1819, Peyredieu, [S. et P. chr.]

3061. — Lorsqu'un garde forestier a été renvoyé devant la cour d'assises comme accusé de s'être, par dons ou promesses agréés ou reçus, abstenu de faire un acte qui rentrait dans l'ordre de ses devoirs, on ne peut poser au jury, comme résultant du débat, la question de savoir s'il a reçu des présents pour s'abstenir d'un acte qu'il prétendait rentrer dans ses devoirs : c'est là un fait nouveau et non une circonstance aggravante ou modificative du fait principal. — Cass., 14 juill. 1832, Lacombe.

3062. — *Blessures volontaires.* — On peut poser sur une accusation de vol avec violences qui ont laissé des traces de blessures et de contusions, une question sur les blessures que l'accusé aurait commises avec guet-apens dans la même action, et sur la durée de l'incapacité de travail occasionnée par ces blessures. — Cass., 12 févr. 1813, Cannone, [S. et P. chr.]

3063. — Dans une accusation de coups portés volontairement et avec préméditation, la question relative à l'intention de tuer ne tendant pas à régler le moralité du fait, mais à lui donner un caractère plus aggravant, peut être posée comme résultant des débats. — Cass., 14 févr. 1807, Rietsch, [S. et P. chr.]

3064. — *Avortement.* — Lorsque, en matière d'avortement, l'arrêt de renvoi n'a pas relevé la qualité de sage-femme de l'accusée pour en former une circonstance aggravante, cette qualité peut devenir l'objet d'une question accessoire posée au jury comme résultant des débats. — Cass., 23 mai 1844, [*Bull. crim.*, n. 179] — V. anal. suprà, n. 3019.

3065. — Au contraire, le crime d'avortement n'étant ni une circonstance ni une modification du crime d'infanticide, mais constituant un crime essentiellement différent, le président ne peut, dans une accusation d'infanticide, poser aux jurés, comme résultant des débats, une question subsidiaire d'avortement. — Cass., 30 janv. 1851, Belaman, [S. 51.1.559, P. 52.1.92, D. 51. 5.147]

3066. — La tentative d'avortement ne peut être considérée par la cour d'assises comme une circonstance ou une modification du crime d'infanticide, et ne peut dès lors être posée au jury comme résultant des débats dans une accusation d'infanticide. — Cass., 16 oct. 1817, Martoury, [S. et P. chr.] — V. infrà, n. 3080.

3067. — *Homicide.* — a) *Questions régulières.* — La question d'homicide involontaire, n'étant qu'une modification de l'homicide volontaire qui fait l'objet de l'accusation, peut, malgré l'opposition de l'accusé, être soumise au jury comme résultant des débats. — C. d'ass. du Brabant, 21 mai 1834, [P. chr.]

3068. — Dans une accusation d'homicide volontaire avec préméditation, la question de savoir : 1° si l'accusé a volontairement porté des coups et fait des blessures; 2° si ces coups portés et ces blessures faites sans intention de donner la mort l'ont néanmoins occasionnée, peut être valablement soumise au jury. — Cass., 16 mai 1840, Astrès, [P. 42.2.617]; — 11 mars 1841, Rey, [P. 42.1.527] — *Contrà*, Cass., 18 juill. 1833, Picard, [S. 33.1.860, P. chr.]

3069. — Le président peut poser comme résultant des débats, et accessoirement à l'accusation principale de meurtre avec préméditation, une question relative à une tentative de vol qualifié qui aurait précédé, accompagné ou suivi le meurtre, et la cour d'assises ne pourrait se refuser d'ordonner la position d'une question au jury sur le fait nouveau sous prétexte qu'il est seulement connexe au premier. — Cass., 14 nov. 1822, Lacoste, [P. chr.]; — 3 oct. 1839, Soucaze-Baques, [S. 40.1.90, P. 40.2. 118]; — 16 mai 1840, précité. — V. aussi Legraverend, t. 2, p. 22.

3070. — Et c'est avec raison que la Cour de cassation a décidé que la question de vol pouvait être, dans cette circonstance, posée comme résultant des débats. En effet, le vol, dans ce cas particulier, est considéré, non comme un chef d'accusation, mais comme une circonstance aggravante du crime de meurtre. Or, l'art. 338 donne au président le droit de poser comme résultant des débats toutes les questions relatives aux circonstances aggravantes. — V. *suprà*, n. 3014 et s.

3071. — On peut poser, sur une accusation de tentative de meurtre, la question de savoir si l'accusé est coupable de blessures volontaires ayant occasionné une incapacité de travail de plus de vingt jours. — Cass., 2 août 1816, Leruth, [S. et P. chr.]

3072. — ... Sur une accusation d'infanticide, une question sur le point de savoir si l'accusée est coupable d'avoir, par maladresse, imprudence, inattention ou négligence, involontairement causé la mort de l'enfant dont elle est accouchée. — Cass., 20 août 1825, Périchon,,[S. et P. chr.]

3073. — Lorsque, d'après les termes de l'acte d'accusation, une femme est accusée d'avoir fait disparaître l'enfant dont elle était accouchée, le président des assises peut, après la question principale d'infanticide, poser une question subsidiaire de suppression d'enfant. — Cass., 7 juill. 1837, Veillin, [P. 39.2.424]; — 19 avr. 1839, Lebloas, [S. 39.1.777, P. 39.1.670]

3074. — Ce n'est pas, en effet, dans ce cas, porter une nouvelle accusation sur un autre fait; et cette question subsidiaire, bien qu'elle constitue, si elle est résolue affirmativement, un crime différent de celui qui était l'objet du crime principal, ne présente cependant qu'une modification du fait complexe qui était l'objet de l'accusation. — V. cependant, *infrà*, n. 3079.

3075. — De même, la question relative à un délit d'exposition d'enfant peut être, incidemment à une accusation de tentative d'infanticide, posée comme résultant des débats, lorsque ce délit, dans les circonstances de la cause, peut être considéré comme se rattachant au crime qui fait l'objet de l'accusation. — Cass., 31 août 1835, Bossé, [P. 57.626, D. 55.1.444]

3076. — *b) Questions irrégulières.* — Au cas d'accusation de tentative de meurtre commise à l'aide d'une arme de guerre, la cour d'assises ne peut poser au jury, comme résultant des débats, une question sur le délit de port d'armes de guerre, ce fait constituant un fait nouveau tout à fait distinct et indépendant de la tentative de meurtre. — Cass., 14 mars 1844, Perinetti, [S. 44.1.323]

3077. — Carnot (sur l'art. 337, t. 2, p. 593, n. 21) cite un arrêt par lequel il a été décidé que la question d'attentat à la pudeur peut régulièrement être posée sur une prévention de meurtre, quoique l'arrêt de renvoi et l'acte d'accusation ne fassent pas mention de cette circonstance et qu'elle soit seulement résultée des débats. — Cass., 29 mars 1812, N..., [P. chr.]

3078. — A notre avis, le crime d'attentat à la pudeur étant d'une nature complètement différente de celui de meurtre, ne saurait, isolément, être soumis à l'appréciation du jury si l'arrêt de renvoi n'en fait pas mention; mais nous avons vu que l'attentat à la pudeur envisagé comme circonstance aggravante d'un autre crime qu'il aurait précédé, accompagné ou suivi, peut-être déféré au jury comme résultant des débats. — V. *suprà*, n. 3016.

3079. — Si, dans une accusation d'infanticide, le président peut poser, comme résultant des débats, la question de savoir si l'accusé est coupable d'avoir, par maladresse ou imprudence, involontairement causé la mort de l'enfant dont elle est accouchée (V. *suprà*, n. 3072), il ne peut poser comme résultant des débats la question de suppression d'enfant, cette question n'étant pas connexe à l'accusation d'infanticide, et n'ayant avec cette accusation aucune corrélation.—Cass., 20 août 1825, précité; — 19 avr. 1839, précité; — 17 juin 1853, Cornette, [S. 53.1.586, P. 54.1.27, D. 53.5.138]; — 8 janv. 1892, Mesnil, [S. et P. 92.1.168, D. 92.1 550]

3080. — Sur les rapports de l'infanticide et de l'avortement au point de vue qui nous occupe, V. *suprà*, n. 3064.

3081. — *Attentat aux mœurs.* — Dans une accusation d'attentat à la pudeur avec violence, si les débats révèlent la circonstance de la publicité, la cour d'assises peut soumettre au jury, comme résultant tout à la fois de l'acte d'accusation et des débats, une question d'outrage public à la pudeur. — Cass., 14 oct. 1826, Beauventre, [S. et P. chr.] — C. d'ass. de la Vienne, 24 mai 1860, Janot, [P. 61.79]

3082. — Dans une accusation de viol, la question d'attentat à la pudeur avec violence peut être posée comme résultant des débats. — Cass., 16 janv. 1818, Drujon, [S. et P. chr.]; — 17 déc. 1836, Jean Louis, [S.38.1.49]

3083. — Si le crime de tentative de viol présente un caractère légal différent de celui d'attentat à la pudeur avec violence, et si ces deux crimes diffèrent essentiellement par le but, néanmoins, l'attentat à la pudeur avec violence peut, à raison des faits qui le constituent, être considéré comme une modification du premier, et donner lieu à la position d'une question résultant des débats et subsidiaire. — Cass., 8 févr. 1849, Truphème, [P. 50.1.378, D. 49.5.23]

3084. — Au cas d'accusation de viol ou d'attentat à la pudeur avec violence, il peut être posé au jury comme résultant des débats, une question subsidiaire d'attentat à la pudeur sans violence: ce n'est pas là créer une accusation nouvelle. — Cass., 18 déc. 1858, Pascal, [S. 59.1.632, P. 60.35]

3085. — De même, ne commet pas d'excès de pouvoirs le président de la cour d'assises, appelé à statuer sur une accusation d'attentat à la pudeur, qui ajoute, dans la question posée au jury, l'indication de la tentative, bien que l'arrêt de renvoi ne parle que de l'attentat consommé. — Cass., 7 mai 1875, Dansos, [S. 76.1.47, P. 76.75] — V. *suprà*, n. 3043 et 3044.

3086. — *Faux témoignage.* — Les questions de provocation au faux témoignage ou de complicité de ce crime ne peuvent être soumises au jury à l'occasion d'une affaire de subornation de témoins. — Cass., 19 avr. 1832, Brousse, [P. chr.]; — 22 déc. 1848, Augendre, [P. 50.1.314]

3087. — *Vol.* — Dans une accusation de vol domestique, le président peut, après avoir posé les questions conformes à l'accusation, donner au fait, dans une question subsidiaire soumise au jury, la qualification d'abus de confiance. — Cass., 10 janv. 1834, Sèbe, [P. chr.]; — 9 mars 1843, Baysse, [S. 43.1.335, P. 43.2.644]

3088. — La qualité de l'objet volé n'étant pas une circonstance du vol, le président de la cour d'assises peut, sur une accusation de vol d'une somme d'argent, poser les questions de savoir si l'accusé est coupable de vol d'argent, et s'il l'est à avoir volé des marchandises. — Cass., 4 sept. 1812, Lafont, [P. chr.]

3089. — Dans une accusation de vol commis à l'aide de violences qui ont laissé des traces de blessures ou de contusions, le président de la cour d'assises peut poser, comme résultant des débats, une question sur les blessures que l'accusé aurait faites sur la même personne et dans la même action, et sur l'incapacité du travail occasionnée par ces blessures. — Cass., 12 févr. 1813, Canonne, [S. et P. chr.]

3090. — *Extorsion de signature.* — Sur une accusation d'extorsion de signatures avec violences, il peut être posé au jury une question spéciale de coups et blessures volontaires avec préméditation, les coups et blessures étant implicitement compris dans l'accusation. — Cass., 19 juin 1843, Allauzen, [S. 45.1.614]

3091. — *Banqueroute.* — Le principe d'après lequel le président des assises ne peut poser au jury des questions résultant des débats, qu'autant que les faits qui en font l'objet se rattachent au fait principal de l'accusation, et n'ont d'autre effet que de l'aggraver ou de l'atténuer (C. instr. crim., art. 338), est applicable en matière de banqueroute comme en toute autre.

3092. — En conséquence, dans une accusation de banqueroute frauduleuse, le président ne peut poser, comme résultant des débats, une question relative à un fait d'escroquerie, sauf à renvoyer l'accusé devant le juge d'instruction conformément à l'art. 361, C. instr. crim. — Cass., 30 juin 1826, Deméry, [S. et P. chr.]

3093. — Mais le président de la cour d'assises peut sur une accusation de banqueroute simple, résultant de vente de marchandises au-dessous du cours, poser au jury comme résultant du débat, une question relative à l'irrégularité des écritures de commerce tenues par l'accusé. — Cass., 12 sept. 1833, Bossens, [P. chr.]

3094. — *Incendie.* — On peut soumettre au jury une question relative à une menace d'incendie, quoique l'arrêt de renvoi et l'acte d'accusation ne portent que sur une prévention d'incendie. — Cass., 23 juill. 1813, N..., [S. et P. chr.] — Sic, Carnot, *Instr. crim.*, sur l'art. 337, t. 2, p. 587, n. 19; Bourguignon, *Jurispr. des C. crim.*, sur l'art. 338, t. 2, p. 87, n. 2.

§ 2. Questions sur les excuses.

3095. — Les faits, qualifiés d'excuses par la loi et qui ont pour effet d'emporter soit l'exemption, soit l'atténuation de la peine peuvent aussi être l'objet de questions à poser au jury. — V. *infrà*, v° *Excuse*.

3096. — Sous le Code de brumaire an IV, le président était obligé de soumettre au jury toutes les questions qui résultaient de la défense de l'accusé (art. 646)', par conséquent toutes les questions d'excuses.

3097. — « Mais comme la loi ne donnait aucune définition de l'excuse, il ne se rencontrait pas d'accusé qui n'eût à en proposer. Combien de criminels ne parvinrent-ils pas à faire abaisser leur peine, à l'aide de prétendues excuses, toutes plus singulières, plus inadmissibles et même plus immorales les unes que les autres? » — Teulet, d'Auvilliers et Sulpicy, *Codes annotés*, sur l'art. 339, C. instr. crim.

3098. — Le Code pénal, continuent les mêmes auteurs, a extirpé cet abus vraiment scandaleux en définissant l'excuse et en ne permettant d'interroger le jury que sur des faits admis comme tels par la loi (C. pén., art. 65).

3099. — Toutefois, la disposition du Code de 1808 a trouvé des adversaires; sans doute, a-t-on fait observer, il y avait abus dans le système du Code de brumaire an IV; mais, d'un autre côté, n'est-ce pas être tombé dans un excès contraire que d'interdire ainsi à l'avance tout fait d'excuse non formellement prévu par la loi, et n'est-il pas par conséquent regrettable que l'art. 339 soit conçu d'une manière aussi restrictive? — Bourguignon, *Manuel d'instr. crim.*, t. 1, p. 421, n. 3; et *Jurispr.*, t. 2, p. 99.

3100. — Quoi qu'il en soit du mérite de ces observations, elles ont perdu tout intérêt depuis que, par la révision de la législation pénale, en 1832, le jury a été investi du droit de prononcer qu'il y a en faveur de l'accusé des circonstances atténuantes.

3101. — Avant 1832, la Cour de cassation décidait constamment que les cours d'assises jouissaient du droit souverain d'apprécier l'opportunité des questions d'excuse, et de décider si les faits allégués étaient ou non restrictive des débats.

3102. — La position des questions d'excuse était alors abandonnée à la conscience des magistrats composant la cour d'assises. En conséquence, le refus d'une cour d'assises de poser une question d'excuse sur un fait proposé par l'accusé, et admis comme tel par la loi, ne pouvait entraîner aucune nullité. — Cass., 15 nov. 1811, Vanderstraeten, [S. et P. chr.]; — 15 mai 1812, N..., [S. et P. chr.]; — 27 janv. 1814, N..., [S. et P. chr.]; — 2 févr 1815, Leroy, [S. et P. chr.]; — 1er mars 1816, N..., [S. et P. chr.]; — 16 août 1816, N..., [S. et P. chr.]; — 16 avr. 1819, Denat, [S. et P. chr.]; — 17 mai 1821, Sabardin, [S. et P. chr.]; — 6 mars 1823, Tisserand, [S. et P. chr.]; — 29 juin 1826, Falba, [P. chr.]; — 29 mars 1827, Pestel, [P. chr.]; — 4 oct. 1827, Lartet, [S. et P. chr.]; — 28 août 1828, Paysan, [S. et P. chr.]; — 5 sept. 1828, Aubry, [P. chr.]; — 16 janv. 1829, Giraud, [S. et P. chr.]; — 1er oct. 1829, Vannier, [P. chr.]; — 9 juill. 1830, Humbert, [P. chr.]; — 20 janv. 1832, Charbonneau, [P. chr.]

3103. — En résumé, c'était à la cour d'assises et non au jury qu'il appartenait de décider si des faits d'excuse résultaient ou non des débats. — Cass., 31 juill. 1829, Garraud, [S. et P. chr.]

3104. — Le texte nouveau de l'art. 339, C. instr. crim., a proscrit cette jurisprudence; depuis la loi du 28 avr. 1832, les questions d'excuse proposées par l'accusé doivent être soumises au jury à *peine de nullité*. Le texte de l'article est formel sur ce point, il suffit que l'accusé ait proposé comme excuse un fait admis comme tel par la loi, pour que la cour d'assises soit tenue de poser la question à peine de nullité.

3105. — Aussi a-t-il été jugé que lorsque l'accusé a proposé pour excuse un fait admis comme tel par la loi, mais qui n'est relaté ni dans l'arrêt de renvoi, ni dans l'acte d'accusation, la cour d'assises ne peut refuser de soumettre la question au jury, sous le prétexte qu'il n'est point résultée des débats. C'est au jury à apprécier les débats sur ce point; la cour d'assises, en les appréciant elle-même et en rejetant la demande de l'accusé, commet un excès de pouvoir. — Cass., 1er oct 1835, Virgitti, [S. 36.1.254, P. chr.]; — 28 juin 1839, Canals, [P. 39.2.361]; — 15 avr. 1841, Petit, [P. 42.1.476]; — 17 avr. 1846, Chalançon, [P. 49.2.106, D. 46.4.292]; — 27 mai 1853, Bertès, [D. 53.5.224];

— 1er oct. 1857, Majau, [D. 57.1 454]; — 2 oct. 1862, Lecallier-Larosière, [D. 63.5.161]; — 4 avr. 1878, Millery, [D. 78.1.330]; — 23 déc. 1880, Bouchault, [S. 82.1.141, P. 82.1.299, D. 81.1. 191]; — 1er mars 1888, [*Bull. crim.*, n. 88]

3106. — Et lorsque le procès-verbal des débats porte que le conseil de l'accusé a proposé pour excuse un fait admis comme tel par la loi, il y a présomption qu'il a formellement conclu à ce que cette excuse fût soumise au jury. — Bruxelles, 2 mars 1816, Pierre Deroo, [P. chr.]

3107. — Il a été jugé spécialement, sur ce point, que, lorsque l'individu accusé d'homicide volontaire demande formellement que la question de savoir s'il a été provoqué par des coups ou violences graves soit soumise au jury, cette question doit être soumise au jury, à peine de nullité. — Cass., 22 sept. 1836, Chevat, [P. 37.2.95] — Montpellier, 5 juill. 1846, Guillaume B..., [P. 49.2.619]

3108. — ... Qu'en matière de séquestration de personne, la circonstance qu'antérieurement aux poursuites l'accusé aurait rendu la liberté à la personne séquestrée avant le dixième jour accompli depuis la séquestration, constituant une excuse légale, la cour d'assises ne peut, à peine de nullité, se refuser à poser une question sur ce fait si elle en est requise par l'accusé. — Cass., 24 avr. 1841, Poncet, [P. 42.1.433]

3109. — ... Que la cour d'assises ne peut, sur la demande d'un individu accusé de sédition, mais qui n'a exercé dans la bande ni commandement. ni fonctions, refuser de poser au jury la question de savoir s'il ne s'est pas retiré au premier avertissement des autorités. — Cass., 2 mai 1833, Didier, [P. chr.]; — 5 oct. 1833, Sassier, [S. 34.1.671, P. chr.]

3110. — ... Que, dans une accusation d'émission de fausse monnaie, la cour d'assises ne peut refuser de poser au jury, sur la demande de l'accusé, la question de savoir si ce dernier avait reçu pour bonnes les monnaies par lui émises. — Cass., 12 sept. 1833, Couturier, [P. chr.]; — 14 déc. 1833, Court-Payet, [S. 34.1.135, P. chr.]; — 15 mai 1834, Tranchart, [P. chr.]; — 12 nov. 1835, Bailleur, [S. 36.1.227, P. chr.]; — 23 janv. 1840, Dubeton, [P. 41.1.125]; — 9 avr. 1841, Gruardet, [P. 42.1.476]; — 15 avr. 1841, Petit, [*Ibid.*]; — 31 mars 1842, Bouygues, [P. 42.2.170]; — 21 juin 1844, Turpin, [P. 45.1.63] — V. encore Bruxelles, 29 mai 1832, Despitalier, [P. chr.] — Chauveau et F. Hélie, *Th. C. pén.*, t. 2, n. 280. — V. *infrà*, n. 3131, 3141.

3111. — ... Que lorsqu'un accusé de fausse monnaie demande qu'il soit posé au jury une question sur les faits déterminés par l'art. 138, C. pén., comme donnant lieu à l'exemption de toute peine en faveur des coupables qui ont révélé le crime ou qui ont procuré l'arrestation des autres coupables, la cour d'assises ne peut rejeter la demande, sous le prétexte que le crime a été consommé et que la non-consommation est une condition de l'application dudit article dans les deux cas. Par cette décision elle empiète sur les attributions du jury, qui a seul le droit de prononcer sur le fait de la consommation du crime, et elle donne une fausse interprétation à la loi, qui laisse aux coupables une chance d'absolution après sa consommation. — Cass., 17 août 1820, Ferchaud, [S. et P. chr.]; — 18 mai 1849, Martin, [P. 50.2.442]

3112. — La question de préméditation résultant de l'acte d'accusation ne serait pas un obstacle à ce que celle de provocation fût posée au jury. — Cass., 15 nov. 1811, Vanderstraeten, [S. et P. chr.]

3113. — Il ne peut, en effet, y avoir aucune contradiction entre ces deux questions dès qu'elles viennent de source différente; il est tout naturel que les débats aient modifié l'accusation.

3114. — Et bien que l'excuse de provocation ne soit pas admissible au cas de meurtre ou de coups et blessures envers les agents de la force publique dans l'exercice ou à l'occasion de l'exercice de leurs fonctions, cependant cette circonstance aggravante d'exercice de fonctions pouvant être écartée par le jury, et le fait rentrant alors dans la catégorie des meurtres ordinaires, la cour d'assises ne peut, lorsque la demande en est formellement faite par l'accusé, refuser de poser subsidiairement la question de provocation, pour le cas de réponse négative à la circonstance aggravante de l'accusation. — Cass., 26 déc. 1856, Basta, [S. 57.1.224, P. 58.146, D. 57.1.96]

3115. — La question de provocation envers un fonctionnaire public, accusé de meurtre commis dans l'exercice de ses fonctions, n'est pas implicitement comprise dans celle de savoir s'il a agi sans motifs légitimes, et doit conséquemment, comme toute question d'excuse, être soumise au jury, à peine de nullité, quand l'accusé le requiert. — Cass., 30 janv. 1833, Pierre Pons, [S. 35.1.429, P. chr.] — V. Chauveau et F. Hélie, *Théorie du Code pén.*, n. 867; F. Hélie, *Instr. crim.*, t. 8, n. 3646. — Toutefois, il importe de faire observer que cette solution n'est applicable qu'en admettant comme constant que la provocation exercée à l'égard d'un fonctionnaire public ne peut être qu'une cause d'excuse, et non un motif d'immunité complète pour ce même fonctionnaire.

3116. — Dans une accusation de meurtre, la question de savoir si l'accusé était dans l'exercice de ses fonctions d'agent de la force publique, au moment où, poursuivant un prévenu, et blessé grièvement par lui, il l'a blessé mortellement d'un coup de feu, rentre dans la disposition de l'art. 339, C. instr. crim., qui oblige le président de la cour d'assises à soumettre au jury, à peine de nullité, les questions d'excuse proposées par l'accusé. — Cass., 1er oct. 1845, Virgitti, [S. 36.1.254, P. chr.]

3117. — La question doit être posée quels que soient les termes dans lesquels elle est proposée. « Il suffit que l'accusé invoque le bénéfice de l'excuse, quelque incomplète que puisse être la rédaction de la question, pour que cette question doive être posée ». — Cass., 2 mai 1833, Didier, [P. chr.]

3118. — De même la cour d'assises ne peut, si le défenseur le requiert sans être désavoué par l'accusé, refuser de poser au jury une question sur l'existence d'un fait qui constituerait une excuse légale, encore bien que le langage de l'accusé pendant les débats semble impliquer la non-existence du fait allégué. — Cass., 31 mars 1842, Bouygues, [P. 42.2.170]

3119. — Quelles personnes peuvent demander la position d'une question d'excuse? L'accusé a incontestablement ce droit. L'art. 339 le lui accorde d'une manière expresse.

3120. — Suffirait-il que le fait d'excuse eût été proposé dans l'instruction, ou est-il nécessaire que l'accusé l'ait présenté dans le débat à l'audience? Les termes de l'art. 339 paraissent exiger cette dernière condition, et nous pensons que le silence de l'accusé au débat prouverait que l'excuse n'était pas sérieuse et qu'il y a renoncé; qu'ainsi, faute par lui de l'avoir proposée à l'audience, il est non recevable à puiser un moyen de cassation dans l'omission d'une question au jury, à cet égard, quelle qu'ait été sa défense dans l'instruction. C'est en ce sens que s'est prononcée la jurisprudence. — Cass., 19 juin 1828, Villemey, [S. et P. chr.]; — 26 janv. 1855, Establie, [P. 55.2.144, D. 55.1. 89]

3121. — Il est bien évident que l'accusé doit demander la position des questions d'excuse avant la clôture des débats. Ce n'est, du reste, ici, que l'application de la règle générale. — V. *suprà.* n. 2720 et s.

3122. — Cependant, il a été jugé que lorsqu'après la clôture des débats l'accusé demande qu'il soit posé aux jurés une question d'excuse qui peut donner lieu à des débats nouveaux, la cour d'assises n'excède point ses pouvoirs et ne viole aucune loi en rapportant l'ordonnance de clôture des débats et en autorisant la position de cette question. — Cass., 8 nov. 1832, Valot, [P. chr.]

3123. — Mais lorsque l'accusé n'a pas réclamé sur la position des questions et que la déclaration affirmative du jury a été lue à l'audience, l'accusé n'est plus recevable à demander la position d'une question d'excuse; et la cour d'assises ne peut, sans violer l'autorité de la chose jugée, faire rentrer les jurés dans leur chambre pour délibérer sur cette question. — Cass., 11 mars 1813, Tombarel, [S. et P. chr.]; — 16 juin 1820, Vieille, [S. et P. chr.] — V. Merlin, *Rép.*, v° *Révision de procès*, § 3, art. 2, n. 8.

3124. — On n'a jamais mis en doute que, si l'excuse proposée par un accusé était du nombre de celles prévues par la loi, il n'appartient pas au président de refuser de la poser, lors même qu'elle lui paraîtrait mal fondée. — Carnot, *Instr. crim.*, t. 2, p. 809, n. 8; Legraverend, *Législ. crim.*, t. 2, p. 223; Bourguignon, *Jurispr.*, t. 2, p. 93, n. 2.

3125. — Le ministère public a, comme l'accusé, le droit de requérir la position d'une question d'excuse légale. — Ainsi jugé sous le Code pénal de 1808. — Cass., 8 juill. 1826. Montaynier, [S. et P. chr.] — ... Et depuis 1832. — Cass., 28 juin 1839, Canals, [P. 39.2.361] — *Contrà*, Rautier, t. 2, p. 456.

3126. — La cour ne peut refuser de faire droit à cette réquisition alors que le défenseur de l'accusé a déclaré adhérer aux

conclusions du ministère public. — Cass., 28 juin 1839, précité.

3127. — Mais doit-elle, à peine de nullité, poser la question d'excuse lorsqu'elle est demandée par le ministère public seul, ainsi que cela a lieu lorsque l'excuse est proposée par l'accusé? Non, car ce serait ajouter au texte de la loi. L'art. 339, qui porte expressément la nullité, ne parle que de l'accusé.

3128. — Jugé, en conséquence, qu'alors que le ministère public a requis la position d'une question d'excuse, et que, loin d'y adhérer, l'accusé s'y est, au contraire, opposé, la cour peut, sans violer aucune loi, refuser de poser la question au jury si les circonstances ne lui en indiquent pas l'opportunité. — Cass., 16 mars 1844, Lafond, [S. 44.1.320, P. 44.1.793]

3129. — Que devient donc le droit du ministère public? — Ce droit n'est pas sanctionné, à la vérité, comme celui de l'accusé par la peine de nullité; mais il n'en subsiste pas moins, en ce sens qu'il oblige la cour d'assises à statuer sur la demande du ministère public, et qu'il trouve une sanction dans l'art. 408, C. instr. crim. Ainsi, il y a entre les deux cas cette différence que, dans le premier, il suffit que la question proposée par l'accusé n'ait pas été soumise au jury pour que la nullité soit encourue, tandis que, dans le second, la cour d'assises est investie d'un droit d'appréciation qui lui permet de rejeter la demande; mais il y aurait nullité si la cour d'assises déniait au ministère public le droit qui lui appartient, ou refusait de statuer. — Nouguier, n. 2845.

3130. — Que décider si la question d'excuse n'est proposée ni par l'accusé, ni par le ministère public : la cour est-elle tenue de poser d'office cette question au jury? La négative est certaine. — Cass., 20 avr. 1860, Goyffon, [S. 60.1.925, P. 61.400, D. 60.1.290]

3131. — Et il a été jugé avec raison, en ce sens, que l'individu accusé d'émission de fausse monnaie ne peut se faire un moyen de nullité de ce que le jury n'a pas été interrogé sur la question de savoir si les pièces émises avaient été par lui reçues comme bonnes, s'il n'a pas demandé aux débats la position de cette question qui n'était pas comprise dans l'acte d'accusation. — Cass., 12 sept. 1833, Couturier, [S. 34.1.108, P. chr.] — V. *suprà*, n. 3110.

3132. — Mais si la cour d'assises n'est pas tenue d'ordonner d'office la position d'une question d'excuse légale, l'intérêt d'une bonne distribution de la justice lui en impose le devoir lorsqu'elle en reconnaît l'opportunité. — L'art. 338 ne parle, il est vrai, que des circonstances aggravantes (V. *suprà*, n. 3004); mais la jurisprudence a étendu l'application aux faits qui sont de nature à modifier l'accusation.

3133. — Ainsi, le président peut soumettre au jury des questions sur des circonstances qui, admises en faveur de l'accusé, atténuent la gravité du crime. — C. d'ass. de la Seine, 23 sept. 1839, Vade, [P. 40.1.187]

3134. — Mais la cour d'assises peut-elle poser une question d'excuse lorsque l'accusé s'y oppose formellement? Les questions d'excuse étant posées dans l'intérêt de l'accusé, on comprendrait difficilement qu'il fût possible de lui imposer une faveur qu'il repousse. Cependant, la loi ayant accordé au président le droit de soumettre au jury des questions résultant des débats, sans limiter ce droit à celles qui peuvent aggraver le sort de l'accusé, il en résulte qu'il lui est loisible de poser à ce titre même des questions d'excuse. — Cass., 6 juill. 1826, Montaynier, [S. et P. chr.] — *Contrà*, C. d'ass. du Brabant, 21 mai 1834, Cl..., [P. chr.]

3135. — Quoique l'art. 339 impose, à peine de nullité, la position de toute question d'excuse alléguée par l'accusé, néanmoins il convient de faire observer que cette obligation ne s'applique qu'aux excuses légales; car la question serait inutile si elle ne devait avoir aucune influence sur le sort de l'accusé. Les cas d'excuse sont définis et limités par la loi (V. art. 196, 198, 321, 322, 324, 325, 343, C. pén.). Il ne peut être soumis au jury aucune autre excuse que celles admises par la loi.

3136. — Ainsi, la circonstance que le vol et la séquestration imputés à un accusé auraient eu lieu en pays étranger ne présentant pas une question d'excuse légale, mais une question de compétence, la cour peut refuser de la soumettre au jury. — Cass., 10 août 1838, Cibanès, [S. 38.1.777, P. 38.2.190]

3137. — Même solution au cas où l'accusé allègue pour sa justification une provocation, mais sans articuler que cette provocation résulte de coups ou violences graves. — Cass., 19 mars 1835, Margaine, [P. chr.]

3138. — Et la cour d'assises peut refuser de poser la question de provocation alléguée comme excuse d'un meurtre, lorsqu'elle reconnaît qu'en droit, le fait sur lequel on appuie la provocation prétendue est, par sa nature ou par ses circonstances constitutives, exclusif de cette excuse. — Cass., 30 août 1835, Leroy. [S. 56.1.282, P. 56.2.213, D. 55.1.427]

3139. — Ainsi, par exemple, la circonstance que l'enfant homicidé par sa mère serait le fruit d'un viol commis sur celle-ci, ne constitue pas une excuse par provocation de l'infanticide par elle commis. — Même arrêt.

3140. — On ne peut considérer et admettre comme excuse, dans une accusation de meurtre, l'imputation faite verbalement à l'accusé d'un délit prouvé par un jugement passé en force de chose jugée. — Cass., 27 févr. 1813, Fioravantès, [S. et P. chr.] — Sic, Legraverend, t. 2, p. 223.

3141. — Jugé encore que l'individu qui n'a point prétendu qu'il eût reçu pour bonnes les fausses pièces de monnaie dont il est accusé d'avoir fait l'émission, et qui ne demande point qu'une question soit posée au jury à cet égard, est non recevable à demander qu'il en soit posé une sur le point de savoir s'il a fait usage desdites pièces après en avoir vérifié les vices. En effet, la question n'aurait pu produire aucun effet légal. — Cass., 26 déc. 1823, Ravel, [S. et P. chr.]

3142. — De même aucune question relative à l'état d'ivresse de l'accusé ne peut être posée au jury, l'ivresse n'étant pas une excuse légale. — Cass., 7 prair. an IX, Foisy, [S. et P. chr.]; — 15 therm. an XII, Vachtern, [S. et P. chr.]: — 19 nov. 1807, Chiguin, [S. et P. chr.]; — 2 oct. 1812, N..., [S. et P. chr.]; — 18 mai 1815, Rosay, [S. et P. chr.]; — 23 avr. 1824, Trendel, [S. et P. chr.]; — 17 oct. 1889, [Bull. crim., n. 310] — V. suprà, n. 2683, et infrà, vo Ivresse, n. 43.

3143. — La misère, le besoin, la colère et l'intention de restituer, la restitution même, opérée depuis la soustraction, ne peuvent pas davantage être admis comme faits d'excuse. — Legraverend, t. 2, p. 225.

3144. — Du principe ci-dessus il résulte qu'il appartient à la cour d'assises de décider si une question dont la position est demandée constitue ou non une excuse. — Cass., 29 nov. 1838, Bourdolle, [P. 39.1.269] — « La cour, dit très-bien M. Nouguier (n. 2851), est nécessairement conduite, lorsqu'un fait est proposé pour excuse, à rechercher, en droit, si le fait allégué contient le caractère légal de l'excuse. Incompétente pour déclarer si le fait existe ou n'existe pas, s'il résulte ou non des débats, elle a, au contraire, seule compétence pour dire s'il est ou non admis comme tel par la loi ». — V. Cass., 22 janv. 1852, [Bull. crim., n. 29]

3145. — Si l'appréciation de la cour sur le caractère de l'excuse est erronée, son arrêt tombe sous la censure de la Cour suprême. Ainsi, des menaces de mort accompagnées d'une poursuite, le couteau à la main, constituent les violences graves qui rendent le meurtre excusable, aux termes de l'art. 321, C. pén. — Cass., 23 déc. 1880, Bouchault, [S. 82.1.141, P. 82.1.299, D. 81.1.191] — En conséquence, doit être annulé l'arrêt d'une cour d'assises qui, dans ces conditions refuse de poser la question d'excuse, résultant de la provocation, par le motif que cette provocation n'aurait pas le caractère déterminé par ledit article. — Même arrêt.

3146. — Si la cour pense que le fait allégué constitue une excuse admise par la loi, elle ordonne qu'une question sur ce fait sera posée au jury. Dans le cas contraire, elle rejette la demande de l'accusé; elle doit alors le faire par un arrêt motivé.

3147. — Une jurisprudence constante a consacré ce principe depuis la promulgation du Code d'instruction criminelle. — Cass., 3 févr. 1821, Salicetti, [S. et P. chr.]; — 24 oct. 1822, Salicetti, [S. et P. chr.]; — 8 avr. 1826, Vivier, [S. et P. chr.]; — 14 oct. 1826, Chaussat, [S. et P. chr.]; — 13 janv. 1827, Roque, [S. et P. chr.] — V. Merlin, Rép., vo Motifs des jugements, n. 16; Carnot, Instr. crim., sur l'art. 339, t. 2.

3148. — Il faut qu'il soit motivé sur tous les chefs de la demande. Ainsi, lorsqu'un accusé de meurtre a demandé d'une manière générale la position d'une question d'excuse fondée sur la provocation, la cour d'assises ne peut rejeter sa demande, sur le motif qu'il ne résulte point de l'instruction, ni du débat, qu'il y ait eu provocation dans telle rue ni dans tel moment. En limitant ainsi sa déclaration, elle ne statuerait que sur une partie de la demande, et son arrêt devrait être cassé. — Cass., 10 mars 1826, Chevalier, [S. et P. chr.]

3149. — Mais c'est au jury seul qu'il appartient de statuer sur l'existence du fait, et la cour d'assises ne saurait appliquer les dispositions de la loi sur le crime excusable, si le jury n'avait pas été appelé à prononcer par une question spéciale sur le fait d'excuse. — Cass., 7 févr. 1812, Danety, [S. et P. chr.]; — 6 août 1812, Rey, [P. chr.]; — 29 avr. 1819, Leguével, [S. et P. chr.] — V. infrà, n. 3404 et s.

3150. — On ne doit, du reste, soumettre au jury que le point de savoir si le fait allégué est ou non constant, et non s'il est de nature à rendre le crime excusable, ce pouvoir d'appréciation appartenant à la cour d'assises seule, lorsque le jury a déclaré le fait constant. — Cass., 16 juin 1815, Lacoste, [S. et P. chr.] — Sic, Legraverend, t. 2, p. 224.

3151. — Comme le fait observer avec raison Carnot (t. 2, p. 608, n. 3), la cour d'assises ne saurait confondre la question d'excuse dans la question intentionnelle; en effet, le crime excusable reste toujours néanmoins un crime; il faut donc que la question d'excuse soit posée séparément, et d'une manière directe et formelle.

3152. — Il est essentiel que la question d'excuse soit posée dans les termes mêmes du texte qui la définit. Il a été décidé à cet égard qu'en ne posant pas la question d'excuse dans les termes mêmes où elle était posée par la défense et qui étaient les propres termes de l'excuse légale spécifiée par tel article du Code pénal, un président avait violé l'art. 339 et porté atteinte aux droits de la défense. — Cass., 23 nov. 1872, Sabi, [S. 73.1.184, P. 73.419, D. 73.1.43]

3153. — Il a été jugé que, dans une accusation de sédition, lorsqu'un accusé propose pour excuse qu'il a été entraîné par force dans les rassemblements, il ne suffirait pas de demander au jury si l'accusé a été entraîné dans les rassemblements. — Cass., 16 flor. an VIII, Vanlaere, [S. et P. chr.]

3154. — ... Que, en cas de meurtre ou de violences graves, on ne peut se borner à demander si l'accusé a agi hors le cas de légitime défense et sans excuse suffisante. — Cass., 1er frim. an XIV, Brulez, [S. et P. chr.] — Nous verrons infrà, n. 3159 et 3163, que les faits justificatifs tirés de la force majeure et de la légitime défense sont compris dans la question principale de culpabilité et ne doivent pas nécessairement faire l'objet d'une question spéciale.

3155. — Cependant le président de la cour d'assises qui, sur les conclusions du défenseur de l'accusé, pose au jury une question d'excuse, n'est pas tenu de la libeller dans les termes même des conclusions. Il suffit, pour sauvegarder les droits de la défense, que le fait constitutif de l'excuse invoquée, soit exactement relaté dans la question posée au jury. — Cass., 21 juill. 1887, [Bull. crim., n. 280]

3156. — Ainsi, dans l'art. 321, C. pén., d'après lequel le meurtre et les blessures sont excusables lorsqu'ils ont été provoqués par des coups ou des violences graves, la qualification de graves s'applique aussi bien aux coups qu'aux violences. — Cass., 30 juin 1859, Berthon, [S. 59.1.874, P. 60.1024, D. 59.1.327] — V. F. Hélie, t. 8, n. 3647 et 3648; Boitard, de Linage et Villey, Leç. de dr. crim., n. 359; Trébutien, C. pén., t. 1, n. 574 et s.; Morin, Rép., vo Provoc, n. 1 et s. — En conséquence, la cour d'assises, tenue seulement d'interroger sur les faits d'excuse admis par la loi, peut refuser de poser la question de provocation alléguée comme excuse d'un meurtre, lorsque l'accusé se borne à induire la provocation de coups envers sa personne, sans les qualifier de graves. — Même arrêt.

3157. — Jugé, de même, que la cour d'assises n'étant pas tenue de poser d'office les questions d'excuse qui peuvent résulter des débats (V. suprà, n. 3130), la circonstance qu'une telle question aurait été formulée par elle en des termes autres que ceux de la loi ne saurait être une cause de nullité, si elle a d'ailleurs posé cette question dans les termes mêmes requis par le défenseur. — Cass., 20 avr. 1860, Goyffon, [S. 60.1.925, P. 61.400, D. 60.1.290]

3158. — Il faut distinguer avec soin les faits d'excuse des faits justificatifs qui, comme la légitime défense, la contrainte et la démence, sont exclusifs de la criminalité. Ces derniers faits sont compris dans la question relative à la culpabilité; ils ne doivent dès lors pas faire l'objet d'une question distincte au jury (Trébutien, n. 618; Garraud, p. 701). Cette distinction a été consacrée par la jurisprudence.

3159. — Ainsi depuis la promulgation du Code d'instruction criminelle, il a été constamment jugé avec raison que la légitime défense n'étant pas une cause d'excuse, mais faisant disparaître complètement le délit, est nécessairement comprise dans la question principale, et ne peut faire l'objet d'une question d'excuse. — Cass., 13 janv. 1827, Roque, [S. et P. chr.]; — 4 oct. 1827, Lartet, [S. et P. chr.]; — 4 sept. 1828, Bernardini, [S. et P. chr.]; — 19 mars 1835, Margaine, [P. chr.]; — 14 janv. 1841, Cartel, [P. 42.1.261]; — 12 sept. 1850, Sabatier, [D. 50.5.116]; — 24 déc. 1875, [Bull. crim., n. 364]

3160. — On doit en dire autant de la démence, prévue par l'art. 64, C. pén., et qui, faisant aussi disparaître la criminalité du fait ne peut être l'objet d'une question spéciale d'excuse et se trouve nécessairement comprise dans la question générale de culpabilité. — Cass., 19 juin 1807, Remy, [P. chr.]; — 24 nov. 1811, N..., [P. chr.]; — 26 oct. 1815, Pigeon, [S. et P. chr.]; — 17 janv. 1817, Chaussepied, [S. et P. chr.]; — 10 oct. 1817, Osoof, [S. et P. chr.]; — 28 mai 1818, Servat, [S. et P. chr.]; — 11 oct. 1821, Curione, [S. et P. chr.]; — 9 sept. 1825, L. Rouf, [S. et P. chr.]; — 5 sept. 1828, Aubry, [P. chr.]; — 9 juin 1831, Laurent, [P. chr.]; — 12 nov. 1841, Henry, [P. 42.1.589]; — 23 sept. 1847, Viala, [P. 48.1.723]; — 30 mars 1849, Dubuisson, [P. 50.1.489, D. 49.5.96]; — 1er mars 1855, Duplessis, [D. 55.5.201]; — 13 mars 1873, [Bull. crim., n. 66]; — 16 sept. 1875, Bergès, [S. 75.1.440, P. 75.1087] — V. aussi Carnot, Instr. crim., t. 2, p. 670. n. 10; Rauter, t. 2, p. 456; d· Serres, t. 1, p. 484; Morin, Rép. de dr. crim., v° Démence. n. 2 ; F. Hélie, Instr. crim., n. 3642; Nouguier, n. 2818. — Contrà, Legraverend, Législ. crim., t. 1, p. 468 et s.; Berriat-Saint-Prix, Cours de droit crim., p. 6, note 14. — V. suprà, v° Aliéné, n. 498 et s.

3161. — Le président pourrait donc refuser de poser au jury une question sur le fait de démence, bien que l'accusé ou son défenseur l'eût demandé. — Cass., 26 oct. 1815, précité; — 16 sept. 1875, précité.

3162. — Mais s'il appartient au jury de déclarer si l'accusé était en état de démence, lorsqu'il a commis le crime qui fait l'objet de l'accusation, il n'appartient qu'à la cour d'assises de constater ce même état de démence au moment du jugement et de dire si l'accusé est en état de subir ce jugement (C. pén., art. 64). — Cass., 15 févr. 1816, Lecouarzer, [S. et P. chr.] — Sic, Bourguignon, Jurispr. des Codes crim., sur l'art. 64, C. pén., n. 5 ; Le Sellyer, Tr. du droit crim., t. 1, n. 53.

3163. — L'art. 64, C. pén., dit encore qu'il n'y a ni crime ni délit « lorsque le prévenu a été contraint par une force à laquelle il n'a pu résister ». La contrainte irrésistible est donc aussi un fait justificatif; comprise dans la question de culpabilité, elle ne nécessite pas la position d'une question spéciale. — Cass., 27 nov. 1834, Révoltés de la Grand'Anse, Martinique, [P. chr.]

3164. — Mais si la cour d'assises n'est pas obligée d'interroger spécialement le jury sur les faits justificatifs, elle a du moins la faculté de le faire. Elle pourra donc soumettre au jury une question spéciale sur ces faits justificatifs. « Par cette mesure, les intérêts de la défense ne sont pas méconnus; ils sont au contraire protégés; aucune loi n'est violée; la manifestation de la vérité peut y trouver son compte; dès lors nul ne saurait s'en plaindre ». — Nouguier, n. 2823; Garraud, p. 701.

3165. — Ainsi jugé que nulle loi ne s'oppose à ce que la cour d'assises pose aux jurés une question sur le point de savoir si l'accusé a été contraint de commettre le crime qui lui est reproché, par une force à laquelle il n'a pu résister. — Cass., 10 janv. 1834, Sèbe, [S. 34.1.666, P. chr.]

3166. — Ajoutons que si le jury peut et doit être interrogé expressément et spécialement sur toutes les circonstances de fait présentant les éléments d'une excuse légale, il n'en est pas de même de celles qui seraient pleinement justificatives et enlèveraient au fait incriminé le caractère d'une infraction pénale : en effet, toutes les circonstances de cette nature se trouvent implicitement comprises dans la question de culpabilité soumise au jury. Ainsi, d'après l'art. 400, C. pén., il n'existe d'extorsion légalement punissable que quand il s'agit de la signature ou de la remise d'écrits sur pièces quelconques, contenant ou opérant obligation, disposition ou décharge. Il en résulte que le papier resté à l'état de blanc-seing n'a point de valeur légale par lui-même et abstraction faite de son usage ultérieur. C'est donc à juste titre que la cour d'assises refuse de faire droit aux conclusions de la défense tendant à ce que, dans les questions posées au jury, il soit, dans l'une d'elles, fait mention que la signature

apposée sur la pièce extorquée était restée à l'état de blancseing. — Cass., 15 avr. 1880, [Bull. crim., n. 75]

§ 3. Pluralité des questions.

1° Complexité.

3167. — I. Généralités. — Nous avons vu que le jury doit nécessairement être interrogé non seulement sur les éléments constitutifs du crime, mais encore sur les circonstances aggravantes. La question complexe est celle qui contient tout à la fois dans la même proposition ces éléments, soit constitutifs, soit aggravants ou atténuants.

3168. — Dans l'origine, les présidents des tribunaux criminels n'étaient astreints à aucune règle fixe pour la position des questions au jury; la loi leur indiquait de suivre seulement l'ordre qui leur paraissait le plus favorable à l'accusé (L. 16 sept. 1791, tit. 27, art. 21).

3169. — Mais postérieurement intervint la constitution du 5 frunt. an III, laquelle défendit expressément de poser une question complexe. Cette prohibition fut renouvelée par le Code du 3 brum. an IV, art. 377, et sanctionnée à peine de nullité.

3170. — Cette disposition, ainsi que le faisait observer M. Faure (Exposé des motifs du Code d'instruction criminelle), eut pour résultat la division et la subdivision à l'infini des questions. On compta jusqu'à six mille questions dans une même affaire. La position des questions devint alors une opération tellement compliquée, qu'elle embarrassait les hommes doués de la mémoire la plus heureuse, et accoutumés à la plus grande contention d'esprit.

3171. — Les rédacteurs du Code d'instruction criminelle entreprirent d'apporter un remède à des abus aussi évidents, et à cet effet s'étudièrent à simplifier autant que possible la position des questions.

3172. — Sans doute, ils n'interdirent pas la division lorsqu'ils la jugèrent nécessaire, mais, néanmoins, ils autorisèrent formellement la position de questions complexes.

3173. — Mais, si l'expérience avait appris que la prohibition des questions complexes, posée en principe absolu et sans exception par le Code du 3 brum. an IV, amenait de graves inconvénients, les rédacteurs du Code d'instruction criminelle, en voulant y porter remède, allèrent au delà du but et admirent un système extrême plus fâcheux peut-être encore que celui qu'il remplaçait et dont le résultat fut d'autoriser les présidents d'assises à réunir dans une seule question plusieurs accusés, le fait et les circonstances aggravantes qui s'y rattachaient. — Nouguier, n. 2898.

3174. — Telle est, en effet, la formule que donnait le Code d'instruction criminelle : « L'accusé est-il coupable d'avoir commis tel meurtre, tel vol, ou tel autre crime avec les circonstances comprises dans l'acte d'accusation ? » (art. 337).

3175. — De nombreux arrêts consacrèrent la possibilité de réunir dans une même question des faits divers, ou des faits et des circonstances de toute nature.

3176. — Ainsi, le président pouvait comprendre dans une seule et même question plusieurs accusés. — Cass., 6 févr. 1812, Morin, [S. et P. chr.]; — 24 sept. 1835, Raffault, [P. chr.]

3177. — Le jury pouvait aussi être interrogé par une seule et même question sur le fait principal et ses circonstances aggravantes. — Cass., 24 sept. 1835, précité.

3178. — La Cour de cassation cependant avait dans diverses circonstances consacré la division des questions comme nécessaire. Nous retrouverons ces décisions qui sont encore aujourd'hui applicables.

3179. — La loi des 13-14 mai 1836 a adopté, pour la division des questions, un système mixte qui nous paraît concilier suffisamment les intérêts de la société et ceux des accusés. Elle a repoussé le principe de la prohibition absolue des questions complexes admis par le Code de brumaire an IV, et la complexité absolue proclamée par le Code d'instruction criminelle.

3180. — Elle a dit, que le jury voterait par bulletins écrits et par scrutins distincts et successifs sur le fait principal d'abord, et, s'il y a lieu, sur chacune des circonstances aggravantes, sur chacun des faits d'excuse légale, sur la question de discernement, et enfin, sur la question des circonstances atténuantes.

3181. — Ainsi, s'est reproduite la prohibition des questions complexes, non pas aussi absolue que sous le Code de l'an IV, mais limitée aux nécessités du vote par scrutin secret.

3182. — En effet, si deux faits distincts sont compris dans la même question et que le jury doute de l'un et soit convaincu de l'existence de l'autre, il se trouve dans l'impossibilité de fournir une réponse sincère, obligé ou de répondre affirmativement à une double question dont l'une des branches lui paraît cependant non prouvée, ou de repousser par une négation générale celui des deux faits qui lui semble établi. — Cass., 26 juin 1862, [*Bull. crim.*, n. 158] — Sur les questions complexes, V. F. Hélie, t. 8, n. 3703 et s.; Nouguier, t. 4, n. 2899 et s.; Garraud, n. 599; Trébutien, t. 2, n. 612; Villey, p. 390.

3183. — La double raison d'être de cette règle est que, d'une part, le jury doit délibérer distinctement et successivement, non seulement sur le fait principal et sur chacune des circonstances aggravantes, mais aussi sur chaque fait principal. — Cass., 30 nov. 1848, Nicolaï, [P. 50.1.95] — et que, d'un autre côté, les peines prononcées par la cour doivent avoir pour base le résultat de ces diverses délibérations.

3184. — Il en résulte en premier lieu que si le président de la cour d'assises avait posé des questions complexes, et que le jury, procédant régulièrement, eût voté par bulletins séparés sur chacun des faits principaux et sur chacune des circonstances aggravantes ou accessoires, la mention de ce vote, à l'appui de ses réponses distinctes, remplirait complètement le vœu de la loi. — Cass., 7 avr. 1853, Gabarrou, [P. 54.1.299, D. 53.1.174]; — 18 juin 1858, [*Bull. crim.*, n. 175]; — 27 mai 1886, Lounès, [D. 86.1.425] — *Sic*, Teulet, d'Auvillers et Sulpicy, sur l'art. 337, n. 169; Nouguier, n. 2902.

3185. — A l'inverse, dès lors que l'interdiction de la complexité s'attache plutôt à la réponse du jury qu'à la question qui lui est posée, si le jury donne une réponse complexe à une question régulièrement posée, il y a nullité. — Cass., 27 juin 1839, Fichet, [P. 41.1.93]; — 1er avr. 1842, Godefroy et Langlois, [P. 42.1.492]; — 28 mars 1851, Perreyon, [D. 51.5.131]; — 6 juin 1861, Poisiée, [D. 61.5.120]

3186. — Il est nécessaire de bien préciser la portée de la règle posée. L'art. 1, L. 13 mai 1836, exige que le jury soit interrogé séparément sur le fait principal, sur chacune des circonstances aggravantes, sur chacun des faits d'excuse légale et sur la question du discernement, mais il se bornent ses prescriptions. Il n'y a donc pas complexité, au sens légal de l'expression, quand la question comprend deux idées distinctes, mais seulement lorsqu'elle porte sur deux faits qui entraînent une pénalité différente. C'est ainsi que la jurisprudence a reconnu la possibilité de réunir dans une même question plusieurs faits, si ceux-ci doivent entraîner les mêmes conséquences pénales. Et il importe peu que les faits, ainsi réunis, aient été commis à l'égard de la même personne, ou à l'égard de personnes différentes, pourvu qu'ils constituent la même infraction. — Cass., 5 mai 1870, Devers, [S. 71.1.262, P. 71.778]; — 2 janv. 1874, [*Bull. crim.*, n. 11]; — 7 mai 1875, Dansos, [S. 76.1.47, P. 76.75]; — 8 août 1878, Nadau, [S. 79.1.285, P. 79.683]; — 7 nov. 1818, Barreau, [S. 80.1.239, P. 80.542]; — 20 juill. 1882, [*Bull. crim.*, n. 180]; — 29 janv. 1886, [*Bull. crim.*, n. 35]; — 13 mai 1886, [*Bull. crim.*, n. 173]

3187. — Cependant les crimes semblables commis à l'égard de personnes différentes ne se placent pas dans les mêmes circonstances de temps et de lieu, la jurisprudence le plus généralement décide qu'il faut poser des questions distinctes. — V. Cass., 21 juin 1838, [*Bull. crim.*, n. 171]; — 30 mars 1839, [*Bull. crim.*, n. 108]; — 12 juill. 1843, [*Bull. crim.*, n. 176]; — 4 août 1843, [*Bull. crim.*, n. 197]; — 22 déc. 1848, [*Bull. crim.*, n. 326]; — 25 avr. 1851. [*Bull. crim.*, n. 154]; — 6 nov. 1874, Vaudernotte, [S. 75.1.481, P. 75.1204, et la note de M. Villey]; — 26 nov. 1874, Girard, [S. 75.1.481, P. 75.1204, et la note de M. Villey]; — 20 juill. 1882 (1er moyen), [*Bull. crim.*, n. 180] — « Attendu, dit ce dernier arrêt, que, les attentats imputés au demandeur ayant été commis sur six victimes différentes, le président devait nécessairement poser autant de questions qu'il y avait de victimes ». Le principe est ici clairement énoncé : il doit être posé autant de questions que de victimes, lorsque les crimes ne sont pas reliés par l'unité d'action.

3188. — Nous pensons qu'on pourrait formuler ainsi la règle à suivre : Toutes les fois que les différents faits relevés dans l'arrêt de renvoi sont *reliés entre eux par l'unité d'action* de ma-

nière à constituer les différentes parties d'un seul tout, et que tous ces faits *entraînent les mêmes conséquences pénales*, ils peuvent être réunis dans une seule et même question. Nous avons souligné les deux conditions dont la réunion nous paraît nécessaire pour purger la question du vice de complexité. Sans la première, et si les faits sont absolument distincts, s'il s'agit, par exemple, de deux vols commis à des époques différentes, au préjudice de personnes différentes, il est clair qu'on ne peut les réunir dans une même question, lors même qu'ils entraîneraient exactement les mêmes conséquences pénales, sans heurter de front les prescriptions de l'art. 1, L. 13 mai 1836. Sans la deuxième condition, et si les différents faits n'entraînaient pas tous les mêmes conséquences pénales, on tomberait dans le grave inconvénient que la loi de 1836 a voulu empêcher : la condamnation manquerait de base légale; car on ne pourrait savoir sur quels chefs s'est formée la majorité du jury. Que si nos deux conditions sont réunies, si les différents faits, reliés entre eux par l'unité d'action, ne sont que les parties d'un même tout, et si tous entraînent les mêmes conséquences pénales, on peut, sans violer la loi de 1836, et sans inconvénient, permettre de les réunir dans une même question.

3189. — Jugé, à cet égard, que la question unique posée au jury sur l'existence d'une tentative d'homicide volontaire sur les personnes réunies, à un moment déterminé, dans un endroit déterminé, n'est point entachée de complexité, malgré le nombre des victimes, lorsque cette tentative constitue un crime unique et indivisible, accompli par le même moyen, dans les mêmes circonstances de temps et de lieu, inspiré par une même pensée homicide, et devant entraîner la même conséquence pénale. — Cass. 23 janv. 1894, Vaillant, [S. et P. 94.1.297]

3190. — ... Qu'il n'importe que l'acte (en l'espèce, l'explosion d'une bombe) ait atteint des personnes autres que celles visées, le crime existant dès lors que le jury constate que l'accusé a tenté de donner la mort avec l'intention de la donner. — Même arrêt.

3191. — ... Que la cour d'assises peut refuser de poser plusieurs questions pour plusieurs faits différents, lorsque ces faits se rattachent tellement, dans la perpétration, au fait principal, qu'ils ne peuvent en être séparés. — Cass., 12 juill. 1832, Laforgue. [S. 33.1.123, P. chr.]

3192. — ... Qu'ainsi, au cas d'accusation d'empoisonnement d'une même personne, résultant de différents faits répétés, une seule question peut être posée au jury : qu'il n'est pas nécessaire de poser autant de questions qu'il y a eu de faits d'empoisonnement. — Cass., 12 déc. 1840, Lafarge, [S. 40.1.948, P. 42.2.622]

3193. — Il importe peu, d'ailleurs, qu'il s'agisse de deux ou plusieurs crimes qui, s'ils avaient été jugés séparément, auraient été du ressort de deux juridictions d'ordre différent. Ainsi lorsqu'un militaire est traduit devant la cour d'assises tout à la fois pour un crime militaire et pour un crime de droit commun, il y a complexité prohibée si les deux faits sont compris dans la même question. — Cass., 23 janv. 1846, Tassy, [P. 46.2.117, D. 46.4.139]

3194. — En un mot, les crimes commis à l'égard de personnes différentes ont-ils eu lieu dans les mêmes circonstances de temps et de lieu, *uno tractu temporis et loci*, dans ce cas, la Cour suprême juge qu'une seule question suffit, quand le même crime a été commis sur plusieurs personnes *à la fois*, par exemple quand l'accusé a volontairement donné la mort à plusieurs personnes. — Cass, 12 oct. 1848, [*Bull. crim.*, n. 252] — V. dans le même sens, Cass., 15 mai 1840, [*Bull. crim.*, n. 133]; — 17 juin 1869, [*Bull. crim.*, n. 144]; — 23 janv. 1894, précité. — Il y a alors unité de fait à raison de l'unité d'action. Toutefois, cette jurisprudence ne paraît pas encore fermement établie. Car la même cour a jugé que, dans une accusation de tentative de meurtre sur plusieurs personnes, il fallait poser une question relative à chaque victime, bien que les faits se fussent produits dans une seule et même scène. — V. Cass., 31 mai 1867. [*Bull. crim.*, n. 132]

3195. — Il a été jugé lorsque l'arrêt de renvoi qui forme la base des questions, a fait d'un certain nombre de détournements un chef d'accusation unique consistant dans le détournement de tout ou partie d'une somme de... au préjudice d'un certain nombre d'individus, une seule question peut être posée au jury sans qu'il y ait vice de complexité. — Cass., 31 mars 1882, Lanard, [S. 84.1.137]

3196. — On peut admettre la solution consacrée par cet arrêt, sans admettre le motif sur lequel elle est fondée, motif qui nous paraît insuffisant, et jusqu'à un certain point erroné. L'arrêt semble dire que la question échappe au vice de complexité, par cela seul qu'elle a été posée « conformément au dispositif de l'arrêt de renvoi, qui forme seul la base des questions à soumettre au jury »; et il ajoute que, « en se conformant à cet arrêt *devenu définitif*, le président de la cour d'assises a pu réunir ces éléments dans une seule question, sans encourir le reproche de complexité ». A notre avis, ce motif n'est pas concluant. Il est bien certain que l'arrêt de renvoi est, suivant l'expression de Treilhard, le *régulateur des questions* (V. *suprà*, n 2758 et s. j, et que, si la loi dispose, dans l'art. 337, C. instr. crim., que les questions seront puisées dans le résumé de l'acte d'accusation, c'est à la condition que, suivant les prescriptions de l'art. 241, ce résumé ne soit que la reproduction fidèle du dispositif de l'arrêt de renvoi. Celui-ci est donc la base des questions, en ce sens que « il fixe seul la nature, l'étendue et les termes de l'accusation » (Hélie, *Instr. crim.*, t. 8, n. 3624); c'est-à-dire que, d'une part, toutes les questions résultant de l'arrêt de renvoi, soit sur le fait principal, soit sur les circonstances de ce fait, doivent être posées au jury, et que, d'autre part, celles-là seules doivent lui être posées (sauf toutefois celles qui portent sur les faits résultant des débats, qui ne sont que la modification, l'aggravation ou l'atténuation du fait principal). Mais cela n'implique pas que les faits compris dans l'arrêt de renvoi ne puissent être, soit dans le résumé de l'acte d'accusation, soit dans les questions posées au jury, *divisés* conformément à la loi (F. Hélie, *loc. cit.*), ni même qu'ils puissent être impunément présentés au jury dans une seule formule, par cela seul que l'arrêt de renvoi les aurait compris dans une semblable formule, et que cet arrêt serait *devenu définitif*. L'arrêt de renvoi dit bien *quelles* questions doivent être posées, il n'indique pas nécessairement *comment* elles doivent l'être. — Cass., 6 janv. 1870, Bellière, [S. 71.1.174, P. 71.471]; — 29 mai 1875, Hamoud-bel-Abbas, [S. 76.1.47, P. 76.76]; — 6 janv. 1876, Saux, [S. 76.1.48, P. 76.77] — Or, si le président des assises *peut* ainsi diviser les chefs distincts de l'accusation portée par l'arrêt de renvoi, il le *doit*, lorsque la loi le prescrit pour éviter le vice de complexité. Nous pensons que c'est là qu'il faut chercher la solution de la difficulté, bien plutôt que dans la formule de l'arrêt de renvoi. C'est, en effet, au président des assises, rédacteur des questions, que s'adresse la prohibition des questions complexes. — Villey, note sous Cass., 31 mars 1882, précité.

3197. — La loi n'exige pas que le jury soit prévenu, par le libellé de la question, que le fait qui est relaté peut devenir une cause d'aggravation d'un autre fait auquel il se rattache; il suffit que le jury ait été interrogé d'une manière distincte sur chaque fait et sur chaque circonstance à laquelle la loi attache une cause d'aggravation. — Cass., 27 avr. 1893, [*Bull. crim.*, n. 107]

3198. — On peut même réunir dans un même contexte plusieurs circonstances, soit qu'elles renferment les éléments constitutifs du crime (V. *infrà*, n. 3411 et s.), soit qu'elles ne puissent exercer aucune influence sur la pénalité. — Cass., 17 mess. an IX, [D. *Rép.*, v° *Instr. crim.*, n. 2797] — Sic, Nouguier, n. 2908.

3199. — Ainsi, dans une accusation d'homicide, on peut, sans complexité, ajouter à la question le lieu où le crime a été commis, cette circonstance n'étant pas de nature à modifier la qualification, ni la pénalité. — Cass., 27 sept. 1860, [*Bull. crim.*, n. 221]

3200. — ... Ou cette circonstance que le crime a été commis à coups de fusil. — Cass., 14 vend. an VII, [D. *Rép.*, v° *Instr. crim.*, n. 2338]

3201. — Il a été ainsi décidé qu'on peut réunir dans la même question le fait d'avoir procuré des armes pour commettre un crime et le fait de les avoir chargées, cette dernière circonstance étant indifférente au point de vue de l'application de la pénalité. — Cass., 5 fruct. an V, [D. *Rép.*, v° *Instr. crim.*, n. 2838]

3202. — Si une question ainsi posée n'emporte pas la nullité du verdict, on doit néanmoins éviter d'en rédiger de semblables. Il peut se faire que le jury, convaincu que le fait d'avoir procuré les armes propres à commettre le crime, ce qui devait suffire à entraîner la condamnation, mais non convaincu qu'il les ait chargées, réponde négativement sur le tout, ce qui, contrairement à la vérité et à la conviction même du jury sur la culpabilité, amènerait l'acquittement de l'accusé.

3203. — D'une façon générale, si, en droit, on peut réunir dans la même question une série de faits ayant le même caractère légal, accomplis à la même époque, au préjudice de la même personne, et présentant entre eux un lien commun, il est vrai d'ajouter qu'on doit user de cette faculté avec la plus grande réserve. En supposant, par exemple, un homicide commis, dans ces conditions, sur plusieurs personnes, le jury entendrait-il déclarer que tous les faits d'homicide avaient été volontairement accomplis par lui? A-t-il au contraire pensé que certains d'entre eux ou même simplement un seul avaient été voulus par lui? L'unité de question l'empêche de manifester à cet égard son opinion avec une complète netteté; et, en réalité, on ignore l'étendue réelle de sa déclaration. Sans doute, ce point n'intéresse pas la détermination légale de la peine; il serait cependant exagéré de croire qu'il soit indifférent. Qu'on suppose, par exemple, que le jury ait admis l'existence de circonstances atténuantes, la cour d'assises sera dans ce cas obligée de tenir compte de la culpabilité de l'accusé pour déterminer le quantum de la peine. Comment le fera-t-elle sans méconnaître la décision du jury, qui demeure obscure, sans courir le risque d'imputer à l'accusé des faits dont le jury n'a pas entendu le déclarer coupable? Certainement, la culpabilité ne revêt pas la même gravité, et le caractère antisocial du criminel ne se manifeste pas avec la même énergie, suivant que la volonté de tuer est dirigée contre une personne ou contre plusieurs. Or, la mesure de la peine doit s'établir d'après la gravité du délit commis. Le système mixte de notre droit pénal, qui attribue au jury la déclaration non motivée des circonstances atténuantes, et qui laisse ensuite à la cour d'assises la fixation de la peine, accorde sans aucun doute à celle-ci un certain pouvoir d'appréciation sur les faits. Mais il est dans l'esprit de notre droit de ne pas exagérer ce pouvoir; et c'est ce que l'on fait lorsqu'on laisse incertaine la réponse du jury. Aussi, nous croyons que, si la faculté de ne poser au jury qu'une question unique sur des faits multiples est strictement conforme à la loi de 1836, il est cependant préférable de diviser les questions, pour faire exactement ressortir le degré de culpabilité que le jury a admis. Cette solution s'adresse donc moins à la Cour de cassation, obligée de reconnaître la légalité des arrêts qu'on lui défère, qu'aux présidents de cours d'assises, qui, ayant le droit de séparer leurs questions plus complètement que ne l'impose la loi de 1836, ne croient pas devoir user de ce droit. — V. Cass., 22 déc. 1842, Marignan, [P. 43.2.71]; — 17 août 1876, [*Bull. crim.*, n. 188]

3205. — Le vice de complexité entraîne la nullité du verdict et de l'arrêt de condamnation, à moins toutefois qu'en faisant abstraction des questions et des réponses entachées de complexité, la pénalité infligée se justifie légalement par d'autres réponses du jury à l'égard du même accusé. Ainsi, par exemple, il n'y a pas nullité, lorsque la peine de mort prononcée est légalement justifiée, dans les termes de l'art. 304, § 2, C. pén., par les réponses affirmatives faites à d'autres questions, réponses desquelles il résulte : 1° que l'accusé a commis, dans les mêmes circonstances de temps et de lieu, des vols au préjudice des victimes; 2° que les meurtres ont eu pour objet de préparer, faciliter ou exécuter les vols. — Cass., 22 mars 1894, Vo-Van-Diem, [S. et P. 94.1.525]

3206. — Il est peu de matières qui aient donné lieu à plus de décisions judiciaires et ajoutons à plus d'annulations d'arrêts criminels que la complexité des questions. Aussi, tout simple que paraisse le principe, est-il nécessaire de l'appuyer sur les nombreux arrêts de cassation qui en ont fait l'application et qui serviront à l'éclairer.

3207. — Pour plus de clarté, nous distinguerons le cas où l'accusation comporte plusieurs faits distincts — celui où il y a plusieurs accusés — celui où une ou plusieurs circonstances aggravantes, une ou plusieurs causes légales d'atténuation de la peine ont été relevées. Sur chacun de ces points, suivant la méthode que nous avons adoptée jusqu'ici, nous grouperons les arrêts par ordre des matières, dans l'ordre du Code pénal.

3208. — II. *Pluralité de faits principaux.* — Tout d'abord, chacun des chefs d'accusation soumis au jury doit faire l'objet d'une question particulière. De nombreuses applications ont été faites de ce principe.

3209. — *Tentative.* — Il avait été jugé, par la Cour de cassation, avant la loi des 13-14 mai 1836, qu'il était plus conforme à la lettre de la loi de mettre successivement en question et de faire résoudre séparément par les jurés les circonstances de la tentative. — Cass., 20 oct. 1831, Laruelle et Jumelle, [P. chr.]

3210. — Mais, depuis, la Cour de cassation a décidé que dans les accusations de tentative de crime, on peut comprendre dans une seule question la circonstance de la manifestation du crime par un commencement d'exécution et celle que le crime aurait manqué par des circonstances indépendantes de la volonté de l'accusé. — Cass., 6 avr. 1838, Pantous, [P. 40.1.214]

3211. — On ne peut comprendre dans la même question plusieurs tentatives de soustractions frauduleuses. — Cass., 3 août 1882, Juhano et Cavallero, [D. 83.1.231]

3212. — Mais on peut grouper dans une même question les divers moyens multiples et successifs employés par un accusé pour occasionner la mort d'une même personne si ces divers actes constituent, en réalité, une même tentative d'homicide. — Cass., 1er juill. 1869, Dermont, [D. 70.1.381]

3213. — Il n'est pas nécessaire, dans la question relative à l'attentat à la pudeur, de spécifier les circonstances et caractères de cette tentative, tels qu'ils sont énumérés dans l'art. 2, C. pén. — Cass., 7 mai 1875, Dansos, [S. 76.1.47. P. 76.75]

3214. — *Complicité.* — La prohibition des questions complexes s'applique aussi bien à l'égard des complices qu'à l'égard des auteurs ou coauteurs. En conséquence, lorsque plusieurs chefs d'accusation ont été relevés dans des questions séparées à l'égard de l'auteur principal, il doit, à peine de nullité, être posé autant de questions à l'égard du complice. — Cass., 21 mars 1878, Saillard et Glantenay, [S. 79.1.89, P. 79. 179, D. 79.1.386]; — 25 août 1887, Dinet, [*Bull. crim.*, n. 322]; — 29 déc. 1887, Einily, [*Bull. crim.*, n. 452] — *Sic*, Blanche, t. 2, n. 114, 115, 157; Nouguier, n. 2906. — *Sic*, Carnot, *Instr. crim.*, t. 2, p. 587, n. 17; Teulet, d'Auvillers et Sulpicy, *Codes annotés*, t. 2, p. 265, n. 148 et s.; F. Hélie, *Tr. de l'instr. crim.*, t. 8, n. 3677 et s.

3215. — Il y a donc nullité lorsque le jury a été interrogé par une seule question sur la complicité de l'accusé dans plusieurs crimes qui ont fait l'objet de questions distinctes pour l'accusé principal; et par exemple, en ces termes : l'accusé s'est-il, en aidant et assistant... rendu complice des crimes ci-dessus qualifiés, ou bien des crimes ci-dessus déterminés et spécifiés ou de l'un d'entre eux. — Cass., 30 mars 1839, Raymond d'Hénard, [P. 40.1.176]; — 24 avr. 1840, [*Bull. crim.*, n. 118]; — 20 juin 1844, Rochedragon, [P. 45.1.146]; — 30 mai 1856, Herbin, [S. 56.1.846, P. 57.631, D. 56.1.288]; — 3 juill. 1856, [*Bull. crim.*, n. 240]; — 9 juin 1866, [*Bull. crim.*, n. 149]; — 23 mai 1873, [*Bull. crim.*, n. 141]

3216. — Spécialement, lorsque quatre questions portant chacune sur un fait principal ont été soumises séparément au jury et résolues affirmativement, il y a lieu, à peine de nullité, de poser autant de questions distinctes et séparées en ce qui concerne le complice. — Cass., 14 sept. 1893, [*Bull. crim.*, n. 261]

3217. — De ce que la division des questions posées au jury, quand il existe des chefs distincts d'accusation, doit être observée à l'égard de l'accusé de complicité comme à l'égard de l'accusé principal, il suit qu'il y a nullité pour complexité, lorsque, après avoir posé plusieurs questions distinctes au jury, en ce qui touche l'auteur principal, le président de la cour d'assises n'a interrogé le jury en ce qui touche le complice, que par une seule question se référant à tous les chefs d'accusation spécifiés dans les questions précédentes. — Cass., 30 mai 1856, précité; — 20 févr. 1873, Monterola, [S. 73.1.347, P. 73.835, D. 73.1.167]

3218. — A l'égard de chacun des complices par recel, il doit être fait autant de questions qu'il y a d'accusés principaux, lorsqu'il ne résulte pas des questions relatives à ces derniers que les crimes (dans l'espèce des faux) aient été commis par eux conjointement, et aient formé un seul et même crime ou une seule et même série de crimes. — Cass., 7 nov. 1878, Barreau, [S. 80.1.239, P. 80.542, D. 79.1.314]

3219. — Mais le jury peut être interrogé par une seule question sur divers faits de recel accomplis dans des lieux différents, alors que le recel se rattache à un seul et même vol. — Cass., 22 juin 1882, Yon, [S. 84.1.456, P. 84.1.1104, D. 82.1.436]; — 17 févr. 1893, Wysogrocki, [D. 94.1.32]

3220. — N'est pas non plus entachée de complexité la question unique posée au jury relativement au complice, lorsqu'elle se rapporte, non à deux chefs d'accusation distincts, mais à un meurtre commis par deux individus sur la même personne, et différant seulement par la qualification qu'il reçoit à l'égard de l'un et de l'autre. — Cass., 30 mai 1879, Papavoine, [S. 80.1. 481, P. 80.1187]

3221. — Est nulle, comme complexe, la question au jury qui comprend à la fois le fait de complicité par aide et assistance, et celui de complicité par recel. — Cass., 22 juill. 1837, Schérer, [S. 40.1.634, P. 47.2.283, P. 47.4.139]; — 27 déc. 1873, Levin, [S. 74.1.239, P. 74.575, D. 74.5.148]; — 20 juin 1889, Parrins, [D. 89.5.155]; — 11 sept. 1890, Michel, [*Bull. crim.*, n. 189] — V. *suprà*, v° *Complicité*, n. 299.

3222. — Mais tous les autres caractères de complicité spécifiés dans l'art. 60, C. pén., constituant également la criminalité, peuvent être réunis dans une seule et même question sans qu'il en résulte un vice de complexité préjudiciable à l'accusé. D'ailleurs, l'accusé serait sans intérêt, et, par suite, non recevable à se plaindre de ce vice si, la réponse du jury à la question de complicité ayant été négative, il ne lui cause aucun préjudice. — V. *suprà*, v° *Complicité*, n. 290 et s.

3223. — On peut également comprendre dans une seule question le fait de la complicité et toutes ses circonstances, lorsque le fait principal a été régulièrement posé et les circonstances aggravantes décomposées conformément à la loi. — Cass., 6 avr. 1838, Pantous, [P. 40.1.214]

3224. — Spécialement, la question de complicité posée subsidiairement contre l'auteur des faits incriminés, en ces termes : « L'accusé est-il coupable du fait de complicité des coups et blessures spécifiés dans les précédentes questions?... », ne renferme point le vice de complexité. — Cass., 10 nov. 1849, Tourrette, [P. 51.1.25]

3225. — De même, la question posée au jury sur le point de savoir si le vol déclaré constant à la charge de l'accusé a été par lui commis de complicité avec un domestique à gages ne présente aucune complexité. — Cass., 13 juill. 1849, Miot, [P. 50.2.119]

3226. — *Fausse monnaie.* — Il a été jugé que, dans une accusation de fabrication de pièces fausses de 5 fr. et de 2 fr., la question unique posée au jury, sur le point de savoir si l'accusé a « frauduleusement contrefait et fabriqué un certain nombre de pièces de 5 fr. et de 2 fr., monnaie d'argent ayant cours légal en France » est entachée du vice de complexité, comme renfermant des faits distincts de contrefaçon. — Cass., 21 juill. 1881, Beaulieu, [S. 84.1.297, P. 84.1.710]

3227. — Cet arrêt peut prêter à critique. L'inconvénient que le législateur de 1836 a voulu éviter peut-il se présenter ici? Il ne paraît pas que le jury puisse, par la position d'une question unique, être entravé dans sa liberté d'appréciation : la contrefaçon de pièces de 5 fr. constitue le crime de fausse monnaie exactement comme la contrefaçon de pièces de 2 fr. : Du moment que la majorité du jury a reconnu à la charge de l'accusé l'existence du crime de fabrication de fausse monnaie, cela suffit. Il importe peu que l'opinion des jurés composant cette majorité ne concorde pas absolument, soit sur la contrefaçon des coups et des 5 fr., soit sur la contrefaçon de pièces de 2 fr., puisque ces faits présentent les mêmes caractères et entraînent les mêmes conséquences pénales; et nous avons vu que dans ce cas, le vice de complexité ne saurait exister.

3228. — Mais il y a complexité dans la question unique comprenant à la fois le fait de fabrication de fausse monnaie, celui d'émission et celui d'introduction sur le territoire français. — Cass., 24 juin 1880, Ghirardini, [S. 81.1.331, P. 81.1.791, D. 80.1.398]; — 23 févr. 1883, Amoretti, [D. 83.1.486] — *Sic*, Blanche, t. 3, n. 33.

3229. — *Faux.* — L'accusation d'avoir fait usage sciemment de plusieurs traites fausses en les escomptant divisément, à des jours différents chez divers banquiers, comporte autant de faits principaux distincts qu'il y a d'escomptes séparés; dès lors le jury doit, à peine de nullité, être interrogé séparément, et voter par scrutins distincts sur chacun des faits d'escompte. — Cass., 30 mars 1839, Raymond d'Hénard, [P. 39.2.366] — *Sic*, Nouguier, n. 2905.

3230. — En matière de faux, le fait de la fabrication et celui du simple usage étant distincts par eux-mêmes et par la loi, les jurés doivent être interrogés séparément sur chacun d'eux. — Cass., 5 oct. 1815, Lhermitte, [S. et P. chr.] — *Sic*, Nouguier, *loc. cit.*

3231. — Au cas d'accusation de faux portant sur plusieurs pièces et sur l'usage de ces pièces, il faut, à peine de nullité, poser au jury des questions distinctes et séparées quant à la fabrication et à l'usage de chacune de ces pièces. — Cass., 6 août 1857, Bruzaud, [S. 57.1.797, P. 58.633, D. 59.5.111]; — 13 sept. 1866, Arnaud, [*Bull. crim.*, n. 218]; — 29 sept. 1887, Berthaudin, [*Bull. crim.*, n. 346] — *Sic*, Blanche, t. 3, n. 241 et 250.

3232. — Est complexe, la question portant tout à la fois sur le fait d'avoir apposé sur un effet de commerce une fausse signature et d'y avoir inscrit une fausse acceptation. — Cass., 18 juill. 1878, Poudon, [*Bull. crim.*, n. 156]

3233. — Est complexe, et par conséquent nulle, la question qui comprend dans un même contexte deux faux distincts, un faux endossement et un faux acquit, existant chacun complètement par ses éléments propres, ayant des objets et des caractères légaux indépendants. — Cass., 15 juin 1883, Barthélemy, [S. 83.1.395, P. 83.1.948]

3234. — La raison en est, dit l'arrêt, que « les deux faux auraient pu être commis par des personnes et en des lieux différents. »

3235. — Mais le fait d'avoir posé au jury, dans un seul contexte, la question de savoir si l'accusé avait apposé un certain nombre de signatures au bas d'un même acte, et ce, comme éléments d'un seul et même crime, n'est point entaché du vice de complexité. — Cass., 2 janv. 1851, [*Bull. crim.*, n. 4]; — 22 févr. 1883, [J. *Le Droit*, du 24 février]

3236. — Il en est de même du fait d'avoir fabriqué un endossement ou une acceptation de lettre de change et d'avoir falsifié la signature y apposée. Il s'agit en réalité d'un seul et même faux. — Cass., 4 sept. 1840, [*Bull. crim.*, n. 251]

3237. — Il n'existe non plus aucune complexité dans la question relative à l'usage du faux qui, bien que comprenant deux billets distincts, énonce formellement qu'ils ne formaient qu'un seul et même titre. — Cass., 3 avr. 1847, Sausset, [P. 47.2.347]

3238. — Jugé, dans le même sens, que la question qui embrasse plusieurs faits incriminés, par exemple, divers chefs de faux portant sur des créances ou obligations distinctes, n'est pas pour cela entachée de complexité, si ces faits ne sont que les éléments d'un seul et même crime, par exemple, celui de falsification d'un arrêté de compte. — Cass., 24 janv. 1856, Meaurin, [P. 58.161, D. 56.1.110]

3239. — ... Que n'est pas entachée de complexité la question qui contient un fait principal unique de falsification d'un registre et mentionne les altérations frauduleuses des titres vrais et leur remplacement par des lettres supposées, alors que ces altérations n'ont été que des moyens employés pour opérer la falsification. — Cass., 20 mars 1891, Chervet et Bizouilier, [D. 92.1.235]

3240. — Qu'une seule question peut comprendre plusieurs chefs de faux commis dans des lieux et des temps différents, s'il est impossible de préciser la date de la perpétration de chacun d'eux, et s'ils présentent tous les mêmes caractères et entraînent les mêmes conséquences pénales. — Cass., 26 févr. 1874, [*Bull. crim.*, n. 62]; — 7 nov. 1878, Barreau, [S. 80.1.239, P. 80.542, D. 79.1.314]

3241. — ... Qu'en matière de faux on peut poser au jury une seule question sur le point de savoir si l'accusé a « inscrit ou fait inscrire » les énonciations fausses sur le registre falsifié. — Cass., 12 févr. 1874, Lafosse, [S. 75.1.482, P. 75.1206]

3242. — ... Que le fait d'avoir pris un nom supposé au cours d'une poursuite : 1o dans un procès-verbal de gendarmerie ; 2o dans l'interrogatoire du juge d'instruction; 3o devant le tribunal, ne renferme que les éléments d'un seul crime, qui peuvent être réunis dans la même question. — Cass., 5 sept. 1872, [*Bull. crim.*, n. 238]

3243. — ... Qu'il n'y a pas vice de complexité dans la question unique posée au jury et comprenant plusieurs faits d'émargements frauduleux sur les listes électorales. — Cass., 2 janv. 1874. [*Bull. crim.*, n. 1]

3244. — *Concussion.* — N'est pas entachée de complexité la question par laquelle, en matière de concussion, le président de la cour d'assises demande au jury « si l'accusé est coupable d'avoir exigé ou reçu, en qualité de fonctionnaire public, des sommes qu'il savait n'être pas dues ou excéder ce qui était dû, pour droit, taxes, contributions ou revenus, pour salaires ou traitements », et cela bien que le mot « pour » ait été substitué au mot « ou » inscrit dans l'arrêt de renvoi avant le mot « salaires », alors que chacune des perceptions reprochées, qui a été

présentée au jury par des questions distinctes et séparées, se référait soit à des droits ou taxes, soit à des salaires ou traitements. — Cass., 29 mai 1875, Hamoud-bel-Abbas, [S. 76.1.47, P. 76.76]

3245. — *Coups et blessures.* — La question, soumise au jury, de savoir si l'accusé est coupable d'avoir volontairement porté à une personne un coup qui a atteint une autre personne, n'est point entachée de complexité comme contenant deux faits principaux, alors que l'accusé n'était pas renvoyé devant la cour d'assises pour le coup destiné à la personne non atteinte, et que l'énonciation relative à cette personne n'avait pour but que d'appeler l'attention du jury sur le crime imputé à cet accusé. — Cass., 7 avr. 1853, Gabarrou, [P. 54.1.299, D. 53.1.174]

3246. — On peut, sans que la complexité entraîne nullité, réunir dans la même question plusieurs faits de violence commis sur la même personne. — Cass., 3 juin 1859, [*Bull. crim.*, n. 141]

3247. — *Avortement.* — De ce que des actes successifs, présentant les mêmes caractères, accomplis sur la même personne et entraînant les mêmes conséquences légales, peuvent, sans complexité, faire l'objet d'une question unique au jury, il suit que n'est pas complexe la question ainsi posée : « X... est-il coupable d'avoir, de 1878 à 1885, à... à l'aide de breuvages et médicaments, procuré volontairement, à une ou plusieurs reprises, l'avortement de ç.. laquelle était enceinte ». — Cass., 13 mai 1886, [*Bull. crim.*, n. 173]

3248. — *Homicide.* — Lorsqu'un accusé de meurtre soutient n'avoir commis qu'involontairement l'homicide qui lui est imputé, le président ne peut réunir dans une seule question le meurtre et l'imprudence; il doit interroger le jury sur le meurtre, par une question principale, et sur l'homicide involontaire ainsi que sur l'imprudence, la négligence, etc., par une question subsidiaire. — Cass., 20 juin 1833, Geisser. — Décision encore applicable aujourd'hui, bien qu'antérieure à la loi de 1836.

3249. — Mais l'arrêt de renvoi et l'acte d'accusation qui ne font pas, de deux meurtres commis dans la même nuit sur deux époux, deux chefs d'accusation distincts, mais les considèrent comme formant un chef unique, ne violent pas les dispositions de la loi qui prohibe les questions complexes. — Cass., 12 oct. 1848, Gayrard et Vedel, [P. 49.2.648]

3250. — De même, nous avons vu qu'on peut réunir dans la même question une série d'actes qui ont amené l'empoisonnement d'une personne. — V. *suprà*, n. 3192.

3251. — Le fait d'avoir tué une personne avec intention de donner la mort à une autre, constitue, non une tentative de meurtre, suivi d'un homicide involontaire, mais uniquement le crime de meurtre consommé, et ne doit dès lors faire l'objet d'une seule question au jury. — Cass., 8 déc. 1853, Favalelli, [S. 54.1.283, P. 56.1.54, D. 53.5.435]

3252. — De même, le fait d'avoir tué, par erreur, une certaine personne, alors que l'agent voulait et croyait tuer une autre personne, ne constitue qu'un seul attentat et n'offre nullement les caractères de deux crimes distincts, qui consisteraient, l'un dans des violences ayant entraîné la mort sans intention de la donner, et l'autre dans une tentative d'homicide volontaire sur la personne que l'agent se proposait de tuer. Il ne saurait, dès lors, y avoir complexité dans la question unique soumise au jury sur le fait ainsi spécifié. — Cass., 12 juin 1879, Ali-Naït-Baïch. [S. 81.1.185, P. 81.1.420]

3253. — Au contraire, en cas d'assassinat et de vol commis le même jour sur le même individu, mais sans qu'il y ait aucune relation entre ces deux faits, il y a deux faits distincts qui doivent faire l'objet de deux questions séparées. — Cass., 17 prair. an IX, Cholat, [S. et P. chr.] — *Sic*, Nouguier, n. 2905.

3253 bis. — De même est complexe la question renfermant deux tentatives d'homicide volontaire sur deux personnes distinctes, tentatives différant par le mode d'exécution, et pouvant exister indépendamment l'une de l'autre. — Cass., 30 avr. 1896, de la Fuente, [*Gaz. des Trib.*, du 3 mai 1896]

3254. — *Infanticide.* — En matière d'infanticide, le meurtre, par la même personne, de deux enfants nouveau-nés constitue deux faits distincts qui doivent être soumis au jury dans deux questions séparées. — Cass., 18 juill. 1856, [*Bull. crim.*, n. 255]

3255. — *Viol.* — Au cas d'accusation de viol, la réunion dans une seule question de divers attentats reprochés à l'accusé ne constitue pas le vice de complexité, alors que ces attentats présentent les mêmes caractères, ont été accomplis sur la même personne dans des circonstances identiques, qu'ils entraînent les mêmes conséquences pénales, et que les divers instants où ils ont eu lieu ne sont pas susceptibles d'être précisés exactement. — Cass., 5 mai 1870, Devers, [S. 71.2.262, P. 71.778, D. 70.1.288] — V. Cass., 9 oct. 1845, Mulot, [P. 46.1.643] — Morin, *Rép. de dr. crim., v° Questions au jury*, n. 38; F. Hélie, *Instr. crim.*, t. 8, n. 3705; Nouguier, *Cour d'ass.*, t. 4, n. 2908, p. 339 et s. — V. *supra*, n. 3188.

3256. — *Attentat à la pudeur.* — Si l'accusation porte sur plusieurs attentats à la pudeur consommés ou tentés sur plusieurs personnes différentes, il doit être posé au jury une question distincte pour chaque fait. — Cass., 13 juill. 1843, [*Bull. crim.*, n. 176]

3257. — Mais il n'existe aucune complexité dans les questions posées au jury par suite de la réunion soit d'attentats à la pudeur commis à diverses reprises sur la même personne ... — Cass., 8 août 1840, [*Bull. crim.*, n. 224]; — 24 déc. 1840, [*Bull. crim.*, n. 363]; — 9 oct. 1845, précité; — 12 juin 1851, [*Bull. crim.*, n. 217]; — 17 janv. 1862, [*Bull. crim.*, n. 23]; — 7 mai 1875, Dansors, [S. 76.1.47, P. 76.757] — ... soit du même crime consommé et de la tentative. — Cass., 7 mai 1875, précité.

3258. — *Séquestration.* — Le président des assises, malgré la pluralité des victimes, peut réunir dans une même question des faits identiques inspirés par les mêmes mobiles, commis dans le même temps, dans le même lieu et par les mêmes moyens, et concourant à établir un seul crime, celui de séquestration. — Cass., 26 janv. 1872, [*Bull. crim.*, n. 25]

3259. — *Subornation.* — Est nulle, comme entachée de complexité, la question principale, qui comprend deux faits de subornation. — Cass., 22 déc. 1848, Augendre, [P. 50.1.314]

3260. — Spécialement, les faits de faux témoignage, imputés à divers témoins, constituent à l'égard de chacun d'eux un chef d'accusation distinct, et constituent également des éléments spéciaux et différents de la complicité attribuée au suborneur. Dès lors, chacun des faits doit être l'objet d'une question distincte et séparée. — Cass., 4 août 1843, [*Bull. crim.*, n. 197]; — 25 avr. 1851, Jeannet, [*Bull. crim.*, n. 154]; — 2 juill. 1857, Languereau, [*Bull. crim.*, n. 249]; — 26 juin 1862, Souy, [D. 63.5.369] — Sic., Blanche, t. 5, n. 396.

3261. — *Vol.* — Est nul, comme entachée de complexité, la question unique posée au jury relativement à divers vols ou abus de confiance commis par l'accusé à des époques différentes et au préjudice de personnes distinctes. — Cass., 15 therm. an IV, [D. *Rép.*, v° *Instr. crim.*, n. 2831]; — 24 flor. an VI, [D. *Rép.*, v° *Instr. crim.*, n. 2835]; — 24 juin 1838, [*Bull. crim.*, n. 171]; — 6 nov. 1874, Parisot, [S. 75.1.481, P. 75.1204]; — 26 nov. 1874, Girard, [S. 75.1.481, P. 75.1204, D. 76.5.143]

3262. — La division des questions posées au jury doit, en pareil cas, être observée à peine de nullité à l'égard du complice comme à l'égard de l'auteur principal. — Mêmes arrêts. — V. *supra*, n. 3214 et s.

3263. — Mais on peut réunir dans la même question une série de vols successifs accomplis à la même époque, au préjudice de la même personne, dans la même maison, et par exemple, dans cette forme : a-t-il, depuis moins de..., commis *un ou plusieurs vols*, au préjudice de..., à... — Cass., 9 germ. an IV, [D. *Rép.*, v° *Instr. crim.*, n. 2837]; — 22 janv. 1820, [D. *Rép.*, v° *Instr. crim.*, n. 2828]; — 3 mars 1853, N..., [D. 53.5.134]; — 6 mai 1864, [*Bull. crim.*, n. 123]

3264. — On peut aussi grouper dans la même question la série des objets de nature diverse soustraits dans le même vol, fût-ce dans des meubles différents. — Cass., 9 mess. an IX, [D. *Rép.*, v° *Instr. crim.*, n. 2840]; — 1er frim. an XIII, [*Ibid.*]; — 20 avr. 1838, [*Bull. crim.*, n. 107]; — 15 mai 1840, [*Bull. crim.*, n. 133]; — 18 déc. 1845, Cellier, [D. 46.4.143]; — 11 août 1853, Barbarin, [S. 54.1.159, P. 54.2.308, D. 54.5.120]

3265. — *Abus de confiance qualifié.* — L'accusation dirigée contre un caissier d'avoir commis des détournements et altéré un livre de caisse pour dissimuler ses détournements porte sur deux crimes distincts et, par suite, elle doit donner lieu à deux questions séparées. — Cass., 2 janv. 1874, Palaysi, [S. 75.1.482, P. 75.1206]

3266. — Mais la question par laquelle le jury est interrogé cumulativement sur divers faits présentant le même caractère (des faits de détournements) et accompli au préjudice de la même personne, avec indication de la limite de temps dans laquelle ces faits ont eu lieu, n'est pas entachée de complexité, alors surtout qu'il n'était pas possible d'assigner à chaque fait une date précise. — Cass., 18 mars 1853, Roche, [D. 53.5.134]; — 8 nov. 1860, Decoiange, [S. 61.1.474, P. 61.979, D. 61.1.46]

3267. — *Délits de presse.* — Lorsqu'il s'agit d'un délit de presse de la compétence du jury, il n'est pas nécessaire de poser au jury autant de questions distinctes qu'il y a de feuilles incriminées. — Cass., 15 mars 1838, Danicourt, [S. 39.1.804, P. 39.2.480]

3268. — ... Ou de passages différents d'un article renfermant les éléments d'un même délit. — Cass., 14 déc. 1849, Malardier, [S. 50.1.326, P. 49.2.636, D. 49.1.335]

3269. — N'est point non plus complexe la question posée au jury, laquelle, dans une accusation de diffamation commise par la voie de la presse, comprend, non plusieurs faits distincts qui auraient pu séparément constituer la diffamation, mais seulement la spécification de plusieurs énonciations principales contenues dans l'article incriminé, et desquelles la prévention faisait résulter le délit. — Cass., 3 déc. 1846, Macé, [P. 49.2.489]

3270. — Au cas de plaintes en outrages portées par deux fonctionnaires publics, il n'est pas nécessaire de poser au jury une question distincte et séparée à l'égard de chaque plaignant, si les deux plaintes portent sur un même fait. — Cass., 13 mai 1842, *Gazette d'Auvergne*, [S. 42.1.947]

3271. — III. *Questions alternatives.* — Sous le Code du 3 brum. an IV, toute question alternative était nulle comme complexe.

3272. — Le Code d'instruction criminelle autorisa implicitement la position des questions alternatives. — Cass., 18 mars 1826, Dermenon-Annet, [S. et P. chr.]; — 26 mars 1836, Martin, [P. chr.]

3273. — Mais pour que la question fût valable, il fallait que chaque alternative constituât le crime faisant l'objet de l'accusation. — Mêmes arrêts.

3274. — Au cas contraire, les questions alternatives étaient prohibées sous le Code d'instruction criminelle aussi bien que sous l'empire de la loi du 3 brum. an IV.

3275. — Aujourd'hui, sous l'empire de la loi de 1836, la question de nullité ou de validité des questions alternatives dépend de la nécessité imposée au jury de donner des réponses exemptes d'ambiguïté à chacun des faits de l'accusation, de telle sorte que le juge n'ait qu'à appliquer la peine sans avoir à se livrer à aucune interprétation.

3276. — De là résultent les deux règles suivantes : la question alternative sera nulle si elle prévoit deux faits ayant des caractères légaux distincts et punis de peines différentes, de telle sorte que le jury, en répondant par oui ou par non, fasse naître une incertitude sur la nature du crime qu'il a reconnu comme constant, et sur la peine qu'il convient d'appliquer. La question, bien que présentant une alternative sera valable, au contraire, si, en se plaçant dans l'une ou l'autre alternative, on se trouve en présence du même crime, puni de pénalités identiques. — Nouguier, n. 2939; Blanche, t. 3, n. 393; t. 4, n. 340; t. 5, n. 373; t. 6, n. 116-269. — *Contrà*, Trébutien, *Cours de dr. crim.*, t. 2, n. 614; Garraud, n. 509; F. Hélie, t. 8, n. 3715. — La jurisprudence a eu à faire diverses applications de ces principes.

3277. — *Complicité.* — Et d'abord, peut-on poser la question alternative de savoir si un accusé est auteur *ou* complice de tel ou tel crime? Avant la loi de 1836, la question pouvait être douteuse. Il avait été décidé, d'une part, que la déclaration du jury qui, dans une accusation de coups portés par une réunion de personnes armées, répond que les accusés sont auteurs ou complices de ces coups, présente une base suffisante à l'application de la peine. — Cass., 10 sept. 1812, Verres, [S. et P. chr.]

3278. — Et même depuis la loi de 1836, il a encore été décidé que lorsque les jurés ont été interrogés par une question complexe sur le point de savoir s'il y a eu soustraction ou recel de tout ou partie de l'actif du failli, leur réponse est valable s'ils se sont bornés à répondre d'une manière générale sur l'ensemble de la question, au lieu de le faire d'une manière distincte et séparée sur chacune de ses parties. — Cass., 26 mai 1838, Sabalé, [P. 38.2.188]

3279. — Mais il a été jugé, d'un autre côté, que lorsque, sur la question alternative : l'accusé est-il coupable d'être auteur ou complice? le jury répond : oui, il est coupable; cette déclaration, qui se réfère à chacune des parties de la question, ne détermine positivement la culpabilité de l'accusé, ni comme auteur, ni comme complice, et ne peut servir de base à une condamnation. — Cass., 10 août 1820, Dancourt, [S. et P. chr.]; — 4 oct. 1821, Dolbec, [S. et P. chr.]; — 29 juill. 1824, Gorde, [S. et P. chr.]

3280. — ... Que la déclaration du jury portant que l'accusé a participé à l'enlèvement de l'objet volé ne peut, à raison de l'incertitude qu'elle laisse sur le point de savoir si l'accusé est auteur ou complice de l'enlèvement, servir de base à un jugement de condamnation. — Cass., 26 vent. an IX, Martin, [S. et P. chr.]

3281. — ... Qu'il en est ainsi surtout si la peine applicable à l'auteur ou complice n'est pas la même. — Cass., 27 prair. an XI, Ceratto, [S. et P. chr.]

3282. — Nous croyons que cette seconde opinion doit être admise de préférence. Avoir coopéré comme coauteur à un crime et avoir été complice dans les faits qui l'ont préparé, sont deux crimes distincts, et, par conséquent, le président des assises doit poser aux jurés sur chacun de ces crimes une question distincte. — Cass., 4 juin 1840, Santa-Lucia; — 18 nov. 1847, Félix, [P. 48.1.589] — Sic, Bourguignon, Man. du jury, p. 507, sur l'art. 350, t. 2, p. 647, n. 8; Legraverend, t. 2, p. 245, note 1; Carnot, sur l'art. 2, C. pén., t. 1, p. 20, n. 16; Gaillard, Qualités d'un président de cour d'assises, p. 181. — Sur la question de savoir si on peut réunir dans une même question les divers éléments de la complicité, V. suprà, n. 3221.

3823. — Mais il est permis de demander dans une même question si l'accusé a commis le crime ou y a coopéré. Il est, dans les deux cas, représenté comme auteur, seul dans le premier cas, assisté par d'autres coauteurs, dans le second. — Cass., 11 mess. an IV, [D. Rép., v° Instr. crim., n. 2808]

3284. — De même, quand un vol a dû être commis par deux ou plusieurs agents demeurés inconnus, la culpabilité de l'accusé peut être envisagée sous une alternative, si les deux termes de l'alternative sont également justifiés; c'est ainsi que l'arrêt de condamnation peut, sans contradiction, déclarer le prévenu coauteur ou tout au moins complice par recel de l'auteur du vol demeuré inconnu. — Cass., 28 sept. 1893, Boisseaux, [Gaz. des Trib., 30 sept. 1893]

3285. — Nous avons vu suprà, n. 3220, qu'il y a également complexité, et par suite nullité, lorsque la question posée au jury sur une accusation de complicité de vol comprend d'une manière alternative la complicité par aide et assistance (qui rend nécessairement responsable des circonstances aggravantes), et la complicité par recélé (qui n'entraîne cette responsabilité qu'à certaines conditions) (C. instr. crim., art. 341 et 347; C. pén., art. 59 et s.; L. 13 mai 1836, art. 2 et 3).

3286. — Concussion. — Dans une accusation de concussion, la question par laquelle on demande si l'accusé a exigé ou reçu des sommes qu'il savait n'être pas dues n'est pas entachée de complexité. — Cass., 29 mai 1875, Hamoud-Bel-Abbas, [S. 76.1.47, P. 76.76]

3287. — Attentat contre la paix publique. — La question posée au jury qui comprend sous forme alternative divers faits susceptibles d'entraîner les mêmes conséquences pénales, n'étant entachée d'aucun vice de complexité ou d'ambiguïté, les faits de fabrication, de falsification ou d'attribution mensongèrement faite à un tiers, d'une pièce de nature à troubler la paix publique, peuvent être soumis au jury par voie de question alternative. — Cass., 6 déc. 1850, Neffizer, [S. 51.1.451, P. 51.2.634, D. 51.1.258]; — 30 nov. 1850, [Ibid., ad notam]

3288. — Faux. Fausse monnaie. Faux témoignage. — On peut demander dans la même question si l'accusé a contrefait ou fait contrefaire la pièce fausse. — Cass., 27 janv. 1827, Lalour, [S. et P. chr.]; — 26 juin 1852, Chantreau, [D. 52.5.172]; — 12 févr. 1874, Lafosse, [D. 76.5.144] — Sic, Nouguier, t. 4, n. 2946; Blanche, t. 3, n. 233; Garraud, t. 3, n. 235.

3289. — ... Si l'accusé a apposé ou fait apposer une fausse signature. — Cass., 3 avr. 1847, Sausset, [P. 47.2.347]

3290. — ... S'il a contrefait ou altéré une monnaie ayant cours. — Cass., 18 avr. 1844, [Bull. crim., n. 142]

3291. — ... S'il a contrefait des monnaies ayant cours légal en France ou participé à l'émission de monnaies contrefaites ou à leur introduction sur le territoire français. — Cass., 24 juin 1880, Ghirardin, [D. 80 1.398]; — 23 févr. 1883, Arnorette, [D. 83.1.486] — Sic, Blanche, t. 3, n. 33.

3292. — ... S'il s'est rendu coupable de faux témoignage pour ou contre l'accusé. — Cass., 30 nov. 1850, Bolo, [D. 50.5. 439]

3293. — Coups et blessures. — On peut valablement demander au jury dans la même question, si l'accusé s'est rendu coupable de violences envers un agent de la force publique, dans l'exercice de ses fonctions, ou à l'occasion de cet exercice. — Cass., 9 févr. 1854, Decouvrant, [D. 54.5.223]

3294. — Au contraire, on ne peut valablement poser au jury dans une même question, si l'accusé a porté des coups ou commis d'autres violences sur la personne de son père, les coups portés et les simples violences exercées, étant deux faits distincts ayant des caractères légaux différents. — Cass., 19 mars 1841, [Bull. crim., n. 73]

3295. — Attentat aux mœurs. — Dans une accusation d'attentat à la pudeur, on peut poser au jury une seule question alternative sur le point de savoir si l'accusé est coupable de consommation ou de tentative de ce crime (C. pén., art. 331). — Cass., 9 févr. 1837, Houllier, [S. 38.1.902, P. 38.1.75]; — 4 août 1853, Michel, [D. 53.5. 32] — Sic, Nouguier, n. 2947; Blanche, t. 5, n. 93, 110; F. Hélie, t. 8, n. 3715.

3296. — ... S'il est coupable de tentative de viol ou d'attentat à la pudeur avec violence, l'art. 332, C. pén., § 2, s'appliquant aussi bien aux viols tentés avec violence qu'aux autres attentats à la pudeur avec violence. — Cass., 15 sept. 1831, Salard, [S. 32.1.62, P. chr.]

3297. — On peut demander si le rapt d'une mineure a été commis par fraude ou par violence. — Cass., 25 oct. 1821, Destout, [P. chr.]

3298. — Vol et abus de confiance. — On peut demander si un meurtre a préparé, facilité ou suivi le vol. — Cass., 25 févr. 1887, [Bull. crim., n. 78]

3299. — On peut demander si l'accusé a recélé tout ou partie des objets volés, le crime, dans les deux cas, restant le même. — Cass., 16 therm. an VIII, [D. Rép., v° Instr. crim., n. 2810]

3300. — En matière d'abus de confiance, le jury peut être interrogé sur le point de savoir si l'accusé avait reçu à titre de mandat ou de dépôt les sommes déterminées, la nature du crime et la pénalité étant les mêmes dans les deux cas. — Cass., 2 avr. 1885, Sirgent, [Bull. crim., n. 106]

3301. — Banqueroute. — En matière de banqueroute on peut poser au jury l'alternative d'écritures simulées ou d'engagements fictifs, ces deux alternatives caractérisant le même fait et étant punissables de la même peine. — Cass., 18 mars 1826, Dermenon-Annet, [S. et P. chr.]

3302. — Jugé qu'on peut aussi demander si l'accusé a dissimulé ou détourné tout ou partie de son actif. — Cass., 26 mai 1838, Sabate, [P. 38.2.188]; — 9 févr. 1850, Berlier, [D. 50.5. 114]; — 6 avr. 1883, Dreyfus, [Bull. crim., n. 91]

3303. — Mais il a été jugé, en sens contraire, que dans une accusation de banqueroute frauduleuse, on ne peut poser au jury la question de savoir si l'accusé a dissimulé ou dissipé tout ou partie de son actif, la dissimulation, qui est un cas de banqueroute frauduleuse, et la dissipation, qui peut n'être qu'un cas de banqueroute simple, entraînant des conséquences légales différentes. — Cass., 13 janv. 1854, Hugues, [P. 55.1.410]

3304. — En tout cas, il ne peut y avoir aucune hésitation sur la validité du verdict, lorsque la question étant alternative, le jury indique sans ambiguïté dans sa réponse à laquelle des alternatives il s'arrête. — Nouguier, loc. cit. — V. suprà, n. 3184.

3305. — Jugé que dans une accusation de banqueroute frauduleuse, soit pour détournement, soit pour dissimulation d'une partie de l'actif, le président des assises peut, sans qu'il y ait vice de complexité, poser au jury une question alternative sur le détournement et la dissimulation, ou diviser la question en deux branches, alors surtout que la formule adoptée aboutit à deux voies séparés et à deux réponses distinctes. — Cass., 14 nov. 1873, Hugues, [S. 74.1.92, P. 74.185, D.74.1.136]

3306. — La distinction qui précède s'applique aussi bien aux questions alternatives portant sur les circonstances aggravantes que sur celles portant sur le fait principal. Si le crime est distinct et la pénalité différente suivant qu'on admet la perpétration du crime avec telle ou telle des circonstances aggravantes qui font l'objet de l'alternative, il y a nullité. La question est valable au cas contraire.

3307. — IV. *Pluralité d'accusés ou de victimes.* — De même qu'il est interdit de comprendre dans la même question plusieurs faits distincts, de même il est contraire à la loi de poser au jury une question unique s'appliquant à plusieurs accusés. Lorsqu'il y a plusieurs accusés, des questions distinctes doivent être posées sur la culpabilité de chacun d'eux. — Cass., 21 sept. 1839, Guillot, [S. 39.1.935]; — 24 sept. 1842, [*Bull. crim.*, n. 248]; — 11 déc. 1845, [*Bull. crim.*, n. 360]; — 7 avr. 1865, Guiovenetti et Bellebon, [D. 65.1.193]; — 9 juin 1866, Leroy, [*Bull. crim.*, n. 149]; — 23 mai 1873, Rourmeveaux, [*Bull. crim.*, n. 141] — *Sic*, Nouguier, t. 4, n. 2932 et s.; F. Hélie, t. 8, n. 3706; Trébutien, t. 2, n. 615; Garraud, n. 599-B; Villey, p. 389.

3308. — Ainsi, il ne suffit pas, à propos d'un vol, que l'acte d'accusation annonce avoir été facilité par plusieurs accusés, de demander au jury si les accusés ont pris part à l'enlèvement des objets soustraits puisque, sans avoir pris une part personnelle et directe à cet enlèvement, quelques-uns des accusés eussent pu être déclarés complices. — Cass., 28 niv. an IX, Boulin, [S. et P. chr.]; — 26 vent. an IX, Martin, [S. et P. chr.]

3309. — Cependant la règle qui défend d'interroger le jury par une question sur la culpabilité de plusieurs accusés ne fait pas obstacle à ce que la question relative à l'un des accusés énonce le fait matériel de la coopération d'un coaccusé, dans le but, non d'appeler le jury à prononcer sur la culpabilité de ce coaccusé (à l'égard duquel une question spéciale est posée), mais seulement d'arriver à la qualification légale du fait. — Cass., 24 mars 1853, Lucta, [S. 53.1.452, P.53.2.456, D. 53.1. 115]; — 11 sept. 1851, Olive, [*Ibid., ad notam*, D. 51.5.73] — *Sic*, Nouguier, t. 4, n. 2933.

3310. — Jugé également, dans le même sens, que si des questions distinctes doivent être régulièrement posées au jury sur les faits se rattachant à la culpabilité de plusieurs accusés, il en est autrement d'une question ayant uniquement pour but d'établir un fait matériel commun à ces accusés, tel qu'un fait de concomitance, le crime étant vu en lui-même et dans ses circonstances purement matérielles. — Cass., 16 févr. 1882, Ahmed-Ould-Mohammed-Bouchtati, [D. 82.1.279]

3311. — Par suite, la question se référant au concours simultané de deux tentatives de meurtre, sur lesquelles le jury a été interrogé séparément, suffit pour constater régulièrement cette concomitance à l'égard des différents accusés. — Même arrêt.

3312. — En ce qui concerne les circonstances aggravantes, en cas de pluralité des accusés, V. *infrà*, n. 3321 et s.

3313. — On peut, au contraire, comprendre dans une question unique le nom des différentes victimes d'un même fait punissable. — Nouguier, t. 4, n. 2937; F. Hélie, t. 8, n. 3705.

3314. — ... Et notamment, le meurtre de plusieurs personnes peut ne faire l'objet que d'une seule question si l'arrêt de renvoi considère ce double meurtre comme faisant l'objet d'un chef unique. — Cass., 14 oct. 1848, [*Bull. crim.*, n. 252] — V. *suprà*, n. 3186 et s.

3315. — De même, le fait que la signature de plusieurs personnes a été faussement apposée au pied d'un même acte peut faire l'objet d'une seule question. — Cass., 2 janv. 1851, Giry, [*Bull. crim.*, n. 4]

3316. — De même en est-il du vol commis au préjudice de plusieurs personnes, s'il ne s'agit pas de plusieurs faits distincts (V. *suprà*, n. 3187, 3291 et s.). — Cass., 17 juin 1869, Rhamani-Ben-Kouider, [D. 70.1.48]; — 31 mars 1882, Inard, [*Bull. crim*, n. 91]

3317. — ... D'un même fait de séquestration dont plusieurs personnes ont été les victimes. — Cass., 26 janv. 1872, Tavernier, [*Bull. crim.*, n. 25]

3318. — ... D'un fait de diffamation envers un corps constitué dont on indique les divers membres dans une même question. — Cass., 6 févr. 1875, Levaillant, [*Bull. crim.*, n. 45]

3319. — Mais il en est autrement si la pluralité de victimes entraîne la pluralité de crimes. — Cass., 31 mai 1867, Raffa-Ben-Missoun, [D. 69.5.104]; — 6 nov. 1874, Vandernette, [D. 76.5.143]; — 17 août 1876, G..., [D. 77.1.48]; — 20 juill. 1882, Gauthier de Bianzat, [*Bull. crim*, n. 180] — Sur la question de savoir dans quel cas il y a plusieurs faits distincts, V. *suprà*, n. 3188.

3320. — Et notamment il y a nullité s'il s'agit de l'empoisonnement d'un ascendant, ce qui constitue un parricide — et de plusieurs autres parents — ce qui constitue un homicide, crime ayant des caractères et entraînant une pénalité distincte du premier crime. — Cass., 4 avr. 1845, Lacomme, [P. 45.2.100]

3321. — V. *Circonstances du crime.* — A. *Circonstances aggravantes.* — a) *Principes.* — La réunion de plusieurs faits distincts, et indépendants l'un de l'autre, dans une même question, n'est pas le seul cas de complexité prévu par la loi du 13 mai 1836. Le président doit faire autant de questions supplémentaires qu'il y a de circonstances aggravantes résultant des débats. — Legraverend, t. 2, p. 218; Nouguier, t. 4, n. 2910; F. Hélie, t. 8, n. 3707 et s.; Garraud, n. 299-C; Trébutien, t. 2, n. 612 et s.; Villey, p. 136 et s., 172 et s.

3322. — La raison en est que le jury devant, aux termes des art. 1, 2 et 3, L. 13 mai 1836, voter par scrutins distincts et séparés, sur le fait principal d'abord et ensuite sur chacune des circonstances aggravantes, l'exacte observation de la loi ne saurait se présumer lorsque la question posée au jury contient dans un même contexte le fait principal, objet de l'accusation originaire ou résultant des débats, et la circonstance aggravante. — Cass., 25 oct. 1888, [*Bull. crim.*, n. 305]

3323. — Le jury ne doit donc pas être interrogé par une seule question sur le fait principal et sur les circonstances qui s'y rattachent. Chaque circonstance, ainsi que chaque fait d'excuse ou la question de discernement, doivent, à peine de nullité, faire l'objet d'une question particulière et distincte. — Cass., 12 juill. 1832, Rouvière, [S. 32.1.622, P. chr.]; — 8 juill. 1837, Lioret, [P. 38.1.582]; — 13 juill. 1837, Dombideau, [S. 37.1.748, P. 37-2.278]; — 3 août 1837, Bacqué, [P. 37.2.200]; — 23 sept. 1837, Marc, [P. 40.1.96]; — 28 sept. 1837, Jung, [S. 38.1.174, P. 37. 2.623]; — 24 mars 1838, Béttinger, [P. 40.1.204]; — 31 mai 1838, Huc, [P. 40.1.204]; — 13 déc. 1838, Cornély, [P. 38.2. 586]; — 13 déc. 1838, Collier, [P. 39.1.310]; — 29 déc. 1838, Fabre, [P. 40.1.142]; — 10 mai 1839, Tomassini, [P. 39.2.367]; — 5 sept. 1839, Dureux, [P. 40.1.495]; — 12 sept. 1839, Péniseux, [P. 40.1.495]; — 20 sept. 1839, Callot, [P. 39.2.367]; — 26 sept. 1839, David, [P. 40.1.498]; — 18 oct. 1839, Foulon, [*Bull. crim.*, n. 324]; — 9 janv. 1840, Beaudrouet, [P. 40.2. 233]; — 29 mai 1840, Jacquemain, [P. 40.2.191]; — 22 mai 1841, Brunel, [*Bull. crim.*, n. 152]; — 24 sept. 1842, Dodin, [*Bull. crim.*, n. 248]; — 4 mai 1843, Tribondeau, [*Bull. crim.*, n. 95]; — 11 avr. 1845, Charliac, [P. 46.1.158, D. 45.4.128]; — 5 juin 1845, Salessaud, [P. 46.1.103, D. 45.4.129]; — 12 juin 1845, Binot, [P. 48.2.318]; — 27 juin 1846, Dague, [P. 46.1 325, D. 46.4.138]; — 25 févr. 1881, Abd-ei-Kader-ould-Benozza, [*Bull. crim.*, n. 54]

3324. — Il y a donc vice de complexité, lorsque le jury, après avoir été interrogé sur plusieurs chefs principaux d'accusation par des questions distinctes, est interrogé sur plusieurs circonstances aggravantes par question unique. — Cass., 27 janv. 1881, Resgui-ben-Tarhar-ben-Mohamed, [S. 82.1.439, P. 82.1.1070, D. 81.1.232]

3325. — Jugé, spécialement, que lorsque plusieurs crimes ont précédé, accompagné ou suivi le crime principal, il y a complexité, s'il n'est point posé une question distincte et séparée sur chacune des circonstances aggravantes de concomitance. — Cass., 24 févr. 1876, Ahmed-ben-Zian-Ben-Zina-Amza-Ould-Kaddour, [S. 77.1.93, P. 77.186, D. 77.1.409]

3326. — La nature du crime ou la qualité de l'accusé importe peu, dès lors que le jury est compétent pour juger l'accusation. Ainsi, le jury appelé à prononcer sur un crime maritime doit, aussi bien que lorsqu'il s'agit de crimes de droit commun, être, à peine de nullité, interrogé séparément sur le fait principal et sur chacune des circonstances aggravantes. — Cass., 10 oct. 1861, Priou, [P. 62.839, D. 61.1.456]

3327. — Spécialement, il ne peut être interrogé par une seule et même question à la fois sur le fait de vol de marchandises chargées sur un navire, et sur les circonstances que ce vol aurait eu lieu à bord et par un individu remplissant les fonctions de subrécargue. — Même arrêt.

3328. — Et il n'y a aucune distinction à établir non plus entre les circonstances relevées contre l'accusé dans l'arrêt de renvoi et celles qui résultent des débats et sont posées en vertu du pouvoir du président; lorsqu'une circonstance aggravante est résultée des débats (V. *suprà*, n. 3014 et s.), elle doit faire l'objet d'une question distincte au jury, et ne peut pas être confondue avec la question principale, *à peine de nullité*. — Cass., 12 juill. 1832, précité. — *Contrà*, Cass., 3 févr. 1826, Bossière, [S. et P. chr.]

3329. — Cependant la règle suivant laquelle une question doit être posée sur chacune des circonstances aggravantes ne s'applique point au cas où deux éléments d'aggravation concourent ensemble pour former une seule et même circonstance aggravante ; il suffit alors de renfermer les deux faits dans une seule question. — Cass., 30 juin 1853, Martin, [S. 53.1.779, P. 54.2.70, D. 53.5.136] ; — 12 août 1859, Vallot, [S. 59.1.972, P. 60.874] ; — 28 mai 1875, Maillot, [S. 75.1.487, P. 75.1214, D. 76. 1.140] — *Sic*, F. Hélie, *Instr. crim.*, t. 8, n. 3710 ; Nouguier, t. 4, n. 2928. — Par suite, ne constitue pas le vice de complexité, dans une accusation de vol commis par un ouvrier dans la maison de son maître, la réunion dans la même question de la qualité d'ouvrier de l'accusé et du lieu où le vol a été commis : ces deux éléments étant indispensables pour constituer la circonstance aggravante prévue par l'art. 386, § 3, C. pén. — Cass., 28 mai 1875, précité. — V. aussi *infrà*, n. 3382.

3330. — De même, en matière de viol, il n'y a point complexité dans la question unique posée sur le triple point de savoir si la victime était la fille naturelle de l'épouse légitime de l'accusé, si elle était mineure, et si elle avait une habitation commune avec l'accusé. — Cass., 17 janv. 1850, [*Bull. crim.*, n. 24] ; — 20 janv. 1853, Lebeau, [S. 53.1.239, P. 53.2.384, D. 53.3.137] ; — 12 août 1859, précité.

3331. — Le principe ne s'applique pas non plus lorsque les circonstances aggravantes relevées contre l'accusé ne sont pas de nature à élever la peine. Ainsi, par exemple, dans une accusation de parricide, le président peut se dispenser d'interroger le jury sur les circonstances de préméditation et de guet-apens, qui, en semblable matière, ne sauraient modifier la peine. — Cass., 6 juin 1870, Beslière, [S. 71.174, P. 71.471] — *Sic*, Blanche, *Études sur le Code pénal*, n. 496.

3332. — Nous avons dit, *suprà*, n. 3307 et s., qu'en cas de pluralité des accusés une question spéciale doit être posée pour chaque accusé. Il en est, en principe, des circonstances aggravantes comme du fait principal.

3333. — Cependant une distinction s'impose : les circonstances aggravantes qui tiennent à des faits matériels, qui ne peuvent exister à l'égard de l'un des auteurs d'un crime sans exister à l'égard du coauteur, ne doivent pas nécessairement faire l'objet de questions distinctes et spéciales pour chaque accusé. — Cass., 10 févr. 1844, Duroule, [P. 45.2.36] ; — 31 juill. 1847, [*Bull. crim.*, n. 169] ; — 19 mai 1865, [*Bull. crim.*, n. 116] ; — 11 juin 1868, [J. *Le Droit*, 12 juin 1868]

3334. — Ainsi jugé, en ce sens, qu'au cas d'accusation contre plusieurs individus, le jury peut, sans qu'il y ait vice de complexité, être interrogé par une seule et même question sur les circonstances aggravantes, lorsque ces circonstances se rattachent à des faits purement matériels : telles, par exemple, les circonstances de maison habitée, de pluralité de personnes et d'effraction. — Cass., 7 déc. 1854, Bourgeois, [S. 55.1.71, P. 55.1.212] ; — 4 avr. 1863, Gaillardie, [S. 63.1.407, P. 63. 1098, D. 63.5.99] ; — 19 mai 1865, précité ; — 11 juin 1868, précité ; — 30 juill. 1868, [*Bull. crim.*, n. 182] ; — 3 juin 1869, [*Bull. crim.*, n. 125] ; — 11 mars 1870, [*Bull. crim.*, n. 64] ; — 29 janv. 1874, [*Bull. crim.*, n. 31] ; — 7 juin 1877, Déon, [S. 78. 1.237, P. 78.570, D. 77.1.409] ; — 28 mai 1875, précité.

3335. — ... Qu'il en est ainsi, en ce qui concerne spécialement la circonstance de maison habitée au cas d'accusation d'incendie. — Cass., 23 nov. 1854, Lequin, [S. 54.1.824, P. 55.1. 212, D. 54.5.428]

3336. — ... Ou de vol commis avec violences ayant laissé des traces. — Cass., 30 déc. 1804, Planix et autres, [D. 65.1. 323]

3337. — ... Que lorsque les circonstances aggravantes d'un vol imputé à plusieurs accusés se lient au fait matériel de ce vol, et ne peuvent exister pour l'un sans exister en même temps pour les autres, il suffit que les questions y relatives soient posées séparément, sans qu'il soit besoin, pour chacune de ces circonstances, d'une déclaration individuelle en ce qui concerne chacun des accusés. — Cass., 21 janv. 1848, Brunet, [P. 43.2. 630]

3338. — Mais s'il est admis que les circonstances aggravantes matérielles peuvent légalement n'être l'objet que d'une seule question commune à tous les coaccusés d'un même crime, par ce motif qu'une fois établi à l'égard d'un seul, le fait matériel

l'est à l'égard de tous, il en est autrement des circonstances aggravantes purement morales et d'intention qui, par leur nature même, sont personnelles à chacun d'eux. — Cass., 16 nov. 1854, Lemeur, [S. 54.1.824, P. 55.1.212] ; — 4 avr. 1863, précité ; — 7 juin 1877, précité ; — 27 mai 1886, Lounès, [D. 86.1.426] ; — 12 déc. 1889, [*Bull. crim.*, n. 384] — *Sic*, F. Hélie, *Tr. de l'instr. crim.*, t. 8, n. 3706.

3339. — Telle est la circonstance aggravante de préméditation. — Cass., 4 janv. 1839, [*Bull. crim.*, n. 5] ; — 13 juin 1844, Duponchet, [P. 44.2.95] ; — 16 nov. 1854, précité ; — 4 avr. 1863, précité ; — 24 févr. 1876, Ahmed-ben-Zian, [S. 77. 1.93, P. 77.186, D. 77.1.409] ; — 7 juin 1877, précité ; — 23 déc. 1886, [*Bull. crim.*, n. 434] ; — 12 déc. 1889, précité ; — 10 déc. 1890, Ringuet, [D. 91.5.153]

3340. — ... Ou de guet-apens. — Cass., 16 nov. 1854, précité ; — 28 juin 1855, Metas, [D. 55.5.132] ; — 7 juin 1877, précité ; — 23 déc. 1886, précité.

3341. — Il en est de même du mobile du crime, par exemple de la circonstance aggravante relative à la question de savoir si un meurtre a eu pour objet de préparer, faciliter ou exécuter un délit. — Cass., 27 mai 1886, précité.

3342. — A l'égard des complices, nous avons expliqué, *suprà*, v° *Complicité*, que le fait principal ne pouvait, en ce qui les concerne, être dépouillé de ses circonstances aggravantes, et que par cela seul qu'ils étaient convaincus d'avoir participé au fait déclaré constant par le jury, ils étaient nécessairement punis pour le fait tel qu'il avait été qualifié à l'égard de l'auteur principal. Il en résulte, avons-nous dit, qu'il n'est pas nécessaire de renouveler à l'égard du complice des questions distinctes relatives aux circonstances aggravantes, la réponse faite, quant à ces circonstances, à l'égard de l'auteur principal, impliquant nécessairement la même réponse à l'égard du complice (V. *suprà*, v° *Complicité*, n. 116 et s., 571 et s.) ... à moins que le complice ne soit poursuivi séparément, après l'auteur principal (V. *suprà*, v° *Complicité*, n. 185, 186, 631). — ... Et sauf l'exception contenue dans l'art. 63, C. pén. (V. *eod. verb.*, n. 666 et s.). — Nous n'avons qu'à nous référer aux explications que nous avons données sur ce point. — V. aussi Cass., 6 mars 1885, Doung-Van-Thi, [*Bull. crim.*, n. 79] ; — 3 juill. 1885, Jean-Jacob, [*Bull. crim.*, n. 198] ; — 18 mars 1886, Miniard, [*Bull. crim.*, n. 116] ; — 19 déc. 1890, Ringuet, [*Bull. crim.*, n. 259] ; — 11 août 1892, Soleri, [*Bull. crim.*, n. 238]

3343. — Lorsque le jury a répondu négativement aux deux questions distinctes sur le fait incriminé et sur la circonstance aggravante posées à l'égard de l'auteur principal, la question unique posée à l'égard du complice, qui se réfère aux deux questions précédentes et que le jury résout affirmativement, se trouve viciée de complexité en ce qu'il en résulte la réunion de deux éléments que le jury doit résoudre séparément. — Cass., 8 avr. 1869, Bernaudau, [S. 71.1.173, P. 71.470] ; — 29 avr. 1880, [*Bull. crim.*, n. 85] ; — 25 févr. 1881, [*Bull. crim.*, n. 54]

3344. — Mais il en est autrement si la réponse du jury à l'égard de l'auteur principal a été affirmative tant sur le fait incriminé que sur la circonstance aggravante : alors la question unique posée relativement au complice, résolue aussi affirmativement à son égard, est régulière est peut légalement servir de base à sa condamnation. — Cass., 5 mars 1868, Zahra, [S. 71. 1.173, P. 71.470, D. 68.5.113]

3345. — Au surplus, bien qu'une des questions posées au jury comprenne à tort à la fois le fait principal et une circonstance aggravante, il n'en résulte point de nullité pour vice de complexité si le jury a en outre spécialement et séparément interrogé par une autre question sur cette circonstance aggravante. — Cass., 7 avr. 1853, Gabarrou, [P. 54.1.299, D. 53.1.174]

3346. — Conformément au principe posé, *suprà*, n. 3184, il y a nullité lorsque, le jury ayant été d'abord interrogé par des questions distinctes et séparées sur le fait principal et sur chacune des circonstances aggravantes, ces faits et ces circonstances ont été attribués à l'accusé par une réponse complexe. — Cass., 27 mars 1840, Manfoix, [P. 41.1.79]

3347. — Ajoutons que la loi n'exige pas que le jury soit prévenu par le libellé de la question que le fait qui est relaté peut devenir une cause d'aggravation de la peine ; il suffit que le jury ait été interrogé d'une manière distincte sur chaque fait et sur chaque circonstance à laquelle la loi attache une cause d'aggravation. — Cass., 27 avr. 1893, [*Bull. crim.*, n. 107]

3348. — b) *Applications*. — Les nombreux arrêts que nous allons rapporter ci-dessous confirment cette jurisprudence constante qu'il y a nullité lorsque le jury a été interrogé par une seule question sur le fait principal et sur une ou plusieurs circonstances aggravantes.

3349. — *Rébellion*. — En matière de *rébellion*, le nombre de ceux qui font résistance étant une circonstance aggravante (art. 210), cette circonstance doit faire l'objet d'une question spéciale. — Cass., 25 févr. 1843; Barthes, [S. 43.1.656, P. 43.2.467] — *Sic*, Blanche, t. 4, n. 56; Garraud, t. 3, n. 383 et s., 401.

3350. — *Coups et blessures*. — Lorsque les coups et blessures ont occasionné la mort, mais sans qu'il y eût intention de la donner, il doit être posé deux questions au jury, l'une sur les coups et blessures, l'autre sur la circonstance aggravante de mort; il ne peut être posé une seule question complexe comprenant à la fois les coups et blessures et la mort qui les a suivis. — Cass., 10 oct. 1839, [*Bull. crim.*, n. 324]; — 2 janv. 1841, [*Bull. crim.*, n. 2]; — 9 juin 1842, [*Bull. crim.*, n. 138]; — 25 août 1842, [*Bull. crim.*, n. 218]; — 19 avr. 1839, Lavergne, [P. 41.2.749]; — 9 janv. 1840, Beaudrouet, [P. 40.2.233]; — 30 déc. 1841, Pouilié, [S. 42.1.145, P. 42.1.241]; — 18 janv. 1844, Leguen, [P. 44.2.576]; — 25 sept. 1845, Guillon, [P. 46.1.624]; — 3 sept. 1846, deux arrêts : Perret, Delbos, [P. 49.2.428, D. 46.4.136]; — 7 janv. 1847, Coste, [P. 47.1.570, D. 47.4.137]; — 27 juill. 1848, Gauthier et Gouterbe, [S. 49.1.219, P. 48.2. 489, D. 48.5.89]; — 9 nov. 1848, Leport, [P. 50.1.94]; — 30 nov. 1848, Boyer, [*Ibid.*]; — 3 oct. 1850, Cendret, [D. 50.5.118]; — 10 juin 1852, Desbarres, [D. 52.5.172]; — 24 mars 1870, Moïsa-Ben-ès-Saïd, [*Bull. crim.*, n. 71]; — 25 avr. 1872, Raynal, [*Bull. crim.*, n. 95] — *Sic*, Blanche, t. 5, n. 581.

3351. — Et dans une accusation de cette nature, le président obéit au vœu de la loi, qui exige que le jury soit appelé à s'expliquer d'abord sur le fait principal, ensuite sur chacune des circonstances aggravantes séparément, en divisant la question, et demandant : 1° si l'accusé est coupable d'avoir volontairement porté des coups; 2° si les coups portés sans intention de donner la mort l'ont pourtant occasionnée. Il en est ainsi quoique l'arrêt de renvoi et l'acte d'accusation ne contiennent pas cette division, et que le fait principal, isolé, soit purement correctionnel, et ne prenne le caractère de crime que rapproché de la circonstance aggravante. — Cass., 7 janv. 1842, Valois, [S. 42.1.882, P. 42.1.675]

3352. — Est également complexe la question qui comprend dans un même contexte de fait principal de coups et blessures et la circonstance aggravante résultant de la qualité de la victime. — Cass., 10 juill. 1879, [*Bull. crim.*, n. 142]

3353. — Spécialement, est nulle pour vice de complexité, la question unique posée au jury, qui comprend à la fois le fait principal de coups et blessures portés volontairement, et la circonstance aggravante résultant de ce que la victime était le père de l'accusé. — Cass., 5 sept. 1844, Villachon, [S. 45.1.314, P. 45.1.784]; — 27 juin 1845, Dague, [P. 46.1.325]; — 25 sept. 1845, Guillon, [P. 46.1.624]; — 5 mars 1846, Lecourt, [P. 49.2.178, D. 46.4.137]; — 17 févr. 1849, Raffin, [P. 50.2.48, D. 49.5.92]; — 7 août 1851, [*Bull. crim.*, n. 326]; — 10 juill. 1879, Tilot, [*Bull. crim.*, n. 142]; — 25 mars 1880, Hurel, [S. 81.1.231, P. 81.1.544, D. 80.1.439]; — 23 déc. 1886, Courtil, [S. 89.1.133, P. 89.1.303] — *Sic*, Blanche, *Et. prat. sur le C. pén.*, t. 4, n. 501, 602 et 603; Chauveau et F. Hélie, *Théor. du C. pén.*, 6° édit., n. 1205.

3354. — Dans une accusation de violences exercées sur un agent de la force publique (C. pén., art. 231 et s.), la circonstance que cet agent était dans l'exercice de ses fonctions est une circonstance aggravante à l'égard de laquelle il doit être posé au jury une question distincte et séparée. — Cass., 12 juin 1845, Altoffe, [S. 45.1.844, P. 46.1.93, D. 46.4.142]; — 12 juin 1845, Binot, [P. 48.2.318]; — 11 sept. 1845, Gaudon, [P. 46.1.561]; — 23 janv. 1846, Tassy, [P. 46.2.117]; — 20 nov. 1849, Boutan, [P. 51.2.422]; — 26 juin 1852, Weisse, [D. 52.5.171]; — 12 mai 1853, Marie Paul, [D. 53.5.136]; — 20 avr. 1854, Brun, [S. 54.1.493, P. 55.2.436]; — 8 mars 1855, Petit, [S. 55.1.617, P. 56.1.54]; — 14 juin 1855, Maget, [D. 55.5.472]; — 10 janv. 1856, Auffret, [D. 56.5.490]; — 8 août 1861, Charnel, [D. 61.5. 133]; — 10 janv. 1862, Esnon, [D. 62.5.343]

3355. — En conséquence, il y a nullité pour cause de complexité si la question posée au jury comprend à la fois le fait

de violences (fait principal) et la circonstance (aggravante) que l'agent sur lequel ces violences ont été commises se trouvait dans l'exercice de ses fonctions. — Mêmes arrêts.

3355 bis. — Spécialement, dans une accusation de coups portés à un gardien de prison, la circonstance que le gardien agissait alors pour l'exécution des ordres de l'autorité ou des mandats de la justice est aggravante et doit faire l'objet d'une question distincte au jury. — Cass., 25 mars 1880, précité.

3356. — Dans une accusation de coups et blessures qui ont occasionné une incapacité de travail de plus de vingt jours, il doit, à peine de nullité, être posé deux questions au jury, l'une sur le fait principal des coups et blessures, l'autre sur la circonstance aggravante d'incapacité de travail. — Cass., 16 janv. 1841, Michalon, [S. 42.1.231]

3357. — Il ne suffirait pas de poser une seule question qui embrasserait dans sa complexité le fait principal et la circonstance aggravante. — Même arrêt.

3358. — Si l'accusé est traduit devant les assises pour avoir volontairement porté à un officier ministériel, dans l'exercice de ses fonctions, des coups suivis de mort dans les quarante jours, et ce, avec intention de la donner avec préméditation, le jury doit être interrogé d'abord sur le fait de coups volontaires, puis sur chacune des circonstances aggravantes. — Cass., 14 avr. 1892, [*Bull. crim.*, n. 109]

3359. — *Avortement*. — Il y a nullité lorsque, dans une affaire d'avortement, le jury a été interrogé par une seule question sur le fait d'avortement et sur la qualité de médecin, de chirurgien, d'officier de santé, de pharmacien, ou de sage-femme, qui forme une circonstance aggravante de ce crime. — Cass., 26 janv. 1839, Verdun, [P. 39.1.312]; — 16 juin 1853, Lagnon, [D. 53. 5.434]; — 13 janv. 1854, Vassalin, [*Bull. crim.*, n. 8] — *Sic*, Blanche, t. 4, n. 625; Chauveau, F. Hélie et Villey, t. 4, n. 1375.

3360. — *Homicide*. — Le meurtre étant puni d'une peine plus grave lorsqu'il a été précédé, accompagné ou suivi d'un autre crime ou quand il a eu pour objet soit de préparer, faciliter ou exécuter un délit, soit de favoriser la fuite ou d'assurer l'impunité des auteurs ou complices de ce délit, on doit poser dans des questions distinctes : 1° le fait principal de meurtre; 2° les circonstances aggravantes de ce crime, s'il y a lieu; 3° le fait principal du crime ou du délit concomitant; 4° les circonstances aggravantes, s'il en existe; 5° enfin, et aussi dans une question spéciale, la circonstance que les deux crimes se rattachent l'un à l'autre.

3361. — Ainsi, le meurtre suivi de vol, ou ayant pour objet un vol, ne peut être compris dans une seule et même question, avec les circonstances de préméditation et de soustraction frauduleuse concomitante. — Cass., 8 juill. 1837, Loiret, [P. 38.1. 582] — V. aussi Cass., 16 août 1850, Laffargue, [D. 50.5.119]; — 1er oct. 1863, Maurice, [D. 66.5.102]; — 7 juill. 1881, Barral, [*Bull. crim.*, n. 170] — Blanche, t. 4, n. 530, 532; Chauveau, F. Hélie et Villey, t. 3, n. 1308.

3362. — Il en est de même lorsqu'il s'agit d'un viol concomitant à un meurtre. — Cass., 3 juin 1852, Valotaire, [D. 52. 5.173]

3363. — Il y a nullité lorsque, dans une accusation comprenant trois meurtres, à chacun desquels se rattachait la circonstance aggravante de concomitance avec les deux autres, le jury, après avoir été interrogé par une question distincte sur chacun desdits meurtres, est interrogé, relativement aux circonstances aggravantes, par une question unique posée en ces termes : « Ledit meurtre a-t-il précédé, accompagné ou suivi les crimes de meurtre spécifiés sous les deux questions principales? » — Cass., 24 févr. 1876, Ahmed-ben-Zean, [D. 77.1. 409]; — 27 janv. 1881, Resgui-ben-Tarhar-ben-Mohamed, [S. 82.1.439, P. 82.1.1070, D. 81.1.232] — *Sic*, Blanche, t. 4, n. 531.

3364. — Néanmoins lorsque le second fait s'est révélé au cours des débats et n'a pas été relevé dans l'acte d'accusation, comme il ne peut être soumis aux jurés en vertu du pouvoir du président que comme une circonstance aggravante du meurtre, et non comme un fait nouveau et distinct, susceptible d'engendrer une pénalité spéciale (V. *suprà*, n. 2990 et s.), il en résulte qu'on peut réunir dans une même question tout à la fois les éléments constitutifs du crime ou du délit avec cette circonstance qu'il se rattache au crime du meurtre. — Cass., 3 avr. 1845, Lachanelle, [P. 48.2.358]

3365. — S'il s'agit d'un homicide commis sur un agent de la force publique, la circonstance que cet agent était dans l'exercice de ses fonctions est une circonstance aggravante, à l'égard de laquelle il doit être posé au jury une question distincte et séparée. — Cass.. 14 janv. 1841, Picquier, [P. 42.1.245]; — 20 avr. 1854, Brun, [S. 54.1.493, P. 55.2.436]

3366. — Lorsque le jury a été interrogé par une question unique sur une tentative de meurtre et sur la circonstance aggravante que cette tentative a été commise par un militaire sur son supérieur, il y a lieu d'annuler la déclaration du jury tant en ce qui concerne le fait principal qu'en ce qui regarde les circonstances aggravantes, qui n'en sont qu'un accessoire. — Cass., 23 janv. 1845, Tassy, [P. 46.2.117]

3367. — La Cour de cassation avait d'abord jugé qu'il n'y aurait pas de nullité en ce que la circonstance de préméditation et de guet-apens n'aurait fait l'objet que d'une seule question posée au jury. — Cass., 22 nov. 1838, Pietri, [S. 40.1.255, P. 39.2.633]; — 19 juill. 1839, Marc-Angeli, [P. 43.2.805]

3368. — Mais depuis, au contraire, la Cour de cassation a décidé que l'on doit annuler, comme entachée du vice de complexité, la question soumise au jury qui comprend les deux circonstances de préméditation et de guet-apens. — Cass., 13 juin 1844, [Bull. crim., n. 207]; — 3 juill. 1845, Courtot, [P. 45.2.615]

3369. — Attentats aux mœurs. — Dans une accusation de viol ou d'attentat à la pudeur avec violence, la circonstance que la victime était âgée de moins de quinze ans constitue une circonstance aggravante qui ne peut, à peine de nullité, être comprise dans la même question que le fait principal. — Cass., 23 sept. 1837, Marc, [P. 40.1.96]; — 28 sept. 1837, Jung, [S. 38.1.174, P. 37.2.623]; — 11 oct. 1838, [Bull. crim., n. 329]; — 8 nov. 1838, [Bull. crim., n. 346]; — 18 avr. 1839, [Bull. crim., n. 127]; — 11 juill. 1839, Froger, [S. 39.1.805, P. 39.2.555]; — 9 sept. 1841, Enjalbert, [P. 41.2.559]; — 13 juill. 1842, Canet, [S. 42.1.639, P. 42.2.224]; — 12 janv. 1843, Huart, [S. 43.1.427, P. 44.1.446]; — 2 juin 1848, Larnaudie, [S. 49.1.544, P. 49.1.491]; — 17 janv. 1850, Biarret, [D. 50.5.117]; — 18 sept. 1851, Duval, [D. 51.5.131]; — 28 août 1856, Compagny, [Bull. crim., n. 301]; — 11 nov. 1858, [Bull. crim., n. 265]; — 14 juill. 1864, Legros, [S. 65.5.104]; — 10 nov. 1864, [Bull. crim., n. 250]; — 2 janv. 1874, Girod, [D. 75.5.129]; — 6 janv. 1881, Sénac, [Bull. crim., n. 3]; — 15 mai 1884, [Bull. crim., n. 161]; — 5 mars 1885, Schteklin, [Bull. crim., n. 75]; — 1er sept. 1887, Grenier, [Bull. crim., n. 327]; — 26 mars 1891, Manoro, [S. et P. 93.1.398, D. 91.5.153] — Sic, F. Hélie, n. 3685; Nouguier, n. 2913; Chauveau et F. Hélie, Th. du C. pén., 6e édit., t. 4, n. 1588; Blanche, Etudes prat. du C. pén., t. 5, n. 139; Garraud, Tr. théor. et prat. du dr. pén. franç., t. 4, n. 471.

3370. — Il en est de même de la circonstance que le coupable était l'ascendant de la victime. — Cass., 18 sept. 1837, [Bull. crim., n. 295]; — 23 nov. 1838, [Bull. crim., n. 366]; — 15 juill. 1842, précité; — 27 avr. 1848, Cadio, [P. 49.1.466]; — 5 mars 1858, Das, [D. 58.5.109]; — 1er sept. 1887, précité; — 25 mai 1895, Zare, [Bull. crim., n. 158] — Sic, Blanche, loc. cit.

3371. — ... Ou prêtre. — Cass., 18 sept. 1856, Roulin, [Bull. crim, n. 256]; — 13 nov. 1856, Roulin, [S. 56.1.469] — Sic, Blanche, loc. cit.

3372. — Dans une accusation de détournement d'une mineure, la circonstance que le ravisseur est âgé de plus de vingt et un ans est une circonstance aggravante du crime, et doit faire l'objet d'une question distincte. — Cass., 30 nov. 1849, Marcotti, [D. 49.5.96]

3373. — Il en est de même de l'âge de la victime si elle a moins de seize ans accompli. — Cass., 30 mars 1850, Soulet, [D. 50.5.197]

3374. — Subornation de témoins. — La circonstance que la subornation de témoins a eu lieu à l'aide de dons ou promesses est aggravante (art. 364), et, par conséquent, doit faire l'objet d'une question distincte. — Cass., 24 août 1854, [Bull. crim., n. 262]

3375. — Si, au contraire, le moyen à l'aide duquel la subornation a eu lieu ne constitue pas une circonstance aggravante, il n'y a pas nullité si la question unique porte en même temps sur le fait principal et sur le moyen employé par le coupable. — Cass., 2 juill. 1857, [Bull. crim., n. 249]; — 17 juill. 1857, [Bull. crim., n. 273]

3376. — Vol. — Il y a nullité lorsque le jury a été interrogé par une seule question sur les circonstances aggravantes du vol. — Cass., 4 juill. 1844, Gérome, [P. 44.2.573]

3377. — Spécialement, il y a nullité lorsqu'il a été demandé au jury par une seule question s'il y a eu soustraction frauduleuse, si cette soustraction a été commise la nuit, dans une maison habitée, et si elle a précédé, accompagné ou suivi un meurtre. — Cass., 5 juin 1845, Salessaud, [P. 45.1.103] — V. suprà, n. 3360 et s.

3378. — Dans une accusation de vol avec les circonstances aggravantes de nuit, de maison habitée et d'effraction intérieure, on ne peut, à peine de nullité, réunir dans une seule question le fait principal et les circonstances aggravantes. — Cass., 31 mai 1838, Huc, [S. 38.1.896, P. 40.1.222]; — 10 mai 1839, Tomasini, [P. 39.2.367]; — 5 sept. 1839, Dureux, [P. 40.1.495]; — 20 sept. 1839, Collot, [P. 39.2.367]

3379. — La circonstance de maison habitée, notamment, ne peut être considérée comme ayant été implicitement résolue, lorsqu'elle n'a pas fait l'objet d'une question particulière. — Cass., 29 déc. 1838, Fabre, [P. 40.1.142]; — 6 juin 1839, [Bull. crim., n. 180]; — 4 mai 1843, [Bull. crim., n. 95]; — 3 juin 1864, Laigle, [D. 65.5.103]

3380. — Il en est de même de la circonstance d'effraction. — Cass., 15 oct. 1840, [D. Rép., v° Instr. crim., n. 2886]; — 30 avr. 1852, [Bull. crim., n. 142]; — 24 févr. 1853, [Bull. crim., n. 65]; — 15 déc. 1853, Mordoy, [D. 53.5.486]; — 9 avr. 1857, Delamarre, [P. 57.579]

3381. — ... Et de la circonstance aggravante de l'usage de fausses-clefs. — Cass., 27 avr. 1850, Prajoux, [D. 50.5.122]; — 11 avr. 1851, Biagi, [D. 51.5.152]

3382. — Mais l'usage de fausses-clefs et l'effraction impliquant par là-même que le vol a été commis dans une maison habitée, sans quoi ils n'auraient aucun caractère aggravant, ces deux éléments de maison habitée et l'usage de fausses-clefs ou d'effraction concourant à caractériser une même circonstance aggravante peuvent être réunis dans une même question. — V. suprà, n. 3329, et infrà, n. 3438.

3383. — Est complexe la question au jury qui porte à la fois sur une tentative de vol et sur le point de savoir si cette tentative a été commise en réunion. — Cass., 27 juin 1878, Larané, [Bull. crim., n. 135]

3384. — Il y a nullité lorsqu'on a posé au jury une seule question de culpabilité sur un vol, avec les circonstances que ce vol aurait été commis par deux personnes, sur un chemin public, avec violences, port d'armes et menace d'en faire usage. — Cass., 3 août 1837, Baqué, [S. 37.1.748, P. 37.2.200]; — 28 nov. 1850, [Bull. crim., n. 400]

3385. — Lorsqu'un vol a été commis à l'aide de violences ayant laissé des traces, ces deux circonstances aggravantes doivent faire l'objet de questions séparées et distinctes de la question principale. — Cass., 18 août 1870, Caron et Germain; [Bull. crim., n. 268]; — 19 mai 1871, Bou-Médin-Bel-Kadi, [Bull. crim., n. 42]; — 2 sept. 1880, Feippel, [Bull. crim., n. 175]; — 20 mars 1884, Marti-Vicenti, [Bull. crim., n. 94]; — 16 janv. 1892, Chatet, [D. 92.1.312] — Sic, Blanche, t. 5, n. 523; Nouguier, n. 2927.

3386. — Dans une accusation de vol domestique, la domesticité ne peut pas être réunie au fait de la soustraction dans les questions posées au jury. — Cass., 2 août 1838, [Bull. crim., n. 257]; — 26 sept. 1839, David, [P. 40.1.495]; — 13 déc. 1877, femme Gillard, [Bull. crim., n. 257]; — 19 juin 1879, Dabert, [Bull. crim., n. 121]

3387. — Dans une accusation de vol de divers objets dont les uns ont été soustraits à l'aide d'effraction et les autres sans cette circonstance aggravante, on ne peut réunir dans une même question ces deux faits. — Cass., 27 mars 1843, [Bull. crim., n. 113] — Sic, Nouguier, n. 2905.

3388. — Abus de confiance. — La circonstance que l'abus de confiance a été commis par un serviteur à gages doit faire l'objet d'une question spéciale. — Cass., 1er déc. 1854, Leroux, [D. 54.5.220] — Sic, Blanche, t. 6, n. 269.

3389. — Est complexe la question portant à la fois sur le fait de détournement commis par un comptable et sur la circonstance aggravante résultant de ce que les sommes détournées seraient supérieures à 3.000 fr. — Cass., 15 juin 1860, Poltey, [S. 61.1.398, P. 61.756, D. 60.1.467]; — 11 mars 1880, Foissac, [S. 81.1.48, P. 81.1.77, D. 80.1.439]

3390. — *Abus de blanc-seing.* — La circonstance qu'un blanc-seing n'aurait pas été confié à celui qui en a abusé, étant aggravante du délit d'abus de blanc-seing, doit être posée d'une manière distincte. — Cass., 13 oct. 1842, Royer, [P. 43.1.164]

3391. — *Incendie.* — On ne peut comprendre avec le fait principal, dans une même question posée au jury, la circonstance que l'édifice incendié était habité ou servait à l'habitation, cette circonstance étant aggravante du fait d'incendie. — Cass.,24 mars 1838, Bettinger, [P. 40.1.204]; — 26 avr. 1838, Bernard, [P. 40. 1.145]; — 13 déc. 1838, Cornely, [P. 38.2.586]; — 13 déc. 1838, Collier, [P. 39.1.310]; — 28 mars 1839, Vaflau, [P. 40.2.602]; — 12 sept. 1839, Pénissard, [P. 40.1.493]; — 20 sept. 1839, Leconte, [P. 40.1.475]; — 27 mars 1840, Vachon, (P. 40.2.603]; — 29 mai 1840, Jacquemain, [P. 40.2.191]; — 19 juin 1840, Mitjaville, [P. 41.2.675]; — 25 sept. 1840, [*Bull. crim.*, n. 285]; — 22 mai 1841, [*Bull. crim.*, n. 152]; — 9 mai 1844, [*Bull. crim.*, n. 164]; — 16 janv. 1845, Thuau, [P. 46.1.45]; — 11 avr. 1845, Charliac, [P. 46.1.158]; — 19 juin 1845, Daburon, [P. 48.2.359]; — 3 janv. 1846, Dubois, [P. 46.2.116, D. 46.4.140]; — 3 sept. 1847, Hérault dit Boubonne, [P. 48.2.67, D. 47.4.143]; — 17 sept. 1847, Bourré, [P. 48.1.397, D. 47.4.143]; — 13 janv. 1848, Fabe, [S. 48.1.668, P. 48.2.473, D. 48.5.87]; — 7 juill. 1849, Dupont, [P. 50.2.119, D. 49.5.94]; — 7 mars 1850, [*Bull. crim.*, n. 132]; — 6 juin 1850, Lambert, [D. 50.5.120]; — 3 déc. 1852, Revol, [S. 53.1.451, P. 53.2.673, D. 52.5.173]; — 29 sept. 1854, Holveck, [D. 54.5.429]; — 9 mars 1855, [*Bull. crim.*, n. 153]; — 13 janv. 1859, Batilla, [D. 59.5.221]; — 7 juin 1860, Dourry, [D. 60.5.99]; — 21 juin 1860, Villard, [*Ibid.*]; — 12 sept. 1861, Duley, [P. 62.661, D. 61.1.96]; — 15 mars 1866, Collard, [D. 67.5.115]; — 13 avr. 1866, [*Bull. crim.*, n. 183]; — 13 avr. 1868, Giraud, [D. 69.5.103]; — 5 oct. 1871, [*Bull. crim.*, n. 125]; — 4 janv. 1872, Gusniou, [*Bull. crim.*, n. 1]; — 10 avr. 1873, Morhaud, [S. 73.1. 432, P. 73.1030, D. 75.1.95]; — 8 janv. 1874, Moreau, [D. 75. 1.95]; — 11 juill. 1879, Perrochon, [D. 80.1.96]; — 27 janv. 1881, [*Bull. crim.*, n. 20]; — 17 mars 1881, Quegnaux, [*Bull. crim.*, n. 76]; — 17 janv. 1884, Delmont, [*Bull. crim.*, n. 15]; — 15 févr. 1889, [*Bull. crim.*, n. 64] — *Sic*, Blanche, t. 6, n. 502. — ... Pourvu toutefois qu'il s'agisse d'une maison ou d'un édifice appartenant à autrui, ainsi que l'a constamment reconnu la jurisprudence dans les arrêts précités.

3392. — Car lorsque la maison incendiée appartient à l'accusé, la circonstance de l'habitation devient constitutive du crime, et dès lors ne doit plus être soumise au jury d'une manière distincte comme circonstance aggravante. — Cass., 13 déc. 1839, Pénissard, [P. 40.2.262]; — 24 avr. 1845, Fontaine, [P. 46.1.159]; — 14 janv. 1847, Blin, [S. 47.1.392, P. 47.1.566, D. 47.4.181]; — 3 juin 1847, Langlacé, [S. 48.1.668, P. 49.1.606, D. 47.4.141]; — 13 janv. 1848, précité; — 3 févr. 1848, Latour-Laplanche, [S. 48.1.392, P. 49.1.468, D. 48.5.88]; — 7 janv. 1850, Loury, [P. 50.566, D. 60.5.98]; — 21 juin 1877, Mercadier, [S. 78.1.385, P. 78.945]; — 23 janv. 1890, [*Bull. crim.*, n. 19] — Nancy, 2 juin 1855, Guyard, [S. 55.2.558, P. 55.1.601] — Limoges, 16 févr. 1861, Jaubertie, [S. 61.2.385, P. 61.555]

3393. — En lui-même, en effet, le fait par un individu d'incendier sa maison ne constitue pas le crime prévu par l'art. 434, C. pén., alors d'ailleurs qu'il n'est pas établi que cet individu ait agi dans l'intention de causer un préjudice quelconque à autrui. — Cass., 24 avr. 1845, précité; — 14 janv. 1847, précité; — 3 févr. 1848, précité; — 13 sept. 1850, Gard, [D. 50.5.119]; — 28 mai 1852, Hoffmann, [D. 52.5.173]; — 23 sept. 1852, Maigret, [*Ibid.*]; — 26 févr. 1857, [*Bull. crim.*, n. 78] — V. *infrà*, v° *Incendie*, n. 72 et s., 124 et s., 168 et s.

3394. — La question portant sur le point de savoir si l'accusé est coupable « d'avoir volontairement mis le feu à une maison habitée appartenant, soit à lui, soit à sa femme » est complexe en ce qu'elle confond l'incendie de la maison d'autrui avec l'incendie de la maison appartenant à l'accusé, et en ce que, dans l'accusation d'incendie de maison appartenant à autrui, on confond avec le fait principal la circonstance aggravante de l'habitation. — Cass. 9 juill. 1868, Ducoux, [D. 69.5.105]; — 15 sept. 1892, Delme, [D. 94.1.110] — *Sic*, Blanche, t. 6, n. 502.

3395. — Au cas d'accusation d'incendie de maison habitée avec cette circonstance que cet incendie a entraîné la mort, le président doit poser une question distincte relative à la circonstance aggravante du crime d'incendie, que la mort a été occasionnée par l'incendie d'une maison appartenant à autrui. — Cass., 29 janv. 1874, [*Bull. crim.*, n. 31]

3396. — En matière de menaces d'incendie, la circonstance que la menace a été accompagnée de l'ordre de déposer, en un lieu déterminé, une certaine somme d'argent (art. 436 et 305) est aggravante et ne peut être comprise dans la question relative au fait principal. — Cass., 3 nov. 1848, Bloc, [P. 49.2.635]; — 20 déc. 1850, Nadaud, [S. 51.1.400, P. 52.2.551]

3397. — B. *Circonstances atténuantes; cas d'excuse ou d'atténuation légale.* — a) *Circonstances atténuantes.* — Nous verrons *infrà*, n. 3644, que le jury ne doit pas être interrogé sur les circonstances atténuantes résultant du fait, puisqu'il est invité par la loi elle-même à se prononcer sur ce point. Faisons seulement remarquer ici qu'il doit, sous peine de donner au verdict un caractère incertain qui en entraînerait la nullité, statuer séparément relativement à chacun des accusés. Le verdict relatif aux circonstances atténuantes ne pourrait valablement avoir lieu par une réponse unique et collective. — Cass., 1er avr. 1842, Godefroy, [S. 42.1.468, P. 42.1.494]; — 31 juill. 1847, Granger, [S. 47.1.870, P. 47.2.611]; — 15 juin 1848, Champagne et autres, [P. 49.1.500]; — 14 oct. 1848, Leviloux, [S. 48.1.672, P. 49.1.504, D. 48.5.91]; — 11 janv. 1849, Baille, [P. 50.2.87]; — 25 janv. 1849, Moretti, [P. 50.1.429]; — 8 févr. 1849, Boissier, [P. 50.1.378, D. 49.1.75]; — 7 avr. 1849, Leclanche, [P. 50. 1.691, D. 49.1.74]; — 31 janv. 1850, [*Bull. crim.*, n. 39]; — 15 févr. 1850, Unglas, [D. 50.5.97]

3398. — Néanmoins, la nullité de l'arrêt ne pourrait être obtenue qu'à la demande du ministère public et dans l'intérêt de la loi, les accusés qui ont profité en commun de la déclaration relative aux circonstances atténuantes étant sans intérêt et partant irrecevables à agir en nullité. — Cass., 28 août 1846, Malleville, [P. 49.2.427, D. 46.4.111]; — 3 août 1848, Roger, [P. 49.2.440]; — 2 mars 1850, [*Bull. crim.*, n. 78]; — 5 janv. 1854, [*Bull. crim.*, n. 1]; — 29 janv. 1863, [*Bull. crim.*, n. 33]; — 6 mai 1864, Duval, [D. 65.5.95]

3399. — Pour les circonstances atténuantes comme pour les autres questions, le principe est basé sur la nécessité imposée au jury de délibérer séparément et de voter par scrutins distincts sur chacune des questions qu'il a à résoudre. Le verdict relatif aux circonstances atténuantes doit donc faire apparaître clairement, à peine de nullité, que cette obligation a été remplie.

3400. — De ce que la déclaration du jury, quant aux circonstances atténuantes, doit être spéciale et distincte, il résulte qu'est irrégulière la réponse du jury conçue en ces termes : « Oui, à la majorité, avec circonstances atténuantes », car elle contient tout à la fois une déclaration sur la culpabilité et une autre sur les circonstances atténuantes. Les mots « oui, à la majorité » se réfèrent à ces deux constatations d'opinion et cette forme de rédaction implique qu'il n'a été procédé qu'à un seul scrutin. — Cass., 13 sept. 1888, [*Bull. crim.*, n. 293]; — 9 avr. 1892, Chiochetti et Calanca, [D. 92.1.581]

3401. — Cependant, lorsque le jury a statué sur les circonstances atténuantes pour une seule et même question concernant deux accusés il n'y a pas nullité si, à l'égard de l'un des accusés, le crime dont il est déclaré coupable étant en délit, les circonstances aggravantes ayant été écartées, et si, par conséquent, la déclaration relative aux circonstances atténuantes ne pouvait s'appliquer qu'à l'autre accusé. — Cass., 16 juill. 1886, [*Bull. crim.*, n. 264]

3402. — Si la loi autorise le jury à déclarer l'existence des circonstances atténuantes pour chaque accusé sur l'ensemble des divers chefs d'accusation dont il a été reconnu coupable, elle n'interdit nullement la faculté de déclarer ces circonstances dans leurs relations avec chacun des chefs d'accusation. — Cass., 4 juin 1843, Thilloy, [S. 43.1.506, P. 43.2.700]; — 27 juill. 1888, [*Bull. crim.*, n. 250]

3403. — Et le président des assises peut, sans violer l'art. 341, C. instr. crim., ni léser les intérêts de la défense, expliquer au jury qu'il a la faculté de se poser la question des circonstances atténuantes sur chaque accusé à propos de chaque fait, ou collectivement à propos de tous les faits. — Cass., 27 juill. 1888, précité.

3404. — b) *Cas d'excuse ou d'atténuation légale.* — A la différence de ce qui a lieu pour les circonstances atténuantes, le jury doit nécessairement être interrogé sur les cas d'excuse qui sont invoqués par l'accusé (V. *suprà*, n. 3104 et s.). Et la question relative aux excuses doit être distincte de celle relative au fait principal. — Cass., 15 janv. 1848, Pilate, [P. 48.2.473]

3405. — Et même il doit être posé autant de questions qu'il y a de cas d'excuse différents proposés par la défense et de faits distincts relevés par l'accusation. — Blanche, *Etu les prat. sur le C. pén.*, t. 3, n. 70; Nouguier, t. 4, n. 2930.

3406. — Jugé, en ce sens, qu'une excuse se rattachant à plusieurs chefs d'accusation doit, comme chaque fait principal, être l'objet d'une question distincte et séparée au jury. — Cass., 29 mai 1857, Planchon, [S. 57.1.798, P. 58.490, D. 57.1.318]; — 7 juill. 1882, Charlet, [S. 83.1.487, P. 83.1.1199, D. 83.1.138] — V. aussi Cass., 15 janv. 1848, précité.

3407. — ... Qu'ainsi, au cas d'accusation d'émission de fausse monnaie, la question de savoir si l'accusé avait reçu pour bonnes les pièces par lui émises (circonstance constitutive d'excuse légale), doit être posée au jury d'une manière séparée pour chacun des faits d'émission; qu'il y a vice de complexité et nullité, si une seule question a été posée pour les divers faits. — Cass., 29 mai 1857, précité.

3408. — ... Qu'au cas d'accusation d'émission et de tentative d'émission de fausse monnaie, la question d'excuse légale doit être posée au jury d'une manière séparée pour chacun des faits d'émission. — Cass., 25 sept. 1891, [Bull. crim., n. 192]

3409. — Il en est de même des cas d'atténuation prévus par la loi. Ainsi, par exemple, lorsqu'un mineur de seize ans est accusé de plusieurs crimes, il y a nécessité de poser au jury autant de questions distinctes et séparées sur le discernement qu'il y a de chefs d'accusation : la position d'une seule question de discernement est nulle pour vice de complexité. — Cass., 9 févr. 1854, Tessier, [S. 54.1.282, P. 54.1.606, D. 54.1.88] — *Sic*, Nouguier, t. 4, n. 2931.

3410. — Mais, d'une façon générale, une question spéciale ne doit être posée que pour les cas d'excuse ou d'atténuation prévus expressément par la loi. Ainsi, par exemple, au cas d'accusation d'infanticide, l'allégation que l'enfant était *né mort* ne nécessite pas la position d'une question spéciale au jury : c'est là, non un fait d'excuse, mais un moyen tenant au fond même de l'accusation. — Cass., 26 janv. 1855, Estabile, [S. 55.1.318, P. 55.2.144, D. 55.1.89] — *Sic*, Chauveau, F. Hélie et Villey, *Théor. du C. pén.*, t. 3, p. 548 et s.; Morin, *Rép. du dr. crim.*, v° *Infanticide*, n. 8 et 9.

3411. — C. *Circonstances constitutives* — A la différence de ce qui a lieu pour les circonstances aggravantes et pour les cas d'excuse ou d'atténuation résultant de la loi, il n'est pas besoin de questions distinctes, lorsqu'il s'agit des circonstances constitutives. — Cass., 26 mai 1838, Sabaté, [S. 38.1.562, P. 38.2.188]

3412. — Le président de la cour d'assises peut donc réunir dans la question posée au jury les divers éléments constitutifs du crime reproché à l'accusé. — Cass., 20 déc. 1849, Serre, [P. 51.1.581]

3413. — Spécialement, lorsqu'un fait accessoire forme une circonstance élémentaire et constitutive de la criminalité du fait principal, il y a lieu de comprendre ces deux faits dans une seule et même question. — Cass., 14 déc. 1815, Lavalette, [S. et P. chr.]

3414. — Il a été décidé, en ce sens, que le crime d'émission de fausse monnaie exigeant comme élément constitutif la connaissance de la fausseté des pièces, le jury peut être valablement interrogé par une question unique sur le fait d'émission et sur la connaissance de la part de l'accusé de la fausseté des pièces. — Cass., 11 avr. 1845, Bœuf, [D. 45.4.127]

3415. — ... Qu'une question de faux peut porter tout à la fois sur le fait de fabrication d'un billet et d'apposition d'une fausse signature. — Cass., 20 févr. 1873, Vulliard, [Bull. crim., n. 57]

3416. — ... Que les trois éléments de la criminalité en matière de faux, fabrication de l'acte, intention coupable et préjudice causé, peuvent être réunis dans la même question. — Cass., 22 sept. 1859, Baudry, [D. 59.1.430]; — 14 sept. 1865, [Bull. crim., n. 182]; — 5 oct. 1865, Letocard, [D. 65.5.226]; — 12 févr. 1874, Lafosse, [D. 76.5.144]

3417. — ... Qu'on peut réunir dans une même question le fait par l'accusé d'avoir pris un faux nom tout à la fois devant la gendarmerie, devant le juge d'instruction et devant le tribunal. — Cass., 5 sept. 1872, Durand, [Bull. crim., n. 238]; — 26 févr. 1874, Moulin, [Bull. crim., n. 62]

3418. — ... Que la question de savoir si l'accusé est coupable d'avoir fait usage de la pièce, sachant qu'elle était fausse, en la produisant en justice, bien que cumulant les trois circonstances d'usage, de production en justice et de connaissance, ne comprend que les circonstances élémentaires du crime d'usage,

avec connaissance, d'une pièce fausse, et peut, dès lors, être également résolue par une seule affirmation. — Cass., 6 avr. 1838, Guillaume, [P. 42.2.653]

3419. — ... Qu'au cas d'accusation de faux en écriture publique, portée contre un officier public ou ministériel, la circonstance que le faux a été commis dans l'exercice des fonctions de l'accusé est constitutive, et non pas seulement aggravante du crime, et que, par suite, il n'est point nécessaire d'en faire l'objet d'une question spéciale au jury. — Cass., 13 oct. 1842, Couret, [S. 42.1.935, P. 43.1.169]; — 15 févr. 1844, [Bull. crim., n. 48 ; — 28 nov. 1844, [Bull. crim., n. 382]; — 22 avr. 1869, Bourdier de Beauregard, [S. 71.1.166, P. 71.458, D. 70.1.435] — *Sic*, Nouguier, *Cour d'ass.*, t. 4, n. 2713; Blanche, *Etudes sur le C. pén.*, t. 3, n. 230. — *Contra*, Garraud, t. 3, n. 232.

3420. — ... Que le fait qu'un livre de caisse altéré appartient à un commerçant étant un élément constitutif, et non une circonstance aggravante du crime de faux en écriture de commerce, doit être compris dans la question relative à l'altération elle-même. — Cass., 4 sept. 1840, Fournet de Marsilly, [P. 46.1.506]; — 26 janv. 1833, Sylvester, [D. 53.5.135]; — 24 janv. 1836, Meaurin, [P. 58.160, D. 36.1.110]; — 18 déc. 1862, Valais, [D. 63.5.183]; — 2 janv. 1874, Palaysi, [S. 75.1.482, P. 75.1206] — *Sic*, Blanche, t. 3, n. 230, 235; Nouguier, n. 2909; F. Hélie, n. 3687; Garraud, t. 3, n. 231.

3421. — ... Que le fait qu'un détournement a été commis par un fonctionnaire ou dépositaire public sur des deniers ou effets placés entre ses mains étant une circonstance constitutive d'un crime spécial, celui de détournement de deniers publics, peut être joint au fait principal, et dans la même question. — Cass., 15 juin 1860, Peltey, [S. 61.1.398, P. 61.756, D. 60.1.467] — *Sic*, Blanche, t. 3, n. 364; Nouguier, t. 4, n. 2909.

3422. — Mais nous avons vu qu'il en est autrement de cette circonstance que la somme détournée était supérieure à 3,000 fr., qui est une circonstance aggravante. — V. *suprà*, n. 3389.

3423. — Jugé également que la circonstance que le détenu dont l'évasion a été procurée était condamné ou accusé pour un fait entraînant une peine afflictive et infamante, étant constitutive et non aggravante du crime, ne doit pas faire l'objet d'une question séparée. — Cass., 7 août 1845, Crombach, [P. 46.1.30]

3424. — ... Que l'exposition d'enfant n'étant considérée comme un crime que si l'enfant a été exposé en un lieu solitaire et s'il en est résulté pour lui des conséquences fatales (s'il est resté mutilé ou estropié ou s'il est mort), il n'est pas nécessaire que ces circonstances fassent l'objet de questions distinctes. — Cass., 28 déc. 1860, Larqué, [D. 61.5.131] — *Sic*, Nouguier, n. 2909; Blanche. t. 5, n. 293.

3425. — ... Que la qualité d'enfant nouveau-né n'est pas une circonstance aggravante, mais bien une circonstance constitutive du crime d'infanticide, et peut, dès lors, être comprise dans la question principale. — Cass., 21 août 1840, Lebrun, [P. 41.1.733]; — 13 mars 1856 (sol. impl.), Olivier, [D. 56.1.221]

3426. — Le parricide est un crime différent de l'homicide volontaire. La qualité de la victime n'est pas une circonstance aggravante mais une circonstance constitutive du crime. Il en résulte qu'elle peut être comprise dans la même question que le fait principal. — Cass., 2 sept. 1838, Durand, [S. 38.1.435, P. 40.1.262]; — 16 avr. 1840, Bergonnier, [S. 40.1.381, P. 41.1.616]; — 16 juill. 1842, Beaurain, [P. 42.2.724]; — 19 avr. 1844, Thouvenin, [S. 44.1.454, P. 44.1.636]; — 2 juill. 1847, Lepasset-France, [S. 47.2.609, D. 47.4.144]; — 1er sept. 1851, Olive, [S. 53.1.452, *ad notam*, P. 53.2.456, D. 51.5.153]; — 24 mars 1853, Lucta, [S. 53.1.452, P. 53.2.456, D. 53.1.115]; — 6 août 1863, Duvivier, [D. 64.5.86]; — 11 mai 1866, Pernot, [S. 67.1.143, P. 67.319]; — 6 juin 1870, Bellière, [S. 71.1.174, P. 71.471, D. 70.1.381] — *Sic*, Blanche, *Etudes sur le C. pén.*, t. 4, n. 495; F. Hélie, *Instr. crim.*, t. 8, n. 3682. — V. *infrà*, n. 3456.

3427. — Il a été jugé cependant qu'il y a nullité lorsque, dans une accusation d'empoisonnement, la circonstance que le crime a été commis par une fille sur sa mère a été comprise dans la question relative au fait principal. — Cass., 19 sept. 1839, Prayer, [P. 41.1.729]

3428. — En tous cas, il y a complexité si l'on comprend dans une même question un empoisonnement commis sur la personne des ascendants et un autre commis sur la personne d'autres parents qui n'avaient pas cette qualité. — Cass., 4 avr. 1845, Lacomme, [P. 45.2.100]

3429. — Ce n'est d'ailleurs qu'une faculté pour le président de réunir dans une même question le fait d'homicide et la qualité de la victime; il peut, sans qu'il y ait nullité, diviser en deux questions chacune de ces circonstances. — Cass., 22 sept. 1842, Fabre, [S. 42.1.809, P. 42.2.700] — *Sic*, Nouguier, n. 2909. — V. *infrà*, n. 3449 et s.

3430. — Nous avons vu qu'une même question peut être employée pour qualifier le fait qu'un accusé a tué une personne croyant en tuer une autre, bien qu'on puisse penser qu'il y ait tout à la fois homicide involontaire et tentative d'homicide volontaire. — V. *suprà*, n. 3252.

3431. — Dans une accusation d'attentat à la pudeur sans violence, sur un enfant de moins de onze ans (aujourd'hui treize ans), l'âge de la victime ne forme point une circonstance aggravante, mais bien une circonstance constitutive; dès lors, elle peut être comprise dans la même question que le fait principal. — Cass., 23 sept. 1837, Maro, [P. 40.1.96]; — 28 sept. 1838, Gilles, [P. 39.1.388]; — 9 sept. 1841, Enjulbert, [P. 41.2.359]; — 4 mars 1842, Arrazeau, [S. 42.1.732, P. 42.2.241]; — 7 avr. 1843, Leroux, [S. 44.1.173, P. 44.1.447]; — 20 janv. 1848, Crégut, [P. 49.1.435, D. 48.5.91]; — 2 avr. 1863, Juteau, [D. 64.5. 86]; — 8 sept. 1864, [*Bull. crim.*, n. 229]; — 10 nov. 1864, Vallet, [D. 66.5.116] — *Sic*, Blanche, t. 5, n. 90; Nouguier, t. 4, n. 2913; F. Hélie, t. 8, n. 3708; Chauveau, F. Hélie et Villey, t. 4, n. 1564.

3432. — Il en est de même de la circonstance de violence dans une accusation d'attentat à la pudeur commis sur une personne adulte. Elle est constitutive et non aggravante. — Cass., 11 déc. 1856, [*Bull. crim.*, n. 391]; — 23 mars 1865, [*Bull. crim.*, n. 70]

3433. — Qu'en est-il du crime de suppression d'enfant? La circonstance que l'enfant a vécu doit-elle être comprise dans la question principale? Peut-elle, ou doit-elle faire l'objet d'une question subsidiaire? La jurisprudence de la Cour suprême a varié. Par son arrêt du 14 mars 1873, Dumont, [S. 73.1.229, P. 73.541, D. 73.1.161], la cour régulatrice décidait que cette circonstance devait être détachée de la question spéciale; « que le jury doit être interrogé d'abord, et par une question distincte, sur le point de savoir si l'accusé est coupable d'avoir supprimé un enfant; qu'ensuite doit être posée comme question relative à une circonstance aggravante celle de savoir s'il est établi que l'enfant a vécu ». — V. également le rapport de M. le conseiller Barbier, sous cet arrêt. — Dans son arrêt du 4 mars 1875, Clément, [S. 75.1.433, P. 75.1076, D. 76.1.508], la chambre criminelle déclarait « que le président peut, sans méconnaître les dispositions de l'art. 1, L. 13 mai 1836, et de l'art. 344, C. instr. crim., au cas où le crime de suppression est seul relevé par l'arrêt de renvoi et l'acte d'accusation, demander au jury si l'accusée est coupable d'avoir, à l'époque et au lieu déterminé, supprimé un enfant né vivant, et qu'il n'est pas légalement indispensable de poser une question distincte en ce qui concerne l'existence de l'enfant ». — L'arrêt du 13 janv. 1881, Delatour [S. 83.1.137, P. 83.1.309], porte : « Attendu que le président des assises, en décomposant, dans les deux questions ci-dessus indiquées, la question unique de l'arrêt de renvoi, a mis le jury à même de statuer séparément sur chacun des éléments contenus dans le fait incriminé; et, qu'en agissant ainsi, loin de violer l'art. 337, C. instr. crim., il en a fait une saine application. »

3434. — En réalité, la circonstance que l'enfant a vécu est une circonstance constitutive, et non une circonstance simplement aggravante. Si ce n'était, en effet, qu'une circonstance aggravante, on devrait pouvoir la détacher de l'infraction, sans que celle-ci change de caractère et de nature. Or, il n'en est rien; si l'on supprime cette circonstance, le fait se transforme en une infraction d'une nature tout autre prévue, non plus par l'art. 345, § 1, mais par l'art. 345, § 2 et 3. Aussi l'arrêt du 4 mars 1875 a-t-il décidé « que les dispositions de l'ancien art. 345 (reproduit textuellement dans le § 1 de l'art. 345 par la loi du 13 mai 1863) n'étaient applicables qu'au cas de suppression d'un enfant né vivant, dont la loi avait eu pour but principal d'assurer l'état civil; qu'en conséquence, l'existence de l'enfant était un des éléments essentiels et constitutifs du crime de suppression; que la non représentation d'un enfant mort-né, ou au moins dont l'existence momentanée n'était pas établie, ne rentrait pas dans les prévisions de l'art. 345; que, pour combler cette lacune, on a ajouté, en 1863, à l'ancien art. 345 deux paragraphes qui prévoient deux délits distincts...; mais que ces deux infractions ne

se rattachent pas essentiellement au principe des incriminations portées dans le § 1 de l'art. 345; qu'en effet, ce paragraphe protège spécialement l'état civil d'un enfant né vivant; que les § 2 et 3 ont pour objet principal d'assurer la représentation de l'enfant... ». — Villey, note sous Cass., 13 janv. 1881, précité. — Il en résulte qu'on peut, sans violer la loi, réunir au fait principal, et dans une même question, la circonstance que l'enfant a vécu.

3435. — Décidé, en ce sens, avant la loi de 1863 qui a modifié l'art. 345, C. pén., que la question de savoir si l'accusé est coupable d'avoir supprimé son enfant implique nécessairement avec elle l'idée de l'existence de l'enfant que la mère a fait disparaître; qu'il n'est pas nécessaire de poser une question particulière sur la viabilité de l'enfant. — Cass., 7 juill. 1837, Veillon, [S. 39.1.779, P. 39.2.424]

3436. — Jugé encore, en ce qui concerne les questions relatives aux circonstances constitutives, que la circonstance que les édifices, parcs ou enclos dans lesquels un vol a été commis n'étaient ni habités ni servant à l'habitation, ne constitue pas une circonstance aggravante, et que, dès lors, elle n'exige pas la position au jury d'une question séparée. — Cass., 15 oct. 1840, Robin, [P. 41.1.84]

3437. — ... Que la circonstance que le vol a été commis dans un dépôt public étant non une circonstance aggravante du vol, mais une circonstance constitutive d'un crime spécial, peut être comprise dans la même question que le fait principal. — Cass., 19 janv. 1843, Boucheui, [P. 43.2.73]; — 22 mars 1844, [*Bull. crim.*, n. 114]

3438. — ... Que la double circonstance de vol avec effraction et dans un édifice constituant les deux éléments d'effraction intérieure peut être réunie dans la même question. — Cass., 25 févr. 1847, Lebeau, [P. 47.2.359, D. 47.4.140]; — 12 sept. 1861, Ben-Aouda-Ould-Mohamed, [D. 61.5.133]; — 7 mai 1868, Bathoun, [*Bull. crim.*, n. 121] — V. *suprà*, n. 3329.

3439. — ... Que les divers faits énoncés en l'art. 593, C. comm., étant constitutifs de la banqueroute frauduleuse, il est permis de les insérer dans la même question en les réunissant par la copulative *ou*. — Cass., 26 mars 1838, [D. *Rép.*, v° *Instr. crim.*, n. 2887]; — 9 févr. 1850, Berlier, [D. 50.5.114]

3440. — ... Qu'ainsi, on peut réunir dans la même question la qualité de commerçant attribuée à l'accusé, et le fait de détournement de valeurs appartenant à la faillite. — Blanche, t. 6, n. 116; F. Hélie, n. 3688; Chauveau, F. Hélie et Villey, t. 5, n. 2151. — V. *suprà*, v° *Banqueroute*, n. 75.

3441. — ... Qu'on peut réunir dans la même question le fait de la soustraction des livres de commerce et l'intention frauduleuse, cette dernière constatation n'étant qu'un élément de la criminalité. — Cass., 16 janv. 1840, [D. *Rép.*, v° *Instr. crim.*, n. 2887]

3442. — ... Que la force, la violence ou la contrainte étant, en matière d'extorsion, une circonstance constitutive, et non pas aggravante du crime de vol, peut être jointe à la question principale et dans un même contexte. — Cass., 15 mai 1847, Renoncet, [S. 47.1.637, P. 47.2.438, D. 46.4.455]; — 18 nov. 1847, Denain, [S. 48.1.377, P. 48.2.340, D. 48.5.92]

3443. — ... Qu'on peut interroger le jury dans la même question sur le fait de pillage et sur la circonstance de bandes ou réunions agissant à force ouverte, qui est constitutive du crime. — Cass., 1er avr. 1847, Michot, [S. 47.1.459, P. 47.1.762, D. 47.1.142]

3444. — ... Que le fait d'avoir été le chef, l'instigateur du pillage n'étant pas une circonstance aggravante du crime prévu par l'art. 440, mais une circonstance constitutive du crime prévu par l'art. 402, C. pén., peut être réuni à la question portant sur le fait principal. — Cass., 6 mai 1847, Anjuère, [S. 47.1.461, P. 47.1.762, D. 47.1.190]; — 18 mai 1847, Arnoncet, [S.47.1.637, P. 47.2.438, D.47.1.190]; — Même date, Chérioux, [D. 47.1.190]

3445. — ... Que le fait d'avoir pillé en bande et à force ouverte constitue un même crime dont les deux éléments en question peuvent être réunis. — Cass., 10 avr. 1873, Aïna-Ben-Rakak, [*Bull. crim.*, n. 95] — *Sic*, Blanche, t. 6, n. 589]

2° *Division des questions.*

3446. — Le président, lors même qu'il a le droit de soumettre au jury des questions complexes (V. *suprà*, n. 3411 et s.), peut diviser ces questions. — Cass., 1er mars 1866, [*Bull. crim.*, n. 50]; — 1er déc. 1866, [*Bull. crim.*, n. 251]; — 24 sept. 1885, [*Bull. crim.*, n. 261] — *Sic*, F. Hélie, t. 8, n. 3712.

3447. — L'art. 338, C. instr. crim., en effet, n'exclut pas la possibilité de poser au jury des questions séparées pour des faits qui, sans être aggravants du fait principal, ressortent soit des débats, soit de l'arrêt de renvoi ou de l'acte d'accusation, comme pouvant être détachés du fait principal. Ainsi, dans une accusation portant sur un fait de vol commis à l'aide de violences qui ont laissé des traces de blessures, on peut poser au jury une question de coups et blessures, séparée de la question de vol. — Cass., 10 déc. 1836, Pierrard, [S. 37.1.830, P. 37.2. 341]; — 24 déc. 1863, [*Bull. crim.*, n. 307] — V. aussi Cass., 17 mars 1842, [*Bull. crim.*, n. 64]

3448. — De même, le président de la cour d'assises peut, dans la position des questions, diviser la disposition de l'arrêt de renvoi et de l'acte d'accusation, s'il doit en résulter plus de précision. — Cass., 22 déc. 1842, Marignan, [P. 43.2.71]

3449. — En ce qui concerne les circonstances constitutives, on décidait, avant la loi du 1er juin 1853, que le président ne pouvait, à peine de nullité, les séparer de la question principale. Il en était ainsi surtout à l'époque où la loi exigeait une majorité différente pour statuer sur le fait principal et sur les circonstances aggravantes (majorité de sept voix pour l'une et simple majorité pour les autres); en interrogeant le jury séparément sur les circonstances constitutives, on pouvait, en effet, l'induire en erreur sur le caractère légal de ces circonstances, par suite sur la majorité nécessaire pour les admettre, et ainsi nuire à l'accusé. Jugé que le président de la cour d'assises devait nécessairement poser en une seule question toutes les circonstances constitutives du fait principal. — Cass., 7 août 1845, Crombach, [P. 46.1.30]

3450. — ... Que, lorsqu'un individu était poursuivi pour avoir procuré l'évasion d'une personne légalement détenue, la circonstance que cette personne était accusée ou condamnée pour un fait de nature à entraîner une peine afflictive et infamante était constitutive et non aggravante, et qu'il y avait dès lors, nullité si elle avait été soumise au jury comme une circonstance aggravante. — Même arrêt.

3451. — ... Q'au cas d'accusation d'incendie de sa propre maison, la circonstance que cette maison était habitée étant constitutive du crime, ne pouvait faire l'objet d'une question séparée, mais devait être comprise dans une seule question avec le fait principal. — Cass., 14 janv. 1847, Blin, [S. 47.1.392, P. 47.1. 566, D. 47.4.141] — ... Que lorsque l'accusé était renvoyé devant la cour d'assises pour avoir volontairement mis le feu à des récoltes placées de manière à communiquer l'incendie à un édifice non habité ni servant à l'habitation, et qui ne lui appartenait pas, le président ne pouvait décomposer cette question en deux, l'une relative au fait principal de savoir si l'accusé était coupable d'avoir volontairement mis le feu à des récoltes abattues qui ne lui appartenaient pas, l'autre relative à la circonstance aggravante de savoir si les récoltes étaient placées de manière à communiquer l'incendie à un édifice appartenant à un tiers. — Cass., 9 janv. 1845, Coudray, [P. 46.1.324, D. 45.4.128]

3451 *bis.* — ... Que la qualité de la victime et la filiation de l'accusé étaient une circonstance constitutive du crime de parricide; qu'il y avait donc nullité si elles étaient soumises aux jurés comme circonstance aggravante. — Cass., 19 avr. 1844, Thouvenin, [S. 44.1.454, P. 44.1.636]

3452. — Depuis que la loi du 9 juin 1853 a ordonné que la déclaration du jury se formerait, dans tous les cas, à la majorité, il n'est plus interdit au président de diviser, dans les questions posées pour faciliter la délibération du jury, les divers éléments constitutifs du crime. — Cass., 1er déc. 1866, Columbatti, [*Bull. crim.*, n. 251] — Il est souvent préférable, en effet, que le jury soit interrogé sur des faits simples et des questions distinctes qui rendent sa réponse facile et certaine. Lui poser une seule question comprenant deux ou trois ordres de faits, qui cependant doit être répondue par un *oui* ou un *non*, c'est l'exposer fréquemment à des erreurs déplorables, qui ne sont plus à craindre avec la division de la question.

3453. — Nous avons vu que si chacune des circonstances aggravantes doit faire l'objet d'une question distincte, on peut, au contraire, réunir dans une même question les divers éléments qui concourent à caractériser une même circonstance aggravante, telle que l'effraction et la maison habitée (V. supra, n. 3329, 3438). Cette réunion n'est pas cependant pour le président une obligation qui lui soit imposée à peine de nullité. Il

peut diviser chacun de ces éléments s'ils n'en doit résulter aucun préjudice pour l'accusé ni pour la vindicte publique. — Cass., 18 juin 1858, Crapet, [D. 58.5.113] — *Sic*, Nouguier, t. 4, n. 2028. — V. aussi Cass., 2 sept. 1830, [D. *Rép.*, v° *Instr. crim.*, n. 2828]

3454. — Il a été jugé aussi que le président peut, dans une accusation de tentative d'assassinat, diviser la question à poser au jury et présenter le fait comme une tentative d'homicide, pour demander ensuite au jury si l'accusé a agi volontairement et s'il a agi avec préméditation. — Cass., 14 févr. 1817, Rietsch, [S. et P. chr.]; — 4 févr. 1819, Mittelbrone, [S. et P. chr.] — V. aussi Cass., 27 sept. 1832, [D. *Rép.*, v° *Instr. crim.*, n. 1731]; — 4 juin 1840, [D. *Rép.*, v° *Instr. crim.*, n. 2820]; — 24 juill. 1841, [*Bull. crim.*, n. 219]

3455. — ... Qu'au lieu de réunir dans une même question les éléments de l'homicide volontaire, coups ayant donné la mort, décès de la victime et intention de donner la mort, de la part de l'accusé, le président peut diviser ces divers éléments en trois questions séparées.— Cass., 27 juill. 1883, Arrighi, [*Bull. crim.*, n.191]

3456. — ... Qu'au cas d'accusation de parricide, deux questions distinctes et principales peuvent, sans qu'il y ait nullité, être posées au jury, l'une sur le fait d'homicide volontaire, l'autre sur la qualité de la victime (C. instr. crim., art. 341).— Cass., 22 sept. 1842, Fabre, [S. 42.1.809, P. 42.2.700]—V.*supra*, n. 3426.

3457. — ... Q'au cas d'accusation de parricide, la circonstance de la filiation a pu (sous l'empire du décret du 18 oct. 1848) former l'objet d'une question séparée de celle du fait d'homicide, cette division n'entraînant, d'après cette loi, aucun préjudice pour l'accusé. — Cass., 24 mars 1853, Lucta, [S. 53.1.452, P. 53.2.456, D. 53.1.115]; — 6 août 1863, Duvivier, [D. 64.5.86]; 6 janv. 1870, Bellière, [S. 71.1.174, P. 71.471, D. 70.1.381] — Nous avons vu qu'on le décidait autrement avant le décret du 18 oct. 1848.

3458. — ... Que dans une accusation d'incendie de maison habitée, la circonstance de « maison habitée » peut faire l'objet d'une question distincte. — Cass., 23 janv. 1890, Durand, [*Bull. crim.*, n. 19] — V. *supra*, n. 3392.

3459. — ... Que, dans une accusation de suppression d'enfant nouveau-né ayant vécu, la question de savoir si l'enfant a vécu peut faire l'objet d'une question séparée. — Cass., 13 janv. 1881, Delatour, [S. 83.1.137, P. 83.1.309] — ... Bien que ce soit une circonstance constitutive. — V. *supra*, n. 3433 et 3434.

3460. — ... Que, bien que l'attentat à la pudeur sans violence sur un enfant de moins de treize ans constitue les divers éléments d'un même crime, le président peut, sans violer la loi, diviser ces circonstances en plusieurs questions, pourvu qu'il n'en résulte aucun préjudice pour l'accusé. — Cass., 1er déc. 1866, Colombatti, [*Bull. crim.*, n. 251]

3461. — ... Qu'en matière de diffamation envers un fonctionnaire ou un corps constitué, le président peut, au lieu de poser une question unique comprenant le fait diffamatoire et la qualité de la personne diffamée, poser deux questions distinctes, l'une sur le fait diffamatoire, l'autre sur la qualité de la personne diffamée. — Cass., 20 janv. 1883, Alype, [D. 84.1.137] — V. Fabreguettes, t. 2, n. 2077; Barbier, n. 956.

3462. — ... Qu'on peut poser séparément au jury la question de criminalité d'un livre et celle de culpabilité de celui qui l'a publié : peu importe que l'arrêt de renvoi ne contienne point une telle division de la criminalité du livre et de la culpabilité du prévenu. — Cass., 20 juin 1840, Lavigne, [S. 40.1.486, P. 40.2.390]

3463. — La cour d'assises peut aussi, sur les mêmes faits imputés à un accusé, poser au jury une double question de perpétration comme auteur et comme complice, lorsque ces faits diversement appréciés sont de nature à présenter l'un ou l'autre de ces caractères. — Cass., 12 juill. 1832, Laforgue, [S. 33.1.125, P. chr.] — Sur la question de savoir si on peut valablement poser au jury la question alternative de savoir si l'accusé est auteur ou complice, V. *supra*, n. 3277 et s.

3464. — Il ne peut résulter aucun moyen de nullité de ce que des questions relatives à la complicité auraient été posées avant celles relatives au fait principal, lorsque d'ailleurs ces questions se trouvent renfermées dans les limites de l'acte d'accusation et des débats. — Cass., 8 avr. 1830, Boudon, [S. et P. chr.]

3465. — Les circonstances qui sont, non pas aggravantes, mais élémentaires et constitutives de la culpabilité principale, peuvent être posées au jury avant les questions relatives à l'existence du crime, qui n'en est que la conséquence et le résultat. — Cass., 14 déc. 1815, Lavalette, [S. et P. chr.]

3466. — Aux termes de l'art. 337, C. instr. crim., la question résultant de l'acte d'accusation sera posée en ces termes : « L'accusé est-il coupable d'avoir commis tel meurtre, tel vol ou tel autre crime, avec toutes les circonstances comprises dans le résumé de l'acte d'accusation ». Nous allons suivre pas à pas le commentaire de cet article en reprenant l'une après l'autre, les expressions dont il se sert.

3467. — On doit tout d'abord poser en principe que ce n'est pas à une forme rigoureuse et absolue; ainsi on juge que le président de la cour d'assises peut, dans la position des questions au jury, s'écarter de la forme tracée par les art. 337 et s., C. instr. crim., dont l'observation rigoureuse n'est point prescrite à peine de nullité. — Cass., 6 févr. 1812, Morin, [S. et P. chr.]; — 17 déc. 1812, Bernard, [S. et P. chr.]; — 12 févr. 1813, Canonne, [S. et P. chr.]; — 18 mai 1813, Rosay, [S. et P. chr.]; — 14 déc. 1815, Lavalette, [S. et P. chr.]; — 2 août 1816, Leruth, [S. et P. chr.]; — 31 janv. 1817, Pignier, [S. et P. chr.]; — 14 févr. 1817, Rietsch, [S. et P. chr.]; — 10 juill. 1817, Brelet, [S. et P. chr.]; — 3 oct. 1817, Armand, [S. et P. chr.]; — 16 janv. 1818, Drujon, [S. et P. chr.]; — 6 févr. 1818, Escalier, [S. et P. chr.]; — 16 avr. 1818, Coste, [P. chr.]; — 4 juin 1818, Casse, [S. et P. chr.]; — 13 août 1818, Viell, [S. et P. chr.]; — 3 févr. 1821, Signoret, [S. et P. chr.]; — 19 avr. 1821, Picard, [S. et P. chr.]; — 3 févr. 1826, Bossière, [S. et P. chr.]; — 18 mars 1826, Deincenon-Annet, [S. et P. chr.]; — 22 sept. 1831, Frédéric, [P. chr.]; — 24 juill. 1841, Zeller, [P. 42.2.676]; — 17 mars 1842, [Bull. crim., n. 64]; — 9 nov. 1843, [Bull. crim., n. 275]; — 27 avr. 1849, Thomas, [P. 50.2.89, D. 49.5. 90]; — 17 sept. 1863, [Bull. crim., n. 247] — V. aussi Bruxelles, 19 déc. 1821, Devos, [P. chr.]; — 1er juin 1832, Scheppers, [P. chr.] — Bourguignon, *Jurispr. des C. crim.*, t. 1, p. 75, n. 1; Nouguier, t. 4, n. 2875 et 2876.

3468. — A cet égard, il suffit que les questions soient posées de manière à comprendre le fait qui sert de base à l'accusation avec toutes les circonstances qui y sont énoncées. — Cass., 6 févr. 1812, précité; — 14 févr. 1817, précité; — 12 nov. 1829, Beausson, [S. et P. chr.]

3469. — Jugé, dans le même sens, que l'art. 327, C. instr. crim., n'est qu'indicatif de la manière dont les questions doivent, en général, être soumises au jury; et qu'il suffit, pour satisfaire à ses prescriptions, qu'elles reproduisent le fait retenu par l'arrêt de renvoi, avec toutes les circonstances qui sont énoncées comme s'y rattachant. — Cass., 13 janv. 1881, précité.

3470. — Le président peut donc donner plus ou moins de précision ou d'étendue aux faits soumis au jury. — Cass., 29 avr. 1831, Dirrion et Hermann, [P. chr.]

3471. — Il peut notamment étendre les questions non seulement à toutes les circonstances aggravantes du fait principal, mais encore à tous les faits particuliers qui s'y rattachent. — Cass., 31 janv. 1817, précité; — 2 sept. 1830, Codemard, [P. chr.]; — 7 mai 1853, [Bull. crim., n. 156]

3472. — ... Et spécialement relever, dans une accusation de faux, différentes circonstances du crime non spécifiées dans le résumé de l'acte d'accusation. — Cass., 3 oct. 1817, précité; — 2 avr. 1831, Haas, [P. chr.]; — 14 mai 1835, [Bull. crim., n. 288]; — 14 avr. 1853, Salomon, [D. 53.5.132]; — 7 mai 1853, précité; — 24 janv. 1856, Meaurin, [S. 58.160, D. 56.1.110]

3473. — ... Ou ajouter la date du crime. — Cass., 13 oct. 1832, Poncelet, [S. 32.1.730, P. chr.]

3474. — Sous le bénéfice de cette observation dont nous avons donné le développement *suprà*, n. 1760 et s., il résulte de l'art. 337 que la question doit énoncer : 1° quel est l'*accusé*; 2° que cet accusé est *coupable*; 3° qu'il est coupable *de tel ou tel crime*; 4° que ce crime doit être défini dans la question tel qu'il est spécifié *dans le résumé de l'acte d'accusation*; 5° qu'il doit l'être *avec toutes les circonstances* comprises dans ce résumé.

1° *Identité de l'accusé.*

3475. — En premier lieu, les questions posées au jury doivent faire connaître de quel accusé il s'agit. Les nom et prénoms

de l'accusé doivent donc être insérés dans les questions posées.

3476. — Cependant, la Cour de cassation n'a pas cru devoir annuler des procédures criminelles où l'accusé n'était pas autrement désigné que par ce mot « l'accusé ». — Cass., 19 févr. 1857, [cité par Nouguier, n. 2892]; — 10 août 1866, [Ibid.]

3477. — *A fortiori*, l'omission de quelqu'un des prénoms de l'accusé, dans les questions posées au jury, n'est-elle pas une cause de nullité, lorsqu'il n'est pas même articulé que cette omission ait pu laisser le moindre doute sur l'identité de la personne de l'accusé. — Cass., 9 févr. 1837, Houllier, [P. 38.1. 75]

3478. — Il en est de même de l'attribution à l'accusé d'un prénom qui ne lui appartient pas, surtout si ce prénom est celui qu'il porte habituellement et si l'accusé a été d'ailleurs clairement désigné. — Cass., 29 déc. 1883, [Bull. crim., n. 299]

3479. — Il est également d'usage de désigner l'accusé par les surnoms par lesquels il est plus spécialement connu. Si même l'identité de l'accusé n'a pu être établie, il est permis de le désigner sous le seul surnom qu'il portait au moment du crime et par lequel les témoins le font connaître.

3480. — Il a été jugé que l'accusé désigné dans l'arrêt de renvoi par deux noms, dont le second est précédé du mot « dit », ne saurait se faire un grief de ce que, malgré les conclusions prises par lui à l'effet d'être jugé sous ce dernier nom, en invoquant à cet égard une prétendue possession d'état, la cour d'assises, tout en réservant les droits de l'accusé quant à la constatation de son état civil, a passé outre aux débats, et que d'ailleurs la question d'état ainsi soulevée n'était pas préjudicielle aux faits qui ont amené la mise en accusation. — Cass., 10 sept. 1885, [Bull. crim., n. 253]

3481. — Lorsqu'un individu traduit en cour d'assises prétend que les désignations de l'accusation ne s'appliquent pas à lui, l'appréciation de la question d'identité appartient au jury, et non à la cour d'assises. — Cass., 20 avr. 1827, Boulin, [S. et P. chr.]; — 29 nov. 1833, Loiseau, [S. 34.1.128, P. chr.]; — 4 mai 1839, Haye, [P. 39.2.444] — V. cependant en sens contraire, Cass., 16 sept. 1836, Roghi, [P. 37.1.554]

3482. — Il doit être fait mention du domicile de l'accusé lorsque cette circonstance peut exercer une influence sur l'application de la peine, par exemple en matière d'attentat aux mœurs (V. *suprà*, v° *Attentat aux mœurs*, n. 281 et s., 292 et s., 300). Le jury est alors seul compétent pour statuer sur la question de fait du domicile de l'accusé. — Cass., 26 juin 1846, Fagot, [P. 49.2.251]

3483. — Il n'est pas nécessaire, en règle générale, qu'une question spéciale soit soumise au jury sur l'âge de l'accusé et sur celui de la personne au préjudice de laquelle le crime a été commis.

3484. — Il en est autrement lorsque la question relative à l'âge de la victime constitue une circonstance aggravante du crime. — Cass., 30 août 1810, N..., [P. chr.] — *Sic*, Carnot, sur l'art. 337, *C. instr. crim.*, t. 2, p. 589. — V. *suprà*, n. 3369.

3485. — L'âge de l'accusé ou celui de la victime est alors une question de fait que le jury est appelé à résoudre. — V. *suprà*, n. 2864.

3486. — Spécialement, lorsqu'il y a doute sur le point de savoir si un accusé est ou non au-dessous de seize ans, cette circonstance, qui se lie au fait même de l'accusation et forme un des principaux éléments, doit nécessairement être soumise au jury. — Cass., 4 mai 1839, précité.

3487. — En effet, cette circonstance est essentiellement modificative de la criminalité, puisqu'elle entraîne nécessairement l'examen d'une question de discernement qui, résolue en faveur de l'accusé, efface le crime, et qui change du moins la peine, si elle est résolue contre lui. — Cass., 20 avr. 1827, précité; — 14 sept. 1827, Boulin, [S. et P. chr.]; — 4 mai 1839, précité. — V. Chauveau et F. Hélie, *Th. C. pén.*, t. 2, p. 182. — V. toutefois, Cass., 16 sept. 1836, précité. — Legraverend, t. 2, ch. 2, p. 227; de Serres, *Man. des cours d'ass.*, t. 1, p. 378.

2° *Culpabilité de l'accusé.*

3488. — Le Code d'instruction criminelle, art. 337, exige, en second lieu, que l'on demande au juge si l'accusé est *coupable* de tel fait.

3489. — Dans les art. 337 et s., C. instr. crim., le mot « coupable » est employé dans un sens complexe : il exprime la moralité du fait en même temps que sa matérialité. — Cass., 26 janv. 1827, Gilles, [S. et P. chr.]

3490. — Il appartient, en effet, au jury seul de prononcer, non seulement sur le fait matériel de l'accusation, mais aussi sur la moralité de ce fait, et sur toutes les circonstances qui peuvent lui donner un caractère criminel, ou modifier ce caractère. — Cass., 2 oct. 1819, Maucand, [S. et P. chr.]; — 4 janv. 1822, Guy, [S. et P. chr.]

3491. — La question posée au jury en ces termes : L'accusé est-il coupable? comprend donc nécessairement l'intention criminelle constitutive de toute culpabilité. — Cass., 23 sept. 1880, Tandrayapadéatchy, [S. 82.1.390, P. 82.1.963, D. 81.1.489]

3492. — De même, le jury qui répond affirmativement aux questions qui lui ont été posées sur des chefs d'abus de confiance imputés à l'accusé, et déclare ce dernier coupable des détournements relevés à sa charge reconnaît par là même qu'il a agi avec une intention frauduleuse. — Cass., 29 juin 1889, [Bull. crim., n. 236]

3493. — Au contraire, l'art. 337, C. instr. crim., est violé et l'arrêt est nul si le mot coupable a été omis par inadvertance et si, par exemple, la question a été ainsi posée : « X... est-il ... d'avoir, ... etc. ». — Cass., 16 août 1878, [Bull. crim., n. 189]

3494. — Mais est-il nécessaire que le mot coupable soit inséré dans les questions, et cette expression doit-elle être tenue comme sacramentelle? Il existe sur ce point des arrêts contradictoires.

3495. — Dans le sens de l'affirmative, la Cour de cassation a décidé que l'expression coupable devait être tenue pour sacramentelle, attendu qu'elle renfermait tout à la fois la question du fait en lui-même et celle de la moralité. — Cass., 14 avr. 1827, Remond, [S. et P. chr.]; — 4 janv. 1839, Louisy-Lefrère, [P. 39.2.643]; — 8 sept. 1853, [Bull. crim., n. 450] — Sic, F. Hélie, Instr. crim., n. 3668.

3496. — D'autre fois, au contraire, et plus fréquemment, la même cour a décidé que le mot coupable, employé dans la formule de questions tracée par l'art. 337, n'avait rien de sacramentel et pouvait être remplacé par un équivalent. — Cass., 23 juin 1814, Chauvin, [S. et P. chr.]; — 18 mai 1815, Rosay, [P. chr.]; — 3 juin 1825, Truizet, [S. et P. chr.]

3497. — Et il a été jugé, en ce sens, qu'on doit tenir pour régulière la question par laquelle on demande au jury si l'accusé s'est rendu complice de tel crime, en aidant ou assistant l'auteur, avec connaissance, etc. La culpabilité se trouve nécessairement comprise dans la connaissance que l'accusé avait du crime. — Bruxelles, 19 déc. 1821, Devos, [P. chr.]

3498. — Jugé encore qu'en tous les cas l'insertion du mot coupable, dans les questions soumises au jury, n'est exigée que pour celles qui résultent de l'acte d'accusation, et non pour celles qui sont posées par la cour comme résultant des débats, lorsque, d'ailleurs, les jurés ont été interrogés implicitement sur la culpabilité de l'accusé. — Cass., 10 déc. 1836, Pierrard et Varloteau, [S. 37.1.830, P. 37.2.341]

3499. — C'est ce dernier système qui a triomphé en dernière analyse. On décide que la disposition de l'art. 337, C. instr. crim., n'est qu'indicative du mode suivant lequel les questions doivent être posées au jury. — Cass., 29 mai 1879, Guessoumben-Guereïch et M'Ahmed-Guereïch, [S. 80.1.439, P. 80.4096, D. 80.1.189]

3500. — Mais si la formule « l'accusé est-il coupable? » n'est pas sacramentelle, au moins est-il nécessaire que les expressions contenues dans la question posée soient, au point de vue de l'intention criminelle, absolument équivalentes à celle de la culpabilité qui se trouve dans ledit article. — Même arrêt.

3501. — ... Et cette condition n'est pas remplie, même dans une accusation de parricide où l'on n'admet aucune excuse, lorsque le président s'est borné à demander au jury si chacun des accusés s'est rendu volontairement donné la mort à son père légitime. — Même arrêt.

3502. — Sous l'empire de la loi des 16-29 sept. 1791 (tit. 7, art. 21), il devait, à peine de nullité, être posé au jury des questions relatives à l'intention. — Cass., 24 août 1792, Combos, [S. et P. chr.]

3503. — Le Code du 3 brum. an IV, reproduisit cette disposition dans son art. 373, et de nombreux arrêts en firent l'application. — Cass., 7 vend. an V, Lavergne, [S. et P. chr.]; — 16 vend. an VII, Duret, [S. et P. chr.]; — 28 vend. an VII (2 arrêts), Moens et Pellé, [S. et P. chr.]; — 26 brum. an VII, Olivieri, [P. chr.]; — 7 pluv. an X, Suzzari, [S. et P. chr.]; — 18 brum. an XII, Bailloux, [S. et P. chr.]; — 6 therm. an XIII, Cotte, [S. et P. chr.]; — 19 juin 1807, Bonnaure, [P. chr.]

3504. — Le Code d'instruction criminelle n'a pas reproduit la disposition de la loi de brumaire, sur la nécessité de la question intentionnelle; on a pensé, avec raison, que la moralité de l'action se confondant avec le fait en lui-même, le président devait se borner à demander au jury si l'accusé était coupable, ce qui comprenait tout; car l'accusé ne peut être déclaré coupable que lorsqu'il a agi volontairement et dans l'intention du crime. — Cass., 27 juin 1895, Pasquet, [Bull. crim., n. 313] — Sic, Carnot, t. 2, sur l'art. 337.

3505. — Dans certains cas cependant, cette position de la question de volonté devient indispensable; tel est, par exemple, le cas où il s'agit de coups ou blessures prévus par l'art. 309, C. pén. — Carnot, C. pén., t. 2, p. 50, n. 9; F. Hélie, Instr. crim., t. 8, n. 3670.

3506. — Au reste, même avant 1832, et alors que l'art. 309, C. pén., par une imperfection de rédaction ne contenait pas mention formelle de la volonté comme condition nécessaire du crime, la jurisprudence avait décidé que le jury devait, à peine de nullité, être interrogé sur le point de savoir si les coups et blessures avaient été portés volontairement. — Cass., 10 mars 1826, Cornut, [S. et P. chr.]

3507. — A plus forte raison, la question de volonté doit-elle être posée, depuis que l'art. 309, C. pén., a été revisé par la loi de 1832.

3508. — Lors donc que le jury n'a pas été interrogé sur le point de savoir si les coups et blessures ont été volontaires, sa réponse affirmative sur la culpabilité ne peut servir de base à l'application d'une peine. — V. suprà, v° Coups et blessures, n. 36.

3509. — La circonstance de la pluralité dans les coups elle-même ne peut suppléer à la mention de la volonté. — Carnot, C. pén., t. 2, p. 50, n. 9. — V. suprà, v° Coups et blessures, n. 38 et 39.

3510. — Dans une accusation de meurtre, lorsque le jury interrogé sur les points suivants : 1° l'accusé a-t-il commis un meurtre; 2° est-il coupable d'avoir fait des blessures et porté des coups à un tiers, a répondu négativement sur la première question, affirmativement sur la deuxième, il y a lieu de prononcer l'annulation des débats et de l'arrêt de condamnation; le jury n'ayant pas été mis en demeure, quant à la deuxième question, de s'expliquer sur l'élément essentiel et caractéristique de la criminalité du fait, la volonté. — Cass., 18 févr. 1876, Sabaut, [S. 76.1.330, P. 76.790, D. 77.1.413]

3511. — Lorsque le jury a répondu négativement sur une question de meurtre et affirmativement sur une question subsidiaire de coups et blessures, posée aux débats, et que par suite du défaut d'interrogation sur l'intention criminelle, il y a lieu d'annuler cette dernière réponse, l'accusation doit être renvoyée à de nouveaux débats, alors que le caractère affirmatif de la réponse du jury impliquait nécessairement l'intention coupable de l'accusé, et que le président avait posé la question comme se référant à des coups et blessures volontaires. — Même arrêt.

3° Désignation du crime.

3512. — I. Date, lieu et victime du crime. — En poursuivant l'analyse de la question dans les termes où elle est posée par l'art. 337, C. instr. crim., nous voyons qu'il faut demander au jury si l'accusé s'est rendu coupable de tel ou tel crime, ce qui comprend, en principe, la date, le lieu et les circonstances du crime qui lui est imputé. Et tout d'abord, la date du crime doit, en règle générale, être mentionnée dans l'acte d'accusation, et par conséquent aussi dans la question posée au jury.

3513. — Mais la question au jury qui énonce l'année, le mois et l'heure où le crime a été commis, remplit le vœu de la loi, et ne peut pas être annulée, sous le prétexte qu'elle ne contiendrait pas, en outre, l'indication du quantième. — Cass., 30 déc. 1830, Garcin, [S. et P. chr.]

3514. — Jugé même qu'il n'est pas nécessaire que la date du crime imputé à l'accusé soit précisée par le mois, le jour et l'heure dans le résumé de l'acte d'accusation et dans les questions posées au jury, et que dès lors on a pu valablement énoncer dans l'acte d'accusation que le crime avait été commis dans le printemps de telle année, et reproduire la même indication dans les questions soumises au jury. — Cass., 1er févr. 1839, Delavier, [P. 40.1.199] — V. aussi Cass., 26 juill. 1866, Dusséhu, [D. 66.5.269]

3515. — Cette jurisprudence est tellement passée en pratique que la cour de Paris n'énonce jamais ou presque jamais le jour du crime, dans ses arrêts de mise en accusation; elle se borne à indiquer l'année et le mois où il a été commis. Il arrive souvent, d'ailleurs, que l'instruction n'a pu en préciser davantage la date; et il arrive quelquefois aussi que les débats lui en assignent une autre que celle présumée (V. *suprà*, n. 2771). C'est sans doute pour prévenir les inconvénients qui pourraient résulter de cette incertitude ou de ces variations, que la cour de Paris a fait de la prétérition du quantième une règle générale. L'accusé n'aurait intérêt à s'en plaindre qu'autant que l'indication du jour du délit déciderait du sort d'une exception de prescription qu'il voudrait opposer. Nous considérerions dans ce cas la formalité comme substantielle. Il ne faut pas qu'un accusé puisse être privé arbitrairement d'un moyen de défense qui aurait pour effet de le soustraire à l'application de toute peine. — Nouguier, t. 4, n. 2893. — V. aussi 19 mars 1846, Jacquet, [P. 49.2.179, D. 46.4.111]

3516. — Le président ne contrevient nullement à la loi en étendant dans les questions l'époque où le crime pouvait avoir été commis au delà de celle qui était déterminée dans l'acte d'accusation, lorsque cela est résulté des débats. — Cass., 10 oct. 1817, Gueudet, [S. et P. chr.]; — 4 janv. 1836, Michel, [P. chr.] — V. *suprà*, n. 2772.

3517. — L'erreur, dans la question soumise au jury, sur la date réelle du fait incriminé, n'est pas une cause de nullité, alors que cette erreur, facile à rectifier d'après l'acte d'accusation et l'arrêt de renvoi, ne laisse planer aucun doute sur l'existence du fait déclaré constant par le jury. — Cass., 28 janv. 1825, Sauvario, [S. et P. chr.]; — 6 juill. 1827, Marcassin, [P. chr.]; — 17 juill. 1828, [D. *Rép.*, v° *Instr. crim.*, n. 2776]; — 3 mars 1837, Mohen, [P. 38.1.84]; — 9 mars 1838, Bernard, [P. 40.1.669]; — 4 sept. 1862, Duvoisin, [D. 62.5.95]; — 7 mars 1873, [*Bull. crim.*, n. 63]; — 10 juin 1880, Joyeux, [S. 81.1. 230, P. 81.1.544]

3518. — ... Pour peu, d'ailleurs, que la différence qui existe entre les chiffres et les dates qui se trouvent dans le texte des questions soumises aux jurés, et les chiffres et les dates mentionnés dans l'acte d'accusation, est s'appliquant aux mêmes faits, n'altère en rien d'essentiel la substance et les circonstances de chacun de ces faits, et lorsque d'autres questions sur lesquelles il y a eu des réponses affirmatives, et dont la régularité n'est pas contestée, devaient entraîner contre l'accusé les peines qui ont été prononcées contre lui. — Cass., 9 mars 1838, précité.

3519. — Spécialement, la différence de date sur la perpétration du crime de meurtre, relevée dans la question principale et dans la question relative au vol concomitant, ne suffit pas à annuler la déclaration du jury lorsqu'elle résulte d'une erreur matérielle et évidente. — Cass., 3 nov. 1855, Dumon, [D. 56.5.122]

3520. — L'omission même de la date du crime dans la question posée au jury n'est pas une cause de nullité lorsqu'elle est mentionnée dans le résumé de l'acte d'accusation et dans l'arrêt de renvoi auxquels la question se réfère. — Cass., 28 janv. 1825, précité; — 24 nov. 1832, Lecouvreur, [P. chr.] — *Sic*, Nouguier, t. 4, n. 2893

3521. — Il a été jugé encore, sur ce point, que lorsque les questions posées au jury donnent deux dates à un complot faisant l'objet de l'accusation, quoique l'arrêt de renvoi ne lui en donne qu'une, la date ajoutée est présumée être résultée des débats. — Cass., 13 oct. 1832, Poncelet, [S. 32.1.729, P. chr.]

3522. — ... Que l'erreur commise dans la question posée au jury, sur la date d'un billet argué de faux, ne peut pas être une cause de nullité lorsque, à raison de la concordance existant entre la question et l'arrêt de renvoi, en ce qui concerne la somme portée dans ce billet, le nom du souscripteur et la signature altérée, le jury n'a pas pu être induit en erreur. — Cass., 6 juill. 1827, précité.

3523. — ... Que le défaut d'énonciation, dans la question posée au jury, de la date du fait incriminé, ne rend pas cette date incertaine à l'effet de faire courir la prescription, si elle est rappelée dans l'arrêt de renvoi et l'acte d'accusation. — Cass., 16 juin 1842, Lerué, [P. 42.2.402]

3524. — ... Que, bien que l'acte d'accusation n'ait pas précisé la date du délit, le président de la cour d'assises peut interroger le jury sur ce point, et renvoyer après sa déclaration la

question de savoir si le délit est ou n'est pas prescrit. — Cass., 4 janv. 1838, Aumaitre, [P. 40.1.148] — *Sic*, Nouguier, t. 4, n. 2894.

3525. — Il n'est pas besoin que, dans les questions, il soit fait mention du lieu où le crime aurait été commis, lorsque cette désignation n'est pas, bien entendu, nécessaire pour caractériser le crime. — Cass., 31 déc. 1807, [D. *Rép.*, v° *Instr. crim.*, n. 2780]; — 22 mai 1862. Giraud, [D. 63.5.103] — *Sic*, Nouguier, n. 2896.

3526. — Spécialement, dans une accusation de complot, il n'est pas nécessaire que les questions posées au jury indiquent le lieu où le crime a été commis. — Cass., 13 oct. 1832, précité.

3527. — Il en est autrement, ainsi que nous venons de le dire, lorsque cette indication est nécessaire pour donner aux faits de l'accusation leur véritable caractère légal. Ainsi, par exemple, la question d'effraction extérieure est irrégulière à défaut d'indication du lieu lorsque, la question de maison habitée ayant été résolue négativement, il n'existe dans la déclaration du jury aucune autre indication pouvant la compléter. — Cass., 4 déc. 1873, Mercier, [S. 74.1.327, P. 74.816, D. 74.1.232]

3528. — Il en est ainsi dans les autres cas où la notion de lieu est une circonstance caractéristique du crime, tel que le vol d'objets exposés sur la voie publique. — Cass., 25 flor. an VI, [D. *Rép.*, v° *Instr. crim.*, n. 2781]

3529. — ... Ou lorsque la question du lieu peut donner matière à une exception d'incompétence, si, par exemple, le crime a été commis à l'étranger. — Nouguier, n. 2896.

3530. — Quant à l'indication de la victime du crime, elle est indifférente. Ainsi, au cas d'accusation de vol, même domestique, il n'est pas nécessaire de nommer ou désigner dans les questions posées au jury les personnes au préjudice desquelles le vol a été commis. — Cass., 6 juin 1845, Affeuner, [S. 45.1.478, P. 48.2. 601, D. 45.1.287]

3531. — Il en est de même dans une accusation d'infanticide, bien que l'enfant nouveau-né n'y soit désigné que par sa qualité d'enfant nouveau-né. — Cass., 6 févr. 1840, Quenardel, [S. 40.1.654, P. 43.1.19]

3532. — Il a été jugé aussi que l'erreur commise dans l'arrêt de renvoi, l'acte d'accusation et es questions posées au jury sur le nom de la victime d'un attentat à la pudeur ne peut opérer aucune nullité lorsqu'il n'a pu s'élever aucun doute sur l'âge et l'identité de cette personne. — Cass., 1er mars 1877, [*Bull. crim.*, n. 70]

3533. — ... Que l'accusé ne peut se faire un grief de ce que, dans l'une des questions posées au jury, le nom de la victime du crime a été inexactement reproduit lorsque, malgré cette erreur, il n'a pu exister aucune incertitude à cet égard dans la pensée du jury. — Cass., 7 janv. 1886, [*Bull. crim.*, n. 1]

3534. — La question posée au jury, dans une accusation de banqueroute frauduleuse, relativement à la supposition d'une dette collusoire entre l'accusé et un créancier fictif, n'est pas nulle, par cela seul que le nom de ce créancier fictif ne se trouverait pas rappelé dans la question, lorsque d'ailleurs ce créancier est désigné dans l'acte d'accusation, qu'il a été cité aux débats et entendu comme témoin. — Cass., 18 mars 1826, Desmenin, [S. et P. chr.]

3535. — Au surplus, dans une accusation de vol ou tentative de vol de valeurs renfermées dans le tronc d'une église, la question principale posée au jury indique suffisamment quel était le propriétaire de ces valeurs, lorsqu'elle énonce que le vol a été commis ou tenté au préjudice des pauvres de la commune. — Cass., 18 janv. 1877, Parrain, [S. 77.1.286, P. 77.702, D. 77.1.331]

3536. — Ajoutons que l'âge de la victime doit être expressément indiqué lorsqu'il est une des circonstances constitutives du crime ou d'une aggravation de peine, par exemple en matière d'attentat à la pudeur. — Nouguier, n. 2897. — V. *suprà*, n. 3369, 3431.

3537. — Lorsqu'on demande au jury si l'accusé est complice de tel ou tel accusé, les noms de ces accusés désignés sont purement indicatifs et non limitatifs de l'accusation de complicité qui s'étend à tous autres auteurs ou auteurs du crime, pourvu que la preuve de la complicité soit acquise. — Cass., 31 mai 1827, Rivière, [P. chr.]

3538. — Enfin, les circonstances constitutives d'un crime n'étant pas tirées de l'étendue du préjudice causé il n'est nullement requis de faire connaître au jury, dans la question qui lui est posée quelle somme a pu être dérobée à la victime, à moins que la quotité de la somme dérobée soit de nature à modifier la criminalité, comme dans le crime de concussion. — V. *supra*, n. 2846.

3539. — II. *Circonstances du crime.* — A. *Principes.* — Il ne suffit pas d'énoncer dans la question la date et le lieu du crime. Il faut dire au jury en quoi ce crime a consisté et quelles en sont les circonstances. Nous rappelons, à cet égard, une double règle que nous avons eu déjà l'occasion de poser, à savoir que le président ne doit pas, dans la question posée au jury, lui soumettre des faits différents de ceux qui ont fait l'objet de l'arrêt de renvoi; en second lieu, que la question ne doit pas porter sur la qualification légale du crime, mais sur ses circonstances constitutives ou aggravantes.

3540. — Et tout d'abord, nous n'avons pas à rappeler que le président ne peut substituer à l'accusation qui fait l'objet de la poursuite une accusation nouvelle. Il en résulte qu'en principe, les questions soumises au jury doivent être posées conformément au résumé de l'acte d'accusation (C. instr. crim., art. 337). — De Serres, *Manuel des cours d'assises*, t. 1, p. 395. — V. *supra.* n. 2758 et s.

3541. — Ainsi dans une accusation d'assassinat commis en portant volontairement des coups et blessures qui ont occasionné la mort, il doit être posé au jury une question spéciale d'homicide volontaire, avec la circonstance aggravante de la préméditation. Soumettre seulement en ce cas au jury la question de coups et blessures volontaires ayant occasionné la mort, et par question séparée la circonstance de préméditation, c'est non se conformer à l'acte d'accusation, mais substituer une accusation à une autre; par suite, il y a nullité. — Cass., 4 août 1843, Perfettini, [S. 43.1.879, P. 43.2.627]

3542. — Mais lorsque les questions ont été posées au jury dans les termes mêmes dans lesquels est conçu l'acte d'accusation, l'accusé est non recevable à s'en plaindre, surtout s'il n'a pas réclamé lors des débats. — Cass., 17 déc. 1812, Bernard, [P. chr.]

3542 bis. — D'une façon générale, un condamné n'est pas recevable à se prévaloir d'une irrégularité dans la position d'une question qui le concerne, lorsque, d'ailleurs, cette question a été posée par le président des assises conformément au dispositif de l'arrêt de renvoi contre lequel il ne s'est pas pourvu. — Cass., 26 mars 1874, Grauby et autres, [S. 74.1.228, P. 74.556]

3543. — Il a été jugé, à cet égard, que, dans une accusation, formulée par l'arrêt de renvoi aux assises, de tentative de meurtre avec la circonstance que cette tentative a eu pour but de faciliter la perpétration d'un délit de vol, il suffit que les questions soient posées au jury et résolues par lui dans les mêmes termes que l'arrêt de renvoi. S'il eût été, en effet, plus régulier que l'accusation, et, par suite, les questions posées, comprissent distinctement, d'abord le vol comme fait principal connexe avec tous ses éléments constitutifs, et, ensuite, comme circonstance aggravante, sa corrélation avec la tentative de meurtre; ou si, du moins, même en ne faisant du vol qu'une simple circonstance aggravante, l'accusation et la question posée au jury eussent dû qualifier le vol dans les termes de l'art. 379, C. pén., et en énumérer toutes les circonstances matérielles, il ne résulte cependant aucune nullité de la rédaction adoptée. — Cass., 12 juill. 1855, Scotto di Perto, [P. 57.60, D. 55.1.352]

3544. — Les lois des 25 sept.-6 oct. 1791 et celle du 3 brum. an IV étaient très-rigoureuses en ce qui concerne la nécessité de reproduire, dans les questions soumises au jury, tous les faits mentionnés dans l'acte d'accusation.

3545. — Le Code d'instruction criminelle a consacré, par son art. 337, le principe des lois antérieures sur la conformité des questions à l'acte d'accusation et à l'arrêt de renvoi. — Cass., 14 sept. 1827, Assénac, [P. chr.]

3546. — Mais nous avons vu que la forme énoncée dans l'art. 337 n'est pas une forme substantielle prescrite à peine de nullité (V. *supra*, n. 2760 et s.); d'où il suit qu'à la différence de ce qui avait lieu sous le Code de brumaire, pourvu que les questions reproduisent au fond celles résultant de l'arrêt de renvoi et de l'acte d'accusation, aucune forme spéciale n'est prescrite.

3547. — Le président de la cour d'assises n'est donc pas obligé de se conformer exactement et littéralement à l'acte d'accusation dans la position des questions au jury : ces questions peuvent être régulièrement présentées en termes équipollents, si ces termes sont consacrés par la loi. — Cass., 6 févr. 1818, Escallier, [S. et P. chr.]; — 10 déc. 1824, Sauva, [S. et P. chr.]; — 12 mars 1831, Hervé, [P. chr.]; — 22 sept. 1831, Frédéric,

[P. chr.]; — 6 juill. 1832, Laforge, [P. chr.]; — 3 déc. 1836, Demiannay, [S. 38.1.82, P. 38.1.37]; — 4 janv. 1839, Louisy-Lefebvre, [P. 39.2.643]; — 20 juin 1840, Lavigne, [S. 40.1.486, P. 40.2.390]; — 24 juill. 1841, Zeller. [P. 42.2.676]; — 15 mai 1843, Terray, [P. 43.1.718] — V. de Serres, t. 1, p. 395; Rauter, t. 2, p. 458; F. Hélie, *Instr. crim.*, n. 3663 et s.; Morin, *Répert. du dr. crim.*, v° *Quest. au jury*, n. 29; Nouguier, t. 1, n. 2673 et s., 2875 et s.

3548. — Encore faut-il cependant que les termes employés soient conformes à la loi pénale; si des expressions équivalentes à la loi étaient admises, il n'y aurait plus de règle pour reconnaître si elles ont identiquement la valeur des termes de la loi. — F. Hélie, *Instr. crim.*, t. 8, n. 3665.

3549. — Il a été jugé, en ce sens, que quoique, en principe, les questions au jury doivent être posées dans les termes du résumé de l'acte d'accusation, l'omission d'un mot qui ne change aucunement le sens de la phrase ne peut pas opérer nullité. — Cass., 28 juin 1832, Gaboriaud, [S. 33.1.245, P. chr.]

3550. — ... Qu'il n'est pas nécessaire que la question posée au jury soit identiquement celle de l'arrêt et de l'acte d'accusation. — Cass., 27 avr. 1849, Thomas, [P. 50.2.89, D. 49.5.90]

3551. — ... Que le président de la cour d'assises n'est pas tenu de reproduire textuellement, dans les questions aux jurés, les termes mêmes de l'arrêt de renvoi; qu'il suffit qu'il n'y ait entre les faits qui y sont énoncés et ceux résultant dudit arrêt aucune différence substantielle. — Cass., 6 janv. 1870, Bellière, [S. 71.1.174, P. 71.471, D. 70.1.381] — Morin, *Répert. du dr. crim.*, v° *Quest. au jury*, n. 29; Nouguier, t. 4, n. 2673 et s., 2875 et s.

3552. — ... Qu'il suffit que le fait soit exposé dans les questions de manière à comprendre celui qui sert de base à l'accusation, avec toutes les circonstances qui y sont énoncées. — Cass., 14 févr. 1817, Rietsch, [S. et P. chr.]

3553. — ... Que l'accusé ne peut se faire un moyen de nullité de ce que la question soumise au jury ne serait pas littéralement et entièrement conforme au résumé de l'acte d'accusation, alors surtout qu'elle présente avec plus de régularité le fait de l'accusation. — Cass., 12 nov. 1829, Beausson, [S. et P. chr.]

3554. — Nous avons dit (*supra*, n. 2769 et s.) que le président peut même rectifier les erreurs commises dans l'arrêt de renvoi et notamment celles relatives à la date du crime, lorsque la rectification ainsi opérée ne change ni la nature, ni la substance du crime.

3555. — Jugé encore que l'accusé ne peut se faire un moyen de nullité de la dissemblance qui existerait entre le résumé de l'acte d'accusation, l'arrêt de renvoi et la question soumise au jury, lorsque tous les caractères du fait incriminé retenus par l'arrêt de renvoi et l'acte d'accusation se retrouvent dans la question soumise au jury. — Cass., 2 avr. 1831, Hass, [P. chr.]

3556. — ... Que lorsque les questions ont été posées au jury conformément au résumé de l'acte d'accusation qui est lui-même conforme au dispositif de l'arrêt de renvoi, l'accusé ne peut, en invoquant le narré de l'acte d'accusation, pour en changer ou modifier le résumé, faire résulter de là une ouverture à cassation. — Cass., 25 mars 1824, Gouvernet, [P. chr.]

3557. — ... Que l'art. 337, C. instr. crim., n'étant qu'indicatif de la manière dont les questions doivent être posées, il ne résulte aucune nullité de ce qu'une circonstance aggravante n'a pas été énoncée dans les mêmes termes que dans le résumé de l'acte d'accusation. — Cass., 6 févr. 1818, Escalier, [S. et P. chr.]

3558. — ... Que le président peut, en posant les questions, au lieu de les copier littéralement dans le résumé de l'acte d'accusation, les présenter dans un ordre différent, en diviser plusieurs en en modifiant la rédaction; pourvu toutefois qu'entre les faits soumis aux jurés et ceux résultant de l'accusation, il n'existe aucune différence substantielle et propre à dénaturer l'accusation. — Cass., 3 déc. 1836, Demiannay, [S. 38.1.82, P. 38.1.37]

3559. — ... Qu'il peut diviser les questions et y ajouter les circonstances de fait qu'implique la qualification du crime qui fait l'objet de l'accusation. — Cass., 16 juill. 1835, Couillou, [P. chr.] — V. *supra*, n. 3446 et s.

3560. — En un mot, il suffit que la question posée au jury reproduise substantiellement les faits de l'accusation. — Cass., 12 mars 1831, Hervé-Ansquer, [P. chr.]; — 22 sept. 1831, Frédéric, [P. chr.]

3561. — En tous cas, nous l'avons vu, l'accusé ne peut tirer ouverture à cassation de ce que les questions posées au jury ne seraient pas conformes au résumé de l'acte d'accusation lorsque ce résumé a été modifié par des circonstances résultées des débats. — Cass., 10 avr. 1819, Morel, [S. et P. chr.] — V. *suprà*, n. 2965 et s.

3562. — De ce principe que le président n'est pas tenu d'employer sacramentellement, dans la position des questions, les expressions consignées dans l'arrêt de renvoi et dans l'acte d'accusation, pourvu qu'il n'en altère pas la substance, la jurisprudence a fait des applications diverses.

3563. — C'est ainsi qu'il a été jugé que le président a pu substituer les mots « à plusieurs reprises » au mot « habituellement », alors surtout que l'habitude n'était ni caractéristique ni constitutive du crime. — Cass., 26 déc. 1842, Marignan, [P. 43.1.71]

3564. — ... Que l'accusé n'est pas fondé à se plaindre de ce que, dans la question posée au jury, les faits dont il est accusé sont, de même que dans l'arrêt de renvoi et dans l'acte d'accusation, réunis par la copulative *ou* au lieu de l'être par la conjonction *et*, alors que chaque alternative constitue le crime qui faisait le sujet de l'accusation, et que l'accusé n'a pu en souffrir aucun préjudice. — Cass., 26 mai 1842, Bonnet, [P. 42.2.670]; — 20 déc. 1849, Serre, [P. 51.1.581] — Sur les questions alternatives, V. *suprà*, n. 3271 et s.

3565. — ... Que la question intentionnelle ne doit pas nécessairement être soumise au jury dans les termes même de l'arrêt de renvoi; qu'ainsi, au cas d'accusation de faux, demander au jury si l'accusé est coupable d'avoir commis le faux, c'est suffisamment reproduire l'énonciation de l'arrêt que le faux a été commis dans l'intention de nuire à autrui. — Cass., 27 août 1847, Fevelas, [S. 48.1.171, P. 47.2.511, D. 47.4.136]

3566. — ... Qu'il ne peut résulter une ouverture à cassation de ce que, en demandant aux jurés si l'accusé était coupable d'avoir volé du fourrage faisant partie d'une récolte et exposé dans un champ, le président n'aurait pas ajouté les mots « sur la foi publique » qui se trouvaient dans le résumé de l'acte d'accusation, la loi ne parlant en aucune façon d'exposition sur la foi publique. — Cass., 6 févr. 1818, précité.

3567. — Que le président peut substituer à la qualité d'ouvrier donnée au prévenu dans le résumé de l'acte d'accusation, celle de serviteur à gage dans la position des questions; que du moins une pareille substitution de qualité ne peut donner ouverture à cassation si la circonstance aggravante qui en résulte a été écartée par le jury. — Cass., 10 déc. 1824, Sauva, [S. et P. chr.] — *Sic*, Duvergier, sur Legraverend, t. 2, p. 218.

3568. — ... Qu'il peut ajouter, dans la question posée au jury, que l'accusé a assisté l'auteur du crime avec connaissance, alors que cette circonstance ressort implicitement de la qualification donnée aux faits par l'arrêt de renvoi. — Cass., 4 janv. 1836, Michel et Valade, [P. chr.]

3569. — ... Que les termes de préméditation et de guet-apens, dont se sert la loi, ne sont pas sacramentels, et que l'on peut, sans contrevenir à sa disposition, se servir, dans les questions soumises au jury, de la définition que la loi donne à ces mots. — Cass., 28 mars 1822, Chauvière, [P. chr.]

3570. — ... Que lorsque les questions proposées au jury ne portent que sur des faits compris dans l'acte d'accusation ou résultant des débats, les accusés ne peuvent se faire un moyen de nullité de ce que le président aurait employé dans leur rédaction diverses expressions empruntées à une législation postérieure à la consommation du crime. — Cass., 3 sept. 1812, Billet, [P. chr.]

3571. — Mais si le président peut poser les questions au jury sans copier littéralement les termes employés par l'arrêt de renvoi et l'acte d'accusation dressé en conséquence, nous rappelons que le jury ne peut pas être interrogé sur d'autres circonstances que celles qui sont mentionnées dans le résumé de l'acte d'accusation ou qui sont résultées des débats. — Cass., 4 janv. 1822, Guy, [S. et P. chr.] — V. *suprà*, n. 2758 et s., 2965 et s.

3572. — Ainsi lorsque l'arrêt énonce que l'accusé est renvoyé devant la cour d'assises pour incendie d'une meule de paille, le président ne saurait poser au jury la question de savoir s'il y a eu incendie d'une meule de récoltes. — Cass., 20 avr. 1838, Girard, [P. 38.2.5] — V. *suprà*, n. 2973.

3573. — Cependant l'individu condamné n'est sans intérêt, et, par conséquent, non recevable à se faire un moyen de cassation de ce qu'une accusation aurait été à tort substituée à une autre

dans les questions posées au jury, alors que le fait objet de ces questions, tel qu'il a été reconnu constant par le jury, a rendu sa condition meilleure. — V. *suprà*, n. 2933 et s.

3574. — Spécialement, l'accusé est non recevable à se plaindre de ce que, au lieu de demander aux jurés, conformément au résumé de l'acte d'accusation, s'il est coupable de faux en écriture publique, on leur aurait seulement demandé s'il est coupable de faux en écriture privée. — Cass., 30 nov. 1827, Delaye, [P. chr.]

3575. — Les questions peuvent-elles être posées en termes indéterminés, ou par simple référence à l'arrêt de renvoi ou à l'acte d'accusation? Nous ne le croyons pas.

3576. — Il a été jugé, il est vrai, par un ancien arrêt que la question conçue en termes indéterminés se réfère naturellement aux faits établis dans l'arrêt de renvoi et dans l'acte d'accusation, en sorte qu'il n'est pas nécessaire qu'elle renferme la désignation détaillée du fait incriminé. — Cass., 14 sept. 1826, Deschamps, [P. chr.] — Mais cette solution ne nous paraîtrait plus exacte aujourd'hui.

3577. — La question doit relater le crime tel qu'il résulte du résumé de l'acte d'accusation *avec toutes les circonstances comprises dans ce résumé*. La question doit donc relater non seulement les circonstances constitutives sans lesquelles le fait ne serait pas punissable mais encore les circonstances de nature à aggraver ou à atténuer la peine.

3578. — L'indication de ces circonstances est nécessaire pour déterminer soit les divers genres de coopération à la consommation du crime, soit la complicité de ce crime. — Cass., 3 oct. 1817, Armandel, [S. et P. chr.]

3579. — Et il en est ainsi, sauf que les faits qui constituent par eux-mêmes un délit ne soient compris dans l'accusation que comme connexes au fait principal, qu'ils ne doivent être appréciés que pour l'aggravation de la peine du fait principal. — Cass., 11 juin 1812, Chratone, [S. et P. chr.]; — 11 mai 1827, Helmer, [S. et P. chr.]

3580. — B. *Applications.* — La question posée au jury doit, avons-nous dit, relater soit dans les termes mêmes de l'arrêt de renvoi, soit en termes équipollents, toutes les circonstances constitutives et aggravantes du crime. Nous n'aurons, pour éclairer ce principe par des exemples, qu'à indiquer un certain nombre d'applications qui en ont été faites par la jurisprudence. Nous avons eu déjà l'occasion d'étudier de quelle façon la question doit être posée soit lorsque nous avons examiné la règle d'après laquelle la question ne peut contenir des points de droit, soit lorsque nous avons été appelés à distinguer entre les circonstances constitutives et les circonstances aggravantes, au point de vue de la complexité des questions. — V. *suprà*, n. 2758 et s., 3167 et s.

3581. — a) *Circonstances constitutives.* — C'est une règle générale qu'au jury seul il appartient de statuer souverainement sur l'existence matérielle des faits et sur leur moralité. — V. *suprà*, n. 3490.

3582. — Il importe donc que les questions soumises au jury ne se bornent pas à la simple énonciation d'un fait, mais qu'au contraire elles soient posées de telle sorte qu'elles contiennent les circonstances constitutives du crime. — V. *suprà*, n. 2790.

3583. — Dès lors, si le résumé de l'acte d'accusation ne fait pas mention des circonstances constitutives du crime, il doit y être suppléé dans la question, pourvu que le fait reste le même. Et il y a nullité lorsque les questions ayant été posées aux jurés d'après l'acte d'accusation, qui n'énonçait pas tous les caractères du crime, il n'est pas résulté de la déclaration du jury un fait qualifié crime par la loi. — Cass., 9 janv. 1812, Luisart, [S. et P. chr.]

3584. — Le principe étant posé, nous avons à indiquer quelles applications en ont été faites par la jurisprudence en suivant, comme nous l'avons fait jusqu'ici, l'ordre même du Code pénal, et en distinguant les questions régulières de celles qui ne le sont pas.

3585. — *Tentative.* — En matière de tentative, le jury doit être interrogé, à peine de nullité, sur les circonstances constitutives de la tentative; on ne pourrait se borner à demander au jury si l'accusé est coupable d'avoir commis une tentative. — V. *suprà*, n. 2798.

3586. — Mais il n'est pas nécessaire que la question soumise au jury, et qui comprend ces mots « si cette tentative n'a manqué son effet que par des circonstances indépendantes de la volonté de son auteur », comprenne également ceux-ci : et si elle n'a été suspendue. — Cass., 28 août 1845, Beauchêne, [P. 45.2.277]

3587. — Demander au jury si un accusé est coupable d'une tentative de crime, manifestée par un commencement d'exécution, qui a manqué son effet par des circonstances indépendantes de sa volonté, ce n'est pas remplir le vœu de la loi exigeant, pour que la tentative soit punissable, que cette tentative n'ait manqué son effet que par des circonstances, etc. — Cass., 1ᵉʳ sept. 1853, Wattebault, [S. 54.1.76, P. 55.1.82, D. 53.1.279]; — 4 avr. 1872, Moussa-ben-Djellau, [S. 73.1.46, P. 73.74, D. 72. 1.275] — *Sic,* Chauveau et F. Hélie, *Th. du C. pén.,* t. 1, n. 169; F. Hélie, *Instr. crim.,* t. 8, n. 3676; Blanche et Dutruc, *Etudes prat. sur le C. pén.,* t. 1, n. 14; Le Sellyer, *Tr. de la crim. pén. et respons.,* t. 1, n. 31; Nouguier, *Cour d'ass.,* t. 4, n. 2958; F. Hélie, *Rev. crit.,* t. 4, p. 231.

3588. — En pareil cas, l'accusation n'est point purgée si l'arrêt de renvoi et le résumé de l'acte d'accusation reproduisent la formule légale de la tentative criminelle imputée à l'accusé. — Cass., 4 avr. 1872, précité.

3589. — *Complicité.* — Lorsque les auteurs principaux et les complices sont compris dans la même poursuite, il suffit que les questions relatives aux complices se réfèrent expressément à chacun des crimes spécifiés contre les auteurs principaux. — Cass., 6 et 26 nov. 1874, Vandernotte, [S. 75.1.481, P. 75.1204, D. 76. 5.143] — ... A la condition que les éléments constitutifs de la complicité légale soient relevés dans les questions relatives aux complices (F. Hélie, *Instr. crim.,* t. 8, n. 3677; Nouguier, t. 4, n. 2963). Lorsqu'au contraire les complices sont poursuivis séparément, la complicité punissable n'est juridiquement constatée que si la déclaration du jury contient, tout à la fois, les éléments constitutifs du délit et ceux de la complicité. Il n'est pas permis de poser pour le complice une question unique comprenant le fait principal et l'accusation de complicité dans une formule unique. — Cass., 31 août 1893, [*Bull. crim.,* n. 251] — V. *supra,* n. 3342.

3590. — Spécialement en l'absence de questions sur l'auteur principal, jugé séparément par le tribunal correctionnel, la question de complicité doit indiquer textuellement les éléments du délit (dans l'espèce, celui d'outrage aux bonnes mœurs), à moins que le président n'ait préféré consulter préalablement le jury, par une question distincte, sur l'existence même du délit. — Cass., 4 mars 1882, Albertini, [S. 82.1.238, P. 82.1.557, D. 82.1.236]

3591. — La peine des travaux forcés à perpétuité ou de la déportation ne pouvant être prononcée contre les receleurs qu'autant qu'ils sont convaincus d'avoir eu, au temps du recélé, connaissance des circonstances auxquelles la loi attache les peines de mort, des travaux forcés à perpétuité et de la déportation, le jury doit nécessairement être interrogé sur la connaissance qu'ils ont pu avoir de ces circonstances (C. pén., art. 63).

3592. — Il a été jugé que, lorsque la peine encourue pour un fait de recélé est celle des travaux forcés à temps, il n'y a pas lieu d'interroger le jury sur la connaissance que l'accusé aurait eue des circonstances aggravantes, au temps du recélé, encore bien qu'à raison de son état de récidive il puisse être condamné aux travaux forcés à perpétuité. — Cass., 18 juin 1829, Marfaine, [S. et P. chr.]

3593. — Cette décision dépasse peut-être en sévérité l'intention du législateur. Néanmoins, elle nous paraît conforme au véritable sens de la loi. L'art. 63, C. pén., ne substitue la peine des travaux forcés à temps à celle des travaux forcés perpétuels qu'en faveur des accusés qui ne sont pas convaincus d'avoir eu, au temps du recélé, connaissance des circonstances auxquelles la loi attache cette dernière peine. Nous ne voulons point prendre le texte à la lettre, ni soutenir que l'accusé, qui ne pouvait ignorer son état de récidive, est mal fondé, par ce motif, à invoquer le bénéfice de l'art. 63. Ce serait une interprétation trop judaïque pour mériter d'être présentée. Mais il nous semble que les seules circonstances dont la loi entende parler sont celles qui se rattachent au fait principal, et qu'il n'y a pas lieu de s'occuper de l'état de récidive du receleur, parce que cette circonstance lui est personnelle.

3594. — Est incomplète et nulle la déclaration du jury qui, à la question : « L'accusé est-il coupable de complicité dudit homicide volontaire commis avec préméditation et de guet-apens, pour avoir, avec connaissance, aidé ou assisté l'auteur dans des faits qui ont préparé, facilité ou consommé l'action? » répond : « Oui, l'accusé est coupable de complicité; sur la question de guet-apens, non; sur celle de préméditation, non ». Une semblable déclaration, fondée sur le fait moral de complicité, n'exprime pas suffisamment les faits particuliers qui la constituent. — Cass., 21 janv. 1836, Claudel, [P. chr.] — V. *infrà,* n. 4560 et s.

3595. — *Fausse monnaie.* — Pour qu'un accusé puisse être condamné comme coupable du crime d'émission de fausse monnaie, il faut, à peine de nullité, que le jury ait été interrogé sur le point de savoir si les pièces émises étaient contrefaites, et que le jury ait résolu affirmativement la question. — Cass., 8 avr. 1825, Nozé, [P. chr.]

3596. — Il doit être également consulté, à peine de nullité, sur le point de savoir si les pièces contrefaites ont cours légal en France ou dans les colonies françaises. — V. *supra,* n. 2808.

3597. — C'est là, en effet, une circonstance constitutive du crime.

3598. — Le simple usage d'une pièce fausse, dépouillé du fait de sa fabrication, ne prend un caractère de criminalité qu'autant que la fausseté de la pièce est connue de l'accusé.

3599. — En conséquence, le jury doit être interrogé, à peine de nullité, sur la connaissance que l'accusé pouvait avoir de la fausseté de la pièce dont il a fait usage. — Cass., 5 oct. 1815, Lhermitte, [S. et P. chr.]; — 3 mai 1832, Guillermet, [S. 32.1. 676, P. chr.]; — 12 nov. 1835, précité. — *Sic,* Chauveau, F. Hélie et Villey, *Th. C. pén.,* t. 2, n. 279; Carnot, *Instr. crim.,* t. 2, p. 641, n. 2, sur l'art. 345.

3600. — V., au surplus, sur les circonstances constitutives du crime d'émission de fausse monnaie, *supra,* n. 3414 et s.

3601. — *Faux.* — Lorsqu'un individu est accusé de faux en écriture publique pour avoir contrefait l'écriture et la signature d'un fonctionnaire public sur une quittance, le président de la cour d'assises viole l'art. 337, C. instr. crim., en n'interrogeant le jury sur la contrefaçon de signature et en omettant la contrefaçon d'écriture. — Cass., 20 sept. 1828, Girard, [P. chr.]

3602. — Il a été jugé que l'accusation d'avoir fabriqué et écrit un acte sous le nom d'un fonctionnaire s'entend d'un acte régulier et revêtu de la fausse signature de ce fonctionnaire. En conséquence, le président de la cour d'assises ne peut scinder l'accusation en formant de deux questions, l'une sur la fabrication de l'acte, l'autre sur la fabrication de la signature. — Cass., 7 juill. 1827, Simon Bel, [S. et P. chr.] — V. *supra,* n. 3440 et s.

3603. — Mais il n'est point nécessaire, en matière de faux, que la question au jury ni sa réponse constatent que le faux pouvait préjudicier à un tiers, et lorsque l'accusé a été déclaré coupable, il ne peut plus plaider que le faux n'est point criminel, parce qu'il n'en résultait aucun préjudice possible pour autrui. — Cass., 8 juill. 1830, Flahaut, [S. et P. chr.]

3604. — L'art. 145, C. pén., n'exige pas que la question posée au jury renferme explicitement celle de savoir si l'accusé du crime de faux de la nature de ceux spécifiés dans ledit article a agi sciemment et frauduleusement; la question intentionnelle se trouve virtuellement et implicitement comprise dans celle de savoir si l'accusé est *coupable* d'avoir commis un faux par supposition de personne dans l'exercice de ses fonctions de notaire, et cela, dans une procuration par lui retenue en cette qualité. Par suite, la réponse affirmative du jury à une question ainsi posée est complète, et résout tout à la fois la matérialité du fait et l'intention criminelle. — Cass., 13 oct. 1842, Couret, [S. 42.1.935, P. 43.1.169] — V. *supra,* n. 3491.

3605. — Nous avons vu que, dans une accusation de faux, commis sur des billets à ordre, il doit être posé des questions au jury, pour savoir si les personnes qui y figurent ont la qualité de commerçant, ou si les billets se rattachent à des opérations de commerce. — V. *supra,* n. 2829.

3606. — La circonstance que des billets à ordre, argués de faux, ont été endossés par un commerçant, comprise dans l'arrêt de renvoi, doit donc, à peine de nullité, être reproduite dans le résumé de l'acte d'accusation et dans les questions posées au jury, comme servant à constituer le faux en écriture de commerce. — Cass., 30 mai 1833, Boulet, [P. chr.]

3607. — Lorsqu'un arrêt de mise en accusation a renvoyé un accusé devant les assises, sous la prévention d'avoir fabriqué en juin, à la fausse date de février, un effet de commerce, et que dans la question soumise au jury l'on a omis de reproduire le mot « fausse », l'accusation sur ce chef n'en est pas moins valablement jugée par la réponse du jury, le mot « fausse », qui se rapportait à date, se trouvant virtuellement suppléé dans la question par l'énonciation que l'effet argué avait été confectionné en juin quoiqu'il portât la date de février. — Cass., 3 mars 1837, Mohen, [P. 38.1.84]

3608. — Les questions posées au jury sur une accusation de faux ou de tentative de faux doivent, à peine de nullité, comprendre les faits matériels du faux spécifiés dans l'arrêt de renvoi; il ne suffirait pas de demander d'une manière vague au jury si l'accusé est coupable de faux ou de tentative de faux, soit par supposition de personnes, soit par fabrication de conventions : ce serait là d'ailleurs l'appeler à décider une question de droit exclusivement réservée à la cour d'assises. — Cass., 6 avr. 1832, Merieux, [S. 32.1.344, P. chr.]

3609. — Les peines portées contre ceux qui ont fait usage d'un écrit faux n'étant applicables qu'autant que l'auteur de cet usage a connu la fausseté de l'écrit, il est indispensable, pour baser une condamnation, que cette circonstance, essentiellement constitutive de la criminalité, résulte des questions adressées aux jurés et de leurs réponses. — Cass., 26 juin 1834, Paoli, [P. chr.]

3610. — *Abus d'autorité.* — Les violences commises par les fonctionnaires publics, dans l'exercice de leurs fonctions, ne pouvant constituer un crime ou un délit que lorsqu'elles ont eu lieu sans motifs légitimes, le jury doit être interrogé, à peine de nullité, sur cette circonstance substantielle. — Cass., 5 déc. 1822, Louvry, [S. et P. chr.]

0011. — Il ne suffirait pas qu'il fût demandé au jury si le fonctionnaire a été provoqué par des coups ou des blessures graves. — Cass., 15 mars 1821, Barcon, [S. et P. chr.]

3612. — En conséquence, le jury, dans ce cas, doit être interrogé, à peine de nullité, sur les deux questions de savoir si le fonctionnaire a agi dans l'exercice de ses fonctions, et s'il a agi sans motifs légitimes. Ces deux questions doivent être posées d'office, et alors même que la réquisition n'en a été faite, ni par l'accusé, ni par son défenseur. — Cass., 14 oct. 1825, Girod, [S. et P. chr.]

3613. — *Homicide.* — Pour qu'il y ait lieu à condamnation pour tentative d'empoisonnement, il n'est pas nécessaire que les substances qu'on a voulu administrer soient en quantité suffisante pour donner la mort; c'est assez qu'elles soient mortifères, c'est-à-dire de nature à pouvoir la donner; en sorte qu'il n'est pas nécessaire d'interroger le jury sur le point de savoir si la quantité était suffisante. — Cass., 7 juill. 1814, Turteret, [S. et P. chr.]

3614. — La question pour laquelle le président demande au jury « si l'accusé est coupable d'avoir tenté d'empoisonner une personne par l'effet de substances pouvant donner la mort », satisfait aux prescriptions de l'art. 337, C. instr. crim., le mot « empoisonnement » emportant nécessairement l'idée d'un attentat à la vie. — Cass., 17 déc. 1874, Brunel, [S. 75.1.385, P. 75.913, et la note de M. Edmond Villey]

3615. — En matière de duel, la question ainsi posée : « Est-il constant que l'accusé ait, dans un duel où tout s'est passé avec loyauté et conformément aux conventions des parties, tiré volontairement et avec préméditation un coup de fusil sur son adversaire, lequel coup de fusil a donné la mort à celui-ci », est irrégulière à la fois et en ce que le mot *coupable* y est omis, et en ce que par ces mots « où tout s'est passé avec loyauté et conformément aux conventions des parties » le duel est présenté comme excuse du meurtre. — Cass., 4 janv. 1839, Louisy-Lefrère, [P. 39.2.643]

3616. — Lorsque l'arrêt de mise en accusation énonce simplement un homicide volontaire, le président ne viole aucune loi en posant les questions ainsi : 1º L'accusé est-il coupable d'avoir volontairement porté des coups et fait des blessures ? — 2º Ces coups et blessures volontaires ont-ils occasionné la mort? — 3º Ont-ils été portés dans l'intention de donner la mort? — Cass., 24 juill. 1841, Zeller, [P. 42.2.676] — V. *suprà,* n. 3446 et s.

3617. — Dans une accusation de coups portés volontairement, et qui ont occasionné la mort, la question de savoir si l'homicide a été volontaire ne doit pas nécessairement être posée; il suffit de demander si les coups ont été portés volontairement, la mort causée par des coups volontaires constituant le meurtre. — Cass., 6 mars 1823, Tisserand, [S. et P. chr.]

3618. — *Attentat aux mœurs.* — Dans une accusation d'at-

tentat à la pudeur avec violence, la question, posée au jury, de savoir si l'accusé est coupable d'un attentat (sans ajouter à la pudeur) consommé avec violence sur la personne de sa fille, est nulle comme retranchant une énonciation substantielle et caractéristique du crime poursuivi. — Cass., 24 déc. 1840, Hardy, [S. 42.1.67, P. 42.1.254]

3619. — Est régulièrement posée la question suivante en matière d'avortement : « X..., est-il coupable d'avoir à..., en août 1855, par aliments, breuvages, médicaments, violences, ou autres moyens, procuré volontairement l'avortement de la fille N..., alors enceinte ». — Cass., 5 mars 1857 (motifs), Trézières et Corbineau, [D. 57.1.178]

3620. — Le deuxième alinéa de l'art. 317, C. pén., ne prononce de peine contre la femme enceinte, quand elle a cherché à se faire avorter, qu'autant que l'avortement s'en est suivi, ce qui exclut, pour ce cas spécial, la criminalité de la simple tentative. D'un autre côté, il ne peut y avoir de complicité punissable que quand le fait principal est lui-même qualifié crime ou délit et puni par la loi. Il en résulte que la complicité d'une tentative d'avortement ne peut exister dans le cas où c'est la femme enceinte qui a commis cette tentative, et, par voie de conséquence, qu'il ne suffit pas, dans une accusation de cette nature, de demander au jury si l'accusé s'est rendu coupable d'une tentative d'avortement; il faut, en outre, lui demander si la tentative a été commise par une personne autre que la femme enceinte elle-même. — Cass., 3 mars 1864, Rolland, [S. 64.1. 303, P. 64.907, D. 64.1.406]

3621. — Mais il a été jugé qu'est régulière la question ainsi posée pour une tentative d'avortement : « X... est-il coupable d'avoir, par des aliments, breuvages, médicaments, violences ou tout autre moyen, tenté de procurer l'avortement de la fille N... alors enceinte, laquelle tentative, manifestée par un commencement d'exécution, n'a manqué son effet que par des circonstances indépendantes de la volonté de son auteur ». — Cass., 22 sept. 1881, Auger, dit Maurice, [S. 83.1.329, P. 83.1.789, et la note de M. Villey] — V. sur la question de complicité d'avortement *suprà,* vº *Avortement,* n. 39 et s.

3622. — *Faux témoignage.* — Est incomplète et nulle la question pour laquelle on demande au jury si l'accusé est coupable de faux témoignage en matière correctionnelle, sans mentionner la circonstance établie, dans l'acte d'accusation, que ce faux témoignage a été porté en faveur du prévenu. — V. *infrà,* n. 479.

3623. — Mais la question posée aux jurés est suffisamment explicite lorsque, conforme d'ailleurs à l'arrêt de renvoi, elle rappelle la procédure criminelle dans laquelle le témoignage a été donné, le nom de l'accusé en faveur de qui il a été rendu, ainsi que la date. — Bruxelles, 31 oct. 1831, Delaet, [P. chr.]

3624. — Il en effet, que les questions telles qu'elles sont posées au jury mettent celui-ci en état de statuer sur l'existence des faits et sur leur moralité.

3625. — *Subornation de témoins.* — Dans une accusation de subornation de témoins, la question de savoir si l'accusé est coupable non d'avoir suborné les témoins, mais d'avoir provoqué les témoins à porter un faux témoignage, ne contient pas les caractères légaux du fait incriminé, cette dernière expression n'étant pas équivalente à celle de subornation. — V. *suprà,* n. 3086.

3626. — *Vol qualifié.* — La circonstance de fraude ne doit pas nécessairement être énoncée dans la question posée aux jurés, alors qu'ils sont interrogés sur un détournement commis par un domestique ou employé au préjudice de leur maître; elle résulte virtuellement de ce fait même. — Cass., 30 nov. 1837, Dailloux, [P. 38.1.626]

3627. — *Banqueroute.* — Il est nécessaire que la qualité de commerçant soit reconnue au failli pour qu'il y ait lieu à l'application des peines prononcées par la loi contre ceux qui, dans l'intérêt de ce commerçant failli, auraient soustrait, vendu ou dissimulé tout ou partie de ses biens meubles ou immeubles. — Cass., 18 oct. 1842, Manneville, [S. 42.1.953, P. 43.1.172]

3628. — En conséquence, est incomplète et nulle la question posée au jury, dans laquelle la qualité de commerçant n'est pas donnée au failli, dont l'accusé est prévenu de s'être rendu complice par recélé. — Même arrêt.

3629. — La qualité de commerçant étant essentiellement constitutive du crime de banqueroute frauduleuse, doit être soumise au jury et spécifiée dans le résumé de l'acte d'accusation, alors surtout qu'elle l'a été d'une manière expresse dans le dispositif de l'arrêt de renvoi. — V. *suprà*, n. 2896.

3630. — b) *Circonstances aggravantes.* — Aux termes de l'art. 337, C. instr. crim., il y a lieu d'interroger le jury sur les circonstances aggravantes résultant de l'acte d'accusation.

3631. — Bien que l'art. 337, C. instr. crim., parle des circonstances comprises dans le résumé de *l'acte d'accusation*, il ne faut pas oublier que l'arrêt de renvoi est, ainsi que nous l'avons dit, *suprà*, n. 2758 et s., la base des questions à poser. Il en résulte qu'est nul l'arrêt de condamnation rendu par une cour d'assises lorsque l'acte d'accusation, les questions posées par la cour d'assises et les réponses ne mentionnent point une circonstance aggravante reprise dans l'arrêt de mise en accusation, et alors surtout que la loi pénale a été appliquée à l'accusé comme si cette circonstance avait été déclarée constante par les juges du fait. — Cass., 18 déc. 1835, Louison Rosie, [P. chr.]

3632. — Jugé, de même, qu'est insuffisante et nulle la question soumise aux jurés qui ne renferme point la circonstance aggravante du fait, portée dans l'arrêt de renvoi. — Cass., 20 janv. 1820, Haumont, [P. chr.] — *Sic*, Carnot, *Instr. crim.*, sur l'art. 337, t. 2, p. 600.

3633. — Cependant il n'y a pas nullité si la cour d'assises n'a pas soumis à la décision du jury une circonstance aggravante résultant de l'arrêt de renvoi, alors que cette circonstance, eût-elle été déclarée constante, ne devait entraîner aucune aggravation dans la peine à prononcer par la cour. — Cass., 1er févr. 1838, Guedon, [P. 40.2.60]

3634. — Nous rappelons qu'en vertu de l'art. 338, C. instr. crim., le président doit relever dans les questions posées au jury les circonstances aggravantes résultant des débats, alors même qu'elles n'auraient pas été relevées elles-mêmes dans l'arrêt de renvoi. Et la cour d'assises a le droit d'ordonner la position d'une question au jury, sur une circonstance aggravante, lorsque cette circonstance est implicitement énoncée dans l'acte d'accusation. — Cass., 19 avr. 1821, Picard, [S. et P. chr.]

3635. — Nous rappelons également que le président de la cour d'assises doit, dans la position des questions aux jurés, diviser ce qui constitue le fait principal et les circonstances aggravantes, de telle sorte que le jury puisse voter par des scrutins distincts et successifs, sur chacune des circonstances. — V. *suprà*, n. 3321 et s.

3636. — Spécialement, lorsqu'un individu a été renvoyé devant la cour d'assises, comme accusé d'assassinat en portant volontairement des coups et blessures qui ont occasionné la mort, le président doit poser au jury une question spéciale sur l'homicide volontaire avec la circonstance aggravante de la préméditation. — Cass., 4 août 1843, Perfettini, [S. 43.1.879, P. 43.2.627]

3637. — En pareil cas, ce magistrat ne peut se borner à soumettre au jury la question de coups et blessures volontaires qui ont occasionné la mort, et, par question séparée, la circonstance de préméditation et de guet-apens, sans dénaturer l'acte d'accusation; par suite, la réponse à ces questions ne saurait servir de base ni à un acquittement ni à une condamnation. — Même arrêt.

3638. — Mais lorsqu'un accusé a été renvoyé devant la cour d'assises comme prévenu d'un vol auquel se rattachent plusieurs circonstances aggravantes, et notamment celle de violence, la cour peut détacher cette circonstance du fait principal et en faire l'objet d'une question spéciale et séparée de coups et blessures. — Cass., 10 déc. 1836, Pierrard, [S. 37.1.830, P. 37.2. 341]

3639. — Est suffisamment claire et précise la question par laquelle il est demandé au jury si l'accusé a commis le vol qui lui est reproché « en réunion de deux personnes », pour indiquer que le vol a été commis par deux personnes, ce qui constitue la circonstance aggravante punie par l'art. 386, n. 1, C. pén., surtout si cette question est conforme au dispositif de l'arrêt de renvoi. — Cass., 30 sept. 1869, Ischée, [S. 70.1.232, P. 70.560, D. 70.1.95]

3640. — Mais sont insuffisantes les énonciations d'une question demandant au jury si la victime d'un attentat aux mœurs était la nièce de l'accusé et si elle habitait dans sa maison. Elles ne peuvent pas, en effet, établir que la nièce habitait dans le domicile de l'accusé, qu'elle lui avait été confiée et qu'il exerçait sur elle l'autorité à laquelle la loi attache une aggravation de peine. — Cass., 22 mars 1888, [*Bull. crim.*, n. 116]

3641 — Rappelons que, dans le cas d'une poursuite dirigée

contre un agent du gouvernement avec aggravation tirée de son caractère de fonctionnaire public, le jury ne doit être interrogé que sur la qualité même de l'accusé : c'est à la cour d'assises qu'il appartient de décider si la qualité reconnue à l'accusé lui confère ou non le caractère de fonctionnaire public. — V. *suprà*, n. 2818.

3642. — c) *Circonstances atténuantes.* — La législation sur cette matière n'a pas toujours été la même; sous le Code de brumaire, art. 373, il devait, à peine de nullité, être posé des questions sur toutes les circonstances résultant de l'acte d'accusation qui pouvaient atténuer la peine ou la faire écarter entièrement.

3643. — Le Code d'instruction criminelle gardait le silence sur les circonstances atténuantes; l'art. 338 ne parlait que des circonstances aggravantes. Toutefois il était admis, en jurisprudence et en doctrine, que le président des assises devait poser aux jurés une question sur les circonstances atténuantes qui avaient pu résulter des débats. — Cass., 17 mai 1821, Sabardin, [S. et P. chr.] — *Sic*, Legraverend, t. 2, p. 221.

3644. — Sous la législation actuelle, c'est-à-dire depuis la révision de 1832, on ne pose plus de question sur les circonstances atténuantes; mais l'art. 341, C. instr. crim., dispose qu'en toute matière criminelle le président, après avoir posé les questions résultant de l'acte d'accusation et des débats, avertira le jury, à peine de nullité, que s'il pense, à la majorité, qu'il existe en faveur d'un ou plusieurs accusés reconnus coupables, des circonstances atténuantes, il devra en faire la déclaration en ces termes : « A la majorité, il y a des circonstances atténuantes en faveur de tel accusé. »

3645. — Cet avertissement au jury tient lieu, comme on le voit, de la position des questions sur les circonstances atténuantes. Nous verrons ci-dessous tous les principes qui régissent cette matière (V. *infrà*, n. 3768 et s.). — V. aussi *suprà*, v° *Circonstances aggravantes et atténuantes.*

3646. — Nous avons dit qu'il en est autrement des excuses; elles doivent faire l'objet d'une question spéciale. — V. *suprà*, n. 3104 et s.

§ 2. *Ordre des questions.*

3647. — La loi des 16-29 sept. 1791 et le Code du 3 brum. an IV déterminaient, pour la position des questions, un ordre absolu duquel il n'était pas permis de se départir, *à peine de nullité.*

3648. — La première question tendait essentiellement à savoir si le fait qui formait l'objet de l'accusation était constant ou non (L. 16 sept. 1791, tit. 7, art. 20; C. de brum. an IV, art. 374).

3649. — Elle devait être posée préalablement à toute autre, à peine de nullité. — Cass., 22 vend. an VIII, Riollay, [S. et P. chr.]; — 7 frim. an X, Mazuel, [S. et P. chr.]; — 16 oct. 1807, Buisson, [P. chr.]

3650. — Immédiatement après la question sur l'existence du fait venait la question de savoir si l'accusé était convaincu d'avoir commis le fait qui faisait l'objet de la première question, ou d'y avoir coopéré (L. 16-29 sept. 1791, tit. 7, art. 20; C. de brum. an IV, art. 374).

3651. — Venait ensuite, en troisième ordre, la question sur la moralité, car devait toujours à cette époque faire l'objet d'une question distincte (L. 16-29 sept. 1791, tit. 7, art. 21; C. 3 brum. an IV, art. 374).

3652. — Et les questions diverses relatives à la moralité, et qui étaient de nature à augmenter ou diminuer la moralité du fait, devaient être présentées dans l'ordre le plus favorable à l'accusé (L. 16-29 sept. 1791, tit. 7, art. 21; C. 3 brum. an IV, art. 374).

3653. — Carnot (t. 2, p. 583, sur l'art. 337) fait remarquer à l'occasion de cette disposition qu'elle n'avait aucun but d'utilité réelle, car si le jury trouvait que l'accusé a agi volontairement mais que le fait qui lui est imputé était commandé par la légitime défense de soi ou d'autrui, il lui suffisait de répondre que l'accusé n'était pas coupable; de sorte que, sans embarrasser le jury dans un dédale de questions surabondantes, on pouvait parvenir, dans le même ordre de choses, au même résultat.

3654. — Le Code d'instruction criminelle (art. 337 et 338) indique aussi l'ordre dans lequel les différentes questions doivent être soumises au jury: fait principal, avec les circonstances qui l'ont accompagné, circonstances aggravantes.

3655. — Mais c'est un point hors de doute, qu'à la différence de ce qui avait lieu précédemment, la prescription de la loi nouvelle, sur l'ordre de la position des questions au jury, n'est pas prescrite à peine de nullité. Il suffit pour sa régularité qu'elle soit conforme au résumé de l'acte d'accusation ou au résultat des débats, et susceptible d'une réponse catégorique. — Cass., 6 févr. 1812, Morin, [S. et P. chr.]; — 14 déc. 1815, Lavalette, [S. et P. chr.]; — 3 déc. 1836, Demiannay, [S. 38.1.82, P. 38. 1.37]; — 26 déc. 1839, Jourdain, [P. 46.1.495] — Sic, Nouguier, t. 4, n. 2878.

3656. — Et, les présidents des cours d'assises ayant la faculté de poser les questions dans l'ordre qui leur paraît le plus convenable, il ne saurait résulter une nullité de ce qu'ils n'auraient pas suivi la classification proposée par l'accusé. — Cass., 8 avr. 1830, Boudon, [S. et P. chr.]

3657. — Ainsi, il ne résulte aucune nullité de ce que, dans une affaire comprenant deux chefs principaux d'accusation, c'est sur le fait le moins grave que la délibération du jury a commencé. — Cass., 6 févr. 1812, précité.

3658. — De même, le président peut présenter la question de complicité avant celle relative au fait principal. — Cass , 8 avr. 1830, précité.

3659. — De même encore, le président satisfait aux prescriptions de la loi, lorsque, après les questions résultant de l'acte d'accusation, il pose la question de complicité surgissant des débats, et qu'ensuite il reproduit celle relative à un autre crime ou délit qui aurait précédé, accompagné ou suivi le crime. — Cass., 26 déc. 1839, précité.

§ 3. Signature et lecture des questions.

3660. — Chacune des questions posées au jury doit, en principe, être formulée intégralement par écrit (Nouguier, t. 4, n. 2991). Toutefois, il ne résulte pas de nullité de ce qu'au cas d'une série de questions presque identiques dans leur forme, le président se serait référé, pour éviter des répétitions inutiles, aux énonciations contenues dans des questions précédentes, alors d'ailleurs que ce mode de procéder n'a nui ni à la clarté, ni à la précision des questions. — Cass., 10 sept. 1869, Tailfer, [S. 70. 1.47, P. 70.73, D. 70.1.141]; — 1er juill. 1869, Cléton, [S. et P. Ibid., ad notam, D. 70.1.380]

3661. — Le président de la cour d'assises doit signer les questions soumises au jury et les faire signer par le greffier pour leur donner un caractère invariable et authentique. — Cass., 3 oct. 1833, Crudelli, [S. 35.1.227, P. chr.] — Sic, Nouguier, t. 4, n. 2995.

3662. — Cependant, l'omission de la signature du président au bas des questions soumises au jury ne constitue pas une violation de la loi qui puisse donner ouverture à cassation. — Cass., 21 sept. 1849, Garrivet, [S. 50.1.364, P. 50.2.490] — Et notamment, il n'y a pas nullité entraînant cassation alors que le président a lu et exposé les questions résultant de l'acte d'accusation, et que la déclaration du jury, signée par le chef du jury, l'a été également par le président et par le greffier. — Cass., 30 avr. 1851, Clair et Raffin, [P. 52.1.297, D. 51.5.151]

3663. — Il a été jugé, en ce sens, qu'aucun article de loi n'impose au président de la cour d'assises l'obligation de signer les questions qu'il soumet aux jurés. — Cass., 9 juin 1831, Perrin, [P. chr.]

3664. — ... Que l'omission, faite par le président de la cour d'assises , de signer une question résultant des débats, ne peut fournir un moyen de nullité, lorsque le procès-verbal de la séance, qui est régulier et authentique, constate légalement que le président a posé cette question sur la réquisition formelle du ministère public. — Cass., 3 févr. 1826, Bussière, [S. et P. chr.]; — 3 oct. 1833, précité.

3665. — ... Qu'il ne peut résulter une nullité de ce que le président de la cour d'assises aurait omis de signer les questions avant de les remettre au jury, cette formalité n'étant exigée par aucun article de loi. — Cass., 26 juin 1835, Bourelly, [P. chr.]; — 30 avr. 1851, précité.

3666. — En fait, la signature du président de la cour d'assises est apposée au-bas et après la date des questions. C'est un usage généralement et utilement suivi malgré le silence de la loi sur ce point. — Cass., 26 sept. 1889, Maillot-Léonard , [D. 89. 5.156]; — 23 nov. 1889, Rini, [D. 90.1.406]

3667. — Les questions sont également signées par le greffier,

mais cette obligation ne lui est pas non plus imposée à peine de nullité de la procédure. — Cass., 14 avr. 1840, [D. Rép., vo Instruction criminelle, n. 2957]; — 10 mai 1843, [Bull. crim., n. 1011]; — 15 sept. 1843, [Bull. crim., n. 245]

3668. — Lorsque les questions soumises aux jurés sont nombreuses et qu'elles ont été écrites sur des feuilles de papier séparées, il n'est pas nécessaire que chacune de ces feuilles soit revêtue des signatures du chef du jury, du président et du greffier. Il suffit que la dernière porte ces signatures. — Cass., 25 avr. 1839, Foissard et Macaine, [P. 40.1.174]

3669. — Et il a encore été jugé que deux questions soumises au jury, l'une sur un fait de faux témoignage, l'autre sur un fait de subornation, se référent l'une à l'autre et sont régulières, quoique présentées aux jurés sur des feuilles séparées. — Cass., 17 sept. 1829, Cardinal, [S. et P. chr.]

3670. — Les signatures du président et du greffier sont précédées de la date. Mais cette formalité, de même que les précédentes, n'est pas prescrite à peine de nullité. — Nouguier, n. 2997.

3671. — Il en résulte que l'inexactitude de la date ne saurait faire annuler les débats, cette erreur se trouvant rectifiée par le procès-verbal des débats. — Cass., 22 juill. 1842, Lebreton , [P. 43.1.159]; — 26 févr. 1857, [Bull. crim., n. 78]

3672. — Il y aurait nullité cependant si une question posée comme résultant des débats portait une date antérieure à la clôture de ces débats. — Cass., 12 juill. 1838, [Bull. crim., n. 209]; — 14 sept. 1848, Juin d'Allas, [S. 49.1.299, P. 49.2.412]

3673. — Tous interlignes, renvois et ratures dans les questions posées au jury doivent être approuvés. Cependant, le défaut d'indication, dans l'approuvé, du nombre de mots raturés dans la position des questions, n'a pas d'autre effet que de faire considérer les ratures comme non avenues. En conséquence, il n'en résulte aucune nullité lorsqu'il est constant que les mots raturés ne sont d'aucune importance; qu'en les laissant subsister, le sens de la phrase reste le même, et que la substance des choses n'en est nullement altérée. — Cass., 11 déc. 1846, Granier et Lafond, [P. 49.2.19, D. 47.4.136]; — 14 avr. 1853, [Bull. crim., n. 131] — V. anal. infrà, n. 4102 et s.

3674. — Spécialement, une surcharge existant dans la position des questions au jury, sur le millésime de l'année où le crime a été commis, ne peut fournir un moyen de nullité à l'accusé qui ne prétend pas que le crime soit prescrit. — Cass., 17 juill. 1828, Pageot, [P. chr.]

3675. — Il en est de même des additions. Dès lors, en supposant que des mots aient été ajoutés après coup, et par interligne, dans une des questions soumises au jury, ils ne peuvent être une cause de nullité, alors qu'ils n'ont point altéré la question, qui était suffisamment précisée et complète par elle-même. — Cass., 14 oct. 1847, Delannoye, [S. 47.2.755, D. 47.1.348]

3676. — De ce que les renvois non approuvés sont réputés non écrits, on a encore tiré cette conclusion, que si, contrairement au principe qui interdit de poser au jury des questions de droit, le fait a été qualifié en droit en marge de la question (dans l'espèce, par ces mots : Faux en écriture publique), il n'y a pas nullité si ce renvoi n'a été ni approuvé, ni paraphé et ne se rattache pas nécessairement à la question portant sur les circonstances constitutives du crime. — Cass., 13 janv. 1876, [Bull. crim., n. 16]

3677. — Mais il en est tout autrement lorsque les interlignes portent sur des expressions dont la suppression serait de nature à modifier la nature du crime ou la pénalité. Ainsi, par exemple, au cas où, sur une accusation d'attentat à la pudeur avec violence, le mot avec, constitutif de la criminalité, a été écrit dans la question posée au jury, au moyen de la rature d'un autre mot et d'une surcharge non approuvée, la question de violence est réputée n'avoir pas été posée. — Cass., 20 mars 1845, Vasseur, [S. 45.1.609, P. 48.2.84]

3678. — De même, au cas d'accusation d'abus de confiance qualifié, si cet acte constatant que le détournement s'est commis au préjudice du maître, n'ont été insérés qu'à l'aide d'un renvoi non approuvé, cette circonstance étant caractéristique du crime, l'arrêt auquel elle a servi de base doit être annulé. — Cass., 13 juill. 1854, [Bull. crim., n. 225]

3679. — Il en est ainsi encore quand une accusation de subornation de témoins quand le mot subornation, qui est substantiel, a été inséré au moyen d'une surcharge non approuvée. — Cass., 2 juill. 1857, [Bull. crim., n. 249]

3680. — Le Code d'instruction criminelle ne prescrit pas, en termes formels, au président des assises de donner publiquement lecture des questions avant de les remettre aux jurés : cette formalité est cependant indispensable ; elle est même une conséquence si directe de l'ensemble de la législation criminelle et des diverses dispositions du Code, qu'il était inutile d'en faire l'objet d'un article particulier. — Legraverend, t. 2, p. 229; Carnot, sur l'art. 341, *C. instr. crim.*, t. 2, p. 617.

3681. — Il a été jugé même que la lecture des questions devant la cour d'assises constitue une formalité substantielle dont l'inobservation emporte nullité. — Bruxelles, 10 mars 1830, N..., [P. chr.]

3682. — Toutefois, on décide plus généralement que le défaut de lecture publique à l'accusé des questions soumises au jury n'emporte pas nullité, l'art. 341 n'ayant pas même ordonné que la lecture en serait donnée. — Cass., 26 déc. 1811, N..., [P. chr.]; — 9 sept. 1813, [D. *Rép.*, v° *Instr. crim.*, n. 2927]; — 3 mai 1834, Duponey, [S. 35.1.779, P. chr.]; — 30 juill. 1846, Fourhes, [D. 46.4.134]; — 5 juin 1851, [*Bull. crim.*, n. 207] — *Sic*, Nouguier, n. 3002.

3683. — En conséquence, il n'est pas nécessaire que le procès-verbal mentionne que le président, après avoir posé les questions, en a donné lecture à haute voix, en présence de l'accusé. — Cass. Belge, 2 mai 1835, Talboom, [P. chr.]

3684. — Mais s'il n'est pas nécessaire de constater, à peine de nullité, que lecture publique des questions a été donnée à l'accusé, il est au moins indispensable qu'il soit constaté dans le procès-verbal que l'accusé en a eu connaissance. Jugé que le président de la cour d'assises doit faire une lecture publique *ou tout au moins donner connaissance à l'accusé* des questions soumises au jury ; il y a là une formalité substantielle dont l'accomplissement doit être constaté par le procès-verbal, à peine de nullité. — Cass., 5 févr. 1857, Pipard, [S. 57.1.404, P. 58. 224, D. 57.1.132] ; — 1ᵉʳ mai 1860, Mannourry, [D. 60.5.96]; — 6 juin 1861, Ballagny, [D. 61.5.132] ; — 28 mars 1872, [*Bull. crim.*, n. 77]; — 2 mai 1878, Denis, [S. 78.1 437, P. 78.1.115, D. 78.1.283]; — 28 déc. 1883, [*Bull. crim.*, n. 298]; — 27 oct. 1887, [*Bull. crim.*, n. 358]; — 24 déc. 1891, Hugla, [S. et P. 92.1.472]; — 22 déc. 1893, [*Bull. crim.*, n. 372]; — 20 janv. 1894, [*Gaz. des Trib.*, 27 janv. 1894]; — 24 avr. 1896, Bayoubben-Sabah, [*Gaz. des Trib.*, 1ᵉʳ mai 1896]

3685. — Et même, il en doit même donner connaissance à l'accusé *publiquement*. Il a été jugé que si le Code d'instruction criminelle n'exige pas impérieusement la lecture des questions, il est nécessaire cependant qu'une connaissance publique en soit donnée à l'accusé, avant la délibération du jury, afin de mettre l'accusé en demeure de présenter des observations sur la position même des questions. — Cass., 29 déc. 1893, [*Bull. crim.*, n. 377]

3686. — Dans ces conditions, la difficulté ne naîtra la plupart du temps que pour les questions posées comme résultant des débats, les questions posées en vertu de l'arrêt de renvoi ayant nécessairement été lues en même temps que l'acte d'accusation dont elles font partie. Jugé, en ce sens, que la lecture des questions n'est pas rigoureusement obligatoire lorsqu'elles sont conformes à l'arrêt de renvoi et au résumé de l'acte d'accusation, et qu'elles n'ont été ni changées, ni modifiées par les débats; que, dans ce cas, la teneur des questions est présumée connue de l'accusé par la notification de l'arrêt de renvoi et par le rappel que le président fait à l'accusé du contenu de l'acte d'accusation. — Cass., 7 juill. 1892, [*Bull. crim.*, n. 203]

3687. — ... Que s'il est vrai que les questions posées au jury doivent être publiquement portées à la connaissance de l'accusé, la lecture proprement dite de ces questions n'est pas un mode sacramentel que la loi impose au président, qu'il suffit notamment que le président ait déclaré que les questions « reproduisaient exactement le dispositif de l'arrêt de renvoi et le résumé de l'acte d'accusation dont la lecture avait été donnée publiquement à l'audience ». — Cass., 31 mars 1892, Gros, [D. 92.1.630]

3688. — Il appartient à la Cour de cassation, lorsque la lecture des questions n'a pas eu lieu, d'apprécier dans chaque affaire, et d'après les circonstances de la cause, si l'accusé a eu connaissance des questions posées. On doit admettre que l'accusé a eu connaissance de ces questions lorsque celles qui ont été posées résultaient toutes de l'arrêt de renvoi et de l'acte d'accusation, et que le président, après les avoir divisées en plusieurs séries, et après avoir rangé sous le même chef toutes les questions identiques, a lu successivement à l'audience toutes les questions normales de chaque série, en déclarant que celles qui les suivaient étaient identiques. — Cass., 6 sept. 1839, Girard et de Vaucleroy, [P. 40.1.440]

3689. — Cette constatation résulte suffisamment de ces mots du procès-verbal : « le président a posé les questions résultant de l'acte d'accusation et des débats ». — Cass., 8 janv. 1852, [*Bull. crim.*, n. 5]; — 10 août 1852, Vauthier, [D. 52.5.171]

3690. — Jugé aussi que l'énonciation au procès-verbal de la lecture de la déclaration du jury à l'audience établit suffisamment que les questions soumises au jury ont été également lues. - Cass., 22 sept. 1842, Segond, [S. 42.1.768] — *Contrà*, Nouguier, t. 4, n. 3005.

3691. — Satisfait au vœu de l'art. 336, C. instr. crim., le procès-verbal constatant que le président des assises a donné lecture aux jurés tant des questions qu'il leur a posées comme résumant l'arrêt de renvoi et l'acte d'accusation que des questions résultant des débats, et que cette lecture a eu lieu en audience publique, en présence de l'accusé, de son conseil et du ministère public. — Cass., 9 oct. 1879, [*Bull. crim.*, n. 107]

3692. — Mais la consta'ation est insuffisante si le procès-verbal se borne à déclarer que le président *a remis* au chef du jury les questions par lui signées, sans qu'on puisse induire des énonciations dudit procès-verbal qu'aucune lecture des questions ait eu lieu ou qu'aucune connaissance en ait été donnée à l'accusé. — Cass., 5 févr. 1857, précité.

3693. — Il en est de même, lorsque le président a posé une question comme résultant des débats, et que le procès-verbal ne mentionne comme ayant été lues que les questions résultant de l'acte d'accusation, lorsque d'ailleurs aucune autre mention du procès-verbal ne permet de constater que l'accusé a eu connaissance de la position de la question résultant des débats. — Cass., 3 juin 1869, Laffargues, [S. 70.1.141, P. 70.315, D. 70. 145]

3694. — La lecture peut être légalement faite par un assesseur aux lieu et place du président. — Cass., 12 août 1838, Munder et Pascal, [P. 59.99, D. 58.5.114] — ... Et même par le greffier. — Cass., 30 mars 1882, Espedro, [*Bull. crim.*, n. 88] — *Sic*, Nouguier, n. 3004.

Section IV.

Réclamations sur la position des questions.

3695. — Le Code du 3 brum. an IV, art. 376, permettait à l'accusé, à ses conseils, au ministère public et même aux jurés de faire des observations sur la manière dont les questions étaient posées.

3696. — Le Code d'instruction criminelle n'a point reproduit formellement la disposition du Code du 3 brum. an IV; mais d'un autre côté, aucun texte nouveau ne contenant de dispositions contraires, il faut en conclure que le droit d'observation existe encore. — Carnot, *Instr. crim.*, t. 2, p. 577, n. 11 et 12; Nouguier, t. 4, n. 3006.

3697. — Il est vrai qu'un arrêt a décidé que la faculté de faire des observations sur la position des questions au jury n'ayant été accordée à l'accusé par aucune disposition du Code d'instruction criminelle, le refus fait par la cour d'assises de lui accorder la parole sur la position des questions ne peut donner ouverture à cassation. — Cass., 13 juin 1816, Monchicourt, [S. et P. chr.]

3698. — Mais cette solution est erronée. En effet, quoique aucune disposition du Code d'instruction criminelle ne donne expressément à l'accusé le droit d'être entendu sur la position des questions, il n'en est pas moins vrai que sans cette faculté, la défense ne peut pas être complète. S'il en est ainsi, et nous ne saurions croire que cette proposition puisse être contestée, il faut en conclure que la faculté dont il s'agit est de droit; qu'elle entre essentiellement dans l'esprit de la loi, et qu'elle y est sous entendue : car, comment supposer que le législateur ait voulu que la défense ne fût pas complète ?

3699. — Aussi, revenant à sa première jurisprudence, la Cour de cassation a décidé qu'il y a nullité lorsque le défenseur de l'accusé n'a pas été entendu sur la position des questions, lorsqu'il le réclame. — Cass., 6 nov. 1834, [*Bull. crim.*, n. 300] — ... Notamment sur la position d'une question posée subsidiairement comme résultant des débats. — Cass., 9 déc. 1823, Buré, [S. et P. chr.] — *Sic*, Nouguier, t. 4, n. 3007.

3700. — ... Que l'accusé a le droit d'être entendu sur la position des questions; que le président ne peut hors sa présence poser une nouvelle question ou même en rectifier une qui était irrégulièrement posée. — Cass., 16 mars 1826, Courtaud, [S. et P. chr.]

3701. — ... Qu'il y a nullité lorsque l'une des questions soumises au jury a été rectifiée en l'absence de l'accusé; et que cette nullité ne peut être couverte par le consentement à la rectification donné par le défenseur de cet accusé. — Cass., 11 janv. 1840, Royer, [S. 40.1.750, P. 41.1.51]

3702. — Ce n'est pas à dire cependant que le président doive nécessairement donner la parole au ministère public et au défenseur sur la position des questions; cela n'est exigé que si une contestation s'élève sur ce point. — Cass., 17 juill. 1817, [D. Rép., v° Instr. crim., n. 2909]; — 26 déc. 1839, Jourdain, [P. 46. 1.495]

3703. — Le président est encore moins tenu de leur soumettre les questions qu'il se propose de poser. Il suffit qu'elles soient connues de l'accusé avant que les jurés entrent en délibération. — Cass. 17 août 1820, [D. Rép., v° Instr. crim., n. 2913]

3704. — Décidé, spécialement, que le président peut, sur les réquisitions du ministère public, poser au jury des questions subsidiaires résultant des débats, sans avoir besoin de donner un avertissement spécial à l'accusé avant la clôture des débats, du moment où ces questions ont été lues après cette clôture et où l'accusé a été mis ainsi en situation de réclamer la parole et de demander, s'il le jugeait utile, la réouverture des débats. — Cass., 27 mai 1892, [Bull. crim., n. 159]

3705. — Le président peut donc, sans l'intervention de la cour, rectifier une erreur qui s'est glissée dans la position des questions, lorsqu'il n'y a eu aucune réclamation de l'accusé et de son défenseur. — Cass., 29 juill. 1852, Petit, [D. 52.5.168]; — 17 mai 1889, Numa Gilly, [S. 90.1.427, P. 90.1.1011, D. 89. 1.317]

3706. — Mais lorsqu'une contestation s'élève sur la position des questions, c'est à la cour d'assises, et non plus au président, qu'il échet de l'apprécier. — Cass., 28 mai 1812, Blazy, [S. et P. chr.]; — 1er oct. 1813, Bastinens, [S. et P. chr.]; — 30 mars 1815, Grissingen, [S. et P. chr.]; — 16 juin 1815, Lacoste, [S. et P. chr.]; — 26 mai 1839, Laville, [P. 40.1.145]; — 16 mai 1840, Astier, [P. 42.2.617]; — 25 juill. 1844, Moitié, [P. 44.2. 675]; — 25 janv. 1849, Blanchet, [P. 50.1.429, D. 49.5.88]; — 23 févr. 1850, [Bull. crim., n. 73]; — 23 déc. 1858, [Bull. crim., n. 316]; — 27 févr. 1885, Martinaud, [S. 86.1.488, P. 86.1.1187, D. 85.1.336] — V. Legraverend, t. 2, p. 230; Carnot, sur l'art. 336, C. instr. crim., t. 2, p. 577, n. 12, et p. 617, n. 1; Nouguier, Cour d'ass., t. 4, 2e partie, n. 2785; F. Hélie, Tr. de l'instr. crim., t. 8, n. 3722.

3707. — Par suite, il a été décidé que si le président de la cour d'assises peut, sans l'intervention de la cour, soumettre aux jurés des questions résultant des débats, c'est à la condition qu'il n'y ait pas opposition de la part des accusés. — Cass., 5 août 1831, Lavrard, [P. chr.]

3708. — ... Que la position des questions soumises aux jurés n'appartient au président qu'autant que contestation ne s'élève sur l'exercice de ce pouvoir. — Cass., 26 mai 1839, précité.

3709. — ... Que lorsque des conclusions sont prises soit verbalement, soit par écrit, contre cette position ou sur l'omission de la position des questions résultant de l'arrêt de renvoi ou des débats, ou enfin à l'occasion d'une question d'excuse, c'est à la cour, et non au président seul, qu'il appartient de statuer sur ces conclusions. — Même arrêt.

3710. — ... Que si le président de la cour d'assises refuse de poser une question, c'est à la cour qu'il appartient de statuer sur les conclusions posées à cet égard par le défenseur. — Cass., 14 avr. 1837, Gambier, [P. 40.2.332]

3711. — Cependant la réclamation de l'accusé sur la manière de poser les questions, ne nécessite une décision de la cour d'assises qu'autant qu'il en pourrait résulter soit sa disculpation, soit une modification de peine. Hors ce cas, l'accusé ne peut se faire un moyen de nullité de ce que sa réclamation a été écartée par le président sans consulter la cour. — Cass., 5 nov. 1812, Popon, [S. et P. chr.]; — 28 janv. 1813, [D. Rép.; v° Instr. crim., n. 2916] — V. Merlin, Rép., v° Question (Réponses par jurés), n. 4; Bourguignon, Jurispr. des Codes crim., sur l'art. 408, C. instr. crim., t. 2, p. 295, n. 5; Nouguier, t. 4, n. 3014.

3712. — Il ne résulte donc pas de nullité de ce que le président a rejeté, sans en référer à la cour, la réclamation de l'accusé sur la position des questions, lorsque cette réclamation est sans objet. — Cass., 27 août 1812, Dulles, [S. et P. chr.]

3713. — Carnot (sur l'art. 336, C. instr. crim., t. 2, p. 577, n. 12) objecte que, pour s'assurer si la réclamation de l'accusé présente un objet d'utilité réelle, il faut entrer dans le mérite du fond de l'affaire, ce qui sort du domaine de la Cour de cassation. Mais cette objection ne porte pas : les incidents sur la position des questions ne peuvent avoir d'autre objet que l'observation des formes prescrites par la loi, les rapports de ces questions avec le résumé de l'acte d'accusation, ou leur influence sur l'application de la loi pénale; or il n'y a rien là qui sorte des attributions de la Cour suprême. Au surplus, nous n'entendons point prétendre que le pouvoir discrétionnaire du président le rende juge du mérite des réclamations élevées sur la position des questions; nous pensons seulement que lorsqu'il est constant que la réclamation de l'accusé ne pouvait avoir pour résultat, ni sa disculpation, ni une modification de peine, il est, à défaut d'intérêt, non recevable à se plaindre de ce que sa demande a été rejetée comme tendant à prolonger inutilement le débat.

3714. — Du reste, à part ce cas exceptionnel, la cour d'assises doit, à peine de nullité, statuer sur les réclamations relatives à la position des questions. — Cass., 6 nov. 1834, Julienne, [P. chr.]

3715. — En conséquence, l'omission de la part de la cour d'assises de statuer sur une demande de l'accusé, tendant à un changement qui pouvait avoir de l'influence sur l'application de la peine, est une cause de nullité de l'arrêt de condamnation. — Liège, 20 juin 1822, Strumann, [S. et P. chr.]

3716. — ... Notamment, lorsque la cour a refusé de poser une question que réclamait l'accusé ou le ministère public lorsque cette question ne résulte pas de l'acte d'accusation, et que la cour déclare qu'elle ne résulte pas non plus des débats. — Cass., 22 sept. 1820, [D. Rép., v° Instr. crim., n. 2498]; — 19 sept. 1823, [D. Rép., v° Instr. crim., n. 2910]

3717. — Mais l'accusé est non recevable à se plaindre, lorsque la cour d'assises a statué sur sa réclamation relativement à la position des questions, et qu'en rejetant sa demande elle s'est conformée à la loi. — Cass., 5 févr. 1819, Arnaud, [S. et P. chr.]; — 12 mars 1831, Hervé, [S. et P. chr.]

3718. — Le droit de présenter des observations sur la position des questions appartient au ministère public aussi bien qu'à l'accusé. — Cass., 1er oct. 1813, Bastianes, [S. et P. chr.]; — 30 mars 1815, Grissingen, [S. et P. chr.]; — 28 avr. 1820, Lavandier, [S. et P. chr.]

3719. — ... Et il ne peut être statué par une cour d'assises sur un point contentieux, qui a donné lieu à des conclusions prises par le défenseur de l'accusé ou par le ministère public, sans que l'autre partie soit entendue ou interpellée de s'expliquer, et la nullité résultant de l'inobservation de cette règle est absolue. — Cass., 16 mars 1826, [Bull. crim., n. 50]; — 9 août 1838, [Bull. crim., n. 269]; — 11 janv. 1839, Bourdeiron, [P. 42.2. 679] — Sic, Nouguier, t. 4, n. 3017.

3720. — En conséquence, lorsque le ministère public ne s'est point expliqué sur les conclusions du défenseur de l'accusé tendant à faire modifier les questions, il y a lieu d'annuler l'arrêt qui ordonne la modification demandée. — Cass., 9 sept. 1830, Merleau, [S. et P. chr.]; — 11 janv. 1839, précité.

3721. — Les arrêts rendus par la cour d'assises en cette matière, doivent, comme toutes les autres décisions rendues par les cours et tribunaux, être motivés. Jugé, spécialement, en ce sens, que l'arrêt par lequel une cour d'assises statue sur une demande tendant à faire poser des questions ayant pour objet de dépouiller le fait de l'accusation du caractère criminel, ou de le modifier, ou d'affaiblir la peine, doit être motivé à peine de nullité. — Cass., 3 févr. 1821, Salicetti, [S. et P. chr.]; — 8 avr. 1826, Vivier, [S. et P. chr.]; — 13 janv. 1827, Roque, [S. et P. chr.]; — 22 déc. 1849, Orphile, [P. 51.2.43]; — 8 févr. 1850, Alexandre, [D. 50.5.319] — Sic, Nouguier, t. 4, n. 3016. — V. infra, n. 6034 et s.

3722. — ... Que l'arrêt par lequel une cour d'assises statue sur l'opposition de l'accusé, à ce que les questions soumises au jury ne soient pas littéralement conformes au résumé de l'acte d'accusation, doit être motivé, à peine de nullité. — Cass., 14 avr. 1826, Fourgeot, [S. et P. chr.]

3723. — ... Que l'arrêt qui rejette la demande de l'accusé tendant à ce que la question de discernement soit soumise aux jurés doit être motivé, à peine de nullité. — Cass., 14 oct. 1826, Georges Chaussat, [S. et P. chr.]

3724. — ... Que lorsque, dans une accusation d'homicide volontaire, le défenseur a posé des conclusions tendant à la position d'une question de coups et blessures, la cour d'assises ne peut rejeter ces conclusions en se bornant à déclarer qu'il n'y a pas lieu de poser cette question, sans donner aucun motif de sa décision. — Cass., 8 sept. 1881, [*Bull. crim.*, n. 213]

3725. — ... Que, lorsque le défenseur de l'accusé, a pris des conclusions tendant à ce que la question subsidiaire de complicité ne fût pas posée, et que le ministère public a combattu ces conclusions, l'arrêt par lequel la cour d'assises statue sur cet incident contentieux doit être motivé à peine de nullité. — Cass., 8 août 1833, Savart, [P. chr.]

3726. — ... Que, lorsqu'un débat sur une question d'excuse proposée par l'accusé s'est élevé entre celui-ci et le ministère public, l'arrêt qui intervient sur cet incident doit, à peine de nullité, être motivé. — Cass., 10 avr. 1841, Brière, [P. 41.1.647]

3727. — Cependant, il n'est pas nécessaire que l'arrêt de la cour d'assises qui maintient la position d'une question au jury malgré l'opposition de l'accusé, soit motivé, lorque cette question, ne se rattachant à aucun moyen d'excuse ou de justification, pouvait être posée par le président seul, comme résultant des débats. — Cass., 28 mai 1812, Blazy, [S. et P. chr.]; — 30 mars 1815, Grissingen, [S. et P. chr.]; — 17 avr. 1834, Audeville, [S. 34.1.556, P. chr.] — Tel est le cas où, sur une accusation de castration, la cour ordonne que la question accessoire de blessures graves, posée par le président, sera maintenue. — Cass., 17 avr. 1834, précité.

3728. — Il en est de même si, dans une accusation de détournement de mineur, l'arrêt maintenant, sans en donner de motifs, la circonstance que le mineur était âgé de dix-huit ans. — Cass., 16 janv. 1832, [*Bull. crim.*, n. 20]

3729. — Il n'est pas nécessaire que l'arrêt par lequel une cour d'assises décide qu'elle ne rejoera pas une question au jury soit signé par tous les juges qui l'ont rendu : la signature du président et celle du greffier sont suffisantes. D'ailleurs, la disposition de l'art. 370, C. instr. crim., n'est pas prescrite à peine de nullité. — Cass., 14 déc. 1815, Lavalette, [S. et P. chr.]; — 9 juill. 1830, Humbert, [P. chr.]

3730. — Et même il n'est pas nécessaire que l'arrêt par lequel une cour d'assises statue sur une réclamation relative à la position des questions soit rédigé séparément ; il est suffisamment constaté par le procès-verbal des débats revêtu de la signature du président et de celle du greffier. — Cass., 14 déc. 1815, précité; — 11 avr. 1833, Guesdon, [P. chr.]; — 12 avr. 1833, Guesdon, [P. chr.] — Bruxelles, 2 mars 1826, Deroo, [P. chr.]

3731. — Les réclamations sur la position des questions doivent être présentées immédiatement après la lecture des questions et avant la délibération du jury. — Nouguier, t. 4, n. 3011.

3732. — Ainsi, il a été jugé que, lorsque le jury, répondant aux questions qui lui ont été posées, a déclaré l'accusé coupable d'attentat à la pudeur, sans violence, sur une jeune fille de moins de quinze ans, la cour d'assises ne peut plus, après la lecture et la signature de la déclaration, poser la question de savoir si cette jeune fille avait moins de onze ans, et la faire résoudre par le jury. — Cass., 23 juill. 1836, Thourot, [S. 37.1. 255, P. chr.]

3733. — ... Que le défenseur de l'accusé ne peut plus demander la position d'une nouvelle question après la réponse du jury, faite, signée et lue publiquement. — Cass., 15 sept. 1831, Dussaud, [P. chr.]

3734. — ... Que, tout étant consommé après la déclaration affirmative du jury, l'accusé ne peut se plaindre de ce que le président n'aurait point posé aux jurés des questions subsidiaires résultant des débats, alors que lui-même n'en a pas fait la demande. — Cass., 24 sept. 1835, Raffault, [P. chr.]

3735. — Mais lorsque la cour d'assises ou le jury s'aperçoit, peu après la retraite de celui-ci dans la chambre des délibérations, qu'il s'est glissé dans les questions une erreur matérielle à rectifier, la cour peut rentrer en séance, après s'être assurée qu'aucune décision ne s'est encore formée, et opérer cette rectification. — Cass., 11 janv. 1840, Royer, [S. 40.1.750, P. 41.1.51]

3736. — ... Et l'accusé ou son conseil ne peuvent se plaindre que les droits de la défense en aient souffert, alors que la cour a eu le soin de procéder contradictoirement avec eux. — Cass., 4 janv. 1836, Michel, [P. chr.]

3737. — Jugé, sur le même point, que le président des assises a le droit, du moment où il le juge nécessaire, et spécialement lorsqu'il s'aperçoit que les questions, telles qu'elles sont formulées, peuvent être entachées du vice de complexité, de faire revenir à l'audience les jurés qui étaient entrés dans leur chambre pour y délibérer, et d'annuler l'ordonnance de clôture des débats en vertu du pouvoir discrétionnaire dont l'investit l'art. 268, C. instr. crim. — Cass., 26 déc. 1856, Batonnet, [D. 57.1. 73]; — 17 mai 1889, Numa Gilly, Chirac, Peyron et Savine, [S. 90.1.427, P. 90.1.1011, D. 89.1.317]

3738. — Dans ce cas, l'opposition de l'accusé à la réouverture des débats constitue un incident contentieux nécessitant l'intervention de la cour d'assises, et sur lequel il est régulièrement statué par la cour après débat contradictoire. — Cass., 17 mai 1889, précité.

3739. — Mais, après arrêt incident ordonnant la réouverture des débats, le président a pu rectifier les questions posées, sans l'intervention de la cour d'assises, alors qu'aucun incident contentieux ne s'est élevé à ce sujet. — Même arrêt. — V. *suprà*, n. 3705.

3740. — En résumé, les questions peuvent encore être rectifiées, alors même que, rentrés à l'audience, les jurés ont repris leurs places, et que leur chef se dispose à lire leur déclaration (V. *suprà*, n. 2722 et s.). Mais c'est là la limite extrême. Si les choses ont été poussées plus avant, si le verdict a été lu, le jury a consommé son pouvoir, irrévocablement accompli son œuvre, et proclamé, dans la sphère de ses attributions, la chose définitivement jugée. Il y aurait donc nullité si, après la lecture de la déclaration du jury, et pour donner au président la faculté de poser une question d'excuse qu'il avait omise, une cour d'assises annulait l'ordonnance de clôture des débats et autorisait leur réouverture. — Cass., 16 juin 1820, Vieille, [S. et P. chr.] — V. cepend., Cass., 7 nov. 1850, le Bouille, [P. 52.1.94, D. 50.5. 103]

3741. — L'arrêt du 16 juin 1820, précité, prévoit cependant un cas où le droit de rouvrir les débats devrait s'étendre même au delà de la lecture du verdict et jusqu'au moment où la cour d'assises, par son jugement, serait absolument dessaisie de l'affaire; c'est « le cas où, après la lecture de la déclaration, mais avant que la cour d'assises ait prononcé sur l'application de la peine, il serait découvert quelque nouveau fait qui n'eût pas été connu par les débats, et qui, néanmoins, paraîtrait de nature à pouvoir exercer de l'influence sur la preuve des faits de l'accusation ou sur la peine qu'ils doivent faire encourir », et il décide que, dans ce cas, « il appartiendra à la cour d'assises, qui n'a pas encore épuisé ses pouvoirs, de juger si cette influence est réelle; que, dans ce cas, elle devrait annuler la clôture des débats et ouvrir un nouveau débat sur ce fait. »

3742. — On pourrait, il est vrai, avec F. Hélie (*Tr. de l'instr. crim.*, t. 7, p. 724 et s., n. 3609), objecter à cet arrêt que, si la cour d'assises n'a pas encore, après la déclaration du jury, épuisé ses pouvoirs, le jury a épuisé les siens; mais on peut répondre, ajoute-t-il, que sa déclaration peut être considérée comme étant incomplète, puisqu'elle n'a pas statué sur un fait qui devait prendre place parmi les éléments du procès. Nouguier (*La cour d'assises*, t. 4, 1ʳᵉ part., n. 2607) admet l'exception que propose l'arrêt précité du 16 juin 1820; mais c'est à la condition, dit-il, que la règle n'en souffrira pas, et qu'il restera bien entendu que, cette exception une fois faite, le droit de rouvrir les débats expire au moment où la déclaration du jury aura été lue en audience publique. — V. *suprà*, n. 2720 et s.

3743. — Ajoutons que l'accusé est, d'ailleurs, non recevable, à défaut d'intérêt, à critiquer la position d'une question qui a été résolue en sa faveur par le jury. — Cass., 30 mai 1818, Bastide, [S. et P. chr.]; — 19 avr. 1821, Picard, [S. et P. chr.]; — 10 déc. 1824, Sauva, [P. chr.]; — 14 sept. 1826, Deschamp, [P. chr.]

Section V.

Questions après renvoi de cassation.

3744. — Nous avons examiné *suprà*, v° *Cassation* (mat. crim.), l'étendue et les effets de la cassation, soit totale, soit partielle, en matière criminelle. Nous n'avons ici qu'à rappeler les principes. Tout d'abord, lorsqu'un arrêt de cour d'assises est cassé partiellement, sur le pourvoi du condamné, il est de principe que la cassation ne porte que sur les déclarations du jury qui lui sont défavorables, et que celles qui lui ont été favorables sont maintenues.

3745. — En conséquence, les questions résolues en sa faveur ne doivent pas être soumises au second jury saisi de l'affaire. — V. *Cassation* (mat. crim.), n. 1451 et s.

3746. — Il a été jugé, en ce sens, que si l'accusé a été traduit à raison de trois chefs, et qu'il ait été acquitté sur deux chefs et condamné sur un seul, la réponse du jury sur les faits dont l'accusé n'a point été déclaré convaincu subsiste après l'arrêt de cassation et devient définitive. En conséquence, les nouveaux débats ne peuvent plus s'engager que sur le fait dont il avait été reconnu coupable. — Cass., 20 juill. 1832, Geoffroy, [P. chr.]; — 11 avr. 1845, Radet, dit Hacquart, [P. 43.2.315]

3747. — ... Que l'annulation prononcée par la Cour de cassation d'un arrêt de la cour d'assises pour omission de l'avertissement prescrit par l'art. 341, C. instr. crim., laisse subsister les réponses favorables à l'accusé sur des chefs distincts, et que le débat ne peut s'engager devant une nouvelle cour d'assises, que sur le chef qui a motivé la condamnation, malgré le silence de l'arrêt de cassation. — C. d'ass. de la Meurthe, 5 août 1833, Vion, [P. chr.]

3748. — C'est donc à tort qu'il a été jugé que lorsque la Cour de cassation a annulé les débats d'une affaire et par une suite nécessaire les questions soumises au jury ainsi que ses réponses, la cour d'assises devant laquelle l'affaire a été renvoyée tout entière doit poser aux nouveaux jurés toutes les questions résultant de l'acte d'accusation et du débat, sans en excepter celles qui auraient été précédemment résolues en faveur de l'accusé. — Cass., 30 mai 1818, Bastide et Jausion, [S. et P. chr.]

3749. — D'autre part, il suffit, pour la régularité des nouveaux débats, que le jury ait été interrogé et ait répondu exclusivement sur les faits dont il devait être saisi. Il importe peu que l'acte d'accusation et l'interrogation des témoins aient porté tout à la fois sur les chefs définitivement vidés et sur ceux qui avaient fait l'objet du renvoi. Ainsi, lorsqu'un accusé, acquitté sur les deux premiers chefs d'accusation, a été renvoyé par la Cour de cassation devant une autre cour d'assises, pour qu'il soit de nouveau statué sur le troisième chef, il n'y a pas lieu d'annuler ce second arrêt à raison de ce qu'il n'a pas été rédigé un nouvel acte d'accusation, qu'il a été donné aux débats lecture entière de l'acte d'accusation contenant les trois chefs, et que, nonobstant l'opposition de l'accusé, des témoins ont été entendus sur les deux chefs purgés par la déclaration d'acquittement; il suffit qu'il n'ait été posé de question au jury que sur le troisième chef, et que les jurés aient su que l'acte d'accusation était restreint à ce chef. — Cass., 13 déc. 1839, Penissard, [P. 40.2.262]

3750. — Il a d'ailleurs été apporté plusieurs exceptions au principe posé. Ainsi, les circonstances aggravantes, quoique résolues en faveur de l'accusé, doivent être soumises au nouveau jury si le fait auquel elles se rattachent est déclaré contre lui. — V. *suprà*, v° *Cassation* (mat. crim.), n. 1471 et s.

3751. — Il en résulte que la cassation d'un arrêt de la cour d'assises en raison de l'irrégularité de la réponse du jury sur la question relative à une circonstance aggravante tirée de la qualité de l'accusé, investit nécessairement la cour de renvoi du droit de statuer sur le fait principal aussi bien que sur cette circonstance; dès lors, le nouveau jury doit être consulté à la fois sur le fait principal et sur la circonstance aggravante. — Cass., 30 mars 1843, Grignard, [S. 43.1.383, P. 43.1.694] — *Contrà*, Cass., 16 juin 1814, Claude Devilliers, [S. et P. chr.]; — 27 juin 1828, Gand, [P. chr.]; — 19 sept. 1828, Neulander, [S. et P. chr.]

3752. — Les chefs d'accusation écartés par le jury doivent également être soumis au nouveau jury, lorsque la nullité qui détermine la cassation affecte, non pas seulement l'arrêt de la cour d'assises ou une partie de la déclaration du jury, mais les débats eux-mêmes, et annihile par conséquent la déclaration du jury dans son entier. — V. *suprà*, v° *Cassation* (mat. crim.), n. 1414.

3753. — Lorsque les débats d'une cour d'assises ont été annulés par la Cour de cassation, qui a renvoyé devant une autre cour d'assises pour statuer sur l'accusation, cette cour ne

peut donc se dispenser de soumettre au jury les questions résultant de l'arrêt de renvoi et de l'acte d'accusation. — C. d'ass. des Deux-Sèvres, 7 mars 1846, Guillon, [P. 46.1.624]

3754. — Spécialement, lorsque, sur le pourvoi d'un accusé, la Cour de cassation a annulé la liste des trente jurés, le tableau des douze, les débats et l'arrêt de condamnation, le président de la cour d'assises devant laquelle l'affaire a été renvoyée, pour être procédé à une nouvelle formation du jury, à de nouveaux débats et à un nouvel arrêt, ne peut se borner à soumettre aux jurés les questions précédemment répondues contre l'accusé; il doit les interroger sur tous les chefs de l'accusation, même sur ceux qui avaient été résolus en faveur de l'accusé par la première déclaration annulée. — Cass., 8 mai 1825, Lang, [S. et P. chr.]

3755. — De même, au cas de cassation d'un arrêt de la cour d'assises et annulation (par exemple, pour vice de complexité) de toutes les questions posées au jury, la cour de renvoi doit soumettre au nouveau jury les questions résultant de l'arrêt de mise en accusation, bien que l'accusé ait été déclaré non coupable sur ces questions, et condamné seulement sur une question posée comme résultant des débats. — Cass., 16 avr. 1857, Anquetin, [S. 58.1.252, P. 58.933, D. 57.1.266]

3756. — De plus, lorsqu'il y a indivisibilité entre les différents chefs d'accusation résultant d'un même fait, et impossibilité morale de les séparer dans l'examen qu'en doit faire le jury, l'annulation par la Cour de cassation doit porter sur les chefs écartés par le jury aussi bien que sur ceux qui ont motivé la condamnation, et l'affaire doit être renvoyée devant une autre cour d'assises pour être soumise entière à l'appréciation d'un nouveau jury. — V. *suprà*, v° *Cassation* (mat. crim.), n. 1452 et s.

3757. — La réponse négative du jury sur la culpabilité de l'auteur principal n'exclut nécessairement ni la criminalité de l'action, ni la culpabilité des complices de cette action. Une déclaration de non culpabilité relative à l'auteur principal ne peut pas profiter au complice lorsqu'elle laisse subsister le fait matériel du crime. Par suite, lorsque le complice a obtenu cassation de l'arrêt qui l'avait condamné, le jury de renvoi doit statuer sur toutes les questions énoncées dans l'arrêt de mise en accusation, même sur celles qui ont été résolues négativement au regard de l'auteur principal. — Cass., 3 mai 1888, [*Bull. crim.*, n. 161]

3758. — Lorsque la cassation porte seulement sur l'application de la peine, il n'y a pas à convoquer de nouveau le jury, fût-ce pour être interrogé sur les circonstances atténuantes. Les débats et la déclaration du jury ayant été reconnus conformes à la loi, la cour d'assises n'a pas à provoquer un nouvel examen de l'affaire; elle est seule appelée à faire une nouvelle application de la loi pénale. Il a été jugé, en ce sens, que la cour d'assises saisie, par le renvoi de la Cour de cassation, d'une affaire dans laquelle la déclaration du jury rendue avant la loi du 28 avr. 1832 a été maintenue, n'a qu'à appliquer la peine prononcée par la loi, et commet un excès de pouvoir, en renvoyant devant un nouveau jury, depuis la mise à exécution de ladite loi, pour le faire prononcer sur les circonstances atténuantes. — Cass., 31 août 1832, Chevalier, [P. chr.]

CHAPITRE XVI.

AVERTISSEMENTS AU JURY.

3759. — Le président, après avoir posé les questions résultant de l'acte d'accusation et des débats, doit avertir le jury que l'accusé ne peut être déclaré coupable qu'à la majorité; que, de même, les circonstances atténuantes ne peuvent être admises en sa faveur qu'à la majorité; enfin, que le vote tant sur le fait principal, que sur les circonstances aggravantes ou atténuantes, doit avoir lieu au scrutin. — F. Hélie, t. 8, n. 3723 et s.; Nouguier, t. 4, n. 3020 et s.; Garraud, n. 602; Villey, p. 392.

3760. — Après avoir donné ces avis obligatoires, le président peut donner au jury certaines indications de nature à le guider dans sa délibération. Il doit, au contraire, s'abstenir de peser d'une façon quelconque sur son vote. Nous allons examiner successivement chacun de ces ordres d'idées.

3761. — Faisons, d'ailleurs, remarquer que s'il arrive que les jurés soient renvoyés dans la chambre des délibérations pour compléter leur déclaration, le président n'est pas tenu de leur renouveler les avertissements exigés par les art. 341, C. instr. crim., et 1er, L. 9 sept. 1835. — Cass., 20 mai 1837, Denis et Robert, [S. 37.1.635, P. 40.1.113]; — 8 sept. 1853, Normand, [D. 53.5.118] — Sic, Nouguier, n. 3023.

3762. — I. *Avis obligatoires.* — A. Tout d'abord, le président doit avertir le jury que son opinion sur la culpabilité de l'accusé doit se former à la majorité, sans que le nombre de voix puisse être exprimé dans le verdict. — Nouguier, t. 4, n. 3048.

3763. — Avant la loi du 9 sept. 1835, le président, après avoir posé la question, devait, à peine de nullité, avertir le jury que ses déclarations contre l'accusé ne pouvaient intervenir qu'à la majorité de plus de sept voix (C. instr. crim., art. 31).

3764. — Aujourd'hui, la simple majorité, sept voix contre cinq, suffit. — V. *infrà*, n. 3986 et s.

3765. — Il suffit, d'ailleurs, pour la régularité de la procédure, que le verdict affirmatif du jury constate que la déclaration a été prise à la majorité; dans ce cas, le condamné n'est pas recevable à se plaindre de ce que le président n'a pas donné aux jurés l'avertissement prescrit par l'art. 347, C. instr. crim. — Cass., 23 déc. 1865, [Bull. crim., n. 228]

3766. — Le président de la cour d'assises doit, à peine de nullité, faire porter sur les circonstances aggravantes, comme sur le fait principal, l'avertissement donné aux jurés que leur déclaration doit se former contre l'accusé à la majorité et constater l'existence de cette majorité. — Cass., 19 août 1831, Brochec, [S. 32.1.116, P. chr.]; — 19 août 1831, Fourlat, [S. 32.1. 116, P. chr.]

3767. — Mais le président qui fait remarquer aux jurés qu'en écartant de l'attentat à la pudeur la circonstance de la violence, ils dépouilleraient le fait de toute criminalité, commet une infraction à la règle prescrite par l'art. 342, C. instr. crim., qui défend aux jurés de considérer les suites de leur déclaration. — Cass., 28 janv. 1830, Moutte, [S. 30.1.66, P. chr.]

3768. — B. Aux termes de l'art. 341, C. instr. crim., modifié par la loi du 9 juin 1853, « En toute matière criminelle, même en cas de récidive, le président, après avoir posé les questions résultant de l'acte d'accusation ou des débats, avertit le jury, à peine de nullité, que s'il pense, à la majorité, qu'il existe, en faveur d'un ou de plusieurs accusés reconnus coupables des circonstances atténuantes, il doit en faire la déclaration en ces termes : « à la majorité, il y a des circonstances atténuantes en faveur de l'accusé. »

3769. — L'art. 341 n'ayant déterminé la nature ni le caractère des circonstances atténuantes, toute latitude à cet égard est laissée aux jurés. — Carnot, sur l'art. 341, n. 11, supplém. — V. *suprà*, v° *Circonstances aggravantes et atténuantes*, n. 45.

3770. — Il y eut, lors de la discussion de la loi de 1832, de longs débats dans la commission sur la question de savoir si on laisserait au jury ou à la cour d'assises l'application des circonstances atténuantes. Carnot (sur l'art. 341, suppl., p. 137) nous apprend que « l'on finit par demeurer convaincu que l'on manquerait le but que l'on se proposait si l'on ne plaçait pas cette appréciation dans les mains du jury, qui, dans l'incertitude où il serait si la cour d'assises la prendrait en considération, préférerait toujours déclarer l'accusé non coupable à lui faire courir le risque de l'application d'une peine hors de toute proportion avec la gravité de son délit. »

3771. — Les jurés doivent être informés qu'en cas de déclaration de culpabilité de l'accusé, ils ont le devoir de délibérer sur les circonstances atténuantes. — Cass., 8 févr. 1844, Montmartin et Soletti, [P. 45.2.474]; — 7 janv. 1848, Leduc, [P. 48.2.536]; — 21 janv. 1848, Séché, [Ibid.]; — 1er mars 1849, Vichard et Busson, [P. 50.1.158, D. 159.5.72]; — 1er mars 1849, Pinet, [Ibid.] — Sic, Nouguier, t. 4, n. 3036. — Et il a été jugé que l'avertissement qui doit être donné conformément à l'art. 341, C. instr. crim., relativement aux circonstances atténuantes, et à la majorité à laquelle elles peuvent être accordées, est une formalité substantielle dont l'omission emporte nullité; qu'il ne suffit pas que le procès-verbal mentionne que le président s'est expliqué sur les circonstances atténuantes et a fait connaître aux jurés la faculté qu'ils avaient de les admettre; que la mention insérée en tête de la feuille des questions ne peut pas davantage suppléer à l'avertissement oral exigé par l'art. 341. — Cass., 25 mars 1880, [Bull. crim., n. 69] — ... Que l'avertissement donné aux jurés par le président de la cour d'assises relativement au

nombre de voix nécessaire pour former leur déclaration sur les circonstances atténuantes ne prouve pas suffisamment qu'il les ait averti de la faculté qui leur est accordée, et même du devoir qui leur est imposé d'examiner s'il existe des circonstances atténuantes. — Cass., 11 sept. 1835, Chaigneau, [S. 36.1.148, P. chr.]; — 12 sept. 1835, Desfarges, [S. et P. Ibid.]

3772. — ... Que l'avertissement donné aux jurés par le président de la cour d'assises sur la majorité à laquelle doit se former leur décision en ce qui concerne l'existence des circonstances atténuantes ne remplace pas celui prescrit par l'art. 341, C. instr. crim., relatif à la faculté qui leur est déférée de déclarer ces mêmes circonstances. — Cass., 3 janv. 1850, Mondet et Thébaud, [S. 50.1.238, P. 51.2.558, D. 50.5.96]

3773. — On doit reconnaître cependant que rigoureusement l'art. 341, tel qu'il a été modifié par la loi du 9 juin 1853, ne parle que de l'avertissement nécessaire *à la majorité* exigée pour l'admission des circonstances atténuantes; d'où il suit qu'on ne saurait arguer la procédure de nullité si le président s'était borné à donner l'avertissement dans les termes mêmes employés par l'art. 341.

3774. — Il avait déjà été jugé, à cet égard, sous l'ancienne législation, que le président de la cour d'assises n'est pas tenu d'avertir le chef du jury qu'il *doit* poser, en cas de déclaration de la culpabilité de l'accusé, la question des circonstances atténuantes: qu'il suffit que le magistrat ait donné aux jurés les avertissements prescrits par l'art. 341, C. instr. crim., relatif *à la majorité* nécessaire pour l'admission des circonstances atténuantes. — Cass., 1er juill. 1837, Tranchant, [S. 38.1.919, P. 42.2.637] — V. *infrà*, n. 4025 et s.

3775. — En tous cas, il a été jugé que l'accusé ne peut se faire un moyen de nullité de ce que le président de la cour d'assises aurait averti les jurés que, s'il existait des circonstances atténuantes en faveur de l'accusé, ils *pourraient*, au lieu de *ils devraient*, le déclarer, alors que le procès-verbal constate que l'avertissement prescrit par l'art. 341 a été donné, et qu'il résulte de ces termes que les jurés ont suffisamment connu les pouvoirs qui leur étaient conférés par la loi et les devoirs qui en résultaient pour eux. — Cass., 24 janv. 1833, Bodinier, [P. chr.] — Sic, Nouguier, t. 4, n. 3035.

3776. — ... Qu'il n'y a point nullité par cela que le président, en donnant aux jurés l'avertissement prescrit par l'art. 341, C. instr. crim., leur a dit qu'ils *pouvaient accorder* des circonstances atténuantes pour chacun des chefs d'accusation distinctement. — Cass., 30 août 1833, Picard, [P. chr.]; — 23 janv. 1834, Patou, [P. chr.]; — 17 sept. 1835, Breton, [P. chr.]; — 16 août 1839, [Bull. crim., n. 262]; — 30 déc. 1841, Reignier, [S. 42.1.893, P. 42.1.425]; — 8 juin 1843, Thilloy, [S. 43.1.506, P. 43.2.700]; — 22 juill. 1852, Tirard-Gallier, [D. 52.5.152]; — 16 janv. 1862, [Bull. crim., n. 20] — Sic, Nouguier, t. 4, n. 3040.

3777. — ... Qu'on ne peut arguer de nullité l'avertissement donné aux jurés de *se conformer aux dispositions de l'art.* 341, C. instr. crim., comme ne comprenant pas l'avertissement d'examiner s'il existe des circonstances atténuantes, alors surtout que le jury a déclaré qu'il existait en faveur de l'accusé des circonstances atténuantes. — Cass., 12 déc. 1840, Lafarge, [S. 40.1. 948, P. 42.2.622]

3778. — Il a été jugé, avant la suppression du résumé, que le président qui, après avoir rappelé aux jurés l'obligation où ils sont de délibérer sur les circonstances atténuantes, exprime que, dans son appréciation personnelle, si la culpabilité leur paraît constante, aucuns faits de la cause ne semblent en devoir motiver l'admission, ne commet ni violation de la loi, ni excès de pouvoir donnant ouverture à cassation. — Cass., 22 juin 1839, Pagès, [P. 40.2.116]; — 29 août 1844, Duponchel, [P. 45.1.416]; — 27 mars 1845, Lejeune, [S. 45.1.685, P. 45.2.613, D. 45.1. 263] — Aujourd'hui, depuis que le résumé est supprimé, on serait reconnaître au président le droit de revenir indirectement sur les débats que de lui permettre une semblable observation, d'ailleurs contraire à l'impartialité qu'il doit s'imposer. — V. *suprà*, n. 2728 et s., et *infrà*, n. 3407.

3779. — Il ne suffit pas d'inviter le jury à délibérer sur les circonstances atténuantes, il faut encore lui faire connaître à quelle majorité l'accusé est appelé à en bénéficier. Il est préférable de donner l'avertissement aux jurés dans les termes de l'art. 341, C. instr. crim. Néanmoins, aucune formule sacramentelle n'est imposée à peine de nullité. Il faut, mais il suffit que l'avertissement donné soit assez clair et assez précis pour répondre au vœu de la loi. — Nouguier, t. 4, n. 3042; Pain, *C. prat. de la cour d'ass.*, n. 350.

3780. — Jugé que le président qui avertit les jurés que, « s'ils pensent, *à la majorité*, qu'il existe des circonstances atténuantes en faveur de l'accusé, ils devront le déclarer en ces termes : Oui, *à la majorité*, il y a des circonstances atténuantes en faveur de l'accusé », satisfait en termes suffisamment clairs au vœu de la loi en ce qui concerne cet avertissement. — Cass., 12 oct. 1849 (2 arrêts), Sénac, Aufèvre, [P. 51.1.38, D. 49.5.73]; — 24 déc. 1852, Gertier, [D. 52.5.152]

3781. — Mais l'avertissement donné aux jurés par le président de la cour d'assises, que leur décision doit, ainsi que l'exigeait l'art. 341, C. instr. crim., se former à la majorité de plus de sept voix sur les circonstances atténuantes, tandis qu'actuellement, et d'après la loi du 9 sept. 1835, il suffit de la majorité ordinaire, entraîne la nullité de la déclaration du jury. — Cass., 22 déc. 1836, Tesson, [S. 38.1.135, P. 38.1.51]

3782. — L'avertissement prescrit par l'art. 341, C. instr. crim., doit être donné bien que l'âge de l'accusé doive le soustraire aux peines infamantes indépendamment de l'admission des circonstances atténuantes en sa faveur. — Cass., 28 janv. 1847, Fargue, [S. 48.1.720, P. 47.1.572, D. 47.4.117]; — 27 mai 1852, Lauvry, [D. 52.5.159] — *Sic*, Nouguier, t. 4, n. 3038.

3783. — Il doit être donné, dit l'art. 341 « en toute matière criminelle ». C'est dire qu'il doit être donné pour les crimes prévus par les lois spéciales aussi bien que pour les autres. — Nouguier, t. 4, n. 3037.

3784. — ... Et notamment dans une accusation de baraterie. — Cass., 6 nov. 1863, Giraud, [S. 63.1.549, P. 64.521]

3785. — Mais le président des assises ne doit avertir les jurés de déclarer s'il existe des circonstances atténuantes que pour les faits qualifiés crimes et non pour les délits exceptionnellement justiciables de la cour des assises. — Cass., 9 août 1832, Debauvre, [S. 33.1.160, P. chr.]; — 11 août 1832, Pitrat, [S. 32.1.487, P. chr.]; — 17 oct. 1832, *La Tribune*, [S. 33.1.638, P. chr.]; — 18 mai 1833, Pétetin, [P. chr.] — *Sic*, Chassan, *Traité des délits de la parole*, t. 1, p. 69.

3786. — Cette jurisprudence est motivée sur ce que « l'art. 341 n'impose l'obligation relative aux circonstances atténuantes qu'en toute matière criminelle; que ces expressions excluent les affaires correctionnelles; que cela résulte de l'art. 463, C. pén., d'après lequel l'atténuation de la peine, lorsqu'il y a des circonstances atténuantes déclarées par le jury, ne s'applique qu'aux peines criminelles; le dernier paragraphe de cet article, laissant aux tribunaux correctionnels le soin d'apprécier les circonstances atténuantes, lorsqu'il ne s'agit que de délits. »

3787. — Carnot (*loc. cit.*) s'élève avec beaucoup de force contre cette interprétation de la Cour de cassation. « Comment peut-on supposer, dit-il, à l'aide même de la plus large interprétation, qu'il pût être entré dans la pensée du législateur de refuser aux cours d'assises le même droit qu'il accorde par l'art. 463, C. pén., aux tribunaux correctionnels, et même, par l'art. 483, aux tribunaux de simple police? Pour qu'il pût en être ainsi, il faudrait que la loi renfermât une disposition en termes positifs que l'on se trouvât dans la dure nécessité de s'y conformer, ce qui n'est pas. » Un peu plus bas, réfutant le motif de l'arrêt du 17 oct. 1832, il ajoute : « Il n'y a rien d'exclusif dans ces mots *en toute matière criminelle* de l'art. 341. Dans l'ancien droit comme dans le nouveau, quand on a parlé des matières criminelles, on a toujours entendu parler des matières de petit comme de grand criminel. L'art. 341 ayant parlé des matières criminelles sans restriction, les a nécessairement toutes comprises dans sa disposition, en ajoutant le mot *toute*, pour qu'il ne pût s'élever des doutes sur son application. »

3788. — M. Le Sellyer (*Des actions publique et privée*, t. 1, p. 199) rejette cette opinion; il soutient que le jury n'a le droit de déclarer les circonstances atténuantes que dans les matières criminelles proprement dites; que ce droit leur doit même être refusé dans les affaires de délits politiques et de la presse.

3789. — Jugé que l'atténuation des peines établies par l'art. 463, C. pén., lorsqu'il y a des circonstances atténuantes déclarées par le jury, n'étant applicable qu'aux peines criminelles, le président de la cour d'assises peut, lorsqu'il s'agit d'un simple délit correctionnel, avertir le jury qu'il n'a pas à s'occuper des circonstances atténuantes. — Cass., 17 oct. 1832, précité.

3790. — ... Et spécialement, que la disposition de l'art. 463, C. pén., sur les circonstances atténuantes, ne s'applique pas aux délits de la presse de la compétence des cours d'assises. En conséquence, le président ne doit pas, en cette matière, donner au jury l'avertissement prescrit par l'art. 341, C. instr. crim. — Cass., 22 sept. 1822, Balary, [P. chr.]

3791. — On en doit conclure que si, par suite des réponses négatives du jury sur les circonstances aggravantes, le crime a dégénéré en simple délit, le jury n'a pas à délibérer sur les circonstances atténuantes, et que s'il exprime, à cet égard, son opinion, elle est non avenue pour la cour relativement à ce point spécial; la cour conserve donc le droit de prononcer le maximum de la peine prononcée par la loi pour la répression du délit. — Cass., 16 juill. 1886 (implic.), [*Bull. crim.*, n. 264]

3792. — L'omission de l'avertissement relatif aux circonstances atténuantes n'entraîne la réformation que des déclarations défavorables à l'accusé, et non de celles qui lui sont favorables. — C. d'ass. de la Meurthe, 5 août 1835, [D. *Rép.*, v° *Instruction criminelle*, n. 2638] — *Sic*, Nouguier, t. 4, n. 3047.

3793. — La nullité est d'ailleurs couverte si, bien que non averti, le jury a néanmoins accordé à l'accusé des circonstances atténuantes. L'accusé est, dans ce cas, sans intérêt, et par conséquent, sans droit pour réclamer. — Cass., 28 mars 1833, Pineau, [P. chr.]; — 12 déc. 1840, Lafarge, [S. 40.1.948, P. 42.2.622]; — 7 janv. 1848, Leduc, [P. 48.2.536]; — 21 janv. 1848, Séché, [*Ibid.*]; — 13 avr. 1848, Arnoux, [S. 48.1.406, P. 49.1.464, D. 48.5.93]; — 3 janv. 1850, Mondet, [S. 50.1.238, P. 51.2.558]; — 30 juin 1853, Ferdinand, [D. 53.5.116]; — 7 déc. 1854, [*Bull. crim.*, n. 334]; — 21 déc. 1854, [*Bull. crim.*, n. 350] — *Sic*, Nouguier, t. 4, n. 3046.

3794. — C. Le président doit avertir les jurés qu'ils doivent voter au scrutin secret. La simple omission de l'avertissement relatif au scrutin secret, prescrit par l'art. 341, C. instr. crim., devient une cause de nullité de la délibération du jury et de l'arrêt de la cour. — Cass., 13 avr. 1848, précité; — 13 avr. 1848, Bouteloup, [P. 49.1.464]; — 22 avr. 1848, Reynier, [S. 48.1.406, P. 49.1.466, D. 48.5.93]; — 27 avr. 1848, Cadio, [P. 49.1.466, D. 48.5.93]; — 13 mai 1848, Fauché, [P. 49.1.464]; — 18 mai 1848, Molier, [S. 48.1.406, P. 49.1.464, D. 48.1.93]; — 25 mai 1848, Domanger, [P. 49.1.464]; — 8 juin 1848, Pourteau, [*Ibid.*]; — 15 juin 1848, Champagne, [P. 49.1.500, D. 48.5.73]; — 29 juin 1848, Chaudet, [P. 49.1.503]; — 8 mars 1849, Pommereau, [P. 50.1.545, D. 49.5.98]; — 21 févr. 1850, Carrère, [D. 50.5.123]; — 26 sept. 1850, [*Bull. crim.*, n. 330]; — 2 avr. 1853, [*Bull. crim.*, n. 120]; — 30 juin 1853, précité; — 31 mars 1854, Moulin, [D. 54.5.202]; — 7 déc. 1854, précité; — 13 déc. 1854, [*Bull. crim.*, n. 344]; — 20 sept. 1853, [*Bull. crim.*, n. 325]; — 16 janv. 1858, Cazes, [D. 58.5.106]; — 22 mai 1863, Dapien, [D. 63.1.268]; — 25 mars 1880, [*Bull. crim.*, n. 69]; — 16 juill. 1885, [*Bull. crim.*, n. 214] — *Sic*, Pain, n. 349; Nouguier, t. 4, n. 3054. — *Contrà*, Cass., 5 févr. 1836, Automarchi, [P. chr.]; — 13 avr. 1837, Farcinet, [P. 38.1.324]

3795. — La nullité est encourue alors même que l'accusé a bénéficié des circonstances atténuantes. — Cass., 13 avr. 1848 (2 arrêts), précités; — 30 juin 1853, précité; — 7 déc. 1854, précité; — 30 sept. 1855, précité.

3796. — Jugé, notamment, sous l'empire du décret du 6 mars 1848 (V. *infrà*, n. 3959), que le vote du jury devant toujours avoir lieu au scrutin secret, il y a nullité de la délibération du jury et de tout ce qui a suivi, si le président a prévenu les jurés qu'ils étaient dispensés par la loi nouvelle de voter au scrutin secret. — Cass., 13 avr. 1848, Dufils, [S. 48.1.406, P. 49.1.466]; — 22 avr. 1848, Pilon, Reynies et Chassarin, [P. 49.1.466]

3797. — ... Ou que le scrutin secret aboli. — Cass., 27 avr. 1848, précité.

3798. — ... Ou a dit que, au lieu du vote secret, la discussion dans la chambre des délibérations était de droit. — Cass., 13 avr. 1848, Miard, [S. 48.1.406, P. 49.1.464, D. 48.5.93]

3799. — ... Ou même s'est borné à dire que ladite discussion était de droit avant le vote; ce qui a pu induire le jury en erreur sur l'observation d'une formalité substantielle. — Cass., 13 avr. 1848, précité.

3800. — ... Que l'avertissement par lequel le président se borne à rappeler aux jurés les fonctions qu'ils ont à remplir, les obligations de leur chef sans faire connaître la nature de ces fonctions et de ces obligations, et sans même citer l'article dont le président prétend faire l'application, emporte nullité, à raison de l'omission qui en résulte de certaines dispositions prescrites à peine de nullité par l'art. 341, C. instr. crim., et, notamment, de celle relative au vote du jury au scrutin secret. — Cass., 29 juin 1848, précité ; — 16 juill. 1885, précité.

3801. — Mais le vœu de la loi est rempli dès lors que le président de la cour d'assises a donné aux jurés les avertissements prescrits par la loi en ce qui touche l'obligation de voter au scrutin secret. Il n'est pas nécessaire, à peine de nullité, qu'il leur explique le mode suivant lequel le scrutin secret doit avoir lieu (V. *infrà*, n. 3960 et s.). — Cass., 16 févr. 1837, Audibert, [P. 37.1.144]; — 27 sept. 1838, Guillon, [S. 38.1.925]

3802. — Au surplus, aucune formule sacramentelle n'est exigée. Ainsi, l'avertissement donné par le président de la cour d'assises au jury, que son vote sur les questions a lui posées doit avoir lieu secrètement, ne saurait être une cause de nullité. — Cass., 6 avr. 1848, Louhé, [S. 48.1.406, P. 49.1.473, D. 48.1.94]

3803. — Mais il y a nullité si le procès-verbal énonce seulement que le jury a été averti qu'il devait voter au scrutin, sans ajouter que ce doit être au scrutin secret. — Cass., 16 janv. 1858, précité ; — 22 mai 1863, précité.

3804. — D. Le procès-verbal doit constater que les avertissements obligatoires ont été donnés au jury. — V. à cet égard, *infrà*, n. 3165 et s.

3805. — II. *Avis facultatifs.* — En dehors des avertissements obligatoires, le président, avons-nous dit, a le droit de donner aux jurés certains conseils sur l'accomplissement de leur mission. Avant la suppression du résumé, on étendait assez volontiers les pouvoirs du président à cet égard. C'est ainsi qu'on avait décidé qu'il ne résultait aucune ouverture à cassation de ce que devant la cour d'assises le procureur général dans son réquisitoire, et le président *dans son résumé*, avaient averti le jury que, si la question de provocation était résolue affirmativement, il y aurait acquittement. — Cass., 7 août 1843, Paoli, [P. 45.2.797, D. 45.1.375]

3806. — ... Que le président peut, si le défenseur de l'accusé a entretenu les jurés du résultat et des conséquences d'un verdict de culpabilité au point de vue de la quotité de la peine, leur rappeler « qu'ils manqueraient à leur premier devoir si, pensant aux dispositions des lois pénales, ils considéraient les suites que pourra avoir, par rapport à l'accusé, la déclaration qu'ils ont à faire. — Cass., 10 sept. 1835, Blard, [S. 36.1.131, P. chr.]

3807. — Aujourd'hui, on doit, croyons-nous, être beaucoup plus circonspect. L'un des motifs de la suppression du résumé est précisément qu'il fournissait au président l'occasion de sortir de son rôle et d'oublier l'impartialité dont il ne doit pas se départir. Ce serait retomber dans l'écueil qu'on a voulu faire disparaître que de permettre au président d'intervenir de nouveau, sous forme d'avis, de conseil ou d'avertissement, dans la mission de juge dévolue aux seuls jurés. On doit donc poser en principe que tout avis qui serait de nature à peser sur la conscience des jurés doit être déclaré illégal.

3808. — Ainsi en est-il, par exemple, en principe du moins, des avertissements relatifs à l'application de la peine. Il faut reconnaître qu'il y aurait violation de la loi dans les avertissements dont les énonciations porteraient atteinte à la sincérité de la délibération du jury. Or, l'art. 342, en ordonnant « aux jurés de s'attacher uniquement aux faits qui constituent l'acte d'accusation et qui en dépendent », leur défend « de considérer les suites que pourra avoir, par rapport à l'accusé, la déclaration qu'ils ont à faire, en pensant aux dispositions des lois pénales ». Si par exemple, pour reproduire l'espèce résolue dans le précédent arrêt, le président avertit les jurés que, « si la question de provocation est résolue affirmativement, il y aura acquittement », ne reporte-t-il pas leur pensée sur les conséquences de leur verdict, et, par suite, ne les oblige-t-il pas à prévoir la pénalité qui frappera l'accusé? Dire au jury que, si la provocation existe, il y aura acquittement, c'est lui dire que, si elle n'est pas admise, une peine sera appliquée; c'est placer sa conscience en présence du résultat de sa décision, et l'exposer à méconnaître les devoirs que lui impose la loi, qui n'a pas voulu que les éléments de conviction fussent puisés ailleurs que dans les faits de la cause. N'est-ce pas, dès lors, de la part du président, violer l'art. 342, C. instr. crim.? — V., au surplus, la note sur l'arrêt du 29 août 1844, Duponchel, [P. 45.1.416]

3809. — Aussi a-t-il été jugé que « depuis qu'aux termes

de la loi du 19 juin 1881, il est interdit au président de résumer les débats, il doit se borner exclusivement, après leur clôture, à donner aux jurés les avertissements des art. 341 et 347, et à lire les questions qu'ils sont appelés à résoudre ». — Cass., 27 déc. 1884, [*Bull. crim.*, n. 355]

3810. — Il a été jugé cependant que le président des assises ne fait que se conformer à l'obligation qui lui est imposée de diriger les jurés dans l'exercice de leurs fonctions, lorsque, pour rectifier les allégations de la défense relativement à la gravité suprême de la peine dont l'accusé serait menacé, il leur donne des explications sur la portée des questions qu'ils ont à résoudre, et les avertit notamment qu'en écartant la circonstance aggravante, et en admettant les circonstances atténuantes, la peine applicable à l'accusé déclaré coupable pourra être abaissée à cinq années de réclusion. — Cass., 22 mars 1883, Menneguerre, [S. 85.1.392, P. 85.1.942, D. 83.1.483]

3811. — Le président des assises peut avertir les jurés qu'ils ont le droit de discuter avant de voter (Nouguier, t. 4, n. 3021), mais ce n'est pas pour lui une obligation qui lui soit imposée à peine de nullité. — Cass., 5 oct. 1866, Couston, [D. 67.5.117]; — 18 déc. 1884, Biré, [*Bull. crim.*, n. 341] ; — 27 nov. 1886, Dantier, [*Bull. crim.*, n. 401] — Sic, F. Hélie, n. 3731 ; Nouguier, n. 3059.

3812. — D'une façon générale, le président peut éclairer les jurés sur la façon dont ils doivent procéder pour remplir leurs mission en se conformant aux prescriptions de la loi. C'est ainsi qu'il peut dire au jury qu'il doit délibérer et voter sur le fait principal avant de voter sur les circonstances aggravantes. — Nouguier, *loc. cit.*; F. Hélie, n. 3732.

3813. — Le président peut, en outre, avertir le jury qu'il doit voter par bulletins écrits et par scrutins distincts et successifs sur chaque question qui lui est soumise. — Nouguier, *loc. cit.*

3814. — Il peut aussi les avertir que l'art. 352, C. instr. crim., donne à la cour, en cas de déclaration de culpabilité de l'accusé, le droit de renvoyer les affaires à une autre session. — Cass., 22 mars 1845, Lagarde, [P. 45.2.530]

CHAPITRE XVII.

REMISE DES PIÈCES AU JURY. — RETRAIT DE L'ACCUSÉ
DE L'AUDITOIRE.

3815. — Au moment où les jurés entrent dans la salle de leurs délibérations, le président leur remet les questions écrites, l'acte d'accusation, les procès-verbaux qui constatent les délits, et les pièces du procès autres que les déclarations écrites des témoins (C. instr. crim., art. 341).

3816. — En ce qui concerne tout d'abord les questions, on sait qu'elles peuvent être de la part de l'accusé l'objet de contestations. Il en résulte que le président ne peut, à peine de nullité, les remettre aux jurés, hors la présence de l'accusé. — Cass., 16 mars 1826, Courtaud, [S. et P. chr.] — La raison en est que l'accusé ayant le droit d'être entendu sur la position des questions, ce serait violer à son égard le droit de défense que de faire la remise des questions aux jurés en son absence et à son insu.

3817. — En ce qui concerne les autres pièces de la procédure, bien que l'art. 341, C. instr. crim., semble faire de leur remise aux jurés une obligation, on décide que ce n'est là pour le président qu'une faculté et qu'il n'est pas obligé à peine de nullité de les remettre aux jurés, lorsque l'accusé n'a pas demandé la remise de ces pièces aux jurés. — Cass., 26 janv. 1837, Mariani, [P. 40.2.103]; — 14 sept. 1837, Saint-Yves, [P. 40.1.123]; — 27 janv. 1838, Costel, [P. 40.1.209]; — 14 mars 1839, [*Bull. crim.*, n. 87]; — 4 juin 1840, [D. *Rép.*, v° *Instr. crim.*, n. 2966]; — 7 janv. 1843, Ministral, [S. 43.1.342, P. 43.1.742]; — 3 sept. 1868, Chalon, [S. 70.1.41, P. 70.68]; — 25 mars 1886, Meigle, [S. 87.1.88, P. 87.1.179]; — 22 déc. 1887, [*Bull. crim.*, n. 441]

3818. — A plus forte raison, la remise aux jurés des pièces produites par l'accusé et jointes à la procédure n'est-elle pas, en principe, prescrite à peine de nullité. — Cass., 4 sept. 1840, Fournet de Marsilly et Tiffaneau, [P. 46.1.506]

3819. — Mais si cette omission ne peut vicier les débats lorsqu'elle n'a fait l'objet d'aucune réclamation de la part de la défense, il en est autrement, lorsque les accusés, en vertu de l'art. 408, § 2, C. instr. crim., ont pris des conclusions à l'effet d'obtenir la stricte exécution des prescriptions de l'art. 341. — Cass., 20 nov. 1891, Mezian-ben-Belaïd, [D. 92.1.439]

3820. — L'omission de cette mention dans le procès-verbal n'entraîne pas la nullité de la procédure. Elle fait seulement présumer l'inaccomplissement de la formalité, laquelle, nous venons de le dire, peut ne pas entraîner la nullité. — Cass., 14 sept. 1837, précité.

3821. — En tous cas, lorsque le procès-verbal constate que le président a remis aux jurés l'acte d'accusation, les procès-verbaux constatant le corps du délit et les pièces du procès autres que les déclarations écrites des témoins, l'accusé ne peut se faire un moyen de nullité de ce que certaines pièces qu'il désigne n'auraient pas été remises. — Cass., 31 mars 1831, Cornier, [P. chr.]

3822. — Jugé, également, qu'il y a présomption de l'existence dans la procédure, au moment de l'ouverture des débats, et preuve légale de sa remise au chef du jury par le président de la cour d'assises, du procès-verbal constatant le corps du délit, lorsque l'accusé n'a élevé aucune réclamation et que le procès-verbal des débats constate que l'acte d'accusation et les pièces du procès, etc., ont été remis au chef du jury. — Cass., 26 août 1830, Gilbert, [S. et P. chr.]

3823. — ... Que lorsque le procès-verbal des débats constate que le président a remis aux jurés les questions, l'acte d'accusation, et les pièces du procès autres que les dépositions écrites des témoins, la généralité de ces expressions comprend implicitement les procès-verbaux constatant le corps du délit, et que, dès lors, la prescription de la loi est en cela suffisamment remplie. — Cass., 23 avr. 1846, Guillaume, [P. 49.2.452]

3824. — ... Que la mention, dans le procès-verbal, des débats que « les questions conformes au dispositif de l'arrêt de renvoi ont été posées par le président, puisqu'il a ensuite remis les questions au chef du jury, et que les actes d'accusation et pièces de la procédure autres que les déclarations écrites des témoins, ont été mis à la disposition des jurés avant leur délibération », constate suffisamment la remise aux jurés des questions écrites et des procès-verbaux constatant le délit. — Cass., 18 avr. 1845, Antenet, [P. 48.2.116]

3825. — ... Que l'accusé n'est pas recevable à prétendre devant la Cour de cassation que quelques-unes des pièces n'ont pas été remises aux jurés lorsque le procès-verbal des débats porte en termes généraux que le président a remis aux jurés les pièces du procès autres que les déclarations écrites des témoins. — Cass., 4 sept. 1840, précité.

3826. — Le président de la cour d'assises, en remettant aux jurés, conformément à l'art. 341, C. instr. crim., les pièces de la procédure antérieure à l'arrêt de renvoi, n'a point à distinguer celles qui sont régulières et celles qui pourraient ne pas l'être. Il suffit que cette remise ne porte que sur des pièces faisant partie du dossier. — Cass., 16 janv. 1836, Gilbert Bernugat, [S. 36.1.223, P. chr.]; — 23 août 1849, Martin, [P. 50.2.406, D. 49. 5.87]; — 25 mars 1886, précité.

3827. — L'irrégularité des pièces remises au jury par le président de la cour d'assises, conformément aux dispositions de l'art. 341, C. instr. crim., ne saurait donc entraîner la nullité de l'arrêt de condamnation. — Cass., 23 août 1849, précité.

3828. — Spécialement, l'irrégularité d'une pièce de la procédure antérieure à l'arrêt de mise en accusation ne peut autoriser l'accusé à se faire un moyen de cassation de ce qu'elle a été remise aux jurés. — Cass., 10 nov. 1849, Tourrette, [P. 51.1.25]

3829. — D'ailleurs, la cour d'assises pourrait refuser de remettre aux jurés une pièce qu'elle trouverait inexacte. — Cass., 29 mars 1832, Thiault, [P. chr.]

3830. — La remise des pièces dont parle l'art. 341 ne doit être faite, en principe, qu'au moment où les jurés vont délibérer. Ainsi, l'acte d'accusation ne doit pas être remis aux jurés avant le moment où ils entrent dans la salle de leurs délibérations. — C. d'ass. d'Ille-et-Vilaine, 24 mai 1836, Demiannay, [P. chr.]

3831. — Cependant les pièces que les jurés auraient intérêt à consulter au cours des débats, un plan des lieux, par exemple, peuvent leur être régulièrement remises dès l'ouverture des débats. — Cass., 30 janv. 1851, Gothland, [S. 51.1.72, P. 51. 1.287, D. 51.1.47] — Sic, Nouguier, n. 3077.

3832. — En dehors de l'acte d'accusation et des procès-verbaux qui constatent le corps du délit, quelles sont les pièces qui peuvent être communiquées au jury? Quelles sont celles qui ne doivent pas l'être? L'art. 341 n'exige aucune condition, si ce n'est que les pièces remises doivent faire partie du dossier et que ce ne peut être les déclarations écrites des témoins. En s'inspirant de l'intention manifeste du législateur, on peut poser en principe que toute communication, qui serait faite au mépris des droits de la défense, entraînerait la nullité du verdict, et qu'au contraire toute pièce, à l'exception des dépositions écrites des témoins, peut être communiquée au jury si elle a été connue et si elle n'a pu être exercée aucune influence sur la décision du jury. — Cass., 15 mai 1886, [Bull. crim., n. 182]

3833. — D'une part, il est nécessaire que les pièces communiquées aient fait partie du dossier, autrement dit que l'accusé ait pu les connaître et ait été admis à les discuter. Ainsi, lorsqu'un individu qui n'était pas inscrit au nombre des témoins ni appelé en vertu du pouvoir discrétionnaire du président, a été admis à déposer une pièce nouvelle qui a été ensuite remise au jury, sans avoir été signée du greffier, et sans qu'il soit constaté que l'accusé ait été mis à même de la combattre, les débats, tout ce qui s'en est suivi et notamment l'arrêt de condamnation sont nuls. — Cass., 30 déc. 1830, Desornos, [S. et P. chr.]

3834. — D'autre part, il suffit que la pièce ait fait partie du dossier pour qu'elle puisse être valablement remise au jury. En conséquence, la remise qui doit être faite aux jurés du procès-verbal et des pièces peut comprendre même les pièces du procès qui n'auraient pas été lues dans les débats, lorsqu'il était libre aux accusés d'en demander la lecture, s'ils le jugeaient utile à leur défense. Il ne peut résulter de nullité de ce que cette remise aurait eu lieu sans récolement ni inventaire. — Cass., 5 févr. 1819, Arnaud, [S. et P. chr.]; — 3 déc. 1836, Demiannay et Thuret, [S. 38.1.82, P. 38.1.37]; — 20 nov. 1891, Mezian-ben-Belaïd, [D. 92.1.439]

3835. — Il importe peu également que les pièces communiquées au jury n'aient pas figuré dans la copie de pièces remise à l'accusé avant les débats, si, d'ailleurs elles faisaient partie du dossier et si le défenseur a pu en prendre connaissance. — Cass., 22 déc. 1887, [Bull. crim., n. 441]

3836. — D'un autre côté, la pièce communiquée, fût-elle restée ignorée de l'accusé, n'a pu influer sur la décision, si, par exemple, il s'agit d'une pièce relative à une autre affaire, qui s'est glissée, par suite d'une erreur, dans le dossier communiqué au jury, la communication ne peut être incriminée. — Cass., 15 mai 1886, précité.

3837. — Doit être considéré comme faisant partie des pièces du procès-verbal et comme pouvant être remis aux jurés : un plan qui, suivant l'arrêt de la cour d'assises, est demeuré pendant les débats à la disposition de tout le monde, et a été communiqué aux jurés et à la cour sans opposition de la part de l'accusé. — Cass., 10 nov. 1849, Tourrette, [P. 51.1.25]; — 2 sept. 1832, Macaria et Andrez Arista, [D. 52.5.166]; — 28 févr. 1857, Hermel, [S. 58.1.92, P. 58.485, D. 57.1.410]; — 26 juin 1879, [Bull. crim., n. 131]

3838. — ... Alors même que ce plan aurait été levé par une personne sans caractère officiel. — Cass., 20 mai 1837, [D. Rép., v° Instr. crim., n. 2974] — ... Ou par un expert sans serment préalable. — Cass., 10 janv. 1850, Vernajoul, [D. 50.5.112]

3839. — Est même inopérant le moyen tiré de ce que le plan des lieux présenté aux jurés par le président des assises contiendrait des inexactitudes. — Cass., 29 sept. 1892, [Bull. crim., n. 254]

3840. — Mais la cour d'assises ne porte aucune atteinte aux droits de la défense, lorsqu'elle refuse d'ordonner la communication aux jurés d'un plan des lieux produit par l'accusé sur le motif que ce plan est inexact et qu'il a été fait par un individu sans caractère. — Cass., 29 mars 1832, Thiault, [P. chr.]

3841. — Peuvent être communiqués au jury : une lettre anonyme qui a été lue dans le débat. — Cass., 29 juin 1833, Gerboin, [P. chr.]

3842. — ... Des lettres anonymes adressées pendant l'instruction aux magistrats chargés d'y procéder; ces documents ne peuvent être assimilés à des déclarations écrites de témoins légalement entendus. — Cass., 29 juin 1833, précité; — 7 janv. 1836, Lefrançois, [S. 36.1.526, P. chr.]

3843. — Mais il y aurait nullité si la lettre anonyme n'avait été ni communiquée, ni même portée verbalement à la connaissance de l'accusé. — Cass., 30 nov. 1848, Nicolaï, [P. 50.1.95] — *Sic*, Nouguier, n. 3070; F. Hélie, n. 3735.

3844. — Des lettres missives jointes à la procédure et dont, par conséquent, l'accusé ou son défenseur avaient pu prendre connaissance peuvent être communiquées au jury. — Cass., 13 oct. 1832, Poncelet, [S. 33.1.730, P. chr.]; — 19 sept. 1861, [*Bull. crim.*, n. 211]

3845. — ... Alors même que ces lettres auraient été communiquées au jury dans la chambre de ses délibérations, sans avoir été soumises à un débat public et contradictoire, si l'auteur de ces lettres ayant été entendu aux débats sous la foi du serment, l'accusé a pu produire contre son témoignage toutes les objections que nécessitait sa défense. — Cass., 26 juin 1846, Fagot, [P. 49.2.251] — *Contrà*, sous l'ancienne législation, Cass., 1er pluv. an VII, Courtay, [P. chr.]

3846. — Mais serait communiquée en violation des droits de la défense une lettre ayant le caractère confidentiel d'une communication faite par un accusé à son défenseur, et cette communication entraînerait nullité. — Cass., 12 mars 1886, Laplante, [S. 87.1.89, P. 87.1.180, D. 86.1.345]

3847. — Peuvent, au contraire, être communiqués : un procès-verbal constatant les aveux de l'accusé. — Cass., 13 janv. 1870, Troppmann, [S. 70.1.141, P. 70.316, D. 70.1.89]; — 22 déc. 1887, [*Bull. crim.*, n. 441]

3848. — ... Les déclarations recueillies dans un rapport de police, sans la signature et sans le serment de la personne qui les a faites à titre de renseignements. De telles déclarations ne peuvent être considérées comme une déposition écrite au sens de l'art. 341, C. instr. crim. — Cass., 22 déc. 1887, Sindous, [*Bull. crim.*, n. 441]; — 20 nov. 1891, [*Bull. crim.*, n. 220]

3849. — ... Un procès-verbal constatant des renseignements recueillis sur l'ordre du juge d'instruction. — Cass., 25 mars 1886, Appoit, [*Bull. crim.*, n. 123]

3850. — ... Les interrogatoires écrits de l'accusé. — Cass., 9 mars 1820, [D. *Rép.*, v° *Instr. crim.*, n. 2987] — *Sic*, de Serres, *Man. des cours d'ass.*, t. 1, p. 418; Carnot, sur l'art. 341, *C. instr. crim.*, t. 2, p. 617.

3851. — ... L'interrogatoire subi par un coaccusé acquitté; cet interrogatoire n'est pas une déposition de témoin. — Cass., 10 janv. 1817, Rey, [S. et P. chr.]; — 9 avr. 1818. Couaix, [S. et P. chr.]; — 28 déc. 1838, [D. *Rép.*, v° *Instr. crim.*, n. 2987]; — 7 janv. 1843, [*Bull. crim.*, n. 1] — *Sic*, Carnot, sur l'art. 340, *C. instr. crim.*, t. 2, p. 623.

3852. — On ne peut regarder comme déposition écrite d'un témoin les déclarations d'un coaccusé dans l'instruction, répétées ensuite aux débats. — Cass., 30 mai 1818, Bastide, [S. et P. chr.]

3853. — ... Les interrogatoires d'un coprévenu décédé pendant l'instruction. — Cass., 15 avr. 1824, Pigeonnat, [S. et P. chr.]

3854. — ... Les interrogatoires d'individus impliqués d'abord dans la prévention; ces interrogatoires faisant partie de la procédure, le président de la cour d'assises, loin de violer la loi en les remettant au jury, qui en fait, par suite, connaissance dans sa délibération, ne fait que se conformer à la disposition expresse du deuxième paragraphe de l'art. 341, C. instr. crim. — Cass., 18 janv. 1855, Telme, [S. 55.1.150, P. 55.1.608, D. 55.5.130]

3855. — ... Le relevé des livres d'un accusé de banqueroute frauduleuse, fait par un témoin sur l'autorisation du juge commissaire. Ce relevé n'est pas une déposition de témoin. — Cass., 7 mars 1828, Cauchy, [P. chr.]

3856. — ... Tous les livres du failli accusé de banqueroute frauduleuse. En tous cas, l'accusé ne saurait se plaindre de cette remise, s'il n'a pris aucune conclusion à cet égard. — Cass., 3 déc. 1836, Demiannay, [S. 38.1.82, P. 38.1.37]; — 14 mars 1839, [*Bull. crim.*, n. 87]

3857. — Mais la cour peut se refuser à communiquer aux jurés les livres de commerce de l'accusé inculpé de banqueroute si ces livres ne font pas partie du dossier et n'ont été communiqués ni au ministère public, ni à la partie civile. — Cass., 17 août 1821 (motifs), Dieudonné et Flandin, [S. et P. chr.]

3858. — Peuvent être communiqués au jury : les rapports d'experts. — Cass., 18 août 1882, [*Bull. crim.*, n. 214]

3859. — ... Spécialement, le rapport d'un médecin qui n'a point été commis légalement, et dont l'avis spontané est pure-

ment privé et sans aucun caractère judiciaire. — Cass., 16 janv. 1836, Rivière, [S. 36.1.224, P. chr.]

3860. — ... Les rapports dressés par les médecins à qui le juge d'instruction a donné mission de procéder à l'autopsie d'un cadavre, encore que ces médecins aient été appelés et entendus à l'audience comme témoins. — Cass., 18 août 1837, Pinel, [P. 40.1.105]; — 18 août 1882, précité.—*Sic*, Carnot, sur l'art. 341, *C. instr. crim*, t. 2, p. 619.

3861. — ... Un rapport dressé dans le cours de l'instruction par un docteur en médecine commis à cet effet, bien que ce rapport n'ait pas été précédé de prestation de serment dudit docteur. — Cass., 16 janv. 1836, Gilbert, [S. 36.1.223, P. chr.]; — 28 sept. 1837, Guillot, [S. 37.1.910, P. 37.2.587]; — 25 mars 1886, Migh, [S. 87.1.88, P. 87.1.179]

3862. — ... Le procès-verbal de vérification des armes trouvées sur le lieu du crime, et le procès-verbal de confrontation d'un témoin, quoiqu'il n'en ait pas été donné copie à l'accusé. — Cass., 6 févr. 1832, Faure, [P. chr.]

3863. — Mais il y a atteinte aux droits de la défense dans le fait de communiquer au jury le procès-verbal d'une expertise faite après l'arrêt de renvoi, et qui n'avait pas été jointe au dossier, et n'avait fait partie des pièces dont copie avait été donnée à l'accusé. — Cass., 22 déc. 1881, Griveau, [D. 82.1.192]

3864. — On peut communiquer le procès-verbal d'une vérification d'écriture : ce procès-verbal est une pièce de la procédure. — Cass., 31 mars 1831, Cornier, [P. chr.]

3865. — ... Des certificats produits pour ou contre l'accusé. — Cass., 27 fruct. an IX, Mazet, [S. et P. chr.]; — 21 oct. 1831, [D. *Rép.*, v° *Instr. crim.*, n. 2992] — *Contrà*, Carnot, *Instr. crim.*, sur l'art. 341, t. 2, p. 620.

3866. — ... Et même un certificat versé aux débats, sans que l'accusé ait eu le moyen de le contrôler, s'il n'a fait aucune opposition à cette production. — Cass., 15 févr. 1877, [*Bull. crim.*, n. 50]

3867. — ... Des renseignements faisant partie du dossier et dont le défenseur de l'accusé avait pu prendre connaissance avant l'audience. — Cass., 20 oct. 1832, [D. *Rép.*, v° *Instr. crim.*, n. 2993]; — 9 mars 1855, Porte, [P. 56.1.27]; — 12 août 1858, [*Bull. crim.*, n. 228]

3868. — ... Des observations du ministère public sur l'instruction écrite de l'affaire en jugement. — Cass., 31 oct. 1817, Wilfrid-Regnault, [S. et P. chr.]

3869. — ... Le procès-verbal des débats antérieurs, dans lequel est inséré un arrêt incident qui, par suite des rétractations de l'accusé, a renvoyé l'affaire à une autre session. — Cass., 9 août 1860, Joannon et autres, [D. 60.5.94]

3870. — ... Un arrêt qui a précédemment condamné l'accusé. — Cass., 28 mars 1829, Chauvière, [S. et P. chr.]; — 10 mai 1843, [*Bull. crim.*, n. 101]; — 8 déc. 1853, [*Bull. crim.*, n. 574]

3871. — Ainsi encore, la publication et la distribution aux jurés d'un compte-rendu de débats antérieurs devant une autre cour d'assises, et d'un supplément d'instruction auquel il a été procédé, ne peuvent être une cause de nullité des débats nouveaux, quelque inexacte que soit la publication. — Cass., 17 févr. 1843, Besson, [S. 43.1.226, P. 43.2.539]

3872. — L'art. 341, C. instr. crim., ne parle que des pièces de la procédure et non des pièces à conviction. Le président n'a donc pas à les communiquer aux jurés dans la chambre de leurs délibérations. — Cass., 16 mars 1854, Cœuret, [D. 54.5.216] — V. *suprà*, n. 2437 et s.

3873. — Ajoutons qu'en matière de faux, le président de la cour d'assises peut, en vertu de son pouvoir discrétionnaire, ordonner qu'un billet, attribué à l'accusé par un témoin, mais dont l'accusé dénie être l'auteur, sera mis sous les yeux du jury et restera au procès, non comme pièce de comparaison, dans le sens de l'art. 456, C. instr. crim., mais comme simple renseignement propre à éclairer le jury. — Cass., 2 avr. 1831, David, [S. 31.1.365, P. chr.]

3874. — Les pièces écrites en langue étrangère doivent être traduites. Néanmoins, il n'y aurait pas, à défaut d'accomplissement de cette formalité, cause de nullité si l'accusé n'a pas requis cette mesure. — Cass., 6 févr. 1840, [D. *Rép.*, v° *Instr. crim.*, n. 2979]; — 1er août 1872, [*Bull. crim.*, n. 121] — V. *infrà*, n. 5464 et s.

3875. — Ajoutons qu'aucun inventaire des pièces remises aux jurés n'est exigé. — Cass., 3 déc. 1836, Demiannay, [S. 38. 1.82, P. 38.1.37]

3876. — ... Et que si le jury doit être renvoyé dans la chambre de ses délibérations, pour régulariser sa déclaration, il n'est pas nécessaire de lui remettre à nouveau les pièces de la procédure. — Cass., 8 sept. 1853, Normand, [D. 53.5.129]

3877. — Sont exceptées, avons-nous dit, les dépositions écrites des témoins. La raison en est que les jurés doivent déterminer leur conviction uniquement d'après les débats oraux qui se sont déroulés devant eux. — V. *suprà*, n. 2350 et s.

3878. — L'interdiction prononcée par l'art. 341, relative aux déclarations écrites des témoins, s'étend aussi bien aux déclarations écrites des témoins présents qu'à celles des témoins absents, puisqu'il n'en excepte aucune. — De Serres, *Man. des cours d'assises*, t. 1, p. 418.

3879. — Il a été jugé cependant que l'art. 341, C. instr. crim., qui défend de remettre aux jurés les déclarations écrites des témoins, n'est pas prescrit à peine de nullité. — Cass., 31 oct. 1817, Régnaut, [S. et P. chr.]; — 30 mai 1818, Bastide, [S. et P. chr.]; 26 juin 1846, Fagot, [*Bull. crim.*, n. 165]; — 21 sept. 1848, Gatineau, [P. 49.2.631]; — 21 juin 1860, Claquecin, [D. 60.5.93] — *Sic*, de Serres, *Man. des cours d'assises*, t. 1, p. 388 et 418. — V. encore Cass., 26 juin 1849, Fagot, [P. 49.2.251]

3880. — Nouguier (n. 3078) et F. Hélie (n. 3739) approuvent cette solution; Carnot, au contraire, la critique en ces termes : « On pourrait peut-être soutenir, avec quelque espoir de succès, qu'il y aurait lieu à l'annulation de l'arrêt, lors même qu'il n'aurait été fait aucune réquisition relative, si la remise des dépositions écrites au jury était bien constatée, car il en résulterait une violation de la disposition du Code qui exige, sous peine de nullité, que l'instruction soit publique; la déclaration du jury se serait, en effet, formée sur des pièces qui n'auraient pas été soumises aux débats, et qui, dès lors, n'auraient pas passé au creuset d'une discussion publique ». — Carnot, sur l'art. 341, *C. instr. crim.*, t. 2, p. 618.

3881. — Il va, de soi, d'ailleurs, que si une déposition écrite recueillie au cours des débats était remise aux jurés sans avoir préalablement été communiquée à l'accusé, il y aurait violation formelle des droits de la défense, et, par conséquent, nullité. — Cass., 29 avr. 1853, [*Bull. crim.*, n. 146]

3882. — Les plaintes et les dénonciations ne peuvent être mises au rang des dépositions : elles font partie des pièces du procès; et comme toutes les pièces du procès, sous la seule réserve des dépositions écrites des témoins, peuvent être remises aux jurés, le procureur général ni l'accusé ne seraient recevables ni fondés à s'opposer à ce que la remise de pareilles pièces fût faite aux jurés. Cependant, si le plaignant ou le dénonciateur avait été entendu aux débats en forme de témoignage, il faudrait considérer la plainte ou la dénonciation comme une déposition écrite, et il nous paraîtrait alors que ce serait entrer dans l'esprit de la loi, que ce serait même en suivre la disposition à la lettre, que de ne pas en faire la remise au jury. — Carnot, sur l'art. 341, *C. instr. crim.*, t. 2, p. 619; de Serres, *Man. des cours d'ass.*, t. 1, p. 418.

3883. — A défaut de constatation contraire, il y a présomption légale que le procès-verbal des dépositions rendues à l'audience a été excepté aux termes de l'art. 341, C. instr. crim., des pièces du procès remises au jury par le président en même temps que les questions sur lesquelles il avait à délibérer. — Cass., 26 août 1847, Sain, [P. 47.2.703]; — 5 mars 1857, Trézières et Corbineau, [D. 57.1.178]

3884. — L'art. 341, C. instr. crim., ajoute, *in fine* : « Il (le président) fait retirer l'accusé de l'auditoire. Cette formalité, dont l'accomplissement doit être relaté dans le procès-verbal, n'est pas cependant prescrite à peine de nullité. — V. *infrà*, n. 4197.

CHAPITRE XVIII.

DÉLIBÉRATION ET VOTE DU JURY.

3885. — Les questions étant posées et remises aux jurés, ils se rendent dans leur chambre pour y délibérer (C. instr. crim., art. 342).

3886. — La délibération et le vote sont dirigés par le chef du jury; c'est également lui qui donne publiquement lecture de la déclaration.

3887. — Le chef du jury est le premier juré sorti au sort, ou celui qui est désigné par les jurés et du consentement de ce dernier (art. 342).

3888. — Comme nous le dirons bientôt, la délibération des jurés étant secrète, le procès-verbal des débats ne peut ni ne doit faire mention de ce qui s'y passe (V. *infrà*, n. 3909). Il n'a donc pas à mentionner de quelle façon le remplacement du chef du jury a été effectué dans la chambre des délibérations; c'est au chef du jury à insérer cette mention dans la déclaration elle-même. Le président peut même, en cas d'omission, lui faire ajouter cette mention sur la réponse. Dans tous les cas, la disposition qui règle le mode de remplacement du chef du jury n'a rien qui altère la substance de la déclaration.

3889. — ... Et il n'est même pas nécessaire, à peine de nullité, que la déclaration du jury constate que le remplacement, par un des jurés, du chef du jury a eu lieu du consentement de ce dernier. — Cass., 8 juin 1849, Bachelet, Furet et Bonnefond, [P. 50.2.665]

3890. — Il a été jugé, en ce sens, que lorsque les fonctions de chef du jury ont été remplies par un juré autre que le premier désigné par le sort, il y a présomption légale que ce changement s'est opéré du consentement du juré sortant premier, et sur la désignation du jury, quoique le procès-verbal des débats n'en fasse pas mention. — Cass., 17 août 1827, Evesque, [P. chr.]

3891. — ... Que, lorsqu'un juré suppléant a remplacé le chef du jury légalement empêché et en a exercé les fonctions sans opposition des autres jurés, il y a présomption légale qu'il a eu leur assentiment. — Cass., 3 juin 1831, Bès, [P. chr.]

3892. — ... Qu'il y a preuve suffisante que les fonctions de chef du jury, remplies par le second juré, l'ont été du consentement et par la désignation des jurés, lorsque la déclaration, signée de ce second juré, a été lue et remise par lui au président, en présence de tous les autres jurés. — Cass., 18 nov. 1847, Denon, [S. 48.1.377, P. 48.2.340, D. 48.5.92]; — 20 août 1857, [*Bull. crim.*, n. 310]; — 1er févr. 1866, [*Bull. crim.*, n. 31]; — 23 nov. 1882, [*Bull. crim.*, n. 253]; — 27 sept. 1883, [*Bull. crim.*, n. 238]

3893. — ... Que lorsque les fonctions de chef du jury ont été remplies, sans aucune réclamation de la part des jurés présents, par un juré autre que le premier désigné par le sort, il y a présomption légale que ce changement s'est opéré du consentement de celui-ci et sur la désignation des autres, alors surtout que le procès-verbal des débats constate que ce juré a été élu chef du jury dans la chambre des délibérations. — Cass., 27 juill. 1848, Fleury, [P. 48.2.566, D. 48.5.83]

3894. — En tous cas, la mention au procès-verbal des débats portant « que la déclaration des jurés a été lue et signée par M..., leur chef, suivant la désignation des autres jurés, de son consentement et sur la demande du premier juré sorti par le sort », fait suffisamment preuve que le chef du jury désigné par le sort a été régulièrement remplacé. — Cass., 4 janv. 1849, Godel, [P. 50.2.48, D. 49.5.84]; — 11 juin 1857, Bertin, [S. 57.1.717, P. 58.101]; — 17 juill. 1857, [*Bull. crim.*, n. 273]; — 12 janv. 1860, Lemoine, [S. 60.1.393, P. 60.580, D. 60.5.93]

3895. — Toutefois si, dans le silence de la déclaration du jury, lue, signée et remise au président de la cour d'assises par un autre juré que le premier sorti par le sort, il y a lieu de présumer que ce juré a été désigné par les autres du consentement du premier sorti, cependant la cour d'assises, si elle a des doutes sur la régularité de la substitution d'un chef du jury à un autre, peut ordonner que les jurés rentreront dans la salle de leurs délibérations pour régulariser leur déclaration. — Cass., 28 janv. 1848, Marquès, dit Girgot, [P. 49.1.618]

3896. — L'expression du motif de ce renvoi ne met pas obstacle à ce que les jurés examinent de nouveau, s'ils le jugent à propos, les questions qui leur sont soumises, et n'apporte à cet égard aucune restriction aux pouvoirs que la loi leur attribue. — Même arrêt.

3897. — Il a été jugé aussi, dans le même sens, que la peine de la nullité n'est pas attachée à l'omission de la lecture de la mention, dans la déclaration du jury, du remplacement de son chef. Le président peut faire réparer cette omission signalée par la défense, en ordonnant une seconde lecture de la déclaration, y compris ladite mention, dont il a vérifié l'existence. A défaut de conclusions de la défense sur ce point, et à défaut aussi de nullité prononcée par la loi, il n'y a là qu'un acte d'administration et non une question contentieuse. — Cass., 20 sept. 1877, [*Bull. crim.*, n. 218]

3898. — En tous cas, l'accusé ne peut prétendre que les formalités relatives à la déclaration du jury ont été violées, lorsque le deuxième juré sorti par le sort, ayant apporté la déclaration du jury, sans qu'il fût constant que ce juré eût été désigné légalement comme chef des jurés, la cour a annulé la déclaration, que les mêmes questions ont été remises au chef du jury, en présence du public et de l'accusé, sur la réclamation des défenseurs, et que le chef du jury a rapporté une déclaration semblable à la première. — Cass., 8 juill. 1824, Baud, [P. chr.]

3899. — Les arrêts qui précèdent parlent tantôt du consentement du juré sorti le premier, et qu'il s'agit de remplacer, tantôt au contraire du consentement du nouveau chef du jury. C'est le consentement de ce dernier qui seul est exigé. Les termes de l'art. 342 ne laissent aucun doute à cet égard; on a remarqué, d'ailleurs, que c'est ainsi que l'ont entendu les plus récents arrêts. — Nouguier, n. 3128.

3900. — En tous cas, la loi n'exige pas le consentement de l'accusé. — Cass., 24 déc. 1824, Marie Gilles, [S. et P. chr.]; — 12 janv. 1860, [*Bull. crim.*, n. 11]

3901. — ... Ni celui du ministère public. — Nouguier, *loc. cit.*

3902. — L'art. 342, C. instr. crim., ne détermine pas le moment où les jurés pourront, dans la forme qu'il indique, remplacer le chef que leur a donné le sort. — Cass., 6 mars 1828, Petit, [S. et P. chr.] — En conséquence, rien ne s'oppose à ce que la substitution soit opérée dès l'ouverture des débats. — Cass., 21 sept. 1848, Gatineau, [P. 49.2.631]; — 12 janv. 1860, Lemoine, [S. 60.1.393, P. 60.580, D. 60.5.93]

3903. — Décidé, dans le même sens, que les jurés peuvent, sans qu'il en résulte une ouverture à cassation, désigner pour leur chef un autre d'entre eux que celui désigné par le sort, du consentement de celui-ci, aussitôt après la formation du tableau, et même avant d'avoir prêté serment. — Cass., 27 sept. 1822, Loubet, [S. et P. chr.]

3904. — Et d'un autre côté, le remplacement peut n'avoir lieu qu'après la rentrée des jurés dans la salle d'audience et pour la lecture du verdict. — Cass., 20 août 1857, [*Bull. crim.*, n. 310] — V. *infrà*, n. 4175 et s.

3905. — Il peut, d'ailleurs, y avoir plusieurs remplacements successifs. — Cass., 8 oct. 1840, [*Bull. crim.*, n. 300]

3906. — Avant de commencer la délibération, le chef des jurés leur donne lecture de l'instruction contenue en l'art. 342, C. instr. crim., portant : « La loi ne demande pas compte aux jurés des moyens par lesquels ils se sont convaincus; elle ne leur prescrit point de règles desquelles ils doivent faire particulièrement dépendre la plénitude et la suffisance d'une preuve; elle leur prescrit de s'interroger eux-mêmes dans le silence et le recueillement, et de chercher, dans la sincérité de leur conscience, quelle impression ont faite sur leur raison les preuves rapportées contre l'accusé, et les moyens de sa défense. La loi ne leur dit point : *Vous tiendrez pour vrai tout fait attesté par tel ou tel nombre de témoins;* elle ne leur dit pas non plus : *Vous ne regarderez pas comme suffisamment établie toute preuve qui ne sera pas formée de tel procès-verbal, de telles pièces, de tant de témoins ou de tant d'indices;* elle ne leur fait que cette seule question, qui renferme toute la mesure de leurs devoirs : *Avez-vous une intime conviction?* Ce qu'il est bien essentiel de ne pas perdre de vue, c'est que toute la délibération du jury porte sur l'acte d'accusation; c'est aux faits qui le constituent et qui en dépendent, qu'ils doivent uniquement s'attacher; et ils manquent à leur premier devoir, lorsque, pensant aux dispositions des lois pénales, ils considèrent les suites que pourra avoir, par rapport à l'accusé, la déclaration qu'ils ont à faire. Leur mission n'a pas pour objet la poursuite ni la punition des délits, ils ne sont appelés que pour décider si l'accusé est, ou non, coupable du crime qu'on lui impute. »

3907. — La disposition qui oblige le chef du jury à donner cette lecture aux jurés n'est pas prescrite à peine de nullité. — Cass., 26 juin 1817, Pierre Cardinaux, [S. et P. chr.]; — 3 juin 1831, Bes, [P. chr.]; — 3 juill. 1836, Leblanc, [P. chr.] — *Sic,* Nouguier, n. 3132.

3908. — Au surplus, la preuve de cette omission ne pourrait résulter du silence du procès-verbal sur ce point puisqu'il n'y doit pas être fait mention de la façon dont la délibération

des jurés s'est engagée et poursuivie. — V. *suprà*, n. 3888.

3909. — La délibération du jury doit être secrète. La raison qui a guidé le législateur en imposant cette prescription a été de s'assurer que la décision de chaque juré due qu'aux inspirations de sa conscience; et qu'aucune influence étrangère ne viendrait, au cours de la délibération, profiter à l'accusé ou lui nuire. Il en résulte que toutes les fois que la communication d'un juré avec le dehors n'a pu exercer aucune influence sur son vote, la nullité ne pourra être prononcée. — V. *infrà*, n. 3735 et s.

3910. — Le législateur a tiré de l'obligation du secret de la délibération et du vote plusieurs conséquences. En premier lieu, les jurés ne peuvent valablement délibérer et voter que dans la chambre qui leur est réservée. C'est là la première garantie du secret de leur délibération et de leur vote. Ils ne pourraient donc pas délibérer et voter dans la salle d'audience. — Nouguier, n. 3088 et s.

3911. — Ensuite, les jurés ne peuvent sortir de leur chambre qu'après avoir formé leur déclaration (C. instr. crim., art. 343).

3912. — Il suffit que la délibération des jurés, une fois commencée, n'ait pas été interrompue; il n'est pas nécessaire qu'elle ait eu lieu aussitôt après la clôture des débats et sans désemparer. Il ne résulte donc aucune nullité de ce que la délibération du jury n'a eu lieu que le lendemain du jour où les questions ont été posées par le président de la cour. — Cass., 14 sept. 1848, Juin d'Allas, [S. 49.1.299, P. 49.2.412]

3913. — Il a été jugé, il est vrai, qu'il ne résulte point une nullité de ce que les jurés, après s'être retirés dans leur chambre, à la suite de la position des questions, en sont sortis et ont communiqué au dehors avant d'avoir formé leur déclaration. — Cass., 9 janv. 1812, Herbault, [P. chr.] — Mais c'est là une décision isolée, contraire au texte comme à l'esprit de la loi.

3914. — Toutefois, ce n'est que du moment où les jurés se sont retirés dans leur chambre pour délibérer, qu'ils ne peuvent en sortir qu'après que leur délibération est formée. — Cass., 31 oct. 1817, Wilfrid-Règnaut, [S. et P. chr.]

3915. — Conformément au principe que nous venons de poser, la violation de cette interdiction n'entraîne nullité que si la communication des jurés avec le dehors était de nature à pouvoir modifier leur conviction dans l'intérêt de l'accusé ou à son détriment, ou nuire à leur indépendance.

3916. — Jugé, en ce sens, que le seul fait, de la part d'un juré, d'être sorti de la chambre des délibérations avant la formation de la délibération, n'est pas une cause de nullité s'il n'en est pas résulté une communication de nature à exercer une influence illégale sur sa conviction : ainsi, par exemple, s'il n'est sorti que pour aller dans la chambre du conseil communiquer avec le président. — Cass., 26 mars 1840, Dufour, [P. 40.2.601]

3917. — ... Que la sortie d'un juré de la salle des délibérations n'est pas une cause de nullité, si ce juré n'a communiqué avec personne et s'est seulement introduit momentanément dans la salle d'audience, pour prendre des voiles qu'il avait oubliées. — Cass., 28 déc. 1832, Blondeau, [S. 33.1.869, P. chr.]; — 30 juill. 1840, [*Bull. crim.*, n. 249]; — 31 juill. 1851, Mary, [D. 51.5.135]

3918. — On peut donc poser, en principe, que l'infraction à la défense faite aux jurés par l'art. 343, C. instr. crim., de sortir de leur chambre avant d'avoir formé leur déclaration, n'opère point nécessairement nullité. — Cass., 30 nov. 1811, N..., [P. chr.]; — 9 janv. 1812, précité; — 11 avr. 1817, Verdier, [S. et P. chr.]; — 31 oct. 1817, précité; — 3 avr. 1818, Lewy, [S. et P. chr.]; — 28 janv. 1848, Marquès, [P. 49.1.648] — *Sic,* Carnot, t. 2, p. 634, n. 5 sur l'art. 547; Merlin, *Rép.*, t. 6, p. 693.

3919. — En un mot, l'art. 343, C. instr. crim., d'après lequel les jurés ne peuvent sortir de leur chambre qu'après avoir formé leur déclaration, ne prononce de nullité que pour le cas où la communication au dehors était de nature à exercer une influence illégale sur l'opinion du jury. — Cass., 26 mars 1840, précité; — 28 janv. 1848, précité.

3920. — Dès lors, aucune nullité ne peut résulter soit de ce que l'un des jurés aurait communiqué avec le président de la cour d'assises pour le prévenir que le jury réclamait son assistance, soit du retrait par le président de la cour d'assises qu'il avait donné au chef de l'escorte (V. *infrà*, n. 3951 et s.), alors que le procès-verbal constate qu'aucune communication n'a pu avoir lieu entre le jury et les personnes du dehors, et que le président a rétabli immédiatement le service de surveillance. — Cass., 28 janv. 1848, précité; — 22 mars 1855, [*Bull. crim.*, n. 102]

3921. — A plus forte raison n'y a-t-il pas nullité si le juré est sorti de la chambre des délibérations escorté d'un gendarme et n'a pu communiquer avec personne. — Cass., 31 janv. 1851, précité.

3922. — Jugé encore, sous la loi du 13 germ. an V, que la défense faite aux jurés de se retirer avant la fin de l'affaire à laquelle ils assistent n'est relative qu'à l'abandon volontaire de leurs fonctions, et ne peut être appliquée à des événements de force majeure. — Cass., 7 déc. 1821, Faulot, [S. et P. chr.]

3923. — Ajoutons que l'art. 343, C. instr. crim., qui veut que les jurés ne puissent sortir qu'après avoir formé leur déclaration, ne doit s'entendre que d'une déclaration régulière. Nous verrons que les jurés peuvent être renvoyés dans la chambre de leurs délibérations par la cour d'assises, lorsque leur première déclaration est jugée insuffisante. — Cass., 13 août 1818, Viel, [S. et P. chr.] — V. *infra*, n. 4623 et s.

3924. — Mais lorsque les jurés sont sortis de leur chambre des délibérations et rentrés dans l'auditoire de la cour d'assises, il ne leur est plus permis de retourner, sur la demande de l'un d'eux, dans la chambre des délibérations : à la cour d'assises seule appartient le droit de les y renvoyer si elle le juge nécessaire (C. instr. crim., art. 343 et 348). — Cass., 11 oct. 1827, Feuchères, [S. et P. chr.] — V. *infra*, n. 4628 et s.

3925. — La cour peut condamner le juré qui a quitté la salle des délibérations avant la clôture des opérations du jury, à une amende de 500 fr. au plus (C. instr. crim., art. 343). — C. d'ass. du Gard, 19 mai 1838, Lacombe, [P. 38.2.161]

3926. — Mais ce juré ne peut pas être condamné en outre aux frais occasionnés par le renvoi de l'affaire à la session suivante. — Cass. Belge, 29 oct. 1835, Osy, [P. chr.]

3927. — De même que les prescriptions du § 1, de l'art. 343, ne produisent leur effet qu'après le commencement de la délibération, de même elles cessent d'être applicables dès que la délibération est terminée et le vote acquis. Il importe peu, dès lors, que quelques-uns des jurés soient rentrés isolément, et sans être accompagnés, dans la salle d'audience. — Cass., 12 juin 1851, Bozzi, [D. 51.5.129]

3928. — De même, il a été jugé que la communication d'un juré avec un tiers n'opère pas nullité lorsque cette communication n'a eu lieu que postérieurement à la déclaration du jury, et que, dès lors, elle n'a pu exercer aucune influence sur le sort de l'accusé. — Cass., 17 mars 1887, [*Bull. crim.*, n. 107]

3929. — ... Que le fait par un juré d'avoir, avec la permission du président, quitté sa place dans l'auditoire pendant la délibération de la cour, ne constitue pas une violation de l'art. 343, C. instr. crim., surtout s'il n'est point articulé que ce juré ait communiqué avec qui que ce soit, si son absence a été fort courte, et si elle a été commandée par une nécessité physique. — Cass., 8 sept. 1837, Laurent, [P. 40.1.124]

3930. — En second lieu, l'entrée de la chambre des jurés ne peut être permise pendant leur délibération, pour quelque cause que ce soit, que par le président et par écrit (C. instr. crim., art. 343).

3931. — Il en est de cette formalité comme de la précédente. La nullité ne frappe la procédure qu'autant que l'introduction d'une personne étrangère dans la salle des délibérations aurait donné lieu à une communication de nature à influer sur la délibération.

3932. — Et l'introduction, dans la salle des délibérations du jury, d'un garçon de bureau de la cour, qui ne s'y est rendu que lorsque la délibération était terminée, pour ramener, en l'absence des huissiers, les jurés à la salle d'audience, ne constitue pas une communication avec un tiers prohibée par la loi, et n'entraîne point la nullité des débats. — Cass., 11 janv. 1849, Coet, [P. 51.1.223, D. 49.5.84]

3933. — Il en est de même d'un huissier qui est appelé par les jurés pour faire, de leur part, une communication au président. — Cass., 4 août 1871, Béolet, [D. 71.5.104]

3934. — ... Ou qui y pénètre pour l'exécution d'un service matériel. — Cass., 7 févr. 1867, [*Bull. crim.*, n. 32]

3935. — La jurisprudence décide que le président, qui peut accorder le droit de pénétrer dans la chambre des délibérations du jury, peut s'y présenter lui-même : par exemple, pour donner aux jurés les explications qui leur permettent de répondre aux questions posées. — Cass., 26 mai 1826, André, [S. et P. chr.]; — 13 oct. 1826, Garnier, [S. et P. chr.]

3936. — L'entrée du président, dans la salle des délibérations, sur la demande du jury, est un droit qui lui est personnel et qui n'entraîne pas nécessairement l'entrée de l'accusé et de son défenseur. — Cass., 15 juin 1876, [*Bull. crim.*, n. 133]

3937. — Cependant, la jurisprudence met à ce droit du président une certaine limite. Il faut, d'après elle, pour justifier l'entrée du président dans la salle des jurés, que ceux-ci l'aient invité à s'y rendre pour leur donner des éclaircissements. — Cass., 26 mai 1826, précité; — 13 oct. 1826, précité; — 5 mai 1827, Farene, [S. et P. chr.] — *Sic*, Legraverend, t. 2, p. 232; Duvergier, note sur cet auteur, *loc. cit.*

3938. — Jugé que, lorsque c'est sur la demande écrite des jurés que le président de la cour d'assises s'est introduit dans la salle de leurs délibérations pour leur donner un éclaircissement dont ils avaient besoin, il n'y a pas violation du secret de leurs délibérations, et qu'il n'en résulte aucune nullité. — Cass., 26 mai 1826, précité; — 13 oct. 1826, précité.

3939. — Mais si le président de la cour d'assises peut entrer dans la chambre des délibérations des jurés, sur l'invitation des jurés eux-mêmes, il ne suit pas de là qu'il puisse y entrer spontanément, en vue d'éclairer leur délibération et de faciliter la rédaction de leur réponse. — Cass., 1er oct. 1846, Delaine, [S. 47.1.471, P. 47.2.110, D. 46.4.123]

3940. — Et si le président des assises est entré dans la salle des jurés sans que le procès-verbal constate qu'un motif légitime a nécessité cette démarche de la part du magistrat, il y a lieu à cassation pour violation de la liberté des jurés. — Cass., 3 mars 1826, Ferrier, [S. et P. chr.] — V. cependant, en sens contraire, Cass., 14 sept. 1827, précité. — De Serres, *Man. des cours d'assises*, t. 1, p. 465 et s.

3941. — Mais la nullité ne résulterait pas nécessairement de cette circonstance que le président a connu le verdict avant qu'il ait été prononcé à l'audience. — Cass., 25 juill. 1867, [*Bull. crim.*, n. 168]

3942. — La Cour de cassation est allée plus loin, et elle a décidé qu'il y a présomption légale, lorsqu'un président de cour d'assises entre dans la chambre des délibérations des jurés, qu'il y a été appelé par eux pour leur donner des éclaircissements. — Cass., 11 sept. 1827, Jouberjou, [P. chr.]

3943. — ... Que si le président entre dans la chambre des jurés, il y a présomption qu'ils lui avaient demandé des éclaircissements. — Cass., 9 août 1845, Giustiniani, [P. 48.2.602, D. 45.1.356]

3944. — Bourguignon (*Manuel du jury*, p. 493, n. 320) est d'avis que toutes les fois qu'il y a lieu de donner des éclaircissements aux jurés, soit qu'ils les demandent, soit que l'on croit devoir les leur offrir, ils ne doivent être donnés que publiquement et à l'audience, puisque ceux qui ont été donnés en secret sont également contraires à la publicité du débat, à la liberté ou au secret de la délibération des jurés et au droit de défense. « De cette manière, ajoute-t-il, le président de la cour devrait s'abstenir, ainsi que tous autres, de s'introduire dans la chambre des jurés sous le prétexte de leur donner des éclaircissements. L'art. 343 serait plus littéralement exécuté, et l'on se conformerait à la méthode anglaise, qui me paraît préférable ». Tel est aussi notre avis. La Cour de cassation fait une distinction selon qu'il y a eu ou qu'il n'y a pas eu de demande de la part des jurés : cette demande peut bien légitimer les éclaircissements qui leur sont donnés; mais elle n'a rien de concluant sur le mode de communication employé par le président, qui peut faire rentrer les jurés dans la salle d'audience, où il satisfera à toutes leurs demandes. On dit que ce magistrat ayant le droit de permettre l'entrée de la salle des délibérations du jury, a, à plus forte raison, le droit d'y entrer lui-même. La conséquence est, selon nous, inexacte. Si le président peut permettre à des étrangers l'accès de la chambre où les jurés sont réunis, ce n'est sûrement point pour y communiquer avec eux, sur l'affaire, car la loi le défend trop expressément, mais on a considéré qu'il serait possible, qu'à raison de la durée du délibéré, les jurés eussent besoin de nourriture, et que l'indisposition de quelqu'un d'entre eux réclamât les soins d'un médecin. Dans ces divers cas et autres semblables, le président doit bien juger, lorsqu'il y a ou qu'il n'y a pas lieu de le faire, qu'il permette l'entrée de la chambre des jurés en prenant, d'ailleurs, les précautions nécessaires pour éviter toute communication sur l'affaire. Ainsi, de ce que le président peut permettre l'entrée de la chambre des jurés avec l'interdiction de communiquer, il ne faut point conclure qu'il puisse s'arroger le droit d'y entrer lui-même avec la faculté de communiquer. Ce serait aller autant contre le vœu de la loi que contre les règles de la logique. — Carnot, sur l'art. 343, *C. instr. crim.*, t. 2, p. 635, obs. add., n. 1.

3945. — La pratique est cependant contraire à cette opinion. Les présidents d'assises, s'autorisant des arrêts précités, s'arrogent tous le droit de pénétrer seuls dans la chambre des délibérations du jury. Il serait à souhaiter que cette pratique fût abandonnée, aussi bien dans l'intérêt de la liberté de la défense que dans l'intérêt de l'autorité des présidents dont on a vu quelquefois suspecter gravement l'impartialité, à raison précisément de ces entretiens secrets entre le président et le jury.

3946. — Il va de soi, d'ailleurs, que s'il était démontré que l'intervention du président eût eu pour objet de revenir sur certains points des débats, de reprendre, par exemple, ou d'exposer de nouveau les griefs de l'accusation ou de combattre les arguments de la défense, l'arrêt devrait être cassé. Mais il ne suffit pas, pour cela, de simples allégations. Le fait doit être prouvé. Il a été jugé que n'est pas recevable, le moyen tiré des paroles qu'aurait prononcées le président des assises dans la chambre de délibération du jurés, lorsque les circonstances invoquées ne sont pas établies par le procès-verbal des débats et se révèlent pour la première fois devant la Cour de cassation à l'état de simples allégations. — Cass., 25 févr. 1893, [*Bull. crim.*, n. 54]

3947. — Les jurés suppléants qui n'ont pas été appelés à remplacer les jurés titulaires ne peuvent prendre part à la délibération du jury. En conséquence, lorsque les douze jurés de jugement qui ont assisté au débat prennent part à la délibération, l'entrée d'un juré supplémentaire dans la chambre de leurs délibérations entraîne nullité. — Cass., 10 juin 1830, Paul Rouset, [S. et P. chr.]

3948. — Mais lorsqu'aucun juré ne s'est absenté, il n'est pas nécessaire que le procès-verbal des débats mentionne qu'aucun juré suppléant n'a pris part à la délibération. On ne peut induire de ces expressions du procès-verbal : « les jurés se sont retirés dans leur chambre pour y délibérer », que les jurés suppléants ont participé à la délibération. — Cass., 30 mai 1829, Bertrand, [S. et P. chr.]

3949. — Il ne résulterait d'ailleurs aucune nullité de ce qu'un juré suppléant aurait, après la rentrée des autres jurés dans la salle d'audience, et au moment où le président leur demandait compte du résultat de leur délibération, repris auprès de ses collègues la place qu'il avait occupée depuis l'ouverture des débats. — Cass., 8 janv. 1846, Brument et Foucaux, [P. 46.2.119]

3950. — A l'inverse, il ne peut résulter aucun grief de ce qu'un juré suppléant qui n'a pris aucune part à la délibération du jury n'aurait pas été présent au moment où le verdict a été remis au président des assises. — Cass., 24 janv. 1878, Chauroux et Touzet, [S. 78.1.333, P. 78.810, D. 78.1.447]

3951. — Pour assurer les exécutions des prescriptions qui précèdent, le président des assises est tenu de donner au chef de la gendarmerie l'ordre spécial et par écrit de faire garder les issues de la chambre des délibérations, de façon que personne ne puisse y pénétrer (C. instr. crim., art. 343).

3952. — Si, dans l'ordre qu'il donne, le président vise par erreur l'art. 348 au lieu de l'art. 343, il n'y a pas nullité. — Cass., 24 déc. 1863, Carlier, [D. 64.5.82]

3953. — On décide, même d'une façon générale, que cette disposition n'est pas prescrite à peine de nullité. — Cass., 6 févr. 1812, Morin, [S. et P. chr.]; — 31 oct. 1817, Regnault, [S. et P. chr.]; — 3 avr. 1818, Lévy, [S. et P. chr.]; — 19 juin 1818, [D. *Rép.*, v° *Instr. crim.*, n. 3045]; — 11 sept. 1823, [*Ibid.*, n. 3044]; — 26 avr. 1838, [*Bull. crim.*, n. 111]; — 30 mai 1839, précité; — 31 déc. 1840, précité; — 28 janv. 1848, Marqués, [P. 49.1.618]; — 27 août 1852, précité; — 24 déc. 1863, précité; — 20 sept. 1866, Mariotte, [D. 66.5.109]; — 26 déc. 1874, Demeufve, Malapert et Kauffling, [D. 75.1.287]; — 14 déc. 1876, [*Bull. crim.*, n. 248]

3954. — Il n'y aurait nullité que si, par suite de cette omission, les jurés ou l'un d'eux avaient pu entretenir à l'extérieur des communications de nature à exercer quelque influence sur leur délibération. — Cass., 26 avr. 1838, précité; — 28 janv. 1848, précité; — 24 déc. 1863, précité; — 20 sept. 1866, précité.

3955. — Nous arrivons à la délibération proprement dite et au vote du jury. Sous l'empire du Code d'instruction criminelle, le vote du jury était le plus souvent précédé d'une discussion préalable, consacrée par l'usage, bien que ne résultant d'aucune prescription légale. Le décret du 6 mars 1848 (art. 5) vint faire de cette discussion préalable une obligation pour le jury. Ce décret, en modifiant ainsi la législation préexistante, avait-il eu pour effet d'abroger le troisième paragraphe de l'art. 341, C. instr. crim., et la loi du 13 mai 1836, relatifs au vote du jury au scrutin secret? Saisie plusieurs fois de cette question, la Cour de cassation n'a jamais hésité à se prononcer dans le sens de la négative, et à décider en conséquence que le vote au scrutin secret demeurait toujours obligatoire. — Cass., 6 avr. 1848, Carpentier, [P. 49.1.461, D. 48.1.03]; — 6 avr. 1848, Louhé, [S. 48.1.406, P. 49.1.403, D. 48.1.93]; — 13 avr. 1848, Bouteloup, [S. 48.1.406, P. 49.1.464]; — 13 avr. 1848, Miard, [*Ibid.*]; — 13 avr. 1848, Arnoux, [*Ibid.*, D. *Ibid.*]; — 13 avr. 1848, Dufils, [S. 48.1.406, P. 49.1.466]; — 22 avr. 1848, Regnier, [S. 48.1. 406, P. 49.1.467, D. 48.1.93]; — 27 avr. 1848, Cadio, [P. 49. 1.477, D. 48.5.93]; — 13 mai 1848, Fauché et autres, [P. 49.1. 464]; — 18 mai 1848, Molier, [S. 48.1.406, P. 49.1.464, D. 48. 1.93]; — 25 mai 1848, Domange, [P. 49.1.464]; — 8 juin 1848, Pourteau, [*Ibid.*]; — 15 juin 1848, Champagne, Spirkel et Wagner, [P. 49.1.500, D. 48.5.93]; — 29 juin 1848, Chanudet, [P. 49.1.503]

3956. — La façon dont le vote a lieu est réglée par la loi du 13 mai 1836. Pour mieux assurer l'exécution des prescriptions de la loi du 13 mai 1836, le législateur a voulu que cette loi demeurât affichée en gros caractères dans la salle des délibérations du jury (L. 13 mai 1836, art. 6). L'exécution de cette prescription est-elle tellement rigoureuse que sa seule omission entraîne nullité? Carnot (*Instr. crim.*, sur l'art. 342, t. 2, p. 632, n. 2), dit qu'il semblerait que ce dut être une chose de rigueur, puisque c'est dans cette instruction que les devoirs des jurés se trouvent tracés. Mais la loi n'ayant prononcé aucune peine, et n'ayant même rien prescrit sur la manière de constater l'accomplissement de la formalité, nous ne pensons pas qu'il soit possible de suppléer la nullité.

3957. — La Cour de cassation s'est prononcée en ce sens en décidant que l'art. 342, C. instr. crim., et l'art. 6, L. 13 mai 1836 (V. *infra*, n. 3960 et s.), qui prescrivent l'affiche dans la chambre des jurés de l'instruction qu'ils relatent ne prononcent point la peine de nullité en cas d'inobservation de cette formalité; qu'il suffit qu'on n'ait point substitué à cette affiche aucune autre qui puisse induire les jurés en erreur sur leurs devoirs. — Cass., 16 janv. 1812, N..., [P. chr.]; — 26 juin 1817, précité; — 16 sept. 1831, Jarron, [P. chr.]; — 26 avr. 1839, Noël, [P. 39.2. 665]; — 12 oct. 1840, Sénac et Aufèvre, [P. 51.1.38]; — 27 mai 1852, Lauvry, [D. 52.5.161]; — 2 sept. 1852, Macaria, [*Ibid.*]

3958. — ... Qu'il n'y a pas nullité du verdict du jury en ce que l'ordonnance du 9 sept. 1835 se trouvait affichée dans la salle des délibérations au lieu de la loi du 13 mai 1836, alors d'ailleurs que l'accusé n'a été, par le fait de cette substitution, privé d'aucune des garanties établies par la loi pour la délibération des jurés. — Cass., 10 juill. 1845, Pasqualini, [P. 45.2.644, D. 45.1.330]

3959. — ... Qu'il n'y a pas nullité résultant de ce que l'affiche prescrite était en partie lacérée. — Cass., 2 sept. 1852, précité.

3960. — Mais, d'un autre côté, la cour reconnaît que la substitution d'une affiche à une autre entraîne nullité du verdict du jury lorsqu'elle a pu, en induisant les jurés en erreur sur le mode d'appréciation et de supputation des votes, avoir pour résultat d'aggraver la position de l'accusé, en écartant, par exemple, l'admission des circonstances atténuantes ou de l'excuse de provocation. — Cass., 24 juill. 1845, Cérani, [S. 45.1.783, P. 45.2.644, D. 45.1.330]; — 8 août 1845, Paoli, [S. 45.3.783, P. 45.2.797, D. 45.1.375]

3961. — Suivant l'art. 1, L. 13 mai 1836, le jury vote par bulletins écrits et par scrutins distincts et successifs, sur le fait principal d'abord, et s'il y a lieu sur chacune des circonstances aggravantes, sur chacun des faits d'excuse légale, sur la question de discernement et, enfin, sur la question des circonstances atténuantes, que le chef du jury est tenu de poser toutes les fois que la culpabilité de l'accusé est reconnue. — Sur la nécessité, pour le président, de soumettre au jury séparément le fait principal et les circonstances aggravantes et atténuantes,

V. *suprà*, n. 3180 et s., et pour le jury de faire une déclaration séparée sur ces différentes circonstances, V. *infrà*, n. 4323 et s.

3962. — Le fait principal est le fait constitutif du crime dégagé de toutes les circonstances qui l'aggravent ou qui l'atténuent. — De Serres, *Man. des cours d'ass.*, t. 1, p. 419 et 420.

3963. — La raison qui veut que l'on procède ainsi est puisée dans l'ordre naturel des choses ; avant d'examiner les circonstances d'un fait, il faut établir son existence ; car si l'existence n'en est pas prouvée, il devient inutile d'en examiner les circonstances. — Legraverend, t. 2, p. 233.

3964. — Si la loi fait au jury une obligation de délibérer sur le fait principal d'abord, rien ne lui fait un devoir de commencer par le fait le plus grave, lorsqu'il y a plusieurs chefs d'accusation. Il ne résulte donc aucune nullité, de ce que, dans une affaire comprenant deux chefs principaux d'accusation, c'est sur le fait le moins grave que la délibération du jury a commencé (C. instr. crim., art. 344). — Cass., 6 févr. 1812, Morin, [S. et P. chr.]

3965. — Chacun des jurés, appelé par le chef du jury, reçoit de lui un bulletin ouvert, marqué du timbre de la cour d'assises et portant ces mots : Sur mon honneur et ma conscience, ma déclaration est... Il écrit ou fait écrire à la suite, secrètement, par un juré de son choix, le mot « oui » ou le mot « non », sur une table disposée de manière à ce que personne ne puisse voir le vote inscrit au bulletin ; il remet le bulletin écrit et fermé au chef du jury, qui le dépose dans une urne ou boîte destinée à cet usage (L. 13 mai 1836, art. 2).

3966. — Sous le Code du 3 brum. an IV, lorsque les jurés étaient en état de donner leur déclaration, ils faisaient avertir le président qui commettait l'un des juges pour recevoir dans la chambre du conseil, avec le commissaire du pouvoir exécutif, les déclarations individuelles que les jurés faisaient successivement et en l'absence des uns des autres (art. 386).

3967. — Ce système portait une grave atteinte à l'indépendance des jurés. La présence du ministère public était surtout de nature à gêner la liberté d'opinion des jurés, qui ne doivent compte qu'à leur conscience de la détermination qu'ils prennent. D'ailleurs, tout doit être égal entre l'accusation et la défense. Il ne peut y avoir d'exceptions à ce principe salutaire que celles qui sont commandées par le danger imminent de quelques abus. L'art. 345, C. instr. crim., a sagement chargé le chef du jury de recueillir les votes. — Carnot, *C. instr. crim.*, sur l'art. 341, t. 2, p. 622.

3968. — La remise des bulletins sur lesquels les jurés doivent écrire leur vote doit être faite par le chef du jury, et non par le président des assises ; mais il n'est pas nécessaire que le procès-verbal fasse mention de cette remise. — Cass., 11 janv. 1838, Girard, [P. 40.1.220]

3969. — Il n'y a pas nécessairement violation du secret du vote entraînant nullité par cela seul que la disposition de la table sur laquelle les jurés étaient appelés à écrire leur vote ne permettait pas à chacun des jurés d'écrire secrètement sa réponse. — Cass., 14 janv. 1870, Trémoyet, [D. 70.5.102]

3970. — Le chef du jury dépouille chaque scrutin en présence des jurés, qui peuvent vérifier les bulletins. Il en consigne sur-le-champ le résultat en marge ou à la suite de la question résolue, sans néanmoins exprimer le nombre des suffrages ; la déclaration du jury en ce qui concerne les circonstances atténuantes n'exprime le résultat du scrutin qu'autant qu'il est affirmatif (L. 13 mai 1836, art. 3.

3971. — S'il arrivait que dans le nombre des bulletins il s'en trouvât que lesquels aucun vote ne fût exprimé, ils seraient comptés comme portant une réponse favorable à l'accusé (Même loi, art. 4).

3972. — Le fait, de la part du président de la cour d'assises, d'avoir dit aux jurés que la loi leur fait un devoir de répondre par « oui » ou par « non » aux questions posées, et leur interdit de déposer dans l'urne un bulletin blanc, contient donc une fausse interprétation de la loi et un excès de pouvoir qui entraîne l'annulation de l'arrêt. — Cass., 17 juill 1890, Marde Coupoussamy et Memorin-Romain, [S. 91.1.367, P. 91.1.855, D. 91.1.190] — Non seulement, en effet, la loi n'interdit pas les bulletins blancs, mais elle les prévoit pour leur attribuer la valeur d'un vote favorable à l'accusé (L. 13 mai 1836, art. 4).

3973. — Il en serait de même des bulletins que six jurés au moins auraient déclarés illisibles (L. 13 mai 1836, art. 4). — Nouguier, n. 3143.

3974. — Immédiatement après le dépouillement de chaque scrutin, les bulletins sont brûlés en présence du jury (Même loi, art. 5).

3975. — Il n'est pas dressé procès-verbal de la délibération du jury. — Rauter, t. 2, p. 459.

3976. — La loi n'ayant fixé aucune limite à la durée de temps dans laquelle la délibération du jury doit se renfermer, l'accusé n'est pas recevable à se faire un moyen de nullité de ce que le jury n'aurait pas eu le temps de procéder régulièrement à l'examen de toutes les questions répondues. — Cass., 8 juill. 1836, Leblanc, [P. chr.] ; — 2 avr. 1846, Petit et Douchet, [D. 46.4.115] ; — 19 avr. 1849, Leguet, [D. 49.5.98]

3977. — Lorsque le président de la cour d'assises a donné au jury les avertissements prescrits par les art. 341 et 347, C. instr. crim., il y a présomption légale que le jury s'est conformé dans la salle des délibérations, au mode qui lui est prescrit par la loi. — Cass., 8 juill. 1836, précité.

3978. — Spécialement, lorsque l'avertissement de voter au scrutin secret a été régulièrement donné par le président des assises au jury, il y a présomption que les jurés s'y sont conformés. — Cass., 24 déc. 1835, Barribas, [P. chr.] ; — 19 avr. 1849, Leguet, Charles et Marquet, [P. 50.1.398, D. 49.5.98]

3979. — Le jury ne peut pas refuser de donner sa déclaration sous le prétexte qu'il ne se trouve pas suffisamment éclairé. Une pareille réponse, admise en Angleterre, où elle constitue un cas de renvoi à une autre session, constituerait, en France, un déni de justice et ne devrait pas être reçue ; il y aurait lieu, dans ce cas, de renvoyer les jurés dans la chambre de leurs délibérations, à l'effet de passer une déclaration conforme à la loi. — Cass., 23 vend. an VIII, Hamon, Bertrand et Police, [S. et P. chr.]

3980. — Lorsque la délibération et le vote du jury sont terminés, les jurés rentrent dans l'audience et reprennent leurs places (C. instr. crim., art. 348).

3981. — Une fois rentrés dans l'auditoire, les jurés ne peuvent pas, sur la demande d'un ou de plusieurs d'entre eux, être obligés de retourner dans la salle de leurs délibérations pour rouvrir une discussion qui a atteint son terme ; nous verrons qu'il n'appartient qu'à la cour d'assises de le leur ordonner, et pour des causes nettement déterminées qu'elle est chargée d'apprécier. — V. *infrà*, n. 4616 et s. — Cass., 11 oct. 1827, Feuchère, [S. et P. chr.]

3982. — Mais, nous l'avons vu, la cour peut, au cours de la délibération du jury, le rappeler en séance pour régulariser, contradictoirement avec la défense, les questions posées, à la condition toutefois qu'il n'y eût encore aucun vote acquis. — V. *suprà*, n. 2720 et s., 3731 et s.

CHAPITRE XIX.

DÉCLARATION DU JURY.

3983. — Après avoir tracé dans les chapitres précédents les règles relatives au vote du jury, et après avoir déterminé les cas où le jury seul ou thus la cour d'assises peuvent intervenir et prononcer sur les divers incidents qui sont susceptibles de s'élever sur la position des questions à résoudre par le jury, il convient de développer les règles relatives à la déclaration et aux éléments dont elle se compose.

3984. — On doit tout d'abord poser en principe que la déclaration doit émaner des seuls jurés qui constituent le jury de jugement dont nous avons fait connaître la composition *suprà*, n. 1041 et s. Nous rappelons, à cet égard, que des jurés éventuels (les supplémentaires comme les complémentaires) n'ont caractère pour remplir les fonctions de juré qu'autant qu'ils sont nécessaires pour compléter jusqu'à trente le nombre minimum sur lequel le tirage doit avoir lieu. Ceux d'entre eux qui sont appelés au delà de ce nombre sont sans qualité pour prononcer sur le sort d'un accusé, et leur participation illégale à la déclaration du jury frappe cette déclaration de nullité absolue. — Cass., 26 janv. 1893, [*Gaz. des Trib.*, 30 janv. 1895] — V. *suprà*, n. 1061 et s.

3985. — Rappelons aussi qu'il y a également nullité de la déclaration du jury à laquelle a participé un juré dont le nom n'a pas été compris dans la liste notifiée à l'accusé. — V. *suprà*, n. 447 et s.

14

SECTION 1.

Nombre de voix nécessaire pour la validité de la déclaration.

3986. — Cette partie de notre législation criminelle, a subi bien des variations avant d'être arrêtée définitivement. L'expérience et l'application des diverses dispositions dont elle s'est successivement formée, en ont longtemps montré l'insuffisance et les défectuosités; de nombreuses modifications en ont été la suite inévitable.

3987. — La loi des 16-29 sept. 1791, tit. 7, art. 28, portait que l'option de trois jurés en faveur de l'accusé suffirait pour entraîner son acquittement; elle exigeait par conséquent pour la déclaration de culpabilité une majorité de dix voix.

3988. — Le même système avait été adopté par le Code de brum. an IV, art. 403 et s.

3989. — La loi du 19 fruct. an V vint ajouter à cette législation déjà bien favorable à l'accusé; elle adopta le système de l'unanimité. Elle portait, art. 33 : « Les jurés ne pourront, dans les vingt-quatre heures de leur réunion, voter pour ou contre qu'à l'unanimité; ils seront, pendant ce temps, exclus de toute communication extérieure. Si, après ce délai, ils déclarent qu'ils n'ont pu s'accorder pour émettre un vœu unanime, ils se réuniront de rechef, et la déclaration se fera à la majorité absolue. »

3990. — Le Code d'instruction criminelle rejetait le système de l'unanimité. Il portait, art. 347 : « La décision du jury se formera contre l'accusé à la majorité de plus de sept voix. Elle se formera à la même majorité de plus de sept voix sur l'existence des circonstances atténuantes. Dans l'un et l'autre cas, la déclaration du jury constatera cette majorité, à peine de nullité, sans que jamais le nombre de voix puisse y être exprimé. »

3991. — Et plus loin, l'art. 351 disposait : « Si néanmoins l'accusé n'est déclaré coupable du fait principal qu'à la simple majorité, les juges délibéreront entre eux sur le même point; et si l'avis de la minorité des jurés est adopté par la majorité des juges, de telle sorte qu'en réunissant le nombre de voix, ce nombre excède celui de la majorité des jurés et de la minorité des juges, l'avis favorable à l'accusé prévaudra. »

3992. — Cette participation des magistrats à la décision du point de fait était vicieuse sous plus d'un rapport.

3993. — Ainsi, quatre juges (le nombre était alors de cinq) pouvaient, en se réunissant aux cinq jurés favorables à l'acquittement, faire changer la décision, et l'emporter sur les huit voix, composées de celles de sept jurés et du cinquième juge.

3994. — C'était toujours, il est vrai, l'avis de la majorité qui l'emportait dans ce cas; mais cette majorité qui faisait le jugement, se composait d'une seule voix sur dix-sept opinants.

3995. — Il pouvait arriver aussi cet autre singulier résultat que la minorité de la cour l'emportât sur la majorité. Il suffisait, en effet, que deux des cinq magistrats se réunissent aux sept jurés pour la culpabilité; ces neuf voix entraînaient nécessairement le sort de l'accusé, et triomphaient de celles des cinq jurés et des trois magistrats.

3996. — On sentit, dès lors, la nécessité de modifier les dispositions de l'art. 351 : c'est ce qui fut fait par la loi des 24-25 mai 1821, qui disposa en ces termes : « A l'avenir, et lorsque, dans le cas prévu par l'art. 351, C. instr. crim., les juges seront appelés à délibérer entre eux sur une déclaration du jury formée à la majorité, l'avis favorable à l'accusé prévaudra toutes les fois qu'il aura été adopté par la majorité des juges. »

3997. — Il résulte clairement de cette disposition que les juges pouvaient, en se réunissant à la minorité du jury, annuler, dans l'intérêt de l'accusé, la déclaration de culpabilité portée contre lui à la simple majorité.

3998. — Bientôt, cette modification apportée à l'art. 351, C. instr. crim., fut reconnue également insuffisante, et abrogée, comme cet article lui-même, par la loi des 4-5 mars 1831, qui réduisit les magistrats composant la cour d'assises à trois, exigea que le jury une majorité de huit voix contre quatre pour la condamnation, et retira aux cours d'assises la faculté de délibérer sur la déclaration du jury. L'art. 3, § 1, était ainsi conçu : « La décision du jury se formera à la majorité de *plus* de sept voix. »

3999. — Cette disposition, relative à la formation de la majorité, fut également reproduite plus tard par la loi des 18 avr.-1er mai 1832.

4000. — Plusieurs amendements furent proposés lors de la

discussion de la loi de 1831 : l'un, de M. Gaujal, qui tendait à établir une différence dans le nombre de voix nécessaire pour appliquer les peines moindres que la peine de mort, et le nombre nécessaire pour infliger cette peine. Cet amendement fut repoussé par ce motif qu'on ne pouvait admettre deux espèces de certitude en pareille matière. — Duvergier, *Collect. des lois*, 1831, p. 50.

4001. — Un second, présenté par M. Daunou, qui exigeait la majorité de neuf voix contre trois, au lieu de sept contre cinq, portée au projet, avait d'abord été adopté par la Chambre des députés; mais la Chambre des pairs changea cette disposition, en la remplaçant par celle qui se trouve dans la loi, et qui fut adoptée ensuite par la Chambre des députés.

4002. — M. Dumont de Saint-Priest en proposa un troisième conçu en ces termes : « La décision pour ou contre l'accusé se formera à l'unanimité, à peine de nullité ». M. Barthe, alors ministre de l'Instruction publique, répondit avec raison de la manière suivante : « La législation qui exigerait, pour rendre un jugement criminel, l'unanimité des voix, s'appuierait sur un mensonge, et le jugement serait impossible avec des opinions consciencieuses, car l'unanimité n'existerait pas; elle ne pourrait être obtenue qu'à l'aide d'une concession de la faiblesse, et, par conséquent, ce serait une législation mensongère et immorale. Ce n'est pas au moment où l'Angleterre sent le besoin d'emprunter à notre législation ce qu'elle a de sage sur ce point, que nous devons être tentés d'adopter précisément ce que la sienne a de déraisonnable, et ce qu'elle est disposée à abandonner ». Ces motifs furent accueillis par la Chambre, et l'amendement fut rejeté.

4003. — La loi du 9 juin 1835, en retour à l'ancien système, exigea que la décision du jury fût prise à la majorité de sept contre cinq. L'art. 1, rectifiant l'art. 348, C. instr. crim., portait : « La décision du jury, tant contre l'accusé que sur les circonstances atténuantes, se formera à la majorité, à peine de nullité. La déclaration du jury constatera la majorité, à peine de nullité, sans que le nombre de voix puisse y être exprimé, si ce n'est dans le cas prévu par le § 4 de l'art. 341. »

4004. — D'après le décret du 6 mars 1848, l'accusé ne put être déclaré coupable qu'à la majorité de plus de huit voix.

4005. — Le décret du 18 oct. 1848 rétablit le système de la loi du 4 mars 1831 : « La déclaration relative à la culpabilité, aux circonstances aggravantes, aux questions d'excuse et de discernement, doit être prononcée à la majorité de plus de sept voix. La déclaration du jury doit énoncer cette majorité de plus de sept voix, sans pouvoir indiquer le nombre de voix; le tout à peine de nullité. »

4006. — Les circonstances atténuantes étaient acquises à l'accusé à la simple majorité.

4007. — Enfin, la loi du 9 juin 1853, encore aujourd'hui en vigueur, a abrogé le décret du 18 oct. 1848 et modifié l'art. 347, C. instr. crim., de la manière suivante : « La déclaration du jury, tant contre l'accusé que sur les circonstances atténuantes, se forme à la majorité. La déclaration du jury constate cette majorité sans que le nombre de voix puisse y être exprimé; le tout à peine de nullité ». Il résulte de ce texte : 1° qu'il y a nécessité de constater que la déclaration de culpabilité a été rendue à la majorité; 2° qu'il est cependant interdit d'exprimer le chiffre de cette majorité; et que cette double règle doit être observée à peine de nullité. — Noguier, n. 3145.

4008. — De là il suit que la déclaration du jury qui ne mentionne pas qu'elle a été rendue à la majorité, est nulle et ne peut servir de base légale à une condamnation. — Cass., 22 déc. 1836, Jacquot, [P. 38.1.49]; — 8 janv. 1837, Plisson, [P. 37.1.63]; — 6 janv. 1837, Chemin, [S. 38.1.252, P. 40.2.96]; — Même jour, Gary, [S. 37.1.822, P. 37.2.24]; — 5 janv. 1837, Jeannin, [P. 40.2.89]; — 16 août 1855, Communi, [D. 55.5.125]; — 20 janv. 1860, Gérard, [S. 60.1.829, D. 60.1.246]; — 21 août 1862, Néan, [D. 62.5.91]; — 10 août 1865, Guérin, [*Bull. crim.*, n. 168]; — 21 nov. 1872, Dimey, [D. 73.1.400]; — 13 mars 1874, Japineau, [*Bull. crim.*, n. 83]; — 11 janv. 1877, Duport, [D. 78.1.192]; — 16 févr. 1884, Imbert, [*Bull. crim.*, n. 40]

4009. — Spécialement, il y a nullité si l'expression « à la majorité » a été écrite en abrégé (maj**).** — Cass., 17 avr. 1862, Carivenc, [S. 62.1.906, P. 63.418]

4010. — ... Ou si, après avoir écrit à la suite de la première question, « oui à la majorité », le chef du jury se borne sur les autres questions, à écrire « oui, *id.* ». — Cass., 19 août 1886, Georges, [*Bull. crim.*, n. 305]

4011. — Jugé aussi que la mention que les réponses du jury contraires à l'accusé ont été faites à la majorité est substantielle et doit être écrite sans abréviations, ni surcharges, à peine de nullité. Et il importe peu que le chef du jury ait indiqué verbalement que la décision a été prise à la majorité, si la déclaration écrite ne le mentionne pas. — Cass., 10 mars 1870, Herbuveau, [*Bull. crim.*, n. 59]

4012. — Et la mention de la majorité doit être renouvelée dans la déclaration pour chacune des questions séparément. Il ne suffirait pas de répondre une seule fois « oui, à la majorité », y eût-il une accolade réunissant toutes les questions posées. — Cass., 6 févr. 1840, Desange, [S. 40.1.877, P. 41.1.100]; — 17 janv. 1856, Brousse, [S. 56.1.558, P. 56.2.428] — *Contrà*, Cass., 8 juill. 1836, [*Bull. crim.*, n. 224]

4013. — Il y a donc nullité lorsque, sur trois réponses affirmatives, la déclaration du jury ne mentionne l'existence de la majorité légale que relativement à une seule, celle qui comprend une circonstance aggravante. — Cass., 17 déc. 1835, Garat, [P. chr.]

4014. — La cour d'assises doit renvoyer le jury dans la chambre de ses délibérations pour qu'il ait à régulariser sa réponse, alors que la déclaration de culpabilité ne mentionne pas qu'elle a été rendue à la majorité. — Cass., 8 sept. 1837, Laurent, [P. 37.2.586]

4015. — Ajoutons que de simples incorrections d'orthographes (tels que les mots, mogorité ou margorité employés au lieu de majorité) ne suffiraient pas à vicier la déclaration, s'il ne peut subsister aucun doute sur la signification du mot. — Cass., 2 août 1877, Haas, [S. 77.1.485, P. 77.1258]; — 2 juin 1881, [*Bull. crim.*, n. 141]; — 28 août 1890, Hervé Martin, [*Bull. crim.*, n. 180]; — 14 avr. 1892, Meriem-Bent-Amara, [D. 92.1.631]; — 18 août 1892, Chatelard, [*Bull. crim.*, n. 239]

4016. — Jugé aussi qu'une légère incorrection d'écriture quant au tracé graphique du mot majorité dans quelques-unes des réponses du jury n'opère pas nullité lorsqu'il est certain que le mot a été entièrement écrit de la main du chef du jury. — Cass., 4 oct. 1877, Baconnait, [S. 77.1.437, P. 77.1130, D. 78.1.143]

4017. — Les réponses du jury sur les circonstances comme sur les faits principaux doivent, à peine de nullité, énoncer qu'elles ont été rendues à la majorité. — Cass., 23 juin 1836, Vaucher, [P. chr.]; — 10 août 1837, Lafitte, [S. 37.1.1021, P. 38.1.561]; — 19 juill. 1838, Couchard, [P. 40.1.297]; — 12 juill. 1838, Imbert, [S. 38.1.928, P. 38.2.472]; — 15 déc. 1844, Gabrielle, [S. 45.1.315, P. 45.1.565]; — 3 juin 1845, Serand, [P. 45.2.569]; — 17 janv. 1856, précité; — 15 févr. 1861, Bono, [D. 61.5.118]; — 10 août 1865, Guérin, [D. 66.5.104]; — 21 nov. 1872, précité; — 11 janv. 1877, précité.

4018. — Cependant la réponse est régulière si, après avoir déclaré que la culpabilité sur le fait principal a été reconnue à la majorité, le chef du jury proclame sur les circonstances aggravantes : oui à la même majorité. — Cass., 7 févr. 1834, Fajoude et autres, [P. chr.]

4019. — Lorsque le jury a déclaré une circonstance aggravante, sans constater l'existence de la majorité voulue par l'art. 347, C. instr. crim., la cour d'assises doit renvoyer le jury à délibérer de nouveau pour compléter sa réponse, alors même qu'on ne s'est aperçu de l'omission relative à la majorité qu'après la lecture à l'accusé de la décision du jury. — Cass., 27 janv. 1842, Roussel, [S. 42.1.949, P. 42.1.667, D. 42.1.150]

4020. — Mais l'acquittement prononcé par suite d'une déclaration régulière de la part du jury sur un chef d'accusation distinct du premier est définitif. — Cass., 10 août 1837, précité.

4021. — La réponse négative du jury sur une question relative à un fait d'excuse admis comme tel par la loi constitue une décision contre l'accusé. Elle doit donc, à peine de nullité, exprimer qu'elle a été rendue à la majorité. — Cass., 8 juill. 1836, Scampucci, [S. 37.1.133, P. 37.1.63]; — 14 nov. 1839, Cavelan, [P. 41.1.125]; — 6 oct. 1842, Bossuet, [S. 42.1.940, P. 42.2.691]; — 2 mai 1845, Devaux, [P. 45.2.532]; — 14 juill 1848, Pasquali, [S. 49.1.73]; — 22 juin 1848, Paoli, [*ibid.*]; — 19 mars 1857, Hanchon, [*Bull. crim.*, n. 112]; — 27 août 1857, Lacroix, [*Bull. crim.*, n. 322]; — 20 juin 1861, Paoli [D. 61.5.119]; — 18 déc. 1862, Pinet, [D. 65.5.95]; — 4 juin 1863, Norbel, [D. 64.5.80]; — 2 juill. 1863, Charles, [D. 64.5.80]; — 19 nov. 1863, Debat, [D. 64.5.80]; — 20 déc. 1866, Goujon, [D. 67.5.108]; — 1er juin 1867, Ferret, [*Bull. crim.*, n. 134]; — 10 mars 1870,

Demoulin, [*Bull. crim.*, n. 58]; — 24 déc. 1870, Sanyas, [*Bull. crim.*, n. 198]; — 22 juill. 1871, Auger, [*Bull. crim.*, n. 73]; — 18 août 1871, Ahmed-ben-Embarek-ben-Abdelagiz et autres, [*Bull. crim.*, n. 92]; — 27 juin 1872, Rivet, [*Bull. crim.*, n. 153]; — 3 avr. 1873, Fajot, [S. 73.1.352, P. 73.843]; — 1er mai 1873, Abdel-Kader-ben-Mendery, [*Bull. crim.*, n. 120]; — 13 mars 1874, Jopineau, [*Bull. crim.*, n. 83]; — 29 mars 1877, Bay, [S. 77.1.436, P. 77.1129, D. 77.1.332]; — 3 mai 1877, Aïssaben-el-Hadj, [S. 78.1.236, P. 78.579, D. 78.5.74]; — 16 sept. 1878, Frédal, [*Bull. crim.*, n. 197]; — 7 août 1879, Leguy y Semperé, [S. 80.1.480, P. 80.1187, D. 80.1.239]; — 31 mai 1883, Bâton, [*Bull. crim.*, n. 132]; — 22 avr. 1886, Mohamed-ben-Salah, [*Bull. crim.*, n. 160]; — 15 sept. 1892, Estier, [D. 94.1.140]

4022. — Spécialement, dans une accusation de meurtre, la provocation par coups et violences graves envers les personnes constituant une excuse légale, et déterminant l'application d'une peine moins rigoureuse, la décision qui écarte cette excuse est une déclaration de culpabilité, qui ne peut se former qu'à la majorité, et cette majorité doit être constatée par la déclaration du jury à peine de nullité. — Cass., 3 avr. 1873, précité; — 13 avr. 1878, Damazé, [*Bull. crim.*, n. 99]; — 16 sept. 1878, précité; — 12 oct. 1882, Aury, [S. 84.1.353, P. 84.1.850, D. 83.1.280]; — 18 janv. 1889, Leroy, [*Bull. crim.*, n. 19]

4023. — ... Et cette nullité entraîne celle de la réponse affirmative sur le fait principal et les circonstances aggravantes. — Cass., 28 janv. 1836, Roux, [S. 36.1.522, P. chr.]

4024. — Jugé, dans le même sens, que lorsque la réponse négative du jury à une question d'excuse vient à être annulée, la nullité de cette réponse entraîne la nullité de la déclaration sur le fait principal : il y a indivisibilité. — Cass., 6 oct. 1842, Bossuet, [S. 42.1.940, P. 42.2.691, D. 43.4.145]

4025. — Les circonstances atténuantes ne peuvent, dit l'art. 347, être accordées qu'à la majorité et la déclaration du jury doit constater cette majorité, à peine de nullité. — Cass., 5 janv. 1837, Jeannin, [P. 40.2.89]; — 28 août 1846, Malleville, [D. 46.4.112]; — 23 sept. 1847, Viala, [D. 48.5.74]; — 21 nov. 1872, Dimey, [D. 73.1.400]; — 25 févr. 1875, Picardat, [*Bull. crim.* n. 66]; — 19 déc. 1878, Bigasseau, [*Bull. crim.*, n. 244]

4026. — La majorité pour l'admission des circonstances atténuantes était la majorité simple, même sous l'empire du décret du 6 mars 1848 (art. 4), qui, pour la déclaration de culpabilité, avait substitué la majorité de neuf voix à la majorité simple. — Cass., 21 avr. 1848, Sassiat, [S. 48.1.405, D. 48.1.94]

4027. — Sous l'empire de la loi du 18 oct. 1848, il a été jugé que l'accusé en faveur de qui le jury a admis des circonstances atténuantes est non recevable, pour défaut d'intérêt, à se plaindre de ce que la déclaration du jury à cet égard porte qu'elle a été prise à la majorité de plus de sept voix, contrairement à la loi, qui veut qu'elle ait lieu à la simple majorité. — Cass., 3 janv. 1850, Mondet, [S. 50.1.238, D. 50.5.96] — Le principe ne cesserait pas d'être exact aujourd'hui.

4028. — Sur le renvoi des jurés dans la chambre des délibérations lorsque la déclaration de culpabilité ne constate pas qu'elle est rendue à la majorité, V. *infra*, n. 4623 et s.

4029. — En second lieu, avons-nous dit, il est interdit d'exprimer le nombre de voix dans la déclaration. — Cass., 23 nov. 1882, Boigre, [*Bull. crim.*, n. 251]

4030. — Est donc nulle la déclaration portant qu'elle est rendue à l'unanimité. — Cass., 15 févr. 1861, Bono, [D. 61.5.118]

4031. — ... Ou à lui seule déterminé de voix. — Cass., 11 janv. 1849, Rouxel, [P. 50.1.706, D. 49.5.78]

4032. — De même est nulle la déclaration du jury relative à une question d'excuse, lorsque cette déclaration énonce le nombre de voix auquel elle a été rendue. — Cass., 31 janv. 1845, Nicolaï, [P. 46.1.46]

4033. — La déclaration du jury est nulle si elle fait connaître le nombre des voix qui a formé la majorité sur les questions relatives aux circonstances aggravantes ou atténuantes comme sur le fait principal. — Cass., 31 déc. 1840, Bechet, [S. 41.1.184, P. 42.1.522]; — 4 mai 1840, Mulot, [S. 41.1.272, P. 41.1.469]; — 17 sept. 1847, Junia, [P. 48.1.401, D. 47.4.120]; — 8 févr. 1849, Boissier, [P. 50.1.378]; — 3 janv. 1850, Moudet, [P. 51.2.538, D. 50.5.96]; — 15 févr. 1861, précité.

4034. — Jugé, toutefois, que la déclaration faite par le jury, contrairement à la loi, qu'il y a eu partage sur l'admission des circonstances atténuantes, doit être considérée par la cour d'assises comme non avenue : il n'est pas nécessaire de provoquer de la part des jurés une nouvelle déclaration. — Cass., 21 juin 1838, Sauzet, [S. 38.1.672, P. 38.1.196]

4035. — Au surplus, lorsque les réponses du jury ont été exprimées régulièrement à l'aide de la formule « oui, à la majorité » les mots « du consentement du chef du jury », ajoutés à la dernière de ces formules relatives aux circonstances atténuantes, n'opèrent pas nullité s'ils n'ont pas pour but de faire connaître le nombre de voix auxquelles ces décisions auraient été prises et se rapportent exclusivement au remplacement du chef du jury par l'un des jurés dont le nom figure à la place de celui du chef au bas de la déclaration. — Cass., 28 juin 1888, Sathma-bent-Larbi, [Bull. crim., n. 228]

4036. — De plus, la déclaration est régulière bien que le chef du jury ait fait connaître verbalement le nombre des voix, si cette irrégularité ne résulte pas de la déclaration elle-même. — Cass., 10 mars 1870, Herbuveau, [Bull. crim., n. 59]

4037. — Ajoutons que le condamné serait sans intérêt, et par conséquent non recevable à demander pour ce motif la nullité d'une décision qui lui serait favorable. — Cass., 18 avr. 1834, Geysse, [S. 34.1.558, P. chr.]; — 28 août 1846, Malleville, [D. 46.4.112]; — 23 sept. 1847, Viala, [D. 48.5.74]; — 3 janv. 1850, précité; — 27 août 1852, Marnac, [D. 52.5.154]

4038. — Aucune question n'étant posée au jury sur les circonstances atténuantes (V. suprà, n. 3644), la déclaration doit rester muette sur ce point lorsque la majorité des jurés ne s'est pas prononcée pour l'admission (V. infrà, n. 4062). Néanmoins il n'y a pas nullité si le chef du jury déclare expressément qu'il n'existe pas de circonstances atténuantes. La déclaration, sur ce point, est réputée non avenue. — Cass., 11 juin 1840, Cornèse, [Bull. crim., n. 168]; — 8 mars 1848, Bénézeth, [Bull. crim., n. 64]; — 2 oct. 1857, Juge, [S. 57.1.872, P. 58.415]; — 18 déc. 1858, Thivert, [S. 59.1.286, P. 59.676, D. 59.1.144]

Section II.

Forme de la déclaration du jury.

4039. — I. Nécessité d'un écrit. — L'art. 412, C. 3 brum. an IV, exigeait formellement que la déclaration du jury fût rédigée par écrit. La même prescription résulte de plusieurs dispositions du Code d'instruction criminelle, et notamment de l'art. 349, qui exige la signature de la déclaration par le chef du jury, ainsi que de l'art. 3, L. 13 avr. 1836, reproduit par la loi du 9 juin 1853, qui exige que le chef du jury, après avoir dépouillé chaque scrutin, en consigne sur-le-champ le résultat en marge ou à la suite de la question résolue. — Nouguier, n. 3153.

4040. — En principe, cette déclaration doit être écrite par le chef du jury. Cependant il n'est pas exigé, sous peine de nullité, qu'elle soit écrite en entier de sa main; il suffit qu'elle soit signée par lui. — Cass., 24 déc. 1829, Barcol, [S. et P. chr.] — Sic, Carnot, t. 2, p. 664. — Il en est ainsi même depuis les lois de 1836 et de 1853. — Nouguier, n. 3156.

4041. — La déclaration du jury doit être rédigée telle qu'elle a été délibérée; s'il s'élevait des réclamations de la part des jurés, il devrait y être fait droit tant que la déclaration n'aurait pas été signée. — Carnot, sur l'art. 347, n. 2.

4042. — Il n'est pas nécessaire que la déclaration du jury soit transcrite dans le procès-verbal des débats, il suffit qu'elle soit écrite en regard des questions. — Cass., 5 janv. 1832, Lecomte, [S. 32.1.511, P. chr.]

4043. — Lorsque la déclaration du jury, telle qu'elle est rapportée dans l'arrêt de la cour d'assises, ne se trouve pas conforme à la transcription qui en a été faite dans le procès-verbal des débats ni à l'original signé par le chef du jury, par le président et par le greffier, c'est cet original qui doit seul faire foi des termes de la déclaration. — Cass., 26 vent. an VI, [D. Rép., v° Instr. crim., n. 3067]; — 21 mai 1812, Leclerc, [P. chr.]

4044. — Il en résulte que la déclaration du jury, ainsi écrite et signée, doit être annexée à la procédure, afin que l'accusé puisse en discuter ou critiquer les termes, vérifier l'état matériel des réponses et se prévaloir des irrégularités qui viendraient à s'y rencontrer; afin que, de son côté, la Cour de cassation puisse exercer son droit de contrôle. La production de cette pièce constitue donc une obligation substantielle. — Cass., 6 déc. 1862, Abdherrhaman ben-Kalifa, [Bull. crim., n. 268]

4045. — II. Formule qui précède la déclaration du jury. — Sous l'empire du Code du 3 brum. an IV, la lecture de la déclaration du jury devait être précédée de cette formule : Sur mon honneur et ma conscience, la déclaration du jury est... (art. 413).

4046. — Aujourd'hui, lorsque le président a demandé aux jurés quel est le résultat de leur délibération, le chef du jury se lève, et la main placée sur son cœur, dit : « Sur mon honneur et ma conscience, devant Dieu et devant les hommes, la déclaration du jury est... » (C. instr. crim., art. 348).

4047. — Toutefois, il a été jugé que cette disposition de l'art. 348, C. instr. crim., sur la forme de la lecture de la déclaration du jury, n'est pas prescrite à peine de nullité. — Cass., 26 juin 1817, Cardinaux, [P. chr.]; — 24 sept. 1819, Abricourt, [P. chr.]; — 24 nov. 1832, Lecouvreur, [P. chr.]; — 26 août 1842, de Saint-Vincent, [Bull. crim., n. 221]; — 11 sept. 1851, Baudar, [Bull. crim., n. 382]; — 11 juin 1857, Bertin, [S. 57.1.717, P. 58.101]; — 26 août 1875, Foucqué, [Bull. crim., n. 278 ; — 6 juill. 1876, Mouton, [Bull. crim., n. 159]; — 6 avr 1894, Cardès et Pégo, [Gaz. des Trib., 9-10 avr. 1894] — Sic, Carnot, sur l'art. 348, C. instr. crim., t. 2, p. 659, n. 2; F. Hélie, t. 8, n. 3764; Nouguier, t. 4, n. 3187; Trébutien, t. 2, n. 633.

4048. — Carnot (sur l'art. 348, C. instr. crim., t. 2, p. 659, n. 2) émet une opinion contraire : « Si, dit-il, la nullité n'est pas prononcée directement par l'art. 348, elle résulte nécessairement de la nature des choses; la déclaration faite par le jury n'acquiert, en effet, une foi pleine et entière que lorsqu'il l'a faite sur son honneur et sur sa conscience; et, en matière criminelle, on ne peut rien supposer : tout doit être positif et constaté d'une manière légale ». Nous ne partageons pas cette manière de voir; ce serait aller beaucoup trop loin que d'attacher la peine de nullité à toute infraction quelconque aux dispositions de la loi : une légère omission dans la forme de la lecture de la déclaration du jury ne saurait altérer son texte; il n'y a, d'ailleurs, rien de substantiel dans le mode ou la forme de cette lecture.

4049. — En conséquence, l'accusé ne peut se faire un moyen de nullité de ce que la déclaration du jury ne porte pas cette formule. — Cass., 19 juin 1819, Leclerc, [P. chr.] — Sic, Legraverend, t. 2, p. 240, note 5.

4050. — ... Et à plus forte raison de ce que la formule a été dite inexactement, — Cass., 5 juin 1851, Vaisse, [D. 51.5.128]; — ... ou incomplètement. — Cass., 11 sept. 1851, précité; — 11 juin 1857, précité.

4051. — Spécialement, il n'y aurait pas nullité si la formule de la déclaration avait été abrégée de façon à ne laisser cependant aucun doute sur sa sincérité; si, par exemple, le chef du jury avait dit : devant « Dieu et devant les hommes » omettant les mots « sur mon honneur et ma conscience ». — Cass., 5 juin 1851, précité; — 11 sept. 1851, précité; — 11 juin 1857, précité.

4052. — Le chef du jury n'est point, non plus, tenu d'écrire de sa main la formule qui précède la déclaration du jury, elle peut valablement être imprimée. — Cass., 17 oct. 1832, La Tribune, [S. 33.1.638, P. chr.]; — 5 févr. 1835, Dejean, [P. chr.]

4053. — Et la circonstance que le chef des jurés a écrit, dans la salle d'audience et non dans la salle des délibérations, la formule « sur mon honneur et ma conscience... », etc., n'est point une cause de nullité. — Cass., 16 juill. 1812, Routiau, [S. et P. chr.]

4054. — Il n'y a donc aucune utilité à renvoyer les jurés dans leur chambre, pour une rectification qui ne touche nullement au fond de leur délibération, et qui peut, sans inconvénient, être faite par le chef du jury sous les yeux des autres jurés. — Merlin, Rép., v° Juré, § 4; Carnot, Instr. crim., sur l'art. 348, t. 2, p. 660, n. 1.

4055. — Il a été jugé que la mention au procès-verbal que les jurés étant rentrés dans l'auditoire, le chef a lu en présence des jurés la déclaration dans les formes prescrites par l'art. 348, C. instr. crim., satisfait au vœu de la loi. — Cass., 16 juill. 1818, Dufour, [P. chr.]

4056. — ... Que, lorsque le procès-verbal des débats constate qu'avant de lire la déclaration, le chef du jury s'est conformé à ce qui est prescrit par l'art. 348, C. instr. crim., il n'est pas nécessaire que la formule du serment exigée de lui soit transcrite en tête de la déclaration dont elle ne fait point partie. — Cass., 31 déc. 1829, Murguant, [P. chr.]; — 10 juin 1830, Taburet, [P. chr.]

4057. — Il y a alors preuve suffisante que le chef du jury a prononcé ces mots : *Sur mon honneur et ma conscience*, etc., avant de lire la déclaration du jury. — Cass., 10 juin 1830, Simon, [P. chr.]; — 16 avr. 1831, Acerbé, [S. 32.1.848, P. chr.]; — 28 avr. 1831, Jouen et Bour, [S. 32.1.197, P. chr.]; — 10 mai 1832, Barême, [P. chr.]

4058. — III. *Formule de la déclaration.* — Si le jury pense que le fait n'est pas constant, ou que l'accusé n'en est pas convaincu, il dit : « Non, l'accusé n'est pas coupable ». — S'il pense, au contraire, que le fait est constant, et que l'accusé en est convaincu, il répond : « Oui, à la majorité, l'accusé est coupable » (C. instr. crim., art. 348).

4059. — Il n'est pas nécessaire que le chef du jury reproduise la question qui lui a été posée. — Cass., 29 mars 1832, Thiault, [P. chr.] — Il peut se borner à répondre : « Oui, à la majorité... »

4060. — Si le jury reconnaît l'existence de circonstances aggravantes, il répond aux questions qui lui sont posées à cet égard : « Oui, à la majorité... » (L. 13 mai 1836, art. 1).

4061. — S'il pense qu'il y a, en faveur de l'accusé, des circonstances atténuantes, il le déclare ainsi : « A la majorité, il y a des circonstances atténuantes en faveur de tel accusé. »

4062. — Mais la déclaration du jury, en ce qui concerne les circonstances atténuantes, ne doit exprimer le résultat du scrutin qu'autant qu'il est affirmatif (L. 13 mai 1836, art. 3). — V. *suprà*, n. 4037.

4083. — Et même, bien que le chef du jury soit tenu de poser la question des circonstances atténuantes toutes les fois que la culpabilité de l'accusé a été reconnue, cependant aucune disposition de la loi n'exige qu'il soit constaté par la déclaration du jury que cette question a été posée. — Cass., 22 nov. 1838, Perrin, [P. 39.1.329]

4064. — D'une façon générale, lorsque le procès-verbal constate que le chef du jury a publiquement donné lecture de la déclaration de culpabilité en présence des jurés de jugement, il n'y a pas à rechercher si l'accomplissement des autres formalités prescrites par l'art. 348, C. instr. crim., est légalement établi, ces formalités n'étant ni prescrites à peine de nullité, ni substantielles au droit de la défense. — Cass., 17 févr. 1876, Gœthols et autres, [*Bull. crim.*, n. 53]

4065. — Et notamment, les expressions *Oui, l'accusé est coupable; Non, l'accusé n'est pas coupable,* ne sont point des expressions sacramentelles, dont l'emploi soit prescrit à peine de nullité. — Cass., 27 déc. 1805, Piller, [P. chr.]; — 23 juin 1814, Sulpice Chauvin, [S. et P. chr.]; — 10 juill. 1817, Fages, [P. chr.]; — 26 juin 1817, Cardinaux, [P. chr.]; — 11 nov. 1819, Gilbert, [P. chr.]; — 4 déc. 1852, Schupart, [*Bull. crim.*, n. 393]; — 24 déc. 1852, Cordier, [*Bull. crim.*, n. 416] — *Sic,* Bourguignon, *Man. du jury,* p. 495, n. 324.

4066. — Pour que la déclaration des jurés soit valable, il suffit qu'elle soit claire et réponde à tout ce qui a été mis en question ; peu importe qu'ils se soient écartés des formalités légales. — Cass., 21 avr. 1814, Louis Fradet, [P. chr.]

4067. — ... Et par exemple, on conçoit aisément que le jury ne soit pas tenu de répondre par oui ou par non aux questions qui lui sont soumises. — Cass., 4 déc. 1852, précité; — 24 déc. 1852, précité. — Il a la faculté de répondre comme il l'entend, pourvu que sa réponse soit claire et afférente aux demandes : ainsi, il peut scinder la question, et répondre affirmativement sur une partie et négativement sur l'autre, sans commettre la moindre irrégularité. Il suffit donc que la déclaration du jury embrasse la question dans le sens le plus général, et réponde d'une manière entière, pour qu'elle ne puisse être annulée. — De Serres, *Manuel des cours d'assises,* t. 1, p. 488; Nouguier, n. 3176.

4068. — Jugé, en ce sens, que l'obligation imposée au jury de répondre par oui ou par non sur chacune des questions qui lui sont soumises ne met pas obstacle, lorsqu'il est interrogé par une seule question sur le vol de plusieurs objets mobiliers, à ce qu'il vote par des scrutins distincts sur les diverses catégories d'objets, ou à ce qu'il énonce à la suite du mot « oui » les objets qu'il excepte de son affirmation. — Cass., 11 août 1853, Barbarin, [S. 54.1.159, P. 54.2.308, D. 53.5.120]

4069. — ... Que l'obligation imposée au jury de répondre par oui ou par non aux questions qui lui sont soumises n'est pas inconciliable avec l'exercice du droit qui lui appartient d'exprimer que l'un des éléments constitutifs du crime compris dans une de ces questions n'est pas établi en fait, alors que cette négation ne

dénature pas l'accusation, et n'en retranche qu'une des circonstances qui n'enlève pas au fait principal son caractère délictueux et qui, purement de fait, rentre dans la compétence du jury. — Cass., 26 avr. 1855, Demarteau, [S. 55.1.686, P. 56.1.489]

4070. — Spécialement, au cas d'accusation de faux en écriture de commerce, le jury interrogé sur la question de savoir si l'accusé est coupable d'avoir fabriqué ou fait fabriquer frauduleusement un billet à ordre, et d'y avoir apposé ou fait apposer la fausse signature d'un commerçant, peut répondre affirmativement en ce qui concerne l'apposition de fausse signature, et négativement en ce qui concerne la qualité de commerçant attribuée à celui dont la signature a été apposée, de sorte que le crime se trouve réduit à celui de faux en écriture privée. — Même arrêt.

4071. — Toutefois, les réponses du jury, soit qu'on les considère isolément, soit qu'on les combine les unes avec les autres, doivent, à peine de nullité, être catégoriques et ne laisser aucun doute sur la pensée du jury relativement à toutes les demandes comprises dans les questions. — Bruxelles, 5 juill. 1831, Grégoire, [P. chr.] — V. *infrà,* n. 4262 et s.

4072. — Nous avons dit que la question posée au jury doit ne laisser aucun doute sur la culpabilité de l'accusé, c'est-à-dire exprimer tout à la fois l'intention coupable et la matérialité du fait (V. *suprà*, n. 3488 et s.). Ainsi en est-il de la déclaration du jury.

4073. — Aucun doute ne peut s'élever lorsque la réponse « oui à la majorité » répond à la question « l'accusé est-il coupable de... », ou à toute autre question équivalente.

4074. — Le mot « oui » répondu par le jury, et rapproché de la question qui lui a été posée, reproduit, en effet, suffisamment le mot « coupable » sans avoir besoin de le répéter, alors qu'il n'est rien ajouté à cette formule qui en modifie le sens. — Cass., 3 nov. 1831, Caubet, [P. chr.]

4075. — Mais le vœu de la loi ne serait plus rempli si la réponse du jury faisait planer quelque doute sur l'intention coupable. Telle serait la formule : oui *il est constant que l'accusé a commis tel fait.* — Cass., 28 févr. 1833, Henry, [S. 33.1.503, P. chr.]

4076. — ... Ou celle-ci : « Oui l'accusé *est l'auteur* du fait ». — Cass., 6 mars 1812, Mallet, [P. chr.]

4077. — Spécialement, lorsque à la question de savoir si l'accusé est coupable d'avoir été l'auteur ou le directeur d'une association de malfaiteurs, le jury répond seulement qu'il a été l'auteur ou le directeur de cette association, le refus fait par le jury d'employer le mot « coupable » exclut la criminalité du fait, qui, n'ayant que la matérialité du crime et n'en ayant point le caractère moral, ne constitue ni un crime, ni un délit qualifié par la loi. — Cass., 6 mars 1812, précité.

4078. — Jugé encore que la déclaration que l'accusé est *coupable* n'emporte que l'affirmation de l'existence matérielle du fait, lorsque ce fait n'a pas par lui-même les caractères d'un crime ou d'un délit, et qu'il ne suppose pas une intention criminelle. — Cass., 6 avr. 1827, Perrin, [S. et P. chr.]

4079. — En tous cas, la déclaration du jury : *Oui, l'accusé n'est pas coupable,* doit être considérée comme négative de la culpabilité. — Cass., 9 janv. 1828, Humbert, [S. et P. chr.]

4080. — Mais la déclaration du jury portant simplement que *l'accusé est coupable,* écarte implicitement l'idée qu'il était en démence au moment du crime. — Cass., 10 oct. 1817, Ossoof, [S. et P. chr.] — C. d'ass. de la Seine, 6 juin 1839, Gilbert, [S. 39.1.808, P. 39.2.76]

4081. — Au surplus, si le mot *coupable* emporte, dans le sens ordinaire de la loi, l'idée du fait matériel et de l'intention criminelle (V. *suprà*, n. 3491), il cesse d'avoir un sens aussi étendu lorsque le jury en a lui-même restreint le sens au seul fait matériel et exclu en termes formels l'intention du crime. — Cass., 20 mars 1812, Vanderschelden, [P. chr.]; — 9 oct. 1823, Claude Gejeal, [S. et P. chr.]; — 29 août 1829, Lhermite, [P. chr.] — V. *infrà,* n. 4380.

4082. — Mais l'accusé ne peut tirer une nullité de ce que dans sa déclaration le jury aurait employé le mot *capable* pour le mot *coupable,* l'erreur matérielle étant évidente. — Cass., 19 juill. 1832, Frédéric Benoit, [P. chr.]

4083. — Nous nous bornons, pour le moment, à ces indications sommaires. Nous aurons l'occasion de rechercher ultérieurement les applications qui ont été faites de ce principe par la jurisprudence et d'examiner quelles réponses ont été considérées comme régulières, quelles sont celles qui ont été tenues pour vicieuses.

4084. — IV. *Date et lieu de la déclaration du jury.* — Le Code de brum. an IV était très-sévère sur ce point. L'art. 247 portait : « Dans tous les cas, la déclaration des jurés est datée et signée par leur chef, à peine de nullité. »

4085. — Le Code d'instruction criminelle ne prononce point cette peine et passe même sous silence la date ; cela tient sans doute à ce qu'elle se trouve suffisamment fixée par la date du procès-verbal des débats, qui n'était pas obligatoire sous le Code de brum. an IV (C. instr. crim., art. 349).

4086. — Il en résulte qu'à la différence du Code de brum. an IV, l'art. 349, C. instr. crim. qui règle la forme de la déclaration du jury, n'exige pas qu'elle soit datée ; le procès-verbal des débats et l'arrêt de condamnation suppléent d'une manière authentique à cette constatation et la rendent inutile. — Cass. 14 sept. 1848, Juni d'Allas, [S. 49.1.299, P. 49.2.412] ; — 12 juill. 1849, Potiron, [P. 50.2.165, D. 49.5.76] ; — 4 avr. 1850, Guéry, [S. 50.1.813, P. 52.2.197, D. 50.5.110] ; — 28 févr. 1852, Boudier, [*Bull. crim.*, n. 77] ; — 21 janv. 1854, Caron, [S. 54. 1.348, P. 54.2.57, D. 54.1.88] ; — 5 mai 1881, Bérard ; [*Bull. crim.*, n. 114] ; — 15 nov. 1888, Bordel, [D. 89.1.320] — Sic, Nouguier, n. 3160.

4087. — En conséquence, il a été jugé que l'erreur de date matériellement commise dans le procès-verbal constatant la déclaration du jury n'altère pas la vérité des faits contenus dans ce procès-verbal n'opère pas nullité. — Cass., 3 janv. 1833, Ané, [P. chr.] ; — 22 juill. 1842, [D. *Rép.*, v° *Instr. crim.*, n. 3068] ; — 4 avr. 1850, précité.

4088. — ... Que la surcharge sans approbation de la date ne saurait donner ouverture à cassation. — Cass., 28 févr. 1852, précité ; — 15 nov. 1888, précité.

4089. — ... Qu'il suffit que la date de la déclaration du jury soit fixée par le procès-verbal de la séance et par l'arrêt de condamnation. — Cass., 10 août 1826, Campet, [S. et P. chr.]

4090. — ... Qu'à plus forte raison, il ne peut résulter une nullité de ce que le président de la cour d'assises aurait fait rectifier, séance tenante, par le chef du jury, une erreur matérielle dans la déclaration du jury qui portait une date erronée. — Cass., 28 mai 1830, Chichin, [S. et P. chr.] ; — 4 avr. 1850, précité ; — 20 mars 1891, Chervet et Bizouiller, [D. 92. 1.255]

4091. — ... Que le verdict du jury peut porter la date de la veille du jour de l'arrêt de condamnation sans qu'il en puisse résulter nullité, alors surtout que le procès-verbal constate que la délibération s'est prolongée après minuit. — Cass, 5 juill. 1872, Lucie Muzier, [*Bull. crim.*, n. 165]

4092. — Il convient aussi de faire remarquer qu'aucune oi n'exige que l'acte portant la déclaration du jury contienne l'indication du lieu où le jury a siégé, lieu suffisamment certain par les énonciations du procès-verbal de la séance. — Cass., 25 sept. 1845, Gourmil, [P. 48.2.318]

4093. — V. *Ratures, surcharges et interlignes de la déclaration du jury.* — La disposition de l'art. 78, C. instr. crim., qui veut que les interlignes, ratures et renvois non approuvés, soient réputés non avenus, est générale et absolue, et s'applique à toutes les écritures authentiques et publiques des actes de la procédure criminelle, et particulièrement à la déclaration du jury. Les ratures, renvois et interlignes doivent donc être approuvés et signés comme la déclaration elle-même. — Cass., 28 avril 1851, François, [D. 51.5.130] ; — 9 oct. 1851, Legaësbe, [D. 51. 5.156] ; — 15 avr. 1853, Besson, [D. 49.5.205] ; — 13 juill. 1854, Secheyroux, [D. 54.5.204] ; — 27 mars 1856, Vassieux, [*Bull. crim.*, n. 122] ; — 2 janv. 1857, Racoulliet, [D. 57.5.93] ; — 2 juill. 1857, Languereau, [*Bull. crim.*, n. 249] ; — 26 déc. 1861, Meraire, [*Bull. crim.*, n. 284] ; — 5 mars 1869, Lussaud, [D. 69. 5.99] ; — 12 déc. 1872, Millien, [*Bull. crim.*, n. 318] ; — 2 août 1877, Haas, [S. 77.1.485, P. 77.1258, D. 78.1.143]

4094. — Et il en est ainsi des surcharges, bien que l'art. 78 n'en fasse pas mention. — Cass., 8 févr. 1840, Leroux, [*Bull. crim.*, n. 40] ; — 11 avr. 1845, Radet, [D. 45.1.152] ; — 9 juill. 1846, Guyot, [*Bull. crim.*, n. 178] ; — 10 août 1848, Boube, [P. 49.2.441, D. 52.5.178] ; — 21 mai 1852, Herbin, [D. 52.5.178] ; — 17 juin 1852, Marchette-Reparato, [D. 52.5.118] ; — 17 févr. 1854, Mairson, [D. 54.5.206] ; — 8 avr. 1859, Langlois, [S. 60. 1.93, P. 59.1010, D. 59.5.109] ; — 19 janv. 1871, Antissier, [D. 71.1.68] ; — 24 févr. 1871, Mazé, [*Bull. crim.*, n. 31] ; — 21

juin 1872, Monti, [*Bull. crim.*, n. 148] ; — 2 sept. 1886, Ricouard, [*Bull. crim.*, n. 314]

4095. — Il a été jugé, à cet égard, que la mention « les mots rayés approuvés », signifie que l'on approuve la radiation des mots biffés et est suffisante sans qu'il soit besoin d'exprimer le nombre des mots biffés. — Cass., 10 déc. 1836, Jeanson, [P. 38. 1.25]

4096. — ... Que lorsqu'un seul mot est rayé, le mot « nom », il est inutile de spécifier, dans l'approbation de la rature, que le mot *nom* a été rayé. La mention « approuvé un mot rayé nul » est suffisante. — Cass., 1er déc. 1853, Rettel, [D. 52.5.156]

4097. — Le paraphe est suffisant et vaut la signature en entier. — Cass., 6 sept. 1844, [D. *Rép.*, v° *Instr. crim.*, n. 3138] ; — 8 avr. 1859, Langlois, [S. 60.1.93, P. 59.1010, D. 59.5.109] — *Contrà*, Cass., 23 juill. 1824, [*Bull. crim.*, n. 289]

4098. — Lorsque les interlignes et renvois ont été régulièrement approuvés, ils sont considérés comme faisant partie de la déclaration. Il en est de même des surcharges ; les mots en surcharge sont considérés comme substitués aux mots surchargés qui disparaissent et sont considérés comme non avenus. Enfin, les mots raturés sont réputés n'avoir pas été écrits. — Cass., 22 juin 1820, Terrin, [S. chr.] — Sic, Nouguier, n. 3174.

4099. — Jugé que si, relativement à la déclaration de culpabilité, le mot oui a été écrit en surcharge sur le mot *non*, et si la surcharge a été approuvée, la condamnation a une base légale. — Cass., 10 déc. 1836, [D. *Rép.*, v° *Instr. crim.*, n. 3136] ; — 23 mai 1844, Lefevre et autres, [*Bull. crim.*, n. 179] ; — 21 juin 1850, Matel, [D. 50.5.122]

4100. — ... Qu'il ne peut résulter ouverture à cassation de ce que le jury, interrogé sur une circonstance aggravante, a répondu : *oui, à la simple majorité*, si le mot *simple* a été raturé, et si cette rature a été approuvée et signée par le chef du jury. — Cass., 16 mai 1840, Driot, [P. 43.2.245] — A défaut d'approbation régulière de la rature, la déclaration serait considérée comme exprimant le nombre de voix, et partant serait nulle. — V. *suprà*, n. 4029 et s., et *infrà*, n. 4113.

4101. — Quelle est la conséquence du défaut d'approbation des ratures, renvois, surcharges ou interlignes ? Les mots raturés, surchargés ou interlignés sont simplement réputés non avenus. — Cass. 15 mars 1834, Robert des Chataigniers, [P. chr.] ; — 16 juill. 1835, Valade, [P. chr.] ; — 17 déc. 1835, Alexandre, [P. chr.] ; — 13 déc. 1838, Hugues, [S. 39.1.527, P. 39.2.340] ; — 20 mars 1845, Vasseur, [S. 45.1.609, P. 48.2.84] ; — 30 déc. 1847, Rollet, [P. 48.2.155]

4102. — Il en résulte que si les ratures, renvois et surcharges ne portent pas sur des mentions substantielles et constitutives de la déclaration, ils ne portent pas atteinte à la validité, ils sont simplement réputés inexistants.

4103. — Au contraire, la non approbation des ratures, surcharges et renvois entraîne la nullité de la déclaration du jury si les ratures, surcharges et renvois portent sur des parties essentielles de la déclaration.

4104. — Jugé, en ce sens, que la surcharge non approuvée d'un mot essentiel de la déclaration du jury entraîne la nullité de cette déclaration. — Cass., 20 juill. 1848, Perrine Leray, [P. 49.1.500] ; — 10 août 1848, Boube, [P. 49.2.441, D. 52.5. 178] ; — 27 mars 1856, Vassieux, [*Bull. crim.*, n. 122]

4105. — ... Et spécialement, que la réponse du jury, dont le mot « oui » a été mis en surcharge sur le mot « non », d'abord écrit, sans-que cette surcharge ait été approuvée, ne peut servir de base légale à une condamnation. — Cass., 17 déc. 1835, précité ; — 17 juin 1852, précité ; — 17 févr. 1854, précité ; — 8 avr. 1859, précité ; — 19 janv. 1871, précité ; — 24 févr. 1871, précité ; — 21 juin 1872, précité ; — 2 sept. 1886, précité.

4106. — ... Que lorsque l'une des réponses du jury est surchargée, cette réponse est nulle, ainsi que toutes celles relatives au même chef d'accusation. — Cass., 8 févr. 1840, Leroux, [P. 42.2.546]

4107. — ... Qu'est nulle la réponse du jury dans laquelle le mot « oui » se trouve raturé et surchargé, encore bien que la rature et surcharge aient été approuvées par le chef du jury, encore bien que ce mot ait été répété en interligne, si cet interligne n'a point été non plus approuvé par le chef du jury. — Cass., 11 avr. 1845, Radet, dit Hacquart, [S. 45.1.763, P. 45.2.315, D. 45.1.252]

4108. — ... Que si une question a été répondue par un seul mot qui a été biffé et raturé de façon à le rendre illisible, la question est restée sans solution. — Cass., 30 déc. 1847, précité.

4109. — ... Que lorsque, sur une question d'excuse, le mot « non » a été par une surcharge non approuvée substitué au mot « oui », la déclaration du jury ne peut servir de base à la condamnation. — Cass., 17 juin 1852, Marchette-Réparato, [D. 52. 5.118]

4110. — ... Que lorsque deux réponses, l'une négative et l'autre affirmative, ont été faites à la même question sans que la rature de l'une ait été approuvée, la déclaration est réputée contradictoire et nulle. — Cass., 15 avr. 1853, Besson, [D. 54.5.205]

4111. — ... Que, dans une accusation d'abus de confiance, si la circonstance aggravante d'homme de services à gages résulte d'un interligne non approuvé, la déclaration est viciée dans son essence et la condamnation manque de base. — Cass., 13 juill. 1854, Secheyroux, [D. 54.5.204]

4112. — ... Que si les mots *à la majorité* ont été écrits à l'aide d'une surcharge non approuvée, la déclaration, ne remplissant plus le vœu de l'art. 347, est frappée de nullité. — Cass., 9 juill. 1846, Guyot, [*Bull. crim.*, n. 178]; — 5 mars 1869, Lussaud, [D. 69.5.99]; — 12 déc. 1872, Millien, [*Bull. crim.*, n. 318]; — 2 août 1877, Haas, [S. 77.1.485, P. 77.1258, D. 78.1.143] — ... Alors même qu'une partie seulement du mot *majorité* serait surchargée. — Cass., 2 août 1877, précité.

4113. — ... Que la déclaration du jury sur une circonstance aggravante ayant été écrite ainsi : « A la majorité simple, oui », et le mot simple ayant été rayé sans approbation de la rature, cette rature est censée n'avoir pas été faite. Dès lors, la réponse est nulle comme exprimant, en contrariété de l'art. 347, C. instr. crim., le nombre de voix qui ont formé la majorité. — Cass., 13 déc. 1838, Nugues, [S. 39.1.332, P. 39.1.311] — V. *supra*, n. 4029 et s.

4114. — ... Que les interlignes non approuvés étant réputés non avenus, et nulle, comme manquant d'une condition essentielle pour sa validité, la déclaration du jury dans laquelle le mot « majorité » a été substitué, par un interligne non approuvé, au mot « unanimité », régulièrement raturé. — Cass., 30 août 1888, Pocyland, [S. 90.1.288, P. 90.1.690]

4115. — Pour qu'il y ait nullité, il ne suffit pas que les irrégularités d'écriture portent sur des expressions essentielles, il faut encore qu'elles puissent laisser subsister un doute sur la déclaration. — Cass., 3 oct. 1839, Marge, [S. 40.1.90, P. 40.2.118]; — 17 avr. 1847, Langaudin, [S. 47.1.605, P. 48.2.542]

4116. — Il avait été jugé, par exemple, sous l'ancienne législation, que la déclaration du jury portant « Oui, à la majorité de plus de huit voix », emportait approbation du mot « oui » qui précédait cette déclaration, et qui avait couvert, sans approbation, le mot « non » primitivement écrit, si les mots suivants avaient été régulièrement écrits et sans surcharges, parce qu'ils suffisaient à rendre certaine la déclaration. — Cass., 3 août 1848, Roger, dit Chillou, [P. 49.2.440] — Aujourd'hui, une telle déclaration serait irrégulière par suite de la mention du nombre des voix.

4117. — Il a été décidé aussi que la déclaration du jury n'est pas viciée par le défaut d'approbation d'une surcharge qui est le résultat évident d'une erreur matérielle, et qui ne change rien au sens de la réponse. — Cass., 16 janv. 1835, Chevrier, [S. 35.1.563, P. 36.1.407]

4118. — ... Que, par exemple, la substitution du mot *voix* au mot *viox* primitivement écrit par erreur, ne rend pas la déclaration nulle à défaut de l'approbation de la surcharge. — Cass., 22 mars 1849, Delvallez et autres,]P. 50.1.593]

4119. — ... Qu'il en est de même, et dans les mêmes circonstances, de la substitution, par voie de surcharge, des mots « à la majorité, il y a des circonstances atténuantes » aux mots antérieurement écrits « *oui à la majorité...* », etc. — Cass., 6 sept. 1849, Lerouge, [P. 50.2.384, D. 49.5.87]; — Même date, Lemoy, [P. 50.2.655, D. 49.5.87]

4120. — ... Que les ratures existant dans la déclaration du jury peuvent, quoique non approuvées, être maintenues par la cour d'assises, s'il résulte de l'inspection des questions et des réponses dans leur ensemble, ainsi que des termes du procès-verbal de la séance, qu'il n'y a aucun doute sur la décision rectifiée du jury. — Cass., 3 oct. 1839, précité.

4121. — ... Que le défaut d'approbation d'une rature dans la réponse du jury n'entraîne pas la nullité, alors qu'en supposant la non-existence de cette rature, le sens de la phrase n'en est pas moins clair, et si la réponse ne perd rien de son caractère probant. — Cass., 22 mars 1849, précité. — V. anal. Cass., 11 déc. 1846, Granier, [P. 49.2.19, D. 47.4.136]

4122. — ... Que la surcharge d'un mot de la déclaration du jury n'emporte pas nullité lorsqu'elle ne laisse aucun doute tant sur les caractères primitifs que sur ceux qui leur ont été substitués. — Cass., 17 avr. 1847, précité.

4123. — ... Qu'on ne peut considérer comme une surcharge, soumise à la nécessité d'une approbation spéciale, quelques traits de plume qui paraissent avoir été tracés avant le mot qui constitue la réponse du jury, lorsqu'il est impossible de distinguer si ces traits de plume ont constitué des lettres, ou si ces lettres ont constitué un ou plusieurs mots. — Cass., 1er mars 1838, Radamel, [S. 38.1.944, P. 38.1.477]

4124. — ... Que le mot *de*, placé en interligne, et non approuvé, ne suffit pas à vicier la déclaration, si elle reste claire et à l'abri de toute espèce de doute. — Cass., 10 juin 1852, Picard, [D. 52.5.156]

4125. — Il a même été décidé que le défaut d'approbation d'un mot surchargé dans la déclaration du jury est valablement suppléé lorsqu'il est constaté dans le procès-verbal de la cour d'assises que le mot a été lu à l'audience tel qu'il est surchargé. — Cass., 18 juill. 1839, Manenti, [S. 40.1.818, P. 40.2.535]

4126. — ... Qu'il n'est pas nécessaire que les changements apportés à la formule de la réponse du jury soient approuvés et paraphés, lorsque le procès-verbal des débats fait mention des causes de ces changements. — Cass., 14 sept. 1832, Philibert Bouillot, [P. chr.]

4127. — ... Qu'il n'y a pas lieu à cassation, bien que les mots « à la majorité », essentiels pour la déclaration de culpabilité, aient été ajoutés en interligne, si un arrêt incident et les énonciations du procès-verbal constatent cette addition. — Cass., 29 févr. 1841, [*J. du dr. crim.*, t. 10, p. 310]

4128. — D'une façon générale, les incorrections de plume, dans la déclaration du jury, doivent être distinguées des ratures ou surcharges, et n'entraînent aucune nullité. — Cass., 31 mai 1878, Mohamed-Ould-Ahmed, [*Bull. crim.*, n. 124] — V. *supra*, n. 4015 et 4016.

4129. — Lorsqu'il se trouve, à la suite de la déclaration du jury, des mots rayés dont la rature a été spécialement approuvée par le chef du jury, il n'est point nécessaire que le président de la cour d'assises, en signant et faisant signer par le greffier cette déclaration, approuve aussi ces mots rayés. — Cass., 20 oct. 1831, Rose, [S. et P. chr.]; — 3 oct. 1867, Victoire Veysseyre, [*Bull. crim.*, n. 217]

4130. — En tous cas, il ne peut résulter une nullité de ce que la correction faite par le jury à une première réponse n'aurait été signée que par le chef du jury, si cette réponse avait été signée par le président de la cour d'assises et par le greffier, et si la correction a été placée de telle manière qu'elle se trouve au-dessus de leurs signatures, qui, dès lors, se réfèrent à elle. — Cass., 16 oct. 1828, Ledurier, [S. et P. chr.]

4131. — Ajoutons que, conformément au principe en vertu duquel il faut invoquer un intérêt pour pouvoir agir valablement, principe que nous avons eu souvent l'occasion d'appliquer en cette matière, l'accusé ne peut être recevable à quereller la déclaration lorsque les surcharges, renvois et interlignes, lui sont favorables. — Cass., 15 juin 1850, Pluchart, [D. 50.5. 101]; — 19 juin 1879, [*Bull. crim.*, n. 120] — *Sic*, Nouguier, n. 3173.

4132. — Ainsi, il ne saurait se plaindre de ce qu'un interligne dans la réponse du jury n'aurait pas été approuvé, lorsqu'il a été tenu compte d'un mot interligné complétant la déclaration des circonstances atténuantes admises en sa faveur. — Cass., 22 mars 1845, Lagarde, [P. 45.2.530]

4133. — VI. *Signature de la déclaration du jury.* — L'art. 349, § 1, C. instr. crim., dispose : « la déclaration du jury sera signée par le chef et remise par lui au président », le tout en présence des jurés. — Le président la signera et la fera signer par le greffier.

4134. — Les formalités prescrites par l'art. 349, C. instr. crim., aux termes duquel la déclaration du jury doit être revêtue des trois signatures du chef du jury, du président de la cour d'assises et du greffier, sont des formalités substantielles dont l'omission emporte nullité. — Cass., 1er déc. 1853, Corriget et Gilbertrou, [S. 54.1.223, P. 54.2.308] ; — 27 sept. 1855, Schmitt, [*Bull. crim.*, n. 531] ; — 12 sept. 1861, Trousselier, [D. 51.5. 120] ; — 21 janv. 1864, Hébrard, [S. 64.1.242, P. 64.1171, D. 65.5.95]; — 11 févr. 1864, Moulardier, !S. 64.1.339, P. 64. 1171]; — 8 août 1872, Ellena, [*Bull. crim.*, n. 210]; — 10 janv.

1878, Moutonet, [S. 78.1.390, P. 78.954, D. 79.1.95]; — 13 juill.
1882, Daras, [D. 82.5.145]; — 8 janv. 1883, Théodore, [*Bull. crim.*, n. 13]; — 10 juin 1886, Bertout, [*Bull. crim.*, n. 210];
— 26 sept. 1889, Maillot, [*Bull. crim.*, n. 305] — *Sic*, Carnot, *Instr. crim.*, sur l'art. 349, observ. addit., n. 8 et 9; Cubain, *Proc. devant les cours d'ass.*, n. 633 et 647; Rodière, *Elém. de proc. crim.*, p. 284; Nouguier, n. 3202.

4135. — La déclaration du jury qui n'a pas été signée par le chef du jury est donc nulle quoiqu'elle soit revêtue de la signature du président de la cour d'assises et du greffier. — Cass., 15 juill. 1826, Dominique François, [P. chr.]

4136. — Mais pour que le vœu de la loi soit rempli, il faut, et il suffit qu'il ne puisse s'élever aucune contestation sur l'identité et la sincérité de la signature. Ainsi, la déclaration du jury n'est pas nulle en ce que le chef du jury, en y apposant sa signature, aurait ajouté à son nom patronymique, qui seul était indiqué sur la liste notifiée à l'accusé, un nom de terre ou de village qu'il avait l'habitude de prendre, alors que la liste notifiée contient, relativement au nom, âge et domicile de ce juré, des indications qui rendent impossible toute erreur sur son identité. — Cass., 8 juin 1849, Bachelet, [P. 50.2.665, D. 49.5.84]

4137. — De même, le fait que le chef du jury a inexactement orthographié son nom en signant la déclaration de culpabilité, ne peut donner ouverture à cassation lorsque les indications contenues dans le procès-verbal du tirage au sort du jury de jugement et le procès-verbal des débats, ne laissent pas le moindre doute sur l'identité de ce juré. — Cass., 18 oct. 1888, Mathelin, [*Bull crim.*, n. 299]

4138. — Au contraire, lorsque la déclaration porte la signature d'un individu qui ne se trouve pas compris dans le procès-verbal dressé pour constater la formation du jury, il y a nullité des débats et de tout ce qui s'en est suivi. — Cass., 2 vend. an VIII, Lamotte, [P. chr.]; — 7 mai 1837, Leparc, [P. 40.2.314]

4139. — Mais lorsqu'il est constaté par le procès-verbal des débats, et par l'arrêt de condamnation, qu'au moment de sa lecture à l'audience, la déclaration des jurés était signée par leur chef, l'accusé ne peut tirer un moyen de cassation de ce que, postérieurement à l'arrêt, la signature du chef du jury est devenue illisible. — Cass., 27 août 1819, Léonard Jalageas, [P. chr.] — *Sic*, Carnot, sur l'art. 349, *C. instr. crim.*, t. 2, p. 663, n. 3.

4140. — D'une façon générale, le fait que la signature du chef du jury sur la déclaration est illisible, n'ouvre pas matière à cassation. — Cass., 11 févr. 1886, Gervaisot, [*Bull. crim.*, n. 47]

4141. — Pour la signature, comme pour la direction de la délibération (V. *suprà*, n. 3887 et s., le chef du jury peut, en cas d'empêchement, se faire remplacer par un autre juré, du consentement de ses collègues. — Cass., 19 juin 1818, [D. *Rép.*, v° *Instr. crim.*, n. 3117]; — 7 sept. 1820, [*Ibid.*]; — 16 sept. 1834, Couvreux, [P. chr.]; — 9 juill. 1840, [D. *Rép.*, v° *Instr. crim.*, n. 3117]; — 25 juin 1846, Blanc, [D. 46.4.121]; — 12 oct. 1849, Aufèvre, [P. 51.1.38, D. 49.5.77]

4142. — Et la signature, la lecture et la remise de la déclaration du jury au président des assises par un juré remplaçant le chef désigné par le sort, sans aucune réclamation, fait présumer l'accomplissement régulier des formalités prescrites par la loi pour ce remplacement. — Cass., 23 nov. 1882, Kakasky, [*Bull. crim.*, n. 253]; — 6 juin 1889, Lecomte, [*Bull. crim.*, n. 206] — V. *suprà*, n. 3889 et s.

4143. — Si, d'ailleurs, la déclaration est signée, non seulement du chef du jury, mais d'un ou plusieurs autres, cette surabondance de signatures n'emporte pas nullité. — Cass., 25 juill. 1850, Berthelot, [D. 50.5.102]

4144. — En règle générale, c'est à l'audience, et non dans la chambre des délibérations, que doit être apposée la signature du chef du jury. L'art. 349, C. instr. crim., ne prescrit cette formalité qu'après que les jurés sont rentrés dans l'auditoire, et que leur chef a donné lecture du résultat de leur délibération. — Merlin, *Rép.*, v° *Juré*, § 4, n. 21; Carnot, sur l'art. 348, *C. instr. crim.*, t. 2, p. 662, n. 1; de Serres, *Man. des cours d'ass.*, t. 1, p. 484.

4145. — Il en résulte qu'il ne saurait y avoir nullité en ce que la déclaration du jury n'aurait été signée par le chef du jury qu'à l'audience, après avoir été lue. Il n'est pas nécessaire, pour l'accomplissement de cette formalité, de renvoyer le jury

dans la chambre de ses délibérations. — Cass., 11 févr. 1843, Capponi, [S. 44.1.162, P. 44 1.436]

4146. — Mais le défaut de cette formalité au moment précis indiqué par la loi n'entraîne point la peine de nullité; elle n'est pas prononcée par la loi; nous croyons, dès lors, qu'il ne faut pas se montrer plus rigoureux qu'elle. Aussi, la jurisprudence érige-t-elle en règle que le moment où la signature du chef du jury est donnée n'exerce aucune influence sur la validité de la procédure. — Nouguier, n. 3209.

4147. — Il a été jugé que la déclaration du jury n'est pas nulle pour avoir été signée par le chef du jury, non à l'audience, mais dans la chambre des délibérations en présence des jurés. — Cass., 25 août 1831, Martin, [S. 32.1.200, P. chr.]; — 9 mai 1834, Barratie, [P. chr.]; — 30 mars 1832, Clapin, [P. chr.]; — 14 déc. 1854, Faivres, [*Bull. crim.*, n. 343]; — 21 déc. 1882, Mohamed-Areski-ben-Mohamed, [*Bull. crim.*, n. 284]; — 8 mai 1884, Abdel-Kader-ben-Kabah, [*Bull. crim.*, n. 156]

4148. — Mais, soit que la signature du chef du jury ait été apposée à l'audience, soit qu'elle l'ait été dans la chambre des délibérations, cette formalité doit être remplie en présence des onze autres jurés. L'absence de l'un d'eux lors de cette signature opère nullité de la déclaration. — Cass., 2 nov. 1811, Petit-Jean, [S. et P. chr.]; — 6 juill. 1876, Marin, [S. 76.1.327, P. 76.783, D. 77.1.191]; — 24 août 1876, Maxant, dit Laurent, [S. 76.1. 483, P. 76.1208]; — 10 janv. 1878, Mohamed ben Hamadouch, [S. 78.1.390, P. 78.944, D. 79.1.95]

4149. — Si le procès-verbal énonce que la déclaration a été signée par le chef du jury avant sa sortie de la chambre des délibérations, il fait preuve par là même qu'elle a été apposée en présence des jurés. — Cass., 14 déc. 1854, précité.

4150. — De même, lorsque le procès-verbal des débats constate que le président et le greffier ont signé immédiatement, après la lecture et la remise de la déclaration, par le chef du jury, il n'est pas nécessaire d'indiquer que celui-ci l'avait préalablement signée en présence des onze autres jurés. — Cass., 21 déc. 1882, précité.

4151. — Mais, la signature du chef du jury doit être apposée avant celles du président et du greffier qui ont pour objet de lui donner l'authenticité. — Cass., 21 déc. 1882, précité; — 8 mai 1884, précité.

4152. — Cependant, la circonstance que le chef du jury n'aurait signé la déclaration qu'après le président de la cour, n'est point non plus une cause de nullité. — Cass., 12 oct. 1849 (2 arrêts), Sénac-Aufèvre, [P. 51.1.38, D. 49.5.77]

4153. — Quant à la place que doit occuper la signature du chef du jury, la loi n'a établi aucune distinction. Il suffit qu'aucun doute ne s'élève sur le point de savoir si la signature s'applique à l'ensemble de la déclaration. — Cass., 28 févr. 1867, Delamotte, [*Bull. crim.*, n. 50]; — 4 sept. 1873, Wittling, [S. 73.1.481, P. 73.1202]; — 18 déc. 1884, Birée, [*Bull. crim.*, n. 341]; — 21 juill. 1887, Solah-ben-Guétof, [*Bull. crim.*, n. 281] — *Sic*, Nouguier, t. 3, n. 3210.

4154. — Lorsque le chef du jury a signé séparément deux déclarations de circonstances atténuantes relatives à deux accusés, et à apposé une troisième fois sa signature au bas de la feuille des questions, cette dernière signature ne peut pas être présumée ne s'appliquer qu'à la dernière de ces déclarations qui la précède. Si le chef du jury a cru devoir signer séparément les deux déclarations de circonstances atténuantes, ces deux signatures surabondantes ne sauraient enlever sa signification et sa valeur à la signature apposée par lui au bas de la feuille de questions. — Cass., 29 mars 1888, Delon et autres, [*Bull. crim.*, n. 131]

4155. — Jugé, même qu'il ne résulte aucune nullité de ce que la signature du chef du jury a été placée sous la déclaration de circonstances atténuantes et sur une colonne autre que celle qui contient les réponses aux questions principales. — Cass., 30 avr. 1841, Monnet, [P. 42.1.526]

4156. — ... Qu'aucune place n'étant assignée par la loi à la signature du chef du jury sur le verdict, il ne peut résulter aucune nullité de ce que cette signature se trouve uniquement au-dessous de la déclaration des circonstances atténuantes, et dans la colonne des questions à ce spécialement réservée. — Cass., 30 nov. 1882, [J. Le Droit, 11 déc. 1882]

4157. — ... Qu'aucune place n'étant spécialement prescrite par la loi pour la signature de la déclaration par le chef du jury, il ne résulte aucune nullité de ce qu'elle a été apposée au-dessous des questions. — Cass., 21 janv. 1864, Hebrard, [S. 64.1. 242, P. 64.1171, D. 65.5.95]; — 11 févr. 1864, Moutardier, [S. 84.1.339, P. 64.1171, D. 65.5.95]; — 22 juin 1882, Ajon, [S. 84.1.456, P. 84.1.1104, D. 82.1.436]; — 21 juill. 1887, précité.

4158. — Cependant il a été jugé que le chef du jury doit apposer sa signature dans la colonne réservée aux réponses du jury; et que si cette signature a été apposée au bas de la colonne dans laquelle sont inscrites les questions posées par le président, la cour doit renvoyer les jurés dans la chambre de leurs délibérations pour rectifier en la forme la déclaration. — C. d'ass. de la Seine, 30 oct. 1842, Vallet, [P. 42.2.687]

4159. — Cet arrêt est plutôt l'œuvre d'une méticuleuse précaution de la cour que l'accomplissement d'une impérieuse exigence de la loi. L'art. 349, C. instr. crim., n'exige qu'une chose, c'est que la déclaration du jury soit signée par le chef du jury; il n'assigne pas spécialement telle ou telle place à cette signature. Dès qu'elle est apposée sur la feuille qui contient les questions et les réponses, il est évident, quelle que soit la place que cette signature occupe, qu'elle a été apposée pour certifier tout ce qui, sur la feuille, émane du jury et a besoin d'être manifesté et attesté par son chef, de même que la signature du président suffit seule pour attester que les questions écrites sont bien celles qui ont été posées au jury à la suite du résumé de ce magistrat. Si l'on appliquait rigoureusement la doctrine de l'arrêt ci-dessus, n'en résulterait-il pas, par une conséquence nécessaire, qu'il faudrait faire suivre d'une seconde signature du chef du jury la déclaration qu'il existe en faveur d'un accusé des circonstances atténuantes, puisque, d'après l'usage adopté avec raison, cette réponse est faite dans une troisième colonne distincte? Telle cependant n'a jamais été l'intention du législateur, telle n'est pas non plus la pratique des cours d'assises.

4160. — Jugé ainsi qu'il n'est pas nécessaire que la signature du chef du jury soit placée dans la colonne des réponses. — Cass., 18 déc. 1884, précité.

4161. — Lorsque les questions remplissent plusieurs feuilles, la signature est valablement apposée au bas de la dernière feuille seulement. — Cass., 25 avr. 1839, [D. Rép., v° Instr. crim., n. 3123]

4162. — Mais d'autre part, si les questions sont écrites à la fois sur le recto et sur le verso, et si la signature n'est apposée que sur le recto, les réponses insérées sur le verso, et sans signature, sont considérées comme n'ayant pas été faites. — Cass., 30 juill. 1857, Arson, [Bull. crim., n. 288]

4163. — Lorsque le jury, renvoyé dans la salle de ses délibérations pour expliquer sa réponse, a inscrit l'explication demandée immédiatement au-dessous de sa déclaration primitive, il n'est pas nécessaire que cette explication soit revêtue d'une nouvelle signature du chef du jury: la première signature s'applique à la déclaration entière. — Cass., 8 avr. 1830, Boudon, [P. chr.]

4164. — La déclaration, avons-nous dit, doit également être signée par le président de la cour et par le greffier (C. instr. crim., art. 349, § 2).

4165. — De même que la signature du chef du jury, celle du président de la cour est de rigueur. Est donc nulle la déclaration du jury sur laquelle ne se trouve point la signature du président de la cour d'assises. — Cass., 13 mars 1856, Barbot, [Bull. crim., n. 102]; — 7 nov. 1861, Bernardino, [D. 64.5.80]; — 10 juill. 1873, Letourneur, [Bull. crim., n. 190]; — 29 mai 1879, Mohammed-Chakroud-ben-Amar-ben-Rafa, [Bull. crim., n. 109]; — 17 sept. 1885, Julien Prosper, [Bull. crim., n. 260] — V. supra, n. 4134.

4166. — ... Et le paraphe du président de la cour d'assises, apposé sur la déclaration du jury ne peut pas tenir lieu de sa signature, qui est expressément commandée par la loi. — Cass., 10 août 1826, Eliza Farelle, [S. et P. chr.] — Sic, Carnot, sur l'art. 349, t. 2, p. 663, n. 2.

4167. — Lorsque le chef des jurés a apposé deux signatures sur la déclaration, l'une à la suite des réponses, l'autre après l'approbation des ratures et surcharges, le président peut se borner à en apposer une seule au bas de la déclaration; cette signature est réputée se référer aux deux signatures du chef du jury. — Cass., 10 mai 1832, Barême, [P. chr.]; — 27 juin 1878, Dequaire, [Bull. crim., n. 136]

4168. — L'absence de la signature du greffier emporte aussi nullité. C'est un point constant en jurisprudence. — Cass., 17 janv. 1828, Hubert, [P. chr.]; — 10 avr. 1828, Hervigot, [S. et

P. chr.]; — 29 avr. 1831, Bruschini, [P. chr.]; — 23 avr. 1835, Robineau, [S. 35.1.671, P. chr.]; — 29 juill. 1827, Aurian, [P. chr.]; — 10 juill. 1873, précité; — 29 mai 1879, précité; — 11 mars 1880, Fayot, [Bull. crim., n. 60]; — 17 mai 1888, Daldos et Tosolin, [Bull. crim., n. 177] — Bruxelles, 22 juill. 1816, Dorothée, B..., [P. chr.] — Sic, Carnot, sur l'art. 349, t. 2, p. 664, n. 9.

4169. — Et le greffier qui omet de signer la déclaration du jury commet une faute grave en entraînant, par sa négligence, la nullité de la procédure, et peut être condamné aux frais de la procédure à recommencer. — Cass., 23 avr. 1835, précité; — 17 mai 1888, précité.

4170. — Cependant M. Morin (Rép. du droit crim., v° Jury, n. 102) cite un arrêt de la Cour de cassation du 15 sept. 1843, qui aurait décidé que l'absence de la signature du greffier n'entraîne pas la nullité de la déclaration du jury.

4171. — Mais cette jurisprudence ne doit pas être suivie; il faut décider que la déclaration du jury ne peut servir de base à un arrêt de condamnation que lorsqu'elle est régulière et complète, et, par conséquent, lorsqu'elle porte la triple signature du chef du jury, du président des assises et du greffier avant le prononcé de l'arrêt. — Cass., 6 mars 1876, Gœthals et autres, [Bull. crim., n. 53] — Il est même indispensable, que les signatures exigées aient été apposées sur la déclaration avant qu'il en ait été donné lecture à l'accusé, à peine de nullité. — Cass., 6 juill. 1876, Marin, [S. 76.1.327, P. 76.785, D. 77.1.191]; — 24 août 1876, Maxant, dit Laurant, [S. 76.1.483, P. 76.1208]; — 18 juill. 1878, [Bull. crim., n. 157]

4172. — Jugé, que la déclaration du jury qui a été signée par le chef du jury, par le président de la cour d'assises et par le greffier, et qui se trouve en outre textuellement transcrite sur le procès-verbal, doit sortir son plein et entier effet, quoique biffée sur l'original en vertu d'un arrêt de la cour d'assises qui l'avait à tort annulée. — Cass., 15 févr. 1834, Fitz-James, [S. 34.1.132, P. chr.]

4173. — Mais l'énonciation du procès-verbal exprimant que la déclaration du jury a été revêtue des signatures exigées ne peut prévaloir contre le fait, si, en réalité la déclaration jointe au dossier ne contient pas ces signatures. — Cass., 7 nov. 1861, précité.

Section III.

Lecture et remise de la déclaration du jury.

4174. — Lorsque la délibération est terminée, les jurés rentrent dans l'auditoire et reprennent leurs places. Le chef du jury se lève, place la main sur son cœur et donne lecture de la déclaration du jury en se servant de la formule dont nous avons parlé. — V. supra, n. 4045 et s., 4058 et s.

4175. — En principe, c'est le chef du jury, ainsi que le porte l'art. 348, qui doit donner lecture de la déclaration. Cependant, il ne peut résulter une violation de la loi de ce qu'après avoir signé la déclaration dans la salle des délibérations et sous les yeux des autres jurés, le chef du jury aurait fait désigner par ses collègues un autre juré qui, en raison de son empêchement, aurait donné lecture à l'audience de cette déclaration. — Cass., 2 mai 1834, Barratie, [P. chr.]; — 12 avr. 1839, [P. chr.]; — 28 févr. 1852, Scecocole, [D. 52.5.154]; — 11 janv. 1832, Lauzé, [D. 53.5.120]; — 20 août 1857, [Bull. crim., n. 310]; — 12 oct. 1849 (deux arrêts), Sénac, Aufèvre, [P. 51.1.38, D. 49.5.77]

4176. — Il a été jugé, conformément à ce principe, que la loi ne prescrit pas, à peine de nullité, que la lecture de la déclaration du jury soit faite par le chef du jury, et que, dans le cas d'empêchement de ce dernier, il peut être suppléé par un de ses collègues, non seulement pour les actes qui ont lieu dans la salle des délibérations (V. supra, n. 3887 et s.), mais encore pour la lecture du verdict. — Cass., 28 janv. 1848, Marquès, dit Girgot, [P. 49.1.618]

4177. — ... Qu'à plus forte raison le fait, par un des jurés, d'avoir aidé le chef du jury à déchiffrer des mots dont l'écriture l'embarrassait dans les questions, ne peut donner ouverture à cassation. — Cass., 12 juill. 1849, Potvion, [P. 50.2.165, D. 49. 5.77]

4178. — ... Que lorsque le chef du jury se trouve dans l'impossibilité de lire la déclaration du jury, écrite et signée par lui, cette déclaration peut être lue par le second juré, sans qu'il soit nécessaire de les renvoyer tous dans la chambre de leurs délibérations pour désigner un remplacement au chef du jury. — Cass., 9 oct. 1834, Maupas, [P. chr.]; — 8 oct. 1840, Mirebeau, [S. 40.1.1000, P. 45.2.561] — Sic, de Serres, Man. des cours d'assises, t. 1, p. 485.

4179. — ... Qu'il n'y a pas nullité lorsque, le chef du jury ayant rempli ses fonctions et signé la déclaration, un autre juré a, du consentement de ses collègues, lu cette déclaration à raison de l'indisposition qu'éprouvait en ce moment le chef du jury. — Cass., 29 déc. 1836, Lhote, [P. chr.]; — 12 avr. 1839, Breton, [P. 40.1.198]

4180. — ... Que la peine de la nullité n'est pas attachée à l'omission de la lecture de la mention, dans la déclaration du jury, du remplacement de son chef; que le président peut faire réparer cette omission signalée par la défense en ordonnant une seconde lecture de la déclaration, y compris ladite mention dont il a vérifié l'existence; qu'à défaut de conclusion de la défense sur ce point, et à défaut de nullité prononcée par la loi, il n'y a là qu'un acte d'administration et non une question contentieuse. — Cass., 20 sept. 1877, Ducourteau et Sons, [Bull. crim., n. 218]

4181. — Il a même été jugé qu'il ne peut résulter aucune nullité de ce que le chef du jury, après avoir fait donner lecture de la déclaration du jury par un juré, a signé lui-même cette déclaration. — Cass., 29 déc. 1836, précité.

4182. — ... Ni de ce que, après cette signature, il aurait été fait une seconde lecture de la déclaration. — Cass., 11 févr. 1843, Capponi, [P. 44.1.436]

4183. — ... Qu'il y a d'ailleurs preuve suffisante que les fonctions de chef du jury exercées par le second juré l'ont été du consentement et par la désignation des jurés, lorsque la délibération du jury, signée de ce second juré, a été lue à l'audience et remise par lui au président en présence de tous les autres jurés. — C. rej., 18 nov. 1847, Denain, [S. 48.1.377, P. 48.2.340, D. 48.5.92]

4184. — En tout cas, la lecture de la déclaration ne peut être faite que par un juré. Il y aurait nullité si elle était faite, notamment, par le président de la cour. — Cass., 24 fruct. an V, [D. Rép., v° Instr. crim., n. 3078]

4185. — La lecture de la déclaration doit être faite à peine de nullité en audience publique, en présence de la cour, du ministère public, du défenseur et des jurés. — Cass., 26 déc. 1873, [Bull. crim., n. 316]; — 2 sept. 1875, Jallat, [Bull. crim., n. 288] — Sic, Nouguier, n. 3190 et 3191.

4186. — La lecture de la déclaration du jury doit être faite avec le concours et la présence des douze jurés. L'absence de l'un des jurés lors de cette lecture opère la nullité de la déclaration, lors même que le chef du jury certifierait l'avoir signée en présence de tous les jurés. — Cass., 2 nov. 1811, Petit-Jean, [S. et P. chr.]

4187. — On peut dire, en effet, que les fonctions du jury ne sont pas terminées par la délibération prise dans sa chambre; la loi veut encore la présence de tous les jurés à l'audience, lors de la lecture qui doit être faite de leur déclaration par le chef du jury. — Quoique ce soit le chef du jury qui soit interpellé personnellement, l'interpellation n'en est pas moins faite implicitement à tous; tous sont censés répondre par l'organe de leur chef, qui signe, au nom de tous, la déclaration dont il vient de faire la lecture (V. suprà, n. 4148). — Il faut donc que les douze jurés soient présents; s'il en manque seulement un, il n'y a plus de jury; la délibération qui a été prise reste imparfaite, et la déclaration d'un jury incomplet ne peut produire aucun effet. — Carnot, Instr. crim., sur l'art. 347, t. 2, p. 654 et 664; Legraverend, t. 2, p. 428, n. 5; de Serres, Man. des cours d'assises, t. 1, p. 483 et 484; Merlin, Rép., v° Juré, Jury, § 4, n. 23; Rauter, t. 2, p. 461.

4188. — La Cour de cassation a encore jugé que les formalités prescrites par les art. 357, 362, 363 et 365, C. instr. crim., qui sont relatives à la lecture de la déclaration du jury et au jugement, ne peuvent recevoir leur exécution qu'en présence des jurés. — Cass., 4 avr. 1829, Laborie, [S. et P. chr.]

4189. — Toutefois, Legraverend (t. 2, chap. 2, p. 241, note 4) pense que la présence de tous les jurés n'est nécessaire qu'au moment de la signature de la déclaration par le chef du jury; mais nous ne saurions adopter cette manière de voir; tolérer l'absence d'un ou de plusieurs jurés, et leur communication au dehors avant l'accomplissement des formalités prescrites par

les art. 357 et s., ce serait rendre impossible le renvoi des jurés dans leur chambre pour donner une nouvelle déclaration, s'il y avait lieu, par suite des observations que l'accusé a le droit de faire.

4190. — Cependant on admet que si un juré, absent pendant une partie de la lecture de la déclaration, rentre au cours de cette lecture, le verdict est valable et la partie lue en sa présence, suffit à justifier la condamnation prononcée. — F. Hélie, t. 8, n. 3764.

4191. — Lorsqu'il est dit, au procès-verbal des débats, que, tous les jurés étant rentrés dans l'audience, le président leur a demandé le résultat de leur délibération, cette mention établit suffisamment qu'ils ont tous été présents à la lecture de la déclaration. — Cass., 10 juin 1830, Simon, [P. chr.]

4192. — Ajoutons que si, à la suite de la délibération, un juré refusait d'assister à la lecture du verdict, il s'exposerait à l'amende prononcée par l'art. 396, C. instr. crim.; il pourrait même être contraint par corps. — Carnot, Instr. crim., sous l'art. 347, t. 2, p. 656, note 11; Nouguier, n. 3195.

4193. — Lorsque, après la lecture de la réponse du jury par le chef, l'un des membres de la cour d'assises se retire et refuse de siéger, la cour ne peut s'adjoindre un autre juge pour le remplacer. Dans ce cas, l'adjonction illégale d'un juge entraîne la nullité des débats et du jugement. Néanmoins, les réponses favorables à l'accusé lui restent acquises. — Cass., 31 août 1833, Viez, [S. 33.1.683, P. chr.]

4194. — D'après le système de cet arrêt, il faut admettre que par la retraite de l'un des juges la procédure tombe d'elle-même, et que la nullité n'a pas besoin d'en être prononcée, car sans jugement il n'y a pas lieu au pourvoi en cassation. Dès lors, rien n'empêche de la recommencer avec un nouveau juge et les mêmes jurés. Remarquons toutefois que si la cour d'assises s'était adjoint, dès le commencement des débats, un juge supplémentaire, en vertu de la loi du 25 brum. an VIII, le concours de ce magistrat en remplacement du juge absent serait parfaitement régulier.

4195. — Le défenseur a toujours le droit d'assister à la lecture de la déclaration du jury. Il a même été jugé qu'il doit de plus, à peine de nullité, avoir la parole sur tous les incidents qui peuvent s'élever à l'occasion de cette lecture. — Cass., 28 janv. 1830, Moulte, [S. et P. chr.]

4196. — Cependant un arrêt décide que l'absence du défenseur à la lecture du verdict ne suffirait pas à vicier la procédure. — Cass., 19 juin 1823, [D. Rép., v° Instr. crim., n. 3095]

4197. — Nous avons vu (suprà, n. 3884) que le président a dû faire sortir l'accusé de l'auditoire après la lecture des questions et le départ des jurés pour la chambre de leurs délibérations. La lecture du verdict par le chef du jury est donc faite en l'absence de l'accusé. Néanmoins, cette formalité n'est pas considérée comme substantielle au droit de défense, par conséquent, la lecture du verdict, par le chef du jury, en présence de l'accusé, ne viciera pas la procédure. — Cass., 24 mars 1831, Ermel, [S. 32.1.195, P. chr.]; — 20 mars 1856, Galopin, [S. 56.1.629, P. 57.45, D. 56.1.230]; — 22 avr. 1869, Bourdier de Beauregard, [S. 71.1.166, P. 71.438, D. 70.1.435]; — 27 mai 1880, Ben-Youssef, Ben-Mohamed, Ben-Gaseif, [S. 82.1.438, P. 82.1.1070] — Sic, F. Hélie, Instr. crim., t. 8, n. 3765; Nouguier, n. 3087; Cubain, Cours d'ass., n. 645.

4198. — Et il en résulte, par conséquent, aucune nullité de l'omission, par la cour d'assises, de statuer sur les conclusions par lesquelles l'accusé a demandé acte de sa présence à ladite lecture, la cour d'assises n'étant tenue de prononcer à peine de nullité que sur les demandes de l'accusé tendant à user d'une faculté ou d'un droit accordé par la loi. — Cass., 20 mars 1856, Yalopien, [S. 56.1.629, P. 57.45, D. 56.1.250]

4199. — De même, lorsqu'il y a lieu à une nouvelle déclaration de la part du jury, il ne peut résulter une nullité de ce que cette déclaration aurait été lue immédiatement à l'accusé et sans qu'on l'ait fait retirer de l'audience. — Cass., 7 avr. 1827, Pierre Conte, [P. chr.]

4200. — Le chef du jury peut, sans qu'il y ait nullité, au lieu de lire chacune des questions, se borner à les désigner par leur numéro d'ordre et à lire la réponse en regard de chacun de ces numéros. — Cass., 15 juin 1830, Guillon, [Bull. crim., n. 200]; — 1er févr. 1866, Fotier et Guichard, [Bull. crim., n. 33]

4201. — Il ne pourrait y avoir nullité résultant des termes dans lesquels la lecture des réponses du jury aurait été remplie, qu'autant qu'il n'aurait pas été donné une seconde lecture de la déclaration du jury en présence de l'accusé (V. *infrà*, n. 4207), ou que cette lecture n'aurait été donnée que dans une forme qui mît en péril les intérêts de sa défense. — Cass., 27 mai 1880, précité.

4202. — Spécialement, il ne résulte aucune nullité de l'omission des mots « à la majorité », qui aurait été commise dans la lecture faite par le chef du jury hors de la présence de l'accusé, alors d'ailleurs qu'il est constaté par le procès-verbal des débats qu'après la rentrée de l'accusé à l'audience, le greffier a lu la déclaration du jury dans son contexte complet. — Cass., 27 mai 1880, précité.

4203. — D'une façon générale, la mention que les jurés étant rentrés dans l'auditoire, leur chef a lu, en présence des jurés, la déclaration dans les formes prescrites par l'art. 348, C. instr. crim., prouve suffisamment que la déclaration a été lue en entier. — Cass., 16 juill. 1818, Dufour, [S. et P. chr.]

4204. — Lorsque le jury a été renvoyé dans la chambre de ses délibérations pour compléter ou rectifier sa déclaration, il doit, en principe, être de nouveau donné lecture de la déclaration du jury.

4205. — Cependant, lorsque toutes les questions ont été lues à l'audience par le chef du jury ou par celui qui le remplace, il suffit, lorsque les jurés ont été renvoyés dans leur chambre pour compléter et rectifier quelques-unes de leurs réponses, de donner lecture des questions et des réponses concernant les accusés à l'égard desquels il avait été ordonné que les réponses seraient complétées ou rectifiées. — Cass., 12 avr. 1839, Breton, [P. 40.1.198]; — 13 avr. 1832, Trotignon, [P. chr.]

4206. — Il ne peut résulter une nullité de ce que, lors de la lecture d'une nouvelle déclaration du jury hors la présence de l'accusé, elle aurait déjà été revêtue de la signature du président et de celle du greffier, si ces deux signatures, qui sont les mêmes que celles apposées sur une première réponse, sont reconnues suffisantes. D'ailleurs, l'irrégularité serait couverte par la nouvelle lecture donnée en présence de l'accusé rentré à l'audience. — Cass., 16 oct. 1828, Ledurier, [P. chr.]

4207. — Après lecture faite par le chef du jury, le président fait comparaître l'accusé, et le greffier lit en sa présence la déclaration du jury (C. instr. crim., art. 357).

4208. — Le président d'une cour d'assises peut, en vertu de son pouvoir discrétionnaire, pour le maintien de la police de l'audience, et s'il le juge nécessaire d'après le caractère connu de l'accusé, ordonner que cet accusé sera introduit avec des menottes pour entendre la lecture de la déclaration du jury. Du moins, l'emploi de cette mesure ne peut entraîner la nullité de l'arrêt de condamnation si, après la lecture de la déclaration du jury, les menottes ont été ôtées à l'accusé, et si, en cet état, sur la demande qui lui a été adressée par le président pour savoir s'il avait quelque chose à ajouter à sa défense, l'accusé a répondu négativement. — Cass., 7 oct. 1830, Metz, [S. 31.1.368] — V. Legraverend, t. 2, p. 181.

4209. — La lecture de la déclaration du jury à l'accusé par le greffier de la cour d'assises est une formalité substantielle dont l'inobservation opère la nullité. — Cass., 4 avr. 1829, Louis Laboric, [S. et P. chr.]; — 20 nov. 1834, Fromage, [S. 35.1.228, P. chr.]; — 15 sept. 1836, Deransard, [S. 37.1.601, P. 37.1.348]; — 26 avr. 1839, Lecouturier, [S. 40.1.478, P. 39.2.666]; — 27 nov. 1845, Laporte et Boyes, [P. 46.1.511, D. 46.4.115]; — 22 mai 1847, Fauchey de Lacombe, [P. 47.2.404, D. 47.4.122]; — 10 août 1848, Chambauld, [P. 49.2.149, D. 52.5.154]; — 14 sept. 1848, Gauthey, [P. 49.2.531]; — 26 juill. 1849, Bruel, [P. 50.2.307, D. 49.5.76]; — 4 juill. 1850, Leguet, [D. 50.5.109]; — 24 juill. 1851, Dorel, [D. 51.5.129]; — 5 mai 1859, Beaumont, [S. 59.1.716, P. 60.57]; — 29 sept. 1870, Bouchacourt, [*Bull. crim.*, n. 173]; — 16 août 1872, Amen-Ben-Taied, [*Bull. crim.*, n. 220]; — 11 oct. 1872, Vannotte, [*Bull. crim.*, n. 256]; — 26 févr. 1874, Neutre, [S. 74.1.408, P. 74.984, D. 75.5.130]; — 5 avr. 1883, Ben-Ali-Nebkout, [*Bull. crim.*, n. 85]; — 29 janv. 1886, Gilly, [*Bull. crim.*, n. 33]; — 6 juin 1889, Kouider-Ben-Aïssa et autres, [*Bull. crim.*, n. 208]; — 23 avr. 1891, Mayence, [D. 91.5.155]; — 13 déc. 1894, [*Gaz. des Trib.*, 14 déc. 1894] — *Sic*, Nouguier, n. 3462; F. Hélie, n. 3765; Carnot, sur l'art. 357, C. instr. crim., t. 2, p. 699, n. 3.

4210. — Le procès-verbal doit constater expressément l'accomplissement de cette formalité. — V. *infrà*, n. 3196 et s.

4211. — On ne saurait conclure qu'il y a eu lecture de cette déclaration, par cela que, le ministère public ayant fait des réqui-

sitions, l'accusé y aurait répondu. — Cass., 15 sept. 1836, précité.

4212. — Cette nullité ne saurait non plus être couverte par l'interpellation que le président a faite à l'accusé, conformément à l'art. 363, C. instr. crim., relativement à l'application de la peine. — Cass., 22 mai 1847, précité; — 26 juill. 1849, précité; — 6 juin 1889, précité; — 13 déc. 1894, précité. — *Sic*, Nouguier, n. 3463.

4213. — Mais lorsque le procès-verbal des débats constate que la déclaration du jury a été lue par le greffier, en présence de l'accusé, en ce qui le concernait, il est suffisamment établi que cet accusé a entendu la lecture de tout ce qui lui était relatif dans la déclaration du jury, ce qui comprend les circonstances constitutives du fait dont il a été déclaré complice. — Cass., 27 nov. 1845, Hirsch, [P. 46.1.565, D. 46.4.941

4214. — Il n'est, d'ailleurs, nullement indispensable que le greffier donne à chacun des accusés lecture de la totalité des questions; il suffit qu'il soit constaté que chacun d'eux a entendu lecture des réponses le concernant. — Cass., 24 sept. 1852, Andriès et autres, [*Bull. crim.*, n. 330]

4215. — Il n'est même pas exigé de donner textuellement et intégralement lecture des questions et des réponses. Il suffirait, par exemple, de dire que le jury a répondu affirmativement sur toutes les questions. Il suffit que l'accusé ne puisse se méprendre sur la déclaration. — Nouguier, n. 3462.

4216. — La déclaration du jury doit être, après avoir été lue et signée, remise par le chef du jury au président des assises, en présence des jurés. — Cass., 10 janv. 1878, Montaner et autres, [S. 78.1.390, P. 78.954]

4217. — Il ne pourrait résulter aucun grief de ce qu'un juré suppléant qui n'aurait pris aucune part à la délibération du jury n'aurait pas été présent au moment de la remise du verdict au président des assises. — Cass., 24 janv. 1878, Chauroux, [S. 78.1.333, P. 78.810]

Section IV.

Caractères et effets de la déclaration du jury.

§ 1. *Principes.*

4218. — En principe général, la déclaration du jury est irrévocable lorsqu'elle a été régulièrement rendue (C. instr. crim., art. 350). Mais le principe souffre nécessairement exception, lorsque cette déclaration est incomplète, ambiguë ou contradictoire : dans ce cas, la cour d'assises peut renvoyer le jury dans la chambre de ses délibérations pour compléter ou rectifier sa déclaration.

4219. — Le jury est-il omnipotent? Cette question a vivement agité les esprits et donné lieu à de longues controverses. Nous ne reproduirons pas ici tout ce qui a été dit dans ces discussions, nous dirons seulement que le pouvoir des membres du jury doit s'arrêter aux limites que la loi et leur conscience leur tracent. Mais quant aux questions relatives à la preuve des faits et à la culpabilité des accusés, le juré ne relève que de sa conscience. Une erreur de jugement, qu'elle fût ou non volontaire, ne pourrait donner lieu à aucune voie de recours en faveur de l'accusé ou contre lui, sauf les règles applicables à la révision des procès criminels. « La déclaration du jury, dit l'art. 350, C. instr. crim., ne pourra jamais être soumise à aucun recours. »

4220. — Il a été soutenu cependant et décidé que le jury n'est pas investi d'une omnipotence telle qu'il puisse, sans manquer à ses devoirs, avoir égard, dans sa délibération, aux peines prononcées par la loi contre le fait objet de l'accusation, et écarter une ou plusieurs circonstances aggravantes, même déclarer l'accusé non coupable, sous prétexte que la peine est trop rigoureuse. Le défenseur de l'accusé, a-t-on dit, qui plaide le système de l'omnipotence du jury, peut donc être interrompu et entravé dans cette partie de sa plaidoirie (C. instr. crim., art. 311). — C. d'ass. de la Seine, 2 févr. 1830, Couet, [S. et P. chr.]

4221. — C'est là une appréciation qui ne relève que de la conscience et non de la loi. Si l'avocat emploie ce moyen de défense et si le jury se laisse manifestement impressionner par la gravité du châtiment qu'une déclaration affirmative permettrait d'infliger à l'accusé, il n'y a là aucun motif de cassation. On peut donc dire qu'en droit le jury est omnipotent. — V. *supra*, n. 2671 et s.

4222. — Au surplus — et cela est reconnu par tout le monde

— le jury est appréciateur souverain des témoignages apportés dans le débat oral qui a lieu devant lui, et les décisions qu'il rend comme conséquences de cette appréciation ne peuvent être revisées par la cour. — Cass., 22 mai 1846, Gachier, [P. 49. 2.454]; — 18 janv. 1850, Despard, [Bull. crim., n. 27]; — 8 févr. 1862, Hericotte et Marcotte, [Bull. crim., n. 42] — Sic, Nouguier, n. 3216.

4223. — Il n'appartient pas davantage à la Cour de cassation d'apprécier la véracité des témoignages sur lesquels est fondée la déclaration du jury. — Cass., 15 nov. 1815, [D. Rép., v° Instr. crim., n. 2414]; — 22 déc. 1893, [Bull. crim., n. 370]

4224. — L'appréciation de l'intention qui a présidé à l'acte qualifié crime appartient aussi exclusivement au jury ; sous ce rapport, sa déclaration est irréfragable et ne saurait être soumise à aucun recours. — Cass., 23 mars 1854, Houreyron, [D. 54.5.212]

4225. — Le droit d'interprétation n'appartient pas davantage à la cour d'assises ; lorsque la déclaration du jury est incomplète et ne répond pas catégoriquement à la question posée, la cour d'assises ne peut suppléer à cette insuffisance par voie d'interprétation : elle doit ordonner aux jurés de se retirer de nouveau dans la chambre des délibérations pour compléter leur déclaration. — Cass., 27 oct. 1815, Heiligenstein, [S. et P. chr.]; — 2 mai 1816, Aonstel, [S. et P. chr.]; — 30 mai 1816, Colombel, [S. et P. chr.]; — 15 juin 1820, Lacombe, [S. et P. chr.]; — 22 août 1822, Houcke, [S. et P. chr.]

4226. — Elle excède ses pouvoirs en suppléant au silence de la déclaration du jury, et en expliquant le sens de cette déclaration. — Cass., 12 sept. 1816, Richer, [P. chr.] — Sic, Carnot, sur l'art. 345, t. 2, p. 641.

4227. — De ce que la cour d'assises usurpe les attributions du jury en interprétant elle-même une déclaration ambiguë des jurés, au lieu de les renvoyer dans leur chambre pour donner une nouvelle déclaration exempte d'ambiguïté, il suit que, sur une question ainsi posée : « A l'époque du crime, l'accusé était-il âgé de moins de seize ans, et dans ce cas a-t-il agi avec discernement ? si le jury a simplement répondu :« non, à la majorité », ce n'est pas à la cour, mais au jury de faire connaître si cette réponse négative s'applique exclusivement à la première ou à la seconde partie de la question. C'est là une question de fait et non une question de droit. — Cass., 28 avr. 1836, Mari, [P. chr.]

4228. — Cependant il a été jugé que, dans la même accusation, les déclarations des jurés sur divers genres de culpabilité de l'accusé peuvent s'interpréter les unes par les autres (C. instr. crim., art. 350). — Cass., 14 août 1817, Goirau, [S. et P. chr.]

4229. — Ainsi, lorsque, sur la question de savoir si un accusé est complice d'un crime, le provoquant par des machinations, les jurés ont répondu : Oui, il s'est rendu coupable par des machinations, les mots en le provoquant sont nécessairement sous-entendus dans sa réponse qui, dès lors, est régulière. — Cass., 19 oct. 1832, Epinat, [P. chr.]

4230. — Mais, en règle générale, les cours d'assises ne peuvent fonder leur décision que sur une déclaration claire, précise et concordante : elles ne peuvent prendre pour base l'intention présumée du jury. — Cass., 22 déc. 1813, Chabasset, [S. et P. chr.]

4231. — Il a été jugé qu'il ne pouvait résulter aucune nullité de ce que, dans sa délibération relative à un accusé déclaré coupable par le jury, la cour d'assises aurait dit qu'il était coupable comme auteur et comme directeur dans une bande de malfaiteurs, et aurait ainsi ajouté la qualité de directeur à celle d'auteur qui était seule comprise dans la déclaration du jury (C. instr. crim., art. 351). — Cass., 15 mai 1818, Mainpain, [P. chr.] — Sic, Carnot, sur l'art. 351, C. instr. crim., t. 2, p. 679, note 7.

4232. — Le motif donné par la Cour de cassation à l'appui de cet arrêt est que la qualité de directeur ajoutée par la cour n'a modifié en rien la position de l'accusé, l'art. 267, C. pén., plaçant sur le même rang l'auteur et le directeur ; la solution eût évidemment été contraire, si le fait ajouté par la cour avait pu avoir une influence quelconque sur l'application de la peine.

4233. — Ainsi, la cour d'assises excède ses pouvoirs en se permettant d'induire l'existence des circonstances constitutives du crime de la réponse affirmative des jurés sur des faits qui lui paraissent la constituer. — Cass., 23 juin 1827, Rivière, [P. chr.]; — 30 avr. 1896, Gauthier, [Gaz. des Trib., 10 mai 1896] — A plus forte raison la cour d'assises excède-t-elle ses pouvoirs lorsqu'elle base une condamnation sur des faits que le jury n'a pas déclarés. — Cass., 24 oct. 1811, Tychenne, [P. chr.]

4234. — De même, les cours d'assises ne peuvent suppléer à l'omission, dans les questions, d'une ou plusieurs circonstances constitutives du faux en y statuant par leurs arrêts. — Cass., 11 mars 1830, Roulet et Mausset, [S. et P. chr.]; — 30 avr. 1896, précité.

4235. — Par application du même principe il a été jugé, spécialement, qu'une cour de justice criminelle ne pouvait, sans excès de pouvoir, déclarer constants, comme résultant des débats ou de l'aveu de l'accusé, des faits ou des circonstances aggravantes sur lesquels les jurés n'avaient pas été consultés et n'avaient pas donné de déclaration. — Cass., 26 juin 1806, Benoît, [P. chr.] ; — 10 févr. 1809, Laponterie-Escot, [P. chr.]

4236. — ... Que lorsque le jury n'a point fait de réponse sur les circonstances aggravantes d'un crime, quoiqu'elles fussent comprises dans les questions qui lui ont été soumises, la cour d'assises ne peut supposer la déclaration du jury concordante avec les questions, et appliquer la peine que ces circonstances comportaient. — Cass., 18 août 1815, Morisson, [S. et P. chr.]

4237. — ... Que la cour d'assises excède ses pouvoirs en ajoutant, dans un arrêt de condamnation, que des pommes de terre qu'un accusé avait tenté de voler n'étaient pas séparées de leur tige, si cette circonstance n'a été ni énoncée dans la question, ni déclarée par le jury. — Cass., 31 janv. 1828, Hennebelle, [S. et P. chr.]

4238. — ... Que la cour d'assises ne peut pas considérer comme constante une circonstance aggravante articulée dans l'arrêt d'accusation, si cette circonstance n'a pas été l'objet d'une question aux juges du fait, auxquels seuls il appartient d'en constater l'existence. — Cass., 4 avr. 1822, Bodin, [S. et P. chr.]; — 25 mars 1825, Merlette, [S. et P. chr.]; — 18 déc. 1835, Louison Rosie, [P. chr.]; — 29 déc. 1838, Fabre, [P. 40.1.142]

4239. — A plus forte raison, la cour d'assises ne peut pas considérer comme constante une circonstance qui a été écartée par la déclaration du jury. — Cass., 30 sept. 1825, Aubé, [P. chr.]

4240. — Jugé, en ce sens, que lorsque, par une réponse claire et précise, les jurés ont déclaré l'accusé coupable, mais sans aucune des circonstances, on ne peut, sans porter atteinte à leur déclaration, qui est acquise à l'accusé, les renvoyer dans la salle de leurs délibérations, pour s'expliquer plus particulièrement sur une circonstance aggravante. — Cass., 19 mars 1812, Jaseron, [P. chr.]; — 16 juill. 1818, Delacroix, [P. chr.]; — 17 avr. 1824, Giliotte, [S. et P. chr.] — Sic, Carnot, sur l'art. 350, C. instr. crim., t. 2, p. 666, n. 4.

4241. — ... Que lorsque l'existence des circonstances atténuantes n'a été déclarée que sur l'un des chefs dont l'accusé a été reconnu coupable, cette déclaration se trouve limitée à ce chef et ne peut modifier les déclarations de culpabilité sur les autres. — Cass., 8 juin 1843, Tilloy, [S. 43.1.506, P. 43.2.700]; — 24 avr. 1884, Michaux, [Bull. crim., n. 143]

4242. — ... Que lorsque le jury, interrogé sur la question posée comme résultant des débats, de savoir si l'accusé est coupable de complicité par provocation, sans aucune mention des circonstances constitutives (V. suprà, v° Complicité), a répondu affirmativement, sa déclaration est claire et précise sur un fait qui n'est ni crime ni délit, et la cour d'assises ne peut le renvoyer à délibérer sur la nouvelle question de savoir si la provocation présentait les caractères légaux déterminés par l'art. 60, C. pén. — Cass., 16 mars 1826, Courtaud, [P. chr.]

4243. — A l'inverse, la cour d'assises ne peut éliminer une circonstance aggravante sur laquelle le jury, interrogé, a fait une réponse affirmative, exempte de toute ambiguïté. — Cass., 13 nov. 1856, Roulin, [Bull. crim., n. 347]

4244. — De ce que la cour n'est pas juge du fait, il suit qu'alors même qu'il serait réduit par les débats aux proportions d'un simple délit, elle ne peut, dans ce cas, appliquer les peines correctionnelles qu'autant que le délit est constaté par la réponse même du jury. — Cass., 26 juin 1806, Benoît, [P. chr.]; — 10 févr. 1809, Laponterie, [P. chr.]

4245. — Les jurés eux-mêmes sont impuissants à modifier une déclaration régulièrement proclamée, même par l'assertion par le chef du jury ou par un juré d'un fait qui serait en contradiction avec la déclaration lue et signée et de nature à en modifier les conséquences. — Cass., 23 juin 1814, Chanoni, [S. et P. chr.]; — 13 juin 1816, Guinandeau, [P. chr.]; — 28 janv. 1830, [Bull. crim., n. 52]; — 26 juin 1846, [Bull. crim., n. 252]; — 15 sept. 1853, Tarbouriech, [Bull. crim., n. 462] — Sic, Nouguier, n. 3217.

4246. — En d'autres termes, la réponse du jury, claire, précise et résolvant tous les points de la question, est acquise à l'accusé à qui elle a été lue à l'audience. — Cass., 9 juill. 1829, Eloy, [S. et P. chr.]; — 16 juin 1820, Vieille, [S. et P. chr.]; — 9 déc. 1823, Lejeal, [P. chr.]

4247. — Il ne peut pas en être privé par une déclaration tardive de quelques jurés. — Cass., 23 juin 1814, précité. — Sic, Legraverend, t. 2, p. 238; Carnot, Instr. crim., sur l'art. 347, t. 2, p. 651, n. 4.

4248. — En conséquence, les jurés ne peuvent plus être renvoyés dans leur chambre pour délibérer de nouveau. — Cass., 14 oct. 1825, Clément, [S. et P. chr.] — Sic, Carnot, Instr. crim., sur les art. 347 et 350, t. 2, p. 651, n. 4 et 668, n. 2; Bourguignon, Manuel du jury, p. 506, n. 331

4249. — Spécialement, lorsque le jury, après avoir reçu l'avertissement de l'obligation que la loi lui impose de voter sur la question des circonstances atténuantes, n'a pas déclaré qu'il y a des circonstances atténuantes en faveur de l'accusé, son silence à cet égard constitue la présomption légale qu'il n'en a point reconnu l'existence, et la lecture de la réponse des jurés à l'accusé la rendant irrévocable, ceux-ci ne peuvent ensuite atténuer son irréfragabilité, en alléguant qu'ils auraient omis d'examiner s'il existait de ces circonstances. En conséquence, la cour d'assises ne peut, malgré une semblable allégation, renvoyer les jurés dans la chambre de leurs délibérations, sous le prétexte que leur déclaration ne serait pas complète. — Cass., 26 déc. 1833, Bugnets, [S. 34.1.189, P. chr.]; — 2 janv. 1834, Poulain, [S. 34.1.188, P. chr.]

4250. — De même, c'est avec raison qu'il a été jugé que les déclarations passées au greffe, postérieurement à l'arrêt, par quelques-uns des jurés et par le président de la cour d'assises, ne peuvent étendre, modifier ni restreindre la réponse écrite du jury. — Cass., 13 juin 1816, précité.

4251. — Ainsi en serait-il de la déclaration par laquelle un ou plusieurs jurés allégueraient que le résultat du vote affirmatif sur les circonstances atténuantes a été omis par erreur dans le verdict. — Cass., 15 sept. 1853, précité.

4252. — Jugé encore que le verdict, dûment signé et lu à l'accusé sans observation de la défense interpellée sur l'application de la peine, est définitivement acquis à la cause, et que la mission du jury étant entièrement terminée aucune suite légale ne peut être donnée à l'incident soulevé par un de ses membres, qui interrompt le prononciation du verdict en alléguant une erreur prétendue. — Cass., 2 sept. 1869, Canu, [S. 70.1.279, P. 70.687, D. 71.1.67]

4253. — Que la déclaration du jury, lorsqu'elle est concordante dans ses parties, et qu'elle présente un sens clair et précis, est irréfragable dès qu'elle a été lue à l'audience, et ne peut être modifiée même par le jury qui l'a rendue. — Cass., 12 mars 1813, Tombarel, [S. et P. chr.]

4254. — De même en est-il de l'accusé. Sa situation se trouve, par la déclaration, irrévocablement fixée, et l'affirmation d'un fait nouveau, fût-il prouvé, fût-il de nature à faire disparaître toute criminalité, ne pourrait détruire l'effet de la déclaration du jury. La cour n'a alors d'autre ressource que d'user du bénéfice de l'art. 352. — Cass., 10 sept. 1813, [D. Rép., v° Instr. crim., n. 3247]

4255. — La Cour de cassation elle-même ne saurait s'arroger le pouvoir de reviser au fond la déclaration du jury. Il n'appartient pas à la Cour de cassation de critiquer les éléments sur lesquels s'est fondée la conviction des juges de répression, dont la décision régulière est souveraine. — Cass., 29 mars 1895, [Gaz. des Trib., 31 mars 1895]

4256. — C'est ainsi qu'il a été jugé qu'en matière de fausse monnaie, il n'appartient pas à la Cour de cassation de déclarer que les monnaies prétendues fausses n'étaient que des ébauches grossières, ne pouvant tromper personne. — Cass., 2 juin 1853, Desequeville, [D. 53.5.225]

4257. — ... Ou que les jurés auraient à tort déclaré fausse une pièce qui n'aurait pu leur être représentée. — Cass., 28 déc. 1850, Chatard, [Bull. crim., n. 443]

4258. — ... Que si l'accusé a été déclaré coupable de l'incendie d'une maison appartenant à autrui, on ne peut prétendre devant la Cour de cassation que les jurés se sont trompés en fait, et que la maison appartenait à l'accusé. — Cass., 8 févr. 1862, Héricotte, [D. 62.1.253]

4259. — ... Qu'on ne peut contester devant la Cour de cas-

sation la qualité de comptable des deniers publics reconnus à l'accusé par le jury. — Cass., 14 sept. 1865, Eppet Serié, [Bull. crim., n. 181]

4260. — ... Que si le jury a déclaré souverainement qu'un testament a été falsifié en France, on ne peut, devant la Cour de cassation, soutenir l'incompétence des tribunaux français sous prétexte que le crime aurait été commis à l'étranger. — Cass., 17 avr. 1873, [Bull. crim., n. 105]

4261. — La cour doit donc accepter la déclaration du jury telle qu'elle résulte de ses réponses, sans pouvoir rien y ajouter ni en retrancher. Nous verrons cependant infrà, n. 5931 et s., que la cour d'assises jouit d'une prérogative qui lui est reconnue par l'art. 352, C. instr. crim., pour le cas où la déclaration de culpabilité lui paraît fausse.

4262. — Les principes que nous venons d'exposer relativement à la portée qu'il faut reconnaître au verdict, applicables à toute déclaration régulière du jury, subissent nécessairement quelque atteinte lorsque cette déclaration ne répond pas au vœu du législateur au point de vue des formes à observer, ou laisse planer quelque incertitude sur la portée du verdict.

4263. — Et notamment, l'art. 350, C. instr. crim., aux termes duquel la déclaration du jury n'est susceptible d'aucun recours, ne peut s'entendre que d'une déclaration purgeant l'accusation (V. suprà, n. 2909 et s.); c'est seulement lorsque cette condition existe que ladite déclaration peut être acquise soit à l'accusé, soit à la vindicte publique. — Cass., 12 mars 1835, Hélitos, [P. chr.]; — 4 janv. 1844, Beaumin et Cloirac, [S. 44.1.514, P. 45.1.60]; — 7 nov. 1850, Bouille, [P. 52.1.94] — Ainsi, lorsque dans une accusation de coups portés volontairement, ayant occasionné la mort sans intention de la donner, le président a omis de consulter le jury sur cette circonstance constitutive que les coups auraient été volontairement portés, et que le vice de la question et de la déclaration affirmative n'a été reconnu qu'après lecture de la déclaration à l'accusé, cette déclaration ne lui est point acquise, et le jury peut valablement être renvoyé à délibérer sur de nouvelles questions reproduisant complètement l'arrêt de renvoi. — Cass., 7 nov. 1850, précité.

4264. — D'autre part, lorsque deux accusations portées contre le même accusé, à raison de deux crimes différents, ont été jointes, l'irrégularité dont l'une d'elles se trouvait entachée réagit sur l'ensemble des débats, et entraîne la nullité de la déclaration du jury même à l'égard de l'accusation régulière. — Cass., 14 sept. 1855, Chrétien, [P. 56.2.92]

4265. — Même lorsque la déclaration est irrégulière, elle a encore un caractère irrévocable lorsque l'irrégularité profite à l'accusé ou ne peut exercer aucune influence sur l'application de la peine et ne peut, par conséquent, lui porter aucun préjudice.

4266. — Ainsi, quelque irrégulière en la forme (par exemple, pour expression du nombre des voix) que soit une déclaration du jury, favorable à l'accusé, cette déclaration entraîne nécessairement l'acquittement de l'accusé, et ne peut être annulée même dans le seul intérêt de la loi (C. instr. crim., art. 409). — Cass., 9 févr. 1839, Thénillon, [S. 40.1.480]

4267. — Lorsque le résultat, quel qu'il soit, de la réponse du jury à une question qui lui est posée ne peut modifier l'application de la loi pénale, la régularité ou l'irrégularité de cette réponse est également sans importance, puisque la réponse elle-même, quoique contraire à l'accusé, ne doit pas servir de base à l'application de la peine; en conséquence, ce dernier est non fondé à se faire un moyen de cassation de son irrégularité. — Cass., 9 janv. 1847, Rolland, [P. 49.2.318, D. 47.4.121]; — 13 mars 1874, Menéray, [Bull. crim., n. 82] — Il a été jugé, en ce sens, que l'irrégularité de la déclaration du jury sur l'une des circonstances aggravantes n'entraîne pas la nullité de l'arrêt de condamnation, si cette déclaration, quant au fait principal et aux autres circonstances, suffit pour motiver la peine qui a été prononcée. — Cass., 22 nov. 1849, Déruy, [P. 51.1.245]

4268. — ... Que quand la peine la plus forte a été régulièrement appliquée pour crime d'incendie, peu importe que sur une autre question, celle de vol, par exemple, il y ait contradiction. — Cass., 1er févr. 1866, Potier et Guichard, [Bull. crim., n. 31]

4269. — ... Qu'il est superflu d'examiner si certaines réponses du jury sont inconciliables entre elles, alors que la concordance entre plusieurs de ces réponses justifiait l'application de la peine. — Cass., 14 sept. 1893, Hunerdin, [J. Le Droit, 22 sept. 1893]

4270. — ... Que la contrariété qui existerait entre quelques-unes des réponses du jury à l'égard de l'accusé ne peut entraîner nullité, si une autre des réponses du jury a suffi pour motiver la condamnation prononcée. — Cass., 3 déc. 1836, Demiannay, [S. 38.1.82, P. 38.1.37]; — 1er févr. 1866, précité ; — 16 janv. 1868, Coda-Zabetta et autres, [*Bull. crim.*, n. 13]; — 26 févr. 1874, Moulin et autres, [*Bull. crim.*, n. 62]

4271. — ... Que l'accusé dont la condamnation est justifiée par une réponse complète et régulière sur une question est non recevable à se faire un moyen de nullité de ce que, sur une autre question, la déclaration du jury aurait été irrégulière (C. instr. crim., art. 411). — Cass., 15 avr. 1824, Pigeonnat, [S. et P. chr.]

4272. — ... Que lorsque les questions soumises au jury ont été régulièrement et complètement répondues, le renvoi inutile des jurés dans la salle de leurs délibérations pour donner des explications qui résultent suffisamment de sa première réponse ne peut pas être une cause de nullité. — Cass., 8 oct. 1834, de Roussillac (précurseur de Lyon), [S. 35.1.229, P. chr.] — *Sic*, de Grattier, *Comment. sur les lois de la presse*, t. 1, p. 137, n. 27.

4273. — ... Que le renvoi des jurés dans la chambre de leurs délibérations, pour régulariser une déclaration trouvée à tort incomplète et irrégulière, ne peut constituer un moyen de cassation au profit du condamné, quand il résulte de l'état matériel de la déclaration que les jurés ont rapportée après le renvoi, qu'elle est la même que celle qui avait d'abord été présentée à la cour d'assises, sauf quelques additions et modifications, qui n'ont porté aucun préjudice à l'accusé. — Cass., 6 déc. 1838, Roubaud, [P. 39.2.645]

4274. — Mais, lorsque les jurés ont été renvoyés à tort dans leur chambre, pour délibérer de nouveau, l'arrêt intervenu sur la nouvelle déclaration est nul, si rien n'établit qu'elle soit conforme à la première, et surtout s'il existe au dossier une déclaration non signée et bâtonnée, favorable à l'accusé, à la suite de laquelle est inscrite celle moins favorable qui a servi de base à sa condamnation. La Cour de cassation doit, en ce cas, renvoyer à de nouveaux débats. — Cass., 2 oct. 1812, Louis Michel, [P. chr.]

4275. — Il en résulte que la première déclaration, quoique non encore acquise à l'accusé, devient cependant une pièce nécessaire du procès, en sorte que, si le jury l'a supprimée comme inutile, le fait de son anéantissement suffit pour entraîner la nullité de la seconde déclaration. — Cass., 19 nov. 1835, Bourgait, [S. 36.1.310, P. chr.]

4276. — Lorsque l'arrêt de condamnation est rendu sur une seconde déclaration du jury délibérée en vertu des ordres de la cour d'assises, si la première déclaration n'est pas produite, ou s'il n'est pas établi qu'elle fût ambiguë ou incomplète, elle est présumée de droit régulière ; en conséquence, l'arrêt de condamnation doit être annulé. — Cass., 18 nov. 1819, Bernard Alquier, [S. et P. chr.] — *Sic*, Legraverend, t. 2, chap. 2, p. 246.

4277. — Mais la décision ordonnant le renvoi ne saurait être annulée pour défaut de motifs en ce qu'elle ne ferait pas connaître les contradictions et ambiguïtés qui se trouvent dans la déclaration du jury. — Cass., 8 oct. 1840, Mirebeau, [S. 40.1. 1000, P. 45.2.561] — Il suffit que ces ambiguïtés résultent de la production même de la première déclaration.

4278. — Lorsque, par un arrêt exécuté sans opposition, et qui n'a pas été attaqué en cassation, la cour d'assises a renvoyé les jurés dans la chambre de leurs délibérations, pour donner une nouvelle déclaration, elle ne peut, sans violer l'autorité de la chose jugée, prendre pour base de sa décision la première déclaration des jurés qu'elle a implicitement annulée par ce renvoi. — Cass., 9 oct. 1823, Claude Lejeal, [S. et P. chr.] — *Sic*, Carnot, sur l'art. 349, *C. instr. crim.*, t. 2, p. 664, n. 7.

4279. — Lorsqu'une déclaration du jury, telle qu'elle est rapportée dans l'expédition de l'arrêt de la cour d'assises, n'est pas conforme à la transcription qui en a été faite dans le procès-verbal des débats, ni à la minute signée par le chef du jury, par le président et par le greffier, conformément à l'art. 349, C. instr. crim., cet original authentique peut seul faire foi en justice des termes de la déclaration. — Cass., 21 mai 1812, Leclerc, [S. et P. chr.]

4280. — Et maintenant, dans quels cas la déclaration du jury est-elle claire, précise et concordante et partant irrévocable? Dans quels cas est-elle considérée comme incertaine, obscure ou irrégulière, et de nature à motiver le renvoi des jurés dans la

chambre de leurs délibérations, c'est ce que nous avons à examiner.

§ 2. *Déclarations régulières ou irrégulières.*

1° *Déclarations certaines ou incertaines.*

4281. — I. *Généralités.* — On appelle déclaration certaine celle qui fait connaître d'une manière nette, précise, la pensée des jurés sur les questions qui leur ont été soumises.

4282. — Lorsque les réponses du jury sont ainsi exprimées, la déclaration est régulière et définitive ; la cour, nous venons de le voir, ne peut que faire application de la loi, sauf la réserve de l'art. 352; il ne lui appartient pas d'inviter les jurés à retourner dans la salle de leurs délibérations pour y confirmer leur vote ou le réformer.

4283. — Au contraire, l'arrêt de condamnation basé sur une déclaration du jury qui ne présente qu'un sens vague et incertain et qui n'établit aucun fait constituant un crime est nul. — Cass., 30 oct. 1812, Van Gendt Delecuw, [P. chr.]

4284. — A cet égard, nous rappelons que les jurés ne sont pas astreints à renfermer dans une formule sacramentelle les réponses qu'ils donnent aux questions qui leur sont soumises.

4285. — La règle étant posée, il est utile de rechercher, à l'aide des difficultés tranchées par la jurisprudence, quelles réponses ont été considérées comme suffisamment explicites.

4286. — Quand la question est-elle incertaine et vague? C'est là évidemment un point qui dépend des circonstances de chaque espèce, et sur lequel il ne peut être posé de principe invariable.

4287. — On peut dire cependant que la réponse du jury ne peut servir de base à une condamnation, dès lors qu'elle est susceptible d'une double interprétation, et que, suivant qu'on l'envisage dans un sens ou dans l'autre, elle nécessite l'application d'une pénalité différente.

4288. — Ainsi, il a été jugé, que lorsqu'à des questions relatives à deux crimes distincts, le jury répond : « oui, l'accusé est coupable », cette déclaration laisse ignorer de quel crime l'accusé est convaincu, et ne peut servir de base à une condamnation. — Cass., 27 oct. 1815, précité.

4289. — ... Qu'une déclaration susceptible de deux interprétations différentes et de laquelle il résulte bien que l'accusé est coupable, mais sans que l'on puisse savoir avec certitude s'il est coupable d'un délit ou d'un crime, ne peut non plus servir de base légale à une condamnation. — Cass., 20 avr. 1815, Bosc, [S. et P. chr.]

4290. — II. *Applications spéciales.* — Ici encore, la règle sera utilement éclairée à l'aide des espèces soumises à la Cour de cassation, dont nous allons faire connaître l'analyse.

4291. — *Tentative.* — Lorsque, sur une accusation de tentative de meurtre, le président de la cour d'assises a posé au jury une question contenant toutes les circonstances constitutives de la tentative, et que le jury a répondu : « oui, l'accusé est coupable, mais sans circonstances aggravantes », cette déclaration est contradictoire et incertaine, en ce qu'aucune circonstance aggravante n'a été soumise aux jurés. En conséquence, il y a lieu de renvoyer les jurés dans la chambre de leurs délibérations. — Cass., 7 oct. 1826, Faure, [P. chr.]; — 28 janv. 1830, Miermont, [S. et P. chr.]

4292. — *Complicité.* — Lorsque, après avoir répondu négativement à l'égard de l'accusé principal d'un vol avec les circonstances aggravantes, le jury déclare son coaccusé coupable de complicité par recélé, mais avec ignorance des circonstances aggravantes, sa déclaration ne s'expliquant pas sur l'existence de ces circonstances, et portant sur le fait de leur ignorance, qui n'avait pas été compris dans la question, ne peut servir de base légale à l'application de la peine; et il y a lieu de renvoyer les jurés dans la salle de leurs délibérations à l'effet de donner une nouvelle réponse. — Cass., 8 janv. 1835, Paillar, [P. chr.]

4293. — *Attentats et complots contre la sûreté de l'Etat.* — Lorsque des individus renvoyés à la cour d'assises comme accusés des crimes prévus et punis par les art. 86, 87 et 91, C. pén., c'est-à-dire d'avoir tenté de renverser le gouvernement et d'avoir excité à la guerre civile, ont été seulement déclarés coupables du crime prévu et puni par l'art. 98, ce crime n'étant pas étranger à ceux prévus par les art. 87 et 91, il n'y a pas lieu de renvoyer les jurés dans leur chambre pour donner une nouvelle déclaration. — Cass., 20 janv. 1832, Jacques Charbonneau, [P. chr.] — *Sic*, F. Hélie, *Instr. crim.*, t. 8, n. 3775.

4294. — *Faux.* — a) *Déclarations certaines.* — La déclaration du jury portant que l'accusé est *coupable* d'avoir commis le crime de faux, renferme nécessairement l'intention criminelle. — Cass., 10 août 1815, Perthon, [S. et P. chr.]

4295. — Pour qu'il y ait lieu à l'application des peines du faux, il n'est pas indispensable que le président, dans la position de la question, et le jury, dans sa déclaration, se servent positivement du mot « faux », lorsque d'ailleurs les circonstances et les faits sur lesquels le jury donne une réponse affirmative sont élémentaires et constitutives du crime de faux. Ainsi la réponse affirmative du jury à cette question : « N... est-il coupable d'avoir, le ..., devant A..., notaire, pris le nom de B..., et d'avoir sous ce faux nom, vendu par acte authentique des immeubles appartenant audit B... ? » Ou à cet autre : « N... est-il coupable de s'être fait vendre, dans un acte authentique, des immeubles appartenant à A... par B..., qui prit faussement dans ledit acte le nom de B...? » suffit pour caractériser le crime de faux et donner lieu à l'application des peines. — Cass., 3 oct. 1817, Armandet, [S. et P. chr.]

4296. — Lorsqu'il a été demandé au jury si l'accusé est coupable d'avoir fait constater un fait faux, par un officier public, et s'il est complice pour avoir, par des artifices coupables, provoqué l'officier public à commettre ce crime, la réponse affirmative sur la seconde question comprend nécessairement la circonstance que l'officier public a agi dans l'exercice de ses fonctions, quoique la première question ait été répondue négativement. — Cass., 10 juill. 1817, Fages, [P. chr.]

4297. — La déclaration qu'un notaire est coupable de faux par supposition de personne dans une procuration par lui reçue en sa qualité constate implicitement le caractère préjudiciable du faux. — Elle constate aussi implicitement que l'accusé a commis ce faux sciemment. — Cass., 13 oct. 1842, Couret, [S. 42. 1.935, P. 43.1.169]

4298. — La déclaration du jury portant qu'un individu a aidé ou assisté avec connaissance dans les faits qui ont préparé, facilité ou consommé un faux en écriture de commerce, comprend non seulement la fabrication de l'effet, mais encore la commercialité, sans qu'il soit nécessaire d'indiquer que le complice a eu connaissance de la qualité de commerçant du souscripteur. — Cass., 29 nov. 1839, Aupierre, [P. 44.1.339]

4299. — Lorsque, à la question de savoir si l'accusé est coupable d'avoir fait usage de diverses pièces fausses, sachant qu'elles étaient fausses, le jury a répondu : « Oui, l'accusé est coupable », cette déclaration se réfère à toutes les circonstances de la question et suffit pour établir sa culpabilité. — Cass., 24 déc. 1829, Barcel, [S. et P. chr.]

4300. — Lorsque, sur la question de savoir si l'accusé a fait sciemment usage d'une fausse lettre missive, le jury a répondu : « Oui, l'accusé a fait usage de la pièce fausse, mais non sciemment », cette déclaration est claire et précise. — Cass., 24 avr. 1828, Talon, [P. chr.] — *Sic*, Carnot, sur l'art. 350, *C. instr. crim.*, t. 2, p. 669, n. 8.

4301. — b) *Déclarations incertaines.* — Lorsque, sur une accusation de faux par fabrication d'un acte de naissance et usage fait sciemment de cette pièce fausse, le jury ne donne que des réponses équivoques et ambiguës, la cour d'assises ne peut, au lieu de demander au jury une nouvelle déclaration, condamner l'accusé aux peines portées contre ceux qui falsifient des certificats de bonne conduite, sans qu'aucune des circonstances propres à caractériser ce délit ait été mentionnée dans la déclaration du jury. — Cass., 29 mai 1812, Laurentzen, [P. chr.] — *Sic*, Carnot, sur l'art. 345, *C. instr. crim.*, t. 2, p. 645, n. 11, et sur l'art. 350, même Code, p. 666, n. 5.

4302. — Lorsqu'au lieu de s'expliquer sur l'innocence ou la culpabilité de l'accusé, le jury se borne à répondre que l'accusé a ajouté des mots sur une quittance sous seing privé, mais qu'il n'en a pas fait sciemment usage, cette déclaration laisse subsister un doute et une incertitude qui ne permettent pas qu'elle serve de base, soit à une condamnation, soit à un acquittement. — Cass., 3 sept. 1819, Picard, [P. chr.]

4303. — *Concussion.* — Lorsque, sur la question de savoir si l'accusé est coupable d'avoir, en qualité de concierge d'une prison, reçu en tout ou en partie, pour droits de journées de garde, le paiement d'un nombre déterminé de journées, sachant qu'elles excédaient ce qui lui était dû, le jury répond affirmati-

vement, à la réserve que le paiement n'a été reçu que pour une partie des journées, la déclaration est régulière et peut servir de base à la condamnation. — Cass., 26 août 1824, Vilsée, [S. et P. chr.]

4304. — *Association de malfaiteurs.* — Lorsque, sur la question de savoir si l'accusé est coupable d'avoir fait partie d'une association de malfaiteurs envers les personnes et les propriétés, organisée par bandes, laquelle association s'est montrée en armes dans plusieurs communes, et d'avoir fait partie de ces bandes en qualité de commandant ou de chef, ou en sous-ordre, ou d'en avoir fait partie, sans y exercer un commandement, le jury a répondu : *Oui, sans les circonstances aggravantes*, cette réponse est claire, précise et concordante. — Cass., 9 févr. 1832, Gaugain, [S. 32.1.141, P. chr.]

4305. — *Coups et blessures.* — Lorsque le jury, interrogé sur le point de savoir si les blessures ont occasionné une incapacité de travail de plus de vingt jours, répond : « *Oui*, M... (celui auquel les blessures ont été faites) n'a pu travailler pendant plus de vingt jours », cette réponse se référant nécessairement à la question, exprime suffisamment que les blessures ont été la cause de l'incapacité de travail. — Cass., 17 avr. 1834, Auzeville, [S. 34.1.556, P. chr.]

4306. — *Homicide.* — a) *Déclarations certaines.* — La déclaration du jury portant : « Non, il n'y a pas d'homicide volontaire », est régulière et ne présente aucune ambiguïté. — Cass., 28 juin 1832, Saunier, [P. chr.]

4307. — Lorsque sur une question de meurtre, le jury a répondu : « Oui, l'accusé est coupable d'avoir donné la mort, mais involontairement », cette déclaration est régulière. — Cass., 4 janv. 1833, Houet, [P. chr.]

4308. — Lorsque, sur la question de savoir si l'accusé est coupable d'avoir commis un homicide volontaire, avec préméditation et de guet-apens, sur un garde champêtre dans l'exercice de ses fonctions, le jury a répondu que l'accusé est coupable, mais sans aucune des circonstances aggravantes, sa déclaration est claire et précise. — Cass., 19 janv. 1827, Audran, [P. chr.]

4309. — Lorsque, sur la question de savoir si l'accusé est coupable d'avoir commis un homicide volontairement et avec préméditation, le jury répond que l'accusé est coupable *avec la circonstance mentionnée*, cette dernière partie de sa déclaration se rapporte à la préméditation et non à la volonté, qui n'est qu'un élément constitutif du meurtre. En conséquence, la réponse est complète et régulière. — Cass., 15 juill. 1830, Mottelay, [P. chr.]

4310. — Lorsque, sur une question d'homicide volontaire et prémédité, le jury répond : *Oui, l'accusé est coupable d'avoir commis le crime avec la circonstance de préméditation*, cette déclaration suffit pour motiver l'application de la loi pénale, sans qu'il soit besoin que le jury ait répété les faits spécifiés dans la question. — Cass., 27 juin 1835, Gaudeix et Boulland, [S. 35. 1.188, P. chr.]

4311. — La déclaration du jury portant qu'immédiatement après un assassinat, l'accusé a reçu une somme d'argent, sachant qu'elle provenait du vol qui avait accompagné cet assassinat, est certaine et régulière, quoique le mot *recélé* n'y soit pas employé. Ce mot n'est pas sacramentel. — Cass., 7 oct. 1824, Jacquet, [P. chr.]

4312. — b) *Déclarations incertaines.* — Lorsqu'à la question de savoir si *l'accusé est coupable d'un homicide volontaire, commis de guet-apens, avec toutes les circonstances ramenées dans l'acte d'accusation*, quoique cet acte n'en relate point d'autres, le jury répond : *Oui l'accusé est coupable, mais sans aucune des circonstances ramenées dans l'acte d'accusation*, il reste incertain si le jury n'a pas entendu écarter la volonté comme le guet-apens; et dès lors sa déclaration doit être annulée. — Cass., 20 avr. 1815, Bosc, [S. et P. chr.]

4313. — Lorsque, sur la question de savoir si l'accusé est coupable d'un homicide commis volontairement et avec préméditation, le jury répond que l'accusé est coupable avec la circonstance portée dans la question, cette déclaration ne fait point connaître celle des deux circonstances de la volonté ou de la préméditation dont le jury a voulu parler, et ne peut servir de base à une condamnation. — Cass., 13 juin 1816, Guinaudeau, [P. chr.]

4314. — *Attentats aux mœurs.* — a) *Déclarations certaines.* — La réponse du jury qui, interrogé sur la question de savoir si l'accusé est coupable d'attentat à la pudeur avec violence, répond : « Oui, l'accusé est coupable du fait à lui imputé, mais sans violence », est claire et certaine. — Cass., 28 janv. 1830, Moutte, [S. et P. chr.]; — 29 août 1839, Bila, [P. 39.2.312]

4315. — La déclaration du jury, portant qu'un accusé s'est rendu coupable du crime de viol, conjointement avec un autre individu, comprend implicitement, mais nécessairement et sans incertitude, la circonstance aggravante de l'aide et assistance. — Cass., 29 janv. 1829, Veyrel, [P. chr.]

4316. — b) *Déclarations incertaines.* — Lorsque, interrogé sur trois objets distincts, une tentative de viol, une tentative d'attentat à la pudeur avec violence et les circonstances constitutives de la tentative, le jury, en faisant des réponses distinctes, a déclaré, sur la seconde question, que l'accusé est coupable avec la dernière circonstance, quoiqu'une seule circonstance soit énoncée dans la question, la cour d'assises peut bien considérer le mot « dernière » comme superflu et insignifiant; mais si elle ne se croit pas suffisamment éclairée, elle peut renvoyer les jurés dans leur chambre, à l'effet d'expliquer eux-mêmes leur déclaration. — Cass., 20 janv. 1820, Carpentin, [P. chr.]

4317. — Est incertaine et nulle, comme répondant à ce qu'on ne demande pas et ne répondant pas à ce qu'on demande, la déclaration du jury qui, à la question de savoir si l'accusé a commis un attentat à la pudeur avec violence, répond : « Oui, avec violence morale. » Cass., 28 oct. 1830, Hugues, [P. chr.]

4318. — ... Ou « oui », sans avoir usé de violences physiques ». — Cass., 9 mars 1821, Paris, [S. et P. chr.] — *Sic,* F. Hélie, *Instr. crim.,* t. 8, n. 3776.

4319. — *Arrestation arbitraire.* — Lorsqu'à la question de savoir si l'accusé a mis en liberté la personne détenue avant le dixième jour, ou si la séquestration a duré plus d'un mois, le jury a répondu : « Non, moins de dix jours, mais avant l'expiration d'un mois », on doit entendre que la séquestration a duré plus de dix jours, mais a cessé avant l'expiration d'un mois. — Cass., 15 déc. 1831, Durili, [P. chr.]

4320. — *Vol.* — Lorsqu'il est établi par la déclaration du jury qu'un individu s'est rendu coupable de vol dans une maison habitée, et qu'un autre individu s'est rendu complice de ce vol en assistant l'auteur dans les faits qui l'ont consommé, le vol est réputé commis par deux personnes et constitue le crime prévu par l'art. 386, n. 1, C. pén. — Cass., 24 août 1827, Genold, [P. chr.]

4321-22. — Mais lorsque sur la question de savoir si l'accusé est coupable d'avoir soustrait frauduleusement des effets, les jurés répondent qu'il est coupable de les avoir soustraits, sans ajouter frauduleusement, cette réponse est incertaine et nulle. — Cass., 10 avr. 1818, Elie, [P. chr.]

2° *Déclarations complexes ou non.*

4323. — Nous avons vu *suprà,* n. 3168 et s., que la complexité dans les questions adressées aux jurés a, par les difficultés qu'elle peut présenter, attiré la sollicitude du législateur. Il en est de même de la complexité dans les réponses du jury aux questions qui ont été posées.

4324. — Depuis la loi organisatrice du jury, des 16-29 sept. 1791, jusqu'aux lois des 9 sept. 1835 et 13 mai 1836, plusieurs systèmes différents ont été adoptés successivement.

4325. — Ainsi, sous la loi des 16-29 sept. 1791 et le Code du 3 brum. an IV, le jury devait répondre d'une manière distincte à toutes les questions qui lui était soumises.

4326. — Le législateur de 1808, voulant porter remède aux abus sans nombre qui se glissaient dans les divisions et subdivisions à l'infini qu'occasionnait pour les réponses, de même que pour les questions, le système de la législation antérieure, autorisa les questions et les réponses complexes (Ancien art. 345).

4327. — Ce système, comme nous l'avons fait remarquer, était exagéré par lui-même, en prenant la loi à la lettre; mais son esprit souffrait la division des questions et réponses lorsqu'elle était nécessaire; c'était du moins ce que la jurisprudence avait consacré, et ce qui était suivi dans la pratique.

4328. — La loi du 13 mai 1836, qui a fixé l'état actuel de notre législation sur ce point, est revenue, en partie du moins, au système de la loi organisatrice de 1791 et du Code de brumaire an IV, sur le vote du jury par réponses distinctes.

4329. — Nous avons déjà fait plusieurs fois, chemin faisant,

l'application de ces principes. De même que les questions doivent être posées distinctement pour chaque fait et pour les circonstances aggravantes (V. *suprà,* n. 3180 et s.), de même que le jury doit délibérer et voter séparément sur chacune des questions ainsi posées et sur les circonstances atténuantes (V. *suprà,* n. 3961), de même la déclaration doit faire apparaître que le vœu de la loi, quant à la séparation des questions et à la division du vote, a été rempli.

4330. — Nous n'avons pas à revenir ici sur les caractères de la complexité. Nous nous sommes longuement étendus sur ce sujet lorsque nous avons étudié la forme des questions à poser. Rappelons seulement ces principes : 1° toutes les fois que la question est complexe, si le jury se borne à y répondre par oui ou par non, la déclaration est, comme la question elle-même, entachée de complexité; 2° le jury peut, et doit même, dans sa réponse, diviser les points qui auraient dû l'être dans la question, et ainsi réparer le vice de complexité qui avait été commis. — V. *suprà,* n. 3184.

4331. — Quant aux obligations imposées au jury pour éviter dans sa déclaration le vice de complexité, rappelons tout d'abord qu'elle doit répondre séparément sur chacun des faits distincts qui font l'objet de l'accusation. De même que le fait principal et chacune des circonstances aggravantes doivent faire l'objet d'autant de questions distinctes et séparées au jury, de même ils doivent être l'objet, de la part du jury, de réponses distinctes et séparées : une réponse complexe ne saurait servir de base légale à une condamnation. — Cass., 31 mai 1838, Capdau, [S. 38.1.896, P. 38.2.326]; — 31 mai 1838, Hue, [S. 38.1.896, P. 40.1.222] — V. *suprà,* n. 3208 et s.

4332. — Ainsi il a été décidé qu'on ne peut soumettre cumulativement au jury des faits successifs et indépendants les uns des autres; qu'il y a, en conséquence, nullité si les jurés ont répondu affirmativement à une question complexe spécifiant plusieurs faits accomplis à des jours différents et chez différentes personnes. — Cass., 30 mars 1839, d'Hénard, [P. 40.1.176]

4333. — ... Que quand la réponse affirmative du jury se rapporte à deux crimes différents, passibles de peines différentes, elle ne peut motiver la condamnation de l'accusé à la peine, soit de l'un, soit de l'autre de ces crimes. — Cass., 27 oct. 1815, Heiligenstein, [S. et P. chr.]

4334. — ... Que lorsque l'acte d'accusation impute à l'un des accusés d'avoir participé comme complice à cinq faits de vol, et que les cinq vols se trouvent réunis dans une même question avec plusieurs autres non imputés à cet accusé, il ne suffit pas que le jury le déclare coupable par complicité d'un grand nombre des vols : il faut que sa déclaration se rapporte spécialement aux cinq faits imputés. — Cass., 14 févr. 1822, Laborde, [S. et P. chr.]

4335. — ... Que lorsqu'une question subsidiaire a été posée au jury comme résultant des débats, il ne peut laisser cette question sans réponse, sous prétexte que les deux questions posées rentreraient l'une dans l'autre et que la réponse faite à l'une peut servir de réponse à l'autre : le jury n'en doit pas moins faire une réponse spéciale à chaque question. — Cass., 16 avr. 1842, Couret, [S. 42.1.891, P. 42.2.538]

4336. — En second lieu, le jury doit statuer par des réponses séparées et distinctes sur le fait principal et sur chacune des circonstances aggravantes (V. *suprà,* n. 3321 et s.). Il a donc été jugé qu'il y a nullité lorsque, plusieurs questions ayant été posées au jury sur le fait principal et sur les circonstances aggravantes, sa réponse, au lieu d'être distincte pour chacune des questions, a été collective. — Cass., 6 févr. 1840, Desauge, [S. 40.1.877, P. 41.1.100]

4337. — ... Spécialement que, dans une accusation de vol avec les circonstances aggravantes de nuit, de maison habitée et d'effraction intérieure, la déclaration du jury, ainsi faite d'une manière collective : « Oui, à la majorité, l'accusé est coupable avec les circonstances relatées dans le résumé de l'acte d'accusation », est nulle, et ne peut servir de base légale à une condamnation. — Cass., 31 mai 1838, précité. — *Contrà,* sous l'ancienne législation, Cass., 18 nov. 1819, Kerleu, [S. et P. chr.]

4338. — ... Qu'il n'importe qu'il ait indiqué par une accolade que sa réponse devait s'appliquer aux questions qui s'y trouvaient comprises. — Cass., 6 févr. 1840, précité. — *Sic,* Legraverend, t. 2, p. 234 et 235.

4339. — ... Que le jury devant, à peine de nullité, exprimer dans chacune de ses réponses contre l'accusé que sa décision a été prise à la majorité, il y a nullité lorsque, après avoir déclaré l'accusé coupable sur le fait principal, à la majorité, et avoir répondu sur chacune des circonstances aggravantes, en regard de chacune d'elles, par l'expression *oui*, il s'est contenté d'exprimer que ces déclarations avaient été prises contre l'accusé, à la majorité, par une seule réponse reliée aux mots *oui* au moyen d'une simple accolade. — Cass., 17 janv. 1856, Brousse, [S. 56.1.558, P. 56.2.428]

4340. — ... Que la déclaration portant à la fois, et par forme de réponse complexe, sur le fait principal et sur une circonstance aggravante, est absolument nulle pour le tout ; et que la partie de cette déclaration relative au fait principal ne saurait survivre à cette annulation pour justifier, en se joignant à la réponse distincte concernant une autre circonstance aggravante, l'application d'une peine ; qu'en pareil cas, cette dernière réponse, subsistant seule, sans déclaration valable relative au fait principal, ne saurait motiver aucune condamnation. — Cass., 3 sept. 1847, Hérault, dite Bonbonne, [P. 48.2.67]

4341. — ... Qu'est nulle la déclaration du jury qui, au lieu de porter, par des réponses distinctes, sur le fait principal, sur chaque circonstance aggravante et sur les circonstances atténuantes, confond dans la même réponse le fait principal et les circonstances atténuantes. — Cass., 3 déc. 1846, Arzezinski, [P. 47.1.601] — La cour d'assises doit, en ce cas, annuler la déclaration du jury et le renvoyer dans la chambre de ses délibérations pour répondre séparément et successivement aux questions posées par le président, en se conformant aux prescriptions de la loi, mais non se borner à renvoyer le jury « pour exprimer d'une manière régulière le vote des circonstances atténuantes qui restaient acquises à l'accusé ». — Même arrêt.

4342. — C'est donc à tort qu'il avait été décidé d'abord par la Cour de cassation que lors même qu'il a été posé au jury des questions distinctes sur le fait principal et sur chacune des circonstances aggravantes, il a pu répondre sur toutes ces circonstances par une déclaration unique et collective. — Cass., 9 sept. 1837, Degrame, [S. 39.1.342, P. 39.1.523]

4343. — ... Et qu'il ne peut résulter une nullité de ce que le jury aurait fait sa déclaration sur plusieurs circonstances aggravantes, par une seule réponse liée aux diverses questions par une accolade. — Cass., 8 juill. 1836, Leblanc, [P. chr.]

4344. — En cas de pluralité d'accusés, les mêmes distinctions doivent être faites pour la réponse du jury que pour les questions qui lui sont soumises. — V. *supra*, n. 3332 et s. — V. aussi Cass., 31 juill. 1847, Favre, [P. 47.2.617, D. 47.4.137]

4345. — Ainsi que nous l'avons dit, les circonstances constitutives du crime peuvent être réunies au fait principal et faire l'objet d'une seule question ; elles peuvent, par conséquent, avec le fait principal, donner lieu à une seule réponse.

4346. — Nous avons fait connaître quelles différences séparent les circonstances aggravantes des circonstances constitutives. Nous n'avons qu'à nous référer aux explications que nous avons données à cet égard. — V. *supra*, n. 3321 et s., 3411 et s.

4347. — Rappelons ici un principe dont nous avons, en cette matière, fait maintes fois application. La nullité résultant du vice de complexité dans la réponse du jury, si elle peut profiter à l'accusé, ne peut lui nuire. — V. *supra*, n. 4036.

4348. — Par suite, lorsque le jury, répondant à une question complexe qui embrasse deux espèces de faits criminels, a déclaré l'accusé non coupable, l'accusé est nécessairement acquitté sur les deux faits criminels : il n'y a pas à revenir sur le vice de complexité de la question, pour en conclure qu'il y a incertitude dans la déclaration (C. instr. crim., art. 350 et 358). — Cass., 25 août 1826, Romain, [S. et P. chr.]

4349. — La déclaration du jury sur l'existence des circonstances atténuantes doit, quand il y a plusieurs accusés, être spéciale, distincte et personnelle pour chacun d'eux. — Cass., 1ᵉʳ avr. 1842, Godefroy, [S. 42.1.468, P. 42.1.492] ; — 5 janv. 1854, Guincêtré, [S. 54.1.281, P. 54.2.71, D. 54.5.203] ; — 12 août 1880, Jeannin, [S. 81.1.237, P. 81.555, D. 81.1.144]

4350. — Ainsi est nulle la déclaration unique et collective ainsi conçue : « A la majorité, il y a des circonstances atténuantes en faveur de N... et de N... ». — Cass., 12 août 1880, précité.

4351. — Toutefois, les accusés qui ont bénéficié sont sans intérêt et par suite sans droit à se prévaloir de cette nullité. — Cass., 31 juill. 1847, Granger, [S. 47.1.870, P. 47.2.611] ; — 5 janv. 1854, précité ; — 12 août 1880, précité.

4352. — Mais cette nullité peut être relevée par le ministère public, dans l'intérêt de la loi. — Cass., 1ᵉʳ avr. 1842, précité ; — 31 juill. 1847, précité ; — 14 oct. 1848, Leviloux, [S. 48.1. 672] ; — 12 août 1880, précité.

3º *Déclarations sur les questions alternatives*.

4353. — Il en est de la réponse aux questions alternatives comme de la réponse aux questions complexes. En principe, lorsque de pareilles questions ont été soumises au jury, la réponse par une simple affirmation est insuffisante ; car, cette affirmation ne fait pas connaître suffisamment la pensée du jury et laisse dans le doute sa détermination. — Carnot, *Instr. crim.*, sur l'art. 345, t. 2, p. 648 et s.

4354. — Rappelons cependant, à cet égard, que les questions alternatives ne sont pas toujours et nécessairement entachées de complexité ni, par conséquent, de nullité. Conformément aux principes admis *supra*, n. 3276 et s., on peut dire que toutes les fois que la question alternative aura pu être valablement posée, le jury pourra aussi valablement y répondre par une seule affirmation ou une seule négation.

4355. — Il en résulte que lorsqu'une question alternative a été posée aux jurés, ils peuvent adopter cumulativement les deux hypothèses, si elles ne présentent rien de contraire et si elles sont punissables de la même peine. — Cass., 18 mars 1826, Dermenon-Annet, [S. et P. chr.] ; — 13 août 1829, Godet, [P. chr.] ; — 15 sept. 1831, Salard, [P. chr.] ; — 26 mars 1836, Martin, [P. chr.] ; — 16 juin 1836, Verninac Saint-Maur, [P. 37.1.35]

4356. — Il a été jugé, en ce sens, qu'encore bien qu'il y ait incertitude sur celle des deux questions à laquelle la réponse se réfère, si la peine est dans les deux cas la même, l'accusé ne peut y trouver une ouverture à cassation. — Cass., 28 févr. 1833, Leroux, [P. chr.]

4357. — Ainsi, et spécialement, il a été jugé que lorsque à la question alternative qui lui est soumise : « Si l'accusé a fabriqué ou fait fabriquer une fausse signature », le jury a répondu affirmativement, chacune de ces alternatives entraînant la même peine, il ne peut résulter, de ce qu'une seule réponse aurait été faite à cette question, aucun moyen de nullité. — Cass., 8 juill. 1830, Flahaut, [S. et P. chr.] ; — 16 juin 1836, précité ; — 6 avr. 1838, Guillaume, [P. 42.2.653] — V. *supra*, n. 3288.

4358. — ... Que lorsque, sur la question de savoir si l'accusé est coupable d'un crime de viol ou de tout autre attentat à la pudeur consommé ou tenté avec violence, le jury s'est borné à répondre : « Oui, l'accusé est coupable », chacun des deux crimes étant passible de la même peine, la déclaration du jury doit être considérée comme complète et régulière. — Cass., 3 mai 1832, Bray, [P. chr.]

4359. — Au contraire, une réponse unique donnée à une question alternative entraîne la nullité du verdict si cette réponse laisse la cour dans l'incertitude, soit sur la culpabilité de l'accusé, soit sur la nature du crime qui lui est imputé ou sur la peine qui doit lui être appliquée.

4360. — Jugé, en ce sens, que lorsque le jury, interrogé sur le point de savoir si l'accusé failli avait supposé des dépenses et des pertes ou n'avait pas justifié de l'emploi de toutes ses recettes, se bornait à répondre « oui », cette réponse pure et simple à une question alternative, dont la seconde partie portait sur un fait matériel qui ne supposait pas nécessairement la fraude, ne pouvait servir de base à une condamnation. — Cass., 26 janv. 1827, Gilles, [S. et P. chr.]

4361. — ... Que lorsqu'une question soumise au jury présente à décider trois circonstances de complicité qui ne sont pas liées par une copulative, et dont une seule est admise comme telle par la loi, si la réponse du jury ne détermine pas d'une manière positive qu'elle se réfère à chacune d'elles ou à quelqu'une d'entre elles, il reste incertain si le jury a entendu répondre affirmativement sur la seule des trois circonstances qui rentre dans l'art. 60, C. pén., et que sa déclaration ne peut servir de base à une condamnation, ni à un acquittement. — Cass., 23 juill. 1818, Boucher, [P. chr.] — *Sic*, Carnot, sur l'art. 60, *C. pén.*, t. 1, p. 229, n. 15 et 16.

4362. — ... Que la réponse affirmative du jury à une question alternative qui lui présentait à décider si deux accusés étaient coupables de vol ou si l'un d'eux seulement s'en était rendu coupable, ne détermine clairement ni la culpabilité de l'un, ni la culpabilité de l'autre, et ne peut servir de base à une condamnation. — Cass., 1er avr. 1824, Despierres, [S. et P. chr.] — Sic, Legraverend, t. 2, p. 245, note 1.

4363. — ... Que lorsque le jury, interrogé sur la question de savoir si l'accusé est coupable d'attaque ou de résistance avec violences et voies de fait envers les agents de l'autorité publique, a déclaré l'accusé coupable, mais sans la circonstance aggravante des voies de fait, cette réponse, applicable aussi bien à la résistance qu'à l'attaque, et ne laissant subsister, dans l'une de ses alternatives, qu'un fait de résistance sans violences ou voies de fait, lequel ne constitue ni crime, ni délit, doit être interprétée dans le sens le plus favorable à l'accusé, et par suite entraîner son absolution. — Cass., 2 juill. 1835, Aribaud, [S. 35.1.933, P. chr.]

4364. — Jugé, cependant, que, lorsque le jury s'est borné à répondre « oui » sur une question alternative, dont les deux parties n'entraînent pas la même peine, la cour d'assises ne doit appliquer que la peine la moins grave. — Cass., 21 déc. 1827, Montpeyre, [S. et P. chr.]

4365. — En tous cas, lorsqu'une question soumise au jury présente sous une forme alternative deux chefs d'accusation, et qu'une seule réponse affirmative a été faite par le jury, sans qu'aucune indication fasse connaître si cette réponse s'applique à l'un ou à l'autre de ces chefs d'accusation ou à tous deux, il est nécessaire que chacun des chefs d'accusation réunisse les caractères légaux de criminalité pour servir de base à une condamnation. — Cass., 3 janv. 1846, Colat, [P. 46.1.472]; — 23 nov. 1848, Bisserier, dit Marsandon, [P. 50.1.121] — Spécialement, la réponse affirmative du jury à une seule question sur la double inculpation dirigée contre un accusé : 1° d'avoir aidé ou assisté les auteurs d'un vol ; 2° d'avoir recelé sciemment tout ou partie des objets volés, ne peut servir de base à une condamnation, cette question n'exprimant pas que l'accusé eût aidé ou assisté l'auteur du vol avec connaissance, ce qui pouvait seul constituer la criminalité, et la réponse du jury laissant ignorer à quelle branche de l'alternative elle s'applique. — Cass., 23 nov. 1848, précité.

4366. — Si la loi du 13 mai 1836, complétant les dispositions de l'art. 345, C. instr. crim., interdit au jury les réponses collectives aux questions distinctes qui doivent lui être posées tant sur le fait principal que sur chaque circonstance modificative de la criminalité, aucun texte légal ne s'oppose à ce que le jury divise les termes de l'alternative de temps que peut contenir une question régulièrement posée, et qu'il énonce, à la suite du mot oui, auquel de ces termes son affirmation se rattache exactement. Il en est ainsi lorsque, comme dans l'espèce, le jury, consulté sur deux assassinats et un vol qualifié concomitants, avec cette circonstance attachée à chacun des deux premiers crimes qu'il avait, « précédé, accompagné ou suivi » chacun des deux autres, a déterminé le moment précis où chacun des actes incriminés s'était produit par rapport aux autres, en répondant « oui, il a précédé; oui il a suivi » au lieu de donner une réponse affirmative pure et simple. — Cass., 17 oct. 1895, Lanceleur, [Bull. crim., n. 248; Gaz. des Trib., 25 oct. 1895] — V. supra, n. 3337, 3342.

4367. — En ce qui concerne la déclaration du jury sur la question alternative de savoir si l'accusé est auteur ou complice du fait incriminé, V. supra, n. 3277 et s.

4° Déclarations contradictoires ou non contradictoires.

4368. — I. Généralités. — Pour être valable, la décision de la cour d'assises doit nécessairement reposer, non pas sur ce que le jury a voulu dire, mais sur ce qu'il a dit réellement d'une manière claire et précise. L'incohérence et la contradiction dans les décisions du jury ne peuvent donc servir de base légale à une condamnation, ni à un acquittement. Aucun texte, il est vrai, ne commande de rejeter les déclarations du jury, lorsqu'elles sont contradictoires : mais il n'en est pas besoin; la raison suffit : Contraria simul stare nequeunt. — V., en ce sens, Cass., 4 flor. an X, Courroy, [P. chr.]; — 6 août 1807, Amiod, [S. chr.]; — 4 juin 1812, Hérisson, [P. chr.]; — 2 juill. 1813, Hénelé, [P. chr.]; — 17 nov. 1870, Fauchet et Sidera, [D. 71.1.190] — Sic, Bourguignon, Jurisp. des C. crim., t. 2, art. 409, p. 301. — V. pour les applications, infrà, n. 4410 et s.

4369. — Ainsi il a été jugé que toute déclaration du jury

qui présente dans son ensemble des inconséquences, des incohérences et des contradictions manifestes est nulle. — Cass., 16 flor. an VIII, Vanlaere, [P. chr.]

4370. — ... Qu'un arrêt de condamnation est nul lorsqu'il n'a pour base que des réponses du jury qui se détruisent les unes par les autres, et qui ne présentent aucun résultat clair, aucun fait précis. — Cass., 23 juill. 1812, Donnant et Mantonnat, [P. chr.]

4371. — ... Qu'il en est ainsi, spécialement, de la déclaration du jury portant qu'un accusé est coupable, mais non criminel. — Cass., 28 avr. 1792, Castel, [P. chr.]

4372. — ... De la déclaration du jury de laquelle il résulte que l'accusé n'est pas coupable d'avoir commis le fait principal et que cependant il y a participé comme coauteur avec connaissance. — Cass., 15 janv. 1824, Blum, [S. et P. chr.]

4373. — Mais on ne peut prétendre qu'il y a contradiction entre les réponses données par la cour d'assises aux questions posées par le ministère public, qu'autant que cette contradiction résulte des réponses elles-mêmes; on ne peut surtout la faire résulter de l'instruction écrite. — Bruxelles, 28 févr. 1826, S..., [P. chr.]

4374. — De plus, pour que la déclaration soit annulée, en l'absence d'un texte précis, on conçoit qu'il faut que l'on se heurte à une véritable impossibilité, et cette impossibilité n'existe qu'autant que la contradiction porte sur une circonstance constitutive ou aggravante du crime; que si la contradiction ne porte que sur une circonstance indifférente, qui ne peut influer ni sur la qualification du fait, ni sur la quotité de la peine, on comprend très-bien que cette contradiction soit négligée, puisqu'elle n'a pu causer aucun préjudice à l'accusé.

4375. — Il a été jugé, en ce sens, que la contradiction qui peut se rencontrer dans les réponses du jury n'est pas une cause de nullité lorsqu'elle ne porte que sur des circonstances indifférentes qui ne laissent aucun doute sur la culpabilité, sur la nature du crime et sur la peine à appliquer. — Cass., 24 févr. 1876, [S. 77.1.93, P. 77.186]

4376. — Il en est ainsi spécialement de la circonstance de pluralité des agents en matière de meurtre, cette circonstance étant sans influence légale sur la qualification et sur la pénalité. — Même arrêt.

4377. — Il ne faut point non plus considérer comme contradictoires les réponses du jury qui, en reconnaissant l'existence de certains éléments du délit, rejettent les autres, ou qui, en proclamant l'existence du fait de l'accusation, le dépouillent de sa criminalité légale.

4378. — Jugé qu'il n'y a point contradiction dans la déclaration du jury qui impute successivement et principalement à chacun des accusés le même crime, lorsqu'elle énonce expressément que c'est de concert qu'ils ont agi. — Cass., 16 avr. 1831, Acerbé, [S. 32.1.848, P. chr.]

4379. — ... Ni entre la réponse par laquelle le jury déclare un accusé coupable comme auteur ou complice d'un crime et celle par laquelle il le déclare coupable par provocation. — Cass., 13 juill. 1837, Pelleautier, [P. 44.2.377] — V. supra, n. 3277 et s.

4380. — Mais c'est à tort, suivant nous, qu'il a été jugé que la déclaration du jury que l'accusé est coupable par ignorance, est complète et non contradictoire. L'expression par ignorance est exclusive de la culpabilité; d'ailleurs une déclaration pareille est au moins incertaine, et il serait du devoir de la cour d'assises de renvoyer le jury dans la chambre de ses délibérations pour préciser d'une manière nette la réponse. — Cass., 14 juill. 1831, Guillon, [P. chr.]

4381. — Les jurés peuvent, lorsque l'accusation porte sur plusieurs chefs, admettre pour les uns des circonstances atténuantes, et ne pas en admettre pour les autres sans qu'il y ait contradiction. — Cass., 3 déc. 1836, Demiannay, [S. 38.1.82, P. 38.1.37]

4382. — Le jury autorisé, dans le cas d'accusation comprenant plusieurs chefs, à déclarer d'une manière générale l'existence de circonstances atténuantes sur l'ensemble de ces chefs, a aussi la faculté de déclarer l'existence de ces mêmes circonstances distinctement et dans leur relation avec chacun des chefs d'accusation. Et dans ce cas, une déclaration limitée à un chef ne peut modifier la déclaration de culpabilité pure et simple quant aux autres chefs. — Cass., 8 juin 1843, Thilloy, [S. 43.1.506, P. 43.2.700]

4383. — Dans le même cas, la déclaration du jury n'est pas moins valable, bien que l'admission des circonstances atténuantes, restreinte à un seul chef, doive rester sans effet. En conséquence, il n'y a pas lieu, pour la cour d'assises, de renvoyer le jury à délibérer pour rendre une nouvelle déclaration. — Cass., 30 déc. 1841, Reignier, [S. 42.1.893]

4384. — La question s'est posée fréquemment aussi en ce qui concerne les circonstances aggravantes, et a donné naissance à des décisions en apparence contradictoires. Il est permis cependant d'en dégager certains principes qui peuvent se formuler ainsi : 1° lorsqu'il n'y a qu'un seul accusé, et qu'il est relevé contre lui des circonstances aggravantes dont les unes sont la conséquence des autres, il y a contradiction en cas de réponse affirmative sur les premières et négative sur les secondes. Telle serait la réponse qui serait affirmative sur le guet-apens et négative sur la préméditation.

4385. — Jugé qu'est contradictoire la déclaration par laquelle le jury décide qu'un crime n'a pas été commis avec préméditation, mais cependant avec guet-apens, la question de préméditation se trouvant nécessairement comprise dans celle de guet-apens. — Cass., 4 juin 1812, Hérisson, [P. chr.]; — 15 sept. 1842, Pernatore, [S. 42.1.778, P. 42.2.613]; — 16 août 1844, Deffrances, [S. 45.1.16, P. 45.1.391]; — 4 mars 1847, Dedenon, (D. 47.4.125]; — 15 sept. 1853, Déchaux, [D. 55.5.122] — *Sic*, Legraverend, t. 2, ch. 2, p. 243 ; Carnot, *Instr. crim.*, art. 350, t. 2, p. 667, n. 7.

4386. — Il y a également contradiction dans la réponse du jury qui reconnaît deux accusés coupables du même vol comme coauteurs, et qui déclare en même temps que le vol n'a pas été commis en réunion de deux personnes. — Cass., 11 févr. 1848, Dejean, [P. 48.2.356]; — 21 mars 1872, Ferrero et autres, [Bull. crim., n. 70]

4387. — 2° Lorsqu'au contraire, on se trouve en présence de circonstances aggravantes indépendantes les unes des autres, les réponses négatives sur les unes et affirmatives sur les autres n'impliquent aucune contradiction : c'est ainsi qu'on peut répondre affirmativement sur la circonstance aggravante d'effraction intérieure ou extérieure, de nuit, de maison habitée, et négativement sur la circonstance aggravante de vol en réunion.

4388. — Par la même raison, n'est pas contradictoire la déclaration du jury portant que le vol a été commis à l'aide d'effraction dans la maison habitée par la victime, mais qu'il n'a pas été accompli *la nuit* dans la maison habitée par cette victime, la maison pouvant n'être pas habitée la nuit. — Cass., 10 avr. 1856, Hanès, [D. 56.5.124]

4389. — La déclaration du jury affirmative sur la question principale de vol et sur la circonstance aggravante d'effraction intérieure ou extérieure, mais négative sur la circonstance de maison habitée, n'est pas contradictoire, et peut servir de base à une condamnation, sans qu'il soit nécessaire de renvoyer les jurés dans la chambre de leurs délibérations pour fournir une nouvelle déclaration. — Cass., 22 nov. 1849, Dérux, [P. 51.1. 245, D. 51.1.134]; — 4 déc. 1873, Mercier, [S. 74.1.327, P. 73. 816, D. 74.1.232] — *Contrà*, Cass., 30 avr. 1852, Moreau, [Bull. crim., n. 143]; — 26 juill. 1860, Fabre, [Bull. crim., n. 177]

4390. — De même, lorsque, les inculpés comparaissant devant la cour d'assises sous une inculpation de vol commis dans un magasin, le jury a répondu négativement sur une question ainsi conçue : « Ces soustractions frauduleuses ont-elles été commises dans une maison habitée », et affirmativement sur cette autre question : « Ces soustractions ont-elles été commises à l'aide de fausses-clefs dans un édifice », on ne saurait considérer ces deux réponses comme étant contradictoires et inconciliables. — Cass., 26 déc. 1893, [Bull. crim., n. 358]

4391. — Lorsqu'il y a pluralité d'agents, il faut distinguer s'il s'agit de coauteurs ou de complices. Si l'on se trouve en présence de coauteurs, il faut encore distinguer : lorsqu'il s'agit de circonstances aggravantes matérielles, telles que les circonstances de maison habitée, il y a contradiction si elles sont résolues affirmativement à l'égard d'un accusé, et négativement à l'égard d'un coaccusé du même fait. — Cass., 8 janv. 1848, Généraux, [S. 48.1.526, P. 48.2.537, D. 48.5.75]; — 4 juill. 1850, Brüscher, [Bull. crim., n. 211]; — 24 juill. 1851, Fouquet et Blacher, [Bull. crim., n. 302]; — 21 mars 1857, Schuty, [P. 57.808, D. 57.1.223]; — 28 mars 1861, Reygoudaud, [P. 61.858, D. 61.1. 189]; — 1er févr. 1866, Jotier et Grichard, [Bull. crim., n. 31] — V. *suprà*, n. 3334.

4392. — C'est en ce sens qu'il a été décidé qu'est contradictoire la réponse du jury qui, déclarant deux accusés coupables d'un même vol, affirme à l'égard de l'un les circonstances aggravantes d'escalade et d'effraction, et les nie à l'égard de l'autre. — Cass., 8 janv. 1848, précité; — 26 juin 1879, Bardeaux, [S. 81.1.142, P. 81.300]; — 18 mars 1886, [Gaz. des Trib., 26 mars] — V. aussi Cass., 23 mai 1879, Rhabon-ben-Ahmida, [S. 81.1.41, P. 81.1.65] — F. Hélie, *Tr. de l'instr. crim.*, t. 8, n. 3779.

4393. — ... Que doit être annulée comme contradictoire la déclaration du jury qui, interrogé sur une accusation de vol imputée à deux individus, déclare que ce vol a été commis par l'un d'eux dans une maison habitée et en réunion de deux personnes, et par l'autre sans ces mêmes circonstances aggravantes. — Cass., 29 avr. 1847, Giraud, [P. 47.2.711, D. 47.4.123]

4394. — Sont également contradictoires les réponses du jury qui, sur un même fait de vol dont deux accusés sont reconnus coupables comme coauteurs, affirme la circonstance aggravante de fausses-clefs en ce qui concerne l'un des accusés, et la nie à l'égard de l'autre. — Cass., 9 juill. 1885, Saïd-ben-Ahmed-ben-Sliman, [Bull. crim., n. 205]

4395. — Il a été jugé cependant que le jury ne se contredit pas lorsque, relativement à un accusé, il répond oui sur les circonstances aggravantes d'effraction et d'escalade, tandis que pour un coaccusé il fait une réponse négative. — Cass., 11 juin 1852, Berger, [D. 52.5.155]

4396. — ... Que la réponse du jury qui déclare deux accusés coupables du même crime, mais écarte pour l'un une circonstance aggravante (l'escalade) qu'il admet vis-à-vis de l'autre, n'offre ni ambiguïté ni contradiction; que, dès lors, il y a lieu d'annuler l'arrêt par lequel la cour d'assises a renvoyé le jury dans la chambre des délibérations, la nouvelle déclaration de ce dernier et l'arrêt de condamnation rendu en conséquence. — Cass., 27 août 1831, Simon, [S. 32.1.58, P. chr.]

4397. — ... Que lorsqu'un individu est traduit devant la cour d'assises sous l'accusation de deux vols qualifiés, le jury peut, sans contradiction, écarter les circonstances aggravantes à l'égard de l'un, et les retenir à l'égard de l'autre, ces deux vols eussent-ils été commis dans un même trait de temps. — Cass., 2 oct. 1873, [Bull. crim., n. 255]

4398. — ... Qu'il n'y a point contradiction entre les déclarations de deux jurys différents, rendues contre deux accusés d'un même crime, en ce que le premier jury a déclaré l'un des accusés coupable sans les circonstances aggravantes, tandis que le second jury a déclaré l'autre accusé coupable avec les circonstances aggravantes. — Cass., 4 juill. 1830, Delaroche, [S. et P. chr.]

4399. — Du reste, il n'y a contrariété emportant nullité, entre deux déclarations du jury, qu'autant que ces deux déclarations sont émises par les mêmes jurés, et à la suite du même débat. En conséquence, un accusé reconnu coupable de coups et de blessures, déclarés par le jury avoir occasionné la mort, ne peut se faire un moyen de nullité de ce que, par une précédente déclaration rendue par un autre jury à l'égard d'un complice du même fait, il a été dit que les coups et blessures n'ont pas occasionné la mort (C. instr. crim., art. 345). — Cass., 18 juin 1830, Coupat, [S. et P. chr.] — V. *suprà*, v[is] Chose jugée, n. 1019 et s., *Complicité*, n. 150 et s.

4400. — S'il s'agit de circonstances aggravantes purement personnelles, il n'y a tout naturellement aucune contradiction si le jury, interrogé sur ces circonstances par questions séparées pour chaque accusé, répond affirmativement pour l'un et négativement pour l'autre. — Sur les circonstances aggravantes personnelles, V. *suprà*, n. 7338 et s.

4401. — S'il s'agit non plus de coauteurs, mais d'auteurs principaux et de complices, la règle est différente. La jurisprudence, nous l'avons vu, *suprà*, n. 3342, se fondant sur le texte de l'art. 59, C. pén., fait rejaillir dans tous les cas sur le complice les circonstances aggravantes aussi bien personnelles que réelles; nous en avons conclu qu'il n'y a pas lieu d'interroger le jury sur le point de savoir si les circonstances aggravantes reconnues à la charge de l'auteur principal, sont communes au complice. Il y a donc contradiction dans la déclaration du jury, qui, négative sur la circonstance aggravante, en ce qui concerne l'auteur principal, répond affirmativement cette même circonstance à l'égard du complice. — Cass., 20 juill. 1877, Lebel, [S. 78.1.238, P. 78.573]

4402. — Quand le jury a déclaré qu'un accusé n'est pas coupable, il n'a plus rien à répondre sur les circonstances aggravantes relativement à cet accusé; toute réponse qui serait faite sur ces circonstances doit donc être considérée comme non avenue, et ne peut dès lors établir de contradiction avec les réponses données sur les mêmes circonstances relativement à d'autres accusés du même crime qui ont été déclarés coupables. — Cass., 30 mai 1839, Nougué, [P. 44.2.298]

4403. — Il en résulte que lorsqu'une question posée au jury comprend tout à la fois la matérialité du délit et la culpabilité de l'accusé, la déclaration du jury n'est pas contradictoire et obscure, bien que, négative sur cette question, elle soit affirmative sur celles relatives aux circonstances aggravantes du même délit. Elle est acquise à l'accusé du moment où lecture en a été donnée par le chef du jury. La cour d'assises ne peut, en conséquence, renvoyer le jury dans la chambre de ses délibérations pour expliquer sa déclaration. — Cass., 26 févr. 1841, Laidet, [P. 42.1.203]

4404. — D'après une règle de droit commun dont nous avons déjà fait plusieurs fois application, une déclaration contradictoire ne peut fournir à un accusé un moyen de cassation lorsque, loin de souffrir de la nullité commise, il en a, au contraire, profité. Ainsi, lorsque le jury, après avoir, par une première réponse, écarté des circonstances aggravantes, en déclare néanmoins l'existence dans une réponse subséquente, cette déclaration, contredite par la première, qui reste acquise à l'accusé, ne pouvant porter à ce dernier aucun préjudice quant à l'application de la peine ne peut justifier le renvoi du jury dans la chambre des délibérations. — Cass., 29 avr. 1831, Dirrion, [P. chr.]

4405. — De même l'accusé, en faveur de qui les circonstances aggravantes ont été écartées par une déclaration qui, les ayant reconnues pour un coaccusé, se trouve être contradictoire sur ce point, n'est pas recevable, à défaut d'intérêt, à exciper, devant la Cour de cassation, de la nullité résultant de cette contradiction. — Cass., 26 juin 1879, Bordeaux, [S. 81.1.142, P. 81.300]

4406. — Mais l'art. 409, C. instr. crim., portant que l'annulation des ordonnances d'acquittement ne peut être poursuivie par le ministère public que dans l'intérêt de la loi, ne s'applique pas à celles qui ont été rendues sur des déclarations du jury contradictoires et nulles. — Cass., 2 juill. 1813, Henek, [S. et P. chr.] — Sic, Carnot, Instr. crim., t. 2, p. 721, n. 10.

4407. — Par conséquent, toutes les fois que la déclaration du jury est frappée de nullité, comme contradictoire et confuse, le ministère public est recevable à se pourvoir en cassation contre l'ordonnance d'acquittement rendue sur une pareille déclaration. — V. en ce sens, Cass., 18 mess. an XII, Guillot, [S. et P. chr.]

4408. — Lorsque la déclaration du jury renferme des propositions contradictoires, la cour ne peut prononcer ni la condamnation, ni l'acquittement; le renvoi des jurés dans la chambre de leurs délibérations est de droit. — Cass., 10 juill. 1856, Casile-Saint-Simon,-[Bull. crim., n. 247]; — 12 avr. 1861, Mallet, [S. 61.1.747, P. 62.192] — Sic, Nouguier, n. 3277. — V. infrà, n. 4623 et s.

4409. — II. Applications. — Le principe étant posé, il nous reste à faire connaître les applications qui en ont été faites par la Cour de cassation dans les diverses hypothèses qui lui ont été soumises.

4410. — Tentative. — a) Déclarations contradictoires. — Lorsque le jury, interrogé sur le point de savoir si l'accusé est coupable d'une tentative de meurtre... manifestée par des actes extérieurs d'exécution, laquelle n'aurait manqué son effet que par des circonstances indépendantes de sa volonté, répond : « Oui, l'accusé est coupable, sans les circonstances aggravantes », une telle réponse, dans laquelle le jury confond les circonstances constitutives de la criminalité de la tentative avec les circonstances aggravantes, est incohérente ou contradictoire, et nécessite le renvoi du jury dans la chambre de ses délibérations pour faire une nouvelle réponse. — Cass., 7 oct. 1826, Faure, [S. chr.]; — 28 janv. 1830, Miermont, [S. et P. chr.]

4411. — Lorsque, sur la question de savoir si l'accusé est coupable d'une tentative de meurtre commise avec préméditation, laquelle tentative a été manifestée par des actes extérieurs et suivie d'un commencement d'exécution qui n'a manqué son effet que par des circonstances fortuites indépendantes de sa volonté, le jury répond que l'accusé est coupable sans les circonstances, cette déclaration établit tout à la fois qu'il y a eu tentative de meurtre avec préméditation, et que les circonstances constitutives, tant de la tentative criminelle que de l'assassinat,

n'existent pas, ce qui implique contradiction, et rend nulle la déclaration du jury. — Cass., 2 mai 1816, Aonstel, [P. chr.] — Sic, Carnot, Instr. crim., sur l'art. 296, t. 2, p. 19, n. 7.

4412. — Est contradictoire la déclaration du jury portant que l'accusé est convaincu de s'être introduit, à l'aide d'effraction, dans une maison à dessein de voler, que cette tentative a été manifestée par des actes extérieurs et n'a été suspendue que par des circonstances fortuites indépendantes de sa volonté, mais que la tentative n'a pas été suivie d'un commencement d'exécution. — Cass., 4 brum. an XIV, Cotte, [P. chr.]

4413. — b) Déclarations non contradictoires. — Il n'y a aucune contradiction entre la réponse du jury qui, sans écarter l'existence des faits matériels, déclare deux accusés non coupables d'un crime, comme auteurs, et celle qui déclare l'un d'eux coupable d'une tentative de ce même crime. — Cass., 14 sept. 1833, Durand, [P. chr.]; — 21 juin 1850, Matet, [D. 50.5.122]; — 31 mai 1866, Leroux, [Bull. crim., n. 139]

4414. — ... Ni dans les réponses par lesquelles le jury déclare qu'un individu est coupable d'une tentative de crime, et que cette tentative ne réunit pas les caractères spécifiés dans l'art. 2, C. pén. — Cass., 9 juill. 1829, Eloy, [S. et P. chr.]

4415. — Ainsi, la déclaration du jury, portant que l'accusé est coupable d'une tentative de meurtre manifestée par des actes extérieurs et suivie d'un commencement d'exécution, mais dont l'effet n'a pas été suspendu par des circonstances fortuites, indépendantes de sa volonté, n'est ni douteuse, ni obscure; elle établit seulement que la tentative ne réunit pas les caractères criminels voulus par la loi; et la cour d'assises doit, au lieu d'annuler cette déclaration, prononcer l'absolution de l'accusé. — Cass., 25 juill. 1817, Robin, [S. et P. chr.] — Sic, Legraverend, t. 2, p. 243.

4416. — Complicité. — a) Déclarations contradictoires. — Nous avons dit suprà, v° Complicité, n. 96 et s., que la complicité suppose un fait principal réprimé par la loi. Il en résulte qu'il y a contradiction si la réponse du jury, négative sur le fait principal, est affirmative sur la complicité. Si, par exemple, le jury saisi d'une question impersonnelle de vol qualifié, commis la nuit, en réunion et avec violence, par un auteur principal demeuré inconnu, a répondu négativement tant sur le fait matériel que sur les circonstances aggravantes, il émet un verdict contradictoire en répondant à toutes ces questions affirmativement à propos d'un complice. — Cass., 8 sept. 1887, Navals, [Gaz. des Trib., 10 sept. 1887]

4416 bis. — De même, avons-nous dit, les circonstances inhérentes au fait lui-même, ne peuvent être affirmées pour l'auteur principal et niées pour le complice. L'excuse de la provocation est inhérente au fait lui-même dont elle modifie la criminalité. Dès lors, la réponse du jury ne saurait être tout à la fois, affirmative à l'égard de l'auteur principal et négative à l'égard du complice, ou réciproquement, à moins de circonstances particulières que l'arrêt doit préciser. — Cass., 26 juill. 1895, Mersout Djedid ben Kada, [Bull. crim., n. 217]

4417. — b) Déclarations non contradictoires. — Au contraire, le complice peut être poursuivi et condamné bien que l'auteur principal reste inconnu (V. suprà, v° Complicité, n. 142); par conséquent, il n'y a pas contradiction lorsqu'il résulte de la déclaration du jury qu'un accusé n'a pas d'auteur principal, mais complice du crime qui lui est imputé, encore bien que l'auteur principal ne soit pas connu. — Cass., 10 sept. 1839, Bonis et Barrère, [P. 40.1.569]; — 31 juill. 1847, Granger et Richart, [Bull. crim., n. 170]; — 17 avr. 1851, Buis et autres, [Bull. crim., n. 145]; — 31 juill. 1862, Lesage, [Bull. crim., n. 486]

4418. — Il en est de même du cas où, l'auteur principal étant déclaré non coupable, le complice, au contraire, est condamné (V. suprà, v° Complicité, n. 157 et s.). Par suite, la déclaration de non culpabilité du principal accusé n'impliquant point déclaration de la non existence du fait, il n'y a aucune contradiction dans la réponse du jury, portant que le complice est coupable, et que l'accusé principal n'est pas coupable. — Cass., 17 août 1811, Martin, [S. et P. chr.] — Sic, Carnot, sur l'art. 59, C. pén., t. 1, p. 219, n. 8, et sur l'art. 345, C. instr. crim., t. 2, p. 645, n. 13; Chassan, Traité des délits de la parole, etc., p. 140, n. 3; Legraverend, t. 1, chap. 3, p. 155; Rauter, t. 2, p. 459.

4419. — Spécialement, un accusé de complicité peut être déclaré coauteur d'un vol, quoique l'accusé principal soit déclaré non coupable, sans qu'il en résulte une contradiction. — Cass., 19 juin 1829, Tixier, [P. chr.]

4420. — Et un individu peut être déclaré coupable de s'être rendu complice d'un faux par aide ou assistance, alors que l'auteur principal n'est pas reconnu coupable. — Cass., 23 avr. 1829, Combe, [S. et P. chr.]

4421. — Il n'y a pas contradiction non plus dans la réponse du jury qui, après avoir déclaré l'accusé non coupable d'avoir participé comme auteur à l'émission de fausse monnaie d'argent ayant cours légal en France, le reconnaît coupable de complicité du même fait avec les caractères de la criminalité légale. — Cass., 22 sept. 1831, Gach, [P. chr.]

4422. — La partie de la déclaration du jury portant que l'accusé n'est point l'auteur des coups et blessures faisant l'objet de la poursuite ne présente point de contradiction avec l'autre partie de la même déclaration, qui reconnaît ledit accusé coupable d'avoir aidé et assisté, avec connaissance, l'auteur desdites violences dans les faits qui les ont préparées ou facilitées ou dans ceux qui les ont consommées. — Cass., 12 juill. 1849, Potiron, [P. 50.2.165, D. 49.5.77]

4423. — Il n'y a aucune contradiction non plus entre la réponse du jury, négative quant à la complicité par instruction et affirmative quant à la complicité par aide et assistance. — Cass., 17 août 1877, Colligny, [Bull. crim., n. 196]

4424. — Sur la question de savoir si le même individu peut être en même temps auteur et complice du même crime, et s'il y aurait déclaration contradictoire dans la réponse du jury qui, à raison du même fait, attribuerait cette double qualité à un accusé, V. suprà, v° Complicité, n. 62 et s.

4425. — Attentat et complot contre la sûreté de l'Etat. — Est contradictoire la déclaration du jury portant que l'accusé a conspiré et qu'il n'a pas agi dans des intentions criminelles. — Cass., 24 germ. an VII, Menguy, [P. chr.]; — 19 prair. an X, Rivoire, [S. et P. chr.]

4426. — Fausse monnaie. — a) Déclarations contradictoires. — Est contradictoire la déclaration du jury portant qu'un accusé convaincu d'exposition de monnaies contrefaites l'avait fait sciemment, mais sans intention criminelle. — Cass., 6 therm. an VIII, Bricolleau, [P. chr.]

4427. — Toutefois, MM. Chauveau, F. Hélie et Villey (Théorie du Code pénal, t. 2, p. 283) s'élèvent contre cette décision : « Dans ce système, disent-ils, non seulement le fait que l'exposant a reçu les monnaies pour bonnes, mais le but même de son exposition, n'auraient aucune influence sur le crime. L'immoralité est fondée sur la double présomption de connivence de l'exposant avec le fabricateur et de l'intention de cet agent d'écouler les pièces comme bonnes, etc. ». Cette critique, qui peut être en harmonie avec les principes du Code pénal de 1810, confond deux législations essentiellement différentes. La loi de 1791 punissait celui qui avait contribué sciemment à l'exposition des monnaies contrefaites, et n'attachait au seul fait de l'exposition aucune présomption de complicité avec le fabricateur. La connaissance de la fausseté des monnaies était donc indispensable pour donner au fait un caractère criminel, de même qu'elle l'est aujourd'hui pour donner ce caractère à l'usage d'un faux billet ou d'un faux titre : c'était donc aussi dans cette connaissance que consistait toute l'immoralité du fait. Enfin, il n'existait dans la législation d'alors aucune disposition correspondante à celle de l'art. 135, C. pén., qui, rapprochée de l'art. 132 du même Code, où l'on ne trouve pas le mot sciemment, met à la charge de l'auteur de l'exposition la preuve qu'il a reçu les monnaies pour bonnes, c'est-à-dire la preuve de sa bonne foi.

4428. — b) Déclarations non contradictoires. — Lorsque le jury a déclaré un accusé coupable de la fabrication d'une pièce fausse, mais sans intention de nuire, sa réponse n'est ni contradictoire ni incohérente, et entraîne l'absolution de l'accusé. — C. d'ass. de la Seine, 10 mars 1830, Fabien, [P. chr.]

4429. — Il n'y a aucune contradiction dans la réponse du jury qui, après avoir déclaré les accusés non coupables du crime de contrefaçon de monnaies d'argent ayant cours légal en France, les aurait néanmoins reconnus coupables d'avoir participé à l'émission des monnaies énoncées dans la première question. — Cass., 16 sept. 1831, Couvreux, [P. chr.]; — 22 mai 1856, Brocco, [D. 56.5.124]

4430. — Il n'y a pas contradiction dans le verdict du jury qui, sur le fait principal, admet la participation de l'accusé à l'émission de pièces de monnaie dont il connaissait la fausseté et qui, sur la circonstance modificative du fait principal, déclare que cet accusé avait reçu pour bonnes les pièces fausses et en

avait fait usage après en avoir vérifié les vices. — Cass., 1er mars 1888, Ressiron, [Bull. crim., n. 88]

4431. — Contrefaçon des sceaux de l'Etat. — Il n'y a pas contradiction dans les réponses du jury lorsque l'accusé, déclaré non coupable de la fabrication de timbres nationaux, est déclaré coupable d'avoir fabriqué les empreintes de ces timbres sur des lettres de voiture. — Cass., 13 oct. 1843, Constant, [P. 45.1.140]

4432. — Faux. — a) Déclarations contradictoires. — Est contradictoire : la déclaration du jury portant qu'un accusé est le seul auteur d'un faux et que cependant un autre accusé y a participé. — Cass., 26 therm. an VIII, Gourdel et Louis, [P. chr.]

4433. — ... La déclaration du jury portant qu'un faux a été commis sur un extrait des registres de la préfecture, et que ce faux n'a pas été commis en écritures authentiques et publiques. — Cass., 27 mess. an X, Dangies, [P. chr.]

4434. — ... La déclaration du jury portant qu'un accusé est convaincu d'avoir coopéré sciemment à un crime de faux en assistant le coupable dans l'acte même qu'il a consommé, et cependant qu'il n'a pas agi dans le dessein du crime. — Cass., 7 avr. 1808, Troia, [P. chr.]

4435. — ... La déclaration du jury portant, d'une part, qu'un maire a falsifié l'écriture d'un de ses registres, volontairement, malicieusement, dans l'intention de commettre une escroquerie, et, d'une autre part, qu'il n'est pas constant que le faux ait été commis par ce fonctionnaire dans l'intention de nuire, ni dans l'exercice de ses fonctions, et qu'il n'est coupable que d'escroquerie. — Cass., 29 févr. 1812, Goggi, [P. chr.]

4436. — ... La déclaration du jury, lorsque la question de savoir si les signatures apposées sur des billets faux sont des signatures de négociants a été posée deux fois, l'a résolue affirmativement quant à l'existence du faux, et négativement quant à l'usage qui en a été fait. — Cass., 8 oct. 1835, Juge, [P. chr.]

4437. — ... La déclaration du jury affirmative sur la question de savoir si l'accusé est coupable de faux en écriture privée, et sur celle de savoir s'il est coupable de faux en écriture de commerce, à raison des altérations par lui commises dans le même billet. — Cass., 7 oct. 1825, Voillot, [P. chr.]

4438. — ... La réponse du jury qui déclare un notaire « non coupable d'avoir, en passant un acte, dans l'exercice de ses fonctions, commis un faux par supposition de personne », et la déclaration qu'il est coupable de complicité des faits qui ont préparé, facilité ou consommé ledit faux. — Cass., 16 avr. 1842, Couret, [S. 42.1.891, P. 42.2.538] — Il est vrai qu'on peut être déclaré non auteur du fait principal et cependant complice de ce fait (V. suprà, n. 4421); mais ici le faux en écriture authentique par supposition de personne ne pouvait être commis que par le notaire; en le déclarant non coupable, on effaçait par là même la matérialité du fait de faux authentique commis par ce moyen, et, par suite, en déclarant cependant l'accusé complice du même fait on commettait une contradiction. — V. suprà, n. 4416.

4439. — Est aussi nulle comme contradictoire, la déclaration du jury portant qu'un individu a fabriqué de faux passeports, dont il a sciemment fait usage, et que ce même individu n'a pas agi avec intention criminelle. — Cass., 19 prair. an X, Rivoire, [S. et P. chr.]

4440. — b) Déclarations non contradictoires. — La réponse négative du jury sur les questions relatives aux auteurs et complices de la falsification d'une pièce n'exclut point l'usage qui a pu en être fait par un autre individu. — Cass., 30 janv. 1812, T..., [P. chr.]

4441. — Par suite, il n'y a pas contradiction entre les déclarations du jury qui, après avoir, en ce qui concerne un des accusés, répondu négativement sur la question relative à la fabrication de billets faux, répond affirmativement, quant à un autre accusé, sur la question d'usage desdits billets faux. — Cass., 22 mars 1888, Archimbaud, [Bull. crim., n. 121]

4442. — Il n'y a aucune contradiction dans la réponse du jury qui déclare que l'accusé n'est pas coupable d'être l'auteur d'un billet faux, mais qu'il est coupable d'en avoir fait usage sachant qu'il était faux. — Cass., 10 oct. 1817, Osouf, [P. chr.]

4443. — ... Ou réciproquement, qu'il est coupable d'avoir fabriqué une pièce fausse, mais qu'il n'est point coupable d'en avoir fait usage. — Cass., 7 juin 1821, Bachelier, [P. chr.]; — 25 nov. 1825, Tardivel, [S. et P. chr.]; — 24 avr. 1828, Talon, [S. et P. chr.]; — 30 déc. 1841, Astelli, [P. 42.1.522]; — 13 août 1852, de Noyers, [*Bull. crim.*, n. 279] — *Sic*, F. Hélie, *Instr. crim.*, t. 8, n. 3778, p. 219; Mangin, *Tr. de l'act. pub.*, t. 2, p. 164, n. 325; Legraverend, t. 1, chap. 17, § 4, p. 595; Carnot, sur l'art. 147, *C. pén.*, t. 1, p. 488, n. 11.

4444. — Il n'y a pas contradiction entre l'ordonnance qui acquitte un individu sur la déclaration du jury portant qu'il n'est pas coupable d'être auteur d'un faux acte, et l'arrêt qui en condamne un autre comme coupable d'avoir provoqué à la fabrication de cet acte et d'en avoir fait sciemment usage. — Cass., 9 avr. 1818, Couaix, [P. chr.]

4445. — La réponse du jury que l'accusé est coupable de la fabrication d'une pièce fausse, mais sans intention de nuire, n'est ni contradictoire ni incohérente, et entraîne l'absolution de l'accusé. — C. d'ass. de la Seine, 10 mars 1830, Fabien, [P. chr.]

4446. — Dans une accusation ayant pour objet une escroquerie commise à l'aide d'un faux, la réponse du jury, affirmative sur la question relative au faux, n'est pas en contradiction avec sa réponse négative sur la question relative à l'escroquerie. — Cass., 26 juill. 1822, Duport, [P. chr.] .

4447. — N'est pas contradictoire la déclaration du jury déclarant non coupable le notaire accusé d'avoir écrit frauduleusement de fausses déclarations dans un acte, mais le déclarant coupable d'avoir commis un faux en fabriquant l'expédition du même acte. — Cass., 13 mars 1853, Javina, [*Bull. crim.*, n. 77]

4448. — Lorsqu'un individu est accusé : 1º d'avoir pris un faux nom; 2º d'avoir apposé une fausse signature sur les procès-verbaux de ses interrogatoires, le jury peut, sans contradiction, résoudre affirmativement le premier chef et négativement le second. — Cass., 21 mars 1872, Sibille, [*Bull. crim.*, n. 74]

4449. — *Rébellion.* — Est nulle comme contradictoire la réponse du jury qui, après avoir déclaré les accusés convaincus de rébellion, ajoute qu'ils n'ont pas agi dans une intention criminelle. — Cass., 28 germ. an VII, Dejean, [S. et P. chr.]

4450. — ... La déclaration du jury portant que l'accusé est convaincu d'avoir opposé des violences et voies de fait contre les dépositaires de la force publique, pour se soustraire à l'exécution d'un mandat décerné contre lui, mais qu'il a agi sans intention du crime. — Cass., 4 mess. an XI, Moulins, [S. et P. chr.]

4451. — *Évasion de détenus.* — Est contradictoire la déclaration du jury portant que l'accusé est convaincu d'avoir par connivence procuré l'évasion d'un détenu, et qu'il n'est pas convaincu d'avoir agi dans une intention criminelle; car la connivence donne essentiellement au fait le caractère de crime. — Cass., 3 frim. an XIII, Coudère, [P. chr.]

4452. — *Coups et blessures.* — a) *Déclarations contradictoires.* — Est contradictoire la déclaration du jury portant, d'une part, que l'accusé est convaincu d'avoir volontairement, hors le cas de légitime défense, dans une rixe où il était l'aggresseur, jeté au plaignant une pierre qui lui a cassé le bras, et, d'autre part, qu'il a agi sans méchanceté et sans intention coupable. — Cass., 26 vend. an XIV, Lambotin, [P. chr.]

4453. — ... La déclaration portant que l'accusé est convaincu d'avoir commis volontairement des excès et blessures, mais qu'il ne les a pas commis méchamment et à dessein de crime. — Cass., 4 mess. an XI, Biros, [S. et P. chr.]

4454. — ... La réponse par laquelle le jury déclare un accusé coupable d'avoir porté volontairement des coups par imprudence. — Cass., 9 sept. 1826, Auger, [S. et P. chr.] — *Sic*, Legraverend, t. 2, p. 244, note 4.

4455. — b) *Déclarations non contradictoires.* — Lorsque deux individus ont été mis simultanément en accusation pour avoir porté des coups à la même personne, il n'y a aucune contradiction dans la déclaration du jury portant que les coups portés par *l'un d'eux* ont occasionné une incapacité de travail de plus de vingt jours. — Cass., 5 mars 1824, Delhinger, [P. chr.]

4456. — Il n'y a encore aucune contradiction dans deux déclarations du jury énonçant, la première, que l'accusé n'a point porté volontairement un coup à telle personne, et la seconde, qu'il a atteint cette personne en voulant porter le coup à une autre et ne frapper que celle-là. — Cass., 7 avr. 1832, Gabarrou, [P. 54.1.299]

4457. — N'est pas contradictoire la réponse du jury déclarant que l'accusé est coupable d'avoir porté des coups et fait des blessures en qualité de fonctionnaire public, dans l'exercice de ses fonctions, mais que ces coups ont été portés pour des motifs légitimes; qu'il a été provoqué par des violences graves commises sur sa personne; qu'il existe en sa faveur des circonstances atténuantes. — Cass., 18 juin 1857, Schenck, [D. 57.1. 372]

4458. — *Homicide involontaire.* — Est contradictoire la déclaration du jury portant que l'accusé est convaincu d'avoir fait une contusion volontaire à un individu qui est mort des suites de cette blessure, mais qu'il n'a pas agi méchamment et à dessein de crime. Le concours d'une provocation violente n'empêche pas qu'il y ait contradiction. — Cass., 20 nov. 1806, Portail, [P. chr.]

4459. — Mais il n'y a pas contradiction dans la déclaration portant qu'un coup de couteau a été donné avec préméditation, mais sans dessein de tuer. quelque extraordinaire qu'elle puisse paraître. — Cass., 14 févr. 1817, Rietsch, [P. chr.] — *Sic*, Carnot, *Instr. crim.*, sur l'art. 350, t. 2, p. 670, n. 10.

4460. — *Homicide volontaire.* — a) *Déclarations contradictoires.* — Est contradictoire, la déclaration du jury portant que l'accusé est convaincu d'avoir mêlé de l'arsenic dans les aliments de son frère, volontairement et dans le dessein de l'empoisonner, mais sans préméditation. — Cass., 26 vend. an XIV, Jean Broudarie, [P. chr.]

4461. — ... La déclaration du jury portant que l'accusé est convaincu d'avoir administré des substances de nature à donner la mort, et que ces substances ont seulement l'effet d'être nuisibles à la santé. — Cass., 21 juin 1850, Matet, [D. 50.5.122]

4462. — ... La déclaration du jury portant, d'une part, qu'un homicide a été commis volontairement et hors le cas de légitime défense, et, d'autre part, qu'il n'y a pas eu intention criminelle. — Cass., 23 frim. an V, Pasquier, [P. chr.]; — 4 mess. an XI, Abbadie, [S. et P. chr.]; — 9 frim. an. VII, Riaux, [P. chr.]; — 4 brum. an VII, Royer, [P. chr.]; — 17 brum. an VIII, Reyl, [P. chr.]; — 7 oct. 1826, Faure, [P. chr.]

4463. — ... La déclaration portant qu'un accusé est convaincu de meurtre commis volontairement, mais sans intention du crime. — Cass., 4 mess. an XI, précité.

4464. — La déclaration du jury qui, interrogé sur la question de savoir si un accusé est complice d'un homicide volontaire commis avec préméditation et guet-apens, pour avoir, avec connaissance, aidé et assisté l'auteur du crime dans les faits qui l'ont préparé, facilité ou consommé, répond que l'accusé est coupable, mais sans aucune des circonstances et même sans volonté. — Cass., 8 déc. 1826, Bardin, [S. et P. chr.]

4465. — ... La déclaration du jury qui porte, d'une part, que l'accusé a commis un homicide involontaire, et cependant qu'il l'a commis dans la nécessité de sa légitime défense, ce qui constitue l'homicide volontaire; et, d'autre part, que l'homicidé n'avait ni pistolet, qu'il n'en a point frappé l'accusé, et que ces faits présentent une provocation violente rendant l'homicide excusable. — Cass., 5 mess. an VIII, Demois, [P. chr.]

4466. — ... La réponse du jury qui, après avoir déclaré qu'un homicide est l'effet de la négligence de l'accusé, ajoute que l'accusé est convaincu d'avoir été l'auteur de cet homicide sciemment et à dessein du crime. — Cass., 6 août 1807, Breton, [P. chr.]

4467. — ... La déclaration portant que l'accusé est coupable d'homicide par négligence, et en même temps qu'il est coupable d'avoir participé au même homicide méchamment et à dessein de nuire. — Cass., 6 août 1807, Amiot, [S. et P. chr.]

4468. — ... La déclaration du jury qui caractérise dans le même fait le crime d'assassinat et la complicité d'un suicide. — Cass., 27 avr. 1815, Catherine Lhuillier, [P. chr.] — V. *supra*, vº *Complicité*, n. 108 et 109.

4469. — ... La réponse du jury qui déclare un accusé coupable d'avoir porté *volontairement* à un individu un coup qui a causé sa mort, et d'avoir commis cet homicide par imprudence ou maladresse. — Cass., 15 avr. 1826, Henniar, [P. chr.] — *Sic*, F. Hélie, t. 8, n. 3778.

4470. — ... La déclaration du jury portant, d'une part, que le coup donné par l'accusé a produit un homicide involontaire, et, d'autre part, qu'il a été porté volontairement et n'a occasionné que des blessures. — Cass., 27 sept. 1827, Soula-Quec, [P. chr.]

4471. — ... La déclaration du jury portant, sur une première question, que l'accusé n'est point coupable d'homicide, ni de coups ou blessures volontaires; et, sur une seconde question, que ce meurtre, ces coups ou blessures ont été provoqués par des violences graves. — Cass., 4 août 1826, Baldeck, [P. chr.] — C. d'ass. du Nord, 16 nov. 1836, Lecouvez, [P. chr.]

4472. — ... La déclaration du jury portant, d'une part, que l'accusé est coupable d'avoir volontairement tiré un coup de fusil dont le plaignant a été atteint, et, d'autre part, qu'il n'est pas constant que ce soit le coup de fusil tiré par l'accusé qui ait atteint le plaignant. — Cass., 10 oct. 1816, Lebrat, [P. chr.]

4473. — ... La déclaration du jury portant que l'accusé est coupable d'avoir commis un *meurtre* par maladresse, imprudence, inattention et négligence. — Cass., 20 juin 1823, Heisser, [S. et P. chr.] — *Sic*, Legraverend, t. 2, p. 244.

4474. — Lorsque, dans la position des questions, la volonté et le guet-apens ont été présentés par erreur, d'après l'acte d'accusation, comme deux circonstances aggravantes d'un meurtre, la réponse du jury qui déclare l'accusé coupable sans les circonstances est contradictoire et nulle en ce qu'elle exclut la volonté, dont elle reconnaît néanmoins l'existence par la déclaration de culpabilité du meurtre qui la comprend nécessairement. — Cass., 2 juill. 1813, Henek, [P. chr.]

4475. — La déclaration du jury portant que l'accusé est coupable d'avoir donné des instructions à l'effet de commettre un assassinat, et d'avoir, avec connaissance, aidé et assisté l'assassin dans les faits qui ont facilité ou consommé l'action, établit implicitement et nécessairement que ces faits ont eu lieu avec préméditation; — en conséquence, après avoir fait cette déclaration, le jury ne peut, sans tomber dans une contradiction qui opère nullité, ajouter que l'accusé a agi sans préméditation. — Cass., 20 janv. 1814, Dutois, [S. et P. chr.] — *Sic*, Legraverend, t. 1, chap. 8, § 1, p. 139.

4476. — *b) Déclarations non contradictoires.* — Il n'y a aucune contradiction dans la réponse du jury, affirmative sur la question de complicité de l'accusé, par aide et assistance, d'un assassinat commis sur un individu, et négative sur la question d'assassinat commis le même jour, au même lieu, sur la personne d'un autre individu. — Cass., 11 mai 1849, Tramoni, [P. 50.1.663]

4477. — Il n'y a ni contradiction, ni équivoque, dans les réponses du jury qui, après avoir déclaré que l'accusé n'est pas l'auteur du meurtre qui lui est imputé, reconnaît que ce meurtre a été commis avec préméditation et guet-apens, et, sur une question posée comme résultant des débats, déclare que ledit accusé s'en est rendu complice. — Cass., 13 févr. 1879, Ali-ben-bancherf, [S. 81.1.335, P. 81.584]

4478. — ... Ni entre deux réponses du jury qui, par la première, déclare que l'accusé n'est pas l'auteur de l'assassinat faisant l'objet des poursuites, et dans la seconde reconnaît qu'il est coupable d'avoir donné la mort par assistance. — Cass., 7 juill. 1831, Greco, [P. chr.]

4479. — Il n'y a point de contradiction dans la réponse du jury qui déclare l'accusé coupable d'avoir attenté par le poison à la vie de son père, et coupable d'une tentative d'empoisonnement contre la même personne. — Cass., 24 juin 1831, Barbedette, [P. chr.]

4480. — Il n'y a point contradiction dans la déclaration du jury, négative sur une première question portant sur un parricide, et affirmative sur une seconde question relative au même meurtre avec le seul concours de la préméditation et du guet-apens et constituant par conséquent un simple assassinat. — Cass., 15 déc. 1831, de Castros, [P. chr.]

4481. — ... Ni dans la déclaration du jury portant que l'accusé est coupable d'une tentative d'homicide volontaire, mais qu'il n'a commis cette tentative que pour sa légitime défense. — Cass., 29 avr. 1819, Maurice, [P. chr.]

4482. — ... Ni dans la réponse par laquelle le jury déclare que l'accusé est coupable d'avoir commis volontairement un homicide et qu'il l'était en état de démence au moment où il l'a commis. Cette déclaration doit être entendue en ce sens que l'accusé n'a apporté dans cet homicide qu'une volonté d'homme en démence et quasi-animale. — Cass., 4 janv. 1817, Philippe, [S. et P. chr.]

4483. — ... Ni dans la réponse par laquelle le jury déclare qu'un accusé n'est pas coupable d'avoir porté avec préméditation des coups qui ont occasionné la mort d'un individu, et qu'il est coupable d'avoir porté ces mêmes coups avec l'intention de donner la mort. — Cass., 6 juill. 1832, Laforge, [P. chr.]

4484. — ... Ni entre deux déclarations du jury, dont l'une porte que l'accusé est coupable d'une tentative d'homicide volontaire, et l'autre, qu'il est coupable de blessures faites volontairement. — Cass., 19 déc. 1833, Baud, [P. chr.]

4485. — ... Ni, dans une accusation de coups et blessures ayant occasionné la mort sans intention de la donner, entre les deux réponses du jury, l'une négative quant à l'intention de donner la mort, et l'autre affirmative quant à la préméditation de la volonté de porter des coups et blessures. — Cass., 14 janv. 1841, Cartel et Bouverat, [P. 42.1.261] — *Sic*, Carnot, *Instr. crim.*, art. 350, t. 2, p. 670, n. 10.

4486. — N'est pas contradictoire la réponse du jury portant qu'un meurtre a été accompli avec préméditation et aussi pour faciliter la fuite du coupable ou pour assurer son impunité. — Cass., 10 mars 1859, Lehoux, [*Bull. crim.*, n. 74]

4487. — Lorsque le jury a répondu affirmativement sur une question d'homicide volontaire, et affirmativement aussi à une question de coups et blessures volontaires posée comme résultant des débats, il n'y a pas contradiction alors que le jury a laissé sans réponse une autre question demandant si ces coups et blessures volontaires avaient occasionné la mort sans intention de la donner. — Cass., 17 janv. 1884, Favillet, [*Bull. crim.*, n. 14]

4488. — *Attentats aux mœurs.* — *a) Déclaration contradictoire.* — Est contradictoire la déclaration portant, d'une part, qu'un accusé de bigamie était, lors de son second mariage, dans la bonne foi sur la non-existence du premier, et, d'une autre part, que l'exception de bonne foi n'est pas prouvée. — Cass., 12 vent. an VII, Arpenteur, [P. chr.]

4489. — *b) Déclarations non contradictoires.* — N'est pas contradictoire la réponse du jury qui, interrogé sur la question de savoir si l'accusé est coupable d'attentat à la pudeur avec violence, répond : « Oui, l'accusé est coupable du fait à lui imputé, mais sans violence ». Une telle réponse est acquise à l'accusé comme affirmative sur le fait d'attentat, et négative sur le fait de violence, et elle doit, dans cet état, entraîner l'absolution de l'accusé, si, d'ailleurs, rien ne constate que la victime fût âgée de moins de onze ans (aujourd'hui treize ans). — Cass., 29 août 1839, Bile, [P. 39.2.312]

4490. — La déclaration du jury portant que l'accusé est coupable d'attentat à la pudeur, mais sans violence, ne présente ni doute ni contradiction, et il n'y a pas lieu par conséquent de renvoyer les jurés dans leur chambre pour en donner une nouvelle. — Cass., 28 janv. 1830, Moutte, [S. et P. chr.]

4491. — Après avoir déclaré qu'un accusé est coupable d'attentat à la pudeur avec violence, mais qu'il n'a pas été aidé dans ce crime par une ou plusieurs personnes, le jury peut, sans contradiction, déclarer qu'un second accusé a été son complice par aide et assistance, la première réponse s'entendant d'une participation directe et matérielle du crime, la seconde d'une complicité par coopération morale, par provocation ou instruction sans contrainte violente et immédiate. — Cass., 27 nov. 1856, Le Prévost, [*Bull. crim.*, n. 375]

4492. — Il n'y a pas contradiction dans la déclaration qui, après avoir répondu *non* à une question de viol avec la circonstance aggravante que la victime était la domestique de l'accusé, répond *oui* à une question subsidiaire posée comme résultant des débats et portant sur un attentat à la pudeur avec violence avec la même circonstance de domesticité. Ces deux crimes sont distincts et indépendants l'un de l'autre. — Cass., 9 sept. 1858, Ruelle, [D. 58.5.27]

4492 bis. — *Suppression d'enfant.* — Est contradictoire et inconciliable la déclaration du jury qui, après avoir reconnu deux accusés coupables du même crime de suppression d'enfant, répond affirmativement à l'égard de l'un d'eux sur le point de savoir si l'enfant a vécu et négativement à l'égard de l'autre sur la même question. — Cass., 3 mai 1895, Lair, [*Bull. crim.*, n. 134]

4493. — *Faux témoignage.* — Est contradictoire la déclaration du jury de jugement portant que l'accusé a commis un faux témoignage, mais non dans le dessein de nuire, un faux témoignage étant toujours criminel. — Cass., 1er mess. an XIII, Mille, [P. chr.]; — 19 mai 1808, Peulvé, [P. chr.]

4494. — ... La déclaration qui, à raison du même fait, est négative sur la question de subornation de témoins et affirmative sur la complicité de faux témoignage par provocation ou instruction. — Cass., 19 juin 1857, Bazergue, [D. 57.1.372]

4495. — Mais il n'y a aucune contradiction de la part du jury à déclarer non coupable un individu accusé de faux témoignage, et à déclarer coupable celui qui était accusé de l'avoir suborné, lorsque cette dernière partie de la déclaration du jury constate l'existence d'une déposition mensongère. — Cass., 2 juill. 1857, Languereau, [*Bull. crim.*, n. 249] — C. d'ass. du Loiret, 1er juill. 1845, Gaucher, [P. 45.2.336]

4496. — *Faux serment.* — Il n'y a rien d'inconciliable entre deux affirmations dont l'une énonce qu'un accusé n'a pas fait un faux serment en niant l'existence d'une vente définitive, et l'autre qu'il s'est rendu coupable de ce crime en déclarant qu'il n'avait pas reçu un acompte sur le prix de ce marché. La non existence d'une vente n'exclut pas le fait d'une prestation d'arrhes par suite d'un projet de vente. — Cass., 12 mars 1835, Hélitas, [P. chr.]

4497. — *Vol.* — *a) Déclarations contradictoires.* — Est contradictoire la déclaration du jury portant qu'un accusé est convaincu d'avoir soustrait des effets appartenant à autrui pour les tourner à son profit, mais qu'il a commis cette soustraction sans intention criminelle. — Cass., 26 niv. an VII, Gros, [S. et P. chr.]; — 18 therm. an VIII, Int. de la loi, [S. et P. chr.] — V. *infrà*, n. 4508.

4498. — ... La déclaration du jury qui, après avoir reconnu l'accusé auteur d'une soustraction commise dans l'intention de s'approprier les effets soustraits au préjudice du propriétaire, déclare en même temps qu'il a aidé le coupable dans les faits qui ont facilité l'exécution de la soustraction, mais qu'il ne l'a pas aidé sciemment et dans l'intention du crime. — Cass., 8 therm. an VII, Hancy, [S. et P. chr.]

4499. — ... La déclaration par laquelle le jury, après avoir répondu que l'accusé avait soustrait des effets à dessein de tromper ses créanciers, a répondu ensuite que le même accusé avait aidé et assisté à la même soustraction sans aucune intention criminelle. — Cass., 19 flor. an IX, Duflieff, [S. et P. chr.]

4500. — ... La réponse du jury qui déclare, sur une accusation de vol, que l'accusé est auteur ou complice du déplacement des effets comprise dans l'acte d'accusation et que cependant il n'est pas convaincu d'avoir ramassé les effets volés. — Cass., 24 brum. an VII, Lagnoul, [P. chr.]

4501. — ... La réponse par laquelle le jury déclare un accusé coupable d'une tentative de vol qui n'a été exécutée que par une cause étrangère à la volonté de l'accusé. — Cass., 22 déc. 1815, Chabasset, [S. et P. chr.]

4502. — ... La déclaration du jury portant que l'accusé n'a point volé, mais qu'il a maraudé avec escalade. — Cass., 14 avr. 1826, Obled, [P. chr.]

4503. — ... La réponse du jury qui déclare un commis à gages coupable de soustraction d'une somme d'argent au préjudice et dans la maison de commerce où il était employé, mais non frauduleusement et seulement en abusant de la confiance de cette maison de commerce. — Cass., 11 févr. 1830, Klein, [P. chr.]

4504. — ... La déclaration du jury qui, interrogé sur l'existence de deux soustractions imputées à l'accusé, répond affirmativement à l'égard de l'une et négativement à l'égard de l'autre, puis qui, sur une circonstance aggravante qui comprend les deux soustractions, répond affirmativement. — Cass., 24 mars 1831, Chollet, [S. 32.1.195, P. chr.]

4505. — ... La déclaration du jury portant qu'un accusé n'est pas coupable du vol qui lui est imputé, et cependant que cet accusé a commis le même vol avec un autre individu. — Cass., 5 sept. 1839, Desauge, [P. 40.1.493]

4506. — ... La déclaration qui, après avoir reconnu que les auteurs d'une effraction extérieure faite à une maison habitée ne se sont pas introduits dans la maison, porte que l'accusé est convaincu d'avoir assisté les auteurs de l'effraction dans les moyens qui ont facilité leur introduction. — Cass., 4 vent. an VII, Zibel, [S. et P. chr.]

4507. — Lorsque, sur la question de savoir si les accusés sont coupables d'avoir, ensemble et de complicité, commis un vol, le jury a répondu : « Oui, les accusés sont coupables d'avoir commis le vol avec les circonstances comprises dans la question, mais il n'est pas constant qu'ils fussent ensemble à l'instant du vol », cette déclaration est contradictoire et ne peut servir de base à une condamnation; il y a lieu de renvoyer les jurés dans leur chambre pour en donner une nouvelle. — Cass., 31 juill. 1828, Rault, [P. chr.]

4508. — *b) Déclarations non contradictoires.* — Il n'y a aucune contradiction dans la déclaration du jury, portant que l'accusé est coupable d'une soustraction, mais qu'il ne l'a pas faite frauduleusement. — Cass., 20 mars 1812, Vanderschelden, [S. et P.

chr.] — Une telle déclaration entraine l'acquittement de l'accusé. — V. *suprà*, n. 4497.

4509. — Il n'y a aucune contradiction entre la réponse négative du jury, relative à la soustraction frauduleuse d'un portemonnaie contenant du numéraire, et sa réponse affirmative concernant un vol de numéraire seulement. — Cass., 8 juin 1894, Noray, [S. et P. 94.1.381]

4510. — ... Ni entre la réponse négative sur le concours de deux personnes à un vol et la déclaration affirmative de complicité par recélé. — Cass., 4 avr. 1844, Gumbeau, [P. 44.1.744]

4511. — Il n'y a pas contradiction dans la déclaration du jury déclarant un accusé coupable de vol en réunion, alors que les coaccusés, acquittés comme coauteurs, ne sont condamnés que comme complices. — Cass., 9 juill. 1858, Colas, [*Bull. crim.*, n. 194]

4512. — La déclaration du jury portant qu'un accusé est coupable de complicité de vol : 1º pour avoir, avec connaissance, aidé et assisté les auteurs; 2º pour avoir recélé les choses volées, sans connaissance des circonstances aggravantes, n'est pas contradictoire. — Cass., 19 juin 1828, Hesse, [S. et P. chr.]

4513. — Il n'y a pas contradiction dans la réponse du jury qui déclare qu'un vol a été commis par deux personnes, et que, des deux accusés présents, l'un est coupable et l'autre innocent. — Cass., 15 juill. 1813, Diétrich, [S. et P. chr.]

4514. — D'une façon générale, la connexité entre deux crimes ne rend pas contradictoire la réponse des jurés affirmative sur l'un et négative sur l'autre. — Cass., 2 janv. 1874, Jamet, [*Bull. crim.*, n. 17] — Ainsi, dans une accusation de meurtre et de vol, le premier crime ayant eu pour objet de faciliter le second, le jury peut, sans contradiction, résoudre négativement la question de meurtre et ne retenir que le chef du vol. — Cass., 12 juin 1873, Mignot, [*Bull. crim.*, n. 158]

4515. — *Extorsion de signature.* — Est contradictoire et ne peut servir de base légale à l'application d'aucune peine le verdict du jury qui, d'une part, et sur la question principale d'extorsion de signature, déclare l'accusé non coupable d'avoir extorqué un billet à ordre, par force, violence ou contrainte, et qui, d'autre part, sur la question subsidiaire d'escroquerie posée comme résultant des débats, déclare ledit accusé coupable de s'être fait remettre le billet à ordre dont il s'agit, en employant des manœuvres frauduleuses pour faire naitre la crainte d'un événement chimérique, notamment, en attirant le souscripteur du billet dans une chambre et en le menaçant, avec l'intervention et le concours d'un tiers, de ne pas le laisser sortir jusqu'à ce qu'il eût signé ledit billet. — Cass., 23 sept. 1881, Luc, [S. 82.1.333, P. 82.1.794]

4516. — Mais il n'y a pas contradiction dans la déclaration du jury portant que l'extorsion de la signature ou la remise d'un écrit n'a eu lieu ni par la force, ni par la violence, mais qu'elle a eu lieu par contrainte. — Cass., 19 janv. 1825. Candon, [S. et P. chr.] — *Sic*, Legraverend, t. 2, p. 243, note 4.

4517. — *Banqueroute.* — *a) Déclarations contradictoires.* — Est contradictoire la déclaration du jury portant, d'une part, que l'accusé failli a justifié de l'emploi de toutes ses recettes, et que ses livres offraient sa véritable situation active et passive, et d'autre part qu'il a supposé une dette passive et collusoire, qu'il a fait des écritures simulées et qu'il s'est constitué sans cause ni valeur débiteur par des engagements sous seing privé. — Cass., 18 mars 1826, Dermenon-Annet, [S. et P. chr.] — *Sic*, Legraverend, t. 2, p. 243, note 4.

4518. — Il y a contradiction dans les réponses du jury qui, sur différentes questions relatives à des faits de banqueroute et d'abus de confiance, affirment et nient tout à la fois que l'accusé ait eu, aux mêmes époques, la qualité d'agent de change. — Cass., 12 juin 1885, Fécond, [*Bull. crim.*, n. 169]

4519. — *b) Déclarations non contradictoires.* — N'est pas contradictoire la déclaration portant qu'un individu ne s'est pas rendu complice du crime de banqueroute frauduleuse par recel ou dissimulation de l'actif, mais qu'il a été pour avoir aidé et assisté l'auteur principal. — Cass., 6 oct. 1853, Jalousée, [D. 53.5.217]

4520. — Le jury peut sans contradiction répondre affirmativement sur le fait de détournement d'actif de la faillite et négativement sur le fait de dissimulation, ces deux ordres de faits étant distingués par l'art. 591, C. comm. — Même arrêt.

4521. — Il n'existe aucune contradiction entre la partie de la déclaration du jury qui déclare un accusé non coupable de complicité d'une banqueroute frauduleuse, et celle qui le déclare coupable d'avoir fait usage sciemment de pièces fausses lorsque rien n'indique si ces pièces fausses étaient relatives à la faillite. — Cass., 29 mars 1838, Lourdel, [P. 40.1.203]

4522. — *Incendie.* — Est contradictoire la déclaration du jury portant que l'accusé a commis un incendie à dessein de nuire et qu'il ne l'a pas commis dans l'intention du crime. — Cass., 9 mess. an VIII, Morcan, [P. chr.]

4523. — Il y a contradiction lorsque le jury a répondu affirmativement à une question portant sur le point de savoir si l'accusé avait volontairement mis le feu à une écurie dépendant d'une maison habitée, et négativement sur la question : « ladite écurie dépendait-elle d'une maison habitée ». — Cass., 12 sept. 1878, Dizy, [*Bull. crim.*, n. 194]

4524. — De même, il y a contradiction en matière d'incendie si le jury répond affirmativement à la circonstance aggravante de maison habitée en ce qui concerne un accusé, et négativement à l'égard d'un coaccusé. — Cass., 21 juin 1850, Malet, [D. 50.5.102] — V. *suprà*, n. 3333 et 3334.

4525. — *Délit de presse.* — Au cas de poursuite en cour d'assises du gérant d'un journal et de l'auteur d'un article pour diffamation par la voie de la presse, il y a contradiction dans la réponse du jury qui, après avoir reconnu que l'article incriminé réunissait, à l'égard de l'auteur, les éléments du délit de diffamation, déclare qu'il n'a pas ce caractère à l'égard du gérant du journal. — Cass., 8 déc. 1881, Prax-Pâris, [S. 82.1.237, P. 82.1.554]

5° *Déclarations surabondantes.*

4526. — La déclaration surabondante est celle qui dépasse les limites posées par les questions en constatant des faits qu'elles n'ont pas prévus.

4527. — En principe, ce genre de déclaration est proscrit, le jury ne devant répondre qu'aux questions qui lui sont posées. Cependant nous avons vu, *suprà*, n. 4065 et s., que le jury n'est pas tenu, à peine de nullité, de répondre par oui ou par non aux questions qui lui sont posées, et qu'il peut, dans une certaine mesure, expliquer son verdict. Une réponse n'est donc pas surabondante et nulle par cela seul qu'elle est formulée autrement que par *oui* ou par *non*. Pour qu'elle ait ce caractère, il faut ou qu'elle réponde à des questions qui n'ont pas été posées, ou qu'elle modifie l'accusation dont le jury a été saisi.

4528. — D'après cette distinction, lorsque la déclaration contient plus ou moins que les questions posées, la cour d'assises doit, suivant les circonstances, renvoyer le jury dans la chambre de ses délibérations, et lui demander une déclaration nouvelle, ou annuler la déclaration dans sa partie surabondante et inutile, ou accepter sa déclaration dans son intégralité. — Nouguier, n. 3347 et s.

4529. — En premier lieu, la cour d'assises doit renvoyer les jurés dans la chambre de leurs délibérations lorsque leur déclaration, par ses mentions surabondantes, devient obscure ou ambiguë. Ainsi jugé que la cour d'assises doit renvoyer le jury dans la chambre des délibérations lorsque la déclaration, par l'annexe qui y a été jointe, est devenue vague, incertaine et ne manifeste pas suffisamment la pensée des jurés. — Cass., 9 mai 1811, Robillard, [S. et P. chr.]; — 18 juin 1830, Coupat, [S. et P. chr.] — V. *suprà*, n. 4279 et s.

4530. — La déclaration du jury doit aussi être annulée pour le tout lorsqu'elle modifie la nature de l'accusation, soit qu'elle ait pour conséquence de changer la qualification légale du fait, soit qu'elle y ajoute diverses circonstances qui aggraveraient, si l'on en tenait compte, la part de l'accusé.

4531. — Ainsi jugé que lorsque, sur une question d'homicide volontaire, le jury a répondu que l'accusé était coupable d'avoir volontairement porté des coups et fait des blessures qui ont occasionné la mort, mais sans intention de la donner, sa déclaration est nulle comme ayant changé le caractère du fait et dénaturé l'accusation qui lui était soumise. — Cass., 15 janv. 1835, Aubert, [S. 35.1.858, P. chr.]

4532. — ... Qu'il y a excès de pouvoirs dans la réponse par laquelle, en déclarant que l'accusé n'est pas coupable d'avoir tiré volontairement sur un individu un coup de pistolet qui a occasionné sa mort, le jury ajoute qu'il l'a fait imprudemment, quoique aucune question ne lui ait été soumise sur l'homicide par imprudence. — Cass., 11 août 1826, Ottevaere, [S. et P. chr.]; — 8 déc. 1826, Angelin, [S. et P. chr.]; — Même jour, Rével, [P. chr.]; — 9 sept. 1826, Auger, [P. chr.] — *Sic,*

Legraverend, t. 2, p. 236 ; Carnot, *Instr. crim.*, t. 2, p. 639.

4533. — ... Que lorsque, dans une accusation d'infanticide, le jury, après avoir déclaré que l'accusée n'est pas coupable, ajoute, sans qu'une question lui ait été posée sur ce point, qu'elle a causé la mort par imprudence, cette partie de sa déclaration est entachée d'excès de pouvoir et ne peut servir de base à l'application d'une peine. — Cass., 10 avr. 1829, Dubois, [S. et P. chr.]; — 8 déc. 1826, précité.

4534. — ... Que la déclaration du jury sur un fait non compris dans la position des questions est nulle et ne peut servir de base à un arrêt de condamnation. — Cass., 7 oct. 1831, Sabatier, [P. chr.]; — 15 janv. 1824, Blum, [S. et P. chr.]; — 22 août 1833, Silvan, [P. chr.] — *Sic*, Legraverend, t. 1, chap. 13, p. 468, et t. 2, chap. 2, p. 236.

4535. — ... Que les jurés doivent se borner à répondre aux questions qui leur sont posées; que celles qu'ils résoudraient d'office doivent être considérées comme non avenues, et ne peuvent servir de base à une condamnation pénale. — Cass., 8 juill. 1836, Momy, [S. 37.1.128, P. 37.1.471]

4536. — ... Que spécialement, est nulle la déclaration portant que l'accusé est coupable de n'avoir pas révélé à l'autorité la connaissance qu'il avait d'une fabrique de fausse monnaie, alors que les questions soumises au jury étaient relatives seulement au crime de fabrication ou d'émission de fausse monnaie. — Cass., 7 oct. 1831, Min. publ., [S. 32.1.287, P. chr.]

4537. — ... Qu'elle doit annuler la déclaration du jury dans sa partie surabondante lorsque cette partie est relative à un chef d'accusation ou à des circonstances différentes de ceux qui ont été soumis aux jurés. — Cass., 22 août 1833, précité.

4538. — ... Que la déclaration par laquelle les jurés ajoutent à la question une circonstance aggravante ne peut servir de base à une condamnation. — Cass., 22 janv. 1819, Magloire, [P. chr.]

4539. — ... Que lorsque les jurés ne sont interrogés que sur la culpabilité de l'accusé comme auteur, ils excèdent leurs pouvoirs en le déclarant complice. — Cass., 4 oct. 1811, Dolbec, [P. chr.] — *Sic*, Legraverend, t. 2, p. 237.

4540. — ... Que, lorsque dans les questions posées, le fait de complicité a été exprimé sans aucun des caractères de criminalité spécifiés dans les art. 60, 61 et 62, C. pén. (V. *suprà*, v° *Complicité*, n. 231 et s., 272 et s.), le jury ne peut, par sa déclaration, suppléer au silence des questions posées par le président à l'égard de ces caractères. — Cass., 2 déc. 1825, Gardet, [S. et P. chr.]

4541. — ... Que, lorsque les questions posées par le président ne portent que sur une accusation de viol, les jurés ne peuvent, en déclarant l'accusé non coupable sur ce chef, ajouter qu'il est coupable d'un attentat à la pudeur avec violence. — Cass., 26 oct. 1820, Blin, [S. et P. chr.]

4542. — ... Qu'ils ne peuvent déclarer l'accusé coupable de vol, d'abus de confiance et d'escroquerie, quand ils n'ont été interrogés que sur un faux. — Cass., 14 mai 1825, Coche et Amauri, [P. chr.] — *Sic*, Carnot, *Instr. crim.*, t. 2, sur l'art. 348, p. 660, n. 2.

4543. — En second lieu, la partie surabondante de la déclaration doit être considérée comme non avenue, sans qu'il soit besoin de provoquer une délibération nouvelle, lorsque le fait ajouté par le jury, dans sa déclaration, ne peut légalement en modifier la portée. Ainsi, lorsque le jury, interrogé sur le point de savoir si l'accusé est coupable d'un homicide volontaire, a répondu : Oui *l'accusé est coupable, mais sur la demande de l'homicide*, ces derniers mots doivent être considérés comme non avenus, et l'accusé est passible des peines du meurtre. — Cass., 16 nov. 1827, Lefloch, [S. et P. chr.]

4544. — De même, lorsque, sur une prévention de délit, le jury a répondu affirmativement, en ajoutant qu'il existe des circonstances atténuantes, cette dernière partie de la déclaration doit être considérée comme non écrite (et ce que l'appréciation de ces circonstances, lorsqu'il s'agit d'un délit, n'appartient pas au jury). — V. *suprà*, n. 3785 et s.

4545. — Mais la première partie de la réponse du jury, relative à la culpabilité, restant irréfragable et acquise à la vindicte publique, la cour ne peut dès lors renvoyer le jury dans la chambre des délibérations pour rendre une nouvelle déclaration. — Cass., 15 févr. 1834, Min. publ., [S. 34.1.122, P. chr.] — V. *suprà*, n. 3791.

4546. — Si les jurés n'ont pas le droit de décider les faits qui n'ont pas été soumis à leur délibération, ils ont néanmoins, avons-nous dit, celui de déclarer les circonstances qui, se liant aux questions proposées, deviennent nécessaires pour expliquer le vrai sens de leur déclaration. Ils ont le droit, notamment, tout en affirmant la réalité du fait, d'ajouter les circonstances justificatives de nature à enlever au fait sa criminalité. — V. *suprà*, n. 4377, et *infrà*, n. 4601 et s.

4547-4550. — Mais ils ne pourraient pas résoudre, dans leurs déclarations, une question d'excuse qui ne leur aurait pas été soumise. — V. *infrà*, n. 4606 et s.

6° *Déclarations incomplètes.*

4551. — La déclaration est incomplète lorsqu'elle ne répond qu'à une partie des questions posées.

4552. — Nous avons dit plus haut que les questions, pour être régulièrement posées, doivent purger l'accusation (V. *suprà*, n. 2909 et s.). Ainsi en est-il des réponses. La déclaration est incomplète, et, par suite, irrégulière lorsqu'elle ne répond qu'à une partie des questions posées. Les diverses modifications apportées par le Code d'instruction criminelle n'ont rien changé à ce principe. Sous ce Code, comme sous la législation antérieure, il y a nullité lorsque le jury ne s'est pas expliqué sur toutes les questions qui lui ont été posées. — Cass., 4 juin 1819, Roger, [S. chr.] — *Sic*, Legraverend, t. 2, p. 243; F. Hélie, *Instr. crim.*, t. 8, n. 3770 et 3771.

4553. — Lorsqu'aucune réponse n'a été inscrite en face de la question principale, il ne peut être suppléé à cette omission par les réponses sur les circonstances atténuantes. — Cass., 10 déc. 1868, Kouider-ben-Orjilali, [*Bull. crim.*, n. 242]

4554. — Lorsque le jury ne répond pas d'une manière entière et catégorique sur les circonstances du crime, la cour d'assises doit annuler sa déclaration et ordonner une délibération nouvelle (C. instr. crim., art. 241, 337 et 345). — Cass., 9 mai 1811, Robillard, [S. et P. chr.]; — 21 mai 1812, Leclerc, [S. et P. chr.]; — 21 déc. 1821, Delsaux, [S. et P. chr.]; — 4 avr. 1822, Bodin, [S. et P. chr.]

4555. — Cependant, il ne peut résulter aucune nullité de ce que les jurés ont refusé de répondre sur une question devenue sans objet par suite de la solution négative donnée à la question précédente. — Cass., 31 janv. 1817, Pignier, [S. et P. chr.]

4556. — Ainsi lorsque, dans une accusation de faux, les jurés ont répondu négativement aux questions relatives à la perpétration du faux, la réponse à la question qui concerne l'usage des pièces fausses devient inutile. — Cass., 12 déc. 1834, Gilbert dit Miran, [P. chr.]

4557. — De même, lorsque le jury a répondu affirmativement à la question relative au fait de l'accusation, il ne résulte aucune nullité de ce qu'il a gardé le silence sur une seconde question posée subsidiairement comme résultant des débats, et à laquelle il n'y avait lieu de répondre qu'autant que la première aurait été résolue négativement. — Cass., 2 oct. 1845, Pantaloni, [P. 48.2.145] — Ainsi, par exemple, la déclaration affirmative du jury sur une question d'homicide volontaire le dispense de répondre à une autre question, posée à la demande de l'accusé comme résultant des débats, et se rapportant au cas où ce dernier aurait porté des coups et fait des blessures qui auraient occasionné la mort, sans intention de la donner. — Cass., 4 janv. 1849, Barrot, [P. 50.1.705, D. 49.5.97]

4558. — En dehors de ce cas, le jury n'a pas le droit d'apprécier si une question subsidiaire qui lui est posée est ou non superflue; il ne peut dès lors se dispenser d'y répondre sous prétexte qu'elle se trouverait virtuellement résolue par sa réponse à la première question. — Cass., 16 avr. 1842, Couret, [S. 42.1.891, P. 42.2.538]

4559. — Spécialement, la réponse à la question de savoir si un vol a été commis de complicité ne peut s'appliquer qu'au fait et à l'action même du vol, et ne dispense pas les jurés de répondre aux autres questions relatives au recélé des effets volés, qui constitue une complicité séparée et indépendante de la coopération au vol. — Cass., 9 brum. an IX, Nicolas, [P. chr.]

4560. — Il ne suffit pas non plus que le jury déclare que l'existence de telle circonstance doit être présumée, il faut qu'il déclare formellement son existence pour que sa déclaration fasse preuve légale à cet égard. — Cass., 18 mai 1815, Rosay, [S. et P. chr.]

4561. — Les réponses du jury doivent, comme les questions elles-mêmes (*suprà*, n. 3167 et s.), porter tout à la fois sur chacun des accusés qui lui sont déférés, sur chacun des faits soumis distinctement à son appréciation, et sur chacune des circonstances relevées dans l'acte d'accusation. La déclaration du jury est incomplète, alors même que résolvant toutes les questions qui lui ont été posées, elle ne s'explique pas sur un fait principal ou sur une circonstance comprise dans l'acte d'accusation. — Legraverend, t. 2, p. 244, note 2.

4562. — Et tout d'abord, le jury doit répondre dans sa déclaration aux questions posées sur chacun des accusés. A cet égard, nous rappelons que bien que la question soit résolue négativement à l'égard de l'auteur principal, le jury n'est pas pour cela dispensé de répondre aux questions relatives au complice, l'acquittement de l'un n'entraînant pas nécessairement l'acquittement de l'autre. — V. *suprà*, v° *Complicité*, n. 157 et s.

4563. — Jugé, en ce sens, que la réponse négative du jury, sur la culpabilité du principal accusé d'un délit dont l'existence est déclarée affirmativement, n'exclut pas la culpabilité du complice, et ne dispense pas le jury de s'expliquer à son égard. — Cass., 27 mai 1808, Ménage, [P. chr.] — V. *suprà*, n. 4417 et 4418.

4564. — En second lieu, la déclaration du jury est incomplète si elle omet de statuer sur l'un des chefs d'accusation.

4565. — Nous avons vu, soit en parlant de la complexité des questions, soit en parlant de la complexité de la déclaration, dans quels cas chacun des faits distincts doivent faire l'objet d'une question et d'une réponse distinctes (V. *suprà*, n. 3167 et s.). Il est clair que la réponse est incomplète si elle ne porte que sur l'un de ces faits et passe les autres sous silence.

4566. — Jugé que la déclaration négative du jury, sur une accusation d'assassinat, ne peut pas être étendue à un vol commis de nuit par plusieurs personnes, compris dans le même acte d'accusation, mais qui n'est ni une circonstance du premier, ni un fait connexe, et qui constitue un crime principal comme se rattachant à des temps et à un lieu distincts. — Cass., 12 avr. 1810, Desgranges, [P. chr.]

4567. — ... Que lorsque deux questions ont été posées au jury sur la culpabilité de l'accusé comme auteur dans l'une et comme complice dans l'autre, s'il se borne à répondre négativement sur la première et garde le silence sur la seconde, sa réponse est incomplète. — Cass., 17 mai 1821, Sabardin, [P. chr.]; — 12 janv. 1828, Quirin-Humbert, [P. chr.]

4568. — Legraverend (t. 2, p. 246, note 1) pense qu'il y a lieu par la Cour de cassation d'annuler la déclaration du jury et d'ordonner que les deux questions de culpabilité, même celle qui a été répondue négativement, seront soumises à un nouveau jury. Nous croyons, au contraire, que celle-ci est acquise à l'accusé.

4569. — D'autre part, nous avons dit aussi que certaines questions peuvent, sans encourir le vice de complexité, embrasser dans un même libellé plusieurs faits ou circonstances, et notamment les circonstances constitutives (V. *suprà*, n. 3411 et s.). Dans cette hypothèse une réponse unique est suffisante.

4570. — Jugé que la réponse affirmative et générale du jury, sur une question qui comprend plusieurs faits, se rapporte nécessairement à tous les faits dont cette question se compose. — Cass., 15 mars 1821, Gabriel Gallet, [P. chr.]; — 17 sept. 1835, Gondrit, [P. chr.] — *Sic*, Legraverend, t. 2, p. 246, note 1.

4571. — ... Que lorsque le jury, interrogé sur une question qui comprend toutes les circonstances constitutives de la tentative légale, répond simplement : « oui », cette réponse générale embrasse nécessairement toutes les parties de la question et satisfait ainsi pleinement au vœu de la loi (C. instr. crim., art. 345). — Cass., 26 juin 1817, Cardinaux, [S. et P. chr.] — *Contrà*, Cass., 26 juill. 1811, Gourmand, [P. chr.]

4572. — ... Que lorsque dans une accusation de tentative d'homicide comprenant, avec les circonstances aggravantes de préméditation et de guet-apens, toutes les circonstances exigées par l'art. 2, C. pén., pour constituer la tentative, le jury répond d'une manière générale que l'accusé est coupable, avec toutes les circonstances comprises dans la question, sa déclaration est complète et suffit pour servir de base à l'application de la peine. — Cass., 19 juill. 1821, Sellecque, [S. et P. chr.]

4573. — ... Que la réponse simplement affirmative du jury sur une question qui lui était soumise embrasse toutes les parties de la question et par conséquent toutes les circonstances constitutives qui y sont énoncées. — Cass., 18 avr. 1816, Vastine, [P. chr.]; — 20 févr. 1817, Lamarche, [S. et P. chr.]; — 18 nov. 1819, Karleu, [S. et P. chr.]; — 19 juill. 1821, Sellecque, [P. chr.]; — 26 janv. 1833, Lecoutre de Beauvais, [P. chr.]

4574. — ... Que lorsque, sur une question qui comprend toutes les circonstances constitutives du crime, le jury répond : « oui, l'accusé est coupable », cette déclaration est régulière et complète, comme se référant au fait principal et à toutes les circonstances matérielles et de moralité comprises dans la question. — Cass., 26 juill. 1822, Duport, [P. chr.]

4575. — Il a été jugé cependant que lorsque les jurés ont omis de s'expliquer sur une des circonstances d'où dépend le caractère du crime qui fait l'objet de l'accusation, la cour d'assises ne peut prendre leur déclaration pour base de sa délibération. — Cass., 22 août 1822, Louis Houcke, [P. chr.]

4576. — ... Qu'elle excède ses pouvoirs en écartant cette circonstance, par l'appréciation des faits résultant du débat. — Cass., 27 juin 1828, Gand, [S. et P. chr.]

4577. — ... Ou en prononçant la peine qui eût été applicable en cas de réponse affirmative du jury. — Cass., 25 mars 1825, Louis Merlette, [P. chr.] — *Sic*, Legraverend, t. 2, p. 245, note 2.

4578. — ... Que le faux témoignage n'a de caractère criminel qu'autant qu'il a été fait *contre* ou *pour* l'accusé ou le prévenu; qu'en conséquence, une déclaration du jury qui, sur une accusation de faux témoignage, n'exprime point cette circonstance ne peut donner lieu à une application de peine contre celui qui en est convaincu, et ne purge point l'accusation dont il était l'objet. — Cass., 19 juin 1823, Mangin, [S. et P. chr.]; — 4 juill. 1823, Rolland, [S. et P. chr.]; — 4 juill. 1832, Rolland, [P. chr.] — *Sic*, Legraverend, t. 2, p. 245, note 2.

4579. — ... Que la déclaration du jury doit, à peine de nullité, exprimer les circonstances qui caractérisent la tentative. — Cass., 26 juill. 1811, Gommand, [P. chr.]

4580. — Mais de semblables déclarations ne seraient nulles que si elles répondaient à une question incomplète. Si la question est complète et renferme toutes les circonstances constitutives du crime, il faut maintenir ce principe incontestable que le jury qui répond par oui ou par non à cette question satisfait au vœu de la loi. Il n'y a pas à relater de nouveau dans la réponse les circonstances relevées dans la question.

4581. — Au contraire, lorsque le jury répond sur une des circonstances énoncées dans la question et se tait sur les autres, sa déclaration est incomplète et ne peut servir de base ni à une condamnation, ni à une absolution. Spécialement, il ne suffit pas, pour constituer légalement une tentative, que l'accusé soit déclaré coupable d'une tentative de crime *qui n'a manqué son effet que par des circonstances indépendantes de sa volonté*; il faut, en outre, que le jury ait déclaré qu'elle a été *manifestée par des actes extérieurs suivis d'un commencement d'exécution*. — Cass., 18 avr. 1816, précité. — *Contrà*, Cass., 13 janv. 1831, Bernais, [S. 31.1.164. P. chr.]

4582. — La réponse du jury doit également être catégorique et complète sur les circonstances aggravantes. — Cass., 26 juill. 1860, Etior, [D. 60.5.901] — *Sic*, Merlin, *Rép.*, v° *Prescription*, sect. 3, § 7, art. 4, n. 3; Legraverend, t. 2, p. 242, note 6; F. Hélie, *Instr. crim.*, t. 8, n. 3770.

4583. — Lorsque les circonstances aggravantes pouvaient être insérées dans la même question que le fait principal lui-même (V. *suprà*, n. 3172 et s.), il ne suffisait pas que le jury répondît par oui ou par non, il devait s'expliquer expressément sur les circonstances aggravantes comprises dans la question. — Cass., 6 mai 1813, Delafont Bremant, [P. chr.]

4584. — Jugé alors que lorsque, sur une question comprenant le fait principal et les circonstances aggravantes, le jury répond seulement qu'il est constant que l'accusé est coupable, sans faire mention des circonstances aggravantes, sa déclaration est incomplète et nulle. — Bruxelles, 27 nov. 1820, Buisseret, [P. chr.]

4585. — ... Que sur la question de savoir si l'accusé est coupable d'avoir commis volontairement un homicide sur la personne d'un fonctionnaire, à l'occasion de ses fonctions, le jury répond : Oui, l'accusé est coupable, mais la circonstance à l'occasion de l'exercice des fonctions, cette déclaration est incomplète, en ce qu'elle ne s'explique pas sur la volonté; la volonté, dans ce cas, étant une circonstance nécessaire pour donner à

l'homicide le caractère de meurtre. — Cass., 15 juin 1826, Berthe, [S. et P. chr.]

4586. — Mais lorsque le jury, interrogé sur la question de savoir si l'accusé est coupable d'un homicide commis volontairement et avec préméditation, répond : oui, avec la circonstance aggravante, cette déclaration est régulière, la préméditation constituant seule une circonstance aggravante. — Cass., 15 juill. 1830, Mosselay, [S. et P. chr.]

4587. — Aujourd'hui, la question ne pourrait se présenter; nous avons dit, en effet, que chacune des circonstances aggravantes doit être l'objet d'une question spéciale et distincte du fait principal. Le jury n'a donc qu'à répondre à chacune des questions posées, mais il doit le faire à peine de nullité.

4588. — Jugé que lorsque, dans une accusation de vol commis la nuit, dans une étable, faisant partie d'une maison habitée, le jury omet de s'expliquer sur la circonstance de la nuit, la cour d'assises doit annuler sa réponse et en demander une nouvelle, au lieu de se contenter d'appliquer les peines du vol simple. — Cass., 4 avr. 1822, précité.

4589. — ... Qu'est insuffisante et nulle la déclaration du jury qui ne s'explique point sur la circonstance aggravante que le vol domestique imputé à l'accusé a été par lui commis *dans la maison où il travaillait habituellement*. — Cass., 16 déc. 1824, Chopy, [S. et P. chr.]; — 25 sept. 1828, Chevrier, [S. et P. chr.]; — 29 oct. 1830, Baert, [P. chr.]; — 14 juill. 1831, Saint-Laurent, [P. chr.]

4590. — ... Que, lorsque le jury, interrogé sur la question de savoir si l'accusé est coupable de vol commis la nuit, avec escalade et dans une maison habitée, répond affirmativement sur la première circonstance, négativement sur la seconde, et omet de répondre sur la maison habitée, il y a lieu par la Cour de cassation, en annulant la condamnation intervenue sur une telle déclaration, d'annuler cette déclaration, même dans la partie favorable à l'accusé. — Cass., 9 févr. 1827, Delair, [S. et P. chr.]

4591. — La cour d'assises qui reconnaît que la déclaration du jury est incomplète n'a aucun pouvoir pour rectifier ou compléter elle-même la déclaration du jury; la déclaration irrégulière ne peut entraîner ni l'acquittement ni la condamnation de l'accusé. — Cass., 9 mai 1822, Pierre Couturier, [S. et P. chr.]

4592. — Elle doit provoquer une déclaration nouvelle et renvoyer le jury dans la salle de ses délibérations pour qu'il ait à compléter ses réponses. — Cass., 30 août 1811, N..., [P. chr.]; — 9 juill. 1812, Lecomte, [P. chr.]; — 13 août 1818, Pierre Weill, [S. et P. chr.]; — 25 mai 1820, Windels, [P. chr.]; — 4 avr. 1822, Bodin, [S. et P. chr.]; — 9 mai 1822, précité; — 22 août 1822, Houcke, [P. chr.]; — 27 sept. 1822, Loubet, [P. chr.]; — 25 mars 1825, Merlette, [P. chr.]; — 3 févr. 1826, Bossière, [S. et P. chr.]; — 12 janv. 1828, Humbert, [P. chr.]; — 16 janv. 1842, précité. — *Sic*, Merlin, *Rép.*, v° *Juré*, § 4, n. 14; Nouguier, n. 3252.

4593. — C'est à tort qu'il a été jugé que lorsqu'une circonstance aggravante est complètement omise dans la déclaration du jury, la cour d'assises peut la considérer comme résolue négativement, et ne doit appliquer la peine qu'abstraction faite de cette circonstance. — Cass., 18 août 1815, Morisson, [S. et P. chr.]

4594-4600. — Jugé, par application du principe ci-dessus posé que lorsque, sur une accusation de viol, le jury a omis de répondre à la question relative à l'âge de la personne violée, la cour d'assises ne peut pas suppléer à l'insuffisance de la réponse par l'acte de naissance de cette personne. — Cass., 30 août 1811, précité.

7° Déclarations sur les questions d'excuse.

4601. — Les jurés doivent répondre aux questions d'excuse qui leur sont soumises. A ce propos, rappelons en deux mots les principes que nous avons déjà posés à cet égard : que les questions d'excuse doivent nécessairement être posées lorsque l'accusé le demande (*suprà*, n. 3104 et s.); qu'elles doivent l'être séparément (*suprà*, n. 3404 et s.); il en résulte nécessairement qu'il en est autrement des circonstances qui, bien que qualifiées d'excuses, sont en réalité des faits justificatifs excluant toute culpabilité. Ces derniers faits sont implicitement compris dans la question principale relative à la culpabilité. De là il résulte que le jury doit nécessairement répondre par une déclaration spéciale sur les questions d'excuse légale qui leur sont soumises, tandis qu'il n'a pas à faire de déclaration spéciale relativement aux faits justificatifs. En déclarant l'accusé *coupable*, il les écarte par là même tandis qu'il les admet en déclarant l'accusé non coupable.

4602. — Ainsi en est-il, avons-nous dit, des circonstances de légitime défense ou de démence. Ce sont là non des cas d'excuse, mais des circonstances exclusives de toute culpabilité.

4603. — Jugé que, sur une accusation de meurtre, les jurés peuvent, sans que la question leur en ait été faite, déclarer que l'accusé n'a agi que pour sa légitime défense. — Cass., 29 avr. 1819, Maurice, [S. et P. chr.]

4604. — ... Que l'accusé déclaré *coupable* d'homicide volontaire est par cela même déclaré coupable du crime de meurtre hors le cas de légitime défense. L'excuse de légitime défense est ainsi suffisamment répondue et écartée. — Cass., 4 sept. 1828, Bernardini, [P. chr.] — Legraverend, t. 2, p. 245, note 2.

4605. — ... Que la déclaration du jury qui reconnaît la culpabilité de l'accusé admet qu'au moment du crime il n'était pas en démence. — Cass., 6 juin 1839, Gilbert, [S. 39.1.808, P. 39.2.76]

4606. — Pour que le jury soit investi du droit de statuer sur un cas d'excuse légale, au contraire, il faut de toute nécessité que la question lui ait été posée. Il a été jugé, en ce sens, que le jury excède ses pouvoirs en se permettant de résoudre une question d'excuse qui ne lui a pas été proposée; qu'ainsi sa déclaration sur ce point doit être considérée comme non avenue. — Cass., 27 sept. 1827, Terrasse, [P. chr.]

4607. — ... Que le jury commet un excès de pouvoir en atténuant sa déclaration affirmative sur une question de meurtre, par la déclaration de provocation étrangère à l'accusation, et sur laquelle il n'a point été posé de question. — Cass., 14 juill. 1833, Cazanova, [S. 33.1.860, P. chr.]; — 9 mai 1834, Palinacce, [P. chr.] — *Sic*, Legraverend, t. 2, p. 238, note 1.

4608. — Lorsque le jury, en déclarant un accusé coupable de meurtre, a, sur une seconde question, répondu : « Oui, des coups ont été portés auparavant (à l'accusé), mais ils ne constituent pas la provocation », la cour d'assises ne peut, en scindant une telle réponse, et sous prétexte qu'elle n'a voulu interroger le jury que sur le fait des coups portés, déclarer l'existence de la provocation et, par suite, réduire la peine encourue à un simple emprisonnement, aux termes de l'art. 326, C. pén. — Cass., 30 juill. 1831, Girardin, [S. 31.1.417, P. chr.]

4609. — Il a été décidé que, lorsqu'il est établi que l'accusé était âgé de plus de seize ans au moment où il a commis le crime qui lui est imputé, l'addition faite par le jury à la déclaration de culpabilité, qu'il a agi sans discernement, ne peut produire aucun effet légal. — Cass., 1er sept. 1826, Christ, [P. chr.] — Nous croyons, au contraire, qu'une telle déclaration équivaut à une déclaration de non-culpabilité, le défaut de discernement, affirmé chez un adulte, étant équivalent à l'absence de volonté coupable.

4610. — Ajoutons que la nullité de la réponse sur une question d'excuse entraîne la nullité de la réponse sur l'accusation principale à laquelle elle se rattache. — Cass., 18 janv. 1889, Leroy, [*Bull. crim.*, n. 19]

8° *Cas divers.*

4611. — Indépendamment des hypothèses que nous venons de signaler, il y a encore lieu de renvoyer le jury dans la chambre de ses délibérations dans les cas suivants :

4612. — ... Lorsque le chef du jury déclare qu'il y a erreur dans la rédaction de la formule de sa réponse. — V. *infrà*, n. 4654.

4613. — ... 2° Lorsqu'il résulte des termes de la déclaration du jury qu'il a confondu les circonstances caractéristiques avec les circonstances aggravantes du fait. — Cass., 2 juill. 1835, Aribaud, [P. chr.]

4614. — Mais la cour d'assises ne peut ordonner le renvoi, lorsque, à leur déclaration claire et précise sur le fait de l'accusation, les jurés ont ajouté une circonstance dont l'appréciation rentrait exclusivement dans les attributions de la cour; cette dernière doit être considérée comme non avenue. — Cass., 20 juill. 1827, Bladier, [P. chr.]

4615. — Enfin, la déclaration du jury portant qu'il ne peut

prononcer sur l'accusation parce qu'il ne se trouve pas suffisamment éclairé est illégale et nulle, et les jurés qui y ont concouru doivent être renvoyés immédiatement à donner une nouvelle déclaration. — Cass., 23 vend. an VIII, Hamon, [S. et P. chr.]

SECTION V.

Renvoi du jury dans la chambre de ses délibérations.

4616. — On peut poser, à cet égard, un double principe qui se dégage des explications que nous venons de donner : 1° lorsque la déclaration est régulière, il n'y a pas lieu de renvoyer les jurés dans la chambre de leurs délibérations ; la cour n'a pas le pouvoir d'inviter les jurés à délibérer de nouveau et à former une nouvelle déclaration. — Cass., 24 déc. 1852, Mortmier, [*Bull. crim.*, n. 414]; — 27 mai 1886, Lounès, [D. 86.1.426] — V. *suprà*, n. 4218.

4617. — Jugé que le renvoi du jury dans la salle de ses délibérations, qui n'est prévu par aucun texte, n'a d'autre but que d'assurer la validité de la déclaration du jury; et ce renvoi ne peut être ordonné que si cette déclaration est irrégulière, équivoque, incomplète ou contradictoire. — Cass., 21 févr. 1895, Lemoine, [*Gaz. des Trib.*, 25-26 févr. 1895; *Bull. crim.*, n. 64]

4618. — ... Que lorsque la déclaration du jury est positive et claire sur chacune des questions, il y a décision acquise, ou à l'accusé, ou à la partie publique; qu'il est défendu, à peine de nullité, de provoquer une déclaration nouvelle. — Cass., 17 avr. 1824, Duquesnoy, [S. et P. chr.]

4619. — ... Que lorsque la cour d'assises a annulé une déclaration régulière du jury, l'accusé est recevable à se pourvoir en cassation pour réclamer l'application de cette déclaration, lors même qu'une seconde déclaration l'a reconnu coupable. — Cass., 25 juill. 1817, Robin, [S. et P. chr.]

4620. — ... Que lorsque le jury, interrogé, en conformité de l'arrêt de renvoi et du résumé de l'acte d'accusation, sur une question d'attentat à la pudeur avec violence qui aurait été commis sur une fille âgée de moins de quinze ans, a répondu affirmativement, mais en écartant la circonstance de violence qui rendait le fait punissable, cette réponse est irrévocablement acquise à l'accusé et doit entraîner son absolution. La cour d'assises ne peut, sans excès de pouvoir, renvoyer le jury à délibérer de nouveau, sur la question de savoir si la personne victime de l'attentat était âgée de moins de onze ans (aujourd'hui treize ans). — Cass., 22 juill. 1836, Thourot, [S. 37.1.255]

4621. — Ajoutons que le renvoi des jurés dans leur chambre des délibérations, ordonné alors qu'il n'aurait pas dû l'être, ne peut créer une nullité au profit de l'accusé qu'autant que ce renvoi lui a été préjudiciable. — Cass., 19 sept. 1833, Wind, [P. chr.]

4622. — Ainsi, par exemple, l'accusé est non recevable à se plaindre de ce que les jurés ont été renvoyés dans leur chambre pour compléter une déclaration de culpabilité qui était susceptible d'une interprétation moins favorable à l'accusé que la seconde. — Cass., 11 avr. 1817, Verdier, [P. chr.] — V. *infrà*, n. 4636 et s.

4623. — 2° Les jurés doivent être renvoyés dans la chambre de leurs délibérations pour y rectifier leur déclaration, lorsque cette déclaration est irrégulière, soit parce qu'elle est incomplète, incertaine, surabondante ou contradictoire, soit parce qu'elle n'exprime pas la majorité déterminée par la loi, ou qu'elle contient des vices de forme.

4624. — Il a été jugé que la déclaration du jury irrégulière ou incomplète (par exemple en ce qu'elle renferme une réponse collective, sur plusieurs questions distinctes) ne peut pas, à peine de nullité, être régularisée ou complétée à l'audience. — Cass., 14 sept. 1820, Martin, [P. chr.]; — 29 janv. 1829, Armand, [P. chr.]; — 27 juin 1839, Fichet, [S. 40.1.666, P. 41.1.93]

4625. — Cependant, la Cour de cassation a reconnu qu'il n'y avait pas nullité lorsque la rectification faite à l'audience ne portait pas sur une des parties substantielles de la déclaration. Ainsi, elle a décidé que le jury avait pu rectifier à l'audience la date de la déclaration. — Cass., 28 mai 1830, Chichin, [S. et P. chr.] — V. *suprà*, n. 4084 et s.

4626. — Le renvoi des jurés dans la salle des délibérations peut être ordonné plusieurs fois jusqu'à ce que l'irrégularité qu'il s'agit de rectifier ait été réparée. Jugé que l'accusé ne peut tirer un moyen de nullité de ce que les jurés ont été renvoyés une seconde fois dans la chambre de leurs délibérations, lorsqu'il est constant que l'erreur pour laquelle ils y avaient été envoyés une première fois n'avait pas été rectifiée. — Cass., 13 avr. 1832, Gavard, [P. chr.]

4627. — Nous avons examiné les différents cas où l'irrégularité de la déclaration du jury peut nécessiter son renvoi dans la chambre de ses délibérations (V. *suprà*, n. 4279 et s.). Il nous reste à exposer par qui et comment le renvoi peut être ordonné.

4628. — I. *Par qui le renvoi doit être ordonné.* — C'est à la cour d'assises et non au président seul qu'il appartient de statuer sur les incidents qui ont un caractère contentieux. Le président est incompétent pour décider, sans le concours des autres juges, s'il y a lieu de renvoyer les jurés dans leur salle pour donner une nouvelle déclaration. — Cass., 16 janv. 1823, Dupont, [P. chr.]; — 17 avr. 1824, Giliote, [S. et P. chr.]; — 25 août 1826, Romain, [S. et P. chr.]; — 14 sept. 1826, Cathebras, [P. chr.]; — 11 oct. 1827, Fenchère, [S. et P. chr.]; — 28 janv. 1830, Moutte, [S. et P. chr.]; — Même date, Miermont, [S. et P. chr.]; — 11 mars 1830, Lecocq, [S. et P. chr.]; — 8 janv. 1836, Drouet, [P. chr.]; — 14 avr. 1837, Vigneron, [P. 38.1. 191]; — 9 sept. 1837, Vidal, [P. 37.2.431]; — 13 juill. 1838, Dujat et Clichon, [S. 38.1.745, P. 38.2.332]; — 7 mars 1839, Predessac,[P. 41.2.436]; — 13 août 1840, Touron, [P. 41.2.336]; — 8 oct. 1840, Mirebeau, [S. 40.1.1000, P. 45.2.561]; — 2 févr. 1843, Roques, [S. 43.1.644, P. 43.2.443]; — 5 mai 1843, Vilaine, [S. 44.1.155, *ad notam*, P. chr.]; — 24 mai 1843, Malesat, [P. chr.]; — 13 janv. 1844, Giovanetti, [S. 44.1.155, P. 45.2. 57]; — 15 févr. 1844, Battaud, [P. 45.2.38]; — 11 sept. 1845, Séroniles, [P. 46.1.552]; — 8 janv. 1846, Lefort, [P. 46.2.16, D. 46.4.107]; — 18 juill. 1850, Desples, [D. 50.5.98]; — 5 déc. 1850, Canon, [D. 50.5.99]; — 1er août 1851, Letinevez, [D. 51. 5.141]; — 3 oct. 1851, Marmet, [D. 51.5 141]; — 31 déc. 1852, Soleil, [*Bull. crim.*, n. 411]; — 21 janv. 1854, Caron, [S. 54.1. 348, P. 54.2.57, D. 54.1.88]; — 12 juill. 1855, Grandpierre, [S. 55.1.618, P. 56.1.616, D. 55.5.126]; — 23 sept. 1858, Godey, [D. 58.5.108]; — 11 janv. 1877, Duport, [S. 77.1.385, P. 77.962, D. 78.1.192]; — 28 juin 1877, Pascal, [S. 78.1.282, P. 78.693, D. 78.1.192]; — 26 janv. 1878, Capelle, [S. 79.1.486, P. 79.1. 245]; — 3 juin 1880, Brunel, [S. 81.1.238, P. 81.1.556]; — 2 juin 1881, Hortet, [S. 82.1.240, P. 82.1.560, D. 81.1.446]; — 4 nov. 1882, Moffre, [D. 83.1.432]; — 16 févr. 1884, Imbert, [D. 84.1.480] — *Sic*, Carnot, sur l'art. 350, *C. instr. crim.*, t. 2, p. 443; Lacuisine, *Direct. des débats criminels*, p. 445; F. Hélie, t. 8, n. 3786.

4629. — Il y a nullité lorsque ce renvoi a été ordonné par le président de la cour d'assises seul, bien qu'aucune opposition n'ait été faite à cet égard, soit par le ministère public, soit par l'accusé. — Cass., 15 févr. 1844, précité; — 2 juin 1881, précité. — *Contrà*, Cass., 26 juill. 1832, Camboulas, [P. chr.]

4630. — ... Alors même que ce renvoi aurait été ordonné du consentement du ministère public, de l'accusé et de son conseil. — Cass., 24 mai 1843, précité; — 3 déc. 1880, Guégan, [S. 81. 1.485, P. 81.1.1227]; — 2 juin 1881, précité. — *Sic*, F. Hélie, *loc. cit.*

4631. — Ce droit n'appartient qu'à la cour, même dans le cas où il s'agit seulement de réparer un simple vice de forme. — Cass., 13 juill. 1838, précité; — 24 mai 1843, [*Bull. crim.*, n. 120] — *Sic*, F. Hélie, *loc. cit.*

4632. — En conséquence, si le chef du jury n'a pas dit que la déclaration a été prise à la majorité, c'est par un arrêt de la cour que les jurés doivent être renvoyés dans leur chambre pour compléter cette déclaration. — Cass., 9 sept. 1837, F..., [P. 37.2.363]

4633. — Il y a donc nullité lorsque le président des assises trouvant irrégulière la déclaration du jury, l'a invité à rentrer dans la chambre de ses délibérations pour en présenter une nouvelle, sans que rien n'indique, dans le procès-verbal des débats, que ce soit d'après la délibération de la cour d'assises et comme son organe que son président a ainsi prononcé. — Cass., 11 avr. 1834, Mouroux, [P. chr.]

4634. — Le procès-verbal de la séance doit, à peine de nullité, quand un tel renvoi a eu lieu, constater qu'il a été ordonné par la cour d'assises elle-même. — Cass., 9 sept. 1837, précité. — V. *infrà*, n. 5185 et s.

4635. — Il a lieu cependant d'apporter à la rigueur du principe certains tempéraments. Tout d'abord, pour qu'il y ait lieu à arrêt, il faut qu'il s'agisse d'une déclaration déjà lue. Tant qu'elle ne l'a pas été, le chef du jury peut demander au président l'autorisation de rentrer avec ses collègues dans la chambre des délibérations pour y faire une rectification, et le président peut l'y autoriser. — Cass., 27 mars 1840, [D. *Rép.*, v° *Instr. crim.*, n. 3382]

4636. — De même, et conformément à un principe qui domine toutes les formalités en cette matière, il faut que l'accusé ait pu en éprouver un préjudice : le renvoi indûment ordonné par le président seul n'est pas une cause de nullité lorsqu'en fait, la déclaration du jury est restée la même; que, dans la seconde délibération, le jury n'a fait que régulariser la première; et que, dès lors, il n'a pu en résulter aucun préjudice pour l'accusé. — Cass., 29 nov. 1877, Antony, [S. 78.1.237, P. 78.572]; — 26 janv. 1878, précité. — *Sic*, Nouguier, t. 4, n. 3441.

4637. — Spécialement, il ne saurait résulter une nullité de ce que les jurés seraient rentrés dans la chambre des délibérations sur une simple invitation du président s'il s'agissait seulement de réparer une omission dont l'accomplissement n'était point nécessaire pour la validité substantielle de leur déclaration, par exemple de dater cette déclaration. — Cass., 4 avr. 1850, Guéry, [*Bull. crim.*, n. 120]; — 21 janv. 1854, précité. — V. *suprà*, n. 4086.

4638. — A plus forte raison n'y aurait-il pas nullité si l'accusé a bénéficié de la rectification. Ainsi en serait-il du cas où il s'agissait de purger du vice de complexité la déclaration sur les circonstances atténuantes qui aurait été faite collectivement pour tous les accusés. — Cass., 28 sept. 1865, Garrigues, [*Bull. crim.*, n. 186] — V. *suprà*, n. 4349 et s.

4639. — Le président seul peut aussi valablement renvoyer les jurés dans la chambre de leurs délibérations lorsqu'il s'agit d'un second renvoi ayant pour objet une rectification déjà ordonnée par la cour, et omise de nouveau. — Cass., 13 avr. 1832, Trotignon, [P. chr.] — V. *suprà*, n. 4626.

4640. — S'il n'appartient pas au président seul d'ordonner le renvoi des jurés dans la chambre des délibérations, il n'appartient pas davantage aux jurés de s'y rendre spontanément, sauf la restriction faite *suprà*, n. 4635. — Cass., 11 oct. 1827, [S. chr.] — *Sic*, F. Hélie, *loc. cit.*; Nouguier, n. 3442.

4641. — II. *Comment le renvoi doit être ordonné.* — Le renvoi des jurés dans la chambre de leurs délibérations est une mesure d'ordre qui peut être prise d'office. Il n'est pas nécessaire que l'accusé soit présent à la réquisition du ministère public tendant à ce que les jurés soient renvoyés dans la chambre de leurs délibérations, ni lorsque la cour délibère après la seconde déclaration. — Cass., 11 avr. 1817, Verdier, [P. chr.]; — 11 mars 1841, Rey, [P. 42.1.527]; — 24 avr. 1851, Couret, [D. 51. 5.139]; — 12 avr. 1861, Mallet, [S. 61.1.747, P. 162.192, D. 64.5. 82]; — 26 août 1869, Murillo, [D. 70.1.446] — *Sic*, Nouguier, n. 3443; F. Hélie, t. 8, n. 3788.

4642. — Il n'est pas nécessaire non plus d'entendre préalablement à ce sujet le défenseur de l'accusé. — Cass., 14 août 1851, Lebeaume, [D. 51.5.140]; — 7 oct. 1852, Lombard, [P. 53.2.513]; — 27 déc. 1855, Henry, [P. 56.2.512, D. 56.1.184]

4643. — Alors surtout qu'il a déclaré renoncer à la parole sur l'incident. — Cass., 13 févr. 1851, Gislard, [*Bull. crim.*, n. 62]

4644. — ... Ni d'interpeller l'accusé lui-même ou le ministère public. — Cass., 23 juin 1832, César Véron, [P. chr.]; — 26 mars 1840, [D. *Rép.*, v° *Instr. crim.*, n. 3386]; — 2 mai 1845, Ambroise, [D. 45.4.119]; — 15 oct. 1851, Meleano, [D. 51.5.140]; — 27 déc. 1855, précité; — 26 sept. 1861, Nachtigall, [D. 61. 5.125]

4645. — Toutefois, lorsque le défenseur de l'accusé demande à être entendu sur le renvoi du jury dans la chambre des délibérations, après la lecture de sa déclaration négative, prétendant que cette déclaration est complète et purge l'accusation, le président ne peut, sans violer les droits de la défense, refuser les conclusions par lui prises, bien ou mal fondées, élèvent un contentieux sur lequel il doit être entendu, et sur lequel aussi la cour seule doit statuer. — Cass., 12 juill. 1855, Grandpierre, [S. 55.1.618, P. 56.1.616, D. 55.5.129]; — 16 déc. 1881, Burret-Darré, [*Bull. crim.*, n. 266] — *Sic*, Nouguier, n. 3444; F. Hélie, *loc. cit.*

4646. — Mais la cour peut ordonner le renvoi nonobstant l'opposition des défenseurs. — Cass., 16 mars 1837, Govrinchat, [P. 38.1.86]

4647. — Peu importe, dans ce cas, que le procès-verbal n'énonce point en quoi les réponses étaient incomplètes, s'il en résulte cependant que l'opposition des défenseurs n'était pas fondée sur ce que ces réponses auraient été complètes, mais bien parce que, dans l'état où elles étaient, elles se trouvaient acquises aux accusés. — Cass., 16 mars 1837, précité ; — 1er mars 1838, Radamel, [S. 38.1.944, P. 38.1.477]

4648. — L'arrêt ordonnant le renvoi doit être motivé comme toute autre décision en matière civile ou criminelle, et indiquer clairement le motif du renvoi. — Cass., 24 déc. 1852, Mortmier, [Bull. crim., n. 414] ; — 24 mars 1859, Hermel, [Bull. crim., n. 88] — Sic, F. Hélie, n. 3787. — Sur les motifs des arrêts incidents, V. infrà, n. 6034 et s.

4649. — Et l'on ne peut considérer comme tenant lieu de motifs, cette énonciation du procès-verbal « qu'après la lecture de la déclaration du jury, la cour a ordonné que les jurés rentrassent dans leur chambre pour y régulariser cette déclaration ». — Cass., 11 avr. 1844, Pasquier, [S. 44.1.735]

4650. — Nous avons fait connaître, en effet, dans quels cas, le renvoi des jurés dans la chambre des délibérations était possible ou même nécessaire. En dehors de ces hypothèses, le renvoi ne peut être ordonné valablement, la déclaration étant acquise à l'accusé ; il faut donc que la Cour suprême puisse exercer son droit de contrôle et examiner si le motif de renvoi était de ceux que la loi autorise. — V. suprà, n. 4616 et s.

4651. — Cette observation permet en même temps de résoudre la question de savoir comment doivent être motivés ces arrêts pour satisfaire au vœu de la loi. Il faut mais il suffit que la Cour de cassation puisse trouver dans les termes mêmes de l'arrêt ou dans les énonciations du procès-verbal la justification du renvoi des jurés dans la salle des délibérations. Il suffit notamment que le renvoi ait été ordonné par adoption des réquisitions du ministère public, si ces réquisitions sont développées dans le procès-verbal. — Cass., 3 déc. 1859, Lahout, [D. 59.5.109]

4652. — Par la même raison, lorsque le jury a cru devoir rédiger une seconde déclaration et annuler la première, celle-ci doit être jointe au procès-verbal, afin de permettre à la Cour de cassation d'exercer son droit de contrôle sur le motif du renvoi (V. suprà, n. 4274 et s.). Ce droit de contrôle s'exerce tout naturellement lorsque la rectification a été opérée sur le texte primitif.

4653. — III. A quel moment le renvoi peut ou doit être ordonné. — La cour d'assises peut, tant que la déclaration n'a pas été lue publiquement en présence de l'accusé, renvoyer le jury délibérer de nouveau pour régulariser sa déclaration. — Cass., 19 nov. 1835, Bourgait, [S. 36.1.310, P. chr.]; — 8 oct. 1840, Mirebeau, [S. 40.1.1000, P. 45.2.561]; — 11 mars 1841, [Bull. crim., n. 59]; — 13 févr. 1851, [Bull. crim., n. 52] — Sic, F. Hélie, n. 3790.

4654. — Lors donc que, immédiatement après la lecture de la réponse du jury, faite hors la présence de l'accusé, les jurés déclarent qu'il y a erreur dans cette réponse, et qu'elle n'exprime point leur intention, la cour d'assises peut les renvoyer dans leur chambre des délibérations pour qu'ils aient à exprimer le résultat réel de leur décision. — Cass., 14 sept. 1832, Bouilloz, P. chr.]; — 18 juill. 1839, Manenti, [S. 40.1.817, P. 40.2.535] — Sic, F. Hélie, t. 8, n. 3789.

4655. — Et, notamment, le jury peut être renvoyé dans la salle de ses délibérations lorsque, à l'audience, avant de terminer la lecture du verdict, le chef du jury fait connaître qu'il vient de s'apercevoir qu'il a commis une erreur matérielle en désignant un accusé pour un autre dans une réponse ayant obtenu des circonstances atténuantes. — Cass., 4 mai 1889, Desplats, [Bull. crim., n. 169]

4656. — Mais si la déclaration du jury est irrégulière et si la cour d'assises n'en aperçoit le vice qu'après la lecture qui en a été faite en présence de l'accusé, le renvoi peut-il être encore valablement ordonné?

4657. — Dans une première opinion, consacrée par un ancien arrêt, la déclaration du jury est irréfragable lorsqu'elle a été lue par le chef du jury, signée par lui et par le président de la cour d'assises, et qu'en outre elle a été lue à l'accusé ; le président de la cour d'assises ne pourrait donc provoquer dans ce cas, de la part des jurés, une déclaration nouvelle, sous prétexte d'insuffisance, d'ambiguïté ou de contradiction dans la première. — Cass., 14 oct. 1825, Clément, [S. et P. chr.]

4658. — Cette opinion nous paraît empreinte d'une rigueur exagérée : l'annulation par la Cour de cassation est une voie extraordinaire à laquelle il ne doit être permis de recourir qu'à défaut de tout autre. Une nullité n'est réputée acquise qu'autant qu'il y a impossibilité absolue de la réparer. Or, les pouvoirs du jury sont-ils réellement expirés? Le jury n'épuise personnellement ses pouvoirs que par une déclaration régulière ; il n'en est dépouillé que par une ordonnance d'acquittement ou par un arrêt soit d'absolution, soit de condamnation. Jusque-là les choses sont encore entières ; la double lecture de la déclaration ne peut pas plus en rendre le vice indélébile qu'elle ne peut la valider. Rien ne met obstacle à ce que, prenant la voie la plus simple et la plus naturelle, la cour d'assises prononce la nullité qui lui avait d'abord échappé et ordonne aux jurés, qui n'ont pas encore pu avoir de communications au dehors, de donner une nouvelle déclaration plus régulière. — Nouguier, t. 4, n. 3431 ; F. Hélie, t. 8, n. 3790.

4659. — Il a été jugé, en ce sens, que la déclaration du jury n'est pas irrévocablement acquise par cela qu'elle a été lue en présence de l'accusé ; que la cour d'assises ne peut, en conséquence, se fonder sur la lecture de cette déclaration pour repousser la demande tendant au renvoi du jury dans la chambre de ses délibérations. — Cass., 4 janv. 1844, Beaumin et Cloirac, [S. 44. 1.544, P. 45.1.60]

4660. — ... Que, tant que la déclaration n'a été la base d'aucune décision, et alors même que la lecture en a été faite à l'accusé, la cour d'assises peut, si elle s'aperçoit que les questions posées sont irrégulières ou incomplètes, annuler la déclaration du jury et renvoyer le jury à délibérer sur de nouvelles questions régularisées ou complétées ; que la circonstance que la déclaration avait été lue à l'accusé ne forme pas en sa faveur un droit acquis à cette déclaration. — Cass., 7 nov. 1850, Bruisse, [S. 51.1.463]

4661. — ... Que le jury, renvoyé dans la chambre des délibérations après lecture de sa déclaration, pour mentionner si cette déclaration a été rendue à la majorité, a le droit de prendre une nouvelle déclaration, quelle qu'elle soit, fût-elle moins favorable à l'accusé ; que la première, quoique déjà lue, n'est pas acquise à l'accusé, par suite de l'irrégularité dont elle était entachée. — Cass., 6 janv. 1837, Gary, [S. 37.1.822, P. 37.2.24]

4662. — ... Que la réponse du jury lue en présence de l'accusé ne lui est acquise qu'autant qu'elle est claire, précise et concordante ; que la cour d'assises peut, lorsque la déclaration ne lui paraît pas réunir ces conditions, renvoyer les jurés dans la salle de leurs délibérations pour en donner une nouvelle. — Cass., 12 mars 1835, Léonard Helitas, [P. chr.]

4663. — ... Que le jury doit aussi être renvoyé dans la salle de ses délibérations pour compléter sa déclaration, encore bien que l'omission ne soit reconnue qu'après que la déclaration a été signée par le président et le greffier, et lue à l'accusé. — Cass., 7 avr. 1827, Presse-Conte, [P. chr.]; — 16 oct. 1828, Ledurier, [S. et P. chr.]; — 5 mars 1835, Jousseaume, [P. chr.]; — 5 sept. 1837, Laurent, [P. 40.1.124]; — 27 janv. 1842, Roussel, [S. 42.1.949, P. 42.1.667]

4664. — Ainsi, lorsque le jury a omis, dans sa déclaration contre l'accusé, de constater l'existence de la majorité sur la réponse à l'une des questions posées, la cour d'assises peut lui prescrire de délibérer de nouveau et de faire connaître régulièrement sa décision, encore bien que la déclaration ait déjà été lue à l'accusé. — Cass., 27 janv. 1842, précité.

4665. — En un mot, tant que la cour d'assises n'est pas dessaisie par la prononciation de l'arrêt de condamnation, elle a le droit et le devoir d'exiger du jury une seconde délibération qui fasse connaître son opinion sur la circonstance omise dans la première. — Cass., 4 juin 1819, Jean Royer, [P. chr.]; — 4 avr. 1822, Jean Bodin, [P. chr.]; — 15 sept. 1833, Tarbousiech, [Bull. crim., n. 462] — Sic, Nouguier, t. 4, n. 3433.

4666. — IV. Effets du renvoi. — Le renvoi des jurés dans la salle des délibérations les saisit de nouveau de l'accusation en son entier et leur rend leur entière liberté. — Cass., 30 mars 1893, [Bull. crim., n. 97]

4667. — On avait autrefois pensé que leur pouvoir, épuisé sur les points légalement résolus dans la première délibération, était limité à la question sur laquelle il avait été répondu irrégulièrement. Mais cette théorie ne serait plus soutenable aujourd'hui. Le jury n'est définitivement dessaisi que par une déclaration régulière sur tous les points qui ont été soumis à son examen. En un mot, la délibération continue, et par conséquent, elle peut porter sur toutes les questions indistinctement. — Nouguier, n. 3451; F. Hélie, t. 8, n. 3791.

4668. — Jugé, en ce sens, que la cour d'assises, en signalant l'irrégularité de la déclaration du jury, qui nécessite son renvoi dans la chambre des délibérations, n'interdit point un nouvel examen des questions à résoudre, et n'apporte aucun empêchement à l'exercice des droits des jurés. — Cass., 19 mars 1847, Narlicet, [P. 49.1.512]; — 24 déc. 1852, Cordier, [Bull. crim., n. 416]; — 17 déc. 1857, Denouard, [Bull. crim., n. 400]

4669. — ... Que les jurés renvoyés dans la chambre de leurs délibérations, à raison de l'absence de la mention « à la majorité », peuvent et même doivent procéder à une nouvelle déclaration. Lors donc que, par cette seconde déclaration, ils ont reconnu l'accusé coupable sur l'un des chefs qu'ils avaient écartés dans la première, la cour ne peut pas, alors surtout que celle-ci n'a pas été lue en présence de l'accusé, déclarer qu'elle était acquise à ce dernier; que le jury avait été renvoyé dans sa chambre uniquement pour y réparer l'omission relative à la question répondue affirmativement, et non pour substituer à sa première déclaration une nouvelle par laquelle se trouverait aggravé le sort de l'accusé. La cour doit, dans ce cas, appliquer la peine résultant de la dernière déclaration. — Cass., 6 janv. 1837, Gary, [S. 37.1.822, P. 37.2.24]

4670. — En cas de renvoi du jury dans la chambre de ses délibérations, la cour d'assises ne peut donc reprendre la première déclaration pour servir de base à son arrêt : il y a chose jugée sur la nullité ou l'insuffisance de cette première déclaration. — Cass., 9 oct. 1823, Lejeal, [S. et P. chr.]

4671. — Encore faut-il, pour que les jurés soient investis de nouveau de pleins pouvoirs, que le renvoi soit fondé sur une irrégularité nécessitant une délibération nouvelle du jury. Il a été jugé que lorsque la cour d'assises renvoie le jury à délibérer de nouveau, en se fondant sur ce que sa déclaration n'étant pas signée par le chef du jury est irrégulière, et que les jurés rapportent une deuxième déclaration différente de la première, il y a lieu d'annuler cette nouvelle condamnation et la condamnation à laquelle elle a servi de base. — Cass., 2 oct. 1812, Michel, [S. et P. chr.]

4672. — Cette décision serait encore applicable aujourd'hui. Nous avons vu, en effet (V. suprà, n. 4144), que la signature de la déclaration était donnée à l'audience. Il résulte qu'en l'espèce il n'y aurait pas lieu à renvoi, et que, par conséquent, les jurés ne seraient pas admis à revenir sur une déclaration ayant un caractère irrévocable.

4673. — Si les jurés, quand ils sont renvoyés dans la chambre des délibérations, reprennent leur liberté, la cour d'assises n'est pas tenue de les en avertir; elle ne violerait la loi qu'autant qu'elle leur dénierait expressément cette liberté. — Cass., 13 nov. 1862, Deviva, [D. 64.5.82]; — 30 mars 1893, précité.

4674. — Cette mesure peut être rétractée s'il est reconnu immédiatement (et alors qu'elle n'a pas encore été exécutée), qu'elle n'a pas d'objet et que la déclaration du jury qui avait motivé ce renvoi était de tous points régulière et complète. La mesure étant ordonnée en l'absence de l'accusé elle ne constitue aucun droit acquis pour ce dernier : elle peut donc être rétractée et la cause qui l'a motivée est reconnue ne pas exister. — Cass., 21 févr. 1895, Lemoine, [Gaz. des Trib., 25-26 févr. 1895; Bull. crim., n. 64]

4675. — Le président, en renvoyant les jurés dans leur chambre, ne peut leur donner aucune explication sur les résultats que leur déclaration peut produire relativement à l'application de la peine.

4676. — Ainsi, le président excède ses pouvoirs lorsqu'en renvoyant les jurés dans la chambre de leurs délibérations, il leur demande s'ils ont fait attention qu'en écartant telle circonstance, ils ont dépouillé le fait de toute criminalité, et les provoque à violer la disposition de l'art. 342, C. instr. crim., qui leur défend de considérer les suites de leur déclaration. — Cass., 28 janv. 1830, Moutte, [S. et P. chr.] — V. suprà, n. 2805 et s.

SECTION VI.

Déclaration après cassation.

4677. — Nous avons vu, suprà, v° Cassation (mat. crim.), n. 1413 et s., 1664 et s., quels sont les effets de la cassation en matière criminelle et quelles sont les limites de la compétence des juges chargés de statuer après renvoi. Nous n'avons qu'à nous référer aux explications qui ont été données sur ce point. — V. aussi infrà, n. 4715.

CHAPITRE XX.

ARRÊT DE LA COUR D'ASSISES.

4678. — Lorsque la déclaration du jury a été rendue, qu'elle a été lue à l'accusé et remise au président, il en est fait application par la cour doit avoir nécessairement pour base la déclaration du jury. Un principe invariable est que la décision rendue par la cour doit avoir nécessairement pour base la déclaration du jury.

4679. — Toutefois, si la décision de la cour doit avoir pour base la déclaration du jury, c'est à la condition qu'il se soit renfermé dans les questions posées. Si le jury, après avoir répondu négativement sur toutes les questions, déclare néanmoins l'accusé coupable d'un autre crime ou d'un délit dont les éléments ne lui étaient pas soumis. Cette partie de la déclaration est non avenue et la cour n'a pas à en tenir compte. — Nouguier, n. 3653. — V. suprà, n. 4530 et s.

4680. — D'autre part, la cour ne peut statuer que sur des points expressément résolus par le jury. Si le jury s'est abstenu de répondre sur certaines questions, et si la cour a omis de le renvoyer dans la salle des délibérations pour compléter ses réponses, elle ne peut ni acquitter, ni condamner l'accusé sur ces différents points. — V. suprà, n. 4551 et s.

4681. — Jugé que lorsque la cour d'assises a négligé d'interroger le jury sur une circonstance qui est la base essentielle de l'accusation, en ce qu'elle donne seule au fait le caractère de crime, il ne peut en résulter, en faveur de l'accusé, un acquittement sur cette circonstance aggravante, puisque le jury n'a rien prononcé à cet égard. — Cass., 27 août 1813, Moyen, [P. chr.]

4682. — ... Que les cours d'assises ne sont point autorisées à statuer, seules et sans l'intervention du jury, la déclaration des faits, quel qu'en soit le caractère, étant exclusivement dans les attributions du jury (C. instr. crim., art. 365); qu'en conséquence, lorsque le jury rend une déclaration négative sur une accusation de viol ou d'attentat à la pudeur avec violence, la cour d'assises ne peut déclarer le prévenu coupable d'excès et de mauvais traitements et lui appliquer les peines de ce délit. — Cass., 30 mai 1812, Ribes, [S. et P. chr.]

4683. — Il faut, en outre, que la déclaration émane d'un jury légalement composé. — Cass., 6 prair. an VIII, Desavies, [P. chr.] — V. suprà, n. 1041 et s., 3984 et s.

4684. — Le principe étant posé, nous avons à faire connaître les diverses applications qu'il comporte. La déclaration du jury entraîne soit l'acquittement ou l'absolution de l'accusé, soit sa condamnation.

SECTION I.

Acquittement ou absolution.

4685. — Lorsque l'accusé est déclaré non coupable, le président prononce qu'il est acquitté de l'accusation, et ordonne qu'il soit mis en liberté s'il n'est retenu pour autre cause (C. instr. crim., art. 358).

4686. — L'ordonnance d'acquittement est un acte du président seul, auquel la cour d'assises ne concourt point. — Cass., 12 vendém. an XIII, Kencler, [P. chr.]; — 12 déc. 1873, Cantau, [Bull. crim., n. 308] — Sic, Carnot, sur l'art. 358, C. instr. crim.; F. Hélie, n. 3799. — V. suprà, v° Acquittement, n. 42 et s.

4687. — Mais, le président des assises n'a pas qualité pour autoriser, par une simple ordonnance, la remise d'objets saisis et susceptibles d'être confisqués, déposés au greffe comme pièces de conviction : ce pouvoir n'appartient qu'à la cour d'assises (C. instr. crim., art. 366). — Cass., 1er juill. 1820, Spréafico, [S. et P. chr.]

4688. — Le président doit, ainsi que nous venons de le dire, appliquer nécessairement à l'accusé la déclaration du jury. Jugé que la déclaration du jury portant que le fait de l'accusation n'est pas constant renferme nécessairement celle que l'accusé n'est pas convaincu; que, dès lors, c'est le cas de prononcer son acquittement. — Cass., 14 pluv. an VII, Ladevis, [P. chr.]

4689. — ... Que lorsque l'unique question soumise au jury a été répondue négativement, le président doit immédiatement prononcer l'acquittement de l'accusé. — Cass., 8 juill. 1836, Momy, [P. 37.1.471]

4690. — ... Que lorsque le jury a déclaré que l'accusé n'a pas commis avec mauvaise intention le crime dont il est convaincu, le tribunal criminel ne peut prononcer contre lui aucune peine, et que le président doit le faire mettre sur-le-champ en liberté. — Cass., 9 germ. an VIII, Philippe, [P. chr.]

4691. — ... Qu'est nul le jugement par lequel un tribunal criminel ordonne qu'il sera sursis à la mise en liberté de l'accusé déclaré non coupable. — Cass., 7 mess. an IX, Cauchebrai, [P. chr.]

4692. — Il a été jugé que pour qu'un accusé soit légalement et véritablement acquitté, en vertu d'une déclaration portant qu'il n'est pas convaincu, il faut que la réponse des jurés embrasse tous les faits dont il était prévenu. — Cass., 18 mess. an IX, Pourquery, [P. chr.] — C'est là une décision rendue sous l'empire du Code de brumaire qui ne contenait pas de disposition analogue à l'art. 409, et qui ne serait plus exacte aujourd'hui. Si, au lieu de renvoyer le jury dans la salle des délibérations pour éclairer ou compléter sa déclaration, ou pour en faire disparaître les contradictions, la cour a tenu cette déclaration pour bonne et valable, il importe peu qu'elle soit irrégulière ou nulle; dès lors qu'il n'en résulte aucune réponse affirmative de culpabilité, elle entraîne l'acquittement. Le pourvoi ultérieur du ministère public ne pourrait être introduit que dans l'intérêt de la loi et sans préjudicier à l'accusé. — Nouguier, n. 3655.

4693. — D'autre part, l'ordonnance d'acquittement d'un accusé est illégale et nulle, lorsque les questions posées et les réponses du jury sont insuffisantes pour ôter au fait le caractère de criminalité qui résulte de l'acte d'accusation. — Cass., 30 juin 1809, Mondelet, [P. chr.] — Et dans ce cas, le pourvoi du ministère public contre l'ordonnance d'acquittement peut réfléchir sur l'accusé. — Nouguier, n. 3656.

4694. — Le ministère public peut même élever à cet égard un débat contentieux qui doit être tranché par la cour d'assises. — Cass., 14 juin 1855, Mallière, [Bull. crim., n. 208], — et si celle-ci, revenant sur l'acquittement illégalement prononcé, applique les peines portées par la loi pour le fait déclaré constant par le jury, cet arrêt couvre l'irrégularité commise. — Cass., 30 mai 1812, [D. Rép., v° Instr. crim., n. 3730] — Sic, Nouguier, n. 3657, 3659.

4695. — En ce qui concerne les effets de l'acquittement sur les réparations civiles et les dommages-intérêts réclamés par la partie civile, V. infrà, n. 5327 et s.

4696. — Nous avons fait connaître, suprà, v° Acquittement, n. 2 et s., quelles différences séparent l'acquittement de l'absolvement, nous n'avons pas à y revenir. Rappelons seulement qu'en principe l'acquittement suppose que l'accusé n'a pas commis le fait qui lui est imputé, tandis que l'absolution implique que l'accusé est coupable du fait qui lui est reproché, mais que ce fait ne peut, à son égard, entraîner l'application d'aucune peine. — F. Hélie, n. 379.

4697. — Dès lors, un accusé déclaré coupable ne peut, lorsque la peine est prescrite, être acquitté, mais seulement absous. — Cass., 22 avr. 1830, Richeville, [P. chr.] — En effet, quoique prescrit, le fait n'en est pas moins de la classe de ceux que la loi réprime. La cour d'assises doit nécessairement délibérer sur la question de prescription qui présente parfois des difficultés sérieuses. Ce n'est donc point le cas d'un acquittement, qui n'a lieu qu'autant que, sur une déclaration de non culpabilité, il ne s'élève ni ne peut s'élever aucun incident contentieux.

4698. — Dans ce cas, c'est à la cour d'assises entière, et non au président seul, qu'est remis le pouvoir d'absoudre, si le fait n'est pas défendu, ou de condamner, si le fait est prévu par une loi pénale. — Cass., 17 brum. an VIII, Reyt, [P. chr.]; — 29 niv. an IX, Lesot, [P. chr.] — 25 avr. 1806, Sicard, [P. chr.]; — 13 déc. 1838, Collier, [S. 39.1.332, P. 39.1.310] — Sic, de Serres, Man. des cours d'assises, t. 2, p. 14; Rauter, t. 2, p. 462; Nouguier, n. 3737. — V. suprà, v° Acquittement, n. 43.

4699. — Spécialement, il a été jugé que lorsqu'il résulte de la déclaration du jury qu'un accusé qui a commis des faits de complicité n'a pas agi avec connaissance, c'est le cas d'une absolution et non d'un acquittement; que, dès lors, est nulle l'ordonnance par laquelle le président de la cour d'assises prononce seul son acquittement. — Cass., 4 mai 1827, Dufossé, [P. chr.] — Sic, Nouguier, n. 3740.

4700. — ... Que, lorsque le jury a déclaré l'accusé coupable d'avoir commis un faux, mais non frauduleusement, le président excède ses pouvoirs en rendant seul une ordonnance d'acquittement. — Cass., 25 févr. 1830, Hyau, [P. chr.]

4701. — Au surplus, dès qu'il s'élève un débat contentieux, c'est à la cour d'assises qu'il appartient de statuer. Le président est donc sans pouvoir pour rendre une ordonnance d'acquittement, lorsque la cour d'assises est saisie par les réquisitions du ministère public d'une question relative à l'application de la peine; il n'appartient alors qu'à la cour d'assises de statuer et d'ordonner, s'il y a lieu, la mise en liberté. — Cass., 26 mai 1826, Perrein, [S. et P. chr.]

4702. — Mais si la cour d'assises reconnaissait que c'est le cas d'une ordonnance d'acquittement et non d'un arrêt d'absolution, elle devrait, en statuant sur les conclusions du ministère public, réserver au président l'exercice du pouvoir qui lui est conféré par l'art. 358, C. instr. crim. Il est clair que les conclusions du ministère public ne peuvent pas avoir pour effet de changer à cet égard l'attribution faite par la loi au président.

4703. — L'ordre de mise en liberté, dont parle l'art. 358, ne s'impose qu'au cas d'acquittement et non au cas d'absolution. L'absolution suppose, en effet, une déclaration affirmative, quant à l'accomplissement du fait matériel, et une appréciation de la cour relativement à la culpabilité, qui peut susciter une contradiction de la part du ministère public, laquelle peut justifier l'opposition du parquet à l'élargissement de l'accusé. — Nouguier, n. 3746.

4704. — Le président, dit l'art. 358, ordonne que l'accusé sera remis en liberté « s'il n'est retenu pour autre cause ». Il en résulte que l'ordonnance du président de la cour d'assises qui prononce l'acquittement et la mise en liberté d'un accusé en faveur duquel est intervenue une déclaration négative du jury a pour unique effet de rendre immédiate la radiation de l'écrou résultant de l'ordonnance de prise de corps et de l'arrêt de mise en accusation dont les causes viennent d'être purgées; mais il n'appartient ni au président ni à la cour d'assises de connaître des autres causes d'écrou qui restent à la charge de l'individu acquitté; et, dès lors, si le ministère public s'oppose à la mise en liberté, en se fondant, par exemple, sur une information antérieure et distincte de celle qui avait motivé le renvoi devant la cour d'assises, ils ne peuvent apprécier cette cause d'opposition, et ordonner l'élargissement de l'accusé. — Cass., 4 mars 1833, Delhomel, [P. 53.1.504]; — 10 mars 1853, [Bull. crim., n. 78] — Sic, F. Hélie, t. 8, n. 3799.

4705. — De plus, lorsque, dans le cours des débats, l'accusé a été inculpé sur un autre fait, soit par des pièces, soit par les dépositions des témoins, le président, après avoir prononcé qu'il est acquitté de l'accusation, ordonne qu'il soit poursuivi à raison du nouveau fait : en conséquence, il est, en état de mandat, de comparution ou d'amener, devant le juge d'instruction de l'arrondissement où siège la cour, pour être procédé à une nouvelle instruction. Cette mesure n'est cependant prise que lorsque, avant la clôture des débats, le ministère public a fait des réserves à fin de poursuite (C. instr. crim., art. 361).

4706. — Cet article déroge aux règles ordinaires, en ce qu'il donne au président le pouvoir de décerner un mandat de justice (Nouguier, n. 3676); il y déroge encore en ce qu'il donne par exception compétence au juge d'instruction du siège de la cour d'assises pour informer. Cependant, ce n'est pas là, à proprement parler, une exception aux règles ordinaires de la compétence, le juge d'instruction du lieu où le prévenu pourra être trouvé étant compétent pour informer aussi bien que celui du lieu du délit (C. instr. crim., art. 63). — V. suprà, v° Compétence criminelle, n. 15.

4707. — Deux conditions sont nécessaires pour qu'il y ait lieu à application de cet article. Il faut, d'une part, que le ministère public ait fait, avant la clôture des débats, les réserves exigées par l'art. 361, § 2, sans quoi les règles ordinaires de la procédure devraient être suivies. — Nouguier, n. 3677.

4708. — En outre, il n'y a lieu à nouvelle instruction sur le fait nouveau dont l'accusé peut être inculpé dans les débats, que lorsque ce fait ne se lie à l'accusation ni par le temps, ni par le lieu, ni par la personne. Lorsqu'au contraire, il y a connexité entre le fait nouveau et le fait de l'accusation, le président doit poser une question nouvelle comme résultant des débats et soumettre le fait au jury (V. *suprà*, n. 2942 et s.). — Cass., 12 févr. 1813, Canonne, [S. et P. chr.]

4709. — Lorsque l'accusé, déclaré coupable sur le fait principal, la question posée subsidiairement comme résultant des débats devient sans objet, le président doit donc prononcer son acquittement et ordonner qu'il sera poursuivi à raison du nouveau fait, lors même que le jury, sur une question irrégulièrement posée, l'aurait déclaré coupable de ce fait (C. instr. crim., art. 361). — Cass., 24 juin 1819, Girard, [S. et P. chr.] — *Sic*, Nouguier, n. 3653.

4710. — L'inexécution par le président de la cour d'assises de la disposition de l'art. 361, C. instr. crim., ne met pas obstacle à ce que l'accusé acquitté soit poursuivi à raison de ce nouveau délit; seulement dans ce cas, il ne peut être retenu en état d'arrestation après son acquittement, tant qu'un nouveau mandat n'a pas été décerné contre lui. — Cass., 27 déc. 1849, Sainte-Rose Dorval, [P. 51.1.581] — *Sic*, Carnot, *loc. cit.*

4711. — Remarquons, enfin, qu'il ne faut pas confondre la disposition de l'art. 361 avec celle de l'art. 379; le premier article dispose pour le cas d'acquittement, le second pour le cas de condamnation de l'accusé. « Il est bien question, dit Carnot (sur l'art. 361, *C. instr. crim.*), d'inculpation faite à l'accusé dans le cours des débats, sur de nouveaux faits, mais ce n'est pas la même forme de procéder qui doit être suivie, de sorte que chacun de ces articles doit recevoir son application au cas qu'il a prévu. »

4712. — Il en résulte que le droit accordé par l'art. 361, C. instr. crim., au président de la cour d'assises, de renvoyer devant le juge d'instruction du siège de cette cour l'accusé inculpé d'un nouveau fait pendant les débats, ne s'applique qu'au cas d'acquittement, et non à celui où une condamnation serait intervenue. — Cass., 29 févr. 1828, Desmons, [P. chr.]

Section II.

Condamnation.

§ 1. *Réquisitions du ministère public et conclusions de la partie civile. — Interpellation de l'accusé sur l'application de la peine.*

4713. — Lorsque l'accusé a été déclaré coupable, le procureur général fait sa réquisition pour l'application de la loi; la partie civile fait la sienne pour restitution et dommages-intérêts (C. instr. crim., art. 362).

4714. — La première partie de cet article ne parle que de l'application de la loi, et non de l'application de la peine; la raison en est que toutes les fois que la loi n'a pas prononcé de peines pour le fait déclaré constant, la cour doit prononcer l'absolution de l'accusé. — Carnot, *Instr. crim.*, t. 2, p. 730. — V. *suprà*, n. 4685 et s.

4715. — Le même auteur ajoute (p. 732), avec raison, que ce n'est pas la qualification donnée au fait incriminé par l'arrêt de mise en accusation qui détermine son véritable caractère, mais celle que lui imprime la déclaration du jury, qui doit seule être consultée dans l'application de la peine. — V. *suprà*, n. 4678.

4716. — La règle formulée par l'art. 362, C. instr. crim., constitue une formalité substantielle dont l'inobservation entraîne la nullité de l'arrêt qui a suivi, et le renvoi de l'accusé devant une autre cour d'assises pour faire appliquer, le ministère public entendu, aux faits déclarés constants par le jury de la première cour d'assises, les peines édictées par la loi. — Cass., 3 juin 1893, [*Bull. crim.*, n. 148] — V. *suprà*, n. 3758.

4717. — Les réquisitions du ministère public sont prises sur l'invitation du président. Toutefois, cette interpellation n'est exigée qu'au cas où la déclaration du jury donne lieu à l'application d'une peine; lorsque, d'après la déclaration du jury, le fait établi n'est puni par aucune loi, le président de la cour d'assises n'a aucune interpellation à adresser au ministère public, qui n'est point recevable à se plaindre du défaut d'interpellation, alors qu'il n'a point usé de la faculté qu'il avait de faire

telles réquisitions que de droit. — Cass., 24 sept. 1831, Duval, [P. chr.]

4718. — Ajoutons qu'aucune disposition de la loi ne précisant la forme des réquisitions du ministère public pour l'application de la peine, il n'est pas exigé que ces réquisitions indiquent les numéros des articles de loi à appliquer. — Cass., 25 janv. 1883, Roustoucher et autres, [*Bull. crim.*, n. 22]

4719. — Avant de délibérer sur les réquisitions du ministère public et la demande de la partie civile, s'il y a lieu, le président demande à l'accusé s'il n'a rien à dire pour sa défense (C. instr. crim., art. 363).

4720. — De même que le ministère public n'est appelé à présenter ses réquisitions qu'au cas de déclaration de culpabilité, de même l'interrogation dont nous parlons n'est demandée qu'au cas où il y a lieu pour l'accusé de compléter sa défense, c'est-à-dire qu'autant que, par la déclaration du jury, il a été reconnu coupable. — Cass., 24 sept. 1831, précité; — 23 févr. 1837, Brière, [S. 37.1.572, P. 37.2.145]

4721. — Ainsi, lorsque, après la lecture du verdict du jury, la partie civile déclare renoncer à sa demande en dommages-intérêts, le président des assises n'a pas à interpeller le prévenu à cet égard. — Cass., 20 janv. 1883, Alype et Meurs, [S. 85.1. 238, P. 85.1.558]

4722. — Mais, en cas de déclaration de culpabilité, l'interpellation à l'accusé sur ce qu'il a à dire après la réquisition du ministère public pour l'application de la peine est une formalité dont l'inobservation entraîne nullité. L'art. 363 renferme une prescription intéressant essentiellement la défense de l'accusé, et à ce titre la formalité qu'il prescrit est substantielle. — Cass., 19 sept. 1828, Lévy, [S. et P. chr.]; — 20 sept. 1828, Rotenburger, [P. chr.]; — 9 avr. 1829, Brudul, [S. et P. chr.]; — 17 mai 1832, Chevalier, [S. 32.1.270, P. chr.]; — 16 août 1832, Bressolier, [P. chr.]; — 22 juill. 1842, [*Bull. crim.*, n. 186]; — 10 juin 1852, Sicard, [*Bull. crim.*, n. 187]; — 18 août 1881, Demeulnaé, [S. 83.1.240, P. 83.1.561, D. 82.1.238]; — 19 août 1886, Marin, [*Bull. crim.*, n. 308]; — 17 mai 1888, Ratineau, [*Bull. crim.*, n. 178]; — 25 janv. 1889, Forestier, [*Bull. crim.*, n. 39]; — 9 avr. 1891, Mansour-Ould-Cheik, [D. 92.1.170] — *Sic*, Carnot, sur l'art. 373, *C. instr. crim.*, t. 2, p. 732, n. 1; Nouguier, n. 3703; F. Hélie, t. 8, n. 3801; Trébutien, t. 2, n. 641; Garraud, n. 610; Villey, n. 399. — V. cependant, en sens contraire, Cass., 26 juill. 1822, Dupont, [S. et P. chr.]

4723. — Par application du même principe, il a été jugé qu'il y a lieu à cassation, lorsque le procès-verbal des débats devant une cour d'assises ne constate pas qu'après la lecture de la déclaration du jury et avant que la cour ne délibérât sur l'application de la peine, le président ait demandé à l'accusé s'il avait quelque chose à dire pour sa défense. — Cass., 3 mars 1836, Martin, [P. chr.] — *Sic*, Carnot, sur l'art. 367, n. 1.

4724. — Lorsqu'il y a plusieurs accusés, l'interpellation doit être faite à chacun d'eux. Lorsque deux accusés ont comparu devant la cour d'assises, et que le procès-verbal des débats constate seulement « que l'accusé et son défenseur ont été entendus sur l'application de la peine et ont eu la parole les derniers », sans qu'il mentionne l'interpellation du président et sans qu'il indique quel est celui des accusés qui aurait répondu, il y a lieu à la cassation de l'arrêt si l'un des accusés n'encourait pas, d'après le verdict, une peine fixe et immuable et pouvait avoir à s'expliquer sur la peine requise. — Cass., 9 avr. 1891, précité.

4725. — L'interpellation peut, sans qu'il en résulte nullité, être adressée à l'avocat au lieu de l'être à l'accusé lui-même. Décidé, en ce sens, que le président de la cour d'assises qui demande à haute voix au conseil de l'accusé et en présence de celui-ci, s'il n'a rien à ajouter à sa défense, satisfait pleinement à la disposition de l'art. 363, C. instr. crim., et que l'accusé ne peut prétendre qu'il a été porté atteinte au droit de la défense. — Cass., 30 juin 1831, Brunet, [P. chr.]; — 11 déc. 1843, Daniel, [P. 46.2.125]; — 17 juin 1858, Jacquet, [D. 58.5.110]

4726. — Et même, lorsque l'accusé, sans attendre l'interpellation, sollicite spontanément l'indulgence de la cour, cette intervention rend superflu l'avertissement du président. — Cass., 26 mai 1838, [D. *Rép.*, v° *Instr. crim.*, n. 3577]

4727. — D'autre part, l'interpellation faite à l'accusé suffit, sans qu'il soit nécessaire de la renouveler à l'avocat. — Cass., 5 févr. 1835, Déjean et Gourdon, [P. chr.]

4728. — On décide même que l'absence du défenseur de

l'accusé au moment où le tribunal demande à ce dernier s'il a quelque chose à dire sur le réquisitoire du ministère public ne peut pas être une cause de nullité, lorsqu'elle ne provient du fait ni du ministère public ni de la cour d'assises. — Cass., 18 juin 1830, Coupat, [S. et P. chr.]; — 20 déc. 1849, Paret, [P. 51.2.256]; — 10 juin 1852, N..., [S. 61.1.112, *ad notam*]; — 16 mars 1860, Cottin, [S. 61.1.112, P. 61.729, D. 60.1.518] — *Sic*, F. Hélie, *loc. cit.*; Nouguier, n. 3712 et s.

4729. — En tous cas, l'accusé qui a répondu à l'interpellation du président, après les réquisitions du ministère public pour l'application de la peine, ne peut se faire un moyen de nullité de ce qu'il n'était plus assisté de son défenseur, qui s'était retiré. — Cass., 12 juill. 1832, Canitrot, [S. 33.1.126, P. chr.]

4730. — Le président qui a omis d'interpeller l'accusé, avant toute délibération de la cour, sur les observations qu'il pouvait avoir à faire quant à l'application de la peine, peut, même après la lecture commencée de l'arrêt, réparer cette omission : l'interpellation ainsi faite ne saurait être considérée comme tardive, si d'ailleurs elle a été suivie d'une nouvelle délibération de la cour. — Cass., 2 févr. 1837, Goubert, [S. 37.1.170, P. 37.2.154]

4731. — Décidé, dans le même sens, qu'il n'y a pas cause de nullité des débats dans cette circonstance que le président des assises aurait tardivement interpellé l'accusé de s'expliquer sur l'application de la peine, par exemple, lorsque cet avertissement n'a été donné qu'après délibération de la cour, au moment où le président énumérait les dispositions de la loi pénale, s'il est, d'ailleurs, constaté par le procès-verbal que l'accusé a été mis en situation de discuter la légalité de la peine, et qu'il a été ensuite procédé par la cour à une délibération nouvelle. — Cass., 17 août 1837, Bonnet, [P. 40.1.93] — Ce n'est là, d'ailleurs, que l'application d'un principe que nous avons eu fréquemment l'occasion de rappeler. Les formalités prescrites en vue d'assurer la liberté de la défense n'entraînent pas nullité et l'accusé n'est pas admis à s'en faire un grief lorsqu'il est constaté que leur omission n'a pu lui nuire.

4732. — C'est en se fondant sur le même motif que la jurisprudence et les auteurs apportent à la rigueur de la règle une restriction en refusant d'appliquer la nullité à défaut d'interpellation, soit lorsque la peine encourue pour le fait tel qu'il résulte de la déclaration, était invariable et ne pouvait être abaissée... — Cass., 24 janv. 1850, Gesta, [*Bull. crim.*, n. 30]; — 13 mars 1862, Belhotte, [D. 62.5.91]; — 12 juill. 1866, Rasson, [*Bull. crim.*, n. 178] — *Sic*, Nouguier, n. 3704; F. Hélie, t. 8, n. 3801.

4733. — ... Soit lorsque l'accusé n'a été condamné qu'au minimum de la peine par lui encourue. — Cass., 2 déc. 1830, Ferrend, [S. et P. chr.]; — 17 juin 1830, U..., [S. et P. chr.]; — 17 août 1837, précité. — Nous aurions quelque scrupule à admettre cette théorie. L'accusé, nous le verrons (*infrà*, n. 4735), est admis, sur interpellation, non seulement à présenter des observations sur la quotité de la peine, mais encore à démontrer que le fait, tel qu'il résulte de la délibération du jury, ne tombe pas sous l'application de la loi. Il est bien vrai que, dans l'espèce, la peine ne pouvait être abaissée davantage, mais il n'est pas prouvé que si l'accusé avait été, ainsi que l'exige la loi, invité à présenter ses observations, il n'aurait pas émis avec succès la prétention de faire écarter toute pénalité.

4734. — Il est certain, d'ailleurs, qu'aucune formule sacramentelle n'est prescrite pour l'interpellation. On est même allé jusqu'à décider qu'un simple geste du président s'adressant à l'avocat après les réquisitions du ministère public, et l'avertissant qu'il a la parole suffit pour répondre au vœu de la loi. — Cass., 13 mars 1862, précité. — *Sic*, Nouguier, n. 3710.

4735. — Lorsque le ministère public a requis l'application de la peine, l'accusé ou son conseil ne peuvent plus plaider que le fait est faux, mais seulement qu'il n'est pas défendu ou qualifié délit par la loi, ou qu'il ne mérite pas la peine dont le procureur général requiert l'application ou qu'il n'emporte pas dommages-intérêts au profit de la partie civile, ou enfin que celle-ci élève trop haut les dommages-intérêts qui lui sont dus (C. instr. crim., art. 363). — F. Hélie, t. 8, n. 3802.

4736. — Jugé, d'après ce principe, que l'accusé doit, après la déclaration du jury, être admis à plaider sur la question de savoir si le fait déclaré constant est punissable; on ne saurait le réputer non recevable à le faire, faute par lui de s'être pourvu avant l'arrêt de renvoi, et d'avoir soumis son exception au jury. — Cass., 17 déc. 1836, Giraud, [P. 38.1.50]

4737. — Mais l'accusé n'est pas fondé à se plaindre de ce qu'il aurait été mis par la cour d'assises dans l'impossibilité de contester, soit la qualification donnée par ladite cour au fait reconnu constant par le jury, soit la légalité de l'application d'un texte pénal qui, selon lui, ne se rapportait pas à ce fait, lorsque les questions ont été posées au jury en conformité du dispositif de l'arrêt de renvoi, que ce dispositif spécifie le fait réprimé dans les termes du texte pénal appliqué, et que, de plus, l'arrêt de renvoi a été légalement notifié à l'accusé, qui n'a pas usé de la faculté qu'il avait de se pourvoir contre ledit arrêt, malgré l'avertissement qui lui en a été donné en due forme. — Cass., 17 avr. 1847, Langaudin et Gouin, [P. 48.2.542]

4738. — La cour d'assises qui a déjà rejeté des conclusions prises sur un point lors de la lecture de la déclaration du jury, n'est pas obligée de statuer de nouveau d'une manière distincte sur les mêmes conclusions reproduites au sujet de l'application de la peine. — Cass., 18 juill. 1839, Manenti, [S. 40.1.817, P. 40.2.535]

§ 2. *Délibération de la cour.*

4739. — Lorsque le ministère public a présenté ses réquisitions, que la partie civile a formulé sa demande, et que l'accusé ou son défenseur ont été admis à présenter leurs observations sur l'application de la peine, la cour délibère et rend son arrêt.

4740. — Les juges, dit l'art. 369, C. instr. crim., délibèrent à voix basse, ils peuvent, à cet effet, se retirer dans la chambre du conseil.

4741. — Il n'est pas nécessaire que l'observation de cette prescription de l'art. 369 résulte des énonciations du procès-verbal; lorsque le procès-verbal de la séance ne fait aucune mention de la délibération de la cour *à voix basse*, la loi n'ayant point imposé au greffier l'obligation de l'insérer, la présomption légale est que les juges ont délibéré et opiné à voix basse. — Cass., 15 juill. 1820, Dumas et Armand, [P. chr.]

4742. — Et même, les mots « *délibéré publiquement* » ou « *délibéré sur le siège* », insérés dans le procès-verbal des débats, ne signifient pas que les juges ont opiné à haute voix, mais seulement que le délibéré n'a pas eu lieu dans la chambre du conseil : ce qui est permis par l'art. 369, C. instr. crim. — Cass., 15 juill. 1820, précité; — 27 juin 1833, Lecoq, [P. chr.]; — 17 mars 1859, Crille, [D. 60.5.210]; — 22 déc. 1859, X..., [D. 60.5.210]

4743. — Ces arrêts ont également décidé qu'il n'existait pas de loi qui, sous peine de nullité, défendît aux cours d'assises de délibérer publiquement. — Nouguier, n. 3729.

4744. — Toutefois, ne pourrait-on pas dire qu'en défendant aux journaux de rendre compte des délibérations intérieures des cours et tribunaux, la loi du 9 sept. 1835, art. 10, prohibe implicitement les délibérations à haute voix qui sont d'ailleurs attentatoires à l'indépendance des votes, et pernicieuses pour les prévenus toutes les fois qu'ils n'obtiennent pas un acquittement unanime? Carré (*Tr. des lois de l'organ. judiciaire*, t. 2, p. 73) pense, et nous sommes de cet avis, que la violation du secret des délibérations ne peut motiver que des peines disciplinaires, et qu'il n'y a pas lieu de prononcer la nullité qui ne résulte pas expressément du texte.

4745. — Décidé, en ce sens, qu'il ne peut résulter d'ouverture à cassation de l'inobservation des dispositions de l'art. 369, C. instr. crim., lesquelles ne sont pas prescrites à peine de nullité. — Cass., 8 mars 1821, N..., [P. chr.] — *Sic*, de Serres, *Man. des cours d'ass.*, t. 2, p. 14.

4746. — L'art. 369, avons-nous dit, autorise les juges à délibérer, soit à l'audience, soit en la chambre du conseil.

4747. — Il ne résulte donc aucune nullité de ce que la cour d'assises ne s'est pas retirée en la chambre du conseil pour délibérer sur l'application de la peine. — Cass., 24 sept. 1871, Takaly, [*Bull. crim.*, n. 118]

4748. — L'art. 341, C. instr. crim., n'exige pas davantage, à peine de nullité, que l'accusé soit retiré de l'auditoire pendant la délibération de la cour. — Cass., 22 avr. 1869, de Beauregard, [*Bull. crim.*, n. 92]

4749. — Il n'y a pas non plus nullité lorsque l'arrêt ne contient pas la formule : « après en avoir délibéré », si les énonciations que cet arrêt renferme témoignent suffisamment qu'il a été l'œuvre de la cour et le résultat de la délibération. — Cass., 24 déc. 1840, Bussière, [S. 41.1.558, P. 41.2.130]

4750. — Les juges ne peuvent, pas plus que les jurés, communiquer au dehors avant d'avoir formulé leur déclaration. — De Serres, *Man. des cours d'ass.*, p. 467. — V. *infrà*, n. 4689.

4751. — Mais aucune disposition du Code d'instruction criminelle ne reproduisant, à l'égard des cours d'assises, la prohibition de l'art. 343, relative à l'entrée dans la chambre des délibérations des jurés, l'offre que fait l'accusé de prouver qu'un témoin à charge a été appelé dans la chambre du conseil de la cour d'assises pendant que la cour délibérait sur l'application de la peine n'est point pertinente, alors que cette articulation ne va pas jusqu'à comprendre des faits de communication entre ce témoin et la cour d'assises concernant le sujet en délibéré. — Cass., 15 oqt. 1847, Vincent d'Ecquevilley, [P. 47.2.727]

4752. — M. Nouguier ajoute même qu'on ne verrait pas une cause de nullité dans ce fait que l'officier du ministère public aurait assisté à la délibération de la cour. — Nouguier, t. 4, n. 3731.

4753. — En tous cas, la délibération est obligatoire, et elle doit porter sur la peine principale et sur les pénalités accessoires, et notamment d'une façon spéciale sur l'interdiction de séjour dont, aux termes de l'art. 47, C. pén., maintenu par l'art. 19. L. 27 mai 1885, tout condamné à une peine afflictive et infamante, est l'objet, de plein droit, à l'expiration de sa peine. — V. *infrà*, v° *Interdiction de séjour*, n. 96 et s.

§ 3. *Application de la loi pénale.*

4754. — Lorsque l'accusé est déclaré coupable d'un fait puni par la loi, la cour d'assises prononce la condamnation.

4755. — La cour d'assises ne doit avoir d'autre préoccupation que celle d'appliquer le texte de la loi pénale ayant pour objet de réprimer le fait déclaré constant par le jury. — F. Hélie, t. 8, n. 3803. — Il en résulte, d'une part, qu'elle peut prononcer la peine encourue par l'accusé, alors même que le ministère public, par une fausse interprétation de la déclaration du jury, aurait requis l'acquittement ou l'absolution. — Nouguier, n. 3763.

4756. — Par la même raison, la cour n'ayant à se préoccuper que du verdict, doit rectifier ce que la qualification ou la citation des articles du Code pénal, telles qu'elles résultent de la procédure, pourraient avoir d'erroné. — Nouguier, n. 3764 ; F. Hélie, t. 8, n. 3807.

4757. — C'est ainsi qu'il a été jugé que la cour d'assises, saisie de la connaissance d'un fait ayant le caractère d'un faux en écriture publique, que la chambre d'accusation a simplement qualifié, par erreur, de faux en écriture privée, n'en a pas moins pouvoir, au cas où l'accusé est déclaré coupable, d'appliquer la peine portée contre le premier de ces crimes, alors que la substance des faits retenus par l'arrêt de renvoi de la chambre d'accusation, n'a pas été dénaturée par l'ordre et les divisions des questions posées au jury. — Cass., 13 avr. 1854, Audin, [S. 55.1.190, P. 55.2.336]

4758. — ... Qu'à l'inverse, la cour doit appliquer les peines de faux en écriture privée, si le fait tel qu'il résulte du verdict a été mal à propos qualifié faux en écriture publique au cours de la procédure. — Cass., 2 oct. 1856, [cité par Nouguier, n. 3764]

4759. — ... Qu'aucune disposition du Code d'instruction criminelle n'ordonne, à peine de nullité, d'insérer le texte de la loi pénale, soit dans l'arrêt de renvoi, soit dans l'acte d'accusation, et que, lorsqu'il y a erreur ou omission dans l'indication des textes applicables, la cour d'assises a toujours le droit, lors de l'application de la peine, de rectifier ou de réparer cette erreur ou cette omission. — Cass., 21 déc. 1871, Benaben, [S. 72.1.447, P. 72. 1167, D. 72.1.334]

4760. — La cour d'assises doit donc, pour l'application de la peine, prendre la déclaration du jury telle qu'elle est, sans y rien ajouter. Ainsi en matière de vol, la circonstance aggravante de chemin public ne s'applique pas aux rues, places et promenades intérieures des villes. Aussi lorsque le jury affirme d'abord qu'un vol a été commis à Bordeaux, par exemple, et ensuite que ce vol a été commis sur un chemin public, il déclare par sa première réponse que le vol a eu lieu dans l'intérieur de la ville et exclut, par cette déclaration même, la possibilité de l'existence légale de la circonstance aggravante de chemin public. En conséquence, la cour d'assises qui, d'après l'art. 365, C. instr. crim., a l'obligation d'appliquer la peine conformément

au Code pénal, doit, sans renvoyer le jury dans la salle de ses délibérations pour rectifier son verdict, considérer comme inefficace et juridiquement non avenue la réponse du jury relative au chemin public, et prononcer la peine en tenant compte seulement des autres circonstances aggravantes reconnues par le jury. — Cass., 24 juin 1880, Demons et autres, [*Bull. crim.*, n. 128]

4761. — Il résulte du principe posé que la cour d'assises viole la loi lorsqu'elle applique la peine que pourraient seules justifier les circonstances aggravantes écartées par le jury. — Cass., 22 mars 1850, Roques, [*Bull. crim.*, n. 109]

4762. — Spécialement, lorsque dans une affaire d'avortement, la circonstance aggravante de sage-femme, bien que relevée dans l'acte d'accusation, ne résulte pas de la déclaration du jury, la cour ne peut, en cas d'admission des circonstances atténuantes, condamner à la réclusion comme si la peine applicable avait été les travaux forcés, mais à l'emprisonnement seulement. — Cass., 13 janv. 1854, Margot, [*Bull. crim.*, n. 8]

4763. — Jugé aussi que, lorsque la circonstance aggravante de dons ou promesses reçus, en matière de faux témoignage, a été écartée par le jury, la cour d'assises viole la loi si elle applique la peine des travaux forcés au lieu de celle de la réclusion. — Cass., 22 mars 1850, précité.

4764. — ... Que la peine des travaux forcés à perpétuité pour crime de vol ne peut être appliquée si les circonstances aggravantes de l'art. 381 n'ont pas été reconnues par le jury. — Cass., 3 juill. 1851, Silloy, [*Bull. crim.*, n. 261]

4765. — Et d'autre part, la cour viole également la loi si le jury ayant déclaré constantes les circonstances aggravantes de l'art. 383, en matière de vol, la cour applique la peine de la réclusion au lieu des travaux forcés à temps. — Cass., 14 août 1862, Ahmed-Lackdarben-El-hadj, [*Bull. crim.*, n. 209]

4766. — A la cour d'assises seule appartient d'apprécier la situation légale de l'accusé au point de vue de la récidive. La cour d'assises peut donc reconnaître l'état de récidive légale et aggraver la peine en conséquence, encore bien que l'acte d'accusation soit muet sur la récidive. — Cass., 21 déc. 1871, précité.

4767. — En l'absence de circonstances atténuantes, la cour d'assises est toujours maîtresse d'appliquer le maximum de la peine ; mais si elle motive cette condamnation sur un état de récidive qui n'existe pas en droit, cette fausse application de l'art. 58, C. pén., donne ouverture à cassation. — Même arrêt.

4768. — Une exception doit être apportée au principe pour le cas où le jury ferait une déclaration surabondante relative à un fait dont l'appréciation ne lui aurait pas été soumise. Cette partie de la déclaration doit, nous l'avons déjà dit, être tenue pour non avenue par la cour. — Nouguier, n. 3767. — V. *suprà*, n. 4533 et s.

4769. — Aux termes de l'art. 365, C. instr. crim., la cour prononce la peine établie par la loi, même au cas où, d'après les débats, le fait se trouverait n'être plus être de la compétence de la cour d'assises. — Sur la prorogation de juridiction de la cour d'assises, V. *suprà*, v° *Compétence criminelle*, n. 634 et s.

4770. — L'art. 365 statue qu'en cas de conviction de plusieurs crimes ou délits, la peine la plus forte sera seule prononcée. — V. *infrà*, v^{ls} *Cumul de peines, Peines*.

4771. — Sur les circonstances qui peuvent faire varier la peine, V. *suprà*, v° *Circonstances aggravantes et atténuantes*, et *infrà*, v^{ls} *Discernement, Excuse, Récidive*.

4772. — En cas de condamnation à la peine capitale, l'art. 26 porte que l'exécution se fera sur l'une des places publiques du lieu qui sera indiqué par l'arrêt de condamnation. L'abrogation de cet article a été proposée, et un projet de loi destiné à restreindre la publicité des exécutions capitales a été soumis au Parlement. Ce projet n'ayant pas encore force de loi, l'art. 26 demeure applicable jusqu'à nouvel ordre.

4773. — La faculté accordée aux cours d'assises par l'art. 26, C. pén., d'ordonner que l'exécution de leurs arrêts se fera sur la place publique du lieu qu'elles indiqueront, s'entend même des lieux situés hors de leur ressort. — Cass., 23 déc. 1826, Heurtaux, [S. et P. chr.]

4774. — La disposition de l'art. 26 n'est pas, d'ailleurs, prescrite à peine de nullité ; si la cour d'assises omet de statuer sur le lieu de l'exécution, l'arrêt n'est pas par ce fait entaché de nullité. On décide qu'en pareil cas, l'exécution se fait au lieu ordinaire des exécutions, au chef-lieu de la cour d'assises. — Cass., 17 nov. 1859, Valland, [*Bull. crim.*, n. 247]; — 20 mars

1862, Klopfenstein, [*Bull. crim.*, n. 88]; — 4 janv. 1866, Ducré, [*Bull. crim.*, n. 1]; — 26 déc. 1873, Daronnot, [*Bull. crim.*, n. 315] — *Sic*, Nouguier, n. 3839.

4775. — La cour d'assises serait, du reste, sans pouvoir pour réparer cette omission par un arrêt postérieur. — Cass., 3 août 1843, Cuny, [S. 43.1.743, P. 44.1.432]

4776. — Ajoutons que l'arrêt ne peut désigner que le lieu où se fera l'exécution et non l'endroit même, la place où sera dressé l'échafaud. Cette désignation est du ressort de l'autorité administrative. — Cass., 17 sept. 1857, Maurin, [S. 57.1.880, P. 58. 672]; — 29 mars 1895, [*Gaz. des Trib.*, 31 mars 1895] — V. au surplus, *infrà*, v° *Peine*.

4777. — Sur les pénalités qui peuvent être prononcées contre les condamnés et la limite des pouvoirs du juge à cet égard, V. *suprà*, v⁰ˢ *Amende, Confiscation, Contrainte par corps*, et *infrà*, v⁰ˢ *Dépens, Interdiction de séjour, Peine, Régime pénitentiaire, Relégation*, etc. — Sur les peines applicables à chaque crime en particulier, V. le mot consacré à chacun d'eux.

4778. — En dehors des peines corporelles et pécuniaires, la cour prononce, s'il y a lieu, sur les restitutions, dommages-intérêts et frais réclamés par la partie civile (V. art. 358, 359, 396, C. instr. crim.). — V. *suprà*, v° *Action civile*, n. 680 et s., et *infrà*, n. 5325 et s.

§ 4. *Prononciation de la condamnation.*

4779. — Avant la prononciation de l'arrêt, le président fait comparaître l'accusé, et le greffier lit en sa présence la déclaration du jury (C. instr. crim., art. 357). — V. *suprà*, n. 4207 et s.

4780. — L'arrêt est prononcé à haute voix par le président (C. instr. crim., art. 369).

4781. — L'arrêt doit être prononcé, ajoute l'art. 369, en présence du public et de l'accusé. Ce n'est là qu'une application de la règle générale de la publicité des jugements. La clandestinité de l'arrêt le rendrait nul. — V. *infrà*, v° *Jugement ou arrêt*.

4782. — La publicité de l'arrêt de condamnation et des arrêts incidents est suffisamment établie lorsque le procès-verbal s'exprime ainsi : « Le président a donné lecture... en présence du public et de l'accusé », et constate, de plus, que l'audience a été constamment publique. — Cass., 28 août 1847, Boudin, [P. 49.2.274]

4783. — Et l'accusé est non recevable, sans inscription de faux, à soutenir que la cour d'assises n'a pas prononcé publiquement la condamnation. — Cass., 18 févr. 1893, [*Bull. crim.*, n. 48]

4784. — L'art. 369 ne parle que du ministère public et de l'accusé. Il est cependant plus conforme à l'intention du législateur d'exiger aussi la présence du ministère public et des jurés. — Nouguier, n. 3965. — Il a même été jugé que les formalités prescrites par les art. 357, 362, 363 et 365, C. instr. crim., relatives à la lecture de la déclaration du jury et au jugement, ne peuvent recevoir leur exécution qu'en présence des jurés. — Cass., 4 avr. 1829, Laborie, [S. et P. chr.]

4785. — Mais dans le silence des textes, et notamment de l'art. 369, il a été jugé que l'accusé ne peut se faire un moyen de nullité de l'absence de l'un des jurés à la prononciation de l'arrêt. — Cass., 30 juill. 1829, Grosse, [P. chr.] — *Sic*, Nouguier, n. 3963. — ... Et de ce que le ministère public n'y aurait pas non plus assisté. L'art. 369, C. instr. crim., n'exige que la présence du public et de l'accusé. — Cass., 13 oct. 1832, Poncelet, [S. 32.1.729, P. chr.]

4786. — En tous cas, il y a présomption légale que l'arrêt a été prononcé en présence du ministère public lorsqu'il résulte du procès-verbal que le ministère public était présent à l'ouverture des débats, qu'il a exposé les faits de l'accusation, qu'il a conclu à l'application de la peine, et qu'aucune conclusion contraire n'a été prise à cet égard devant la cour d'assises. — Cass., 19 sept. 1872, Lantoine, [*Bull. crim.*, n. 241]

4787. — L'arrêt doit être aussi tout naturellement prononcé en présence de l'accusé. Que décider au cas où l'accusé s'étant évadé pendant la délibération du jury, le président se trouve dans l'impossibilité de le faire comparaître pour entendre lecture de la déclaration et de l'arrêt? Il a été jugé, à cet égard, que les art. 8 et 9, L. 9 sept. 1835, édictant une procédure exceptionnelle à suivre à l'égard des condamnés qui refusent de comparaître, sont inapplicables aux accusés évadés depuis l'ouverture des débats, par exemple pendant la délibération

du jury. Dans ce cas, il appartient à la cour d'assises de disjoindre la cause des accusés évadés d'avec celle des accusés présents, pour être ultérieurement statué contre les accusés évadés par voie de contumace, dans les termes de l'art. 465, § 2, C. instr. crim. — Cass., 19 janv. 1877, Gautier et Moutonnet, [S. 79.1.189, P. 79.444] — *Sic*, sur le principe, Nouguier (*Cour d'assises*, t. 3, n. 1501), et le réquisitoire de M. le procureur général Bertauld, joint à cet arrêt.

4788. — Il a été jugé, en sens contraire, qu'il doit être procédé contre l'accusé évadé durant la délibération du jury, conformément aux dispositions des art. 8 et 9, L. 9 sept. 1835. Par suite, sommation doit être faite par huissier à l'accusé de comparaître, et le président de la cour d'assises, en cas de non-comparution, est tenu d'ordonner qu'il sera passé outre aux débats. Dès lors, est contradictoire la condamnation intervenue dans ces circonstances. — C. d'ass. des Bouches-du-Rhône, 18 mai 1876, Moutonnet et Gautier, [S. 76.2.325, P. 76.1247]

4789. — Il n'est pas nécessaire que l'arrêt soit prononcé séance tenante et sans désemparer. La prononciation peut en être renvoyée au lendemain, sans qu'il y ait nullité. — Cass., 16 févr. 1850, Touyart, [D. 50.5.96] — *Sic*, Nouguier, n. 3966.

4790. — Avant de prononcer l'arrêt, le président est tenu de lire le texte de la loi sur laquelle il est fondé (C. instr. crim., art. 369).

4791. — La mention « vu et lu les articles » ou « le président a donné lecture des textes de loi » suffit pour attester que la formalité a été remplie. — Cass., 27 août 1868, Duranger, [*Bull. crim.*, n. 196]

4792. — D'ailleurs, l'art. 369, C. instr. crim., qui oblige le président de la cour d'assises à donner lecture du texte de la loi dont il fait l'application, n'est pas prescrit à peine de nullité. — Cass., 26 juill. 1822, Duport, [P. chr.]; — 29 avr. 1830, Rocher, [S. et P. chr.]; — 22 déc. 1831, Boisson, [P. chr.]; — 18 févr. 1841, Andrieux, [S. 42.1.190, P. 42.1.481] — 23 avr. 1846, Guillaume, [P. 49.2.452]; — 4 nov. 1847, Bardet, [P. 48.2.211]; — 31 mars 1866, Royalle, [*Bull. crim.*, n. 90]; — 6 nov. 1868, Ahmed-ben-Kadour, [S. 69.1.96, P. 69.492, D. 69.5.95]; — 9 sept. 1869, Delprat, [*Bull. crim.* n. 208]; — 6 févr. 1875, Julien, [*Bull. crim.*, n. 44]; — 17 juin 1875, Bazeille, [*Bull. crim.*, n. 190]; — 7 juin 1888, Van-Brabandt, [*Bull. crim.*, n. 194]; — 27 avr. 1893, Sahli, [*Bull. crim.*, n. 107] — *Sic*, Nouguier, n. 3972; F. Hélie, t. 8, n. 3862.

4793. — A plus forte raison ne résulte-t-il pas nullité de ce que l'arrêt de condamnation contient une erreur dans la citation du texte de loi, alors que la peine prononcée est bien celle qui devait être appliquée. — Cass., 25 sept. 1890, Veyssier et Girard, [*Bull. crim.*, n. 196]

4794. — N'est pas nul non plus l'arrêt de la cour d'assises qui a visé un texte pénal abrogé, si la nouvelle loi édicte la même peine pour le même crime. — Cass., 26 juill. 1866, Dusséhus, [*Bull. crim.*, n. 291]

4795. — D'ailleurs, il n'est pas nécessaire de donner lecture à l'audience de tous les articles du Code pénal applicables aux faits reconnus constants par le jury; il suffit qu'il ait été donné lecture des articles qui justifient la peine appliquée. — Cass., 16 mai 1878, Bouché, [*Bull. crim.*, n. 143]

4796. — Il a été jugé, par application de ce principe, que lorsque, dans le concours de plusieurs délits, il est fait à l'accusé application de la peine la plus forte, il n'est pas nécessaire que lecture soit faite des articles relatifs au délit passible des peines non appliquées, alors surtout que le texte de ces articles est transcrit dans l'arrêt. — Cass., 16 sept. 1831, Jarron, [P. chr.]

4797. — ... Que cette prescription est suffisamment remplie lorsque, l'accusé étant condamné pour deux crimes emportant la même peine, il est donné lecture du texte de loi qui punit l'un de ces crimes. — Cass., 6 nov. 1868, précité.

4798. — ... Que le président n'est pas tenu de donner lecture des textes de lois qui définissent, caractérisent et qualifient le crime, mais seulement de ceux qui prononcent la peine. — Cass., 18 févr. 1841, Andrieu, [S. 42.1.190, P. 42.1.481]

4799. — ... Qu'il suffit que l'arrêt d'une cour d'assises qui prononce une condamnation à la peine de mort, contienne la citation de la loi en vertu de laquelle la peine de mort est appliquée; qu'il n'est pas également nécessaire, à peine de nullité, qu'il contienne l'indication des articles de la loi en vertu desquels il est fait application au condamné des peines accessoires qui sont la conséquence de la condamnation à mort. — Cass., 7 avr. 1820, Benedetti, [S. et P. chr.]

4800. — ... Qu'il n'est point nécessaire de faire lecture à l'accusé condamné aux travaux forcés à temps de l'art. 47, C. pén., qui le soumet, après qu'il a subi sa peine, à la surveillance de la haute police pendant toute sa vie (aujourd'hui l'interdiction de séjour). — Cass., 23 avr. 1846, précité.

4801. — ... Que la lecture des articles sur la récidive est encore moins nécessaire quand les circonstances atténuantes ont réduit la peine en simple emprisonnement. — Cass., 31 mars 1866, précité.

4802. — ... Qu'il en est de même des textes de loi relatifs à la complicité. — Cass., 27 juin 1867, Dronaillet, [Bull. crim., n. 147]; — 5 mars 1868, Zara, [Bull. crim. n. 63]

4803. — ... Que l'arrêt de la cour d'assises qui condamne pour vol avec effraction peut se borner à viser l'art. 384, C. pén., sans mentionner l'art. 381, auquel renvoie le premier article. — Cass., 22 août 1867, Constant, [Bull. crim., n. 201]

4804. — ... Que c'est le texte de la loi pénale appliquée qui doit être lu et inséré dans l'arrêt et non celui des articles relatifs au mode d'exécution des peines. — Cass., 1er févr. 1866, Potier et Guichard, [Bull. crim., n. 31]

4805. — ... Que l'obligation pour le président de la cour d'assises de lire le texte de la loi pénale applicable ne comprend le texte ni de l'art. 365, C. instr. crim., ni des articles relatifs à la contrainte par corps. — Cass., 19 sept. 1872, [Bull. crim., n. 240]

4806. — ... Que le défaut de lecture à l'audience et d'insertion dans l'arrêt de condamnation de l'art. 36, C. pén., en vertu duquel l'affiche de l'arrêt a été ordonnée, ne peut donner ouverture à cassation. Non seulement, cet article n'est pas du nombre de ceux dont l'art. 369, C. instr. crim., ordonne la lecture et l'insertion, mais encore l'art. 369 lui-même n'est pas prescrit à peine de nullité : son inobservation n'entraînant qu'une amende contre le greffier. — Cass., 29 avr. 1830, Rocher, [S. et P. chr.]

4807. — De plus, l'art. 195, C. instr. crim., relatif à la forme des jugements, n'est pas applicable aux arrêts des cours d'assises prononçant civilement sur les intérêts civils des parties. — Cass., 11 oct. 1817, Rolland, [S. et P. chr.]

4808. — Spécialement, la disposition qui, en matière criminelle, exige la lecture et l'insertion de la disposition pénale, ne s'appliquait pas (avant la loi de 1867) aux condamnations par corps pour réparations civiles. — Cass., 3 déc. 1836, Demiannay, [S. 38.1.82, P. 38.1.38]

4809. — La disposition de l'art. 369, C. instr. crim., ne s'applique qu'au jugement de condamnation. On conçoit, en effet, que s'il s'agit d'un arrêt prononçant l'absolution d'un accusé, parce que le fait dont il est déclaré l'auteur ne constitue ni crime, ni délit, le défaut de loi applicable étant précisément le motif qui détermine l'absolution, on ne puisse en lire le texte pour motiver un pareil arrêt.

4810. — L'arrêt doit faire mention du nom du condamné. Toutefois, l'irrégularité des prénoms qui lui ont été donnés n'est pas une ouverture à cassation lorsque cette irrégularité n'a été l'objet d'aucune réclamation au cours des débats. — Cass., 6 juill. 1889, Buquet, [Bull. crim., n. 245]

4811. — De même, il ne résulte aucune nullité de ce que le nom de l'accusé aurait été mal orthographié dans l'arrêt de condamnation, lorsqu'il est constant d'ailleurs et reconnu par lui que la condamnation lui est applicable et qu'aucun doute ne peut s'élever sur son identité. — Cass., 5 juill. 1888, Adailloe et autres, [Bull. crim., n. 232]

4812. — La date du crime qui résulte du verdict du jury n'a pas non plus besoin d'être précisée dans l'arrêt de condamnation. — Cass., 26 juill. 1866, Dusséhu, [Bull. crim., n. 191]; — 21 mars 1872, Rouette, [D. 66.5.269] — V. suprà, n. 3513 et s.

4813. — Deux principes généraux s'appliquent aux arrêts des cours d'assises comme à tous les autres : ces arrêts doivent statuer sur tous les points contentieux qui ont été soumis à la cour; ils doivent être motivés.

4814. — En premier lieu, l'arrêt doit statuer sur tous les points contentieux soumis à la cour. Si, par exemple, la cour statue nonobstant une réquisition du ministère public, et omet de s'expliquer sur cette réquisition, l'omission de prononcer donne ouverture à cassation. — Cass., 2 déc. 1825, Loercher, [S. et P. chr.] — V. suprà, v° Cassation (mat. crim.), n. 959.

4815. — Mais lorsque les réquisitions du ministère public ou de l'accusé ne portent pas sur une disposition prescrite à peine de nullité, leur rejet ne peut donner ouverture à cassation : il suffit que la cour d'assises n'ait pas refusé ou omis de statuer. — Cass., 2 août 1816, Leruth, [S. et P. chr.]; — 14 nov. 1811, Gosset, [S. et P. chr.]

4816. — Il en est ainsi, notamment, lorsque la cour a omis de statuer sur une demande de l'accusé tendant à ce qu'un témoin paraphât un mémoire (C. instr. crim., art. 408). — Cass., 11 avr. 1817, Verdier, [S. et P. chr.]

4817. — En second lieu, l'arrêt doit être motivé sur les faits déclarés constants par le jury. Aux termes de l'art. 195, C. instr. crim., dans le dispositif de tout jugement de condamnation, seront énoncés les faits dont les personnes citées seront jugées coupables. Cette disposition s'applique aux arrêts des cours d'assises, comme à tous les autres (V. infrà, v° Jugement ou arrêt). C'est là, d'ailleurs, spécialement pour les arrêts de cour d'assises, un moyen légal de s'assurer que la cour a pris pour base, ainsi qu'elle en a l'obligation, les faits déclarés constants par le jury. — Cass., 22 déc. 1892, Nivière et Durif, [D. 93.1.102] — Sic, Nouguier, n. 3682 et s.

4818. — Mais il n'est pas nécessaire que l'arrêt de condamnation rappelle identiquement les expressions mêmes des réponses sur lesquelles il est fondé; il suffit que la substance en soit reproduite exactement, de manière à ne laisser subsister aucune incertitude. — Cass., 5 mai 1849, Joseph Daniel, [P. 50.1.622]

4819. — L'arrêt de condamnation rendu par une cour d'assises est suffisamment motivé lorsqu'il énonce que, d'après la déclaration du jury, l'accusé est coupable de tel fait : la loi n'exige pas que la cour qualifie elle-même ce fait. — Cass., 2 févr. 1832, Letard, [S. 32.1.457, P. chr.]; — 6 avr. 1838, Guillaume, [D. 40.1.369]; — 14 mai 1868, Fumas, [Bull. crim., n. 127]; — 14 mars 1874, Sallée, [Bull. crim., n. 86]

4820. — Est aussi suffisamment motivé l'arrêt qui déclare que les faits déclarés constants par le jury constituent le crime de faux, surtout s'il contient en même temps la citation des textes appliqués. — Cass., 26 mars 1874, Landais, [Bull. crim., n. 98]

4821. — D'autre part, l'arrêt portant que le fait déclaré constant par le jury constitue le crime prévu par tel article du Code pénal est suffisamment motivé, alors même qu'il se serait élevé une discussion sur la qualification à donner au fait tel qu'il résultait de la déclaration. — Cass., 29 sept. 1853, Charlicanne, [D. 53.5.314]

4822. — Lorsque la défense a posé des conclusions tendant à l'absolution de l'accusé en se fondant sur ce que la déclaration du jury n'implique aucun fait criminel, il doit être répondu à ces conclusions par des motifs spéciaux. — Cass., 29 sept. 1853, précité.

4823. — Si le président, immédiatement après avoir prononcé la levée de l'audience, et s'apercevant qu'il a commis une omission dans la lecture de l'arrêt de la cour d'assises, rétracte de suite cette première lecture, du consentement de ses assesseurs, et répare son omission, ce n'est point la prononcer un nouvel arrêt. Cette circonstance ne constitue pas une nullité. — Cass., 20 mai 1837, Denis et Robert, [P. 40.1.143] — Il a été jugé également que, si une cour d'assises, après avoir donné acte à la défense d'une omission, a rendu un second arrêt avec rectification, cette décision complémentaire est régulière, dès lors qu'elle n'enlève pas au premier arrêt sa force exécutoire. — V. Cass., 5 nov. 1868, [Bull. crim., n. 215] — Mais la cour d'assises ne peut annuler un arrêt définitivement rendu. — Même arrêt (sol. implic.). — En effet, d'une manière générale, l'autorité de la chose jugée s'attache aux jugements et arrêts aussitôt qu'ils ont été rendus; les pouvoirs des juges sont épuisés. — V. Cass., 28 avr. 1832, de Coüasuon, [S. 52.1.444, P. 54.2.267] — Et il ne leur appartient pas de modifier, réformer ou rétracter leurs décisions. — V. not., Cass., 10 avr. 1837, Préfet de la Marne, [S. 37.1.293, P. 37.1.359]; — 18 mars 1889, Préfet de la Corse, [S. 90.1.127, P. 90.1.293]; — 27 mars 1889, Lebeault, [S. 92.1.399, P. 92.1.399] — V. au surplus, suprà, v° Chose jugée, n. 784 et s., 791; Lacoste, Chose jugée, n. 784 et s., 791; Fuzier-Herman, C. civ. ann., sur l'art. 1351, n. 1494, 1583 et s. — Spécialement, lorsqu'après avoir rendu un premier arrêt de condamnation contre cinq inculpés, une cour d'assises a, sur la réclamation du chef du jury, rapporté ce premier arrêt, acquitté deux des inculpés, et prononcé, après de nouveaux débats, un second arrêt condamnant l'un des accusés à mort et les deux autres à une autre peine, le condamné à mort est fondé à demander l'annulation : 1° du second arrêt, rendu par la cour d'assises alors qu'elle avait épuisé ses pouvoirs par le prononcé du premier arrêt, qu'elle n'avait pas le droit de rapporter; 2° du premier arrêt lui-même, dès lors que, n'ayant pas été transcrit sur les registres de la cour d'assises, il ne contient aucun motif et pas de dispositif, et qu'on ne peut savoir s'il ne prononçait pas contre le condamné à mort une peine moindre que celle prononcée par le second arrêt. — Cass., 27 juin 1895, Manseri Abdelloh-ben-Mohamed-ben-Ali, [S. et P. 96.1.108]

§ 5. Avertissements au condamné.

4824. — Après avoir prononcé l'arrêt, le président peut, selon la circonstance, exhorter l'accusé à la fermeté, à la résignation ou à réformer sa conduite. Il l'avertit de la faculté qui lui est accordée de se pourvoir en cassation et du terme dans lequel cette faculté est circonscrit (C. instr. crim., art. 374).

4825. — Sous le Code de brumaire an IV, le président, après la prononciation de l'arrêt de condamnation, devait faire remarquer à l'accusé la manière généreuse et impartiale avec laquelle il avait été jugé et l'exhorter à la fermeté et à la résignation. Mais cette exhortation irritait souvent le condamné et occasionnait du trouble et du scandale: il a paru plus convenable au législateur de laisser l'exhortation à l'arbitraire du président, qui peut en apprécier l'opportunité.

4826. — Nous pensons que c'est à tort qu'il a été décidé que dans les affaires correctionnelles de la compétence de la cour d'assises il n'est pas nécessaire que le président avertisse le condamné qu'il a trois jours pour se pourvoir en cassation, l'art. 371, C. instr. crim., ne s'appliquant qu'aux affaires de grand criminel. — Cass., 15 nov. 1832, Petet, [S. 33.1.873, P. chr.] — En effet, l'art. 371 n'établit aucune distinction entre les affaires de grand criminel et celles de petit criminel.

4827. — La formalité de l'art. 371 n'est pas prescrite à peine de nullité. En tous cas, elle ne pourrait entraîner aucune nullité si le condamné n'avait éprouvé aucun préjudice de l'omission. — Cass., 21 juill. 1834, Progressif de l'Aube, [P. chr.]; — 16 févr. 1850, Touzard, [D. 50.5.113] — Sic, Nouguier, n. 3979.

4828. — Jugé, en ce sens, que lorsque le procès-verbal des débats constate que l'avertissement du délai de pourvoi a été donné sous un autre nom que celui de l'accusé, il n'y a pas de nullité s'il ne peut en résulter aucune incertitude sur l'individualité du condamné et, si, en fait, il s'est pourvu. — Cass., 26 mars 1874, précité.

4829. — ... Que le condamné qui s'est pourvu en cassation dans le délai de la loi ne peut tirer une nullité de ce que le président de la cour d'assises aurait omis de l'avertir qu'il avait trois jours pour se pourvoir en cassation. — Cass., 21 juill. 1834, précité.

4830. — Legraverend (t. 2, p. 264, note 2), pense non seulement que l'avertissement prescrit par l'art. 371 n'est pas prescrit à peine de nullité, mais même que l'omission qui en serait faite ne pourrait pas autoriser l'accusé à se pourvoir après l'expiration du délai légal. — Carnot, sur l'art. 371, est d'un avis contraire et nous partageons son opinion. « En déclarant le recours recevable, dit cet auteur, il ne peut en résulter que l'inconvénient de quelques jours de retard dans l'exécution, tandis qu'en le rejetant sans examen, on pourrait s'exposer à commettre une injustice irréparable. »

§ 6. Rédaction et signature de l'arrêt.

4831. — L'arrêt est écrit par le greffier.

4832. — Il doit être daté et signé. — Nouguier, n. 3691.

4833. — Le greffier doit insérer en entier dans l'arrêt le texte de la loi appliquée, sous peine de 100 fr. d'amende (C. instr. crim., art. 369, in fine). — Cette formalité est prescrite afin que chaque condamné puisse se convaincre par la lecture de l'arrêt que sa condamnation n'est pas un acte arbitraire.

4834. — Cependant le défaut d'insertion, dans l'arrêt de condamnation, du texte de la loi, n'entraîne pas la nullité de cet arrêt, et ne peut donner lieu qu'à une amende de 100 fr. contre le greffier. — Cass., 29 avr. 1830, Rocher, [S. et P. chr.]; —

18 févr. 1841, Andrieux, [S. 42.1.190, P. 42.1.481]; — 12 mars 1841, Rostaing, [S. 41.1.795, P. 41.2.397]; — 4 nov. 1847, Bardet, [P. 48.2.211]

4835. — La minute de l'arrêt doit être signée par les juges qui l'ont rendu, à peine de 100 fr. d'amende contre le greffier, et, s'il y a lieu, de prise à partie tant contre le greffier que contre les juges; elle est signée dans les vingt-quatre heures de la prononciation de l'arrêt (C. instr. crim., art. 370).

4836. — Il a été jugé que l'art. 370, C. instr. crim., qui exige que la minute de l'arrêt de la condamnation soit signée par les juges qui l'ont rendu, n'est pas prescrit à peine de nullité. — Cass., 6 juin 1810, Lavatori, [P. chr.]; — 29 mai 1817, Laporte, [P. chr.]; — 15 avr. 1824, Pierre Pigeonnat, [P. chr.]; — 19 janv. 1827, Charles Tichant, [P. chr.]; — 20 août 1829, Le Noret, [P. chr.]; — 13 avr. 1837, Coste, [S. 37.1.1024, P. 37.2.619]; — 2 avr. 1840, Prevost et Saillot, [S. 41.1.257, P. 42.1.278] — Sic, Legraverend, t. 2, p. 263, note 4.

4837. — ... Qu'il n'y a pas nullité alors surtout que c'est un cas de force majeure (le décès de l'un des juges) qui a empêché que l'arrêt fût signé par lui. — Cass., 15 sept. 1831, Dussaud, [P. chr.]

4838. — ... Que lorsque l'arrêt de condamnation n'a pas été signé par tous les magistrats de la cour d'assises, il y a lieu seulement à prononcer contre le greffier l'amende portée par l'art. 370, C. instr. crim. — Cass., 2 avr. 1840, précité.

4839. — Cette jurisprudence nous paraît s'écarter des vrais principes : la signature d'un arrêt de condamnation par les juges qui l'ont rendu est évidemment une formalité substantielle; car, en l'absence de ces signatures, qui donc constatera légalement que l'arrêt émane vraiment de ceux à qui on l'attribue? Carnot (sur l'art. 370, C. instr. crim.) élève aussi, sur ce point, des doutes graves, et semble regretter que la Cour de cassation se soit prononcée pour la validité de l'arrêt.

4840. — Mais le défaut de signature de l'arrêt dans les vingt-quatre heures de la prononciation qui en est faite n'en entraîne pas la nullité, lorsque l'accusé n'a éprouvé aucun préjudice à raison de ce retard. — Cass., 25 juin 1840, Maubant, [P. 42.2.679]

4841. — L'arrêt d'une cour d'assises revêtu de la signature de tous les juges qui ont concouru ne peut non plus être annulé, par cela seul qu'il n'a pas été signé par le greffier; quoique nécessaire, la signature du greffier n'est pas prescrite à peine de nullité. — Cass., 7 mai 1829, Leforestier, [P. chr.]; — 31 mai 1849, Giraud-Hervé, [P. 51.1.380]

4842. — Cela résulte de la comparaison des art. 370 et 372, C. instr. crim. En effet, l'art. 372, C. instr. crim., exige, à peine de nullité, que le procès-verbal soit signé par le greffier; au contraire, l'art. 370 ne parle que des juges et passe complètement sous silence le greffier. Il résulte bien évidemment du rapprochement de ces dispositions que l'absence de la signature du greffier n'est pas ici une cause de nullité. On pourrait même en induire que cette signature n'est pas nécessaire. Le législateur semble s'être contenté de la mention, qui doit être faite au procès-verbal des débats, que l'arrêt a été écrit par le greffier (art. 369). Néanmoins, il est plus régulier que le greffier le signe.

4843. — Un accusé ne peut se faire un moyen de nullité de ce que l'expédition de l'arrêt de condamnation rendu contre lui, qui est en la forme authentique, n'est pas revêtu de la formule exécutoire (C. instr. crim., art. 375; Sén.-cons., 28 flor. an XII, art. 141). — Cass., 28 janv. 1825, Sauvarit, [S. et P. chr.] — V. infrà, v° Jugement ou arrêt.

§ 7. Voies de recours.

4844. — La voie de l'opposition est ouverte, en matière criminelle, contre les arrêts par défaut des cours d'assises, de même qu'elle l'est, en matière correctionnelle ou de police, contre les jugements de même nature. Spécialement, l'opposition est recevable contre l'arrêt qui a condamné la partie civile en des dommages-intérêts contre l'accusé acquitté. Vainement, on dirait que les arrêts des cours d'assises ne peuvent être attaqués que par la voie de la cassation (C. instr. crim., art. 262). Vainement aussi, on dirait que la partie civile est nécessairement partie contradictoire, et que dès lors les arrêts rendus contre elle ne peuvent jamais être réputés par défaut (art. 359). — C. d'ass. de la Haute-Garonne, 13 août 1829, Meritens, [S. et P. chr.]

4845. — Si l'opposition à l'arrêt par défaut n'est formée qu'après la clôture de la session de la cour d'assises qui l'a rendu, cette opposition peut être portée devant les juges de la session suivante. — **Même arrêt.**

4846. — L'omission de l'une des formalités substantielles, ainsi que la violation de la loi donnent, en faveur du condamné, ouverture à cassation. Mais, conformément aux principes généraux souvent invoqués en cette matière, l'erreur de droit dont aurait bénéficié l'accusé ne lui permettrait pas de soumettre l'arrêt à la Cour de cassation; ainsi le complice d'un parricide ne peut arguer de la méprise du président des assises qui, modifiant la question posée par l'arrêt de renvoi, soumet au jury la question de complicité d'homicide volontaire, non de parricide. — Cass., 8 sept. 1887, Herman, [*Gaz. des Trib.*, 10 sept. 1887]

4847. — Sur les formes du pourvoi en cassation contre les arrêts des cours d'assises, V. *suprà*, v° *Cassation* (mat. crim.).

CHAPITRE XXI.

PROCÈS-VERBAL DES DÉBATS.

SECTION I.
Rédaction.

§ 1. *Qui doit rédiger le procès-verbal. Dans quels cas. Délai. Rédaction. Signatures.*

4848. — Le greffier doit, à peine de 500 fr. d'amende, dresser un procès-verbal de la séance à l'effet de constater que les formalités prescrites ont été observées (C. instr. crim., art. 372).

4849. — Sous le Code de brumaire an IV, il n'était point dressé de procès-verbal de la séance, ou du moins la loi n'en imposait point l'obligation au greffier. Il n'en est plus de même aujourd'hui; la formalité prescrite par l'art. 372 est substantielle. Lorsque donc qu'il n'a pas été dressé de procès-verbal des débats devant une cour d'assises, ou lorsque le procès-verbal dressé ne l'a pas été dans la forme voulue par la loi, rien ne pouvant constater légalement que les formalités prescrites à peine de nullité ont été remplies, les débats et l'arrêt doivent être annulés. — Cass., 17 avr. 1818, Alleon, [P. chr.]

4850. — Mais quelques négligences, telles que certaines fautes d'orthographe, ne peuvent pas opérer la nullité du procès-verbal des débats d'une cour d'assises. — Cass., 8 avr. 1830, Coupechoux, [S. et P. chr.]

4851. — Le procès-verbal des débats peut être réuni dans un seul acte avec celui de la formation du jury. — V. *suprà*, n. 1256 et 1257.

4852. — I. *Qui doit rédiger le procès-verbal.* — C'est, dit l'art. 372, le greffier qui rédige le procès-verbal. Mais aucune loi n'oblige le greffier en chef à tenir personnellement la plume et ne lui interdit de se faire assister d'un commis-greffier assermenté pour rédiger le procès-verbal des débats; dès lors, il peut, s'il a assisté à tous les débats, en signer le procès-verbal, bien qu'il y soit exprimé qu'un commis-greffier tenait la plume. — Cass., 5 août 1831, Lavrard et Trognac, [P. chr.] — *Sic*, Nouguier, n. 3982. — V. *infrà*, n. 4877.

4853. — Jugé, dans le même sens, que la loi n'oblige pas le greffier à écrire lui-même, séance tenante, le procès-verbal des débats d'une cour d'assises; elle exige seulement qu'il le dresse, soit qu'il le fasse écrire sous ses yeux à l'audience, soit qu'il le dicte sur les notes par lui prises pendant les débats, pourvu qu'il le signe. — Cass., 12 déc. 1833, Desplats, [P. chr.]; — 31 juill. 1841, Pejarias, [S. 41.1.794] — *Sic*, Nouguier, n. 3083.

4854. — ... Que le procès-verbal peut être rédigé par tout autre que le greffier qui a tenu la plume à l'audience, et sur les notes que celui-ci a recueillies. Il suffit, pour qu'il fasse foi de tout son contenu, que les signatures du président et du greffier y soient apposées. — Cass., 31 juill. 1841, précité.

4855. — Si le greffier s'était fait remplacer par un des commis du greffe, et qu'il n'eût pas été dressé de procès-verbal des débats, il demeurerait solidairement responsable de cette omission (Décr. 18 août 1810, art. 27). — Carnot, sur l'art. 372.

4856. — II. *Délai.* — Aucune disposition de la loi n'exige, à

peine de nullité, que le procès-verbal des débats soit rédigé et signé immédiatement après les séances. En conséquence, il ne résulte pas de nullité de ce qu'il n'aurait pas été rédigé dans les vingt-quatre heures. — Cass., 25 juin 1840, Maubant, [P. 42. 2.679]; — 31 juill. 1841, précité.

4857. — ... Ou de ce qu'il aurait été rédigé plus de trois jours après celui où l'arrêt de condamnation a été prononcé. — Cass., 22 sept. 1842, Fabre, [S. 42.1.809, P. 42.2.700]

4858. — Décidé aussi qu'aucun délai n'étant prescrit aux greffiers de cours d'assises pour la rédaction et la signature de leurs procès-verbaux, il en résulte qu'on doit réputer régulier le procès-verbal rédigé conformément à l'art. 37, Règl. 30 mars 1808, et signé par le président seul, par suite du décès du greffier, encore que ce décès ne soit survenu que plus de dix jours après la déclaration du pourvoi. — Cass., 28 janv. 1843, Launey, [S. 43.1.304, P. 43.1.626]; — 14 juill. 1864, El-Hadj-Salah-ben-El-hadj, [*Bull. crim.*, n. 184]

4859. — Il a même été jugé qu'il ne saurait résulter une nullité de ce qu'il n'aurait été dressé que vingt jours après les séances. — Cass., 31 mars 1836, Arrighi et Rossi, [S. 36.1.848, P. chr.]

4860. — Et que l'art. 372, C. instr. crim., qui prescrit de dresser procès-verbal des débats devant la cour d'assises, n'ayant fixé aucun délai pour l'accomplissement de cette formalité, il ne résulte aucune nullité de ce que le procès-verbal de la séance dans laquelle l'affaire a été renvoyée à une autre session a été rédigé plus de deux mois après cette séance. — Cass., 3 mai 1872, Saïd-ben-Mohamed, [S. 72.1.444, P. 72.1161, D. 74.1.48] — *Sic*, Cubain, *Procéd. des cours d'ass.*, n. 777; Nouguier, t. 4, n. 4005. — *Contrà*, F. Hélie, *Théor. du C. pén.*, t. 4, n. 1166; Blanche, *Ét. sur le C. pén.*, t. 4, n. 583.

4861. — Il n'y a non plus, en pareil cas, aucune atteinte aux droits de la défense, qui restent entiers; l'accusé ayant toujours la faculté de se prévaloir de toutes les irrégularités, relevées ou non par le procès-verbal, qui auraient eu lieu à son préjudice, spécialement, de s'inscrire en faux contre les faits omis ou altérés dans ledit procès-verbal. — **Même arrêt.**

4862. — Mais, s'il n'y a pas nullité dans un cas pareil, on n'en est pas moins autorisé à adresser les plus graves reproches au greffier; après un délai aussi long, ses souvenirs peuvent s'effacer; le procès-verbal n'offre donc plus les mêmes garanties.

4863. — Le procès-verbal ne serait pas nul non plus parce qu'il aurait été dressé dans un autre lieu que celui où siège la cour d'assises. — Cass., 12 déc. 1840, Lafarge, [S. 40.1.948, P. 42.2.662]

4864. — III. *Forme.* — Avant la loi du 28 avr. 1832, le Code d'instruction criminelle n'interdisait point l'emploi des caractères imprimés dans le procès-verbal des séances d'une cour d'assises. — Cass., 29 mai 1817, Laporte, [P. chr.]; — 30 janv. 1818, Lépine, [P. chr.]; — 4 juin 1818, Casse, [P. chr.]; — 23 juill. 1818, Boudret, [P. chr.]; — 13 juill. 1820, Chevalier, [P. chr.]; — 19 avr. 1821, Picard, [P. chr.]; — 16 déc. 1825, Desprez, [S. et P. chr.]; — 8 avr. 1830, Coupechoux, [S. et P. chr.]; — 16 sept. 1831, Jarron, [P. chr.]; — 5 janv. 1832, Lecomte, [P. chr.]

4865. — Mais l'emploi des procès-verbaux imprimés à l'avance était un véritable abus, essentiellement contraire à une bonne administration de la justice. Il pouvait arriver aussi non seulement que des formalités réellement observées fussent omises dans les procès-verbaux, mais encore qu'on y trouvât la constatation d'une formalité qui n'avait pas été accomplie. La loi du 28 avr. 1832 a donc prohibé avec raison l'impression des procès-verbaux des débats de la cour d'assises (C. instr. crim., art. 372). — Cette prohibition s'applique également aux procès-verbaux écrits d'avance. — Cass., 22 avr. 1841, Dejean, [S. 41.1.800]; — 23 avr. 1841, Soulié, [S. 41.1.400, P. 41.1.708]; — 14 sept. 1834, Horrut, [S. 54.1.825, P. 55.1.593]; — 6 nov. 1868, Bloch et Trécourt, [*Bull. crim.*, n. 221]; — 19 juill. 1872, Leblanc, [*Bull. crim.*, n. 183] — V. Cubain, n. 779, p. 483, note 2; Nouguier, n. 3999; F. Hélie, t. 8, n. 3846.

4866. — Mais nous avons vu que l'art. 372, C. instr. crim., qui interdit, à peine de nullité, de dresser les procès-verbaux sur des modèles imprimés, est exclusivement relatif aux procès-verbaux des débats, et ne peut être appliqué à ceux constatant la composition du jury (V. *suprà*, n. 1253). Et il en est ainsi alors même que les deux procès-verbaux seraient compris sur la même feuille, s'ils forment deux actes distincts et séparés. —

Cass., 6 nov. 1868, précité. — *Sic*, Nouguier, n. 4001 ; F. Hélie, *loc. cit.*

4867. — Lors donc que la formation du tableau du jury et les débats ont été constatés par un seul procès-verbal, peu importe que dans la première partie, celle relative à la formation du tableau du jury, les formules ordinaires aient été écrites à l'avance, si, dans la seconde partie, celle relative aux débats, il ne se rencontre rien d'écrit à l'avance. — Cass., 24 déc. 1840, Bussière, [S. 41.1.558, P. 41.2.130]

4868. — L'interdiction d'ailleurs ne porte que sur le procès-verbal, et non sur les autres pièces de la procédure. C'est ainsi, nous l'avons vu, que la loi n'interdit pas l'impression de la formule : Sur mon honneur et ma conscience, etc., etc., qui doit être prononcée par le chef du jury avant la lecture de la déclaration. Cette formule inscrite en tête de ladite déclaration doit être considérée comme en faisant partie. — Cass., 18 mai 1849, Martin, dit Riancourt, [P. 50.2.442] — V. *suprà*, n. 4052.

4869. — IV. *Date*. — Le procès-verbal doit être daté. Mais l'erreur commise dans la date donnée au procès-verbal des débats d'une cour d'assises n'opère pas une nullité lorsqu'elle se trouve suffisamment rectifiée dans cette pièce elle-même et dans les autres pièces du procès. — Cass., 6 juill. 1832, Rivot, [S. 33.1. 231, P. chr.]; — 6 oct. 1842, [D. *Rép.*, v° *Instr. crim.*, n. 3654]; — 5 déc. 1867, [*Bull. crim.*, n. 402] — *Sic*, Cubain, p. 482, n. 776, ad notam.

4870. — L'omission de la date elle-même peut être suppléée soit par des énonciations tirées de cette pièce, soit par les autres pièces du procès. — Cass., 1er avr. 1886, Mohamed-ben-Moktar, [*Bull. crim.*, n. 138] — *Sic*, F. Hélie, t. 8, n. 3845; Nouguier, n. 3994.

4871. — Ainsi jugé que lorsque le greffier de la cour d'assises a omis de dater le procès-verbal des débats, il suffit, pour sa validité, qu'il y soit dit que la déclaration du jury et l'arrêt de condamnation, qui portent tous les deux la même date, ont été rendus dans la même séance. — Cass., 19 juin 1828, Couturier, [P. chr.]

4872. — ... Que la date du procès-verbal constatant l'opération du tirage du jury et du procès-verbal des débats de la cour d'assises, incomplète par l'omission de l'indication du mois au cours duquel ils ont été dressés, n'entraîne pas nullité lorsque la date réelle des deux procès-verbaux peut être rétablie d'une façon certaine. — Cass., 18 févr. 1886, Thévard, [*Bull. crim.*, n. 60]

4873. — ... Qu'il ne résulte aucune nullité de ce que le procès-verbal des débats n'est daté que par référence à celui du tirage au sort du jury de jugement, lors même que ce premier procès-verbal serait en partie imprimé, si les indications concernant sa date sont manuscrites. — Cass., 18 nov. 1875, précité.

4874. — ... Que le procès-verbal des débats fait suffisamment connaître la date du jour où s'est terminée l'affaire, lorsqu'il énonce que l'audience, ouverte ce jour, a été suspendue à six heures du soir, reprise à huit heures, et s'est continuée sans interruption jusqu'à la fin, alors même qu'elle n'aurait été levée qu'après minuit. — Cass., 17 mai 1872, Couanon, [*Bull. crim.*, n. 121]

4875. — V. *Signatures*. — Le procès-verbal doit être signé par le président et par le greffier, à peine de nullité (C. instr. crim., art. 372).

4876. — La peine de nullité n'est pas attachée seulement au défaut simultané de ces deux signatures, mais au défaut de l'une quelconque d'entre elles. — Cass., 3 mars 1815, Temperville, [S. et P. chr.]; — 2 mai 1816, Vuillet, [P. chr.]; — 29 août 1816, Richard, [P. chr.]; — 13 déc. 1816, Baurès, [P. chr.]; — 17 avr. 1818, Alléon, [P. chr.]; — 17 nov. 1818, N..., [P. chr.]; — 5 juin 1823, Picard, [S. et P. chr.]; — 1er juill. 1824, Lepreux, [P. chr.]; — 8 sept. 1826, Henri, [P. chr.]; — 17 sept. 1829, Daumas et Dupin, [P. chr.]; — 19 nov. 1829, Chevrier, [P. chr.]; — 3 févr. 1844, Barie, [*Bull. crim.*, n. 32]; — 12 juill. 1866, Laurent, [D. 66.5.110]; — 16 mai 1872, [*Bull. crim.*, n. 117]; — 31 juill. 1890, Caumontat, [*Bull. crim.*, n. 164] — ... Et notamment au défaut de signature du président. — Cass., 27 avr. 1882, Faulioc, [*Bull. crim.*, n. 105]; — 31 juill. 1890, précité.

4877. — Si, au cours d'une audience, le greffier est subitement indisposé et que le procès-verbal constate la nécessité où il a été de se retirer, et, par suite, l'impossibilité de signer : 1° la signature de son remplaçant, nécessaire pour la seconde partie de la séance, est légalement apposée au pied du procès-verbal rédigé en un seul contexte; 2° la signature du président suffit pour authentiquer la relation des actes accomplis dans la seconde partie, sans qu'il soit besoin d'une mention spéciale dans les termes de l'art. 37, Décr. 30 mars 1808. — Cass., 14 juill. 1864, El-Hadj, [D. 66.5.114]

4878. — En exigeant que le procès-verbal des débats soit signé par le président de la cour d'assises, la loi impose nécessairement à ce magistrat l'obligation d'examiner, par une lecture réfléchie, si ce procès-verbal contient le narré clair, fidèle et complet des formalités qui ont été observées. — Cass., 6 sept. 1816, Renaud, [S. et P. chr.]

4879. — En cas de dissidence entre le président et le greffier sur les faits relatés dans le procès-verbal des séances d'une cour d'assises, le témoignage du président doit prévaloir sur celui du greffier. — Cass., 30 sept. 1824, Troupeau, [P. chr.]

4880. — Le défaut de signature du président ou du greffier sur le procès-verbal est de plus puni d'une amende de 500 fr., contre le greffier. — Cass., 3 mars 1815, précité; — 13 déc. 1816, précité; — 2 mai 1816, précité; — 17 avr. 1818, précité; — 5 juin 1823, précité; — 1er juill. 1824, précité; — 8 sept. 1826. précité; — 17 sept. 1829, précité; — 29 nov. 1829, précité; — 21 juin 1849, Chérot, [D. 49.5.89]; — 7 déc. 1849, Mercier, [D. 51.5.145]; — 19 nov. 1863, Daugnac et Bainès, [D. 65.5. 102]; — 16 mai 1872, précité.

4881. — Mais aucun délai n'étant exigé pour l'apposition des signatures, celle du président peut être apposée indifféremment avant ou après celle du greffier. — Cass., 4 avr. 1851, Daragnon, [*Bull. crim.*, n. 132]

4882. — Lorsque, dans une affaire ayant occupé plusieurs séances, il a été dressé plusieurs procès-verbaux distincts, chacun de ces procès-verbaux, eussent-ils été inscrits sur la même feuille et mis à la suite l'un de l'autre, doit, à peine de nullité, être signé par le président et par le greffier. — Cass., 22 janv. 1857, Naudet, [D. 57.1.131]; — 1er févr. 1866, Berger, [D. 66. 5.113]; — 3 avr. 1875, Deshay, [D. 76.1.43]; — 1er avr. 1882, Mottin et Lartigue, [S. 85.1.94, P. 85.1.191]; — 8 mai 1891, Amboucano, [D. 91.5.156] — *Sic*, Nouguier, n. 3992 et 3993; F. Hélie, n. 3844.

4883. — Mais le greffier n'est pas tenu de dresser des procès-verbaux distincts pour chaque séance; il a la faculté de comprendre dans un seul procès-verbal d'ensemble tous les débats. — Cass., 6 févr. 1851, Poulard, [*Bull. crim.*, n. 50]; — 3 avr. 1875, précité; — 9 avr. 1885, Gamahut, [*Bull. crim.*, n. 107]; — 13 janv. 1887, Ménétrier, [*Bull. crim.*, n. 14]; — 9 avr. 1887, Demangeot, [*Bull. crim.*, n. 140] — *Sic*, Nouguier, n. 3993. — Et s'il n'y a eu qu'un seul procès-verbal afférent à ces séances successives, il suffit qu'il soit signé à la fin par le président et le greffier. — Cass., 11 oct. 1877, Albert, [*Bull. crim.*, n. 223] ; — 9 avr. 1885, précité; — 13 janv. 1887, précité; — 9 avr. 1887, précité.

4884. — Du reste, lorsque le président de la cour d'assises, dans le cours d'une séance, suspend l'audience pendant un certain temps pour le repos de la cour et des jurés, il ne résulte pas de cette suspension deux séances distinctes et séparées (V. *suprà*, n. 2595 et s.), en, en conséquence, il n'est pas nécessaire que la mention de cette suspension soit signée du président et du greffier. — Cass., 23 mai 1846, Sousseau, [S. 46.1.508, P. 46.2.198]; — 14 mai 1847, Boisset, [P. 47.2.532]; — 22 juin 1849, Lefort, [P. 50.2.101]; — 7 déc. 1849, Mercier, [P. 50.2.642]

4885. — Les procès-verbaux des débats de la cour d'assises ne peuvent être valablement signés, quand le président est dans l'impossibilité de faire lui-même, que par un juge commis par la cour d'appel, conformément à l'art. 38, Décr. 30 mars 1808, aux dispositions générales duquel il y a lieu de recourir, en pareil cas, dans le silence de la loi spéciale aux cours d'assises. Le plus ancien juge n'est point, en cette matière, autorisé à donner de droit sa signature à la place du président, en vertu et dans les délais de l'art. 37 du même décret. — Cass., 12 janv. 1871, Bellevue, [S. 72.1.197, P. 72.443] — Bordeaux, 4 juin 1835, Ministère public, [P. chr.] — V. pour le cas où le président n'a pu signer, Cubain, *Proc. des cours d'ass.*, n. 775.

4886. — La cour de Besançon avait jugé, contrairement à cet arrêt, qu'aucune loi n'attribue juridiction à la cour d'appel à l'effet de réparer l'irrégularité pouvant résulter de l'absence de signature, en matière répressive, et restreint l'application du décret du 30 mars 1808 aux matières civiles. — V. Besançon, 4 août 1869, Minist. publ. de Besançon, [S. 71.2.33, P. 71.112]

—.Mais cette doctrine, on le voit, n'a pas été admise par la Cour suprême. — V., en ce qui concerne l'absence de signature du procès-verbal du tirage au sort du jury de jugement, *suprà*, n. 1273 et s.

4887. — Lorsque, par erreur, un magistrat autre que celui qui a présidé aux débats a signé le procès-verbal d'audience, le vice résultant de cette irrégularité disparaît si la signature a été effacée, et remplacée par celle du président de la cour d'assises, avec la mention, en marge de l'arrêt, de l'erreur et de la rectification. — Cass., 30 mars 1839, Raymond d'Hénar, [S. 40.1.464, P. 40.1.176]

4888. — Il n'est pas nécessaire que le magistrat qui a rempli les fonctions de ministère public signe le procès-verbal.

4889. — Cependant il ne résulterait aucune nullité de ce que le procureur de la République aurait, sans nécessité, apposé sa signature sur le procès-verbal de la cour d'assises. — Cass., 10 oct. 1839, Peytel, [S. 39.1.955, P. 40.1.15]

§ 2. Surcharges. Ratures. Interlignes. Renvoi. Blancs.

4890. — Les surcharges, interlignes et renvois doivent être approuvés par le président et le greffier, à peine de nullité. — Cass., 15 avr. 1875, Feru, [S. 75.1.284, P. 75.666]

4891. — Les renvois n'étant réguliers qu'autant qu'ils ont été approuvés par le président et le greffier, ne font pas foi suffisante de la formalité qu'ils constatent, quand ce dernier les a seul approuvés. — Cass., 26 janv. 1827, Perès, [S. et P. chr.]

4892. — Mais des renvois portés en marge du procès-verbal des débats sont suffisamment approuvés lorsqu'ils ont été paraphés par le président et par le greffier; une signature complète de leur part n'est pas indispensable. — Cass., 30 juill. 1829, Baroux, [P. chr.]; — 15 juin 1830, Taburet, [P. chr.]; — 30 mars 1839, précité — *Sic*, Cubain, p. 483, n. 780.

4893. — Au surplus, la non-approbation des surcharges et des interlignes ne peut constituer une nullité qu'autant qu'elle est de nature à compromettre le sort de l'accusé, ou à laisser du doute sur l'observation d'une formalité prescrite à peine de nullité. Le défaut d'approbation ne porte donc aucune atteinte à la validité de la procédure, soit lorsque la formalité que la surcharge ou l'interligne aurait pour objet de constater n'est pas une formalité substantielle, soit lorsque l'accomplissement en est constaté par d'autres parties du procès-verbal. — Cass., 11 avr. 1840, Blondeau, [*Bull. crim.*, n. 111]; — 2 mai 1850, Lanfranchi, [S. 50.1.810, P. 52.2.317]; — 5 janv. 1882, Frappier, [*Bull. crim.*, n. 2]; — 14 sept. 1893, Hunerdin. [*Bull. crim.*, n. 260] — *Sic*, Nouguier, n. 3995; Rolland de Villargues, *Codes crim. annotés*, sous l'art. 372, C. instr. crim., art. 82. — V. anal. *suprà*, n. 4103 et s.

4894. — Il a été jugé, en ce sens, que la surcharge du nom de l'officier du ministère public ne peut créer une ouverture à cassation, lorsqu'il n'est pas contesté que cet officier ait été présent aux débats. — Cass., 18 août 1837, Goupil, [S. 37.1.1021, P. 37.2.556]

4895. — ... Que lorsque le procès-verbal des débats, dans sa partie relative à la prestation du serment des jurés, contient une surcharge non approuvée, portant sur le chiffre 2 de l'art. 312, lequel a été irrégulièrement substitué au chiffre 4 primitivement inscrit, bien que ce chiffre surchargé doive, suivant l'art. 78, C. instr. crim., être réputé non avenu, il n'y a pas lieu à cassation s'il résulte de l'ensemble des constatations du procès-verbal que les jurés ont bien prêté le serment exigé par la loi. — Cass., 31 mars 1892, Gros, [*Bull. crim.*, n. 92]

4896. — ... Que, l'accusé ne peut se faire un moyen de nullité des interlignes ou surcharges existant dans les déclarations des témoins, lorsque les mentions qu'elles renferment sont sans influence sur la procédure ou se trouvent suffisamment constatées par une autre partie du procès-verbal. — Cass., 14 sept. 1832, Bouillot, [P. chr.]

4897. — ... Que le défaut d'approbation de mots raturés dans le procès-verbal des débats d'une cour d'assises n'entraîne point la nullité de cet acte, lorsque lesdits mots n'ont rien en eux-mêmes d'essentiel et ne peuvent détruire la constatation de l'accomplissement d'une formalité. — Cass., 2 mai 1850, précité.

4898. — ... Que l'accusé ne peut se faire un moyen de nullité de ce que le procès-verbal de la séance contiendrait des grattages non approuvés, lorsque ces grattages ne portent que sur des énonciations indifférentes, et nullement sur la constatation des formalités essentielles pour la validité des débats. — Cass., 7 mai 1846, Simon, [P. 49.2.453]

4899. — ... Que le défaut d'approbation de ratures dans le procès-verbal des débats n'entraîne pas la nullité de cet acte, s'il constate expressément d'ailleurs l'observation de toutes les formalités substantielles ou prescrites par la loi à peine de nullité. — Cass., 26 juill. 1849, Blangechier, [S. 50.1.240, P. 50.2.141]

4900. — ... Que le grattage d'une partie de la phrase destinée à constater, dans le procès-verbal des débats, que les témoins ont été entendus, conformément aux prescriptions de l'art. 317, C. instr. crim., ne peut donner ouverture à cassation, lorsque la partie subsistante de cette phrase suffit pour établir que les formalités édictées par la loi ont été régulièrement remplies. — Cass., 16 sept. 1875, Bergès, [S. 75.1.440, P. 75.1087]

4901. — ... Que le grattage d'une partie d'un mot destiné à constater dans le procès-verbal des débats que la déclaration du jury a été signée par le président, avant le prononcé de l'arrêt de condamnation, ne peut donner ouverture à cassation, lorsque la partie subsistante de ce mot, combinée avec les autres énonciations du procès-verbal, suffit pour établir que la formalité a été régulièrement accomplie. — Cass., 16 août 1873, Reynaud, [S. 74.1.47, P. 74.76]

4902. — ... Que lorsque le greffier de la cour d'assises a omis de parapher, sur le procès-verbal des débats, un renvoi marginal portant qu'à l'ouverture de la séance, l'audience a été rendue publique, et que ce renvoi a été paraphé par le président seul, il suffit qu'il résulte, tant des autres énonciations du procès-verbal que d'un arrêt ordonnant le huis-clos, que l'audience avait été rendue publique. — Cass., 26 juill. 1828, Chauchemiche, [P. chr.]

4903. — D'autre part, il y a nullité lorsqu'un renvoi, une surcharge ou interligne non approuvé est relatif à une formalité prescrite à peine de nullité.

4904. — Spécialement, il a été décidé que lorsque les mots « sans haine », dans la mention du serment des témoins, se trouvent portés à la marge du procès-verbal des débats, et le renvoi a été approuvé seulement par le greffier et ne l'a pas été par le président de la cour d'assises, il n'y a pas preuve suffisante de la régularité du serment, et il résulte de là une nullité. — Cass., 26 janv. 1827, Perès, [S. et P. chr.]

4905. — ... Que lorsque la mention du serment prêté par différents témoins contient dans le procès-verbal des débats des surcharges, des interlignes, des mots intercalés, sans aucune approbation de la part du président et du greffier, il y a nullité encore bien que l'une des intercalations ait été signée par l'avocat général qui a porté la parole. — Cass., 4 janv. 1821, Hubert, [P. chr.]

4906. — ... Que les ratures non approuvées étant réputées non avenues, il en résulte que, si l'indication contenue au procès-verbal, et qui tendrait à établir que le délai de cinq jours a été observé avant l'ouverture des débats, consiste dans un mot raturé, sans approbation de cette rature, la preuve de l'observation de la loi n'existant pas, la procédure doit être annulée. — Cass., 6 avr. 1848, Sécheresse, [P. 48.2.684]

4907-08. — ... Qu'entraîne la cassation le procès-verbal sur lequel est apposée en surcharge la signature du greffier sans que cette surcharge ait été approuvée. — Cass., 8 mai 1891, Amboucano, [D. 91.5.456]

4909. — Cependant, il a été jugé que des renvois non signés sur un procès-verbal des débats d'une cour d'assises, peuvent bien être considérés comme nuls, mais ne suffiraient pas pour faire prononcer la nullité du procès-verbal en vertu des règles de la loi du 25 vent. an XI, sur le notariat, qui sont inapplicables en matière criminelle. — Cass., 23 déc. 1826, Heurtaux et Daguet, [P. chr.]

4910. — Si des mentions relatives à la publicité des débats de la cour d'assises et à la seconde lecture du verdict ont été intercalées au procès-verbal par une main étrangère, elles ne sauraient, bien que non approuvées, entraîner la cassation, alors qu'elles ont été insérées dans le corps même du procès-verbal sans interligne, et régularisées par la signature du président et du greffier. — Cass., 10 mars 1893, [*Bull. crim.*, n. 69]

4911. — L'existence de *blancs* dans le procès-verbal ne suffirait pas à le faire annuler. — Cass., 23 mars 1820, [D. *Rép.*, v° *Instr. crim.*, n. 3714] — *Sic*, Nouguier, n. 3996.

4912. — Lorsque les surcharges et les interlignes non approuvés, contenus dans le procès-verbal des débats, ont motivé l'annulation de l'arrêt de condamnation, ainsi que des débats, les frais de la procédure à recommencer peuvent être mis à la charge du greffier, par la faute duquel l'annulation a été prononcée. — Cass., 4 janv. 1821, précité; — 26 janv. 1827, Pérès, [S. et P. chr.]; — 27 avr. 1882, Pauliac, [Bull. crim., n. 105]; — 8 mai 1891, précité.

4913. — Il en est ainsi d'ailleurs de toute irrégularité constituant à la charge du greffier la faute grave prévue par l'art. 415, C. instr. crim. — Cass., 9 avr. 1891, Mansour-Ould-Cheik, [D. 92.1.170]

Section II.
Foi due au procès-verbal.

4914. — Le procès-verbal des débats d'une cour d'assises fait foi, jusqu'à inscription de faux, de l'accomplissement des formalités qu'il constate. — Cass., 30 sept. 1824, Troupeau, [P. chr.]; — 18 janv. 1828, Philippe, [S. et P. chr.]; — 3 avr. 1828, Nicolleau, [S. et P. chr.]; — 26 mars 1874, Grauby, [S. 74.1. 228, P. 74.556] — Sic, Nouguier, Cour d'assises, t. 4, n. 4034 et s.; F. Hélie, Instr. crim., t. 8, n. 3858; Cubain, p. 485, n. 784.

4915. — C'est également par l'inscription de faux que peuvent être admises en preuve, en l'absence de toute indication d'incident relaté par le procès-verbal, les allégations contraires audit procès-verbal. — Cass., 26 mars 1874, précité.

4916. — Il a été jugé, il est vrai, que le législateur n'a point donné à un condamné la faculté de se servir du moyen d'inscription de faux contre un procès-verbal rédigé conformément à l'art. 372, C. instr. crim., et que, par conséquent, un tel moyen ne peut pas être admis par la Cour de cassation. — La Haye, 7 avr. 1829, Hentzeeter, [P. chr.]

4917. — Mais cette décision est contraire aux principes. Il suffit, en effet, que l'inscription de faux n'ait pas été interdite au condamné, pour qu'il puisse attaquer, par cette voie, le procès-verbal des débats, qui est nécessairement susceptible de l'être, comme tout autre acte authentique et public.

4918. — La déclaration de vouloir s'inscrire en faux contre le procès-verbal des débats d'une cour d'assises, ne peut être admise qu'autant qu'elle est formée dans les termes et la forme prescrite par l'art. 218, C. proc. civ. — Cass., 18 janv. 1828, précité. — Sur la procédure à suivre, V. infrà, v° Faux incident.

4919. — D'une façon générale, l'inscription de faux contre les énonciations du procès-verbal des débats d'une cour d'assises relatives à l'omission d'une formalité n'est pas recevable lorsque cette omission ne serait pas de nature à entraîner nullité : c'est le cas d'appliquer la maxime : Pas d'intérêt, pas d'action. — Cass., 3 déc. 1836, Demiannay, [S. 38.1.82, P. 38.1.37]; — 15 oct. 1847, d'Ecquevilley, [Bull. crim., n. 258]; — 10 août 1852, Bourdon, [P. 53.1.608]; — 28 mars 1857, Cuisenier, [Bull. crim., n. 134]

4920. — Il a été jugé, en ce sens, qu'il n'y a pas lieu d'admettre l'inscription de faux formée par l'accusé contre le procès-verbal des débats, alors que les articulations qu'elle contient, invraisemblables par elles-mêmes, sont réfutées par le procès-verbal et les documents qu'il fournit, et que la preuve, en fût-elle rapportée, ne serait pas de nature à entraîner la nullité ni des débats, ni de l'arrêt. — Cass., 22 janv. 1841, Raynal, [P. 42.1. 262]; — 8 mars 1850, Grimaldi, [P. 52.2.297]; — 12 juin 1856, Lambert de Chamerolles, [Bull. crim., n. 214] — Sic, Nouguier, n. 4039.

4921. — Ainsi, le moyen tiré de ce que les énonciations contenues dans le procès-verbal des débats seraient insuffisantes pour établir l'accomplissement des formalités prescrites par les art. 317, 319, 348 et 372, C. instr. crim., n'est pas fondé lorsqu'il résulte des constatations de ce procès-verbal que les témoins ont déposé oralement, qu'avant de déposer ils ont prêté serment dans les termes prescrits par l'art. 317, C. instr. crim., et satisfait aux autres indications de cet article, que les formalités de l'art. 319 ont été remplies par le président à l'égard des témoins ou de l'accusé, et qu'enfin, en ce qui concerne les prescriptions de l'art. 341, chacune d'elles a été observée. — Cass., 15 mai 1886, Geanjean, [Bull. crim., n. 182]

4922. — De même, ne saurait être admissible, le moyen tiré de ce qu'un juré, récusé par le ministère public, aurait fait néanmoins partie du jury de jugement, lorsque le procès-verbal

des débats constate qu'un seul juré a été récusé; qu'il ne mentionne pas que ce juré le juré indiqué par le demandeur en cassation, et que le contraire résulte des énonciations insérées audit acte. Le fait articulé ne présente pas, dans ce cas, un caractère de vraisemblance suffisant pour justifier l'autorisation sollicitée par le demandeur de s'inscrire en faux contre ce procès-verbal. — Cass., 3 juill. 1886, Dubut de Laforest, [Bull. crim., n. 241]

4923. — De ce que le procès-verbal des débats devant la cour d'assises contiendrait une indication erronée sur le nom de la partie civile, il ne pourrait résulter pour l'accusé aucun grief valable; l'allégation de ce fait n'étant pas pertinent, le demandeur en cassation ne doit pas être admis à en faire la preuve par la voie de l'inscription de faux. — Cass., 14 juin 1873, François, [Bull. crim., n. 163]

4924. — Le procès-verbal des débats d'une cour d'assises faisant foi jusqu'à inscription de faux, l'accusé ne peut, sans recourir à cette voie, et au moyen d'un simple interlocutoire, demander la cassation de la procédure en se fondant sur des faits non relatés dans ce procès-verbal. — Cass., 3 avr. 1828, Nicoleau, [S. et P. chr.]

4925. — Jugé, en conséquence, que les déclarations extrajudiciaires, même par devant notaire, d'un fait qui n'est point constaté par le procès-verbal des débats, et dont il n'apparaît pas qu'il ait été demandé acte à la cour d'assises, ne peuvent suppléer au défaut d'une constatation légale, et, par suite, être invoquées devant la Cour de cassation. — Cass., 3 déc. 1846, Macé, [P. 49.2.489]

4926. — Spécialement, la déclaration sous signature privée délivrée après la condamnation par les douze jurés, et déposée en l'étude d'un notaire, qui en a délivré expédition, constatant que leur décision ne se serait point formée à la majorité sur une question résolue contre l'accusé, parce qu'un bulletin présentait un vote insignifiant, est un acte illégal qui ne peut prévaloir sur la déclaration solennellement émise à l'audience, ni en atténuer la force et l'authenticité. — Cass., 26 juin 1846, Fagot, [P. 49. 2.251] — Sur les effets de la déclaration du jury et son caractère d'irrévocabilité, V. suprà, n. 4218 et s., et notamment 4245 et s.

4927. — De même, c'est par l'inscription de faux que doit être prouvé, contrairement aux indications du procès-verbal, que le président n'a pas entièrement lu une question relative à la préméditation. — Cass., 24 juill. 1851, Ficot, [Bull. crim., n. 305]

4928. — ... Qu'un témoin n'a pas prêté serment. — Cass., 12 déc. 1851, Grenou, [Bull. crim., n. 521]

4929. — Les mentions du procès-verbal des débats relatives à la date et à la publicité de l'audience d'une cour d'assises ne peuvent non plus être contestées qu'au moyen de l'inscription de faux. — Cass., 15 avr. 1875, Roch et autres, [Bull. crim., n. 124]

4930. — Cependant la foi due au procès-verbal ne peut prévaloir contre le fait contraire : il ne fait pas foi, par exemple, de la signature par le président de la déclaration du jury, si, en fait, cette signature manque. — Cass., 23 nov. 1848. Noirot, [Bull. crim., n. 287]; — 23 mai 1863, Araguier, [Bull. crim., n. 151] — Sic, Nouguier, n. 4036.

4931. — De même, l'indication au procès-verbal des débats du nom d'un assesseur qui aurait siégé à la cour d'assises, bien qu'il ait pris part à l'arrêt de mise en accusation, ne peut emporter nullité, lorsque cette indication est le résultat d'une erreur matérielle, contredite par l'arrêt de condamnation et par les signatures qui y sont apposées, d'où il ressort qu'en réalité le magistrat désigné à tort dans le procès-verbal n'a pas siégé et n'a pas pris part à l'arrêt de la cour d'assises. — Cass., 5 mai 1881, Adda Martin, [Bull. crim., n. 115] — V. cep. infrà, n. 4956 et s.

4932. — D'une façon générale, la foi due au procès-verbal des débats d'une cour d'assises ne saurait prévaloir sur les énonciations contenues dans l'arrêt même de la cour. — Cass., 20 mars 1846, [S. 46.1.571, P. 46.2.441]; — 16 août 1862, Si-Mahmoud-ben-Tammin, [Bull. crim., n. 210]; — 29 sept. 1881, Lanty, [S. 82.1.333, P. 82.1.795] — Sic, Nouguier, Cour d'assises, t. 4-2°, n. 4037; F. Hélie, Instr. crim., t. 8, p. 314, n. 3859. — V. infrà, n. 4938, 5010.

4933. — Ainsi, encore bien qu'il soit constaté par le procès-verbal des débats que chacun des jurés a prêté le serment prescrit par la loi, l'inaccomplissement de cette formalité doit être tenu pour constant, lorsque la cour, par un arrêt rendu sur les conclusions de la défense, s'est approprié la déclaration faite par un juré que, tout en levant la main pour prêter serment, il n'avait pas dit « Je le jure », et a, par suite, donné acte à la défense du fait de non-prestation de serment. — Cass., 29 sept. 1881, précité.

4934. — Mais que faut-il décider si, le défenseur ayant requis acte de ce qu'on avait omis de recevoir le serment d'un témoin, la cour a rendu un arrêt par lequel elle déclare que le fait n'est pas dans ses souvenirs : cet arrêt infirme-t-il l'énonciation portée au procès-verbal que le serment a eu lieu? Oui, d'après les arrêts précités de 1846 et de 1862, et d'après M. Faustin Hélie (*loc. cit.*). Mais, plus récemment, dit M. Nouguier, la Cour de cassation a jugé qu'en déclarant que ses souvenirs ne lui permettaient pas de constater que le témoin n'avait pas prêté serment, la cour d'assises, loin d'ébranler la foi due au procès-verbal, lui a maintenu, au contraire, toute sa force et son autorité. — Cass., 18 mai 1865, Houdebine, [*Bull. crim.*, n. 115]

4935. — En tous cas, lorsqu'un arrêt incident mentionne l'audition préalable de la défense, tandis que le procès-verbal des débats relatant l'arrêt ne constate pas cette audition, ces deux documents ne se contredisent pas, mais se complètent l'un par l'autre. — Cass., 31 juill. 1890, Charles, [*Bull. crim.*, n. 166]

4936. — Le procès-verbal des débats n'étant pas indivisible quant aux formalités dont il constate l'accomplissement, il n'en conserve pas moins, s'il est reconnu suranné en quelques-unes de ses constatations, la force probante de ce qui concerne les autres. — Cass., 25 févr. 1887, Redon, [*Bull. crim.*, n. 78]

Section III.

Contenu du procès-verbal.

4937. — Tout d'abord, on doit poser en principe que toute formalité dont l'accomplissement n'est pas constaté par le procès-verbal des débats est réputée, de droit, avoir été omise. — Cass., 3 pluv. an V, Lerouge, [P. chr.]; — 4 mess. an VII, Cassini, [P. chr.]; — 2 therm. an XI, Paulmier, [P. chr.]; — 29 mars 1810, Paira, [P. chr.]; — 3 janv. 1812, Colin et Féron, [P. chr.]; — 12 juin 1812, Rousseau, [P. chr.]; — 30 juill. 1812, Dauré, [P. chr.]; — 4 févr. 1813, Magniant, [P. chr.]; — 8 févr. 1814, Dupare, [P. chr.]; — 16 juin 1814, Devilliers, [S. et P. chr.]; — 1er juill. 1814, Jacquemin, [S. et P. chr.]; — 6 sept. 1816, Renaud, [P. chr.]; — 12 sept. 1816, Richer, [P. chr.]; — 26 sept. 1816, Chaussepied, [P. chr.]; — 11 janv. 1817, Cheminade, [P. chr.]; — 9 oct. 1817, Grammond, [S. et P. chr.]; — 17 sept. 1818, Michel, [P. chr.]; — 7 janv. 1819, Gasquet, [P. chr.]; — 15 juin 1820, Bouhier; — 14 sept. 1820, Cullet, [P. chr.]; — 4 janv. 1821, Hubert, [P. chr.]; — 19 avr. 1821, Delphin Marmi, [P. chr.]; — 26 avr. 1821, Charreyre, [P. chr.]; — 18 sept. 1823, Cazaneuve, [S. et P. chr.]; — 18 déc. 1823, Egrain, [S. et P. chr.]; — 1er juill. 1824, Lepreux, [P. chr.]; — 28 janv. 1825, Bayle, [S. et P. chr.]; — 12 févr. 1825, Lambert, [S. et P. chr.]; — 10 avr. 1828, Parcillier, [S. et P. chr.]; — 3 avr. 1828, Nicoleau, [S. et P. chr.]; — 19 sept. 1828, Lévy, [S. et P. chr.]; — 20 sept. 1828, Rotemburger, [S. et P. chr.]; — 15 janv. 1829, Ferrany, [S. et P. chr.]; — 4 avr. 1829, Laborie, [S. et P. chr.]; — 9 avr. 1829, Bruchet, [S. et P. chr.]; — 18 nov. 1830, Cousin, [S. et P. chr.]; — 13 janv. 1831, Rey, [P. chr.]; — 26 mai 1831, Marcs, [P. chr.]; — 30 juin 1831, Vidal, [P. chr.]; — 16 juin 1832, Bressolier, [P. chr.]; — 21 sept. 1832, Lang, [S. 33.1. 313, P. chr.]; — 8 janv. 1836, Gau, [P. chr.]; — 26 avr. 1839, Lecouturier, [S. 40.1.476, P. 39.2.666]; — 17 mars 1842, Barry, [P. 42.2.612]; — 25 nov. 1845, Laporte et Boyer, [P. 46.1.511]; — 17 déc. 1845, Labbé, [P. 48.2.146]; — 2 juill. 1846, Géraud-Diernot, [P. 49.2.488]; — 5 nov. 1846, Casenuve, [P. 49.2.277]; — 8 avr. 1847, Thébaud, [P. 47.2.348]; — 14 mai 1847, Boisset, [P. 47.2.512]; — 16 déc. 1847, Guiol, [P. 47.2.308]; — 7 janv. 1848, Leduc, [P. 48.2.536]; — 15 janv. 1848, Davion, [P. 48.2.337]; — 21 janv. 1848, Séché, [P. 48.2.536]; — 30 mars 1848, Biez, [P. 48.2.156]; — 13 mai 1848, Molé, [P. 49.1.464]; — 25 mai 1848, Domanger, [*Ibid.*]; — 8 juin 1848, Ponteau, [*Ibid.*]; — 1er mars 1849, Pinet, [P. 50.1.158]; — 8 mars 1849, Pommereau, [P. 50.1.545, D. 49.5.98]; — 26 juill. 1849, Bruel,

[P. 50.2.307]; — 29 déc. 1881 (motifs), Théolin, [S. 83.1.96, P. 83.1.192]; — 6 sept. 1894, Menant, [S. et P. 94.1.479] — Sic, Nouguier, n. 4024.

4938. — ... A moins cependant que l'accomplissement de la formalité ne résulte des termes de l'arrêt lui-même. Ainsi, l'omission du procès-verbal des débats qui ne mentionnerait pas que le ministère public ait été entendu sur les conclusions en dommages-intérêts prises par la partie civile, n'opère pas nullité s'il résulte des énonciations de l'arrêt que les prescriptions de l'art. 358, C. instr. crim., ont été régulièrement observées. — Cass., 18 févr. 1886, Thévard, [*Bull. crim.*, n. 60]

4939. — A l'inverse, le silence du procès-verbal sur une circonstance qui constituerait une illégalité fait présumer que cette illégalité n'a pas été commise. Ainsi, lorsque la cour d'assises a désigné un conseiller suppléant pour remplacer au besoin celui des conseillers assesseurs qui se trouverait légalement empêché, ce conseiller suppléant est légalement présumé n'avoir pas participé aux délibérations de la cour par cela même que le procès-verbal des débats ne contient pas une énonciation contraire. — Cass., 15 janv. 1891, Eyraud, [*Bull. crim.*, n. 8]

4940. — En tous cas, la mention faite au commencement du procès-verbal des débats d'une affaire qui a occupé plusieurs séances de la cour d'assises, qu'un juge n'a été appelé à siéger que pour suppléer en cas de besoin tel membre titulaire qui pourrait se trouver empêché, et la déclaration, à la fin de la dernière audience, qu'il n'a délibéré dans aucun des arrêts rendus pendant les débats, ni lors de l'arrêt définitif, établissent complètement que ce magistrat n'a pris aucune part aux délibérations de la cour d'assises. — Cass., 18 avr. 1833, Demarcé et Royer, [P. chr.]

4941. — De même doit être écarté le moyen tiré de ce que, hors séance, des jurés et des témoins auraient eu sur l'affaire des communications prohibées, lorsque le procès-verbal des débats ne contient aucune trace de ces prétendues communications. — Cass., 6 janv. 1876, Gallot, [*Bull. crim.*, n. 7]; — 17 oct. 1889, Cavetons, [*Bull. crim.*, n. 309] — V. *infrà*, n. 5735 et s.

4942. — Lorsque plusieurs séances ont été successivement consacrées aux débats d'une affaire, le procès-verbal d'une séance ultérieure peut servir de supplément au procès-verbal d'une séance précédente et constater régulièrement l'observation d'une formalité remplie dans cette séance, et dont la constatation avait été omise. — Cass., 11 déc. 1824, Bouche, [S. et P. chr.]

4943. — Mais les énonciations contenues dans le procès-verbal d'une séance antérieure ne peuvent servir à constater les formalités observées dans les séances suivantes, et notamment la prestation du serment des témoins entendus dans ces dernières séances. — Même arrêt.

4944. — Le procès-verbal des débats de la cour d'assises constate valablement l'accomplissement des formalités exigées par la loi lorsqu'il énonce que les formalités prescrites par tels et tels articles du Code d'instruction criminelle ont été accomplies. — Cass., 5 oct. 1866, Perrin, [*Bull. crim.*, n. 224] — Cependant il serait plus régulier et plus conforme à l'esprit de la loi de détailler, dans l'ordre où elles ont été accomplies, toutes les formalités prescrites dans l'intérêt de la société et des accusés. — Cass., 25 avr. 1839, Foissard, [P. 40.1.174]; — 6 sept. 1839, Girard de Vaucleroy, [P. 41.1.440]

4945. — Et maintenant, que doit contenir le procès-verbal? Il y a des énonciations que le procès-verbal doit nécessairement contenir, d'autres qu'il ne peut pas renfermer, sous peine de nullité. Nous aurons à distinguer les unes et les autres.

§ 1. *Enonciations que le procès-verbal doit contenir.*

4946. — En principe, le procès-verbal doit constater tous les faits et toutes les formalités qui se réalisent à l'audience, sauf les faits et les formalités que la loi en a exceptés et dont nous parlons *infrà*, n. 5212 et s.

4947. — Toutefois, les faits qui se passent à l'audience n'ont pas tous une égale importance. Les uns sont l'accomplissement d'une formalité exigée à peine de nullité; les autres sont indifférents à la validité des débats. Les premiers doivent être mentionnés dans le procès-verbal, également à peine de nullité; les autres doivent être aussi relatés, sans que cependant la validité de l'arrêt en puisse être atteinte (Nouguier, n. 4027 et 4028). Nous avons fait connaître, chemin faisant, quelles formalités sont prescrites à peine de nullité. Nous aurons l'occasion de retrouver cette distinction en énumérant les mentions que doit renfermer le procès-verbal.

1° Composition de la cour d'assises.

4948. — I. *Désignation des magistrats.* — Le procès-verbal des débats de la cour d'assises dressé en exécution de l'art. 372, C. instr. crim., doit, à peine de nullité, contenir en lui-même la preuve de la composition régulière de la cour, ainsi que de l'assistance et du concours de tous les magistrats, non seulement à l'arrêt définitif, mais aussi à tous les débats et aux arrêts incidents. — Cass., 30 mars 1848, Biez, [P. 48.2.156]

4949. — Le procès-verbal doit donc, à peine de nullité, mentionner le nombre et les noms des magistrats qui composent la cour d'assises, ainsi que les adjonctions qui y sont faites, afin que la Cour de cassation puisse vérifier si la cour a été composée régulièrement et si les magistrats indiqués comme ayant siégé sont bien ceux qui sont mentionnés par l'arrêt. — V. Cass., 14 avr. 1853, Eber, [*Bull. crim.*, n. 130] — Toutefois, l'insuffisance d'une partie du procès-verbal peut être suppléée, à cet égard, par les autres énonciations qu'il contient; notamment, si en tête, il commet une erreur sur le nom du président, la conséquence de cette erreur disparaît lorsque les autres mentions donnent toute certitude sur la personne du magistrat qui a légalement exercé la présidence. — V. Cass., 1er juill. 1858, Bourrez, [*Bull. crim.*, n. 186] — *Sic*, Nouguier, *Cour d'assises*, n. 4025.

4950. — Mais il ne saurait y être suppléé par les énonciations insérées dans l'expédition de l'arrêt de condamnation. — V. Cass., 26 janv. 1832, Reynaud, [S. 32.1.397, P. chr.]; — 30 mars 1848, précité.

4951. — Il n'est pas nécessaire que l'arrêt et le procès-verbal des débats énoncent que le président a été délégué selon le vœu de la loi : il y a présomption légale à cet égard. — Cass., 14 déc. 1837, Malhuret, [S. 38.1.84, P. 38.1.104]; — 20 févr. 1874, Julien, [*Bull. crim.*, n. 60]

4952. — De même, il y a présomption suffisante, même en l'absence de toute constatation du procès-verbal, que la cour d'assises a été légalement constituée, et notamment que les assesseurs assistant le président ont été nommés par une ordonnance régulière. — Cass., 2 janv. 1879, Deboffe, [S. 80.1.437, P. 80.1083, D. 79.1.378]

5953. — Aucune disposition de loi n'exige, en effet, que les ordonnances nommant les assesseurs du président de la cour d'assises soient ou non transcrites dans le procès-verbal des débats ou annexées à l'arrêt de condamnation. — Cass., 15 déc. 1892, El-Hadj-Ben-Amar, [D. 93.1.303]

4954. — Mais il y a nullité lorsque le procès-verbal ne constate pas que, pendant le cours des débats, la cour d'assises ait été composée du nombre des juges voulu par la loi. — Cass., 15 déc. 1815, Verlai, [S. et P. chr.]

4955. — Evidemment, l'arrêt d'une cour d'assises est nul lorsqu'il résulte des énonciations contradictoires du procès-verbal des débats une incertitude complète sur la composition légale de cette cour. — Cass., 9 nov. 1848, Maurel et Clarenc, [P. 50. 1.122]

4956. — Aussi a-t-il été jugé qu'est nul l'arrêt d'une cour d'assises qui est signé par un magistrat dont la présence aux débats n'est pas constatée par le procès-verbal des séances. — Cass., 15 janv. 1848, Davion, [P. 48.2.337] — V. *supra*, n. 4835 et s., 4931.

4957. — ... Qu'est nul l'arrêt de la cour d'assises lorsque le procès-verbal des débats constate le concours d'un juge, tandis que l'arrêt lui-même en indique un autre. — Cass., 7 oct. 1831, Lavrard et Trognac, [P. chr.]; — 7 janv. 1886, Minez, [*Bull. crim.*, n. 5]

4958. — ... Et notamment, lorsqu'il résulte de l'arrêt qu'il a été rendu avec le concours d'un juge titulaire, alors que le procès-verbal, dans lequel rien n'indique qu'il ait été fait un changement quelconque dans la composition de la cour, constate l'assistance à l'examen et aux débats d'un juge suppléant[1] — Cass., 6 janv. 1887, Barthélémy, [*Bull. crim.*, n. 3]

4959. — ... Qu'il y a nullité, lorsqu'un juge qui, d'après l'expédition de l'arrêt de condamnation, a assisté à sa prononciation, n'est pas mentionné dans le procès-verbal de la séance, comme ayant assisté au débat, tandis qu'un autre juge qui,

d'après ce procès-verbal, aurait assisté aux débats, n'est pas mentionné dans l'expédition de l'arrêt comme ayant assisté à sa prononciation. — Cass., 1er sept. 1826, Zimmermann, [P. chr.]

4960. — ... Que lorsque la présence du président et du procureur de la République est seule mentionnée dans le procès-verbal des débats d'une cour d'assises, et que rien ne constate la présence des juges qui devaient assister le président, les débats sont nuls ainsi que tout ce qui s'en est suivi. — Cass., 8 avr. 1825, Méchin, [S. et P. chr.]

4961. — Mais il a été décidé, d'autre part, que le défaut de désignation des noms des magistrats, dans le procès-verbal des débats d'une cour d'assises, qui n'ont duré qu'une séance, ne peut pas être une cause de nullité, lorsqu'il résulte du rapprochement de ce procès-verbal et de l'arrêt de condamnation, mentionnant les noms des magistrats qui l'ont rendu et signé, que la cour d'assises a été légalement composée. — Cass., 26 janv. 1832, Violeau, [P. chr.]

4962. — ... Que la présence des conseillers qui ont composé une cour de justice criminelle est suffisamment constatée par la mention, au procès-verbal des débats, que les conseillers dont les signatures ont été apposées au bas de l'arrêt ont assisté aux débats. — Cass., 18 févr. 1830, Borghetti, [P. chr.]

4963. — Il n'est pas nécessaire que le procès-verbal des débats constate, à chaque reprise de l'audience, la composition de la cour d'assises. — Les magistrats dont la présence est constatée à l'ouverture d'une audience sont réputés, de droit, avoir siégé pendant toute la durée de cette audience. — Cass., 23 févr. 1871, Sabathé, [*Bull. crim.*, n. 26]; — 17 avr. 1873, Dusentre, [*Bull. crim.*, n. 103]; — 22 août 1878, Barré et Lebiez, [S. 78.1.392, P. 78.957]

4964. — Jugé que l'accusé ne peut tirer une nullité de ce que le procès-verbal des débats d'une cour d'assises ne mentionnerait pas le nom des juges qui ont rendu l'arrêt de condamnation dans la seconde séance, si cet arrêt constate lui-même que les juges qui l'ont rendu sont identiquement les mêmes que ceux de la première. — Cass., 6 juill. 1832, Laforge, [P. chr.]

4965. — ... Que l'énonciation contenue au procès-verbal des séances de la cour d'assises, qu'à la seconde séance du même jour la cour était composée comme à la précédente séance, est suffisante et régulière, si le procès-verbal énonce formellement, pour cette précédente séance, la présence du nombre de juges nécessaire. — Cass., 31 mars 1831, Cornier, [P. chr.]

4966. — Il a été jugé qu'il n'est pas nécessaire que le procès-verbal mentionne la présence du ministère public à la prononciation de l'arrêt. — Cass., 13 oct. 1832, Poncelet, [S. 32. 1.730] — Néanmoins, l'utilité de cette mention est incontestable.

4967. — En tout cas, la qualification donnée à l'officier du ministère public, tantôt de procureur du roi, tantôt de substitut, ne peut donner lieu à cassation. — Cass., 10 août 1837, Goupil, [S. 37.1.1021, P. 39.2.556]

4968. — Le procès-verbal doit, en outre, constater, lorsque le président et les assesseurs sont remplacés, le remplacement a eu lieu par empêchement des juges remplacés. — V. *supra*, n. 118 et s., 160 et s., 292 et s.

4969. — Mais, même en l'absence de toute énonciation sur ce point, il y a présomption que les juges qui ont siégé ont été appelés dans l'ordre du tableau et pour remplacer les magistrats plus anciens légitimement empêchés. — Cass., 24 juill. 1845, Rabault, [*Bull. crim.*, n. 239]; — 25 sept. 1845, Cauchois, [*Bull. crim.*, n. 301]; — 4 août 1853, Michel, [*Bull. crim.*, n. 383]; — 2 avr. 1857, Kaller, [*Bull. crim.*, n. 136] — *Sic*, Nouguier, *loc. cit.* — V. *supra*, n. 197; et *infra*, v° *Jugement et arrêt*.

4970. — Le procès-verbal doit aussi mentionner la présence du greffier; mais sa signature au pied de l'arrêt lorsqu'elle y est apposée (V. *supra*, n. 4841 et s.), suffit à prouver légalement sa présence. — Cass., 8 janv. 1846, Boullet, [*Bull. crim.*, n. 12]

4971. — Et le commis-greffier est présumé avoir été préalablement assermenté sans qu'il soit besoin de le mentionner expressément à peine de nullité. — Cass., 28 mars 1867, Roduguery-Lino, [*Bull. crim.*, n. 75]

4972. — II. *Désignation des jurés.* — Le procès-verbal doit contenir les noms des jurés qui ont connu de l'affaire.

4973. — Cependant, il a été jugé qu'aucune loi n'exige, à peine de nullité, que le procès-verbal des débats énonce nominativement les douze jurés composant le jury de jugement, lorsqu'il déclare que ces jurés sont ceux indiqués au procès-verbal de tirage, lequel est joint aux pièces. — Cass., 9 mai 1834, Barratié, [P. chr.]

4974. — Il n'y a pas non plus nullité si le procès-verbal omet de faire connaître à quelle audience de la cour a eu lieu le tirage au sort du jury de session. — Cass., 31 janv. 1857, Aubert, [Bull. crim., n. 60]

4975. — Mais il y a nullité des débats et de l'arrêt de la cour d'assises, lorsque le procès-verbal des débats constate le concours des jurés dont les noms ne sont pas les mêmes que ceux mentionnés dans le procès-verbal de tirage au sort du jury de jugement. — Cass., 8 sept. 1831, Gage, [P. chr.]; — 1er avr. 1886, Duc, [Bull. crim., n. 137]

4976. — Toutefois, une légère différence d'orthographe dans le nom du chef du jury sur le procès-verbal des débats et sur la déclaration du jury, ne suffit pas pour opérer nullité lorsqu'il ne s'élève aucun doute sur son identité. — Cass., 30 déc. 1830, Rabaud, [S. et P. chr.]

4977. — Il ne résulte aucune nullité non plus de ce que deux jurés suppléants seraient désignés dans le procès-verbal des débats comme treizième et quatorzième jurés. — Cass., 23 déc. 1826, Hertaux et Daguet, [P. chr.]

4978. — Le procès-verbal doit constater, dans les affaires qui doivent entraîner de longs débats, l'adjonction, lorsqu'elle a été ordonnée, d'un ou de deux jurés suppléants, d'un ou de deux assesseurs supplémentaires.

4979. — Mais il n'est pas nécessaire, à peine de nullité, que le procès-verbal des débats constate la présence des jurés à toutes les séances de la cour d'assises; il suffit que cette présence soit constatée au commencement des débats. — Cass., 14 déc. 1815, Lavalette, [S. et P. chr.]; — 30 mars 1882, Pedro et autres, [Bull. crim., n. 88]; — 26 déc. 1885, Vigiés, [Bull. crim., n. 370]

4980. — Et, notamment, le procès-verbal des débats, après une suspension d'audience pendant la nuit, constate suffisamment que les mêmes douze jurés qui ont siégé le premier jour ont concouru le second jour à la formation de la cour d'assises lorsqu'il mentionne que la cour d'assises s'est réunie le second pour procéder à la continuation des débats. — Cass., 27 nov. 1873, Rondepierre, [Bull. crim., n. 288]

4981. — Lorsque la différence qui existe entre le procès-verbal des débats et l'expédition de l'arrêt de condamnation, sur les noms des juges qui ont assisté à l'instruction orale et au prononcé de l'arrêt, a motivé l'annulation de la procédure, le greffier qui a commis cette erreur doit être condamné à l'amende de 500 fr. et peut même être condamné aux frais de la nouvelle procédure. — Cass., 1er sept. 1826, Zimmermann, [S. et P. chr.]

4982. — III. Désignation du défenseur. — L'accusé devant nécessairement être assisté d'un défenseur, le procès-verbal doit désigner celui qui a été choisi par l'accusé ou qui lui a été désigné d'office. Toutefois, l'incorrection d'écriture des noms du défenseur ne peut donner ouverture à cassation. — Cass., 10 août 1837, Goupil, [P. 39.2.556]

4983. — Lorsqu'un accusé a été pourvu d'office d'un défenseur, lors de son interrogatoire et de sa prison, s'il arrive qu'un autre défenseur l'assiste dans les débats, il n'est pas nécessaire, à peine de nullité, que le procès-verbal des débats fasse mention du motif de cette substitution : elle doit être présumée l'effet du choix de l'accusé (C. instr. crim., art. 294). — Cass., 31 déc. 1829, Martin, [S. et P. chr.]

2° Enonciation de l'accomplissement des diverses formalités prescrites.

4984. — I. Publicité des débats. — Les débats, devant la cour d'assises comme devant toute autre juridiction répressive, doivent être publics; le procès-verbal doit, à peine de nullité de la procédure ne peut donner lieu à cassation de l'arrêt, constater cette publicité. — V. Cass., 28 janv. 1815, Bayle, [S. et P. chr.]; — 19 févr. 1825, Gaillard, [S. et P. chr.] — F. Hélie, Tr. de l'instr. crim., t. 7, n. 3397; Nouguier, Cour d'assises, t. 4, n. 4025 et 4026. — V. supra, n. 1660 et s.

4985. — La jurisprudence applique cette règle avec la plus grande rigueur. C'est ainsi qu'il a été décidé que, lorsque les débats ont duré pendant plusieurs audiences, faute par le procès-verbal de constater la publicité pour l'une des audiences,

la nullité est encourue, encore bien qu'il résulte du procès-verbal que les autres audiences ont été tenues publiquement. — Cass., 18 nov. 1830, Cousin, [S. et P. chr.]; — 24 juin 1831, Cousin, [S. 31.1.400, P. chr.]; — 10 avr. 1891, Prat, [Bull. crim., n. 81] — Sic, Nouguier, loc. cit.; F. Hélie, loc. cit.

4986. — ... Que la nullité est encourue, s'il ne résulte pas du procès-verbal que la publicité ait persisté pendant toute la durée de l'audience. — Cass., 1er juin 1883, Baillache, [Bull. crim., n. 134]

4987. — ... Notamment, si la cour d'assises a procédé à une opération quelconque sans que le procès-verbal constate que cette opération a été accomplie publiquement. — Cass., 29 déc. 1881, Théolin et Tancrède, [S. 83.1.96, P. 83.1.192]

4988. — La mention portant seulement que l'arrêt a été prononcé publiquement ne suffit pas à établir que les débats ont été publics. — Cass., 2 juill. 1846, Gérant-Damot, [Bull. crim., n. 170]; — 14 juin 1866, Ahmed-ben-Ali, [Bull. crim., n. 152]

4989. — Mais lorsque le procès-verbal, qui, après avoir constaté la publicité des débats, dit qu'après une suspension de quelques instants l'audience a été reprise, constate suffisamment que les débats ont continué à être publics. — Cass., 2 avr. 1840, Prévat, [Bull. crim., n. 101]; — 14 sept. 1843, Boisseau, [Bull. crim., n. 240]; — 4 janv. 1851, Crozilhac, [Bull. crim., n. 9]

4990. — De même, bien que le procès-verbal des débats n'énonce pas expressément qu'au moment où les jurés étant rentrés dans l'auditoire, l'audience était toujours publique, il n'y a pas nullité lorsque cette publicité résulte néanmoins des autres constatations du procès-verbal. — Cass., 9 déc. 1886, Foidras, [Bull. crim., n. 226]; — 12 juill. 1888, Charbonner, [Bull. crim., n. 241]

4991. — A défaut de mention sur la publicité des débats, le procès-verbal doit énoncer que le huis-clos a été ordonné. — V. infrà, n. 5266 et s.

4992. — Dans une affaire où le huis-clos a été ordonné, la publicité du commencement de l'audience est suffisamment établie par cette mention du procès-verbal que, après l'arrêt prononçant le huis-clos, la salle d'audience a été évacuée et que les portes en ont été fermées. — Cass., 16 sept. 1852, Descouts, [Bull. crim., n. 316]

4993. — Lorsque les débats devant une cour d'assises ont eu lieu à huis-clos, il faut, à peine de nullité, qu'il soit constaté au procès-verbal que l'audience a été rendue publique à partir de la clôture des débats jusqu'à l'arrêt de condamnation, et notamment pour la position et la lecture des questions et pour les avertissements aux jurés, prescrits par la loi. Il ne suffirait pas qu'il fût dit que l'audience a été rendue publique lors de la prononciation de l'arrêt. — Cass., 20 août 1829, Garnier, [S. et P. chr.]; — 3 avr. 1884, Lacour, [Bull. crim., n. 125] — V. infrà, n. 5295 et s.

4994. — II. Comparution de l'accusé. — Le procès-verbal énonce que l'accusé a comparu libre, que le président lui a demandé ses nom, prénoms, âge, profession, sa demeure et le lieu de sa naissance, que le président a donné au défenseur l'avertissement prescrit par l'art. 311, C. instr. crim. — V. supra, n. 1626 et s., 1686 et s., 1692 et s.

4995. — Il n'est pas nécessaire que le procès-verbal de la séance d'une cour d'assises fasse mention que l'accusé a été amené libre à chacune des audiences pendant lesquelles ont eu lieu les débats de son affaire, il y a présomption que le vœu de la loi, sous ce rapport, a été rempli, surtout si le contraire n'est pas même articulé. — Cass., 13 août 1829, Trenque, [S. et P. chr.]

4996. — L'accusé ne peut se faire un grief de ce que le procès-verbal des débats ne mentionne pas les réponses par lui faites relativement à son identité, alors que ce document énonce les questions posées à ce sujet par le président et qu'il n'en ressort pas que l'accusé ait dénié son identité. — Cass., 29 déc. 1883, Pinsat, [Bull. crim., n. 299]

4997. — III. Prestation de serment des jurés. — Le procès-verbal doit énoncer que le président a adressé aux jurés, debout et découverts, le discours de l'art. 312, que chacun des jurés appelé individuellement par le président a répondu en levant la main : « Je le jure ». Le greffier doit mentionner avec le plus grand soin sur le procès-verbal l'accomplissement de cette formalité. Cette mention est, en effet, exigée à peine de nullité; et il ne suffirait pas que le serment eût été réellement prêté à l'audience, il faut en outre que la prestation soit expressément constatée au procès-verbal des débats. — Cass., 1er mars 1816, Lacoste, [P. chr.]; — 17 mai 1833, Léger, [P. chr.]

4998. — La jurisprudence a appliqué pour le serment des jurés une règle que nous avons déjà formulée, à savoir qu'il y a présomption de droit que toutes les formalités qui ne sont pas constatées au procès-verbal, n'ont pas été remplies (V. *suprà*, n. 4937); conséquemment le silence du procès-verbal, en ce qui concerne la prestation de serment des jurés, entache de nullité toute la procédure. — Cass., 15 juin 1820, Bouhier, [S. et P. chr.]; — 14 sept. 1820, Cullet, [S. et P. chr.]; — 1er juill. 1824, Malest, [S. et P. chr.]; — 12 févr. 1825, Lambert, [S. et P. chr.]; — 8 nov. 1839, Breton, [P. chr.]; — 20 juin 1844, Reignard, [P. 45.76]; — 18 juill. 1873, Vicient, [Bull. crim., n. 203]; — 2 janv. 1880, Moiroux, [Bull. crim., n. 1] — Sic, P. Hélie, n. 3268; Carnot, Instr. crim., art. 312, observ. addit., n. 1; Legraverend, t. 2, ch. 2, p. 186; Rodière, Proc. crim., p. 234; Nouguier, n. 1577 à 1580.

4999. — Pour être régulier, le procès-verbal des débats doit mentionner comme accompli tout ce qui est substantiel dans le serment des jurés, c'est-à-dire la lecture de la formule du serment par le président, et la prestation individuelle du serment par chaque juré.

5000. — Jugé, à cet égard, que l'énonciation dans le procès-verbal des débats que « le président a lu aux jurés, debout et découverts, la formule du serment prescrite par l'art. 312, C. instr. crim., et que chaque juré individuellement appelé par lui et suffit par suite à prouver l'entière exécution de l'art. 312. — Cass., 30 déc. 1830, Rabaud, [P. chr.]; — 3 janv. 1889, Ben-Ayad-Ould-Abdel-Kader, [Bull. crim., n. 2]; — 11 juill. 1889, Hamza-Ould-et-Hadj-Abdel-Kader, [Bull. crim., n. 250]

5001. — ... Que lorsque le procès-verbal des débats énonce que « chacun des douze jurés de jugement appelé individuellement par le président, ainsi que les deux jurés suppléants ont répondu, en levant la main : « je le jure », cette énonciation constate suffisamment que les jurés suppléants ont prêté individuellement, aussi bien que les jurés titulaires, le serment prescrit par l'art. 312. — Cass., 29 mars 1832, Thiault, [P. chr.]; — 3 avr. 1873, Ignacio Yturmendi, [Bull. crim., n. 88]; — 11 août 1887, Pranzini, [S. 89.1.137, P. 89.1.309, D. 87.1.464]

5002. — ... Que l'énonciation contenue au procès-verbal des débats, que chacun des jurés a prêté le serment prescrit par la loi, constate suffisamment que les jurés suppléants ont rempli cette formalité. — Cass., 8 janv. 1824, Lecouffe, [S. et P. chr.]

5003. — ... Que lorsque le procès-verbal signé par le président et par le greffier contient la mention que, dans la ferme et pleine croyance du président et de tous les juges, les jurés ont individuellement prêté le serment conformément à l'art. 312, C. instr. crim., il y a preuve suffisante de l'accomplissement de cette formalité. — Cass., 30 sept. 1824, Troupeau, [P. chr.]

5004. — Il n'est pas nécessaire que le procès-verbal reproduise textuellement la formule du serment.

5005. — Ainsi l'énonciation, dans le procès-verbal des débats, que le serment lu aux jurés, et prêté par eux, est le serment prescrit par l'art. 312, C. instr. crim., constate suffisamment la nature et les termes de ce serment. — Cass., 5 janv. 1832, Lecomte, [S. 32.1.511, P. chr.]

5006. — Le défaut de mention dans le procès-verbal que le président a adressé aux jurés le discours prescrit par l'art. 312, C. instr. crim., n'entraîne aucune nullité, s'il est d'ailleurs énoncé que ceux-ci ont prêté le serment prescrit par le même article. — Cass., 21 janv. 1814, N..., [P. chr.]

5007. — Il a été jugé, d'autre part, qu'il y a nullité lorsque le procès-verbal des débats d'une cour d'assises constate seulement que le président a lu aux jurés la formule du serment contenue en l'art. 312, C. instr. crim., sans ajouter que chacun des jurés a répondu individuellement : « je le jure ». — Cass., 8 nov. 1832, Breton, [P. chr.]

5008. — ... Lorsque la prestation de serment des jurés a été constatée dans des termes inintelligibles qui ne permettent pas de vérifier si le vœu de la loi a été rempli, spécialement, lors-

qu'il est dit au procès-verbal : « *aucun* de MM. les jurés, appelés individuellement, a répondu : je le jure ». — Cass., 9 juin 1887, Alliot, [Bull. crim., n. 209]

5009. — ... Qu'en cas d'adjonction d'un juré suppléant, l'accomplissement de la prestation de serment n'est pas suffisamment constaté lorsqu'il est énoncé seulement, au procès-verbal, d'une part, que le président a adressé aux *douze jurés* le serment prescrit par l'art. 312, d'autre part, que chaque juré, interpellé individuellement, a répondu : « je le jure ». — Cass., 17 avr. 1873, Collas, [Bull. crim., n. 101]

5010. — Rappelons enfin que, lorsqu'il y a contradiction entre les énonciations du procès-verbal des débats et les constatations d'un arrêt de donné acte, ce sont ces dernières qui doivent faire foi et prévaloir. — V. *suprà*, n. 4932 et 4933.

5011. — IV. *Avertissement à l'accusé.* — Le procès-verbal énonce que le président a averti l'accusé d'être attentif à la lecture qui allait lui être donnée par le greffier de l'arrêt de renvoi et de l'acte d'accusation; que le président a rappelé à l'accusé ce dont il était prévenu. — V. *suprà*, n. 1736 et s.

5012. — Il n'est pas nécessaire que le procès-verbal mentionne qu'un avertissement particulier a eu lieu pour chacun des accusés. — Cass., 3 mai 1834, Duponey, [S. 35.1.779]

5013. — Au surplus, comme ces formalités ne sont pas substantielles et que l'omission qui en serait faite n'est pas une cause de nullité (V. *suprà*, n. 1740), le silence du procès-verbal sur ce point ne peut avoir aucune influence sur la régularité de la procédure.

5014. — A plus forte raison, lorsqu'il est établi par le procès-verbal de la séance que l'arrêt de renvoi et l'acte d'accusation ont été lus aux débats dans leur entier, l'accusé ne peut tirer un moyen de nullité, de ce que l'un des chefs d'accusation aurait été omis dans le préambule de ce procès-verbal. — Cass., 10 oct. 1828, Fournier, [P. chr.]

5015. — De même, il ne résulte aucune nullité de ce que le procès-verbal ne mentionne pas que le président des assises a ordonné au greffier de lire l'arrêt de renvoi et l'acte d'accusation, si d'ailleurs cette lecture a eu lieu. — Cass., 2 sept. 1870, Béchard, [Bull. crim., n. 167]

5016. — V. *Exposé du procureur général.* — Le greffier doit énoncer sur le procès-verbal que l'exposé du procureur général a eu lieu. — V. *suprà*, n. 1759 et s.

5017. — Mais comme ce n'est point là une formalité substantielle et que le ministère public n'est pas tenu d'user de la faculté d'exposer oralement le sujet de l'accusation (V. *suprà*, n. 1768), il s'ensuit que le silence gardé sur ce point par le procès-verbal ne peut entraîner cassation. — Cass., 2 sept. 1870, précité.

5018. — VI. *Interrogatoire de l'accusé.* — Cet interrogatoire n'est pas prescrit à peine de nullité; le procès-verbal peut donc se dispenser d'en faire mention. — Cass., 24 juill. 1890, Ephraïm-ben-Amou, [S. et P. 92.1.40] — V. *suprà*, n. 1843 et s.

5019. — VII. *Suspension des débats.* — Le procès-verbal des débats doit énoncer, s'il y a lieu, que la suspension des débats a été ordonnée pour le repos des juges, des jurés, des accusés et des témoins, ou pour tout autre motif, et que l'audience a été reprise à telle heure, ou tel jour à telle heure. — V. *suprà*, n. 2891 et s.

5020. — Rien de tout cela cependant n'est sacramentel.

5021. — La preuve de la suspension et de la reprise de l'audience peut, à défaut de mention expresse résulter implicitement des énonciations du procès-verbal. Ainsi la preuve de la suspension résulte suffisamment de la mention au procès-verbal que l'accusé a été, sur l'ordre du président, conduit hors de la salle d'audience pour procéder à certaines constatations. — Cass., 15 juin 1874, Giraud, [Bull. crim., n. 163]

5022. — Ainsi encore, l'accusé ne peut faire résulter un moyen de nullité de ce qu'après une suspension d'audience, la cour aurait procédé à la continuation des débats avant que le président eût déclaré l'audience reprise et en l'absence d'un assesseur, lorsqu'il est constaté que les débats n'ont réellement été repris qu'après que la cour a été constituée, et que toutes les personnes intéressées ont été à leur poste. — Cass., 23 avr. 1835, Fanelly, [S. 35.1.746, P. chr.]

5023-26. — Il ne peut non plus résulter aucun moyen de cassation de ce que le président de la cour d'assises aurait suspendu les débats, alors que cette suspension est explicitement motivée par le procès-verbal dans les termes voulus par la loi, et bien que le procès-verbal se soit servi tantôt des mots : « levé la séance », tantôt de ceux : « suspendu la séance ». — Cass., 12 déc. 1834, Gilbert, [P. chr.]

5027. — VIII. *Renvoi de l'affaire à une autre session.* — Le procès-verbal doit mentionner que l'affaire a été renvoyée à une autre session, et la cause qui l'a fait ordonner. — V. *infrà*, n. 5568 et s.

5028. — IX. *Lecture de la liste des témoins.* — Le procès-verbal doit énoncer que le greffier a lu à haute voix la liste des témoins. — V. *suprà*, n. 1775.

5029. — Toutefois, comme cette formalité n'est pas substantielle, l'omission de la constatation de son accomplissement sur le procès-verbal ne saurait être une cause de nullité des débats. — V. *suprà*, n. 1776.

5030. — Un procès-verbal des débats, déclarant que la liste des témoins a été présentée par le ministère public et qu'un appel a été fait des noms des témoins auquel ceux-ci ont répondu, constate, d'ailleurs, implicitement que lecture a été faite à haute voix de la liste des témoins. — Cass., 21 août 1863, [*Bull. crim.*, n. 226]

5031. — Si quelque témoin est absent, le procès-verbal doit énoncer que l'huissier de service a fait connaître à la cour que tel ou tel témoin ne répondait pas à l'appel de son nom.

5032. — Le procès-verbal doit ensuite constater ce qui s'est produit. Si aucune réclamation n'a été formulée, il en fait mention.

5033. — La Cour de cassation a validé comme suffisante la mention ainsi conçue : « l'huissier de service annonce à la cour que trois témoins cités à la requête du ministère public sont absents. Aucune opposition n'ayant été faite par le ministère public ni par l'accusé ou son défenseur, il a été passé outre aux débats ». — Cass., 25 mars 1886, Teissèdre, [*Bull. crim.*, n. 129]; — 31 déc. 1886, Tarbouriech, [*Bull. crim.*, n. 447]

5034. — Du reste, la constatation au procès-verbal des débats que l'accusé n'a fait aucune observation ni réclamation fait présumer une interpellation suffisante pour préserver les droits de la défense. — Cass., 15 janv. 1863, [*Bull. crim.*, n. 17]

5035. — Si, au contraire, une réclamation tendant au renvoi de l'affaire à une autre session a été formulée, le procès-verbal doit le constater (V. *infrà*, n. 5873 et s.). Il peut le faire en ces termes : « Le défenseur de l'accusé a donné lecture de conclusions demandant qu'il plaise à la cour de renvoyer l'affaire à une autre session. Il a développé ses conclusions et les a déposées sur le bureau de la cour. Le procureur général a été entendu en ses observations ». Ou bien, si l'initiative de la demande de renvoi vient du ministère public, le procès-verbal dira : « le procureur général a requis qu'à raison de l'absence de tel ou tel témoin, l'affaire soit renvoyée à une autre session. L'accusé et son conseil ont été entendus en leurs observations ». Puis, dans les deux cas, le procès-verbal continuera ainsi : « la cour a délibéré et le président a prononcé l'arrêt suivant : la cour : considérant que X..., témoin cité régulièrement, ne comparaît pas ; que la déposition de ce témoin n'est pas indispensable à la manifestation de la vérité, ordonne qu'il sera passé outre aux débats ».

5036. — Il n'est prescrit ni par l'art. 315, C. instr. crim., ni par aucune autre disposition de loi que le procès-verbal des débats devra constater que les noms, profession et résidence des témoins ont été notifiés à l'accusé vingt-quatre heures avant l'ouverture de l'audience. — Cass., 19 mai 1892, Faure, [*Bull. crim.*, n. 147] — V. *suprà*, n. 667 et s.

5037. — X. *Retraite des témoins dans leur chambre.* — Le procès-verbal doit mentionner que, sur l'ordre du président, les témoins ont quitté la salle d'audience et se sont retirés dans la chambre qui leur était réservée (V. *suprà*, n. 1821 et s.). S'il y a des témoins à charge et des témoins à décharge, le procès-verbal constatera qu'ils ont été conduits dans deux chambres séparées l'une de l'autre et de l'audience, ceux appelés par le ministère ou la partie civile dans l'une, ceux appelés par la défense dans l'autre. — V. *suprà*, n. 1836.

5038. — Le procès-verbal doit mentionner que les témoins ne sont sortis de leur chambre que pour déposer.

5039. — Mais constatons une fois de plus que, ces formalités n'étant pas substantielles, le silence du procès-verbal, sur ce point, serait un fait indifférent au point de vue de la validité de la procédure.

5040. — Ainsi les parties ne peuvent se faire un grief de ce que le procès-verbal des débats ne constaterait pas que les témoins se sont retirés dans une salle particulière. — Cass., 3 avr. 1818, Lévy et autres, [P. chr.]

5041. — Il n'est pas nécessaire que le procès-verbal constate la présence des témoins dans l'auditoire après leur déposition (V. *suprà*, n. 2464 et s.); la disposition de l'art. 320 n'est pas en effet prescrite à peine de nullité; elle rentre dans le pouvoir de police conféré au président, et son inobservation ne saurait donner ouverture à cassation. — Cass., 12 avr. 1888, Druelle et autres, [*Bull. crim.*, n. 139] — V. *suprà*, n. 2469.

5042. — Mais lorsque l'accusé exerçant le droit qui lui est accordé par la loi, demande qu'un témoin se retire de l'auditoire pendant la déposition d'un autre témoin, le procès-verbal des débats doit constater, à peine de nullité, que la cour d'assises a statué sur cette réquisition. — Cass., 1er juill. 1814, Jacquemin, [S. et P. chr.]

5043. — A l'inverse, lorsqu'il résulte du procès-verbal des débats que l'accusé a requis que deux témoins, déjà entendus, fussent interrogés de nouveau en présence l'un de l'autre, et que le même procès-verbal ne constate pas qu'il ait été statué sur cette réclamation, cette omission forme une ouverture à cassation (C. instr. crim., art. 326 et 408). — V. *suprà*, n. 2432.

5044. — XI. *Interpellations aux témoins sur leur identité.* — Le procès-verbal doit énoncer les nom, prénoms, âge, profession, domicile ou résidence des témoins, s'ils connaissaient l'accusé avant le fait mentionné dans l'acte d'accusation, s'ils sont ou non parents ou alliés, soit de la partie civile, soit de l'accusé; s'ils sont ou non attachés au service de l'un ou de l'autre. — V. *suprà*, n. 2275 et s.

5045. — Il a été jugé qu'il ne résulte aucune nullité de ce que le procès-verbal des débats n'énonce pas les noms des témoins devant la cour d'assises. — Cass., 17 juin 1876, Pascal et Bouchau, [*Bull. crim.*, n. 136] — V. *suprà*, n. 2279 et s.

5046. — ... Que la loi n'exige pas que le procès-verbal des débats mentionne la réponse des témoins aux interpellations qui leur ont été faites sur leurs noms, prénoms, etc.; qu'il suffit que ce procès-verbal constate que chaque témoin a satisfait à ces questions. — Cass., 29 juill. 1825, Dufour, [S. et P. chr.]

5047. — ... Qu'il n'est pas nécessaire, à peine de nullité, que le procès-verbal des débats d'une cour d'assises mentionne les réponses faites par les témoins aux interpellations qui leur sont adressées sur le point de savoir s'ils connaissaient l'accusé avant le fait objet de l'accusation, s'ils sont parents ou alliés de l'accusé ou de la partie civile, s'ils ne sont pas attachés au service de l'un ou de l'autre. — Cass., 14 juill. 1827, Fauvel, [S. et P. chr.]

5048. — XII. *Audition et serment des témoins.* — a) *Témoins entendus sous la foi du serment.* — Le procès-verbal mentionne que les témoins ont déposé séparément l'un de l'autre dans l'ordre établi par le procureur général, et qu'avant de déposer ils ont prêté le serment de parler sans haine et sans crainte, de dire toute la vérité, rien que la vérité. — V. *suprà*, n. 2260 et s., 2275 et s.

5049. — La rédaction du procès-verbal des débats n'étant assujettie à aucune formule sacramentelle pour mentionner l'audition des témoins, on peut les désigner par leurs numéros au lieu de mentionner successivement leurs noms : il suffit que le procès-verbal constate l'observation des formalités prescrites par l'art. 317, C. instr. crim. — Cass., 24 sept. 1834, Oudin, [S. 35. 1.135, P. chr.]

5050. — Le greffier doit, avec soin, constater au procès-verbal la prestation de serment des témoins. La prestation de serment étant une formalité substantielle, le procès-verbal doit, à peine de nullité, mentionner que cette formalité a été accomplie. — Cass., 2 janv. 1880, Moiroux, [*Bull. crim.*, n. 1]

5051. — Lorsque le procès-verbal des débats, après avoir constaté que les témoins entendus dans une première séance ont prêté le serment prescrit par la loi, n'a pas constaté l'observation de la même formalité à l'égard des témoins entendus dans une seconde séance, il y a présomption légale d'omission de cette formalité, et les débats doivent être annulés. — Cass., 16 mars 1815, Taboureau, [S. et P. chr.]; — 30 déc. 1824, Boisvin, [S. et P. chr.]

5052. — Il y a présomption légale d'omission de la prestation de serment par un témoin régulièrement cité aux débats, lorsque rien ne constate qu'il ait été écarté par arrêt de la cour d'assises, et entendu ensuite à titre de simple renseignement, en vertu du pouvoir discrétionnaire du président (C. instr. crim., art. 317 et 372). — Cass., 30 juin 1831, Thorel, [S. 31.1.376]

5053. — Dans quels termes le greffier devra-t-il mentionner que les témoins ont prêté serment? Suffira-t-il de dire qu'ils ont « prêté le serment prescrit par la loi? » La Cour de cassation avait d'abord pensé que cette constatation était suffisante. — Cass., 20 oct. 1820, Agostini, [P. chr.]; — 30 mai 1839, Nougué et Garos, [P. 43.2.298]

5054. — Mais elle n'a pas persévéré dans cette manière de voir. Le Code d'instruction criminelle contient, au point de vue du serment, une formule différente pour les témoins correctionnels (art. 155) et pour les témoins criminels (art. 317) : Enoncer d'une manière vague que le témoin « a prêté le serment voulu par la loi » c'est laisser ignorer celui qui a été choisi, c'est priver la Cour de cassation d'exercer son droit de contrôle. Aussi depuis 1847, n'a-t-elle pas hésité à annuler les débats dont le procès-verbal se bornait à reproduire cette formule. — Cass., 24 sept. 1847, Donel, [S. 47.1.752, P. 47.2.408]

5055. — La Cour de cassation a également déclaré insuffisante la mention du procès-verbal énonçant que « les témoins ont prêté serment conformément à la loi ». Cette mention laisse en effet incertain le point de savoir s'ils ont prêté le serment prescrit par l'art. 317, C. instr. crim., ou tel autre serment dont la formule serait différente. — Cass., 20 avr. 1882, Chalmé, [Bull. crim., n. 99]

5056. — A plus forte raison y a-t-il nullité lorsque le procès-verbal des débats constate que les témoins ont prêté serment dans les termes de l'art. 312, C. instr. crim., cet article ne s'appliquant pas au serment des témoins. — Cass., 28 déc. 1883, Kihal-Ould-Kerroun, [Bull. crim., n. 297]

5057. — Le procès-verbal, pour être régulier, doit ou bien reproduire intégralement la formule du serment prêté par le témoin, c'est-à-dire indiquer que le témoin a juré « de parler sans haine et sans crainte, de dire toute la vérité et rien que la vérité », ou bien énoncer qu'il a prêté le serment prescrit par l'art. 317, C. instr. crim. — Cass., 17 févr. 1849, Heyraud, [S. 50.1.72, P. 50.2.223]; — 2 mai 1867, Vuillemin, [Bull. crim., n. 105]; — 2 janv. 1874, Jamet, [Bull. crim., n. 1]; — 28 déc. 1877, Riberot et Blanc, [Bull. crim., n. 275]; — 17 juin 1880, El-Akdarben-Delmi, [Bull. crim., n. 124]; — 20 avr. 1882, précité. — V. en outre supra, n. 2286 et s.

5058. — Lorsque le procès-verbal ne se borne pas à viser l'art. 317, C. instr. crim., mais reproduit la formule même du serment, il doit la transcrire en son entier, sans aucune modification.

5059. — Ainsi il ne suffit pas que le procès-verbal constate que les témoins entendus ont prêté le serment de parler sans crainte et de dire toute la vérité, rien que la vérité; il faut qu'il mentionne, à peine de nullité, que le témoin a également promis de parler sans haine et sans crainte. — Cass., 19 avr. 1821, Marmi, [S. et P. chr.]; — 19 juin 1821, N..., [S. et P. chr.]; — 26 janv. 1827, Dominique Perès, [P. chr.]; — 23 déc. 1886, Baldare, [Bull. crim., n. 435]

5060. — De même, il ne suffit pas qu'il soit constaté par le procès-verbal des débats de la cour d'assises que les témoins ont prêté le serment de dire toute la vérité et rien que la vérité : il faut encore, à peine de nullité, qu'il y soit mentionné qu'ils ont juré de parler sans haine et sans crainte. — Cass., 30 juill. 1847, précité.

5061. — La mention au procès-verbal d'une cour d'assises, que les témoins ont prêté le « serment de parler sans haine et sans crainte et de dire toute la vérité », ne suffit pas à constater d'une manière légale le fait de la prestation régulière de ce serment, alors même que le procès-verbal ajoute que « les témoins ont satisfait à toutes les prescriptions de l'art. 317 ». — Cass., 20 déc. 1877, Plet, [S. 78.1.336, P. 78.816]

5062. — Lorsque le procès-verbal se borne à un visa de l'art. 317, C. instr. crim., il doit le faire en termes nets et précis de manière qu'aucun doute ne puisse exister sur l'exécution de la formalité substantielle du serment. — Cass., 25 mars 1880, Compain, [Bull. crim., n. 66]; — 1er déc. 1887, Narayanassamy, [Bull. crim., n. 410]

5063. — Ainsi, il y a nullité si le procès-verbal se borne à constater que les témoins ont été entendus oralement dans les formes prescrites par l'art. 317, C. instr. crim., sans dire qu'ils ont prêté serment. — Cass., 1er déc. 1887, précité.

5064. — Il y a encore nullité si le procès-verbal constate seulement que « les témoins, après avoir, sur l'interpellation du président, prêté le serment, ont rempli toutes les formalités prescrites par l'art. 317, C. instr. crim. »; cette formule d'où il résulte que les prescriptions de cet article n'auraient été observées qu'après la prestation de serment, laisse en effet incertaine la question de savoir si le serment a été prêté dans les termes sacramentels de la loi. — Cass., 30 sept. 1880, Vabre, [Bull. crim., n. 186]

5065. — La nullité est également encourue lorsque le procès-verbal des débats se borne à constater que « les témoins ont fait les déclarations prescrites par l'art. 317, C. instr. crim. ». Cette mention n'est pas suffisante pour établir que le serment qui a dû être prêté l'a été suivant la formule édictée par cet article. — Cass., 1er sept. 1887, Estèbe, [Bull. crim., n. 325]

5066. — De même la Cour de cassation a jugé insuffisante la mention que « les témoins ont été entendus séparément l'un de l'autre et que chacun d'eux a, en outre, satisfait aux autres prescriptions de l'art. 317, C. instr. crim. », parce que cette mention laisse incertaine la question de savoir si les témoins ont prêté serment et si ce serment a été régulier. — Cass., 17 juin 1880, précité.

5067. — Cependant, même lorsque le procès-verbal indique seulement que « les témoins ont été entendus oralement après avoir rempli les formalités prescrites par l'art. 317, C. instr. crim. », il n'y a pas lieu à annulation lorsque des diverses énonciations de ce procès-verbal rapprochées et combinées, il résulte que les témoins ont bien prêté le serment prescrit par l'art. 317, précité. — Cass., 25 mars 1880, précité.

5068. — De même, la mention qu' « un témoin a été entendu avec prestation du serment, suffit lorsqu'elle ne fait que rappeler une précédente constatation régulière du procès-verbal que les témoins ont prêté le serment de parler sans haine et sans crainte, de dire toute la vérité et rien que la vérité. Cette formule abréviative se réfère, en effet, au serment régulier dont le procès-verbal rappelait les termes. — Cass., 24 juin 1880, Huel et autres, [Bull. crim., n. 127]; — 26 févr. 1886, Pinchault, [Bull. crim., n. 74]

5069. — La Cour de cassation a déclaré suffisante pour exprimer que la prestation de serment des témoins a eu lieu dans les termes mêmes de l'art. 317, C. instr. crim. : 1° la mention que « les témoins ont déposé oralement après avoir prêté le serment prescrit et après l'accomplissement des autres formalités exigées par l'art. 317, C. instr. crim. ». — Cass., 8 mai 1884, Abdel-Kader-ben-Rabah, [Bull. crim., n. 156]; — 22 mars 1894, Durazzo et Paoli, [Bull. crim., n. 77]

5070. — 2° ... La mention au procès-verbal que les témoins ont déposé avec prestation de serment, et les autres formalités prescrites par l'art. 317, C. instr. crim. — Cass., 11 mars 1868, Rivière, [S. 69.1.93]

5071. — A plus forte raison, l'énonciation du procès-verbal que les témoins ont prêté le serment et rempli les formalités prescrites par l'art. 317, C. instr. crim., suffit-elle pour constater que les témoins ont prêté le serment exigé par cet article. — Cass., 12 mars 1868, précité.

5072. — De même, lorsque le procès-verbal énonce que « les témoins ont été entendus sous la foi du serment et conformément aux prescriptions des art. 317 et 319, C. instr. crim. », cette mention contient une constatation suffisante et régulière du serment des témoins. — Cass., 2 janv. 1874, Jamel, [Bull. crim., n. 1]

5073. — La mention au procès-verbal d'audience que, relativement aux témoins à décharge, les formalités de l'art. 317, C. instr. crim., ont été remplies, suffit pour constater la prestation de serment de ces témoins. — Cass., 6 sept. 1839, Girard et de Vaucleroy, [P. 40.1.440]

5074. — Lorsque le procès-verbal porte que les témoins ont prêté serment dans les termes de l'art. 310 (au lieu de 317), il n'y a pas lieu à cassation si l'erreur commise est rectifiée par les autres énonciations du procès-verbal, si, par exemple, en constatant l'accomplissement des autres formalités prescrites par l'art. 317, le procès-verbal ajoute au chiffre de cet article le mot « susdit ». — Cass., 31 mai 1878, Domecq, [Bull. crim., n. 120]

5075. — Il y a nullité des débats lorsque le procès-verbal ne constate pas la prestation de serment des témoins, soit que cette omission porte sur toutes les dépositions... — Cass., 7 févr. 1812, Camail et Bouilly, [S. et P. chr.]; — 29 juin 1816, Lefranc, [S.

et P. chr.]; — 25 et 26 juill. 1816, Picart, [S. et P. chr.]; — 26 sept. 1817, Joussaume, [S. et P. chr.]; — 9 janv. 1818, Liébaut, [P. chr.]; — 17 sept. 1818, Michel, [S. et P. chr.]; — 7 janv. 1819, Gasquet et autres, [P. chr.]; — 4 juill. 1840, Gas, [P. 41.2.454]

5076. — ... Soit qu'elle porte sur quelques-unes ou même sur une seule. — Cass., 7 janv. 1819, précité; — 31 mai 1827, Rivière, [P. chr.]; — 12 déc. 1884, Paulin, [*Bull. crim.*, n. 337]

5077. — Ainsi lorsqu'il est dit, dans le procès-verbal de la séance d'une cour d'assises, que le premier témoin a été entendu et que tous les autres successivement appelés ont été entendus séparément, après avoir individuellement prêté serment, il ne résulte de cette rédaction aucune mention du serment que le premier témoin a dû prêter sous peine de nullité. — Cass., 18 avr. 1812, Joseph Lainé, [S. et P. chr.]

5078. — Et même, lorsque le procès-verbal des débats constate seulement qu'une partie des témoins entendus a prêté le serment prescrit par l'art. 317, C. instr. crim., les autres sont réputés avoir déposé sans avoir prêté ce serment, et la nullité est acquise à l'accusé. — Cass., 14 févr. 1817, Clarac, [P. chr.]; — 19 sept. 1833, Biran, [P. chr.]

5079. — Mais il suffit que le procès-verbal des débats constate que tous les témoins entendus ont prêté individuellement le serment prescrit par l'art. 317; la loi n'exige pas que la mention soit répétée à chaque déposition : une formule générale, collective et suffisante; le procès-verbal n'a pas besoin de contenir le nom de chacun des témoins. — Cass., 20 oct. 1820, Agostini, [S. et P. chr.]; — 23 mars 1827, Tuffeau, [P. chr.]; — 16 sept. 1831, Jarron, [S. et P. chr.]; — 17 oct. 1832, La Tribune, [P. chr.]; — 16 févr. 1837, Audibert, [P. 37.1.144]; — 8 oct. 1840, Eliçabide, [S. 40.1.830, P. 41.1.273]; — 28 avr. 1843, Le Divehat, [S. 43. 1.741, P. 43.2.389]; — 17 juin 1876, Pascal et Bouchau, [S. 76. 1.482, P. 76.1206, D. 77.1.460]

5080. — Toutefois, lorsque l'affaire se prolonge durant plusieurs séances et que l'audition des témoins a eu lieu également pendant plusieurs séances consécutives, le procès-verbal de chaque séance doit, à peine de nullité de tous les débats, constater que les témoins entendus à cette séance ont prêté le serment prescrit par l'art. 317, C. instr. crim.

5081. — Ainsi, lorsqu'une affaire a occupé deux audiences de la cour d'assises, et que le procès-verbal constate la prestation du serment des témoins entendus dans la première séance, s'il énonce seulement que dans la deuxième séance les témoins ont continué d'être entendus, et qu'après ceux à charge on a entendu ceux à décharge, cette mention ne prouve nullement que les témoins de la seconde séance aient prêté le serment prescrit à peine de nullité. — Cass., 18 avr. 1812, Lainé, [S. et P. chr.]; — 12 juin 1812, Rousseau, [S. et P. chr.]; — 30 juill. 1812, Dauré, [P. chr.]; — 12 sept. 1812, Jacquemin, [S. et P. chr.]; — 4 févr. 1813, Magniant, [S. et P. chr.]; — 8 juill. 1813, Carlier, [P. chr.]; — 3 févr. 1814, Duparcq [S. et P. chr.]; — 16 mars 1815, Taboureau, [P. chr.]; — 20 sept. 1821, Douelle, [S. et P. chr.]; — 15 mars 1822, Mary, [S. et P. chr.]; — 11 déc. 1824, Boudre, [S. et P. chr.]; — 30 déc. 1824, Boiron, [P. chr.]; — 5 juill. 1849, Adam, [P. 50.2.102, D. 49.5.90]; — 8 avr. 1864, S. Salah-ben-Mohamed, [*Bull. crim.*, n. 91]; — 29 janv. 1880, Brahim-ben-Mohamed-ben-Djama, [*Bull. crim.*, n. 21]; — 28 avr. 1882, Amadon-Bâ et autres, [*Bull. crim.*, n. 108]

5082. — Jugé de même que la mention du serment prêté par les témoins dans la seconde séance ne peut se rapporter qu'aux témoins entendus dans cette séance. — Cass., 3 janv. 1812, précité; — 1er août 1816, Thierrion, [P. chr.]

5083. — Dès lors, il y a nullité s'il n'est fait aucune mention de celui que devaient prêter les témoins entendus dans la première séance. — Mêmes arrêts.

5084. — Toutefois, quand le procès-verbal d'une première séance de la cour d'assises constate que les témoins entendus ont déposé oralement et séparément les uns des autres, et qu'avant sa déposition chacun d'eux a prêté le serment de parler sans haine et sans crainte, de dire toute la vérité et rien que la vérité, si, à la suite de ce procès-verbal, se trouve transcrit celui du lendemain, se référant, pour la composition de la cour et du jury, aux énonciations du précédent, et mentionnant ensuite que tous les autres témoins, c'est-à-dire ceux qui n'avaient pas déposé la veille, ont été entendus séparément les uns des autres,

sous la foi du serment et sous l'observation des formalités ci-dessus énoncées, cette déclaration constate clairement et explicitement que les dépositions de ces témoins ont été recueillies dans la même forme et avec les mêmes solennités que celles des témoins entendus le premier jour, et, par conséquent, que le serment a été prêté par tous dans les termes de l'art. 317, C. instr. crim. — Cass., 16 déc. 1852, Gilbert, [S. 53.1.456, P. 54. 1.94, D. 53.5.421]

5085. — De même, lorsqu'il est établi par le procès-verbal des débats que les témoins entendus après une suspension et la reprise de l'audience ont rempli les mêmes formalités que ceux entendus précédemment, qui ont déposé conformément aux art. 316, 317 et 319, C. instr. crim., et prêté serment de parler sans haine, sans crainte, de dire toute la vérité, rien que la vérité, cette énonciation remplit suffisamment le vœu de la loi. — Cass., 1er juill. 1824, Catherine Ebrard, [P. chr.]

5086. — Le serment prêté par des témoins à qui il a été nommé un interprète, parce qu'ils n'entendaient pas la langue française, est suffisamment constaté par la mention faite au procès-verbal des débats, que les témoins entendus ont prêté le serment ordonné par l'art. 317, C. instr. crim. — Cass., 15 avr. 1824, Pierre Pigeonnat, [S. et P. chr.]

5087. — Lorsque parmi les témoins entendus aux débats, un seul a été dispensé de la prestation de serment à cause de son âge. et que néanmoins la mention qui en est faite au procès-verbal semble se rapporter à un autre témoin non dispensé du serment, il ne s'ensuit pas nullité, s'il résulte d'ailleurs de l'ensemble du procès-verbal que l'omission de prestation de serment n'a eu réellement lieu qu'à l'égard du témoin que son âge en dispensait. — Cass., 4 sept. 1828, Bernardini, [S. et P. chr.]

5088. — La mention, insérée au procès-verbal des débats, qu'un témoin a été entendu sans prestation de serment, implique la connaissance donnée aux jurés de la cause qui s'opposait à l'audition avec serment. — Cass., 8 janv. 1846, Brument et Foucaux, [P. 46.2.119]

5089. — La mention du serment des témoins, faite dans le procès-verbal des débats d'une cour d'assises, est nulle, si elle contient des surcharges et des interlignes qui ne sont approuvés ni par le président, ni par le greffier. — Cass., 4 janv. 1821, Hubert, [S. et P. chr.]

5090. — Mais les paraphes du président et du greffier sont suffisants pour constater légalement l'approbation d'un renvoi relatif à la prestation de serment de l'un des témoins, comme de tout autre renvoi. — Cass., 30 juill. 1829, Baroux, [P. chr.]

5091. — La foi due au procès-verbal des débats d'une cour d'assises ne pouvant prévaloir sur les arrêts rendus par cette cour (V. *supra*, n. 4932), l'énonciation contenue au procès-verbal que tous les témoins entendus ont prêté serment ne suffit pas pour constater la prestation de serment d'un témoin, si un arrêt de la cour d'assises. qui refuse de donner acte de ce défaut de serment au défenseur de l'accusé, est conçu dans des termes permettant de douter que le témoin eût réellement prêté serment. — Cass., 20 mars 1846, Cohade, [S. 46.1.571, P. 46.2. 441, D. 46.4.453]

5092. — Mais la foi due au procès-verbal des débats jusqu'à inscription de faux n'est pas ébranlée lorsque la cour, en réponse à des conclusions de la défense demandant acte de ce qu'un témoin a déposé sans prestation de serment, déclare ne pas se souvenir que ce témoin n'a pas prêté serment. Cette déclaration, loin d'anéantir la foi due au procès-verbal, lui a maintenu, au contraire, toute sa force et son autorité. — Cass., 18 mai 1865, Houdebine, [*Bull. crim.*, n. 115]

5093. — b) *Témoins entendus en vertu du pouvoir discrétionnaire du président.* — Le procès-verbal qui constate que les personnes appelées pendant le cours des débats n'ont prêté aucun serment, et que le président des assises a averti les jurés que les personnes avaient été citées en vertu de son pouvoir discrétionnaire, et que leurs déclarations ne devaient être considérées que comme de simples renseignements, ne peut donner lieu à la cassation de l'arrêt, encore bien que ces personnes aient été qualifiées témoins, et leurs déclarations dépositions. — Cass., 3 nov. 1836, Charié, [P. 37.2.59]

5094. — Il ne peut résulter une nullité de ce que le procès-verbal d'une séance de la cour d'assises ne mentionne pas que des témoins entendus sans prestation de serment, ne l'ont été qu'à titre de renseignement, si cette mention se trouve sur la partie du même procès-verbal relative à la séance précédente où cette audition avait été ordonnée précédemment. — Cass., 16 juill. 1835, Henry, [P. chr.]

5095. — L'omission du mot « ordonné » dans la mention contenue au procès-verbal des débats, que le président a fait entendre un témoin en vertu de son pouvoir discrétionnaire, ne peut opérer une nullité. — Cass., 29 mars 1832, Thiault, [P. chr.]

5096. — Aucune disposition de loi ne s'oppose, du reste, à ce que le président fasse constater au procès-verbal la cause et le but des mesures qu'il prescrit en vertu de son pouvoir discrétionnaire. — Cass., 3 févr. 1876, Laporte, [*Bull. crim.*, n. 36]

5097. — XIII. *Déposition des témoins.* — Le procès-verbal constate que les témoins ont déposé oralement. — V. *suprà*, n. 2350 et s.

5098. — La mention faite au procès-verbal que l'art. 317, C. instr. crim., a été observé, constate suffisamment que les témoins ont déposé oralement. — Cass., 24 nov. 1832, Lecouvreur, [S. 33.1.595, P. chr.]

5099. — Il a été jugé aussi que, lorsque le procès-verbal des débats constate que les témoins ont été entendus, il y a présomption légale qu'ils l'ont été régulièrement. — Cass., 5 juill. 1832, Fourcade, [S. 32.1.366, P. chr.]; — 31 mai 1866, Rancy, [D. 67.3.428] — Toutefois, il est préférable de mentionner explicitement que les témoins ont été entendus oralement.

5100. — Le procès-verbal qui constate que le président de la cour d'assises n'a entendu un témoin âgé de dix ans et demi que par forme de déclaration, remplit suffisamment le vœu de l'art. 269, C. instr. crim. — Cass., 15 mars 1832, Ballière, [P. chr.]

5101. — Lorsqu'une affaire comprend de nombreux témoins, le procès-verbal doit constater avec soin que tous les témoins présents ont été entendus. Le défaut d'audition d'un témoin, auquel les parties n'ont pas renoncé, serait, en effet, de nature à vicier la procédure. La Cour de cassation a validé un procès-verbal constatant que « tous les témoins à charge et à décharge se sont présentés et se sont retirés dans leur chambre respective; qu'avant d'entendre les témoins, le président a procédé à l'interrogatoire de l'accusé; que les témoins ont été ensuite successivement appelés; qu'ils ont prêté le serment prescrit par l'art. 317, C. instr. crim., et qu'à la suite des dépositions, le procureur de la République a pris la parole ». Ces énonciations du procès-verbal sont suffisantes pour établir que tous les témoins cités par le ministère public et par l'accusé ont été entendus. — Cass., 19 janv. 1883, Mongillon, [*Bull. crim.*, n. 14]

5102. — Mais la Cour de cassation a prononcé la nullité dans l'espèce suivante : le procès-verbal constatait que quatre-vingt-huit témoins avaient répondu à l'appel de leur nom; il énonçait ensuite qu'après l'audition sous serment de quatre-vingt-sept témoins seulement, la liste étant ainsi épuisée, il avait été procédé à la continuation des débats par le réquisitoire du ministère public. De ces constatations, il résultait qu'un des témoins cités et notifiés n'avait pas été entendu. Or, tout témoin cité et notifié appartient aux débats et doit être entendu comme tel lorsque le ministère public et l'accusé n'ont point renoncé à son audition. Aucune renonciation ne pouvait s'induire du procès-verbal; il y avait donc lieu à cassation. — Cass., 29 juill. 1886, Bezier, [*Bull. crim.*, n. 280]

5103. — Dans une espèce identique, la nullité pour cause de défaut d'audition d'un témoin a pu être évitée grâce à certaines énonciations accessoires du procès-verbal. « Celui-ci, dit la Cour de cassation, par l'énumération individuelle qu'il fait des témoins successivement appelés à déposer, établit que la femme N..., témoin cité et notifié, n'a pas été entendue; mais attendu que ce même procès-verbal, après avoir énoncé, pour chaque audience, que les témoins y étaient introduits successivement appelés de leurs chambres respectives et introduits dans l'auditoire où ils ont été entendus, constate, dans le compte-rendu de la dernière séance, que la liste des témoins a été épuisée; qu'il résulte suffisamment de cette mention que tous les témoins présents ont été entendus et qu'ainsi la femme N... qui figure la neuvième sur ladite liste, était absente au moment où elle a dû être appelée pour faire sa déposition; que l'accusé n'a élevé aucune protestation à ce sujet; qu'interpellé sur la lecture de la déposition de la femme N... qui a été faite au cours des débats en vertu du pouvoir discrétionnaire, il a été mis à même de s'expliquer sur l'absence de ce témoin et de réclamer son audition si elle lui paraissait indispensable pour sa défense; que dans ces conditions, le défaut d'audition de la femme N... n'a pu en-

traîner une violation des art. 315 à 317 ». — Cass., 11 août 1887, Pranzini, [S. 89.1.137, P. 89.1.309, D. 87.1.464]

5104. — Il a même été jugé que, lorsque le procès-verbal des débats mentionne que plusieurs des témoins assignés à décharge n'ont pas été entendus, sans énoncer le motif pour lequel leur audition n'a pas eu lieu, il y a présomption légale que les accusés et leurs défenseurs y ont implicitement renoncé, alors qu'ils ne paraissent avoir élevé aucune réclamation à cet égard. — Cass., 22 janv. 1841, Raynal, [P. 42.1.262]

5105. — Dans le cas où le procès-verbal des débats constate que le président a fait donner lecture du rapport médico-légal d'un expert cité comme témoin, s'il indique en même temps qu'à une précédente séance plusieurs témoins avaient été entendus, il en résulte la présomption légale que la lecture dont il s'agit n'a eu lieu qu'après l'audition orale. — Cass., 16 sept. 1875, Bergis, [S. 75.1.440, P. 75.1087]

5106. — Il y a nullité, lorsque le procès-verbal ne constate pas qu'il a été donné lecture des dépositions écrites des témoins non comparants dans le cas de représentation volontaire ou d'arrestation d'un contumax. — Cass., 11 mai 1827, Tortora, [S. et P. chr.]; — 15 janv. 1829, Ferracci, [S. et P. chr.]; — 26 juill. 1832, Delantes, [P. chr.]; — 8 janv. 1841, Heinsperger, [P. 42. 1.206] — V. *suprà*, v° *Contumace*, n. 353 et s.

5107. — XIV. *Dénonciateur.* — Lorsque le dénonciateur aura été entendu aux débats, le procès-verbal doit mentionner que le président a fait connaître aux jurés la qualité de ce témoin. — V. *suprà*, n. 2137 et s.

5108. — XV. *Retrait de l'accusé.* — Le procès-verbal doit mentionner que le président a fait retirer de l'audience un accusé, et qu'au retour de celui-ci, il lui a été rendu compte de ce qui s'était passé en son absence. — V. *suprà*, n. 1884 et s., 2309 et s.

5109. — Cependant, lorsque le président a donné l'ordre de faire retirer l'accusé, et qu'aucun doute ne peut s'élever sur l'exécution de cet ordre, il n'y a pas d'irrégularité dans le défaut de mention formelle de cette exécution au procès-verbal des débats. — Cass., 5 mai 1849, Daniel, [P. 50.1.622]

5110. — Lorsque le président, usant de la faculté qui lui est accordée par l'art. 327, C. instr. crim., fait retirer momentanément de l'audience un accusé et procède, en son absence, à quelque acte du débat, le président doit, à la rentrée de cet accusé à l'audience, l'instruire de ce qui s'est fait hors de sa présence. C'est là une formalité substantielle à la défense : il y a nullité lorsque le procès-verbal ne constate pas qu'elle a été accomplie. — Cass., 21 janv. 1841, Braigneau, [P. 42.1.238]

5111. — Il y a également nullité lorsque, au lieu de mentionner expressément l'accomplissement de cette formalité, le procès-verbal des débats énonce, au contraire, le doute du président à ce sujet, et l'incertitude des souvenirs de la cour. La formalité doit alors être réputée avoir été omise. — Cass., 2 juill. 1835, Aribaud, [P. chr.]

5112. — Il y a, à plus forte raison, nullité si le procès-verbal énonce que le président a omis de rendre compte à chacun des accusés de ce qui s'était passé en son absence. — Cass., 10 mars 1831, Defente, [P. chr.]

5113. — XVI. *Représentation des pièces à conviction.* — Le procès-verbal doit mentionner que les pièces de conviction ont été représentées à l'accusé et aux témoins. — V. *suprà*, n. 2437 et s.

5114. — Toutefois, cette mention n'est pas prescrite à peine de nullité. — V. *suprà*, n. 2452.

5115. — A plus forte raison n'y a-t-il pas nullité lorsque le procès-verbal ne mentionne pas si, lors de la présentation de la pièce de conviction à l'accusé, celui-ci a été interpellé sur le point de savoir s'il la reconnaissait. — Cass., 24 déc. 1840, Bassière, [P. 41.2.130]

5116. — Le vœu de l'art. 329, C. instr. crim., est, d'ailleurs, parfaitement rempli lorsqu'il est établi par le procès-verbal des débats que le président a fait représenter aux accusés et aux témoins les pièces servant à conviction, qu'il les a interpellés de s'expliquer sur ces pièces, et que les accusés et les témoins se sont expliqués. — Cass., 14 juin 1832, Veillard, [P. chr.]

5117. — Le procès-verbal des débats peut, sans qu'il en résulte une nullité, mentionner la réponse faite par l'accusé à la question du président sur le point de savoir s'il reconnaît la fausseté des titres servant de pièces de conviction. — Cass., 13 oct. 1843, Constant, [P. 43.1.140]

5118. — Lorsque le procès-verbal des débats constate que les pièces servant à conviction ont été représentées à certains témoins, aux jurés et à l'accusé, il y a présomption que cette représentation de pièces a suffi aux nécessités des débats, alors que l'accusé ni son défenseur n'ont élevé aucune réclamation à cet égard dans le cours des débats. — Cass., 23 avr. 1846, Gay Pavila, [P. 49.2.323]

5119. — Lorsque le procès-verbal constate que les pièces à conviction ont été représentées aux accusés et aux témoins, cette constatation ne peut être attaquée que par la voie de l'inscription de faux. — Cass., 26 mars 1874, Grauby et autres, [Bull. crim., n. 97]

5120. — XVII. Lecture des pièces. — Le procès-verbal doit mentionner la lecture des pièces qui a été faite. — V. suprà, n. 2512 et s.

5121. — XVIII. Assistance de l'interprète. — Il doit mentionner que l'interprète nommé a l'accusé a assisté pendant tout le cours des débats, et que le serment exigé par l'art. 332 a été prêté par lui. — V. infrà, n. 5447 et s., 5464 et s.

5122. — Et d'abord, le fait que l'interprète a assisté à toutes les parties du débat doit être régulièrement constaté, à peine de nullité. — Cass., 6 juin 1878, Sellamoutou-Pelléatchy, [S. 79. 1.45, P. 79.72, D. 79.1.486]; — 13 mai 1880, Barbaris, [Bull. crim., n. 94]; — 11 août 1881, Lâmquan-Thauts, [S. 84.1.174, P. 84.1.402, D. 82.1.328]

5123. — Il y a donc violation des prescriptions de l'art. 332, C. instr. crim., lorsque, dans une affaire qui a occupé plusieurs audiences, l'un des procès-verbaux relatant les débats ne mentionne pas que l'interprète ait rempli ses fonctions au cours de l'une de ces audiences. — Cass., 20 janv. 1887, Amar-Ben-Ali-M'Barek, [Bull. crim., n. 17]

5124. — ... Ou ne constate pas que l'interprète a rempli ses fonctions pendant la séance au cours de laquelle tous les témoins ont été entendus. — Cass., 3 juill. 1884, M'Ahmed-Ben-Silman, [Bull. crim., n. 223]

5125. — Jugé cependant qu'il n'est pas nécessaire que le procès-verbal des débats constate la présence de l'interprète à chacune des séances. Le silence des accusés et des défenseurs prouve suffisamment qu'il a été constamment présent. — Cass., 4 févr. 1819, Mittelbrone, [P. chr.]

5126. — En tous cas, si la nécessité de signaler la présence de l'interprète s'impose lorsqu'une affaire a nécessité plusieurs séances, il n'en est plus ainsi lorsqu'il n'y a eu qu'une seule séance, mais plusieurs audiences coupées par des suspensions. La constatation de la présence et de l'assistance de l'interprète à l'ouverture de la première audience s'applique à la séance entière. Il n'y a qu'une seule séance, bien qu'elle ait été momentanément suspendue, par exemple, pendant deux heures. — Cass., 24 juill. 1845, Burrus, [P. 46.1.52]

5127. — Il a même été jugé que le silence du procès-verbal sur l'assistance de l'interprète pendant les débats pourrait seulement indiquer que cette nomination, d'abord régulière, serait devenue sans objet. — Cass., 23 juin 1831, Hatterer, [P. chr.]

5128. — Mais on décide plus justement qu'il y a nullité, lorsque les constatations du procès-verbal laissent un doute sur le point de savoir si l'interprète désigné pour assister l'accusé a rempli son ministère pendant tout le cours des débats et toutes les fois que son concours était nécessaire. — Cass., 6 juin 1878, précité. — Sic, Nouguier, Cour d'ass., t. 3, n. 1850.

5129. — De même, est nul l'arrêt qui, après avoir constaté que l'accusé, qui ne comprenait pas le français, a été assisté d'un interprète lors du tirage au sort des assesseurs, ne constate pas, d'autre part, que cet interprète ait été appelé aux débats et y ait assisté l'accusé. — Cass., 11 août 1881, précité.

5130. — Mais lorsqu'il est constaté par le procès-verbal d'audience que toutes et chacune des parties du débat ont été traduites et transmises à l'accusé par l'interprète qui lui a été donné, il n'y a pas lieu d'admettre l'inscription de faux formée contre ces énonciations, alors que les faits allégués à l'appui de cette inscription de faux, quoique pertinents, ne réunissent pas les caractères de vraisemblance suffisants pour ébranler la foi due à l'acte authentique, et que cette vraisemblance résulte de l'ensemble des énonciations du procès-verbal. — Cass., 30 juin 1838, Hubert, [S. 38.1.760, P. 38.2.418]

5131. — Au surplus, la constatation faite en termes généraux qu'un interprète a été appelé aux débats et a prêté son ministère chaque fois qu'il a été utile, suffit à établir que cet interprète a assisté à tous les actes du débat. — Cass., 10

déc. 1841, Bel-Hadj-Ben-Bayr, [S. 42.1.932, P. 42.1.48]; — 24 juill. 1843, précité; — 5 août 1847, Alzine, [P. 48.1.91]; — 20 janv. 1848, Starck, [P. 49.1.43]; — 26 avr. 1849, Rault, [P. 50.1.721]; — 23 févr. 1850, Thémar, [Bull. crim., n. 73]; — 12 déc. 1850, Werner, [Bull. crim., n. 417]; — 29 sept. 1853, Charlicanne, [Bull. crim., n. 485]; — 18 mai 1860, Soupanakin, [Bull. crim., n. 125]; — 14 juill. 1864, El-Hadj, [D. 65.5.235]; — 22 sept. 1864, Micaelli, [Bull. crim., n. 236]; — 31 janv. 1867, Level, [Bull. crim., n. 35]; — 8 août 1873, Housinben-Bormadia et autres, [Bull. crim., n. 223]; — 9 févr. 1882, Nguyen-tan-Taï, [S. 84.1.91, P. 84.1.184]; — 15 avr. 1886, Bloy, [Bull. crim., n. 152]; — 27 mai 1892, Tabar-ben-Braham et autres, [Bull. crim., n. 159] — Sic, F. Hélie, Instr. crim., t. 7, n. 3449; Nouguier, t. 3, n. 1850 et 1851.

5132. — Il en est ainsi lorsque le procès-verbal constate spécialement que l'interprète a assisté à l'interrogatoire de l'accusé, et a traduit en temps utile à l'accusé la déposition d'un témoin. — Cass., 9 févr. 1882, précité.

5133. — ... Ainsi que la déclaration du jury. — Cass., 26 déc. 1879, Cherif-Ould-Mohamed-ben-Chenin, [Bull. crim., n. 231]

5134. — ... Qu'il a traduit l'arrêt qui a repoussé la demande de l'accusé à fin de renvoi à une autre session, et a ordonné qu'il serait passé outre aux débats. — Cass., 25 juill. 1872, Tahar-ben-Saïd-ben-Zemouri et autres, [Bull. crim., n. 189]

5135. — Mais la constatation faite en termes généraux suffit; il n'est pas nécessaire de la renouveler pour chaque acte d'instruction; ainsi, il ne résulte pas de nullité de ce que le procès-verbal des débats ne constate pas qu'une déclaration de l'instruction écrite dont le président de la cour d'assises a donné lecture à l'audience en vertu de son pouvoir discrétionnaire, ait été traduite à l'accusé étranger par l'interprète qui lui a été nommé; il suffit que le procès-verbal établit qu'à toutes les phases du débat public, l'interprète n'a pas cessé d'être présent et d'assister l'accusé, pour qu'il y ait présomption légale qu'il a rempli ses fonctions. — Cass., 13 oct. 1865, Nikitschenkoff, [S. 66.1.33, P. 66.51]

5136. — Il en est ainsi alors surtout que le procès-verbal constate en outre qu'après la lecture de la pièce dont il s'agit, l'accusé aidé de l'interprète a été entendu dans ses observations. — Même arrêt.

5137. — Jugé aussi qu'il n'est pas nécessaire que le procès-verbal des débats constate expressément que l'interprète nommé pour assister un accusé a traduit à celui-ci les questions subsidiaires posées au jury comme résultant des débats. Il y a présomption légale que ces questions lui ont été traduites tout aussi bien que les questions principales, lorsque le procès-verbal constate que l'interprète a prêté son ministère chaque fois qu'il a été utile. — Cass., 31 mai 1878, Bou-Becker, [S. 78.1.483, P. 78.1240]; — 27 mai 1892, précité.

5138. — Alors même que le procès-verbal ferait mention de l'assistance de l'interprète dans certaines phases du débat, cela ne l'exclut pas nécessairement pour les autres, si la formule générale dont nous parlons a été insérée. — Cass., 8 août 1873, El-Haoussin-Ben-Boussaadia, [Bull. crim., n. 223]

5139. — Il y a présomption que l'interprète a traduit tout le débat, surtout lorsqu'il n'y a eu aucune réclamation à cet égard, soit de l'accusé, soit de son défenseur. — Cass., 10 déc. 1841, précité.

5140. — Il y a lieu, d'ailleurs, de rappeler ici le principe que nous avons posé, supra, n. 4932 et s., à savoir que le procès-verbal fait foi jusqu'à inscription de faux, c'est à la condition que les énonciations qu'il contient ne soient pas démontrées fausses par d'autres documents de la procédure ayant la même vertu probante, et notamment par les termes d'un arrêt. Ainsi, bien qu'il soit constaté par le procès-verbal que l'interprète a prêté son assistance toutes les fois que cela a été nécessaire, il y a nullité si la cour a donné acte au défenseur de ce que certaines dépositions, dont lecture a été donnée à l'audience, n'ont pas été traduites à l'accusé. — Cass., 4 juill. 1872, Aïssa-ben-Bakak et autres, [Bull. crim., n. 161]

5141. — ... Ou même si, sur la demande de l'accusé ou de son défenseur, la cour déclare ne pas se rappeler si, à un moment du débat, l'interprète a été ou non entendu. — Cass., 16 août 1862, Djelloul, [D. 64.5.85]

5141 bis. — Il a été jugé également que l'accomplissement de la mission de l'interprète doit être constaté à peine de nullité; qu'il ne suffirait pas, pour que cette constatation fût régulière, que le procès-verbal des débats énonçât, à la fin du compte-rendu de chacune des audiences consacrées au jugement de l'affaire, que « l'interprète a prêté son ministère toutes les fois qu'il a été utile » si l'autorité de ce document est infirmée par un arrêt incident de la cour d'assises dont les énonciations laissent incertain le point de savoir si la traduction des dépositions des témoins a réellement été faite, contrairement aux allégations de la défense. Dans l'espèce, la cour, répondant aux conclusions prises au nom des accusés, relativement au défaut de traduction, à l'audience de la veille, déclare « qu'elle ne peut, en l'état, être commémorative desdits faits et de leurs circonstances ». — Cass., 8 mai 1896, [Gaz. des Trib., 15-16 mai 1896]

5142. — De même, la mention générale insérée au procès-verbal que l'interprète a prêté son ministère toutes les fois qu'il a été utile est sans valeur lorsqu'elle est contredite par les constatations spéciales insérées dans le corps du procès-verbal. — Cass., 8 juin 1877, Mohamed-ben-Hamadeuck et autres, [Bull. crim., n. 134] ; — 31 janv. 1878, El-Magdad-Ben-Aïssa, [S. 79. 1.335, P. 79.814, D. 78.1.448]

5143. — L'interprète qui a assisté l'accusé n'est pas tenu de signer le procès-verbal. Sa présence et son assistance sont suffisamment constatées par les énonciations du procès-verbal. — Cass., 8 juin 1877, Mohamed-ben-Larbi, [Bull. crim., n. 4]

5144. — Nous verrons, infrà, n. 5447 et s., que la formalité du serment de l'interprète est prescrite à peine de nullité ; il en résulte que l'accomplissement doit en être constaté régulièrement. Le silence du procès-verbal des débats d'une cour d'assises sur le serment exigé de l'interprète fait présumer que la formalité a été omise et opère nullité. — Cass., 6 janv. 1826, Maerten, [P. chr.]

5145. — Cependant le défaut de mention, dans le procès-verbal des débats, qu'un interprète a prêté serment peut être suppléé par des pièces produites ultérieurement, établissant que la personne appelée en qualité d'interprète est non seulement un interprète juré près les tribunaux, nommé par l'autorité et assermenté, mais encore qu'a renouvelé le serment prescrit par la loi lors du tirage au sort des jurés de la session, en présence de tous les accusés qui devaient y être jugés. — Cass., 5 août 1847, Alzine, [P. 48.1.91] — V. infrà, n. 5437.

5146. — Lorsque le procès-verbal du tirage du jury constate la nomination et le serment de l'interprète, il est inutile que le procès-verbal des débats mentionne de nouveau la formalité du serment. — Cass., 7 mai 1875, Boderé, [Bull. crim., n. 147]

5147. — Mais bien que le procès-verbal des débats constate que l'accusé y a été assisté d'un interprète, et énonce, en se référant au procès-verbal du tirage au sort du jury de jugement, pour la constatation de ce fait, que cet interprète a prêté, lors de cette opération, le serment prescrit par la loi, les débats doivent être annulés si le procès-verbal du tirage ne mentionne pas cette prestation. — Cass., 22 sept. 1837, Lauer, [S. 40.1.118]

5148. — Il suffit d'ailleurs, pour que la procédure soit régulière, de constater que l'interprète a prêté le serment prescrit par la loi, sans qu'il soit nécessaire d'indiquer en quels termes ; cette constatation entraîne la présomption que le serment prêté a été celui de l'art. 332, C. instr. crim. — Cass., 8 déc. 1865, Faccini, [D. 66.1.143] ; — 31 mai 1877, Moussa-ben-Aouda, [Bull. crim., n. 136] ; — 3 sept. 1891, Bel-Hadj-ben-Hassane, [Bull. crim., n. 179] ; — 7 févr. 1895, [Gaz. des Trib., 11-12 févr. 1895] — Sic, Nouguier, t. 3, n. 1845 et 1846. — V. cependant, Cass., 30 déc. 1864, Granges, [Bull. crim., n. 305]

5149. — Et même, en Algérie, la mention : le président a interrogé l'accusé par l'intermédiaire de X... « pris comme interprète assermenté » est jugée suffisante. — Cass., 22 déc. 1876, Ali-ben-Mohamed-ben-Ahmed-ben-Alar, [Bull. crim., n. 263] — V. infrà, n. 5438.

5150. — Mais il faut que cette mention soit précise et que la présomption qui en résulte ne soit pas démentie par les termes mêmes du procès-verbal. — Cass., 3 sept. 1891, précité.

5151. — Ainsi, la mention portant que l'interprète a prêté le serment prescrit par l'art. 352, C. instr. crim. (au lieu de 332) crée une équivoque et ne permet pas de déterminer d'une façon certaine si l'interprète a prêté le serment prescrit par la loi, puisque cet art. 352 ne contient aucune formule de serment. — Même arrêt.

5152. — XIX. Audition du ministère public. — Le procès-verbal doit énoncer que le procureur général ou le magistrat qui le substitue ont été entendus, ont développé ou abandonné l'accusation ; que l'accusé ou son conseil ont répondu (C. instr. crim., art. 335). — V. suprà, n. 2639 et s., 2655 et s.

5153. — XX. Dernier mot. Accusé. — ... Que l'accusé a en la parole le dernier (C. instr. crim., art. 335). — V. suprà, n. 2690 et s.

5154. — Etablissent qu'il a été pleinement satisfait aux prescriptions de l'art. 335, C. instr. crim., les constatations du procès-verbal portant « qu'après le réquisitoire, le conseil de l'accusé a répondu au ministère public et a eu la parole le dernier, et que c'est seulement lorsqu'il n'y a plus rien eu à dire pour la défense,que le président a déclaré les débats terminés ». — Cass., 15 mai 1880, Granjean, [Bull. crim., n. 182]

5155. — XXI. Clôture des débats. — Le procès-verbal doit constater que le président a déclaré que les débats étaient terminés. — V. suprà, n. 2697 et s.

5156. — Mais l'omission faite par le greffier de mentionner dans son procès-verbal l'instant de la clôture des débats n'est pas une cause de nullité, lorsque cette omission se trouve réparée par les énonciations de la date de la déclaration du jury, de la délibération de la cour d'assises et de l'arrêt de condamnation. — Cass., 24 sept. 1829, Dauge, [S. et P. chr.]

5157. — XXII. Réouverture des débats. — Le procès-verbal mentionne la cause qui a amené la réouverture des débats et constate cette réouverture (V. suprà, n. 2703 et s.). La formule suivante a été approuvée par la Cour de cassation : « Au moment où le jury venait de rentrer dans la chambre de ses délibérations, le président s'étant aperçu que les questions telles qu'elles avaient été formulées pouvaient paraître entachées du vice de complexité et qu'il y avait lieu de les diviser, a fait inviter les douze jurés à reprendre leurs places dans l'auditoire ; il leur a alors exposé que, les questions n'ayant pas été régulièrement libellées, il y avait lieu de rouvrir les débats afin de rectifier l'erreur commise : il a alors rapporté l'ordonnance de clôture émanée de lui et a ordonné que les débats seraient rouverts ». — Cass., 17 mai 1889, Numa Gilly et autres, [S. 90.1.427, P. 90.1.1011, D. 89.1.317]

5158. — XXIII. Position des questions. — Le procès-verbal doit énoncer que le président a posé aux jurés les questions résultant de l'arrêt de renvoi et de l'acte d'accusation. — V. suprà, n. 2749 et s.

5159. — XXIV. — Lecture des questions. — ... Qu'il a été donné par le président lecture des questions. — V. suprà, n. 3680 et s.

5160. — Est sujet à cassation l'arrêt rendu contre l'accusé alors que le procès-verbal des débats ne mentionne pas la remise des questions au jury, sans constater qu'elles ont été lues au jury. — Cass., 27 oct. 1887, Lameulles, [Bull. crim., n. 358]

5161. — Mais quand la publicité des débats est incontestée, la constatation du procès-verbal portant que « le président a posé les questions à résoudre » suffit à établir que la lecture des questions a été faite publiquement. — Cass., 22 mai 1868, Ahmed-ould-el-Hadj-Amar, [Bull. crim., p. 221]

5162. — XXV. Contestations sur les questions. — ... Que la position des questions a soulevé telle ou telle contestation et la solution qui aura été donnée. — V. suprà, n. 3695 et s.

5163. — XXVI. Remises des questions aux jurés. — ... Que les questions ont été remises aux jurés. — V. suprà, n. 3815 et s.

5164. — S'il est nécessaire que l'accusé soit présent lors de la remise des questions par le président au jury (V. suprà, n. 3815 et s.), il n'est pas indispensable que le procès-verbal le mentionne expressément, s'il résulte de son ensemble que cette présence a été permanente et qu'il est dit notamment que le président, après avoir lu les questions et en avoir remis le texte au jury, a fait retirer l'accusé. — Cass., 12 juill. 1888, Charbonnier, [Bull. crim., n. 241]

5165. — XXVII. Avertissement relatif à la majorité des voix. — ... Que le président a averti les jurés que les déclarations contre l'accusé devaient être prises à la majorité, et que si à la majorité ils pensaient qu'il existe en faveur de l'accusé des circonstances atténuantes, ils avaient en faire mention dans leur déclaration. — V. suprà, n. 3759 et s.

5166. — Spécialement, il y a nullité des questions et de tout ce qui s'en est suivi lorsque la mention ne constate qu'il ait été satisfait par le président de la cour d'assises à la disposition de l'art. 341, C. instr. crim., concernant l'avertissement qui doit être donné aux jurés relativement aux circonstances atténuantes. — Cass. 20 sept. 1832, Eyman, [P. chr.] ; — 21 sept. 1832, Lang, [S. 33.1.313, P. chr.] ; — 1er mars 1849 (deux arrêts), Vichard et Buston ; Pinet, [P. 49.2.158, D. 49.5.72]

5167. — L'avertissement que le président de la cour d'assises doit donner au jury sur la manière de former sa déclaration est tellement de rigueur, qu'il y aurait nullité si le procès-verbal des débats constatait seulement que le président a donné aux jurés l'avertissement prescrit par un article du Code d'instruction criminelle dont le numéro est resté en blanc dans ce procès-verbal. — Cass., 22 janv. 1835, Besnard, [P. chr.]

5168. — Il y a également nullité, lorsque le greffier, au lieu d'énoncer que le président a donné l'avertissement exigé par l'art. 341, C. instr. crim., a mentionné l'art. 348, étranger aux avertissements qui doivent être donnés par le président. — Cass., 8 févr. 1844, Montmartin et Soletti, [P. 45.2.474]

5169. — ... Ou l'art. 381 au lieu de l'art. 341. — Cass., 30 juin 1853, Ferdinand, [Bull. crim., n. 228]

5170. — ... Ou l'art. 345 au lieu de l'art. 341. — Cass., 15 déc. 1859, Lefèvre, [Bull. crim., n. 274]

5171. — ... A moins toutefois qu'il ne résulte du contexte même du procès-verbal et des autres énonciations qu'il renferme que les avertissements prescrits par l'art. 341 ont été donnés au jury par le président. — Cass., 11 juin 1857, Bertin, [S. 57.1.717, P. 58.101, D. 59.5.108]

5172. — La loi, en effet, ne prescrivant pas de forme sacramentelle pour les avertissements qui doivent être donnés au jury, il suffit que, d'une manière générale, il soit constaté que ces avertissements ont été réellement donnés. — Cass., 7 janv. 1886, Vaisselles, [Bull. crim., n. 1]

5173. — Jugé, dans le même sens, que l'énonciation au procès-verbal des débats de la cour d'assises que le président a donné aux jurés les avertissements prescrits par les articles de la loi qu'il mentionne est suffisante, bien qu'elle ne rappelle pas les termes mêmes dans lesquels ces avertissements ont été donnés. Il suffit que le procès-verbal ne laisse subsister aucun doute sur l'accomplissement de la formalité. — Cass., 30 août 1849, Testart, [P. 56.1.264]; — 12 mars 1887, Hémelot, [Bull. crim., n. 105]

5174. — Et lorsque le procès-verbal énonce que le président a rappelé aux jurés les dispositions de l'art. 341, il est suffisamment prouvé qu'il leur a donné les avertissements prescrits par cet article, sans qu'il soit expressément indiqué quels ont été ces avertissements. — Cass., 27 juin 1833, Lecoq, [P. chr.]; — 11 janv. 1838, Girard, [P. 40.1.220]; — 10 oct. 1839, Peytel, [S. 39.1.955, P. 40.1.14]; — 12 déc. 1840, Lafarge, [S. 40.1.948, P. 42.2.622]; — 23 déc. 1843, [D. Rép., v° Instr. crim., n. 2947]; — 19 oct. 1845, Mulot, [P. 46.1.643]; — 23 déc. 1865, [Bull. crim., n. 228] — 29 nov. 1872, [Bull. crim., n. 296]; — 7 janv. 1886, précité; — 12 mars 1887, [Bull. crim., n. 105] — Sic, Nouguier, n. 3043.

5175. — Jugé aussi que lorsque le procès-verbal des débats constate que les avertissements au jury ont été donnés dans les termes des art. 341, 345 et 347, C. instr. crim., il ne saurait résulter une nullité de ce que le président n'aurait pas indiqué au jury la manière de répondre au cas du verdict négatif, ces avertissements ayant été donnés dans les termes de la loi. — Cass., 10 déc. 1885, Jurnot, [Bull. crim., n. 341]

5176. — ... Que l'énonciation, dans le procès-verbal d'une cour d'assises, que le président a donné au jury les avertissements prescrits par l'art. 341, C. instr. crim., fait présumer que c'est du nouvel art. 341, rectifié par la loi du 9 sept. 1835, et non de l'ancien art. 341, que le président a donné connaissance aux jurés. — Cass., 23 oct. 1840, Giraudier, [S. 41.1.363]

5177. — Dans tous les cas, si le procès-verbal et un arrêt incident intervenu à ce sujet constatent que l'avertissement a eu lieu, l'accusé est non recevable, devant la Cour de cassation, à offrir la preuve contraire sans s'être inscrit en faux et sans avoir préalablement consigné l'amende. — Cass., 13 avr. 1837, Farcinet, [P. 38.1.321]

5178. — XXVIII. Remise de l'acte d'accusation. — Le procès-verbal doit énoncer que le président a remis aux jurés l'acte d'accusation, les procès-verbaux qui constatent les délits et les pièces du procès autres que les déclarations écrites des témoins. Cependant la remise de ces pièces et par conséquent la mention de cette remise au procès-verbal n'est pas exigée à peine de nullité. — V. suprà, n. 3817 et s.

5179. — XXIX. Retrait des jurés dans la chambre des délibérations. — ... Que les jurés se sont retirés dans leur chambre pour délibérer. — V. suprà, n. 3885 et s.

5180. — XXX. Mesures d'ordre relatives à la délibération. — ... Que le président des assises a donné l'ordre de faire garder les issues de la chambre des délibérations. — V. suprà, n. 3955 et s.

5181. — Il est satisfait complètement aux prescriptions de cette partie de l'art. 343, lorsque le procès-verbal des débats énonce que le président a donné au chef de la gendarmerie de service l'ordre prescrit par l'art. 343, C. instr. crim., alors que d'ailleurs que cet ordre a été délivré en présence de l'accusé au moment où les jurés se retiraient pour délibérer. — Cass., 30 mai 1839, Nougué et Garos, [P. 43.2.298]; — 21 sept. 1848, Gatineau, [P. 49.2.631]

5182. — Il n'est d'ailleurs pas nécessaire, à peine de nullité, que le procès-verbal fasse mention que l'ordre donné l'a été par écrit. — Cass., 16 juin 1826, Oberveiller, [S. et P. chr.]; — 30 mai 1839, précité; — 27 août 1852, Mornac, [D. 52.5. 161]; — 24 déc. 1852, [Bull. crim., n. 416] — V. suprà, n. 3957.

5183. — A plus forte raison n'est-il pas nécessaire, à peine de nullité, que le procès-verbal indique à qui a été confié le soin de garder les issues de la chambre des délibérations. — Cass., 19 avr. 1850, Flourac, [D. 50.5.110]

5184. — Et s'il est constaté par le procès-verbal qu'un gendarme a gardé les issues de la chambre des délibérations, il y a présomption que l'ordre spécial a été donné. — Cass., 24 sept. 1840, [D. Rép., v° Instr. crim., n. 3046]; — 31 déc. 1840, [Ibid.]

5185. — XXXI. Renvoi dans la chambre des délibérations. — Le procès-verbal doit énoncer que les jurés ont été renvoyés dans leur chambre pour la rectification de leurs déclarations à raison de ce que les déclarations étaient incertaines, contradictoires, surabondantes ou incomplètes. Il doit être fait mention au procès-verbal du renvoi du jury et des circonstances qui ont donné lieu à ce renvoi. — V. suprà, n. 4616 et s.

5186. — Lorsque le jury est renvoyé dans sa chambre des délibérations pour y compléter sa déclaration, il n'est point nécessaire que le procès-verbal des débats reproduise ou constate la première déclaration incomplète ou irrégulière, ni que la seconde déclaration qui complète et régularise la première soit rédigée séparément et distinctement de celle-ci. La loi n'exige jamais qu'une seule déclaration du jury, que ce jury ait été ou non renvoyé dans la chambre de ses délibérations, pourvu que dans le premier cas sa déclaration ait été complétée ou régularisée. — Cass., 17 févr. 1849, Heyraud, [P. 50.2.228]; — 23 mars 1849, Biard, [S. 50.1.73]; — 14 déc. 1848, Martinet, [S. 50.1. 74] — Mais nous avons vu que lorsqu'au lieu de rectifier la première déclaration, le jury a substitué une seconde, la première doit être jointe à la procédure pour permettre à la Cour de cassation d'en constater l'irrégularité et pour justifier ainsi la légalité du renvoi des jurés dans la chambre des délibérations. — V. suprà, n. 4274 et s.

5187. — Il a même été jugé qu'il n'est pas indispensable, lorsque, sur la demande du ministère public et sans opposition de l'accusé, le jury a été renvoyé dans la chambre de ses délibérations pour y compléter sa déclaration jugée incomplète, que le procès-verbal fasse connaître en quoi la déclaration était incomplète. — Cass., 23 oct. 1840, Giraudier, [S. 41.1.363] — A notre avis cela est exact pour peu que l'arrêt de renvoi indique lui-même le motif du renvoi; mais à défaut de cette circonstance, le procès-verbal doit faire connaître le motif invoqué par la cour d'assises afin que la Cour de cassation puisse examiner si le renvoi a été légal, c'est-à-dire s'il a été basé sur une irrégularité certaine. — V. suprà, n. 4616 et s.

5188. — Lorsqu'il est dit, par erreur, dans l'expédition de l'arrêt, que la condamnation a été prononcée en vertu de la première déclaration du jury, il suffit, pour la régularité, que le procès-verbal des débats constate qu'elle l'a été en vertu de la seconde déclaration. — Cass., 16 oct. 1828, Ledurier, [S. et P. chr.] — V. suprà, n. 4278.

5189. — XXXII. Déclaration du jury. — Le procès-verbal doit énoncer que les jurés, après être rentrés dans l'auditoire, ont, par l'organe de leur chef, fait connaître la déclaration du jury. — V. suprà, n. 4174 et s.

5190. — La mention explicite, sur le procès-verbal des débats, de la présence des jurés à la remise de leur déclaration par le chef du jury au président de la cour d'assises, n'est pas prescrite, à peine de nullité. — Cass., 9 janv. 1847, Rolland, [P. 49.2.318] — V. Carnot, De l'instr. crim., art. 349, n. 2. — V. suprà, n. 4185.

5191. — L'omission des mots « la déclaration du jury » dans la partie du procès-verbal qui constate la lecture faite à l'audience par le chef du jury, conformément à l'art. 348, C. instr. crim., n'entraîne pas nullité lorsque les diverses énonciations du procès-verbal indiquent nettement que c'est bien le verdict du jury.

dont il a été donné lecture. — Cass., 8 mai 1884, Alonzo, [*Bull. crim.*, n. 159]

5192. — XXXIII. *Signature de la déclaration.* — Le procès-verbal doit énoncer que la déclaration a été signée par le chef du jury, le président et le greffier au moment où les jurés sont rentrés à l'audience (V. *suprà*, n. 4133 et s.). L'accomplissement de la formalité en temps utile est suffisamment constaté par l'ordre des inscriptions faites du procès-verbal. — Cass., 18 juill. 1878, précité. — Nous avons dit en effet, *suprà*, n. 4146 et s., qu'il n'est pas nécessaire que le procès-verbal indique le moment précis où les formalités substantielles relatives aux signatures ont été observées s'il résulte des autres indications de ce procès-verbal qu'elles ont été accomplies au moment voulu.

5193. — Ainsi, lorsque le procès-verbal des débats ne constate pas expressément que la déclaration du jury a été signée par le chef du jury en présence des jurés, il n'y a pas lieu à cassation, s'il résulte du rapprochement des énonciations du procès-verbal que la signature du chef du jury avait été, en fait, apposée en présence des jurés dans la chambre des délibérations ou à l'audience, et avait précédé celles du président et du greffier. — Cass., 16 janv. 1890, Ahmed-Lamoli et autres, [*Bull. crim.*, n. 11]

5194. — Mais la seule existence, au bas de la déclaration du jury, de la signature du chef du jury et de celles du président et du greffier, ne suffit pas à établir que ces signatures ont été apposées dans les conditions et au moment exigés par la loi. — Cass., 6 juill. 1876, Marin, [S. 76.1.327, P. 76.785] — Le procès-verbal des débats doit donc constater, à peine de nullité, non seulement que la déclaration du jury a été signée par le chef et remise par lui au président, en présence des jurés, mais aussi que le président a signé cette déclaration et l'a fait signer par le greffier, avant qu'il en ait donné lecture à l'accusé. — Cass., 6 juill. 1876, précité; — 10 janv. 1878, Montaner et autres, [*Bull. crim.*, n. 10]

5195. — XXXIV. *Présence de l'accusé à la déclaration du jury.* — Le procès-verbal des débats doit constater, à peine de nullité des débats et de l'arrêt de condamnation, que le président a fait comparaître l'accusé. — V. *suprà*, n. 4207 et s.

5196. — ... Et que la déclaration du jury a été lue publiquement à l'accusé par le greffier. — Cass., 20 déc. 1888, Besson, [*Bull. crim.*, n. 370]; — 18 avr. 1889, Chaptal, [*Bull. crim.*, n. 162] — *Sic*, Nouguier, n. 3467. — V. *suprà*, n. 4209.

5197. — Le défaut de mention au procès-verbal des débats que la déclaration du jury a été lue en présence de l'accusé entraîne la nullité de l'arrêt de condamnation, encore bien que ledit procès-verbal constate que le président a enjoint au greffier de lire cette déclaration s'il n'énonce pas que cet ordre a été exécuté. — Toute formalité non constatée au procès-verbal est, en effet, réputée n'avoir point été accomplie. — Cass., 14 sept. 1848, Gauthey, [P. 49.2.531]; — 23 avr. 1891, Mayence, [*Bull. crim.*, n. 95]

5198. — Lorsque l'accomplissement de cette formalité ne se trouve pas constaté par le procès-verbal des débats, il y a lieu d'annuler non seulement l'arrêt, mais encore les débats et la déclaration du jury. — Cass., 29 sept. 1834, Fromage, [S. 35. 1.135, P. chr.]; — 15 sept. 1836, Deransard, [S. 37.1.601, P. 37.1.348]; — 26 avr. 1839, Lecouturier, [S. 40.1.478, P. 39.2. 666]; — 22 mai 1847, précité; — 10 août 1848, précité; — 24 juill. 1851, Dorel, [P. 52.2.595]

5199. — XXXV. *Interpellation de l'accusé sur l'application de la peine.* — ... Que le président a interpellé l'accusé de s'expliquer sur l'application de la peine requise contre lui par le ministère public, et que l'accusé a fait ses observations. — V. *suprà*, n. 4719 et s.

5200. — Le procès-verbal doit constater l'accomplissement de la formalité, ou tout au moins que la liberté de la défense n'a pas souffert de l'omission (Nouguier, n. 3719). Si, par exemple, lorsque le procès-verbal d'audience ne mentionne pas que le président de la cour d'assises a, conformément à l'art. 363, C. instr. crim., demandé à l'accusé s'il avait quelque chose à dire sur la réquisition du ministère public tendant à l'application de la peine, il résulte cependant de ce document que l'avocat a recommandé son client à l'indulgence de la cour, cette mention garantit suffisamment que le vœu de la loi a été rempli. — Cass., 21 sept. 1837, Bertrand, [P. 40.1.133]; — 24 janv. 1850, Gesta et autres, [*Bull. crim.*, n. 30] — V. *suprà*, n. 4726.

5201. — Il a même été jugé que lorsque, au lieu de consta-

ter formellement qu'après les réquisitions du ministère public, pour l'application de la peine, le président de la cour d'assises a demandé à l'accusé s'il n'avait rien à dire pour sa défense, le procès-verbal des débats mentionne seulement que l'accusé n'a rien dit, il résulte implicitement de ces mots que l'accusé a été mis en demeure de faire ses observations. — Cass., 11 sept. 1828, Lamur, [P. chr.]

5202. — ... Que lorsque le procès-verbal porte « que le défenseur de l'accusé a eu, après les réquisitions du ministère public et avant le délibéré de la cour, un temps moral suffisant pour prendre la parole, et qu'il aurait pu exercer cette faculté s'il l'avait jugé convenable », la formalité est réputée accomplie. — Cass., 17 avr. 1851, Messio, [*Bull. crim.*, n. 137] — Mais ici encore, l'arrêt nous paraît avoir méconnu l'art. 363. La loi exige non seulement que l'accusé ait pu prendre la parole, mais qu'il ait été averti qu'il avait le droit de présenter ses observations. « *Le président demandera à l'accusé...* », dit l'art. 363. C'est fausser l'application de l'article que de se contenter d'une simple attente, sans aucune interpellation.

5203. — Cependant quand l'arrêt de condamnation constate l'audition de l'accusé et de son défenseur sur l'application de la peine, peu importe que le procès-verbal ne mentionne pas l'avertissement du président à l'accusé d'avoir à produire ses moyens. — Cass., 12 juin 1869, Pillet, [*Bull. crim.*, n. 140]

5204. — Quand le président a averti l'accusé de ce qu'il lui était permis de dire sur l'application de la peine, le silence du procès-verbal sur sa réponse fait présumer légalement qu'il n'a rien répondu. — Cass., 2 sept. 1830, Gromelle, [P. chr.]; — 23 juin 1831, Hatterer, [P. chr.]; — 15 mars 1832, Ballière, [S. 32. 1.669, P. chr.] — *Sic*, Carnot, sur l'art. 363, *C. instr. crim.*, t. 2, p. 741, n. 3.

5205. — Au surplus, si mention de l'interpellation doit résulter explicitement ou implicitement des termes du procès-verbal, il n'est pas nécessaire qu'il mentionne les explications fournies par l'accusé sur l'application de la peine. — Cass., 29 févr. 1844, Barbe Ropars, [*Bull. crim.*, n. 69] — *Sic*, Nouguier, t. 4, n. 3722.

5206. — XXXVI. *Délibération de la cour.* — Le procès-verbal doit constater que la délibération de la cour a eu lieu à voix basse. — V. *suprà*, n. 4739 et s.

5207. — XXXVII. *Prononcé de l'arrêt.* — ... Que l'arrêt a été prononcé à haute voix par le président en présence du public; qu'avant de le prononcer le président a lu le texte de la loi à appliquer — V. *suprà*, n. 4779 et s.

5208. — Cependant, il n'est pas nécessaire que le procès-verbal des débats constate en termes exprès que l'arrêt prononcé par le président a été par lui lu à haute voix. — Cass., 5 mai 1849, Daniel, [P. 50.4.622]

5209. — La loi n'exige pas davantage que l'arrêt de condamnation soit transcrit textuellement dans le procès-verbal des débats; il suffit que le procès-verbal fasse mention de la peine prononcée. — Cass., 5 janv. 1832, Lecomte, [S. 32.1.511, P. chr.]

5210. — XXXVIII. *Avertissement relatif au pourvoi.* — ... Que le président a averti l'accusé qu'il avait trois jours pour se pourvoir en cassation. — V. *suprà*, n. 4824 et s.

5211. — Lorsque le procès-verbal des débats porte que l'avertissement du délai du pourvoi a été donné sous un autre nom que celui de l'accusé, il n'y a pas nullité s'il ne peut en résulter aucune incertitude sur l'individualité du condamné, qui, en fait, s'est pourvu. — Cass., 26 mars 1874, Landais, [*Bull. crim.*, n. 98]

§ 2. *Enonciations que le procès-verbal ne peut contenir.*

5212. — Tout d'abord, les procès-verbaux des audiences en cour d'assises ne sauraient relater ce qui s'est passé en dehors de l'audience, alors qu'aucun incident ne s'est produit en séance sur ces circonstances extérieures.

5213. — La jurisprudence en a tiré cette conclusion que, lorsque le président, à la suite d'un tirage de plusieurs jurés supplémentaires, a prescrit de les citer *dans l'ordre du tirage*, et que, les *derniers* dans cet ordre, s'étant présentés les *premiers*, ont été inscrits sur la liste et ont fait partie du jury de jugement, l'accusé ne saurait se faire un grief de ce qu'il n'est pas mentionné au procès-verbal que les jurés qui précédaient ceux ainsi inscrits avaient été recherchés et n'avaient pu être trouvés et cités. — Cass., 14 sept. 1893, Hunardin, [*J. Le Droit*, 22 sept. 1893]

5214. — La loi ne prescrit, à cet égard, aucune formalité spéciale. — Même arrêt.

5215. — L'art. 372 porte qu'il ne sera fait mention au procès-verbal, ni des réponses des accusés, ni du contenu aux dispositions, sans préjudice, toutefois, de l'exécution de l'art. 318 concernant les changements, variations et contradictions dans les dépositions des témoins. Étudions d'abord le principe, nous examinerons ensuite l'exception.

5216. — I. *Principe.* — La contravention à l'interdiction prononcée par l'art. 372, C. instr. crim., de faire mention des réponses de l'accusé ou du contenu des dépositions, emporte nullité. — V. notamment, Cass., 1er oct. 1857, Galinier, [*Bull. crim.*, n. 356]; — 11 mars 1864, Aly Sar, [*Bull. crim.*, n. 66] — V. aussi Nouguier, *Cours d'ass.*, t. 4, n. 4013 et s.; F. Hélie, *Instr. crim.*, t. 7, n. 3540.

5217. — *a*) *Déclarations des accusés.* — Et, tout d'abord, la constatation, au procès-verbal des débats, des déclarations faites par un accusé est une cause de nullité. — Cass., 2 janv. 1840, Legrand, [S. 40.1.76, P. 40.1.611]; — 6 mars 1891, Rassa-Ratinom, [*Bull. crim.*, n. 55] — *Sic*, Cubain, p. 484, n. 781.

5218. — Il en est ainsi même dans le cas où les déclarations faites à l'audience par l'accusé sont différentes de celles faites à l'instruction : le procès-verbal ne doit pas constater ces variations. La disposition de l'art. 318, C. instr. crim., qui permet au président de faire tenir note par le greffier des changements des témoins dans leurs dépositions, ne peut pas être étendue au cas où il s'agit des contradictions d'un accusé. — Même arrêt.

5219. — Par application de ce principe, il a été jugé qu'est nul le procès-verbal des débats qui constate que l'accusé a renouvelé l'aveu du crime qui lui était imputé. — Cass., 2 janv. 1840, précité.

5220. — ... Que l'accusée a dit : « Mon mari n'est pas coupable; moi seule ait fait le coup ». — Cass., 14 sept. 1854, Orbant, [*Bull. crim.*, n. 279]

5221. — ... Que l'accusé a reconnu tels vêtements pour être « ceux qu'il portait le jour de son arrestation », ce qui constituait une des charges de l'accusation. — Cass., 21 févr. 1891, Nicolas Loison, [*Bull. crim.*, n. 46]

5222. — ... Que l'accusé a persisté dans ses rétractations. — Cass., 6 juin 1844, Clergeaud, [S. 44.1.781, P. 44.2.270]

5223. — ... Ou que, sur l'interpellation du président relative à l'application de la peine, l'accusé a protesté de son innocence. — Cass., 10 juin 1852, Duclos, [*Bull. crim.*, n. 186]; — 6 mai 1854, Vattier, [*Bull. crim.*, n. 140]; — 14 mars 1856, Heu, [S. 56.1.704, P. 57.368] — ... Ou a protesté contre une des charges de l'accusation. — Cass., 21 févr. 1891, précité.

5224. — La constatation au procès-verbal des débats devant la cour d'assises, des déclarations faites par un accusé est une cause de nullité, alors même que ces déclarations ont été spontanées. — Cass., 10 juin 1875, Claude Perreau, [*Bull. crim.*, n. 184]

5225. — L'interdiction portée par l'art. 372, C. instr. crim., de mentionner au procès-verbal les réponses des accusés n'a d'autre but que de sauvegarder les droits de la défense en cas d'un nouveau débat. Il en résulte qu'il n'y a nullité qu'autant que la réponse insérée au procès-verbal est de nature à porter atteinte à ces droits. — Cass., 7 avr. 1881, Avérons, [*Bull. crim.*, n. 96]

5226. — En d'autres termes, la prohibition de l'art. 372, C. instr. crim., n'a trait qu'aux réponses impliquant un aveu ou ayant une relation quelconque avec la culpabilité de l'accusé. — Cass., 18 nov. 1875, Froidure, [*Bull. crim.*, n. 321]

5227. — Jugé, par application de ce principe, que la prohibition de l'art. 372, C. instr. crim., ne s'applique pas à la réponse par laquelle l'accusé se recommande à l'indulgence de la cour. — Cass., 27 mai 1852, Cauvry, [S. 61.1.747, *ad notam*, P. 62.192, *ad notam*] — *Sic*, F. Hélie, t. 8, n. 3856.

5228. — ... Qu'il n'y a pas non plus infraction à la prohibition de faire mention des réponses de l'accusé dans le procès-verbal des débats, lorsque ce procès-verbal se borne à constater que l'accusé a répondu négativement à la question qui lui a été adressée par le président des assises de savoir s'il avait quelque chose à dire sur les réquisitions du ministère public pour l'application de la peine. — Cass., 12 avr. 1861, Mallet, [S. 61.1.748, P. 62.192]; — 6 juin 1861, [*Bull. crim.*, n. 194]

5229. — ... Que lorsqu'il est constaté au procès-verbal que la pièce arguée de faux, ayant été placée sous les yeux de l'ac-

cusé, celui-ci a *déclaré* la reconnaître pour celle dont il avait fait usage comme constituant, selon lui, le testament olographe fait en sa faveur, cette réponse, qui n'implique pas un aveu de culpabilité, ni une relation quelconque avec la culpabilité, n'est pas de nature à nuire au droit de la défense en cas de nouveau débat, et que la mention suspécifiée ne saurait donner lieu à cassation. — Cass., 7 avr. 1881, précité.

5230. — ... Que le procès-verbal peut, sans qu'il en résulte nullité, mentionner la réponse faite par l'accusé à la question du président sur le point de savoir s'il reconnaît les pièces relatives au délit. — Cass., 28 janv. 1876, Nicolas Larbaud, [*Bull. crim.*, n. 31] — ... pourvu, d'ailleurs, que cette reconnaissance n'implique pas par elle-même la reconnaissance du crime ou du délit.

5231. — Par la même raison, l'accusé ne peut se faire aucun grief de ce que le procès-verbal fait mention de certaines de ses réponses, s'il s'agit seulement de celles qui ont servi à constater son identité. — Cass., 18 nov. 1875, précité.

5232. — De plus, un arrêt inséré au procès-verbal peut relater soit certaines réponses de l'accusé, soit certaines circonstances relatives à la déclaration d'un témoin, lorsque cela n'est inséré que pour motiver et justifier la mesure ordonnée par la cour. — Cass., 29 juin 1854, Boucher, [*Bull. crim.*, n. 208]; — 9 août 1860, Joannon et autres, [*Bull. crim.*, n. 187]

5233. — L'accusé ne peut non plus se faire un grief de la mention de ses déclarations lorsqu'il en a été pris note pour justifier l'accomplissement d'une formalité dont l'omission était par lui prétendue. Ainsi, il ne résulte pas nullité de ce que le procès-verbal des débats constate que l'accusé a déclaré s'être servi du fusil qui lui était représenté, pour commettre le crime à lui imputé, lorsque cette mention, ainsi que les énonciations d'un arrêt incident rendu par la cour d'assises, ont été à la suite des conclusions prises par le défenseur, et qu'il s'agissait d'établir que le fusil, pièce à conviction, avait été représenté à l'accusé. — Cass., 27 sept. 1883, Bender, [*Bull. crim.*, n. 238]

5234. — Mais la mention, dans le procès-verbal des séances de la cour d'assises, de la substance des déclarations faites par les accusés, touchant quelques-uns des faits de l'accusation, est une cause de nullité, alors que la nécessité de cette mention ne résulte ni des circonstances auxquelles se référaient ces déclarations ni de celles qui les ont accompagnées. — Cass., 18 sept. 1845, Couadier et Dupont, [P. 48.2.262]

5235. — La mention au procès-verbal des réponses d'un accusé n'est pas, d'ailleurs, interdite dans l'intérêt unique de cet accusé, mais dans l'intérêt de tous les accusés sans distinction. — Cass., 6 juin 1844, Clergeaud, [S. 44.1.781, P. 44.2.270] — Il en résulte que la nullité qui frappe le procès-verbal profite à tous les accusés indistinctement, même à ceux dont les réponses n'ont pas été relatées. — Nouguier, n. 4012.

5236. — *b*) *Dépositions des témoins.* — L'insertion au procès-verbal des débats, des dépositions de témoins, autres que celles dans lesquelles se sont fait remarquer des additions, changements ou variations, entraîne aussi bien que la relation des réponses de l'accusé, la nullité des débats et de l'arrêt de condamnation. — Cass., 10 avr. 1835, Lancery, [S. 35.1.734, P. chr.]; — 23 juill. 1857, Bolo, [*Bull. crim.*, n. 284]; — 1er oct. 1857, Galmier, [*Bull. crim.*, n. 355]; — 9 août 1860, précité; — 11 mars 1864, Aly Sar, [*Bull. crim.*, n. 66]; — 15 déc. 1871, Moniez, [*Bull. crim.*, n. 180]; — 10 janv. 1889, Léon Bonevise, [*Bull. crim.*, n. 10]

5237. — Jugé, spécialement, que le procès-verbal des débats d'une cour d'assises est nul s'il contient la substance des dépositions de témoins qui n'ont pas été entendus dans l'instruction écrite. — Cass., 10 avr. 1835, précité; — 6 janv. 1838, Poivre, [S. 38.1.901]; — 23 juill. 1857, précité.

5238. — ... Alors même que les dépositions dont la substance est relatée avaient pour objet d'obtenir des renseignements sur l'état mental de l'accusé. — Cass., 1er oct. 1857, [*Bull. crim.*, n. 356]

5239. — ... Qu'il ne peut être tenu note dans le procès-verbal des débats des dépositions reçues pour la première fois et à titre de simples renseignements en vertu du pouvoir discrétionnaire du président de la cour d'assises. — C. d'ass. de la Corse, 16 mars 1843, Cotoni, [P. 43.2.413]

5240. — ... Qu'est nul le procès-verbal des débats qui mentionne la reconnaissance faite par les témoins des pièces à conviction qui leur ont été représentées, lorsque cette mention n'est motivée par aucune addition ou variation qui aurait existé entre la déposition orale des témoins et leurs précédentes déclarations. — Cass., 17 avr. 1873, Mano, [S. 73.1.287, P. 73.686] — Sic, Nouguier, *Cour d'ass.*, t. 4, n. 4013 et s.; F. Hélie, *Instr. crim.*, t. 7, n. 3540.

5241. — ... Qu'est nul le procès-verbal des débats qui mentionne le résultat d'expériences faites par des experts commis par le président et entendus en vertu de son pouvoir discrétionnaire. — Cass., 22 mars 1873, N..., [S. 73.1.287, P. 73.687]

5242. — Mais l'énonciation du procès-verbal ayant pour objet de faire connaître qu'un expert a déclaré que tous les experts ont été unanimes dans leurs conclusions ne vicie pas le procès-verbal. — Cass., 1er sept. 1859, Lourse, [*Bull. crim.*, n. 220]

5243. — Le procès-verbal peut aussi, sans contrevenir aux prescriptions de l'art. 372, C. instr. crim., faire mention de certaines circonstances de fait qui se sont produites à la suite de la déposition d'un témoin et constater les mesures prescrites par le président en vertu de son pouvoir discrétionnaire. — Cass., 3 janv. 1876, Laporte, [*Bull. crim.*, n. 36]

5244. — Au surplus, la prohibition de l'art. 372, C. instr. crim., ne met pas obstacle à l'exercice du droit qu'a le ministère public de faire constater au procès-verbal, sans être tenu d'en articuler les motifs, tout fait ou toute déposition qui lui paraissent devoir être retenus comme pouvant servir de base à une action ultérieure. — Cass., 6 janv. 1893, Ayachi, [*Bull. crim.*, n. 5]

5245. — En conséquence, il n'y a pas nullité lorsque, sur la réquisition du ministère public, par l'ordre du président et immédiatement après la confrontation d'un témoin avec d'autres témoins, sa déposition est transcrite au procès-verbal des débats. — Cass., 12 déc. 1840, Lafarge, [S. 40.1.948, P. 42.2.622]; — 13 déc. 1860, Battestini, [*Bull. crim.*, n. 286]

5246. — L'art. 372, C. instr. crim., n'interdit pas non plus au procès-verbal de la cour d'assises de faire constater, autrement que par le procès-verbal des débats, les faits étrangers à l'accusé dont il acquiert la connaissance dans le cours des débats, lorsque ces faits peuvent être l'objet d'une poursuite de la part du ministère public. — Cass., 23 avr. 1846, Guillaume, [P. 49.2.452]

5247. — Spécialement, l'accusé ne peut se prévaloir de ce que le président aurait fait prendre note, en dehors du procès-verbal de la séance, de l'inculpation de vol imputée par un des témoins à un autre témoin. — Même arrêt.

5248. — Le président a le même droit en vertu de son pouvoir discrétionnaire, lorsque l'insertion d'une déposition importe à la manifestation de la vérité. — Cass., 13 août 1863, Lacomme d'Ecoulles de Montfaur, [*Bull. crim.*, n. 219]

5249. — De plus, l'accusé ne peut se plaindre de la relation au procès-verbal des débats de la substance d'une déposition, lorsque c'est sur sa demande que cette mesure a été ordonnée. — Cass., 7 janv. 1858, Bolo, [*Bull. crim.*, n. 3]

5250. — D'une façon générale, l'accusé ne peut se plaindre de la relation d'un témoignage dans le procès-verbal lorsque c'est dans son propre intérêt que cette mention a eu lieu, et notamment à la demande du ministère public pour justifier l'abandon de l'accusation sur un point démenti par un témoignage. — Cass., 15 déc. 1841, Moniez, [*Bull. crim.*, n. 180]

5251. — Ajoutons que le procès-verbal peut incontestablement reproduire les demandes du président et les réponses des témoins relatives à la constatation de leur identité. — Cass., 17 avr. 1863, Guihoux, [*Bull. crim.*, n. 124]; — 12 juin 1873, Rossat-Mignot, [*Bull. crim.*, n. 158] — Les dépositions des témoins ne font l'objet de l'interdiction dont il s'agit qu'en ce qu'elles ont rapport aux faits de l'accusation.

5252. — II. *Exception au principe.* — Aux termes de l'art. 318, C. instr. crim., le président fait tenir note par le greffier des additions, changements ou variations qui pourraient exister entre la déposition d'un témoin et ses précédentes déclarations.

5253. — L'art. 372, C. instr. crim., en prescrivant de ne faire mention au procès-verbal des débats de la cour d'assises ni des réponses des accusés, ni du contenu aux dépositions des témoins, réserve toutefois l'exécution de cet art. 318 concernant les changements, variations et contradictions de ces dépositions. Il y a donc lieu d'insérer dans le procès-verbal les additions

faites par un témoin à ses déclarations précédentes. — Cass., 30 mars 1849, Dubuisson-Duplessis, [P. 50.1.489]

5254. — D'ailleurs, la disposition de l'art. 318, C. instr. crim., aux termes de laquelle le président de la cour d'assises doit faire tenir note par le greffier des divers changements et additions apportés par des témoins à leurs dépositions antérieures, n'est pas prescrite à peine de nullité. — Cass., 11 avr. 1817, Verdier, [S. et P chr.]; — 28 mai 1818, Servat, [P. chr.]; — 19 avr. 1821, Picard, [S. et P. chr.]; — 7 oct. 1825, Dammont, [S. et P. chr.]; — 23 avr. 1835, Fanelly, [S. 35.1.746, P. chr.]; — 22 sept. 1848, Proust de Rostaing, [S. 49.1.303, P. 49.2.647]; — 17 sept. 1863, Verragou, [*Bull. crim.*, n. 247]; — 6 janv. 1870, Delbard, [S. 70.1.376, P. 70.976]; — 5 juill. 1872, Muzier, [*Bull. crim.*, n. 165]; — 26 déc. 1879, Cholley, [S. 80.1.440, P. 80.1088]; — 7 févr. 1896, [*Gaz. des Trib.*, 20 févr. 1896]

5255. — ... Alors surtout que l'accusé ni son conseil n'ont fait aucune réquisition à cet égard. — Cass., 23 avr. 1835, précité.

5256. — Jugé, spécialement, que le défaut de mention au procès-verbal de la cour d'assises d'une addition à la déposition d'un témoin qui a donné lieu à la réouverture des débats, n'opère pas nullité, lorsqu'il est d'ailleurs constant que cette réouverture des débats a eu lieu régulièrement. — Cass., 27 mars 1834, Savez, [S. 34.1.432, P. chr.]

5257. — L'accusé ne peut donc se faire un grief de ce qu'il se serait produit dans les dépositions d'un témoin certaines variations dont le procès-verbal ne ferait pas mention. — Cass., 6 oct. 1853, Euvrard, [*Bull. crim.*, n. 495]

5258. — A l'inverse, l'accusé ne peut se plaindre qu'il ait été pris note de prétendues additions qu'il aurait relevées dans la déposition d'un témoin et qui auraient été relatées dans le procès-verbal à sa propre demande. — Cass., 7 janv. 1858, précité.

5259. — D'après les termes mêmes de l'art. 318, c'est sur l'invitation du président qu'il est pris note des variations survenues dans les témoignages. Mais la mention de l'ordre donné par le président ne doit pas nécessairement être expresse. Lorsque le procès-verbal des débats de la cour d'assises relate une addition faite par un témoin à ses précédentes déclarations, il y a présomption de droit que le greffier n'en a fait mention que de l'ordre du président qui a signé le procès-verbal. — Cass., 7 mai 1846, Simon, [P. 49.2.453]

5260. — De même, lorsqu'il résulte du procès-verbal des débats que le président de la cour d'assises a ordonné de tenir note des additions faites par un témoin à ses précédentes dépositions, les explications fournies par un second témoin sur les déclarations du premier doivent être considérées comme se liant intimement avec elles, et, en conséquence, il ne saurait résulter un moyen de nullité de ce que le procès-verbal ne porte point que c'est sur l'ordre du président que le greffier a pris note des explications fournies par le second témoin. — Cass., 11 févr. 1843, Cazassus, [P. 43.1.604]

5261. — Lorsque, après la déposition d'un témoin, le conseil de l'accusé a prié le président de donner ordre au greffier de tenir note des réponses de ce témoin aux questions qu'il désirait lui faire poser, et que cet ordre a été effectivement donné, il y a présomption de droit que l'insertion des réponses au procès-verbal a eu pour but et pour résultat de constater les additions, changements et variations, conformément à l'art. 318, C. instr. crim., et l'accusé n'est pas fondé à se faire un grief de ces mentions. — Cass., 7 déc. 1882, Fasquel, [*Bull. crim.*, n. 266]

5262. — Il n'y a pas lieu de faire tenir note par le greffier de toute espèce de variations dans les déclarations des témoins. Ainsi, le président de la cour d'assises n'est point tenu de faire constater la variation existant entre la déposition orale d'un témoin lors des débats et sa déclaration dans l'instruction écrite, à moins que ces variations ne soient de nature à constituer une prévention de faux témoignage. — Cass., 16 déc. 1841, Rodong, [P. 42.1.734] — V. *supra*, n. 5244.

5263. — Il a même été jugé qu'il ne doit être tenu note des explications données par des accusés ou des témoins qu'autant qu'il s'est élevé à cet égard quelque incident, et qu'il a été pris des conclusions sur ce point. — Cass., 10 août 1837, Goupil, [S. 37 1.1021, P. 39.2.556]

5264. — Les variations des témoins dans leurs dépositions ne peuvent par elles-mêmes fournir une ouverture à cassation. — Cass., 19 juin 1817, Jacques Hubert, [P. chr.]

CHAPITRE XXII.

INCIDENTS.

5265. — Dans les chapitres précédents, nous avons étudié la marche régulière de la procédure se déroulant avec ses phases ordinaires. Mais des incidents peuvent se produire qui compliquent, suspendent, ou arrêtent même complètement la marche de cette procédure. Il nous reste à en parler.

Section I.

Huis clos.

5266. — Le principe de la publicité des débats est l'un des moins contestés de notre droit public. Il n'y est fait exception que pour le cas où cette publicité peut être dangereuse pour l'ordre et les mœurs. Et dans ce cas, la cour ou le tribunal doit le déclarer par un jugement. Ce principe, expressément rappelé dans les art. 388 et 393, est tout naturellement applicable aux débats de la cour d'assises, qui doit, lorsqu'il y a lieu d'ordonner le huis clos, le proclamer par arrêt. — Nouguier, n. 3485.

5267. — Le huis clos est ordonné soit d'office par la cour, soit sur les réquisitions du ministère public; mais il n'est pas nécessaire que les réquisitions tendant à ce que les débats aient lieu à huis clos soient signées par le magistrat du parquet. Cette formalité, qui n'est point prescrite à peine de nullité, n'a d'ailleurs rien de substantiel, et peut être suppléée par la mention desdites conclusions dans le procès-verbal d'audience. — Cass., 16 janv. 1845, Senil, [P. 46.1.44]

5268. — Pour qu'il soit régulièrement procédé à huis clos aux débats d'une affaire, il est donc nécessaire que la décision prise à ce sujet émane non du président seul, mais de la cour d'assises, attendu la nature scandaleuse du procès.

5269. — Il avait été jugé que les décisions des cours d'assises rendues sur les réquisitions du ministère public ne sont pas soumises à toutes les formes extérieures exigées pour les arrêts définitifs; que dans une affaire pour les débats de laquelle le ministère public avait requis le huis clos, l'accusé ne pouvait se faire un moyen de cassation de ce que l'arrêt ordonnant le huis clos (arrêt rendu à la suite de la formation du tableau du jury) n'avait pas été prononcé en séance publique par le président, ni de ce que la partie des débats qui avait motivé le huis clos étant terminée, le président avait ordonné l'ouverture des portes et l'admission du public, sans que la cour eût rendu un nouvel arrêt pour rapporter celui qui ordonnait le huis clos. — Cass., 27 déc. 1817, Piller, [S. et P. chr.]

5270. — Mais il a été décidé, depuis, avec juste raison, que, conformément au principe général, l'arrêt qui ordonne que les débats auront lieu à huis clos doit être rendu publiquement à peine de nullité. — Cass., 24 déc. 1840, Burgevin, [S. 42.1.237, P. 43.2.436]; — 11 mars 1841, Macé, [P. 42.1.308]; — 10 juin 1841, Dupuy, [P. 42.2.612]; — 27 déc. 1849, Baudet, [S. 50.1. 640, P. 51.1.539, D. 51.5.451]; — 28 déc. 1850, Delmotte, [Bull. crim., n. 439]; — 8 juill. 1852, Trinoux [D. 52.5.459]; — 16 juin 1853, Lagnon, [D. 53.5.385] — Sic, Nouguier, n. 3494. — Toutes les formalités qui précèdent la lecture de l'arrêt de renvoi et de l'acte d'accusation doivent également être remplies en audience publique, à peine de nullité. — Cass., 12 déc. 1823, Bouland, [S. et P. chr.]; — 4 sept. 1840, Michel, [S. 41.1.668]

5271. — L'arrêt ordonnant le huis clos est suffisamment revêtu d'un caractère authentique par la signature du président et du greffier, sans qu'il soit besoin de la signature des autres juges. — Cass., 29 déc. 1854, Gaisne, [D. 54.5.457]; — 11 avr. 1856, Quinard, [Bull. crim., n. 151]; — 13 nov. 1856, Roulin, [S. 57.1.390, P. 57.1175, D. 56.1.469]

5272. — Et même, un arrêt ordonnant le huis clos n'a pas besoin d'être revêtu d'une manière spéciale de la signature du président et de celle du greffier, lorsque cet arrêt se trouve relaté dans le corps du procès-verbal des débats; la signature apposée sur le procès-verbal suffit en ce cas pour revêtir du caractère d'authenticité l'arrêt dont il s'agit. — Cass., 23 févr. 1821, Bouclet, [S. et P. chr.]; — 19 janv. 1827, Tichant et Foyer, [S. et P. chr.]; — 16 janv. 1845, précité; — 13 nov. 1856, précité. — Sic, Nouguier, n. 3496.

5273. — Cet arrêt doit, comme tout autre, être motivé. L'arrêt qui ordonne le huis clos dans une affaire criminelle, est nul pour défaut de motifs, s'il ne contient pas en même temps la déclaration que la publicité des débats serait dangereuse pour les mœurs et l'ordre public. — Cass., 18 janv. 1827, Labbé, [S. et P. chr.]; — 17 mars 1827, Dieuf, [S. et P. chr.]; — 12 juin 1828, Bazot, [S. et P. chr.]; — 9 sept. 1830, Carrier, [S. 31.1.186, P. chr.]; — 28 avr. 1837, G..., [S. 37.1.300, P. 37.1.357]; — 24 janv. 1848, Marquès de Girgot, [P. 49.1.618]; — 11 janv. 1867, Cousin, [S. 67.1.267, P. 67.665, D. 67.1.83]; — 23 févr. 1871, Mussidan, [D. 71.1.32]; — 29 févr. 1872, Grosjean, [Bull. crim., n. 50]

5274. — Doit donc être cassé l'arrêt prononcé à la suite de débats ayant eu lieu à huis clos, si le procès-verbal se borne à relater que la publicité des débats serait dangereuse pour les mœurs sur lesquels la cour s'est appuyée pour ordonner cette mesure. — Cass., 29 déc. 1893, [Bull. crim., n. 377]

5275. — Mais il n'est pas nécessaire d'indiquer pour quel motif la publicité des débats serait dangereuse pour les mœurs ou l'ordre public. — Cass., 21 févr. 1878, Plet, [Bull. crim., n. 51]

5276. — D'une façon générale, les juges ne sont tenus à aucune expression sacramentelle pour justifier leur décision. Ainsi est suffisamment motivé l'arrêt déclarant que la publicité d'une déposition serait de nature à causer du scandale. — Cass., 30 juill. 1852, Chanoine, [S. 53.1.63, P. 53.1.629, D. 52.4.256]

5277. — Il n'est pas prescrit non plus, à peine de nullité, de citer l'article de la loi, qui autorise les juges à prononcer le huis clos. — Cass , 3 juin 1852, Valotaire, [S. 52.5.460]

5278. — A plus forte raison, n'y a-t-il pas nullité s'il y a eu erreur sur le texte de loi applicable. — Cass., 30 juill. 1852, précité.

5279. — En ne déterminant pas les crimes dont l'instruction orale pourrait être secrète, la loi a abandonné aux lumières et à la conscience des cours et tribunaux l'appréciation des faits et circonstances de nature à nécessiter le huis clos. Leurs décisions à cet égard sont hors des attributions de la Cour de cassation. — Cass., 5 oct. 1821, Naulet, [S. et P. chr.]; — 12 juill. 1833, Lachassagne, [P. chr.] — Sic, Nouguier, n. 3486.

5280. — Aussi a-t-il été jugé que le huis clos peut être ordonné sans qu'il soit besoin d'entendre ou d'interpeller l'accusé à cet égard. — Cass., 14 déc. 1827, Boudin, [S. et P. chr.]; — 6 nov. 1840, Rouger, [S. 41.1.523, P. 41.1.604]; — 30 juill. 1852, précité; — 6 avr. 1854, Rossat, [D. 54.5.618]; — 16 juin 1855, Frenelle, [D. 55.5.370]; — 5 juill. 1866, Sausonnetti, [D. 66.5.396]; — 2 sept. 1875, Esterlin, [Bull. crim., n. 287] — Sic, Nouguier, n. 3492.

5281. — Il suffit qu'aucun empêchement n'ait été apporté de la part du président à ce que l'accusé contredît, si bon lui semblait, les conclusions du ministère public sur ce point. — Cass., 6 nov. 1840, précité.

5282. — Si donc l'accusé demandait à présenter des observations sur les réquisitions du ministère public réclamant le huis clos, on devrait lui accorder la parole. — Cass., 8 janv. 1848 (sol. impl.), Chéron, [S. 48.1.254, P. 48.2.530, D. 48.5.309]; — 4 avr. 1850 (sol. impl.), Guéry, [S. 50.1.813, P. 52.2.297, D. 50. 5.395]; — 5 juill. 1866 (sol. impl.), précité.

5283. — A titre d'exemple, la Cour de cassation a décidé que le huis clos avait pu être légalement ordonné même dans une affaire de vol par une servante. — Cass., 16 mars 1866 (motifs), [S. 67.1.43, P. 67.65, D. 66.1.359]

5284. — Le huis clos prononcé pour les débats s'étend virtuellement à tous les incidents contentieux qui s'élèvent, à l'exclusion du prononcé des arrêts incidents (V. infrà, n. 5300). — Cass., 4 sept. 1890, Imbert, [D. 91.1.192]

5285. — Mais la cour d'assises a le droit de déterminer le moment où le huis clos devra commencer. Ainsi elle peut l'ordonner immédiatement après le serment prêté par les jurés et avant la lecture de l'arrêt de renvoi et de l'acte d'accusation. — Cass., 5 août 1830, Tugdual, [S. et P. chr.]; — 22 déc. 1842, Marignan, [P. 43.2.71]; — 28 janv. 1848, Marquès de Girgot, [P. 49.1.618, D. 48.5.308]; — 6 sept. 1849, Lerouze, [P. 50.2. 384, D. 49.5.74]; — 4 août 1853, Michel, [S. 53.5.385]; — 1er oct. 1857, Guérin, [S. 57.1.868, P. 58.523, D. 57.1.453] — Sic, Nouguier, n. 3497.

5286. — Le huis clos peut aussi être ordonné, même après la lecture de l'acte d'accusation, lorsque la cour d'assises pense que la publicité des débats serait dangereuse pour l'ordre et pour les mœurs. — Cass., 10 mars 1827, Jeanjean, [S. et P. chr.]

5287. — ... Et avant l'exposé de l'affaire par le ministère public. — Cass., 13 oct. 1826, Rochelmagne, [S. et P. chr.]

5288. — Le huis clos peut aussi n'être que partiel et ne porter que sur une partie des débats. — Cass., 22 janv. 1852, Hubert, [P. 53.1.514, D. 52.5.458]; — 25 août 1853, Jouvin, [D. 53.5.385]

5289. — Et si le huis clos n'a été que partiellement ordonné, il y a nullité des débats s'il a été étendu à une partie des débats à laquelle il ne devait pas s'étendre. — Cass., 22 janv. 1852, précité; — 11 mai 1882, Martinez, [D. 83.1.91]

5290. — La cour d'assises peut aussi déterminer dans quelle mesure le huis clos sera observé, et spécialement ne l'appliquer qu'à une catégorie déterminée de personnes, par exemple, aux femmes et aux enfants. — Cass., 2 juin 1881, Streff, [S. 82.1.335, P. 82.1.799, D. 81.1.495] — En ordonnant que les débats d'une affaire auront lieu à huis clos, la cour d'assises peut aussi autoriser les parents au degré de père et de frère de l'accusé à rester dans la salle d'audience. — C. d'ass. du Gard, 7 sept. 1829, N..., [P. chr.]

5291. — Du reste, le président ayant la police de l'audience, le maintien dans la salle d'audience, avec son autorisation, de personnes même étrangères au barreau ne constitue pas une violation de la loi lorsque l'accusé ou son conseil n'a élevé à ce sujet aucune réclamation. — Cass., 19 févr. 1841, Renier, [S. 42.1.43, P. 42.1.270]

5292. — Et l'accusé est sans intérêt comme sans droit à élever aucune critique relativement à la mesure dans laquelle le huis clos ordonné a reçu son exécution, la publicité des débats ne pouvant que lui être profitable. — Cass., 19 févr. 1841, précité; — 12 oct. 1876, Bazilet, [S. 77.1.184, P. 77.435]; — 2 juin 1881, précité; — 15 mai 1884, Teyssèdre, [Bull. crim., n. 170]

5293. — Spécialement, il ne peut se faire un moyen de cassation de ce que, malgré le huis clos, plusieurs personnes auraient assisté aux débats. — Cass., 12 oct. 1876, précité; — 2 juin 1881, précité; — 15 mai 1884, précité.

5294. — Lorsque les débats d'une affaire doivent avoir lieu à huis clos, l'accusé ne peut se faire un moyen de nullité de ce que les pièces du procès n'ont pas été lues publiquement. — Cass., 11 janv. 1816, Ruggias, [S. et P. chr.]

5295. — Lorsqu'une cour d'assises a ordonné que les débats auraient lieu à huis clos, l'audience doit redevenir publique dès que la clôture des débats est prononcée. Tout ce qui suit, et, conséquemment, la position des questions, l'avertissement aux jurés, doit être fait en audience publique, à peine de nullité, comme étant extrinsèque aux débats dont la clôture a été prononcée. — Cass., 22 avr. 1820, Laffite, [S. et P. chr.]; — 30 août 1822, Olivier Courtel, [S. et P. chr.]; — 19 déc. 1822, Roche, [S. et P. chr.]; — 30 sept. 1824, Jourdia, [S. et P. chr.]; — 30 mars 1837, Lombard, [S. 38.1.224, P. 38.1.96]; — 17 mars 1842, Barry, [P. 42.2.612]; — 3 juin 1859, Brindeau, [D. 59.5.313]; — 29 sept. 1859, Abraham, [P. 60.1215, D. 59.1.430]; — 18 juin 1868, Sergent, [Bull. crim., n. 147]; — 26 nov. 1874, Broubot, [Bull. crim., n. 300]; — 3 avr. 1884, Lacour, [Bull. crim., n. 125]; — 9 avr. 1891, Mohamed-oul-Boubekeur, [Bull. crim., n. 75]

5296. — Spécialement jugé qu'il y a nullité si l'audience n'a été rendue publique qu'au moment où les jurés rapportaient leur déclaration. — Cass., 20 mai 1882, Malinge, [S. 83.1.93, P. 83.1.191, D. 82.1.439]; — 5 avr. 1883, Talbot, [Bull. crim., n. 87]

5297. — A plus forte raison, la lecture de la déclaration des jurés par leur chef, doit-elle être faite publiquement, à peine de nullité. — Cass., 22 avr. 1820, précité.

5298. — Il y a nullité lorsque rien n'établit, après que les débats ont eu lieu régulièrement à huis clos, que les portes de la salle d'audience ont été rouvertes immédiatement après la clôture des débats. — Cass., 26 mai 1831, Marès, [P. chr.]

5299. — Si les débats des procès criminels peuvent, dans certains cas, être secrets, il n'en est pas de même des arrêts de la cour d'assises : ces arrêts doivent toujours être prononcés en présence du public. — Cass., 5 oct. 1821, Naulet, [S. et P. chr.]

5300. — Est donc nul l'arrêt incident qui, rendu dans le cours des débats à huis clos, n'a pas été prononcé en audience publique. — Cass., 4 janv. 1839, Chamonard, [P. 43.2.456]; — 19 mars 1840, Maries, [P. 40.2.542]; — 24 déc. 1840, Burgeoin,

[S. 42.1.237, P. 43.2.456]; — 11 mars 1841, Macé, [P. 42.1.308]; — 24 janv. 1844, Georges, [S. 44.1.821, P. 45.1.61]; — 27 avr. 1848, Cadio, [P. 49.1.466]; — 27 déc. 1849, Baudet, [S. 50.1.640, P. 51.1.539, D. 51.5.451]; — 5 oct. 1854, Renaud, [D. 54.5.619]; — 31 juill. 1856, Lagardère, [Bull. crim., n. 269]; — 18 mars 1858, Chassaing et autres, [Bull. crim., n. 95]; — 26 août 1858, Teulié, [D. 58.5.303]; — 3 juin 1859, précité; — 29 sept. 1859, précité; — 8 déc. 1864, Degouts, [Bull. crim., n. 278]; — 14 juin 1868, précité; — 12 févr. 1875, Mazé, [Bull. crim., n. 53]; — 2 sept. 1875, Esterlin, [Bull. crim., n. 287]; — 9 oct. 1879, Brelet, [S. 80.1.232, P. 80.529, D. 80.1.140]; — 13 oct. 1881, Verstracte, [S. 81.1.487, P. 81.1.1232, D. 82.1.143]; — 10 janv. 1890, Vernet, [Bull. crim., n. 10]; — 10 déc. 1892, Michot et Robin, [Bull. crim., n. 329] — V. aussi Cass., 4 sept. 1890, Imbert, [Bull. crim., n. 183]

5301. — Spécialement, il y a nullité lorsque la cour d'assises a statué. sans publicité, sur l'opposition formée par l'accusé à l'audition d'un témoin, ou a ordonné que ce témoin, ou, nonobstant l'absence de plusieurs témoins, il serait passé outre aux débats. — Cass. (2 arrêts), Liautey et Malnet, [P. 45.1.480]; — 27 avr. 1848, précité; — 27 déc. 1849, précité; — 8 juill. 1852, Trinoux, [D. 52.5.459]; — 5 oct. 1854, précité; — 31 juill. 1856, précité; — 3 juin 1859, précité.

5302. — De même, en est-il d'un arrêt portant que certains témoins cités ne seront pas entendus avec serment. — Cass., 18 oct. 1832, Tassu, [S. 33.1.319, P. chr.]

5303. — ... Ou qu'un témoin dont l'audition est demandée par la défense ne sera pas entendu. — Cass., 11 mai 1882, Martinez, [D. 83.1.91]

5304. — ... D'un arrêt incident statuant sur le point de savoir si l'audition d'un témoin défaillant est ou non nécessaire à la manifestation de la vérité. — Cass., 5 janv. 1893, [Bull. crim., n. 1]

5305. — ... D'un arrêt statuant sur l'admission contestée de la partie civile. — Cass., 19 janv. 1844, Espeillac, [P. 45.1.486]; — 22 juill. 1847, Teissier, [P. 47.2.571]

5306. — Mais la cour peut, sans publicité, donner acte à la partie civile de sa constitution, qui, non contestée par l'accusé, n'a donné lieu à aucun incident contentieux. — Cass., 8 déc. 1864, Degouts, [Bull. crim., n. 278] — V. infrà, n. 5318.

5307. — Si les arrêts incidents rendus par la cour doivent être prononcés publiquement, il n'en est pas nécessairement ainsi des ordonnances prescrivant certains actes qui rentrent dans le pouvoir discrétionnaire du président. — Cass., 28 janv. 1835, [Bull. crim., n. 91]; — 6 avr. 1854, Rassat, [D. 54.5.620]; — 2 sept. 1875, Esterlin, [Bull. crim., n. 287] — Sic, Nouguier, n. 3508.

5308. — De plus, lorsqu'il a été ordonné que les débats auraient lieu à huis clos, si l'accusé demande que l'audience cesse d'être secrète, il n'est pas nécessaire que l'arrêt qui statue sur cet incident soit rendu publiquement (C. instr. crim., art. 309). — Cass., 29 avr. 1826, Gréau, [S. et P. chr.]

5309. — Lorsqu'une cour d'assises vient à s'apercevoir, dans le cours des débats, de l'omission d'une formalité prescrite par la loi, elle peut, annulant tout ce qui a été fait depuis l'instant où cette formalité aurait dû être accomplie, réparer ainsi l'erreur commise et rentrer dans les voies légales : ce n'est pas là enlever à l'accusé un droit acquis.

5310. — Ainsi et spécialement, si, par erreur, un arrêt statuant sur un incident élevé pendant les débats d'une affaire à huis clos, n'a pas été prononcé publiquement comme le veut la loi, la cour d'assises peut rapporter cet arrêt ainsi que tout ce qui avait suivi, prononcer ensuite ce même arrêt en audience publique, et recommencer la procédure à partir de cet arrêt (C. instr. crim., art. 335, 353). — Cass., 4 janv. 1839, précité; — 19 mars 1840, précité; — 24 déc. 1840, précité; — 11 mars 1841, précité; — 24 janv. 1844, Georges, [S. 44.1.821, P. 45.1.61]

5311. — Lorsque, dans un arrêt, le juge constate qu'il a été rendu publiquement, il en résulte suffisamment que le huis clos antérieurement ordonné par le débats a été momentanément levé. — Cass., 19 déc. 1868, Bergé et Pinaud, [D. 72.5.374]

SECTION II.

Constitution de partie civile.

5312. — Nous n'avons pas à retracer ici les règles qui président à la constitution de la partie civile. Nous avons déjà examiné quelles personnes peuvent intervenir devant les diverses juridictions répressives afin d'obtenir la réparation du préjudice qui leur aurait été causé par des crimes ou délits (V. *suprà*, v° *Action civile*, n. 31 et s.). Nous n'avons qu'à rappeler brièvement les principes.

5313. — Nous avons dit, notamment, que, pour pouvoir intervenir, la partie civile doit justifier d'un préjudice, matériel ou moral, résultant de l'infraction. — V. *suprà*, v° *Action civile*, n. 35 et s.

5314. — En ce qui concerne spécialement les coauteurs ou complices, ils ne pourraient intervenir, en se fondant sur un prétendu préjudice, pour faire reviser à leur profit, en dehors des formes imposées aux demandes de révision [C. instr. crim., art. 443 et s.), une décision qui les aurait antérieurement frappés. Jugé que l'individu condamné pour crime par arrêt définitif, n'est pas recevable à intervenir devant la cour d'assises où a été renvoyé un tiers accusé de complicité du même crime, pour faire déclarer ce dernier seul coupable du crime en question, et arriver ainsi à la révision de l'arrêt de condamnation déjà rendu. — Cass., 18 juin 1863, Troublet, [S. 64.1.52, P. 63.1036]

5315. — L'action civile est exercée, en France, au nom du mineur, par ses représentants légaux (V. *suprà*, v° *Action civile*, n. 189 et s.). En Tunisie, la capacité pour agir appartient à tous ceux qui ont autorité sur l'enfant. Par suite, est recevable l'intervention, à l'audience, en qualité de parties civiles, dans l'intérêt d'enfants mineurs, des plus proches parents de ces mineurs, parents investis, conformément aux usages kabyles, de l'autorité sur ces enfants. — Cass., 21 mars 1889, Ali-ben-Mohammed-ben-Debba, [*Bull. crim.*, n. 125]

5316. — Nous avons vu (*suprà*, v° *Autorisation de femme mariée*, n. 131 et s.) que la femme mariée ne peut se porter partie civile sans l'autorisation de son mari. Il en est ainsi tout naturellement devant la cour d'assises comme devant les juridictions d'ordre inférieur. — Cass., 4 août 1864, Dombald, [*Bull. crim.*, n. 207]

5317. — Les formes de l'action civile devant la juridiction répressive ont été exposées *suprà*, v° *Action civile*, n. 217 et s.

5318. — Devant la cour d'assises, spécialement, de deux choses l'une : ou la constitution de la partie civile est l'objet d'une contestation et d'un incident contentieux, et l'admission ou le rejet est prononcé par arrêt, après audition du ministère public et de l'accusé ; ou aucun incident contentieux ne s'élève, et le président se borne à donner acte de la déclaration de la partie civile, sans qu'il soit besoin d'entendre le ministère public ni l'accusé. — Cass., 22 mars 1877, Godefroy, [*Bull. crim.*, n. 86]; — 18 févr. 1886, Thévard, [*Bull. crim.*, n. 60] — V. *suprà*, n. 5306.

5319. — Lorsqu'à l'inverse, la partie civile déclare qu'elle renonce à sa demande en dommages-intérêts, il n'est pas non plus nécessaire que le président interpelle l'accusé et son défenseur pour les inviter à s'expliquer à ce sujet. — Cass., 20 janv. 1883, Alype, [*Bull. crim.*, n. 15]

5320. — Mais le désistement de la partie civile n'arrête pas l'exercice de l'action publique, alors même que la poursuite a été intentée sur la plainte de la partie lésée. Il en est ainsi même en matière de diffamation par la voie de la presse. — C. d'ass. de la Seine, 20 févr. 1896, [*Gaz. des Trib.*, 21 févr. 1896]

5321. — L'arrêt qui reçoit l'intervention d'une partie civile, alors que l'accusé n'a élevé aucun débat contentieux relativement à la recevabilité de cette intervention, n'a pas à être motivé. — Cass., 7 avr.1854, Gauthier, [*Bull. crim.*, n. 99]

5322. — Rappelons que le droit de récusation, accordé par l'art. 399, C. instr. crim., à l'accusé et au ministère public, n'appartient pas à la partie civile, même dans un procès de presse provoqué par la plainte de cette partie. — V. *suprà*, n. 1146 et 1147.

5323. — Sur la question de savoir jusqu'à quel moment la partie civile peut intervenir, V. *suprà*, v° *Action civile*, n. 260 et s.

5324. — Sur le point de savoir contre quelles personnes l'action civile peut être intentée, et quels en sont les effets, V. *suprà*, v° *Action civile*, n. 287 et s., 680 et s. — V. notamment, en ce qui concerne les personnes civilement responsables, *suprà*, v° *Action civile*, n. 311 et s., *Chose jugée*, n. 1151 et s.

5325. — Nous avons vu, *suprà*, v° *Action civile*, n. 468 et s., quelle est l'étendue de la compétence de la cour d'assises en ce qui concerne la demande dont elle peut être saisie par la par-

tie civile. Rappelons, à cet égard, que la juridiction criminelle a une compétence complète et absolue pour statuer sur des questions de droit civil, lorsque ces questions se rattachent aux faits de la poursuite et ont pour base une demande en dommages-intérêts formée dans les termes des art. 358 et 359, C. instr. crim. Conformément à ce principe, il a été jugé, spécialement, qu'une cour d'assises peut, même après l'acquittement d'un accusé de faux, décider qu'il y a eu faute, de la part de l'accusé, dans le fait d'avoir, comme mandataire, dissimulé à son mandant la portée et les effets de l'acte impugné (un acte de vente), et prononcer la nullité de cet acte à titre de dommages-intérêts. — Cass., 18 nov. 1854, Julien, [S. 54.1.814, P. 56.2.55, D. 56.1. 348]

5326. — ... Que dans une accusation de banqueroute frauduleuse, une cour d'assises est compétente pour prononcer, contradictoirement avec les auteurs ou complices de ce crime, la nullité de la vente d'un immeuble dépendant de la faillite, et pour ordonner la réintégration de cet immeuble à la masse. — Cass., 6 oct. 1853, Jalousée, [S. 54.1.219, P. 56.1.53]; — 1er sept.1854, Caillot, [S. 55.1.317, P. 55.2.300, D. 55.1.43]; — 26 déc. 1863, Petit, [S. 64.1.508, P. 64.082, D. 64.1.319]

5327. — Nous avons vu *suprà*, v° *Action civile*, n. 468 et s., *Chose jugée*, n. 1089 et s., que la partie civile peut, en matière criminelle, obtenir des dommages-intérêts même au cas d'acquittement de l'accusé. C'est là un point constant en jurisprudence. — Cass., 27 nov. 1857, Parot, [S. 58.1.553, P. 58. 385, D. 58.1.46]; — 5 déc. 1861, Latrobe, [S. 62.1.333, P. 62. 1056, D. 61.1.504]; — 26 déc. 1863, précité; — 6 mars 1868, Roccas, [S. 69.1.85, P. 69.191]; — 17 juin 1870, Lamiot, [D. 71.1.182]; — 2 août 1872, Brugerre, [S. 73.1.285, P. 73.683, D. 72.1.426]; — 26 mars 1883, Maubert, [S. 87.1.96, P. 87.1.192]; — 18 juin 1885, Ballerich, [S. 87.1.439, P. 87.1.1073] — C. d'ass. de l'Aude. 4-5 déc. 1894, [*J. Le Droit*, 2-3 janv. 1895]

5328. — Il en est ainsi, alors même que l'accusé aurait fait au plaignant des offres réelles suivies de consignation et de citation en validité. Le plaignant conserve le droit de demander des dommages-intérêts à la cour d'assises, même après l'acquittement de l'accusé ... alors surtout que ce dernier ne s'est pas opposé à sa constitution de partie civile au cours des débats. — C. d'ass. de l'Aude, 4-5 déc. 1894, précité.

5329. — Il a été jugé, en ce sens, que l'acquittement d'un accusé inculpé de détournement de mineur n'empêche pas la cour d'assises d'accorder des dommages-intérêts à la partie civile en se fondant sur ce que l'accusé a employé « des manœuvres que la morale réprouve ». — Cass., 14 févr. 1863, [*Bull. crim.*, n. 80]

5330. — ... Qu'un individu acquitté pour meurtre commis dans un duel peut être condamné à des dommages-intérêts envers les parents de la victime. — Cass., 20 févr. 1863, Caderousse-Grammont, [S. 63.1.321, P. 64.623, D. 64.1.99]

5331. — ... Qu'il en est ainsi de l'accusé acquitté à la suite d'une poursuite criminelle pour baraterie. — Cass., 17 févr. 1866, Gaffney, [*Bull. crim.*, n. 77]

5332. — Mais, nous le rappelons, l'arrêt de la cour d'assises statuant sur les dommages-intérêts ne peut le faire qu'à la condition de ne pas se mettre en contradiction avec le verdict du jury. — V. *suprà*, v° *Chose jugée*, n. 1099 et s. — V. aussi Cass., 18 juin 1885, précité.

5333. — Tel serait le cas où la cour fonderait l'allocation des dommages-intérêts sur des faits qui supposeraient établie la culpabilité de l'accusé, écartée par le jury. — Cass., 7 mai 1864, Armand, [S. 64.1.508, P. 64.982, D. 64.1.313]

5334. — ... Où, par exemple, l'accusé acquitté du chef de coups et blessures volontaires, était condamné à des dommages-intérêts pour coups *volontairement* portés. — Cass., 4 mai 1852, Touron, [S. 52.1.860, P. 53.2.212, D. 52.5.94]; — 26 mars 1885, précité.

5335. — Jugé également que, si, dans une accusation d'homicide et de coups et blessures volontaires, le jury a déclaré l'accusé non coupable sur les deux chefs, la cour d'assises viole la chose souverainement jugée par cette déclaration en condamnant l'accusé à des dommages-intérêts, sur le motif qu'il a, volontairement et hors le cas de légitime défense, porté à l'homicide un coup qui lui a donné la mort. — Cass., 24 juill. 1841, Souesme, [S. 41.1.791, P. 43.1.30]; — 23 févr. 1865, Fabre, [*Bull. crim.*, n. 44]

5336. — Mais, si le verdict est irréfragable et si la cour d'assises ne peut, sans violer l'autorité de la chose jugée, remettre en question ce qui a été décidé souverainement par le jury, il est néanmoins de principe qu'elle peut condamner l'accusé même acquitté, à des restitutions civiles en dommages-intérêts, pourvu que sa décision ne soit pas inconciliable avec la déclaration négative de culpabilité. — Cass., 21 mars 1889, Sordes, [*Bull. crim.*, n. 121]; — 23 oct. 1890, Ettori, [*Bull. crim.*, n. 202]

5337. — Jugé, en ce sens, que si la cour d'assises ne peut, sans violer l'autorité de la chose jugée, remettre en question ce qui a été souverainement décidé par le jury, il est néanmoins de principe qu'en vertu du droit que lui confèrent les art. 358, 359 et 366, C. instr. crim., elle peut condamner l'accusé acquitté à des dommages-intérêts vis-à-vis de la partie civile, à la condition que cette condamnation soit fondée sur les faits qui ont été l'objet de l'accusation, et qu'elle puisse se concilier avec la déclaration de non-culpabilité — Cass., 22 nov. 1895, de Bruille, [*Gaz. des Trib.*, 27 nov. 1895; J. *Le Droit*, 8 déc. 1895].

5338. — Il en résulte que si elle ne peut fonder la condamnation à des dommages-intérêts sur des circonstances qui laisseraient au fait le caractère punissable écarté par le jury, elle peut, au contraire, la baser sur des circonstances qui donneraient à ce fait le caractère de délit, si le jury n'a pas été appelé à se prononcer subsidiairement sur le fait ainsi qualifié. — Cass., 2 août 1872, Masure, journal *le Progrès du Nord*, [S. 73. 1.285, P. 73.684, D. 72.1.426]

5339. — Spécialement, les erreurs de calcul, irrégularités et désordres de comptabilité peuvent, après acquittement d'une accusation de faux en écriture de commerce, être pris pour base d'une condamnation à des dommages-intérêts au profit de la victime. Ce n'est pas là, pour la cour, se mettre en contradiction avec le verdict du jury. — Cass., 17 juin 1870, Lamiot, [D. 71. 1.182]

5340. — Jugé aussi que lorsque des individus accusés de contrefaçon de monnaies étrangères ont été acquittés de ce chef, la cour d'assises peut, néanmoins, sans se mettre en contradiction avec la déclaration du jury, les condamner à des dommages-intérêts envers le gouvernement étranger, pour la faute lourde et dommageable qu'ils ont commise en fabriquant et en livrant des objets qui affectaient la forme de monnaies étrangères et qui pouvaient être employées à un usage frauduleux. — Cass., 1er déc. 1883, Amoretti et Curiel, [*Bull. crim.*, n. 271]

5341. — ... Que la cour d'assises peut, après l'acquittement de l'accusé du chef de faux et usage de faux, prononcer une condamnation civile à des dommages-intérêts contre cet accusé en déclarant que le billet incriminé était matériellement faux, que le prévenu avait commis une faute en poursuivant le recouvrement, et qu'il avait ainsi causé à la partie civile un préjudice dont il lui devait réparation. — Cass., 25 mars 1887, Harchoux, [S. 87.1.439, P. 87.1.1073]

5342. — Et ce n'est pas seulement une faculté pour la cour d'assises de statuer sur les moyens invoqués par la partie civile, même en cas d'acquittement; c'est une obligation. Jugé que, lorsque le jury est appelé à se prononcer sur une question de culpabilité, ses réponses négatives n'excluent pas que la criminalité des faits, et qu'il appartient à la cour d'assises, investie de la plénitude de juridiction, de faire connaître les circonstances qui lui paraissent de nature à écarter soit les faits matériels allégués par les parties civiles, soit tout au moins les fautes imputées par elles aux accusés, et distinctes du crime définitivement exclu par la déclaration négative du jury; que faute de ne s'être point expliqué sur ce point, l'arrêt d'une cour d'assises manque de base légale et doit être annulé. — Cass., 8 févr. 1895, Peyre et autres, [*Gaz. des Trib.*, 13 févr. 1895; *Bull. crim.*, n. 99]

5343. — D'un autre côté, l'arrêt doit être motivé de façon à permettre à la Cour de cassation d'exercer son droit de contrôle : d'une part, en examinant si le motif de la condamnation n'est pas en contradiction avec la décision souveraine du jury; et, d'autre part, en examinant si les motifs qui servent de base à la condamnation, sans être en contradiction avec le verdict, font apercevoir une faute de nature à justifier une condamnation civile en vertu de l'art. 1382, C. civ.

5344. — Jugé, en ce sens, que si la cour d'assises peut condamner l'accusé à des dommages-intérêts vis-à-vis de la partie civile, c'est à la condition que son arrêt précise les faits caractérisant la faute qui seule sert de base à l'action en réparation du dommage, et qui doit être distincte du crime définitivement écarté par le jury. — Cass., 21 juill. 1892, Brahim-ben-Aïssa,

[D. 93.1.429]; — 22 nov. 1895, précité. — V. aussi Cass., 2 déc. 1887, Tabourel, [*Bull. crim.*, n. 415]

5345. — Est donc nul pour défaut de motifs l'arrêt qui, faute d'explications précises sur la possibilité de concilier les deux décisions, ne renferme pas les éléments nécessaires pour que la Cour de cassation puisse apprécier si la cour d'assises, jugeant civilement, n'a pas empiété sur la chose jugée au criminel. — Cass., 7 mai 1864, précité.

5346. — De même est sujet à cassation l'arrêt qui, malgré le verdict du jury et l'ordonnance d'acquittement rendue en faveur de l'accusé, condamne celui-ci aux dépens et à des dommages-intérêts envers la partie civile, par le motif que la déclaration de non-culpabilité laisse subsister « des faits matériellement établis et dégagés de toute culpabilité écartée par la déclaration du jury », sans faire connaître ces faits et sans dire en quoi ils peuvent se distinguer de ceux compris dans la déclaration de non-culpabilité. — Cass., 7 mai 1886, [*Bull. crim.*, n. 164]

5347. — La condamnation à des dommages-intérêts prononcée contre un accusé déclaré non coupable par le jury n'est pas non plus suffisamment justifiée lorsque l'arrêt se borne à déclarer que la partie civile a été blessée d'un coup d'épée à l'occasion des faits auxquels l'accusé avait pris part et qui avaient motivé son renvoi devant la cour d'assises. — Cass., 18 juin 1855, Ballerich, [S. 87.1.439, P. 87.1073, D. 87.1.94]

5348. — L'arrêt qui alloue des dommages-intérêts à la partie civile par ce seul motif « qu'il résulte des documents de l'affaire que l'accusé lui a causé un préjudice dont il lui doit réparation » est suffisamment motivé. — Cass., 27 nov. 1857, Parot, [S. 58. 1.558, P. 58.385, D. 58.1.47]

5349. — L'accusé devant la cour d'assises est lié par l'instance en dommages-intérêts produite par la partie civile, dans le cours des débats; il ne peut faire défaut, même après son acquittement, et l'arrêt intervenu sur les intérêts civils est nécessairement contradictoire à son égard. — Même arrêt.

5350. — De même que l'acquittement, l'amnistie met obstacle à la condamnation de l'accusé, mais n'empêche pas la cour de statuer sur la demande de la partie civile. Lors donc qu'un individu a été régulièrement assigné devant la cour d'assises pour s'entendre condamner aux peines de droit et de dommages-intérêts en raison d'un délit de diffamation, c'est à bon droit que la cour d'assises, ainsi saisie, retient l'action civile, nonobstant une loi d'amnistie qui vient postérieurement éteindre l'action publique; et c'est également à bon droit qu'elle statue sur cette action civile, sans l'intervention du jury, qui ne peut être interrogé sur l'existence et les circonstances atténuantes d'une criminalité disparue. — Cass., 24 mai 1895, Dorgueil, [*Gaz. des Trib.*, 30 mai 1895; *Bull. crim.*, n. 156]

5351. — La cour d'assises, compétente pour statuer sur les dommages-intérêts réclamés, l'est également pour ordonner les restitutions. — Cass., 12 févr. 1874, Cothenet, [*Bull. crim.*, n. 46] — V. *supra*, v° *Action civile*, n. 683 et s.

5352. — Lorsque la cour d'assises, en cas d'acquittement, statue sur les dommages-intérêts ou sur les restitutions, sa décision n'a aucun caractère pénal, et par suite elle ne doit pas prononcer la contrainte par corps pour assurer l'exécution de sa sentence (V. *supra*, v° *Contrainte par corps*). De plus, l'art. 55, C. pén., est inapplicable, et elle peut se dispenser de prononcer la solidarité.

5353. — Il a été jugé, à cet égard, que lorsque, de deux accusés déférés à la cour d'assises pour détournement et recel, l'un a été déclaré coupable et condamné à une peine corporelle ainsi qu'à des dommages-intérêts, et que l'autre a bénéficié d'un verdict de non-culpabilité, la cour d'assises a pu condamner ce dernier à des dommages-intérêts pour réparation de son quasi-délit, sans être tenue de prononcer la solidarité des réparations civiles; que l'art. 55, C. pén., est, en effet, inapplicable dans l'espèce. — Cass., 26 avr. 1894, Société du crédit du commerce, [*Gaz. des Trib.*, 30 avr.-1er mai 1894]

5354. — Si l'accusé acquitté peut être condamné à des dommages-intérêts envers la partie civile, à plus forte raison en est-il ainsi de l'accusé absous. — Nouguier, n. 3948. — V. *supra*, n. 4696.

5355. — Le chiffre des dommages-intérêts alloués à la partie civile doit naturellement être basé sur l'étendue du préjudice causé (V. *supra*, v° *Action civile*, n. 694 et s., et *infrà*, v° *Dommages-intérêts*). — Ce chiffre peut être légalement établi d'après les résultats de l'expertise faite dans le procès criminel. Les règles du Code de procédure civile sont inapplicables en ce cas. — Cass., 17 juin 1870, Lamiol, [D. 71.1.182]

5356. — Et la cour d'assises a, à cet égard, un souverain pouvoir d'appréciation, même en matière d'abus de mandat. Par suite, les dommages-intérêts pour défaut de restitution peuvent être supérieurs à l'intérêt légal, les art. 1153 et 1996, C. civ., étant sans application. — Cass., 18 sept. 1862, Camuzet, [D. 63. 5.124]

5357. — Cependant, lorsque la déclaration du jury porte simplement que l'accusé est coupable d'avoir soustrait frauduleusement une certaine somme d'argent, la cour d'assises ne peut se borner à viser cette déclaration pour préciser le chiffre de la somme à restituer à la partie civile; elle doit, à peine de nullité, indiquer qu'elle a puisé, soit dans les débats, soit dans l'instruction les éléments nécessaires à la détermination de ce chiffre. — Cass., 22 déc. 1892, Mivière et Durif, [S. et P. 93.1. 223, D. 93.1.102]

5358. — Lorsque la cour d'assises n'a pas les éléments nécessaires pour fixer le montant des dommages-intérêts, elle peut renvoyer à statuer par état soit à une autre audience de la même session, soit à une session suivante. — Cass., 12 févr. 1874, précité.

5359. — Elle peut même, le débat criminel étant vidé, renvoyer à une prochaine session pour statuer sur la demande de la partie civile. — Cass, 14 juin 1873, Thouroude, [*Bull. crim.*, n. 164]

5360. — Lorsque l'accusé soutient, par des conclusions formelles, que la cour d'assises est incompétente pour statuer sur la demande dont elle est saisie par la partie civile, la cour doit rendre deux arrêts distincts, l'un sur la compétence, l'autre sur le fond. — Nouguier, t. 4, n. 3945.

5361. — La disposition de l'art. 335, C. instr. crim., d'après laquelle l'accusé ou son conseil auront toujours la parole les derniers, n'est relative qu'aux débats criminels. A l'égard des intérêts civils l'art. 358 du même Code s'en réfère au droit commun et appelle le ministère public à prendre la parole après la partie. — Cass., 18 janv. 1894, Metbaoni, [J. *Le Droit*, 19-20 mars 1894]

5362. — Il ne pourrait y avoir alors violation des droits de la défense que s'il était constaté qu'on a refusé de donner la parole à l'accusé ou à son conseil au point de vue de la discussion de ses intérêts civils. — Même arrêt.

5363. — Les effets de l'ordonnance d'acquittement sont irrévocables en faveur du prévenu, non seulement au point de vue de l'action publique, mais encore quant à l'action civile, et, par suite, la partie civile est non recevable à poursuivre l'annulation de cette ordonnance et de ce qui l'a précédée. — Cass., 25 mars 1892, Deyvassigamaninaïker, [S. et P. 93.1.441, D. 92. 1.521]

5364. — Les cours d'assises, comme toutes les juridictions de répression, sont incompétentes pour connaître de l'exécution des réparations civiles par elles ordonnées, et cette incompétence est d'ordre public. Il en est ainsi quand même il serait opposé à la demande relative à cette exécution un moyen de défense dont l'examen exigerait une interprétation de l'arrêt de la cour d'assises. — Cass., 25 mars 1892, Gueit, [D. 92.1.493]

5365. — Nous avons dit (*suprà*, v° *Action civile*, n. 773) que, devant la cour d'assises, la partie civile ne peut être condamnée aux frais envers l'État qu'autant qu'elle succombe, alors qu'en matière correctionnelle, cette condamnation l'atteint, soit qu'elle succombe, soit qu'elle triomphe, sauf, dans ce dernier cas, son recours contre le prévenu. Lorsque les cours d'assises sont exceptionnellement appelées à statuer sur des délits punis de peines correctionnelles, en matière de délit de presse notamment, on doit appliquer, en ce qui concerne la condamnation aux dépens, la règle spéciale aux matières correctionnelles. En conséquence, la partie civile doit alors être condamnée aux dépens dans tous les cas, sauf son recours, s'il y a lieu. — V. C. d'ass. de l'Allier, 31 janv. 1896, [*Gaz. des Trib.*, 1er févr. 1896] — *De la condamnation de la partie civile aux dépens : Gaz. des Trib.*, 3-4 févr. 1896.

5366. — Un accusé acquitté ne peut être condamné aux frais résultant de la poursuite criminelle si ce n'est à titre de dommages-intérêts ou de supplément de dommages-intérêts envers la partie civile. Si donc, plusieurs individus étant accusés de faux, l'un d'eux est acquitté par suite des réponses négatives faites par le jury aux questions le concernant, l'arrêt de la cour d'assises pourra condamner solidairement tous les accusés à payer à la partie civile une certaine somme en réparation du préjudice causé et à titre de dommages-intérêts; mais cet arrêt ne peut, en outre, les condamner solidairement à tous les frais et dépens avancés par ladite partie civile sans donner aucun motif de cette décision et sans qu'il soit énoncé dans son dispositif que cette condamnation aux frais a été prononcée à titre de supplément de dommages-intérêts : dans ces conditions, en effet, la condamnation solidaire aux frais n'est pas justifiée à l'égard de l'accusé acquitté et l'arrêt sur ce point doit être annulé partiellement et par voie de retranchement. — Cass., 27 févr. 1896, *Gaz. des Trib.*, 6 mars 1896]

Section III.

Nomination d'un interprète.

§ 1. *Interprète nommé pour le cas où l'accusé, les témoins ou les juges ne parlent pas la même langue.*

5367. — On entend par interprète, en matière criminelle, celui qui est chargé de traduire, à l'accusé, les questions qui lui sont faites et la déposition des témoins; aux témoins les questions qui leur sont adressées, et aux juges les réponses des uns et des autres, dans le cas où l'accusé, les témoins ou l'un d'eux ne parleraient pas la même langue.

5368. — La nécessité de la nomination d'un interprète en matière criminelle a dû se faire sentir de bonne heure. Cependant, avant l'art. 14 de l'ordonnance de 1670, aucune disposition ne l'avait édictée en loi. Cette disposition en fait seulement pressentir l'usage antérieur : « Si l'accusé, porte cet article, n'entend pas la langue française, l'interprète ordinaire, ou, s'il n'y en a point, celui qui sera nommé d'office par le juge après avoir prêté serment, expliquera à l'accusé les interrogatoires qui lui seront faits par le juge, et aux juges les réponses de l'accusé. »

5369. — La disposition de cet article, qui ne parlait de l'emploi de l'interprète que pour le cas où l'accusé ne parlait pas la langue française, fut ensuite étendue au cas où les témoins ne l'entendaient pas. — V. arrêt du parlement de Paris du 20 févr. 1696, dont le texte est rapporté par Merlin, *Rép.*, v° *Interprète*, n. 3.

5370. — Le Code de brumaire an IV avait ordonné la nomination d'un interprète dans les mêmes cas. « Lorsque, portait l'art. 368, l'accusé, les témoins, ou l'un d'eux, ne parleront pas la même langue ou le même idiome, le président du tribunal criminel nomme d'office un interprète, âgé de vingt-cinq ans au moins, et lui fait promettre de traduire fidèlement, et suivant sa conscience, les discours à transmettre entre ceux qui parlent des langages différents. »

5371. — Le Code d'instruction criminelle a reproduit, dans son art. 332, cette disposition du Code de brumaire, en restreignant l'âge que doit avoir l'interprète à vingt et un ans.

1° Dans quels cas et à quel moment la nomination d'un interprète doit avoir lieu.

5372. — La nomination d'un interprète, exigée par l'art. 332, C. instr. crim., n'a été en vue des débats qui ont lieu devant la cour d'assises; elle n'est pas en conséquence nécessaire pour l'interrogatoire que le président fait subir à l'accusé à son arrivée dans la maison de justice. La loi s'en repose sur ce magistrat du soin de s'assurer que les questions qu'il adresse à l'accusé et les avertissements qu'il doit lui donner sont entendus par lui. — Cass., 24 juill. 1845, Burrus, [P. 46.1.52]; — 13 août 1891, Ahmed Ben Hassi, [*Gaz. des Trib.*, 14 août 1891]

5373. — En outre, la nomination de l'interprète n'est exigée que dans l'intérêt de l'accusé. Il n'est pas nécessaire de nommer un interprète lorsque c'est la partie civile qui ne parle pas la langue française. — Carnot, *Instr. crim.*, sur l'art. 332.

5374. — En ce qui concerne l'accusé, il va de soi qu'il ne peut se faire un grief du défaut de nomination d'un interprète dès qu'il est constaté qu'il entend et parle la langue française. — Cass., 15 sept. 1892, Stingh, [*Bull. crim.*, n. 249] — ... Et, notamment, lorsqu'il a répondu en cette langue pendant l'information écrite et devant la cour. — Cass., 12 août 1880, Lorand-Frémond, [S. 81.1.391, P. 81.1.924]; — 8 sept. 1887, Guillaumet, [*Bull. crim.*, n. 336]

5375. — Mais dès que l'intérêt de la défense ou celui de l'accusation l'exige, un interprète doit être désigné. Il en est ainsi : soit lorsque l'accusé, son défenseur, le ministère public, un juré ou le président lui-même ne comprennent pas le langage d'un témoin; soit lorsque l'accusé ne peut se faire comprendre du président, d'un juré, du ministère public ou d'un témoin; soit enfin, d'une façon générale, lorsque les jurés, le président, le ministère public, les témoins et l'accusé ne peuvent aisément converser entre eux et ne font pas usage de la même langue. — V. Nouguier, t. 3, n. 1780.

5376. — Il en résulte qu'il n'y a pas à distinguer si les personnes qui ont à prendre part aux débats comprennent une langue sans pouvoir la parler ou si elles ne la comprennent ni ne la parlent. Dès lors qu'elles ne peuvent converser entre elles, l'interprète s'impose. — Nouguier, t. 3, n. 1782.

5377. — En premier lieu, on doit nommer un interprète à tout accusé qui n'entend ou ne parle pas la langue française. — Cass., 10 oct. 1872, Gréjault, [S. 72.1.396, P. 72.1033, D. 72.1. 383]; — 26 déc. 1872, Vincentini et Morandi, [D. 74.5.298]; — 13 mars 1873, Pescia, [S. 73.1.240, P. 73.560, D. 74.1.184]; — 13 mai 1880, Barbarie, [D. 82.1.91] — *Sic*, Nouguier, t. 3, n. 1783; F. Hélie, t. 7, n. 3434.

5378. — La nomination d'un interprète, prévue pour le cas où l'accusé ou les témoins ne parlent pas la langue française n'est cependant pas exclusivement réservée à cette hypothèse spéciale. Le président de la cour d'assises peut, sans violer les art. 332 et 333, C. instr. crim., nommer pour faire la meilleure direction des débats un interprète à un témoin dont l'idiome, quoique non différent de celui de l'accusé, est peu intelligible, qui parle très-bas à cause de son grand âge et qui est d'ailleurs un peu sourd. — Cass., 21 juill. 1843, Dupont, [S. 44.1.90, P. 43.2.721] — *Sic*, Nouguier, n. 1786.

5379. — Jugé de même qu'un interprète peut être donné à un accusé ou à un témoin hors des cas prévus par les art. 332 et 333, C. instr. crim., si les infirmités physiques ou morales de l'accusé ou du témoin en font sentir la nécessité : les dispositions de ces articles ne sont pas limitatives. — Cass., 28 sept. 1843, Rocher, [S. 43.1.818]

5380. — A plus forte raison en est-il ainsi, lorsque l'un des témoins parle un idiome qui n'est pas connu de l'accusé; le président doit alors nommer d'office un interprète. — Cass., 21 févr. 1812, Desnoux, [S. et P. chr.]

5381. — D'autre part, la déposition des témoins peut être faite en patois sans qu'il soit nécessaire de nommer un interprète; et il ne résulte pas nullité de ce que l'huissier de service a expliqué quelques-unes des réponses au président des assises qui seul parmi les assesseurs, les jurés, le greffier, les défenseurs et l'accusé, ne comprenait qu'imparfaitement le patois du pays. — Cass., 29 déc. 1871, Oudet, [*Bull. crim.*, n. 190]

5382. — Il en est ainsi, à plus forte raison, lorsqu'il est constaté par un arrêt de donné acte que tous les assistants aux débats comprenaient le patois, et que d'ailleurs l'accusé n'a élevé aucune réclamation. — Cass., 20 juin 1884, Delmond, [*Bull. crim.*, n. 201]; — 14 janv. 1886, Arnaud, [*Bull. crim.*, n. 15]

5383. — Bien que l'art. 332, C. instr. crim., dise que le président nommera un interprète dans les cas qu'il prévoit, il n'y a là rien qui puisse restreindre les pouvoirs du président quant au nombre des interprètes. Si les personnes qui ont à se faire comprendre de l'accusé, du ministère public, du président et des jurés emploient des idiomes différents, rien ne s'oppose à ce que, dans la même affaire, plusieurs interprètes soient désignés. — Cass., 11 juill. 1850, Saïd-ben-Amar, [D. 50.5.296]; — 17 janv. 1889, Mohamand-ben-Embareck-Bouktaïa, [*Bull. crim.*, n. 17] — *Sic*, Nouguier, t. 3, n. 1781.

5384. — Le fait, pour un président d'une cour criminelle, de recourir à un interprète lorsque les accusés ne comprennent pas la langue française, ne saurait faire grief à ces derniers : ils ne peuvent donc point faire de cette mesure la base d'un moyen de cassation. — Cass., 31 oct. 1895, Sanguily et Nadessane, [*Gaz. des Trib.*, 6 nov. 1895]

5385. — La loi ne dit pas à quel moment la nomination de l'interprète doit avoir lieu. Il en résulte, dit Nouguier (t. 3, n. 1796), « que la nomination peut n'intervenir et l'office de l'interprète ne commencer que lorsque le besoin s'en fait sentir, ou qu'une réclamation s'élève de la part de l'accusé, des témoins, des jurés. »

5386. — Et il y a présomption légale que la nomination d'un interprète n'était pas nécessaire, lorsque, pendant les débats, il ne s'est élevé aucune réclamation. — Nouguier, t. 3, n. 1784; F. Hélie, t. 7, n. 3438.

5387. — Ce principe a été maintes fois appliqué par la jurisprudence. C'est ainsi qu'il a été jugé que, lorsque l'accusé, né Français, a répondu dans sa langue d'origine aux questions qui lui ont été faites par le président de la cour d'assises, que ni lui, ni son défenseur n'ont réclamé l'intervention d'un interprète, et que le président n'en a pas nommé d'office, il y a présomption légale que cette intervention n'était pas nécessaire; qu'en conséquence, l'accusé ne peut se faire un moyen de nullité de ce qu'il ne lui aurait pas été nommé un interprète. — Cass., 15 juill. 1830, Stéfani, [S. chr.]

5388. — ... Qu'il n'est pas nécessaire de donner un interprète à un prévenu arabe, alors qu'à l'audience il ne s'est produit, de sa part ou de celle de son défenseur, aucune protestation ou réclamation. — Cass., 11 mai 1876, El-Hadj-Miloud, [S. 76.1.435, P. 76.1095, D. 77.1.462]

5389. — ... Que l'arrêt qui constate que les prévenus et leur défenseur ont été entendus et n'ont à aucun moment du débat réclamé l'assistance d'un interprète, ne peut être attaqué pour violation de l'art. 332, C. instr. crim., en ce qu'il n'aurait point été nommé un interprète assermenté aux prévenus ne parlant pas le français. — Cass., 3 janv. 1874, Ahmed Sghir, [*Bull. crim.*, n. 7]

5390. — ... Qu'il y a présomption que l'assistance d'un interprète n'était pas nécessaire pour le complet exercice des droits de la défense, lorsque, dans la procédure écrite, comme lors de son interrogatoire par le président de la cour d'assises et au cours du débat oral devant le jury, l'accusé a répondu aux questions qui lui ont été adressées et a fourni ses réponses et ses explications sans alléguer qu'il n'entendait, ni ne parlait la langue française, et lorsque le défenseur n'a pas réclamé non plus la nomination d'un interprète. — Cass., 12 août 1880, Lorand-Frémont, [S. 81.1.391, P. 81.1.924]

5391. — ... Que, bien que la déposition d'un témoin ait été faite en un idiome autre que celui que parle l'accusé, il n'y a pas eu nécessité de nommer un interprète, si l'accusé n'a élevé aucune réclamation à cet égard; qu'on doit présumer alors que l'idiome employé par le témoin était compris de l'accusé; qu'il importe peu que le président ait cru devoir répéter en français les réponses faites par le témoin à des questions qu'il lui a adressées, pour mieux fixer quelques points du débat; qu'il ne résulte pas de là que ce magistrat se soit immiscé dans des fonctions d'interprète reconnues inutiles dans l'état de la cause (V. *infrà*, n. 5431). — Cass., 30 janv. 1851, Gothland, [S. 51.1.72, P. 51.1. 287, D. 51.1.47]

5392. — ... Que le défaut de nomination d'un interprète à un accusé étranger ne peut être une cause de nullité lorsqu'il ne résulte ni de l'interrogatoire de cet accusé par le président des assises, ni du procès-verbal du tirage du jury, ni de celui des débats, qu'il n'entendait pas la langue française, et alors qu'assisté de son défenseur il n'a pas réclamé l'assistance d'un interprète. — Cass., 12 mai 1855, Pianori, [S. 55.1.398, P. 55. 2.377]

5393. — ... Ou lorsqu'il résulte des interrogatoires adressés à cet accusé, tant par le juge d'instruction que par le président de la cour d'assises, que l'usage de la langue française lui était familier, et lorsque, d'ailleurs, il n'a pas été demandé le ministère d'un interprète. — Cass., 24 août 1854, Oriols, [P. 56.1.273, D. 55.1.41]

5394. — ... Que, lorsque rien n'indique dans la procédure que l'accusé ait eu besoin d'un interprète, et si d'ailleurs il n'a point réclamé, il ne peut se faire un moyen de nullité de ce que la cour d'assises ne lui aurait pas désigné un interprète. — Cass., 20 nov. 1828, Caunter, [S. et P. chr.]; — 22 févr. 1872, Giovanonni, [*Bull. crim.*, n. 43]; — 21 juin 1872, Toledano, [*Bull. crim.*, n. 147]; — 25 févr. 1875, Garro, [*Bull. crim.*, n. 64]; — 1er juill. 1880, Paxinta, [*Bull. crim.*, n. 136]; — 21 oct. 1886, Fernandez, [*Bull. crim.*, n. 343]

5395. — ... Que l'accusé qui n'a élevé aucune réclamation contre l'audition d'un témoin étranger entendu sans l'assistance d'un interprète, n'est pas fondé à s'en faire un moyen de cassation; qu'il y a présomption qu'il a considéré la nomination d'un interprète comme inutile. — Cass., 1er juill. 1886, Couderc, [Bull. crim., n. 234]

5396. — ... Que lorsque rien ne prouve que les accusés ignorassent la langue dans laquelle ont été reçues les déclarations écrites de deux témoins absents dont le président a ordonné la lecture, le défaut de réclamation de leur part établit une présomption qu'ils n'ignoraient pas cette langue. — Cass., 19 janv. 1821, Guelfucci, [S. et P. chr.]; — 13 nov. 1862, Deviva, [Bull. crim., n. 246]

5397. — ... Qu'un accusé ne peut se faire un moyen de cassation de ce qu'il n'a point compris la langue parlée par un témoin, lorsque pendant les débats il n'a élevé aucune réclamation à ce sujet, et qu'il s'est borné à demander acte de cette allégation après la déclaration du jury. — Cass., 25 janv. 1849, Moretti, [P. 50.1.429, D. 49.5.256]

5398. — ... Que bien qu'un interprète ait été donné à l'accusé lors de son interrogatoire devant le juge instructeur et le juge délégué par le président de la cour d'assises, l'accusé ne peut se plaindre de ce qu'il ne lui en ait point été donné devant la cour d'assises, alors qu'il n'en a pas réclamé l'assistance, et que le procès-verbal des débats constate qu'il a répondu aux questions qui lui ont été adressées par le président. — Cass., 13 juin 1835, Mingo, [P. chr.]

5399. — ... Qu'il y a présomption suffisante que le président et le greffier entendent la langue de l'accusé lorsque le procès-verbal constate que lecture de l'interrogatoire a été donnée à celui-ci par interprétation en langue allemande. — Cass., 24 juill. 1845, Burrus, [P. 46.1.52]

5400. — ... Qu'il ne résulte aucune nullité de ce qu'il a été donné lecture de dépositions écrites en langue anglaise, lorsque les accusés n'ont pas prétendu ne point comprendre cette langue et qu'ils n'ont point réclamé l'appel d'un interprète. — Cass., 7 janv. 1847, Duniagou, [P. 47.1.571, D. 47.4.308]

5401. — ... Que le fait par le président de la cour d'assises d'avoir, au milieu des débats, nommé spontanément un interprète à l'accusé, peut n'être considéré que comme un surcroît de précaution, mais ne prouve nullement que le ministère d'un interprète fût nécessaire à l'accusé pour soutenir tous les débats, et, par suite, que l'art. 332 a été violé, alors surtout que l'accusé n'a point réclamé ce ministère, et que l'instruction écrite, ainsi que son interrogatoire à la maison de justice, ont eu lieu sans y avoir recours. — Cass., 7 oct. 1841, Boldovino, [S. 42.1.934, P. 42.1.580]

5402. — ... Qu'un condamné ne peut tirer un moyen de cassation de ce qu'il ne comprenait pas la langue française, s'il a pris part aux débats sans réclamer d'interprète et n'a élevé cette prétention qu'après la déclaration du jury. — Cass., 22 févr. 1872, précité.

5403. — ... Que lorsque les accusés n'ont réclamé la nomination d'un interprète qu'au moment de l'audition d'un témoin, et qu'il résulte du procès-verbal des débats qu'ils avaient pu converser en français, ils sont non recevables à se plaindre devant la Cour de cassation de la non assistance de cet interprète, soit au moment de la lecture de l'arrêt de renvoi et de l'acte d'accusation, soit au moment de l'interrogatoire. — Cass., 31 mars 1836, Arrighi et Rossi, [P. chr.]

5404. — ... Que, lorsque l'accusé prétend ne pas entendre la langue française, et que cette circonstance ne s'est révélée que par ses réclamations au moment de l'audition d'un témoin, il y a présomption qu'il a suffisamment compris l'arrêt de renvoi et l'acte d'accusation dont la lecture a précédé le débat oral dans le cours duquel on n'avait encore entendu aucun témoin s'exprimant en français. — Cass., 20 nov. 1828, Caunter, [S. et P. chr.]; — 15 janv. 1829, Ferracci, [P. chr.]; — 28 avr. 1836, Balizoni, [S. 36.1.597, P. chr.] — Nous verrons d'ailleurs, infrà, n. 5472, que d'une façon générale, il n'est pas besoin de nommer un interprète pour la lecture de l'arrêt de renvoi et de l'acte d'accusation, qui n'est pas considérée comme une formalité substantielle.

5405. — Carnot (sur l'art. 332, C. instr. crim., t. 2, p. 562, n. 7) dit que cette présomption ne pourrait prévaloir sur la vérité; de sorte que s'il était bien constaté que l'accusé n'eût pas entendu ni parlé la même langue, la nullité des débats devrait être prononcée, alors même qu'il n'y aurait eu aucune réclamation. Nous serions de cet avis si la Cour de cassation trouvait, dans la procédure même, une preuve suffisante que l'accusé n'entendait pas la langue dans laquelle ont été reçues

les dépositions; mais nous ne pensons pas que le sort d'un arrêt puisse dépendre de certificats ni d'attestations puisées à toute autre source. Jugé, en ce sens, que cette présomption ne peut être détruite par la production de certificats ou actes de notoriété postérieurs à la condamnation. — Cass., 23 mai 1839, Orlanducci [P. 39.2.61]; — 12 mai 1855, Pianori, [S. 55.1.398, P. 55.2.377] — La présomption admise par la Cour de cassation, ainsi restreinte quant à sa portée, est, selon nous, pleine de sagesse.

5406. — L'absence de l'interprète donné à l'accusé, lors de l'opération du tirage du jury, pour l'exercice du droit de récusation, et la non mention au procès-verbal qu'il a traduit les réponses de l'accusé et les dépositions des témoins, n'emporte donc pas nullité, si le procès-verbal ne constate point que l'accusé n'entendait pas la langue française, et se borne à dire qu'il parle une langue étrangère. — Cass., 23 avr. 1835, Fanelly, [P. chr.]

5407. — Il ne résulte non plus aucune nullité de ce que la désignation d'un interprète n'aurait été faite pour un accusé qui n'entendait pas la langue française que lors de l'ouverture des débats, et non au moment de la formation du tableau du jury de jugement, alors que le président de la cour d'assises ayant, dans la chambre du conseil et lors de cette formation, fait connaître aux accusés, dans leur idiome, les jurés présents, leur nombre et l'étendue du droit de récusation que lesdits accusés pouvaient exercer soit séparément, soit en se concertant, ceux-ci ont répondu qu'ils s'étaient concertés pour confier à l'un de leurs conseils l'exercice, dans leur intérêt commun, du droit de récusation, droit qui a été en effet complètement épuisé avec l'intervention du conseil désigné. — Cass., 10 oct. 1845, Cercos, [P. 48.2.378]; — 12 mai 1855, précité; — 16 févr. 1860, Ventzel, [D. 60.5.207]

5408. — Et il n'y a pas contradiction entre l'arrêt qui constate qu'un accusé entend et parle le français et un second arrêt qui commet un interprète chargé d'aider cet accusé pour traduire ses explications en français; la circonstance constatée par l'arrêt que l'accusé comprend le français ôte toute importance à ce fait que l'interprète n'a pas traduit les questions posées au jury ni le verdict du jury, puisque cet accusé a pu par lui-même s'en rendre un compte personnel et suffisant. Il en est ainsi surtout si le procès-verbal des débats porte qu'il a été recouru au ministère de l'interprète quand cela a été nécessaire. — Cass., 8 sept. 1887, Guilhaumet, [Gaz. des Trib., 10 sept. 1887]

5409. — On le voit, il n'y a rien de rigoureux quant à la désignation du moment qui doit être choisi pour la nomination d'un interprète. Tout dépend des circonstances. Il suffit qu'une fois nommé, il assiste à toutes les parties du débat, et dès la formation du jury de jugement, si la nécessité de la nomination est apparue dès ce moment (V. infrà, n. 5467 et s.). — Nouguier, n. 1798.

5410. — A l'inverse, rien ne s'oppose à ce que le président mette fin à la mission d'un expert désigné pour assister l'accusé au cours des débats, s'il est reconnu que cet accusé comprend suffisamment la langue française pour suivre les débats sans l'assistance d'un interprète. — Cass., 21 déc. 1854, Wetzel, [Bull. crim., n. 350] — Sic, Nouguier, n. 1797.

2° Formes de la nomination.

5411. — La nomination de l'interprète rentre dans les pouvoirs du président : « Le président nommera d'office... », dit l'art. 332, C. instr. crim.

5412. — Jugé que la mention suivante insérée au procès-verbal des débats qui est signé par le président et par le greffier : Nous avons nommé N... interprète, lequel a prêté serment entre nos mains, se rapporte au président et non au greffier. — Cass., 21 déc. 1832, Armand et Daval, [P. chr.]

5413. — La nomination de l'interprète est placée dans les attributions du président par la loi elle-même. Cependant la mention erronée dans le procès-verbal des débats que l'interprète a été nommé en vertu du pouvoir discrétionnaire du président, alors que le président agit, pour cette nomination, en vertu d'une attribution légale, ne saurait entraîner aucune nullité. — Cass., 10 août 1876, Recoursé, [S. 78.1.234, P. 78.1.565]

5414. — Bien que l'art. 332 ne parle que de la nomination d'office, il va de soi que cette nomination peut aussi être faite à la demande des parties intéressées : partie civile, ministère public, accusé. En cas de refus de la part du président ou de contestation de la part d'une des parties, la cour d'assises peut être saisie de l'incident et, à défaut du président, faire la nomination, s'il y a lieu. — Nouguier, t. 3, n. 1800 et 1801.

5415. — Même en dehors de toute contestation, le président peut consulter la cour et lui faire faire la nomination. — Cass., 2 janv. 1890, Saoud-ben-Soussan, [Bull. crim., n. 3] — Sic, Nouguier, n. 1802.

5416. — Si la défense a le droit de réclamer la nomination d'un interprète, ce n'est pas à dire qu'elle ait nécessairement le droit de l'obtenir. La cour doit examiner si on se trouve dans un cas nécessitant cette nomination. Jugé que lorsque le défenseur a déposé devant la cour d'assises des conclusions tendant à obtenir qu'un interprète serait appelé aux débats pour traduire un passage déterminé d'un livre de commerce tenu en langue étrangère par l'accusé, si la cour a le devoir de statuer sur ces conclusions, elle a aussi le droit de les rejeter en motivant sa décision. — Cass., 25 févr. 1873, [Bull. crim., n. 50]

5417. — La nomination des interprètes n'est assujettie à aucune forme sacramentelle. Il suffit que, désignés par le président, ils remplissent les conditions prévues par la loi (infrà, n. 5425 et s.) et qu'ils aient prêté le serment prescrit (infrà, n. 5447 et s.). — Cass., 21 déc. 1854, précité; — 18 mai 1860, Soupanakin, [D. 61.5.273]; — 18 févr. 1870, Cardinal, [Bull. crim., n. 46] — Sic, Nouguier, t. 3, n. 1832.

5418. — Et notamment la nomination de l'interprète peut être faite hors la présence du ministère public et de l'accusé. La liberté de la défense ne saurait en souffrir puisque cette nomination, fût-elle superflue, ne peut en rien entraver les explications de l'accusé qui sera toujours libre de s'exprimer dans la langue des jurés s'il s'en prétend capable. — Nouguier, n. 1803.

5419. — Le seul point intéressant la défense est de savoir si l'interprète désigné remplit les conditions nécessaires. Aussi, que la nomination ait eu lieu par ordonnance séparée ou qu'elle résulte seulement des énonciations du procès-verbal, il doit être fait mention des noms et qualité de l'interprète désigné, afin que la Cour de cassation soit mise en mesure de vérifier s'il réunissait les conditions d'aptitude exigées par la loi. — Cass., 21 janv. 1858, Autheville, [D. 58.5.217]

3° Récusation.

5420. — L'accusé et le procureur général peuvent récuser l'interprète en motivant leur récusation (C. instr. crim., art. 332).

5421. — Mais la partie civile n'a pas ce droit. — Carnot, Instr. crim., sur l'art. 332, n. 4; F. Hélie, t. 7, n. 3444. — Contrà, Nouguier, n. 1807.

5422. — La récusation de l'interprète doit être motivée; mais c'est à la cour et non au président qu'il appartient d'en apprécier les motifs. — Carnot, sur l'art. 332, n. 5; Nouguier, n. 1805 et 1806.

5423. — A cet égard, l'appréciation de la cour est souveraine, les causes de récusation n'étant pas déterminées par la loi. — Nouguier, n. 1806; F. Hélie, t. 7, n. 3444.

5424. — Le président n'est pas obligé, à peine de nullité, d'avertir les accusés de la faculté qu'ils ont de récuser l'interprète, aucune obligation ne lui étant imposée par la loi, à cet égard. — Cass., 31 mars 1836, Arrighi et Rossi, [P. chr.] — Sic, Nouguier, n. 1804.

4° Qui peut être interprète.

5425. — I. Incompatibilités. — Le dernier paragraphe de l'art. 332, C. instr. crim., dispose que «l'interprète ne pourra, à peine de nullité, même du consentement de l'accusé ni du procureur général, être pris parmi les témoins, les juges et les jurés ». L'art. 332 établit ainsi trois incompatibilités.

5426. — A. Témoins. — L'interprète ne peut, en aucun cas, être pris parmi les témoins, à peine de nullité. — Cass., 28 sept. 1843, Pouchon, [S. 43.1.818]; — 16 janv. 1851, Rodriguez et autres, [Bull. crim., n. 22]; — 30 déc. 1853, Marie, [Bull. crim., n. 608]

5427. — Cette disposition s'applique à tous les témoins, soit qu'ils aient été cités et déposent sous la foi du serment, soit

qu'ils aient été appelés en vertu du pouvoir discrétionnaire du président et entendus à titre de simple renseignement. — Cass., 1er mai 1891, Sicuambar, [S. et P. 93.1.216, D. 92.1.254]

5428. — Mais de ce que le nom de l'interprète donné à l'accusé figure sur la liste des témoins notifiée à celui-ci, on ne saurait induire une violation de la disposition qui défend de prendre l'interprète parmi les témoins alors que cet interprète n'a, en réalité, été entendu comme témoin ni dans l'instruction ni dans les débats. — Cass., 13 janv. 1870, Troppmann, [S. 70. 1.141, P. 70.316, D. 70.1.89]; — 8 juin 1888, de Castelnau, [Bull. crim., n. 197]; — 7 févr. 1891, Carmine-del-Greco, [Bull. crim., n. 29] — V. dans ce sens, F. Hélie, Instr. crim., t. 7, n. 3442; Nouguier, Cour d'ass., t. 3, n. 1814.

5429. — A fortiori une personne qui n'a fait qu'assister aux débats peut-elle légalement servir d'interprète, si elle n'a pas été entendue comme témoin. Il n'y a entre les deux situations aucune analogie à établir. — Cass., 3 août 1854, Bonnet, [D. 54.5.208]

5430. — D'un autre côté l'incompatibilité frappe aussi bien les témoins qui, sans avoir été entendus par la cour d'assises, l'ont été dans l'instruction, que ceux qui ont été cités aux débats publics. — Nouguier, n. 1815. — V. aussi Cass., 17 sept. 1863, Verragou, [Bull. crim., n. 247]

5431. — B. Membres de la cour. — Le président de la cour d'assises ne peut, à peine de nullité, remplir lui-même les fonctions d'interprète quand l'accusé ne comprend pas la langue française. — Cass., 4 mars 1870, Limpérani, [S. 70.1.180, P. 70.413, D. 70.1.316] — V. en ce sens, Legraverend, t. 1, p. 244; Carnot, t. 2, p. 559; F. Hélie, t. 7, n. 3442. — V. cepend. suprà, n. 5391.

5432. — Spécialement, lorsque l'un des témoins ne parle pas le même idiome que l'accusé, le président de la cour d'assises ne peut, au lieu de nommer un interprète, rendre lui-même en français la déposition du témoin. — Cass., 6 brum. an VIII, Solliard, [S. et P. chr.]; — 21 févr. 1812, Desnoux, [S. et P. chr.] — Sic, Merlin, Rép., v° Interprète, n. 6.

5433. — Il y a nullité même lorsque l'accusé a consenti à ce que le président lui servît d'interprète. — Cass., 21 févr. 1812, précité; — 18 août 1832, Erfurth, [P. chr.]

5434. — L'incompatibilité dont il s'agit frappe aussi bien les assesseurs que le président.

5435. — A peine est-il besoin de faire remarquer qu'elle atteint aussi le ministère public. — Nouguier, n. 1817.

5436. — Mais les incompatibilités étant de droit étroit et l'art. 332, C. instr. crim., disposant que l'interprète ne peut, à peine de nullité, être pris parmi les témoins, les juges et les jurés, on ne saurait étendre les incompatibilités prononcées par cet article au greffier qui tient la plume à l'audience. — Cass., 22 janv. 1808, Gazan, dit Musero, [S. et P. chr.]; — 10 août 1876, Recoursé, [S. 78.1.234, P. 78.565] — Contrà, Nouguier, loc. cit.

5437. — C. Jurés. — La défense de prendre l'interprète parmi les jurés ne doit s'entendre que des membres du jury de jugement et ne peut s'appliquer aux autres citoyens portés sur la liste qui n'ont pas été désignés par le sort pour composer le tableau définitif. — Cass., 21 mai 1812, Jensen-Meyer, [S. et P. chr.] — Sic, Nouguier, n. 1818.

5438. — Dès lors il ne résulte aucune nullité de ce que l'interprète aurait été pris parmi les jurés de la session, pourvu qu'il n'ait point figuré au nombre de ceux qui ont concouru à la déclaration du jury. — Cass., 16 juill. 1812, Hoffer, [S. et P. chr.] — Sic, Legraverend, t. 1, ch. 5, sect. 7, p. 245.

5439. — Au surplus, un juré peut, après la déposition d'un témoin, demander des éclaircissements en employant cette formule : « Est-ce bien là ce que le témoin a dit », sans qu'on soit en droit de soutenir qu'il a pris la qualité d'interprète en violation des formalités prescrites par l'art. 332. — Cass., 29 juin 1871, Pertazé, [D. 71.5.223]

5440. — II. Conditions d'aptitude. — En dehors de ces prohibitions, le choix du président n'est pas limité. A défaut d'interprète titulaire, les juges ont le droit de commettre, comme interprète, toute personne âgée de plus de vingt et un ans, sous la condition de lui faire prêter le serment professionnel. — Cass., 11 mai 1876, El-Hadj-Miloud, [S. 76.1.435, P. 76.1095, D. 77.1. 462]

5441. — Il n'est même pas indispensable que l'interprète s'exprime dans la langue maternelle de l'accusé; il suffit qu'il s'exprime en une langue comprise et parlée par lui. — Cass., 8 oct. 1868, Bentzan, [D. 69.5.252]

5442. — A plus forte raison n'est-il pas nécessaire de le choisir parmi les interprètes ou traducteurs assermentés près la cour d'appel alors même que la cour d'assises fonctionne au siège de la cour d'appel. Le président a, à cet égard, une latitude absolue.

5443. — Il n'est même pas nécessaire que l'individu appelé à remplir les fonctions d'interprète devant une cour d'assises soit français et jouisse des droits civils; un étranger en état de domesticité peut donc remplir les fonctions d'interprète. — Cass., 2 mars 1827, Tap et Saviard, [S. et P. chr.] — *Sic*, Carnot, sur l'art. 332, *C. instr. crim.*, t. 2, p. 562, n. 4; Nouguier, t. 3, n. 1811.

5444. — Une femme peut également servir d'interprète, pourvu qu'elle soit âgée de vingt et un ans au moins. — Cass., 16 avr. 1818, Guillain, [S. et P. chr.] — *Sic*, Legraverend, t. 1, p. 254; Nouguier, *loc. cit.*

5445. — L'interprète, en effet, avons-nous dit, doit être âgé de vingt et un ans. Mais il n'est pas nécessaire que le procès-verbal des débats fasse mention de l'âge de l'interprète appelé pour le service de l'audience, il suffit que cet interprète soit réellement âgé de vingt et un ans au moins. — Cass., 3 avr. 1818, Léopold Lewy, [S. et P. chr.]; — 9 avr. 1846, Willeaume, [P. 49.2.370, D. 46.4.346]; — 4 nov. 1882, Lafontaine, [*Bull. crim.*, n. 237]

5446. — Lorsqu'un individu appelé par le président pour servir d'interprète a été admis au serment et s'est acquitté de sa mission, sans qu'il ait été récusé ni par l'accusé, ni par le ministère public, il y a présomption de droit qu'il avait l'âge requis par la loi. — Cass., 3 avr. 1818, précité; — 11 déc. 1832, Armand et Delaval. [P. chr.]

5° Serment de l'interprète.

5447. — L'interprète doit, à peine de nullité, prêter serment « de traduire fidèlement les discours à transmettre entre ceux qui parlent des langages différents » (C. instr. crim., art. 332). — Cass., 4 juin 1863, Aïssaben-Abdel-Kader, [*Bull. crim.*, n. 155]

5448. — Jugé qu'il y a nullité lorsque l'interprète nommé pour le débat a fait une simple promesse au lieu du serment exigé par la loi. — Cass., 4 juin 1812, Schoonaerts, [S. et P. chr.] — *Sic*, Merlin, *Rép.*, v° *Serment*, § 3, n. 1.

5449. — ... Lorsqu'il y a nullité lorsqu'il résulte du procès-verbal des débats d'une cour d'assises que le président a nommé un interprète, sans lui faire prêter le serment de traduire fidèlement les discours à transmettre entre un témoin et l'accusé qui parlaient des langages différents. — Cass., 8 juill. 1813, Larchi, [S. et P. chr.]

5450. — ... Et que le seul serment que doive prêter l'interprète est celui qui est prescrit par l'art. 332, C. instr. crim., et non celui qui est imposé aux témoins par l'art. 317 du même Code. — Cass., 4 nov. 1882, Lafontaine, [*Bull. crim.*, n. 237]

5451. — Toutefois, la formule de serment de l'interprète, contenue en l'art. 332, C. instr. crim., n'est pas prescrite à peine de nullité; il suffit que l'interprète ait juré de remplir toutes les obligations qu'impose cette formule. — Cass., 16 avr. 1818, Guillain, [S. et P. chr.]; — 4 févr. 1819, Mittelbrone, [S. et P. chr.]; — 27 avr. 1820, Cazaux, dit Taminet, [S. et P. chr.]; — 15 avr. 1824, Pigeonnet, [S. et P. chr.] — Cependant pour éviter toute difficulté à cet égard, il est préférable de se servir de la formule de la loi. — F. Hélie, t. 7, n. 3445; Nouguier, t. 3, n. 1842 et 1843.

5452. — Il a même été décidé qu'il suffit que l'interprète appelé devant une cour d'assises pour traduire un écrit prête le serment, prescrit pour les experts, de remplir sa mission en son honneur et conscience. — Cass., 12 juill. 1816, Libry, [S. et P. chr.]

5453. — Mais cette doctrine ne doit pas être suivie, et il a été jugé, depuis, que l'expert déjà entendu comme témoin et ensuite chargé à l'audience de traduire en français quelques mots imprimés en langue étrangère, doit prêter le serment d'interprète, et non le serment d'expert, ni celui de témoin, avant de procéder à cette traduction. — Cass., 10 sept. 1885, Guinet, [*Bull. crim.*, n. 253]

5454. — Le serment n'est exigé que de celui qui remplit réel-

lement les fonctions d'interprète. Une personne présente à l'audience, que le président de la cour d'assises charge de répéter d'une voix plus haute à l'accusé, qui entend difficilement, les dépositions des témoins et les autres incidents du débat, ne saurait être considérée comme un interprète dans le sens des art. 332 et 333, C. instr. crim., et il n'est pas, dès lors, nécessaire de lui faire prêter le serment prescrit par le premier de ces articles. — Cass., 19 juin 1862, Pillot, [S. 62.1.996, P. 63.393, D. 62. 1.391]

5455. — Le président de la cour d'assises peut aussi demander à l'interprète d'un accusé s'il se serait aperçu que l'accusé, en le supposant étranger, aurait conservé l'accent de sa langue et qu'il eût donné des preuves qu'il entendait bien la langue française, pour lui faire prêter un nouveau serment comme témoin. — Cass., 25 févr. 1830, Riva, [P. chr.]

5456. — Le serment de l'interprète nommé à l'accusé peut être reçu par le président, hors de la présence de l'accusé et du ministère public. — Cass., 30 nov. 1827, Robin, [S. et P. chr.]; — 17 août 1832, Arbogast, [S. 33.1.159, P. chr.]; — 18 août 1832, Erfurt, [P. chr.]; — 8 juin 1843, Legoaer, [S. 43.1.559, P. 43.2.576]

5457. — Le serment doit être prêté pour chaque affaire. Lorsque la cour d'assises appelle pour interprète un traducteur assermenté, le serment qu'il a prêté pour ses fonctions de traducteur ne le dispense pas du serment particulier prescrit, à peine de nullité, par l'art. 332, C. instr. crim. — Cass., 21 oct. 1813, Veronstracte, [S. et P. chr.] — *Sic*, Carnot, sur l'art. 332, *C. instr. crim.*, t. 2, p. 561, n. 7; Nouguier, t. 3, n. 1836.

5458. — Il n'y a d'exception à cette règle que pour les traducteurs assermentés, en Algérie, par cette raison qu'ils ont un caractère officiel permanent. — V. *suprà*, v° *Algérie*, n. 1596.

5459. — Mais le serment prêté, lors du tirage du jury de jugement, par l'interprète chargé d'assister l'accusé, n'a pas besoin d'être réitéré au cours des débats. — Cass., 15 juill. 1813, Severin, [S. et P. chr.]; — 4 févr. 1819, Mittelbrone, [S. et P. chr.]; — 1er avr. 1837, Kempart, [S. 38.1.924, P. 38.1.558]; — 25 nov. 1837, Mayé, [P. 40.1.141]; — 13 nov. 1862, Deviva, [*Bull. crim.*, n. 246]; — 15 oct. 1874, Rueda, [S. 74.1.504, P. 74.1265, D. 75.5.396]; — 7 mai 1875, Badéré, [S. 75.1.240, P. 75.560]; — 31 janv. 1878, Mollia, [*Bull. crim.*, n. 29] — *Sic*, F. Hélie, *Instr. crim.*, t. 7, n. 3445; Nouguier, *Cour d'ass.*, t. 3, n. 1841. — Alors surtout que l'ouverture des débats a succédé sans intervalle à la formation du jury. — Cass., 15 oct. 1874, précité; — 7 mai 1875, précité.

5460. — L'interprète qui a prêté serment dans une première séance n'est pas tenu non plus de le renouveler dans les séances subséquentes. — Cass., 15 juill. 1813, précité; — 24 août 1827, Pirion, [S. et P. chr.] — *Sic*, Carnot, sur l'art. 332, *C. instr. crim.*, t. 2, n. 561, n. 7; Nouguier, *loc. cit.*; F. Hélie, t. 7, n. 3445.

5461. — Et, plus généralement, le serment d'un interprète, intervenu au début des débats ou au commencement d'une instruction, conserve sa force jusqu'à la fin de ces débats ou instruction, sans qu'il soit besoin de le réitérer à chaque vacation. — Cass., 11 mai 1876, El-Hadj-Miloud, [S. 76.1.435, P. 76.1095, D. 77.1.462]

5462. — Mais lorsque l'interprète a prêté serment à l'ouverture des débats, si la cour a annulé les débats et ordonné qu'ils seraient recommencés, le serment de l'interprète se trouve lui-même annulé et doit être prêté de nouveau. — Cass., 30 janv. 1885, Van Guyen, [*Bull. crim.*, n. 42]

5463. — Sur la mention que doit contenir le procès-verbal relativement à la prestation de serment de l'interprète, V. *suprà*, n. 5144 et s.

6° Rôle de l'interprète.

5464. — L'interprète doit assister à toutes les parties du débat.

5465. — Toutefois, il n'est pas nécessaire de traduire à l'accusé la liste des jurés, qui a dû lui être notifiée. — Cass., 6 août 1885, Arcano, Logerfo et Rousso, [D. 86.1.343]

5466. — D'une façon générale, en ce qui concerne la procédure orale, la mission de l'interprète s'applique principalement aux parties du débat où les accusés ne peuvent être suppléés par leur conseil. — Cass., 24 juill. 1841, Zeller, [P. 42.2.676]; — 12 mars 1874, Gestal, [S. 74.1.231, P. 74.561, D. 74.11.453] — *Sic*, Nouguier, *Cour d'ass.*, t. 3, n. 1823.

5467. — Et, tout d'abord, l'accusé qui n'entend pas la langue française, et auquel il est nommé un interprète, doit, à peine de nullité, être assisté de cet interprète pour la formation du jury de jugement. — Cass., 30 nov. 1827, Robin, [S. et P. chr.]; — 17 août 1832, Arbogast, [S. 33.1.159, P. chr.]; — 13 mars 1873, Pescia, [S. 73.1.240, P. 73.560, D. 74.1.184] — Sic, Nouguier, Cour d'ass., n. 1411; F. Hélie, t. 7, n. 3241. — V. cep. suprà, n. 5406 et 5407.

5468. — Spécialement, il y a nécessité, lors du tirage du jury de jugement, de faire assister d'un interprète l'accusé que ses infirmités placent dans l'impossibilité de comprendre les opérations du tirage et l'avertissement qui doit lui être donné de son droit de récusation. — Cass., 10 oct. 1872, Grijault, [S. 72. 1.396, P. 72.1033, D. 72.1.383]

5469. — La nullité résultant de l'inobservation de cette formalité n'est pas couverte parce que des récusations auraient été exercées au nom de l'accusé, s'il n'est pas constant qu'il se soit concerté avec son défenseur pour ces récusations. — Cass., 22 févr. 1872, Giovanonni et autres, [Bull. crim., n. 43]; — 10 oct. 1872, précité; — 26 déc. 1872, Vicentini et Morandi, [D. 74.1.297]

5470. — Et il n'importe que le président de la cour ait commis précédemment un interprète pour assister l'accusé aux débats, si aucune assistance n'a été donnée à celui-ci pour le tirage du jury de jugement. — Cass., 10 oct. 1872, précité.

5471. — Mais il ne résulte aucune nullité de ce que la nomination d'un interprète à un accusé ne parlant pas la langue française n'aurait été faite que lors de l'ouverture des débats, et non au moment du tirage du jury, lorsqu'il est constaté en fait que le droit de récusation appartenant à l'accusé n'a subi aucune atteinte. — Cass., 19 juin 1879, Taïen-ben-El-hadj-Srir, [S. 81.1.237, P. 81.1.554]

5472. — La lecture de l'arrêt de renvoi et de l'acte d'accusation à l'ouverture des débats n'étant pas prescrite à peine de nullité (V. suprà, n. 1744), il ne résulte aucune nullité de ce que l'interprète nommé à l'accusé ne les lui a pas traduits. — Cass., 29 mai 1840, Lhérée, [S. 41.1.598]; — 9 oct. 1846, Sohman-Ben-Mohammed, [P. 49.2.277]; — 14 oct. 1848, Abdallah-ben-Fath, [P. 49.2.669]; — 17 mai 1850, Abd-el-Usain-ben-Youssef, [D. 50.5.295]; — 13 nov. 1862, Deviva, [Bull. crim., n. 246]; — 4 déc. 1862, Vanbalwyn, [D. 63.5.219]; — 21 oct. 1886, Fernandez et autres, [Bull. crim., n. 343] — Sic, Nouguier, n. 1825.

5473. — Tout au contraire, l'interprète doit traduire à l'accusé les déclarations de ses coaccusés. Jugé que le défaut de traduction à un accusé qui n'entend pas le français, de l'un des interrogatoires de ses coaccusés, entraîne la nullité des débats. — Cass., 30 juin 1838, Hubert, [S. 38.1.760, P. 38.2.448]

5474. — Spécialement, il y a nullité lorsque l'interrogatoire d'accusés parlant, les uns la langue wolove, les autres la langue arabe, a eu lieu à l'aide d'interprètes, sans que le procès-verbal constate que la réponse des accusés de langue arabe ait été traduite à ceux de langue wolove et réciproquement. — Cass., 25 nov. 1880, Abdoulaye-ould-Hamat, [Bull. crim., n. 209]

5475. — L'interprète doit tout naturellement transmettre à l'accusé les dépositions des témoins et toutes les observations auxquelles ces dépositions peuvent donner lieu. En conséquence, lorsqu'un accusé n'entend pas la langue française, et qu'un interprète lui a été nommé, le président de la cour d'assises est tenu, à peine de nullité, de faire traduire par cet interprète les dépositions écrites des témoins dont il a cru devoir donner lecture aux débats, en vertu de son pouvoir discrétionnaire. — Cass., 3 mars 1836, Fabiani, [P. chr.]; — 4 juill. 1872, Aïssa-ben-Balack, [S. 72.1.400, P. 72.1040, D. 72.1.335] — A plus forte raison y a-t-il nullité de l'arrêt de condamnation lorsque l'interprète n'a pas traduit la déposition orale d'un témoin parlant une autre langue que l'accusé. — Cass., 8 févr. 1838, Orsini, [P. 40.1. 378]; — 8 janv. 1877, Mohamed-ben-Harnadouck, [Bull. crim., n. 134]; — 31 janv. 1878, El-Mogdad-ben-Aïssa, [S. 79.1.335, P. 79.814, D. 78.1.448]; — 28 févr. 1878, Shadaya, [D. 79.5. 250]; — 1er mars 1878, Morazan, [Bull. crim., n. 63]; — 21 mars 1878, Fangalavayen, [D. 79.5.250]; — 7 déc. 1894, Do-Van-Nhou, [S. et P. 95.1.158] — Sic, F. Hélie, Instr. crim., t. 7, n. 344; Rolland de Villargues, C. d'instr. crim., sur l'art. 332, n. 72.

5476. — Il en est ainsi alors même que l'arrêt de donné acte déclare que les dépositions non traduites à l'accusé n'ont rien révélé de spécial et n'ont été que la reproduction de celles des témoins précédemment entendus. — Cass., 26 juin 1884, Utello, [Bull. crim., n. 209]

5477. — Mais il n'y a pas lieu de faire traduire aux accusés, à moins qu'ils ne le demandent expressément, la formule du serment prêté par les témoins. — Cass., 24 août 1827, Pirion, [S. et P. chr.]; — 12 mars 1874, précité. — V. dans le même sens, F. Hélie, Instr. crim., t. 7, n. 3448.

5478. — En tous cas, l'accusé ne peut se faire un moyen de nullité de ce qu'en transmettant à la cour d'assises la réponse des témoins à qui il avait traduit la formule du serment, l'interprète a dit que ces témoins le juraient, au lieu de dire qu'ils répondaient : Je le jure. — Cass., 29 mars 1832, Lang, [P. chr.]

5479. — Il n'y a pas lieu de traduire non plus à l'accusé les déclarations des témoins sur leurs nom, prénoms, âge, profession et domicile, alors que ces indications ont été notifiées aux accusés. — Cass., 12 mars 1874, Gestal, [S. 74.1.231, P. 74. 561, D. 74.1.453]

5480. — Ajoutons qu'on n'a pas à faire traduire à l'accusé, à peine de nullité, certaines pièces du dossier versées au débat, et qui ne peuvent exercer aucune influence sérieuse sur la liberté de la défense. Tels sont, par exemple : le procès-verbal d'arrestation et le procès-verbal d'interrogatoire au début de l'instruction. — Cass., 11 juill. 1850, précité; — 13 nov. 1862, précité. — ... Le procès-verbal de la gendarmerie annonçant l'accomplissement du crime. — Cass., 13 nov. 1862, précité.

5481. — Il n'est pas nécessaire de faire traduire à l'accusé, qui ne comprend que la langue française, les développements oraux donnés par le ministère public dans son réquisitoire, et encore moins la plaidoirie présentée par le défenseur. — Cass., 19 juill. 1832, Legal, [S. 33.1.430, P. chr.]; — 24 juill. 1841, Zeller, [P. 42.2.676]; — 29 févr. 1844, Rapars, [P. 44.2.538]; — 11 juill. 1850, Saïd-ben-Amar, [D. 50.5.296]; — 13 nov. 1862, Deviva, [Bull. crim., n. 246]; — 27 août 1881, Riou, [S. 84.1. 453, P. 84.1.1099]

5482. — En conséquence, l'absence de traduction à cet égard n'entraîne point la nullité des débats, alors surtout que l'accusé n'a point élevé de réclamation. — Cass., 9 oct. 1846, Soliman-ben-Mohammed, [P. 49.2.277]; — 14 oct. 1848, Abdallah-ben-Fath, [P. 49.2.669]; — 27 août 1881, précité. — Et qu'il a même déclaré n'avoir rien à ajouter à la défense présentée par son avocat. — Cass., 9 oct. 1846, précité.

5483. — Toutefois, certains arrêts précités exigent une condition qui semble bien être dans la pensée des rédacteurs des arrêts des 9 oct. 1846 et 27 août 1881, précités, malgré le vague de la formule : « surtout lorsqu'il est établi qu'aucune observation n'a été faite par lui à cet égard »; il faut que l'accusé n'ait pas formellement demandé la traduction, sans quoi la procédure serait viciée. Le principe sur l'assistance des interprètes est très-bien posé par l'arrêt du 24 juill. 1841, précité, disant « que la mission de l'interprète s'applique principalement aux parties des débats où l'accusé ne peut être suppléé par le conseil dont il est assisté, et qu'il n'y a lieu de faire traduire à l'accusé les développements donnés par le ministère public aux moyens de l'accusation qu'autant que l'accusé l'a expressément demandé ». L'art. 332 ne précise pas les parties du débat qui devront être traduites à l'accusé. Quelle est donc la règle qui gouverne la matière? Le principe de la liberté de la défense. Or, ce principe ne serait pas complètement sauvegardé si, l'accusé réclamant la traduction du réquisitoire et ne s'en rapportant pas, pour y répondre, à son avocat, cette traduction lui était refusée. — V. en ce sens, F. Hélie, Instr. crim., t. 7, n. 3448. — V. cependant Nouguier, t. 3, n. 1828.

5484. — La Cour de cassation a jugé, à différentes reprises, qu'il n'y a pas lieu de traduire à l'accusé les questions posées au jury, lorsqu'elles sont conformes à l'arrêt de renvoi et à l'acte d'accusation précédemment notifiés aux accusés. — Cass., 5 juin 1851, Kling, [Bull. crim., n. 330]; — 13 nov. 1862, précité; — 12 mars 1874, précité; — 3 août 1882, Juliano et Cavallero, [D. 83.1.231]; — 7 juill. 1892, Garbin, [Bull. crim., n. 203] — Sic, Nouguier, Cour d'ass., t. 3, n. 1825-7o. — Contrà, Cass., 2 mai 1878, Denis, [D. 78.1.283] — Pour éviter toute équivoque à ce sujet, bien que ce dernier arrêt nous paraisse plus conforme à la vérité, il est préférable de faire traduire les questions.

5485. — En tous cas, on ne doit pas hésiter à faire traduire les questions nouvelles posées comme résultant des débats. — Cass., 3 août 1882, Juliano, [D. 83.1.231] — V. cep. Nouguier, t. 3, n. 1826.

5486. — Du reste, il n'est pas prescrit, à peine de nullité, que l'interprète donné à un accusé lui traduise ces questions, lorsqu'il est prouvé, postérieurement à la nomination de l'interprète, que l'accusé entend la langue française. — Cass., 8 juin 1837, Oddo, [P. 37.2.610] — V. *suprà*, n. 5410.

5487. — On doit faire traduire à l'accusé la déclaration du jury. — Cass., 12 déc. 1850, Werner, [D. 51.5.328]

5488. — ... Les réquisitions du ministère public sur l'application de la peine. — Cass., 29 févr. 1844, Rapars, [P. 44.2.538]

5489. — ... Les conclusions de la partie civile sur les restitutions et les dommages-intérêts. — Nouguier, t. 3, n. 1824.

5490. — ... L'interpellation faite à l'accusé sur l'application de la peine. — Cass., 24 juill. 1844, Zeller, [P. 42.2.676]

5491. — Lorsqu'il est énoncé dans le procès-verbal des débats « qu'après que le procureur général a requis l'application de la loi, traduction de ces réquisitions a été donnée au prévenu par l'interprète ; que demande lui a été faite *par le président*, s'il n'avait aucune observation à présenter sur l'application de la peine, et que *le prévenu* n'a présenté aucune observation », cette mention suffit, si, d'ailleurs, il est établi que l'accusé comprenait le français et n'avait demandé un interprète que parce qu'il lui était *plus facile* de parler dans sa langue maternelle. — Cass., 19 nov. 1885, Sinnapoullé Manuel de Coudinguy, [*Bull. crim.*, n. 315]

5492. — Enfin, l'interprète doit faire connaître à l'accusé la condamnation prononcée contre lui et le droit qu'il a, dans les trois jours qui suivent, de se pourvoir en cassation. — Cass., 14 nov. 1850, Saint-Jalmes, [D. 50.5.295] — *Sic*, Nouguier, *loc. cit.*

5493. — Cependant, lorsque le condamné s'est pourvu en temps utile, il est non recevable à se plaindre du défaut de traduction de l'avertissement. — Cass., 25 janv. 1839, Soliman-ben-Abd-el-Rahman, [P. 39.1.569]

5494. — Un interprète peut être donné, non seulement à l'accusé, ce qui est le cas le plus fréquent, mais aussi à un témoin qui n'entendrait pas la langue des autres personnes qui ont à prendre part aux débats. Si l'interprète assiste un témoin parlant une langue étrangère, il doit traduire la formule du serment. — Cass., 4 juin 1863, Haïssa-el-Hadj, [D. 67.5.246] — ... Traduire au témoin les questions du président et de la défense, et à l'accusé les déclarations et réponses du témoin.

5495. — L'interprète qui a prêté serment pour assister un témoin parlant une langue étrangère peut, sous la foi de ce même serment, procéder à la traduction d'un passage d'une pièce du procès. — Cass., 26 mai 1842, Bonnet, [P. 42.2.670]

5496. — Quand le procès-verbal des débats constate qu'un témoin a déposé avec le secours d'un interprète pour une partie de sa déposition, il y a présomption légale qu'il n'en a pas eu besoin pour le surplus. — Cass., 10 avr. 1847, Drouillard, [S. 47. 1.305, D. 47.1.90]

5497. — Lorsque le procès-verbal des débats ne contient aucune mention relative à la nécessité d'un interprète, le condamné ne peut pas se faire un moyen de cassation de ce que l'un des témoins aurait dû être assisté à l'audience d'un interprète, sous prétexte que ce témoin n'aurait été entendu devant le magistrat instructeur et confronté avec l'accusé qu'avec l'assistance d'un interprète. — Cass., 1er juill. 1886, Couderc, [*Bull. crim.*, n. 234]

5498. — L'interprète doit remplir sa mission non seulement à l'égard des accusés et des témoins, mais aussi à l'égard de la cour et du jury. Il y a nullité lorsqu'il résulte du procès-verbal des débats que l'interprète a traduit en langue idiome à des accusés arabes la déposition d'un témoin espagnol, mais qu'il ne l'a pas traduite en français pour la cour et pour le jury. — Cass., 17 juin 1880, Mohammed-Ould-Ahmed, [*Bull. crim.*, n. 123]

5499. — Et à la différence de ce que nous avons dit relativement à l'accusé, on doit admettre que si les juges ne comprennent pas la langue parlée par l'avocat, la plaidoirie de celui-ci doit leur être traduite (spécialement à l'égard d'assesseurs arabes qui siègent au tribunal correctionnel de Tunis). — V. Cass., 16 juin 1887, El-Amir-ben-El-Hadj-Taïeb, [*Bull. crim.*, n. 220]

5500. — Aux termes de l'art. 332, C. instr. crim., lorsqu'aucun interprète n'a été nommé au cas où sa présence était exigée, la procédure est frappée de nullité ; cette nullité s'applique au cas où l'interprète nommé n'a rempli qu'incomplètement sa mission. — Cass., 7 déc. 1894, Do-van-Nhou et autres, [S. et P. 95.1.158]

5501. — Sur l'obligation qui s'impose de relater au procès-verbal l'intervention de l'interprète, V. *suprà*, n. 5122 et s.

5502. — Il est alloué une rétribution à l'interprète qui la réclame (Décr. 18 juin 1811, art. 16). — V. *infrà*, v° *Dépens*.

§ 2. *Interprète donné au sourd-muet.*

5503. — L'art. 333, C. instr. crim., porte : « Lorsque l'accusé est sourd-muet et ne sait pas écrire, le président nomme d'office, pour son interprète, la personne qui a le plus l'habitude de converser avec lui. Il en est de même à l'égard du témoin sourd-muet. Le surplus des dispositions du précédent article sera exécuté. Dans le cas où le sourd-muet sait écrire, le greffier écrit les questions qui lui sont faites : elles sont transmises à l'accusé ou au témoin, qui donnent par écrit leur réponse ou leur déclaration. Il est fait lecture de tout par le greffier. »

5504. — Ces dispositions ne s'appliquent évidemment qu'au cas d'infirmité dûment constatée. Ainsi, lorsque l'accusé prétend qu'il est sourd-muet et demande à répondre par écrit aux interpellations qui pourraient lui être faites, la cour peut, sur le rapport des experts constatant que cette infirmité est simulée, ordonner que les débats auront lieu oralement. — Cass., 30 juill. 1835, Lanoue, [P. chr.]

5505. — Et lorsqu'après un premier arrêt refusant la nomination d'un interprète par le motif que l'accusé simulait le mutisme, la cour d'assises a désigné un interprète à la fin des débats pour une mission déterminée, elle ne reconnaît pas par là même implicitement que cette désignation était nécessaire auparavant. — Cass., 1er sept. 1887, Gillard, [*Bull. crim.*, n. 324]

5506. — De plus, l'art. 333 ne s'applique qu'au cas où l'infirmité est suffisante pour rendre toute communication impossible ou du moins très-difficile. S'il s'agit d'un accusé ou d'un témoin pour lequel il suffit d'élever la voix, il n'y a pas lieu de recourir aux moyens exceptionnels prévus par l'art. 333, C. instr. crim. — Nouguier, n. 1793.

5507. — Ainsi, par exemple, le président peut faire répéter à l'accusé les questions qui lui sont posées ainsi que les déclarations des témoins par un gendarme placé près de lui, sans qu'il soit nécessaire de lui avoir, au préalable, fait prêter serment. — Cass., 19 juin 1862, Pillot, [S. 62.1.996, P. 63.393, D. 62.1.391] — *Sic*, Nouguier, n. 1787.

5508. — De même, le sourd-muet peut rendre inutile l'intervention d'un interprète lorsque, par ses gestes, il se fait comprendre facilement de tout le monde. — Cass., 22 sept. 1864, Micaelli, [*Bull. crim.*, n. 236]

5509. — D'autre part, si l'art. 333 parle du sourd-muet, il n'exige pas pour son application, que les deux infirmités se trouvent réunies. Il s'applique à celui qui est muet, sans être sourd, aussi bien qu'à celui qui est sourd, sans être muet. — Nouguier, *loc. cit.*

5510. — Cette disposition de l'art. 333, C. instr. crim., n'est pas, d'ailleurs, limitative, mais s'applique à tous les cas analogues ; tel celui où un témoin ne s'explique que par mots entrecoupés, en patois, et est atteint de surdité. — Cass., 3 avr. 1861, Bonnard, [S. 61.1.744, P. 62.74, D. 61.1.237] — *Sic*, F. Hélie, *loc. cit.* ; Nouguier, t. 3, n. 1820.

5511. — Celui où un témoin est atteint d'idiotisme et ne s'exprime que par sons inarticulés. — Cass., 16 déc. 1859, Rolin, [D. 59.5.230]

5512. — ... Ou parle un langage inintelligible pour les personnes qui n'ont pas l'habitude de converser avec lui. — Cass., 22 nov. 1855, Lordet, [D. 56.5.257]

5513. — Dans ces divers cas, la nécessité de prendre pour interprète une personne choisie en dehors des prescriptions de l'art. 332, C. instr. crim., doit être légalement constatée par l'arrêt, afin de permettre à la Cour de cassation d'exercer son droit de contrôle sur le point de savoir si l'art. 332 a été ou non violé. — Cass., 28 sept. 1843, Camus, [*Bull. crim.*, n. 251] ; — 21 janv. 1858, Autheville, [D. 58. 5.217] — *Sic*, Nouguier, t. 3, n. 1821.

5514. — La loi distingue le cas où l'accusé sait écrire et celui où il ne le sait pas. Au premier cas, l'écriture est préférée à l'interprète ; dans la seconde hypothèse, la nomination de l'interprète s'impose.

5515. — Il en résulte que si l'accusé sait écrire, la communication par écrit est prescrite à peine de nullité. — Cass., 29 déc. 1854, Hollinger, [*Bull. crim.*, n. 358] — *Sic*, Nouguier, n. 1791.

5516. — ... Et le ministère d'un interprète est alors inutile. — Cass., 26 juin 1879, Decelers, [*Bull. crim.*, n. 131]

5517. — Ce n'est pas à dire, d'ailleurs, que la nomination d'un interprète soit alors proscrite; l'écriture et le secours d'un interprète peuvent être employés simultanément. — Nouguier, t. 3, n. 1792.

5518. — S'il s'agit d'un témoin, il doit écrire la formule du serment. Mais il importe peu qu'il ait raturé certains mots inutiles, si les mots sacramentels « je le jure », apparaissent clairement. — Cass., 26 juin 1879, précité.

5519. — La lecture des réponses écrites doit être faite au jury par le greffier; mais elle peut l'être par le président, sans qu'il en résulte nullité. — Même arrêt.

5520. — Des règles spéciales ont été posées par la loi en ce qui concerne le choix de l'interprète dans cette hypothèse spéciale. D'une part, le choix peut porter sur des personnes, en général, exclues; d'un autre côté, il n'est pas libre pour le président, mais limité à une personne déterminée.

5521. — En premier lieu, par exception, lorsqu'il y a lieu, de désigner un interprète, la loi n'exige pas, à peine de nullité, que la personne qui a le plus l'habitude de converser avec un accusé ou un témoin sourd-muet soit âgée de plus de vingt et un ans, pour qu'elle puisse être désignée pour servir d'interprète. — Cass., 23 déc. 1824, Hanon, [S. et P. chr.]; — 25 déc. 1834, Jeanne Hamon, [P. chr.]

5522. — Legraverend (t. 1, chap. 5, sect. 7, p. 244, note 2) dit que cette décision lui paraît évidemment contraire à la loi, malgré un considérant de l'arrêt de 1834, où il est dit que le texte de l'art. 333 prouve jusqu'à l'évidence que son alinéa 1 a dérogé, relativement à l'âge de l'interprète, à la disposition de l'alinéa 1, art. 332. L'induction que la Cour de cassation tire de l'art. 333 est, en effet, moins évidente qu'elle ne le prétend, car on peut objecter que si cet article ordonne de choisir la personne qui a le plus l'habitude de converser avec le sourd-muet, c'est seulement sous la condition que cette personne aura la capacité requise, en général, de tout interprète, par l'article qui précède. Nous pensons cependant que l'alinéa 3, art. 333, fixe avec certitude le sens du premier. Ces expressions : le surplus des dispositions du précédent article sera exécuté, supposent nécessairement une dérogation audit article; or, l'âge de vingt et un ans au moins est la seule condition exigée de l'interprète par l'art. 332. Sur quoi porterait donc la dérogation, si ce n'était sur la condition de l'âge? Ajoutons que la difficulté de communiquer par gestes avec un sourd-muet a pu être pour le législateur un motif de choisir exclusivement, et sans aucune condition d'âge, celui qui a le plus d'habitude de converser avec lui.

5523. — De même, la règle posée par l'art. 332, C. instr. crim., suivant laquelle l'interprète donné à l'accusé ou à un témoin ne peut être pris parmi les témoins, les juges et les jurés, reçoit exception dans le cas de l'art. 333 du même Code, qui veut que lorsque l'accusé ou le témoin est sourd-muet et ne sait pas écrire, le président des assises nomme d'office pour son interprète la personne qui a le plus l'habitude de converser avec lui. — Cass., 3 juill. 1846, Audry, [S. 46.1.574, P. 46.2.662, D. 46. 1.305]; — 5 avr. 1861, Bonnard, [S. 61.1.744, P. 62.74, D. 61. 1.237]; — 22 sept. 1864, Micaelli, [D. 66.5.264]; — 1er sept. 1887, Gillard, [*Bull. crim.*, n. 324] — *Sic*, F. Hélie, t. 7, n. 3443; Nouguier, t. 3, n. 1819.

5524. — Si, à ce double point de vue, le choix de l'interprète est plus étendu qu'il ne l'est en général, il est, d'un autre côté, singulièrement restreint dans la personne de celui qui a le plus l'habitude de converser avec le sourd-muet. Toutefois, on ne doit rien exagérer, et ne pas interpréter le texte judaïquement ; si l'art. 333, C. instr. crim., prescrit de choisir pour interprète la personne qui a *le plus* l'habitude de converser avec le sourd-muet, l'omission dans le procès-verbal des mots *le plus* ne suffit pas à vicier le débat, alors surtout que le choix a porté sur la sœur du sourd-muet. — Cass., 22 sept. 1864, précité.

5525. — Et même, lorsque la personne qui a le plus l'habitude de converser avec un témoin sourd-muet n'est pas présente, rien ne s'oppose à ce que le président de la cour d'assises désigne une autre personne qui soit en état de remplir fidèlement les fonctions d'interprète. — D'ailleurs, lorsque le procès-verbal des débats constate que le témoin a répondu à toutes les interpellations, et lorsqu'il n'apparaît d'aucun incident élevé à

l'occasion de l'audition de ce témoin, l'accusé est non recevable à se plaindre devant la Cour de cassation du choix de l'interprète. — Cass., 27 mars 1834, Bernard Savez, [S. 34.1.432, P. chr.] — *Sic*, Nouguier, *loc. cit.*

5526. — Mais la circonstance que telle personne choisie parmi les témoins a été désignée comme interprète doit être relatée au procès-verbal, qui doit en même temps justifier ce choix en énonçant qu'il s'agissait d'assister un sourd-muet, et que la personne désignée était celle qui avait le plus l'habitude de converser avec lui. À défaut de ces indications au procès-verbal, les débats sont frappés de nullité, alors surtout qu'il est allégué que l'interprète a été choisi parmi les témoins à charge. — Cass., 21 janv. 1858, précité.

5527. — Le serment doit être prêté aussi bien par l'interprète du sourd-muet que par celui qui assiste des personnes parlant un langage différent. — Nouguier, n. 1838. — V. *supra*, n. 5447 et s.

<h2 style="text-align:center">SECTION IV.</h2>

Mesures d'instruction.

5528. — La cour d'assises et le président de la cour d'assises, en vertu de son pouvoir discrétionnaire, ont le droit de faire procéder aux mesures d'instruction jugées nécessaires à la manifestation de la vérité. Deux mesures, entre autres, feront l'objet de notre examen : l'expertise, et le transport de la cour en vue de procéder à certaines vérifications.

<h3>§ 1. Expertise.</h3>

5529. — Nous n'avons pas à rechercher dans quels cas une expertise peut ou doit être ordonnée. Évidemment, tout dépend des circonstances. La plupart du temps, lorsque l'affaire comporte une expertise, il y aura été procédé au cours de l'information. Mais, il peut survenir pendant les débats tel incident qui nécessite soit de nouvelles vérifications, soit une expertise dont l'instruction n'avait pas jusque-là révélé l'utilité. L'expertise peut être ordonnée en tout état de cause, jusqu'à la clôture des débats. Mais il va de soi qu'elle ne pourrait plus être prescrite après ce moment. — Cass., 27 avr. 1832, Laguiotte, [P. chr.] — *Sic*, Nouguier, n. 2458.

5530. — On peut donc ordonner la communication au jury d'un plan dressé par un expert commis postérieurement à l'arrêt de renvoi, lorsque, d'ailleurs, l'accusé et son conseil ne se sont pas opposés à la communication et n'en ont pas contesté l'exactitude. — Cass., 26 juin 1879, Decelers et Dabuche, [*Bull. crim.*, n. 131]

5531. — Si l'ordonnance prescrivant l'expertise soulève un débat contentieux, la cour d'assises a seule compétence pour statuer. — Cass., 27 avr. 1832, précité. — *Sic*, Nouguier, n. 2460 et s.

5532. — En l'absence de toute contestation à ce sujet, le droit d'ordonner une expertise appartient tout à la fois à la cour d'assises et au président. Jugé, d'une part, que ce droit appartient à la cour d'assises, même en l'absence de tout incident contentieux, sans préjudice, dans ce cas, du droit qui appartient également au président en vertu de son pouvoir discrétionnaire. — Cass., 29 nov. 1872, Bournigol et Bénédit, [*Bull. crim.*, n. 296] — *Sic*, Nouguier, *loc. cit.*

5533. — ... Qu'une expertise peut être ordonnée à l'audience par arrêt de la cour d'assises; qu'il n'y a pas, dans ce mode de procéder, violation des règles de la compétence et excès de pouvoir résultant de l'empiètement sur le pouvoir discrétionnaire du président. — Cass., 12 mars 1857, Fabre et Carpentier, [*Bull. crim.*, n. 110]; — 29 nov. 1872, précité.

5534. — Jugé, d'autre part, qu'en l'absence de toute contestation à cet égard, un arrêt de la cour d'assises n'est pas nécessaire. En fait, c'est le président de la cour d'assises qui use le plus ordinairement de ce droit. — Cass., 1er sept. 1859, Lourse, [*Bull. crim.*, n. 220]; — 5 juin 1864, Couty de la Pommerais, [*Bull. crim.*, n. 144]; — 2 janv. 1868, Pourailly, [*Bull. crim.*, n. 1]; — 24 janv. 1868, Mallet, [*Bull. crim.*, n. 22]; — 13 févr. 1872, Duvernay, [*Bull. crim.*, n. 40]; — 29 nov. 1872, précité; — 8 août 1873, El Haoussin-ben-Bousaadea et autres, [*Bull. crim.*, n. 223]; — 31 déc. 1885, Barbier, [*Bull. crim.*, n. 374] — *Sic*, Nouguier, n. 2459.

5535. — Les pouvoirs du président ne prennent même pas

nécessairement fin alors que pendant le cours des débats la cour a prononcé le renvoi à une autre session ; lorsqu'une affaire a été renvoyée à une prochaine session, le président de la cour d'assises a incontestablement le droit, avant la clôture des assises, de procéder à des expertises et aux actes d'instruction qu'il juge nécessaires pour éclairer cette affaire. — Cass., 30 août 1844, Jérôme et Lenoble, [P. 45.1.392]

5536. — Jugé même dans un pareil cas le président a de plus le droit, après la clôture des assises, et avant l'ouverture des assises suivantes, qu'il doit présider, de procéder aux actes d'instruction qui sont la suite nécessaire et la conséquence forcée des actes d'instruction qui ont précédé. — Même arrêt. — ... Spécialement que, le magistrat qui a présidé la session d'assises ordinaire, et qui doit présider les assises extraordinaires, peut, dans l'intervalle de ces deux sessions, remplacer un expert qu'il avait nommé avant la clôture des assises ordinaires. — Même arrêt.

5537. — Le droit d'ordonner une expertise n'appartient qu'à la cour et au président. Il ne peut être, notamment, exercé par le ministère public, qui n'a d'autre moyen que de solliciter cette mesure du président, et, en cas de refus, de la cour elle-même. — Cass., 2 sept. 1847, Boucher, [S. 48.1.459, P. 48.1.390, D. 47.4.132] — Sic, Nouguier, n. 2463.

5538. — Aucune forme n'est imposée pour la nomination des experts. Elle peut, comme la désignation de l'interprète, être faite par ordonnance écrite du président ou même verbalement ; à la condition que la constatation en soit faite dans le procès-verbal, cette constatation étant nécessaire tout à la fois pour permettre de voir si l'incompatibilité prévue par la loi entre les fonctions de juré et celles d'expert n'a pas été violée, et pour justifier la légalité de l'intervention de l'expert aux débats. — Cass., 21 janv. 1858, Autheville, [Bull. crim., n. 13] — Sic, Nouguier, n. 2483.

5539. — Le choix des experts est libre. Toutes personnes peuvent être désignées, même les femmes et les mineurs. — Nouguier, n. 2467.

5540. — ... Ainsi que les étrangers. — Cass., 16 déc. 1847, Guiol, [D. 47.4.238]

5541. — ... Ceux qui ont déjà connu de l'affaire, tel que le greffier du juge d'instruction. — Cass., 3 oct. 1844, Roche, [Bull. crim., n. 482]

5542. — ... Un témoin déjà entendu comme tel. — Cass., 3 juill. 1884, Thiébault, [Bull. crim., n. 222]

5543. — Une seule restriction est apportée par le Code à cette liberté. Aux termes de l'art. 392, C. instr. crim., nul ne peut être juré dans une même affaire où il aura été expert, à peine de nullité. C'est là une cause d'exclusion absolue, que ne suffirait pas à faire disparaître le consentement de l'accusé ou du ministère public. — Cass., 22 mai 1819, [Bull. crim., n. 197] — Sic, Nouguier, n. 2468.

5544. — Remarquons que la loi se sert des expressions « jurés dans l'affaire ». Il en résulte que le président de la cour d'assises peut, avant l'ouverture des débats, charger d'une expertise un des jurés de la session non encore compris dans le jury de jugement. — Cass., 24 janv. 1868, Mallet, [Bull. crim., n. 22] — V. Nouguier, loc. cit.

5545. — Le choix de l'expert peut être l'objet d'une contestation. Si un incident est soulevé à cet égard, la cour statue. — Nouguier, n. 2469.

5546. — Il en est de même du remplacement. Et dans ce cas, la cour, comme pour tous les incidents contentieux, doit admettre le ministère public et la défense à présenter leurs observations (V. infra, n. 6021 et s.). Doit donc être annulé l'arrêt qui a remplacé un expert nommé précédemment sur les conclusions de la défense, s'il a été rendu en l'absence de l'accusé et de son conseil. — Cass., 22 déc. 1882, Fourtané, [Bull. crim., n. 286] ; — 19 juill. 1895, [Gaz. des Trib., 21 juill. 1895]

5547. — En cas de refus, de la part de l'expert désigné, de remplir la mission qui lui est confiée, aucun moyen de coercition n'est autorisé par la loi ; on ne peut donc procéder à l'égard de l'expert comme à l'égard des jurés ou des témoins défaillants. On ne peut que substituer purement et simplement un autre expert au premier. — Nouguier, n. 2471.

5548. — Lorsqu'une expertise est ordonnée, aucun texte de loi n'exige qu'il y soit procédé en présence de l'accusé ; celui-ci ne saurait donc se faire un grief de ce que, l'expertise ne pouvant être faite à l'audience, le président a ordonné qu'il y serait

procédé dans une salle spéciale, en l'absence de l'accusé.—Cass., 31 déc. 1885, Barbier, [Bull. crim., n. 374]

5549. — ... Et même en l'absence de ses conseils. — Cass., 30 août 1844, Jérôme et Lenoble, [P. 45.1.392]

5550. — L'intervention de l'expert aux débats peut se produire de diverses façons. Il peut être appelé soit comme expert pour procéder à une vérification dont la nécessité a été révélée au cours des débats, ou pour compléter de précédentes constatations jugées insuffisantes sur tel ou tel point donné ; soit comme témoin, pour donner, sur les opérations dont il a été chargé au cours de l'information, les explications verbales de nature à éclairer les jurés. Du caractère qu'a l'audition de l'expert dépendent la façon dont il doit être entendu et la forme du serment qu'il doit prêter.

5551. — Lorsque l'expert est appelé à procéder au cours des débats à une opération de son art ou à la vérification d'un fait nouveau que ses précédentes opérations n'ont pas suffisamment élucidé, il peut faire connaître oralement devant le jury le résultat de ses investigations. Jugé que lorsqu'une cour d'assises a ordonné une expertise supplémentaire, il n'est pas indispensable que le rapport des experts soit lu à l'audience ou communiqué à l'accusé, s'il est établi qu'après le dépôt de leur rapport, lesdits experts ont été entendus oralement à l'effet de fournir les explications nécessaires, et qu'après la déposition de chacun d'eux l'accusé a été invité à répondre, s'il le jugeait convenable. — Cass., 3 avr. 1879, Girard, [Bull. crim., n. 84]

5552. — Il peut également, si ce mode de procéder est jugé préférable, dresser un rapport écrit, dont il lui est permis de donner lecture séance tenante. Ce n'est pas là violer le principe d'après lequel le débat doit être oral. L'expert comparaît alors, non comme témoin, mais comme expert, d'où il suit que les règles concernant les témoins ne lui sont pas applicables. — Nouguier, t. 3, n. 2476.

5553. — Rien ne s'oppose à ce que l'un expert qui a déposé des rapports dans l'instruction soit entendu comme témoin aux débats. — Cass., 17 août 1882, [Bull. crim., n. 209] — C'est même là le cas d'intervention des experts le plus fréquent. Mais alors, le principe du débat oral reprend tout son empire, et il n'est pas permis à l'expert de déposer autrement qu'oralement. Il ne peut donner lecture des rapports par lui dressés au cours de l'information.

5554. — Mais dès lors qu'il dépose oralement, la loi est satisfaite. Jugé, à cet égard, qu'un tribunal criminel ne peut interdire à un médecin appelé comme témoin à décharge, de déposer sur les faits consignés dans un rapport qu'il a dressé comme expert, dans le cours de l'instruction, sous le prétexte que la loi ne permet pas de mettre sous les yeux des jurés les déclarations écrites des témoins. — Cass., 12 frim. an IX, Gaillard et Neuville, [P. chr.]

5555. — Si la lecture du rapport d'un expert, avant l'audition de sa déposition orale comme témoin, peut être une cause de nullité des débats, il n'en est point ainsi lorsqu'au cours de l'interrogatoire, et pour mettre l'accusé en mesure de répondre aux charges qui s'élèvent contre lui, le président s'est borné à lui faire connaître, à l'aide de ses notes, les principales conclusions du rapport de l'expert. — Cass., 23 mars 1882, Martinet et autres, [Bull. crim., n. 81]

5556. — Au surplus, nous avons vu que lorsque les experts n'ont pas été cités aux débats, le président peut, en vertu de son pouvoir discrétionnaire, ordonner la lecture de leur rapport. — Cass., 23 janv. 1868, Salvator Farrudjia et Cassard, [Bull. crim., n. 19] — V. suprà, n. 2539.

5557. — Et lorsque le procès-verbal des débats constate qu'un rapport médical d'expert a été lu à une audience ultérieure à celle où les témoins ont été entendus, il en résulte la présomption légale que la lecture du rapport n'a eu lieu qu'après la déposition orale de l'expert comparaissant comme témoin. — Cass., 16 sept. 1875, Bergès, [Bull. crim, n. 293]

5558. — La distinction que nous venons de faire entre l'expert appelé pour procéder à une opération de son art, et l'expert cité comme témoin pour s'expliquer sur une opération antérieure, trouve une nouvelle application relativement au serment qu'il doit prêter.

5559. — L'expert appelé à procéder à quelque opération de son art doit, comme celui qui est nommé au cours de l'information, prêter le serment prescrit par l'art. 44, C. instr. crim. Et le serment imposé aux experts par cet article est une formalité substantielle, prescrite à peine de nullité. — Cass., 21 févr. 1878, Fontaine, [*Bull. crim.*, n. 254]; — 27 déc. 1878, Arthur, [*Bull. crim.*, n. 251]; — 16 févr. 1882, Mohamed-ben-Djelloul-ben-Khalfa, [*Bull. crim.*, n. 45]; — 26 juin 1884, Guibal, [*Bull. crim.*, n. 212]; — 28 déc. 1893, Brahim-ben-Salah, [*Bull. crim.*, n. 373]

5560. — Il ne peut en être dispensé même du consentement de l'accusé et du ministère public. — Nouguier, t. 3, n. 2484.

5561. — Ainsi le médecin désigné par arrêt de la cour d'assises pour vérifier l'état d'un accusé, et déclarer si cet accusé est capable de suivre les débats, a le caractère d'expert. En conséquence, il doit prêter le serment prescrit par l'art. 44, C. instr. crim. — Cass., 17 févr. 1848, Jacquemont, [P. 49.1.128]

5562. — Mais l'expert qui, chargé aux débats d'une expertise, a préalablement prêté le serment prescrit par l'art. 44, C. instr. crim., n'est point tenu pour la validité de la procédure de renouveler ce serment à chaque nouvel acte de son art jugé nécessaire ou utile pour la manifestation de la vérité. Ce serment, une fois prêté, donne un caractère légal à toutes les vérifications de la même nature auxquelles il procède dans les mêmes débats. — Cass., 4 nov. 1836, Horner, [S. 37.1.988, P. 37.2.88]; — 4 sept. 1840, Fournet de Marsilly et Tiffaneau, [P. 46.1.506] — *Sic*, Nouguier, t. 3, n. 2495.

5563. — Au surplus, il faut qu'il soit constaté, pour que l'accusé puisse se faire un grief du défaut de serment, que l'expert a réellement rempli une mission qui exigeait la prestation préalable du serment. Jugé que lorsqu'il ne résulte point du procès-verbal des débats ni des pièces du procès qu'un pharmacien ait reçu, soit du président, soit de la cour d'assises, la mission de procéder à une analyse des pièces à conviction, l'accusé ne peut, sur le fondement d'une déclaration extrajudiciaire de ce pharmacien, portant qu'il a procédé à une expertise, se faire un moyen de nullité de ce que le président ne lui aurait pas fait prêter le serment exigé des experts. — Cass., 13 août 1829, Françoise Trenque, [P. chr.]; — 13 mars 1850, Vannevetz, [*Bull. crim.*, n. 87]

5564. — ... Qu'un pharmacien cité comme témoin devant la cour d'assises n'est pas tenu de prêter le serment prescrit pour les experts, si les opérations auxquelles il se livre en présence de la cour et de l'accusé n'ont pour objet que d'expliquer les procédés qu'il a employés lors de l'expertise dont il a été chargé dans l'instruction. — Cass., 27 avr. 1827, Maury, [P. chr.]

5565. — ... Qu'un médecin, assigné comme témoin, et qui a prêté serment en cette qualité, n'agit point comme expert lorsque, sur la demande qui lui est faite, il donne des explications sur les effets de la monomanie; il ne doit pas, en conséquence, prêter un nouveau serment comme expert. — Cass., 8 oct. 1840, Eliçabide, [P. 41.1.273]

5566. — Les experts nommés pour procéder à une vérification doivent, à peine de nullité, prêter le serment prescrit par l'art. 44, C. instr. crim., avant de commencer leurs opérations; il ne suffirait point qu'ils le prêtassent au moment de rendre compte de leurs opérations à la cour. — Cass., 27 déc. 1834, Jurquet, [S. 35.1.309]; — 17 mars 1864, Petitiot, [S. 64.1.432]

5567. — A l'inverse, ils peuvent, sous la foi du serment prêté avant le commencement de leurs opérations, et sans être obligé de le renouveler à l'audience, faire connaître le résultat de leurs constatations. — Cass., 13 févr. 1879, Mohamed-ben-Abdelladi, [S. 80.1.486, P. 80.1196]

5568. — L'expert qui, appelé au cours des débats d'une cour d'assises en vertu du pouvoir discrétionnaire, a prêté le serment prescrit par l'art. 44, C. instr. crim., avant de procéder à sa mission, peut aussi faire connaître le résultat de ses opérations, sans être astreint à prêter le serment prescrit, pour les témoins, par l'art. 317 du même Code. — Cass., 13 févr. 1879, précité.

5569. — Ainsi, le médecin appelé pendant les débats, en vertu du pouvoir discrétionnaire du président, pour procéder à une expertise, et qui rend compte du résultat de cette expertise, parle alors non comme témoin, mais comme expert; il ne peut donc, lorsqu'il a prêté le serment de l'art. 44, C. instr. crim., être assujetti à prêter celui de l'art. 317, avant de rendre compte du résultat de ses opérations. — Cass., 31 déc. 1885, Barbier, [*Bull. crim.*, n. 374]

5570. — A l'inverse, le témoin qui, après avoir prêté le serment de l'art. 317, est chargé, par le président, d'une mission d'expertise, ne peut, sous prétexte qu'il a déjà prêté le serment

de l'art. 317, se dispenser de prêter celui de l'art. 44. Jugé, en ce sens, que si le président confie une expertise nouvelle à un témoin, celui-ci devra prêter le serment prescrit par l'art. 44. — Cass., 19 janv. 1827, Tichant, [S. et P. chr.]; — 14 avr. 1827, Mancel, [P. chr.]; — 13 août 1835, Lancery, [P. chr.]; — 3 déc. 1836, Demiannay, [S. 38.1.84, P. 38.1.37]; — 21 janv. 1869, Théophile, [*Bull. crim.*, n. 19]; — 8 avr. 1869, Brelle, [*Bull. crim.*, n. 86]; — 26 févr. 1884, Guibal, [*Bull. crim.*, n. 212]; — 3 janv. 1885, Séguin, [*Bull. crim.*, n. 6] — *Sic*, Nouguier, n. 2493, 2496.

5571. — ... Que le serment prêté par un témoin ne peut suppléer celui qu'il aurait dû prêter comme expert, s'il a été chargé à ce dernier titre d'un examen, d'une vérification ou d'une opération quelconque. — Cass., 11 juill. 1846, Clairet, [P. 47.1.409]; — 8 avr. 1847, Ardaillon, [P. 47.2.349]; — 17 févr. 1848, Jacquemont, [*Bull. crim.*, n. 43]; — 17 janv. 1851, Mallet, [*Bull. crim.*, n. 27]; — 30 juin 1855, Fiers, [*Bull. crim.*, n. 237]

5572. — Si l'expert est appelé tout à la fois comme témoin pour attester certains faits à sa connaissance ou pour éclairer par une déposition orale certains détails d'un rapport antérieurement déposé, et comme expert pour procéder à des constatations nouvelles, il doit prêter un double serment, celui du témoin (art. 317) et celui de l'expert (art. 44). — V. Cass., 14 juin 1883, Wilders, [*Bull. crim.*, n. 142] — Nouguier, t. 3, n. 2494.

5573. — ... A moins que, comme témoin, il ne soit entendu en vertu du pouvoir discrétionnaire du président, auquel cas il est dispensé du serment en cette qualité. — Cass., 3 sept. 1863, Marion, [*Bull. crim.*, n. 243] — *Sic*, Nouguier, *loc. cit.* — V. *infrà*, n. 5584 et s.

5574. — Jugé, également, que l'expert qui, en sa qualité de témoin notifié, a d'abord déposé à ce titre sous la foi du serment de l'art. 317, C. instr. crim., puis ayant reçu du président une mission supplémentaire, s'est retiré de l'auditoire pour la remplir après avoir prêté le serment de l'art. 44, C. instr. crim., peut ensuite, après avoir rendu compte de sa mission supplémentaire, répondre à toutes les interpellations qui lui sont adressées par le président, le ministère public, l'accusé et son conseil. Ces interpellations sont censées se rattacher à la mission supplémentaire de l'expert; et, dans tous les cas, si elles ont porté sur les faits généraux du procès, l'expert était habilité pour y répondre par le serment qu'il avait préalablement prêté conformément à l'art. 317, C. instr. crim. — Cass., 14 juin 1883, [J. *Le Droit* des 17 et 20 juin] — *Sic*, Nouguier, t. 3, n. 2943 et 2944.

5575. — Quant aux personnes entendues comme experts dans le cours d'une procédure criminelle, et qui ensuite ne sont appelées que comme témoins, elles doivent prêter le serment des témoins, c'est-à-dire celui de l'art. 317, C. instr. crim., et non celui de l'art. 44. — Cass., 16 juill. 1829, Bellan, [P. chr.]; — 19 févr. 1841, Regnier, [P. 42.1.270]; — 13 mai 1859, Bochassou, [*Bull. crim.*, n. 125]; — 20 mars 1863, Heutte, [*Bull. crim.*, n. 93]; — 2 mai 1867, Vuillemin, [*Bull. crim.*, n. 105]; — 21 janv. 1869, précité; — 8 avr. 1869, précité; — 20 août 1875 (2 arrêts), Pogue-Chaussy, [*Bull. crim.*, n. 278 et 280]; — 1er mars 1877, Pez, [*Bull. crim.*, n. 71]; — 3 janv. 1885, précité; — 27 janv. 1887, Deltil, [*Bull. crim.*, n. 25] — *Sic*, Nouguier, n. 2492.

5576. — Jugé spécialement, en ce sens, que les personnes chargées, dans l'instruction écrite, de la vérification de la pièce arguée de faux, doivent, lorsqu'elles sont portées comme témoins sur la liste notifiée à l'accusé, prêter serment comme témoins, et non comme experts. — Cass., 12 juin 1835, Desabey, [P. chr.]

5577. — ... Lors même qu'elles sont interrogées sur des faits relatifs à leur expertise. — Cass., 19 févr. 1841, précité.

5578. — ... Que les médecins qui, après avoir procédé comme experts dans l'instruction écrite et dressé un procès-verbal de visite et d'autopsie d'une personne homicidée, sont appelés dans l'instruction orale à déposer de ce qu'ils ont vu et observé lors de leur opération, doivent prêter le serment des témoins et non celui d'experts. — Cass., 24 juill. 1841, Zeller, [P. 42.2.676]

5579. — ... Que l'art. 44, C. instr. crim., n'étant applicable qu'au cas où les médecins sont appelés dans le cours de l'instruction pour faire un rapport, rien ne s'oppose à ce que, lorsqu'ils sont appelés comme témoins dans le cours des débats, ils prêtent le serment prescrit pour les témoins par l'art. 317, C. instr. crim. — Cass., 28 févr. 1834, Ledoux, [P. chr.]

5580. — ... Qu'un médecin, cité comme témoin à raison de l'expertise dont il a été chargé par le juge d'instruction, et qui, à ce titre, a prêté le serment exigé par l'art. 317, C. instr. crim., peut, sans prêter préalablement le serment prescrit aux experts par l'art. 44 du même Code, donner son opinion sur un point de médecine légale; et que l'inobservation de l'art. 44 n'emporte pas nullité, alors qu'il n'est pas établi que les nouvelles explications qui lui ont été demandées fussent étrangères à l'expertise, à raison de laquelle il a été cité comme témoin. — Cass., 10 oct. 1839, Peytel, [S. 39.1.955, P. 40.1.14]

5581. — ... Que le médecin appelé comme témoin doit prêter serment en cette qualité, et non celui déterminé pour les experts, quelles que soient d'ailleurs les questions qu'on lui adresse et les réponses qu'il fait pendant les débats. — Cass., 16 janv. 1836, Rivière, [S. 36.1.224, P. chr.]

5582. — ... Que l'expert cité comme témoin devant les assises, à l'occasion des opérations auxquelles il a procédé dans l'instruction, serment préalablement prêté dans les termes de l'art. 44, C. instr. crim., n'est point tenu de prêter d'autre serment que celui prescrit pour les témoins par l'art. 317, C. instr. crim., lorsque, d'ailleurs, il n'a point été commis par la cour pour une nouvelle expertise. — Cass., 5 nov. 1846, Chevalier, [P. 49.2. 455]

5583. — D'ailleurs, la dispense de serment portée par l'art. 269, C. instr. crim., en faveur des personnes appelées par le président en vertu de son pouvoir discrétionnaire et à titre de simples renseignements (V. suprà, n. 2505), porte aussi bien sur le serment prescrit pour les experts que sur celui déterminé pour les témoins. — Cass., 16 janv. 1836, précité; — 1er sept. 1859, Lourse, [Bull. crim., n. 220]; — 5 juin 1864, Couty de la Pommerais, [Bull. crim., n. 144]; — 24 janv. 1868, Mallet, [Bull. crim., n. 22]; — 15 févr. 1872, Duvernay, [Bull. crim., n. 40]; — 3 juill. 1884, Thiébault, [Bull. crim., n. 222]; — 14 sept. 1893, Hemerdinger et autres, [Bull. crim., n. 260] — Sic, Nouguier, n. 2485.

5584. — Les experts appelés aux débats par le président pour donner de simples renseignements sur les opérations dont ils ont été chargés sont présumés appelés en vertu du pouvoir discrétionnaire du président; ils ne doivent donc prêter aucun serment. — Cass., 14 juin 1832, Veillard, [P. chr.]; — 1er sept. 1859, précité; — 24 janv. 1868, précité.

5585. — Et même l'expert qui, sans être chargé d'aucune vérification pour la cour d'assises, et sans apporter son témoignage au débat, reçoit une mission du président de la cour, peut être entendu à titre de simples renseignements, sans prestation de serment, lorsque d'ailleurs la président a pris soin d'en avertir expressément le jury. — Cass., 18 mai 1849, Martin, [P. 50.2.442]

5586. — Jugé aussi que des experts qui ne sont pas entendus comme témoins, et qui ont seulement été appelés par le président en vertu du son pouvoir discrétionnaire pour donner leur avis sur une pièce arguée de faux, ne doivent pas prêter le serment prescrit par l'art. 317, C. instr. crim. — Cass., 4 févr. 1819, Piard, [P. chr.]

5587. — ... Que le médecin appelé, en vertu du pouvoir discrétionnaire, pour donner de simples renseignements, n'est point tenu de prêter préalablement serment comme expert. — Cass., 10 avr. 1828, Deré, [S. et P. chr.]; — 2 avr. 1831, David, [S. 31.1.365, P. chr.]; — 20 févr. 1834, Ledoux, [S. 34.1.716, P. chr.]; — 27 juin 1835, Gandaix, [S. 35.1.188, P. chr.]

5588. — ... Qu'un médecin appelé par le président de la cour d'assises, en vertu du pouvoir discrétionnaire, pour donner aux jurés un renseignement sur le point de savoir si l'accusé a un membre cassé, n'est pas tenu de prêter serment, à peine de nullité. — Cass., 25 févr. 1831, Choleau, [S. 31.1.289, P. chr.]

5589. — ... Que les pharmaciens entendus dans le cours des débats, qui ne sont appelés qu'en vertu du pouvoir discrétionnaire du président et pour donner de simples renseignements, ou exprimer leur opinion sur des opérations faites dans le cours de l'instruction, ne sont pas tenus de prêter serment. — Cass., 15 janv. 1829, Raynal, [S. et P. chr.]

5590. — ... Qu'un brigadier de gendarmerie qui, sur la demande du président des assises, dresse, à titre de simple renseignement, un plan destiné à servir de complément et d'explication au procès-verbal rédigé par lui, n'est pas tenu de prêter le serment imposé aux experts par l'art. 44, C. instr. crim. — Cass., 30 déc. 1881, Thiébault, [Bull. crim., n. 273]

5591. — Ajoutons que le droit de rappeler un expert pour s'expliquer à titre de simple renseignement et sans prestation de serment est une attribution du président et ne rentre pas dans les pouvoirs de la cour. — Cass., 28 déc. 1893, Brahimben-Salah, [Bull. crim., n. 373]

5592. — Bien que les experts, comme les témoins appelés dans le cours des débats par le président en vertu de son pouvoir discrétionnaire, ne soient pas, comme ceux appelés en la forme ordinaire et acquis aux débats, assujettis au serment, cependant le serment ne leur est pas interdit par la loi à peine de nullité, et sa prestation n'étant pas de nature à préjudicier à l'accusé, il ne peut en résulter aucune ouverture à cassation. — Cass., 2 janv. 1868, Fourailly, [Bull. crim., n. 1] — Sic, Nouguier, n. 2485 et s. — Le président de la cour d'assises ne viole donc aucune loi en leur faisant prêter serment, et en avertissant néanmoins les jurés de ne considérer que comme renseignements les résultats de l'opération par lui prescrite en vertu de son pouvoir discrétionnaire. — Cass., 21 sept. 1848, Gatineau, [P. 49. 2.631]; — 19 janv. 1855, de Dreux-Nancré, [S. 55.1.151, P. 55. 1.534]

5593. — Jugé, dans le même sens, que bien que l'expert, dans ce cas, ait prêté le serment dont il pouvait être dispensé, il n'y a pas cependant nullité. — Cass., 1er févr. 1839, Delavier, [P. 40.1.199]

5594. — ... Que, dans le cas où le serment n'est pas exigé par la loi, il ne peut, s'il a été prêté, être considéré que comme une garantie de plus de la manifestation de la vérité. En conséquence, une personne appelée comme expert, en vertu du pouvoir discrétionnaire du président, et dispensé à ce titre par l'art. 269, C. instr. crim., de prêter serment, peut, sans qu'il en résulte une nullité, le prêter dans les formes prescrites par les art. 44 et 317, C. instr. crim., alors, d'ailleurs, que ni l'accusé, ni le ministère public ne s'y sont opposés. — Cass., 28 août 1847, Boudin, [P. 49.2.274] — V. suprà, n. 2506.

5595. — Dans le cas où l'expert doit prêter serment de l'art. 44, il doit jurer de faire son rapport et de donner son avis en son honneur et conscience (C. instr. crim., art. 44).

5596. — Mais aucune forme particulière n'étant prescrite pour la prestation de serment des experts, il suffit que ce serment ait été prêté devant un magistrat compétent et conformément aux prescriptions de l'art. 44, C. instr. crim. — Cass., 5 avr. 1884, Desfossé et autres, [Bull. crim., n. 131]

5597. — Le procès-verbal doit en faire mention, sans toutefois que la formule y doive être nécessairement reproduite. Il en est à cet égard de l'expert comme de l'interprète. — V. suprà, n. 5451.

5598. — L'énonciation au procès-verbal des débats que le président a ordonné, en vertu de son pouvoir discrétionnaire, que l'examen de certaines pièces serait fait par les experts nommés et ayant prêté serment à l'audience, suffit pour la constatation régulière de la prestation du serment prescrit par l'art. 44, C. instr. crim., la prestation de ce serment, d'ailleurs, n'étant pas nécessaire dès que les experts sont appelés en vertu du pouvoir discrétionnaire du président. — Cass., 1er sept. 1859, Lourse, [Bull. crim., n. 220]

§ 2. Transport extérieur de la cour.

5599. — La cour d'assises peut, sans qu'il en résulte nullité, se transporter avec les jurés hors du lieu de ses séances, dans un autre lieu attenant au palais de justice, pour y procéder publiquement à des vérifications jugées nécessaires à la manifestation de la vérité (C. instr. crim., art. 353). — Cass., 22 mai 1834, Guittard, [S. 34.1.588]; — 23 mai 1843, Moutely, [Bull. crim., n. 63]; — 30 juill. 1847, [Gaz. des Trib., 31 juill. 1847]

5600. — Cette mesure doit, en principe, être ordonnée par le président en vertu de son pouvoir discrétionnaire. — V. Cass., 20 sept. 1845, Dusseaut et Jacquet, [P. 45.2.728, D. 45.1.407] — Quelques auteurs pensent même que si la cour intervenait, elle usurperait sur les pouvoirs du président et commettrait un excès de pouvoirs (Nouguier, n. 2506 et 2507; Delpech, La procédure et le dr. crim. en cour d'assises, p. 101, note 2). Nous croyons, néanmoins, que si la mesure était contestée, la cour pourrait légalement rendre arrêt, comme pour tout incident contentieux. — V. F. Hélie, Instr., t. 7, n. 3348.

5601. — La Cour de cassation semble même admettre implicitement que la cour d'assises a ce droit en l'absence de tout débat. C'est là, en effet, non une mesure d'instruction rentrant essentiellement dans le pouvoir discrétionnaire du président, mais un acte ordinaire d'investigation que le Code d'instruction criminelle reconnaît à toutes les juridictions (art. 32, 47, 62). — Cass., 12 avr. 1866, [cité par Nouguier, t. 3, n. 2509]; — 28 juin 1883, Sapin, [*Bull. crim.*, n. 164] — De même qu'on reconnaît compétence cumulativement au président et à la cour pour ordonner une expertise (V. *suprà*, n. 5532), de même en est-il de cette nouvelle mesure d'instruction, le transport extérieur de la cour.

5602. — Lorsque cette mesure est prescrite par ordonnance du président, l'assistance du greffier à cette ordonnance n'est pas prescrite à peine de nullité. L'art. 1040, C. proc. civ., portant que le juge sera toujours assisté du greffier pour tous actes et procès-verbaux de son ministère, est inapplicable aux actes d'instruction régis par le Code d'instruction criminelle, et notamment à l'ordonnance du président de la cour d'assises prescrivant une information et un transport sur les lieux. — Cass., 18 janv. 1855, Giovacchini, [S. 55.1.153, P. 55.1.487]

5603. — La vérification doit être faite en présence de toutes les parties intéressées : les magistrats, les jurés, le ministère public, le greffier, l'accusé, assisté de son conseil, la partie civile, s'il y en a une. — Nouguier, n. 2503.

5604. — Ainsi, les jurés ne peuvent, sans violer le droit de défense de l'accusé et la publicité des débats, se transporter, même avec l'autorisation du président, mais en l'absence de la cour d'assises et de l'accusé, hors du lieu des séances pour examiner une voiture dans laquelle était placée une boîte volée, et vérifier les circonstances du vol. — Cass., 25 sept. 1828, Pissard, [S. et P. chr.]

5605. — Jugé pareillement que lorsqu'il est justifié que plusieurs jurés sont sortis de la chambre de leurs délibérations, qu'ils se sont rendus dans un lieu public, qu'ils ont discuté dans ce lieu les questions qui leur étaient posées, et ont énoncé publiquement leur opinion, la déclaration qu'ils rendent ensuite est nulle. — Cass., 6 brum. an VIII, Trévaux, [S. et P. chr.]

5606. — ... Qu'il y a nullité de l'arrêt de la cour d'assises alors qu'il est constant que les jurés de l'affaire se sont transportés hors de la présence de la cour, de l'accusé et de son conseil, sur les lieux où s'est passé le fait objet de l'accusation, et que là ils ont reçu de la partie plaignante et d'autres témoins des renseignements relatifs à ce fait. — Cass., 16 févr. 1838, Massiani, [P. 38.1.359]

5607. — Mais les allégations non justifiées que, dans un transport sur les lieux, des jurés et les témoins auraient communiqué entre eux sont sans influence légale. — Cass., 24 sept. 1857, Louallée, [*Bull. crim.*, n. 350]; — 14 janv. 1870, Prodo, [*Bull. crim.*, n. 8]

5608. — Lorsque l'audience a été forcément suspendue pendant le temps nécessaire pour permettre à la cour d'assises et aux accusés de se rendre sur les lieux où le crime a été commis, et que l'audience a été reprise sans autre interruption, il n'y a pas violation de l'art. 353, C. instr. crim., les accusés n'ayant pas cessé, en réalité, d'être présents à toutes les phases du débat. — Cass., 23 juin 1892, Martini et Descemple, [*Bull. crim.*, n.189]

5609. — De plus, on doit procéder *publiquement*, à peine de nullité, à cette mesure d'instruction. Ainsi il y a nullité, lorsqu'une cour d'assises ayant ordonné son transport dans un local dépendant du palais de justice, pour y procéder à une vérification jugée nécessaire à la manifestation de la vérité, le procès-verbal ne constate pas que l'opération a été accomplie en présence du public ou avec la faculté d'accéder à l'intérieur de ce local. — Cass., 29 déc. 1881, Théolin et Tancrède, [S. 83.1. 96, P. 83.1.193]; — 28 juin 1883, précité.

5610. — Mais la cour étant momentanément appelée à siéger hors du local ordinaire de ses séances, il n'est pas nécessaire d'observer en cette circonstance l'art. 309, aux termes duquel les jurés doivent siéger, dans l'ordre désigné par le sort, sur des sièges séparés du public, des parties et des témoins, en face de celui destiné à l'accusé. — Cass., 3 oct. 1872, Brelliet, [*Bull. crim.*, n. 246] — V. *suprà*, n. 1629 et s.

Section V.

Faux témoignage devant la cour d'assises.

5611. — Si, d'après les débats, la déposition d'un témoin paraît fausse, le président peut, sur la réquisition du procureur général, soit de la partie civile, soit de l'accusé, et même d'office, faire sur-le-champ mettre le témoin en état d'arrestation. Le procureur général et le président ou l'un des juges par lui commis remplissent, à son égard, le premier les fonctions d'officier de police judiciaire, le second les fonctions attribuées aux juges d'instruction dans les autres cas (C. instr. crim., art. 330).

5612. — Sous le Code de brumaire, il fallait, pour que le témoin fût mis en état d'arrestation, que la déposition parût évidemment fausse ; le Code d'instruction criminelle se contente d'une déposition qui paraisse fausse ; cette rédaction est plus conforme aux principes, car il suffit que des indices d'un crime se manifestent pour que celui qui en est prévenu puisse être soumis à des recherches et à des poursuites. — Carnot, *Instr. crim.*, sur l'art. 330.

5613. — Le Code d'instruction criminelle présente encore cette différence avec celui de brumaire IV, que l'art. 367 de ce dernier Code prescrivait la rédaction d'un procès-verbal constatant les faits établissant le faux témoignage, avant de mettre le témoin en état d'arrestation ; tandis que, sous la loi actuelle, le président n'est tenu de faire dresser aucun procès-verbal ; de plus, le président peut, malgré les réclamations des parties, ordonner ou refuser la mise en état d'arrestation du témoin ; il n'avait pas cette faculté sous le Code de brumaire : le procès-verbal une fois dressé, le témoin était de suite mis en état d'arrestation. — Carnot, *Instr. crim.*, sur l'art. 330.

5614. — C'est le président, et non la cour d'assises, qui doit ordonner l'arrestation du témoin prévenu de faux témoignage. — Cass., 2 mars 1827, Tap et Lairard, [S. et P. chr.]; — 11 nov. 1858, Martin, [*Bull. crim.*, n. 264]; — 1er févr. 1866, Potier et Guichard, [*Bull. crim.*, n. 31] — *Sic*, Carnot, *Instr. crim.*, sur l'art. 330, n. 6; Nouguier, t. 4, n. 3535.

5615. — La cour, si elle est saisie de l'incident, doit donc se déclarer incompétente. — Cass., 11 janv. 1838, Jiovacchini, [*Bull. crim.*, n. 4]

5616. — Cependant, il a été jugé que l'intervention de la cour d'assises dans l'exercice du droit attribué au président de faire arrêter les témoins suspects de faux témoignage, ne peut vicier les débats ultérieurs. — Cass., 12 mars 1831, Hervé Ansquer, [P. chr.]; — 3 mai 1849, Macrou, [P. 51.1.438] — *Sic*, Carnot, *Instr. crim.*, sur l'art. 330, n. 9 et 13; Nouguier, n. 3536.

5617. — Le droit d'arrestation n'appartient pas davantage au ministère public (Nouguier, n. 3535). Mais il peut, à cet égard, user du droit de réquisition.

5618. — Et il entre dans le pouvoir discrétionnaire du président d'une cour d'assises d'adopter ou de rejeter, à lui seul, les réquisitions du ministère public tendant à l'arrestation d'un témoin dont la déposition paraît fausse. — Cass., 2 mars 1827, précité. — Et cela alors même que ces réquisitions sont combattues par l'accusé ; la cour d'assises ne doit pas intervenir dans le débat soulevé à cet égard. — Cass., 23 avr. 1840, Rolland, [S. 40.1.667, P. 40.2.197]

5619. — Le président peut ordonner l'arrestation soit d'office, soit à la demande des parties. — Nouguier, *loc. cit.*

5620. — L'ordre d'arrestation d'un témoin dont la déposition paraît fausse, et les avertissements qui lui sont donnés par le président sur les conséquences du faux témoignage, ne constituent pas une atteinte à la liberté de déposer. — Cass., 28 mars 1829, Chauvière, [S. et P. chr.]

5621. — L'accusé ne peut donc se faire un grief de l'arrestation d'un témoin suspecté de faux témoignage. La défense n'a d'autre droit que de réclamer le renvoi de l'affaire à une autre session (V. *infrà*, n. 5896 et s.), ou d'accepter le débat en discutant le témoignage contesté. — Cass., 30 sept. 1841, Liarson, [*Bull. crim.*, n. 293]; — 11 nov. 1858, précité; — 1er févr. 1860, précité. — *Sic*, Nouguier, n. 3542.

5622. — En résumé, l'ordre d'arrestation donné par le président de la cour d'assises, à l'égard d'un témoin dont la déposition paraît fausse, ne peut donner, en aucun cas, ouverture à cassation (C. instr. crim., art. 330). — Cass., 3 oct. 1822, Berton, [S. et P. chr.]

5623. — A l'inverse, n'est pas recevable devant la Cour de cassation le grief tiré de ce que le président n'aurait pas usé du droit que lui confère l'art. 330 à l'égard d'un témoin dont la déposition paraissait fausse, alors surtout que l'accusé a négligé d'user devant la cour d'assises du droit de faire entendre des témoins à décharge. — Cass., 1er sept. 1887, Roche et autres, [*Bull. crim.*, n. 326]

5624. — Ces mots de l'art. 330 « si d'après les débats » ne veulent pas dire qu'il faille nécessairement attendre la clôture des débats pour faire mettre le témoin en état d'arrestation; le témoin, ainsi que le fait observer Carnot (*Instr. crim.*, art. 330, n. 1), pourrait échapper à la vindicte publique s'il ne pouvait être mis en arrestation qu'après la clôture des débats; lorsque, surtout, les débats doivent durer plusieurs jours, il lui serait facile de se soustraire à l'exécution de l'ordonnance. — Nouguier, n. 3539.

5625. — Le président des assises peut d'ailleurs ordonner, sans excéder ses pouvoirs, qu'un témoin dont la déclaration paraît fausse sera surveillé dans l'enceinte du palais de justice, et placé sous la garde de la gendarmerie. — Cass., 30 mai 1818, Bastide, [S. et P. chr.]; — 24 janv. 1851, Giovanomie, [*Bull. crim.*, p. 52]; — 26 déc. 1879, Chollet, [*Bull. crim.*, n. 232] — *Contrà*, F. Hélie, t. 7, n. 3571.

5626. — Après avoir mis seulement en surveillance dans l'enceinte du palais un témoin dont la déposition paraît fausse, le président peut, même hors de l'audience, ordonner que la mesure de surveillance sera exécutée par le dépôt du témoin dans la maison d'arrêt, au lieu de l'être dans l'enceinte du palais. — Cass., 23 avr. 1840, précité.

5627. — L'introduction de l'officier du ministère public tenant le parquet, auprès d'un témoin arrêté sous la prévention de faux témoignage, pour recevoir sa rétractation, n'est pas une violation de l'ordre donné par le président de ne laisser communiquer le témoin avec personne. D'ailleurs, une telle violation n'entraînerait pas la nullité de la procédure. — Cass., 28 mars 1829, précité. — *Sic*, Nouguier, n. 3537.

5628. — Mais il y a nullité des débats et de tout ce qui s'en est suivi lorsque le président a autorisé un témoin à conférer secrètement avec le défenseur de l'accusé avant de compléter et signer sa déposition, qui était suspectée de faux témoignage. — Cass., 29 janv. 1841, Barthon de Montbas, [P. 42.1.260]

5629. — De même que le président peut ordonner l'arrestation d'un témoin dont la déposition paraît fausse, de même il peut ordonner son élargissement si le témoin se rétracte et revient à la vérité avant la clôture des débats. — Cass., 11 nov. 1858, Martin, [*Bull. crim.*, n. 264]; — 1er févr. 1866, Potier et Guichard, [*Bull. crim.*, n. 31]; — 11 janv. 1867, Giovacchini, [*Bull. crim.*, n. 4] — *Sic*, Nouguier, n. 3541.

5630. — Il a été jugé, cependant, que le président des assises ne peut seul, sans réquisition du ministère public, et sans en faire délibérer la cour, ordonner la mise en liberté d'un témoin arrêté sous la prévention de faux témoignage. Toutefois, l'irrégularité de l'acte seul, s'il a résulté de la part du président seul, ne peut créer pour l'accusé un moyen de nullité. — Cass., 28 mars 1829, Chauvière, [S. et P. chr.] — *Contrà*, Nouguier, *loc. cit.*

5631. — La disposition de l'art. 330, C. instr. crim., ne s'applique pas aux personnes entendues par forme de renseignement, en vertu du pouvoir discrétionnaire du président; n'ayant pas été appelées à déposer sous la foi du serment, elles ne peuvent être considérées comme prévenues de faux témoignage.

5632. — Nous n'avons pas à rechercher ici ce qu'est le faux témoignage et quels en sont les caractères (V., sur ce point, *infrà*, v° *Faux témoignage*). Bornons-nous à poser ce principe : le faux témoignage ne résulte pas de la contrariété entre certaines dépositions et celles d'autres témoins, ni même de la contrariété qui peut exister entre une seule déposition et celles de plusieurs autres témoins; car plusieurs peuvent avoir menti et un seul avoir dit la vérité (Carnot, *Instr. crim.*, sur l'art. 330, n. 15). Pour qu'il y ait faux témoignage, il faut qu'une déposition soit en contradiction absolue et nécessaire avec la vérité du fait. — Cass., 10 janv. 1812, Galetti, [P. chr.]

5633. — Carnot (*Instr. crim.*, sur l'art. 410) explique en ces termes la décision un peu obscure de cet arrêt : « La déclaration négative du témoin sur un fait ne pourrait constituer le faux témoignage qu'autant que la dénégation serait exclusive, d'une manière absolue, d'un fait reconnu pour constant au procès; ce qui doit être ainsi, car il serait possible que de plusieurs personnes qui auraient été présentes sur le lieu de la scène quelques-unes eussent remarqué ce qui aurait échappé à d'autres; de telle sorte que celles-ci, déposant n'avoir pas vu ce que d'autres auraient remarqué, n'en auraient pas moins rendu un témoignage véritable, et que leur négation ne pourrait constituer un faux témoignage.

5634. — Aux termes de l'art. 330, avons-nous dit, le magistrat du parquet de la cour d'assises remplit à l'égard du prévenu de faux témoignage les fonctions d'officier de police judiciaire, le président de la cour ou un juge par lui commis, celles de juge d'instruction. Les attributions ainsi confiées par l'art. 330, C. instr. crim., au président des assises, en cas d'arrestation d'un témoin, pour faux témoignage incident aux débats, consistent, non dans un pouvoir de juridiction, dont la chambre d'accusation seule est investie, mais uniquement à réunir les preuves et documents nécessaires pour mettre cette chambre à même de statuer sur la prévention. Par suite, lorsque ces preuves et documents lui ont été communiqués, le procureur général n'a pas à provoquer du magistrat par qui la communication lui a été faite, une ordonnance de renvoi, mais, au cas où la procédure lui paraît complète, à saisir directement la chambre d'accusation, laquelle doit, aux termes de l'art. 218, C. instr. crim., statuer sur ses conclusions, après avoir entendu son rapport. — Cass., 7 mai 1875, Proc. gén. de Chambéry, [S. 76.1.285, P. 76.667]

5635. — Mais en attendant que la chambre des mises en accusation ait statué, le témoin inculpé de faux témoignage peut être détenu en vertu du mandat de dépôt que le président des assises est compétent pour décerner.

5636. — Lorsque les magistrats de la cour d'assises ont procédé à la première instruction, les pièces de cette instruction sont ensuite transmises à la cour pour y être statué sur la mise en accusation (art. 330).

5637. — Si les magistrats de la cour d'assises n'ont pas rempli les formalités indiquées par l'art. 330, cette omission ne peut empêcher que le témoin contre lequel il existerait des soupçons de faux témoignage ne soit ensuite poursuivi à raison de ce crime; seulement il ne pourrait l'être que dans les formes ordinaires. — Legraverend, t. 2, p. 209.

5638. — L'art. 330, C. instr. crim., n'est applicable qu'au cas de faux témoignage. Une cour d'assises qui, hors le cas de faux témoignage, croit trouver dans les éléments du débat des indices de la participation d'un des témoins au crime dont elle est saisie, n'a pas le droit de désigner l'un de ses membres pour procéder à un supplément d'information, ni d'ordonner le dépôt du prévenu dans la maison de justice; la cour d'assises doit se borner à renvoyer le prévenu devant le juge d'instruction compétent, conformément au droit commun. — Cass., 26 févr. 1847, Jacquemin, [S. 47.1.573, P. 47.1.316]; — 28 mars 1884, Gironde, [S. 85.1.396, P. 85.1.949, D. 85.1.93]

5639. — Un témoin condamné pour faux témoignage porté dans le cours d'une affaire criminelle non encore jugée, peut être entendu de nouveau comme témoin dans les débats de la même affaire ouverts ultérieurement par suite de cassation, sauf à ne l'y admettre qu'à titre de renseignement, s'il a été condamné à une peine afflictive (V. *suprà*, n. 1965 et s.) : ici ne s'applique pas l'art. 446, C. instr. crim., relatif au cas de débats après révision par suite de condamnation pour faux témoignage. — Cass., 17 févr. 1843, Besson, [S. 43.1.226, P. 43.2.539]

SECTION VI.

Expulsion de l'accusé et refus par lui de comparaître.

§ 1. *Refus de comparution.*

5640. — La loi du 9 sept. 1835 a établi certaines règles pour le cas où l'accusé refuserait de comparaître. Ainsi, sommation lui est faite d'obéir à justice au nom de la loi par un huissier commis à cet effet par le président de la cour d'assises, et assisté de la force publique. L'huissier dresse procès-verbal de la sommation et de la réponse du prévenu (art. 8).

5641. — L'obligation de dresser procès-verbal de la sommation adressée à l'accusé qui refuse de comparaître devant la cour d'assises, n'existe que dans le cas où la sommation est suivie de résistance de la part de l'accusé : ce procès-verbal n'est pas nécessaire lorsque l'accusé obéit à la sommation. — Cass., 21 juill. 1859, Marcel, [S. 60.1.84, P. 60.723] — *Sic*, Cubain, *Proc. des cours d'assises*, n. 253; Nouguier, n. 3589.

5642. — Au surplus, la sommation exigée par l'art. 8, L. 9 sept. 1835, résulte suffisamment : 1° de ce qu'elle est mentionnée au procès-verbal des débats; 2° de ce que l'huissier, dans l'exploit de sommation, déclare agir à la requête du président de la cour d'assises.—Cass., 4 mai 1888, Manhès, [*Bull. crim.*, n. 167]

5643. — Si l'accusé n'obtempère pas à la sommation, le président peut ordonner qu'il soit amené par la force devant la cour; il peut également, après lecture, faite à l'audience, du procès-verbal constatant sa résistance, ordonner que, nonobstant son absence, il sera passé outre aux débats (L. 9 sept. 1835, art. 9).

5644. — Le refus de l'accusé de se présenter à l'audience, par suite duquel la cour d'assises est autorisée à passer outre aux débats, doit être régulièrement constaté : mais il l'est suffisamment par la déclaration du défenseur de l'accusé que ce dernier est dans l'impossibilité de comparaître, et par le procès-verbal de l'huissier qui l'a sommé d'obéir à justice, lequel porte qu'il l'a trouvé étendu sur son lit, ne voulant faire aucune réponse. — Cass., 12 déc. 1840, Lafarge, [S. 40.1.948, P. 42.2. 822]

5645. — Le refus de l'accusé étant constaté, le président a le choix ou de le faire amener de vive force ou de passer outre aux débats. Le droit d'ordonner que l'accusé récalcitrant sera amené de force devant la cour ou qu'il sera passé outre aux débats, en son absence, est un attribut du président, et non de la cour d'assises, qui n'a pas à statuer, à moins qu'un incident contentieux ne soit soulevé par la défense ou le ministère public. — Nouguier, n. 3590.

5646. — Nouguier prétend même que le droit de faire amener l'accusé de vive force doit être refusé au ministère public (n. 3591). Cependant, on doit reconnaître que les travaux préparatoires de la loi de 1835 sont en sens contraire. — Nouguier, *loc. cit.*

5647. — Si le président décide qu'il sera passé outre aux débats, cette décision doit être régulièrement constatée; l'exercice du pouvoir qui appartient au président d'ordonner que, nonobstant l'absence de l'accusé, il sera passé outre aux débats, est suffisamment relaté dans une mention énoncée au procès-verbal, sans qu'il soit besoin de rendre une ordonnance spéciale. — Cass., 4 mai 1888, précité.

5648. — Dans ce cas, après chaque audience, il est, par le greffier de la cour d'assises, donné lecture du procès-verbal des débats aux accusés qui n'ont point comparu, et leur est signifié copie des réquisitions du ministère public ainsi que des arrêts rendus par la cour, qui sont tous réputés contradictoires (L. 9 sept. 1835, art. 9).

5649. — Lorsque l'accusé ne peut ou ne veut se rendre à l'audience, la loi du 9 sept. 1835 n'exige pas qu'il lui soit donné lecture par le greffier du procès-verbal des débats antérieurs à son absence. Il suffit qu'il lui soit donné connaissance de ce qui s'est passé à l'audience depuis qu'il a cessé d'y paraître. — Cass., 12 déc. 1840, précité.

5650. — L'art. 9, L. 9 sept. 1835, prescrit la lecture du procès-verbal des débats à l'accusé expulsé, *après chaque audience*. Toutefois cet article n'impose pas l'obligation d'une lecture partielle du procès-verbal pendant la suspension d'audience, résultant de l'entrée du jury dans la chambre de ses délibérations. — Cass., 29 janv. 1857, Verger, [S. 57.1.225, P. 57.667]

5651. — Au surplus, l'art. 327, C. instr. crim., qui prescrit au président de rendre compte à l'accusé éloigné de l'audience de ce qui s'est passé en son absence, ne prescrit pas la forme dans laquelle ce compte-rendu sera fait. La constatation qu'il a eu lieu suffit. — Cass., 16 mai 1863, Verdet, [*Bull. crim.*, n. 143]

5652. — Quant aux réquisitions du ministère public et à l'arrêt de condamnation, il ne suffit plus de donner lecture de la partie du procès-verbal qui en fait mention. On doit en signifier copie. Toutefois, la signification à l'accusé du réquisitoire du ministère public tendant à l'application de la loi du 9 sept. 1835 n'est pas exigée par cette loi. Il suffit qu'il soit donné à l'accusé copie du réquisitoire tendant à l'application de la peine. — Cass., 12 déc. 1840, précité.

5653. — On doit également signifier à l'accusé non comparant la copie de l'arrêt. Mais il importe peu que, dans l'exploit de notification, les dispositions de l'arrêt de condamnation relatives à l'état de récidive aient été omises, lorsqu'il n'a pas été tenu compte de cet état pour l'application de la peine et que, dès lors, l'omission dont il s'agit n'a pu causer aucun préjudice à l'accusé. — Cass., 4 mai 1888, précité.

5654. — Si l'accusé, revenant à de meilleurs sentiments,

consent à rentrer à l'audience, il doit y être admis, mais les formalités précédemment accomplies en conformité de la loi de 1835 sont définitives. On n'a pas à les renouveler en présence de l'accusé. — Nouguier, n. 3595.

5655. — Ajoutons que les formes que nous venons de faire connaître ne s'appliquent qu'au cas où l'accusé refuse de comparaître. S'il se trouve dans l'impossibilité de le faire par suite d'un cas de force majeure, la cour doit renvoyer l'affaire à une autre session. — Haute cour de justice, 19 mars 1849, Raspail, [P. 49.1.205, D. 49.1.76] — *Sic*, Nouguier, n. 3587.

§ 2. *Expulsion de l'accusé.*

5656. — Aux termes de l'art. 10, L. 9 sept. 1835, la cour pourra faire retirer de l'audience et reconduire en prison tout prévenu qui, par des clameurs ou par tout autre moyen propre à causer du tumulte, mettrait obstacle au libre cours de la justice, et, dans ce cas, il sera procédé aux débats et au jugement comme il vient d'être dit.

5657. — Cette mesure doit être ordonnée, non plus par le président seul, mais par la cour elle-même et en vertu d'un arrêt motivé. — Cass., 12 févr. 1875, Mazé, [*Bull. crim.*, n. 53] — *Sic*, Nouguier, n. 3597.

5658. — L'irrégularité résultant de ce que cette mesure aurait été prise par le président seul ne peut être couverte par le défaut de protestation de l'accusé et le consentement du ministère public. — Cass., 9 nov. 1883, Rougeron, [*Bull. crim.*, n. 247]

5659. — L'arrêt d'expulsion ne peut être pris que pour les motifs indiqués par la loi de 1835. Mais l'accusé expulsé ne pourrait soutenir qu'il n'avait pas mis obstacle au libre cours de la justice, si le procès-verbal des débats et l'arrêt d'expulsion constatent que cette mesure a été nécessitée par les clameurs et les invectives que l'accusé a proférées, au mépris des observations réitérées du président, et de manière à interrompre le cours de la justice. — Cass., 25 août 1876, Bonarme, [*Bull. crim.*, n. 197]

5660. — C'est également à bon droit que la cour d'assises ordonne que l'accusé sera expulsé de l'audience, lorsque ce dernier met obstacle par ses clameurs et ses menaces au cours de la justice, alors d'ailleurs que cette expulsion est ordonnée sur les réquisitions du ministère public, l'accusé et l'avocat ayant été entendus en leurs observations. — Cass., 10 févr. 1887, [*Bull. crim.*, n. 55]

5661. — Mais la simple tentative d'entraver le cours de la justice ne suffirait pas à justifier l'expulsion de l'accusé. — Nouguier, t. 4, n. 3598.

5662. — D'autre part, la loi du 9 sept. 1835, aux termes de laquelle la cour d'assises peut faire sortir de l'audience l'accusé qui entrave la marche de la justice, établit une mesure dont les effets s'étendent à tous les actes de l'audience postérieurs à l'expulsion de l'accusé, même au prononcé de l'arrêt définitif, si la cour n'en ordonne pas autrement. — Cass., 29 janv. 1857, Verger, [S. 57.1.225, P. 57.667] — *Sic*, Nouguier, n. 3594.

5663. — Ainsi, la cour d'assises qui a ordonné l'expulsion de l'accusé en vertu de ladite loi peut valablement prononcer contre lui, sans le faire ramener à la séance, la peine attachée au fait dont le jury l'a déclaré coupable. — Même arrêt.

5664. — Il n'est même pas nécessaire que sommation de comparaître ait été faite à l'accusé avant la lecture de la déclaration du jury et l'arrêt définitif. Une telle sommation n'est prescrite que pour le cas où l'accusé a refusé de se rendre à l'audience, mais n'aurait aucune raison d'être lorsque l'accusé y a comparu volontairement, et s'y est livré à des violences qui l'en ont fait éloigner. — Même arrêt.

5665. — Nous avons dit que les formalités à remplir en cas d'expulsion sont les mêmes qu'au cas où l'accusé refuse de comparaître. Il en résulte qu'au premier cas comme au second, on n'a à communiquer à l'accusé que les parties du débat, postérieures à son interrogatoire, auxquelles il n'a pas assisté.

5666. — Jugé que lorsqu'un accusé a été éloigné momentanément de l'audience, le président est obligé de lui faire connaître ce qui s'est passé en son absence, avant la reprise de la suite des débats, c'est-à-dire avant que l'on commence à reprendre l'audition des témoins, mais non ce qui s'est passé avant l'interrogatoire de l'accusé. — Cass., 23 mars 1882, Martinet et autres, [*Bull. crim.*, n. 81]; — 30 mars 1882, Espedro et autres, [*Bull. crim.*, n. 88]

5667. — Mais est nul l'arrêt de condamnation prononcé par la cour d'assises contre un accusé que le président a fait sortir momentanément de l'auditoire, et qui n'a pas été instruit, après sa rentrée, de ce qui a été fait pendant son absence. — Cass., 16 janv. 1891, Giacolette, [*Bull. crim.*, n. 10]

Section VII.
Renvoi de l'affaire à une autre session.

5668. — Nous avons examiné, *suprà*, n. 886 et s., le cas où le renvoi est ordonné par le président avant le commencement des débats. Il nous reste à envisager le cas de renvoi prononcé au cours des débats ou après le verdict.

§ 1. *Renvoi prononcé au cours des débats.*

1° *Principes.*

5669. — En règle générale, lorsque les débats sont commencés le renvoi ne peut plus être ordonné. Nous avons dit, en effet (*suprà*, n. 2591 et s.), qu'aux termes de l'art. 353, C. instr. crim., l'examen et les débats, une fois entamés, doivent être continués sans interruption et sans aucune espèce de communication au dehors, jusqu'après la déclaration du jury inclusivement.

5670. — Il en résulte, d'une part, que l'accusé ne peut plus demander le renvoi de l'affaire à une autre session après l'ouverture des débats. — Cass., 10 oct. 1839, Peytel, [S. 39.1.955, P. 40.1.14] — V. aussi en ce sens, Bourguignon, *Man. du jury*, p. 425; Carnot, sur l'art. 268, *C. instr. crim.*, t. 2, p. 350, n. 4; sur l'art. 306, t. 2, p. 453, n. 3; sur l'art. 353, t. 2, p. 691, n. 3, et dans son *Supplément*, p. 105; Duvergier, dans ses notes sur Legraverend, t. 2, p. 195.

5671. — Les débats sont censés ouverts par la déposition du premier témoin inscrit sur la liste (C. instr. crim., art. 354).

5672. — Toutefois, le pouvoir discrétionnaire du président lui permettant de diriger les débats à son gré, s'il croyait devoir les ouvrir par l'interrogatoire de l'accusé ce serait à partir de ce premier acte que l'accusé ne pourrait plus former sa demande en renvoi.

5673. — Il a été jugé, à cet égard, que l'accusé ne peut plus demander le renvoi de l'affaire à une autre session, après l'ouverture des débats et l'audition de plusieurs témoins. — Cass., 13 oct. 1815, Rouzil, [S. chr.]; — 22 sept. 1826, Raynard, [P. chr.]

5674. — Il en résulte, d'un autre côté, que le renvoi d'une affaire à une autre session, après audition des témoins, donne immédiatement ouverture à un pourvoi recevable; car l'arrêt de renvoi ayant pour conséquence d'anéantir la formation du tableau du jury et tout ce qui l'a suivi est à cet égard définitif et non préparatoire et d'instruction, en ce qu'il prive l'accusé d'avantages qui lui étaient acquis. — Cass., 29 mars 1849, Dupuy, [P. 51.1.224]; — 9 août 1860, Jeannon, [D. 60.5.95]; — 28 déc. 1865, Garel, [D. 65.1.504]; — 14 nov. 1867, Dudicourt, [D. 68.5.115]; — 8 déc. 1887, Bastide, [*Bull. crim.*, n. 419]; — 16 avr. 1891, Lhanno, [*Bull. crim.*, n. 85]

5675. — De ce que l'arrêt de renvoi n'est pas préparatoire mais bien définitif, il suit encore que le pourvoi contre cet arrêt non seulement *peut*, mais *doit* être formé sans attendre l'arrêt de condamnation. L'accusé qui ne s'est pas pourvu contre un arrêt de renvoi d'une session à une autre, ne peut en discuter la légalité sur le pourvoi dirigé contre l'arrêt définitif de condamnation. — Cass., 9 août 1860, précité; — 14 nov. 1867, [*Bull. crim.*, n. 227] — Il y a dans le fait de ne s'être pas pourvu contre l'arrêt de renvoi un acquiescement tacite qui s'oppose à ce qu'il soit ultérieurement attaqué.

5675 bis. — Jugé également que si, contrairement à la loi, un arrêt prononce le renvoi après le tirage du jury de jugement, il entraîne de la sorte des conséquences qui ont un caractère définitif, et que le pourvoi peut être formé immédiatement. — Cass., 14 sept. 1837, Pic, [S. 39.1.120, P. 40.1.13]; — 29 mars 1849, précité; — 9 août 1860, précité; — 28 déc. 1865, précité; — 8 déc. 1887, Bastide et Robert, [*Bull. crim.*, n. 419]

5676. — Au contraire, le pourvoi contre les arrêts qui *refusent* de prononcer le renvoi ne peut être formé qu'après l'arrêt définitif, ces arrêts ayant un caractère préparatoire et d'instruction.

5677. — Le principe posé, d'après lequel les débats doivent continuer sans interruption, n'est cependant pas sans comporter des exceptions. Tout d'abord le Code d'instruction criminelle a spécialement prévu deux cas où le renvoi de l'affaire à une autre session peut être ordonné, celui d'absence de témoins et celui de faux témoignage fait à l'audience (C. instr. crim., art. 331 et 354).

5678. — De plus, l'art. 406 prévoit le cas où *par quelque événement*, l'examen des accusés sur les délits ou sur quelques-uns des délits compris dans l'acte ou dans des actes d'accusation, est renvoyé à la session suivante.

5679. — Ces termes de la loi sont aussi généraux que possible. Aussi en a-t-on conclu que le pouvoir conféré aux cours d'assises de renvoyer le jugement d'une affaire à une autre session, même après la formation du jury, n'est pas restreint aux cas prévus par les art. 331 et 354, C. instr. crim., et il a été jugé, en ce sens, que les cours d'assises tiennent de l'art. 406, la faculté d'ordonner le renvoi toutes les fois que quelque événement le leur fait juger utile à la manifestation de la vérité ou à l'ordre public. — Cass., 1er oct. 1813, Bourbier, [P. chr.]; — 12 févr. 1818, Lestrade, [P. chr.]; — 11 nov. 1830, Delannoy, [P. chr.]; — 6 avr. 1865, Casanova, [*Bull. crim.*, n. 88]; — 16 mars 1866, Oursel, [S. 67.1.43, P. 67.65, D. 66.1.359]; — 5 déc. 1867, Romano, [*Bull. crim.*, n. 244]; — 2 janv. 1868, Gulfucci, [*Bull. crim.*, n. 2]; — 10 déc. 1885, Aubert, [S. 87.1.437, P. 87.1.1067] — C. d'ass. de Saône-et-Loire, 25 juin 1867, Petitjean, [S. 68.2.145, P. 68.678] — *Sic*, Nouguier, n. 3548 et s. — V. cependant F. Hélie, t. 7, n. 3379; Carnot, sur l'art. 406, *C. instr. crim.*, t. 3, p. 80, n. 5; Nouguier, n. 3523 et 3524; Trébutien, Laisné-Deshayes et Guillouard, t. 2, n. 584.

5680. — ... Que les cours d'assises sont investies d'un pouvoir discrétionnaire pour renvoyer une affaire d'une session à une autre. — Cass., 14 sept. 1821, Hoyon, [P. chr.]; — 25 sept. 1824, Claude, [P. chr.]; — 7 févr. 1833, Hue, [P. chr.]; — 14 sept. 1837, précité; — 3 mai 1839, Lamy, [P. 39.2.669]; — 11 juill. 1839, Esparseil, [S. 40.1.830, P. 40.2.584]; — 11 mai 1863, Mauriac, [D. 65.1.240] — *Sic*, Carnot, sur l'art. 352, *C. instr. crim.*, t. 3, n. 684; Legraverend, t. 2, p. 195; de Serres, *Man. des cours d'ass.*, t. 1, p. 223.

5681. — ... Que la défense faite par l'art. 353, C. instr. crim., d'interrompre les débats une fois entamés, n'est pas tellement absolue que la cour d'assises ne puisse, dans des circonstances graves, et pour la découverte de la vérité, interrompre les débats et renvoyer l'affaire à une autre session. — Cass., 1er oct. 1813, précité; — 6 juill. 1815, Besaucelle, [P. chr.] — *Sic*, Carnot, sur l'art. 306, *C. instr. crim.*, t. 2, p. 454, n. 3.

5682. — ... Que l'art. 353, C. instr. crim., qui défend d'interrompre les débats entamés devant une cour d'assises, doit s'entendre seulement d'une suspension momentanément ordonnée, et ne met point obstacle au renvoi de l'affaire à une autre session. — Cass., 12 févr. 1818, précité.

5683. — En résumé, la cour d'assises, lorsqu'elle statue sur une demande de renvoi de l'affaire à une autre session, apprécie souverainement les motifs invoqués à l'appui de cette demande; la décision échappe, par suite, au contrôle de la Cour de cassation. — Cass., 2 févr. 1837, Selli, [P. 38.1.76]; — 21 mars 1839, Bergs, [P. 32.2.412]; — 11 juill. 1839, précité; — 8 févr. 1849, Truphème, [P. 50.1.378]; — 16 mars 1866, précité; — 12 avr. 1889, Scherrer, [*Bull. crim.*, n. 152]

5684. — F. Hélie (*Tr. d'instr. crim.*, t. 7, n. 3375), tout en regardant cette doctrine comme fondée en thèse générale, enseigne qu'elle ne doit être acceptée qu'avec une certaine réserve. « Il faut, dit cet auteur, un événement grave qui mette un obstacle sérieux à ce que la vérité se manifeste. Il est nécessaire que la justice rencontre une entrave, soit dans ses moyens d'action, soit dans les mesures qu'elle emploie pour arriver à la vérité : c'est une entrave, quelle qu'elle soit, qui seule justifie le renvoi, car il ne faut pas perdre de vue que le renvoi enlève l'accusé aux juges que le sort lui a donnés et aux chances qu'il avait le droit d'attendre ». Cubain (*Tr. de la proc. devant les Cours d'ass.*, n. 390), décide même que la faculté d'ordonner le renvoi se restreint aux cas d'empêchement absolu de continuer l'examen de l'affaire et aux cas prévus par les art. 331 et 354.

5685. — D'autre part, la cour peut, sans violer le droit de la défense, refuser d'ordonner, sur la demande de l'accusé, le renvoi de l'affaire à la prochaine session. — Cass., 24 déc. 1824, Jean Abt, [P. chr.]; — 16 mars 1866, précité ; — 13 mars 1886, Julien, [*Bull. crim.*, n. 169]

5686. — Par exemple, le refus de la cour d'assises d'ordonner le renvoi à une autre session demandé par l'accusé soit pour établir un alibi, soit pour tout autre motif, constitue une décision souveraine et échappe au contrôle de la Cour de cassation. — Cass., 4 nov. 1880, Dominguez, [*Bull. crim.*, n. 193] ; — 10 déc. 1885, Aubert, [S. 87.1.437, P. 87.1.1067]

5687. — Quant au renvoi à un autre jour de la même session, bien que ni l'art. 354, C. instr. crim., ni aucun autre texte ne l'ait formellement prévu, l'on décide qu'il résulte, par voie de conséquence, de la faculté de renvoyer à une autre session. La jurisprudence a plusieurs fois consacré la légalité de cette mesure. — V. Cass. (motifs), 12 déc. 1850, Bournat, [*Bull. crim.*, n. 416] ; — 13 janv. 1859, Vollate et autres, [*Bull. crim.*, n. 16] — V. au surplus sur le renvoi à un autre jour de la session, F. Hélie, *Instr. crim.*, t. 7, n. 3470 et 3580; Nouguier, *Cour d'ass.*, t. 2, n. 945.

5688. — D'après Nouguier, après le tirage du jury de jugement, cette mesure ne pourrait être ordonnée que du consentement de l'accusé et du ministère public. La défense et l'accusation ont, dès ce moment, après l'exercice de la faculté de récusation, un droit acquis à être jugés par les jurés tirés du sort, et ils ne peuvent en être privés (Nouguier, n. 3515). Jugé que la cour d'assises peut, sans violer l'art. 354, C. instr. crim., remettre une affaire à un autre jour de la même session, alors que c'est sur la demande formelle de l'accusé, et qu'il n'a été porté aucune atteinte aux droits de la défense. — Cass., 17 févr. 1848, Roche, [S. 49.1.74, P. 48.2.945] ; — 8 févr. 1849, précité. — Mais lorsque le tirage du jury de jugement a été fait, le renvoi de l'affaire à tout autre jour de la même session ne pouvant avoir lieu que du consentement de toutes les parties, il y a nullité lorsque ce renvoi a été ordonné malgré l'opposition du ministère public. — Cass., 12 déc. 1844, Luidgi et Rossi, [S. 45.1.315, P. 45.1.564]

5689. — ... Ou alors que l'accusé s'oppose à ce renvoi. — Cass., 7 nov. 1839, Casabianca, [S. 40.1.261, P. 41.2.453]; — 31 mars 1841, Maisetti, [S. 50.1.811, *ad notam*]

5690. — Cette doctrine nous paraît difficilement conciliable avec celle qui, en matière de renvoi d'une session à une autre, donne pleins pouvoirs à la cour d'assises. Si la cour peut, contre le gré de l'accusé, renvoyer à une autre session, ce qui entraîne pour lui des conséquences d'ordinaire fort graves en prolongeant sa détention, pourquoi ne pourrait-elle pas, si cette mesure est jugée tout à la fois nécessaire et suffisante, renvoyer à un autre jour de la même session? Dans l'un et l'autre cas, l'accusé avait un droit acquis à conserver, comme juges, les jurés sortis du sort. Si ce droit disparaît, dans un cas, devant des considérations impérieuses, pourquoi ne peut-il céder dans l'autre hypothèse?

5691. — Dans tous les cas, si la formation du tableau du jury de jugement est annulée au cours des débats, la cour d'assises peut, sans irrégularité, renvoyer l'affaire à un autre jour de la même session, avec le consentement de l'accusé. — Cass., 20 mars 1879, Rochereau, [*Bull. crim.*, n. 67]

5692. — De même, il n'y a pas nullité si, après que la cour d'assises a annulé le premier tirage et en a ordonné un second, il y a été procédé sans opposition de la part de l'accusé ou de son conseil. — Cass., 22 nov. 1839, Pietri, [S. 40.1.255, P. 39.2.633]

5693. — Le renvoi à une autre session peut même être ordonné plusieurs fois dans la même affaire. — Cass., 11 juill. 1839, Esparseil, [S. 40.1.830, P. 40.2.584]

5694. — Il peut être ordonné jusqu'à la clôture des débats. Et même la cour peut attendre, pour statuer sur une demande de renvoi, que les débats aient révélé si cette demande peut ou non être accueillie. — Cass., 26 déc. 1873, Daronnat, [*Bull. crim.*, n. 315]

5695. — Mais la cour d'assises doit-elle nécessairement renvoyer l'affaire *à la session suivante* ainsi que le porte l'art. 406, C. instr. crim., ou peut-elle proroger à un délai plus éloigné, ou même prononcer le renvoi sans limitation de temps? La Cour de

cassation a décidé que la cour d'assises peut prononcer un sursis indéfini quand elle ne peut prévoir la fin de l'obstacle qui rend le sursis nécessaire, tel que la démence de l'accusé. — Cass., 11 févr. 1875, de Labrosse, [D. 77.1.140] — C. d'ass. de la Loire, 23 mars 1888, [D. *Rép.*, *Suppl.*, v° *Procédure criminelle*, n. 1630] — V. *infrà*, n. 5705.

2° Causes du renvoi.

5696. — Les causes de renvoi peuvent, on le voit, être multiples. Aucun principe certain ne doit être posé à cet égard. La jurisprudence fournit des exemples qui permettent de mesurer, à cet égard, l'étendue des pouvoirs de la cour d'assises. Ils ont pour fondement la nécessité d'assurer à l'accusé une justice complète et impartiale, soit qu'il s'agisse de régler, suivant le vœu du législateur, la composition de la cour d'assises, ou de lui soumettre un ensemble de documents probants, soit qu'il s'agisse d'éliminer des jurés ou des témoins suspects.

5697. — I. *Causes de renvoi provenant de la composition de la cour, de la situation personnelle de l'accusé ou de l'état du dossier.* — Tout d'abord le renvoi peut être basé sur des raisons provenant des magistrats de la cour. Il a été jugé, il est vrai, par un ancien arrêt, que l'impuissance momentanée du président d'une cour de justice criminelle de continuer l'examen d'une affaire ne serait pas un motif suffisant pour en autoriser le renvoi à la session suivante. — Cass., 1er therm. an XIII, Felquier, [P. chr.] — Mais, depuis cette décision, la Cour suprême ayant reconnu à la cour d'assises un pouvoir discrétionnaire à cet égard, il est certain qu'un renvoi ainsi motivé ne donnerait pas ouverture à cassation.

5698. — De même, une indisposition grave du membre du ministère public chargé de prendre la parole, et qui le met dans l'impossibilité de siéger, peut motiver le renvoi de l'affaire à une autre session. — Cass., 31 déc. 1892, Flit, [*Bull. crim.*, n. 261]

5699. — Le sursis peut également être fondé sur une demande de renvoi pour cause de suspicion légitime. — Cass., 2 déc. 1886, Ginoux, [D. 87.1.285]

5700. — Jugé que la notification faite au ministère public d'un arrêt de soit communiqué sur une requête en renvoi pour cause de suspicion légitime présentée par l'accusé à la Cour de cassation emportant de plein droit sursis au jugement du procès, la cour d'assises doit, sur l'avis qui lui est donné par le ministère public de cette notification, renvoyer l'affaire à la session suivante. — Cass., 14 juin 1833, Bory et Clisson, [S. 33.1.805, P. chr.]

5701. — Mais l'accusé qui a formé une demande en renvoi, pour cause de suspicion légitime, est non recevable à se plaindre de ce que la cour d'assises saisie du procès a refusé de surseoir aux débats, s'il n'a point notifié au procureur général l'arrêt de soit communiqué rendu par la Cour de cassation. — Cass., 10 févr. 1832, Robert, [P. chr.]

5702. — Remarquons, du reste, que, quand il s'agit d'une demande en récusation formée contre une cour d'assises entière, la Cour de cassation est seule compétente pour l'apprécier, tandis que s'il s'agit d'une demande en récusation dirigée contre un membre isolé de la cour d'assises, c'est à cette cour qu'il appartient de statuer (V. *infrà*, v° *Récusation*), et lorsqu'il existe des motifs de suspicion, soit contre le président des assises, soit contre tout autre membre de la cour, soit contre le magistrat chargé de soutenir l'accusation, l'accusé ne pouvant s'en prévaloir devant la Cour de cassation, qui est incompétente pour se livrer à cette appréciation, doit les proposer devant la cour d'assises, avant l'ouverture des débats. — Cass., 13 sept. 1839, Chabié, [P. 41. 1.70]

5703. — De ce que la cour d'assises a un pouvoir discrétionnaire pour ordonner le renvoi d'une affaire à une prochaine session, et de ce sa décision sur ce point ne peut donner ouverture à cassation (V. *suprà*, n. 5680), il suit que la Cour de cassation ne jugerait plus aujourd'hui, ainsi qu'elle l'a fait par un arrêt ancien, qu'une affaire ne peut pas être renvoyée à la session suivante, sous le prétexte que le défenseur de l'accusé s'est permis des inculpations inconvenantes contre plusieurs fonctionnaires, a avancé des principes faux pour égarer le jury, et a persisté malgré les avertissements du président. — Cass., 11 brum. an XII, Angevin, [P. chr.]

5704. — Mais, d'autre part, la cour d'assises peut refuser de renvoyer l'affaire à une autre session, malgré la maladie du défenseur de l'accusé, et alors qu'elle constate que le défenseur accepté par l'accusé en remplacement du premier a eu le temps suffisant pour prendre connaissance des pièces. — Cass., 2 juin 1831, Chadrin, [P. chr.]

5705. — Le renvoi peut être motivé sur l'intérêt de l'accusé, toutes les fois qu'il se trouve, sans sa faute, dans l'impossibilité de faire valoir utilement et librement ses moyens de défense. Ainsi, lorsque l'état de démence est reconnu et constaté aux débats, la cour d'assises peut et doit prononcer le sursis au jugement de l'affaire jusqu'à ce que cet état ait cessé. — Cass., 19 janv. 1837, Bonnet, [P. 38.1.22]; — 11 févr. 1875, de Labrosse, [D. 77.1.140] — Et, dans ce cas, la cour ne pouvant prévoir quand l'état de l'accusé se sera amélioré, peut prononcer, nous l'avons vu, un renvoi indéterminé dans sa durée. — V. *suprà*, n. 5695.

5706. — Mais jugé que lorsqu'après une première expertise sur l'état mental de l'accusé au cours de l'instruction, la défense dépose des conclusions tendant à un renvoi de l'affaire afin de faire examiner si l'accusé n'est pas atteint d'imbécillité et de démence, la cour ne viole pas les droits de la défense en décidant qu'il n'y a pas lieu à renvoi parce qu'il ne s'est produit aucun fait nouveau de nature à faire croire que l'accusé n'est pas en état de se défendre. — Cass., 13 mai 1886, Julien, [*Bull. crim.*, n. 169]

5707. — D'une façon générale, le renvoi peut également être ordonné lorsque l'état de santé de l'accusé ne lui permet pas de suivre utilement les débats. L'humanité et la justice l'exigent impérieusement. — Nouguier, n. 3558.

5708. — Dans le même ordre d'idées, le défaut de remise à l'accusé de la copie de la procédure l'autorise à demander le renvoi de l'affaire à une autre session. — Cass., 22 sept. 1881, Martignon, [*Bull. crim.*, n. 219]

5709. — Il en est de même lorsqu'un accusé, transféré tardivement dans la maison de justice, n'a pas eu la latitude nécessaire pour préparer sa défense. — Cass., 13 août 1885, Aubert, [S. 87.1.437, P. 87.1.1067]

5710. — De même, lorsque, après cassation, la cause est portée devant une nouvelle cour d'assises, et que les accusés affirment ne point avoir la copie des pièces du procès, qui a pu rester dans les mains d'un coaccusé acquitté, la cour d'assises peut renvoyer la cause à une autre session, pour qu'il soit donné aux accusés une seconde copie de pièces. — C. d'ass. du Tarn, 10 mai 1828, Montpeyre, [S. et P. chr.]

5711. — La cour d'assises devrait également renvoyer l'affaire à une autre session si l'accusé lui demandait de surseoir au jugement en invoquant le bénéfice de l'art. 60, C. just. milit., aux termes duquel l'individu justiciable des conseils de guerre, et poursuivi en même temps pour un crime de la compétence des tribunaux ordinaires, doit être traduit d'abord devant le conseil de guerre si le fait justiciable de cette juridiction emporte la peine la plus grave. — V. rapport de M. le conseiller Sallantin, sous Cass., 20 sept. 1888, [S. 89.1.89, P. 89.1.180, D. 89. 1.121]

5712. — Il y aurait lieu également à renvoi si l'accusé, poursuivi pour un crime de suppression d'état, soulevait, dès l'ouverture des débats, une question d'état, de la compétence exclusive des tribunaux civils (C. civ., art. 326). L'existence du crime est alors subordonnée à une vérification préalable, qui ne peut être refusée à l'accusé.

5713. — Enfin, la nécessité de soumettre au jury une procédure complète peut motiver le renvoi à une autre session. Spécialement, il a été décidé que le renvoi peut être ordonné lorsqu'il y a lieu de contrôler un fait contesté et de vérifier un fait révélé pour la première fois à l'audience. — Cass., 12 juin 1860, [*Gaz. des Trib.*, 14 juin 1860]; — 11 mai 1865, Mauriac, [D. 65.1.240]; — 5 déc. 1867, Romane, [*Bull. crim.*, n. 244]; — 14 janv. 1883, Lohier, [D. 84.1.141]; — 8 déc. 1887, Bastide, [*Bull. crim.*, n. 419] — C. d'ass. de la Haute-Garonne, 2 déc. 1894, [*Gaz. des Trib.*, 3-4 déc. 1894] — Sic, Nouguier, t. 2, n. 942. — Jugé, spécialement, que la cour d'assises, saisie d'une accusation d'abus de confiance contre un négociant failli, peut ordonner le renvoi à une autre session, lorsqu'elle estime qu'il y a lieu de procéder à la vérification de la comptabilité de la faillite. — C. d'ass. de Saône-et-Loire, 25 juin 1867, Petitjean, [S. 68.2.145]

5714. — ... Que le renvoi peut être ordonné jusqu'à la décision à intervenir sur l'appel formé par l'accusé contre un juge-

ment qui reporte l'ouverture de sa faillite. — Cass., 15 mai 1863, Petit, [D. 63.1.266]

5715. — ... Que la cour peut, même après avoir entamé les débats, renvoyer la cause à la session suivante, lorsque, après avoir gardé le silence dans le cours de l'instruction écrite, l'accusé présente inopinément, à l'audience, un système de défense qui repose sur des documents étrangers à l'information écrite, inconnus au ministère public, et qu'il importe de vérifier pour la découverte de la vérité. — C. d'ass. de l'Aisne, 17 mai 1834, B..., [P. chr.]

5716. — ... Que la cour d'assises peut ordonner le renvoi de l'affaire à une autre session, lorsqu'elle estime qu'il y a lieu de procéder à une instruction supplémentaire à l'effet de découvrir la participation d'un présumé complice de l'accusé. — Cass., 28 déc. 1865, Garel, [S. 66.1.231, D. 65.1.504]; — 31 mars 1877, Turpault, [D. 77.1.402]; — 10 avr. 1879, Wolf, [*Bull. crim.*, n. 90] — C. d'ass. de la Haute-Garonne, 2 déc. 1894, précité. — ... Alors surtout que ce complice paraît être un témoin de l'affaire. — Cass., 28 mars 1884, Pierre Gironde, [D. 85.1.93]

5717. — ... Ou lorsqu'il y a lieu de procéder à un complément d'expertise, dans une poursuite pour abus de confiance qualifié, afin de rectifier les erreurs manifestes commises, sur la situation pécuniaire de l'accusé, par l'expert désigné au cours de l'instruction. — Cass., 16 avr. 1891, Thamo, [D. 92.1.76]

5718. — ... Que le renvoi peut être ordonné pour cause de difficultés sur les faits compris dans une demande d'extradition. — Cass., 27 janv. 1887, Deltil, [S. 87.1.188, P. 87.1.426, D. 89.1.219]

5719. — La cour d'assises peut aussi renvoyer à une prochaine session pour statuer sur les dommages-intérêts réclamés contre l'accusé acquitté, si la cour n'a pas les éléments nécessaires pour les fixer immédiatement. — V. *suprà*, n. 5359.

5720. — Mais lorsque l'examen et les débats d'une affaire sont entamés, la cour d'assises ne peut plus la renvoyer à une autre session, sous l'unique prétexte qu'il existe des nullités dans la procédure antérieure aux débats. L'appréciation de ces nullités est dévolue à la Cour de cassation, qui peut seule y statuer après l'arrêt définitif de la cour d'assises. — Cass., 28 févr. 1833, Laroche, [P. chr.] — Sic, Nouguier, n. 3567.

5721. — Au surplus, la loi du 10 juin 1853, dans le but d'accélérer la marche de la justice criminelle trop souvent entravée par des pourvois tardifs et le plus souvent mal fondés, est venue déclarer « que toute demande en nullité formée par l'accusé après l'accomplissement des formalités et l'expiration du délai prescrit par l'art. 296, C. instr. crim., ne pourra désormais arrêter l'ouverture des débats et le jugement; 2° qu'il en sera de même à l'égard de tout pourvoi formé, soit après l'expiration du délai légal, soit pendant le cours du débat, après le tirage du jury, pour quelque cause que ce soit. Favard de Langlade, rapporteur de la commission du Corps législatif, expliquait ainsi la portée de la loi nouvelle : « Pour qu'aucune controverse ne soit possible, il est bien entendu qu'il sera passé outre aux débats et au jugement dans les cas suivants : 1° s'il intervient un pourvoi tardif, soit contre l'arrêt de renvoi pour irrégularités graves, soit contre les ordonnances du président des assises antérieures aux débats, soit pour toute autre cause; 2° si un pourvoi est formé après l'expiration du délai légal, mais après le tirage du jury, pendant le cours des débats, pour quelque cause que ce soit. En d'autres termes, et généralement, la loi nouvelle refuse l'effet suspensif à tout pourvoi, pour quelque cause que ce soit, s'il est formé après le délai légal, avant le tirage du jury, ou même s'il est formé dans le délai légal, il intervient après le tirage du jury, avant la clôture des débats et le jugement définitif. Tels sont, en effet, le sens et la portée du dernier paragraphe du nouvel art. 301, adopté par la commission et le Conseil d'Etat. »

5722. — II. *Causes de renvoi provenant des jurés.* — En ce qui concerne les jurés, le renvoi peut être ordonné dès que les jurés ou l'un d'eux se trouvent dans l'impossibilité de siéger ou de juger sainement l'affaire qui leur est soumise, ou peuvent être soupçonnés de n'avoir plus l'impartialité qui convient à un juge.

5723. — A. *Des faits qui mettent les jurés dans l'impossibilité de siéger.* — Le renvoi est obligatoire dès lors que, pour une raison ou pour une autre, les jurés aptes à siéger ne sont plus en nombre suffisant. La déclaration du jury n'est régulière, en effet, qu'autant qu'il est établi que tous les jurés qui y ont pris part ont assisté à tous les débats, sans aucune interruption.

— Cass., 21 mai 1896, femme Guéno, [*Gas. des Trib.*, 23 mai 1896]

5724. — Ainsi le renvoi devrait être prononcé, tout d'abord, au cas où l'un des jurés refuserait de continuer à siéger. Cependant, la cour d'assises n'est point obligée de renvoyer une affaire à une autre session, bien que l'un des douze jurés de jugement se refuse, au cours des débats, à continuer son service, si, avant le commencement de ces débats, il a été tiré au sort deux jurés supplémentaires. Le premier est alors appelé à remplacer le juré défaillant. — Cass., 26 mars 1874, Roussel, [S. 74.1.230, P. 74. 560]; — 14 déc. 1876, Moreau, [S. 77.1.95, P. 77.190]; — 28 mars 1884, Bernard, [D. 85.1.183] — V. *suprà*, n. 1048 et s.

5725. — Hormis le cas où il a été tiré des jurés suppléants, la loi ne semble pas avoir prévu le cas où, après les débats commencés, un des douze jurés ne peut pas continuer de siéger. Carnot (sur l'art. 399, n. 8) pense qu'il n'y a pas lieu, dans ce cas, au renvoi à une autre session, mais qu'il faut remplacer le juré manquant, d'abord en tirant au sort un des noms restant dans l'urne, ensuite de la manière indiquée pour les remplacements qui se font avant l'ouverture des débats, et recommencer les débats pendant la même session. Cette doctrine ne nous paraît pas devoir être admise, la loi n'ayant permis nulle part les tirages partiels et successifs de jurés. Ce n'est pas à dire cependant que le renvoi s'impose dans tous les cas. Mais on doit alors tenir pour non avenu tout ce qui a été fait, y compris le tirage du jury, et procéder au tirage total des jurés qui seront appelés à siéger.

5726. — Aussi a-t-il été jugé que lorsque, l'affaire étant commencée, l'un des douze jurés vient à se trouver empêché par un événement quelconque de suivre les débats et de continuer de siéger, et qu'il n'a pas été tiré de jurés suppléants, 1 n'y a pas lieu de faire un nouveau tirage pour le remplacer; dans ce cas, la cour peut, soit renvoyer l'affaire à la session suivante, soit annuler le tirage du premier jury et ce qui s'en est suivi, et procéder à un nouveau tirage, sur une liste de jurés, pour faire recommencer l'affaire immédiatement. Dans tous les cas, ce mode de procéder ne pourrait donner ouverture à cassation, alors que ni l'accusé ni son conseil ne s'y sont opposés. — Cass., 22 nov. 1838, Pietri, [P. 39.2.633]

5727. — Un arrêt paraît cependant avoir considéré le renvoi comme obligatoire, en jugeant que lorsque les débats commencés se trouvent interrompus par l'empêchement de l'un des jurés, la cour d'assises ne peut, si l'accusé demande le renvoi à une autre session, ordonner qu'il sera procédé de suite à la formation d'un nouveau jury de jugement, et que les débats seront recommencés immédiatement. — Cass., 31 mars 1842, Maisetti, [P. 42.2.57] — Mais cette prétendue obligation de renvoi ne résulte d'aucun texte; d'un autre côté, sans être nécessaire à l'accusation, ni à la défense, elle peut être nuisible aux intérêts de l'accusé.

5728. — En cas de maladie de l'un des douze jurés de jugement, la cour d'assises peut, sur les réquisitions du ministère public, renvoyer l'affaire à une autre session. — Cass., 4 avr. 1874, Pécour, Cadrieu et Joffret, [S. 74.1.500, P. 74.1257, D. 74. 1.400]

5729. — La présence purement physique d'un juré ne satisfait évidemment pas à ce que la loi exige de lui; il faut, en outre, qu'il puisse prononcer sainement sur les débats dont il va être témoin; quand il s'en trouve empêché par un fait involontaire, la cour admet son excuse et le dispense de siéger; mais lorsque, après s'être enivré, il vient remplir un ministère dont il n'est plus en état de sentir l'importance, son incapacité volontaire équivaut à un refus d'obtempérer utilement à la citation qu'il a reçue.

5730. — Dans ce cas, le juré doit être condamné aux frais occasionnés par le renvoi de l'affaire à une session prochaine, sans préjudice des dommages-intérêts de l'accusé. — C. d'ass. de la Seine-Inférieure, 22 nov. 1822, Varin, [P. chr.] — V. cependant Bruxelles, 29 oct. 1835, Osy, [P. chr.]

5731. — L'arrêt de la cour de Bruxelles est fondé sur ce que la condamnation aux frais est une peine que la loi n'a pas édictée contre les jurés défaillants ou qui n'accomplissent pas complètement leurs fonctions. C'est là, suivant nous, une erreur. La condamnation aux frais ne peut être considérée comme une peine, mais comme la réparation du préjudice causé, et doit être prononcée en vertu du principe général de l'art. 1382, C. civ., qui dispose que tout fait qui porte préjudice à autrui oblige celui par la faute duquel il est arrivé à le réparer.

5732. — Le renvoi s'impose également lorsque les jurés ou l'un d'eux sont présumés ne plus avoir l'impartialité voulue pour émettre un avis éclairé. Ainsi, lorsque l'accusé a fait imprimer et distribuer aux jurés de la session un écrit ou mémoire dans lequel les faits de l'accusation sont présentés et discutés d'avance, la cour d'assises peut, à raison des impressions que cet écrit a dû produire sur l'esprit des jurés, renvoyer l'affaire à une autre session. — Cass., 3 mai 1839, Lancy, [P. 39.2.669] — Cour d'ass. de la Seine, 10 juin 1830, Bourbon-Leblanc, [S. et P. chr.]

5733. — Lorsque, dans le cours des débats, il s'est élevé un tumulte scandaleux à l'occasion de la déposition d'un témoin, il suffit que les jurés aient vivement manifesté les impressions qu'ils en ressentaient, bien que néanmoins ils n'aient point fait connaître leur opinion sur le fond de l'affaire (V. *infrà*, n. 5805 et s.), pour que cette affaire puisse être renvoyée à une session suivante. — Cass., 11 juin 1831, Mathé, [S. 32.2.74, P. chr.] — *Sic*, Carnot, *Instr. crim.*, t. 3, sur l'art. 406, n. 9.

5734. — Dans cet ordre d'idées, le législateur fait application expresse de ces principes et déclare les jurés inaptes à siéger dans deux hypothèses bien déterminées, dont nous avons maintenant à nous occuper : 1° quand ils ont communiqué entre eux ou au dehors et ont pu ainsi recevoir une impression puisée en dehors des débats; 2° lorsqu'ils ont, préalablement à leur déclaration, manifesté leur opinion sur l'innocence ou la culpabilité de l'accusé.

5735. — B. *Communication des jurés entre eux ou au dehors.* — Sous le Code du 3 brum. an IV, le président de la cour d'assises, en remettant aux jurés les questions et les pièces, leur annonçait que la loi les obligeait de se retirer dans leur chambre pour délibérer et leur rappelait qu'elle leur défendait de communiquer avec personne jusqu'après leur déclaration (art. 382 et 383).

5736. — Le Code d'instruction criminelle a reproduit dans deux dispositions distinctes la prohibition de l'art. 383, C. 3 brum. an IV. D'une part, les jurés prêtent le serment de ne communiquer avec personne jusqu'après leur déclaration (C. instr. crim., art. 312). D'autre part, nous l'avons vu, l'examen et les débats une fois entamés doivent être continués sans interruption et sans aucune espèce de communication au dehors, jusqu'après la déclaration du jury inclusivement (C. instr. crim., art. 353).

5737. — Lorsqu'une affaire est de nature à occuper plusieurs séances de la cour d'assises, c'est un devoir pour le président de rappeler aux jurés, à la fin de chaque séance, et au moment où la cour se sépare, le serment solennel qu'ils ont prêté, au commencement de la première audience, de ne communiquer avec personne. — Legraverend, t. 2, p. 187.

5738. — Bourguignon (*Man. du jury*, p. 522, n. 343) pense que la prohibition de communiquer au dehors est substantielle, non seulement par son importance, mais encore parce que le législateur a voulu que chaque juré s'engageât par un serment à l'observer : « Les art. 312 et 353 sont, dit-il, évidemment corrélatifs. Comment pourrait-on considérer comme non substantielle une formalité imposée sous la foi du serment? Si l'omission du serment emporte nullité, comment se fait-il que la violation du serment soit tolérée et classée parmi les omissions indifférentes » ? Il explique, au surplus, que les mots « sans aucune espèce de communication au dehors » ont été introduits dans l'art. 353, C. instr. crim., pour faire cesser le doute qui existait sous la législation antérieure et notamment dans une instruction du mois de septembre 1791 et dans l'art. 418, C. 3 brum. an IV. Enfin, à l'objection tirée de la difficulté que présente l'exécution ponctuelle de la loi, il répond que la suspension des débats pour le repos des juges et des jurés n'est point incompatible avec l'interdiction de communiquer au dehors, que les jurés qui seraient empêchés peuvent être remplacés par des jurés suppléants.

5739. — Cependant, un usage et une jurisprudence contraires ont prévalu et il a été constamment jugé que les juges et les jurés peuvent, pendant les débats, aller dîner et coucher chez eux ou à l'hôtel. — Cass., 5 sept. 1811, Gros, [P. chr.]; — 9 août 1811, Sterlin, [P. chr.]; — 29 août 1811, N..., [P. chr.]; — 16 janv. 1812, Sturm, [P. chr.]; — 15 oct. 1812, Gauthier, [P. chr.]; — 4 déc. 1812, Durieux, [P. chr.]; — 12 avr. 1817, Verdier, [P. chr.] — *Sic*, Carnot, *Instr. crim.*, sur l'art. 353; Legraverend, t. 3, p. 187.

740. — ... Et que les témoins ont le même droit. — Cass., 29 a J 1844, précité.

741. — La Cour de cassation avait même d'abord décidé que l'art. 353, C. instr. crim., n'était pas prescrit à peine de nullité. — Cass., 31 oct. 1817, Regnaut, [P. chr.]; — 16 déc. 825, Desprez, [S. et P. chr.]; — 1er avr. 1830, Martial, [S. et P. chr.]

5742. — ... Et par suite, que la communication au dehors de la part des jurés, pendant les suspensions de l'audience, était bien une désobéissance à la loi, mais n'emportait pas la peine de la nullité. — Cass., 6 févr. 1812, Morin, [S. et P. chr.]

5743. — ... Que lorsque, par suite d'une indisposition subite du défenseur de l'accusé, le président de la cour d'assises avait été obligé de suspendre les débats et de renvoyer l'affaire au lendemain, l'accusé ne pouvait se faire un moyen de nullité de ce que le président n'aurait pas, pendant la suspension, renvoyé les jurés et les témoins dans leurs chambres respectives, jusqu'à la reprise des débats; qu'il suffisait que ce magistrat les eût invités à ne communiquer avec personne sur l'affaire. — Cass., 12 avr. 1832, Dournac, [P. chr.]

5744. — ... Que la nullité de la déclaration du jury ne pouvait être prononcée sur le motif de la communication des jurés avec les personnes du dehors. — Cass., 30 nov. 1814, N..., [S. et P. chr.] — Sic, Carnot, Instr. crim., sur l'art. 343, t. 2, p. 634, n. 5.

5745. — ... Qu'il ne résultait aucune nullité de ce que, pendant la suspension des débats, pour le repos des jurés, l'un d'eux aurait communiqué au dehors. — Cass., 12 sept. 1812, Lempereur Cambay, [P. chr.]

5746. — ... Qu'il ne pouvait résulter aucune nullité de ce que le président de la cour d'assises avait suspendu momentanément la séance, pour le repos des juges, des jurés, des témoins et des accusés, lors même que pendant cette suspension les jurés auraient communiqué avec les témoins. — Cass., 17 août 1815, Borel, [S. et P. chr.]

5747. — La Cour de cassation, éclairée par les inconvénients graves du système qu'elle avait embrassé, n'a pas tardé à l'abandonner, en partie du moins, et à reconnaître que les art. 312 et 353 étaient prescrits à peine de nullité.

5748. — La vérité est que la communication d'un juré avec une personne étrangère est un événement de nature à justifier le renvoi de l'affaire à une autre session, lorsqu'il résulte de l'ensemble des circonstances que ce juré a dû recevoir une impression autre que celle des débats. — C. d'ass. de la Seine, 16 juin 1836, Dehors, [P. chr.]

5749. — En premier lieu, et il est à peine besoin de le faire remarquer, la communication ne revêt un caractère illégal qu'à la condition de s'appliquer à un juré appelé à faire partie du jury de jugement. En supposant qu'il pût être prouvé que la réponse d'un témoin à une question à lui adressée par le président des assises a été déterminée par un signe affirmatif d'une personne présente à l'audience, cette circonstance ne saurait donner ouverture à cassation, s'il n'est point établi que la personne qui a fait le signe était un des jurés du jugement, seul cas auquel le fait constituerait la communication prohibée par l'art. 353, C. instr. crim. — Cass., 22 juill. 1842, Lebreton, [P. 43.1. 159]

5750. — Il faut, en outre, que le fait de la communication soit légalement constaté. On ne peut se prévaloir de prétendues communications qui auraient eu lieu entre les témoins et certains jurés, lorsqu'il n'a pas été demandé acte à la cour d'assises de ce fait et qu'il n'en est fait aucune mention au procès-verbal. — Cass., 12 avr. 1883, Noël et autres, [Bull. crim., n. 93]; — 10 févr. 1887, Pozzo et autres, [Bull. crim., n. 52]

5751. — Dès lors, ne sauraient être admis les moyens tirés de ce qu'un juré aurait manifesté son opinion au cours des débats et de ce qu'un autre serait entré en communication avec un témoin, alors que ni le procès-verbal des débats, ni aucun document de la cause ne justifie ces allégations. — Cass., 11 août 1892, Onésime Pasco, [Bull. crim., n. 237]

5752. — Par la même raison, il a été jugé que doit être écarté le moyen tiré de ce que, hors séance, des jurés et des témoins auraient eu sur l'affaire des communications prohibées, lorsque le procès-verbal des débats ne contient aucune trace de ces communications. — Cass., 17 oct. 1889, Cadelou, [Bull. crim., n. 309]

5753. — ... Que l'accusé n'est pas fondé à tirer grief de ce

que, pendant les débats, quelques-uns des jurés auraient pris connaissance d'un journal renfermant des renseignements relatifs à l'accusation, lorsque la cour d'assises a formellement déclaré qu'elle n'avait pas eu connaissance de la distribution de ce journal aux jurés et que, par suite, le fait allégué n'a point été établi. — Cass., 22 avr. 1886, Michelet, [Bull. crim., n. 162]

5754. — ... Que l'accusé qui, en cas de nullité du tirage du jury, au lieu de demander, conformément à l'art. 406, C. instr. crim., la remise de l'affaire à une autre session, consent à ce qu'elle soit fixée à un autre jour de la même session, ne peut invoquer, comme cause de nullité, la simple possibilité de communication des jurés par l'effet des débats antérieurement annulés. — Cass., 20 mars 1879, Rochereau, [S. 81.1.91, P. 81.1.184]

5755. — ... Que les certificats et déclarations donnés postérieurement aux débats par des personnes ayant assisté à ces débats, et par plusieurs jurés, sur l'existence de propos tenus par l'un de ces derniers, ne peuvent infirmer l'arrêt de la cour d'assises qui déclare que les magistrats n'ont pas entendu les propos, et qui refuse d'en donner acte. — Cass., 22 mars 1845, Lagarde, [P. 45.2.530]

5756. — ... Que les propos que des jurés auraient tenus, ou la communication qu'ils auraient eue au dehors sur les faits de l'accusation, pendant le cours des débats, ne peuvent être une cause de nullité si le procès-verbal n'en contient aucune trace, et qu'il n'est pas dans les attributions de la Cour de cassation d'autoriser la preuve de ces faits. — Cass., 12 déc. 1840, Lafarge, [S. 40.1.930, P. 42.2.622]

5757. — ... Qu'il n'y a pas lieu pour la Cour de cassation de s'occuper du fait de communication reproché à un juré, lorsque ce fait n'est pas consigné au procès-verbal, et qu'il n'a donné lieu à aucune réclamation pendant les débats. — Cass., 30 juin 1838, Hubert, [S. 38.1.760, P. 38.2.418]; — 15 mars 1838, Danicourt, [S. 39.1.804, P. 39.2.480]

5758. — ... Que le fait de communication d'un tiers avec deux jurés qui auraient reçu la visite de celui-ci ne peut être non plus un moyen de cassation, alors surtout qu'aucune déclaration relative à cette communication n'est consignée au procès-verbal des séances de la cour d'assises et qu'elle n'est révélée que par une déposition faite par les jurés qui ont cessé leurs fonctions et qui figurent comme témoins dans une affaire postérieure; que, d'ailleurs, il ne peut dépendre d'un tiers d'interrompre le cours de la justice et de placer les jurés en dehors de leur serment en établissant entre eux et lui une communication involontaire de la part des premiers. — Cass., 3 nov. 1836, Charié, [P. 37.2.59] — V. infrà, n. 5780.

5759. — ... Que lorsque, des conclusions ayant été prises par l'accusé pour faire constater que plusieurs fois une conversation se serait engagée entre le ministère public et des jurés sur les dépositions des témoins, sans que cette conversation pût être entendue du banc de la défense, l'arrêt rendu par la cour d'assises sur cet incident n'a pas reconnu l'exactitude desdites articulations, ces faits, n'étant pas suffisamment constatés, ne peuvent être invoqués devant la Cour de cassation comme constituant une violation de l'art. 312, C. instr. crim., une atteinte au droit de la défense. — Cass., 23 avr. 1846, Gay-Pavila, [P. 49.2.323]

5760. — Jugé cependant que le fait de la communication peut être prouvé en dehors des énonciations du procès-verbal. — Cass., 16 févr. 1838, Massiani, [S. 38.1.335, P. 38.1.359]

5761. — Il a été décidé que les communications entre les jurés et des tiers, prohibées par les art. 312 et 353, C. instr. crim., ne sont relatives qu'à des faits postérieurs à l'ouverture des débats. — Cass., 13 oct. 1845, Constant, [P. 45.1.140]; — 13 févr. 1846, Cerani, [P. 49.2.179] — Spécialement il a été jugé qu'un moyen de nullité basé sur cette défense ne saurait être invoqué par l'accusé qui n'articule pas que, dans l'intervalle écoulé entre le tirage et le commencement des débats, les jurés aient été exposés à des suggestions contre lui. — Cass., 13 févr. 1846, précité.

5762. — ... Que l'accusé ne peut pas se plaindre de ce qu'un témoin aurait communiqué avec les jurés pendant le tirage au sort du jury; que cette communication aurait eu lieu en effet avant le commencement des débats et que la prohibition de l'art. 353, C. instr. crim., est relative aux seules communications postérieures à leur ouverture. — Cass., 5 juill. 1888, Adaillai et autres, [Bull. crim., n. 232]

5763. — On est même allé jusqu'à juger que la communication, pour être illégale, doit s'être produite à l'audience. Décidé, en ce sens, que la communication d'un témoin avec un juré ne peut pas entraîner la nullité, lorsque l'arrêt qui donne acte au défenseur de ses conclusions relatives à cet incident, constate que cette communication aurait eu lieu pendant la suspension des débats et hors du palais de justice, au lieu de s'être produite pendant le cours des débats. — Cass., 24 sept. 1857, Lavallée, [*Bull. crim.*, n. 350] ; — 14 janv. 1870, Boyer, [*Bull. crim.*, n. 8]

5764. — Ce sont là des solutions trop absolues. A notre avis, le renvoi s'impose pour la cour lorsqu'elle a la conviction que les jurés ont été, même avant les débats ou en dehors de l'audience, l'objet de sollicitations telles qu'elles puissent faire mettre en doute leur impartialité.

5765. — Aussi a-t-il été jugé que la communication, même au dehors, d'un juré, relativement à l'affaire, est une cause de nullité de la procédure, s'il en est résulté une atteinte au droit de la défense. — V. Cass., 12 sept. 1833, Couturier, [S. 34.1.108, P. chr.] ; — 16 févr. 1838, précité ; — 15 mars 1838, Danicourt, [S. 39.1.804, P. 39.2.480] ; — 16 avr. 1885, Fargeaud, [*Bull. crim.*, n. 110] — Sic, Cubain, *Tr. de la proc. devant les cours d'assises*, n. 241 ; Nouguier, *La cour d'assises*, t. 4, 2ᵉ vol., n. 3102 et s.; F. Hélie, *Tr. de l'instr. crim.*, t. 7, n. 3423 et s., 3426, 3429, 3430; Deyres, *Des nullités en cour d'assises*, n. 336, 514, 515; Pain, *Code prat. de la cour d'assises*, n. 306 et s.

5766. — Il est vrai qu'il a été jugé que la cour d'assises peut se refuser à donner acte à l'accusé de la communication d'un juré avec un tiers, lorsqu'elle s'est produite en dehors de l'audience. — Cass., 17 janv. 1861 [cité par Nouguier, t. 4, n. 3108] ; — 4 janv. 1866, Hautelingne, [*Bull. crim.*, n. 3] ; — 5 nov. 1891, Braquehays, [S. et P. 94.1.382] — Sic, Nouguier, *loc. cit.*; F. Hélie, *Instr. crim.*, t. 7, n. 3431.

5767. — ... Alors surtout que le fait n'a été articulé qu'après la double lecture de la déclaration du jury. — Cass., 5 nov. 1891, précité.

5768. — S'il appartient aux cours d'assises, même en ce cas, de vérifier l'exactitude et la portée du fait articulé, lorsqu'elles le jugent utile dans l'intérêt de la justice et de la vérité, la loi s'en remet, à cet égard, à leurs lumières et à leur prudence. — Même arrêt.

5769. — Par suite, la cour d'assises ne fait qu'user de son droit souverain d'appréciation, et ne viole pas les droits de la défense en refusant de donner acte à l'accusé d'une prétendue communication qui aurait eu lieu, dans l'intervalle de deux audiences, à une heure et en un lieu indéterminés, entre un juré et un expert relativement à l'affaire. — Même arrêt. — En ce qui concerne la manifestation d'opinion, V. anal. *infrà*, n. 5819.

5770. — Jugé, dans le même sens, que lorsque le défenseur de l'accusé allègue qu'avant l'une des audiences du procès, un témoin déjà entendu a conversé de l'affaire avec l'un des jurés, et qu'il conclut à ce que la cour donne acte de cette communication et interroge sur ce fait le juré et le témoin, la cour d'assises, en refusant de donner acte d'un fait qui s'est passé avant l'ouverture de l'audience, et, par conséquent, hors de sa présence, et qui consistait dans une simple allégation, n'a fait qu'user d'un droit d'appréciation qui lui appartenait, et n'a violé ni les art. 312 et 353, C. instr. crim., ni le droit de la défense. — Cass., 21 juill. 1843, Dupont, [S. 44.1.90, P. 43.2.721]

5771. — ... Que n'est pas recevable le moyen de cassation pris de ce qu'un juré ne siégeant pas dans l'affaire aurait communiqué avec le jury pendant une suspension d'audience, alors que la cour d'assises a refusé de donner acte de cette communication en se fondant sur ce que le fait se serait passé hors de sa présence, et sur ce qu'il n'était pas allégué que la communication aurait eu rapport à l'affaire. — Cass., 6 juill. 1893, Daret, [*Bull. crim.*, n. 185]

5772. — Cependant de graves inconvénients peuvent résulter du système qui n'attribue à la cour d'assises qu'une compétence en quelque sorte facultative, arbitraire, et ne lui impose l'obligation de constater la communication qu'autant que cette communication a eu lieu à l'audience. N'est-ce pas une compétence presque illusoire que celle qui est aussi restreinte? L'audience de la cour d'assises n'est-elle pas le lieu où cette illégale communication se fera le plus rarement, le plus difficilement? Est-ce que le président des assises n'interrompra pas ces colloques à l'instant où ils seront près de s'établir? N'est-il pas vrai que la communication aura plus fréquemment lieu dans ces instants où le repos nécessaire aux jurés force la cour d'assises à

suspendre les débats? N'est-ce pas l'un de ces instants où le juré n'est plus associé de fait aux investigations des magistrats que la fraude aura l'adresse de choisir pour jeter dans un esprit mal éclairé sur l'étendue de ses devoirs quelques indications qui prépareront ou formeront une conviction dont l'accusé n'aura pu contrôler tous les éléments? Pour lutter contre une fraude habile, l'accusé ne doit pas implorer en vain l'appui de la justice, il faut qu'il puisse s'adresser aux magistrats pour protéger son droit et les intérêts de la défense.

5773. — Dans tous les cas, si la cour, dans l'intérêt de la vérité, vérifie le fait allégué par la défense, ses constatations peuvent servir à la Cour de cassation pour décider que la communication, étant étrangère à l'affaire, n'a pas vicié le verdict. — Cass., 4 janv. 1866, précité.

5774. — D'autre part, la communication n'est illégale que si elle se produit avant la déclaration du jury. — V. Cass., 20 déc. 1853, Trenel, [*Bull. crim.*, n. 603] ; — 17 mars 1887, Records, [*Bull. crim.*, n. 107] — Pain, *Code prat. de la cour d'assises*, n. 306. — V. aussi F. Hélie, *op. cit.*, t. 7, n. 3431. — Et cela se conçoit : lorsque la déclaration du jury est acquise à l'accusé, la communication des jurés avec les tiers ne peut plus ni lui nuire, ni lui profiter.

5775. — Mais on peut demander acte, après la déclaration du jury, d'une communication illégale qui se serait produite avant cette déclaration ; c'est à tort que la cour rejetterait les conclusions de la défense comme tardives. — Cass., 2 sept. 1886, Alberolli, [*Bull. crim.*, n. 319] — V. *infrà*, n. 5818.

5776. — Dans ces limites, lorsqu'un juré a communiqué avec le dehors, cette violation de la loi autorise, oblige même la cour à donner à l'accusé acte des juges dont l'impartialité ne puisse être mise en doute, et, en cas d'impossibilité, à renvoyer l'affaire à une autre session. Nous avons donc à rechercher quelle est l'étendue de cette prohibition, et à examiner dans quels cas la communication des jurés avec le public peut être jugée suffisante pour entraîner cette mesure.

5777. — Tout d'abord la communication avec les tiers et la manifestation de son opinion de la part d'un juré son deux causes de renvoi indépendantes l'une de l'autre.

5778. — Par suite, nous ne saurions nous associer à la décision de laquelle il résulte qu'il n'y a pas lieu de remettre une affaire à une autre session, quoique, pendant la suspension des débats, quelques jurés aient pris part à des conversations sur l'affaire qui leur était soumise, par cela seul qu'ils se sont abstenus de faire connaître leur opinion personnelle sur le fond. — Cour d'ass. de la Seine, 22 juin 1834, Pion, [S. 32.2.74, P. chr.]

5779. — D'autre part, la peine de nullité doit être prononcée seulement pour la communication qui serait relative aux faits du procès, et pourrait, par suite, exercer sur l'opinion des jurés une influence illégale. — Cass., 15 mars 1838, Danicourt, [S. 39.1.804, P. 39.2.480] ; — 29 nov. 1838, Bourdelle, [S. 39.1. 805, P. 39.1.260] ; — 16 avr. 1857, Anquetin, [*Bull. crim.*, n. 150] ; — 28 déc. 1860, Larqué, [*Bull. crim.*, n. 305] ; — 20 juin 1871, Fertuzé, [*Bull. crim.*, n. 54] ; — 26 mars 1874, Gauthier, [*Bull. crim.*, n. 99] ; — 14 déc. 1876, Moreau, [*Bull. crim.*, n. 249] ; — 18 sept. 1884, Carnel, [*Bull. crim.*, n. 282] ; — 1ᵉʳ mars 1888, Ali-ben-Mohamed-ben-Kaladjou, [*Bull. crim.*, n. 84] ; — 13 déc. 1888, Lévis, [*Bull. crim.*, n. 361] ; — 25 sept. 1890, Veyssier et Girard, [*Bull. crim.*, n. 196] ; — 12 janv. 1893, Quartier, [*Bull. crim.*, n. 7]

5780. — Décidé, en ce sens, que les dispositions de la loi qui défendent la communication des jurés avec le dehors ne sont pas applicables aux communications tout à fait involontaires, insignifiantes et passagères, et n'ayant aucun rapport à l'affaire. — Cass., 3 oct. 1844, Roche, [P. 45.2.63] ; — 20 mars 1846, Grimaud, [P. 46.2.710] ; — 11 déc. 1885, Guichart, [*Bull. crim.*, n. 352]

5781. — ... Que la communication d'un juré avec une personne étrangère ne peut entraîner la nullité qu'autant qu'elle a été relative à l'affaire soumise à la décision du jury. — Cass., 26 mars 1874, précité ; — 18 sept. 1884, précité.

5782. — ... Que la communication entre un juré et un témoin, à cause d'une indisposition subite du premier et de la profession du second, qui est médecin, ne constitue pas une violation de la loi, s'il s'ensuit, d'ailleurs, rien n'établit que cette communication ait eu rapport à l'affaire. — Cass., 19 sept. 1833, Robert, [P. chr.]

5783. — ... Que le fait, par un juré, de serrer la main d'un moin et de lui demander des nouvelles de sa santé, au cours d'une suspension d'audience, ne saurait donner ouverture à cassation. — Cass., 7 févr. 1895, [*Gaz. des Trib.*, 11-12 févr. 1895]

5784. — ... Que lorsque le procès-verbal établit, d'après la déclaration d'un juré, que la communication qui a eu lieu pendant les débats entre lui et un individu étranger à l'affaire n'avait aucun rapport avec le procès, la cour d'assises n'est nullement obligée de provoquer des témoignages pour contrôler la déclaration du juré sur la nature des communications qui lui ont été reprochées. — Cass., 25 nov. 1837, Mavé, [P. 40.1.141]

5785. — ... Que la remise d'une lettre à un juré pendant le cours des débats n'établit pas suffisamment contre ce juré la présomption d'incapacité résultant d'une communication ayant pour objet l'affaire soumise à sa décision. — Cass., 11 nov. 1836, Marmont, [P. 37.2.86]; — 19 avr. 1844, Guillermont et Dussoule, [S. 44.1.434, P. 44.2.522]; — 28 janv. 1848, Marquès, [P. 49. 1.618]

5786. — ... Que le fait que l'un des jurés a reçu pendant l'audience une lettre à laquelle il a répondu séance tenante ne peut constituer un moyen de cassation lorsqu'il résulte de l'arrêt de donné acte que cette communication était étrangère à l'affaire. — Cass., 22 déc. 1887, Grainville, [*Bull. crim.*, n. 440]

5787. — ... Que de ce que, dans le cours des débats, l'un des douze jurés aurait échangé quelques paroles avec un autre juré qui ne siégeait pas, il n'en résulte pas une violation de la défense de communiquer pouvant opérer nullité, si rien n'établit que le colloque ait eu trait à l'affaire. — Cass., 12 sept. 1833, Couturier, [S. 34.1.108, P. chr.]; — 3 oct. 1878, Citerne, [*Bull. crim.*, n. 199]

5788. — L'allégation de l'accusé faite après la déclaration du jury, et par laquelle il a prétendu que l'un des jurés avait constamment lu un journal pendant les plaidoiries, ne peut être l'objet que d'une observation d'ordre de la part du président, et n'est pas de nature à donner ouverture à cassation. — Cass., 30 juin 1838, Hubert, [S. 38.1.760, P. 38.2.418]

5789. — De même en est-il des communications qui, bien qu'ayant trait à l'affaire, ne peuvent exercer sur l'esprit des jurés aucune influence sérieuse ; tel serait le fait de la part d'un juré de se faire remettre, avant la délibération, un dessin représentant les traits d'un accusé. — Cass., 10 déc. 1857, Lemaire et autres, [*Bull. crim.*, n. 393]

5790. — Jugé de même sens, qu'il n'y a pas communication d'un juré avec un témoin de nature à entraîner nullité, lorsqu'il est constaté que le colloque qui allait s'établir entre eux a été interrompu dès qu'il a commencé. — Cass., 6 déc. 1838, Roubaud, [P. 39.2.643]

5791. — ... Que le fait par un juré d'avoir, en dehors de l'audience, adressé une question à un témoin, ne constitue pas une communication réelle entre le juré et le témoin, si, d'ailleurs, celui-ci n'a pas répondu à la question qui lui était faite. — Cass., 28 juin 1838, Couvreur, [S. 38.1.510, P. 40.1.311]

5792. — ... Qu'il ne peut résulter aucune nullité de ce qu'un tiers a tenté de se mettre en communication avec un juré suppléant, si celui-ci est resté étranger à cette tentative, que le président a d'ailleurs empêché l'effet. — Cass., 20 avr. 1877, Badel et Viau, [*Bull. crim.*, n. 105]

5793. — De ce que pendant la suspension de l'audience, et au moment où elle allait être reprise, les accusés étant déjà ramenés, un juré aurait, en présence de quelques autres, et sans manifester aucune opinion, demandé à un témoin un renseignement sur l'état des localités, il n'en résulte pas une communication entraînant la nullité des débats. — Cass., 8 oct. 1840, Mirebeau, [S. 40.1.1000, P. 43.2.561]

5794. — Il en est de même si, sans manifester aucune opinion, un juré a fait une observation à un témoin sur l'attitude de l'accusé au moment du crime. — Même arrêt.

5795. — D'une façon générale, rappelons qu'un juré peut interroger directement un témoin, sans passer par l'intermédiaire du président, sans qu'il en résulte nullité. — Cass., 25 févr. 1875, Garro, [*Bull. crim.*, n. 64] — V. *suprà*, n. 2420 et s.

5796. — Jugé également qu'aucun grief ne peut résulter de ce que les témoins, en désignant aux jurés, conformément aux ordres du président, un point sur un plan, auraient parlé à l'un d'eux à voix basse, si, d'une part, il est constaté que ce colloque a été immédiatement interrompu par le président, et si, d'autre part, rien n'établit que les témoins aient enfreint la re-

commandation qui leur avait été faite d'indiquer seulement le point qu'il s'agissait de déterminer, sans parler d'autre chose. — Cass., 14 oct. 1875, Grandet, [*Bull. crim.*, n. 299]

5797. — ... Que lorsqu'au cours des débats, l'un des jurés a adressé un billet au président de la cour d'assises pour demander « si l'accusé était marié, et s'il avait des enfants », ce billet, ne contenant les manifestations d'aucune opinion sur la culpabilité de l'accusé, ne peut être considéré comme une communication illicite de nature à porter atteinte aux droits de la défense. — Cass., 23 juin 1887, Mohamed-ben-Mohamed, [*Bull. crim.*, n. 238]

5798. — ... Qu'il ne résulte aucune nullité de ce que, pendant une suspension d'audience, les jurés se sont trouvés en communication avec le public et se sont entretenus avec d'autres jurés de la session. — Cass., 3 oct. 1878, Citerne, [S. 80. 1.96, P. 80.191]

5799. — ... Qu'il n'y a pas de communication réelle, et, par suite, pas de nullité de l'arrêt de condamnation, lorsque l'un des jurés a, dans le cours des débats, adressé la parole à une personne qui se trouvait près du banc des jurés, et que, sur l'avertissement immédiat du président, il a gardé le silence. — Cass., 20 mars 1846, précité.

5800. — ... Qu'il n'y a pas communication illicite dans le fait par un juré de jugement de faire passer par-dessus la balustrade fermant la tribune du jury et de remettre momentanément à un juré de la session ne siégeant pas dans l'affaire une pièce de monnaie fausse, si aucune parole n'a été échangée entre ce juré de l'affaire et celui étranger au jury de jugement. — Cass., 17 oct. 1889, [*Bull. crim.*, n. 313]

5801. — L'accusé ne peut se faire un moyen de nullité de ce que les jurés suppléants, bien qu'ils n'aient pas été appelés à faire partie du jury de jugement et à prendre part à la délibération, ont communiqué avec les jurés titulaires pendant les débats. — Cass., 29 mars 1832, Thiault, [P. chr.] — Cette communication est même inévitable pendant qu'ils siègent tous ensemble. Les juges suppléants doivent jouir des mêmes prérogatives que les jurés titulaires, puisqu'ils peuvent être appelés à les remplacer pour éviter de recommencer le débat. — V. *suprà*, n. 2424.

5802. — Jugé, d'autre part, que sont nuls les débats dans le cours desquels il y a eu communication à voix basse entre un témoin et des jurés, bien que, sur la demande immédiate du président, ils aient déclaré n'avoir point parlé de l'affaire. — Cass., 20 juin 1833, Laroche et Mornet du Temple, [S. 33.1.463, P. chr.]

5803. — L'arrêt de la cour d'assises portant qu'un des jurés qui, après l'audition des témoins, déclare avoir, hors de l'audience, entendu un des témoins de la cause dire qu'il n'avait pas déposé de tout ce qu'il savait, et offre de le désigner, s'est, par cette déclaration, constitué témoin d'un fait relatif aux débats, et qu'il y a lieu de remplacer ce juré par un juré supplémentaire, contient une exacte application de la loi. — Cass., 28 janv. 1853, Frogier, [S. 53.1.584, P. 54.1.260]

5804. — La prohibition pour le jury de ne communiquer avec personne ne doit s'entendre que d'une communication volontaire et non de celle qui est nécessitée par les circonstances ou même que la régularité des débats rend indispensable : elle n'est point applicable, notamment, au cas où le jury s'est adressé à la cour d'assises, pour faire rectifier l'erreur commise dans une question. — Cass., 7 juill. 1831, Greco, [P. chr.]; — 29 nov. 1834, Bourdolle, [S. 39.4.805, P. 39.1.269]; — 8 févr. 1872, Gaillard, [*Bull. crim.*, n. 30]

5805. — Nous avons vu *suprà*, n. 3935 et s., que le président peut être appelé dans la chambre des délibérations du jury pour donner aux jurés les explications qui leur sont nécessaires. Un renseignement demandé au président des assises dans la chambre du conseil par le chef du jury, au nom de ses collègues, donné ensuite par le président en audience publique, ne saurait donc constituer une communication illégale. — Cass., 21 juin 1872, Toledano et Sitbon, [*Bull. crim.*, n. 147]

5806. — Il ne peut résulter non plus aucune nullité de ce qu'un juré, après que les réponses du jury ont été décidées, a demandé s'il était nécessaire d'approuver les mots rayés, et de ce que le greffier a répondu affirmativement. — Cass., 29 juin 1871, Fertuzé, [*Bull. crim.*, n. 54]

5807. — La déclaration faite à un juré par un témoin déjà entendu qu'il désire demander la parole au président pour éclaircir un fait, ne constitue pas davantage la communication dont l'art. 312, C. instr. crim., fait un devoir aux jurés de s'abstenir jusqu'après le jugement. — Cass., 16 mars 1837, Govrinchat, [P. 38.1.86]

5808. — La cour peut condamner le juré qui contrevient à l'art. 343, C. instr. crim., en communiquant au dehors, à une amende de 500 fr.

5809. — C. *Manifestation d'opinion.* — En principe, le juré qui manifeste son opinion sur l'innocence ou la culpabilité de l'accusé, est, par cela seul, frappé d'une incapacité absolue, et son exclusion doit être prononcée. Toutefois, il y a lieu de faire certaines distinctions à cet égard.

5810. — Constatons d'abord que les propos tenus par un juré avant la formation du jury de jugement ne sont pas une cause de nullité, mais autorisent seulement l'accusé ou le ministère public à exercer son droit de récusation. — V. Cass., 12 déc. 1840, Lafarge, [S. 40.1.948, P. 42.2.622] — F. Hélie, *op. cit.*, t. 7, n. 3252. 3421. — Jugé qu'un juré légalement appelé ne peut, lorsqu'il n'a été récusé ni par le ministère public ni par la partie, être remplacé, par ce seul motif qu'il se serait antérieurement expliqué sur le procès, alors, d'ailleurs, qu'il dénie ce reproche, et qu'aucune preuve légale n'est produite à l'appui. — Cass., 7 août 1806, Bouvard, [S. et P. chr.] — V. dans le même sens, en matière de jury d'expropriation : Cass., 21 déc. 1892, Préfet de la Corse, [S. et P. 94.1.191] — Il faut même aller plus loin et décider qu'il n'y a pas lieu de donner acte, ni d'admettre la preuve de pareils propos, puisque la réalité des propos, fût-elle démontrée, n'exercerait aucune influence sur la validité du verdict.

5811. — D'un autre côté, il suffit que le jury de jugement soit constitué pour que la manifestation d'opinion puisse être relevée; il n'est pas nécessaire que les débats soient ouverts. Il a été jugé que lorsqu'un juré désigné pour le jugement d'une affaire criminelle fait connaître son opinion avant même l'ouverture des débats, il y a nécessité de renvoyer la cause à la prochaine session. — C. d'ass. du Gard, 19 mai 1838, Lacombe, [P. 38.2.151]

5812. — Quelques-unes des questions que nous avons examinées *suprà*, n. 5735 et s., à l'occasion de la communication d'un juré avec les tiers se posent également en ce qui concerne la manifestation d'opinion. Ainsi en est-il du point de savoir quels sont les droits des parties et les devoirs de la cour.

5813. — Il est certain, tout d'abord, qu'une telle manifestation ne peut exercer aucune influence sur le verdict si la Cour de cassation n'en trouve pas la preuve dans les pièces de la procédure (V. *suprà*, n. 5750 et s.). Il a été jugé, en ce sens, que la manifestation d'opinion de la part d'un juré en dehors de l'audience ne pourrait être une cause de nullité qu'autant qu'elle aurait été constatée à l'aide d'une enquête qu'il n'appartient point à la Cour de cassation d'ordonner. — Cass., 2 sept. 1880, Grégoire, [S. 83.1.90, P. 83.1.183]

5814. — Il en résulte que la manifestation de leur opinion de la part des jurés en dehors de l'audience n'entraîne pas nullité, lorsqu'aucune mention de cette circonstance n'a été faite au procès-verbal, ou qu'elle ne résulte pas d'un donné acte de la cour. — Cass., 6 janv. 1876, Gallou, [*Bull. crim.*, n. 7]

5815. — Jugé que n'est pas fondé le moyen pris de la violation des art. 312 et 353, C. instr. crim., en ce que l'un des jurés aurait manifesté son opinion par des signes extérieurs, alors qu'il ne résulte pas des faits constatés par l'arrêt incident qui, sur les conclusions prises par le défenseur, lui a donné acte de ce fait, que ledit juré ait manifesté son opinion. — Cass., 29 mars 1888, Durville, [*Bull. crim.*, n. 135]

5816. — ... Que le demandeur en cassation ne peut se faire un grief de ce que l'un des jurés aurait prononcé, au cours des débats, des paroles de nature à faire connaître son opinion, lorsque la cour d'assises a refusé de donner acte de ces paroles, par le motif qu'elle ne les a pas entendues, de sorte que le moyen invoqué reste à l'état de pure allégation. — Cass., 3 juin 1875, Labanvoye, [S. 75.1.432, P. 75.1075]

5817. — ... Qu'il n'y a pas nullité lorsque les jurés ont manifesté leur opinion sur le compte de l'accusé pendant une suspension d'audience et hors du palais de justice, alors d'ailleurs qu'aucune mention de cette circonstance n'a été faite au procès-verbal. — Cass., 6 janv. 1876, précité.

5818. — Mais quels sont, à cet égard, les droits du défenseur? Que doit-on décider lorsque le défenseur d'un accusé prend

des conclusions tendant à ce qu'il lui soit donné acte de ce que un ou plusieurs jurés ont manifesté leur opinion sur l'affaire qui leur est soumise, et qu'il demande à établir le fait allégué par la preuve testimoniale? Deux questions se posent. La première est celle-ci : jusqu'à quel moment la défense peut-elle demander acte de ce que l'un des jurés a manifesté son opinion? Dans la pratique, on admet que des conclusions peuvent être déposées, de ce chef, tant que la cour d'assises ne s'est pas dessaisie par l'avis donné par le président au condamné qu'il a trois jours pour se pourvoir contre l'arrêt qui a été rendu contre lui. Tant que les jurés sont sur leur siège, qu'ils ne se sont point dispersés, que la cour d'assises est encore en séance et ne s'est point dessaisie, il est facile, s'il y a lieu, d'interpeller le juré visé par les conclusions et de procéder à une enquête, si ce mode de preuve est admis. D'un autre côté, aucun texte de loi ne l'oblige, à peine de déchéance, la défense à demander acte de la manifestation d'opinion d'un ou de plusieurs jurés avant la lecture du verdict. Ainsi en est-il, nous l'avons vu (*suprà*, n. 5775), de la communication d'un juré avec les tiers. Toutefois, il est regrettable de voir la défense, avisée d'une manifestation d'opinion qui n'a pas frappé la cour d'assises, attendre la lecture du verdict et le moment où l'irrégularité, si elle existe, ne peut être réparée; signalée à l'instant où elle se produit, la manifestation d'opinion peut parfois n'entraîner aucun inconvénient sérieux; il suffit qu'il existe un ou deux jurés supplémentaires, prêts à être appelés pour remplacer les jurés qui, pour une cause quelconque, ne peuvent continuer à siéger.

5819. — Supposons recevable la demande de donné acte, ainsi que l'offre de preuve par la défense de la manifestation d'opinion alléguée; alors se pose une seconde question, celle de savoir s'il y a lieu de donner acte et si la preuve est admissible. Tout d'abord, les cours d'assises sont-elles tenues de donner acte des manifestations d'opinion qui se seraient produites en dehors de l'audience? Lorsqu'il est demandé acte d'une opinion manifestée, mais qu'aucune preuve n'est offerte pour établir cette manifestation, la cour d'assises, si les faits allégués ne sont point à sa connaissance, est en droit de refuser de donner acte, en déclarant qu'elle n'a point entendu les propos prêtés au juré. — V. Cass., 3 juin 1875, précité. — ... ou que la manifestation d'opinion n'est point établie. — Cass., 2 sept. 1880, précité. — V. aussi F. Hélie, *op. cit.*, t. 7, n. 3422. — Si la preuve du fait allégué est offerte, la cour d'assises ne peut, à peine de nullité, se borner à donner acte du dépôt des conclusions, sans s'expliquer sur le fait qu'on prétend s'être passé à l'audience; elle doit mettre la Cour de cassation à même de vérifier la nature des griefs articulés, et leur influence, soit par rapport au droit de défense, soit par rapport au devoir d'impartialité qui est de l'essence de la fonction du juge. — V. Cass., 30 déc. 1891, Patricot, [S. et P. 92.4.279] (rendu en matière de jury d'expropriation). — V. aussi Cass., 13 déc. 1893, Legendre, [S. et P. 94.1.192] — F. Hélie, *op. cit.*, t. 7, n. 3428; Nouguier, t. 4, 2ᵉ vol., n. 3107.

5820. — Mais la cour est-elle tenue d'admettre la preuve offerte et d'ordonner l'enquête demandée? Avant de procéder à une mesure d'instruction, qui a souvent pour effet de diminuer l'autorité du jury, de faire jouer à un juré le rôle d'inculpé, de mettre sa parole en contradiction avec des témoignages, la cour d'assises a à se demander si la preuve offerte est pertinente. Si elle porte sur des propos ou des agissements qui, bien que prouvés, n'établiraient pas une opinion du juré sur le fond de l'affaire, dans quel but procéder à des investigations inutiles et à des mesures d'instruction souvent blessantes pour le jury? de quel droit rechercher l'existence de propos ou d'agissements sans influence sur la régularité de la procédure, et qui, dans aucun cas, ne sauraient entraîner nullité? La cour, avant d'admettre la preuve offerte, doit donc examiner si elle est pertinente et n'en prononcer l'admission qu'en cas d'affirmative. — V. Cass., 2 sept. 1880, précité.

5821. — Même en reconnaissant la pertinence de la preuve, la cour d'assises peut se refuser à procéder à une enquête et se borner à interpeller le juré visé et s'en rapportant à sa déclaration. C'est ce qui a été jugé par la Cour de cassation le 25 nov. 1837, Papon de Varennes, [P. 40.1.141] en matière de communication, et il y a même raison de décider relativement à la manifestation d'opinion. « Attendu, dit la Cour suprême, que l'art. 312 s'en rapporte à l'honneur des jurés pour l'observation du devoir de ne pas communiquer, et qu'aucune loi n'oblige la cour d'assises à provoquer des témoignages pour contrôler la déclaration du juré de service sur la nature des communications qu'on lui reprochait ». — F. Hélie, *op. cit.*, t. 7, n. 3428.

5822. — Sous le bénéfice de ces observations, nous dirons de la manifestation d'opinion ce que nous avons dit, *suprà*, n. 5764, 5772, de la communication. S'il est démontré pour la cour, qu'il y ait présomption que le propos imputé à un juré a été tenu, et qu'il ait une suffisante importance, nous croyons que la cour ne peut se refuser à procéder aux investigations demandées par la défense et à lui donner acte du propos tenu, si la preuve en est rapportée, sans qu'il y ait à distinguer si la manifestation d'opinion s'est produite à l'audience ou en dehors de l'audience.

5823. — Au surplus, c'est à bon droit que la cour, en donnant acte à la défense d'une question d'un juré, ajoute à son énonciation des explications de nature à établir que le juré n'a pas manifesté son opinion. — Cass., 18 nov. 1869, Nicot, [*Bull. crim.*, n. 230]

5824. — Ces principes étant posés, il peut y avoir des difficultés lorsqu'il s'agit de savoir quels faits présentent le caractère d'une manifestation d'opinion. — Nouguier, *Cour d'assises*, t. 4, n. 3110 et s.; F. Hélie, *Instr. crim.*, t. 7, n. 3421 et s.

5825. — Notons, tout d'abord, que la Cour de cassation a le droit d'apprécier si les paroles prononcées par un juré à l'audience constituent ou non une manifestation d'opinion. — Cass., 5 juin 1875, Faye, [*Bull. crim.*, n. 181]

5826. — Bien que la question de savoir quels propos constituent ou non une manifestation d'opinion dépende surtout des circonstances, on peut cependant poser, à cet égard, quelques règles générales.

5827. — Il faut, en premier lieu, que l'opinion ait été formulée. La simple présomption qu'un juré a son opinion faite ne suffit pas à autoriser le renvoi ou l'annulation des débats. C'est donc à bon droit que la cour refuse de donner acte d'un propos que l'un des jurés aurait tenu au cours des débats, lorsque le président, voyant ce juré se lever, et craignant qu'il ne commît l'imprudence de manifester son opinion, l'a interrompu aussitôt, et que ni la cour ni aucun des autres jurés n'ont pu saisir le sens et la portée des quelques paroles qui avaient pu être déjà prononcées. — Cass., 7 janv. 1886, Tarrit, [*Bull. crim.*, n. 4]

5828. — En outre, pour être illégale et entraîner le renvoi de l'affaire, l'opinion émise doit porter sur la culpabilité ou l'innocence de l'accusé et laisser pressentir que le juré a sur ce point une opinion formée à l'avance. — Cass., 25 août 1887, Bouis, [*Bull. crim.*, n. 323]

5829. — Ainsi l'observation faite par un juré pendant la plaidoirie, et à l'occasion d'une allégation du défenseur, que « le mont-de-piété est fermé le dimanche » n'est pas une cause de nullité, alors qu'elle n'implique pas une manifestation d'opinion, soit sur les faits incriminés, soit sur la culpabilité des accusés. — Cass., 9 avr. 1874, Simon, [*Bull. crim.*, n. 110]

5830. — Par la même raison, ne constituent pas une manifestation d'opinion de nature à entraîner la cassation de l'arrêt de condamnation des paroles prononcées par un juré au cours des débats et susceptibles d'être interprétées en deux sens contraires. — Cass., 6 mai 1892, Grandvillier, [*Bull. crim.*, n. 127]

5831. — Ainsi, l'exclamation prononcée par un juré : « Mais il y a alors préméditation », n'est pas plus affirmative qu'interrogative; dès lors, elle peut être considérée comme rentrant dans l'exercice légitime de son droit d'interpellation, et non comme une manifestation d'opinion. — Cass., 15 déc. 1859, Semat, [*Bull. crim.*, n. 275]

5832. — De même, une simple question adressée à un témoin par un juré sur un fait matériel qu'il importait d'éclaircir ne saurait être considérée comme une manifestation d'opinion. — Cass., 12 mars 1885, Chervin et Mondière, [S. 86.1.287, P. 86.1.671, D. 85.1.330]

5833. — Ne saurait non plus entraîner nullité la question posée par un juré à un témoin dans le seul but de provoquer un éclaircissement lorsque les paroles dont il s'est servi n'ont pas nécessairement par elles-mêmes le caractère d'une manifestation illicite d'opinion et qu'elles n'établissent pas que ce juré eût déjà une conviction arrêtée, de nature à faire suspecter son impartialité. — Cass., 7 mars 1889, [*Bull. crim.*, n. 92]

5834. — Ne manifeste nullement son opinion personnelle sur l'affaire le chef du jury qui, après le retour du jury à l'audience, et avant de terminer la lecture du verdict, fait connaître à la cour qu'il a commis une erreur matérielle en désignant un accusé pour un autre comme ayant obtenu des circonstances atténuantes. En agissant ainsi, le chef du jury met la cour à même de prendre les mesures nécessaires pour que le verdict soit rectifié et devienne l'exacte et fidèle expression de la délibération du jury. — Cass., 4 mai 1889, [*Bull. crim.*, n. 169] — V. *suprà*. n. 4635.

5835. — Il n'y a pas manifestation d'opinion de la part d'un juré qui s'est borné à déclarer que, sa conscience n'étant pas libre, il ne pourrait voter qu'en blanc. Il y a seulement lieu, en pareil cas, de considérer ce juré comme refusant son service et de le remplacer par un juré suppléant. — Cass., 14 déc. 1876, Moreau, [*Bull. crim.*, n. 249]

5836. — On ne doit pas voir la manifestation publique et illégale de l'opinion d'un juré dans l'observation qu'il a adressée au président des assises, à l'occasion des questions qui venaient d'être posées au jury, en disant « qu'il ne lui paraissait pas possible de résoudre la seconde question ». — Cass., 10 août 1877, Chaminade, [*Bull. crim.*, n. 189]

5837. — A la lumière de ces principes, il sera facile de trancher les difficultés d'espèces qui pourront se présenter. Nous nous bornerons à donner, à titre d'exemple, quelques-unes des décisions intervenues sur des faits particuliers.

5838. — Il a été jugé, d'une part, que lorsque, dans le cours des débats, l'un des jurés s'est livré à des distractions qui ont nécessité une observation de la part du président, et qu'en interpellant un témoin il a manifesté son opinion sur l'affaire, il y a lieu, par la cour d'assises, de renvoyer l'affaire à une autre session. — C. d'ass. de la Seine, 28 déc. 1836, N..., [P. chr.] — Sic, de Serres, *Man. des cours d'ass.*, t. 1, p. 225.

5839. — ... Que le juré qui, dans le cours des débats, et alors que le président vient de faire remarquer à l'accusé qu'il ne s'est jamais servi d'une arme à feu, dit, de manière à être entendu : « Cependant il ne l'a pas manqué », exprime ainsi manifestement son opinion sur la culpabilité de l'accusé, et ne peut plus concourir légalement au jugement de l'accusation; qu'en conséquence, il y a nullité si la cour d'assises n'a pas annulé les débats et renvoyé l'affaire à une autre session. — Cass., 18 janv. 1855, Telme, [S. 55.1.150, P. 55.1.608, D. 55.5.128]

5840. — ... Que le juré qui, au cours des débats et sur la représentation faite au jury des pièces de monnaies contrefaites, s'écrie : « Oh! ils auraient mieux fait plus tard » ! exprime manifestement son opinion sur la culpabilité des accusés, et ne peut plus concourir au jugement, à peine de nullité de la procédure. — Cass., 21 juill. 1881, Beaulieu, [S. 84.1.297, P. 84.1.770]

5841. — ... Que les mots suivants prononcés par un juré après l'audition d'un témoin : « Monsieur le président, ces faits me paraissent très-concluants », renferment une manifestation d'opinion entraînant la nullité des débats. — Cass., 31 août 1893, Deñubé, [*Bull. crim.*, n. 249]

5842. — L'exclamation suivante, proférée par un juré pendant l'audition d'un témoin entendu dans une accusation d'infanticide : « Nous sommes en présence du père de l'enfant et de l'auteur du crime », contient une manifestation d'opinion qui doit entraîner l'annulation des débats et le renvoi de l'affaire à une autre session, si aucun juré suppléant n'a été adjoint au jury. — Cass., 1 oct. 1882, Goyart, [*Bull. crim.*, n. 234]

5843. — Le juré qui, pendant le cours des débats relatifs à un meurtre où un témoin s'explique sur la possibilité du passage du cadavre d'un adulte par la vanne d'un moulin, déclare, à haute voix, avoir entendu dire que le corps d'un enfant n'aurait pu traverser la vanne, ne manifeste pas son opinion pour obliger à renvoyer l'affaire; mais il se rend personnellement témoin d'un fait relatif aux débats, et cette circonstance qu'il a été à la fois témoin et juré suffit à entraîner la nullité des débats et de ce qui a suivi. — Cass., 4 sept. 1873, Witling, [*Bull. crim.*, n. 245]

5844. — Décidé, d'autre part, que le fait par un juré d'avoir demandé la séparation de deux accusés dont l'un paraissait exercer sur l'autre une grande influence ne peut être considéré comme une manifestation de son opinion ni comme une communication interdite par la loi. — Cass., 6 févr. 1840, Quenardel, [S. 40.1.654, P. 43.1.20]

5845. — Qu'il n'y a pas manifestation d'opinion dans le fait, de la part d'un juré, de demander au président de placer l'accusé de manière à ce qu'il ne puisse intimider les témoins. — Cass., 10 déc. 1857, Lemaire, [D. 58.1.93]

5846. — ... Que lorsque, dans une accusation d'incendie, un juré a dit à haute voix, à la suite d'une interrogation adressée à l'accusée par le ministère public, dans le but de savoir pourquoi elle gardait ses misérables vêtements : « Monsieur l'avocat général, je vous ferai remarquer que quand vous avez dit que les billets étaient peut-être cachés dans ses vêtements, l'accusée a pâli », cette observation toute irrégulière qu'elle soit, n'implique pas, de la part du juré, la manifestation de son opinion sur l'objet de l'accusation, et, dès lors, il ne peut en résulter aucune nullité. — Cass., 14 juin 1855, Pinot, [S. 55.1. 623, P. 55.2.368, D. 55.1.304]

5847. — Il n'y a non plus aucune manifestation d'opinion personnelle dans l'observation faite par un juré à un témoin sur l'attitude de l'accusé au moment du crime. — Cass., 8 oct. 1840, Mirebeau, [S. 40.1.1000, P. 46.2.561]

5848. — Lorsque l'un des deux accusés étant interrogé sur un fait quelconque et le coaccusé ayant répondu « C'est la même chose », un juré a laissé échapper ces mots : « C'est parce qu'ils s'entendent peut-être ensemble », ces paroles n'ont pas par elles-mêmes une signification assez claire et assez précise pour constituer une manifestation d'opinion. — Cass., 15 déc. 1892, Peltier et autres, [Bull. crim., n. 330]

5849. — On ne saurait voir non plus de la part d'un juré une manifestation d'opinion, dans le fait d'avoir demandé au président de poser une question à l'accusé afin « qu'il expliquât les motifs pour lesquels il se disait en division avec la famille de la partie civile après avoir dit précédemment qu'il était son conseiller ». — Cass., 1er mars 1888, Charnot, [Bull. crim., n. 83]

5850. — ... Ni dans les gestes qui échappent aux jurés au cours des débats, et notamment dans le fait d'avoir fait un mouvement de tête pouvant être considéré comme une dénégation, alors que le juré a déclaré que le signe de tête qu'il avait pu faire n'avait dans sa pensée aucune signification. — Cass., 29 mars 1888, Durville, [Bull. crim., n. 135]

5851. — Si un juré a haussé les épaules au moment où la défense rappelait un fait honorable et courageux attribué à l'accusé, on ne saurait voir dans ce geste une manifestation d'opinion. — Cass., 7 sept. 1893, Salettes, [Bull. crim., n. 255]

5852. — On ne peut considérer comme une manifestation d'opinion interdite par la loi le fait, de la part d'un juré, d'avoir frappé d'une de ses mains contre l'autre, au moment de la déposition d'un témoin, alors surtout qu'interpellé, le lendemain, sur la signification de ce geste, le juré a répondu qu'il avait été motivé par les péripéties de la déclaration du témoin qui, après avoir longtemps nié un fait sur lequel il était interrogé, avait fini par en faire involontairement l'aveu. — Cass., 30 déc. 1881, Sougaret, [S. 83.1.138, P. 83.1.237]

5853. — Des jurés qui applaudissent aux paroles du président des assises félicitant un officier de police judiciaire de son énergie et de son dévouement dans l'arrestation de l'accusé, ne manifestent pas leur opinion sur le fond de l'affaire, alors que le fond de l'affaire n'a pas été mis en question dans l'allocution du président. — Cass., 8 juin 1894, Noray, [S. et P. 94.1.381] — Dans l'espèce, le président des assises avait félicité un maire qui avait arrêté un individu, considéré au moment de son arrestation comme dangereux. Ces félicitations, ayant trait à un acte d'énergie, de dévouement, et non de perspicacité, eussent été également méritées, alors même que le maire se fût trompé et eût arrêté un individu réputé dangereux, bien qu'innocent du crime à lui imputé ; les félicitations du président ne mettaient donc point en question le fond de l'affaire ; par suite, les applaudissements des jurés, bien que regrettables de la part de citoyens momentanément investis de la mission de juger, ne manifestaient pas une opinion sur la culpabilité ou l'innocence de l'accusé, et ne pouvaient avoir aucune influence sur la régularité et la validité du verdict. — V. dans le même sens, F. Hélie, Tr. de l'instr. crim., t. 7, p. 503, n. 3422 ; Pain, Code prat. de la cour d'ass., n. 310.

5854. — Dès lors, c'est à bon droit que la cour d'assises, après avoir donné acte du fait à la défense, rejette ses conclusions subsidiaires tendant à ce qu'il soit procédé à une enquête pour établir que les jurés ont applaudi, et les rejette par le motif que, dans ces circonstances, les faits allégués ne sont point pertinents. — Même arrêt. — V. suprà, n. 5820.

5855. — Il n'y a pas manifestation d'opinion dans le fait de prononcer ces paroles : « Je vous demande pardon ; il a été tiré deux coups de fusil », lorsque l'arrêt de donné acte constate

que ce juré, en tenant ce propos, n'a eu d'autre but que de provoquer un éclaircissement sur un point des débats. — Cass., 6 sept. 1888, Carbet et Sorel, [Bull. crim., n. 286]

5856. — Il n'y a point de la part d'un juré manifestation de son opinion, mais simple expression d'une opinion sur un point théorique de la science médicale, pour cela qu'il a dit qu'il était impossible qu'on se trompât sur le point de savoir si les brûlures remarquées sur la victime ont été faites avant ou après sa mort. — Cass., 14 oct. 1847, Delannoy et Dubos, [P. 47.2. 755]

5857. — Lorsqu'un juré, examinant l'une des blessures faites à la victime d'un assassinat, dit : « La blessure a été certainement faite avec un tire-point », ces paroles n'impliquent pas une opinion préconçue sur l'objet de l'accusation et ne constituent pas une manifestation illicite d'opinion de nature à entraîner la nullité des débats. — Cass., 24 nov. 1887, Saradin, [Bull. crim., n. 398]

5858. — Il n'y a pas manifestation d'opinion contraire à la loi dans ces mots prononcés par un juré à la suite d'une réponse de l'accusé, et appliqués à ce dernier : « C'est un monomane ». — Cass., 6 juill. 1883, Pluchon, [Bull. crim., n. 174]

5859. — Il en est de même de cette autre exclamation : « A son regard et à sa voix, il est impossible de ne pas reconnaître l'accusé ». — Cass., 16 janv. 1873, Vulliard et autres, [Bull. crim., n. 14]

5860. — Le juré qui, au cours des débats, a prononcé ces mots : « Maintenant, où sont les billets faux ? » ne peut être considéré comme ayant manifesté son opinion, s'il résulte clairement des termes dans lesquels il a été donné acte de ces paroles que ce juré avait simplement pour but de s'éclairer sur la différence des billets argués de faux et des billets servant de pièces de comparaison. — Cass., 26 déc. 1878, Brissaud, [Bull. crim., n. 250]

5861. — Le fait qu'un juré a dit, pendant la lecture d'un mémoire de l'accusé, sur des condamnations antérieures, qu'il ferait mieux de laisser la parole à son avocat qui le défendrait plus utilement, ne constitue pas une manifestation d'opinion, de nature à faire annuler le débat. — Cass., 24 juin 1881, Simonnet, [Bull. crim., n. 162]

5862. — Cette exclamation d'un juré « La plaidoirie nous paraît longue ; l'affaire est bien comprise par le jury », si regrettable qu'elle soit, ne contient aucune manifestation d'opinion de nature à faire annuler le débat. — Cass., 14 mars 1873, Bathlot, [Bull. crim., n. 72]

5863. — Il n'y a pas manifestation d'opinion de nature à opérer nullité dans les mots prononcés par un juré qui, après avoir posé une question à laquelle le défenseur de l'accusé a répondu, ajoute : « C'est là qu'est la plaie ». — Cass., 2 janv. 1885, Jolly, [Bull. crim., n. 1]

5864. — Lorsque, en réponse à cette observation de la défense : « Il n'est pas étonnant que le témoin reconnaisse cette pièce à conviction qui lui a été représentée plusieurs fois », un juré a ajouté : « Surtout si elle lui a appartenu », la cour peut décider qu'il n'en résulte ni manifestation d'opinion, ni préjugé sur la culpabilité de l'accusé, et ordonner la continuation des débats. — Cass., 7 mars 1873, Abdallah-ben-Ali, [Bull. crim., n. 63]

5865. — Le fait de qualifier d'importantes les questions qu'il fait poser à un témoin ne constitue pas, de la part d'un juré, la manifestation d'une opinion. — Cass., 13 sept. 1866, Picard, [Bull. crim., n. 210]

5866. — Il n'y a pas manifestation d'opinion de nature à vicier le débat dans l'exclamation d'un juré qui, en posant une question à un témoin, a fait suivre cette question de ces mots : « C'est grave ». — Cass., 23 mars 1882, Martinet et autres, [Bull. crim., n. 81]

5867. — Les paroles suivantes prononcées par un juré pendant la déposition d'un témoin : « Comment se fait-il que le témoin qui a fait mettre son fils dans une maison de correction puisse lui accorder sa confiance » ? ne constituent pas nécessairement une manifestation d'opinion, la cour d'assises pouvant ne voir dans cette interpellation qu'une demande d'explication. — Cass., 25 févr. 1887, Redon, [Bull. crim., n. 78]

5868. — Il n'y a pas manifestation d'opinion dans cette question posée par un juré : « Depuis le premier attentat, jusqu'à son retour de... le témoin aurait-il été l'objet d'autres attentats » ? Le mot « attentat » n'implique pas une opinion préconçue sur la culpabilité de l'accusé ; il indique simplement le fait qui est ainsi qualifié dans l'acte d'accusation. — Cass., 4 juin 1885, Authelet, [*Bull. crim.*, n. 159]

5869. — Ces mots d'un juré : « Le témoin ne pourrait pas se rappeler si c'est au mois d'octobre ou un autre mois », ne constituent que l'impression d'un doute, et non une manifestation d'opinion sur la culpabilité de l'accusé, tombant sous le coup des art. 312 et 313, C. instr. crim. — Cass., 19 avr. 1883, [J. *Le Droit* du 21 avr. 1883] — *Sic*, Nouguier, t. 5, n. 3111.

5870. — Ajoutons, en terminant, que l'incapacité du juré qui, dans le cours du débat, a manifesté son opinion sur la culpabilité de l'accusé, résulte du fait même de cette manifestation, et que dès lors, c'est à l'instant où cette manifestation se produit que la cour doit statuer définitivement, c'est-à-dire exclure le juré et pourvoir à son remplacement, si cela est possible, sinon, renvoyer l'affaire à une autre session.

5871. — En conséquence, il y a nullité, si, après avoir donné acte à la défense de certains propos tenus par un juré, au début de l'affaire, la cour passe outre à la continuation des débats « se réservant ultérieurement les mesures qu'elle jugera convenables », et si c'est seulement à l'audience du lendemain qu'appréciant le sens et la portée desdits propos, elle ordonne l'exclusion du juré qui les a tenus et son remplacement par le premier des deux jurés qui avaient été adjoints à titre de suppléants. — Cass., 19 juill. 1877, Guilhot, [S. 77.1.388, P. 77.967]; — 30 déc. 1881, Sougaret, [S. 83.1.138, P. 83.1.312, D. 82.1. 237]

5872. — III. *Causes de renvoi relatives aux témoins.* — En ce qui concerne spécialement les témoins, deux cas de renvoi sont expressément prévus par le Code d'instruction criminelle : celui où l'un des témoins cités ne comparaît pas (art. 354); celui où, d'après les débats, la déposition d'un témoin paraît fausse (art. 331).

5873. — A. *Absence de témoins.* — Aux termes de l'art. 354, C. instr. crim. « Lorsqu'un témoin qui aura été cité ne comparaîtra pas, la cour pourra, sur la réquisition du procureur général, et avant que les débats soient ouverts par la déposition du premier témoin inscrit sur la liste, renvoyer l'affaire à la prochaine session. »

5874. — Pour qu'il y ait lieu à renvoi dans le cas d'absence de témoins, il faut que le témoin absent ait été cité. La cour ne saurait donc prononcer ce renvoi lorsque le témoin absent a été invité à comparaître volontairement. — Carnot, *Instr. crim.*, art. 352, t. 2, p. 692.

5875. — Qui a le droit de demander le renvoi ? L'art. 354 ne parle que du procureur général. Néanmoins le même droit appartient à l'accusé. Il a été jugé que l'accusé n'est recevable à demander le renvoi de l'affaire à une autre session, à raison de l'absence d'un ou de plusieurs témoins, qu'autant qu'il présente sa demande avant la formation du tableau du jury ; qu'une fois les débats ouverts ou sur le point de s'ouvrir par la réunion des juges, des jurés et des témoins, ce droit ne peut être exercé que par le ministère public. La seule cause qui puisse autoriser l'accusé à demander ce renvoi, après la formation du tableau du jury, est la mise en arrestation d'un ou de plusieurs témoins, comme inculpés de faux témoignage (V. *infrà*, n. 5896 et s.). — Cass., 13 oct. 1815, Rouzil, [S. et P. chr.] — Cette solution nous paraît inadmissible; l'appel des témoins, qui se fait après la formation du jury, peut seul révéler à l'accusé l'absence de tel ou tel témoin qu'il juge indispensable à la manifestation de la vérité; il faut donc lui reconnaître, comme au ministère public, le droit de demander le renvoi jusqu'à l'ouverture des débats, c'est-à-dire jusqu'à l'audition du premier témoin.

5876. — Si l'accusé a le droit de demander le renvoi, il n'est pas nécessaire, à peine de nullité, de l'interpeller à ce sujet. — Cass., 23 juin 1830, César Veron, [P. chr.] — *Sic*, Carnot, sur l'art. 306, C. instr. crim., n. 5. — V. *suprà*, n. 1815.

5877. — Ainsi un accusé ne peut se faire un moyen de cassation de ce que la cour d'assises n'aurait point renvoyé l'affaire malgré l'absence de plusieurs témoins et sans consulter les accusés ni le ministère public. — Cass., 16 sept. 1831, Couvreux, [P. chr.]

5878. — L'accusé peut seulement, dans ce cas, prendre telles conclusions qu'il juge nécessaire. — Cass., 14 déc. 1837, précité; — 2 juin 1853, Metzger, [P. 54.2.70]; — 14 déc. 1853, Deguise, [*Bull. crim.*, n. 581]

5879. — S'il ne s'est pas opposé à ce qu'il fût passé outre aux débats, nonobstant la non-comparution de deux témoins,

il est non recevable à s'en faire un moyen de nullité. — Cass., 10 juin 1826, Goudey, [P. chr.]

5880. — Jugé encore que la continuation des débats, malgré l'absence de deux témoins et le défaut de décision par la cour d'assises, à la fin de la séance, sur cette absence, ne peuvent donner ouverture à cassation, lorsque l'accusé n'a élevé aucune réclamation. — Cass., 2 sept. 1830, Gromelle, [P. chr.]; — 8 juill. 1837, Rigaud, [P. 40.1.310] — *Sic*, Carnot, sur l'art. 352, C. instr. crim., t. 2, p. 684, n. 2.

5881. — ... Que lorsque deux témoins cités à la requête du ministère public ne se présentent pas, leur absence donne simplement à la cour d'assises la faculté de renvoyer l'affaire à une autre session et ne peut fournir un moyen de nullité lorsque l'accusé n'a pas demandé l'exercice de cette faculté. — Cass., 16 mai 1828, Laforest, [P. chr.]

5882. — *A fortiori* l'accusé ne peut-il fonder un moyen de nullité sur ce que la cour d'assises a ordonné que les débats seraient continués malgré l'absence des témoins à décharge, alors que lui et son conseil y ont expressément consenti. — Cass., 16 sept. 1831, Buret, [S. et P. chr.] — V. *suprà*, n. 1818.

5883. — De son côté, en cas d'absence d'un ou plusieurs témoins, le ministère public peut, usant du droit de réquisition qui lui est conféré par l'art. 354, demander le renvoi à une autre session. Mais, ce n'est là pour lui qu'une faculté. Jugé que lorsque, des témoins cités à la requête de l'accusé n'étant pas présents lors de l'appel de leurs noms à l'ouverture des débats, l'accusé n'a point, ainsi qu'il en avait le droit, requis le renvoi de la cause à une autre session, il ne résulte aucune nullité de ce que le ministère public n'a point fait lui-même cette réquisition. — Cass., 25 sept. 1824, Claude, [P. chr.]; — 11 août 1827, Maubreuil, [S. et P. chr.]; — 16 mai 1828, précité; — 2 sept. 1830, précité; — 20 janv. 1844, Baroyer, [P. 44.1.545] — V. aussi Bourguignon, *Manuel du jury*, p. 424.

5884. — Mais le ministère public doit toujours être entendu sur les demandes en renvoi formées à l'audience par l'accusé. — Cass., 12 janv. 1832, Jean Caro, [S. 32.1.272, P. chr.]

5885. — Il n'est pas nécessaire que le droit de demander le renvoi accordé à l'accusé ou au ministère public ait été exercé, pour que la cour d'assises puisse ordonner le renvoi. Il peut être ordonné même d'office. — Cass., 11 oct. 1821, Curione, [S. et P. chr.]; — 20 août 1824, Bayle, [S. et P. chr.] — V. aussi Bourguignon, *Jurispr. des C. crim.*, sur l'art. 354, C. instr. crim., t. 2, p. 158.

5886. — L'opposition du ministère public au renvoi de l'affaire à une prochaine session, demandé par l'accusé pour cause d'absence de témoins, ne lie pas non plus la cour d'assises ; elle peut, nonobstant cette opposition, prononcer le renvoi. — Cass., 11 oct. 1821, précité; — 20 août 1824, précité; — 12 janv. 1832, précité.

5887. — En un mot, la cour d'assises a, à cet égard, un pouvoir souverain d'appréciation. La cour « pourra », dit l'art. 354. Ce n'est donc là qu'une faculté pour les magistrats, non une obligation. Par suite, de même que la cour peut, sans aucune réquisition, prononcer le renvoi, de même elle peut, nonobstant l'absence de plusieurs témoins et la demande de l'accusé, se refuser à renvoyer la cause à une prochaine session. — Cass., 14 sept. 1821, Charles Noyon, [P. chr.]; — 30 août 1844, Jérôme et Lenoble, [S. 45.1.392]; — 13 févr. 1868, Schumacher, [D. 69.1.259]; — 11 nov. 1892, Mohamed-Salah-Ben-Belkassen, [D. 93.1.463]; — 2 déc. 1892, Bertinette, [*Bull. crim.*, n. 311] — *Sic*, Legraverend, t. 2, ch. 2, p. 195; de Serres, *Man. des cours d'ass.*, t. 1, p. 229.

5888. — En conséquence, la décision par laquelle une cour d'assises renvoie l'affaire à une autre session, ou décide, au contraire, qu'il sera passé outre aux débats, ne peut donner ouverture à cassation. — Cass., 10 juin 1826, Goudry, [S. et P. chr.]; — 25 sept. 1824, précité. — V. *suprà*, n. 1810.

5889. — Il a été jugé, à cet égard, que lorsque la cour d'assises reconnaît que l'audition des témoins qui ne se sont pas présentés n'est pas nécessaire, elle peut passer outre aux débats, et n'est pas obligée de renvoyer la cause à une autre session. — Cass., 20 oct. 1820, Agostini, [P. chr.]

5890. — ... Qu'il ne peut résulter aucune nullité de ce que la cour d'assises, statuant sur la demande des accusés tendante à ce que l'affaire fût renvoyée à une autre session à raison de l'absence d'un témoin, aurait ordonné qu'il serait passé outre à l'ouverture des débats. — Cass., 25 sept. 1824, précité; — 6 janv. 1881, Edouard, [D. 82.1.46] — Sic, Bourguignon, *Manuel du jury*, p. 424.

5891. — ... Que l'arrêt par lequel une cour d'assises ordonne qu'il sera passé outre aux débats, nonobstant l'absence de plusieurs témoins cités à la requête du ministère public, qui, d'ailleurs, a renoncé à leur audition, est à l'abri de toute critique. — Cass., 31 oct. 1817, Reynaut, [P. chr.]; — 20 oct. 1820, précité; — 16 mai 1828, Laforest, [P. chr.]; — 18 sept. 1829, Latournerie, [P. chr.]

5892. — ... Que lorsque, par suite de l'absence d'un témoin, l'accusé ou le ministère public demande le renvoi de l'affaire à une autre session, la cour d'assises a le droit d'apprécier cette demande d'une manière souveraine; et que le rejet qu'elle en fait par le motif que la présence du témoin absent n'était pas nécessaire pour le jugement de la cause ne donne pas ouverture à cassation. — Cass., 21 mars 1839, Bergs, [P. 39.1.412]

5893. — ... Que le refus de renvoyer une affaire à la prochaine session sous prétexte que deux témoins assignés ne se sont pas présentés, rentre dans le droit de la cour d'assises, et que ce refus ne peut donner ouverture à cassation (C. instr. crim., art. 330 et 331). On allèguerait vainement que c'est par suite d'intimidation ou d'outrage que ces témoins ne se sont pas présentés, si le procès-verbal des débats est muet à cet égard, et si, d'ailleurs, ce moyen n'a pas été formulé devant la cour d'assises. — Cass., 17 févr. 1843, Besson, [S. 43.1.226, P. 43.2.539]

5894. — ... Spécialement, qu'en cas d'absence d'un témoin, il appartient à la cour d'assises (saisie de conclusions de l'accusé tendant au renvoi à un autre jour), de décider qu'il sera passé outre aux débats, lorsque l'absence de ce témoin ne paraît pas nécessaire à la manifestation de la vérité. — Cass., 10 déc. 1885, Aubert, [S. 87.1.437, P. 87.1.1067]

5895. — Nous avons vu *suprà*, n. 5694, que le renvoi peut être ordonné jusqu'à la clôture des débats. Il en résulte que les cours d'assises peuvent ordonner le renvoi d'une affaire à une session ultérieure pour entendre un témoin absent dont la déposition leur paraît utile, alors même que les débats de cette affaire ont déjà commencé : ce n'est pas là violer l'art. 353, C. instr. crim., portant que les débats une fois entamés, ne pourront être interrompus. — Cass., 26 nov. 1829, Dumay, [S. et P. chr.]

5896. — B. *Faux témoignage.* — Lorsque la déposition d'un témoin paraît fausse, le procureur général, la partie civile ou l'accusé peuvent immédiatement requérir et la cour ordonner, même d'office, le renvoi de l'affaire à la prochaine session (C. instr. crim., art. 330 et 331). — Sur le faux témoignage, V. *suprà*, n. 5611 et s.

5897. — A la différence du cas où il s'agit de renvoi pour cause d'absence d'un témoin, l'accusé peut, même au cours des débats, demander le renvoi de l'affaire à une autre session pour cause de faux témoignage (V. *suprà*, n. 5875). La raison en est que cette cause de renvoi ne lui est révélée que par la déposition arguée de fausseté, qui elle-même ne se produit nécessairement qu'après l'ouverture des débats.

5898. — Mais, en cas de faux témoignage, comme en cas d'absence d'un témoin, la cour apprécie souverainement s'il y a lieu, ou non, de prononcer le renvoi. Jugé, en ce sens, que lorsque les témoins entendus aux débats se trouvent prévenus de faux témoignage, les cours d'assises ont la faculté, mais ne sont pas obligées de renvoyer l'affaire à la session suivante. — Cass., 21 janv. 1814, Schweitzen, [P. chr.]; — 21 mars 1839, précité. — Bruxelles, 29 oct. 1835, Dewit, [P. chr.] — V. aussi, en ce sens, Carnot, *Instr. crim.*, sur l'art. 331, t. 2, p. 557; Merlin, *Rép.*, v° *Subornation*, n. 5; Nouguier, n. 3543.

5899. — Lorsque l'accusation de faux témoignage dirigée contre l'un des témoins entendus dans une affaire n'entraine pas le renvoi à la prochaine session, il appartient à la cour d'assises de régler la priorité entre le jugement du fond et celui du faux témoignage. — Cass., 27 nov. 1873, Gallet, [S. 74.1.131, P. 74.298, D. 74.1.93] — V. le rapport de M. le conseiller Barbier, joint à cet arrêt.

5900. — Au contraire, s'il y a renvoi, le jugement du faux témoignage doit nécessairement précéder celui de l'affaire principale. — Même arrêt. — Sic, Legraverend, t. 2, p. 209.

5901. — Il est à peine besoin d'ajouter que l'arrêt qui ordonne le renvoi d'une affaire à une autre session, à la suite de l'arrestation de témoins dont les dépositions paraissent fausses

(V. *suprà*, n. 5611 et s.), ne revêt pas l'autorité de la chose jugée, quant au faux témoignage. — Cass., 22 déc. 1882, Amar-ben-Salah, [*Bull. crim.*, n. 288]

3° *Formes et effets du renvoi.*

5902. — I. *Formes du renvoi.* — Nous avons vu *suprà*, n. 1803 et s., qu'en cas d'absence de témoins, c'est le président ou la cour qui ordonnent qu'il sera passé outre aux débats, suivant qu'il y a ou non contestation. Lorsqu'il y a lieu à renvoi, il est prononcé par le président seul ou par la cour, suivant qu'il se place avant ou après l'ouverture des débats. Nous avons vu, *suprà*, n. 868, que le renvoi ordonné avant l'ouverture des débats l'est par le président seul. Si la demande en renvoi n'est pas formée qu'après que la cour est saisie du fait, par l'examen de l'accusé, ce n'est plus le président, mais la cour seule qui peut ordonner le renvoi. — Cass., 4 févr. 1825, Ponsole-Chicat, [S. et P. chr.] — Sic, Le Sellyer, t. 3, n. 1036; Carnot, sur l'art. 306; Legraverend, t. 2, chap. 3, p. 195; Bourguignon, *Man.*, p. 425.

5903. — Jugé, en conséquence de ce principe, que le pouvoir discrétionnaire dont le président de la cour d'assises est investi ne l'autorise pas à renvoyer seul, d'office, et malgré l'opposition de l'accusé, une affaire à la session prochaine, sur le motif que les débats ont fait connaître un témoin important qui n'a pu être cité. — Cass., 10 janv. 1824, Cérès, [S. et P. chr.]

5904. — Carnot, qui cite cet arrêt, fait une juste critique de l'ordonnance du président qui avait renvoyé l'affaire à une autre session sur un semblable motif : « Un pareil excès de pouvoir, dit-il, est d'autant plus répréhensible, que non seulement il a pour effet de priver l'accusé du jury qui se trouve légalement appelé à prononcer sur son sort, ce qui est irréparable en définitive, mais encore de retenir l'accusé en une détention qui devient arbitraire, puisqu'elle n'est pas autorisée par la loi. »

5905. — Jugé aussi que lorsque la défense a déposé des conclusions tendant au renvoi de l'affaire à un autre jour par suite de l'absence d'un témoin, c'est à la cour saisie de cet incident contentieux, et non au président seul, qu'il appartient de statuer. — Cass., 23 sept. 1880, Tandrayapadéatchy, [S. 82.1.390, P. 82.1.965, D. 81.1.489] — V. *suprà*, n. 1804.

5906. — ... Que c'est à la cour d'assises, et non au président, à décider si, à raison de l'absence de quelques-uns des témoins, il y a lieu ou non de renvoyer l'affaire à une autre session. — Cass., 10 oct. 1839, Peytel, [S. 39.1.955, P. 40.1.14]

5907. — Toutefois, la cour d'assises ne devient compétente pour ordonner le renvoi de l'affaire que dans le seul cas où il y a lieu de le prononcer postérieurement au tirage au sort du jury de jugement. — Cass., 27 avr. 1850, Duru, [*Bull. crim.*, n. 139]

5908. — De plus, nous le rappelons, la cour d'assises n'est tenue de rendre un arrêt, pour ordonner qu'il sera passé outre aux débats, qu'autant qu'il y a contestation sur ce point. Hors ce cas, le droit d'ordonner le renvoi rentre dans les attributions du président.

5909. — Il en est du renvoi à un autre jour de la session comme du renvoi à une autre session. Ainsi, lorsque le défenseur dépose des conclusions tendant au renvoi de l'affaire à un autre jour par suite de l'absence d'un témoin, c'est à la cour saisie de cet incident contentieux, et non au président qu'il appartient de statuer. — V. Cass., 23 sept. 1880, Tandrayapadéatchy, précité. — Mais, en l'absence de conclusions du ministère public ou de l'accusé donnant lieu à un incident contentieux, il appartient au président de la cour d'assises d'ordonner qu'il soit passé outre aux débats malgré l'absence d'un témoin. — V. *suprà*, n. 1805.

5910. — Il a même été jugé que, quelque irrégulier que soit le renvoi à un autre jour, ordonné en dehors de l'audience par ordre purement verbal du président, cette irrégularité, ne portant aucun préjudice à la défense, ne saurait donner ouverture à cassation. — Cass., 23 sept. 1880, précité.

5911. — A la différence de la décision qui, malgré l'opposition de l'accusé ou du ministère public, déclare qu'il sera passé outre aux débats (V. *suprà*, n. 1807), la décision de la cour d'assises prononçant le renvoi de l'affaire à une autre session, n'a pas besoin d'être motivée. — Cass., 2 juin 1831, Chadrin, [P. chr.]; — 2 févr. 1837, [D. *Rép.*, v° *Cassation*, n. 1927-13°]

5912. — Mais si l'arrêt est motivé et fondé sur des raisons contraires à la loi, il encourt la cassation (Nouguier, n. 3519). Ainsi en est-il si le renvoi est refusé sous le prétexte que le ministère public ne l'a pas requis, puisque, nous l'avons vu, le renvoi peut être ordonné d'office, indépendamment de toute réquisition. — Cass., 12 janv. 1832, [*Bull. crim.*, n. 12] — V. *suprà*, n. 5885.

5913. — De même, la cour d'assises viole le principe d'après lequel, en matière criminelle, le débat est essentiellement oral, lorsque pour repousser une demande de renvoi à une autre session à raison de l'absence d'un témoin, elle se fonde sur ce que « l'audition de ce témoin ne semble pas utile à la manifestation de la vérité » et sur ce que « les rapports très-complets écrits par ce témoin et dont il pourra être donné lecture au cours des débats seront suffisants pour faire connaître ses appréciations au jury ». — Cass., 11 nov. 1892, El-amri-ben-caïd et Mohamed-Salah, [D. 93.1.463]

5914. — Il importe peu qu'en fait il n'ait pas été donné lecture des rapports ainsi visés, ces pièces ayant été communiquées aux jurés conformément à la loi. — Même arrêt.

5915. — La cour peut, sans qu'il en résulte une ouverture à cassation, rapporter l'arrêt par lequel elle a ordonné le renvoi d'une affaire à la session prochaine. — Cass., 11 oct. 1821, Curione, [S. et P. chr.]

5916. — *Vice versâ*, après avoir décidé que, nonobstant l'absence d'un témoin, il serait passé outre aux débats, la cour peut se rétracter et renvoyer la cause à une session ultérieure pour entendre ce même témoin : la première décision, en un tel cas, ne peut être considérée que comme un arrêt d'instruction qui ne la lie pas. — Cass., 26 nov. 1829, Dumay, [S. et P. chr.]

5917. — On a soutenu que la décision portant renvoi de l'affaire à une autre session doit être notifiée à l'accusé ; mais cette formalité a été à bon droit jugée superflue, aucun texte de loi n'en prescrivant l'emploi. — Cass., 21 juill. 1859, Marcel, [*Bull. crim.*, p. 312] — *Sic*, Nouguier, n. 948.

5918. — En tous cas, l'accusé qui a lui-même demandé le rapport d'un arrêt qui le renvoyait à une autre session et l'indication des débats de son affaire pour une audience de la session actuelle, ne peut ensuite se faire un moyen de cassation de ce qu'il n'a pas été laissé un intervalle de dix jours entre la notification de l'arrêt de renvoi à la même session, et le jour où il a été mis en jugement. — Cass., 11 oct. 1821, précité.

5919. — II. *Effets du renvoi.* — Le renvoi à une autre session entraîne le renvoi à la prochaine session *ordinaire* ; en conséquence, l'accusé n'a aucune réclamation à former si, dans l'intervalle d'une session à l'autre, il est tenu une assise extraordinaire, et que son affaire n'y soit pas portée. — Legraverend, t. 2, p. 210. — V. aussi *suprà*, n. 5695.

5920. — Ceux par la faute de qui le renvoi a été ordonné peuvent être condamnés aux frais. L'art. 355, C. instr. crim., le dit formellement pour les témoins. Mais on le décide ainsi pour les accusés et pour les jurés. Aux termes de l'art. 355, C. instr. crim., si, à raison de la non-comparution d'un témoin, l'affaire est renvoyée à la session suivante, tous les frais de citation, actes, voyages des témoins, et autres ayant pour objet de faire juger l'affaire, sont à la charge de ce témoin.

5921. — La condamnation du témoin défaillant aux frais qui sont le résultat du renvoi des débats à une autre session ne met pas obstacle à ce qu'il soit condamné à l'amende qu'il doit supporter dans tous les cas. — Carnot, *Instr. crim.*, t. 2, p. 694, n. 3. — V. *suprà*, n. 1787.

5922. — Le témoin défaillant peut, sur la réquisition du procureur général, être contraint même par corps par l'arrêt qui renvoie les débats à une prochaine session. — Le même arrêt peut, de plus, ordonner que ce témoin sera amené par la force publique devant la cour pour y être entendu (C. instr. crim., art. 355). — V. *suprà*, n. 1789.

5923. — Mais la cour d'assises ne doit employer ces moyens rigoureux que lorsque la présence des témoins est absolument nécessaire. — Bourguignon, *Jurispr. crim.*, t. 2, p. 159.

5924. — Cependant, quelque rigoureuse que soit la contrainte ordonnée par l'arrêt d'une cour, le procureur général ne doit pas négliger de la mettre à exécution pour éviter qu'une nouvelle affaire ne nécessite une nouvelle remise. — Carnot, *Instr. crim.*, t. 2, p. 694.

5925. — Lorsque le renvoi de l'affaire à une autre session est nécessité par la négligence de l'accusé, celui-ci doit être condamné aux frais occasionnés par le renvoi. — Cass., 6 juill. 1815, Besancelle, [S. et P. chr.]

5926. — Il en est de même des jurés. Décidé, en ce sens que, dans le cas où une affaire criminelle a été renvoyée à une autre session par la faute d'un juré, ce juré peut être condamné à tous les frais occasionnés par le renvoi et avancés soit par l'État, soit par les parties civiles ou l'accusé. — C. d'ass. du Gard, 19 mai 1838, Lacombe, [P. 38.2.161]

5927. — Si par quelque événement, l'examen des accusés sur les délits ou sur quelques-unes des délits compris dans l'acte ou dans les actes d'accusation est renvoyé à la session suivante, il sera fait une autre liste ; il sera procédé à de nouvelles récusations et à la formation d'un nouveau tableau de douze jurés, d'après les règles prescrites ci-dessus, à peine de nullité (C. instr. crim., art. 406).

5928. — Il en résulte que le juré qui a siégé lors des débats d'une affaire renvoyée à une autre session ne peut, à peine de nullité, figurer ni sur la liste des trente servant au nouveau tirage, ni dans les douze jurés de jugement. — Cass., 27 juill. 1866, Grimigni, [S. 67.1.144, P. 67.319] ; — 18 mars 1881, Mohamed-Saïdi-ben-Ahmed-ben-Youssef, [S. 82.1.284, P. 82.1.666, D. 82.1.92]

5929. — Mais si, aux termes de l'art. 406, C. instr. crim., les jurés ayant siégé dans une affaire renvoyée à une autre session ne peuvent siéger dans la même affaire lorsqu'elle revient à la session nouvelle, il n'en est pas de même lorsque l'affaire est renvoyée, du consentement de l'accusé, non à une autre session, mais à un autre jour de la même session. — Cass., 19 janv. 1883, Constant, [*Bull. crim.*, n. 13]

5930. — L'irrégularité du renvoi d'une affaire d'une session à une autre ne peut avoir pour effet d'annuler les débats auxquels il a été procédé ultérieurement. — Cass., 14 sept. 1837, Pic, [P. 40.1.13] — *Contrà*, Cass., 1er therm. an XIII, Felquier, [P. chr.] — Nous avons vu, en effet, *suprà*, n. 5675, que le recours contre les arrêts de renvoi, à raison des illégalités commises, devait être formé avant l'arrêt définitif, l'accusé étant présumé, au cas contraire, avoir renoncé à invoquer des causes de nullité établies dans son intérêt.

§ 2. *Renvoi après les débats.*

5931. — L'art. 352 dispose : « Dans le cas où l'accusé est reconnu coupable, et si la cour est convaincue que les jurés, tout en observant les formes, se sont trompés au fond, elle déclare qu'il est sursis au jugement et renvoie l'affaire à la session suivante, pour y être soumise à un nouveau jury, dont ne peut faire partie aucun des jurés qui ont pris part à la déclaration annulée. Nul n'a le droit de provoquer cette mesure. La cour ne peut l'ordonner que d'office, immédiatement après que la déclaration du jury a été prononcée publiquement. Après la déclaration du second jury, la cour ne peut ordonner un nouveau renvoi, même quand cette déclaration serait conforme à la première. »

5932. — Cette disposition a pour objet d'empêcher les condamnations injustes ; bien que l'institution du jury présente de fortes garanties aux accusés, il n'est pas impossible que l'erreur se glisse quelquefois dans ses déclarations, et alors il fallait bien laisser aux magistrats le pouvoir d'en arrêter les effets. — Le Sellyer, t. 4, n. 1383. — Application en a été faite dans une espèce où la déclaration du jury avait eu pour base principale les révélations d'un codétenu de l'accusé, qui paraissaient suspectes à la cour. — C. d'ass. de la Seine-Inférieure, 20 mai 1896, [*Gaz. des Trib.*, 22 mai 1896]

5933. — Avant la loi du 9 sept. 1835, l'art. 352, C. instr. crim., était restreint dans son application au cas où les magistrats de la cour d'assises étaient unanimement convaincus que le jury s'était trompé ; le législateur a apporté une amélioration sensible à cette disposition en n'exigeant plus que la conviction de « la cour », c'est-à-dire de la majorité des magistrats qui la composent.

5934. — Pour que la cour d'assises soit autorisée à user de la faculté dont il s'agit, il faut que l'erreur commise par le jury soit évidente et pour ainsi dire palpable ; la déclaration qui présenterait seulement quelque doute dans son interprétation ne suffirait pas pour motiver le renvoi.

5935. — Et même le refus de renvoi ne pourrait donner lieu à recours à cassation que s'il résultait de l'arrêt que la condamnation eût été prononcée malgré la conviction des juges que les jurés s'étaient trompés au fond. Un arrêt de cour d'assises n'est donc pas susceptible d'être annulé par la Cour de cassation, sur le motif que la condamnation a été prononcée malgré la conviction des juges sur la non-culpabilité de l'accusé, lorsque cette conviction n'a pas été judiciairement constatée. — Cass., 26 juill. 1822, Duport, [S. et P. chr.]

5936. — Nul n'a le droit de provoquer le renvoi à une autre session, dit l'art. 352; cette mesure, la cour ne peut l'ordonner que d'office. La raison en est que la cour ne doit user de la prérogative que lui donne cet article que dans le cas où elle est personnellement convaincue que l'accusé est innocent.

5937. — Toutefois, il ne faudrait pas conclure de ce que la cour d'assises ne peut ordonner que d'office le renvoi à une autre session et de ce que le renvoi ne peut être provoqué, qu'il y aurait nullité dans le cas où la cour aurait prononcé le renvoi sur la demande qui lui en aurait été adressée. — Carnot, sur l'art. 352, *C. instr. crim.*, n. 2; Le Sellyer, t. 4, n. 1394.

5938. — De ce que le droit qu'a la cour d'assises, lorsque l'accusé est déclaré coupable, de renvoyer l'affaire à une autre session, est purement facultatif, spontané, il suit qu'il n'existe pour elle aucune obligation de délibérer sur ce renvoi. — Cass., 28 janv. 1847, Fournier, [P. 49.1.511]

5939. — Mais, d'autre part, rien ne s'oppose à ce que la cour se retire dans la chambre du conseil pour délibérer sur le renvoi, sauf à rentrer dans l'auditoire pour rendre son arrêt. — Carnot, *Instr. crim.*, sur l'art. 352, n. 4; Le Sellyer, t. 4, n. 1392.

5940. — M. Legraverend professe l'opinion contraire : « Cette mesure extraordinaire, dit-il, ne peut être prise que spontanément, la cour ne peut l'ordonner que d'office et immédiatement après que la déclaration du jury a été prononcée publiquement. Il faut que l'erreur soit évidente et, pour ainsi dire, palpable, que chacun des juges en ait l'intime conviction, et que par un mouvement spontané chacun d'eux la manifeste à l'instant même. La loi interdit, en pareil cas, toute espèce de provocation et de réclamation, toute discussion, toute délibération. La décision de la cour doit suivre immédiatement la lecture qui est donnée de la déclaration à l'audience. Si cette mesure, qui doit être l'effet subit de l'élan d'un sentiment profond, était le résultat d'une discussion quelconque, ou même le fruit de la réflexion, et le législateur, en se déterminant à autoriser ainsi, dans l'intérêt de l'accusé, l'annulation de la déclaration du jury, qu'il environne habituellement d'un respect religieux, n'a pu s'écarter à ce point des principes fondamentaux de son système de législation, sans prescrire et exiger des conditions qui offrissent à la société une grande garantie contre l'abus que l'on pourrait faire de cette interversion des règles générales. »

5941. — Mais il est facile de voir, en se pénétrant surtout de l'art. 352 et de la jurisprudence qui précède, que M. Legraverend a forcé le sens que l'on doit attacher aux expressions du législateur. S'il s'agit, en effet, au fond, de réparer une erreur commise par le jury, erreur dont la suite serait la condamnation d'un innocent, doit-on s'attacher au sens rigoureux des termes pour en empêcher l'application et paralyser par là l'action protectrice de la loi qui ne veut pas qu'une injustice puisse être commise en son nom ? Non, sans doute, et M. Legraverend, trop sévère interprète de la loi, en a méconnu le sage motif.

5942. — Cette exigence d'ailleurs, qui aurait pu se comprendre sous l'empire de l'ancienne législation, alors que l'unanimité des juges était exigée, ne se comprendrait plus aujourd'hui que la loi exige seulement l'opinion de la majorité des juges. Or, souvent cette majorité ne se dégagera qu'à la suite d'une délibération.

5943. — La faculté accordée aux cours d'assises d'annuler la déclaration du jury, s'exerçant sans que l'accusé puisse la requérir et sans qu'il puisse s'y opposer, ne peut jamais lui devenir préjudiciable (Legraverend, t. 2, p. 254). « Dans une législation libérale, dit cet auteur (*loc. cit.*), on peut établir des exceptions pour mettre l'innocence à l'abri des erreurs possibles, mais non pour aggraver la situation des accusés. »

5944. — Il y aurait donc excès de pouvoir d'une cour d'assises, si, annulant la déclaration du jury favorable à l'accusé, elle le renvoyait à un nouveau jugement, alors même qu'elle aurait reconnu quelque irrégularité dans la déclaration du jury (Carnot, *Instr. crim.*, sur l'art. 352, n. 5). « Si le Code d'instruction criminelle, dit cet auteur, ne le porte pas d'une manière formelle, comme le faisait le Code de brumaire an IV (art. 414), la raison

indique assez que, cet article n'ayant pas été rapporté, il doit continuer à recevoir son exécution ». — Carnot, *Instr. crim.*, art. 353, t. 2, p. 683 et 684; Merlin, *Rép.*, v° *Révision de procès*, § 3, art. 2, n. 6; Bourguignon, *Jurispr. des Codes crim.*, sur l'art. 352; Le Sellyer, t. 4, n. 1401.

5945. — Décidé, en ce sens, que la faculté accordée aux cours d'assises de surseoir au jugement et de renvoyer à la session suivante, en cas d'erreur sur le fond, de la part du jury, ne peut être exercée que dans le cas où l'accusé a été convaincu d'un crime ou d'un délit, et jamais quand la déclaration du jury lui a été favorable. — Cass., 13 mars 1812, Broquet, [S. et P. chr.]

5946. — ... Spécialement, que, lorsqu'un accusé d'homicide volontaire a été déclaré coupable d'avoir commis cet homicide, mais *sans intention d'offenser, et non volontairement*, la cour d'assises ne peut, sous le prétexte que les jurés se sont trompés au fond, en ne le déclarant coupable que d'un homicide involontaire, renvoyer l'affaire à la session suivante. — Cass., 29 nov. 1811, Vansommern, [S. et P. chr.]

5947. — ... Que, s'il y a plusieurs accusés, ceux qui ont été déclarés non coupables ne peuvent pas être compris dans ce renvoi; ils doivent être immédiatement acquittés et mis en liberté. — Cass., 2 juill. 1812, Gence et Crouzet, [S. et P. chr.]; — 8 janv. 1813, Durand, [S. et P. chr.]

5948. — ... Que lorsqu'une ordonnance d'acquittement est intervenue en faveur de l'accusé, le ministère public est non recevable à se pourvoir contre un arrêt incident de la cour d'assises, qui avait écarté une question modificative du fait poursuivi, présentée par le président de la cour d'assises comme résultant des débats. L'ordonnance d'acquittement ayant purgé l'accusation résultant de l'arrêt de renvoi, et étant irréfragable, l'accusé ne pourrait, en effet, être renvoyé devant un nouveau jury, à raison de ladite question modificative. — Cass., 26 juill. 1849, Tomasini, [P. 50.2.166]

5949. — La faculté de surseoir au jugement et de renvoyer l'affaire à la session suivante, sur le motif que les jurés se sont trompés au fond, n'ayant été accordée aux cours d'assises que dans l'intérêt de l'accusé, il s'ensuit que le renvoi à de nouveaux jurés ne peut les investir du droit de prononcer de nouveau que sur les faits à l'égard desquels la déclaration des premiers avait été contraire à l'accusé. — Cass., 8 janv. 1813, précité. — *Sic*, Merlin, *Rép.*, v° *Révision de procès*, § 3, art. 2; Legraverend, t. 2, ch. 2, p. 254; Carnot, sur l'art. 352, *C. instr. crim.*, t. 2, p. 683, n. 8; Bourguignon, *Jurispr. des C. crim.*, sur le même article, t. 2, p. 151 et s.; de Serres, t. 4, p. 527 et s.

5950. — Spécialement, lorsque le premier jury a déclaré un accusé d'assassinat coupable sur le fait du meurtre et non coupable sur la circonstance aggravante de la préméditation, cette circonstance est irrévocablement exclue de tout nouveau débat. Le second jury n'est saisi légalement que du fait principal du meurtre. — Cass., 23 juin 1814, Joseph Fischer, [S. et P. chr.]

5951. — La faculté ainsi accordée à la cour d'assises n'a aucun caractère d'indivisibilité. La cour d'assises qui, convaincue que les jurés se sont trompés au fond, use à l'égard d'un des accusés de la faculté que lui donne l'art. 352, C. instr. crim., de surseoir au jugement et de renvoyer l'affaire à la session suivante, n'est pas tenue d'étendre le bénéfice de cette décision aux autres accusés. — Cass., 18 avr. 1845, Antenet, [S. 45.1.688, P. 48.2.116]

5952. — D'autre part, il n'est pas nécessaire que l'erreur du jury porte sur l'ensemble de l'accusation pour autoriser le renvoi; il suffit qu'aux yeux de la cour, il se soit trompé sur quelques-unes des questions posées. Ainsi, il pourrait arriver que le jury eût déclaré, par de justes motifs, l'accusé coupable du fait principal lorsque, d'ailleurs, il aurait prononcé à tort une déclaration affirmative sur les circonstances aggravantes : dans ce cas, la disposition de l'art. 352 devrait être appliquée et le renvoi à la session suivante ordonné. — Cass., 3 mars 1848, Monsion, [S. 49.1.219, P. 49.2.22] — *Sic*, Carnot, sur l'art. 352, obs. add.; Le Sellyer, t. 4, n. 1390.

5953. — L'art. 352, C. instr. crim., ajoute que le renvoi doit être ordonné *immédiatement* après que la déclaration du jury a été prononcée publiquement. Certains auteurs en concluent que le renvoi doit être ordonné avant que le ministère public ait requis l'application de la peine. — Carnot, sur l'art. 352, t. 2, p. 681.

5954. — Ce serait tirer du principe une conséquence exagérée; il suffit que la décision prononçant le renvoi soit le résultat de la libre inspiration de la conscience des juges; c'est en ce ans, qu'il a été fait usage du mot *immédiatement* dans le dernier paragraphe de l'art. 352.

5955. — Il en résulte que la faculté accordée aux juges par l'art. 352, C. instr. crim., lorsqu'ils pensent que la déclaration du jury est erronée au fond, de surseoir au jugement, et de renvoyer l'affaire à une autre session, peut être exercée par eux jusqu'au moment de procéder au jugement, et même après les réquisitions du ministère public pour l'application de la peine et les observations à ce sujet de l'accusé ou de son défenseur. Il n'est pas nécessaire, à peine de nullité, qu'elle le soit immédiatement après la lecture publique de la déclaration du jury. — Cass., 16 août 1839, Chabaud, [S. 39.1.831, P. 40.1.228]

5956. — La Cour de cassation a expliqué, du reste, elle-même ce qu'il faut entendre par le mot « immédiatement » ; elle a jugé qu'en exigeant que le renvoi fût prononcé immédiatement après la déclaration du jury a été rendue publique, la loi a seulement entendu qu'il faudrait que la cour n'eût point suspendu la séance, ni fait aucun acte de procédure. — Cass., 27 févr. 1812, Otto et Polder-Dyck, [S. et P. chr.] — *Sic*, de Serres, *Manuel des cours d'assises*, t. 1, p. 523 ; Carnot, *Instr. crim.*, sur l'art. 352, t. 2, p. 681 ; Merlin, *Rép.*, v° *Juré*, § 4, n. 22.

5957. — Merlin (*loc. cit.*) fait, à ce sujet, les observations suivantes, qui nous paraissent pleines de sagesse et de raison : « Conçoit-on, dit-il, que le ministère public pût être, par son plus ou son moins de promptitude à prendre la parole après la déclaration du jury, le maître de priver ou de ne pas priver l'accusé de la ressource que l'art. 352 lui permet encore d'espérer ? Conçoit-on qu'il pût dépendre de lui d'empêcher, par le soin qu'il aurait de se lever avec la rapidité de l'éclair, à l'instant même où le dernier mot de la déclaration du jury serait sorti de la bouche du chef des jurés, une délibération à laquelle il doit être absolument étranger et qui ne peut être prise que d'office ? Conçoit-on qu'il pût, par son fait, rendre impossible une délibération qu'il n'a pas le droit de provoquer » ? — V. aussi Le Sellyer, t. 4, n. 1138.

5958. — Carnot (*Instr. crim.*, sur l'art. 352, n. 3) émet l'avis que la cour n'est plus recevable à prononcer le renvoi lorsque la lecture de la déclaration a été faite par le greffier à l'accusé. Mais cette opinion n'a pas prévalu en jurisprudence. Il a été jugé que la cour d'assises peut ordonner le renvoi lorsque le ministère public n'a pas encore fait de réquisition, et lorsque seulement la réponse du jury a été lue à l'accusé. — Cass., 14 oct. 1831, Goretta, [P. chr.]

5959. — Mais, dès que la cour s'est prononcée sur la non annulation de la déclaration du jury, et que le ministère public a fait son réquisitoire pour l'application de la peine, la cour ne peut plus revenir et prononcer après le réquisitoire l'annulation de la déclaration du jury. — Cass., 22 janv. 1813, Bortain, [P. chr.] — *Sic*, Carnot, sur l'art. 352, t. 2, p. 681.

5960. — En résumé, le principe posé se résume en ceci qu'indique l'arrêt précité, à savoir que le mot immédiatement de l'art. 352 doit être entendu en ce sens, qu'entre la déclaration du jury et le renvoi de l'affaire à la session suivante, la cour ne doit ni suspendre la séance ni vaquer à aucun autre acte de son ministère.

5961. — Aucune disposition ne défend aux cours d'assises de motiver les ordonnances par lesquelles, en déclarant que les jurés se sont trompés au fond, ils renvoient une affaire à la session suivante. — Cass., 21 avr. 1814, Fradet, [S. et P. chr.]

5962. — La cour peut donc, sans qu'il en résulte nullité, mettre à nu l'erreur des jurés et exprimer en quoi ils se sont trompés. — Merlin, *Quest.*, v° *Jury*, § 4 ; Le Sellyer, t. 4, n. 1403.

5963. — Mais l'erreur des motifs donnés par une cour d'assises à la conviction où elle déclare être que les jurés se sont trompés au fond ne saurait être un moyen de cassation, lorsqu'elle ne dit pas qu'elle s'est déterminée par ces seuls motifs. — Cass., 21 avr. 1814, précité.

5964. — L'arrêt par lequel une cour d'assises renvoie une affaire à la prochaine session, lorsqu'elle est convaincue que les jurés se sont trompés au fond, est un arrêt purement préparatoire, qui peut être attaqué par la voie de cassation après l'expiration des délais (C. instr. crim., art. 416). — Cass., 29 nov. 1811, Vansommeros, [S. et P. chr.]

5965. — Aucun des jurés qui ont concouru à la première déclaration, dont l'annulation a été prononcée spontanément par la cour, ne peut faire partie du second jury. — Carnot, sur l'art.

352, n. 6 ; Legraverend, t. 2, p. 253, note 2 ; Le Sellyer, t. 4, n. 1395.

5966. — Bien que l'art. 352, C. instr. crim., ne porte pas expressément la peine de nullité pour violation de cette disposition, elle devrait cependant être prononcée si l'on admettait dans la formation du second jury un des premiers jurés. — Legraverend, t. 2, p. 253 ; Carnot, sur l'art. 352, n. 6. — Au surplus, cette hypothèse peut paraître chimérique, puisque l'affaire est renvoyée à la session *suivante*, et que le fait d'être membre du jury à intervalles aussi rapprochés constituerait au profit du juré ainsi tombé au sort par erreur, un cas d'excuse légale.

5967. — Mais les membres de la cour d'assises qui ont concouru à l'annulation peuvent-ils siéger à la nouvelle session de cette cour, lorsque l'affaire y est reproduite ? La loi n'a rien déterminé à cet égard, et l'on ne peut pas s'appuyer sur ses dispositions pour chercher la solution de cette difficulté. Cependant, puisque tous les jurés qui ont concouru à la déclaration annulée sont exclus, à peine de nullité, du jury qui doit prononcer de nouveau sur l'affaire, il nous semble que, par analogie, les juges qui ont concouru à l'annulation doivent également être exclus de la cour. Il faut que l'affaire soit soumise à un nouveau débat devant de nouveaux hommes, et c'est dans ce renouvellement complet que la loi a cherché une garantie contre la prévention ou l'erreur. Ce moyen de garantie, il est vrai, n'est exprimé qu'en faveur de l'accusé par l'exclusion donnée aux jurés auteurs de la première déclaration ; mais le législateur n'a pu vouloir le négliger en faveur de la société ; et ce qui manifeste sa sollicitude à cet égard, c'est l'obligation qu'il impose à la cour d'assises de prononcer immédiatement après la seconde déclaration, quoiqu'elle soit conforme à la première. Nous pensons donc que, pour former régulièrement la cour d'assises, lorsque l'affaire est examinée une seconde fois après l'annulation d'une première déclaration du jury, il faut avoir soin de n'y appeler que des juges qui n'aient point concouru à cette annulation. — Legraverend, t. 2, p. 256 ; Le Sellyer, t. 3, n. 998, et t. 4, n. 1399.

5968. — Le droit de la cour est épuisé dès qu'il a été exercé. La faculté d'annulation accordée à la cour ne peut pas s'étendre à une seconde déclaration ; la culpabilité de l'accusé ne peut plus alors être révoquée en doute, malgré l'opinion contraire précédemment manifestée par tous les juges, et le cours de la justice ne saurait rester plus longtemps suspendu. — Legraverend, t. 2, p. 255.

SECTION VIII.

Donné acte.

5969. — De quoi peut-il être demandé acte ? Jusqu'à quel moment ? Dans quelles formes doit-il être donné acte ?

5970. — Et d'abord, de quoi peut-il être demandé acte ? Nous avons déjà eu l'occasion d'examiner cette question à propos de la communication des jurés avec des tiers ; nous avons dit que, d'après la jurisprudence, on ne peut exiger un donné acte que des faits qui se passent à l'audience et en présence de la cour. — Cass., 23 nov. 1848, Noirot, [P. 50.1.105] — V. *supra*, n. 5756.

5971. — Sans doute, la cour peut, dans l'intérêt de la justice et de la vérité, donner acte de faits qui se seraient passés en dehors de l'audience ; mais, d'après la jurisprudence, elle n'y serait pas tenue. — Cass., 5 nov. 1891, précité.

5972. — Nous avons fait, sur ce point (V. *supra*, n. 5772, 5822), de sérieuses réserves et nous les renouvelons ici. A notre avis, si les allégations de la défense sont de nature à porter atteinte à la régularité des débats, si, d'autre part, elles sont appuyées sur une offre de preuve pertinente, la cour manquerait, suivant nous, aux devoirs de l'impartialité si elle refusait d'autoriser cette preuve par ce seul motif que les faits qui sont de nature à nuire à l'accusé se sont passés en dehors de la présence des magistrats.

5973. — Quant aux faits qui se sont passés à l'audience, la cour peut encore refuser d'en donner acte si elle estime que les faits allégués ne sont pas venus à sa connaissance (V. *infra*, n. 5994) ou qu'ils ne peuvent avoir aucune influence sur la régularité des débats. — V. *supra*, n. 5820.

5974. — Et d'abord si les faits allégués ne sont point à sa connaissance, la cour peut refuser de donner acte en déclarant dans son arrêt que les allégations de la défense ne sont pas établies. — Cass., 3 juin 1875, Labanvoye, [S. 75.1.432, P. 75. 1075, D. 76.5.142]; — 2 sept. 1880, Grégoire, [S. 83.1.90, P. 83.1.183]

5975. — Jugé que la cour peut refuser de faire mention, au procès-verbal des débats, d'un fait allégué par l'accusé, lorsque aucun de ses membres n'a eu connaissance de ce fait, et qu'aucune enquête ou information sommaire n'a été requise. — Cass., 17 nov. 1836, Esnard, [P. chr.] — V. aussi *infrà*, n. 5991.

5976. — Mais, nous le répétons, lorsque la défense offre de prouver le fait et appuie son offre de preuve sur des articulations pertinentes, concluantes et admissibles, nul doute que la cour ne doive autoriser cette preuve, à la condition que le fait, s'il était prouvé, serait de nature à vicier les débats. — Cass., 2 sept. 1880, précité. — En ce qui concerne spécialement la communication des jurés avec les tiers, V. *suprà*, n. 5766 et s., et en ce qui concerne manifestation d'opinion d'un juré, *suprà*, n. 5818 et s.

5977. — Jusqu'à quel moment peut-on demander acte? Certains arrêts décident que le donné acte doit être refusé s'il est demandé soit après l'arrêt de condamnation, soit même seulement après le réquisitoire du ministère public sur l'application de la peine.

5978. — Jugé, que la cour d'assises n'est pas tenue de donner acte de faits allégués après l'arrêt de condamnation. — Cass., 23 nov. 1848, précité.

5979. — ... De donner acte au défenseur de l'accusé de ce qui se serait passé au moment de la lecture de la liste des témoins, lorsqu'il n'en a fait la demande qu'après la réquisition du ministère public pour l'application de la peine. — Cass., 23 févr. 1832, David, [S. et P. chr.]

5980. — Nous avons dit, lorsque nous nous sommes posé la question relativement à la communication des jurés avec les tiers, et à la manifestation d'opinion que, suivant nous, la défense peut déposer des conclusions tendant à un donné acte, tant que la cour est en séance et ne s'est pas dessaisie par l'avertissement donné par le président à l'accusé sur le délai du pourvoi, qui est la dernière formalité à remplir. Dès lors, en effet, qu'elle ne se trouve pas en face d'une impossibilité légale, on doit accorder à la défense toutes les facilités permises pour assurer à l'accusé les meilleures garanties de justice et d'impartialité.

5981. — Mais lorsque l'arrêt de condamnation a été prononcé et que le président de la cour d'assises a donné au condamné l'avertissement du droit accordé à celui-ci de se pourvoir en cassation, la mission de la cour, en ce qui concerne cet accusé, se trouvant entièrement remplie, il ne peut plus être demandé acte de faits accomplis durant les débats. — C. d'ass. des Deux-Sèvres, 2 sept. 1851, Bonnet, [P. 52.2.431]

5982. — Au surplus l'accusé ne saurait se prévaloir devant la Cour suprême d'un fait qui s'est passé à l'audience de la cour d'assises, alors qu'il a négligé d'en demander acte et de prendre des conclusions devant cette dernière juridiction. — Cass., 4 nov. 1892, Limages, [*Bull. crim.*, n. 278]

5983. — Dans quelle forme le donné acte se produit-il? S'il s'agit de l'accusé ou à la défense, sans opposition du ministère public, du fait allégué, aucun incident contentieux ne surgit; il n'est pas nécessaire que l'arrêt soit motivé, et il n'est pas davantage indispensable que le ministère public donne ses conclusions.

5984. — Jugé qu'il n'est pas nécessaire qu'un arrêt donnant acte à la défense d'un fait allégué dans ses conclusions soit motivé. — Cass., 17 févr. 1876, Gœthalo et autres, [*Bull. crim.*, n. 53]

5985. — ... Que l'arrêt de la cour d'assises qui, sur la demande de l'accusé, lui donne acte de ce qu'avant l'ouverture des débats il a été procédé en audience publique au tirage du jury, ne statue point sur un débat contentieux, et, dès lors, n'est pas nul en ce qu'il n'a pas été précédé des conclusions du ministère public. — Cass., 16 mars 1854, Legentil, [P. 55.1.206, D. 54.1. 212] — D'ailleurs, l'arrêt, ne pouvant faire grief à l'accusé lorsqu'il ordonne la constatation du fait dont ce dernier avait demandé acte, ne peut donner ouverture, à raison du silence du ministère public, à un moyen de cassation. — Même arrêt.

5986. — Nous croyons même qu'en l'espèce, le président pourrait valablement donner acte sans consulter la cour. Mais lorsque l'accusé demande qu'il lui soit donné acte d'un fait qu'il signale, et que le ministère public s'oppose à cette constatation,

l'incident devient contentieux et sort des limites du pouvoir discrétionnaire. En conséquence, c'est à la cour d'assises, et non au président qu'il appartient d'en donner acte au défenseur. — Cass., 7 janv. 1842, Valois, [S. 42.1.882, P. 42.1.675]

5987. — De même, si la cour refuse de donner acte, la cour doit statuer par arrêt, motivé ou non, suivant qu'il s'agit de statuer souverainement sur l'existence ou la non existence d'un fait ou qu'il s'agit d'apprécier une circonstance sur la portée de laquelle la Cour de cassation doit prononcer au point de vue de la régularité des débats.

5988. — Jugé, à cet égard, que l'arrêt nécessité par l'accusé qui demande acte d'un fait dont l'existence est déniée par la cour n'a pas à être motivé. — Cass., 3 janv. 1851, Muller, [*Bull. crim.*, n. 5] — C'est là, en effet, une pure constatation de fait sur laquelle la Cour suprême n'a pas à exercer son droit de contrôle. — V. *infrà*, n. 6042.

5989. — ... Qu'il en est de même de l'arrêt prononçant sur la demande d'un accusé demandant acte d'un fait sans pertinence. — Cass., 1er août 1851, Labaulme, [*Bull. crim.*, p. 489] — V. *infrà*, n. 5995.

5990. — ... Que l'arrêt qui donne acte à la défense d'un fait allégué dans ses conclusions n'a pas à être motivé. — Cass., 17 févr. 1876, précité.

5991. — ... Que lorsque l'accusé demande acte de ce qu'un juré aurait manifesté son opinion en ce qu'il aurait dit que telle déposition était en contradiction avec une déposition précédente, l'arrêt qui rejette la demande « attendu que le fait dont il est demandé acte n'est pas dans les souvenirs de la cour et qu'il n'y a pas lieu d'ordonner l'enquête demandée pour la vérification du fait » est suffisamment motivé. — Cass., 16 janv. 1863, Herbet, [*Bull. crim.*, n. 20]

5992. — Au contraire, les actes requis à l'occasion de faits présentés comme étant des violations de la loi de nature à entraîner l'annulation des débats soulèvent un véritable incident contentieux qui doit être vidé par un arrêt motivé.

5993. — Dès lors, bien que la cour puisse, en principe, refuser de donner acte de faits qu'elle juge insignifiants au point de vue de la régularité des débats, elle doit s'expliquer, néanmoins, sur le fait prétendu, afin de mettre la Cour de cassation à même d'exercer son droit de contrôle et de vérifier si l'opinion de la cour d'assises sur la portée de l'incident est ou non conforme à la loi. C'est là, d'ailleurs, l'application d'une règle générale qui s'impose pour tous les arrêts statuant sur des incidents contentieux. — V. *infrà*, n. 6034 et s.

5994. — Jugé que la cour a pu, sans violer le droit de la défense, refuser de donner acte de deux incidents qu'elle a suffisamment fait connaître, d'ailleurs, par les motifs donnés dans son arrêt de refus. — Cass., 5 juill. 1872, Renoux, [*Bull. crim.*, n. 164]

5995. — De même, en donnant acte, la cour peut, dans les motifs de son arrêt de donné acte, ajouter des explications de nature à établir que l'incident ne pouvait exercer aucune influence sur la régularité des débats. — Cass., 18 nov. 1869, Nicot, [*Bull. crim.*, n. 230] — V. *suprà*, n. 5989.

5996. — Dans le même cas, l'incident rend indispensable l'audition du ministère public, qui, tout au moins, doit être, par une interpellation du président, mis à même d'user de son droit. — Cass., 22 janv. 1857 (2 arrêts), Bretet et Caillet, [*Bull. crim.*, n. 31 et 32] — V. cependant Cass., 16 mars 1854 (2 arrêts), Morin et Legentil, [P. 55.1.206, D. 54.1.212] — V. *infrà*, n. 6021.

5997. — Spécialement, les conclusions de l'accusé tendant à ce qu'il lui soit donné acte de ce que sa défense n'a pas été libre soulèvent un incident contentieux nécessitant l'audition du ministère public. — Cass., 22 janv. 1857, précité.

5998. — Il y a donc lieu à cassation lorsque, le défenseur ayant prié le président de poser une question à l'un des témoins et ce magistrat ayant refusé de la poser, il a été donné au défenseur acte de ce refus sans qu'il ait été constaté que le ministère public ait donné ses conclusions ou qu'il ait été mis en demeure de conclure sur cet incident. — Cass., 29 juin 1889, [*Bull. crim.*, n. 235]

5999. — Dans tous les cas, l'arrêt de donné acte doit être prononcé en présence de l'accusé. Viole les art. 310 et s., C. instr. crim., et les droits de la défense la cour d'assises qui, en présence des conclusions par lesquelles le défenseur requiert acte de ce que, immédiatement après la première lecture du ver-

diot « les débats ont été ouverts sans que la parole ait été donnée ensuite à la défense », statue sur cet incident hors la présence de l'accusé. — Cass., 1er mars 1889, [Bull. crim., n. 87]

SECTION IX.

Forme des arrêts incidents.

6000. — Il apparaît déjà des explications que nous avons
données sur les divers incidents, qu'en ce qui concerne les formes
des arrêts incidents, il faut distinguer suivant qu'ils statuent ou
non sur un débat contentieux. Lorsqu'il s'élève un débat contentieux pendant le cours des débats, le ministère public et l'accusé doivent être entendus sur cet incident. Et les arrêts doivent être motivés. Quand y a-t-il débat contentieux?

6001. — Pour qu'il y ait incident contentieux, il faut en premier lieu qu'il y ait contestation, que la mesure demandée par
l'accusé soulève une opposition de la part du ministère public ;
soit que la mesure refusée à la demande donne lieu, de sa part, au
dépôt de conclusions par lesquelles il invoque son droit de l'exiger ; soit que la mesure ordonnée d'office par le président ou
par la cour soit déclarée illégale par l'une ou l'autre des parties.

6002. — Par suite, il n'y a pas débat contentieux lorsque la
cour fait droit à la demande qui lui est adressée, sans opposition
de la part de la partie adverse. Il a été jugé que lorsque l'accusé
s'est opposé à l'audition d'un témoin qui, par suite de cette opposition, n'a pas été entendu, il ne peut tirer un moyen de cassation de ce que la cour d'assises n'aurait pas rendu un arrêt
formel sur ses conclusions. — Bruxelles, 27 sept. 1821, Botte,
[P. chr.] — V. cep. supra, n. 1940.

6003. — ... Que l'omission faite par la cour d'assises de
statuer sur une réquisition du ministère public, ne peut fournir
un moyen de cassation à l'accusé qui n'a formé aucune demande
ni élevé aucune plainte. — Bruxelles, 3 mars 1819, Doussaint,
[P. chr.]

6004. — Il ne suffit pas même qu'il y ait eu contestation.
La décision de la cour sur l'accomplissement d'une formalité que
le président aurait pu seul ordonner n'a pas le caractère d'un
arrêt intervenu sur un point contentieux, alors même qu'il y aurait eu débat et contradiction entre le ministère public et l'accusé. Tel est, par exemple, l'arrêt qui ordonne que la déclaration
du jury sera signée séance tenante par le chef du jury. — Cass.,
11 févr. 1843, Capponi, [S. 44.1.161, P. 44.1.436] — V. supra,
n. 4143 et 4144.

6005. — Il a été jugé que l'opposition du ministère public
à ce qu'un témoin soit entendu en vertu du pouvoir discrétionnaire, sur la demande de l'accusé, ne donne pas à l'incident un
caractère qui le fasse rentrer dans les attributions de la cour
d'assises. C'est toujours au président seul qu'il appartient de
statuer. — Cass., 17 août 1821, Dieudonné, [P. chr.]

6006. — Pour qu'une cour d'assises soit tenue de prononcer
à peine de nullité, sur une réquisition de l'accusé, il faut, de
plus, que cette réquisition ait pour objet un acte d'instruction
ou de procédure qui puisse être considéré comme une faculté ou
un droit accordé par la loi. Dans tout autre cas, il n'est pas nécessaire de rendre sur ce point un arrêt incident, il suffit d'y
statuer formé negandi, en jugeant le fond. — Cass., 26 mai
1814, N..., [P. chr.] — Sic, Bourguignon, Jurisp. des Codes
crim., sur l'art. 408, C. instr. crim., t. 2, p. 295, n. 5.

6007. — Ainsi, par exemple, les conclusions d'un prévenu,
ayant pour objet de transformer en témoin son coprévenu, et
de confondre deux qualités aussi essentiellement distinctes, ne
peuvent être considérées comme l'exercice d'une faculté ou d'un
droit accordé par la loi ; d'où il suit que l'omission d'y statuer
ne pourrait entraîner aucune nullité. — Cass., 19 déc. 1835,
Sarrans, [P. chr.]

6008. — Si le refus ou l'omission de prononcer n'a porté que
sur une réquisition ou sur une demande qui n'avait pas pour objet d'user d'une faculté ou d'un droit accordé par la loi, il peut
y avoir mal jugé, mais le mal jugé n'autorise pas à prononcer
l'annulation des arrêts. — Carnot, loc. cit.

6009. — Lorsqu'il y a eu omission ou refus de prononcer,
la Cour de cassation doit annuler les débats et par suite l'arrêt
de condamnation comme s'il y avait eu omission d'une formalité
prescrite par la loi. — Carnot, Instr. crim., sur l'art. 308.

6010. — Il ne suffit même pas qu'on ait refusé de faire droit
à la demande de l'accusé eu du ministère public ; il faut encore

que la faculté et le droit prétendus aient été révélés à la cour,
ce qui a lieu ordinairement par voie de conclusions, pour la défense, de réquisitions pour le ministère public.

6011. — Ainsi lorsque, sur le refus fait par le président
d'user de son pouvoir discrétionnaire, comme le demandait le
défenseur de l'accusé, ce défenseur se borne à dire qu'il prend
des conclusions formelles, mais sans expliquer ni en quoi elles
consistent, ni à qui il les adresse, la cour d'assises peut s'abstenir de délibérer sur ces prétendues conclusions. — Cass., 8
avr. 1843, Allary, [S. 43.1.619, P. 42.2.646]

6012. — De même, lorsqu'un arrêt incident, rendu sur des
conclusions prises par l'accusé pour qu'une ancienne information
faite sur le crime à lui imputé soit jointe au procès, a refusé
d'ordonner cette jonction, mais a réservé au président de l'ordonner en vertu de son pouvoir discrétionnaire, l'accusé qui n'a
pris aucunes conclusions tendant à ce que le président usât du
droit qui lui était réservé ne peut se faire un moyen de cassation de ce que la jonction n'a pas eu lieu, s'il résulte des pièces
de l'instruction que le défenseur de l'accusé a eu connaissance
de cette information ancienne. — Cass., 11 janv. 1839, Maugard, [P. 43.2.244]

6013. — En un mot, l'art. 408, C. instr. crim., exige seulement pour la régularité des débats, qu'il ait été prononcé sur les
réquisitions du ministère public ou sur les conclusions de l'accusé. L'ouverture à cassation ne peut résulter que du refus ou
de l'omission de prononcer, lorsque la formalité n'est pas prescrite à peine de nullité. — Cass., 14 nov. 1811, Gosset et Got,
[P. chr.]; — 4 janv. 1812, N..., [P. chr.]

6014-15. — Il est clair que nous ne pouvons entrer dans le
détail de tous les incidents qui peuvent se produire. Nous en
avons, chemin faisant, trouvé de nombreux exemples lorsque
nous avons passé en revue les diverses phases du débat en cour
d'assises. — V. notamment, supra, n. 1480 et s., 3706 et s.

6016. — Étant donné qu'on se trouve en présence d'un incident contentieux, quelles sont les formes à observer?

6017. — Aucune loi ne prescrit à la cour d'assises, statuant
sur un incident soulevé aux débats, d'entendre sous serment les
témoins qui peuvent l'éclairer sur le fait contesté. — Cass., 4
sept. 1890, Imbert, [Bull. crim., n. 183]

6018. — Mais la cour doit statuer par arrêt motivé après audition de l'accusé sur les conclusions du ministère public.

6019. — Et d'abord, la cour doit statuer par arrêt. Lorsque,
par des conclusions, l'accusé soulève des questions multiples,
dont les unes rentrent dans la compétence du président, et les
autres dans celle de la cour d'assises, l'arrêt doit les scinder et
statuer sur celles de la compétence de la cour, en laissant au
président le soin de statuer sur celles qui rentrent dans son
propre pouvoir de décision. — Cass., 24 juin 1858, Pilloy,
[Bull. crim., n. 177]

6020. — Il suffit d'ailleurs, pour échapper à la cassation, que
la cour ait statué une fois pour toutes sur l'incident. S'il est renouvelé au cours des débats, il n'y a pas lieu à autant d'arrêts;
ainsi, par exemple, lorsque la cour d'assises a rejeté des conclusions prises au moment de la lecture de la déclaration du jury,
elle n'est point obligée, si les mêmes conclusions sont reprises
au sujet de l'application de la peine, d'y statuer de nouveau
d'une manière distincte. — Cass., 18 juill. 1839, Manenti, [S.
40.1.818, P. 40.2.535]

6021. — Il est important de faire observer, en second lieu,
que tous les arrêts intervenant sur les incidents contentieux ne
peuvent être rendus qu'après que la cour a entendu le ministère
public et l'accusé. — Cass., 22 janv. 1857, Naudet, [D. 57.1,
131]; — 9 avr. 1891, Mohamed-Ould-Boubekeur-ben-Ali, [Bull.
crim., n. 75]

6022. — Ainsi il y aurait nullité si la cour statuait sur un
incident contentieux soulevé par la défense et rejetait les conclusions déposées par celle-ci sans avoir entendu le ministère
public. « Le ministère public, dit la Cour de cassation, est
partie poursuivante et nécessaire dans toutes les accusations
portées devant les cours d'assises; quand les conclusions prises
par les accusés soulèvent un incident contentieux, la cour ne
peut y statuer sans avoir préalablement entendu ou interpellé le
ministère public. Cette règle d'ordre public intéresse la défense
aussi bien que l'accusation, elle constitue une formalité substantielle dont l'inobservation entraîne la nullité de l'arrêt qui a
suivi ». — Cass., 22 janv. 1857, précité. — V. supra, n.
5996.

6023. — Jugé, spécialement, qu'il y a nullité lorsque le ministère public n'a pas été entendu ou interpellé, avant l'arrêt, sur les conclusions déposées par le défenseur et tendant à établir qu'une récusation de juré a été irrégulièrement écartée et qu'un témoin notifié n'a pas été entendu. — Cass., 21 oct. 1886, Collinet, [*Bull. crim.*, n. 341]

6024. — ... Ou sur les conclusions prises par l'accusé en vue de s'opposer à l'audition d'un témoin sous la foi du serment, par le motif que les condamnations encourues par ce témoin le mettaient dans l'impossibilité de prêter le serment prescrit par la loi. — Cass., 28 oct. 1886, Sauze et Beaumond, [*Bull. crim.*, n. 350] — V. *supra*, n. 1965 et s.

6025. — Cette règle s'applique même aux arrêts incidents relatifs aux intérêts de la partie civile. — Cass. 7 oct. 1853, Houdet, [*Bull. crim.*, n. 499] — *Sic*, Nouguier, t. 4, n. 3624.

6026. — Observons toutefois que l'omission des conclusions du ministère public au sujet d'un incident contentieux n'amènerait pas l'annulation des débats si l'arrêt, intervenu sans ces conclusions, donnait satisfaction à l'accusé. Ainsi, l'accusé a demandé qu'il lui fût donné acte de tel fait; la cour, sans entendre le ministère public, a donné acte du fait demandé. Le silence du ministère public n'a pu en pareil cas, faire grief à l'accusé et celui-ci, dès lors, n'est pas fondé à s'en plaindre. — Cass., 16 mars 1854, Legentil, [P.55.1.206, D. 54.1.212]

6027. — Étant donné un incident né à l'ouverture des débats, dans lequel le ministère public a été entendu, et dont la cour d'assises a ajourné la solution après les débats, une audition nouvelle du ministère public n'est pas nécessaire, encore bien que le président ait interpellé le défenseur pour savoir s'il persistait dans sa demande. — Cass., 26 déc. 1873, Daronnat, [*Bull. crim.*, n. 315]

6028. — Les réquisitions du ministère public ne sont pas nécessairement écrites et signées; elles sont suffisamment attestées par la relation qui en est faite dans le procès-verbal signé du président et du greffier. — Cass., 16 janv. 1845, Senil, [*Bull. crim.*, n. 12] — *Sic*, Nouguier, t. 4, n. 3625.

6029. — D'autre part, un arrêt incident peut être rendu sans audition orale du ministère public, mais sur ses conclusions écrites. — Cass., 14 mars 1874, Sallée, [*Bull. crim.*, n. 86]

6030. — La cour doit également entendre l'accusé ou tout au moins le mettre en mesure de fournir ses explications. Et la disposition qui veut que l'accusé ou son conseil aient toujours la parole les derniers, s'applique, non seulement à la défense proprement dite, mais encore à tous les incidents qui peuvent s'élever dans le cours des débats et qui peuvent intéresser la défense ou la justification de l'accusé, soit qu'une ordonnance du président, soit qu'un arrêt doivent terminer ces incidents. — Cass., 5 mai 1826, Renault, [S. et P. chr.]; — 28 janv. 1830, Moutte, [S. et P. chr.]

6031. — Mais la loi n'astreint pas le président à interpeller l'accusé sur le point de savoir s'il veut présenter des observations dès qu'une demande est faite par le ministère public. Il suffit que l'accusé puisse user de son droit à cet égard, mais l'exercice de ce droit n'a pas à être provoqué par le président. — Cass., 22 janv. 1841, Raynal et Puel, [P.42.1.262] — Nous rappelons même que la demande incidente ne prend un caractère contentieux que si l'accusé use du droit de contestation qui lui est reconnu. — V. *supra*, n. 6001 et s.

6032. — De même, il n'y a pas atteinte au droit de défense par cela seul que l'accusé n'a pas été interpellé de s'expliquer sur l'absence d'un témoin et sur les conclusions du ministère public tendant à ce que les débats fussent continués nonobstant cette absence, alors surtout que l'accusé n'a fait aucune réclamation à cet égard, et que, d'ailleurs, le témoin s'est présenté et a été entendu pendant le cours des débats. — Cass., 16 juill. 1842, Berger, [P.42.2.725]

6033. — Lorsqu'un arrêt incident mentionne l'audition préalable de la défense, tandis que le procès-verbal des débats, relatant l'arrêt, ne constate pas cette condition, ces deux documents ne se contredisent pas, mais se complètent l'un par l'autre. — Cass., 31 juill. 1890, Charles, [*Bull. crim.*, n. 166]

6034. — Les arrêts incidents doivent, comme toutes les autres décisions de justice (V. *infra*, v° *Jugement et arrêt*), être motivés à peine de nullité. — Cass., 27 vend. an VII, Bonifay, [P. chr.]; — 26 déc. 1856, Batonnet, [*Bull. crim.*, n. 406] — *Sic*, Rauter, t. 2, p. 458; Nouguier, t. 4, n. 3610. — V. cependant **Cass.**, 16 avr. 1819, Denat, [S. chr.] — Nous avons eu à

faire application de ce principe à propos de chacun des incidents que nous avons examinés.

6035. — Jugé, spécialement, que l'arrêt d'une cour d'assises qui statue sur le point de savoir si un témoin cité aux débats sera, par suite de son refus de déposer, condamné ou non à l'amende, doit, à peine de nullité, être motivé. — Cass., 12 août 1831, Pichot, [S. 32.1.106]

6036. — ... Qu'est nul l'arrêt d'une cour d'assises qui rejette sans motifs la demande de l'accusé tendant à ce qu'il soit posé une question sur la circonstance de provocation, la position d'une question sur une excuse étant, de la part de l'accusé, l'exercice d'un droit reconnu par la loi (V. *supra*, n. 3104 et s.). — Cass., 3 févr. 1821, Salicetti, [S. et P. chr.]

6037. — Mais est suffisamment motivé l'arrêt d'une cour d'assises qui, en maintenant une question d'excuse, porte qu'elle est résultée des débats. — Cass., 20 juill. 1827, Criet, [S. et P. chr.]

6038. — Les motifs implicites peuvent d'ailleurs être jugés suffisants. — Nouguier, t. 4, n. 3612.

6039. — Ainsi, l'arrêt ordonnant qu'il sera passé outre aux débats nonobstant l'absence de plusieurs témoins est suffisamment motivé s'il porte que la cour accueille les conclusions motivées du ministère public. — Cass., 23 juin 1832, Veron, [P. chr.] — *Sic*, Nouguier, *loc. cit.*

6040. — Mais n'est pas suffisamment motivé l'arrêt qui pour rejeter une demande tendant à la position d'une question subsidiaire se borne à déclarer « qu'il n'y a pas lieu de statuer sur la demande du défenseur de l'accusé ». — Cass., 22 déc. 1849, Orphile, [*Bull. crim.*, n. 353] — *Sic*, Nouguier, n. 3615.

6041. — Au contraire, il n'est pas nécessaire que l'arrêt statuant sur un incident non contentieux soit motivé. — Cass., 17 févr. 1876, Gaethals et autres, [*Bull. crim.*, n. 53]

6042. — La nécessité des motifs ne s'applique pas non plus aux arrêts ayant pour objet de constater certains faits articulés par l'accusé ou déniés par lui. — Cass., 28 avr. 1838, Cochard, [P.42.2.706] — *Sic*, Nouguier, n. 3610. — V. *supra*, n. 5983 et s.

6043. — Lorsque la cour d'assises, appelée à statuer, par suite de conclusions prises devant elle, ordonne une formalité que le président aurait pu ordonner seul, elle n'a pas davantage besoin de motiver son arrêt. — Cass., 11 févr. 1843, Capponi, [S. 44.1.161, P. 44.1.436] — V. au surplus, sur la matière, *infrà*, v° *Jugement ou arrêt*.

6044. — Sur le principe d'après lequel les arrêts incidents doivent, même lorsque le huis clos a été ordonné, être prononcés publiquement. V. *supra*, n. 5270.

6045. — La disposition qui veut que l'arrêt soit signé par les juges qui l'ont rendu, n'est applicable qu'à l'arrêt définitif prononçant des condamnations contre l'accusé. Il suffit que les arrêts d'instruction soient signés par le président et le greffier (C. instr. crim., art. 277). — Cass., 20 janv. 1824, Dupuis, [S. et P. chr.]; — 20 sept. 1827, Biron, [S. et P. chr.]; — 13 avr. 1837, Coste, [S. 37.1.1024, P. 37.2.619]; — 1er oct. 1857, Guérin, [*Bull. crim.*, n. 355]; — 25 août 1887, Bouis et Chagnon, [*Bull. crim.*, n. 323] — *Sic*, Nouguier, t. 4, n. 3616.

6046. — Jugé, spécialement, qu'il n'est pas nécessaire que les arrêts rendus par la cour d'assises sur les demandes de l'accusé relatives à la position des questions, soient signés par tous les juges; il suffit qu'il soit constaté par le procès-verbal qu'il a été statué sur ces demandes. — Cass., 14 déc. 1815, Lavalette, [S. et P. chr.]

6047. — ... Que l'arrêt par lequel la cour d'assises refuse d'ordonner la communication d'un plan des lieux est un simple arrêt d'instruction qui ne peut pas être annulé pour n'avoir pas été signé par tous les juges qui l'ont rendu. — Cass., 29 mars 1832, Thiault, [P. chr.]

6048. — ... Qu'il en est de même de l'arrêt qui, après l'ordonnance d'acquittement prononcée par le président, statue sur les réquisitions du ministère public ayant pour but de retenir l'accusé déclaré non coupable. — Cass., 14 juin 1855, Mallière, [*Bull. crim.*, n. 208]

6049. — On admet même, qu'il n'est pas exigé que les arrêts incidents soient signés spécialement au procès-verbal par le président et par le greffier; il suffit que le procès-verbal des débats dans lequel ils se trouvent relatés soit revêtu de ces signatures. — Cass., 14 déc. 1815, précité; — 26 juin 1835, Boisseau, [P. chr.]; — 14 janv. 1841, Cartel, [P.42.1.261]

6050. — Jugé qu'il ne résulte aucune nullité de ce qu'un arrêt incident n'a pas été spécialement signé par le président et par le greffier, lorsqu'il est textuellement transcrit dans le procès-verbal régulièrement signé d'eux. — Cass., 20 mars 1862, Jeannin, [D. 63.5.223]; — 26 nov. 1869, Present, [D. 70.1.443]; — 1er mai 1873, Jean-Adolphe, [Bull. crim., n. 121]; — 25 août 1887, précité. — Sic, Nouguier, n. 3616; F. Hélie, t. 8, n. 3868.

6051. — ... Que l'arrêt par lequel une cour d'assises statue sur l'opposition formée par l'accusé à l'audition d'un témoin est un simple arrêt sur incident dont l'authenticité est suffisamment constatée par la signature du président et par celle du greffier apposée au bas du procès-verbal des débats dans lequel il est inséré. — Cass., 20 sept. 1827, Gentil, [S. et P. chr.]; — Même jour, Biron, précité.

6052. — ... Que la signature du président et du greffier au bas du procès-verbal des débats donne un caractère authentique à toutes les énonciations dont il se compose, et dispense, dès lors, d'apposer ces signatures au bas des arrêts incidents relatés dans ce procès-verbal. — Cass., 7 mars 1839, Furcy-Goujon, [P. 43.1.351]

6053. — Legraverend (t. 2, p. 182) pense, au contraire, que toutes les décisions qui interviennent sur les réquisitions du ministère public doivent être signées par le magistrat qui préside et par le greffier.

6054. — En tous cas, un arrêt incident de la cour d'assises qui, avant le tirage, a dispensé un juré de remplir ses fonctions ne saurait donner ouverture à cassation pour n'avoir pas été signé par le greffier, s'il restait encore trente et un jurés titulaires sur lesquels l'accusé pouvait exercer son droit de récusation. — Cass., 22 mars 1839, Philip, [P. 43.2.407]

6055. — Rappelons que le greffier faisant essentiellement partie de la cour d'assises, il y a nullité des débats lorsqu'il est établi que le greffier n'était pas présent au moment où un arrêt incident a été prononcé. — V. suprà, n. 313 et 314.

CHAPITRE XXIII.

LÉGISLATION COMPARÉE ET DROIT INTERNATIONAL.

Section I.

Législation comparée.

6056. — Nous avons fait connaître l'organisation des cours criminelles à l'étranger en traitant, sous le mot consacré à chacun des pays civilisés, l'organisation judiciaire. Nous n'avons qu'à y renvoyer.

6057. — Nous nous bornerons à donner ici quelques notions relatives à la procédure suivie devant les cours criminelles à l'étranger après avoir jeté un coup d'œil d'ensemble sur la matière dans les différents pays d'Europe.

6058. — Introduite en France à la suite de la Révolution de 1789, à l'imitation de l'Angleterre, où elle a pris naissance au moyen âge, et des Etats-Unis d'Amérique, qui la tenaient de la mère-patrie, l'institution du jury passa en Belgique, en 1830, au temps de la seconde Révolution française, où ce pays fut séparé de la Hollande. Ce dernier pays n'a pas de cours d'assises, le jury au criminel n'y fonctionnant pas.

6059. — Le jury fut introduit dans le royaume de Grèce en 1834, et y fut expressément maintenu par un des articles de la Constitution de 1843.

6060. — Le Portugal l'adopta partiellement en 1832 et plusieurs lois l'y développèrent depuis.

6061. — Il fut établi à Genève, par une loi du 12 janv. 1844, et a été également introduit dans un certain nombre de cantons suisses et dans la législation fédérale.

6062. — Il a pénétré également en Italie, en Roumanie, en Russie, en Serbie, et, plus récemment, en Norvège.

6063. — En résumé, il y a un jury analogue au jury français et des tribunaux criminels plus ou moins analogues à notre cour d'assises dans les pays suivants : Allemagne, Autriche, Belgique, Bosnie et Herzegovine, Bulgarie, Egypte, Etats-Unis de l'Amérique du Nord, Grande-Bretagne (Angleterre, Ecosse et Irlande), Grèce, Hongrie, Inde anglaise, Italie, Ile de Maurice, Portugal, Roumanie, Russie, dans un seul des Etats Scandinaves,

la Norvège, en Serbie, et, dans la Confédération suisse, dans les cantons de Fribourg, Genève, Neuchâtel, Vaud, c'est-à-dire presque tous les cantons français.

6064. — En Hongrie et en Suède, le jury ne fonctionne que pour les délits de presse. Enfin, il n'y a pas de jury, ni par suite de tribunal criminel analogue à la cour d'assises française, en Espagne où après avoir été introduit par une loi de 1869 et avoir fonctionné pendant quelques années, il a été suspendu, puis supprimé; il n'en existe pas non plus dans les Pays-Bas, en Danemark, en Finlande, en Turquie.

6065. — Dans certains pays, on est même arrivé à l'établissement du jury en matière correctionnelle. C'est ainsi que l'Angleterre d'abord, le Portugal après elle (Cod. do processo criminal, tit. 2, sect. 3, § 18 et s.), la Suisse en troisième lieu (canton de Neuchâtel, C. pén., ch. 3, art. 239 et s.; canton de Vaud, C. pén., tit. 4, art. 284 et s.; C. proc. fédér. suisse (1849), art. 49, § 2 et art. 50), ont adopté et soigneusement conservé la procédure du jury statuant en matière de délit. Enfin, l'Allemagne a adopté comme la juridiction pénale la plus rationnelle et la plus libérale à la fois, le jury non seulement dans les affaires criminelles et correctionnelles (L. sur l'organ. judic., tit. 4, § 79 et s.), mais encore dans celles qui sont soumises au juge du premier degré, l'Amtsrichter (L. sur l'organ. judic., § 25 et s.). Il y a plus encore : la loi allemande donne à son juré (Schöffeh) voix délibérative sur l'application de la peine, et elle lui réserve la majorité dans le Schoffengericht, ou cour d'assises, ce tribunal étant composé de trois membres, dont deux sont de simples jurés (L. sur l'organ. judic., tit. 4, § 26). Mais il ne faut pas perdre de vue que, à la différence de la cour d'assises française, le Schoffengericht allemand ne statue, en règle générale, qu'à charge d'appel.

6066. — En ce qui touche le secret de l'instruction ou de la procédure pénale, depuis longtemps la France est restée en arrière. Malgré les progrès accomplis dans les lois pénales, et contrairement aux règles suivies par d'autres nations européennes, telles que l'Allemagne, l'Autriche, le Portugal et la Suisse de langue française, qui ont levé, dans des limites plus ou moins étendues, le secret des procédures pénales, la France a jusqu'à l'heure actuelle maintenu la procédure secrète jusqu'après la décision de la chambre des mises en accusation. On sait cependant qu'une proposition de loi ayant pour objet d'atténuer les inconvénients de ce système de l'instruction, est actuellement soumise en Parlement. — V. infrà, v° Instruction criminelle, n. 23 et s.

6067. — La composition de la cour d'assises, qui comprend, en France, trois magistrats inamovibles (C. instr. crim., art. 252 et 253), avec douze jurés, est la même dans plusieurs pays européens, notamment en Allemagne (C. ou L. d'organ. judic., art. 80, et C. proc. pén., art. 282), en Autriche (C. proc. crim., art. 611, § 7, comb. avec art. 736); en Italie, en Roumanie, etc. Telle aussi était-elle en Espagne, lorsque le jury y fonctionnait (Ley de enjuiciamiento criminal, art. 658). Mais elle est différente dans d'autres, notamment en Portugal, en Suisse, etc.

6068. — En ce qui concerne les fonctions du président d'assises, presque toutes les lois pénales européennes s'accordent à donner à ce magistrat des pouvoirs très-étendus. — V. sur ce point, pour l'Allemagne (C. proc. pén., art. 237, qui vise également le président de la cour d'assises et le président de la chambre correctionnelle); l'Autriche (C. proc. pén., art. 232, comb. avec art. 315); l'Espagne (de 1873 à 1875) (C. proc. crim., art. 611, § 7, comb. avec art. 736); la Hollande, qui, en l'absence de cour d'assises, donne de larges pouvoirs au président de la cour provinciale jugeant en matière pénale (C. proc. pén., art. 184, 193 et s.); le Portugal (Processo criminal, art. 172 à 177 inclus); la Russie (C. des ordon. judic., art. 149, 166 et s.), d'après lesquels les pouvoirs étendus conférés par la loi russe aux présidents s'appliquent à la fois aux audiences des affaires criminelles et à celles des affaires civiles (art. 153); et la Suisse de langue française : cantons de Genève (Loi sur le jury en matière criminelle (1844), sect. 5, art. 51 et s.); de Neuchâtel (C. proc. pén., ch. 5, art. 239 et s.); de Vaud (C. proc. pén., tit. 4, sect. 2, art. 236).

6069. — Le résumé du président d'assises semble, dès le principe, avoir fait corps avec l'institution même du jury, là où cette institution fonctionne depuis le plus longtemps et dans les conditions les plus libérales et les plus larges pour la défense, notamment en Angleterre. Mais la loi anglaise entend le résumé d'une manière diamétralement opposée aux règles suivies par les législations européennes qui ont conservé cette formalité. — V. Marcy, *C. de proc. pén. du royaume d'Italie*, t. 1, p. 374. — Le Portugal, dont la procédure sur le jury et devant les cours d'assises s'inspire presque constamment de la loi anglaise, s'est, au sujet du résumé du président, quelque peu écarté de celle-ci, ainsi que la loi autrichienne qui, comme l'avait fait la loi espagnole de 1869, ont gardé le résumé, qu'ont, au contraire, supprimé l'Allemagne, la Belgique, depuis 1831, le canton de Neuchâtel, le canton de Vaud, le canton de Genève, etc.

6070. — Quant aux lois étrangères qui ont conservé le résumé des présidents d'assises, elle ne le font qu'avec beaucoup de réserve et en précisant avec un soin extrême, ainsi qu'on le verra, la nature juridique spéciale que doit conserver cette formalité, ce qui prouve combien elles tiennent à en écarter dans l'application les exagérations ou le parti pris.

6071. — D'autres nations, et en assez grand nombre, ont estimé que le plus sûr moyen d'éviter les inconvénients du résumé est de le supprimer purement et simplement. De ce nombre sont, nous l'avons vu, l'Allemagne, dont la législation pénale, qui est une des plus récentes, est en même temps une des plus étudiées et des plus complètes. Elle donne pour seule mission au président des assises d'instruire les jurés de la question de droit que peut soulever une affaire.

6072. — Sur le point de savoir dans quelles conditions il peut être permis au président des assises de communiquer avec le jury pendant que celui-ci délibère, certains pays, tels que l'Italie, suivent la théorie généralement admise en France (V. *supra*, n. 3935 et s.). D'autres législations, telles que la loi allemande, la loi suisse, la loi anglaise exigent, pour tout éclaircissement demandé au président des assises par le jury le retour de celui-ci à l'audience (V. *infrà* n. 6090; C. proc. pén. all., liv. 2, sect. 7, art. 306; C. proc. pén. du canton de Vaud, tit. 4, ch. 1, sect. 2, art. 393). La loi espagnole exigeait que toute demande d'explication entre les jurés et le président fût faite par écrit et sans déplacement (V. *Ley provisional de enjuiciamiento criminal*, tit. 4, ch. 10, art. 758). Le Portugal a, sur ce point, imité l'Angleterre. Quant au canton de Genève (C. proc. civ., art. 66) et au canton de Neuchâtel (C. proc. pén., art. 339), la loi n'y prévoit même pas comme possible, en pareille matière, une demande d'explication de la part des jurés. — V. Marcy, t. 1, p. 387.

6073. — Enfin, la plupart des législations étrangères admettent les mêmes voies de recours que la loi française contre les arrêts rendus par les cours d'assises.

§ 1. ALLEMAGNE.

6074. — Les cours d'assises allemandes connaissent, aux termes de la loi d'organisation judiciaire, de tous les crimes dont la répression n'a pas été attribuée aux chambres criminelles des tribunaux régionaux ou au tribunal de l'Empire. — V. *supra*, v° *Allemagne*, n. 297 et s. — V. aussi Daguin, *Code de procédure pénale allemand* (1er févr. 1877), traduit et annoté, sous l'art. 140, p. 83, n. 2, 3 et 4, et sous l'art. 112-1°, p. 67, n. 1.

6075. — Avant le jour où les débats doivent commencer devant la cour d'assises, la liste définitive des jurés (V. sur la composition de cette liste, le C. d'organ. judic. all., art. 85 à 91 : Dubarle, *C. d'organ. de l'empire allemand*, t. 2) doit être signifiée à l'accusé, s'il est en état de détention, et, s'il est en liberté, déposée au greffe, afin qu'il en puisse prendre connaissance. Si cette notification à l'accusé n'a pas eu lieu en temps utile, il peut demander la remise de l'affaire. — Quant au nom des jurés inscrits postérieurement sur la liste définitive (V. sur la composition de cette liste définitive, ils doivent être communiqués à l'accusé au plus tard au commencement des débats (C. proc. pén. all., art. 277). — V. F. Daguin, *op. cit.*, p. 153, texte et notes.

6076. — Le jour de l'audience doit être fixé par le président (art. 212). L'accusé en est avisé au plus tard par la citation à comparaître (art. 214 et 215). Entre celle-ci et le jour de l'audience, il doit y avoir au moins une semaine. Si ce délai n'était pas observé, l'accusé, avant la lecture de l'acte d'accusation, aurait droit d'exiger le renvoi de l'affaire (art. 216). Le défenseur est également assigné par citation personnelle (art. 217). L'accusé peut demander au président tout supplément de preuve qu'il juge opportun (art. 218). Si le président rejette sa de-

mande, l'accusé conserve le droit de faire à ses frais la justification (art. 219). Dans le même délai se doit faire la notification respective des listes des témoins et des experts (art. 221). Si un témoin ou un expert est empêché, alors que sa déposition aux débats est indispensable, la cour délègue un magistrat pour aller l'entendre avant l'audience (art. 222). — V. C. proc. pén. ital., art. 294). On doit alors notifier à l'accusé, comme à son défenseur, autant que possible, les jour et heure de cette audition. Enfin, la dénonciation préalable de la liste des jurés doit être également faite à l'accusé, toujours avant l'audience (art. 277). — V. Marcy, t. 1, p. 344, 346.

6077. — L'accusé doit comparaître en personne aux débats : il est interdit aux tribunaux de juger un accusé absent, lorsque la peine encourue dépasse l'amende ou la confiscation (art. 229, 231 et 232). Si l'accusé, après avoir comparu et subi son interrogatoire, quitte l'audience, le jugement peut être cependant rendu en son absence, quelle que soit la gravité de la peine, si le tribunal ne juge pas sa présence nécessaire (art. 230). Le tribunal a toujours le droit d'ordonner la comparution personnelle de l'accusé et de le contraindre à comparaître, au moyen d'un mandat d'amener ou d'un mandat d'arrêt (art. 229 et 235). Si néanmoins les débats ont eu lieu en l'absence de l'accusé lorsque sa présence est nécessitée par la gravité de la peine, il pourra réclamer la restitution en entier contre le jugement, pendant une semaine à partir de sa signification (art. 234).

6078. — L'audience, en cour d'assises, commence par la constitution du jury au moyen du tirage au sort (art. 278). Un nouveau jury de jugement doit, en principe, sauf toutefois la disposition de l'art. 286, être formé pour chaque affaire nouvelle (C. proc. pén. all., art. 278). — V. F. Daguin, p. 153 et 154, texte et notes.

6079. — Avant de procéder au tirage au sort, on élimine, outre les personnes incapables de faire partie d'un jury (C. d'organ. judic., art. 32 et 84), les jurés auxquels la loi interdit de siéger dans l'affaire (C. d'organ. judic., art. 22 et 32). Les jurés présents sont requis de faire connaître s'il existe contre eux des motifs d'exclusion, et faute de ce faire, le jugement est censé avoir été rendu en violation de la loi (C. proc. pén., art. 377-1° et 2°. — V. F. Daguin, *op. cit.*, p. 196, texte et notes 1 et 2). Le tribunal statue, après avoir entendu l'intéressé, et sa décision n'est pas susceptible de recours. Le jury de jugement est ensuite constitué, et la liste des jurés, qui comprend vingt-quatre ou trente noms, suivant les cas (C. proc. pén., art. 280), sert pour toutes les affaires inscrites au rôle de la session. La formation du jury de jugement a lieu en séance publique par le tirage au sort des noms opéré par le président. — V. Daguin, p. 154 et 155, texte et notes.

6080. — On peut récuser autant de jurés qu'il y a de noms dans l'urne au delà de douze. La moitié des récusations appartient au ministère public, l'autre moitié à l'accusé. Lorsque le nombre des jurés à récuser est impair, l'accusé a le droit d'exercer une récusation de plus (art. 282). S'il y a plusieurs accusés, le droit de récusation doit être exercé en commun (art. 284). Après la formation du jury et la prestation de serment des jurés, on procède aux débats sur l'affaire (art. 289).

6081. — Après l'ouverture des débats et l'appel des témoins et experts, le président procède à l'interrogatoire de l'accusé (art. 237, 242, 365, al. 2). L'interrogatoire porte d'abord sur la personnalité de l'accusé, sur toutes les circonstances de nature à faire connaître son individualité, ses antécédents, sa moralité, ensuite sur les faits qui lui sont reprochés (art. 242 et 136). L'interrogatoire est oral, à moins que l'accusé ne soit sourd ou muet. Il est fait en l'absence des témoins appelés à déposer dans l'affaire (art. 242).

6082. — Les témoins sont, en principe, interrogés par le président. Cependant pour les témoins cités à la requête de l'accusation et de la défense, mais pour eux seuls et non pour ceux cités d'office, le président peut autoriser le ministère public et le défenseur à les interroger eux-mêmes successivement, en donnant la priorité à la partie qui produit les témoins (art. 238). Cet interrogatoire par les parties, imité de l'Angleterre, est désigné sous le nom de *Kreuzverhör* (interrogatoire croisé). Le président, chargé de la direction des débats, peut toujours du reste interroger lui-même ces témoins, après le ministère public et le défenseur (art. 238) : il peut retirer à celui qui en abuserait le droit d'interroger directement, et écarter les questions inopportunes ou inutiles (art. 240).

6083. — Après l'audition de chaque témoin, expert ou coaccusé, de même qu'après la lecture de chaque pièce écrite, l'accusé doit être interpellé sur le point de savoir s'il a quelque observation à présenter (art. 256), sans que du reste il résulte de l'omission de cette interpellation aucune nullité.

6084. — S'il est à craindre qu'un coaccusé ou qu'un témoin ne dise pas la vérité s'il est interrogé en présence de l'accusé, le tribunal peut ordonner que ce dernier soit éloigné de la salle d'audience pendant l'interrogatoire. Toutefois, le président doit, aussitôt que l'accusé a été réintroduit, lui faire connaître, dans ses points essentiels, ce qui a été déclaré ou débattu en son absence. Il doit être procédé de même lorsque le tribunal a ordonné d'éloigner provisoirement l'accusé de la salle d'audience par mesure d'ordre (art. 246, et Code d'organisation judiciaire du 27 janv. 1877, art. 178).

6085. — Lorsque l'administration de la preuve est terminée, la parole est donnée au ministère public, et immédiatement après lui, à l'accusé, pour présenter leurs observations et leurs conclusions. Le ministère public a le droit de répliquer : mais l'accusé doit toujours avoir la parole le dernier. L'accusé, dans le cas même où un défenseur aurait parlé en son nom, doit être interpellé sur le point de savoir s'il a encore quelque chose à ajouter pour sa défense (art. 257).

6086. — Lorsque l'accusé ne possède pas la langue dans laquelle les débats ont lieu, c'est-à-dire la langue allemande (art. 186 du Code d'organisation judiciaire du 27 janv. 1877), on doit pour le moins lui faire connaître, par l'intermédiaire d'un interprète, la partie des plaidoiries renfermant les conclusions prises par le ministère public et par le défenseur (art. 258).

6087. — Devant les cours d'assises, immédiatement après la clôture de l'administration de la preuve et avant les plaidoiries, il est donné lecture des questions formulées par le président; une copie doit être communiquée aux jurés, au ministère public et à l'accusé, toutes les fois qu'une demande est déposée à cet effet. Si l'accusé, le ministère public ou l'un des jurés le requiert, les débats sont suspendus pour quelques instants, afin de permettre d'examiner les questions (art. 290). Le ministère public et l'accusé, ainsi que chacun des jurés, ont le droit de signaler les défectuosités qu'ils constatent dans la position des questions ; ils ont également le droit de demander que les questions soient modifiées ou complétées (art. 291). En cas de réclamations, le tribunal fixe lui-même la rédaction des questions et lecture est donnée des questions telles qu'elles ont été ainsi fixées (art. 291).

6088. — Dès que les questions ont été posées, le ministère public dépose ses conclusions et développe ses observations relativement à la question de culpabilité (art. 299).

6089. — Les questions ayant été signées par le président et remises aux jurés, ceux-ci se retirent dans la salle des délibérations, où les objets qui ont été mis sous leurs yeux au cours des débats, pour être l'objet d'un examen de leur part, peuvent leur être confiés (art. 301 et 302). — V. Daguin, p. 164, texte et note 1). L'accusé est éloigné de la salle d'audience pendant la délibération du jury (art. 301).

6090. — Si les jurés, avant de rendre leur verdict, croient avoir besoin de nouvelles explications, celles-ci leur sont données, sur leur demande, par le président, après qu'ils sont rentrés à cet effet dans la salle d'audience (art. 306).

6091. — Aucune délibération, de quelque nature que ce soit, ne peut avoir lieu entre les jurés réunis dans la salle des délibérations et des personnes étrangères; le président veille à ce qu'aucun des jurés ne quitte, sans son autorisation, la salle des délibérations, et à ce qu'aucune tierce personne n'y pénètre (art. 302 et 303). — V. Daguin, p. 154, texte et note 2.

6092. — Les jurés élisent, au moyen de bulletins écrits et à la majorité des voix, le chef du jury, qui dirige la délibération et le vote (art. 304).

6093. — Les jurés répondent par *oui* ou par *non* aux questions posées, et ont même le droit de répondre partiellement *oui* et partiellement *non* à la même question (art. 305). — V. Daguin, p. 164 et 165.

6094. — Toute décision défavorable à l'accusé doit être accompagnée de la mention qu'elle a été prise à plus de sept voix de majorité, et, s'il s'agit du refus des circonstances atténuantes, à une majorité de plus de six voix. Le chef du jury fait connaître publiquement, dans la salle d'audience, le verdict du jury (art. 307 et 308).

6095. — Si le tribunal estime que la déclaration du jury n'est pas régulière en la forme, ou qu'au fond elle est obscure, insuffisante, ou bien qu'elle renferme des contradictions, les jurés sont invités par le président à se retirer dans la salle des délibérations, afin de remédier aux défectuosités relevées. Il est permis de recourir à cette mesure tant que le président n'a pas prononcé le jugement en conséquence du verdict du jury.

6096. — S'il ne s'agit que de rectifier un vice de forme dans le verdict, il est interdit de modifier le fond même de la réponse.

6097. — Quand il s'agit de rectifier, dans le verdict, des défectuosités de fond, les jurés ne sont liés, lors de leur nouvelle délibération, par aucune partie de leur précédente déclaration. Mais si la discussion relative à ces défectuosités fait sentir la nécessité de modifier ou de compléter les questions, l'accusé doit être introduit à nouveau, pour assister à ces changements ou additions, et la déclaration rectifiée doit être écrite à côté de la déclaration antérieure, de manière à ce que celle-ci reste lisible (art. 306, 309 à 312). — V. Daguin, p. 166 et 167.

6098. — Après la lecture du verdict du jury par son chef (art. 308), l'accusé est introduit dans la salle d'audience, et la déclaration du jury est portée à sa connaissance par la lecture qui lui en est faite (art. 313).

6099. — Si l'accusé a été déclaré non coupable par le jury, le tribunal, et non pas seulement le président, prononce son acquittement (art. 314, al. 1).

6100. — Dans le cas contraire, avant que le jugement soit rendu, le ministère public et l'accusé sont entendus dans leurs observations et conclusions, sur l'application de la peine (art. 314, al. 2). Les motifs du jugement doivent être basés sur la déclaration du jury. La minute du verdict est annexée à celle du jugement. — V. Daguin, p. 167.

6101. — Si le tribunal est unanimement d'avis que le jury s'est trompé sur le fond de l'affaire, au préjudice de l'accusé, il renvoie, par un simple décret et sans indiquer les motifs de son opinion, l'affaire devant les assises de la session suivante, pour y être l'objet d'un nouveau débat (art. 317. — V. C. instr. crim. franç., art. 352; C. instr. autr., art. 332. — V. Daguin, p. 167 et 168). — V., sur la cour d'assises en Allemagne, les ouvrages suivants : Dr Julius Gloser, *Haudbuch des Strafprozesses* (Manuel de procédure pénale), Leipzig, 1883 et 1885, 2 vol., t. 1, p. 139, 156, 164, 173, 200 et s., 259 et s., 264, n. 6; Dr E. Löwe, *Die Strafprozessordnung für das deutsche Reich* (Le Code de procédure pénale de l'empire allemand), avec commentaire, Berlin et Leipzig, 1888, p. 581 à 630; Stenglein, *Die Strafprozesszordnung für das deutsche Reich vom Februar 1877*, etc. (Le Code de procédure pénale de l'empire allemand du 1er févr. 1877, avec la loi d'organisation judiciaire du 27 janv. 1877 commenté), Nördlingen, 1889, in-8º, p. 3, 51, 57, 484 à 522.

§ 2. AUTRICHE.

6102. — V. Code de procédure pénale autrichien de 1873 (mis en vigueur en 1874), chap. 19 : Des cours d'assises (*Geschwornengerichte*), art. 297 à 351. — Les sessions d'assises se tiennent tous les trois mois au siège de chaque cour de première instance ; elles ont lieu alternativement au siège de chacune des cours comprises dans le ressort d'une cour de seconde instance dans un ordre qu'elle fixe. A Vienne, les sessions ordinaires se tiennent tous les mois ; dans les autres villes, où elles sont jugées nécessaires, tous les deux mois. Il peut, en cas de nécessité, être tenu une session extraordinaire (art. 297). — Sur la composition des cours d'assises, V. *suprà*, v° *Autriche*, n. 282.

6103. — Immédiatement avant le commencement des débats, il est procédé à la formation du banc des jurés pour chaque affaire, à huis clos, en présence de l'accusateur, de la partie civile, de l'accusé et de son défenseur, ainsi que des jurés convoqués (art. 304).

6104. — L'accusateur peut récuser une moitié, l'accusé une autre moitié des jurés, quand ils sont plus de douze. Lorsque les jurés sont en nombre impair, l'accusé a le droit de récuser un juré de plus que l'accusateur. Quand il y a plusieurs accusateurs ou plusieurs accusés, les premiers exercent en commun le droit de récusation accordé à l'accusateur, les seconds, celui qui appartient à l'accusé. S'ils ne s'accordent pas sur la récusation, le sort indique l'ordre dans lequel ils pourront chacun à leur tour les faire. La récusation faite par l'un d'eux vaut alors pour tous les autres (art. 308).

6105. — Les débats sont publics sauf le cas de huis clos ordonné par la cour (art. 228 et 229). Dans le cas même de huis clos, l'accusé ainsi que la partie civile ou l'accusateur privé, peuvent demander que trois personnes de leur intimité soient admises à assister aux débats (art. 230).

6106. — L'accusé comparaît sans fers; s'il est détenu, il est accompagné de gardes (art. 239).

6107. — Si l'accusé régulièrement cité ne comparaît pas, il peut, selon les circonstances, être passé outre aux débats en son absence, ou décerné un mandat d'amener contre lui, ou enfin ordonné que les débats seront ajournés à ses frais et qu'il sera amené pour y comparaître. Un avertissement lui est donné quant à ce dans la citation (art. 221). Du reste, les débats ne peuvent avoir lieu en l'absence de l'accusé que s'il s'agit d'un crime puni d'une peine privative de la liberté de cinq ans au plus et si l'accusé a déjà été entendu dans l'instruction. L'accusé peut, d'ailleurs, former opposition au jugement rendu contre lui en son absence, quand il est prouvé qu'il n'a pu se présenter par suite d'un empêchement insurmontable (art. 427).

6108. — Si l'accusé trouble les débats par une conduite inconvenante et persiste malgré les avertissements du président et la menace de le faire expulser de l'audience, la cour peut décider qu'il sera éloigné pour un certain temps ou pour toute la durée des débats; que l'affaire sera continuée en l'absence de l'accusé, et que le jugement sera porté à sa connaissance par un membre de la cour, en présence du greffier (art. 234).

6109. — Le président demande à l'accusé ses nom, prénoms, âge, lieu de naissance, la commune à laquelle il appartient, sa religion, sa condition, son industrie ou sa profession et le lieu de sa résidence. Il appelle ensuite son attention sur l'accusation portée contre lui et sur les débats (art. 240).

6110. — Après l'appel des témoins et la lecture de l'acte d'accusation (art. 241 à 244), le président procède à l'interrogatoire de l'accusé. Si l'accusé déclare qu'il n'est pas coupable des faits dont il est accusé, le président doit l'avertir qu'il a le droit d'exposer, en réponse à l'accusation, l'ensemble de l'affaire et de formuler des observations sur chacune des preuves qui seront produites. Si l'accusé s'écarte de ses déclarations antérieures, il doit être interrogé sur les motifs qui ont déterminé ces divergences. Dans ce cas et dans le cas où l'accusé refuse de répondre, le président peut faire donner lecture de tout ou partie du procès-verbal où sont consignées les déclarations antérieures. Le président doit laisser l'accusé répondre librement aux questions qui lui sont adressées. L'accusé peut conférer avec son défenseur, même au cours des débats; il ne peut cependant le consulter sur lui, immédiatement après qu'une question lui a été posée, sur la réponse à lui faire (art. 245).

6111. — Les témoins sont interrogés par le président. Cependant l'accusé, ainsi que l'accusateur et la partie civile, et leurs représentants, ont le droit, après avoir obtenu la parole du président, de poser directement des questions à la personne qui dépose : sauf le droit du président d'écarter les questions qui lui paraissent inopportunes (art. 249).

6112. — Le président a le droit de faire sortir l'accusé de la salle d'audience pendant l'audition d'un témoin ou l'interrogation d'un coaccusé. Il doit alors, aussitôt après que l'accusé aura été réintroduit et interrogé sur le point traité en son absence, lui faire connaître tout ce qui s'est passé en son absence et particulièrement les déclarations qui ont été faites. Cette communication peut n'être pas faite immédiatement, mais elle doit l'être, à peine de nullité, avant qu'ait pris fin la partie des débats consacrée à l'administration de la preuve (art. 250).

6113. — L'accusé peut, à son tour, demander, ainsi que l'accusateur, que des témoins soient, après leur audition, éloignés de la salle d'audience et ensuite rappelés et entendus à nouveau, soit isolément, soit en présence d'autres témoins (art. 251).

6114. — Le président fait placer sous les yeux de l'accusé les objets qui peuvent servir à établir les faits et lui demande de déclarer s'il les reconnaît (art. 253).

6115. — Après l'administration de la preuve, l'accusateur, la partie civile, l'accusé et son défenseur ont la parole : l'accusé doit toujours être entendu le dernier (art. 255).

6116. — Après l'administration des preuves et avant que les parties aient présenté leurs observations, les questions à poser au jury sont lues à haute voix et remises, par écrit, sur leur demande, à l'accusateur et à l'accusé. Ceux-ci ont le droit de proposer des modifications à ces questions et de demander l'adjonction de questions nouvelles. La cour statue de suite sur ces propositions. Si des modifications sont faites aux questions, elles sont lues de nouveau à haute voix (art. 316).

6117. — Le président prononce ensuite la clôture des débats. Il en réunit dans un exposé rapide les résultats essentiels. Il indique avec la plus grande brièveté possible les preuves pour et contre l'accusé, sans pourtant donner sa propre opinion. Il indique aux jurés les caractères légaux du fait punissable et la signification des expressions légales contenues dans les questions, et il attire leur attention sur leur devoir en général et spécialement sur les dispositions concernant leur délibération et leurs votes. L'exposé du président ne peut être interrompu ni discuté par personne, mais toute partie a le droit de demander que les indications juridiques données au jury par le président soient consignées dans le procès-verbal (art. 325).

6118. — L'accusé est éloigné de la salle d'audience pendant la délibération (art. 257).

6119. — Les jurés s'étant retirés dans la salle des délibérations élisent un chef parmi eux, qui, avant la délibération, leur donne lecture de l'instruction reproduite par l'art. 326. Ils ne doivent pas quitter la salle des délibérations avant d'avoir rendu leur décision. S'il s'élève des doutes parmi les jurés sur la procédure qu'ils doivent observer ou sur le sens des questions posées, ou sur la manière de répondre, le président se rend au milieu des jurés, sur la demande du chef du jury, avec le greffier, l'accusateur et l'accusé, quand ceux-ci sont présents au palais de justice. L'instruction donnée à cette occasion par le président doit être constatée dans un procès-verbal, si la demande lui en est faite. Lorsque les jurés expriment le désir que les questions à eux adressées soient modifiées ou complétées, il doit être discuté et statué sur ce point en audience publique. Personne ne doit assister au vote du jury, à peine de nullité (art. 327).

6120. — Pour la solution affirmative soit de la question de culpabilité, soit des questions relatives aux circonstances aggravantes, la majorité des deux tiers au moins est exigée. Dans tous les autres cas, la décision est prise à la simple majorité, et, en cas de partage, c'est la décision la plus favorable à l'accusé qui prévaut (art. 329).

6121. — Après le vote du jury et la lecture, par son chef, du verdict, l'accusé est ramené dans la salle d'audience, et il lui est donné lecture du verdict, ou, si la cour a pensé *unanimement* que les jurés se sont trompés au fond, de l'arrêt qui ordonne le renvoi de l'affaire à la plus prochaine session et à une autre cour d'assises (art. 333 et 332).

6122. — Si l'accusé est déclaré non coupable, la cour, et non le président seulement, rend aussitôt la décision prononçant la mise en liberté de l'accusé; cette décision est communiquée immédiatement à celui-ci (art. 334).

6123. — Si l'accusé est déclaré coupable, la parole est donnée à l'accusateur, à la partie civile, à l'accusé et à son défenseur, à la condition que ceux-ci soient toujours entendus les derniers. Les débats ne doivent pas avoir pour but de mettre en question ce qui a été établi par le verdict du jury; ils portent exclusivement sur l'application de la peine et sur les questions de dommages-intérêts (art. 335).

6124. — Pendant la délibération de la cour, l'accusé peut, si le président le juge utile, être conduit hors de la salle d'audience (art. 336).

§ 3. BELGIQUE.

6125. — V. Lois des 19 juin 1869 et 15 avr. 1878, sur les cours d'assises (C. instr. crim., art. 291 à 412. — V. C. proc. pén. révisé, liv. 2, tit. 1, *De la procédure devant les cours d'assises*). — Il est tenu des assises, tous les trois mois, au chef-lieu de chaque province (L. 18 juin 1869, art. 87, 88 et 89). — Sur la composition des cours d'assises, V. *suprà*, v° *Belgique*, n. 28 et s.

6126. — Le jour où les assises doivent s'ouvrir est fixé par l'ordonnance du premier président de la cour d'appel. Cette ordonnance est publiée par affiches et par la lecture qui en est faite dans tous les tribunaux de première instance du ressort, huit jours au moins avant l'ouverture (L. 18 juin 1869, art. 90 et 91).

6127. — Sur la composition de la cour d'assises, en Belgique, V. *suprà*, v° *Belgique*, n. 100 et *s.* — V. aussi L. 18 juin 1869, art. 92.

6128. — En cas d'empêchement, le président de la cour d'assises est remplacé par le plus ancien des assesseurs. Néanmoins, si l'empêchement survenait avant l'ouverture des assises, il serait nommé un remplaçant, par le premier président, parmi les membres de la cour d'appel. Lorsque, par suite de l'empêchement d'un ou de plusieurs assesseurs et suppléants, la cour d'assises n'a pu se composer, le premier président désigne un ou plusieurs membres de la cour d'appel pour compléter le nombre nécessaire (L. 18 juin 1869, art. 93).

6129. — La cour d'assises ne peut rendre arrêt qu'au nombre fixe de trois juges, y compris le président (L. 18 juin 1869, art. 94).

6130. — Les membres de la cour d'appel qui ont voté sur la mise en accusation ne peuvent, dans la même affaire, ni présider les assises, ni assister le président, à peine de nullité. Il en est de même à l'égard du magistrat qui a rempli les fonctions de juge d'instruction (L. 18 juin 1869, art. 95).

6131. — Si le nombre des affaires le requiert, le président les divise en plusieurs séries, de manière que chacune de ces séries, autant que possible, n'occupe pas les jurés plus de quinze jours. Lorsqu'il y a plusieurs séries, la cour d'assises peut, dans le cas où la loi autorise le renvoi à une prochaine session, ordonner le renvoi d'une série à une autre, si l'accusé en forme la demande (L. 18 juin 1869, art. 96).

6132. — Le nombre de douze jurés est nécessaire pour former un jury (art. 113, même loi).

6133. — Au jour indiqué, et pour chaque affaire, l'appel des jurés non excusés et non dispensés est fait avant l'ouverture de l'audience, en présence de l'accusé et du procureur général. Le nom de chaque juré répondant à l'appel est déposé dans l'urne. Le jury de jugement est formé à l'instant où il est sorti de l'urne douze noms de jurés non récusés suivant le mode déterminé par le Code d'instruction criminelle (art. 114, même loi).

6134. — Nul ne peut être juré dans la même affaire où il a été officier de police judiciaire, témoin, interprète, expert ou partie, à peine de nullité (art. 115, même loi).

6135. — Lorsqu'un procès criminel paraît de nature à entraîner de longs débats, la cour d'assises peut ordonner, avant le tirage de la liste des jurés, qu'indépendamment des douze jurés, il en sera tiré au sort un ou deux autres qui assisteront aux débats; en ce cas, les récusations que peuvent faire l'accusé et le procureur général s'arrêtent respectivement lorsqu'il ne reste que treize ou quatorze jurés. Si l'un ou deux des douze jurés se trouvent empêchés de suivre les débats, ils sont remplacés par les jurés suppléants. La cause de l'empêchement est jugée par la cour, et le remplacement se fait suivant l'ordre dans lequel les jurés suppléants ont été appelés par le sort (L. 15 mai 1838, art. 16).

6136. — Les art. 291 à 380, C. instr. crim. franç., relatifs à la procédure devant la cour d'assises, ainsi qu'au jugement et à l'exécution, sont encore en vigueur en Belgique, sauf les particularités suivantes.

6137. — Le résumé du président des assises a été supprimé en Belgique dès 1831.

6138. — Le vote du jury a lieu au scrutin secret sur les questions posées en exécution de la loi (L. 18 juin 1869, art. 116). A cet effet, les bulletins sont imprimés et marqués du timbre de la cour d'assises. Ils portent en tête les mots : *sur mon honneur et ma conscience, ma déclaration est.....* Au milieu, en lettres lisibles, le mot : oui. Et au bas, en lettres très-lisibles, le mot : non (L. 15 mai 1838, art. 18).

6139. — Après la déclaration, chaque juré reçoit un de ces bulletins, qui lui est remis ouvert par le chef du jury. Dans les provinces où les langues flamande ou allemande sont en usage, chaque juré reçoit, outre le bulletin français, un bulletin en flamand ou en allemand. Le juré qui veut répondre *oui*, efface ou raie le mot *non* ou le mot correspondant en flamand ou en allemand. Le juré qui veut répondre *non*, efface le mot *oui* ou le mot correspondant en flamand ou en allemand. Il ferme ensuite son bulletin et le remet au chef du jury, qui le dépose dans une urne à ce destinée (art. 19, même loi).

6140. — Le président de la cour d'assises remet aux jurés

les questions sur lesquelles ils ont à statuer. Ils doivent répondre séparément et distinctement, d'abord sur le fait principal, ensuite sur chacune des circonstances aggravantes. Les jurés votent séparément et distinctement sur chacune des questions ainsi posées et, s'il y a lieu, sur chacune des questions posées dans les cas prévus par les art. 339 et 340, C. instr. crim. (L. 15 mai 1838, art. 20).

6141. — La table servant aux opérations du jury est disposée de manière que personne ne puisse voir ce qui est fait par chaque juré (art. 21, même loi).

6142. — Le bulletin sur lequel les mots *oui* et *non*, ou ceux correspondants en flamand ou en allemand, sont tous les deux effacés ou rayés, ou ne le sont ni l'un ni l'autre, est compté comme portant une réponse favorable à l'accusé (art. 23, même loi).

6143. — Après le dépouillement de chaque scrutin, les bulletins sont brûlés en présence du jury (art. 24, même loi).

6144. — Le président de la cour d'assises, en remettant les questions aux jurés, les avertit sur la manière dont ils doivent procéder et émettre leurs votes. Les art. 18, 19, 20, 21, 22, 23 et 24 sont imprimés en gros caractères et affichés dans la salle des délibérations du jury (art. 25, même loi).

6145. — Après chaque scrutin, le chef du jury le dépouille en présence des jurés, et consigne immédiatement la résolution en marge de la question, sans exprimer le nombre de suffrages, si ce n'est dans le cas où la déclaration affirmative sur le fait principal n'aurait été formée qu'à la simple majorité (L. 18 juin 1869, art. 117).

6146. — Si l'accusé n'est déclaré coupable du fait principal qu'à la simple majorité, les juges délibèrent entre eux sur le même point. L'acquittement est prononcé si la majorité de la cour se réunit à l'avis de la majorité du jury (art. 118, même loi).

6147. — Le jury n'a point, comme dans la procédure française, à accorder, en dehors de ces questions, le bénéfice des circonstances atténuantes.

6148. — Dans le cas où les débats d'une affaire de la compétence de la cour d'assises paraissent devoir se prolonger durant plus de quinze audiences une procédure spéciale peut être suivie, sur avis de la cour d'appel en assemblée générale, à la requête du procureur général (L. 15 avr. 1878).

6149. — La délibération de la cour, pour peu qu'elle soit prise avant la signification de l'arrêt de renvoi et de l'acte d'accusation, dessaisit de plein droit les assises ordinaires (art. 3, même loi).

6150. — Le délai de vingt-quatre heures fixé par l'art. 293, C. instr. crim., et celui de cinq jours fixé par les art. 296 et 298 du même Code sont portés à dix jours (art. 4, même loi).

6151. — Si l'accusé l'exige, la cause ne peut être portée à l'audience que deux mois après la signification de l'arrêt de renvoi et de l'acte d'accusation. L'accusé est tenu de faire cette déclaration dans les huit jours qui suivent l'interrogatoire exigé par l'art. 293, C. instr. crim. La déclaration est faite au greffe (art. 5, même loi).

6152. — Le premier président de la cour d'appel délègue, en même temps que le conseiller qui préside la cour d'assises, un second membre de la cour, qui est le président suppléant. Il est adjoint aux assesseurs, deux assesseurs suppléants pris dans le sein du tribunal de première instance suivant l'ordre indiqué au n. 2, de l'art. 92, L. 18 juin 1869, sur l'organisation judiciaire, ou délégués par la cour d'appel, conformément au dernier paragraphe du même article. — Les suppléants assistent aux débats. Ils remplacent les titulaires en cas d'empêchement. — Ils ne se retirent que lorsque le jugement est rendu (art. 6, même loi).

6153. — La cour d'assises ordonne, avant le tirage de la liste des jurés, qu'indépendamment des douze jurés, il sera tiré au sort quatre jurés suppléants au moins, six au plus. En ce cas, les récusations que peuvent faire l'accusé et le procureur général s'arrêtent respectivement lorsqu'il ne reste que seize, dix-sept ou dix-huit jurés. — Les jurés suppléants ne se retirent qu'après que la déclaration du jury a été signée par le président de la cour d'assises et par le greffier. Le président prend les mesures nécessaires pour que, pendant la délibération du jury, ils ne puissent communiquer avec d'autres personnes (art. 9, même loi).

6154. — L'amende de 500 fr. comminée par l'art. 396, C. instr. crim., peut être portée jusqu'à 5,000 fr. (art. 10, même loi).

6155. — Les jurés résidant à plus de 5 kilomètres de la commune où se tiennent les assises peuvent réclamer une indemnité de 20 fr., les autres, une indemnité de 10 fr. par jour de séjour, sans distinguer s'ils ont pu ou non retourner à leur résidence le même jour (art. 11, même loi).

6156. — L'indemnité allouée au président des assises est dans le même cas, payée au président suppléant et aux conseillers délégués. Elle est de 25 fr. par jour de voyage et de séjour. Lorsque le procureur général ou l'un de ses substituts près la cour d'appel porte la parole devant les assises, il reçoit la même indemnité (art. 12, même loi).

§ 4. GRANDE-BRETAGNE.

6157. — I. ANGLETERRE. — Le véritable titre des cours d'assises en Angleterre est *Courts of oyer and terminer and general gaol delivery*. Elles se tiennent quatre fois par an dans huit circuits ou districts. Elles sont présidées par des juges de la Haute-Cour du Banc de la reine, non en vertu de leurs pouvoirs comme juges, mais comme commissaires délégués pour « *oyer and terminer and gaol delivery.* »

6158. — Ces juges président la commission, généralement venue avec eux de Londres, et composée de « *serjeants at law* », d'avocats d'un certain rang, du clerk (greffier) des assises, qui forment le *quorum* nécessaire pour composer la cour.

6159. — Les cours d'assises jugent les *felonies* et les *misdemeanors* (infractions pénales les plus graves, mais dont les premières le sont plus encore que les dernières) qui leur sont déférés par *indictment* ou acte d'accusation (verdict du grand jury qui permet la poursuite devant le « *petty jury* »). Elles fonctionnent au moyen du grand et du petit jury. — V. *Note sur la procédure criminelle en Angleterre : Bull. de la soc. de lég. comp.*, 18e année, 1887, p. 241 et s., surtout p. 245, 249, 253. — V. aussi L. Guérin, *Etude sur la procédure criminelle en Angleterre et en Ecosse : Bull. de la soc. de lég. comp.*, 21e année, 1890, p. 75 à 133; Frank-Chauveau, *Etude sur la justice criminelle en Angleterre : Bull. de la soc. de lég. comp.*, 1876, p. 81 et s. — V. *supra*, v° *Accusation*, n. 250 et s.

6160. — Quand il s'agit d'une affaire ayant entraîné mort d'homme, cas dans lequel l'instruction est confiée au *coroner* qui réunit un jury chargé d'examiner le cadavre et de statuer sur la cause du décès, tous les accusés sur lesquels pèse une inculpation d'homicide sont renvoyés directement, par le *coroner*, devant les cours d'assises. — V. Glasson, *Histoire du droit et des institutions politiques, civiles et judiciaires de l'Angleterre*, § 336, t. 6, p. 752.

6161. — Outre les autres garanties nombreuses que contient la loi anglaise au point de vue de la défense de l'accusé au criminel, il est bon de rappeler qu'elle exige d'abord que les douze membres du jury de jugement (petit jury) soient unanimes pour prononcer la condamnation (V. Sir Richard Philipps, *op. cit.*, p. 379 et s.), et, en outre, lorsqu'un accusé est étranger, il a le droit de demander que le jury qui doit le juger soit composé moitié d'Anglais, moitié de ses compatriotes ou d'étrangers. Ce dernier jury est appelé en Angleterre jury *de medietate linguae* (Act de Georges IV, du 22 juin 1825, art. 47). — V. Sir Richard Philipps, p. 332.

6162. — L'accusé, pendant tout le cours du procès criminel, dans la prison comme à l'audience, est toujours désigné sous le nom de *prisonnier* : on évite de faire allusion même à sa culpabilité présumée. — Glasson, *op. cit.*, t. 6, § 336, p. 754 et 755.

6163. — Le prévenu contre lequel le grand jury s'est prononcé est amené devant la cour et immédiatement questionné sur le point de savoir s'il plaide coupable ou non coupable (*guilty or not guilty*), mais en même temps averti par le juge des conséquences et du danger d'un aveu. — Glasson, *op. cit.*, § 337, p. 768 et s.

6164. — Si l'accusé avoue et plaide coupable, la cour statue immédiatement, sans débat et sans le concours du jury. — Glasson, *loc. cit.*

6165. — Si l'accusé, tout en reconnaissant les faits, soutient qu'ils ne constituent pas une infraction à la loi pénale, s'il oppose un *demurrer*, et s'il succombe dans sa prétention, il n'a plus, en principe, le droit de plaider non coupable, mais la cour peut l'autoriser à prendre ce parti. — Glasson, *loc. cit.*

6166. — Si l'accusé refuse de répondre, comme il en a le droit, son refus ne s'interprète plus aujourd'hui contre lui : il est considéré comme plaidant non coupable. — Glasson, *loc. cit.*

6167. — L'accusé qui plaide non coupable ainsi que celui qui est considéré comme tel par son refus de répondre, sont renvoyés devant le petit jury ou jury de jugement. — Glasson, *loc. cit.*

6168. — Au jour de l'audience, un des officiers de la cour s'adresse aux accusés dans les termes suivants : « Prisonniers, les hommes honorables que vous allez entendre appeler tout à l'heure sont les hommes qui vont décider entre votre souveraine la Reine et vous dans votre jugement. Si vous tous ou l'un de vous désire les récuser ou récuser l'un d'eux, comme ils viennent pour prêter serment, vous serez entendus avant qu'ils n'aient prêté ce serment ». Un officier procède ensuite à l'appel des noms de la liste du jury. — Glasson, *loc. cit.*

6169. — L'accusé peut exercer deux sortes de récusations des jurés : la récusation en bloc de la liste entière du jury (*array*) ou la récusation individuelle de quelques jurés. La *récusation en bloc*, qui appartient également à l'avocat de la couronne et au plaignant, doit être motivée et reposer sur un des cas où la loi l'autorise formellement : par exemple, s'il est établi que la liste a été faite d'une manière partiale. *La récusation individuelle* ne peut être exercée que par l'accusé : elle est ou *péremptoire et non motivée, mais limitée* (trente-cinq jurés dans le cas de haute trahison, vingt dans les autres cas); ou *motivée, mais illimitée* : cette dernière ne peut être exercée que dans les cas et pour les causes prévus par la loi, par exemple l'incapacité d'être juré. Enfin, quand il y a plusieurs accusés, leurs droits de récusation ne se confondent pas; sorte qu'il est quelquefois difficile de constituer le jury. — Glasson, *loc. cit.*

6170. — Une fois le jury constitué et institué par le serment des jurés, l'officier appelle l'accusé à la barre en disant : « Messieurs du jury, le prisonnier connu sous le nom de..., est ici, car il est accusé (suit un extrait de l'acte d'accusation). Il a été interrogé, et dans cet interrogatoire, il a plaidé non coupable ; il est maintenant mis en jugement dans ce pays dont vous êtes aussi. Votre devoir, en conséquence, est de rechercher s'il est coupable ou non coupable et de vous décider d'après l'évidence ». C'est ce qu'on appelle *donner le prisonnier en charge au jury*. Aussitôt après, les débats commencent. — Glasson, *loc. cit.*

6171. — L'accusé n'est pas et ne peut pas être interrogé : le juge le prévient même qu'il n'est pas tenu de répondre aux interpellations qui pourront lui être adressées et le met en garde contre des réponses dangereuses. La loi interdit de poser des questions à l'accusé pour qu'il ne témoigne pas contre lui-même, à raison de l'effet produit par son aveu : cet aveu, à raison de son caractère particulier de gravité, doit être essentiellement spontané.

6172. — Après le serment des jurés, l'accusateur expose brièvement les faits, produit et interroge lui-même directement les témoins à charge : après cet interrogatoire (*examination*) par le poursuivant, l'accusé ou son conseil fait subir un contre-interrogatoire (*cross-examination*) aux témoins à charge. L'accusé ou son conseil présente ensuite ses observations et moyens de défense et produit les témoins à décharge, qui sont examinés par lui et contre-examinés par l'accusateur. Il est défendu à celui-ci de poser aux témoins à charge des questions qui pourraient suggérer la réponse ; mais la défense peut, au contraire, les interroger comme elle veut. L'accusé peut également les questionner sur leur vie, leurs mœurs, leur conduite. Son droit n'est limité que par l'impossibilité de poser aux témoins des questions qui les amènent à s'accuser eux-mêmes d'un crime.

6173. — On ne peut entendre d'autres témoins que ceux qui sont appelés par l'accusation ou la défense, et le magistrat qui préside la cour ne jouit d'aucun pouvoir discrétionnaire pour en faire entendre d'autres.

6174. — La preuve à fournir par l'accusation se bornant au fait précis du procès, il faut que le témoin vienne en personne; on ne peut remplacer sa présence par la lecture de sa déposition. Il n'est pas permis non plus de rapporter des ouï-dire, mais seulement les faits dont on a eu personnellement connaissance. Enfin les témoignages ne doivent pas porter sur les antécédents de l'accusé. Il est interdit, pendant le débat, de parler de la vie antérieure de l'accusé, même de ses précédentes condamnations judiciaires. On ne prend connaissance de ces condamnations, qui peuvent seulement augmenter la pénalité, qu'après le verdict. On va même, en cas de plusieurs crimes commis par le même agent, jusqu'à ne pas poursuivre simultanément ces divers faits : il y a autant d'accusations séparées que de crimes et, dans chaque affaire, il est interdit de parler des autres crimes. — Glasson, *loc. cit.*

5. — On ne peut, en cas de plusieurs accusés, les interroger les uns contre les autres, en vertu du principe rappelé ci-dessus. Aussi, lorsqu'un complice peut fournir des renseignements précieux, on est obligé de ne pas le poursuivre, de ne le faire comparaître que comme témoin et de lui assurer ainsi l'impunité : ce complice transformé en témoin prend le nom de *témoin de la Reine*. — Glasson, *loc. cit.*

6176. — Quant au résumé, le président fait, il est vrai, le résumé de toute affaire au criminel et d'après les notes qu'il prend au cours des débats, mais toujours sous le point de vue le plus favorable à l'accusé, par cette raison, qui a inspiré la loi anglaise, que l'accusé est présumé innocent jusqu'à sa condamnation. — V. Dupin, *Législation criminelle*, p. 175; Cottu, *Administration de la justice criminelle en Angleterre*, p. 274. — Mais, il s'en faut, malgré cela, que, dans la pratique, le président de la cour d'assises anglaise ne soit pas tenté de faire connaître son opinion personnelle. « Les juges ne craignent pas quelquefois, dit Sir Richard Philipps, ancien sheriff anglais, de dire aux jurés que leur verdict doit être tel et rien de plus. Cette conduite, ajoute le même auteur, pour en parler avec le plus de ménagements, est au moins inconvenante. Les jurés doivent être sourds à de semblables instructions, et décider d'après leurs propres vues et suivant leur conviction » (p. 412).

6177. — Il n'est posé au jury aucune question. Les jurés délibèrent spontanément sur le fait, l'intention et la qualification légale, qu'ils peuvent modifier à leur gré, en sorte que l'accusé ne peut en rien demander qu'on précise ou limite juridiquement les points sujets à l'appréciation du jury.

6178. — En Angleterre, on exige que toute explication sur le point de fait entre les jurés et le président des assises ait lieu en audience publique. Si le jury est embarrassé sur la question de droit, il laisse la décision au juge, en rendant un verdict spécial et conditionnel. En ce cas, après avoir déclaré constants les faits contre l'accusé, les jurés ajoutent : « s'il paraît au juge que ces faits constituent tel crime, le jury déclare l'accusé coupable de crime. Si ces mêmes faits, selon l'opinion du juge, ne constituent pas tel crime, le jury déclare l'accusé non coupable de ce crime ». — V. Cottu, *op. cit.*; Sir Richard Philipps, *op. cit.*, p. 421. — Ces verdicts s'appellent dans la pratique anglaise verdicts spéciaux avec réserve légale (*special verdicts with a legal reservation*).

6179. — Quant aux voies de recours, il n'y a, au cas d'acquittement, aucun recours possible. Mais si le prévenu a été condamné, il peut se pourvoir devant la cour d'appel contre la sentence ou le verdict de condamnation, pour violation des formes ou injustice. De même, le juge peut, s'il estime que le jury s'est trompé, provoquer une deuxième délibération.

6180. — Un droit de révision à l'égard des arrêts ou verdicts de condamnation appartient aussi à la Cour du Banc de la Reine, c'est-à-dire à la deuxième Chambre de la Haute-Cour de justice. Elle peut ordonner qu'il sera sursis jusqu'à nouvelle information à l'exécution de la sentence. — Demombynes, t. 1, p. 86 et 87.

6181. — Peu après la terminaison des Codes indiens en 1877, un jurisconsulte éminent de l'Angleterre, Sir James Stephen, ayant publié un résumé de la législation criminelle en vigueur. « *A Digest of criminal law* », le gouvernement se l'appropria en le modifiant et le présenta comme projet de codification à la Chambre des communes, le 14 mars 1878 : ce projet ne fut pas favorablement accueilli.

6182. — Le projet contient, en faveur de l'accusé, plusieurs réformes importantes. L'accusateur devrait lui remettre, avant l'audience, une liste des témoins à charge et lui faire connaître en substance l'objet de leurs dépositions (art. 371). La cour pourrait ordonner l'audition de témoins qui n'auraient été cités ni par l'accusation ni par la défense (art. 372). La cour devrait, après le réquisitoire, informer l'accusé qu'il peut présenter une déclaration sur les faits qui lui sont imputés ou se faire interroger par son avocat; mais, dans ce dernier cas, l'avocat de l'accusation pourrait le soumettre à un contre-interrogatoire et lui poser des questions, en les limitant à l'objet de l'accusation et sans toucher à la réputation et à la moralité de l'accusé. La cour et le jury pourraient adresser des questions à l'accusé. Enfin l'avocat de celui-ci pourrait l'interroger de nouveau. — Sur la procédure pénale comparée de la France et de la Grande-Bretagne, V. *Law Magazine*, 1883, p. 44 à 67. — Pour le résumé des lois anglaises sur le jury et les cours d'assises, V. Kennet, *Stone's justices 'Manual* (Manuel des magistrats de Stone), v° *Jurors*, *Petty sessions for revising lits*, p. 335; *Qualification of commen jurors, Qualification of special jurors exemption jurors in boroughs*, p. 336; Cottu, *Administration de la justice criminelle en Angleterre*; Sir Richard Philipps, *Des pouvoirs et des obligations des jurys anglais*; Demombynes, *Constitut. europ.*, p. 79 à 87.

6183. — II. Ecosse. — En Ecosse, où il n'y a pas de *coroner*, comme il en existe en Angleterre, le jury est présidé par un des membres de la Haute-Cour de justice, délégué par elle pour remplir cette mission. Le juge, ainsi assisté du jury, tient session à Edimbourg. Ailleurs, il tient session (*Circuit Court*) dans les villes les plus importantes du circuit pour lequel il est désigné.

6184. — L'accusé peut récuser les jurés soit pour causes déterminées, soit péremptoirement, mais en nombre limité. — Glasson, *loc. cit.*

6185. — Si l'accusé est dans l'indigence, un avocat est chargé d'office de présenter sa défense.

6186. — Le jury a le choix entre trois réponses dans un verdict : coupable, non coupable, ou non prouvé. — V. Demombynes, t. 1, p. 91.

§ 5. ITALIE.

6187. — V. Code de procédure pénale du royaume d'Italie de 1865 (modifié par la loi des 28 et 30 juin 1876), art. 9, 12, 19, 21 à 23 (Compétence); Liv. 2, Du jugement; tit. 3, Des affaires soumises aux cours d'assises, art. 422 à 548. — Le royaume d'Italie étant divisé non en départements, mais en provinces, c'est dans le ressort de la cour d'appel que sont instituées une ou plusieurs circonscriptions de cour d'assises (*circolo*). De plus, chaque circonscription peut, à son tour, avoir deux ou plusieurs cours d'assises (L. organique du 6 déc. 1865, art. 73). Cette particularité de l'organisation des cours d'assises italiennes a été copiée par l'Allemagne (V. L. d'organisat. judic. all., art. 99). — V. Marcy, *Code de procédure pénale du royaume d'Italie*, t. 1, p. 359-360.

6188. — La cour d'assises se compose de trois magistrats, étant exceptés ceux qui ont contribué à l'information de l'affaire, d'un représentant du ministère public et de quatorze jurés, douze seulement ayant le droit de vote, et deux jurés supplémentaires. — V. Marcy, *loc. cit.*

6189. — Le tirage du jury de jugement se fait en chambre du conseil où s'exercent les récusations du ministère public et de l'accusé (huit récusations pour chacun, sur les trente jurés de la session, ce qui laisse intacte la liste des quatorze jurés nécessaires). — V. au surplus, *infrà*, v° *Italie*, n. 252 et s.

6190. — La procédure suivie devant la cour d'assises fait l'objet des art. 453 à 523, C. proc. pén. Les dispositions de ce Code ont, en cette matière, la plus grande analogie avec le Code d'instruction criminelle français. Nous nous contenterons de noter certaines particularités dignes de remarques.

6191. — En Italie, la loi n'exige pas, comme elle l'exige en France, la notification à l'accusé de la liste des jurés. Ce silence se justifie, l'art. 101, L. 6 déc. 1865, sur l'organisation judiciaire, maintenu par l'art. 26, L. 8 juin 1874, disposant que « la liste annuelle des jurés et des jurés suppléants sera toujours affichée dans le vestibule de la salle d'audience du tribunal civil et correctionnel », ce qui n'a pas lieu en France. Enfin, le jury de la session doit être tiré en audience publique du tribunal et quinze jours avant les débats. — V. Marcy, *op. cit.*, t. 1, p. 341 et 342.

6192. — Le jour de l'ouverture de chaque débat aux assises doit être fixé par ordonnance du président, et cette ordonnance doit, dans les vingt-quatre heures, être notifiée à l'accusé et à la partie civile, à la personne de leurs défenseurs ou fondés de pouvoirs, et à la requête du procureur général (C. proc. pén. it., art. 471). De plus, les débats ne doivent s'ouvrir, à peine de nullité, qu'après les délais impartis par les art. 457 et 459. — Même article *in fine*. — V. C. instr. crim. fr., art. 315 et 395. — Marcy, t. 1, p. 331.

6193. — Quant à la défense, le secret si rigoureux qui pèse sur nos informations pénales n'existe, en Italie, que dans une mesure bien moindre, et l'individu accusé d'un crime peut toujours préparer de longue main sa défense. Dès que le procureur général a dressé l'acte d'accusation, qui est le premier pas vers la cour d'assises, un extrait contenant toutes les dispositions légales sur lesquelles se base l'accusation elle-même (C. proc. pén. it., art. 437, § 3) doit être notifié à l'accusé (art. 423). A l'appel, les actes de la procédure sont déposés au greffe de la cour d'appel, où ils restent huit jours à la disposition de l'accusé, et, si celui-ci se trouve détenu, le dossier est mis à la disposition de son avocat (art. 422). Après quoi, la chambre d'accusation est saisie de l'inculpation. Si l'accusation est reconnue fondée, l'accusé est renvoyé devant le jury. Le dossier va au greffe de la cour d'assises, avec les pièces jointes et les pièces à conviction (art. 455). L'accusé est transféré à la maison de justice. Dans les vingt-quatre heures, il y doit être interrogé par le président des assises ou le magistrat qu'il a délégué; en leur absence, par le président du tribunal ou le juge qui le remplace (art. 456, §§ 1 et 2). — V. Marcy, t. 1, p. 337, 340.

6194. — Le pouvoir discrétionnaire dont est investi le président est défini par la loi italienne. En vertu de ce pouvoir le président peut « durant les débats, et pour tout ce que la loi ne prescrit pas ou ne défend pas à peine de nullité, faire ce qu'il estime utile à la découverte de la vérité » (C. proc. pén., art. 478).

6195. — Le résumé du président des assises est maintenu dans la procédure pénale en Italie (art. 494).

6196. — Le président formule par écrit et lit à l'audience les questions à résoudre sur le fait principal et sur chacune des circonstances aggravantes résultant de l'arrêt de renvoi et de l'acte d'accusation. On ne peut poser au jury, comme résultant des débats, des questions qui auraient pour conséquence d'aggraver le sort de l'accusé.

6197. — Lorsque l'accusé propose pour excuse un fait admis comme tel par la loi, le président doit formuler une question relative à ce fait. Si, au contraire, l'accusé se borne à invoquer des faits qui, s'ils étaient prouvés, excluraient le crime, le président ne peut en faire l'objet d'une question séparée; mais il doit prévenir les jurés que s'ils considèrent ces faits comme prouvés, ils doivent répondre négativement (art. 495).

6198. — Si l'accusé a moins de quatorze ans, ou si, s'agissant d'un délit de presse, il a moins de seize ans, le président doit poser la question de discernement (art. 496).

6199. — L'accusé peut former opposition à la façon dont sont posées les questions. La cour délibère et statue sur l'incident (art. 498).

6200. — Il n'est pas permis au président des assises d'entrer dans la chambre des délibérations des jurés. Lorsque ceux-ci ont besoin de quelque éclaircissement ou de documents dont il aurait été donné lecture aux débats, ils en informent le président, lequel dans tous les cas le leur donne, en présence de la cour, du ministère public, du défenseur de l'accusé et de la partie civile (art. 499).

6201. — Les jurés votent au scrutin secret sur des billets préparés à leur usage et portant le timbre de la cour d'assises. Les billets ne portant aucune réponse sont tenus pour favorables à l'accusé. Il en est de même pour les billets jugés illisibles par six jurés au moins.

6202. — Les décisions des jurés doivent être rendues à la majorité de sept voix, soit pour, soit contre l'accusé. En cas de partage, l'opinion favorable à l'accusé prévaut (art. 505).

6203. — Si l'accusé est déclaré coupable à la simple majorité de sept voix, il en doit être fait mention au commencement de la déclaration du jury (art. 498, 503). Dans les autres cas, la déclaration ne doit pas exprimer le nombre de voix émises dans un sens ou dans l'autre (*Ibid.*). De même, la réponse sur les circonstances atténuantes n'est mentionnée que si elle est affirmative.

6204. — Si, au cours de la discussion, le ministère public ou une des parties a demandé qu'il lui soit donné acte de quelque circonstance spéciale des débats, le greffier doit, avant la clôture de l'audience, donner lecture de la partie du procès-verbal relative aux conclusions prises (art. 517).

6205. — Après la prononciation de la sentence, le président peut, selon les circonstances, faire à l'accusé telles exhortations qu'il juge convenables (art. 522). — Sur les cours d'assises d'après le Code de procédure pénale italien, V. G. Borsani et L. Casorati, *Codice di procedura penale italiano commentato* (Milano, 1883), t. 5, §§ 1638 à 1955. — V. aussi Demombynes, t. 1, p. 393 et 394; A. Caporelli, *Manuale di procedura penale*, Napoli, 1886, 3e part., tit. 2, ch. 3, p. 164 à 203.

§ 6. PORTUGAL.

6206. — En Portugal, le tribunal criminel (cour d'assises) se compose du juge de droit (*juiz de direito*) de première instance, et d'un jury.

6207. — Il y a autant de tribunaux criminels que de tribunaux de première instance. A Lisbonne, il y a trois juges criminels.

6208. — Les fonctions de ministère public près le tribunal criminel sont remplies par un procureur ou un substitut.

6209. — Il y a, en Portugal, trois sortes de jury : le jury ordinaire, le jury pour crime de fausse monnaie, et le jury anglais.

6210. — Le jury pour crime de fausse monnaie est composé comme le jury ordinaire, mais le jury de jugement doit compter douze membres, au lieu de neuf membres et un suppléant, nombre exigé pour le jury ordinaire; il doit même compter seize membres nouveaux, si l'affaire revient, après cassation, devant le tribunal criminel.

6211. — Le jury mixte pour les Anglais, qui constitue un privilège résultant d'un traité du 29 juill. 1842, comprend six jurés anglais. Cette dérogation à la loi cesse pour les crimes de haute trahison ou de lèse-majesté, de résistance aux autorités, de contrefaçon des sceaux de l'État ou des effets publics, et de fausse monnaie.

6212. — La compétence du tribunal criminel s'applique à tous crimes et délits qui échappent à la juridiction du juge ou tribunal de première instance.

6213. — Aucun recours n'est admis si le tribunal absout le prévenu, sauf toutefois le pourvoi pour nullité relevée avant la décision du jury.

6214. — Lorsqu'il y a condamnation, l'appel devant les *relaçôes* (cour d'appel) et le pourvoi en cassation sont de droit, et le ministère public lui-même est tenu de l'interjeter, quand la peine prononcée excède trois ans de travaux forcés ou cinq ans de relégation en Afrique ou en Asie. L'appel ne porte que sur l'application de la peine, et non point sur le fait de culpabilité, qui est jugé souverainement par le jury, sauf cassation pour vice de forme. — V. Demombynes, t. 1, p. 538 et 539.

6215. — A l'exemple de l'Angleterre, le Portugal a, le premier, sur le continent, proclamé la publicité des explications demandées par les jurés au président des assises et fournies par celui-ci. D'après la règle posée par le Code de procédure pénale portugais, si les jurés désirent obtenir des renseignements, ils délèguent le chef du jury ou l'un d'entre eux qui retourne à l'audience publique. Là, il reçoit du président toutes les explications voulues, et mention de l'incident est faite au procès-verbal (C. proc. crim., t. 4, sect. 4, art. 139). Cet article, il est vrai, ne vise que le jury d'accusation, mais la même règle est également applicable au jury de jugement. — V. Marcy, t. 1, p. 386 et 387.

6216. — La procédure portugaise sur le jury, qui s'inspire presque constamment de la loi anglaise, s'est, au sujet du résumé du président d'assises, quelque peu écartée de ses dispositions. « La plaidoirie terminée, dit le Code de procédure pénale portugais (art. 177, part. 3, sect. 3), le juge, à peine de nullité, demandera à l'accusé s'il a encore quelque chose à ajouter à sa défense et l'entendra dans tout ce qu'il lui plaira de dire. Ceci fait, le juge déclarera la plaidoirie close et aucune des parties, ou aucun de leurs avocats, ni le ministère public n'auront plus la parole. Le juge, toujours à peine de nullité, résumera alors le fait en faisant ledit fait et de ses circonstances un rapport clair et simple. Il soumettra avec une rigoureuse impartialité les principales preuves tant en faveur du coupable que contre lui, sans que personne puisse, par aucune réclamation, l'interrompre dans ce résumé, soit le ministère public, soit l'une des parties, soit leurs avocats. Il proposera ensuite les questions à haute voix. »

§ 7. RUSSIE.

6217. — Le tribunal de cercle a une compétence criminelle qui s'étend à tous les délits échappant à la juridiction des juges de paix, et à tous les crimes (V. C. proc. crim., 20 nov.-3 déc. 1864. Avis du conseil de l'empire sanctionné par l'empereur, le 12 juin 1884, modifiant plusieurs dispositions relatives à l'organisation du jury (*Ann. lég. étr.*, 14e ann., 1885, p. 664). Avis du conseil de l'empire approuvé par l'empereur le 15 mai 1886 portant modification des art. 762, 764, 808 et 816, C. proc. crim. (*Ann. lég. étr.*, 16e ann., 1887, p. 619-620). — V. sur le tribunal avec jury en Russie : E. Lehr, *La nouvelle organisation judiciaire de la Russie*, d'après l'oukase du 26 nov. 1864, p. 18 à 24; L. Aucoc, *Le Code d'organisation judiciaire de l'empire* lisé (Extr. du compte-rendu de l'Act. des soc. mor. et polit.), Paris, 1893, p. 14 à 17.

6218. — Le tribunal statue avec jury en dernier ressort, sauf pourvoi en cassation pour violation de la loi, lorsque la peine peut emporter privation totale ou partielle des droits civiques. Cependant un certain nombre de délits et de crimes ont été distraits de la juridiction du tribunal et du jury, notamment les délits commis par les fonctionnaires du gouvernement ou les fonctionnaires électifs, et tous les crimes dits crimes d'État, lesquels sont fort nombreux. Le tribunal est toutefois compétent pour juger les délits commis par les fonctionnaires des six dernières classes du tchine.

6219. — Les assises se tiennent tous les trois mois. Douze jurés titulaires désignés par le sort composent le jury de jugement, deux jurés suppléants assistent aux débats, mais ne prennent part au verdict que pour compléter au besoin le jury de jugement.

6220. — Les jurés, avant de prendre séance, prêtent serment ou font une promesse solennelle, si leurs croyances leur interdisent tout serment.

6221. — Le jury n'est saisi que des questions de fait posées par le président avant le résumé qu'il doit faire des débats. Le verdict est rendu à la majorité. Le partage égal des voix profite à l'accusé et suffit aussi pour qu'il obtienne des circonstances atténuantes. Des explications ne peuvent en aucun cas être demandées au président qu'en audience publique et en présence de l'accusé.

6222. — Les verdicts sont définitifs. Ils ne peuvent être attaqués que par la voie de la cassation. Le recours, en général, n'est permis qu'en faveur de l'accusé. Cependant, même en cas d'acquittement, le ministère public peut se pouvoir si les questions ont été mal posées par le président et font apparaître quel que contradiction dans la réponse du jury (C. instr. crim., art. 636 à 834). — *Bull. de la soc. de législ. comp.*, 10e ann., 1881, p. 430 et s., 583, 631.

§ 8. SCANDINAVES (Etats).

6223. — Il existe, en Danemark, un tribunal criminel. Mais rien dans la composition de ce tribunal ne rappelle la cour d'assises ni le jury. On trouve, il est vrai, en Danemark, des assesseurs siégeant à côté du juge du tribunal des provinces, qui a compétence en matière pénale. Mais cette institution ne s'applique pas aux tribunaux composés de plusieurs juges (V. Demombynes, t. 1, p. 232, n. 1, et 233-234). L'introduction du jury qui était jusqu'alors inconnu en Norvège est l'innovation la plus importante du nouveau Code de procédure pénale norvégien du 1er juill. 1887 (V. Ann. lég. étr., 17e ann., 1888, p. 711).

6224. — En Suède, le jury ne fonctionne que pour les délits de presse, et toujours au tribunal de ville (rådhusrätt). Les poursuites criminelles devant le tribunal sont exercées par le stadfiskaler, fonctionnaire spécial. C'est toujours devant le tribunal de ville que se poursuit, en matière de délit de presse, l'action publique ou privée. Dans ce cas, le juge est assisté d'un jury de douze membres, choisis : quatre par l'accusé, quatre par la partie plaignante ou le ministère public. L'accusé et le poursuivant ont le droit de récuser chacun deux jurés, et le jury ainsi réduit à huit membres, statue, à la majorité absolue, par oui ou par non, sur la question de culpabilité. C'est le juge qui applique la peine. En cas de condamnation, il peut y avoir recours contre la décision du juge, pour l'application de la peine ou pour vice de forme. Le recours est porté devant la cour d'appel (hofrätt), et ensuite devant le tribunal suprême (högsta domstol). — V. Demombynes, t. 1, p. 136, 138 et 139.

§ 9. SUISSE (Confédération).

6225. — C'est la chambre criminelle du tribunal fédéral qui forme avec le jury les assises fédérales (V. L. 27 juin 1874, sur le tribunal fédéral, notam., art. 34 à 49).

6226. — Tout le territoire de la Confédération est divisé en cinq arrondissements d'assises : le premier comprend les cantons de Genève, Vaud, Fribourg (sauf les communes où la langue allemande prédomine); Neuchâtel et les communes de Berne et du Valais où prédomine la langue française; le second comprend les cantons de Berne (sauf les communes de langue française), de Soleure, Bâle, Lucerne, et les communes de langue

allemande des cantons de Fribourg et du Valais; le troisième les cantons d'Argovie, Zurich, Schaffhouse, Thurgovie, Zoug, Schwytz, Unterwalden; le quatrième les cantons d'Uri, Glaris, Appenzel, Saint-Gall et Grisons (sauf les communes de langue italienne); le cinquième, enfin, le canton du Tessin et les communes de langue italienne des Grisons (L. de 1874, art. 40).

6227. — Les assises fédérales se composent de la chambre criminelle du tribunal fédéral et de douze jurés. C'est la chambre criminelle qui désigne dans chaque cas le lieu où doivent se réunir les assises. Ordinairement, tout crime ou délit est jugé dans le lieu où il a été commis; mais il peut être fait exception à cette règle dans l'intérêt d'une justice impartiale ou de la sûreté publique (L. de 1874, art. 39). — V. aussi art. 51 et 52.

6228. — La chambre criminelle se compose de trois membres et de trois suppléants. Les trois langues nationales doivent y être représentées (art. 38). — Sur la formation de la liste des jurés, V. art. 41 à 49.

6229. — Le jury statue uniquement sur les faits (art. 32).

6230. — Les assises fédérales connaissent : 1° des cas de haute trahison envers la Confédération, de révolte ou de violence contre les autorités fédérales; 2° des crimes et des délits contre le droit des gens; 3° des crimes et des délits politiques qui sont la cause ou la suite des troubles par lesquels une intervention fédérale armée est occasionnée; 4° des faits relevés à la charge des fonctionnaires nommés par une autorité fédérale, quand cette autorité en saisit le tribunal fédéral. Elles connaissent, en outre, des cas que la constitution ou la législation d'un canton fait rentrer dans leur compétence si l'assemblée fédérale y a consenti (art. 32 et 33). — V. F. Schlatter, Neuer Rechts-Kalender der schweizerischen Eidgenossenschaft (nouveau calendrier juridique de la Confédération suisse), Zurich, 1895, p. 55, 57; Demombynes, t. 2, p. 355-356.

6231. — I. FRIBOURG. — Il y a, dans le canton de Fribourg, trois ressorts de cours d'assises. La cour d'assises est composée d'un président et de deux assesseurs nommés par le collège électoral, assistés d'un jury qui se compose de douze jurés.

6232. — Les cours d'assises connaissent des crimes contre l'État, des crimes contre la vie, la liberté et l'état civil des personnes, du brigandage et de l'extorsion, ainsi que des crimes des fonctionnaires publics dans l'exercice de leurs fonctions. — V. F. Schlatter, op. cit., p. 199.

6233. — II. GENÈVE. — V. Loi sur l'organisation judiciaire du 15 juin 1891. — Code d'instruction pénale du 25 oct. 1884 (liv. 2, La justice, tit. 2, De la cour d'assises, art. 230 à 380), 1er oct. 1890 et 28 mars 1891. — Jusqu'en 1884, époque de la promulgation du nouveau Code d'instruction pénale genevois, le Code d'instruction criminelle français, promulgué pendant que Genève était soumis à la domination française, était resté en vigueur dans ce canton. Modifié sur bien des points par une série de lois successives, ce Code réclamait une refonte générale qui finit par aboutir, et le Code de 1884 constitue un véritable progrès. La tendance générale du nouveau Code a été de faire disparaître l'inégalité existant, devant la justice pénale, entre le ministère public et l'inculpé, tendance qui se manifeste dans la procédure à suivre devant la cour d'assises.

6234. — Les dispositions du tit. 2, liv. 2, ont pour objet la cour d'assises, qui n'est autre que la cour de justice statuant en matière pénale avec l'assistance du jury.

6235. — Les dispositions du titre du Code d'instruction pénale genevois qui traite de la cour d'assises sont réparties en une série de chapitres se rapportant au président de la cour d'assises, à la formation du jury pour la session, et à l'audience (tirage au sort de douze jurés, débats, questions posées au jury, verdict, jugement).

6236. — Les principaux changements apportés en cette matière aux règles analogues du Code d'instruction criminelle français, sont : la suppression du résumé du président, réforme réalisée en France par la loi du 19 juin 1881, la suppression de la remise de l'acte d'accusation au jury, le droit accordé à l'inculpé, à son défenseur et à chaque juré de poser directement des questions aux témoins, l'obligation pour la partie civile de se constituer avant le verdict du jury (C. instr. pén., art. 230, 280). — Ann. de lég. étr., 14e année, 1885, p. 573.

6237. — La cour de justice du canton de Genève est composée, en matière criminelle, du président de la cour ou d'un juge délégué et de deux juges assesseurs, et assistée du jury, qui compte douze membres.

6238. — La cour se réunit au jury pour délibérer et statuer sur l'application de la peine. Le président seul assiste, avec voix consultative, à la délibération du jury concernant la culpabilité. — V. *Neuer Rechts-Kalender*, p. 504-506.

6239. — III. NEUCHATEL. — La cour d'assises siège toujours à Neuchâtel. Elle se compose d'un président nommé par le grand conseil et choisi parmi les présidents des tribunaux de district, de deux autres présidents de tribunaux de district siégeant à tour de rôle, et d'un jury de douze membres et de deux suppléants tirés au sort sur la liste générale du canton. — V. Loi d'organisation judiciaire des 13 juill. 1874 et 23 nov. 1882. — Décret du 25 mars 1891 (*Rec. des lois*, t. 7, p. 418-427). — Code de procédure pénale du 25 sept. 1893. — Arrêté du 25 févr. 1894 (*Rec. des lois*, t. 9, p. 1 et s.).

6240. — La cour connaît des délits pouvant entraîner une condamnation à la réclusion.

6241. — Lorsque l'accusé a avoué sans réserve tous les faits contenus dans l'arrêt de renvoi, il peut demander le bénéfice du jury ou y renoncer. Dans ce dernier cas, la cour prononce sur l'application de la peine.

6242. — Le prévenu, devant la cour d'assises, doit être assisté d'un avocat choisi par lui ou désigné d'office par le président. — *Neuer Rechts-Kalender*, p. 483-484.

6243. — IV. VAUD. — Le tribunal criminel, composé du président du tribunal de district du for du délit, qui préside, et de deux des quatre juges de ce tribunal, chacune des parties ayant éliminé l'un des deux autres juges, fonctionne comme cour d'assises, si l'accusé nie. Il est alors assisté d'un jury de jugement de neuf membres qui prononce sur les faits. Un officier du ministère public soutient l'accusation et donne préalablement son avis sur la quotité de la peine. — V. Loi du 23 mars 1885 sur l'organisation judiciaire, modifiée le 30 août 1893. — Code de procédure pénale du 1er févr. 1850. — Loi sur l'organisation du Conseil d'État du 21 mars 1892, art. 889 et s., qui institue le ministère public. — *Neuer Rechts-Kalender*, p. 445.

SECTION II.

Droit international.

6244. — Aux termes des art. 5 et 7, C. instr. crim., les tribunaux français sont, en principe, sauf exception (art. 7) incompétents pour connaître des crimes commis à l'étranger par un étranger. L'incompétence est, en pareil cas, absolue, permanente, et ne peut être couverte par le consentement, ni par le silence de l'accusé, auquel on opposerait, dès lors, en vain, son défaut de pourvoi contre l'arrêt de renvoi. Il n'en est pas ici comme du cas où l'incompétence résulterait seulement de ce que le fait incriminé ne constitue qu'un délit, ou de ce que l'accusé aurait dû être renvoyé devant une autre cour d'assises, ou même devant un tribunal d'exception. — De Serres, t. 1, p. 219; Bourguignon, *Instr. crim.*, art. 231, n. 2 et 252; Legraverend, *Légist. crim.*, t. 2, p. 114; Mangin, *Instr. écr.*, t. 2, n. 127; Rauter, *Dr. crim.*, t. 2, n. 771; Trébutien, *Cours élément. de dr. crim.*, t. 2, p. 321 et 334. — V. aussi le rapport de M. le conseiller Requier, sous Cass., 10 janv. 1873; Fornage, [S. 73.1. 141, P. 73.299, D. 73.1.141] — *Contrà*, F. Hélie, *Instr. crim.*, t. 5, n. 2318, 2319, 2334 et s. (V. néanmoins, t. 7, n. 3560; Le Sellyer, *Exerc. et extinct. des act. publ. et priv.*, t. 1, n. 147; Griolet, *Autorité de la chose jugée*, p. 231 et s.; Carnot, *Instr. crim.*, art. 299 et 298, n. 7. — V. aussi le réquisitoire de l'avocat général Bédarrides, sous Cass., 10 janv. 1873, précité. — V. *suprà*, v° *Compétence criminelle*, n. 741 et s. — V. en cas d'annexion de territoires, *eod. verb.*, n. 692.

6245. — La cour d'assises appelée à statuer sur la question de nationalité soulevée par l'accusé a le droit de puiser les éléments de sa conviction dans l'ensemble des documents fournis par l'instruction. Sans doute le ministère public, partie poursuivante, est tenu de recueillir tous les renseignements propres à éclairer la cour d'assises tant sur la nationalité de l'accusé que sur sa culpabilité, mais la loi, en matière criminelle, n'a pas déterminé la nature des preuves qui peuvent servir de base à la conviction du juge. La cour d'assises peut donc rejeter l'exception d'incompétence lorsqu'elle trouve dans les documents du dossier une preuve suffisante que l'allégation d'extranéité produite par l'accusé n'est qu'un mensonge inventé par lui pour se soustraire aux poursuites. — Cass., 22 mars 1873, Fornage, [*Bull. crim.*, n. 78]

6246. — L'étranger, soumis aux lois de police et de sûreté comme tous ceux qui habitent le territoire, est par cela même justiciable des cours d'assises du lieu où le crime a été par lui commis (V. *suprà*, v° *Compétence criminelle*, n. 675 et s.). Que faudrait-il décider si, dans son dispositif, l'arrêt de la chambre d'accusation spécifiait que le crime pour lequel l'accusé étranger est renvoyé devant la cour d'assises, a été commis en France?

6247. — Cet accusé ne pourrait pas utilement se pourvoir contre cette décision de la chambre d'accusation. Le dispositif de son arrêt contient, sur ce point, une déclaration de fait qui est souveraine. Elle a été rendue en vertu du pouvoir et du devoir qu'avait la cour de constater le lieu de la perpétration du crime à l'effet de déterminer la compétence de la juridiction française. — Cass., 15 mars 1867, de Crouy-Chanel, [D. 73.1.11]; — 3 janv. 1873, Schweitzer, [*Bull. crim.*, n. 4]

6248. — Ce même accusé pourra-t-il, devant la cour d'assises, demander à celle-ci de se déclarer incompétente, en soutenant que les faits se sont accomplis en pays étranger? Il ne serait certainement pas recevable, dès l'ouverture des débats, à faire de ce moyen l'objet d'une question préjudicielle : ce serait en effet contraindre la cour à la juger d'après les pièces de la procédure et à réformer, en ne consultant que l'instruction écrite, l'arrêt de la chambre des mises en accusation.

6249. — La cour d'assises ne pourrait même pas se déclarer incompétente pour connaître de l'accusation, sous prétexte qu'il résulterait des énonciations insérées dans les motifs de l'arrêt de renvoi que le crime a été commis en pays étranger. — Cass., 15 avr. 1837, Cambres et autres, [S. 38.1.899, P. 38.1. 315]

6250. — A la fin des débats, la cour d'assises est seule compétente pour décider qu'il n'est rien résulté des débats qui modifie les énonciations contenues dans l'arrêt de renvoi, et, par suite, qu'elle a qualité pour juger une accusation de vols et de séquestrations commis partie en France et partie en pays étranger. — Cass., 10 août 1838, Cabanes, [P. 38.2.390]

6251. — Mais il est plus exact de dire que cette question rentre dans les attributions du jury : c'est à lui qu'il appartient de prononcer sur le lieu du crime et de décider si celui-ci a été commis en France. Si les débats ont établi que les faits ont été accomplis en France, le jury répondra affirmativement; dans le cas contraire, sa réponse sera négative. — Cass., 17 avr. 1873, Bouvard, [*Bull. crim.*, n. 105]

6252. — Le recel d'objets volés n'est, dans le système de la loi française, qu'un mode particulier de complicité dans le vol (V. *suprà*, v° *Complicité*, n. 436 et s.); dès lors, la cour d'assises est compétente pour connaître, même à l'égard d'un étranger, de tous les faits de recel qui ont été constatés à sa charge en pays étranger et qui se rattachent à un vol commis en France. — Cass., 13 mars 1891, Laterner, [*Bull. crim.*, n. 66]

6253. — Les étrangers jugés en France pour crimes ou délits, doivent être jugés dans les formes ordinaires. Ils ne peuvent réclamer que le jury soit composé mi-partie d'étrangers et de nationaux, quand même, dans leur pays, un Français aurait le droit de réclamer un jury composé de la sorte (V. *suprà*, n. 6161). A cet égard, il n'y a pas de réciprocité exigible. — C. d'ass. de la Seine, 24 avr. 1816, Bruce, [S. chr.]